Järnålder *vid* Öresund

Band 1

Skånska spår – arkeologi längs Västkustbanan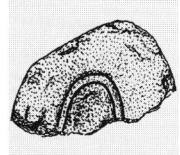

Järnålder vid Öresund. Band 1

Specialstudier och syntes

red. Anne Carlie

 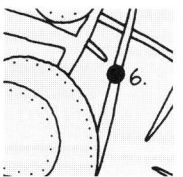

 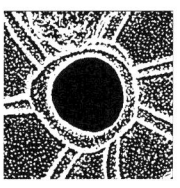

Riksantikvarieämbetet

Riksantikvarieämbetet
Avdelningen för arkeologiska undersökningar
UV Syd
Åkergränden 8, 226 60 Lund
Telefon   046-32 95 00
Fax   046-32 95 39
Internet   www.raa.se

Skånska spår – arkeologi längs Västkustbanan
Järnålder vid Öresund. Band 1. Specialstudier och syntes.

Formgivning	Staffan Hyll och Anna Åström
Layout	Thomas Hansson
Kart- och bildbearbetning	Staffan Hyll och Henrik Pihl
Engelsk språkgranskning	Alan Crozier
Papper	Inlaga Eurobulk 115 g
	Omslag Efalin Laid
Tryck	Grahns Tryckeri AB
Copyright	© 2005 Riksantikvarieämbetet
	1:1
ISSN	1650-2787
ISBN	91-7209-400-1

Arbetet med att publicera den nya kunskapen från projektet Västkustbanan är inne i sitt slutskede. Denna bok är den åttonde av elva band i serien *Skånska spår – arkeologi längs Västkustbanan*. Samtidigt är den det första bandet av två att skildra den period som betecknas som järnålder; en lång och kulturellt sammansatt epok av vår förhistoria. Resultaten från delprojektet "Järnåldersbönder vid Öresund" har delats upp i två böcker: band 1, *Specialstudier och syntes* och band 2, *Metod och materialstudier*.

Ansvarig för dessa två publikationer är Anne Carlie som i artikeln "På tröskeln till historien" sammanfattar resultaten från delprojektet och placerar de kunskapsmässiga landvinningarna i ett vidare geografiskt och kulturhistoriskt sammanhang. Jes Martens gör en historisk och kritisk tillbakablick över den tidigare utarbetade skånska huskronologin, delvis med utgångspunkt i det nytillkomna materialet. Närheten till förhistorien blir påtaglig när man under matjordstäcket finner flera tusen år gamla rester av bebyggelse, vägar och vadställen. Att till exempel läsa om fyndet av en sköldbuckla av ett så förgängligt material som trä som turligt nog bevarats i botten av en brunn vid den lilla byn Kvärlöv bidrar starkt till upplevelsen av en tidsresa. Fyndsammanhangen och den kännetecknande formen daterar sköldbucklan till den äldsta delen av järnåldern, ungefär fyrahundra år före vår tideräknings början.

I samarbete med Geoarkeologiska laboratoriet i Uppsala har Nathalie Becker satt fokus på metallhanteringen och spåren av dessa. Gårdsstrukturer samt långhus i alla storlekar och med skiftande planlösningar behandlas ingående av Magnus Artursson. Bebyggelsehistorien kompletteras av Tyra Ericson som skriver om grophusen och hantverket i anslutning till dessa. Fisket och betydelsen av detta diskuteras av osteologen Annica Cardell som analyserat fiskben från ett antal undersökningar i Skåne. Landskapet och dess utnyttjande tas i sin tur upp av Bo Strömberg. Han väljer att fästa uppmärksamheten på det historiska innehållet i den omskapade naturomgivningen och hur ärvda minnen används som redskap till att forma nya kulturlandskap, anpassade till järnåldersmänniskornas föränderliga verklighet.

Projektet Västkustbanan är i många avseenden extraordinärt. Hundratals arkeologer har här arbetat med och fått möjlighet att förkovra sig i skånsk arkeologi. Mycket energi och pengar har satsats på att tränga in Skånes förhistoria. Att bygga en järnväg är ett stort företag. Otaliga är de prioriteringar som fått göras för att både hålla nere kostnader och bevara fornlämningsmiljöer. Genom att förmedla resultaten från arkeologiska undersökningar antingen det sker i bokform, genom utställningar, via massmedia som TV och tidningar eller i mindre föreläsningsserier försöker vi ge en bild av dåtidens människor och samhälle.

Många har varit involverade i arbetet med dessa böcker; från fältarbetet där Jes Martens inledningsvis drev projektet via alla skribenter till den redaktionella bearbetningen av produkterna. Vi vill rikta ett tack till alla som bidragit till att göra detta möjligt.

Lund i oktober 2005

Anders Löfgren
Enhetschef

Innehåll

DEL I INTRODUKTION   **11**

Järnålder vid Öresund – Inledning   12
Anne Carlie

Öresundsregionen – nu och då   13
Tidigare forskning i Skåne   14
Projekthistorik   16
De undersökta platserna   17
Boplatsernas datering   23
Källkritik och representativitet   23
Metoder   27
Kort om innehållet   30
Summary   34
Referenser   35

Fakta: **En skjoldbule af træ**   38
Jes Martens

DEL II BEBYGGELSE 43

Fakta: En ildbuk fra Kvärlöv 44
Jes Martens

Skånsk huskronologi 46
Jes Martens

Indledning 47
Tiden 1929–1970 – den manuelle periode 47
Cirka 1970–1975 – introduktionen af maskinel fladeafdækning 51
Sten Tesch's hustypologi fra 1993 54
Huse dateret til ældre romersk jernalder 57
Fosie IV og Björhem-Säfvestads huskronologi 65
Konklusion 70
Summary 72
Referencer 73

Böndernas hus 76
Magnus Artursson

Inledning 77
Förromersk järnålder period I–II, 500–150 f. Kr. 78
Förromersk järnålder period III och äldre romersk järnålder, 150 f. Kr.–150 e.Kr. 90
Yngre romersk järnålder och folkvandringstid, 150–550 e. Kr. 104
Vendel- och vikingatid, 550–1050 e. Kr. 122
En generell bild – byggnadstraditionen under 1500 år 147
Summary 151
Referenser 153

Böndernas gårdar 162
Anne Carlie & Magnus Artursson

Inledning 163
Gårdsperspektiv 163
Om gårdens byggnader och funktioner 164
Sociala hierarkier 165
Syfte, material och metod 166
Järnåldersgårdar i Skåne 167
Summary 240
Referenser 242

DEL III NÄRING OCH SPECIALISERING 247

Fakta: En fossil åker i Dagstorp 248
Nathalie Becker

Metallhantverk och specialisering 250
Nathalie Becker

Inledning	251
Material	251
Metallhantering och forskningshistorik	253
Järnhantering – tillverkning och teknik	257
Bronsgjutning – tillverkning och teknik	262
Arkeometallurgiska analyser – metoder och begrepp	264
Tre järnåldersboplatser och deras metallurgiska verksamhet	266
Dagstorp – en yngre järnåldersboplats med spår av metallhantverk	280
Regionala utblickar kring bronsgjutning	292
Avslutning	298
Summary	301
Referenser	302

Grophus och hantverk 306
Tyra Ericson

Inledning	307
Forskningshistorik	307
Material, källkritik och metod	309
Grophusets konstruktion	312
Grophusen i Västskåne – en karakteristik	313
Diskussion – grophusens typer och funktion	317
Summary	324
Referenser	329

Näring från havet 332
Annica Cardell

Inledning	333
Tafonomi, sållning och slump	335
Fiskbensmaterialen från västra Skåne	340
Avståndet till kusten och dess inverkan på artförekomst	345
Torsk och sill – var mans mat	347
Fiskrens i gropar – matrester på golv	351
Fiskerättigheter, fiskemetoder och vidare hantering av fisken	352
Preferenser i födovalet, selektivt fiske eller handel med fisk?	355
Summary	357
Referenser	359

DEL IV LANDSKAP OCH SAMHÄLLE 363

Fakta: **Vadstället vid Tågerup** 364
Magnus Artursson

Järnåldersbygder i bronsålderns landskapsrum 366
Bo Strömberg

Inledning 367
Tidigare forskning 368
Teoretisk bakgrund 370
Material och metod 371
Ärvda landskapsrum 374
Bebyggelsekontinuitet vid Ättekulla och Bårslöv? 379
Bebyggelsediskontinuitet på Glumslövs backar 383
Centrala platser vid Dagstorpsåsen och Västra Karaby 390
Omgestaltning av landskap under järnålder 399
Summary 402
Referenser 404

Samhällen och rikedomsmiljöer 408
Anne Carlie

Bakgrund 409
Att söka hierarkier i arkeologiskt material 409
Material och metod 414
Områdets avgränsning och landskapsbild 417
Äldre kommunikationer till lands och vatten 421
Västskånes järnålderssamhällen 423
Bebyggelse och centralitet – 500 f.Kr.–800 e.Kr. 456
Summary 461
Referenser 463

På tröskeln till historien 468
Anne Carlie

Inledning 469
Arvet från bronsåldern 469
I det "fria" Germaniens utkanter 473
Stamförbundens tid 477
Maktens landskap – bland storgårdar och residens 485
På tröskeln till historien... 492
Summary 495
Referenser 497

DEL I **INTRODUKTION**

# Järnålder vid Öresund – Inledning

"Från Själland till Skåne finns många sjöförbindelser, den kortaste till Helsingborg, som man t.o.m. kan se"......"Det smala sundet i det baltiska havet vid Helsingborg, där Själland kan ses från Skåne, är ett omtyckt tillhåll för sjörövare".

(Adam av Bremen 1984) *Andra boken kapitel 40 och Fjärde boken kapitel 7*

Anne Carlie

Öresundsregionen – nu och då

När man idag vandrar på strandpromenaden i Helsingborg eller står på Glumlövs backar och blickar ut över Öresund slås man, liksom Adam av Bremen, av den korta sträcka som skiljer Skåne och Själland åt. Vid den smalaste passagen mellan Helsingborg och Helsingör, där moderna bil- och passagerarfärjor idag erbjuder bekväma transporter var tjugonde minut, är avståndet så kort att man vid klar väderlek tydligt kan urskilja enskilda byggnader på den motsatta sidan. Även om sättet att färdas under järnåldern var annorlunda och mer riskfyllt jämfört med idag, vittnar Adam av Bremens beskrivning från mitten av 1000-talet, om att avståndet mellan de två landområdena även för dåtidens resenärer upplevdes som en kort sträcka. Frågan är hur man såg på det långsmala sundet med dess strömmande och inte helt fridfulla vatten? Som en barriär mellan bygder eller som en naturlig länk som knöt samman landen till en och samma värld?

Kontakterna mellan Skåne och Själland har dock en betydligt äldre historia som kan följas tillbaka till stenåldern och den första invandringen av jägare och fångstfolk i den vikande isens spår. För arkeologin som har den materiella kulturen som sitt primära studieobjekt, är förbindelserna mellan de båda områdena tydligt avläsbara i föremålens formspråk. Detta förhållande är kanske mest uppenbart inom stenåldersforskningen, där inte bara olika ledartefakter utan även kulturgrupper har namngivits efter danska fyndplatser. Trots insikten om det nära kulturella utbytet mellan Skåne och Danmark, har inga egentliga försök gjorts att studera omfattningen och karaktären på kontakterna över Öresund under förhistorien. Denna kunskapslucka gäller även för den äldre järnåldern, något som försvårat tolkningen och förståelsen av de processer i samhället som ledde fram till att Skåne – liksom Halland och Blekinge – under vikingatiden integrerades som den östligaste provinsen i den danska kungamaktens landområden. Svackor i källmaterialet på ömse sidor om Sundet, kombinerat med en stark betoning på det egna lokalområdets utveckling, är bara två av flera faktorer som bidragit till denna situation.

Sett mot denna bakgrund var det naturligt att, i samband med de arkeologiska arbetena inom Västkustbanan, vända uppmärksamheten västerut för att i belysningen av den lokala utvecklingen i Västskåne väga in betydelsen av sociala, ekonomiska och kulturella utbyten över Öresund (Martens 1997). Att finna bra och intressanta jämförelsematerial på östra Själland, som skulle kunna fördjupa eller nyansera bilden av kontakterna över Sundet, visade sig dock vara svårare än väntat. Ett bra exempel på detta är projektets analyser av förändringarna inom den skånska husbyggnadstraditionen. Här var ambitionen från början att diskutera likheter och skillnader i husens utseende och konstruktion i Skåne och på Själland. Trots att det under de senaste tio till femton åren har undersökts ett mycket stort antal huslämningar från järnåldern, främst i Köpenhamnsområdet, är det bara en begränsad del av materialet som daterats med metoder, som möjliggör jämförelser med de skånska husfynden (se Artursson del II). Jämförande analyser av järnålderns hus- och gårdsorganisation försvårades även av bristen på välpublicerade boplatsmaterial från östra Själland. Detta problem ska vi dock inte skylla på våra danska kollegor, utan hänger samman med den danska fornminneslagstiftningens utformning, som normalt inte ger något ekonomiskt utrymme till fördjupning och publicering utanför den tekniska rapporteringen. Många av de mest kvalitativa och bäst publicerade jämförelsematerialen avseende järnålderns bebyggelseformer och organisation, härrör istället från västra Danmark, där Jylland intar en särställning tack vare flera stora forskningsgrävningar.

Andra typer av källmaterial som står till buds för att studera de kulturella kontakterna mellan Skåne och Själland under järnåldern är gravfynd, keramik och metallfynd. Även här finns problem avseende de olika materialens omfattning och karaktär, samt i vilken utsträckning dessa behandlats av tidigare forskning. Medan förromersk järnålder och vendeltid, på båda sidor av Öresund, präglas av ett sparsamt fyndmaterial i form av gravar och metallföremål, är källäget för romersk järnålder och folkvandringstid betydligt bättre med ett mer differentierat material som också inkluderar olika typer av statusföremål. Det är mot denna bakgrund också i första hand dessa två perioder före vikingatiden som av forskningen studerats mer ingående med avseende på den maktpolitiska utvecklingen i Öresundsregionen och etableringen av platser med centrala funktioner.

Tidigare forskning i Skåne

Skåne utgör en av Sveriges arkeologiskt sett mest välundersökta regioner. Detta gäller särskilt landskapets sydvästra och västra delar, som också hör till de mest utsatta vad det gäller modern exploatering och samhällsutbyggnad. Trots att undersökningarna under en lång följd av år berört ett stort antal järnåldersboplatser, har inga analyserande sammanställningar tidigare gjorts av de framgrävda materialen för att få en mer fördjupad kunskap och förståelse för de lokalsamhällen och människor som befolkade Skåne vid tiden cirka 500 före Kristi födelse och fram till vikingatidens början.

Den bebyggelsearkeologiska traditionen

Ser man till den forskning som bedrivits i regionen under de senaste cirka femtio åren har olika forskares enskilda arbeten bidragit till att vi idag har en relativt god överblick över järnålderns centrala bosättningsområden. Eftersom periodens bebyggelselämningar först relativt sent började undersökas i större omfattning, bygger inga av dessa sammanställningar i nämnvärd utsträckning på bosättningarna själva, utan på andra typer av källmaterial – främst gravar och metallfynd (Stjernquist 1955; Strömberg 1961a; 1961b; Fabech 1993; Carlie 1994; Svanberg 1999; Helgesson 2002; Svanberg 2003b; 2003a; Björk 2005). Även andra typer av källmaterial, som t.ex. runstenar, äldre ortnamn och höga fosfatvärden har använts som indirekta belägg för att få en övergripande bild av framför allt den yngre järnålderns centrala bebyggelseområden (Callmer 1991; Anglert 2003).

Från 1980-talet och framöver har även större forskningsprojekt och uppdragsarkeologiska projekt bidragit med kunskaper om tradition och förändring i järnålderns bebyggelseformer och markutnyttjande. Som exempel kan nämnas Gårdlösaprojektet (Stjernquist 1981; 1993), Ystadsprojektet (Berglund 1991; Larsson m. fl. 1992; Tesch 1993), men också Malmö kulturmiljös undersökningar vid Fosie i Malmö (Björhem & Säfvestad 1993). Resultaten inom dessa projekt lade en viktig grund för senare studier. Generellt sett måste dock framhållas att de slutsatser som dras angående järnålderns hustyper och bebyggelseformer, grundas på ett svagt empiriskt underlag. Av samma skäl har forskarna också ofta sökt jämförande material från andra mer välundersökta boplatser i södra Skandinavien. Här har framför allt resultaten från de stora jylländska undersökningarna av platser som Grøntoft, Hodde, Vorbasse, Nørre Snede m. fl., (Hvass 1983; Hvass 1985; Egeberg Hansen 1988; Rindel 1997) spelat en viktig roll som prototyper eller modeller över järnålderns bebyggelse och organisation.

Ännu i början av 1990-talet var bebyggelsearkeologin, i såväl Skåne som i andra delar av Sverige, till stor del beroende av ett fåtal välundersökta boplatskomplex som underlag för att diskutera järnålderns gårds- och bebyggelseorganisation. Sedan dess har källmaterialet vuxit betydligt i omfattning, främst tack vare det stora tillskott av boplatser med bevarade huslämningar som framtagits inom uppdragsarkeologin. I takt med att antalet boplatsundersökningar ökat har också behoven av olika sammanställningar vuxit, för att överblicka materialens sammansättning och karaktär. Publikationerna från projektet *Hus och Gård* (Göthberg m. fl. 1995a–b) kan ses som ett försök att på ett nationellt plan presentera läget avseende husundersökningar i olika regioner inom landet och på samma gång peka framåt på behoven av fördjupningsstudier. En av de viktigare slutsatser som slogs fast i projektet, var att en väsentlig del av den bebyggelsearkeologiska forskningen inriktats på att strukturera husmaterialen typologiskt och kronologiskt, medan få analyser vid denna tidpunkt hade gjorts av järnåldersgårdens rumsliga och sociala organisation och mentala landskap. Sedan dess har flera både tematiska och enskilda arbeten med regional anknytning publicerats, där den sydskandinaviska gården som företeelse stått i fokus (Andersson 1998; L.Carlie 1999; Kyhlberg 1999; Göthberg 2000; A.Carlie 2002).

För Skånes vidkommande är det som antyddes ovan framför allt två större arbeten som dominerat forskningen kring järnålderns hus och bebyggelseorganisation, nämligen Sten Teschs studier från Köpingeområdet (Tesch 1993), samt Nils Björhems och Ulf Säfvestads analyser från Fosie IV i Malmö (Björhem & Säfvestad 1993). Sedan dessa arbeten publicerades har antalet undersökta boplatser med järnåldersmaterial ökat betydligt i regionen (Jacobsson 2000). Den största ökningen har skett i Malmöområdet, inom ramen för de stora infrastrukturprojekten Öresundsförbindelsen och Citytunneln, men också i samband med annan utbyggnadsverksamhet i södra Malmö. Materialen från dessa undersökningar har dock först publicerats på senare tid, varför resultaten endast undantagsvis har kunnat beaktas i denna bok (Björhem 2003; Friman & Hector 2003).

Även Västkustbaneprojektets undersökningar har genererat ett nytt och omfattande källmaterial från västra Skåne. Det vidgade och i flera avseenden förbättrade källäget är det kanske viktigaste incitamentet till projektets fördjupade analyser av järnålderns bebyggelseformer, som i större grad än vad som tidigare varit fallet, tar sin utgångspunkt i de enskilda gårdarnas sammansättning och struktur. Medan man i tidigare arbeten ofta betonat betydelsen av de ekonomiska eller näringsmässiga förutsättningarna som en grund för förändring, väljer vi i detta sammanhang även att väga in sociala och ideologiska aspekter i diskussionen. Det handlar om att fånga de viktigare karaktärsdragen i bebyggelsen och försöka förstå vilka faktorer – ekonomiska, sociala och/eller ideologiska – som påverkade denna. Bebyggelsens utformning och sammansättning studeras här även i förhållande till samhällsutvecklingen i regionen, som från och med romersk järnålder präglas av en ökad social stratifiering,

vidgade kontaktnät och framväxten av centrala platser med överordnade funktioner. Sett ur ett Öresundsperspektiv är det framför allt betydelsen av tre centralplatsområden – Uppåkra i västra Skåne och Himlingøje respektive Hørup på östra Själland – som måste vägas in i diskussionen. Detta är möjligt tack vare att dessa miljöer under senare år varit föremål för uttömmande analyser, som påtagligt fördjupat och nyanserat bilden av platsernas förändrade funktion och betydelse över tiden (Lund Hansen 1995; Larsson & Hårdh 1998; Hårdh 1999; Sørensen 2000; Hårdh 2001; Larsson 2001; Helgesson 2002; Hårdh & Larsson 2002; Anglert & Thomasson 2003; Larsson & Hårdh 2003).

Järnålderns centrala platser

Intresset för järnålderns samhällsutveckling har sedan 1980-talets mitt och senare del ökat stadigt inom skandinavisk arkeologi. Vi har här sett en gradvis förändring från projekt med ett mer övergripande intresse för förändrings- och utvecklingsprocesser av sociala och politiska maktförhållanden (Mortensen & Rasmussen 1988; Mortensen & Rasmussen 1991) till riktade specialstudier av s.k. rikedomsplatser med utgångspunkt i de fysiska lämningarna på den enskilda platsen och dess omland. Medan forskningen tidigare främst använde sig av ortnamn, gravar och lösfynd av ädelmetallfynd och andra statusföremål för att spåra central- och rikedomsplatser (Hyenstrand 1974; Fonnesbech-Sandberg 1991; Lund Hansen 1995; Ethelberg 2000) har boplatsmaterialen i takt med den ökade användningen av metalldetektorer, på senare år fått en alltmer framskjuten position i de större projekten. Som exempel kan nämnas Gudmeprojektet på Fyn (Nielsen m. fl. 1994), undersökningsprojekten kring Boeslunde (Nielsen 1997), Tissø (Jørgensen 1998) och Lejre på Själland (Christensen 1992; Christensen 1997), Sorte Muld på Bornholm (Watt 1998), Uppåkra i Skåne (Larsson & Hårdh 1998) och Slöinge i Halland (Lundqvist 2003). I detta sammanhang bör även nämnas Charlotte Fabechs och Jytte Ringtveds pyramidala samhällsmodell, som i form av ett teoretiskt och metodiskt arbetsredskap för att strukturera boplatser hierarkiskt, haft ett stort genomslag inom dansk och sydsvensk arkeologi (Fabech & Ringtved 1995; Fabech 1997; 1998, s. 455ff) (jfr Carlie *Samhällen och rikedomsmiljöer* i del IV).

Kännetecknande för samtliga nämnda projekt är att insatserna primärt inriktats på att synliggöra den maktutövande eliten och dess aristokratiska miljöer, medan frågan om på vilka sociala och ekonomiska grunder de ledande i samhället baserade välståndet och makten, inte fått samma uppmärksamhet. Ulf Näsman har i en genomlysande artikel visat hur valet av analogier påverkar inte bara vår förförståelse och våra tolkningsramar om hur olika samhällen varit organiserade, utan också synen på takten i den politiska utvecklingen mot statssamhället (Näsman 1998, s. 1ff). Som motställda exempel nämns här å ena sidan Per Ramqvists diskussioner om samhällsstrukturen i södra Norrland, där han som jämförande underlag bl.a. hämtat inspiration från äldre skriftliga källor avseende visigoternas sociopolitiska organisation (Ramqvist 1991, s. 307f). Denna modell med en strikt hierarkisk struktur ställs mot Johan Callmers bruk av analogier från de anglosaxiska småkungadömena i England, som förefaller ha haft en mer komplex och instabil sammansättning, bestående av många större och mindre politiska enheter (Callmer 1991, s. 264ff).

I denna bok, som innehåller arbeten från närmare ett tiotal arkeologer, varierar valet av inspirationskällor till en förståelsehorisont. Utöver de samtal och gemensamma diskussioner som förts inom gruppen under projektets gång, har jag som vetenskaplig samordnare, valt att inte ställa några krav på författarna vad det gäller en samsyn på järnålderns samhällsstruktur och förändring, utan varje författare svarar för sina egna teoretiska och metodmässiga utgångspunkter.

Projekthistorik

Delprojektet *Järnåldersbönder vid Öresund* konstituerades i ett sent skede av Västkustbaneprojektets vetenskapliga planering, efter att slutundersökningarna på den första delsträckan mellan Helsingborg och Landskrona (block 1–2) tillsammans med utrednings- och förundersökningsresultaten från Saxådalen (block 3–4), visat att järnåldern var den mest välrepresenterade förhistoriska perioden inom järnvägens arbetsområde (Martens 1997).

Materialen från hela sträckan förväntades på ett övergripande plan ge utrymme för ett flertal specialstudier av de västskånska järnålderssamhällena under perioden 500 före till 800 efter Kristus. Med sitt breda utsnitt av boplatser i olika landskapstyper sågs projektet som ett viktigt bidrag till den regionala forskningsinsats kring järnålderns samhällsstruktur i Sydskandinavien som vid ungefär samma tidpunkt (1995) hade påbörjats inom Uppåkraprojektet (Larsson & Hårdh 1998; Larsson & Hårdh 2003). Järnåldersprojektet förväntades dessutom ge den nödvändiga bakgrundsbilden för att förstå vikingatidens och medeltidens samhällsorganisation och bebyggelsestruktur, som behandlades i ett annat av Västkustbanans delprojekt – *Byarna längs vägen* (Mogren 2005).

Inför att slutundersökningarna utmed Saxån och Välabäcken (block 3–4) drogs igång, föreslogs sju områden som lämpliga fördjupningsstudier inom järnåldersprojektet. Således förväntades ett stort antal välbevarade och väldaterade huslämningar kunna bidra med material för en revidering av den skånska hustypologin, som då grundades på ett mycket klent underlag. Även undersökningar av gårdsstrukturer kombinerade med riktade insatser med fosfatkartering och matjordsarkeologi av aktivitetsytor, förväntades ge ett bra underlag för att studera förändringar i hus- och gårdsorganisation, ekonomiska strategier, specialisering och social hierarkisering. Andra problemområden som lyftes fram i projektets inledande skede var studier av ritualer och kult på och i anslutning till boplatserna, samt analyser av den materiella kulturen för att belysa regionens kulturella och politiska kontaktnät. Sammantaget sågs de olika analyserna ge en varierad grund för att diskutera kontinuitet och förändring i regionens samhällsutveckling i ett långtidsperspektiv.

Eftersom järnåldersprojektets program utarbetades efter de övriga delprojekten, kom detta inte att publiceras, utan föreligger endast som manus (Martens 1997). Strategierna för de fortsatta insatserna offentliggjordes istället i publiceringsplanen (Martens 1999). I planen bibehölls projektets övergripande syfte som här presenterades på följande sätt. *"Kort sammenfattet er hovedmålene med projektet at nuancere billedet af den 'almindelige' jernalderbebyggelse i et diakront såvel som synkront perspektiv, efterspore tegn på erhvervsmæssig og funktionel specialisering og udveksling, og at sætte den skånske vestkyst ind i et Øresundsperspektiv med henblik på den aktuelle diskussion om samfundsudvikling og statsdannelsesprocesser i løbet af jernalderen. Kernen i projektet er således Øresundsregionen, hvilket er et unikt udgangspunkt for analyser af denne art."* (Martens 1999, s. 44). Underlaget för en sådan helhetssyn på samhällsutvecklingen i regionen skulle hämtas från de olika delstudier av järnålderns bebyggelse som planerades inom projektet – avseende rumslig och funktionell organisation, näringsfång, social hierakisering etc. (Svensson 2002, s. 22ff). Sommaren 2000 tillträdde jag som ny projektledare och redaktör för boken, sedan dåvarande projektledare Jes Martens bytt arbetsplats till Universitets kulturhistoriske museum i Oslo. Denna förändring påverkade dock inte projektets övergripande mål och inriktning.

De undersökta platserna

De arkeologiska undersökningarna av järnålderslämningar inom Västkustbaneprojektet kan följas utmed järnvägsspårets samlade sträcka på omkring 40 kilometer. Detta innebär att järnåldersmaterial påträffats på ett mycket stort antal platser, både utmed den cirka 17 kilometer långa kuststräckan mellan Helsingborg och Landskrona (block 1–2), och den 20 kilometer långa delen i Saxådalen mellan Landskrona och Kävlinge (block 3–4). Lämningar från järnåldern framkom även på flera platser som berördes av anslutande vägbyggen (jfr VVP), framför allt kring höjdområdet vid Glumslövs backar (fig. 1).

Nästan samtliga trettio platser med järnåldersmaterial består av boplatser med spår efter huskonstruktioner[1]. Det handlar till stor del om den vanliga befolkningens bosättningar, platser med såväl enstaka gårdar som mer samlad bebyggelse. Några undersökningar berörde även aktivitetsområden, som i de flesta fall kan antas höra till en närliggande bebyggelse. Lämningarna på dessa platser karakteriserades för den äldre järnålderns vidkommande av gropar och gropsystem, härdar, stolphål samt av brunnar och vattenhål, medan motsvarande spår från yngre järnålder ofta hittades närmare själva gårdstomten.

På några lokaler framkom även mer sammansatta strukturer. Vid Tågerup SU 8 norr om Saxån, undersöktes således delar av ett omfattande väg- och hägnadssystem från yngre romersk järnålder och folkvandringstid. Systemet som kan kopplas till en bosättning med flera samtida gårdar, förefaller ha byggts ut och förändrats under minst två faser. I den yngre av dessa faser ansluter vägsystemet även till ett stensatt vadställe som anlagts över ett sankmarksparti i boplatsens västra utkant (Artursson 1999a).

Projektets undersökningar berörde även andra typer av lämningar från järnåldern. Vid Dagstorp SU 20V undersöktes delar av en äldre bäckfåra tillhörande Välabäckens vattensystem. Här påträffades inom ett mindre område flera depositioner av djur- och människoben med en kronologisk spridning från sen förromersk järnålder och fram i historisk tid. På grund av förändringar i vattenflödet har flera av lagren påverkats sekundärt av omlagringar. Benens kulturhistoriska kontext var därför svårtolkad, och det kunde inte med säkerhet bekräftas att benen deponerats i samband med offerhandlingar, även om en sådan tolkning åtminstone för de äldre fynden förefaller trolig (Grønnegaard 1999).

Trots att undersökningarna berörde ett stort antal platser och varierande miljöer påträffades bara ett fåtal gravar med järnåldersdatering inom projektet. Det handlar om en skelett- och en brandgrav från äldre romersk järnålder, från gravfältet vid Häljarps mölla öster om Landskrona (Cademar Nilsson & Ericson Lagerås 1999b). Man kan i detta sammanhang påminna om att en motsvarande bild med få järnåldersgravar erhölls i samband med undersökningarna för Sydgasprojektet under 1980-talet första hälft, som till stora delar löper genom samma områden (Räf 1996). Avsaknaden av gravar från framför allt förromersk och romersk järnålder står i stark kontrast till bilden av den yngre bronsålderns små och större gravgrupper som påträffats i stort antal utmed banan (Lagerås & Strömberg 2005).

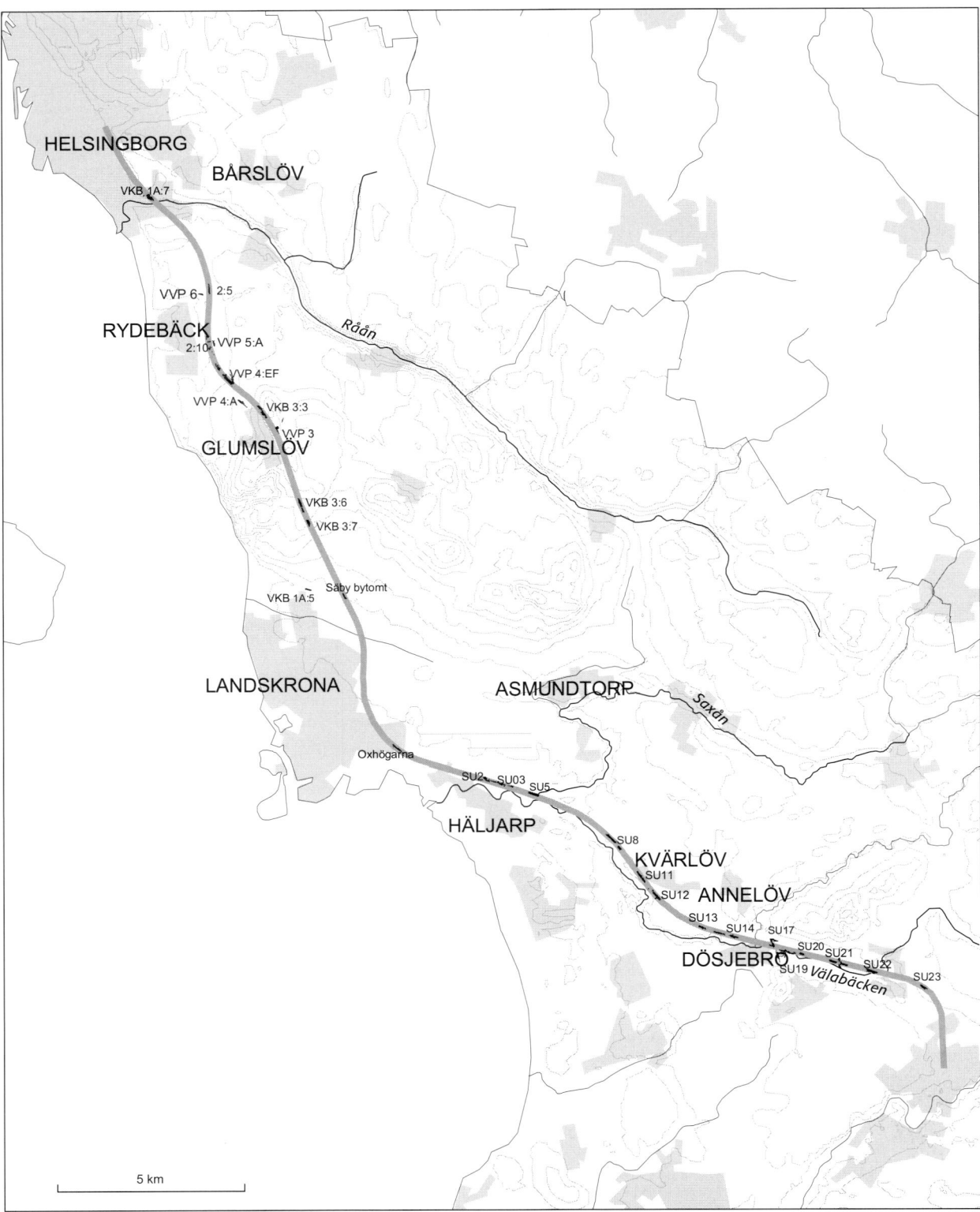

Figur 1. Karta över platser med järnålderslämningar som undersöktes inom Västkustbaneprojektet. Digital karta: Staffan Hyll.

Map showing Iron Age settlements excavated in the West Coast Line Project. Digital map: Staffan Hyll.

Figur 2. På denna avsats i söderläge vid Ramlösa strax norr om Råån, undersöktes lämningarna efter en gård från förromersk järnålder. Den frodiga träd- och buskvegetationen liksom järnvägviadukten avslöjar åns starkt ned eroderade fåra (ovan nästa sida). Foto: Thomas Hansson.

On this terrace facing south at Ramlösa immediately north of the Råån River, the remains of a farmstead from the Pre-Roman Iron Age were excavated. The luxuriant tree and shrub vegetation, as well as the railway viaduct, exposes the heavy erosion of the river channel (above next page). Photo: Thomas Hansson.

Figur 3. Miljön vid Glumslövs backar, har med sina drygt hundra meter över havet – nu som då – erbjudit en fantastisk utsikt över Öresund. Kanske var det områdets speciella atmosfär som bidrog till att människor under yngre stenålder och bronsålder, valde att bygga anfädernas gravar på höjderna. Bilden visar de mjukt kuperade backarna som omsluter Dalamossen med Ven i fonden. Nedanför Dalamossen sluttar backarna brant ned mot havet. Foto: Thomas Hansson.

The environment at the Glumslöv hills, over a hundred metres above sea level – in the present and in the past – offers a magnificent view of the Öresund strait. Perhaps the special atmosphere of the area contributed to the people's decision during the Neolithic and Bronze Age to build the ancestors' burial mounds on the hills. The photograph shows the gently undulating slopes surrounding Dalamossen with the island of Ven in the background. Below Dalamossen the hills slope abruptly towards the sea. Photo: Thomas Hansson.

Figur 4. Saxåns reglerade fåra ger idag ett rofyllt intryck, med stillaflytande vatten omgivet av lummig grönska. Tussar av gräs på över två meters höjd i trädens grenverk, avslöjar dock att vattennivån även varierar kraftigt olika tider på året. Spåren vittnar om att det under äldre tider inte var helt riskfritt att ta sig över ån ens vid större vadställe, som här strax norr om Saxtorps kyrka, varifrån bilden är tagen. På den flacka platån norr om vadstället låg under 300- och 400-talen en by med ett stort väg- och hägnadssystem. Foto: Thomas Hansson.

Nowadays, the regulated channel of the Saxån gives a peaceful impression, with its quietly flowing waters surrounded by shady greenery. However, tufts of grass in the branches of trees more than two metres above the ground reveal that the water level varies considerably at different times of the year. The traces testify that in older times it was not without risk to cross the river even close to a ford, as here just to the north of Saxtorp Church, where this picture was taken. In the 4th and 5th centuries, a village with a large road and fencing system was situated on the flat plateau north of the ford. Photo: Thomas Hansson.

Figur 5 och 6 (nästa sida). Innanför kustslätten löper järnvägen längs med Saxåns och Välabäckens meandrande lopp. Knappt tio kilometer från kusten smalnar den flacka dalgången av, när den passerar mellan två markanta höjdområden – Dagstorpsåsen och Karaby backar. Den öppna dalgången var under förhistorisk tid en viktig kommunikationsled mellan kusten och inlandet. Undersökningarna för västkustbanan visar att gårdarna under yngre järnålder låg extra tätt utmed ån just där denna passerar mellan backarna. Här var möjligheterna till kontroll av transporter i landskapet goda. Ovan: Vy mot Karaby backar från öster. Nedan: På krönet av Dagstorpsåsen syns idag Dagstorps kyrka. Under forna tider var det istället siluetten av gravhögar som mötte den resande. Foto: Thomas Hansson.

Next page. Beyond the coastal plain, the railway follows the meandering course of the rivers Saxån and Välabäcken. Some ten kilometres from the coast the flat valley becomes narrower, when it passes between two prominent hills – the Dagstorp ridge and the Karaby hills. In ancient times this open valley was an important communication route connecting the coast with the inland. The investigations for the West Coast Line show that the Late Iron Age farmsteads were situated very close to the river, just where it passes between the hills. Here the potential for controlling transports in the landscape was good. Above: View towards the Karaby hills from the east. Photo: Thomas Hansson. Down: Nowadays, Dagstorp Church stands on the top of the Dagstorp ridge. In ancient times the traveller was instead confronted with the silhouette of burial mounds. Photo: Thomas Hansson.

Figur 7. Vid Dösjebro, mitt emellan Dagstorpsåsen och Karaby backar där Saxån och Välabäcken flyter samman, fanns under äldre tider en av de viktigare passagerna över ån. Om detta vittnar den gamla stenvalvsbro som fortfarande finns bevarad i Dösjebro samhälle. En minnessten på platsen berättar att stenbron byggdes år 1770. Bron har dock sannolikt haft äldre föregångare. Foto: Thomas Hansson.

In older times, one of the more important passages over the water was at Dösjebro, situated between the Dagstorp ridge and the Karaby hills, just where the Saxån and Välabäcken rivers meet. The old stone bridge, still preserved in the village of Dösjebro, is evidence of this. A memorial stone on the site dates the construction of the present bridge to 1770. However, the bridge probably has older predecessors. Photo: Thomas Hansson.

Boplatsernas datering

De undersökta boplatserna sträcker sig i tid över hela järnåldern. Den äldre delen är dock kvantitativt sett bättre representerad i materialet jämfört med yngre perioder. Av trettio boplatser finns förromersk och äldre romersk järnålder representerad på inte mindre än två tredjedelar av platserna, medan perioden från yngre romersk järnålder och fram till vikingatid bara förekommer på omkring en tredjedel. Andelen boplatser från äldre respektive yngre järnålder är dock inte jämt fördelade längs de två delsträckorna, utan visar på flera intressanta skillnader mellan kustzonen och ådalen. Variationen framgår med stor tydlighet om man studerar ^{14}C-dateringarnas kvantitativa fördelning över tiden. Antalet prover med järnåldersdatering uppgår till 200 stycken[2]. De är relativt jämnt fördelade mellan de båda landskapsrummen. Detta i kombination med att dateringarna nästan uteslutande härrör från boplatser ger de kronologiska differenser som framträder i materialet en hög grad av trovärdighet som en återspegling av förändringar i bebyggelsens intensitet. Jämför man de två diagrammen över ^{14}C-dateringar från kusten respektive ådalen visar dessa helt olika bilder av järnåldersbebyggelsens omfattning i de två områdena (fig. 8 och 9). Medan kustzonen uppvisar två perioder av expansion, motsvarande tidig förromersk järnålder och vendel-/vikingatid, karakteriseras området utmed ådalen istället av en mycket låg aktivitet under hela den äldre järnåldern. Inte förrän under yngre romersk järnålder och folkvandringstid ses en expansion i bebyggelsen utmed ådalen; en bild som även håller i sig under resten av yngre järnålder. En stor del av dateringarna från yngre romersk järnålder och folkvandringstid kan här knytas till två platser med samlad bebyggelse (33 st.) – representerade av Tågerup SU 8 och Dösjebro SU 19. Övriga dateringar (10 st.) härrör från ett flera platser utmed ådalen, varför ökningen torde spegla ett reellt förhållande. Något tydligt kontinuitetsbrott i boplatsernas utnyttjande, under folkvandringstid och vendeltid (jfr 400–600 e. Kr.), som konstaterats i andra regioner t.ex. Östergötland, kan inte således inte utläsas av materialet (Hedvall 1995). Det bör dock påpekas att projektets undersökningar i inlandet huvudsakligen fångar bebyggelseförskjutningar längs ådalen, och att även boplatser på omgivande höjdpartier måste vägas in i en samlad analys för att förstå hur landskapets utnyttjats och bebyggelsemönster förändrats. En annan intressant iakttagelse i materialet är den närmast totala avsaknaden av dateringar från samma period i kustzonen. Denna nedgång, som också har stöd i det övriga arkeologiska materialet från området, står i kontrast till situationen under bronsålder och tidig förromersk järnålder, då området vid kusten var rikt frekventerat.

Kontinuiteten mellan yngre bronsålder och förromersk järnålder återspeglas även i återbruket av platser, där en stor del av den tidiga järnålderns bebyggelse och aktiviteter förlagts till på äldre boplatser. Som exempel kan nämnas gårdslägena vid Övre Glumslöv VKB 3:3, VVP3 och Kvärlöv SU 12 samt området med lertäktsgropar vid Säbyholm (VKB 1A:5) (jfr Carlie 2005). Motsvarande kontinuitet i bebyggelse- eller aktivitetsområden mellan äldre och yngre järnålder är mer ovanligt i materialet, och förekommer egentligt bara på några få platser utmed banan, representerade av Kvärlöv SU 11 och Annelöv SU 14V vid Välabäcken. De flesta av de bosättningar som etableras under romersk järnålder och folkvandringstid utmed Saxåns- och Välabäckens vattensystem, återfinns istället i nya topografiska lägen som inte utnyttjades för bebyggelse under yngre bronsålder och förromersk järnålder. Detta gäller både för enstaka liggande gårdar som vid Dagstorp SU 20Ö och för platser som Tågerup SU 8 och Dösjebro SU 17 och 19, liksom Dagstorp SU 21, som haft en mer komplex bebyggelsestruktur med flera samtida gårdar.

Källkritik och representativitet

När vi som arkeologer försöker återskapa samhällen och skeenden i det förflutna, är det viktigt hålla i minnet att källmaterialet inte återspeglar någon objektiv förhistorisk verklighet. De fysiska lämningarna, i form

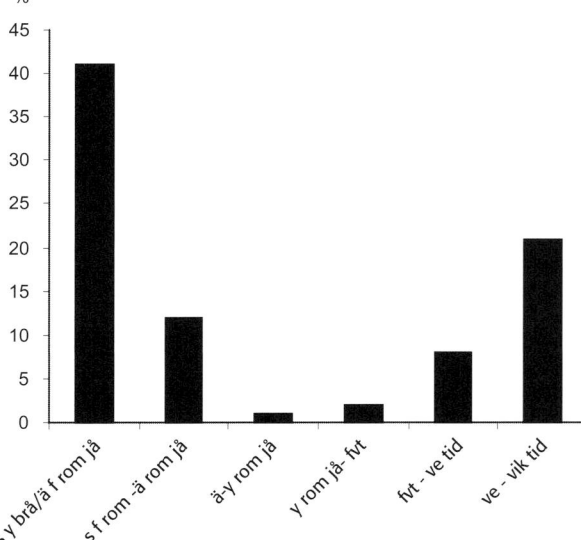

Figur 8. Den kronologiska fördelningen av ¹⁴C-dateringar från järnåldersboplatser i kustzonen angivet i % (omfattar 85 prover).

Diagram showing the chronological distribution of ¹⁴C datings from Iron Age settlements in the coastal zone as percentages (comprising 85 samples).

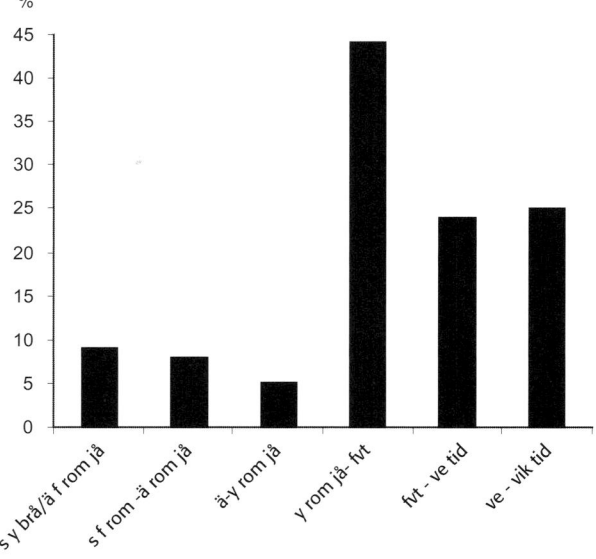

Figur 9. Den kronologiska fördelningen av ¹⁴C-dateringar från järnåldersboplatser längs Saxån och Välabäckens dalgång angivet i % (omfattar 115 prover).

Diagram showing the chronological distribution of ¹⁴C datings from Iron Age settlements along the Saxån and Välabäcken valley as percentages (comprising 115 samples).

av anläggningar och fynd, bör istället ses som ett resultat av en lång rad mer eller mindre aktiva val. Det handlar om alltifrån den forntida människans sätt att strukturera och ge mening åt tillvaron, via naturliga och andra nedbrytningsprocesser, till våra egna prioriteringar och tolkningar i den arkeologiska processen. Det kan mot denna bakgrund vara intressant att reflektera över hur det sista ledet påverkar järnåldersmaterialens karaktär och sammansättning.

Ett generellt problem för uppdragsarkeologin är att vi inte styr över *var* vi gräver, utan måste anpassa våra insatser till de fysiska ramar som exploateringen sätter. Inom Västkustbanan varierade arbetsområdets bredd i snitt mellan 40–50 meter. På vissa platser medförde justeringar av områdets storlek och utbredning i flera fall att vetenskapligt intressanta lämningar hamnade utanför undersökningsområdet. Både vid Häljarp SU 3, Tofta SU 5 öster om Landskrona och vid Södervidinge SU 23 längre in i dalgången, ledde omfattande förändringar av arbetsområdets utsträckning till att endast kanten av större boplatser kunde undersöktes (se Carlie 2005).

Även de antikvariska myndigheternas krav om kostnadseffektivitet framtvingade olika fältmässiga val, med förankring i projektets vetenskapliga problemområden och frågeställningar. För Västkustbanans kronologiskt avgränsade delprojekt (Svensson 2002), innebar kraven om prioritering att välbevarade fornlämningar från olika perioder kom att ställas mot varandra på ett mycket olyckligt sätt. Således medförde

Figur 10. Diagram över undersökningsfrekvensen på boplatser längs kusten inom Västkustbaneprojektet (block 1–2). Antalet undersökta anläggningar anges i %.

Diagram showing the investigation frequency of settlement sites along the coast in the West Coast Line Project (parts 1–2). The number of excavated features as percentages.

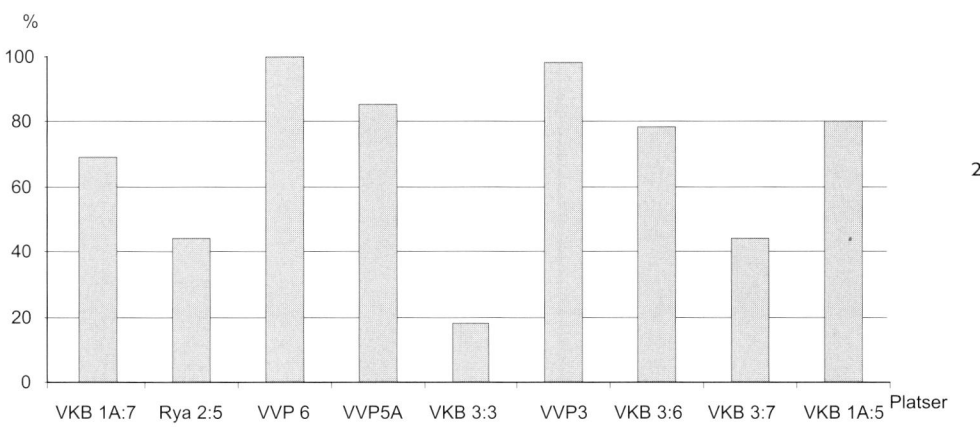

Figur 11. Diagram över undersökningsfrekvensen på boplatser i Saxådalen kusten inom Västkustbaneprojektet (block 3–4). Antalet undersökta anläggningar anges i %.

Diagram showing the investigation frequency of settlement sites along the coast in the West Coast Line Project (parts 3–4). The number of excavated features as percentages.

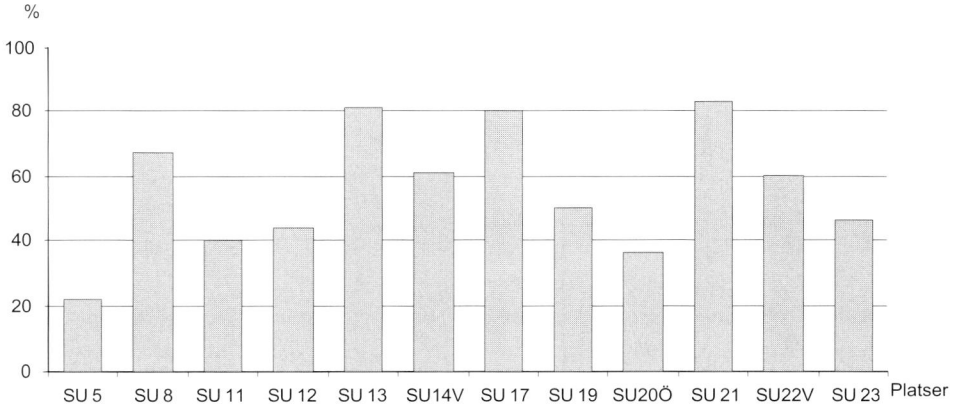

t.ex. prioriteringarna av det unika mellanneolitiska komplexet med palissadanläggningar, gravfält och yxtillverkningsplatser vid Dösjebro SU 19, att de ovanligt välbevarade lämningarna efter en folkvandringstida by på samma lokal inte kunde undersökas med samma höga ambitionsnivå. Konkret resulterade dessa prioriteringar i att järnåldersprojektets fältarbete först inleddes sent på säsongen, då svåra väderleksförhållanden och tidsbrist gjorde att insatserna måste begränsas. Bland annat kom bebyggelselämningarna inom vissa ytor endast att dokumenteras i plan, med följden att tolkningar av hus och gårdsstrukturer här saknar stöd i fältdokumentationen (Grønnegaard 1999). En nedprioritering av järnålderslämningar i förhållande till neolitiska lämningar skedde även på andra platser, t.ex. vid Särslöv SU 17, som ingick i samma fornlämningskomplex. Ytterligare järnåldersundersökningar som drabbades negativt av den sena årstiden var Särslöv SU 22V. Också här ledde besvärliga väderförhållanden i samband med fältarbetet till att de många huslämningar som påträffades på platsen, inte kunde ges någon säker tolkning i plan (Ericson 1999b).

Kraven på prioritering innebar för järnåldersprojektets vidkommande också att insatserna primärt kom att fokuseras på bebyggelselämningar, medan omgivande ytor med aktivitetsspår i form av gropar och gropsystem, härdar, stolphål m.m. undersöktes mer selektivt. Denna bortprioritering har vid de fortsatta analyserna av gårdarnas rumsliga organisation visat sig vara problematisk, eftersom anläggningarna inte kan knytas tidsmässigt till bebyggelsen. De flesta boplatser utmed banan var kronologiskt sammansatta. Det går därför inte i detalj att visa hur stor andel av järnålderslämningarna som faktiskt undersöktes. Ett mer svepande sätt att beskriva skillnader i undersökningsfrekvensen är att jämföra andelen undersökta anläggningar i förhållande till det totala antalet registrerade på respektive platser (fig. 10 och 11).

Den sammanställning över undersökta anläggningar som redovisas på föregående sida baseras på uppgifter från 21 platser, varav nio från block 1–2 och tolv från block 3–4. Som framgår av diagrammen varierar andelen undersökta anläggningarna mellan 18 och 100 %. Den lägsta frekvensen (ca 20 %) återfinns på två lokaler – Övre Glumlöv VKB 3:3 och Häljarp SU 5. Vid Glumlöv grävdes ett stort härdområde från bronsålder i områdets norra del och ett gårdsläge med flerfasig bebyggelse från yngre bronsålder och förromersk järnålder i den södra delen. Den låga frekvensen förklaras här huvudsakligen av de hårda prioriteringar som gjordes inom härdområdet (Fendin 1999), men även gårdsläget påverkades av nedskärningen. Vad gäller Häljarp beror den låga nivån på de kraftiga omprioriteringar av arbetsytan som gjordes inför slutundersökningen, varvid endast kanten av ett större boplatsområde från äldre järnålder kom att beröras (Artursson 1999b).

Den näst lägsta nivån av undersökta anläggningar, 35 och 45 %, representeras av sex platser, Rya 2:5 och Hilleshög 3:7 på block 1–2 samt Kvärlöv SU 11, Kvärlöv SU 12, Dagstorp SU 20Ö och Södervidinge SU 23 i Saxådalen. På nästan samtliga av dessa lokaler dokumenterades ett eller flera gårdslägen, bestående av ett varierande antal huslämningar och med en tidsmässig spännvidd från yngre bronsålder och förromersk järnålder och fram till vendel- och vikingatid. Någon entydig bild av orsakerna till den låga undersökningsnivån framgår inte av undersökningsplanerna. Utifrån dokumentationen är det dock tydligt att man vid fältarbetet i första hand undersökte stolphål och huslämningar jämfört med aktivitetsspår som gropar och härdar. Till bilden hör också att man på dessa platser valde att genomföra relativt omfattande fosfatkarteringar av arealer inuti och kring husen för att försöka fånga aktiviteter på gårdstomten (Martens 2005). På en av platserna, Hilleshög VKB 3:7, kombinerades fosfatkarteringen även med matjordsarkeologi. I vilken grad den arbetskrävande insamlingen av jordprover påverkade själva grävarbetet är dock svårt att bedöma (Strömberg & Thörn Pihl 2000). Förundersökningarna gav inte intryck av att järnåldersplatserna längs Västkustbanan skulle vara särskilt fyndrika. För att få en mer nyanserad bild av de till synes anonyma platserna, valde man därför att satsa på olika naturvetenskapliga metoder: makrofossilanalyser, osteologi och fosfatkartering. Förhoppningen var att dessa metoder i kombination skulle kunna ge ett differentierat underlag för att belysa ekonomiska skillnader och rumslig organisation (Jes Martens, pers. kom.).

På de övriga tretton platserna inom Västkustbaneprojektet undersöktes minst 50 % av anläggningarna (fig. 10–11). Av dessa ligger fem lokaler på en nivå mellan 50 och 70 %, medan resterande åtta platser varierar mellan 70 och 100 %. Fyra av platserna i den lägre gruppen undersöktes i samband med den andra delsträckan utmed Saxådalen (block 3–4). Bland dessa märks två stora järnåldersbosättningar med sammansatt bebyggelse, representerade av Tågerup SU 8 och Dösjebro SU 19, av vilka den senare lokalen även omfattande komplexa neolitiska lämningar (jfr ovan). Vad gäller boplatsen vid SU 8 prioriterade här, liksom på de flesta övriga järnåldersboplatsers undersökningar av anläggningar som kunde knytas till konstruktioner, både i form av huslämningar och de omfattande hägnadssystem som fanns bevarade. För att kunna klarlägga platsens överordnade strukturer och kronologi, tvingades man att bortprioritera en stor del av de anläggningsspår i form av gropar och härdar som också fanns på platsen (Artursson 1999a, Artursson pers. kom.). Även på de platser där nästan samtliga anläggningar undersöktes, fanns i flera fall faktorer som påverkade järnåldersmaterialet negativt. På t.ex. lokalen

Hilleshög VKB 3:6, på sydsluttningen av Glumlövs backar, var lämningarna över lag starkt skadade av odling. Detta försvårade tolkningen och dateringen av huslämningarna som endast avtecknades sig svagt i undergrunden (Strömberg & Thörn Pihl 2000, Strömberg pers. kom.). På ytterligare en plats Annelöv SU 13, lades den arkeologiska tyngdpunkten helt på det överplöjda gravfält från bronsålder som fanns bevarat på platsen, medan boplatslämningarna ägnades mindre uppmärksamhet (Cademar Nilsson & Ericson Lagerås 1999a).

Metoder

Av betydelse för uttolkningen av järnåldersprojektets resultat är att undersökningarna på samtliga lokaler utfördes på traditionellt sätt med maskinell avbaning av matjorden. Denna metod har under de senaste 25 till 30 åren haft stor betydelse för utvecklingen av svensk bebyggelsearkeologi, genom möjligheter till studier av husbyggnadstraditioner och boplatsorganisation (se Säfvestad 1995, för historik). Med införandet av ytavbaning följde även uppfattningen att matjorden, till följd av plöjningens negativa och nedbrytande effekter, saknade stratigrafisk kontext och därför hade ett ringa vetenskapligt värde. Under senare år har detta synsätt mjukats upp, bland annat genom insikten om att vissa perioder och aktiviteter aldrig avsatt mer varaktiga spår i marken. Bevarade kulturlager som rumsligt och tidsmässigt kan kopplas till samtida bebyggelse är ovanliga på järnåldersboplatser i fullåkersbygd. Därför är också våra kunskaper begränsade om de aktiviteter som ägde rum inuti och i anslutning till husen. Särskilt den äldre järnålderns huslämningar är i jämförelse med senare perioder ofta mycket fyndfattiga. Orsakerna härtill ska förmodligen sökas i såväl primära som sekundära förhållanden. Avsaknaden av fynd i husen kan således bero på rådande traditioner i fråga om hanteringen av hushållsavfall som ofta verkar ha deponerats i gropar, samtidigt som senare tiders markanvändning och odlingsverksamhet kan antas ha bidragit till en nedbrytning av äldre markhorisonter.

Matjordsarkeologi

Inom Västkustbane-projektet genomfördes flera försök med matjordsarkeologi. Redan vid förundersökningarna på den första delsträckan mellan Helsingborg och Landskrona, gjordes försök med metalldetektering, visuell avsökning och provundersökning av matjordshorisonter ovanpå hus vid Rydebäcks station, plats 2:10, och Hilleshög VKB 3:6 och 3:7. Syftet med dessa insatser var att undersöka om fynden i matjorden kunde knytas till aktiviteter i och i anslutning till husen (Isendahl & Olsson 1996, s. 95ff). Utfallet av analyserna visade på positiva resultat från två av lokalerna, Rydebäck och Hilleshög 3:7. Av dessa blev den senare platsen föremål för slutundersökning inom projektet, varvid delar av en gård från vendeltid och tidig vikingatid blev föremål för relativt omfattande matjordarkeologiska insatser (ca 640 m^2). En närmare beskrivning av metodiken, som omfattade metallavsökning och skiktvis grävning av utsparade matjordsbankar med insamling av punktinmätta fynd, finns redovisad i den tekniska rapporten (Strömberg & Thörn Pihl 2000, s. 72ff). Delar av flintmaterialet har senare analyserats av Bo Knarrström, med särskilt fokus på järnåldersflintans funktionella sammansättning och rumsliga relation till långhuset (Knarrström 2005). En matjordsarkeologisk undersökning genomfördes även under 1998 års fältsäsong på lokalen Annelöv SU 14V vid Välabäcken (Ericson 1999a). Det övergripande syftet var även i detta fall att studera förekomsten av samtida metallföremål och flintfynd i anslutning till huskonstruktioner. Undersökningen omfattade här ett 670 m^2 stort område, fördelat på två mindre ytor ovanpå två romartida långhus. Resultaten från dessa insatser har utvärderats av Bo Knarrström, som framför allt i det ena huset kunde visa på intressanta rumsliga samband mellan spridningen av järnåldersflinta och husets ytterväggar (Knarrström 2000, s. 98ff; 2001, s. 92ff).

Figur 12. Insamling av fosfatprover från långhus nr 8 tillhörande en yngre järnåldersgård vid Hilleshög VKB 3:7. Foto: Bo Strömberg.

The collection of phosphate samples from long-house no. 8 belonging to a Late Iron farm at Hilleshög VKB 3:7. Photo: Bo Strömberg.

Fosfatkartering

Som tidigare nämnts valde man inom Västkustbaneprojektet även att i relativt stor skala genomföra fosfatkartering av platser med bevarade huslämningar. Syftet med dessa insatser var att kartlägga aktivitetsområden inom och i anslutning till husen, för att på detta sätt få en bild av olika funktioner i förhållande till arkeologiskt identifierade strukturer. För att nå bästa möjliga resultat utfördes mätningarna med totalfosfatanalys, som ansågs väl lämpad för detta ändamål. Fosfatkartering av hus och gårdslägen från järnålder och tidig medeltid utfördes på nio platser, representerade av Ramlösa 1A:7, Rya VKB 2:5, Hilleshög VKB 3:7 och Säby bytomt på block 1–2 samt Tågerup SU 8, Kvärlöv SU 11, Annelöv SU 14V, Dagstorp SU 20Ö och Dagstorp SU 21 på block 3–4. Omfattningen på den karterade arealen varierade mellan platserna från 110 till 1330 m², med ett genomsnitt på cirka 1000 m². En detaljerad redogörelse och diskussion av resultaten från fosfatanalyserna presenteras av Jes Martens i artikeln *Usynlige strukturer* i band 2 (Martens 2005).

Övriga analyser och fyndmaterial

Till gruppen av tvärvetenskapliga analyser hör även bestämning av vedarter, makrofossil och osteologiskt material, liksom ^{14}C-dateringar, keramiska och metallurgiska analyser[3].

Den mest omfattande typen av analyser inom projektet utgörs av ^{14}C-dateringar. Det handlar totalt om 200 prover med järnåldersdatering, fördelade på 23 platser – huvudsakligen boplatser. I linje med projektets övergripande målsättning, att studera förändringar i den skånska husbyggnadstraditionen samt järnålderns gårds- och bebyggelseorganisation, härrör merparten av dateringarna (127 st.) från huslämningar, medan övriga kommer från gropar, härdar, brunnar och lager (se bilaga 1 i band 2).

Även övriga tvärvetenskapliga analyser är nära kopplade till bokens specialstudier och de problemområden som diskuteras där, samtidigt som de arkeologiska fyndens karaktär och omfattning sätter de yttre ramarna. De vanligaste fyndtyperna utgjordes av flinta, sten, keramik och bränd lera, medan restprodukter från metallhantering liksom djurben förekom mer sällan. Bland föremålen märks framför allt rester av lerkärl, men även malstenar och vävtyngder var relativt vanliga. Till de mer spektakulära fynden hör en behornad eldbock och en sköldbuckla av Hjortspringstyp från Kvärlöv SU 12. Båda fynden, som presenteras mer i detalj av Jes Martens på annan plats, är de första kända exemplaren av sitt slag från svenskt område. Ett annat spännande fynd, bestående av avfallsmaterial från en bronsgjutares verkstad, hittades på en vendeltida gård vid Dagstorp SU 21. Materialet har en komplex sammansättning med bl.a. rester av deglar och ett stort antal fragment av gjutformar från tidstypiska dräktspännen (Becker 1999) (se Becker i del III). På samma boplats hittades även större delarna av ett kärl med frisisk proveniens, som visar på långväga kontakter med områden längs Nordsjökusten (Brorsson 1999, s. 45ff).

Fynden från äldre järnålder härrör främst från gropar och gropsystem, troligen efter lertäkter som använts sekundärt för avfallsdeponering. Flera av platserna med fyndrika gropar, innehållande djurben och rester av lerkärl, ligger till synes perifert i förhållande till samtida gårdslägen. Detta gäller t.ex. för Glumslöv VVP 4G, 4EF och 4A, liksom för Säbyholm 1A:5 och Häljarp SU 5. Frånvaron av avfall på själva gårdslägena, kan å andra sidan också förklaras av att gropar generellt sett undersöktes i mindre omfattning i dessa miljöer. Att den ringa fyndmängden från äldre järnåldersgårdar åtminstone delvis speglar fältmässiga prioriteringar, antyds av resultaten från Övre Glumslöv VVP 3, där nästan 100 % av anläggningarna undersöktes. Från samma plats föreligger också ett betydligt mer rikhaltigt fyndmaterial, främst i form av keramik och bränd lera efter lågtemperaturugnar, som kan knytas till olika hushållsnära aktiviteter. Ett urval av den äldre järnålderns keramikmaterial, bl.a. från flera av dessa platser, behandlas i band 2 av Ole Stilborg.

Även enskilda gårdslägen från vendeltid och äldre vikingatid, som vid t.ex. Rya VKB 2:5 och Hilleshög VKB 3:7, var fattiga på fynd. Denna bild står i kontrast till den samtida byn vid Dagstorp SU 21, varifrån det föreligger ett rikhaltigt fyndmaterial som förutom ordinärt hushållsavfall även omfattar olika typer av hantverksfynd främst med koppling till textilproduktion, järnhantering och bronsgjutning. Mer omfattande fynd från metallhanteringsrelaterade aktiviteter hittades på tre platser, samtliga belägna i Saxåns och Välabäckens dalgång – Tågerup SU 8, Dagstorp SU 21 och Särslöv SU 22[4]. Resultaten från de metallurgiska analyserna från dessa och ytterligare några boplatser i västra Skåne diskuteras i boken av Nathalie Becker.

Det osteologiska materialet från projektets undersökningar var genomgående av ringa omfattning och lämnar inget utrymme för att belysa förändringar av järnålderns djurhushållning och eventuell specialisering[5]. Bara ett fåtal platser utmärker sig genom ett större och bättre bevarat djurbensmaterial. Från lokalen Glumslöv VVP4A tillvaratogs cirka 1,8 kilo obrända ben från nöt, får/get, svin och häst. Djurbenen härrör från flera lertäktsgropar och dateras utifrån keramikfynd och ¹⁴C-prover till förromersk järnålder (Artursson 1999b). Större mängder djurben, om totalt cirka 10 kilo, tillvaratogs även från en vendeltida boplats med samlad bebyggelse vid Dagstorp SU 21 (Cardell 1999). Materialet som omfattar ben från nötboskap, svin, får/get, häst och hund, kommer från olika kontexter, dock huvudsakligen från brunnar och grophus samt från ett mindre våtmarksområde tolkat som ett offerkärr (Carlie 2003). Ett större benmaterial insamlades även vid undersökningen av en fossil bäckfåra till Välabäcken vid plats SU20V. Också här pekar inslaget av häst, hund och människa på ett rituellt bruk av platsen under äldre och yngre järnålder (Cardell 1997; Grønnegaard 1999). Bland de mer intressanta benfynden bör även nämnas ett välbevarat fiskbenmaterial från Häljarp SU 3. Fiskbenen som hittades i en avfallsgrop intill den södra husväggen av ett vikingatida trelleborgshus, diskuteras längre fram i boken av Annica Cardell.

Kort om innehållet

De samlade resultaten inom delprojektet presenteras i två böcker – bestående av band 1 *Specialstudier och syntes* och band 2 *Metod- och materialstudier*. Efter introduktionen av projektet i detta band följer tre tematiska block med olika specialstudier på materialet från de undersökta boplatserna: *Del II Bebyggelse*, del *III Näring och specialisering* och *del IV Landskap och samhälle*.

Bebyggelsedelen inleds av Jes Martens med en forskningsöversikt och kritisk genomgång av den tidiga bebyggelsearkeologin i Skåne, med särskilt fokus på arbeten som behandlat järnåldershusens typologiska och kronologiska indelning. Efter denna genomgång, som tar fasta på problem och luckor i det rådande kunskapsläget, följer Magnus Arturssons studie av järnålderns byggnadstradition och dess utveckling. Artikeln *Böndernas hus*, som i huvudsak baseras på nyframtaget material i Skåne, omfattar 100–150 huslämningar från förromersk järnålder och fram i vikingatid. Som underlag för den reviderade typologiska och kronologiska analysen av husbyggnadstraditionen används uteslutande mer välbevarade och ¹⁴C-daterade huslämningar. I artikeln görs även interregionala utblickar, där det skånska materialet diskuteras och jämförs med husbyggnadstraditionen i övriga södra Skandinavien. Efter att byggnaderna, deras konstruktion och funktion presenterats, försöker jag själv och Magnus Artursson, i artikeln *Böndernas gårdar*, att belysa tradition och förändring i gårdens utseende och rumsliga organisation i Skåne, från förromersk järnålder och fram i tidig vikingatid. I detta sammanhang tas även frågan upp om hur bebyggelsens överordnade struktur förändrades över tiden, liksom på vilket sätt sociala och ekonomiska skillnader kan spåras mellan olika gårdar. Undersökningen baseras på omkring 70 gårdar från Skåne, av vilka de flesta har undersökts inom Västkustbaneprojektet.

I delen *Näring och specialisering* flyttas perspektivet från bebyggelsen, husen och gårdarna till de näringar som utgjorde den ekonomiska basen i samhället. Utgångspunkten i artiklarna tas i de framgrävda materialen inom projektet, som främst lämnar ett visst utrymme för att diskutera hantverksaktiviteter av olika slag, deras betydelse och eventuell specialiserad produktion. I artikeln *Metallhantverk och specialisering* redogör Nathalie Becker för några av de mer intressanta metallhanteringsfynden inom projektet liksom resultaten av de metallurgiska analyser som utförts på materialen från tre av platserna, representerade av Tågerup SU 8, Dagstorp SU 21 och Särslöv SU 22. Av dessa platser uppvisar Dagstorpslokalen det mest komplexa fyndmaterialet, med avfall och restprodukter efter såväl högkvalitativt föremålssmide, som bronsgjutning och ädelmetallhantering. Mot denna bakgrund försöker Becker även att sätta in boplatsen vid Dagstorp i ett vidare ekonomiskt, socialt och organisatoriskt sammanhang, både utifrån ett lokalt och regionalt perspektiv.

Medan tyngdpunkten i Beckers artikel ligger på metallhanteringen, försöker Tyra Ericson i artikeln *Grophus och hantverk*, att även fånga upp andra typer av hantverksaktiviteter. Studien, som i huvudsak baseras på västskånskt material, omfattar ungefär 200 daterade grophus med en kronologisk spridning från bronsålder och fram i tidig medeltid. En av de centrala frågor som diskuteras av Ericson är vilka förändringar som kan ses utifrån grophusens storlek och konstruktion över tiden, samt om skillnader i konstruktionen kan knytas till olika typer av funktion och hantverksutövning.

Del III avslutas med Annica Cardells artikel *Näring från havet*, som tar upp en helt annan sida av ekonomin – fisket. Utgångspunkten för studien är vår bristande kunskap om fiskets betydelse innan medeltiden. Här försöker Cardell genom analyser av fiskbensmaterial från ett stort antal arkeologiskt undersökta boplatser i Skåne från järnålder och medeltid att belysa frågor kring t.ex. vilka arter som fiskades och om finns det några tecken i materialen på ett selektivt fiske redan under järnåldern?

I den fjärde delen *Landskap och samhälle* lyfts det rumsliga perspektivet – från de enskilda boplatserna och näringarna till den omgivande natur- och kulturlandskapsbilden. Det tematiska blocket inleds av Bo Strömberg med artikeln *Järnåldersbygder i bronsålderns landskapsrum*, där frågor kring kontinuitet och diskontinuiteter i järnålderns bruk av platser och landskapsrum diskuteras i förhållande till ett äldre och ärvt kulturlandskap, främst manifesterat av den yngre stenålderns megalitgravar och bronsålderns högbyggande. Tre sinsemellan olika landskapsrum i västra Skåne analyseras här mer i detalj, representerade av området vid Ättekulla och Bårslöv norr om Råån, Glumslövs backar samt Dagstorpsåsen/Karaby backar. Medan Strömberg i sin analys främst fokuserar på de mentala och ideologiska dimensionerna i järnålderns landskapsutnyttjande, väljer jag i min egen artikel *Samhällen och rikedomsmiljöer* att studera förekomsten av mer överordnade strukturer eller indelningar i landskapet av ekonomisk och sociopolitisk karaktär. Utgångspunkten för analysen tas i ett omkring sextio kilometer långt och femton till trettio kilometer brett område innanför den västskånska kusten, där fördelningen av undersökta boplatser, gravfynd och metallfynd analyseras i förhållande till landskapets växlande förutsättningar, kommunikationsleder m.m., i syfte att försöka fånga rumsliga förändringar i bebyggelse och centralitet. En av de frågor som här diskuteras rör relationen mellan de västskånska järnålderssamhällena och centralplatsen vid Uppåkra. Boken avslutas med min artikel *På tröskeln till historien*, där jag gör ett försök att sammanfatta projektets resultat, samtidigt som viktiga strukturer och förändringsförlopp i det västskånska området sätts in i ett vidare geografiskt sammanhang. Här anläggs i första hand ett regionalt perspektiv med fokus på Öresunds betydelse för kontakterna mellan Skåne och Själland, samtidigt som även ett överregionalt perspektiv appliceras, där utvecklingen i västra Skåne relateras till övriga Nordvästeuropa.

I band 2 *Metod- och materialstudier* presenteras bl.a. resultaten från de tvärvetenskapliga analyser som genomfördes i projektet. Volymen inleds dock med en översiktlig beskrivning av samtliga platser med järnålderslämningar som undersöktes inom projektet. Tyngdpunkten i sammanställningen har lagts vid bebyggelsen och gårdarna samt under vilka faser dessa kan följas på de olika platserna. Här finns också en förteckning över samtliga tekniska rapporter.

Efter denna översikt följer artikeln *Usynlige strukturer*, där Jes Martens redovisar, diskuterar och utvärderar resultaten från ett femtontal yttäckande fosfatkarteringar utförda inom projektet, huvudsakligen av olika hus- och gårdskomplex. Martens framlägger här inte bara förslag till tolkningar av hur variationer i fosfatnivån kan tänkas avspegla funktionella indelningar, aktiviteter och rörelsemönster på boplatsen och i husen, utan diskuterar även utifrån konkreta exempel, metodiska och källkritiska problem med fosfatkarteringar på arkeologiska platser.

I den andra volymen ingår även Bo Knarrströms studie *Flintor från järnålder*, över rums- och funktionsanalyser av järnåldersflinta från platsen Hilleshög VKB 3:7, där ett relativt stort flintmaterial kunde knytas till en välbevarad gårdsanläggning från yngre järnålder. Därefter följer två mer djupgående analyser av Ole Stilborg, som behandlar den äldre järnålderns keramiska material. I artikeln *Pottery and time* tar Stilborg upp den förromerska järnålderns keramiktradition och kronologi i västra Skåne, som är ett tidigare eftersatt forskningsområde. Stilborg använder sig här av morfologiskt-teknologiska analyser, för att diskutera lokala variationer i den västskånska keramiktraditionen, samtidigt som materialet jämförs med samtida traditioner i östra och västra Danmark för att belysa kulturella influenser och kontaktområden. I den andra artikeln *Pottery and space* studerar Stilborg det keramiska avfallet och dess karaktär på boplatsen i en mera vid bemärkelse, i syfte att få en inblick i vilka aktiviteter avfallet representerar. Det handlar förutom rester av lerkärl, om bl.a. bränd lera från ugnskonstruktioner och andra restprodukter efter hantverksutövning – däribland metallhantering.

Fossila och överplöjda spår efter äldre odlingsverksamhet i den skånska fullåkerbygden har tidigare inte ägnats någon särskild uppmärksamhet av forskningen. Denna forskningslucka är ett av incitamenten till Jes Martens artikel *Dyrkningsspor i landskapet?*, som syftar till att utifrån analyser av flygfoton söka identifiera denna typ av lämningar i anslutning till de undersökta boplatserna utmed Västkustbanan. Martens visar i sin studie här på flera tydligt urskiljbara mönster som till form och storlek uppvisar påfallande likheter med tidigare kända odlingssystem av typen celtic fields eller "skelinrammede dyrkningsfelter". Till studien hör även en katalog över underlagsmaterialet med kommentarer.

Band 2 innehåller också två bilagor, dels med tabeller över samtliga ^{14}C-prover med järnåldersdatering, dels en sammanställning över makrofossil från platserna Annelöv SU 14V och Dagstorp SU 21, där ett större och mer välbevarat växtfyndsmaterial tillvaratogs i samband med projektets undersökningar. I de båda publikationerna återfinns slutligen flera faktarutor, i vilka några av de mer intressanta fynden och lämningarna från projektets undersökningar presenteras.

En praktisk aspekt som behöver kommenteras är att de enskilda artiklarna, beroende på logistiken inom Västkustbaneprojektet, producerats över en längre tid. Detta innebär att vissa av artiklarna, däribland Jes Martens olika bidrag och Nathalie Beckers studie över metallhanteringen, låg som färdiga manus redan 2001. Även flera av de övriga bidragen var färdigställda innan årsskiftet 2003/2004. Det har endast i begränsad utsträckning varit möjligt för artikelförfattarna att arbeta in litteratur som publicerats efter att delstudierna avslutats.

Det finns många medarbetare att tacka för deras insatser i projektet *Järnåldersbönder vid Öresund*. Utan deras engagemang och kämparglöd hade de två publikationerna knappast blivit verklighet. Först ett stort tack till Jes Martens, som i sin roll av tidigare projektledare definierade de vetenskapliga ramarna för projektet, samtidigt som han aktivt arbetade med fältarbetenas planering och genomförande. Jes medverkar som tidigare nämnts också som författare, där han bidragit med flera intressanta artiklar i de båda böckerna. Ett varmt tack riktas också till de övriga författarna samt till alla medarbetare som under resans gång på olika sätt arbetat i projektet, men som inte medverkar i boken: Håkan Aspeborg, Susanne Augustsson, Bo Bondesson Hvid, Birgitte Borrby Hansen, Torbjörn Brorsson, Anna Brusling-Aspeborg, Åsa Cademar Nilsson, Cecilia Cronberg, Ulf Danell, Susanna Eklund, Yvonne Eklund, Karin Ericson Lagerås, Markus Eriksson, Fredrik Fahlander, Titti Fendin, Kerstin Forslund, Louise Friberg, Patrik Iversson, Tim Grønnegaard, Anders Gustavsson, Peter Gustavsson, Mats Hellgren, Sven Hellerström, Annika Jeppsson, Margareta Johansson, Ola Kadefors, Pär Karlsson, Ebba Knabe, Annika Knarrström, Stefan Kriig, Linda Larsson, Rolf Larsson, Anna Lihammer, Barbro Lindahl Jensen, Thomas Linderoth, Lindsay Lloyd Smith, Patrik Lord, Karin Lund (GIS-hjälp), Lars Lundqvist, Anna Mattisson, Örjan Mattsson, Stefan Månsson, Ing-Marie Nilsson, Bengt Nordqvist, Tina Omfors, Hans Oreheim, Mats Hellgren, Elisabeth Persson, Claes Pettersson, Henrik Pihl, Linda Qviström, Julijana Radakovits, Annica Ramström, Mats Regnell (paleoekologi), Maria Rydberg, Janis

Runcis, Carl-Johan Sanglert, Henrik Schilling, Katalin, Schmidt Sabo, Susanne Selling, Daniel Serlander, Lisa Skanser, Ylva Stenqvist, Fredrik Svanberg, Kenneth Stark, Jörgen Streiffert, Joakim Thomasson, Per Thorén, Aprilla Thörn Pihl, Katarina Virkkunen-Nordmark, Ulrika Wallebom, Jessica Wennerlund, Bengt Westergaard, Annika Westerholm, Jacob Wiberg, Ylva Wickberg, Jonas Wikborg och Katarina Österström.

Jag vill till sist tacka Janis Runcis och Per Ole Rindel för hjälp med lektörsläsningen, Mats Anglert, Hélène Borna-Ahlkvist, Per Lagerås, Mats Regnell och Mats Mogren, för diskussioner, goda råd och kloka synpunkter på tidigare manusutkast. Även Thomas Hansson och Staffan Hyll tackas för arbetet med layouten och böckernas förnämliga illustrationer, Annika Jeppsson för alla föremålsteckningar, husplaner m.m. samt Alan Crozier för språkgranskningen av de engelska texterna.

Noter

1) I kapitlet *Platsbeskrivningar längs Västkustbanan*, band 2, finns en översikt över samtliga undersökta platser inom projektet med järnålderslämningar. Här ges också en kortfattad sammanfattande beskrivning av resultaten från respektive platser med referenser till aktuella rapporter.
2) Huvudparten av ^{14}C-analyser inom Västkustbaneprojektet har utförts av Ångströmslaboratoriet i Uppsala. Samtliga prover med järnåldersdatering redovisas platsvis i bilaga 1, tabell 2–22. Vid kalibreringen av proverna har använts Oxcal Version 3.9. Copyright C Bronk Ramsey 2003. I de artiklar som författats före 2003, har äldre versioner av Oxcal utnyttjats.
3) Bestämning av makrofossilprover har utförts av arkeobotaniker Mats Regnell, Stockholm.
4) De arkeometallurgiska analyserna från Tågerup SU 8, Dagstorp SU 21 och Särslöv SU 22 har utförts av Geoarkeologiskt laboratorium (GAL) i Uppsala (Englund & Grandin 2000; Hjärthner-Holdar m. fl. 2000).
5) Samtliga animalosteologiska bestämningar har utförts av osteolog Annica Cardell, Malmö.

Summary
Iron Age at the Öresund strait
– an Introduction

The archaeological investigations in connection with the construction of the West Coast Line between Helsingborg and Kävlinge in western Skåne were carried out in the years 1995–1998. This publication presents the results from the subproject "Iron Age farmers at the Öresund strait". The chronological range in this project covers the Pre-Roman Iron Age until the Viking Age, which in absolute dates corresponds to the period 500 BC – 800 AD. The main focus of discussion deals with the social traditions and changes of society manifested in settlement remains. Altogether, some thirty Iron Age sites were excavated in the project, mostly consisting of settlements with traces of post-built long-houses and to some extent pit-houses. Mostly, we are dealing with structures of single farmsteads, but on some locations we also found remains from agglomerated settlements, with several contemporary farms. Traces of complex fencing structures, surrounding single farm or villages, were found at only two settlements. The most spectacular was the site at Tågerup SU 8, where parts of a road system connected with a stone-paved ford, from the Late Roman Iron Age and the Migration Period, were uncovered.

The settlements date from all parts of the Iron Age. However, the early phases are represented by a considerably greater number of sites than the later periods. Thus, no less than two thirds of all settlements belong to the Pre-Roman and Roman Iron Age (cf. figure 8 and 9). Looking at the spatial distribution of settlements, two different pictures appear in the coastal area versus the inland plains and river valleys. While we see two phases of expansion in the coastal zone, corresponding to the Early Pre-Roman Iron Age and the Vendel Period/Viking Age, the areas along the Saxån River valley show only few traces of settlement activities during the Early Iron Age. Not until the Late Roman Iron Age and Migration Period, do we see the first settlement expansion along the river valley represented by open villages. This settlement pattern continues in the subsequent periods as well.

Another site to be mentioned is Dagstorp SU 20 V, where sections of an ancient stream with possible ritual depositions of animal (dog) and human bones (an infant and a male), from the Pre-Roman Iron Age to the Viking Age. Furthermore, a single location with two Iron Age burials was uncovered at Häljarp SU 2. The burials, one inhumation grave and one cremation pit, represent the final phase of a cemetery with some 40 burials from the Late Neolithic and Bronze Age. The general excavation method on all sites began with the removal of the topsoil with an excavator, after which the archaeological structures were documented. During excavation different samples were collected for interdisciplinary studies, for example for phosphate mapping, and the identification of macrofossils such as seeds and other plant finds. Other types of material that have been subject to interdisciplinary analysis are charcoal and seeds for radiocarbon dating, animal bones for osteological identification, and technological and metallurgical analysis of craft-related objects and refuse.

Although Skåne has one of the most extensive archaeological settlement records in southern Sweden, no compilations or deeper studies have previously been done on Iron Age settlement patterns and building traditions in the province. This publication should be seen as an attempt to fill this gap. We have chosen to present the results of the Iron Age project in two separate volumes. In the first volume, *Special Studies and Synthesis*, the reader will find a number of articles discussing different aspects of society based on the archaeological sources. The articles have been structured in three different themes, according to the aim of approach in each study, consisting of *Part II Settlements*, *Part III Economy and Specialization*, and *Part IV Landscape and Society*. The second volume, *Studies on Methods* and *Materials*, mostly contains articles with a more interdisciplinary approach: the evaluation of phosphate mappings, studies on pottery, a spatial and functional analysis of Iron Age flint, and finally a study using aerial photographs for the identification of fossil field systems in areas affected by modern cultivation. Finally, this volume contains a collection of abstracts on each of the Iron Age sites that were excavated in connection with the project, as well as an appendix with the results of all radiocarbon samples with Iron Age datings.

Referenser

Andersson, K., red. 1998. *"Suionum hinc civitates"*. *Nya undersökningar kring norra Mälardalens äldre järnålder*. Occasional papers in archaeology 19, Uppsala.

Anglert, M. 2003. Uppåkra. Bland högar, ortnamn och kyrkor. I: Anglert, M. och Thomasson, J., red. *Landskapsarkeologi och tidig medeltid - några exempel från södra Sverige*, Uppåkrastudier 8. Acta Archaeologica Lundensia Serie in 8° No. 41, Stockholm, s. 115-144.

Anglert, M. & Thomasson, J., red. 2003. *Landskapsarkeologi och tidig medeltid*. Uppåkrastudier 8. Acta Archaeologica Lundensia Serie in 8° No. 41, Stockholm.

Artursson, M. 1999a. Saxtorp. Boplatslämningar från tidigneolitikum - mellanneolitikum och romersk järnålder - folkvandringstid. Skåne, Saxtorp sn, Tågerup 1:1 och 1:3. Västkustbanan SU 8, Raä 26. *Riksantikvarieämbetet. UV Syd Rapport* 1999:79.

Artursson, M. 1999b. Väganslutningar till Västkustbanan mellan Helsingborg och Landskrona, block 1-2. Arkeologisk förundersökning 1997. *Riksantikvarieämbetet. UV Syd Rapport* 1999:11.

Becker, N. 1999. De vendeltida gårdslämningarna i Dagstorp. Skåne, Dagstorp socken, Dagstorp 1:2-3, 5:31, Västkustbanan SU 21. Arkeologiska undersökning. *Riksantikvarieämbetet. UV Syd Rapport* 1999:62.

Berglund, B., red. 1991. *The cultural landscape during 6000 years in southern Sweden - the Ystad projekt*. Ecological Bulletins No 41, Lund.

Björhem, N. 2003. The Development of Iron Age Construction in the Malmö Area. I: Larsson, L. och Hårdh, B., red. *Centrality - Regionality. The Social Structure of Southern Sweden during the Iron Age*, Uppåkrastudier 7. Acta Archaeologica Lundensia Series in 8° No. 40., Stockholm, s. 157-178.

Björhem, N. & Säfvestad, U. 1993. *Fosie IV. Bebyggelsen under brons- och järnålder*. Malmöfynd 6, Malmö.

Björk, T. 2005. *Skäran på bålet. Om den äldre järnålderns gravar i Skåne*. No. 92. Report Series.

Bremen, A. a. 1984. *Historien om Hamburgerstiftet och dess biskopar*. Översatt av Emanuel Svenberg. Skrifter / utgivna av Samfundet Pro fide et christianismo, 6, Stockholm.

Brorsson, T. 1999.Fyndmaterialet. I: Becker, N. red. De vendeltida gårdslämningarna i Dagstorp. Arkeologisk undersökning. Skåne, Dagstorp socken, Dagstorp 1:2-3, 5:31, Västkustbanan SU 21. *Riksantikvarieämbetet. UV Syd Rapport* 1999:62.

Cademar Nilsson, Å. & Ericson Lagerås, K. 1999a. Gravfältet vid Annelöv. Ett gravfält från bronsålder och boplatslämningar från senneolitikum till äldre järnålder. Arkeologisk undersökning. Skåne, Annelöv sn, Annelöv 38:1, VKB SU 13. *Riksantikvarieämbetet. UV Syd Rapport* 1999:104.

Cademar Nilsson, Å. & Ericson Lagerås, K. 1999b. Gravfältet vid Häljarps mölla - med tyngspunkt i senneolitkum och bronsålder. Arkeologisk undersökning. Skåne, Tofta sn, Häljarp 1:6 och 2:5, VKB SU 2. *Riksantikvarieämbetet. UV Syd Rapport* 1999:96.

Callmer, J. 1991. Territory and dominion in the Late Iron Age in southern Scandinavia. I: Jennbert, K., Larsson, L, Petré, R. & Wyszomirska-Werbart, B., red. *Regions and reflections. In honour of Märta Strömberg*.Acta Archaeologica Lundensia Series in 8° No 20, Lund, s. 257-289.

Cardell, A. 1997.Osteologisk rapport, djurbensmaterialet. I: Svensson, M. och Karsten, P. red. Skåne, Malmöhus län, järnvägen Västkustbanan. Avsnittet Landskrona-Kävlinge 1996-1997. Arkeologisk förundersökning. *Riksantikvarieämbetet. UV Syd Rapport* 1997:83.

Cardell, A. 1999.Osteologisk analys av djurbensmaterialet. I: Becker, N. red. De vendeltida gårdslämningarna i Dagstorp. Arkeologisk undersökning. Skåne, Dagstorp Socken, Dagstorp 1:2-3, 5:31, Västkustbanan SU 21. *Riksantikvarieämbetet. UV Syd Rapport* 1999:62.

Carlie, A. 1994. *På arkeologins bakgård. En bebyggelsearkeologisk undersökning i norra Skånes inland baserad på synliga gravar*. Acta Archaeologica Lundensia Series in 8° No 22, Stockholm.

Carlie, A. red. 2002. *Skånska regioner. Tusen år av kultur och samhälle i förändring*. Arkeologiska Undersökningar Skrifter nr 40, Stockholm.

Carlie, A. 2003. Settlement material as sources for studying pagan cult - a question of reading "hidden" structures? I: Bergstøl, J., red. *Scandinavian Archaeological practice - in Theory. Proceedings from the 6th Nordic Tag, Oslo 2001*, Oslo Archaeological Series Nr 1. Oslo, s. 198-210.

Carlie, A. 2005. Platsbeskrivningar utmed Västkustbanan. I Carlie, A., red. *Järnålder vid Öresund. Band 2. Metod- och materialstudier*, Skånska spår - arkeologi längs Västkustbanan.

Carlie, L. 1999. *Bebyggelsens mångfald. En studie av södra Hallands järnåldersgårdar baserad på arkeologiska och historiska källor*. Acta Archaeologica Lundensia Series in 8° No. 29, Stockholm.

Christensen, C. 1997. Hallen i Lejre. I: Callmer, J. Rosengren, E., red. *"...Gick Grendel att söka det höga huset...". Arkeologiska källor till aristokratiska miljöer i Skandinavien under yngre järnålder*, Hallands länsmuseers skriftserie No 9/ GOTARC C. Arkeologiska skrifter No 17. s. 47-54.

Christensen, T. 1992. Gård og storgård - landsby og landningsplads. I: Lund Hansen, U. och Nielsen, S., red. *Sjællands jernalder*, Arkæologiske skrifter 6. København, s. 81-90.

Egeberg Hansen, T. 1988. Die Eisenzeitliche Siedlung bei Nørre Snede, Mitteljütland *Acta Archaeologica*, vol. 58 1987, s. 171-200.

Englund, L.-E. & Grandin, L. 2000. Smidesavfall från Tågerup och Särslöv, Saxtorp sn, Dagstorp sn, Skåne. *Riksantikvarieämbetet. UV GAL Analysrapport* Nr 7 2000.

Ericson, T. 1999a. Järnåldersbebyggelse vid Annelöv. Arkeologisk undersökning. Skåne, Annelövs sn, Annelöv 38:1, VKB SU 14V. *Riksantikvarieämbetet. UV Syd Rapport* 1999:107.

Ericson, T. 1999b.Järnåldersbebyggelse vid Särslöv. I: Kriig, S. red. Från stenålder till medeltid i Särslöv. Skåne, Dagstorp sn, Särslöv 2:12, VKB SU 22. Arkeologisk undersökning. *Riksantikvarieämbetet. UV Syd Rapport* 1999:196.

Ethelberg, P. 2000. *Skovgårde. Ein Bestattungsplatz mit reichen Frauengräbern des 3.Jhs. n. Chr. auf Seeland.* Det konglige Nordiske Oldskriftsselskab, København.

Fabech, C. 1993. Skåne - et kulturelt og geografisk grænseland i yngre jernalder og i nutiden. *TOR,* 25, s. 201-245.

Fabech, C. 1997. Slöinge i perspektiv. I: Callmer, J. Rosengren, E., red. *"...Gick Grendel att söka det höga huset..." Arkeologiska källor till aristokratiska miljöer i Skandinavien under yngre järnålder,* Hallands länsmuseers skriftserie No 9/ GOTARC C. Arkeologiska skrifter No 17. s. 145-160.

Fabech, C. 1998. Centrality in sites and landscapes. I: Fabech, C. och Ringtved, J., red. *Settlement and Landscape. Proceedings of a conference in Århus, Denmark, May 4-7 1998,* s. 455-473.

Fabech, C. & Ringtved, J. 1995. Magtens geografi i Sydskandinavien - om kulturlandskab, produktion og bebyggelsesmønster. I: Resi, H. G., red. *Produksjon og samfunn. Om erverv, spesialisering og bosetning i Norden i 1. årtusen e. Kr. Beretning fra 2. nordiske jernaldersymposium på Granavolden Gjæstgiveri 7.-10. mai 1992,* Varia 30. Oslo, s. 11-37.

Fendin, T. 1999. Boplats och härdgropsområde från bronsåldern vid Glumslöv. Arkeologisk undersökning. Skåne, Glumslövs sn, Övra Glumslöv 10:5, Västkustbanan 3:3. *Riksantikvarieämbetet. UV Syd Rapport* 1999:39.

Fonnesbech-Sandberg, E. 1991. Guldets funktion i ældre germansk jernalder. I: Fabech, C. Ringtved, J., red. *Samfundsorganisation og regional variation. Norden i romersk jernalder og folkevandringstid. Beretning fra 1. nordiske jernaldersymposium på Sandbjerg Slot 11-15 april 1989,* Jysk Arkæologisk Selskabs Skrifter XXVII. s. 233-242.

Friman, B. & Hector, L. 2003. An Early Iron Age Settlement at Hyllie. Preliminary Results of the Excavations. I: Larsson, L. och Hårdh, B., red. *Centrality - Regionality. The social structure of Southern Sweden during the Iron Age.,* Uppåkrastudier 7. Stockholm, p. 179-189.

Grønnegaard, T. 1999. Yngre jernalders enkeltgård og fossilt åløb. Skåne, Dagstorp sn, Dagstorp 17:10 och 17:12, VKB SU 20. Arkeologisk undersökning. *Riksantikvarieämbetet. UV Syd Rapport* 1999:100.

Göthberg, H. 2000. *Bebyggelse i förändring. Uppland från slutet av yngre bronsålder till tidig medeltid.* Occasional Papers in Archaeology 25, Uppsala.

Göthberg, H., Kyhlberg, O. & Vinberg, A., red. 1995a. *Hus och gård. Artikeldel. Hus & gård i det förurbana samhället. Rapport från ett sektorsforskningsprojekt vid Riksantikvarieämbetet.* Arkeologiska undersökningar Skrifter nr 14. Stockholm.

Göthberg, H., Kyhlberg, O. & Vinberg, A., red. 1995b. *Hus och gård. Katalogdel. Hus & gård i det förurbana samhället. Rapport från ett sektorsforskningsprojekt vid Riksantikvarieämbetet.* Riksantikvarieämbetet Arkeologiska undersökningar Skrifter Nr 13. Stockholm.

Hedvall, R. 1995.Agrarbebyggelsen i Östergötland under järnålder och medeltid. I: Andersson, C. och Ekeberg, S. red. *Medeltida agrarbebyggelse och exploateringsarkeologi - kunskapspotential och problemformulering. Riksantikvarieämbetet. UV Stockholm Rapport* 1995:20.

Helgesson, B. 2002. *Järnålderns Skåne. Samhälle, centra och regioner.* Uppåkrastudier 5. Acta Archaeologica Lundensis Series in 8° No 38, Stockholm.

Hjärthner-Holdar, E., Kresten, P. & Stilborg, O. 2000. Vendeltida metallurgi i Dagstorp, Skåne. Västkustbanan SU 21, Dagstorp 1:2-3, 5:31, Dagstorp sn, Skåne. Geoarkeologi. *Riksantikvarieämbetet. UV GAL Analysrapport* Nr 5 2000.

Hvass, S. 1983. Vorbasse. The Development of a Settlement through the first Millenium A.D. *Journal of Danish Archaeology,* 2, s. 127-136.

Hvass, S. 1985. *Hodde. Et vestjysk landsbysamfund fra ældre jernalder.* Arkæologiske Studier: Volume VII. København.

Hyenstrand, Å. 1974. *Centralbygd - Randbygd. Strukturella, ekonomiska och administrativa huvudlinjer i mellansvensk yngre järnålder.* Acta universitatis Stockholmiensis 5, Stockholm.

Hårdh, B., red. 1999. *Fynden i Centrum. Keramik, glas och metall från Uppåkra.* Uppåkrastudier 2. Acta Archaeologica Lundensia Series in 8° No. 30, Lund.

Hårdh, B., red. 2001. *Uppåkra. Centrum och sammanhang.* Uppåkrastudier 3. Acta Archaeologica Lundensia Series in 8° No. 34, Stockholm.

Hårdh, B. & Larsson, L., red. 2002. *Central Places in the Migration and Merovingian periods. Papers from the 52nd Sachsensymposium.* Uppåkrastudier 6, Acta Archaeologica Lundensia Serie in 8° No. 39, Stockholm.

Isendahl, C. & Olsson, M. 1996.Matjordsarkeologi. I Svensson, M. och Karsten, P. red. Skåne, Malmöhus län. Järnvägen Västkustbanan delen Helsingborg-Kävlinge. Avsnittet Helsingborg-Landskrona (block 1-2). Arkeologisk förundersökning. *Riksantikvarieämbetet. UV Syd Rapport* 1996:48.

Jacobsson, B. 2000. *Järnåldersundersökningar i Sydsverige. Katalog för Skåne, Halland, Blekinge och Småland.* Lund.

Jørgensen, L. 1998. En storgård fra vikingtid ved Tissø, Sjælland - en foreløbig præsentation. I: Larsson, L. och Hårdh, B., red. *Centrala platser. Centrala frågor. Samhällsstrukturen under järnåldern. En vänbok till Berta Sjternquist,* Uppåkrastudier 1. Acta Archaeologica Lundensia Series in 8° No. 28, s. 233-248.

Knarrström, B. 2000. *Flinta i sydvästra Skåne. En diakron studie av råmaterial, produktion och funktion med fokus på boplatsteknologi och metalltida flintutnyttjande.* Acta archaeologica Lundensia. Series in 8°, No 33, Stockholm.

Knarrström, B. 2001. *Flint: a Scanian hardware.* Skånska spår – arkeologi längs Västkustbanan, Stockholm.

Knarrström, B. 2005. Flintor från järnålder. I Carlie, A., red. *Järnålder vid Öresund. Band 2. Metod- och materialstudier,* Skånska spår - arkeologi längs Västkustbanan.

Kyhlberg, O., red. 1999. *Hus och tomt i Norden under förhistorisk tid.* Bebyggelsehistorisk tidskrift nr 33 1997, Uppsala.

Lagerås, P. & Strömberg, B., red. 2005. *Bronsåldersbygd 2300–500 f.Kr.* Skånska spår – arkeologi längs Västkustbanan, Stockholm.

Larsson, L., red. 2001. *Uppåkra. Centrum i analys och rapport.* Uppåkrastudier 4. Acta Archaeologica Lundensia Series in 8° No. 36, Stockholm.

Larsson, L. & Hårdh, B., red. 1998. *Centrala platser. Centrala frågor. Samhällsstrukturen under järnåldern. En vänbok till Berta Stjernquist.* Uppåkrastudier 1. Acta Archaeologica Lundensia Series in 8° No. 28, Stockholm.

Larsson, L. & Hårdh, B., red. 2003. *Centrality - Regionality. The social structure of southern Sweden during the Iron Age.* Uppåkrastudier 7. Acta Archaeologica Lundensia Series in 8° No. 40, Stockholm.

Larsson, L., Stjernquist, B. & Callmer, J., red. 1992. *The archaeology of the cultural landscape: field work and research in a south Swedish rural region.* Acta Archaeologica Lundensia. Series in 4° No 19, Stockholm.

Lund Hansen, U. 1995. *Himlingøje - Seeland - Europa. Ein Gräberfeld der jüngeren römischen Kaiserzeit auf Seeland, seine Bedeutung und internationalen Beziehungen*. Nordiske Fortidsminder: Serie B, Band 13, København.

Lundqvist, L. m. f. 2003. *Slöinge 1992-1996. Undersökningar av en boplats från yngre järnålder. Slöingeprojektet 2*. Gotarc Serie no 42, Göteborg.

Martens, J. 1997. Jernalderbønder ved Øresund. Projektprogram - delprojekt jernalderen. Projektprogram inför arkeologiska undersökningar av Järnvägen Västkustbanan, delen Helsingborg-Kävlinge, Malmöhus län, Skåne.

Martens, J. 1999. Delprojekt: Järnåldersbönder vid Öresund. I: Svensson, M., red. Publiceringsplan för projektet Västkustbanan (VKB) Helsingborg - Kävlinge. *Riksantikvarieämbetet*. 1999:60.

Martens, J. 2005. Usynlige strukturer. I: Carlie, A., red. *Järnålder vid Öresund. Band 2. Metod- och materialstudier*, Skånska spår - arkeologi längs Västkustbanan. Riksantikvarieämbetet.

Mogren, M., red. 2005. *Byarnas bönder*. Skånska spår - arkeologi längs Västkustbanan.

Mortensen, P. & Rasmussen, B. M., red. 1988. *Fra Stamme til Stat i Danmark 1. Jernalderens stammesamfund*. Højbjerg.

Mortensen, P. & Rasmussen, B. M., red. 1991. *Høvdingesamfund og Kongemagt. Fra stamme til stat i Danmark 2*. Jysk Akaeologisk Selskabs Skrifter XXII: 2, Højbjerg.

Nielsen, H. 1997. Et regionalt rigedomscenter i Sydvestsjælland. I: Callmer, J. Rosengren, E., red. *"...Gick Grendel att söka det höga huset...". Arkeologiska källor till aristokratiska miljöer i Skandinavien under yngre järnålder*, Hallands länsmuseer skriftserie No 9/GOTARC C. Arkeologiska Skrifter No 27. s. 55-70.

Nielsen, P. O., Randsborg, K. & Thrane, H., red. 1994. *The Archaeology of Gudme and Lundeborg. Papers presented at a Conference at Svendborg, October 1991*. Arkæologiske Studier, Vol X. København.

Näsman, U. 1998. Sydskandinavisk samhällsstruktur i ljuset av merovingisk och anglosaxisk analogi eller i vad är det som centralplatserna är centrala? I: Larsson, L. Hårdh, B., red. *Centrala platser, Centrala frågor. Samhällsstrukturen under järnåldern. En vänbok till Berta Stjernquist*, Uppåkrastudier 1. s. 1-26.

Ramqvist, P. H. 1991. Perspektiv på regional variation och samhälle i Nordens folkvandringstid. I: Fabech, C. Ringtved, J. Jytte., red. *Samfundsorganisation og regional variation. Norden i romersk jernalder og folkevandringstid*, Jysk Arkæologisk Selskabs Skrifter xxVII. s. 305-318.

Rindel, P.-O. 1997. *Grøntoft - og etableringen af det strukturerede landsbysamfund i Vestjylland i 1. Årtusinde f. Kr. Bind I-II*. Institut for Arkæeologi og Etnologi.

Räf, E. 1996. Skåne på längden; sydgasundersökningarna 1983-1985. *Riksantikvarieämbetet. UV Syd Rapport* 1996:58.

Stjernquist, B. 1955. *Simris I, on cultural connections of Scania in the Roman Iron Age*. ACTA Archaeologica Lundensia: Series in 4. No 2, Lund.

Stjernquist, B. 1981. *Gårdlösa. An Iron Age community in its natural and social setting*. Acta Regiae Societatis humaniorum litterarum Lundensis, 75, Lund.

Stjernquist, B. 1993. *Gårdlösa. An iron age community in its natural and social setting. Bd III. Chronological, economic and social analysis*. Acta Reg. Societatis Humaniorum Litterarum Lundensis LXXX, Lund.

Strömberg, B. & Thörn Pihl, A. 2000. Järnåldersbosättningar i ett bronsålderslandskap. Skåne, Härslövs socken, Hillehög 6:5 och 16:7. Arkeologiska undersökning. *Riksantikvarieämbetet. UV Syd Rapport* 2000:53.

Strömberg, M. 1961a. *Untersuchungen zur jüngeren eisenzeit inSchonen. Völkerwanderungszeit - wikingerzeit: Bd I*. Acta Archareologica Lundensia: Series in 4° No 4, Lund.

Strömberg, M. 1961b. *Untersuchungen zur jüngeren eisenzeit inSchonen. Völkerwanderungszeit - wikingerzeit: Bd II: katalog und tafeln*. ACTA Archaeologica Lundensia: Series in 4° No 4, Lund.

Svanberg, F. 1999. *I skuggan av Vikingatiden. Om Skåne, Halland, Blekinge och Själland*. Report Series No 66, Lund.

Svanberg, F. 2003a. *Death Rituals in South-East Scandinavia AD 800-1000*. Acta Archaeologica Lundensia Series in 4° No 24, Stockholm.

Svanberg, F. 2003b. *Decolonizing the Viking Age 1*. Acta Archaeologica Lundensia Series in 8° No. 43, Stockholm.

Svensson, M. 2002. Västkustbanan. Sammanfattning av ett pågående projekt. *Riksantikvarieämbetet. UV Syd Rapport* 2002:13.

Säfvestad, U. 1995. Husforskning i Sverige 1950-1994. En kritisk exposé över metodutveckling. I: Göthberg, H., Kyhlberg, O. och Vinberg, A., red. *Hus och gård. Artikeldel. Hus och gård i det förurbanan samhället - rapport från ett sektorsforskningsprojekt vid Riksantikvarieämbetet*, Arkeologiska undersökningar Skrifter nr 14. Stockholm, s. 11-22.

Sørensen, S. A. 2000. *Hørup - en sjællandsk værkstedsplads fra romersk jernalder. Med bidrag af Annica Cardell og Vagn F. Buchwald*.

Tesch, S. 1993. *Houses, farmsteads and Long-term Change. A Regional Study of Prehistoric Settlements in the Köpinge area in Scania, Southern Sweden*. Lund.

Watt, M. 1998. Bopladser med bevarede kulturlag og deres betydning for studiet af bosættelsemønstre og centerdannelser i jernalderen. Eksempler og erfaringer fra Bornholm. I: Larsson, L. och Hårdh, B., red. *Centrala platser. Centrala frågor. Samhällsstrukturen under järnåldern. En vänbok till Berta Stjernquist*, Uppåkrastudier 1. Acta Archaeologica Lundensia Series in 8⁰ No. 28, s. 205-217.

Muntliga källor

Jes Martens, Universitetets kulturhistoriske museer, Oslo
Bo Strömberg, Riksantikvarieämbetet UV Syd, Lund

FAKTA:
En skjoldbule af træ

Jes Martens

På udgravningen SU12 syd for Kvärlöv fremkom et af de fineste enkeltfund fra jernalderundersøgelserne på Västkustbanan: en skjoldbule fra overgangen mellem bronze- og jernalder. Skjoldbulen er, som det var gængs i tiden, helt i træ. Selve bulen er skåret ud i et stykke af piletræ *(Salix sp.)*, nitterne, som har fæstet den på skoldbrættet, er af enebær *(Juniperus communis)* (bestemmelse ved Hans Lindersson, Kvartärgeologiska Institutionen, Lund). Langs ryggen i bulens længderetning er der udskåret en ribbe, som deler den symmetrisk i to halvdele. På ydersiden af bulens kanter ses en omløbende rille, der kan have forbindelse med fæstet af bulen på skjoldet eller med fæstet af et læderdække på skjoldets yderside. Et sådant læderdække fra denne tid kendes fra den nordjyske mose Borremose (desværre upubliceret; jvf. Martens 2001, s. 155). Skjoldbulens inderside er udhulet til et ovalt rum med plads til hånden, som har båret skjoldet. Selve skjoldgrebet er der ikke spor efter, men fra bevarede skjolde fra denne tid ved vi, at grebet, som også bestod af træ, var nedfældet i skjoldbrættet. Ved optagelsen var skjoldbulen næsten selvlysende gullighvid som frisk træ, men konserveringen har givet den en mørkere farve.

Fundforhold

Skjoldbulen fremkom i en brønd på den tilsyneladende anonyme jernalderboplads "VKB SU12" syd for Kvärlöv. På grund af sin anonymitet var pladsen lige ved at blive bortprioriteret i undersøgelsernes planlægningsfase. Bagefter kan man være lykkelig for, at man lod tvivlen komme lokaliteten til gode. Der fremkom nemlig flere andre gode fund på samme plads, blandt andet en usædvanlig ildbuk (se faktaruden om denne i del II). Desuden viste pladsen sig at have været usædvanlig intenst beboet gennem længere tid, dvs. det meste af bronzealderen og ældre jernalder (jvf. Thörn Pihl 2000).

Bebyggelsen holdt sig på en relativt velafgrænset forhøjning i det ganske lave og udramatiske landskab. Brønden (A38983), hvori skjoldbulen blev fundet, lå lidt fra bopladsens centrum i et lavere, fugtigere parti sammen med flere lignende anlæg. Den var nedgravet omtrent en meter i den vandførende sandundergrund, og for at afstive nedgravningen var den forsynet med en vidjeflettet kurv (fig. 2). I toppen af brønden lå et knippe hør med frøene siddende, hvilket ifølge arkæobotaniker Mats Regnell er en indikation på, at der ikke kan være tale om almindelig henlæggelse til rødning. Herunder fremkom selve bulen og herunder igen et stort stykke bark. Skjoldbulen var ved sin fremkomst beskadiget, så den må være blevet nedlagt som sådan. Alle tre fund må være nedlagt ved brøndens opfyldning og kan måske udgøre en slags offernedlæggelse, hørrets tilstand taget i betragtning. En anden mulighed er naturligvis, at det er affald, der mere eller mindre tilfældigt er brugt til at fylde en udtjent brønd op.

Datering

Fra brøndkurven foreligger en ^{14}C-datering til BP 2470, hvilket efter kalibrering vil sige 780-400 før Kristi fødsel. I arkæologisk sprogbrug vil dette sige slutningen af yngre bronzealder eller tidligste førromerske jernalder. Dette er noget tidligere end den datering, de bedste paralleller til fundet, skjoldbulerne fra våbenofferet i Hjortspring mose på Als, ved Sønderjyllands østkyst sædvanligvis tillægges (Becker 1948; Brøndsted 1960, s. 31ff; Kaul 1988). I forbindelse med nyopstillingen af Hjortspringbåden i Nationalmuseet blev der imidlertid foretaget en efterudgravning af fundstedet, hvor flere dele af båden blev fundet. Disse kunne ^{14}C-dateres, hvilket gav indikationer på det 4. eller den ældre del af det 3. århundrede før Kristi fødsel (Tauber 1987). Kvärlövbrønden synes dog at være en anelse ældre, og ser man på det samtidige arkæologiske materiale, er det fuldt ud muligt, at også skjoldbulen er det. I Centraleuropa har man gennem metalbeslag rigdom at fremstille. Det gør derimod de andre våbentyper inklusive skjoldene, bag hvilke der gemmer sig ganske gode træskærerkundskaber, ligesom formen nøje følger de internationale standarder. Faktisk vidner et fund som Hjortspringfundet på trods af sin store diversitet om såvel international orientering som eksklusivitet. Ikke mindst proportionen mellem brynjeklædte og ikke brynjeklædte krigere er usædvanlig høj. Mellem hver fjerde og femte kriger må have haft ringbrynje, hvis udgraverens iagttagelser og beregninger skal stå til troende (Rosenberg 1937, 47f). De tilsyneladende primitive benlanser kan dermed tænkes at have været et specialiseret våben mod ringbrynjer. De mange dyrebare brynjer giver et indtryk af, at krig på denne tid var en specialiseret beskæftigelse forbeholdt overklassen, og af at Hjortspring-"hæren" må have været sammensat af deltagere fra et større antal bebyggelser. Dermed er Hjortspingfundet også en indikation på, at der i det mindste periodisk kunne eksistere overordnede regionale magt- eller samarbejdsstrukturer i Norden i det 4. århundrede før Kristi (jvf. Martens 2001).

Selvom der ikke er fundet, hvad vi i dag forstår ved "rigdom", på højen syd for Kvärlöv, er skjoldbulen dermed en indikation af, at en person eller familie her stod højt i det lokale og regionale hierarki på overgangen mellem bronze- og jernalder. Denne person deltog i regionens militsorganisation og kunne for så vidt have været deltager i et angreb, som det der rettedes mod den sønderjyske ø Als i det fjerde århundrede før Kristus. Samtidig viser fundet, at regionen, som ellers er fattig på genstandsfund fra denne tid, har været fuldt up-to-date med den internationale våbenudvikling.

Dette leder ind på et sidste spørgsmål, som kan stilles i forbindelse med dette fund: Er skjoldbulen fra Kvärlöv et vidnesbyrd om, at Hjortspringhæren havde østskandinavisk oprindelse? Som nævnt kræver fundet af en skjoldbule af denne type særlige fundomstændigheder. Derfor er udbredelsen af disse skjoldbuler lige

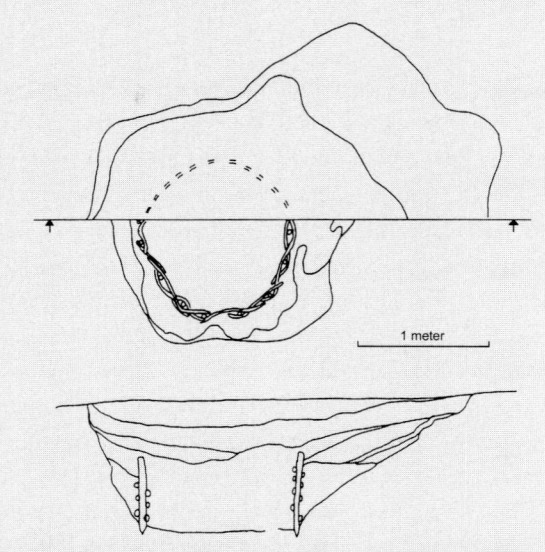

Figur 2. Plan og snittegning af brønden A38983. Efter Martens 2001.

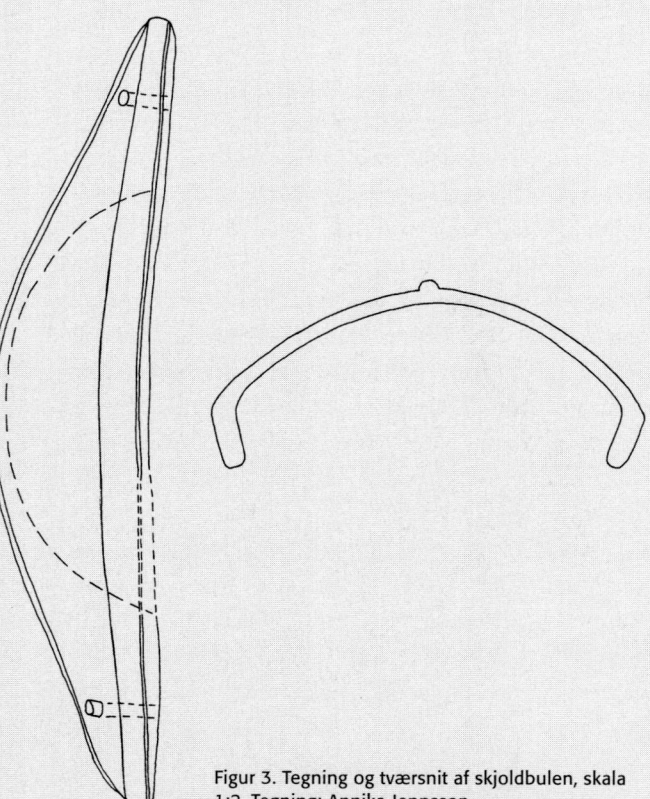

Figur 3. Tegning og tværsnit af skjoldbulen, skala 1:2. Tegning: Annika Jeppsson.

så meget et udtryk for tilfældigheder som for typens faktiske udbredelse. Desuden er typen beviseligt et internationalt anliggende. Med dette fund kendes formen idag fra Fayum i Ægypten (Kimmig 1940) i syd til Kvärlöv i Skåne i nord. Af de øvrige genstandstyper, som findes i Hjortspringfundet, er benspidser rigt forekommende i Skåne, men også i de øvrige landområder i det sydlige Østersøområde (Martens 2001). Sværd fra denne tid er ukendte i Skåne, men det er de stort set også i resten af Nordeuropa. Ser man på det øvrige fundmateriale, så har et fund af et sæde fra en Hjortspringbåd i Nordsverige (Jansson 1994) for nylig bevist typens fysiske eksistens på den skandinaviske halvø, hvis man da ikke mente, at de mange helleristningsafbildninger af lignende skibe på forhånd havde gjort det. Desuden er der på en helleristing ved Tegneby, Bohuslän afbildet et antal ryttere udstyret med lanse og rektangulære skjold, som ligner Hjortspringskjoldene. Endelig kan der peges på, at de små drejede træsker i Hjortspringfundet har gode paralleller, ganske vist i ler, i det østlige Sydskandinavien (Martens 2001, fig. 15). Desværre findes alle disse træk også andre steder i det sydlige Østersøområde (Randsborg 1995, 35f), så derfor er skjoldbulen kun et bevis på, at Hjortspring-"hæren" *kan* have haft udgangspunkt i det østlige Sydskandinavien og dermed *kan* have været en forløber for yngre romertids skandinaviske angreb på Jylland (jvf. Ilkjær 1993).

Referencer

Becker, C. J. 1948. Die zeitliche Stellung des Hjortspring-fundes. *Acta Archaeologica vol. XIX*, s. 145-187

Brøndsted, J. 1960. *Danmarks Oldtid*, bd. III, Jernalderen. København.

Ilkjær, J. 1993. *Illerup Ådal 3, Die Gürtel. Bestandteile und Zubehör*, Aarhus.

Jansson, S. 1994. Nordsvensk Hjortspringbåd? *Maritimarkæologisk nyhedsbrev fra Roskilde 2 (maj 1994)*, s. 16-17

Kaul, F. 1988. *Da våbnene tav. Hjortspringfundet og dets baggrund*. København, Nyt Nordisk Forlag.

Kimmig, W. 1940. Ein Keltenschild aus Ägypten, *Germania 24*, s.106-111

la Baume, W. 1963: *Die pomerellischen Gesichtsurnen*, Kataloge vor- und frühgeschichtlicher Altertümer 17, Mainz.

Lund, J. 1979. Tre førromerske jordkældre fra Overbygård. *Kuml 1979*, s. 109-139.

Martens, J. 2001. A Wooden Shield-Boss from Kvärlöv, Scania. Some Remarks on the Weaponry of the Early Pre-Roman Iron Age in Northern Europe and the Origin of the Hjortspring Warriors. I: Meyer, M. red. "...*TRANS ALBUM FLUVIUM" Forschungen zur vorrömischen, kaiserzeitlichen und mittelalterlichen Archäologie. Festschrift für Achim Leube zum 65. Geburtstag.* Berlin, s. 135-159.

Randsborg, K. 1995: *Hjortspring. Warfare & Sacrifice in Early Europe*. Aarhus.

Rosenberg, G. 1937. *Hjortspringfundet*, Nordiske Fortidsminder III-1, København, Nationalmuseet, s. 5-102.

Tauber, H. 1987. Hjortspring. Danske arkæologiske C-14 dateringer 1987. *Arkæologiske udgravninger i Danmark 1987*, København, s. 227-244.

Thörn Pihl, A. 2000. En välbebodd kulle i Kvärlöv. *Riksantikvarieämbetet UV Syd Rapport 1999:105*.

Utrykte kilder

Hans Lindersson, Kvartärgeologiska avdelningen, Lunds Universitet

DEL II **BEBYGGELSE**

FAKTA:
En ildbuk fra Kvärlöv
Jes Martens

Fra samme boplads som den omtalte skjoldbule af Hjortspringtype (se faktarude del I) foreligger en ildbuk af en usædvanlig form. Den fremkom i en grube (A34396), som lå lidt neden for selve den bebyggede bakketop på vej ned mod det fugtige brøndområde vest for bebyggelsen (Thörn Pihl 2000). Bukken var stærkt beskadiget og næsten gået i opløsning ved fremdragelsen. Dette forhindrede dog ikke, at man allerede under udgravningen kunne erkende, at der var tale om et ganske usædvanligt fund og derfor investerede lidt mere tid end sædvanligt på at udgrave gruben, hvori den blev fundet. Ildbukken kan dermed siges at være blevet optaget så hel og komplet, som det var muligt. Fra gruben foreligger der i øvrigt en ^{14}C-datering til 410-90 før Kristi fødsel (Ua-9993).

Der er gennem tiderne fremsat mange teorier om ildbukkens rette brug og tolkning, spændende fra kultgenstand til praktisk støtte for gryder og lignende ved ildstedet (Becker 1970; Babes 1993). Da gruppen opviser en meget stor formvariation, fra massive lerblokke til opretstående, hule cylindre, kan det være svært at finde en fællesnævner. Typen findes over et meget stort geografisk område omfattende det meste af Europa og det meste af et årtusind omkring Kristi fødsel. Det er derfor muligt, at den heterogene genstandsgruppe, som sammenfattes under denne betegnelse, ikke nødvendigvis bør tillægges samme funktion og forklaring. En ting synes dog at være fælles: tilknytningen til ildstedet.

På grund af Kvärlöv-ildbukkens fragmentariske tilstand er det ikke muligt at rekonstruere den helt nøjagtigt. Det kan imidlertid fastslås, at der er tale om en massiv ildbuk af groft magret ler, hvor én af siderne synes at være blevet påvirket af særdeles høje temperaturer. I øvrigt kan bukken med tanke på dens bedrøvelige tilstand ikke siges at være særlig hårdt brændt.

Tre fragmenter er vigtige for forståelsen af bukkens oprindelige form. Alle har det til fælles, at de viser, at bukken har været massiv, og at den mindst på en side har været ornamenteret med stempelornamentik i form af knapt 2 cm store, næsten 1 cm dybe runde indtryk med flad bund. Et stykke, hvor to sider er bevaret, viser, at bukken har haft en flad standflade, medens de tilstødende sider tilsyneladende har været hvælvede. Et andet vigtigt stykke viser, at bukken har været hornet. Hornet er afbrudt ved basis, og kun tre sider er bevaret. Hornet virker ikke spidst, hvilket betyder, at det kan have været lige så bredt som bukken i øvrigt. Den ene side på hornet er konkav, de to øvrige hvælvet. Det tredje vigtige stykke har tre sider bevaret, de to hvælvede, den tredje konkav. Dermed er denne side sikkert fortsættelsen af hornets konkave side. Dette bekræfter, at hornet har været bredt. Samtidig viser det bukkens fulde bredde, der har været omkring 8 cm. Om der bare er tale om et, eller om der kan have været to horn, kan ikke siges ud fra det fragmenterede materiale. Det kan heller ikke med sikkerhed afgøres, om den konkave side, der har været udsat for høj varme, har udgjort ryggen eller en af smalsiderne på bukken. Dermed kan der i princippet både have været tale om en opretstående tohornet buk eller en liggende, enhornet blok.

Uanset hvilken rekonstruktion, der vælges, er der imidlertid tale om et unikum i lokal skånsk sammenhæng. Ildbukke eller lerblokke fra Skåne og Sjælland er normalt rektangulære blokke, enten massive eller hule, ofte ornamenteret med udskæringer eller snit (jvf. Vifot 1934; Becker 1948; Stjernquist 1969). Massive, opretstående, hornede ildbukke skal man til Jylland eller kontinentet for at finde. Disse dateres til yngre førromersk eller ældre romersk jernalder (ca. 250 før til 150 efter Kristi fødsel), medens ildbukke fra ældre førromersk jernalder også her er blokformede omend af anden udformning end de skånske (Steyer 1973; Becker 1961; 1970; Martens 1990; Babes 1993, s. 76ff). Dette er ikke i modstrid med ^{14}C-dateringen fra gruben, som i øvrigt må betragtes som den tidligst mulige for ildbukken.

På trods af sin fragmentariske tilstand er ildbukken fra Kvärlöv dermed vidnesbyrd om langtrækkende kulturforbindelser til det vestlige Østersøområde. Kvaliteten taget i betragtning må Kvärlöv-bukken dog være et lokalt produkt, omend fremstillet efter fremmed forbillede. En ildbuk fundet ved Dybbøl ud for den sønderjyske ø Als giver et indtryk af, hvordan ildbukken oprindeligt kan have set ud (Jørgensen 1987). Denne ildbuk er fundet ikke langt fra Hjortspring mose, hvor skjoldbulen fra Kvärlöv finder sine bedste og nærmeste paralleller. Selvom det ville være fristende at se en forbindelse mellem fundene fra Kvärlöv og de to sønderjyske fund, er det dog vigtigt at huske, at de er adskilt i tid af mindst et par århundreder, dvs mindst 6-7 generationer, så nogen simpel sammenhæng kan der ikke være tale om. Hvad ildbukken og skjoldbulen alligevel har til fælles, er, at de viser at bopladsen på højen syd for Kvärlöv ikke var nogen almindelig boplads, og at den fastholdt denne særlige rolle gennem flere århundreder.

Referencer

Babes, M. 1993: *Die Poienesti-Lukasevka-Kultur. Ein Beitrag zur Kulturgeschichte im Raum östlich der Karpaten in den letzten Jahrhunderten vor Christi Geburt.* Bonn.

Becker, C. J. 1948: Den tidlige jernalderbebyggelse på Trelleborg, I: Nørlund, P. *Trelleborg.* Nordiske Fortidsminder IV.1, København s. 223-240.

Becker, C. J. 1961: *Førromersk jernalder i Syd- og Midtjylland,* Nationalmuseets Skrifter, Store Beretninger VI, København.

Becker, C. J. 1970: De gådefulde lerblokke fra ældre jernalder, *Kuml,* Aarhus, s.145-156

Jørgensen, E. 1987. 1666. Dybbøl N, Sb. 36. I: *Danmarks længste udgravning. Arkæologi på naturgassens vej 1979-86,* s.416.

Martens, J. 1990. *Studier over keramikken fra Borremosefundet,* Konferensafhandling ved Institut for Forhistorisk Arkæologi, Aarhus Universitet.

Steyer, H. 1973. Germanische "Feuerböcke" aus dem Hannoverische Wendland, *Archäologisches Korrespondenzblatt 3,* s. 213-217.

Stjernquist, B. 1969. En boplats från äldre järnålder i Hötofta, sydvästra Skåne. *Fornvännen 64, 1969,* s. 161-179.

Thörn Pihl, A. 2000. En välbebodd kulle i Kvärlöv. *Riksantikvarieämbetet UV Syd Rapport* 1999:105.

Vifot, B. M. 1934. En hustomtning från förromersk järnålder i Skåne, *Medd. LUHM 1933-34,* s. 174-187.

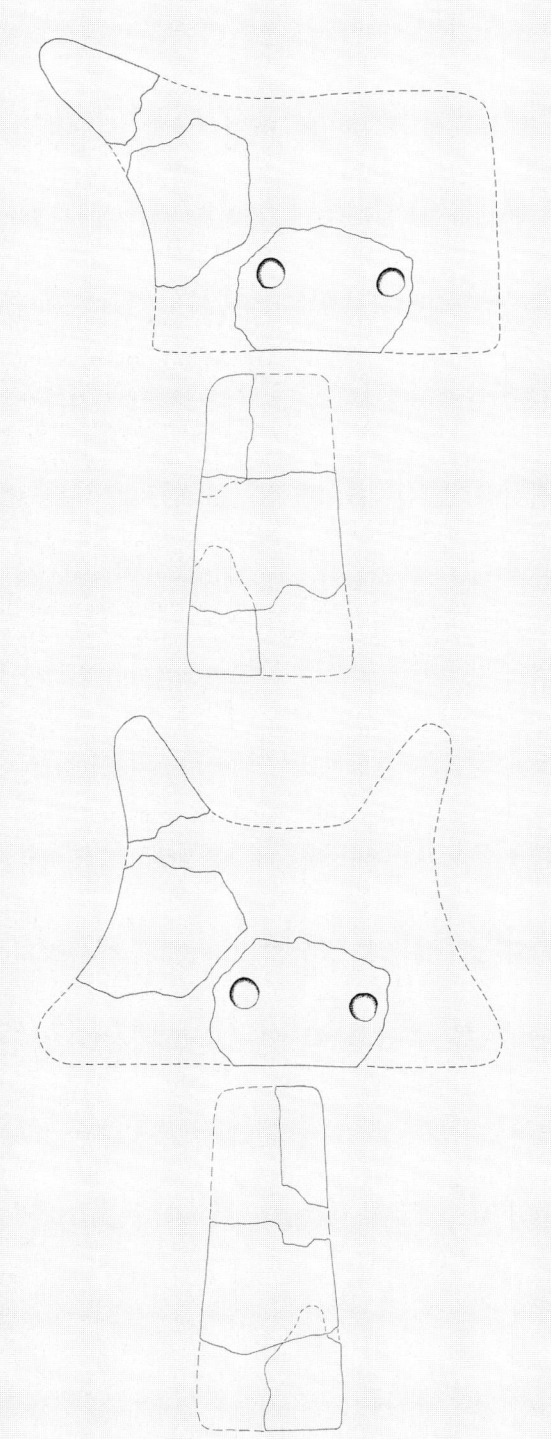

Figur 1. De to mulige rekonstruktioner af ildbukken (del. A. Jeppsson)

Skånsk huskronologi

Af en uforklarlig årsag unddrog de forhistoriske huse sig deres erkendelse omtrent 70 år længere i Skåne end i de fleste øvrige dele af Skandinavien. Da man endelig fik hul på problemet i midten af 1970'erne, kom der til gengæld fart i de systematiske undersøgelser. I 1993 publiceredes de første store, sammenhængende bearbejdninger af hustypologi og -kronologi i Norden i form af to afhandlinger, baseret på skånsk materiale! I første del af denne artikel belyses den lange vej til de skånske huses erkendelse, medens anden del er helliget en kritisk analyse af de to tidlige afhandlinger. Konklusionen er, at tiden er inde til en revurdering af deres konklusioner.

Jes Martens

Indledning

Bopladsarkæologi har en lang tradition i Skandinavien. De første jernalderhustomter, som blev erkendt som sådanne, er formodentlig dem, der blev udgravet på Gotland så tidligt som i 1880'erne (Nordin 1886; 1888; Stenberger 1933, s. 149f, fig. 97; 1953, s. 16ff.). Lige siden er materialet vokset, og metoderne er blevet udviklet, hvilket har resulteret i en ganske overvældende og mangeartet datamængde både på det overordnede og det mere detaljerede plan. Således har vi i dag kundskab om både konstruktive detaljer og indretning i jernalderens huse, om gårdens og landsbyens struktur og i visse tilfælde næsten hele bygders bebyggelsesmæssige organisation.

Dette skal absolut ikke forstås således, at emnet kan anses for at være udtømt. Tværtimod gælder det her, som i de fleste andre sammenhænge, at desto større kundskab, der opnås, des bedre kan problemstillingerne lokaliseres og præciseres for den videre forskning. En anden sag er, at forskningen ikke er nået lige langt overalt i Skandinavien og ikke altid har fulgt de samme veje. Det kan derfor være nødvendigt at se på den lokale forskningshistorie for at forstå den aktuelle bebyggelsesarkæologi i en konkret region. Skåne er et typisk område, hvor bopladsarkæologien bedst forstås på sine egne vilkår. Dette bør på den anden side ikke udelukke, at den lokale forskning vurderes i lyset af den samtidige forskning andre steder i Sydskandinavien.

Tiden 1929–1970 – den manuelle periode

Selvom skånsk arkæologisk forskning traditionelt holder en høj international standard i mange henseender, var det ikke før midten af 1970'erne, at det lykkedes at erkende de forhistoriske bopladsers og bygningers sande struktur i denne region. Før denne tid var et større antal jernalderbopladser dog blevet udgravet, og der var gjort flere forsøg på at løse problemet.

Den første til at publicere, hvad han anså for at være en hustomt, var Bror-Magnus Vifot. I 1929 udgravede han lokaliteten Hörtegården mellem Trelleborg og Ystad, hvor han afdækkede en 8x4 meter stor, rektangulær stenlægning, som han tolkede som et husgulv (fig. 1). Han indrømmede dog, at han hverken kunne udpege et ildsted eller andre vigtige detaljer såsom tagbærende konstruktioner eller væglinier. Ud fra keramikken, der blev fundet på stenlægningen, daterede han tomten til en senere del af førromersk jernalder (Vifot 1934).

Stenlægninger af denne type var almindeligt kendte fra andre steder i Sydskandinavien, længe før husene selv blev erkendt. Indtil de første jernalderhustomter blev erkendt, blev de ofte tolket som hustomter eller i det mindste som tilknyttet hustomter (jvf. Müller 1906, Martens 1987b, fig. 1).

På Gotland havde man imidlertid allerede i slutningen af 1800-tallet udgravet flere såkaldte "kämpagrafvar", som tolkedes som boliger fra jernalderen, uden det dog var lykkedes at nå til klarhed angående husenes tagbærende konstruktion (Nordin 1886; 1888). Nordin var ganske tæt på at opklare problemet, idet han var opmærksom på, at der i visse huse forekom heller ordnet parvist i rækker i husenes længderetning, og at de måtte have noget med tagkonstruktionen at gøre (Nordin 1888, s. 106, fig. 53, 130f, fig. 73, 161f). Det var dog først et par årtier inde i det 20. århundrede, at de tagbærende konstruktioner i de gotlandske huse blev fuldt forstået (Boëthius & Nihlén 1932, s. 348ff; Nihlén & Boëthius 1933, s. 122ff). På Öland havde Mårten Stenberger foretaget flere udgravninger af lignende hustomter i perioden 1926–28, hvor han kunne dokumentere regelmæssige indre bærekonstruktioner (Stenberger 1933, s. 110ff,

192ff). I Norge var lignende huse blevet udgravet flere steder på sydvestlandet i løbet af de første årtier af 1900-tallet, også med veldokumenteret tagbærende konstruktion (jvf. Shetelig 1909; Petersen 1933-1936; Grieg 1934). I beboelseshusene var der tale om treskibede konstruktioner med to parallelle rækker tagbærende stolper ordnede i par, såkaldte "bukke". Disse kunne være nedgravede, som f.eks. i Sheteligs huse på Jæren, eller være placeret på heller ("Ständerbau"), som tilfældet var i det gotlandske Lojsta-hus (Boëthius & Nihlén 1932).

Det er muligt at argumentere med, at disse mellemsvenske og norske huse var relativt lette at erkende pga. de bevarede stenvægge, og at årsagen til, at forhistoriske huse ikke blev erkendt i Skåne på samme tid er, at tilsvarende bevaringsforhold ikke var til stede her. Dette argument gjaldt imidlertid ikke for fundet af op til fire stolpebårne hustomter på Kraghede i Jylland i 1906. Her var der tale om fundforhold, som var ganske sammenlignelige med de skånske, da bopladsen blev fundet under flad, dyrket mark. Desværre blev lokaliteten aldrig publiceret i sin helhed, men hustomterne er flere gange blevet omtalt og afbildet (tidligst af Hatt 1928, s. 254ff, fig. 25; jvf. Martens 1994b; 2000). I 1926–1927 påbegyndte Gudmund Hatt sine banebrydende bopladsundersøgelser i Nord- og Vestjylland med at afdække fire hustomter på to lokaliter, Solbjerg og Tolstrup (Hatt 1928), og året efter udgravede han et hus ved Fredsø på Mors (Hatt 1930). Desuden havde man i årene 1923–29 gravet på den klassiske Ginderup-lokalitet, hvor ikke blot mange hustomter men også flere vigtige detaljer vedrørende jernalderens huskonstruktioner fremkom (Kjær 1928; 1930; Hatt 1935). Og således kunne man konstatere, at også de jyske jernalderhuses tagbærende konstruktion bestod af to parallelle indre stolperækker (jvf. Hatt 1930, s. 109ff).

Selvom man således på tidspunktet for undersøgelsen af Hörtegården var nået langt i forståelsen af det skandinaviske jernalderhus' basale konstruktioner, bør det nævnes, at fælles for de indtil da undersøgte hustomter, var gode bevaringsforhold, hvor væglinier, gulv og ildsteder i høj grad var afgørende og styrende for husenes erkendelse. Det var først på et betydeligt senere stadium i arkæologiens udviklingshistorie, at man begyndte at fokusere så kraftigt, som tilfældet er idag, på sporene efter nedgravede tagbærende konstruktioner i forbindelse med påvisning af forhistoriske huse (jvf. Becker 1985; 1987).

Ved alle de nævnte undersøgelser fremgik det iøvrigt, at husene i reglen havde jordgulve eller lergulve, medens stenlægninger primært blev brugt til ildsteder og indgangspartier, eller til brolægninger uden for husene enten som gårdspladser, veje eller syldsten omkring husene. På baggrund af denne viden burde Vifots stenlægning snarere tolkes som en brolægning nord for et hus, således at tungen, der stikker mod syd, markerer indgangen.

Blot få år senere, i 1934, skulle Vifot på en skånsk boplads finde bevaringsforhold som på de bedre jyske. Det skete, da han udførte en serie mindre arkæologiske undersøgelser i Uppåkra syd for Lund. Her opdagede han en boplads med et bemærkesesværdigt tykt kulturlag. Da udgravningen var foranlediget af nybygning og udbygning af økonomibygninger på en eksisterende gård, blev udgravningsfelternes beliggenhed og udstrækning bestemt af disse[1]. I et af udgravningsfelterne, felt D, blev et husgulv afdækket (fig. 2). Gulvet var øst-vest-orienteret og var cirka. 5 meter bredt, medens 8 meter var blevet afdækket i øst-vestlig retning inklusive, hvad der synes at være den vestlige gavl. Ydersiden af denne synes at have været støttet af et stenlag. En 1,35 meter lang, flad sten ved den sydlige langvæg blev tolket som en tærskelsten. Vifot daterede huset til yngre romersk jernalder på grundlag af et stort materiale af keramik og drejekværne (Vifot 1936; Stjernquist 1996, fig. 11, s. 94ff).

Selvom de vitale konstruktionselementer stadig undrog sig observation, finder denne hustomt gode paralleller blandt samtidigt undersøgte hustomter fra Jylland. Med baggrund i erfaringerne fra sidstnævnte region ville det være sandsynligt at tolke væggene som bestående af en indre lerbeklædt fletværksvæg støttet af en ydre mur af sten eller tørv, som det er kendt fra klassiske jyske lokaliteter som Ginderup (Hatt 1935, s. 40; 1937; 1938, s. 263) og Borremose (jvf. Martens 1987a, s. 165f). Tilsvarende vægkonstruktioner har formodentlig også været i brug på Malle Degnegård (Hatt 1938, pl. XII) og Skørbæk Hede (a.a. pl. II, husene E og F). Bredden af væggenes basis på Uppåkrahuset angives af stenlinien ved vestgavlen og er op til 1,5 meter.

I 1947 publicerede Berta Stjernquist planerne af det, hun anså for at være tre fuldt udgravede romertidshustomter ved Vä i det østlige Skåne (Stjernquist 1947, pl. V, VI). I analysen af fundet delte hun efter Stenbergers forbillede (jvf. Stenberger 1933, s. 159) de indtil da kendte hustomter i Sydskandinavien ind i to hovedtyper: en type med vægge af sten eller tørv, og en type med lerklinede fletværksvægge. Et af hendes huse fra Vä tilskrev hun den sidstnævnte type, medens hun antog, at de resterende hustomter fra Vä tilhørte en tredje type, bygget i tømmer efter slavisk skik. Denne formodning var udgangspunkt for en påstand om, at Vä i romersk jernalder skulle have haft særlige sydøstlige kontakter (Stjernquist 1947)[2].

Stjernquist observerede ingen spor efter tagbærende konstruktioner i nogen af sine Vä-huse, og hun gik endda så langt som til at fastslå, at sådanne konstruktioner var unødvendige. Dette stod i direkte modsætning til de observationer, som tidligere var blevet gjort under tilsvarende forhold i det øvrige Norden (Shetelig 1909; Hatt 1928; 1937; 1938; Boëthius & Nihlén 1932; Stenberger 1933; 1953; Stenberger & Klindt-Jensen 1955). Fraværet af de vitale konstruktioner i Vä husene kan derfor ligeså godt skyldes udgravningsmetoderne og udgraverens erfaringsgrundlag som et reelt fravær.

Stjernquists første problem var, at hun sandsynligvis ikke gik dybt nok ved afdækningen af bopladsen. Det er vanskeligt at vide nøjagtigt, hvor dybt i grunden hun gik, men bedømt ud fra de publicerede udgravningsfotos (Stjernquist 1951, fig. 15–16, 18–23) ser det ud til, at kun overjorden blev fjernet. Dette var dog ikke noget særegent for Stjernquists gravninger. Tværtimod var det ganske almindeligt på skandinaviske udgravninger helt frem til 1960'erne, da mekanisk afdækning blev introduceret (Becker 1987; Martens 1990). Konsekvensen var, at det niveau, som afdækkedes, var den blandede zone mellem overjorden og den rene undergrund. På dette niveau er det meget vanskeligt at erkende mindre nedgravninger[3]. Dette er den mest sandsynlige forklaring på, hvorfor der ikke er erkendt stolpehuller i hustomterne på Vä. Istedet blev tomternes form og udstrækning bestemt ud fra bevarede rester af lergulve, ildsteder og stenlægninger. En lignende strategi blev eksempelvis fulgt under udgravningen 1941–1945 af jernalderbopladsen i Borremose, Nordjylland, omend af andre årsager[4] og med et noget andet resultat (jvf. Martens 1987a, s. 162; 1994a). På Borremose skete det imidlertid ikke uden protest. Thulstrup-Christensen, der gennem 1930'erne havde assisteret Gudmund Hatt på mange af hans bopladsundersøgelser, deltog også i denne udgravning og skal klart og utvetydigt have udtrykt sin utilfredshed med den valgte metode (Becker pers. komm.).

Det andet hovedproblem for Vä-undersøgelsen udspringer af Stjernquists valg af undersøgelsesstrategi: mindre arealer udgravedes i kvadrater af 2x2 meter, og kun begrænsede flader var afdækket på samme tid. Det totale omfang af udgravningen på Vasalyckan G, hvor de to hustomter 1945-I og 1945-II blev afdækket, var 184 m², og omfanget af udgravningen Vasalyckan H, hvor hus 1946-I blev fundet, var 290 m² (Stjernquist 1951, s. 25ff, Pl. V, VI). Netop denne undersøgelsesstrategi var en af hovedårsagerne til, at hustomterne først blev erkendt så sent, som de gjorde, i dansk arkæologi, og derfor udviklede Gudmund Hatt i løbet af 1920'erne en alternativ strategi, hvori han forlod det rigide kvadrat-system til fordel for at udgrave større, sammenhængende, objektorienterede områder (Becker 1987, s. 71). Denne ændring var af fundamental betydning for bopladsarkæologien uden for udbredelsesområdet for huse med stenmure.

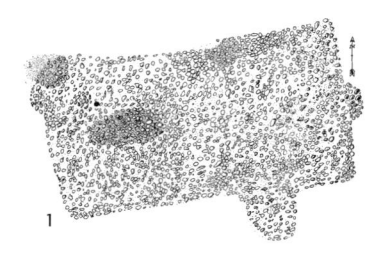

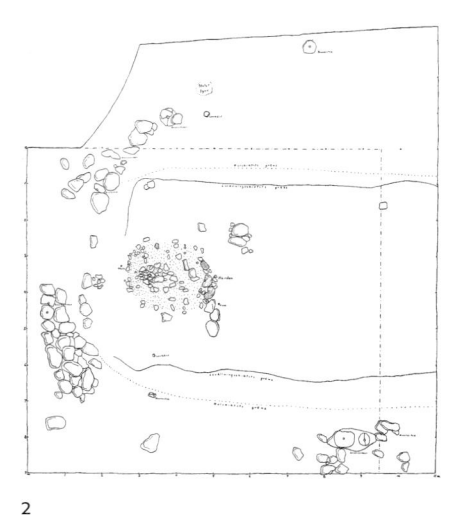

Figur 1–2. To af de tidligst publicerede formodede jernalderhusplaner fra Skåne. Skala 1:200.
1: Stenlægning ved Hörtegården fortolket som husgulv, dateret til førromersk jernalder, efter Vifot 1934, fig. 2.
2: Yngre romertidshusgulv fra Uppåkra, efter Vifot 1936, fig. 4.

Two of the earliest published plans of presumed Iron Age houses in Scania. Scale 1:200.
1: Stone pavement at Hörtegården interpreted as the floor of a house, dated to the Pre-Roman Iron Age. From Vifot 1934, figure 2.
2: A house floor from Uppåkra, dated to the Late Roman Iron Age. From Vifot 1936, figure 4.

Udgravningsområdet, hvori hus 1945-I blev fundet, målte ca. 18x6 meter, området, i hvilket hus 1945-II blev fundet, bare 6x8 meter. Som nævnt er begge huse dateret til yngre romersk jernalder. I denne periode måler beboelseshusene i Sydskandinavien generelt 30–50x5–6 meter (Hatt 1958; Hansen m.fl. 1991, s. 19f, fig. 1; Hvass 1993; Tesch 1993). Det er indlysende, at så store strukturer umuligt vil kunne erkendes indenfor så små udgravningsarealer. Det er derfor vigtigt for vurderingen af f.eks. den østlige afgrænsning af hus 1945-I at vide, at udgravningens østgrænse, som ikke er markeret på planen, løber ikke fjernt fra lergulvets østgrænse. Det er et velkendt fænomen i Jylland, at kun husets ene halvdel, oftest den vestlige, har haft lergulv, medens den østlige, som ofte fungerede som stald, var uden et sådant dække (Hatt 1938, fig. 9, Pl. II, hus E–F). På denne baggrund vil Vä hus 1945-I kunne vise sig at være den vestlige beboelsesdel i en betydeligt større bygning. Stenlægningen ved husets vestlige gavl (Stjernquist 1947, fig. 1; 1951, s. 32ff, Pl. VI) vil med brug af de samme analogier kunne tolkes enten som fundamentet til en tørvemur med en indre, støttende fletværksvæg, eller som tagdryp.

Således kan ingen af de omtalte huse fra Vä anses for at være komplette. Ved hjælp af samtidigt eller tidligere udgravet bopladsmateriale fra andre dele af Sydskandinavien kan det sandsynliggøres, at Vä-husene må tolkes som spor efter delvist udgravede, typiske øst-vest-orienterede, treskibede langhuse, hvis konstruktive elementer og østlige dele har undgået udgraverens opmærksomhed[5]. Dette illustrerer, i hvor høj grad den skånske bebyggelsesarkæologi på denne tid fulgte sit eget spor.

I 1967–68 udgravede Stjernquist en boplads ved Hötofta, hvor hun hævder at have erkendt det første stolpebyggede jernalderhus i Skåne. Desværre offentliggjorde hun ved denne lejlighed kun ét foto af en formodet hustomt, hus 8. Selvom dette fotografi viser et større antal stolpehuller, stort set fordelt på to rækker (Stjernquist 1969, fig. 2), er det vanskeligt at udpege, hvilke der skulle udgøre par. Uden anden dokumentation er det derfor umuligt at vurdere holdbarheden i udgraverens tolkning[6]. Imidlertid markerer denne artikel et vigtigt vendepunkt i Stjernquists forskning[7], idet hun hermed tilsyneladende erkender, at huskonstruktionerne grundliggende var de samme overalt i Sydskandinavien i ældre jernalder (a.a. s. 169).

Cirka 1970–1975 – introduktionen af maskinel fladeafdækning

De hidtil omtalte skånske udgravninger foregik alle på bopladser med bevaret kulturlag og med lang bebyggelseskontinuitet. Man vil kunne argumentere med, at disse faktorer har øvet en vis begrænsende indflydelse på observationsforhold og udgravningsmetoder, bla. ved at sætte grænse for, hvor store arealer, der kunne undersøges ad gangen, uden at det gik ud over observationerne i kulturlaget. Imidlertid svarer disse forhold i høj grad til de omstændigheder, hvorunder den tidlige bopladsarkæologi arbejdede i Jylland. Her blev der endda gravet på ganske komplicerede pladser. På den tidligere nævnte byhøj ved Ginderup var der op til 2 meter tykke kulturlag med adskillige hustomter overlejrende hinanden (Kjær 1928; 1930; Hatt 1935). På Nørre Fjand, hvor der i løbet af tre sæsoner (1938–40) blev udgravet et areal på lidt over 2200 m², var der også et kulturlag med en tykkelse på 1,5–2 meter. Inden for dette område blev der påvist omkring 60 hustomter med stratigrafiske sekvenser, der lokalt kunne omfatte mere end ti huse (Hatt 1957; Becker 1961, s. 110ff). Under ledelse af Johannes Brøndsted og P. V. Glob foretoges i årene 1940–1945 en omfattende fladeafdækning af en jernalderlandsby i den nordjyske Borremose. Sammenlagt afdækkedes her i løbet af fire udgravningssæsoner et område på omkring 10.000 m² med 24 hustomter i flere faser og stedvis bevaret kulturlag. Selvom denne udgravning måtte foretages manuelt, opererede man med store, sammenhængende udgravningsarealer, som åbnedes på en gang. Hermed må Borremosegravningen betegnes som den første totale fladeafdækning af en jernalderlandsby i Norden (Brøndsted 1960, s. 87ff; Martens 1987a; 1994a). Ligeledes med manuelle metoder foretog man i Tyskland fra 1920'erne og de første krigsår omfattende fladeafdækninger af hele eller store dele af bopladser som f.eks. Kablow (Behm-Blancke 1989; Hauptmann 1998) og Bärhorst bei Nauen (Doppelfeld 1939; Schöneburg 2001). Gennembruddet for skånsk bopladsarkæologi kom imidlertid, da denne strategi blev forladt til fordel for maskinel fladeafdækning af store arealer. Successen var dog ikke umiddelbar og kom ikke automatisk.

I slutningen af 1960'erne var man på skånske nødudgravninger begyndt med at anvende mekanisk fladeafdækning inspireret af de imponerende resultater, der var opnået med denne metode i Jylland (jvf. Becker 1965; 1968a; 1971). Selvom dette gav arkæologerne mulighed for at operere med meget større udgravningsarealer end tidligere, undslap husstrukturerne imidlertid stadig erkendelse. Et godt eksempel på dette var de store udgravninger foretaget i Löddeköpinge fra 1965 frem til midten af 1970'erne (Ohlsson 1976, s. 60ff; 1980). På trods af afdækningen af mange tusinde kvadratmeter tæt bebygget land (Vikhögsvägen udgravningen alene dækkede 17.000 m²), blev der ikke registeret et eneste regulært stolpebygget hus. Istedet fremkom et stort antal gruber og 54 grubehuse (Ohlsson 1976, s. 71). Dette ledte til den konklusion, at bebyggelsen udelukkende havde bestået af grubehuse, medens ordinære langhuse var fraværende, og følgelig blev pladsen tolket som en sæsonbenyttet markedplads (a.a. s. 151ff.). At der i dette tilfælde ikke var tale om et de facto fravær af almindelige langhuse har senere udgravninger i tilknytning til Ohlssons undersøgelser inden for Löddeköpinge bytomt demonstreret (Söderberg 2000, s. 54ff). Vigtigt for vurderingen af dette resultat er at huske, at da den maskinelle fladeafdækning startede i Jylland, var den almindelige hustype allerede velkendt, medens dette ikke var tilfældet i Skåne. Videre blev overjorden i Löddeköpinge, ligesom på mange andre pladser i Skåne på den tid, fjernet med bulldozer, ofte af entreprenøren og ofte uden tilsyn af en arkæolog – noget, der har bidraget til, at kun de største og tydeligste nedgravninger kunne observeres på de tidlige skånske fladeafdækninger (jvf. Säfvestad 1995, s. 16; Söderberg 2000, s. 55f).

Stolpehusets gennembrud

Ironisk nok skulle det derfor være fra en uventet kant, at Skånes første stolpebårne forhistoriske bygning skulle dokumenteres. Under udgravningen af et begrænset, kun 20x60 meter stort areal i middelalderbyen Lund, fremkom en velbevaret tomt af et langhus af

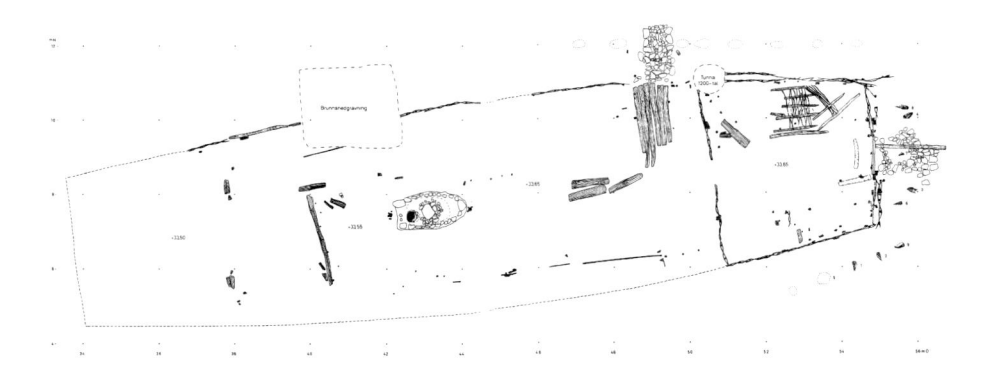

Figur 3. Trelleborghuset fundet i Lund i 1975, efter Nilsson 1976, fig. 21. Skala 1:200.

House of Trelleborg type found in Lund in 1975, from Nilsson 1976, figure 21. Scale 1:200.

Trelleborgtype nederst under et 3–4 meter tykt kulturlag fra middelalderen (fig. 3). Fletværksvæggenes nederste del, den indre ruminddeling, samt nogle ydre støttepæle markerede et 21x5 meter hus med mindst én indgang og et centralt ildsted. Tilsyneladende er hovedvægten af taget blevet båret af de ydre stolper. Huset kan ud fra en dendrokronologisk datering henføres til den første fjerdedel af det 11. århundrede (Nilsson 1976). Betydningen af dette fund var, at det i modsætning til den opfattelse, der var rådende på daværende tidspunkt (jvf. Säfvestad 1995; Söderberg 2000), demonstrerede, at der i Skåne kunne findes forhistoriske langhuse af samme type som i Vestdanmark. Udgravningen fandt sted i løbet af 1974–75.

Det første regulære stolpebårne hus fra Skånes ældre jernalder blev erkendt i 1975. Det skete, da Sten Tesch afbanede et areal på omkring 6000 m² ved Lilla Köpinge (Tesch 1979; 1993, s. 11). Her erkendtes i løbet af den første udgravningssæson to hustomter fra tiden omkring Kr.f. sammen med en senneolitisk hustomt. Det er ingen tilfældighed, at det var Sten Tesch, der blev den første til at erkende stolpebårne langhuse i Skåne, idet han havde medvirket på flere lignende udgravninger i Stockholmsregionen og således besad den nødvendige erfaring (Tesch 1993, s. 7).

Det følgende år blev der også fundet regulære, stolpebårne huse i Istaby på grænsen mellem Skåne og Blekinge (Björkquist & Persson 1979, fig. 11). Fra 1979 og frem gennem de første år af 1980'erne gennemførtes på to steder i Skåne, i Köpingeområdet og på Fosie IV ved Malmö, omfattende, systematiske fladeafdækninger, hvor maskinerne fulgtes af arkæologer. Her finjusteredes metoderne, og resultatet blev, at der på begge steder erkendtes omkring 100 tomter efter stolpebårne huse. Herved havde husarkæologien endelig fæstet rod i Skåne, og siden er tusindvis af hustomter blevet udgravet i denne landsdel (jvf. Jacobsson 2000).

Forklaringen på, at den skånske husarkæologi kom så sent i gang sammenlignet med andre steder i Skandinavien, kan være svær at finde. Det er klart, at bevaringsforholdene har spillet ind. De tidligst udgravede hustomter, huse af "kæmpegravstype", fandtes ikke Skåne, hvor forholdene mere lignede de jyske. I Jylland havde man ganske vist også sine "kæmpegravshuse" i form af hustomter med bevarede græstørvsvolde som f.eks. på Skørbæk hede og ved Østerbølle (Hatt 1938), men det skal erindres, at de første erkendte tomter (Kraghedehusene) ikke var af denne type. Der skulle gå 70 år mellem opdagelsen af disse hustomter og erkendelsen af de første tilsvarende skånske langhuse. I mellemtiden havde den jyske arkæologi forlængst forladt "kæmpegravshustypen" og koncentrerede sig siden begyndelsen af 1960'erne om stolpehulsindikerede huse. Asynkronismen kan ikke tilskrives manglende personkontakter, idet hovedaktørerne fra begge områder havde godt kendskab til hverandre.

Hustomterne fra den skånske pionerperiode har siden dannet basis for to doktorafhandlinger, som begge udkom i 1993 (Tesch 1993; Björhem & Säfvestad 1993). Der er overraskende god overenstemmelse mellem konklusionerne i de to afhandlinger hvad angår husenes typologi og kronologi, hvilket måske skyldes, at begge tager udgangspunkt i Frands Herschends teser om forholdet mellem bredden på langhusets midtskib og sideskibe (Herschend 1989). De overordnede træk i husenes konstruktion følger den samme udvikling som alle andre steder i Skandinavien. Således er udviklingen fra toskibede langhuse i neolitikum og tidlig bronzealder, via treskibede langhuse i yngre bronzealder og jernalder til etskibede huse i middelalder den samme og sker omtrent samtidigt overalt. Går man i detaljer afviger den skånske huskronologi imidlertid på flere punkter klart fra den vestdanske. At der kunne være regionale forskelle i bygningstraditionerne også inden for det danske område havde man tidligt været inde på (jvf. Hatt 1938, s. 262ff; Brøndsted 1960, s. 247). Når disse nye iagttagelser alligevel skabte en del diskussion mellem skånske (og sjællandske) arkæologer på den ene side og jyske arkæologer på den anden, skyldtes det, at visse af de typologiske træk og husformer, som i Jylland og på kontinentet ikke optræder før yngre romersk jernalder, længere østpå blev dateret betydeligt tidligere (Fonnesbech-Sandberg 1992; Martens 1994b, s. 251f). Medvirkende til den jyske skepsis var også, at man i det østlige Sydskandinavien på grund af manglen på af daterende fund baserede sine dateringer på naturvidenskabelige dateringer som ^{14}C og Termoluminiscens (TL) eller Optisk Stimuleret Luminiscens (OSL).

Vanskeliggørende for debatten var også, at det jyske materiale på trods af sit imponerende omfang og sin høje kvalititet ikke på dette tidspunkt havde været udsat for et systematisk studie af kronologi og typologi (dog Mikkelsen 1988). I modsætning til i Skåne er der indtil i dag kun publiceret kortere, sammenfattende artikler om emnet (mest omfattende Hvass 1985, desuden Hvass 1980, s. 39ff; Becker 1982; Näsman 1987; Lund 1988; Hansen et al. 1991; Hvass 1993). De første artikler bærer i høj grad præg af evolutionistisk tankegang, og ideen om en enstrenget udvikling fra noget simpelt og småt til noget stort og komplekst. At materialet er langt mere varieret og komplekst, kom kun sjældent til udtryk i de tidligste arbejder, men nybearbejdningen (Rindel 1999) af den klassiske lokalitet Grøntoft viser, at selv her er billedet langt mere varieret, end de preliminære rapporter har givet indtryk af (Becker 1965; 1968a; 1971). At billedet af det sydskandinaviske jernalderhus og dets udvikling er under forandring også i Jylland, vidner en lang række nyere arbejder om (Skov 1994; Mikkelsen 1999; Boye & Fonnesbech-Sandberg 1999).

Hustypologien er vigtig at få klarlagt, fordi det på de fleste bopladser er vanskeligt med sikkerhed at datere hustomter ad anden vej, og fordi byggetradition kan sige noget om kulturelle tilknytningsforhold. Fælles for de skånske huskronologier er, at de er udarbejdet ganske kort tid efter, at hustyperne blev erkendt, og metoden til at finde dem blev udviklet. Da der siden er tilkommet et meget omfattende materiale, vil det derfor være på sin plads at forsøge en revision. Dette er målet med næstfølgende kapitel (Artursson, *Böndernas hus*, dette bind). Udgangspunktet for en sådan revision må imidlertid være en kritisk analyse af de eksisterende forslag.

Fælles for de sydskandinaviske huskronologier, som hidtil er fremlagt, er, at der lægges vægt på midtskibets bredde som en kronologisk faktor (Mikkelsen 1988; Herschend 1989; Hansen m.fl. 1991; Tesch 1993; Björhem & Säfvestad 1993). At dette ikke altid synes at være en entydigt kronologisk faktor, kan der fremholdes konkrete eksempler på[8], som bør mane til forsigtighed, når man kun har de tagbærende stolper at gå ud fra. Det, som især adskiller de skånske huskronologier fra udviklingen i det vestlige Sydskandinavien, er dateringen af de første buede, eller krummede langvægge og ikke mindst størrelsen af de enkelte huse. Der vil blive set bort fra, at dateringer fra bopladsundersøgelser på Sjælland heller ikke synes at stemme overens med den jyske huskronologi (jvf. Fonnesbech-Sandberg 1992; Boye m.fl. 1999). Målet med de nedenstående afsnit er, ved hjælp af en uafhængig gennemgang, hvor der udelukkende fokuseres på langhuse dateret til ældre jernalder, at belyse grundlaget for de skånske kronologier for at vurdere behovet for en revision. Derfor skal der i det følgende fokuseres kritisk på de to doktorafhandlinger om det skånske materiale, som begge udkom i 1993 (Tesch 1993; Björhem & Säfvestad 1993).

Sten Tesch's hustypologi fra 1993

Sten Tesch's doktorafhandling består af tre artikler samt et indledende afsnit. Det er som om, der ikke helt er overensstemmelse mellem de forskellige afsnit angående hans opfattelse af den kronologiske udvikling. Dette er formodentlig en naturlig følge af, at der er tale om et sammenlagt arbejde, men det er et problem, at det ikke klart fremgår hvad, der er hans konklusion. Videre er det problematisk for en kritisk læsning af afhandlingen, at Tesch ikke på noget sted fremlægger en samlet redegørelse for sine argumenter. Man tvinges således til at slå frem og tilbage i bogen uden nogensinde at være sikker på, at man har fået alle informationer med. De udgravninger, han benytter, publiceres ikke i deres fulde omfang. Derimod publicerer han fortolkede husplaner, der ofte er stærkt kompletterede og umulige at kontrollere.

Materialet, der ligger til grund for afhandlingen, stammer fra en lang række sonderings- og nødudgravninger, foretaget i området omkring Stora og Lilla Köpinge i Sydskåne mellem 1975 og 1986. Dette sætter sit præg på materialet, der både er fragmentarisk og ufuldstændigt, fordi eksploiteringsområdet vilkårligt har skåret fortidsminderne og trukket tilfældige grænser tværs gennem anlæg og konstruktioner. Tesch rådede således ikke over en eneste boplads, der med sikkerhed er totalundersøgt. Videre er mange af hans husplaner ukomplette, og han har måttet "komplettere" dem for at gøre dem anvendelige som illustration af sine resultater. Disse vanskelige arbejdsvilkår sætter forståeligt nok sit præg på afhandlingen samtidig med, at man kan fristes til at tro, at Tesch måske ind imellem gik lidt for vidt i sine hypotetiske kompletteringer (jvf. fig. 5, hus B29:III). Med disse "kompletteringer" kunne Tesch præsentere 57 langhuse og et antal udhuse som han daterede til ældre jernalder eller folkevandringstid/vendeltid. Tesch delte materialet op i fem tidsfaser: ældre og yngre førromersk jernalder, ældre og yngre romersk jernalder, samt folkevandringtids/vendeltid.

Huse dateret til ældre førromersk jernalder

Ud af de 57 huse kan Sten Tesch blot datere fire til ældre førromersk jernalder (Tesch 1993, s. 174, fig. 15). Kun et af disse huse er dokumenteret i sit fulde omfang: et hus fra Lilla Köpinge 19:1 (B14:XIII), der måler hele 26x6,5 m. En sådan størrelse ville tilsyneladende være helt utænkelig i det samtidige vestdanske materiale, hvor det klassiske eksempel er småhusene fra Grøntoft, hvis gennemsnitlige mål er 12x4,5 m. En systematisk revision af Grøntoft-udgravningerne har imidlertid vist, at billedet dér ikke er så entydigt. Faktisk kan Per Ole Rindel påvise, at husvariationen i en bestemt fase af tidlig førromersk jernalder på Grøntoft modsvarer variationen på den sen førromerske boplads Hodde. Det største hus er således 22 meter (Rindel 1999, fig. 8). Det var imidlertid ukendt på det tidspunkt, da Tesch fremlagde sin afhandling. Hans datering af det meget lange hus XIII hviler ene og alene på hans hustypologi – og bygger primært på bredden af husets midtskib (Tesch 1993, s. 174, 204-5, fig. 15, tabel 5.5:1.G). På trods af dette figurer huset i Björhem og Säfvestads afhandling som sikkert dateret komparativmateriale (Björhem & Säfvestad 1993, tabel 13, 16).

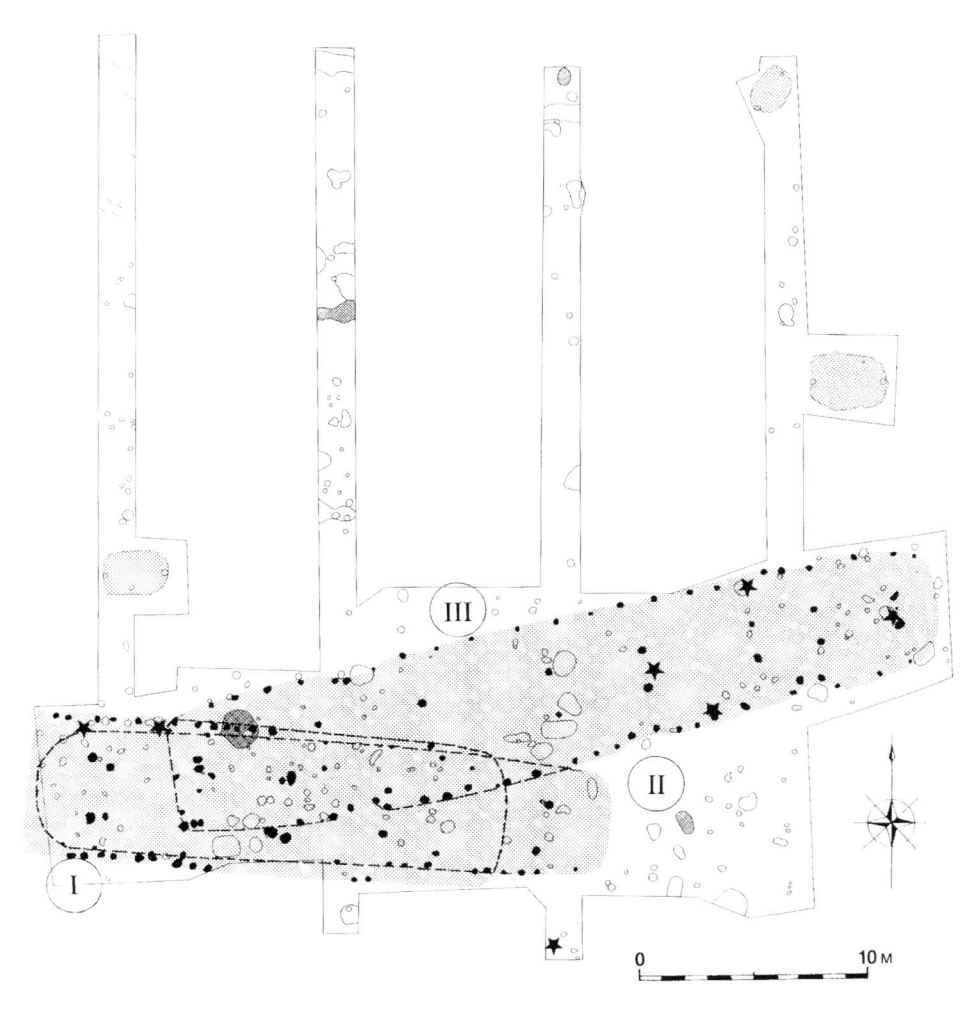

Figur 4. Boplads B31, Köpinge 21:2. Tesch daterer hus I til ældre førromersk jernalder, hus II til ældre romersk jernalder og hus III til folkevandringstid eller vendeltid. Efter Tesch 1993, s. 76, fig. 20.

Site B31, Köpinge 21:2. Tesch dates House I to the Early Pre-Roman Iron Age, house II to the Early Roman Iron Age, and house III to the Migration Period or the Vendel Period. From Tesch 1993, p. 76, figure 20.

Et andet kun delvist udgravet hus, hus B31:I (fig. 4), er dateret til perioden v.h.a. en ^{14}C-datering[9] taget fra et stolpehul efter en vægstolpe. Dateringen havner i ældre førromersk jernalder (406-244 f.Kr.f.) (Tesch 1993, s. 174). Fra samme plads stammer en ^{14}C-datering fra en fremskreden del af romersk jernalder og to fra vendeltid (a.a. s. 80, tabel II). Med mindre det kan bevises, at ^{14}C-prøven stammer fra selve huskonstruktionen er den med andre ord ikke andet end en *terminus post quem*. Der ligger iøvrigt endnu et hus (hus B31:II) nærmest præcis under eller over det ^{14}C-daterede hus (a.a. s. 75ff, fig. 20). Dette hus har Tesch ud fra hustypologien villet henføre til ældre romersk jernalder. Eftersom husets dimensioner og orientering er stort set identisk med førnævnte hus, er det svært at forstå, hvorfor der skulle være så stor en tidsforskel. De to huse virker snarere

Figur 5. Boplads B29, Köpinge 15:22 & 64:1. Tesch daterer hus I til yngre førromersk jernalder, hus III og VI til ældre romersk jernalder og hus IX og X til yngre jernalder. Efter Tesch 1993, s. 100, fig. 34a.

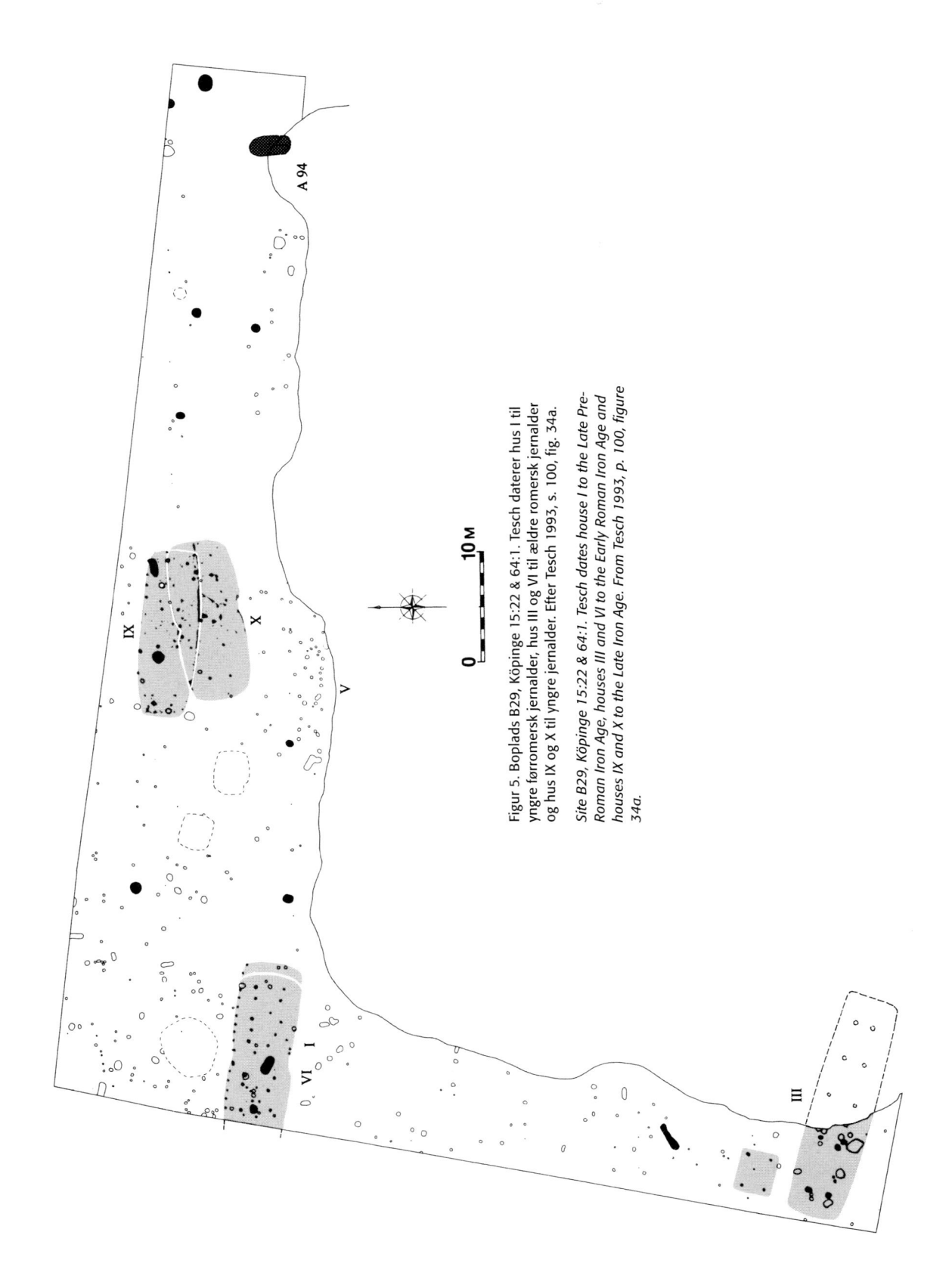

Site B29, Köpinge 15:22 & 64:1. Tesch dates house I to the Late Pre-Roman Iron Age, houses III and VI to the Early Roman Iron Age and houses IX and X to the Late Iron Age. From Tesch 1993, p. 100, figure 34a.

som to faser af samme hus, sådan som det ses på så mange pladser fra ældre jernalder.

Tesch nævner yderligere en ^{14}C-datering fra perioden, taget fra et ildsted i hus B26:XIV (a.a. s. 96f, 174, fig. 15.2). Da dette ildsted ligger asymmetrisk i forhold til husets længdeakse, kan det dog ikke med sikkerhed knyttes til huset. Hovedargumentet for at datere de fire huse til ældre førromersk jernalder er dermed typologien.

Huse dateret til yngre førromersk jernalder

Til yngre førromersk jernalder daterer Tesch to typer langhuse: "normale langhuse" med 6 par tagbærere, og "meget lange langhuse" (26-40m) (Tesch 1993, s. 175ff, fig. 16). Kun to af den sidstnævnte type kan dateres ad anden end typologisk vej. Fra et af disse huse (B26:IX), et extremt langt hus, der måler 39x5,5 m stammer tre ^{14}C-dateringer, der giver et noget selvmodsigende udsagn: 1001–825 f.Kr.f., 344 f.Kr.f.–10 e.Kr.f. og 2 f.Kr.f.–140 e.Kr.f. Samtidig er der foretaget en ^{14}C-datering af et overlejrende grubehus med resultatet 410–40 f.Kr.f. Oldsagerne fundet på pladsen hører til romersk jernalder, medens der er andre spor efter aktiviteter i ældre og yngre bronzealder (a.a. s. 96, tabel VII). Det er klart, at ^{14}C-dateringerne ikke kan tilskrives nogen større værdi på en plads som denne med så lang kontinuitet. Tesch falder derfor tilbage på sin hustypologi og daterer huset til den yngre førromerske jernalder. Under forudsætning af, at ^{14}C-prøverne er taget så omhyggeligt, at der ikke kan være tale om senere indblanding (i form af dyregange), giver de imidlertid en klar terminus post quem for huset, der ikke kan være ældre end den yngste datering (2 f.Kr.f.–140 e.Kr.f), og huset kan dermed tidligst være bygget eller nedrevet i ældre romersk jernalder.

I bogens sammenfattende kapitel hævder Tesch, at yderligere en ^{14}C-datering (173 f.Kr.f.–12 e.Kr.f) skal stamme fra et lignende hus (B51:III), der måler 32x6 meter (Tesch 1993, s. 183). Under beskrivelsen af den lokalitet tidligere i samme bog skriver han imidlertid, at denne datering ikke stammer fra et hus men fra en grube (a.a. s. 66, 80, tabel II). Som støtte for den førromerske datering nævner han endelig, at husene ofte findes på pladser med keramik med kraftigt fortykkede, facetterede rande. Dette træk forekommer imidlertid også i ældre romersk jernalder (jvf. note 2). Dateringen af disse huse hviler derfor udelukkende på den forudsatte typologi.

Dateringsgrundlaget for de otte normale langhuse er lige så svagt. I et tilfælde, plads B29, stammer en ^{14}C-datering (70–331 e.Kr.f) fra ildstedet i et af to hinanden overlejrende huse, husene B29:I og B29:VI (Tesch 1993, s. 104). Da disse to huse er næsten identiske i dimensioner og orientering, er det naturligt at opfatte det ene som en erstatning af det andet (jvf. fig. 5). Husenes levetid i jernalderen antages sædvanligvis at være noget kortere end et århundrede, hvilket betyder, at begge huse må tilskrives romersk jernalder. I et andet tilfælde, husene B2:I og B2:II på plads B2, stammer dateringerne fra nogle gruber, der ikke respekterer væglinien i det hus, de antages at datere. Det drejer sig om såvel keramik som ^{14}C-dateringer, der begge peger på en datering omkring Kristi fødsel (a.a. s. 106ff, fig. 38, tabel XIII). Medens samtidighed således kan udelukkes, kan det derimod ikke afgøres, hvad der er ældst eller yngst. De øvrige huse stammer fra pladser med keramik, der er typisk for såvel sen førromersk som ældre romersk jernalder. I flere tilfælde er der også aktiviteter fra yngre romersk jernalder på pladserne. Det vil med andre ord sige, at der ikke i Tesch's materiale kan udpeges et eneste hus, der er sikkert dateret til førromersk jernalder. Derimod er det i flere tilfælde let at argumentere for en senere datering. Dette betyder, at de tilsyneladende uoverensstemmelser med den etablerede jyske kronologi bliver mindre (jvf. Hvass 1985; 1993, s. 189).

Huse dateret til ældre romersk jernalder

Ifølge Tesch karakteriseres det typiske ældre romertids hus af fem i stedet for seks par tagbærere. Husenes længde skulle imidlertid forblive den samme – i gennemsnit 22 meter (Tesch 1993, s. 183). Det indebærer, at længden af spændene vokser til op mod 6–7 m. I 1993 kunne Tesch præsentere 12–15 huse af denne type. Kun et af disse huse kan dateres til perioden v.h.a. ^{14}C-datering: hus B6:VI. Herfra stammer en ^{14}C-datering som rækker fra slutningen af førromersk jernalder til godt ind i yngre romertid (90f.Kr.f.–220 e.Kr.f.). Imidlertid har bopladsen, som huset er fundet på, en meget lang kontinuitet med aktiviteter gennem hele jernalderen (fig. 6). Derfor kan denne datering højest bruges som en *terminus post quem*. Fra samme boplads daterer Tesch yderligere fire huse af samme type til ældre romersk jernalder (husene B6:II, B6:IX, B6:XIII og B6:XV). Der er fundet en relativt stor mængde keramik på pladsen. Derfor er det af betydning, at kraftigt fortykkede, facetterede rande stort set er fraværende, og at der kun er fundet et fragment af en lerblok. Det antyder en *terminus post quem* i forhold til yngre førromersk såvel som tidlig romersk jernalder. Træk ved keramikkens dekoration (såsom mæander) antyder dog, at fundmateriale fra ældre romersk jernalder er til stede (Tesch 1993, s. 115), men på grund af randudformningen må det være et sent trin, svarende til Liversages Hemshøjsgård fase (fase B2) på Sjælland (Liversage 1980, s. 91ff, pl. 30–33). Endvidere har pladsen givet keramik fra yngre romersk jernalder og folkevandringstid. Fire ud af 11 ^{14}C-dateringer fra pladsen lander i 3.–4. årh e.Kr.f., yderligere tre i den yngre jernalder og i vikingetiden, medens tre dækker slutningen af førromersk jernalder og ældre romertid (Tesch 1993, tabel XIV, s. 125). Fund i anlæggene kan derfor generelt set kun tilskrives en terminus post quem. Hus B6:II overlejrer eller overlejres af hus B6:I, der ved hjælp af to ^{14}C-dateringer er dateret til slutningen af yngre romersk jernalder eller folkevandringstid (213–399 e.Kr.f. og 244–425 e.Kr.f.). Da de to huse næsten har identiske planer og orientering, virker det rimeligt at opfatte dem som to faser af samme hus. Det betyder, at hus B6:II ikke kan være ældre end tredje århundrede AD. De øvrige fire huse fra plads B6, husene B6:IX, B6:XIII og B6:XV, er udelukkende dateret til ældre romersk jernalder på grundlag af Tesch's huskronologi.

Yderligere to af Tesch's ældre romertidshuse (B29:IV og B29:VI) er blevet ^{14}C-dateret. Kalibreret dækker disse dateringer imidlertid stort set hele yngre romertid, medens kun den yngre del af ældre romertid omfattes (134–328 e.Kr.f og 70–331 e.Kr.f.) (Tesch 1993, tabel X, s. 104). Et af disse huse, hus B29:VI, overlejrer som tidligere omtalt et hus, som Tesch vil datere til yngre førromersk jernalder (hus B29:I). Som nævnt taler forholdene imidlertid for, at de to tomter er to faser af samme hus (jvf. fig. 5). Derfor kan hus B29:I ikke være meget ældre end det daterede hus B29:VI – men det kan på den anden side også være yngre. Resultatet af disse overvejelser er, at også dette hus havner på overgangen til eller i yngre romersk jernalder. Tesch antyder, at yderligere to huse fra samme plads (B29:II og B29:III) kan stamme fra ældre romersk jernalder. Deres datering bygger dog udelukkende på hustypologien. Kun én af jernalderdateringerne fra denne plads, den ovenfor citerede fra hus B29:VI, omfatter en større del af ældre romersk jernalder, de øvrige ligger i yngre romersk jernalder (3 dateringer) eller senere (10 dateringer). Det betyder, at sandsynligheden for, at de to udaterede huse skulle være ældre end yngre romersk jernalder, er lille.

Fra plads B3 henfører Tesch to huse til perioden uden at fremføre argumenter herfor. Det drejer sig om husene B3:V og B3:VI. ^{14}C-dateringerne fra denne plads viser aktiviteter på pladsen gennem den førromerske og den ældre romerske jernalder, én ligger dog i yngre romersk jernalder. Keramikfundene på pladsen bekræfter dette (Tesch 1993, s. 109ff, fig. 39, tabel XIII).

Fra plads B31 daterer Tesch på grundlag af sin hustypologi hus B31:II til ældre romersk jernalder (Tesch 1993, s. 75f). ^{14}C-dateringerne fra pladsen dækker den tidlige førromerske jernalder, et fremskredet afsnit af romersk jernalder og yngre jernalder. Som allerede nævnt er det fristende at se hus B31:II som en fase af hus B31:I på samme plads (jvf. fig. 4). Fra hus B31:I

Skånsk huskronologi

Figur 6. Boplads B6, Lilla Köpinge 6:26. Tesch daterer hus XXII til ældre bronzealder, hus III til yngre førromersk jernalder, hus II, IV, V, VI, VII, IX, XIII og XV til ældre romersk jernalder, hus I og XII til yngre romersk jernalder, hus X, XI, XIV, XVII, XXIII–XXV til ældre jernalder, hus VIII, XVI, XVIII, XIX, XX og XXI til vikingetid/middelalder. Efter Tesch 1993, s. 116, fig. 41.

Site B6 Lilla, Köpinge 6:26. Tesch dates house XXII to the Early Bronze Age, house III to the Late Pre-Roman Iron Age, houses II, IV, V, VI, VII, IX, XIII, and XV to the Early Roman Iron Age, houses I and XII to the Early Roman Iron Age, houses X, XI, XIV, XVII, XXIII–XXV to the Early Iron Age, houses VIII, XVI, XVIII, XIX, XX, and XXI to the Viking Age/Middle Ages. From Tesch 1993, p. 116, figure. 41.

stammer en ^{14}C-datering til ældre førromersk jernalder, denne datering er en *terminus post quem*, der ikke udelukker en betydeligt senere datering.

Fra plads B48 henfører Tesch et hus (B48:I) til ældre romersk jernalder uden yderligere argumentation (Tesch 1993, s. 183).

Fra plads B51 anses et hus (B51:IV) for at være sikkert ældre romersk jernalder, medens et andet (B51:VI) henføres til perioden med visse forbehold (Tesch 1993, s. 183). Ingen argumenter fremføres, så basis for dateringen af begge huse synes at være hustypologi. Desuden mener Tesch, at der også er huse fra yngre romersk jernalder på pladsen. Der er tre ^{14}C-dateringer fra pladsen dækkende hele førromersk jernalder. De stammer ifølge Tesch udtrykkeligt ikke fra husene (a.a. s. 66, 80). Som husene på pladsen ligger, nærmest parallelforskudt hen over hinanden (a.a. s. 69, fig. 13), ville det være naturligt at formode, at der er tale om bygninger, som har afløst hinanden i et eller to gårdskomplekser. Dermed bør husene ikke afspejle nogen længere brugstid, snarest omkring et par århundreder, og med ^{14}C-dateringerne in mente, kunne man antage, at de derfor alle skulle dateres til førromersk jernalder.

Sammenfattende må det dog siges, at hovedparten af de almindelige langhuse, som Tesch vil datere til ældre romertid, ud fra hans egne argumenter snarere synes at stamme fra yngre romersk jernalder.

Sten Tesch mener, at også den extremt lange hustype fortsætter ind i ældre romersk jernalder. Han daterer fire sådanne huse til perioden. Disse måler 27–38 m (Tesch 1993, s. 183, fig. 17.17–20). Alle husene er fundet på lokaliteter med lang bebyggelseskontinuitet, omfattende såvel ældre som yngre romersk jernalder. Kun til et af husene kan der knyttes en ^{14}C-datering (180 f.Kr.f.–120 e.Kr.f.). Den stammer fra stolpehullet efter en tagbærer i hus B6:VII (a.a. s. 117, tabel XIV, s. 125). Som tidligere nævnt bevirker den lange bebyggelseskontinuitet på denne plads (jvf. fig. 6), at dateringen kun kan regnes som en *terminus post quem*. Hus B6:V fra samme plads er henført til perioden uden yderligere argumenter (a.a. s. 115). Hus B6:IV, som også er fra denne lokalitet, sammenlignes med hus 46 på Fosie IV (Björhem & Säfvestad 1993, s. 215ff, fig. 326.). Et potteskår fra en tagbærer giver dette hus en *terminus post quem* til slutningen af yngre romersk jernalder eller folkevandringstid (a.a. fig. 231i).

Dateringen af det sidste meget lange hus, hus B3:I, argumenteres der ikke for. Keramik og ^{14}C-dateringer viser imidlertid, at der har været aktiviteter på pladsen i såvel førromersk som ældre og yngre romersk jernalder (Tesch 1993, s. 109ff, fig. 39, tabel XIII).

Konsekvensen heraf er, at selv dateringen af disse extremt lange huse til ældre romersk jernalder udelukkende hviler på Sten Tesch's hustypologi.

Huse dateret til yngre romersk jernalder

Ifølge Tesch skulle husene fra yngre romersk jernalder være noget kortere end de ældre huse – i gennemsnit omkring 20 meter lange. Samtidig skal midtskibet blive smallere og ikke overstige 2 meters bredde (Tesch 1993, s. 186). Otte ud af de ni huse, Tesch henfører til denne periode, tilhører denne type, medens et hus er af den extremt lange type, der er blevet behandlet under de foregående perioder. Dateringen af tre af de kortere huse (B6:I, B14:IV og B14:XI/IX) er baseret på keramik og ^{14}C-dateringer, hvorimod dateringen af de øvrige hviler på typologiske argumenter.

Fra plads B6 (fig. 6) daterer Tesch to langhuse af almindelig type til yngre romersk jernalder (hus B6:I, B6:XII). Af disse er hus B6:XII dateret til perioden på et rent typologisk grundlag (Tesch 1993, s. 117). Hus B6:I er derimod dateret v.h.a. ^{14}C-dateringer, der placerer huset i folkevandringstid eller en fremskreden del af yngre romersk jernalder (213–399 e.Kr.f. og 244–425 e.Kr.f.). Efter denne gennemgang vil yderligere to huse kunne dateres til perioden, nemlig hus B6:II og B6:IV. Faktisk kan bopladsens struktur tolkes som tre til fem samtidige gårdsenheder, på hvilke hovedbygningen er blevet erstattet op til 6 gange.

Plads B14 opviser bopladsaktiviteter fra senneolikum, bronzealder, førromersk jernalder og yngre romersk jernalder. Tesch daterer to huse til den sidstnævnte

Lokalitet/ Hus	bredde af midter-skib	total længde	antal bukke	afstand mellem bukke	Tesch' datering	terminus post quem ^{14}C-datering	Senere perioder på lokaliteten	Forslag til relativ datering
B31:I	2.6-2.8m	>21m	4	4-6.5m	ÆFRJ	406-244 f.Kr.f.	ÆROM FVT	ÆFRJ?
B31:II	2-2.4m	(>)25m	(>)5	3-7m	ÆROM	406-244 f.Kr.f.	ÆROM FVT	ÆFRJ?
B6:VII	2-2.2m	>32m	(>)6	4-8m	ÆROM	180 f.Kr.f.- 120 e.Kr.f.	ÆROM YROM FVT VIK	YFRJ/ ÆROM
B6:VI	2-2.4m	27m	5	3.4-6m	ÆROM	90 f. Kr.f.- 220 e.Kr.f.	ÆROM YROM FVT VIK	ÆROM
B26:IX	2.2-2.4m	39m	8-11	3-4m	YFRJ	2-140 e.Kr.f.	YFRJ ÆROM YROM FVT	ÆROM
B29:I	2.5-2.6m	>14m	>5?	2-3m	YFRJ	omkring 70- 331 e.Kr.f.?	ROM FVT VEN	YROM
B29:VI	2.2-2.4m	>13m	>3?	3-5m	ÆROM	70-331 e.Kr.f.	ROM FVT VEN	YROM
B29:IV	1.8-2m	22 (29m?)	5 (7?)	3-5.5m	ÆROM	134-328 e.Kr.f.	ROM FVT VEN	YROM
B6:II	2.4-2.6m	>20m	>4	3.6-6.6m	ÆROM	omkring 244- 425 e.Kr.f.?	YROM FVT VIK MIA	YROM/FVT
B6:I	1.8-2.4m	>23m	(>) 6	1.8-5.5m	YROM	244-425 e.Kr.f.	YROM FVT VIK MIA	YROM/FVT
B6:IV	2-2.4m	(>)38m	(>) 9	2-6.4m	ÆROM	Fosie hus 46, YROM/FVT	YROM FVT VIK MIA	YROM/ FVT
B14:IV	1.6-1.8m	17m	5	2-4.4m	YROM	251-444 e.Kr.f.	YROM/FVT	YROM/ FVT
B14:XI/ IX	1.6-2m	18m	4	4-5m	YROM	397-596 e.Kr.f.	YROM/FVT	FVT/VEN
B31:III	1.6-2m	35m	8	3-6m	FVT	604-690 e.Kr.f.	FVT VEN VIK	VEN

Anvendte forkortelser: ÆFRJ & YFRJ: ældre og yngre førromersk jernalder, ÆROM & YROM: ældre og yngre romersk jernalder, FVT: folkevandringstid, VEN: vendeltid, VIK: vikingetid, MIA: middelalder

Figur 7. Tabel med de ^{14}C-daterede huse i Tesch's afhandling ordnet efter terminus post quem, i henhold til nærværende gennemgang.

Table with radiocarbon-dated houses in Tesch's thesis, sorted by terminus post quem, in accordance with the present survey.

periode: hus B14:IV og B14:XI (der også omtales som hus IX). Fra begge huse stammer potteskår af yngre romersk jernalders karakter. Fra begge huses ildsteder foreligger der imidlertid ^{14}C-dateringer (a.a. s. 83ff), som antyder en noget senere datering, for hus B14:XI/ IX's vedkommende til folkevandringstid eller vendeltid (397–596 e.Kr.f.), medens der for hus B14:IV's vedkommende er en vis overlapning med yngre romertid (251–444 e.Kr.f.).

Fra pladsen B26 henføres to huse til yngre romersk jernalder: husene B26:XVIII og B26:XXIII – det sidstnævnte nævnes også under den efterfølgende periode (a.a. s. 96, tabel VI, s. 94). Dateringer synes at hvile på hustypologien.

Fra bopladserne B49 og B51 dateres to huse til perioden (B49:II og B51:V). Ingen argumenter fremføres, så grundlaget for denne datering synes også at være hustypologi.

Som nævnt kan dette antal huse med største sandsynlighed forøges med mindst fire huse, som Tesch vil datere tidligere, men hvor det arkæologiske materiale taler for en senere datering.

Sammenfatning

Som konklusion må det fremhæves, at Tesch kun rådede over et ganske begrænset husmateriale som udgangspunkt for sin hustypologi. Af langhuse dateret til jernalderen havde han således færre end 50 – og flertallet af disse var end ikke udgravet i sin helhed. Kun ti af disse huse kunne dateres ved hjælp af ^{14}C eller fund – og de fremkomne dateringer er alle af en karakter, der ikke synes at kunne tilskrives større præcision end en *terminus post quem*. Resultaterne af denne gennemgang er sammenfattet i tabellen (fig. 7).

Ingen huse kunne med sikkerhed dateres til førromersk jernalder og selv for ældre romersk jernalders

B31:I

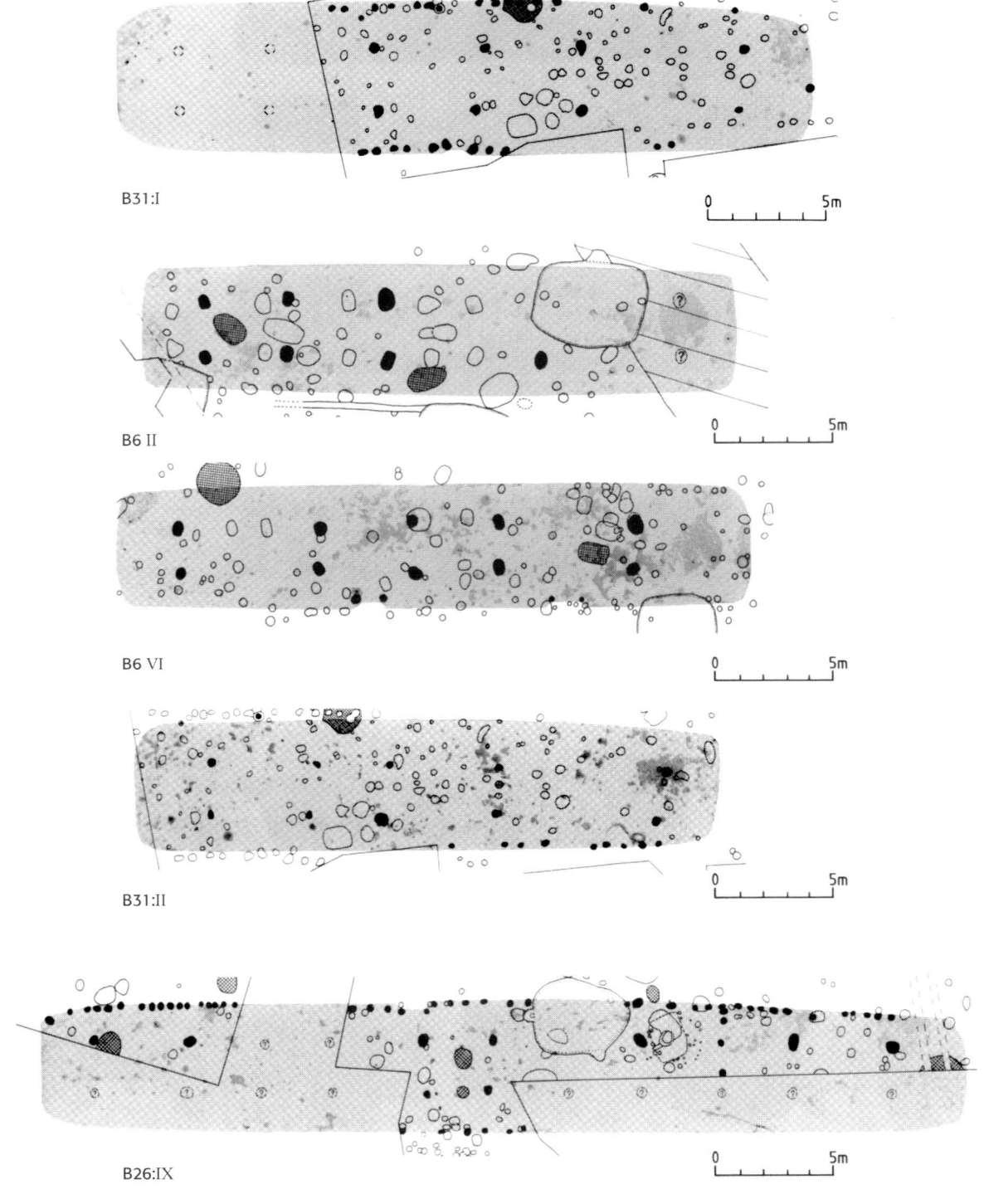

B6 II

B6 VI

B31:II

B26:IX

Figur 8. De daterede husplaner fra Tesch's afhandling ordnet efter *terminus post quem*, i henhold til nærværende gennemgang. Jvf. fig. 7.

The dated house plans in Tesch's thesis, sorted by *terminus post quem*, in accordance with the present survey. Cf. fig. 7.

B29:I   0　　　5m

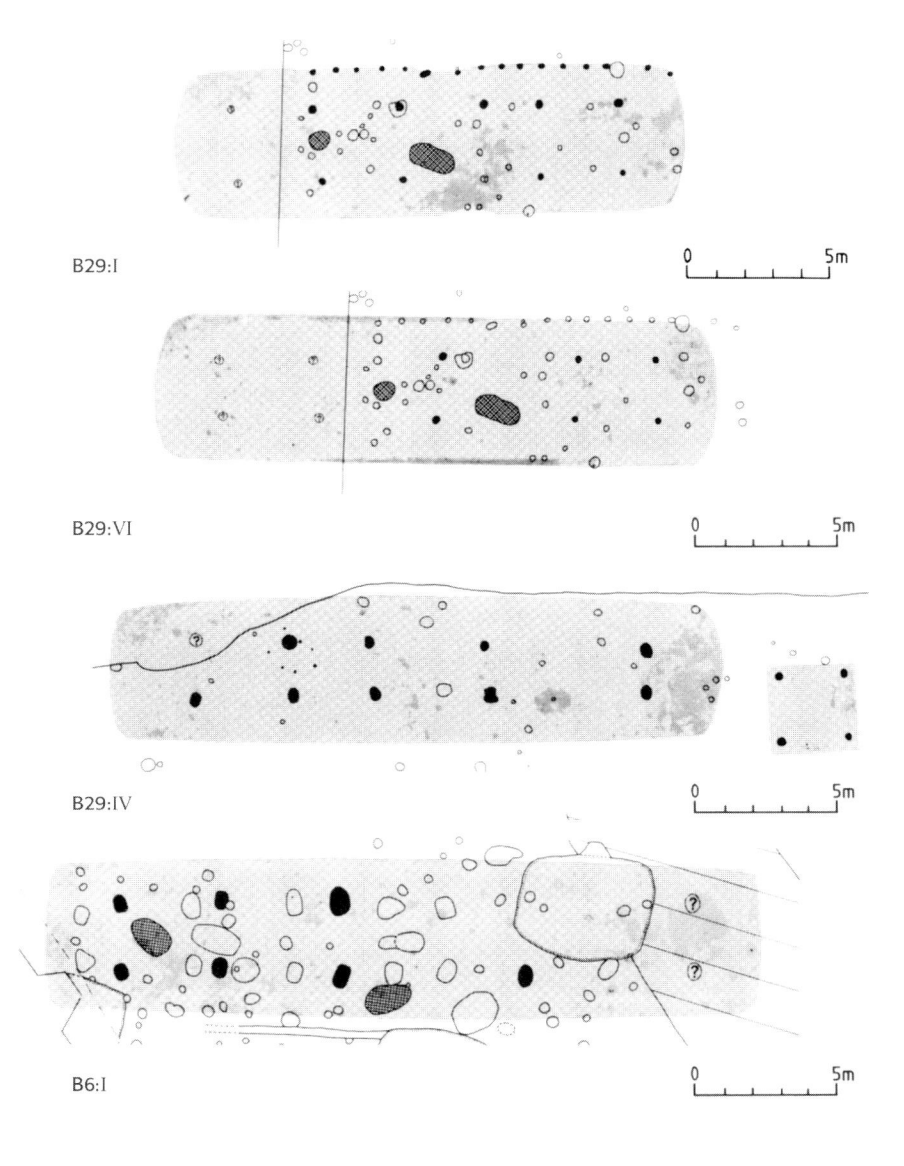

B29:VI   0　　　5m

B29:IV   0　　　5m

B6:I   0　　　5m

vedkommende råder der en vis usikkerhed. Derimod er yngre romersk jernalder velbelagt. Det burde heller ikke være nogen overraskelse, eftersom det øvrige arkæologiske materiale fra landsdelen ter sig på samme vis. Yngre romertid er Skånes blomstringstid – eller i hvert fald en af de perioder, der har afsat de tydeligste arkæologiske spor i Skåne. Derimod er førromersk jernalder og specielt den tidlige del af ældre romersk jernalder dårligt belagt.

På tavlen (fig. 8) er husfølgen anskueliggjort efter revisionen af dateringerne. Det skal ikke opfattes som nogen kronologi, eftersom samtlige dateringer er *termini post quem*. Formodentlig skal flere af husene flyttes længere frem i tid end deres ældste mulige datering – f.eks. de meget lange langhuse. Resultatet er noget forskelligt fra Tesch', og man kan spørge sig, hvorfor Tesch når til et andet resultat. Forklaringen er nok hans hustypologi, som han stoler så stærkt på, at han

B6 VII

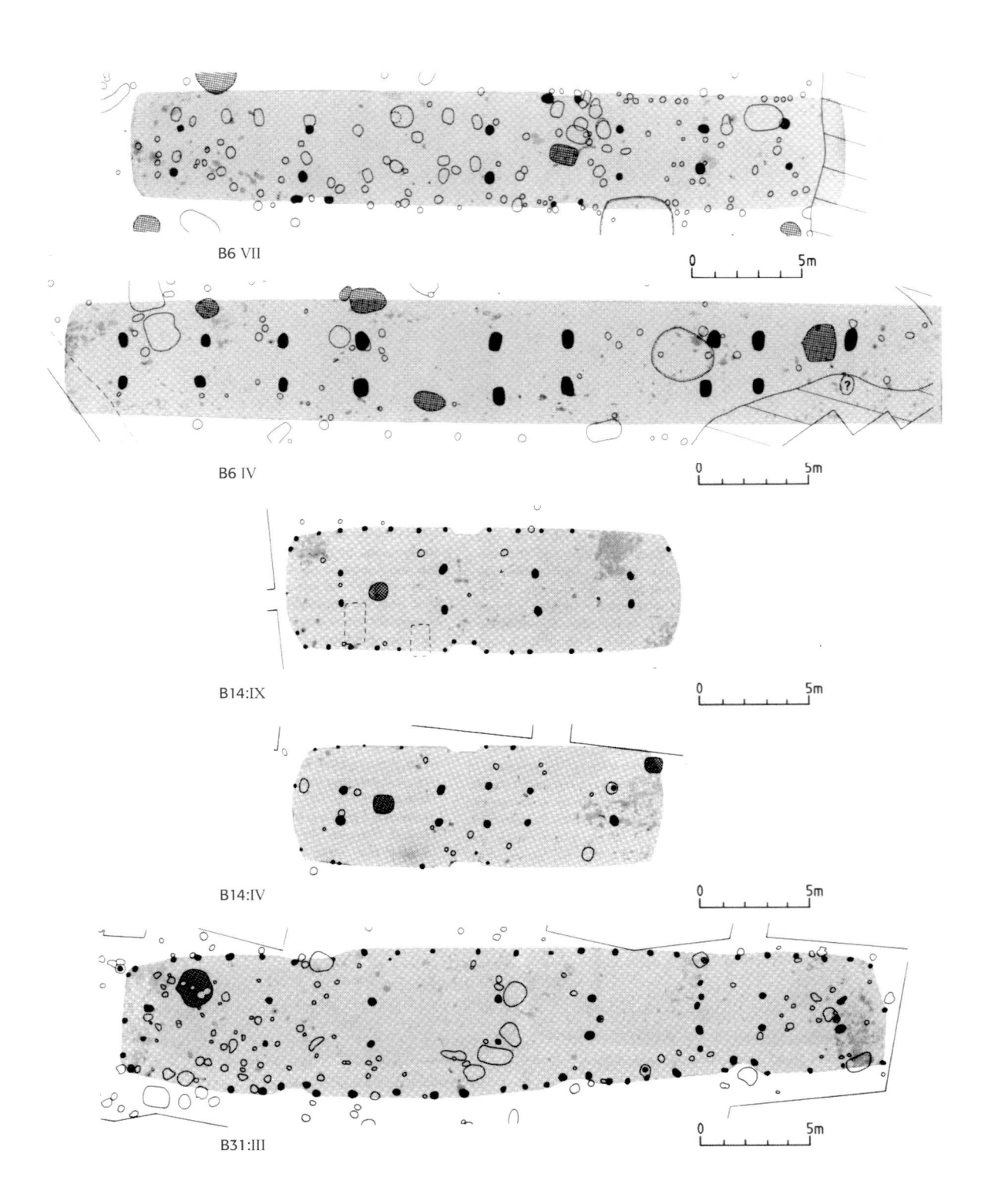

0   5m

B6 IV

0   5m

B14:IX

0   5m

B14:IV

0   5m

B31:III

0   5m

ofte lader den gå før ^{14}C-dateringer eller genstandsdateringer. Hans ide om en generel formindskning af midtskibets bredde er sikkert ikke forkert, men den gradvise, typologisk begrundede, formindskelse på et par centimeter om året i løbet af 1000 år er desværre et exempel på en udnyttelse af typologien på en måde, som ikke burde kunne forekomme efter Sophus Müllers tilbagevisning af den typologiske metode i sit *Mindre Bidrag til den forhistoriske Archaeologis Methode* (Müller 1886).

Fosie IV og Björhem-Säfvestads huskronologi

Medens Sten Tesch præsenterer sin kronologi relativt håndfast og unilineært, er Nils Björhem & Ulf Säfvestad tilsyneladende mere åbne for alternative tolkninger af deres udgangsmateriale (Björhem & Säfvestad 1993, s. 284ff). Alligevel udgår begge afhandlinger, som nævnt, fra samme grundtese: at afstanden mellem de tagbærende stolperækker og afstanden mellem stolpeparene er kronologisk signifikant.

På trods af lighederne i konklusionen såvel som det teoretiske udgangspunkt adskiller "Fosie IV" (Björhem & Säfvestad 1993) sig dog på flere punkter væsentligt fra den netop gennemgåede afhandling: For det første er der tale om et sammenhængende kollektivarbejde, for det andet er der tale om en kombineret rapport og afhandling. Det sidste giver muligheden for at gå dybere i baggrundsmaterialet og selv gøre sig sine iagttagelser og tanker, samt ikke mindst for at efterprøve forfatternes teser.

Forskellene rækker dybere end de rent formelle. Hvor Tesch's materiale stammer fra en serie mindre udgravninger af aldrig totaltudgravede bopladser spredt over en mindre region, er Fosie IV én undersøgelse af et stort sammenhængende område, hvor indtil flere bopladsområder synes at være blevet totalundersøgt. Medens dette kunne synes at favorisere Fosie IV, er der andre forhold der gør det modsatte: Hvor op imod en snes huse i Tesch's materiale havde helt eller delvist bevarede markeringer af vægforløb, var bevaringsforholdene betydeligt dårligere syd for Malmö. Her var det stort set kun sporene efter de tagbærende stolper, som markerede de forhistoriske huse. Dette medfører automatisk en betydeligt større usikkerhed i forbindelse med tolkningen af den enkelte struktur, hvor en lang række fundamentale spørgsmål rejser sig: hvilke stolpehuller hører sammen, eller hvorfor vælger udgraver at forbinde disse og ikke andre til et hus? Hvor langt er huset? Er f.eks. hus 87 ét firsætshus eller to hinanden efterfølgende 3-sættere? (a.a. s. 254f, fig. 438-39). Er hus 29, 38 ét langhus eller to kortere huse i forlængelse af hinanden? (a.a. s. 200ff, fig. 286-87). Ligeledes gav bevaringsforholdene store problemer med hensyn til datering af anlæggene. Disse problemer gør, at det ud fra Fosie IV materialet alene kan være uhyre vanskeligt at argumentere for nye hustyper og banebrydende tolkninger. I modsat fald må sådanne underbygges med et statistisk bæredygtigt grundlag.

En udvej er at gå uden for selve udgravningen og styrke det vanskelige materiale med bedre dokumenteret materiale fra andre lokaliteter. Dette gør udgraverne til en hvis grad, men man vælger at nøje sig med publiceret materiale og at acceptere de publicerede data om dette materiale uden nogen form for kildekritik (a.a. s. 270). Da tretten af de femten skånske jernalderhustomter, der inddrages i den komparative analyse (a.a. tabel 13 & 16), stammer fra det netop ovenfor gennemgåede Köpinge-område, risikerer man dermed at begå en ringslutning, fordi man dér arbejdede ud fra samme hypotese: at man kan datere ud fra midtskibets bredde. Den forudgående gennemgang af Tesch's afhandling viser, at bare to af de tretten huse, som anvendes som dateret komparativt materiale i Björhems og Sävfestads afhandling, er dateret på andet grundlag end Tesch's typologi (husene B31:I og B14:IX, se tidligere). Det anvendte komparative materiale fra Skåne, som er anvendt i afhandlingen, kan dermed ikke rigtigt tilskrives en selvstændig udsagnsværdi.

For at bevise Herschend-tesen statistisk udregner Björhems og Sävfestads et indeks af husenes gennemsnitlige bukafstand i forhold til gennemsnitlig bukbredde.

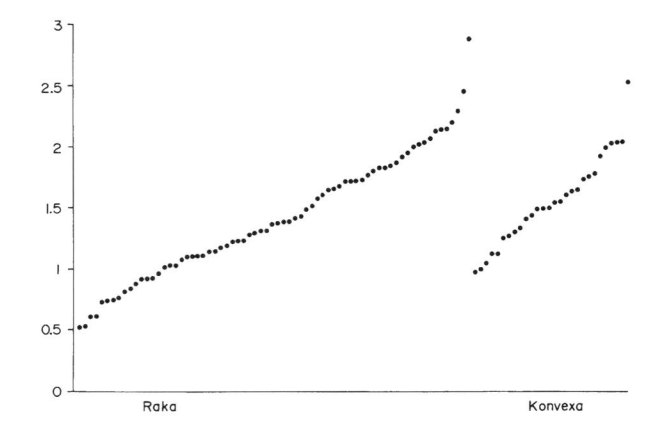

Figur 9. Forholdet mellem længde, bredde og antal tagbærende stolpepar i den indre tagbærende konstruktion i huse fra Skåne og Danmark, opdelt på rette og konvekse tagbærende konstruktioner. Figur 476 i Björhem & Säfvestad 1993 jvf. tabel 16 samme sted.

The relation between the length and width of the central aisle and the number of trestles in the roof-supporting structure of buildings from Skåne and Denmark, with straight and convex structures treated separately. Figure 476 in Björhem & Säfvestad 1993, cf. Table 16 in the same volume.

Figur 10. Kronologisk ordning af husene, som indgår i Björhem & Säfvestad 1993, tabel 16 om forholdet mellem midtskibsbredde og gennemsnitlig afstand mellem bukke.

Chronological arrangement of houses included in Björhem & Säfvestad 1993, table 16, on the relation between the width of the central aisle and the average distance between the trestles in the roof-supporting structure.

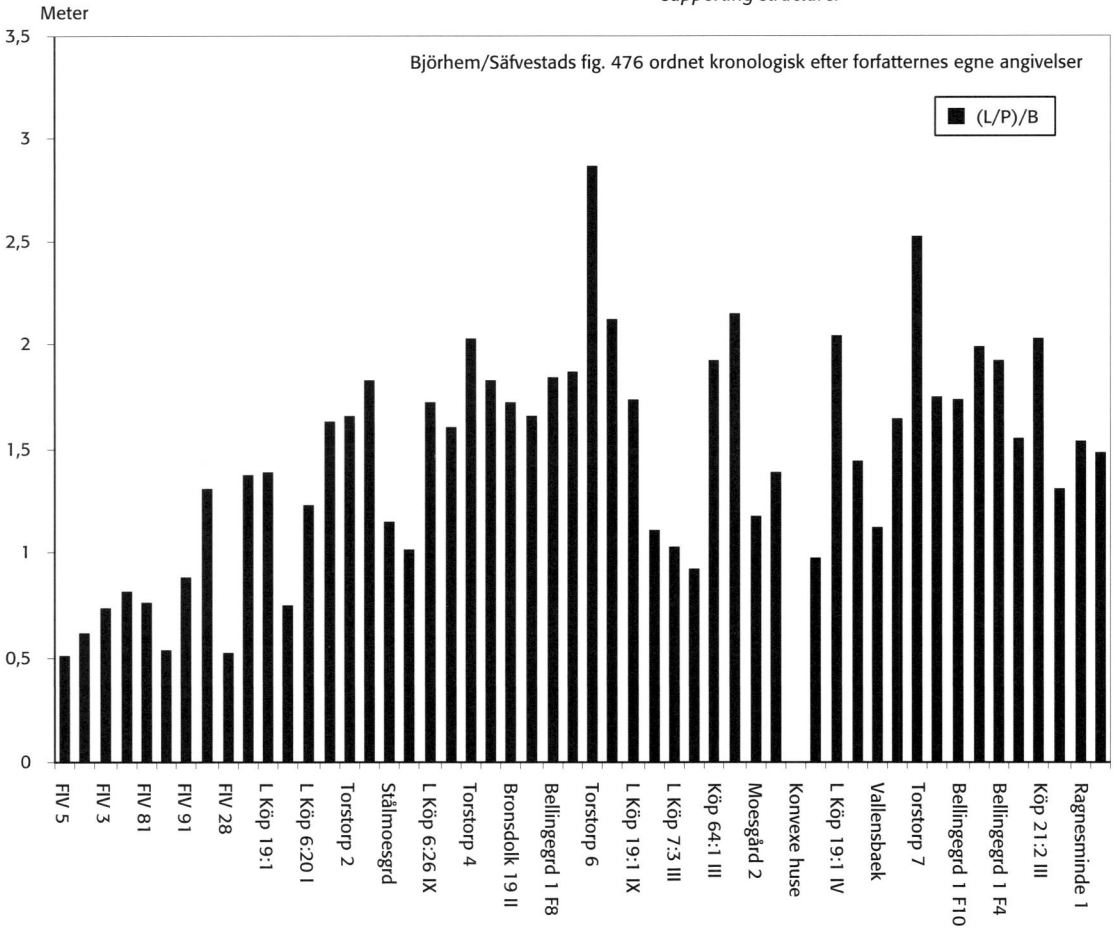

Forsøget bliver dog ikke overbevisende. Dels indgår, som vist, materiale dateret udelukkende på grundlag af denne tese, dels har både sene huse lavt indeks og tidlige huse relativt højt indeks (a.a. tabel 16). Det skal i denne sammenhæng påpeges, at figuren, som grafisk fremstiller forholdet mellem længde og bredde og antal stolpepar i de huse, som indgår i analysen (a.a. fig. 476), ikke er ordnet kronologisk men efter det indeks, som er beregnet i tabel 16 (a.a. s. 277f). Ordnes denne figur kronologisk giver det et helt andet billede (sammenlign fig. 9 med fig. 10). Det herved fremkomne billede viser stort set ikke andet end at huse fra yngre bronzealder er betydelig større i dimensionerne end huse fra ældre jernalder, og dette fænomen har været kendt lige siden Beckers publikation af de første huse fra yngre bronzealder (Becker 1968b, fig. 8).

Det er derfor en styrke, at et forholdsvist stort antal huse fra Fosie IV (17 ialt) er forsøgt dateret ved hjælp af $^{14}C^{10)}$ eller termoluminiscens (Björhem & Säfvestad 1993, s. 289ff, tabel 19). Imidlertid har sådanne dateringer en iboende usikkerhed, ikke blot metodens egen, men også den rent arkæologiske: tilknytningen til det anlæg, som ønskes dateret. En del prøver blev taget og målt på en tid, da accelerator-dateringer endnu ikke var udbredt, og man har derfor ved prøvetagningen valgt stolpehuller med meget trækul, hvilket kunne begrunde, at der var tale om dele af de bærende konstruktioner. Senere gik man over til AMS-datering, hvor udgangspunktet var betydeligt mindre stykker trækul, hvilket medførte en betydeligt større risiko for tilfældig indblanding (a.a. s. 285). Da hvert hus kun er blevet dateret med én datering, vil det medføre en tilbøjelighed til at forkaste dateringen, hvis den ikke passer til forventningerne (dvs. en fare for ringslutning).

Dette er sket i et tilfælde. I hus 46 antyder et lerkarskår fra et stolpehul en yngre datering end ^{14}C-dateringen fra samme hus (a.a. s. 290ff). De to dateringer demonstrerer på bedste vis betydningen af *terminus post quem*. Begge dateringer er principielt set korrekte - men kun for genstandene selv. Huset, fra hvis stolpehuller de stammer, må være yngre end begge – eller, som Becker fremholder, er det teoretisk muligt, at det daterende materiale er faldet i stolpehullet ved optrækningen af stolpen, hvorved dateringen kan ligge ganske nær husets faktiske brugstid (Becker 1968a, s. 243). Selv i dette tilfælde udelukkes dog ikke en betydelig afstand i tid. Det bør derfor repeteres, at fund i kontekster, der ikke direkte kan antages at være dele af husets konstruktion eller indretning, giver en relativt bred margin for opfattelsen af den opnåede *terminus post quem*. Dertil kommer, at træ fra kraftige trækonstruktioner ofte vil have en betydelig egenalder. Videre viser undersøgelser fra andre steder, f.eks. Priorsløkke (Kaul 1989, s. 89, fig. 6), at ældre bygningstømmer kan være genanvendt i nyt byggeri – en oplagt mulighed i et åbent træløst landskab som det sydvestskånske. ^{14}C-dateret trækul fra bygningstømmer har således en lang række iboende fejlkilder, som gør det uhyre vanskeligt at jævnføre det med den relative kronologis begrebsapparat (dvs. periodebetegnelserne). Disse indvendinger har ført til, at man med udbredelsen af accelerator-dateringsmetoden ofte vælger at datere prøver med lav egenalder, som f.eks. forkullet korn. Hermed vanskeliggøres imidlertid problemet med at begrunde dateringens relevans for huset.

Disse forbehold diskuteres kun i ringe omfang i afhandlingen (Björhem & Säfvestad 1993, s. 286), og de indvirker kun i begrænset omfang på konklusionerne (a.a. s. 289ff). Hvorfor er det kun i tilfældet med hus 46, at der rejses tvivl om ^{14}C-dateringens holdbarhed? Man vil med rette kunne tillade sig at spørge, hvorfor dateringerne af de øvrige daterede huse, hvor der ikke foreligger kontroldateringer af anden art, accepteres fuldt ud. Og er der i virkeligheden nogen modsigelse mellem de to dateringer fra hus 46? Hvis trækullet stammer fra en bærende konstruktion, kan man forvente en egenalder på mindst 100 år. Hvis træet dertil er genanvendt bygningstømmer vil man kunne lægge yderligere op til 100 år oveni. Dermed havner byggeriet, hvorfra træet stammer, på en hypotetisk kalibreret ^{14}C-alder på 255–425 e.Kr.f., hvilket vil sige samme tidsrum, som keramikken angiver.

Termoluminiscens-dateringer, eller TL-dateringer, har i forhold til ^{14}C-dateringer den styrke, at de måler det tidspunkt, på hvilket materialet sidst passerede den temperatur, som udløser udladningen af opsparet energi (Mejdahl 1991). Hvis der er tale om materiale fra et ildsted knyttet til et hus eller lerklining fra et nedbrændt hus, bør dateringen da angive husets (sidste) brugstid. Men selv denne metode stiller krav til sikring af relationen mellem det daterede og det anlæg, man vil datere. Videre havde metoden, før udviklingen af den optisk stimulerede termoluminscensmåling (OSL) en temmelig stor usikkerhedsmargin (a.a.). I et tilfælde på Fosie IV har man udtaget to dateringer fra samme hus: Hus 66. Den ene angiver en datering af huset til 430–570 e.Kr.f., den anden til 1080–1220 e.Kr.f. Den sidstnævnte datering bortvejres med argumentet: "men vi finner det märkligt att en konstruktion av denna typ skulle ha en så sen datering och den sistnämda dateringen är sannolikt felaktig." (Björhem & Säfvestad 1993, s. 292).

Et væsentligt forhold, som helt mangler i bogen, er en diskussion af forholdet mellem naturvidenskabelige dateringer og relative dateringer: er en ^{14}C-datering til 360 e.Kr.f. det samme som en keramikdatering til yngre romersk jernalder? Keramikken forholder sig jo til den relative kronologi, der igen har et relativt flydende forhold til den absolutte kronologi. De absolutte rammer for den yngre romerske jernalder angives nu oftest til mellem 150/160 e.Kr.f. og 350/360. På samme måde angives afslutningen af folkevandringstiden til omkring 520 e.Kr.f. (Hansen 1994). I den traditionelle bopladsarkæologi i Jylland (Becker 1968a; Becker et al. 1980; Hvass 1979; 1985) har man tilstræbt relativ-arkæologiske dateringer (dvs. genstandsdateringer). Med andre ord er dateringsgrundlaget for de jyske huse væsensforskelligt fra dateringsgrundlaget for det skånske materiale. Kan dateringerne fra de to områder så sammenlignes?

Disse principielle metodiske problemer diskuteres ikke af Björhem og Säfvestad. I stedet konkluderer de, at ^{14}C-dateringerne fra Fosie IV dels viser en koncentration til romersk jernalder, dels at de antyder, at flere forskellige hustyper har eksisteret samtidigt. Uden at tage konsekvenserne deraf, anmærker de dog, at dersom der har været en forhøjet bebyggelsesintensitet i denne periode, vil der være risiko for, at materiale fra denne periode kan have forurenet senere perioders anlæg (Björhem & Säfvestad 1993, s. 292).

Ser man nærmere på de naturvidenskabelige dateringer, vil man bemærke, at langt hovedparten af disse ligger indenfor det forholdsvis korte tidsrum yngre romersk jernalder-folkevandringstid. Dette gælder dateringerne af de ni huse 17, 49, 89, 65, 58, 2, 42, 60 & 66. Yderligere tre huse ligger med hovedvægt i den senere del af ældre romertid med et vist overlap til yngre romertid (hus 39, 46 og 56). Kun to dateringer falder inden for førromersk jernalder (hus 84 og 93), medens tre huse (97, 94 og 79) dateres til vendeltid eller vikingetid (a.a. tabel 19, fig. 487). Hvis man dertil lægger den ovennævnte usikkerhedsmargin, vil der, bortset fra de to førromerske huse, ikke være dateringer ældre end yngre romertid i materialet.

Langt størsteparten af husene fra Fosie IV er imidlertid ikke dateret vha. naturvidenskabelige metoder. Derfor forsøger forfatterne at benytte en sidste oplagt mulighed for at udvide dateringsgrundlaget: en analyse af husenes placering i forhold til hinanden. Som udgangspunkt vælger man boplads IV, hvor der er påvist flest hustomter, og hvor de ligger i to klare grupperinger. I stedet for en rent rumlig analyse foretager man imidlertid en faseopdeling ud fra en hustypologi, som tager udgangspunkt i antal tagbærende stolpepar og tegn på konveksitet i den tagbærende konstruktion (a.a. s. 294ff). Fase A omfatter huse med mange stolpepar, fase B huse med 5 stolpepar, fase C huse med fire stolpepar, fase D konvekse huse og fase E er en slags restpulje. Karteret ordner husene i hver fase sig i forbløffende grad i karréer uden overlapninger, pånær i fase C som derfor underopdeles alt efter husenes orientering (a.a. fig. 490–494). Dermed bekræfter "horisontalstratigrafien" tilsyneladende ideen om, at antal stolpepar og konveksitet skal have kronologisk værdi. Mærkeligt nok anvender man ikke eksplicit bukbredden eller bukbredde/længde-indekset i denne inddeling.

En alternativ vej ville have været at gå ud fra planen og de enkelte gårdes orientering og placering i forhold til hinanden. Hermed ville man have kunnet foretage en uafhængig analyse og undgået den ringslutning, man nu begår: analyseresultatet bekræfter forudsætningerne. Man ville nok stort set være kommet til samme faseindelinger, bortset fra at de tre husrækker fra fase A og fase Cb ville være blevet opfattet som samtidige og hus 41 ville havne i fase B, eventuelt sammen med husene fra E. Går man ud fra rent rumlige betragtninger, ville man også bemærke, at fase Ca er den fase, som afviger mest fra den generelle orientering. Den burde derfor lægges først eller sidst i en hypotetisk udvikling, hvor fase A/Cb sammen med D udgør den anden yderlighed. Ud fra disse betragtninger kunne man, rent hypotetisk og udelukkende ud fra husenes orientering, postulere en følge som hed Ca, B/E, A/Cb, D. Den formodede fægade ("hus 32") kunne så være samtidig med hus 37 i fase D. Denne inddeling tager ikke hensyn til husenes antal bukke, men denne parameter kan lige så vel være afhængig af sociale som kronologiske forhold (jvf. Hodde, se Hvass 1985, s. 175ff). Styrken ved dette forslag er, at det tager udgangspunkt i et antal gårdsenheder, som kan følges gennem hele pladsens udviklingshistorie, f.eks. 33-36-29/38, 42-41-30-37 og 40-?-45 i den nordlige række. Dette antyder, at bebyggelsen har bestået af en samling gårde, dvs. en "landsby", på 5-7 enheder i de tre hovedfaser afsluttet med en fase på bare to gårde i fase D. Dette skal ikke gøre krav på at være en fuldfærdig løsningsmodel på den kronologiske udvikling på Fosie IV's boplads IV, men blot en illustration af, at en rendyrket horisontal analyse ville have ledt til et andet resultat end det, der præsenteres i bogen, og som lægges til grund for den videre analyse.

I analysen af faserne har forfatterparret svært ved at få hustomerne til at strække til at skabe en flergårdsbebyggelse, dersom der skal have været kontinuerlig bebyggelse i hele dens levetid (Björhem & Säfvestad 1993, s. 302f, fig. 497). Dette problem opstår ved, at man ønsker at forlægge bebyggelsens grundlæggelse til eller kort før Kristi fødsel. Dette er imidlertid direkte i modstrid med ^{14}C-dateringerne fra samme plads. Den ældste af disse dateringer stammer fra det isoleret beliggende hus 39, der muligvis kan tilskrives fase Ca eller A/Cb. På grund af sin afvigende beliggenhed behøver huset dog ikke nødvendigvis at tilhøre den øvrige bebyggelse, men kan stamme fra en forgænger. Kalibreret dækker dateringen imidlertid ikke kun de sidste 50 år før Kr.f. men hele ældre og en god del af yngre romersk jernalder (50 f.Kr.f 250 e.Kr.f.). Næstældst er dateringen fra hus 56, som ligger på overgangen ældre/yngre romersk jernalder (9 245 e.Kr.f.). Yngst er en TL-datering fra hus 66 (430-570 e.Kr.f.). Med ovennævnte usikkerhedsfaktorer angående stedets

^{14}C-dateringer in mente vil det derfor være mest rimeligt at antage, at bopladsen anlægges i yngre romertid, og at den langhusbebyggelse, som ligger inden for undersøgelsesområdet, afsluttes senest i vendeltid, altså et betydeligt kortere tidsspand (snarere 4–600år) end de 900 år som forudsættes i afhandlingen.

I konklusionen på de kronologiske analyser erkender forfatterparret, at det på trods af de mange forskellige analyser ikke er lykkedes at skabe en sikker eller overbevisende huskronologi. For at kunne gå videre i analysen af pladserne må man dog foretage en kronologisk opdeling af materialet og fastslår da, at *"Det viktigaste underlaget för kronologisk sortering har visat sig vara fasuppdelningen av husen på boplats IV."* (a.a. 310ff, fig. 503). Som nævnt ovenfor er der ikke tale om en rendyrket faseanalyse: den hviler ikke på stratigrafiske iagttagelser, som tilsyneladende er næsten fraværende på Fosie IV, og knapt på en horisontal stratigrafisk analyse. Videre vælger man stort set at se bort fra de naturvidenskabelige dateringers og genstandsdateringernes udsagnskraft.

Resultatet bliver, at man placerer et stort antal huse (11stk!) i førromersk jernalder, dette til trods for at kun to (hus 84 og 93) er dateret til denne periode ad anden end typologisk vej. De øvrige huse henføres til perioden med begrundelser som "många stolp-par och forhållandevis stor bredd" samt "kännedom om att hus i Skåne kan vara mycket långa under förromersk järnålder"! Argumenterne stemmer således ikke med analyseresultaterne, som netop viste at der var stor usikkerhed angående disse parametres kronologiske værdi. Videre er det sidste argument et rent cirkelbevis, hvis holdbarhed i højeste grad kan betvivles (jvf. den forudgående gennemgang af Tesch's afhandling).

Til ældre romertid henføres hele ti huse, selvom ^{14}C-dateringerne viser klar tendens til at undgå denne periode. Faktisk har hus 39, som henføres til førromersk jernalder, klarere indikation på tilknytning til ældre romersk jernalder end de fire ^{14}C-daterede huse, som postuleres at kunne henføres til perioden. Hus 56 har den ældste datering, som kun dækker slutningen af ældre og første halvdel af yngre romersk jernalder. Dateringen af hus 89 dækker sidste halvdel af ældre og hele yngre romersk jernalder. Hus 17 har en datering, som rækker fra slutningen af ældre romertid til begyndelsen af folkevandringstiden, og ^{14}C-dateringen af hus 58 dækker den senere del af yngre romertid og begyndelsen af folkevandringstid. Hus 17 og 56 er langstrakte og konvekse – med de nævnte ^{14}C-dateringer er der ingen modsætning mellem deres skånske datering og forekomsten af konvekse langhuse i det danske materiale.

Til yngre romertid og folkevandringstid henføres et stort antal firsættere (12–14stk). *"Det kanske starkaste argumentet för att betrakta husen som dominerande under en tid är den s.k. horisont C på boplats IV, vilken utgör en fas då endast hus av denna typ finns."* (a.a. s. 311f). Som nævnt ovenfor er dette argument en ren cirkelslutning: fase C er udskilt ved at kartere huse på plads IV med 4 stolpepar. Derefter konkluderer man, at fase C viser, at 4-sætshuse udgør en fase. Men fase C er den eneste "fase" i forfatternes opdeling, hvor husene ikke respekterer hinanden, selv med underopdelingen i en a- og en b-fase. Forfatterne diskuterer ikke ^{14}C-dateringer fra husene tilskrevet denne periode, men der foreligger flere: hus 65 (125–330 e.Kr.f.), hus 49 (70–390 e.Kr.f.), hus 42 (380–440 e.Kr.f.), hus 66 (430–570 e.Kr.f.). Som det fremgår, rækker dateringerne fra sidste halvdel af ældre romersk jernalder til begyndelsen af vendeltid.

Forfatternes konklusion, at *"En jämförelse helt baserad på jyllandskt material är förkastelig..."* kan dermed ikke siges at være fuldt begrundet. Man har på den ene side ikke gået dybt nok i sin analyse af det jyske materiale, på den anden har man ikke udnyttet potentialet i sit eget materiale fuldt ud. På trods af Fosie-materialets fragmentariske karakter virker det som om, at der er mere information at hente, information som afhandlingens forfattere af uvisse årsager har været blind for. Dette kan skyldes bestemte forudfattede opfattelser, såsom at der er forskel på jysk og skånsk materiale, at de skånske huse er længere end de jyske i førromersk jernalder, og at de konvekse huse optræder tidligere i Skåne end i Jylland. Endelig har Herschends idé om gradvis mindskende bredde på husenes midtskib været en kraftigt styrende ledestjerne. Fosie IV-materialet kan derfor langt fra siges at være udtømt.

Konklusion

Målet med dette bidrag var ikke at benægte, at der kan forekomme regionale forskelle i byggeskikken i Sydskandinavien. Tværtimod bekræfter nyere udgravninger i Skåne og på de østlige danske øer indtrykket af, at der kan tales om afvigende byggetraditioner i forhold til de jyske (jvf. Martens 1994b). Målet har heller ikke været at postulere, at bredden på det treskibede langhus midtskib ikke har kronologisk relevans (jvf. Mikkelsen 1988; Herschend 1989; Hansen m.fl. 1991; Tesch 1993; Björhem & Säfvestad 1993). Men gennemgangen af de to i grunden ret forskellige afhandlinger viser, at den skånske hustypologi langt fra er færdigudforsket. Fælles for afhandlingerne er, at de hviler på et pionermateriale, og at de selv udgør pionerarbejder. Som sådan har de haft uvurderlig værdi for regionen. Fosie IV-publikationen har yderligere en værdi som et vigtigt materialekatalog - en værdi, den aldrig vil tabe. Alligevel må man konkludere, at udviklingen siden de to studiers fremkomst gør, at det er på høje tid at gennemføre et nyt uafhængigt studie over hustypologien og huskronologien i Skåne. Dels er det skånske materiale siden afhandlingernes fremkomst mangedoblet (jvf. Jacobsson 2000), dels er der tilkommet store, nye materialer i naboregionerne Sjælland (Boye & Fonnesbech-Sandberg 1999; Hansen & Nielsen (red.) 1992) og Halland (Carlie 1992), og dels er der fremkommet nye vigtige arbejder over det jyske husmateriale, som nuancerer billedet der (Hansen m. fl. 1991; Skov 1994; Mikkelsen 1999; in prep.; Rindel 1999; 2001). Udgangspunktet for en nybearbejdning af det skånske husmateriale vil derfor være væsensforskellig fra de to gennemgåede afhandlingers, og chancen for at opnå ny kundskab om regionens kronologi og bygningskulturelle tilhørsforhold vil derfor være stor. Derfor er der i Västkustbanans jernalderdelprojekt indlagt et studie over hustypologi og -kronologi (Artursson, *Böndernas hus*, dette bind).

Noter

1) På baggrund af Vifots udgravninger er der i 1990'erne gennemført et forskningsprojekt, hvori lokaliteten opfattedes som en centralplads (central place), jvf. Stjernquist 1996; Larsson & Hårdh 1997; Larsson 1998.
2) Et videre argument for denne særlige forbindelse til det nordøstlige kontinentale Europa var, at der i begge områder forekommer fortykkede, facetterede rande (Stjernquist 1947, s. 188). Imidlertid er denne randtype også karakteristisk for den yngre førromerske jernalder i Nordtyskland og i Danmark, hvor den ovenikøbet fortsat er i brug i ældre romersk jernalder. I Nordøsteuropa forsvinder denne randform derimod i løbet af den førromerske jernalders slutfase (fase A3).
3) Dette er baseret på interviews med ældre kolleger i kombination med erfaringer fra genudgravningen af Borremose (jvf. Martens 1986; 1990; 1991).
4) Målet var at bevare så meget som muligt in situ med henblik på at skabe et formidlingssvenligt fortidsminde (jvf. Martens 1987a; 1994a).
5) Et tilsvarende eksempel på "manglende østender" ses på den i 1940-1945 udgravede bebyggelse på Borremose. I bebyggelsens østside var bevaringsforholdene ringere, hvorfor gulvlag og stenlægninger langs væggene manglede. Flere huse er derfor kun blevet erkendt i halv udstrækning (hus VI–VII, IX–XI). Nye udgravninger i dette område viser, at stolpehuller er bevaret, og at husene derfor vil kunne kompletteres (Martens 1990; 1991; 1994a).
6) Stjernquist har meddelt, at hun forbereder en endelig publikation af bopladsen, som opviser bebyggelsesspor fra såvel den yngre bronzealder, som ældre romersk jernalder og vikingetid. I en nyligt udkommet foreløbig rapport er der imidlertid ikke fremkommet yderligere dokumentation (Stjernquist 1998).
7) Før denne udgravning havde Stjernquist også gennemført et større undersøgelsesprogram på en velbevaret lokalitet ved Gårdslösa, dog uden at erkende andet end grubehuse (Stjernquist 1965; 1981). Videre havde Rikard Holmberg publiceret en tilsvarende gravning fra Malmö (Holmberg 1965).
8) På den førromerske jernalderboplads i Borremose (ca. 400–150 f.Kr.f.) kan husene således deles ind i en type med et omkring 3 meter bredt midtskib og en totalbredde på 5 meter, samt huse med en midtskibsbredde på 2,5 meter og en totalbredde på 4.5 meter. Begge typer forekommer i begge bopladsens faser, dvs. ældre førromersk fase IB og yngre førromersk fase IIA, og begge typer indeholder bolig (jvf. Martens 1986; 1987a; 1994a, 262ff). Det samme kan også observeres på Grøntoft, hvor såvel midtskibsbredden som husenes samlede bredde f.eks. for hustype II varierer ganske betydeligt (jf.evt. Rindel 2001). Forskellen må da antages at være social og ikke kronologisk
9) Sten Tesch's ^{14}C-dateringer citeres med hans egne kalibreringer med et sigma (68% sandsylighed). Dette sker af hensyn til sammenligneligheden med dateringerne fra Fosie IV.
10) Dateringerne citeres med forfatternes kalibrering. Det angives ikke i afhandlingen, hvordan dateringerne er kalibrerede, men en efterregning viser, at der må være tale om en angivelse med en sigma (68% sandsynlighed).

Summary

On the necessity of a revision of the Scanian Iron Age house chronology – A critical history of research

For some reason the prehistoric houses of Scania escaped archaeological research for a very long after this type of objects had been identified in other parts of Scandinavia. In fact, 70 years passed from the first recognition of a typical "post-hole" house in Scandinavia at Kraghede in 1906 until the first prehistoric house was documented in Scania. Until this point, several attempts had been made to identify such buildings and many theories were put forward in order to explain why they kept escaping notice. As the houses finally appeared, they proved to be of the same general type as in the other parts of lowland Scandinavia (apart from the Swedish Baltic Isles), i.e. marked by post-holes left by the roof-supporting structure and sometimes also from the walls and door openings. The reason for the late discovery of this can only be the local research tradition.

After the first discovery of a prehistoric house in Scania, settlement research took off, especially in contract archaeology. The methods were developed and refined within two areas, the Köpinge area on the south coast of Skåne and at Fosie IV, an industrial development area at the southern fringe of the city of Malmö. The first "project" was led by Sten Tesch, the latter by the duo Nils Björhem and Ulf Säfvestad. Within these two projects, almost two hundred prehistoric house sites were registered during the late 1970s and early 1980s and, most remarkable of all, both projects were published as dissertations only ten years later. A major aim of both dissertations was to identify, describe, define, and typologize the prehistoric house and to build a reliable typologically based chronology. The reason for this was the fact that in southeastern Scandinavia (including Zealand) ordinary prehistoric and especially ordinary Iron Age settlements are not particularly rich in dating finds.

The two dissertations which were based on pioneering excavations thus led to attempts to achieve another pioneering project: to construct a house typology for the region. Although attempts had been made in other regions no-one had presented this in such a thorough manner as in these works. Today the works form the basis of Scanian settlement research, especially as regards the dating.

The conclusions concerning the house chronology were generally in good accordance between the two works, though their basic material and their analytical methods differed considerably. A guiding star for both projects was the article by Frands Herschend, "Changing Houses". In this, Herschend put forward the hypothesis that since the introduction of the three-aisled house in Scandinavia, this had gradually developed from "over-balanced" (i.e. the central aisle being the widest) to "under-balanced" (the central aisle being less than 50% of the total width of the building). A similar hypothesis had been formulated by Mikkelsen. Both dissertations aimed to implement this observation as a dating diagnosis.

In Iron Age archaeology, the dating of the particular house types caused some disturbance among archaeologists dealing with north-western European material. Not only did the Scanian researchers date unusually large houses unusually early, but also typological traits believed to be definitely late, such as curved long walls, appeared to be much earlier in the new zone of post-hole archaeology. What made the western Scandinavian archaeologists particularly critical was the fact that the few houses which had been dated in the "new areas" (including Zealand) were mainly dated on basis of ^{14}C samples or thermoluminescence – both methods involving serious risks of "dating something other than the object you intended to date". In fact, the critical reading of the two dissertations in the present paper reveals that much can be said about their use of datings and dating methods.

For this reason, and because hundreds of new prehistoric houses and settlement sites have been excavated since these two pioneering works were published, it was decided to include a revision of the Scanian Iron Age house chronology in the Iron Age project within the Scanian West Coast Line Project (Artursson, this volume).

Utrykte kilder

Becker, C. J. personlig korrespondance 1985-1993

Referencer

Becker, C. J. 1961. *Førromersk jernalder i Syd- og MidtJylland*, Nationalmuseets Skrifter, Store Beretninger VI. København.
Becker, C. J. 1965. Ein früheisenzeitliches Dorf bei Grøntoft, Westjütland. *Acta Archaeologica vol.XXXVI*, s. 209-222
Becker, C. J. 1968a. Das zweite früheisenzeitliche Dorf bei Grøntoft, Westjütland, *Acta Archaeologica vol.XXXIX*, s. 235-255
Becker, C. J. 1968b. Bronzealderhuse i Vestjylland. *Nationalmuseets Arbejdsmark 1968*, s.79-88.
Becker, C. J. 1971. Früheisenzeitliche Dörfer bei Grøntoft, Westjütland. *Acta Archaeologica vol.XLII*, s. 79-110
Becker, C. J., Jørgensen, L. Bender, Hvass, S. Nielsen, L. Chr., Skov, T. & Stoumann, I. 1980. Viking Age Settlements in Western and Central Jutland, Recent Excavations. *Acta Archaeologica vol. 50*, s. 89-208.
Becker, C. J. 1982. Siedlungen der Bronzezeit und der vorrömischen Eisenzeit in Dänemark. *Offa Bd. 39*, s. 53-71.
Becker, C. J. 1985. Archaeological retrospect 8. *Antiquity LIX*, s. 174-182.
Becker, C. J. 1987. Farms and Villages in Denmark from the Late Bronze Age to the Viking Period. *Proceedings of the British Academi, vol. LXXIII*, s. 69-96.
Behm-Blancke, G. 1989. Kablow. I: U. Donat & E. Heydick red. *Archäologie der DDR, Bd. 2*. Berlin, s. 546-548
Björkquist, K.-A. & Persson, Th. 1979. Istabyundersökningen summeras. Ett kåseri kring en räkneoperation. *Ale 1979-2* s. 1-17
Björhem, N. & Säfvestad, U. 1993. *Fosie IV. Bebyggelsen under brons- och järnålder.* Malmöfynd 6. Malmö.
Boëthius, G. & Nihlén, J. 1932. Lojsta Hall. Försök till rekonstruktion av hallen på en gotländsk gård från första årtusendets mitt. *Fornvännen 1932*, s. 342-356.
Boye, L. & Fonnesbech-Sandberg, E. 1999. House typology in the county of Copenhagen, Denmark, during the Late Bronze Age and Iron Age. I: Fabech, C. & Ringtved, J. red. *Settlement and Landscape. Proceedings of a conference in Århus, Denmark. May 4-7 1998.* Jysk Arkæologisk Selskabs Skrifter 34, s. 493-496.
Brøndsted, J. 1960. *Danmarks Oldtid, bd.III, Jernalderen.* København.
Carlie, L. 1992. *Brogård - ett brons- och järnålderskomplex i Södra Halland. Dess kronologi och struktur.* Hallands Länsmuseers Skriftserie no.6. Halmstad.
Doppelfeld, O. 1939. Das germanische Dorf auf dem Bärhorst bei Nauen. *Prähistorische Zeitschrift XXVIII-XXIX*, s. 284-337
Fonnesbech-Sandberg, E. 1992. Problemer i østsjællandsk bopladsarkæologi. I: Hansen, U. Lund & Nielsen, S. red. *Sjællands Jernalder*, Arkæologiske Skrifter 6, Arkæologisk Institut, København, s. 21-35

Grieg, S. 1934. *Jernaldershus paa Lista*. Instituttet for sammenlignende kulturforskning. Serie B. Skrifter XXVII Oslo.
Hansen, T. Egebjerg, Hvass, S. & Mikkelsen, D. Kaldal 1991. Landbebyggelserne i 7. århundrede. I: Mortensen, P. & Rasmussen, B. M. red. *Fra Stamme til Stat 2. Høvdingesamfund og Kongemagt.* Jysk Arkæologisk Selskabs Skrifter XXII:2. Århus, s. 17-27.
Hansen, U. Lund 1994. Skandinavien und der Kontinent zur Völkerwanderungs- und Merowingerzeit. I: Düwel, K. red. *Runische Schriftkultur in kontinental-skandinavischer und -angelsächsischer Wechselwirkung. Internationales Symposium in der Werner-Reimers-Stiftung vom 24.-27. juni 1992 in Bad Homburg.* Berlin, s. 1-9.
Hansen, U. Lund & Nielsen, S. red. 1992. *Sjællands Jernalder*, Arkæologiske Skrifter 6, Arkæologisk Institut. København.
Hatt, G. 1928. To bopladsfund fra den ældre jernalder fra Mors og Himmerland. *Aarbøger for Nordisk Oldkyndighed og Historie 1928*, s. 219-260.
Hatt, G. 1930. En Brandtomt af et Jernaldershus paa Mors. *Aarbøger for Nordisk Oldkyndighed og Historie 1930*, s. 83-118.
Hatt, G. 1935. Jernaldersbopladsen ved Ginderup i Thy. *Nationalmuseets Arbejdsmark 1935*, s. 37-51
Hatt, G. 1937. Dwelling-houses in Jutland in the Iron Age. *Antiquity 11*, s. 162-173
Hatt, G. 1938. Jernaldersbopladser i Himmerland. *Aarbøger for nordisk Oldkyndighed og Historie 1938*, s. 119-266
Hatt, G. 1957. *Nørre Fjand. An Early Iron Age Village Site in West Jutland.* Det Kongelige Danske Videnskabernes Selskab, Arkæologisk-kunsthistoriske skrifter, bd.2. København.
Hatt, G. 1958. A dwelling site of Early Migration Period at Oxbøl, Southwest Jutland. *Acta Archaeologica vol. XXIX*, s. 142-154.
Hauptmann, T. 1998. Die Ausgrabungen kaiserzeitlicher Siedlungen bei Kablow, Lkr. Dahme-Spreewald.I: Leube, A. red. *Haus und Hof im Östlichen Germanien. Tagung Berlin com 4. bis 8. Oktober 1994.* Universitätsforschungen zur prähistorischen Archäologie. Band 50. Schriften zur Archäologie der germanischen und slawischen Frühgeschichte Band 2. Bonn, s. 67-71.
Herschend, F. 1989. Changing houses. Early Medieval house types in Sweden 500-1100 A.D. *Tor 22 (1988-1989)*, s. 79-103.
Holmberg, R. 1965. A Dwelling Site in Malmö from Early Iron Age. *Meddelanden från Lunds Universitets Historiska Museum 1964-1965*, s. 253-261
Hvass, L. 1980. *Jernalderen 1. Landsbyen og samfundet.* Danmarkshistorien. København.
Hvass, S. 1979. Die völkerwanderungszeitliche Siedlung Vorbasse, Mitteljütland. *Acta Archaeologica vol. 49*, s. 61-111.
Hvass, S. 1985. *Hodde - et vestjysk landsbysamfund fra ældre jernalder.* Arkæologiske Studier vol.VII. København.

Hvass, S. 1993. Bebyggelsen. I: Hvass, S. & Storgård, B. red. *Da klinger i muld*, København, s. 187-194.

Jacobsson, B. 2000. *Järnåldersundersökningar i Sydsverige. Katalog för Skåne, Halland, Blekinge och Småland.* Riksantikvarieämbetet. Stockholm.

Kaul, F. 1989: Priorsløkke: A fortified Early First Millenium A.D. Village in Eastern Jutland, Denmark. I: Randsborg, K. red. *The Birth of Europe: Archaeology and Social Development in the First Millenium A.D.* Analecta Romana Instituti Danici. Supplementum XVI. Rom, s. 87-90.

Kjær, H. 1928. Oldtidshuse ved Ginderup i Thy. *Fra Nationalmuseets Arbejdsmark 1928*, s. 7-20.

Kjær, H. 1930. En ny Hustomt paa Oldtidsbopladsen ved Ginderup, *Nationalmuseets Arbejdsmark 1930*, s. 19-30

Larsson, L. 1998. Gjort och ogjort i Uppåkra. I: Larsson, L. & Hårdh, B. red. *Centrala platsar - centrala frågor. Samhällsstrukturen under järnåldern. En vänbok til Berta Stjernquist*, Acta Archaeologica Lundensia, Series in 8, No. 28. Stockholm, s. 95-112.

Larsson, L. & Hårdh, B. 1997. Uppåkra - ett hövdinga- eller kungasäte. *Fornvännen 1997/3-4*, s. 139-154

Liversage, D. 1980. *Material and Interpretation. The Archaeology of Sjælland in the Early Iron Age.* Publications of the National Museum. Archaeological-Historical Series I vol. XX. København.

Lund, J. 1988. Jernalderens bebyggelse i Jylland. I: Näsman, U. & Lund, J. red. *Folkevandringstiden i Norden*, Århus, s. 139-167.

Martens, J. 1986. *En analyse af Borremosekomplexet - en befæstet landsby fra Himmerlands førromerske jernalder.* Upbliceret hovedfagsspeciale ved Institut for Forhistorisk Arkæologi, Aarhus Universitet.

Martens, J. 1987a. Borremose reconsidered. The date and development of a fortified settlement from the Early Iron Age in North Jutland. *Journal of Danish Archaeology, vol.7*, s. 159-181

Martens, J. 1987b. Wie wohnten die Kaiserzeitlichen Fürsten und Völker? I: Gurba, J. & Kokowski, A. red. *Kultura Wielbarska w mlodzym okresie rzymskim, Lublin 1988, tom II*, s. 299-312

Martens, J. 1990. *Borremose - en befæstet landsby fra den førromerske jernalder. Sb.nr. 12.02.02 - 57, Binderup Sogn, Gislum Herred, Aalborg Amt, Rapport over udgravningerne 6/8-14/9 1990.* Nationalmuseet. København

Martens, J. 1991. Gensyn med Borremose - om baggrunden for genoptagelsen af udgravningerne på Borremosefæstningen. *LAG 2*, s. 30-35.

Martens, J. 1994a. Borremose - Refuge - Fortified Settlement - Central Place? *Ethnographisch-Archäologische Zeitschrift vol. 35. 1994-2*, s. 241-276.

Martens, J. 1994b. "Haus un Hof" in Southern Scandinavia. I: Leube, A. red. *Haus und Hof im Östlichen Germanien. Tagung Berlin com 4. bis 8. Oktober 1994*, Universitätsforschungen zur prähistorischen Archäologie. Band 50. Schriften zur Archäologie der germanischen und slawischen Frühgeschichte Band 2. Bonn, s. 247-260.

Martens, J. 2000. Kraghede. *Hoops Realleksikon, Bd. 17*, s. 281-286.

Mejldahl, V. 1991. Aldersbestemmelse ved hjælp af optisk stimuleret luminiscens. *Arkæologiske udgravninger i Danmark 1991*, s. 57-59.

Mikkelsen, D. Kaldal 1988. *Enkeltgård eller landsby? En arkæologisk undersøgelse med udgangspunkt i et gårdsanlæg ved Mørup, Jylland.* Upubliceret hovedfagsspeciale ved Århus Universitet.

Mikkelsen, D. Kaldal 1999. Single farm or village? Reflections on the settlement structure of the Iron Age and the Viking Period. I: Fabech, C. & Ringtved, J. red. *Settlement and Landscape. Proceedings of a conference in Århus, Denmark. May 4-7 1998.* Jysk Arkæologisk Selskabs Skrifter 34, s. 177-193

Mikkelsen, D. Kaldal, in prep. *Enkeltgård eller landsby? Regionale og kronologiske studier i det nuværende Danmark med tilgrænsende områder gennem jernalder og Vikingetid.* Upubliceret Ph.D.afhandling ved Århus Universitet.

Müller, S. 1884. Mindre Bidrag til den forhistoriske Archaeologis Methode. *Aarbøger for nordisk Oldkyndighed og Historie*, s. 161-198.

Müller, S. 1906. Bopladsfundene: den romerske tid, *Aarbøger for Nordisk Oldkyndighed og Historie 1906*, s. 93-224.

Nihlén, J. & Boëthius, G. 1933. *Gotländska gårdar och byar under äldre järnåldern. Studier til belysning av Gotlands äldre odlingshistoria.* Norrköping.

Nilsson, T. 1976. Hus och huskonstruktioner. I: A. W. Mårtensson red. *Uppgrävt förflutet för PKbanken i Lund. En investering i arkeologi.* Archaeologica Lundensia, Investigiones de antiquitatibus urbis Lundae VII. Lund, s. 41-71.

Nordin, F. 1886. Gotlands s. k. kämpagrafvar 1-2. *Kungl. Vitterhets Historie och Antiqvitets Akademiens Månadsblad 1886*, s. 97-118, 145-174.

Nordin, F. 1888. Gotlands s. k. kämpagrafvar 3-5. *Kungl. Vitterhets Historie och Antiqvitets Akademiens Månadsblad 1888*, s. 49-70, 97-141, 159-163.

Näsman, U. 1987. Hus, landsby, bebyggelse. I: Rigsantikvarens Arkæologiske Sekretariat red. *Danmarks længste udgravning*. København, s. 69-86.

Ohlsson, T. 1976. The Löddeköpinge Investigations I. The Settlement at Vikhögsvägen. *Meddelanden från Lunds Universitets Historiska Museum 1975-1976*, s. 59-161.

Ohlsson, T. 1980. The Löddeköpinge Investigations II. The Northern Part of the Village Area. *Meddelanden från Lunds Universitets Historiska Museum 1979-1980*, s. 68-111.

Petersen, J. 1933-36. *Gamle Gaardsanlegg i Rogaland 1-2.* Instituttet for sammenlignende kulturforskning. Serie B. Skrifter XXIII og XXXI. Oslo.

Rindel, P. O. 1999. Development of the village community 500 BC-100 AD in west Jutland, Denmark. I: Fabech, C.

& Ringtved, J. red. *Settlement and Landscape. Proceedings of a conference in Århus, Denmark. May 4-7 1998.* Jysk Arkæologisk Selskabs Skrifter 34, s. 79-99.

Rindel, P. O. 2001: Building typology as a tool for describing the development of early village-communities in the fifth-third century B.C. at Grøntoft, Western Jutland, Denmark. I: Rasmus Brandt, J. & Karlsson, L. red. 2001. *From Huts to Houses. Transformations of ancient societies. Proceedings of an International Seminar organized by the Norwegian and Swedish Institutes in Rome, 21-24 September 1997. Skrifter utgivna av svenska institutet i Rom, 4o, LVI.* Stockholm, s. 73-87.

Schöneburg, P. 2001. Die publizierten Langhäuser der germanischen Siedlung von Nauen-Bärhorst, Ldkr. Havelland - Interpretation und Vergleich. I: Meyer, M. red. *«...Trans Album Fluvium». Forschungen zur vorrömischen, kaiserzeitlichen und mittelalterlichen Archäologie. Festschrift für Leube zum 65. Geburtstag.* Internationale Archäologie. Studia honoraria - Band 10. Berlin, s. 403-409

Shetelig, H. 1909. En ældre jernalders gaard paa Jæderen. *Bergen Museums Aarbog 1909*, s. 1-18

Skov, H. 1994. Hustyper i vikingetid og tidlig middelalder. *Hikuin 21*, s. 139-162

Stenberger, M. 1933. *Öland under äldre järnåldern.* Kungl. Vitterhets historie och antikvitets akademien. Stockholm.

Stenberger, M. 1953. Byggnadskicket under förhistorisk tid i Sverige, Norge och Finland. I: Erixon, S. red. *Nordisk Kultur XVII. Byggnadskultur.* Stockholm, s. 1-70.

Stenberger, M. & Klindt-Jensen, O. 1955. *Vallhagar. A Migration Period Settlement on Gotland, Sweden, parts I-II.* Stockholm.

Stjernquist, B. 1947. Eastern influences in the Roman Iron Age settlement at Vä, *Meddelanden från Lunds Universitets Historiska Museum 1947*, s. 161-194

Stjernquist, B. 1951. *Vä under järnåldern.* Skrifter utgivna av Kungl. humanistiska vetenskapssamfundet i Lund. XLVII.

Stjernquist, B. 1965. Gårdlösaundersökningen. En presentation. *Ale 1965-2*, s. 12-23

Stjernquist, B. 1969. En boplats från äldre järnålder i Hötofta, sydvästra Skåne. *Fornvännen 64, 1969*, s. 161-179

Stjernquist, B. 1981. *Gårdlösa. An Iron Age Community in its Natural and Social Setting. I.* Acta Regia Societatis Humaniorum Litterarum Lundensis LXXV. Lund.

Stjernquist, B. 1996. Uppåkra. A Central Place in Skåne during the Iron Age. *Lund Archaeological Review vol. 1, 1996*, s. 89-120.

Stjernquist, B. 1998. En ordinär järnålderslandsby i Uppåkras omland. I: Larsson, L. & B. Hårdh, B. red. *Centrala platsar - centrala frågor. Samhällsstrukturen under järnåldern. En vänbok til Berta Stjernquist.* Acta Archaeologica Lundensia, Series in 8, No. 28. Stockholm, s. 47-62.

Säfvestad, U. 1995. Husforskning i Sverige 1950-1994. En kritisk exposé över metodutveckling. I: Göthberg, H. Kyhlberg, O. & Vinberg. A. red. *Hus och Gård Bd. I. Artikeldel.* Stockholm, s. 11-22.

Söderberg, B. 2000. Vikingatidens boplatser i Löddeköpingeområdet. I Svanberg, F. & Söderberg, B. *Porten til Skåne.* Stockholm, s. 52-82.

Tesch, S. 1979. Forntidens bopålar. *Ale 1979/3*, s. 1-10.

Tesch, S. 1993. *Houses, Farmsteads, and Long-term Change. A Regional Study of Prehistoric Settlements in the Köpinge Area, in Scania, Southern Sweden.* Uppsala.

Vifot, B. M. 1934. En hustomtning från förromersk järnålder i Skåne. *Meddelanden från Lunds Universitets Historiska Museum 1933-34*, s. 174-187.

Vifot, B. M. 1936. Järnåldersboplatsen vid Uppåkra. *Meddelanden från Lunds Universitets Historiska Museum 1936*, s. 97-141.

Böndernas hus

Antalet undersökta järnåldershus har under de senaste två decennierna ökat kraftigt både i Skåne och i andra delar av Skandinavien. För skånskt vidkommande har det dock länge saknats en fördjupad studie av materialet. I denna artikel behandlas frågan om hur byggnadstraditionen i regionen såg ut under järnåldern och hur denna förändrades över tiden. Vilka likheter och skillnader kan ses i de skånska husen jämfört med byggnadsskicket i andra delar av Skandinavien? Och vad berättar dessa om tidens sociala och kulturella kontakter och utbyten?

Magnus Artursson

Inledning

Syftet med den här artikeln är att diskutera utvecklingen och förändringen av den skånska byggnadstraditionen under järnåldern, cirka 500 f. Kr.–1050 e. Kr., och möjligheterna att konstruera en typologisk-kronologisk modell för långhusen i Skåne. Bakgrunden till studien är de diskussioner som fördes under arbetet med undersökningarna längs med Västkustbanan. Ett antal hypoteser formulerades om bland annat byggnadstraditionens utveckling i området och vilken typ av kontakter och kulturella samband som kan ha funnits mellan Skåne och östra Danmark under järnåldern. Som grund till dessa hypoteser låg ett resonemang om de geografiska och kommunikationsmässiga förutsättningar som man kan anta ha existerat i Öresundsområdet under tidsperioden. Enligt min mening så borde det ha funnits goda förutsättningar för att upprätthålla intensiva kontakter i området och detta skulle i så fall kunna spåras i det arkeologiska materialet. En behandling av husmaterialet och en diskussion kring hur byggnadstraditionen såg ut i området och hur den utvecklades över tiden borde kunna spegla kontaktvägar och kulturella samband.

Den skånska hustypologin är inte särskilt gammal och den baseras fortfarande till stor del på ett relativt begränsat och ibland diskutabelt material (se Martens denna volym). Framförallt finns det brister vad det gäller välbevarade långhus med en väl underbyggd datering. Situationen i östra Danmark, det vill säga på Själland och Bornholm, är ännu sämre vad det gäller publicerat och väldaterat material, varför utgångsläget för en jämförande studie inte är helt idealiskt. Utifrån det material som har framkommit längs med Västkustbanan och nyare material från Skåne skall jag här emellertid försöka presentera ett förslag till en typologisk-kronologisk modell för framförallt långhusen från järnåldern och sätta in resultaten i ett regionalt och till viss del också interregionalt perspektiv. I diskussionen måste man naturligtvis också ta ställning till frågan om det verkligen har funnits en särskild byggnadstradition i Skåne, och i så fall hur denna förhåller sig till de traditioner som har existerat i omgivande regioner i södra och mellersta Skandinavien. Eftersom det kända husmaterialet med en datering till järnålder från området är mycket omfattande vid det här laget, så kommer endast det material som har publicerats eller på annat sätt har varit tillgängligt att användas i diskussionen. Målsättningen är att dra upp ett antal huvudlinjer i utvecklingen, inte att detaljerat redogöra för varje regionalt särdrag eller avvikelse.

Det arbetssätt som hittills har använts har i stor utsträckning präglats av en brist på hänsyn till den stora komplexiteten och variationen i materialet. Oftast har man valt att endast använda sig av en begränsad del av den tillgängliga informationen, och på så sätt fått en mycket förenklad modell, där byggnaderna har setts som någon form av artefakter som har förändrats efter en mer eller mindre lagbunden typologisk linje. Istället ska man kanske se uppgiften som ett försök att utifrån ett antal grundteman med stora variationer fånga en bild av en komplicerad förändringsprocess, där olika typer av byggnader endast utgör en liten men dock betydelsefull del (se bl.a Säfvestad 1995, s. 20). Husen kan inte ses som isolerade artefakter, utan som delar av ett samhälle i ständig förändring (se bl.a. Rapoport 1969, s. 67ff; Aspeborg 1998b, s. 139f).

En faktor som ofta saknas i typologiska-kronologiska analyser av husmaterial är den sociala aspekten. Många studier arbetar med typhus för olika tidsperioder och dessa typhus anses representera "medelhuset" eller det mest typiska (se bl.a. Tesch 1993; Hvass 1993, s. 189). En sådan utgångspunkt ger enligt min mening ett endimensionellt resultat, där frågan kring hur sociala aspekter har påverkat byggnadstraditionens utseende i ett visst område ofta glöms bort. En förklaring till att ett sådant arbetssätt har varit vanligt är kanske att fyndmaterialet på boplatserna och i husen oftast är mycket litet. Det har lett till att man i många fall inte har velat uttala sig om hur sociala aspekter kan tänkas ha påverkat byggnadstraditionen och det parallella användandet av olika husstorlekar. Skillnader i långhusens storlek har man kunnat se, men man har oftast inte utifrån sådana faktorer velat dra några mer långtgående slutsatser om till exempel social stratifiering. Skillnader i husstorlek har ofta inte räckt som en indikation på en hierarkisk samhällsstruktur, utan man har krävt andra kompletterande material för att kunna uttala sig i frågan. När nu husmaterialet från Skandinavien blir allt större, samtidigt som komplexiteten och variationen hela tiden ökar, är det kanske dags att se på det med andra ögon. Mitt intryck från den genomgång jag har gjort är att man verkligen kan se en tydlig variation i storlek under samtliga perioder under järnåldern. Trots att fyndmaterialet från långhusen sällan ger speciellt mycket information om människornas sociala ställning anser jag att det är möjligt att konstruera en modell, där social stratifiering läggs in som en förklaringsgrund till varför man har haft olika stora långhus. I en sådan modell blir typhuset ointressant, istället är det variationen i storlek och utseende som blir de mest intressanta faktorerna. Att studera hela spektrumet av byggnader under en viss tidsperiod ger oss en helt annan möjlighet att bygga upp mer tillförlitliga typologiska-kronologiska modeller och att koppla förändringarna i byggnadstradition till den allmänna samhällsutvecklingen. Långhusen av olika storlek representerar i en sådan förklaringsmodell olikstora gårdar i ett socialt stratifierat samhälle (Carlie & Artursson denna volym).

En tydlig indikation på att det verkligen har existerat en social stratifiering i ett område, är enligt min mening om det parallellt har funnits långhus av olika storlek på boplatserna. I idealfallet skall naturligtvis de olikstora långhusen ligga samlade i någon form av bystruktur, så att man verkligen kan vara säker på att de har varit i användning samtidigt, som till exempel vid Hodde eller Vorbasse på Jylland, Brogård i Halland eller i de yngre romerska och folkvandringstida stensträngsmiljöerna på bland annat Öland, Gotland och i sydvästra Norge. Emellertid anser jag att man även utan sådana tydliga, samlade strukturer kan argumentera för existensen av ett socialt stratifierat samhälle. Om man kan visa att de olikstora långhusen som ligger utspridda över en större undersökningsyta eller i en hel region med stor sannolikhet har varit samtida, är detta ett bra argument för att samhället verkligen har varit stratifierat.

En viktig slutsats utifrån det här resonemanget är att man måste se på husmaterialet med öppna ögon, och inte tro att förändringen har varit styrd av någon form av orubblig, typologisk lag. Att bortse från att människor med största sannolikhet har haft en varierande grad av motivation att ta till sig nymodigheter och att de har påverkats från olika håll vid skilda tidpunkter, begränsar enbart användbarheten hos en hustypologi. Förmodligen kan man räkna med en spridning över tiden i introduktionen av en ny hustyp mellan olika geografiska områden, beroende på skilda faktorer. Att acceptera det enligt min mening främsta draget hos all mänsklig kultur, nämligen variation, måste vara en grundläggande förutsättning för att man skall kunna upprätta en någorlunda användbar hustypologi. Dessutom måste man räkna med en variation i byggnadernas utseende beroende på ekonomiska, sociala och politiska faktorer. Därför får inte en regional variation eller förekomsten av extrema varianter inom ett visst område under en viss tidsperiod ses som komplicerande faktorer, utan som en naturlig del av mänsklig verksamhet.

Förromersk järnålder period I–II, 500–150 f. Kr.

Byggnadstraditionen under perioden har stora likheter med den som existerade under den yngre bronsåldern (Artursson 2005a; 2005b). Så är det till exempel relativt vanligt att långhusen är uppdelade i två rum med en ingångsdel placerad mitt emellan dessa. Den västra delen tolkas ofta som bostadsdel och den östra som stall- eller ekonomidel. Den här kontinuiteten i byggnadstradition mellan tidsperioderna överensstämmer väl med det övriga arkeologiska materialets utseende i södra och mellersta Skandinavien. Det finns en tydlig kontinuitet också vad det gäller till exempel keramikens utseende, begravningstraditioner och offernedläggelsernas sammansättning (se t.ex. Jensen 1997, s. 200ff). Ett faktum som emellertid minskar möjligheterna att få en tydlig och klar bild av utvecklingen under övergången mellan yngre bronsålder och förromersk järnålder, är att utseendet på kalibreringskurvan för ^{14}C-dateringar i tidsintervallet cirka 2400–2500 BP är mycket besvärligt. Kalibreringskurvan bildar en tydlig platå i detta intervall, vilket leder till att man får en låg upplösningsgrad just här. Detta leder till att det är mycket svårt att placera olika hustyper i förhållande till varandra i övergången mellan perioderna, eller uttryckt i kalibrerad tid i intervallet cirka 800–400 f.Kr. Också senare under förromersk järnålder finns det liknande men mer begränsade platåer (se bl.a. Rahbek & Lund Rasmussen 1997). Eftersom det daterande fyndmaterialet i byggnaderna från de här tidsperioderna dessutom oftast är mycket begränsat, leder detta till stora problem när man vill studera utvecklingen av byggnadstraditionen.

Traditionellt har man ansett att relativt korta långhus, ofta kombinerade med olika typer av mindre ekonomibyggnader, har varit typiska för västra Danmark under inledningen av förromersk järnålder. Denna bild är emellertid delvis på väg att förändras. Resultaten från stora undersökningar från bland annat Grøntoft på Jylland (Becker 1965; 1969; 1972; Rindel 1997; 1999) och Sarup på Fyn (Becker 1982, s. 68f; Andersen 1984; 1999, s. 90ff), där stora delar av utspridda byar från förromersk järnålder period I–II har undersökts, visar att det har funnits en tydlig variation i långhusens storlek under vissa av faserna. Vid Grøntoft anser Per Ole Rindel (1997; 1999) att det i varje fas har funnits 5–8 samtida gårdar, där en av dem i vissa fall har varit större med flera byggnader och ett stort långhus. Detta anser han vara ett tecken på en social stratifiering inom byn vid Grøntoft (Rindel 2001, s. 87). Långhusens variation i längd gör det enligt Rindel möjligt att göra en indelning av dem i åtminstone två storlekskategorier; stora långhus som har varit cirka 22–23 m långa och mellanstora eller mindre långhus som har varit cirka 6–16 m (1999, s. 92, fig. 8). Antalet takbärande bockar varierar mellan de två kategorierna; stora långhus som har haft 7–8 stycken medan de mellanstora och mindre har haft 3–6 stycken.

De här tecknen på en uppdelning av långhusen i olika storlekskategorier kan man ofta se också i materialet från övriga södra och mellersta Skandinavien. I det skånska materialet är den här storleksuppdelningen mycket tydlig, men antalet platser där man har haft möjlighet att undersöka de olika kategorierna av långhus samtidigt är mycket begränsat (se t.ex. Friman & Hector 2003). Mycket tyder emellertid på att bebyggelsen har varit mer utspridd i Skåne och att den har bestått av så kallade ensamliggande gårdar och utspridda byar, där gårdarna har legat på större avstånd från varandra (se Carlie & Artursson denna volym). Den här utspridda bebyggelsestrukturen är svår att fånga inom de oftast mycket begränsade undersökningsområden som vi är hänvisade till, vilket innebär att endast enstaka gårdar hittills har berörts av undersökningar. Det finns emellertid antydningar om att en bebyggelsestruktur med utspridda byar verkligen har existerat, till exempel vid Hilleshög, VKB 3:6 och 3:7 (Strömberg & Thörn Pihl 2000; Carlie & Artursson denna volym) och att det har funnits en storleksuppdelning av gårdarna och långhusen som kan tolkas som tecken på en social stratifiering i området. Vid den fortsatta diskussionen av husmaterialet från förromersk järnålder period I–II kommer därför långhusen att bedömas dels utifrån sin storlek och antalet takbärande bockar, dels utifrån sitt utseende i övrigt vad det gäller till exempel den takbärande konstruktionens form och placering, huskroppens form, väggkonstruktions utseende, placering av ingångar etc.

Byggnadstraditionen i Skåne
En forskningshistorisk översikt

Bilden av byggnadstraditionen i Skåne präglas till stor del fortfarande av de resultat från Köpingeområdet som har presenterats av Sten Tesch (1993) och från Malmöområdet av bland annat Nils Björhem och Ulf Säfvestad (1993). De här studierna kan ses som pionjärarbeten i området, och resultaten måste därför nu betraktas med en viss försiktighet (Martens denna volym). Under 1990-talet har stora material tagits fram i södra Sverige (Jacobsson 2000), bland annat i samband med undersökningarna längs med Västkustbanan. Det finns dessutom stora, tyvärr ännu till stor del opublicerade material från Malmöområdet som har tagits fram i samband med Öresundsbroprojektet och andra större exploateringsprojekt. Resultaten från de här stora undersökningarna i Malmöområdet kan komplettera och i vissa fall kanske ge oss en annorlunda bild av utvecklingen av långhusen i området under tidsperioden.

Sten Tesch (1993, s. 173) anser att utvecklingen av byggnadstraditionen från yngre bronsålder till den äldre delen av förromersk järnålder präglas av en ökande regional variation i södra Skandinavien. Ett problem med Teschs behandling av materialet är att han för fram något olika åsikter vad det gäller kontinuiteten i utvecklingen mellan yngre bronsålder och förromersk järnålder i Köpinge-området (se bl.a. 1993, s. 40; jfr s. 210). Åsikterna förs fram i två artiklar, vilka båda ingår i hans avhandling. Detta ger givetvis upphov till en viss förvirring. Hans huvudlinje tycks dock vara att det sker en relativt tydlig förändring i övergången till äldre järnålder. Utvecklingen i Köpinge-området under den mellersta och senare delen av bronsåldern kännetecknas enligt Sten Tesch av att husen är mindre än i övriga delar av södra Skandinavien, endast cirka 11–16 m långa och 5,8–8 m breda (a.a., s. 38), och att de blir ännu mindre ju senare man kommer under bronsåldern (a.a., s. 40).

Denna utveckling bryts enligt Tesch under övergången till förromersk järnålder, då husen blir cirka 20 m långa eller längre. Enligt Tesch är alltså ett normalhus från förromersk järnålder i Köpingeområdet cirka 20 m långt och har en mer eller mindre tydligt konvex form (a.a., s. 41). Just den konvexa formens tidiga införande i området är en av hans huvudteser. Han anser sig kunna se en annorlunda utveckling i de östra delarna av södra och mellersta Skandinavien i kontrast till utvecklingen i de västra delarna, på till exempel Jylland. De konvexa långhusen finns enligt Tesch redan under förromersk järnålder på Bornholm och i Skåne, Halland, Mellansverige samt i södra Norge. Teschs modell för utvecklingen under tidsperioden bygger således på att det sker en tydlig förändring under övergången från yngre bronsålder. Långhusen blir allmänt sett längre, och han tar inte upp några exempel på att det har funnits mindre långhus parallellt med de längre (a.a. s. 174ff). De långhus som han presenterar med en datering till perioden är samtliga relativt stora, cirka 20–30 m långa. Tyvärr har endast två av dem undersökts i sin helhet, samtidigt som bara två har ^{14}C-daterats till perioden, varför materialet är mycket svårbedömt.

Utifrån den nya genomgång som har gjorts av det skånska materialet i samband med Västkustbaneprojektet, så har vi emellertid kunnat konstatera att det verkligen har funnits stora och små långhus parallellt i området under förromersk järnålder period I–II. Detta gäller även i Köpingeområdet, vilket visas av en undersökning av en boplats vid Köpingebro, där ett material som kompletterar Teschs undersökningar framkom. Två mellanstora, cirka 16–18 m långa långhus hittades, hus 8 och 9, och de har ^{14}C-daterats till den tidigare och mellersta delen av förromersk järnålder (Andersson 2000, s. 25ff). Undersökningen ligger i direkt anslutning till Sten Teschs undersökningsytor B2 och B4 och relativt nära B3 (Tesch 1993, s. 106ff). Det finns också exempel på mindre långhus i Köpingeområdet, från Herrestad, Stora Herrestads sn, där två cirka 11 respektive 13 m långa långhus undersöktes i direkt anslutning till Teschs undersökningsytor B49 och B51 inom Ystadsprojektet (Tesch 1993, s. 172ff; Andersson 1999, s. 18f; s. 26f). Långhusen från Herrestad har tyvärr endast daterats typologiskt, men kan utifrån sitt utseende med stor sannolikhet dateras till perioden.

Det material som Tesch bygger sitt resonemang på är således mycket litet, det handlar om fyra hus, varav två endast är delvis undersökta och därför osäkra (a.a. s. 174). Tesch diskuterar problemet med det bristfälliga materialet, och han betonar också svårigheten att beskriva övergången mellan yngre bronsålder och förromersk järnålder utifrån materialet från Köpingeområdet. Som vi kan se så är inte Teschs material speciellt imponerande, särskilt som två av de fyra av husen inte har undersökts i sin helhet. Dessutom är dateringarna av dem bristfälliga (se Martens denna volym). Detta gör att Teschs slutsatser endast i en begränsad omfattning kan bidra till diskussionen.

Björhems & Säfvestads (1993) bild av utvecklingen av byggnadstraditionen under förromersk järnålder är mer mångtydig och flexibel än Teschs. Deras studie av husmaterialet från Fosie IV och i Malmöområdet i stort presenteras i form av ett antal olika alternativa modeller (Björhem & Säfvestad 1993, s. 284ff). Utvecklingen av byggnadstraditionen, gårdens struktur och bebyggelsestrukturen under den tidigare delen av förromersk järnålder präglas enligt dem av en kontinuitet från yngre bronsålder (a.a. s. 287; s. 357). Man kan se att det finns långhus av varierande storlek på gårdarna och att man ofta har haft en mindre ekonomibyggnad i anslutning till huvudbyggnaden. Tyvärr är det endast ett fåtal av långhusen som har ^{14}C-daterats, varför majoriteten endast på typologiska grunder kan placeras i perioden. Senare undersökningar i Malmöområdet har dock bekräftat att det verkligen finns en variation i storlek. Vid Hyllie söder om Malmö har man till exempel undersökt en byliknande struktur där långhusens storlek har varierat mellan 15–20 m (Friman & Hector 2003, s. 182f).

Långhusen
I det material som nu finns tillgängligt kan man utifrån storlek och utseende hypotetiskt urskilja åtminstone två, eventuellt tre kategorier av långhus från Skåne som kan dateras till tidsperioden. Det är tydligt att man har använt sig av åtminstone en stor, cirka 20–25 m lång, och en mellanstor eller mindre, cirka 11–18 m lång hustyp parallellt. Det finns också vissa indikationer på att det även har funnits en mycket stor, cirka 27–32 m lång hustyp i Skåne med tydliga likheter med byggnader från yngre bronsålder. De kan möjligen höra hemma i övergången mellan yngre bronsålder och förromersk järnålder och utgöra någon form av relikt som sedan successivt ersätts av de stora, cirka 20–25 m långa långhusen.

Det finns endast två mycket stora långhus med en datering till förromersk järnålder period I–II i Skåne (tab. 1; fig. 1). Vid Körslätt, Kvidinge sn, Skåne undersöktes ett cirka 32 m långt långhus, hus IV (Bergenstråhle 2000) och vid Ramlösa, VKB 1A:7, Helsingborg stad, undersöktes ett cirka 27,5 m långt långhus, hus I (Omfors & Streiffert 1999). Båda långhusen har stora likheter med långhus från den senare delen av yngre bronsålder. Bland annat är bredden i de takbärande bockarna relativt stor och byggnadernas form med raka långsidor och tydligt rundade gavlar påminner mycket om de från yngre bronsålder (Artursson 2005a). Det är emellertid svårt att få en god bild av hur den takbärande konstruktionen exakt har sett ut i långhusen, eftersom det finns flera oregelbundenheter och dessutom störningar i anslutning till dem. Antalet takbärande bockar kan emellertid uppskattas till 6–10 stycken. Exempel på liknande långhus med en datering till bronsålder finns bland annat vid VKB 3:4 vid Hilleshög (Aspeborg 1998a). Hus 2 och förmodligen också hus 1 vid Hilleshög har flera liknande drag. De har ^{14}C-daterats till 1380–1120 f. Kr. respektive 1040–850 f. Kr. Ett intressant drag hos de båda förromerska långhusen är att de takbärande bockarna har placerats med en speciell rytm, där avståndet varierar relativt mycket mellan de olika delarna av långhusen. I byggnaden från Ramlösa har bockarna i dess mittdel placerats relativt nära varandra, något som möjligen kan indikera att det har funnits ett ingångsrum här. Hypotetiskt kan långhuset delas in i två rum och ett ingångsrum utifrån

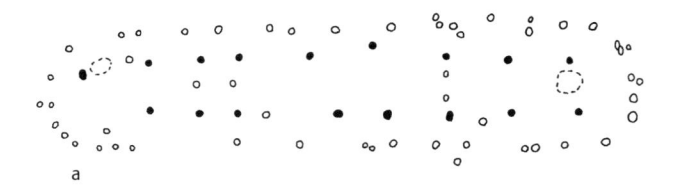

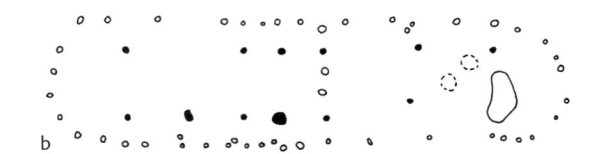

Figur. 1. a) Hus IV vid Körslätt, Kvidinge sn och b) hus I från Ramlösa, VKB 1A:7, Helsingborgs stad. Skala 1:400.

a) House IV at Körslätt, Kvidinge parish and b) house I at Ramlösa, VKB 1A:7, Helsingborg. Scale 1:400.

Plats	Hus	Storlek	Antal bockar	Bockbredd	Spann	^{14}C-datering
Körslätt, Kvidinge sn	Hus IV	32×6,5–7 m	6–10	2,6-3 m	2-3,4 m	400–260 f. Kr.
Ramlösa, VKB 1A:7, Helsingborgs stad	Hus I	27,5×6,4–7 m	7	3,15–3,65 m	1,45–4,7 m	370–200 f. Kr.

Tabell 1. De mycket stora långhusen från förromersk järnålder period I–II.

The very large long houses dated to the Pre-Roman Iron Age period I–II.

spåren efter en trolig mellanvägg i den östra delen av mittsektionen och utifrån placeringen av förmodade ingångar i långväggarna (Carlie & Artursson denna volym). Långhuset vid Körslätt kan istället förmodas ha haft en indelning med tre rum och två ingångsrum. I långhuset från Körslätt finns det härdar i båda gaveldelarna, medan långhuset från Ramlösa endast har härdar i den östra delen. Härdar brukar betraktas som en indikation på var bostadsdelen har funnits och detta kan innebära att det funnits en skillnad i funktionsindelning mellan byggnaderna.

Den stora långhustypen som har varit cirka 20–25 m lång har undersökts på ett relativt stort antal platser i Skåne (tab. 2; fig. 2). På Bjärehalvön vid Grevie, Grevie sn, (Runcis 1999) och vid Hilleshög, VKB 3:7, Härslövs sn (Strömberg & Thörn Pihl 2000, s.52ff), Löddeköpinge 90:1, Löddeköpinge sn (Svanberg & Söderberg 2000, s. 39f), Rydebäck station, Kvistofta sn (Aspeborg 2003) samt Vintrie 4B utanför Malmö (Persson & Frejd 2002, s. 27ff) har långhus av den här storleken framkommit. De har haft 6–8 takbärande bockar och verkar i samtliga fall utifrån bockarnas placering ha varit indelade i två rum med ett ingångsrum placerat centralt. I vissa fall finns det även spår efter ingångar och de har utan undantag varit placerade ungefär mitt på byggnaderna. I de två fall då det

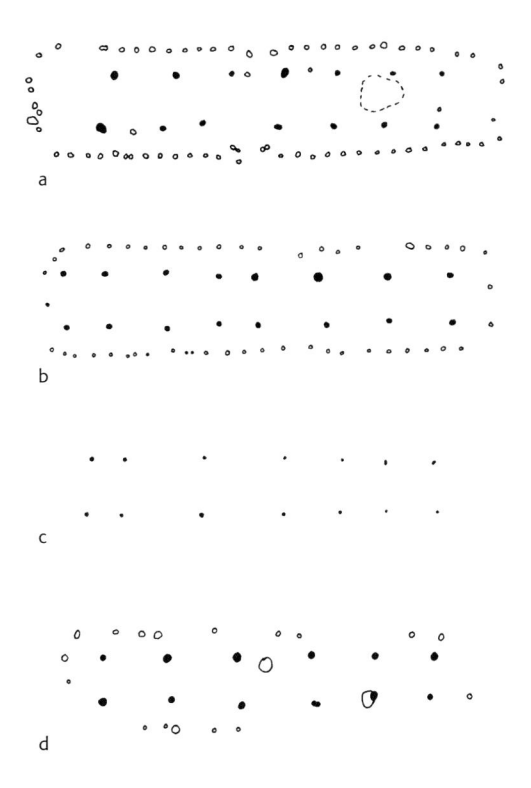

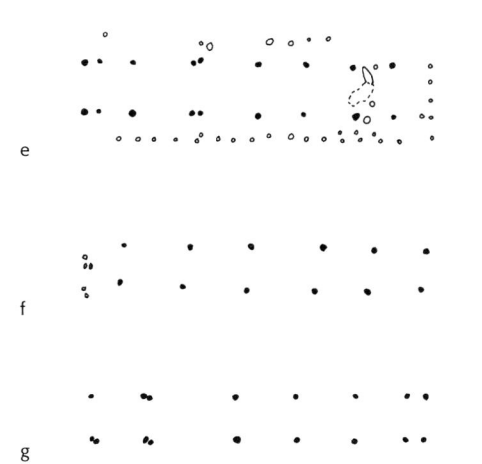

Figur 2. a) Huset vid Grevie, Grevie sn, b–c) hus 3 och 7 vid Hilleshög, VKB 3:7, Härslöv sn, d) hus 19 vid Löddeköpinge 90:1, Löddeköpinge sn, e) hus 3 vid Rydebäck, Kvistofta sn och f–g) hus I och II vid Vintrie 4B utanför Malmö Skala 1:400.

a) The house at Grevie, Grevie parish, b–c) houses 3 and 7 at Hilleshög, VKB 3:7, Härslöv parish, d) house 19 at Löddeköpinge 90:1, Löddeköpinge parish, e) house 3 at Rydebäck, Kvistofta parish and f–g) houses I and II at Vintrie 4B outside the city of Malmö. Scale 1:400.

Plats	Hus	Storlek	Antal bockar	Bockbredd	Spann	14C-datering
Grevie, Grevie sn		25×5–6 m	7	3 m	2–3,3 m	360–50 f.Kr.
Hilleshög, VKB 3:7, Härslövs sn	Hus 3	23,5×5,8–6 m	8	2,4–3 m	2,2–3,6 m	370–190 f.Kr.
Hilleshög, VKB 3:7, Härslövs sn	Hus 7	21,5 m	7	2,5–3,1m	1,8–4,3 m	400–200 f.Kr.
Löddeköpinge 90:1, Löddeköpinge sn	Hus 19	21,8×5,6 m	6	2,1–2,5	3–4 m	370–160 f. Kr.
Rydebäck, Kvistofta sn	Hus 3	20×5,8 m	7	2,8–2,9 m	2,1–3,7 m	410–200 f.Kr.
Vintrie 4B, Malmö stad	Hus I	20 m	6	2,15–2,55 m	2,9–4 m	390–200 f.Kr.
Vintrie 4B, Malmö stad	Hus II	20 m	6–7	2,3-2,5 m	0,8–4,8 m	760–260 f.Kr.

Tabell 2. De stora långhusen från förromersk järnålder period I–II.   *The large long houses dated to the Pre-Roman Iron Age period I–II.*

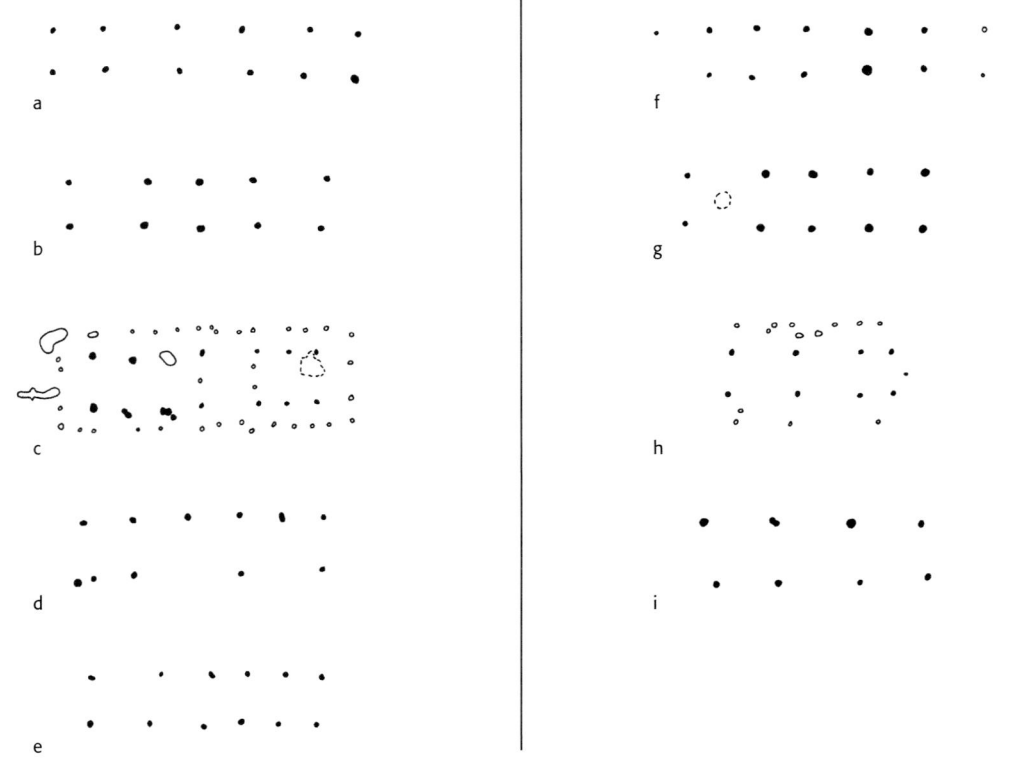

Figur 3. a–b) Hus 9 och 8 vid Köpingebro, c) hus 1 vid Rydebäck station, d) hus 3 vid Stångby stationssamhälle, e) hus 4 vid VKB 3:3, Övre Glumslöv, f) hus 6 vid VKB 3:7, Hilleshög, g) hus 16 vid VKB SU11, Kvärlöv, h) hus 5 vid VKB 3:6, Hilleshög och i) hus 6 vid Svågertorp 8A, Malmö. Skala 1:400.

a–b) Houses 9 and 8 at Köpingebro, c) house 1 at Rydebäck station, d) house 3 at Stångby Stationssamhälle, e) house 4 at VKB 3:3, Övre Glumslöv, f) house 6 at VKB 3:7, Hilleshög, g) house 16 at VKB SU11, Kvärlöv, h) house 5 at VKB 3:6, Hilleshög, and i) house 6 at Svågertorp 8A, Malmö. Scale 1:400.

Plats	Hus	Storlek	Antal bockar	Bockbredd	Spann	^{14}C-datering
Köpingebro, Stora Köpinge sn	Hus 9	18 m	6	2,2–2,5 m	2,8–4 m	380–200 f.Kr.
Köpingebro, Stora Köpinge sn	Hus 8	16 m	5	2,4–2,55 m	3–4 m	350–100 f.Kr.
Rydebäck station, Kvistofta sn	Hus 1	15,8×5,8 m	7	2,8–3,2 m	1,5–3,2 m	360–50 f.Kr.
Stångby stationssamhälle, Vallkärra sn	Hus 3	16 m	6	2,8–3,2 m	2,2–3 m	400–200 f.Kr.
Övre Glumslöv, VKB 3:3, Glumslöv sn	Hus 4	15 m	6	2,7–3,25 m	1,85–3,65 m	1020–840 f.Kr. 370–200 f.Kr.
Hilleshög, VKB 3:7, Härslövs sn	Hus 6	17,5 m	5	2,1–2,65 m	2,3–3,4 m	400–200 f.Kr.
Kvärlöv, VKB SU11, Saxtorp sn	Hus 16	15–16 m	5	2,6–3 m	2,5–4 m	760–260 f.Kr.
Hilleshög, VKB 3:6, Härslövs sn	Hus 5	11–12×5,6 m	4	2,25–2,35 m	1,65–3,65 m	760–400 f.Kr.
Svågertorp 8A, Malmö	Hus 6	14 m	4	3–3,4 m	3,3–4,3 m	400–230 f.Kr.

Tabell 3. De mellanstora och mindre långhusen från förromersk järnålder period I–II.

The middle-sized and small long houses dated to the Pre-Roman Iron Age period I–II.

finns bevarade härdar har de placerats i den östra delen av långhusen, vilket skulle kunna antyda att bostadsdelen har varit placerad här. Emellertid kan man se att de två långhusen vid Hilleshög, VKB 3:7, har bredare takbärande bockar i den västra delen vilket skulle kunna betyda att bostadsdelen har varit placerad i den västra delen här. Förmodligen har det funnits en variation i hur användningen av rummen har sett ut (Carlie & Artursson denna volym). Vad det gäller långhusens yttre form så kan man se att de har haft raka långsidor och raka eller lätt rundade gavlar. På så sätt skiljer de sig från de tidigare, större långhusen, som har tydligare rötter bakåt i tiden.

Det finns ett relativt stort antal exempel på långhus av den mellanstora och mindre typen från hela Skåne, men många saknar en säker datering (tab. 3; fig. 3). Vid Köpingebro, Stora Köpinge sn (Andersson 2000, s. 25ff), Rydebäck station, Kvistofta sn (Fendin & Ericsson 1996, s. 37; Aspeborg 2003), Stångby stationssamhälle, Vallkärra sn, (Artursson 2000, s. 61ff), Övre Glumslöv, VKB 3:3, Glumslöv sn (Fendin 1999), Hilleshög, VKB 3:6 och 3:7, Härslövs sn (Strömberg & Thörn Pihl 2000), Kvärlöv, VKB SU11, Saxtorp sn (Ericson 1999a, s. 16) och Svågertorp 8A, Malmö (Rosberg & Lindhé 2001, s. 45ff), har ^{14}C-daterade långhus av den här storleken undersökts. De mellanstora och mindre långhusen i Skåne har haft en takbärande konstruktion som har bestått av 4–7 bockar och längden på långhusen har varierat mellan cirka 11–18 m. I de få fall då det finns delar av väggarna bevarade så har de haft raka långsidor och rakt avslutade eller lätt rundade gavlar.

Det finns två typer av takbärande konstruktion där bockarna antingen har placerats med ett relativt jämnt avstånd mellan varandra eller med en tydlig gruppering inom huskroppen. I de fall då det finns bevarade ingångar så har de placerats i långhusens mittdel, varför mycket talar för att långhusen har varit indelade i två rum och att det i vissa fall dessutom har funnits ett ingångsrum. I långhusen med en tydlig gruppering av bockarna kan man se att det ofta finns ett större avstånd mellan dem i den västra delen, vilket skulle kunna innebära att bostadsdelen har legat här. I vissa fall finns det dessutom lämningar efter en härd i den här delen av långhusen, bland annat i hus 16 vid VKB SU11, Kvärlöv, vilket ytterligare bekräftar detta. Det finns emellertid även exempel på att den förmodade bostadsdelen med härd har legat i den östra delen, till exempel i hus 1 vid Rydebäck, Kvistofta sn.

Mindre stolpbyggnader och grophus

Antalet kända mindre byggnader i anslutning till långhus med en säker datering till perioden är relativt få i Skåne. Det finns ett fåtal exempel på så kallade fyrstolphus från Fosie IV, där hus 84 och 85 kan ges en sådan tolkning (Björhem & Säfvestad 1993, s. 252ff). Hus 84 har termoluminiscensdaterats till 400±150 f.Kr. Inget av dem ligger emellertid i anslutning till ett identifierat långhus, varför tolkningen av dem är osäker. Exempel på enskeppiga, mindre byggnader finns vid Ramlösa, VKB 1A:7, hus IX och X. De ligger i anslutning till ett långhus, hus I, och har paralleller i tidigt förromerskt material från bland annat Grøntoft på södra Jylland. Också här ligger de enskeppiga husen i nära anslutning till långhus (Becker 1969, Pl. I; 1972, Pl. I). Långhusen vid Grøntoft tycks ha hyst en boningsdel och en stalldel, varför det är troligt att de enskeppiga husen har haft någon form av annan ekonomifunktion på gården, kanske som förvaringsutrymme eller verkstadshus. Vissa av dem kan eventuellt vara lämningar efter små inhägnader för djur. Speciellt gäller det de som inte har någon tydlig ingång markerad med kraftigare stolphål. De enskeppiga husen eller konstruktionerna vid VKB 1A:7 kan tolkas på båda sätt.

Antalet kända förromerska grophus är mycket litet i Skåne och kan närmast betecknas som undantag (Ericson del III). Dock finns det exempel på att de har ingått som ekonomibyggnader på vissa gårdar. Vid VKB 3:7 undersöktes ett grophus, hus 5, med en ^{14}C-datering till 200–40 f. Kr. (Strömberg & Thörn Pihl 2000). Det låg i anslutning till ett långhus, hus 6, och de har förmodligen ingått i samma gårdsstruktur (Carlie & Artursson denna volym). Också vid undersökningarna vid Fosie IV framkom grophusliknande anläggningar som daterades till förromersk järnålder (Björhem & Säfvestad 1993, s. 334ff; s. 338), men här är det osäkert om de har legat i anslutning till samtida långhus.

Sammanfattning
Det förslag till en typologisk modell som presenteras här bygger på den grundläggande idén i mitt resonemang om en uppdelning av de samtida långhusen i olika storlekskategorier som har diskuterats ovan. De olika kategorierna har existerat parallellt och återspeglar med stor sannolikhet en social stratifiering av samhället. Långhusen i modellen har grupperats kronologiskt efter ^{14}C-dateringar i första hand. Till viss del har också bredden i den takbärande konstruktionen vägts in i modellen. Tyvärr är fyndmängden mycket liten från samtliga långhus, varför en kompletterande fynddatering inte är möjlig.

Utifrån det ^{14}C-daterade materialet från Skåne som har ingått i studien kan man hypotetiskt anta att det har funnits åtminstone två, kanske tre samtida storlekskategorier av långhus som har kompletterats av mindre byggnader eller grophus på vissa gårdar. Långhusen kan översiktligt delas in i stora, cirka 20–25 m långa byggnader med 6–8 takbärande bockar och mellanstora eller mindre, cirka 11–18 m långa långhus med 4–7 takbärande bockar. Det finns dessutom ett fåtal mycket stora hus från Skåne som har varit cirka 27,5–32 m långa och som har ^{14}C-daterats till förromersk järnålder period I–II. De har stora likheter med långhus från yngre bronsålder och representerar möjligen en sista rest av en byggnadstradition som har levt kvar in i förromersk järnålder.

Mindre långhus med tre takbärande bockar är relativt vanliga på södra Jylland men är mycket sällsynta i Skåne, och mig veterligen finns det inte något som har en säker datering till tidsperioden. Däremot finns det en rad olika typer av konstruktioner med två takbärande bockar. De tolkas antingen som mindre, treskeppiga ekonomibyggnader eller så kallade fyrstolpshus. Här är det svårare att se en typologisk utveckling över tiden, men det finns ett antal hus av den här typen som har ^{14}C-daterats till förromersk järnålder period I–II. Dessutom finns det ett antal enskeppiga mindre byggnader som utifrån sitt läge i närheten av ett långhus med stor sannolikhet kan dateras till perioden.

Bredden i de takbärande bockarna och avståndet mellan bockarna är variabler som ofta har använts för att datera långhus. Trots att det finns en regional variation i de här variablerna så tycks det ändå som att de är användbara som en grov fingervisning av dateringen. Långhusen i Skåne kan som en generell trend sägas ha haft en bockbredd på cirka 2,1–3 m och ett bockavstånd på cirka 2–4 m. De angivna måtten måste emellertid endast ses som ett riktmärke, det finns undantag både uppåt och nedåt. Ett annat daterande drag tycks vara den inbördes placeringen av de takbärande bockarna inom huskroppen. Långhus med en tydlig tudelning av den takbärande konstruktionen med två glesare placerade takbärande bockar i den ena delen av långhuset och tätare placerade bockar i den andra kan spåras tillbaka till äldre bronsålder (se bl.a. Artursson 2005a). Traditionen att placera de takbärande bockarna på det här sättet tycks successivt försvinna under förromersk järnålder, för att ersättas med en konstruktion med jämnare avstånd mellan dem.

Det är omtvistat om det förekommer långhus med konvex form på den takbärande konstruktionen och/eller på huskroppen under tidsperioden (se bl.a. Tesch 1993; Björhem & Säfvestad 1993; Martens denna volym). Eftersom det finns ett antal långhus med lätt konvex takbärande konstruktion och huskropp till och med på södra Jylland, till exempel hus E.XX vid Grøntoft (Becker 1972a, pl. II), där det inte skall finnas enligt tidigare teorier, tycks problemet vara mer dramatiserat än vad som kan anses befogat. En lätt konvex eller oregelbunden takbärande konstruktion och ibland också en lätt konvex huskropp finns på ett antal ställen i Skåne och Danmark, men som generell trend blir det vanligt först under förromersk järnålder period III eller under äldre romersk järnålder (Martens denna volym).

Diskussion kring regionala byggnadstraditioner

En översiktlig genomgång av långhus från övriga delar av södra och mellersta Skandinavien visar enligt min mening på stora likheter vad det gäller den inre takbärande konstruktionens utseende över hela området, det vill säga hur de takbärande bockarna har placerats inom huskroppen och hur breda bockarna har varit. Det finns visserligen regionala särdrag, men i det stora hela finns det tydliga likheter vad det gäller till exempel storlek på långhusen och den inre indelningen av dem i olika sektioner eller rum som man kan se med hjälp av bockarnas placering. Med största sannolikhet har detta sin bakgrund i en liknande funktionell uppdelning av långhusen över stora områden. Det finns en viss variation i hur breda de takbärande bockarna har varit mellan vissa områden, men i många fall kan detta förmodligen bero på att man till viss del har anpassat bredden på bockarna till hur långt och hur brett långhuset har varit. Det finns också en viss variation i vilken form den takbärande konstruktionen har haft; rak, oregelbunden, konvex eller trapetsoid.

Som en generell trend kan man säga att bredden i de takbärande bockarna i långhusen minskar successivt över tiden och att den takbärande konstruktionen går från en överbalanserad typ mot en balanserad eller i vissa fall underbalanserad typ under den senare delen av förromersk järnålder (Tesch 1993, s. 152f). Det finns emellertid regionala variationer, så att övergången till en balanserad eller underbalanserad konstruktion inte är lika uttalad på till exempel Jylland och i Östergötland. Detta har diskuterats tidigare av många författare (se bl.a. Tesch 1993; Björhem & Säfvestad 1993; Borna-Ahlkvist m. fl. 1998). Det går emellertid inte att helt lita till denna enkla tumregel, variation är legio och en datering av långhusen med naturvetenskapliga metoder

och helst i kombination med en fynddatering måste därför göras från fall till fall.

Förutom de treskeppiga långhusen så finns det på ett fåtal platser i södra Skandinavien tvåskeppiga långhus eller i varje fall byggnader av olika storlek som av vissa författare dateras till förromersk järnålder och äldre romersk järnålder, bland annat på Jylland (Rindel 1997, s. 140ff) och i Halland (Westergaard 1989; 1993). Flera av de mindre tvåskeppiga byggnaderna kan tolkas som ekonomibyggnader, men ett fåtal har en sådan storlek att de förmodligen kan tolkas som lämningar efter långhus. Förklaringen till att den här byggnadstypen finns i materialet från förromersk järnålder och äldre romersk järnålder varierar till allt från feldateringar till att det faktiskt har existerat tvåskeppiga långhus under tidsperioden. Per Ole Rindel (1997, s. 144) har i sin avhandling en tredje möjlig förklaring av hustypens förekomst vid Grøntoft på västra Jylland. Han föreslår att det kan handla om så kallade "fyrskeppiga" långhus av en typ som finns i Holland, där väggrännorna skulle vara bortodlade. Utifrån hustypens placering vid Grøntoft anser han det troligt att de på något sätt kan knytas till bebyggelsen från förromersk järnålder period I.

Något som emellertid skiljer husen från västra Danmark från de i övriga södra och mellersta Skandinavien är väggarnas konstruktion. Inom vissa områden på Jylland och Fyn har man använt sig av en väggränna när man har byggt husen och i anslutning till denna finns det i vissa fall också yttre stolpar som förmodligen har burit en del av taktyngden (se bl.a. Rindel 2001, s. 76; Andersen 1999). Välbevarade fynd från Jylland visar att väggarna har bestått av stolpar med ett flätverk som ofta har förankrats i rännor. Väggarna har förmodligen inte burit något av taktyngden, utan den har lagts på den yttre takbärande konstruktionen i form av stolpar med överliggare.

Den funktionella aspekten på långhusens uppbyggnad är viktig också ur en typologisk synvinkel och det är tydligt att de stora, mellanstora och de mindre långhusen har varit indelade på samma sätt, med två rum åtskilda av en ingångsdel i den mellersta delen (Carlie & Artursson denna volym). Skillnaden ligger i den varierande storleken på de två rummen, vilket skulle kunna ha sin bakgrund i hushållens storlek och deras sociala position. De mycket stora långhusen har en mer oklar inre uppdelning, men långhuset vid Körslätt skulle kunna ha haft tre rum med två ingångsrum mellan.

Något som är mycket tydligt är att den tradition med olika storlek på långhusen som enligt vissa författare tycks ha etablerats redan under senneolitikum (se bl.a. Nielsen 1998; 1999; Artursson 2000; 2005a) eller bronsålderns period II–III i området (se bl.a. Tesch 1993, s. 162ff), fortsätter in i förromersk järnålder. Överhuvudtaget är detta ett drag som enligt min mening kan ses i långhusmaterialet under hela järnåldern. Exempel på en storleksvariation bland långhusen under förromersk järnålder period I–II finns, förutom i Skåne, bland annat på Själland (Boye 1999, s. 22) Fyn (Andersen 1984; 1999), Jylland (Rindel 1997; 1999; 2001) samt i östra Mellansverige (Göthberg 2000) och Östergötland (Borna Ahlkvist m.fl. 1998). En liknande variation kan man se också se i södra Småland, där man i Växjöområdet har undersökt långhus av olika storlek från perioden (Högrell & Skoglund 1996; Åstrand 2004).

Det tycks som om den mellanstora och mindre typen av långhus har stora likheter i hela södra och mellersta Skandinavien under förromersk järnålder period I–II. Oftast har de fyra till sex takbärande bockarna placerats i två tydligt åtskilda grupper inom huskroppen. Det finns emellertid vissa regionala variationer i utseendet, som till exempel att den takbärande konstruktionen i vissa fall i Östergötland (Borna Ahlkvist m. fl. 1998) tycks vara spegelvänd i förhållande till den vanliga bilden, så att bostadsdelen oftare har legat i öster och att den dessutom smalnar av kraftigt i den västra delen. De mindre och mellanstora långhusen i östra Mellansverige, som i många fall också har en avsmalnade del, men då i öster, skiljer sig från övriga i södra och mellersta Skandinavien på så sätt att de ofta har fler och tätare placerade bockar. Det finns exempel på korta och mellanstora långhus som har upp till sju-åtta bockar, till exempel hus 22 från Nyckelby, som har ^{14}C-daterats till 380–110 f. Kr. (Göthberg 2000, s. 29ff).

De likheter i materialet som har kunnat konstateras mellan västra Danmark och Skåne samt i vissa fall också i östra Danmark (se bl.a. Boye 1999, s. 22f), öppnar nya perspektiv på den byggnadshistoriska utvecklingen i området. Det tidigare koncentrerade intresset på små och mellanstora långhus i västra Danmark har givit en skev bild av utvecklingen. Det finns nu tydliga tecken på att det har funnits en uppdelning av långhusen i olika storleksklasser också här (se bl.a. Rindel 1997, s. 203), där större långhus med fler än sex takbärande bockar tycks skilja ut sig från de mellanstora och mindre långhusen som oftast har fyra till sex takbärande bockar. En skillnad mellan Skåne och södra Jylland tycks emellertid vara att långhus med fyra takbärande bockar inte är lika vanliga i det förstnämnda området, medan de är mycket vanligt förekommande på södra Jylland. Likaså är små långhus med tre takbärande bockar relativt vanliga på Jylland, men hittills okända i Skåne.

En sammanställning av byggnader från Grøntoft på Jylland och från Skåne visar tydligt de stora likheter som finns vad det gäller storlekskategorier och funktionsuppdelning mellan områdena (fig. 4). Den enda svagheten i resonemanget är att de skånska byggnaderna kommer från en rad olika platser, medan de jylländska kommer från en begränsad, byliknande struktur. Detta kan bero på att det dels har funnits olika typer av bebyggelsestruktur i områdena, dels att man i Skåne oftast inte har kunnat undersöka lika stora sammanhängande områden. Förmodligen har den skånska bebyggelsestrukturen varit glesare och dominerats av så kallade utspridda byar samt ensamgårdar (jfr Carlie & Artursson denna volym).

Möjligheterna att jämföra det skånska husmaterialet med det från mer närliggande områden som till exempel Själland och Bornholm är tyvärr små, eftersom det publicerade husmaterialet med en datering till

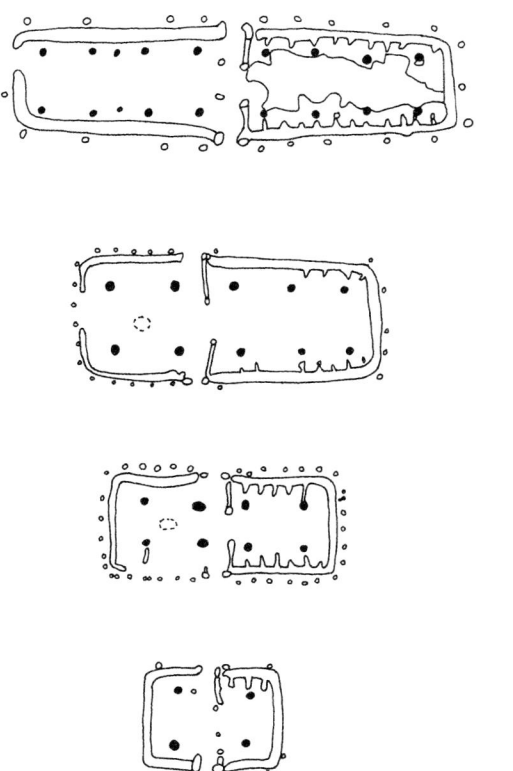

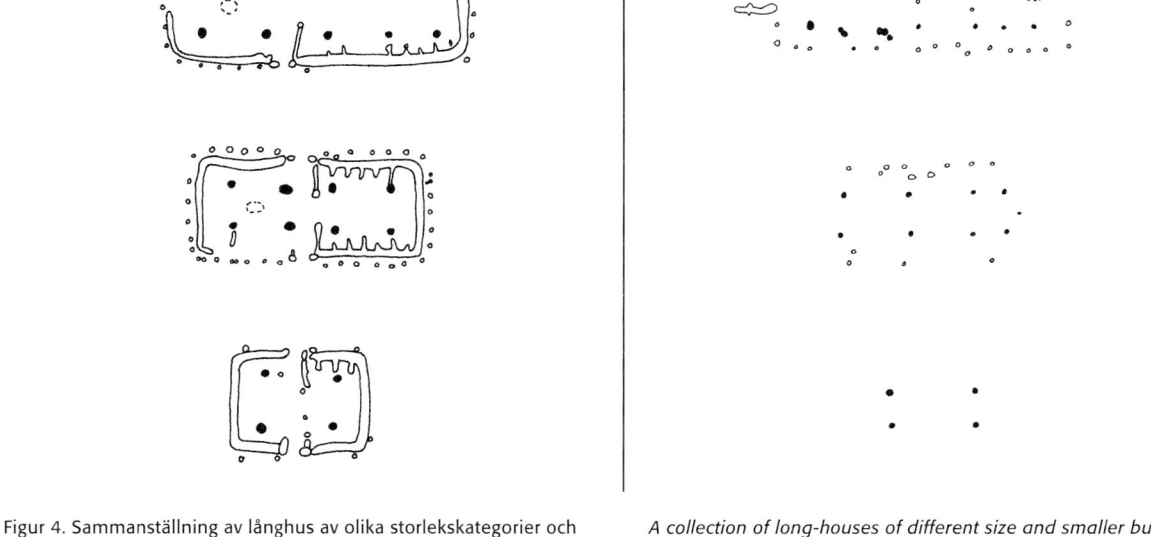

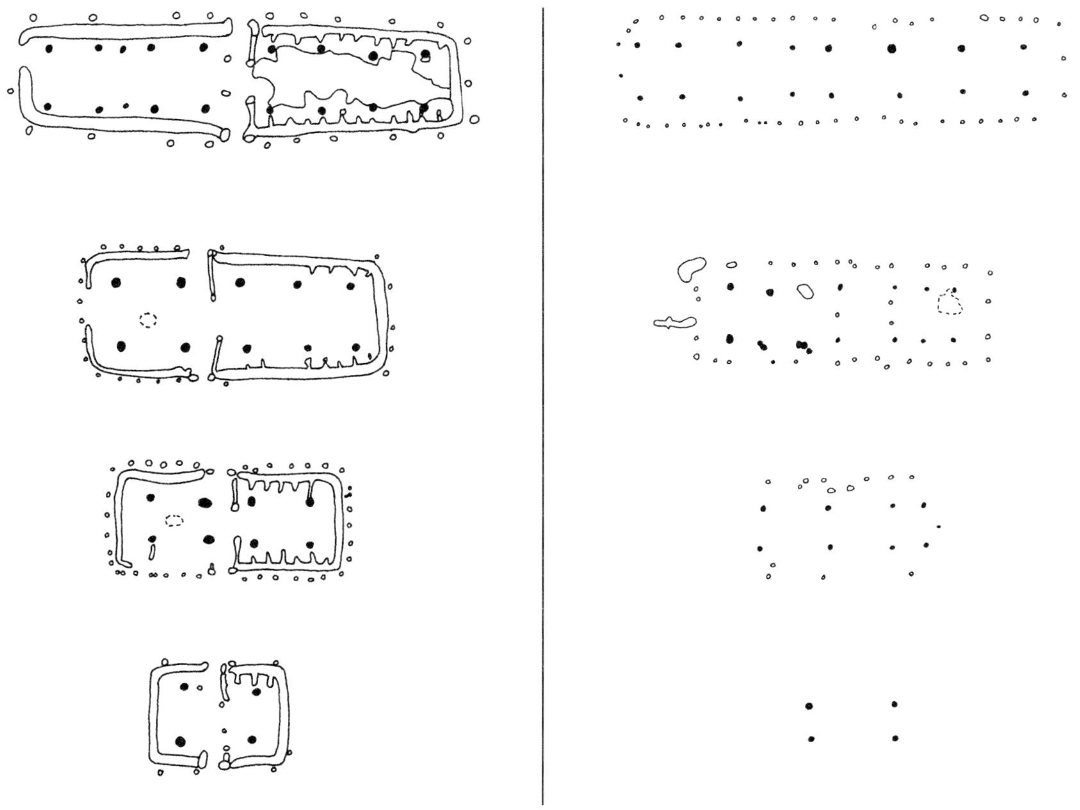

Figur 4. Sammanställning av långhus av olika storlekskategorier och mindre byggnader från Grøntoft på Jylland och från västra Skåne. Skala 1:400.

A collection of long-houses of different size and smaller buildings from Grøntoft, Jutland in Denmark and from western Scania, southern Sweden. Scale 1:400.

perioden från östra Danmark är mycket begränsat, och det material som hittills har publicerats finns endast i kortfattade artiklar där endast ett fåtal exempel på hus presenteras. Det är därför mycket svårt att bilda sig en översiktlig uppfattning om hur byggnadstraditionen har sett ut i området. Det material som finns publicerat kommer framförallt från östra Själland (se bl.a. Stummann Hansen 1992; 1999; Tornbjerg 1992; 1999; Fonnesbech-Sandberg 1992; Boye & Fonnesbech-Sandberg 1999). Övrigt material från östra Danmark finns endast presenterat i kortfattade beskrivningar i AUD samt i så kallade "berettelser", motsvarande de svenska tekniska rapporterna. Tyvärr är beskrivningarna av husen i dessa ofta mycket kortfattade och i de flesta fallen saknas det naturvetenskapliga dateringar. På grund av detta finns det stora källkritiska brister i det östdanska materialet, vilket försvårar en jämförelse med det övriga materialet från södra och mellersta Skandinavien. Ofta grundar sig dateringarna av husen endast på typologiska studier (se bl.a. Boye 1992) och jämförelser med material från främst Jylland. Det material som har publicerats visar emellertid stora likheter med det skånska, vilket talar för att man verkligen har haft en liknande byggnadstradition.

Det finns en stor variation i hur de mindre stolpbyggnaderna har konstruerats i området. Det finns byggnader med allt från en-, två- och treskeppiga konstruktionstyper. Som exempel kan nämnas Grøntoft på södra Jylland, där en-, två- och treskeppiga byggnader har uppförts i anslutning till långhusen. Förmodligen har de fungerat som olika typer av lagringslokaler och även hyst olika typer av hantverk (Becker 1965; 1969; 1972; Rindel 1997; 1999). Överhuvudtaget verkar man ha varit mer flexibel i sin syn på hur dessa mindre byggnader skulle konstrueras. Kanske avspeglar detta vilken betydelse man har lagt på olika typer av byggnader. Långhuset har varit det viktigaste och här skulle man följa en viss mall för konstruktionen. Det finns också en stor variation i hur vanliga de mindre byggnaderna har varit mellan olika områden. På Jylland förekommer de allmänt, medan de är mer sällsynta i Skåne under perioden.

Grophusen tycks inte ha haft någon större betydelse under den tidigare delen av förromersk järnålder (Ericsson del III). Undantag finns på nordöstra Jylland där man har grävt ned både långhus och mindre byggnader samtidigt som man har haft någon form av jordkällare. I övriga delar av södra och mellersta Skandinavien har det endast i undantagsfall funnits grophus på gårdarna.

Sammanfattning
En sammanfattande slutsats av den här översiktliga genomgången av husmaterialet från förromersk järnålder period I–II i södra och mellersta Skandinavien visar, enligt min mening, att det har funnits förvånansvärt stora likheter i byggnadstraditioner mellan områden på relativt stora avstånd från varandra. Det existerar definitivt regionala skillnader i byggnadstraditionerna, men det finns samtidigt stora likheter över stora områden i hur man har valt att dela in långhusen rumsligt och funktionellt. Man kan se att det har funnits vissa skillnader i detaljer, till exempel i den takbärande konstruktionens bredd och form samt i placeringen av de takbärande bockarna inom huskroppen och väggarnas konstruktion, men vad det gäller mer övergripande saker som hur långhusen skulle delas in och organiseras så tycks man ha haft en liknande uppfattning.

Förromersk järnålder period III och äldre romersk järnålder, 150 f. Kr.–150 e.Kr.

Tydliga förändringar av det arkeologiska materialet visar att det har skett en omvandling av samhällsstrukturen i södra och mellersta Skandinavien under perioden. Ofta förknippas denna förändring med utökade kontakter med kontinentaleuropeiska grupper och därigenom också indirekta eller direkta kontakter med det expanderande romarriket. Bland annat förändras begravningstraditionen så att skelettgravskicket blir vanligare och antalet vapengravar samt rika kvinnogravar med importföremål från romarriket ökar i området (se bl.a. Nicklasson 1997; Andersson 1998, s.86ff; Wikborg 1998, s.51ff). Samtidigt kan man också se en tydlig förändring av byggnadstraditionen i många områden. Antalet större långhus ökar i antal, och gårdsstrukturen tycks bli mer komplex med flera samtida byggnader av olika storlek och konstruktion. Bland annat blir det allt vanligare med ett ökat antal mindre byggnader på gårdarna som förmodligen har haft olika ekonomifunktioner (Carlie & Artursson denna volym). Förändringen av långhusen är tydligast i Skåne, stora delar av Götaland, östra Mellansverige och i södra Norge. Vissa förändringar kan också ses i östra Danmark, men inte alls lika uttalat.

Byggnadstraditionen i Skåne
En forskningshistorisk översikt
Också vad det gäller byggnadstraditionens utveckling under förromersk järnålder period III och äldre romersk järnålder har Sten Teschs (1993) och Björhem & Säfvestads (1993) avhandlingar i stort sett helt dominerat ämnet i Skåne under 1990-talet. Trots att de måste ses som pionjärarbeten och på grund av detta har sina tydliga brister, finns det delar av den bild som de presenterar som överensstämmer med den man kan se idag. Den längre långhustypen tycks enligt dem

utvecklas mycket snabbt under förromersk järnålder period III i området. Enligt Sten Tesch kan man se både en ökning i längd och en förändring av långhusens form, så att de lätt konvexa byggnaderna blir vanligare under äldre romersk järnålder (Tesch 1993, s. 44).

I Sten Teschs behandling av långhusen från Köpingeområdet diskuterar han utförligt förändringen av deras form under perioden. Han hävdar att den konvexa formen blir vanlig i området redan under förromersk järnålder period III och att traditionen sedan fortsätter in i äldre romersk järnålder (a.a., s. 174ff). Eftersom dateringarna av materialet från Köpingeområdet ofta är bristfälliga kan denna hypotes emellertid inte underbyggas ordentligt (se Martens denna volym). Dessutom är det oklart hur Tesch egentligen definierar ett konvext långhus. Om man tittar på flera av de långhus som han använder som exempel så karakteriseras de snarare av att bredden i de takbärande bockarna varierar inom en och samma byggnad, så att en mer eller mindre oregelbunden form bildas (a.a., s. 176ff). Endast ett fåtal av de långhus som Tesch tar upp kan betraktas som tydligt konvexa. I några fall finns vägglinjerna delvis kvar och då kan man se att de verkligen har haft en svagt konvex form, men den takbärande konstruktionen ger oftast inte några möjligheter att bedöma detta, eftersom den i de flesta fall är i stort sett rak eller oregelbunden. Inte förrän under yngre romersk järnålder kan man se ett större antal långhus med tydligt konvex takbärande konstruktion i Köpingeområdet (Tesch 1993, s. 184ff).

Vid Fosie IV finns det ett antal långhus som utifrån typologiska resonemang kan förmodas höra hemma i förromersk järnålder period III och äldre romersk järnålder (Björhem & Säfvestad 1993, s. 284ff). Tyvärr har endast ett fåtal av dessa långhus daterats med hjälp av naturvetenskapliga metoder och eftersom antalet daterande fynd samtidigt är litet så blir resonemanget mycket osäkert. Om man studerar de långhus som har placerats i perioden av Björhem & Säfvestad så kan troligen flertalet av dem istället placeras i övergången mellan äldre och yngre romersk järnålder och framåt i tiden. Denna datering stämmer också bättre med deras utseeende och de få ^{14}C-dateringar som finns. Flera av långhusen har en mer eller mindre uttalad konvex takbärande konstruktion och en uppdelning av de takbärande bockarna i tydliga grupper inom huskroppen som vanligen förknippas med denna senare datering i området.

Långhusen

Den bild vi nu kan skapa oss av byggnadstraditionen i Skåne under perioden präglas till stor del av det material som har publicerats efter 1993. Framförallt har jag i den här artikeln valt att betona uppdelningen av långhusen i olika samtida storlekskategorier. Långhusen med en datering till förromersk järnålder period III och äldre romersk järnålder som har undersökts under 1990-talet, bland annat i samband med Västkustbaneprojektet, tycks representera ett flertal olika typer och storlekskategorier, varav vissa fortfarande har tydliga rötter i den tidiga och mellersta delen av förromersk järnålder, medan andra skiljer sig relativt mycket från dessa. Framförallt är det de mycket stora och stora långhustyperna som utifrån sin storlek och sitt utseende kan anses representera något nytt. De har sina rötter i samma byggnadstradition som de övriga långhusen, men förändringen beror förmodligen på att det har tillkommit nya funktioner i byggnaderna, eller att vissa funktioner som även har funnits tidigare har fått ett större utrymme. Många förknippar de stora långhusen med ett ökat intresse av att markera och visa upp social och ekonomisk status hos en stormannaklass, och att man har gjort detta bland annat genom att bygga större långhus, där man kanske har hållit statusmarkerande fester och gemensamma samlingar av skilda slag.

Långhusen från Skåne kan enligt min mening hypotetiskt delas in i fyra olika storlekskategorier under perioden. På grund av att långhusen generellt sett har blivit längre jämfört med de under förromersk järnålder period I–II så skiljer sig kriterierna något åt för de olika storlekskategorierna mellan tidsperioderna.

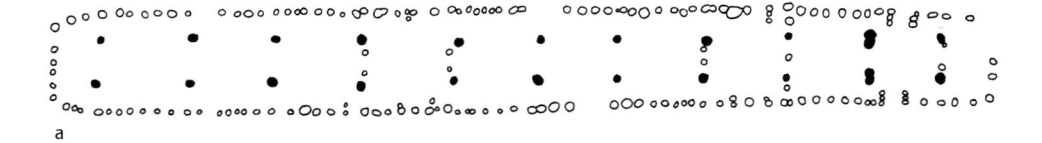

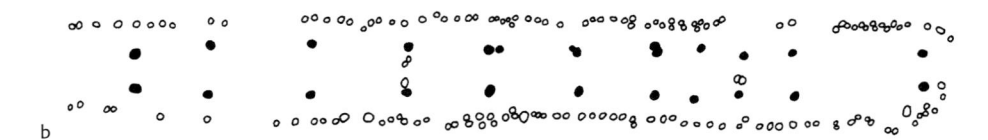

Figur. 5. a) Det mycket stora långhuset, hus 1, vid Önsvala, Nevishögs
sn och b) hus 2 från Toftanäs, Malmö stad. Skala 1:400.

*a) The very large long-house, house 1, at Önsvala, Nevishög parish,
and b) house 2 at Toftanäs, Malmö. Scale 1:400.*

Plats	Hus	Storlek	Antal bockar	Bockbredd	Spann	^{14}C-datering
Önsvala, Nevishögs sn	Hus 1	49,8×5,5 m	11	2,1–2,5 m	3,8–5,1 m	100 f.Kr–20 eKr.
Toftanäs, Malmö stad	Hus 2	46,8–5,6 m	11-12	2–2,8 m	2–7 m	Typologisk datering

Tabell 4. De mycket stora långhusen från Skåne med en datering till förromersk järnålder period III och äldre romersk järnålder.

The very large long houses from Scania dated to the Pre-Roman Iron Age period III and Early roman Iron Age.

Den allra största kategorin långhus har varit cirka 40–50 m långa och har haft 11–12 takbärande bockar (tab. 4; fig. 5). I Skåne har än så länge endast två stycken långhus av den här kategorin undersökts. Vid Önsvala, Nevishögs sn, i Skåne undersöktes ett gårdsläge med ett mycket stort, cirka 49,8 m långt långhus, hus 1, och ett mindre hus som förmodligen kan tolkas som en ekonomibyggnad, hus 2 (Wallin 1996). Det fanns också andra, mer svårdefinierade byggnader eller konstruktioner inom undersökningsområdet, bland annat ett förmodat fyrstolphus (a.a. s. 16f), varför gården kan ha haft flera samtida byggnader (Carlie & Artursson denna volym). Enligt Lasse Wallin kan långhusets byggnadshistoria delas in i åtminstone två faser, där det under båda faserna har haft en liknande indelning med sex stycken motställda ingångar in till tre ingångsrum, där det finns spår efter dörrposter åt båda håll som leder in till fyra separata rum. Långsidorna var raka liksom gavlarna, men långhuset hade lätt rundade hörn i den västra gaveln.

Det andra långhuset undersöktes vid Toftanäs strax utanför Malmö (Persson 1998). Långhuset, hus 2, har varit cirka 46,8 m långt. De takbärande bockarna närmast gavlarna har varit smalast, vilket kan anses som ett yngre drag. Långhuset har haft raka långsidor med en öppen gavel i väster och en lätt rundad gavel i öster. Tyvärr har det inte ^{14}C-daterats, men det har stora likheter med det stora långhuset vid Önsvala. En skillnad är dock att hus 2 vid Toftanäs är cirka 3 m kortare och att det saknar det sista rummet i öster. På grund av den omfattande ombyggnationen av långhuset vid Önsvala kan det anses som troligt att det har använts under lång tid och att det mycket väl kan ha varit i bruk under den senare delen av förromersk järnålder period III och en bit in i äldre romersk järnålder. Vad det gäller dateringen av långhuset vid Toftanäs så kan det utifrån sitt utseende med smalare takbärande bockar i gavlarna och med sin placering i förhållande till två andra intilliggande långhus, hus 1 och 4 som har ^{14}C-daterats till 100 f. Kr.–10 e. Kr. respektive 30–120 e. Kr., dateras till den senare delen av äldre romersk järnålder eller möjligen till inledningen av yngre romersk järnålder, det vill säga cirka 100–200 e. Kr.

De stora, cirka 30–40 m långa långhusen som har haft 7–8 takbärande bockar tycks ha varit relativt vanliga i Skåne under tidsperioden (tab. 5; fig. 6). Långhus som har ^{14}C-daterats till perioden har undersökts vid bland annat Toftanäs, Malmö stad (Persson 1998), Kvärlöv, Annelöv sn, VKB SU12 (Thörn Pihl 2000, s. 21), Västra Karaby 2:21, Västra Karaby sn (Pettersson 2000) och Böljenamosse, punkt 8 och 9 (Olson m. fl. 1996; Carlie 2002a). Långhusen har en något varierande datering, men huvudsakligen tycks de ligga i tidsintervallet 100 f. Kr.–150 e. Kr. Vissa av dem ligger emellertid förmodligen lite senare i tid och kan placeras i övergången mellan äldre och yngre romersk järnålder, cirka 150–250 e. Kr. Som vi kan se så finns det en tydlig tendens i materialet att den takbärande konstruktionen förändras successivt över tiden, så att de stora långhusen med en senare ^{14}C-datering har smalare takbärande bockar i antingen bara den ena eller i båda gavlarna. I vissa fall kan bockbredden i gavlarna vara endast cirka 1,1–1,5 m. Den här förändringen tycks inledas under äldre romersk järnålder och fortsätter in i yngre romersk järnålder. Samtidigt kan man se en tendens till att huskroppen på den här typen av långhus blir lätt konvex. Gavlarna har antingen varit raka, ibland med en öppen konstruktion, eller lätt rundade.

Ett drag som är mycket vanligt bland den här typen av stora långhus är att de är mycket kraftigt byggda och har tydligt satta väggar. På så sätt finns det en tydlig skillnad mellan hus från denna tidsperiod och långhusen både före och efter. Antingen har man haft en helt annan typ av väggkonstruktion, eller har man valt att just under den här tidsperioden gräva ned väggstolparna extra djupt. I vissa fall är det också vanligt att man har dubbelsatta stolphål i väggarna i hela eller delar av långhusen, något som förmodligen har med väggkonstruktionen att göra (Carlie & Artursson denna volym).

De mellanstora långhusen som har varit cirka 20–30 m långa och som har haft 5–7 takbärande bockar utgör också ett relativt vanligt inslag på de skånska boplatserna (tab. 6; fig. 7). ^{14}C-daterade långhus av den här storlekskategorin har undersökts vid bland annat Kv. Bronsdolken i Malmö (Larsson 1995, s. 51f; Göthberg m. fl. 1995, s. 34), Åby, Bromölla (Stark 2000), Böljenamosse (Olson m. fl. 1996), Klörups backar, Västra Alstads sn och Lilla Slågarps sn (Torstensdotter Åhlin & Bergenstråhle 2000) och Ramlösa, VKB 1A:7, Helsingborgs stad (Omfors & Streiffert 1999, s. 17).

Som vi kan se så finns det en rad olika typer av takbärande konstruktioner inom den här storlekskategorin. I vissa fall har de takbärande bockarna varit uppdelade i två tydliga grupper, ett drag som man känner igen från yngre bronsålder och förromersk järnålder I–II. Förmodligen har den här typen av långhus varit indelade i två rum med ett ingångsrum mellan. Skillnaden från föregående tidsperiod är att att den totala längden på långhusen och avståndet mellan bockarna har ökat, vilket har lett till att de generellt sett har blivit större. Den här grupperingen av de takbärande bockarna kan ses som ett ålderdomligt drag och återfinns till exempel i hus II vid Ramlösa, VKB 1A:7, som närmast kan ses som en kopia av det stora långhuset, hus I, vid Hodde på södra Jylland (Hvass 1985), bland annat vad det gäller placeringen av de takbärande bockarna inom huskroppen. Byn vid Hodde har daterats till förromersk järnålder period III och den allra tidigaste delen av äldre romersk järnålder. Också långhusen vid Klörups backar har en tydlig gruppering av bockarna. Parallellt med den här typen av takbärande konstruktion har det också funnits

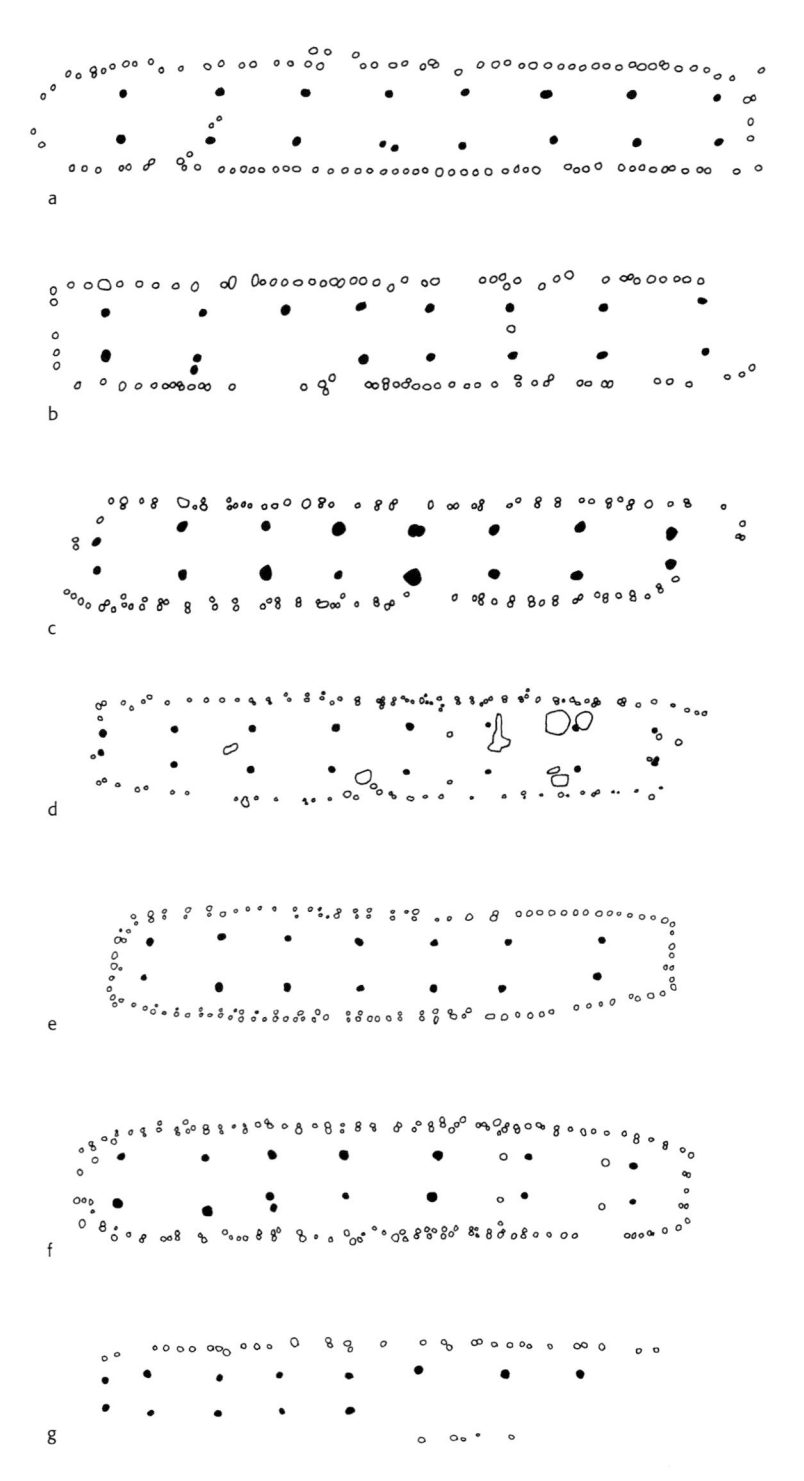

Figur 6. a–b) Hus 1 och 4 vid Toftanäs, Malmö stad, c) hus 4 vid Kvärlöv VKB SU12, Annelöv sn, d) hus 2 vid Karaby backar, Västra Karaby sn, e) hus 1 från Böljenamosse, punkt 8 och f–g) hus 1 samt 2 vid punkt 9. Skala 1:400.

a–b) Houses 1 and 4 at Toftanäs, Malmö, c) house 4 at Kvärlöv SU12, Annelöv parish, d) house 2 at Karaby Backar, Västra Karaby parish, e) house 1 at Böljenamosse, point 8, and f–g) houses 1 and 2 at point 9. Scale 1:400.

Plats	Hus	Storlek	Antal bockar	Bockbredd	Spann	^{14}C-datering
Toftanäs, Malmö stad	Hus 1	38×5,8 m	8	2,4–2,8 m	3,9–4,9 m	100 f.Kr.–10 e.Kr
Toftanäs, Malmö stad	Hus 4	38×5,5 m	8	2–2,7 m	3,5–5,3 m	30–120 e.Kr.
Kvärlöv, VKB SU12, Annelöv sn	Hus 4	36×5,65–6,25 m	8	1,7–2,85	3,85–5,05	160 f.Kr.–50 e.Kr. 250–410 e.Kr.
Västra Karaby 2:21, Västra Karaby sn	Hus 2	32×5,5 m	7–8	(1,1)1,8–2,5 m	3,9–4,6 m	340 f.Kr.–60 e.Kr. 70–250 e.Kr.
Böljenamosse, punkt 8	Hus I	30×6,2 m	7	1,9–2,7 m	3,5–5 m	60–190 e.Kr.
Böljenamosse, punkt 9	Hus I	32,5×6,4 m	8	1,9–2,8 m	3,5–5,7 m	130–225 e.Kr.
Böljenamosse, punkt 9	Hus II	32×5,5 m	8	1,5–2,1 m	2,2–4,6 m	10 f.Kr.–140 e.Kr.

Tabell 5. De stora långhusen från förromersk järnålder period III och äldre romersk järnålder i Skåne.

The large long houses from Scania dated to the Pre-Roman Iron Age period III and Early Roman Iron Age.

långhus där bockarna har varit relativt jämnt fördelade inom huskroppen. Som exempel kan nämnas långhusen från Böljenamosse. Med största sannolikhet är detta ett sent drag som dyker upp under den senare delen av förromersk järnålder period III och äldre romersk järnålder.

Också formen på den takbärande konstruktionen har varierat från rak till oregelbunden eller ibland konvex. Även huskroppens form varierar från rak till konvex. Den raka formen har sina rötter långt bak i tiden, medan den konvexa blir vanlig först under äldre romersk järnålder och framåt. Vad det gäller bockbredden så kan man säga att den generellt blir mindre jämfört med föregående period, men det finns en så pass stor variation att den inte kan användas i daterande syfte utan kompletterande naturvetenskapliga dateringar.

Mindre långhus som har varit cirka 10–20 m långa och som har haft 4 takbärande bockar är inte lika vanliga (tab. 7; fig. 8). Vid bland annat Böljenamosse (Olson m. fl. 1996), Tågerup, VKB SU8, Saxtorps sn (Artursson 1999a) och Åby, Bromölla (Stark 2000) har man undersökt långhus av den här storleken som har ^{14}C-daterats till perioden. De mindre långhusen har liksom de mellanstora haft en varierande form på den takbärande konstruktionen. Det finns flera exempel på mindre långhus som har haft en rak eller trapetsoid form på den takbärande konstruktionen. Däremot är det sällsynt att de har haft en tydligt konvex form. Huskroppens form har i de få fall då den har varit bevarad oftast varit rak eller lätt konvex.

Mindre stolpbyggnader och grophus

Som komplement till långhusen har det funnits mindre, stolpbyggda konstruktioner som har haft 2–4 takbärande bockar. De ligger i allmänhet i anslutning till ett långhus och bildar oftast en tydlig enhet. Med största sannolikhet har de haft en ekonomifunktion på gårdarna. Exempel på välbevarade och i vissa fall ^{14}C-daterade byggnader av det här slaget finns bland annat vid Önsvala, Nevishögs sn (Wallin 1996), Toftanäs, Malmö (Persson 1998), Åby, Bromölla (Stark 2000) och Böljenamosse (Olson m. fl. 1996; Carlie 2002a). I de fall det inte finns ^{14}C-datering kan man utifrån byggnadernas läge i förhållande till daterade långhus anta att de har varit samtida. Det är intressant att se att de allra största exemplaren av den här byggnadstypen finns på de gårdar där man har haft mycket stora

Böndernas hus

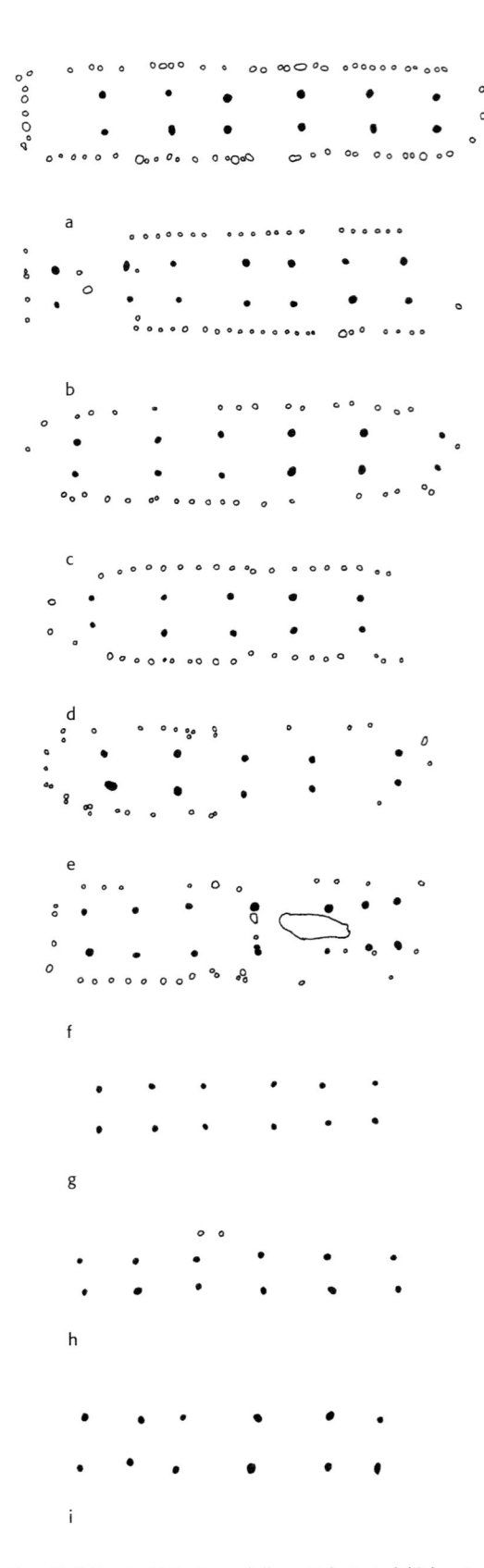

Figur 7. a) Hus 1 vid Kv. Bronsdolken, Malmö stad, b) hus 2 vid Bromölla, c) hus V vid punkt 9, väg 108, d–e) hus I och VII vid punkt 10, väg 108, f) hus II vid Ramlösa, VKB 1A:7, g–i) hus I, III och V vid Klörups backar, Västra Alstads & Lilla Slågarps sn. Skala 1:400.

a) House 1 at Kv. Bronsdolken, Malmö, b) house 2 at Bromölla, c) house V at point 9, väg 108, d–e) house I and VII at point 10, väg 108, f) house II at Ramlösa, VKB 1A:7, g–i) house I, III and V at Klörups Backar, Västra Alstad & Lilla Slågarp parish. Scale 1:400.

Plats	Hus	Storlek	Antal bockar	Bockbredd	Spann	¹⁴C-datering
Kv. Bronsdolken, Malmö stad	Hus 1	27×5 m	6	1,6–2,2 m	3,6–4,5 m	370 f.Kr–0
Bromölla, Åby	Hus 2	25×5,4–6,2 m	7	2–2,4	2,6–4,2 m	130–225 e.Kr.
Böljenamosse, punkt 9	Hus V	25×6 m	6	1,9–2,5 m	3,6–4,9 m	100 f.Kr–60 e.Kr.
Böljenamosse, punkt 10	Hus I	20,5×5,9 m	5	1,6–2,1 m	3,5–4,2 m	55–135 e.Kr.
Böljenamosse, punkt 10	Hus VII	22,2×5,4 m	5	1,7–2,3 m	3,9–5 m	0–220 e.Kr.
Ramlösa, VKB 1A:7, Helsingborgs stad	Hus II	21,5×5,2 m	7	2,5–2,8 m	2–4 m	110 f.Kr–60 e.Kr.
Klörups backar, Västra Alstads & Lilla Slågarps sn	Hus I	19–20 m	6	2,25–2,5 m	2,75–4 m	190–50 f.Kr.
Klörups backar, Västra Alstads & Lilla Slågarps sn	Hus III	21 m	6	1,65–2,1 m	3,2–4 m	120–240 e.Kr.
Klörups backar, Västra Alstads & Lilla Slågarps sn	Hus V	20 m	6	2,5–3 m	2,5–4,3 m	120–240 e.Kr.

Tabell 6. De mindre långhusen från förromersk järnålder period III och äldre romersk järnålder.

The small long houses from Scania dated to the Pre-Roman Iron Age period III and Early roman Iron Age.

långhus, som till exempel vid Önsvala (Wallin 1996) och Toftanäs (Persson 1998). Här är ekonomibyggnaderna lika stora som de små långhusen i området, cirka 13–16 m långa (Carlie & Artursson denna volym).

Liksom under föregående period så är grophus relativt sällsynta i Skåne under förromersk järnålder period III och äldre romersk järnålder (se t.ex. Tesch 1993, s. 186; Björhem & Säfvestad 1993, s. 338; Ericson del III). De grophus som kan dateras till perioden är ofta små och har haft en rundad form. Om det finns spår efter en takbärande konstruktion så har den bestått av två stolpar, en i varje gavel, vilka med stor sannolikhet har burit en taknock i ett sadeltak.

Sammanfattning

Som vi kan se av materialet som har presenterats så finns det en mycket tydligare variation i byggnadstraditionen under perioden. Man kan se en tydlig skillnad mellan dels en utvecklingslinje som i stort sett helt bygger på traditionen från yngre bronsålder och förromersk järnålder period I–II, dels en som till största delen bygger på nya drag. Bland annat kan man se att längden på långhusen ökar och att de i vissa fall har haft en lätt konvex form. Avståndet mellan de takbärande bockarna ökar och blir jämnare samtidigt som bockbredden generellt sett minskar.

Under loppet av äldre romersk järnålder dyker det upp ett fåtal mycket stora långhus, som till exempel hus 1 vid Önsvala (Wallin 1996) och hus 2 vid Toftanäs (Persson 1998) med en längd på upp till cirka 50 m. Antalet takbärande bockar i de här långhusen ligger kring 11–12 stycken. Ytterligare mycket stora långhus, cirka 40–52 m långa, finns till exempel vid Hyllie, Malmö (Friman & Hector 2003). De har emellertid ännu inte presenterats i detalj.

De stora långhusen med en längd på cirka 30–40 m blir allt vanligare under loppet av förromersk järnålder period III. De har oftast haft 7–8 takbärande bockar,

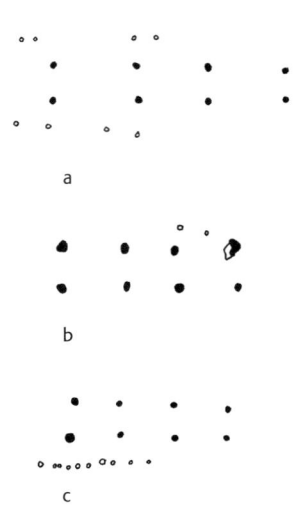

Figur 8. a) Hus II vid väg 108, punkt 8, b) hus 3 vid Tågerup, VKB SU8 och c) hus 6 vid Bromölla. Skala 1:400.

a) House II at road 108, point 8, b) house 3 at Tågerup, VKB SU8, and c) house 6 at Bromölla. Scale 1:400.

Plats	Hus	Storlek	Antal bockar	Bockbredd	Spann	¹⁴C-datering
Böljenamosse, punkt 8	Hus II	16×5,4 m	4	1,5–2 m	3,7–4,5 m	100 f.Kr.–80 e. Kr.
Tågerup, VKB SU8, Saxtorps sn	Hus 3	12,5×4,5 m	4	2–2,25 m	2,6–3,4 m	70–230 e. Kr.
Åby, Bromölla	Hus 6	11–12×5 m	4	1,6–2 m	2,4–2,9 m	90 f. Kr.–20 e. Kr.

Tabell 7. De mellanstora långhusen från förromersk järnålder period III och äldre romersk järnålder.

The middle-sized long houses from Scania dated to the Pre-Roman Iron Age period III and Early Roman Iron Age.

precis som de stora långhus som finns redan under förromersk järnålder period I–II. De har emellertid varit cirka 10–15 m kortare. Ett vanligt drag hos de stora långhusen från perioden är att den takbärande bocken i antingen den ena eller båda gavlarna är smalare än de i den övriga delen av konstruktionen, vilket har givit den takbärande konstruktionen en svagt konvex form. Själva huskroppen har emellertid fortfarande oftast raka långsidor, men med lätt insvängda avslutningar mot gavlarna. De här två sistnämnda dragen tycks uppträda först under slutet av äldre romersk järnålder och blir vanliga under yngre romersk järnålder.

Bland de mellanstora och små långhusen finns det olika utvecklingslinjer. Den som i stort sett helt bygger på byggnadstraditionen som existerade under förromersk järnålder period I–II består av små och mellanstora långhus som har haft en rak takbärande konstruktion med fyra till sex bockar. Det som skiljer den senare byggnadstraditionen från den äldre är att bockbredden är mindre samtidigt som avståndet mellan bockarna oftast är större. Det ökande bockavståndet leder till att även de små och mellanstora långhusen blir längre under perioden. Från att ha varit cirka 11–18 m under förromersk järnålder period I–II ökar den totala längden till cirka 11–27 m. Det finns även ett antal långhus med en annan form på den takbärande konstruktionen, som till exempel trapetsoid eller konvex form. Den konvexa konstruktionen är emellertid sällsynt, den blir vanligare först under yngre romersk järnålder och folkvandringstid.

Diskussion kring regionala byggnadstraditioner

Som vi har sett så finns det en tydlig kontinuitet i byggnadstraditionen från förromersk järnålder period I–II och in i period III samt äldre romersk järnålder i Skåne. Detta gäller speciellt de mindre och mellanstora långhusen med 4–6 takbärande bockar. Bland annat kan man fortfarande se en tydlig uppdelning av långhusen i två delar, där den västra delen traditionellt har tolkats som bostad och den östra som stall eller ekonomiutrymme. Ingångarna har i de flesta fallen placerats mitt på långhusen och ibland finns det också spår efter ett separat ingångsrum i mittdelen av huset. Samtidigt sker det emellertid under den senare delen av förromersk järnålder, från cirka 100 f. Kr. och framåt, en parallell närmast explosiv förändring i Skåne av de stora långhusen. Från att ha varit cirka 21,5–25 m långa blir de under förromersk järnålder period III och äldre romersk järnålder cirka 30-40 m långa. Antalet takbärande bockar förblir sju till åtta stycken, men avståndet mellan dem ökar. På de gårdar som har haft den här typen av stora långhus kan man samtidigt se en förändring av strukturen, så att det blir vanligare med mindre ekonomibyggnader i anslutning till dem (Carlie & Artursson denna volym).

Östra Danmark

I den östra delen av Danmark, på Själland och på Bornholm, kan man se en delvis liknande utvecklig som i Skåne. På Själland tycks det också finnas långhustyper med olika storlek och en snabb ökning av de stora långhusens storlek kan märkas under perioden (Boye 1992; Fonnesbech-Sandberg 1992, s. 22f; Boye & Fonnesbech-Sandberg 1999). Det finns också exempel på mindre hustyper med fyra till fem takbärande bockar från Själland (se t.ex. Christensen 1992, s. 85, fig. 4). Överhuvudtaget tycks det själländska materialet ha stora likheter med det skånska, om man antar att de långhus som bland annat Boye och Fonnesbech-Sandberg tar upp i sina artiklar är typiska. I den serie av långhus som presenteras i artiklarna visas en utveckling från cirka 150 f. Kr. till 550 e. Kr., det vill säga från förromersk järnålder period III till slutet av folkvandringstid, som till stora delar är identisk med den i Skåne och vissa andra delar av södra Sverige.

Det finns ett mycket stort material från östra Själland, framförallt från Köpenhamnsområdet och från Køge, men endast en bråkdel av detta har publicerats översiktligt (se bl.a. Boye 1999; Fonnesbech-Sandberg 1999). Mycket få av husen har daterats med hjälp av naturvetenskapliga metoder, oftast har det skett med hjälp av fynd eller utifrån typologiska kriterier. På övriga Själland finns det ett antal mindre undersökningar av järnåldersboplatser med en förmodad datering till förromersk järnålder period III och äldre romersk järnålder. Också här är det ofta svårt att få ett ordentligt grepp om hur huslämningarna har daterats, men oftast tycks det röra sig om fynddateringar eller typologiska resonemang.

På den sydöstra delen av Själland har ett antal undersökningar av boplatser från senare delen av förromersk järnålder och äldre romersk järnålder gjorts (Møller Hansen 1995). Tyvärr är dateringarna av dem osäkra eftersom de vilar på ett fåtal fynd av keramik och ibland endast på typologiska dateringar. Som exempel kan nämnas två mindre långhus med fyra takbärande bockar från Ellerødgård II och möjligen två liknande långhus från Ålebjerg som emellertid enligt artikelförfattaren kan dateras till äldre och yngre romersk järnålder utifrån keramikmaterialet och en typologisk bedömning av byggnaderna. Långhusen vid Ålebjerg har intressant nog dubbla vägglinjer, ett drag som också finns hos långhus från Skåne och Bornholm.

På Bornholm har än så länge endast ett fåtal boplatser från förromersk järnålder period III och äldre romersk järnålder undersökts. Dessutom har endast mindre delar av materialet publicerats, varför det är svårt att bilda sig en uppfattning om bebyggelsens och byggnadstraditionens utseende och utveckling (Nielsen 1996, s. 48ff). Två boplatser i området kring Aaker, närmare bestämt vid Runegård och Limensgård på södra Bornholm, har emellertid givit en viss insikt i hur byggnaderna har sett ut (Watt 1980; 1983; Hvass 1988, s. 67ff, Nielsen 1996, s. 49, fig. 75). Exempel på långhus från Runegård med dateringar till perioden visar att de har relativt stora likheter med långhus från övriga södra och mellersta Skandinavien. Långhusen som har undersökts vid Runegård, totalt cirka 40 stycken, har varit cirka 15–18 m långa och 5–6 m breda. Antalet takbärande bockar anges tyvärr inte, men det exempel som visas har fyra stycken (Hvass 1988, s. 69, fig. 15). Långhuset har haft en lätt konvex form och det finns två motställda ingångar ungefär mitt på huskroppen enligt klassisk modell. Det enda iögonfallande som skiljer byggnaden vid Runegård från andra långhus på till exempel Jylland är väggarnas konstruktion. De består av dubblerade stolpar som har satts relativt tätt. Detta är ett drag som också finns hos vissa långhus i Skåne och på sydöstra Själland (Møller Hansen 1995). Långhusen har huvudsakligen daterats med hjälp av keramik, men från två av husen finns det också ^{14}C-dateringar till 135 f.Kr. respektive 135 e.Kr. (Watt 1983, s. 140). Förutom långhus så finns det också mindre byggnader vid Runegård. De ligger placerade i anslutning till långhusen. Hustypen har oftast sex tätt satta och parvis placerade stolpar, vilket tyder på att de utgör lämningarna efter någon form av stolphus med upphöjt golv. Tillsammans med långhusen bildar de gårdsenheter som förmodligen har ingått i en bybildning, men eftersom inte hela boplatsläget har undersökts, så är det svårt att uttala sig om dess totala storlek.

Västra Danmark
Utvecklingen i västra Danmark, på Jylland och på Fyn, karakteriseras under den senare delen av förromersk järnålder av en mer konservativ syn på byggnadstraditionen, samtidigt som stora, täta byar blir allt vanligare. Bebyggelsestrukturen genomgår alltså tydliga förändringar, medan man behåller i stort sett samma långhustyper som under förromersk järnålder period I–II. Det sker visserligen vissa förändringar av långhusen, bland annat blir de stora långhusen något längre, men i huvudsak kan man se att det finns en kontinuitet. En rad intressanta undersökningar av inhägnade byar som till exempel den vid Hodde (Hvass 1985) visar på en tydlig storleksuppdelning inom dessa enheter, med dels en större gård med ett stort och ett mindre långhus samt mindre ekonomibyggnader, dels ett stort antal gårdar med mellanstora eller mindre långhus i kombination med mindre ekonomibyggnader. Hodde har daterats till förromersk järnålder period III och inledningen av äldre romersk järnålder. Ännu ett exempel på en inhägnad eller snarare befäst by med palissad och vallgrav finns vid Priorsløkke på östra Jylland (Kaul 1985b; 1997). Bebyggelsen här kan dateras till äldre romersk järnålder, och också här kan man se en storleksuppdelning av långhusen och gårdarna, i varje fall under den andra huvudfasen. Även under äldre romersk järnålder behåller man i västra Danmark en byggnadstradition med generellt sett mindre långhus om man jämför med Själland och Skåne. Istället för att förlänga långhusen lika mycket som man har gjort i dessa områden har man istället ofta valt att öka antalet mindre byggnader på gårdarna (se t.ex. Kaul 1985b; 1997; Christiansen 1999, s. 199ff, s. 207ff; Ejstrud & Kjeld Jensen 2000). Det finns exempel på gårdar där det har funnits upp till fyra eller fem samtida mindre byggnader i anslutning till långhusen. Generellt kan man dock se att långhusen blir något större även i västra Danmark, speciellt under äldre romersk järnålder. Ett bra exempel på detta finns vid Vendehøj på östra Jylland (Ejstrud & Kjeld Jensen 2000).

På norra Jylland har byggnadstraditionen haft en del speciella drag. En särskild typ av mer koncentrerad bebyggelse utgör de så kallade byhögarna i Thy-området på nordvästra Jylland, där stora koncentrationer av hus med torvbyggda väggar successivt har byggt upp tjocka kulturlager på vissa platser (se bl.a. Rasmussen 1968; Bech 1984; 1985; Kaul 1999). Husen har rivits eller bränts ned och massiva lager av torv samt kulturavlagringar har bildats. Byhögarna tycks ha haft en lång användningstid, från förromersk järnålder period III till tidig germansk järnålder (375–520 e.Kr). Under den senare delen av förromersk järnålder tycks dock inte bebyggelsen ha varit lika intensiv som under romersk järnålder.

En annan mer ovanlig typ av koncentrerad bebyggelse finns på nordöstra Jylland, framförallt vid östra Limfjorden, där bybebyggelse bestående av nedgrävda långhus med en datering till den allra sista delen av förromersk järnålder period III och äldre romersk järnålder har undersökts (Lund 1977; 1979; 1984). Norr respektive söder om den östra delen av Limfjorden har sådana lämningar undersökts vid till exempel Overbygård och Sejlflod.

Trots att det finns regionala skillnader i hur husen har byggts och hur gårdarna har satts samman på Jylland så vill Flemming Kaul betona att det har funnits en form av standardgård i området, kanske redan under den senare delen av förromersk järnålder, men framförallt under äldre romersk järnålder (1999, s. 62). Genomgången av den jylländska byggnadstraditionen visar att det har funnits en gemensam modell för hela området hur stora de olika typerna av byggnader på en gård skulle vara, och hur dessa olika hustyper skulle sättas samman till en gård. Sättet att bygga har skiljt sig åt vad det gäller till exempel väggkonstruktion och om husen har varit nedgrävda eller inte, men den takbärande konstruktionens utseende har stora likheter över hela Jylland under den här perioden. Likheter i den takbärande konstruktionen säger visserligen inget om hur husen har sett ut eller vilket intryck de har givit en betraktare på avstånd. Så mycket kan man dock säga att långhusen och de mindre byggnaderna har uppförts efter samma grundläggande koncept och att de har haft ungefär samma storlek samt samma indelning av innerutrymmet. Därför kan man anta att det har existerat en föreställning om hur ett långhus skulle se ut som har varit gemensam för hela Jylland och kanske också för Fyn under den här tidsperioden. Materialet från Fyn är emellertid ännu för litet för att man skall kunna uttala sig säkert om det (se bl.a. Jacobsen 1983; Hvass 1988, s. 67).

Halland och södra Småland

Utvecklingen av byggnadstraditionen i Halland och södra Småland har likheter med den man kan se i Skåne. Bilden av byggnadstraditionen längs med den svenska västkusten under förromersk järnålder period III och äldre romersk järnålder är dock, liksom för förromersk järnålder period I–II, något oklar (se bl.a. Streiffert 2001). Detta gäller i synnerhet förromersk järnålder period III. Detta beror till stor del på att endast ett fåtal av de undersökta husen har ^{14}C-daterats och att man i de fall då man har gjort ^{14}C-dateringar ofta har analyserat endast ett prov från varje hus. Ofta har man också daterat härdar som på något sätt har över- eller underlagrat husen för att få en datering i form av uttrycken *"inte senare än"* eller en *"inte tidigare än"*. På senare tid har emellertid antalet välundersökta boplatser ökat i antal, vilket till en viss del har förbättrat situationen.

En intressant plats vad det gäller utvecklingen av byggnadstraditionen under förromersk järnålder period III och övergången till äldre romersk järnålder är Skrea RAÄ 177 (Lundqvist & Persson 1998, s. 27ff). I den södra delen av undersökningsområdet framkom en ansamling av hus som med stor sannolikhet kan dateras till perioden. Det finns en spridning i husstorlek i materialet liknande den man kan se i till exempel Skåne och långhusens utseende överensstämmer i stort sett med de skånska.

Det mest intressanta och omfattande husmaterialet med en datering till romersk järnålder och folkvandringstid från södra Halland framkom vid en undersökning av boplatsen vid Brogård, Snöstorps sn strax utanför Halmstad (Carlie 1992; 1999). Carlie vill datera den första fasen till tiden kring Kristi födelse, men enligt min mening är det troligare att bebyggelsen sträcker sig från den senare delen av äldre romersk järnålder och in i folkvandringstid samt till inledningen av vendeltid (se följande avsnitt).

En plats med ett avvikande husmaterial är Hov, Ysby sn, där fem tvåskeppiga långhus har daterats till förromersk–romersk järnålder med hjälp av ^{14}C-dateringar och fynd (Westergaard 1989; 1993). Eftersom det inte finns några paralleller till de här långhusen med en sådan datering i hela Skandinavien måste man vara mycket försiktig med materialet. Trots detta har långhusen accepterats som förromerska–romerska i två av de senaste genomgångarna av byggnader från Halland (Carlie 1999, s. 52f; Streiffert 2001).

Husmaterialet från södra Småland är ännu så länge mycket begränsat och inskränker sig i stort sett till ett fåtal exempel från Växjö- och Kalmarområdet. De har samtliga framkommit i samband med exploateringsundersökningar, som till exempel väg E22 i Kalmar län. Husen som har undersökts i Kalmarområdet visar stora likheter med det skånska materialet och består av långhus av varierande storlek (Gustafsson 2001, s. 598f). Husen från Växjöområdet undersöktes vid Kv. Boplatsen. De utgörs av två mindre långhus, hus V och VI, med en datering till den senare delen av perioden (Högrell & Skoglund 1996, s. 19ff).

Norra Götaland, östra Mellansverige och södra Norge
Utvecklingen av långhusen i östra Mellansverige, Östergötland, norra Småland och södra Norge under perioden har stora likheter. Den skiljer sig något från den man kan se i Skåne och östra Danmark. Långhusen i området får en mer uttalat konvex form redan under slutet av förromersk järnålder period III, samtidigt som antalet takbärande bockar ofta är flera och mer tydligt placerade i grupper inom huskroppen. Denna tätare placering av de takbärande bockarna kan emellertid bero på att man har använt byggnaderna längre och därför satt om dem i större utsträckning än i andra områden.

Enligt Michael Olausson sker det en markant förändring av boplatsernas uppbyggnad och långhusens utseende under slutfasen av förromersk järnålder i östra Mellansverige:

"Mot slutet av förromersk järnålder sker det betydande förändringar inom boplatserna och deras inre struktur. Husen blir längre och något smalare än tidigare, uppemot 20-25 m eller något därutöver. Detta blir därefter ett slags "standardmått" på gårdarnas huvudbyggnad, som med enstaka undantag kom att bibehållas fram till och med introduktionen av de små liggtimmerhusen på stensyll under 900-talet. Husens stolppar står på ojämna avstånd från varandra, framför allt i den centrala delen. Det kan förklaras med en inre rumsuppdelning. Taken är dock fortfarande överbalanserade och gavelkonstruktionerna är svagt till markant rundade – dvs. "äldre" drag."
(Olausson 1998, s. 101)

Det finns en rad undersökningar i Västmanland, Uppland och Södermanland där den här typen av långhus har hittats (se bl.a. Aspeborg 1998b; 1999; Eriksson 1998; Frölund 1998; Göthberg 1998a; 1998b; 2000). Majoriteten har framkommit i samband med exploateringsundersökningar och i många fall ligger boplatserna på lermark, något som är speciellt vanligt i Uppland och Västmanland. Långhusens storlek och form är i stort sett identisk i hela östra Mellansverige. Något som är typiskt för området är att den takbärande konstruktionen har en mer eller mindre uttalad konvex form, och i de fall då vägglinjerna har kunnat identifieras så har också huskroppens form varit lätt konvex. Som exempel på långhus av den här typen från Västmanland kan nämnas hus A vid Stenåldersgatan, Badelunda sn (Holm m. fl. 1994, s. 77f) och hus 2, 6, 10, 14 samt 15 vid Västra Skälby, Lundby sn (Aspeborg 1999). Undersökningen av boplatsen vid Skälby är intressant, eftersom Håkan Aspeborg anser att han här har kunnat identifiera delar av en så kallad utspridd by med åtminstone fyra samtida gårdar med olikstora långhus och varierande antal mindre byggnader (1998b; 1999, s. 73ff).

Samtidigt som det enligt Olausson sker en form av standardisering av huvudbyggnaderna på de flesta gårdarna i området, så finns det också ett relativt stort antal gårdar med mycket stora eller stora långhus som kan dateras till perioden. De kan med stor sannolikhet tolkas som stormannagårdar. På ett antal gårdar med flera samtida byggnader vid bland annat Skavsta, S:t

Nicolai sn, Södermanland (Olausson 1994) och Snytberga, Härads sn, Södermanland (Ekman & Neander 1994) har ett antal exceptionellt stora långhus undersökts. De har varit cirka 31×10 respektive 50×10,5 m stora, och har haft en takbärande konstruktion som tydligt visar att det har funnits en inre rumsuppdelning. Den takbärande konstruktionen är mer eller mindre tydligt konvex. Ytterligare ett stort långhus med en konvex takbärande konstruktion har undersökts vid Albertsro, Åkers sn, Södermanland. Långhuset, hus 1, var minst 45 m långt och 8–9,5 m brett (Franzén & Schützler 2000). Huset anses ha byggts under äldre romersk järnålder och ha varit i bruk en bit in i yngre romersk järnålder. Detta grundas på resultaten från ett större antal ^{14}C-dateringar, som emellertid har en relativt stor variation, och på hustypologiska resonemang. I anslutning till det stora långhuset vid Albertsro har man också undersökt en samtida bebyggelse som har varit av mer ordinär karaktär, något som talar för att det verkligen rör sig om en stormannagård som har fungerat som ett lokalt centrum i bygden (Appelgren m.fl. 2002, s. 42).

I Östergötland har ett relativt stort antal hus med en datering till förromersk järnålder period III–äldre romersk järnålder undersökts under de senaste 10–15 åren. Stora exploateringsundersökningar bland annat runt Linköping och Norrköping har givit stora material. Enligt Mats Larssons kan en liknande utveckling som i södra Sverige anses som trolig (1993; 1994; 1995). Vid Pryssgården utanför Norrköping har ett antal hus som enligt författarna kan dateras till perioden cirka 150 f. Kr.–150 e. Kr. undersökts (Borna Ahlkvist m.fl. 1998). Enligt det förslag på huskronologi för äldre järnålder som presenteras för Pryssgården (a.a. s. 71ff och fig. 59) så blir långhus med en konvex takbärande konstruktion vanliga under slutet av förromersk järnålder och under äldre romersk järnålder (a.a. s. 58f). Liksom under yngre bronsålder så tycks det emellertid enligt författarna ha funnits en relativt stor variation i utformningen av långhusen på platsen också under äldre järnålder (a.a. s. 71). Eftersom endast ett fåtal av långhusen har fått en ^{14}C-datering till förromersk järnålder period III-äldre romersk järnålder och flera av husen endast har daterats typologiskt till perioden, ger huskronologin ett något osäkert intryck. Författarna hävdar att sådana drag som bredden i den takbärande konstruktionen inte går att använda i daterande syfte på samma sätt på husmaterialet från Pryssgården som det är möjligt att göra på material från till exempel södra Skandinavien. De hävdar att bockbredden har varierat i högre grad och att den generellt skulle ha varit större i långhusen vid Pryssgården.

Ett av de långhus från Pryssgården som på typologiska grunder har daterats till den senare delen av förromersk järnålder är hus 235, ett större cirka 25 m långt långhus. Det har intressant nog vissa likheter med ett långhus, hus II, från Abbetorp, Rinna sn utanför Mjölby som har ^{14}C-daterats till sen förromersk järnålder och romersk järnålder (Petersson 1999). Långhuset vid Abbetorp var cirka 31 m långt och 7 m brett. Likaså har båda dessa långhus vissa principiella likheter med ett långhus från Visingsö i norra Småland med en liknande datering (Jansson 1997; 2000, s. 25). Materialet från norra Småland i övrigt är mycket begränsat och inskränker sig till ett långhus utanför Sävsjö i Småland (Jansson 2000, s. 25) med en liknande konstruktion och ^{14}C-datering som det på Visingsö.

Slutligen kan man se att byggnadstraditionen i södra Norge från förromersk järnålder period I–II fortsätter in i förromersk järnålder period III, samtidigt som man i vissa fall ser en tydlig tendens till förändring. Alltfler långhus blir betydligt längre och får fler takbärande bockar (Løken 1998, s. 175ff; 1999, s. 54). Under slutfasen av förromersk järnålder och inledningen av äldre romersk järnålder sker det en tydlig förändring av byggnadstraditionen vid till exempel Forsand i sydvästra Norge. Långhusen blir längre och formen förändras, så att vissa av dem får en konvex form (Løken 1999, s. 54f). Den här utvecklingen är emellertid inte generell, utan de tidigare hustyperna tycks användas parallellt med den nya under en tid.

Sammanfattning

Som vi har sett så finns det alltså olika utvecklingslinjer under perioden; dels en som helt och hållet bygger på den tidigare byggnadstraditionen, dels en som har tagit upp en rad nya drag. Vissa områden, som till exempel östra Mellansverige, Östergötland, norra Småland och södra Norge, karakteriseras av en mer tydlig förändring av byggnadstraditionen än andra. I de här områdena finns det en tendens att långhus med konvex form blir vanliga redan under slutet av förromersk järnålder period III och att storleken på de stora och mycket stora långhusen ökar markant. Samtidigt kan man se att det blir vanligare med mindre byggnader i anslutning till långhusen på gårdarna.

Utvecklingen i Skåne, östra Danmark, Halland och i viss mån också södra Småland har vissa likheter och här kan man också se att det sker en förändring av byggnadstraditionen. De stora och mycket stora långhusen blir betydligt längre och under slutet av äldre romersk järnålder kan man se en tendens till att de takbärande bockarna i gavlarna på de här långhusen blir smalare, vilket ger en svagt konvex form åt huskroppen. Samtidigt kan man se att det blir vanligare med en konvex eller oregelbunden form i den takbärande konstruktionen hos mellanstora och mindre långhus. Också huskroppen kan ha en mer eller mindre tydligt konvex form. Samtidigt med dessa nya långhustyper finns det emellertid också långhus som har en tydlig likhet med de från förromersk järnålder period I–II. Bockbredden är visserligen mindre och bockavståndet större, men långhusens form och funktionella uppdelning är densamma.

Byggnadstraditionen i västra Danmark har ett mer konservativt drag. Formen på huskropparna och den takbärande konstruktionen är ungefär densamma som innan. Det blir emellertid vanligare med något större långhus än tidigare och framförallt med flera mindre byggnader i anslutning till långhusen på gårdarna.

Introduktionen av den mer eller mindre konvexa husformen tycks alltså ske successivt i södra och mellersta Skandinavien, från norr till söder. Kanske representerar hustypen något speciellt i området, eventuellt någon form av markering av högre status med influenser från mellersta Skandinavien? Introduktionen av den här långhustypen i Halland, Skåne och östra Danmark tycks alltså, som tidigare nämnts, ske något senare, under den senare delen av äldre romersk järnålder och under inledningen av yngre romersk järnålder. Detta skulle kunna tyda på att hustypen successivt har spridit sig söderut, kanske som någon form av modeförändring som kan kopplas till en stormannaklass.

Något som tycks vara typiskt för flera av de stora och mycket stora långhusen är att de utifrån tecken på omfattande reparationer och ombyggnationer samt till en viss del också utifrån ^{14}C-dateringarnas spridning över tiden kan förmodas ha varit i bruk under en relativt lång tid, kanske 100–200 år. Dessutom finns det i flera fall tydliga bevis för att samma gårdslägen har använts under lång tid, med flera efterföljande stora långhus på samma plats. Som exempel kan nämnas Toftanäs utanför Malmö (Persson 1998) och en rad stormannagårdar i Mellansverige (Olausson 1998). Detta antyder att det stora långhuset och den stora gården har haft en speciell betydelse, där kontinuiteten i ett långhus och en gårds placering och användning har varit viktig av någon anledning. Enligt min mening rör det sig med stor sannolikhet om en form av manifestation av lokala stormän, som har velat visa sin maktposition i bygden och på en kontinuitet i denna stratifierade samhällsstruktur. Det stora långhuset och den kontinuerligt utnyttjade platsen för gården har således varit en viktig markering för att legitimera sin position.

Yngre romersk järnålder och folkvandringstid, 150–550 e. Kr.

Under yngre romersk järnålder och folkvandringstid fortsätter den utveckling av byggnadstraditionen som inleddes under föregående period. Den utveckling mot mer eller mindre konvexa långhus av olika storlek som började redan under den senare delen av förromersk järnålder och under äldre romersk järnålder i bland annat Mellansverige, norra Götaland och södra Norge sprider sig över ett allt större område. Parallellt med den konvexa hustypen finns det emellertid forfarande långhus med en rak eller oregelbunden takbärande konstruktion inom samma områden, vilket kan tala för att det har funnits någon form av markering bakom användningen av de olika långhustyperna.

I västra Danmark dominerar dock fortfarande den raka typen av långhus helt och hållet. Här slår inte den konvexa hustypen igenom förrän under yngre germansk järnålder, cirka 520–750 e. Kr. Ofta har dessutom de takbärande bockarna placerats med ett mer jämnt avstånd i västra Danmark. Det finns emellertid intressanta undantag från denna regel. I vissa fall finns det faktiskt stora likheter i hur de takbärande bockarna har placerats inom huskroppen mellan till exempel sydvästra Jylland och södra Halland. Vid Vorbasse finns det ett långhus, hus LIX (Hvass 1979, s. 72, fig. 4), som har stora likheter med hus XXII vid Brogård både vad det gäller storlek, placering av de takbärande bockarna och placering av ingången (Carlie 1992, s. 26ff). Den enda uppenbara skillnaden är att majoriteten av långhusen vid Vorbasse inte har en konvex form, varken i den takbärande konstruktionen eller i huskroppen. Detta innebär med stor sannolikhet att man har haft ungefär samma grundidé för hur långhusen skulle delas in funktionellt, men att man oftast har använt sig av en annorlunda yttre form.

Byggnadstraditionen i Skåne

En forskningshistorisk översikt

Den traditionella bilden av byggnadstraditionens utveckling i Skåne bygger, som vi har sett tidigare, till stora delar på en tidig introduktion av den konvexa långhustypen (Björhem & Säfvestad 1993; Tesch 1993). Enligt Jes Martens (denna volym) så kan emellertid i stort sett inga av de långhus som Tesch anser sig kunna datera till förromersk järnålder anses ha en tidigare datering än äldre romersk järnålder eller möjligen till den allra sista delen av förromersk järnålder period III. De långhus som Tesch anser hör till yngre romersk järnålder har enligt honom vissa drag som skiljer dem från den tidigare perioden (1993, s. 186). En viktig skillnad är att långhusen generellt sett är något mindre än under äldre romersk järnålder, ett normalhus har enligt Tesch varit cirka 20 m långt. Det finns dock undantag och här nämner Tesch ett exempel på ett långhus som förmodligen har varit cirka 30 m långt, hus B26:XVIII. Samtidigt förändras den takbärande konstruktionen så att bockbredden blir mindre, oftast under 2 m, och konstruktionen får en mer tydlig konvex form. Långhusen har oftast haft 4–6 takbärande bockar. Ett problem med Teschs behandling av materialet är emellertid att endast ett fåtal av långhusen har ^{14}C-daterats och att flera av dem som han vill föra till äldre romersk järnålder mycket väl skulle kunna placeras i yngre romersk järnålder eller folkvandringstid om man ser till deras utseende (a.a., s. 183ff). Tyvärr är materialet alldeles för dåligt daterat för att det skall gå att använda det för några mer långtgående resonemang (Martens denna volym).

Björhem & Säfvestad (1993) har, som vi tidigare har sett, också laborerat med en tidig introduktion av en mindre, konvex långhustyp under förromersk järnålder. Däremot anser man att utvecklingen av en större, konvex långhustyp förmodligen har startat först under övergången mellan äldre och yngre romersk järnålder och att den blir vanlig först under yngre romersk järnålder och folkvandringstid (a.a. s. 284). Dateringen av förändringen grundar sig bland annat på ^{14}C-dateringar och fynd av daterande keramik i stolphål.

Långhusen

Liksom under de två tidigare perioderna finns det enligt min mening en tydlig uppdelning av långhusen från Skåne i olika storlekar. Fyra olika storlekskategorier kan hypotetiskt urskiljas under tidsperioden. Antalet mycket stora långhus som har varit över 40 m långa är ännu så länge begränsat och inskränker sig till endast ett långhus vid Fjälkinge, Fjälkinge sn, hus V (Helgesson 1996; 1997). Det har varit cirka 56–59 m långt och måste betraktas som en exceptionell byggnad (tab. 8; fig. 9). Långhuset ligger i ett centralområde i nordöstra Skåne, varför byggnaden kan tolkas som lämningarna efter en stormannagård.

Långhuset vid Fjälkinge är stört av en modern trädgårdsanläggning i öster varför det kan ha varit ännu längre. Totalt har det förmodligen funnits 14 takbärande bockar, men störningarna i den östra och mellersta

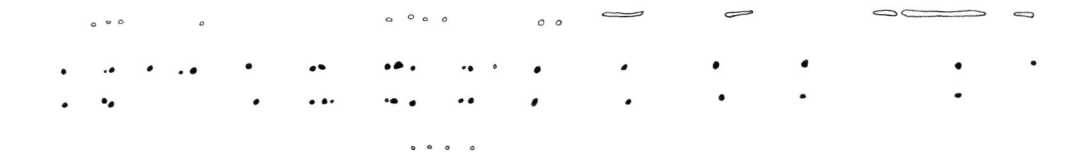

Figur 9. Hus V från Fjälkinge, Fjälkinge sn. Skala 1:400.
House V at Fjälkinge, Fjälkinge parish. Scale 1:400.

Plats	Hus	Storlek	Antal bockar	Bockbredd	Spann	^{14}C-datering
Fjälkinge, Fjälkinge sn	Hus V	56–59×7,4 m	14	1,5–1,9 m	1,5–4,50 m	440–560 e.Kr.

Tabell 8. Det mycket stora långhuset från Skåne med en datering till yngre romersk järnålder och folkvandringstid.

The very large long house from Scania dated to the Late Roman Iron Age and Migration Period.

delen av långhuset gör det svårt att identifiera det exakta antalet. Flera av de takbärande bockarna är dessutom omsatta. Den takbärande konstruktionen har haft en lätt konvex eller oregelbunden form. Det finns sporadiska lämningar efter vägglinjerna och de består av stolphål i den västra delen av långhuset och rännor i den östra. Förmodligen har huskroppen också haft en lätt konvex form.

De stora långhusen som varit cirka 30–40 m långa och haft 7–10 takbärande bockar är kända från relativt få platser i området (tab. 9; fig. 10). Tyvärr har endast ett fåtal av dem ^{14}C-daterats. Vid Påarp, Välluvs sn (Aspeborg 2001: 2002a) har fyra stycken långhus av den här storleken undersökts; hus 1, 2, 3 och 5. Det finns dessutom ytterligare ett långhus, hus 6, inom gårdsläget, men det kan dateras till vendeltid. Samtliga långhus har ^{14}C-daterats och med hjälp av kombinerade dateringar och med hjälp av en sekvensanalys har en fasindelning gjorts. I två av faserna har gården bestått av två långhus placerade i L-form. Utifrån ett antagande om att varje fas har använts under ungefär 100–200 år har långhusen placerats in i en trolig sekvens. Dateringarna i tabell 9 måste därför ses som ungefärliga uppskattningar (Carlie & Artursson

denna volym). Förutom långhusen vid Påarp finns det ett ^{14}C-daterat långhus av samma storlek vid Annelöv, Annelöv sn, VKB SU14, hus 1 (Ericson 1999b). Dessutom finns det långhus av samma storlek och ungefärligen samma utseende i till exempel Köpingeområdet, men inga av dessa har en säker datering (Tesch 1993, s.175ff, se fig. 16:11–13 och 17:17–20).

Många av de stora långhusen har haft en tydligt konvex form både i den takbärande konstruktionen och huskroppen. Dessutom kan man i flera fall se en tydlig gruppering av de takbärande bockarna inom huskroppen. Ytterligare ett typiskt drag hos flera av byggnaderna är att hörnstolphålen i gavlarna är tydligt markerade och ofta lika djupa som stolphålen för de takbärande stolparna. Samtliga långhus från perioden vid Påarp har det här draget. Detta är något som dessutom går igen i hela södra och mellersta Sverige samt i södra Norge, varför det med största sannolikhet kan användas som en daterande konstruktionsdetalj.

De mellanstora, cirka 20–30 m långa långhusen har haft ett varierande utseende, där antalet takbärande bockar, deras inbördes placering och huskroppens form skiljer sig åt (tab. 10; fig. 11). De har haft 5–8 takbärande bockar som ofta har varit grupperade på

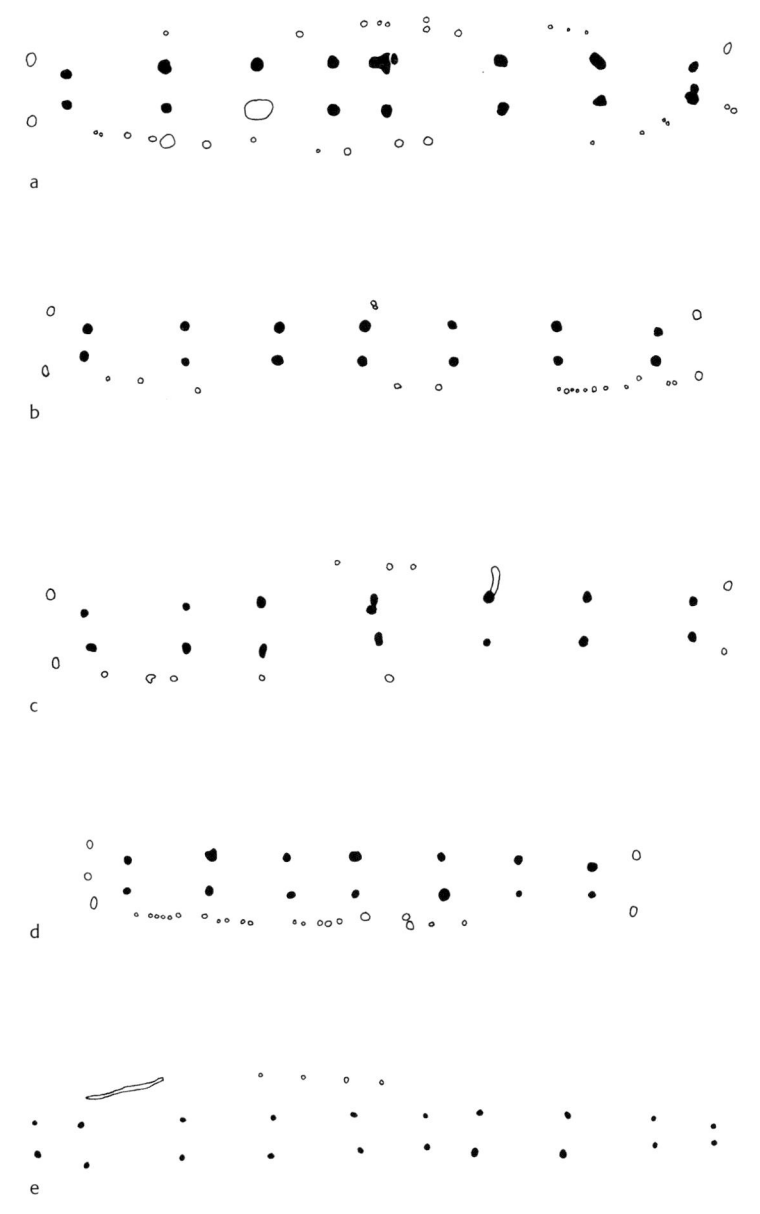

Figur 10. a–d) Hus 1, 3, 5 och 2 vid Påarp, Väluv sn, samt e) hus 1 vid Annelöv, Annelöv sn, VKB SU14. Skala 1:400.

a–d) Houses 1, 3, 5, and 2 at Påarp, Väluv parish, and e) house 1 at Annelöv, Annelöv parish, VKB SU14. Scale 1:400.

Plats	Hus	Storlek	Antal bockar	Bockbredd	Spann	^{14}C-datering
Påarp, Välluvs sn	Hus 1	38×3,9–6,5 m	8	1,6–3 m	2,3–5,5 m	300–400 e.Kr.
Påarp, Välluvs sn	Hus 3	36,5×4–6,2 m	7	1,9–2,7 m	4–6,2 m	400–500 e.Kr.
Påarp, Välluvs sn	Hus 5	30×3,6–5,3 m	7	1,5–2,1 m	3,7–4,7 m	400–600 e.Kr.
Påarp, Välluvs sn	Hus 2	35×3,8–5 m	7	1,6–2 m	4,6–6,2 m	500–600 e. Kr
Annelöv, Annelöv sn, VKB SU14V	Hus 1	37–39×6 m	10	1–2,2 m	2,4–5,4 m	140–380 e.Kr.

Tabell 9. Stora långhus med en datering till yngre romersk järnålder och folkvandringstid i Skåne.

The large long houses from Scania dated to the Late Roman Iron Age and Migration Period.

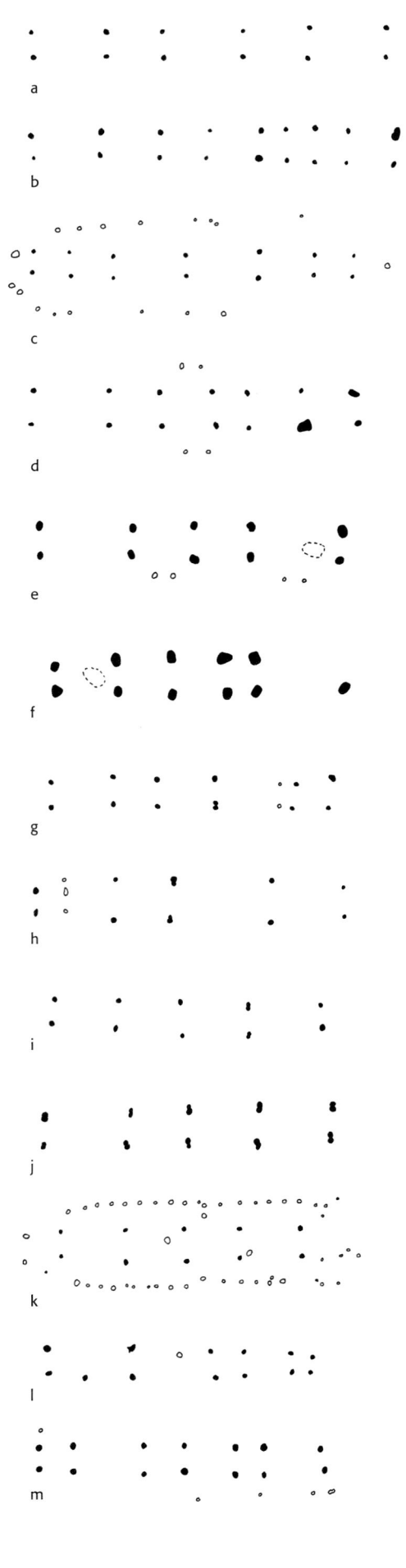

Figur 11. a) Hus 8b vid Stångby stationssamhälle, Vallkärra sn, b) hus 17 vid Dösjebro, VKB SU19, c) hus 89 vid Fosie IV, Malmö stad, d) hus 10 vid Annelöv, Annelöv sn, VKB SU14V, e–f) hus B6:VI och B6:I i Köpinge, g) hus 3 vid Västra Karaby, Västra Karaby sn, h) hus 7 vid Munka-Ljungby, Munka-Ljungby sn, i–j) hus 2 och 6 vid Stångby stationssamhälle, Vallkärra sn, k) hus I vid Böljenamosse, punkt 10 och l–m) hus 17 samt 56 vid Fosie IV, Malmö stad. Skala 1:400.

a) House 8b at Stångby Stationssamhälle, Vallkärra parish, b) house 17 at Dösjebro, VKB SU19, c) house 89 at Fosie IV, Malmö, d) house 10 at Annelöv, Annelöv parish, VKB SU14V, e–f) house B6:VI and B6:I at Köpinge, g) house 3 at Västra Karaby, Västra Karaby parish, h) house 7 at Munka-Ljungby, Munka Ljungby parish, i–j) houses 2 and 6 at Stångby Stationssamhälle, Vallkärra parish, k) house I at Böljenamosse, point 10, and l–m) houses 17 and 56 at Fosie IV, Malmö. Scale 1:400.

Plats	Hus	Storlek	Antal bockar	Bockbredd	Spann	¹⁴C-datering
Stångby stationssamhälle, Vallkärra sn	Hus 8b	25–26 m	6	1,6–2 m	3,6–5,1 m	420–540 e.Kr.
Dösjebro, VKB SU19	Hus 17	25–26 m	8–9	1,6–2,2 m	1,4–4,5 m	260–430 e.Kr.
Fosie IV, Malmö stad	Hus 89	24,25×5,6–6,2 m	7	1,35–1,75 m	2,35–4,75 m	120–330 e.Kr.
Annelöv, Annelöv sn, VKB SU14V	Hus 10	23–24×6 m	7	2–2,4 m	2–5 m	250–420 e.Kr.
Köpinge, område B6	Hus B6:VI	24 m	5	1,7–2,3 m	3,7–6 m	90 f.Kr.–220 e.Kr.
Köpinge, område B6	Hus B6:I	23 m	6	1,8–2,4 m	1,8–5,5 m	210–400 e.Kr.
Västra Karaby, Västra Karaby sn	Hus 3	21–22 m	6	1,5–1,9 m	2,9–5 m	230–530 e. Kr.
Munka-Ljungby, Munka Ljungby sn	Hus 7	21–22 m	5	2–2,8 m	3,1–6,5 m	135–235 e.Kr.
Stångby stationssamhälle, Vallkärra sn	Hus 2	20 m	5	1,5–2,2 m	4–4,8 m	130–340 e.Kr. 440–630 e.Kr.
Stångby stationssamhälle, Vallkärra sn	Hus 6	20–21 m	5	1,9–2,2 m	4–5,5 m	430–540 e.Kr.
Böljenamosse, punkt 10	Hus I	20–21×5–5,8 m	5	1,6–2,1 m	3,4–4,2 m	90–230 e.Kr.
Fosie IV, Malmö stad	Hus 17	20 m	7–8	1–1,9 m	1,2–5,35 m	200–450 e.Kr.
Fosie IV, Malmö stad	Hus 56	20 m	7	1,4–1,9 m	1,8–4,65 m	80–250 e.Kr.

Tabell 10. De mellanstora långhusen med en datering till yngre romersk järnålder och folkvandringstid i Skåne.

The middle-sized long houses from Scania dated to the Late Roman Iron Age and Migration Period.

olika sätt inom huskroppen, till exempel enligt principerna 3-2, 3-1-1, 3-2-3 etc. Det finns dock fortfarande långhus som har haft bockarna placerade med jämna avstånd. Intressant nog så existerar det också raka, oregelbundna och konvexa långhustyper parallellt med varandra. Intrycket man får är därför att man har haft en flexibel inställning till långhusens konstruktion. ¹⁴C-daterade långhus av den här storleken har undersökts vid bland annat Stångby stationssamhälle, Vallkärra sn (Artursson 2000), Dösjebro, VKB SU 19 (Andersson m. fl. 2000), Fosie IV, Malmö stad (Björhem & Säfvestad 1993), Annelöv, Annelöv sn, VKB SU14V (Ericson 1999b, s.12), Köpingeområdet (Tesch 1993, s. 184ff), Västra Karaby, Västra Karaby sn (Pettersson 2000), Munka-Ljungby, Munka Ljungby sn (Larsson 2000) och Böljenamosse, punkt 10 (Olson m. fl. 1996, s. 67ff; Carlie 2002a).

Det som är karakteristiskt för de mellanstora långhusen är således att de har haft ett varierande antal takbärande bockar grupperade på olika sätt inom huskroppen, samt att formen på huskroppen har sett olika ut. Längden på långhusen och antalet takbärande bockar tycks inte ha haft ett direkt samband. Det finns långhus som är lika långa, men som har haft allt från

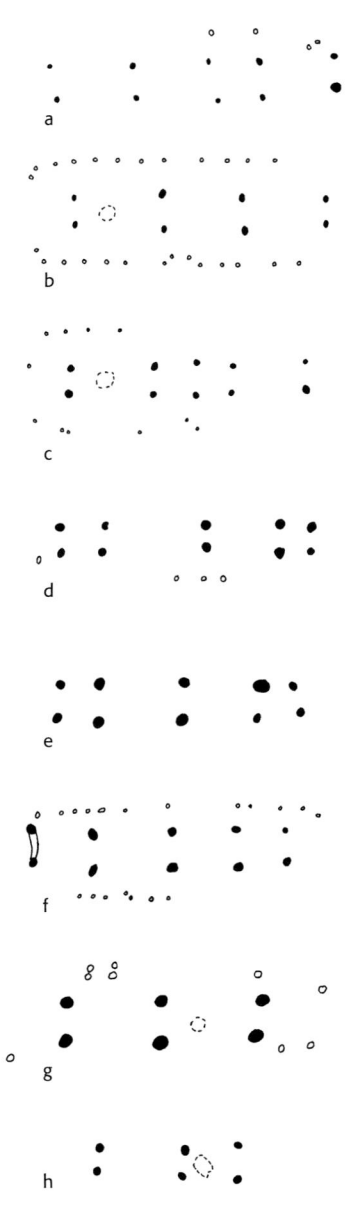

Figur 12. a) Hus 4 vid Rya, Kvistofta sn, b–c) hus B14:IX och B14:IV i Köpinge, område B14, d–f) hus 1, 10 och 18 vid Tågerup, VKB SU8, samt g–h) två mindre långhus vid Flackarp, Flackarps sn och Annelöv, Annelöv sn. Skala 1:400.

a) House 4 at Rya, Kvistofta parish, b–c) houses B14:IX and B14:IV at Köpinge, area B14, d–f) houses 1, 10, and 18 at Tågerup, VKB SU8, and g–h) two small long-houses at Flackarp, Flackarp parish and Annelöv, Annelöv parish. Scale 1:400.

Plats	Hus	Storlek	Antal bockar	Bockbredd	Spann	¹⁴C-datering
Rya, Kvistofta sn	Hus 4	18×5,2 m	5	1,7–2,2 m	2,4–4,4 m	450–520 e.Kr.
Köpinge, område B14	Hus B14:IX	18×5,8 m	4	1,6–2 m	4,3–4,7 m	400–600 e.Kr.
Köpinge, område B14	Hus B14:IV	17×5,4 m	5	1,5–1,8 m	1,9–4,5 m	250–440 e. Kr.
Tågerup, VKB SU8, Saxtorp sn	Hus 1	16 m	5	1,2–1,6 m	1,7–5,55 m	260–440 e. Kr.
Tågerup, VKB SU8, Saxtorp sn	Hus 10	16 m	5	1,5–2,2 m	1,75–4,6 m	340–530 e.Kr.
Tågerup, VKB SU8, Saxtorp sn	Hus 18	16×5 m	5	1,75–2 m	2,55–4,25 m	460–640 e.Kr.
Flackarp, Flackarps sn		15–16 m	3	2–2,1 m	5–5,4 m	250–410 e.Kr.
Annelöv, Annelöv sn		9–10 m	3	1,3–1,9 m	3–4,5 m	20–320 e.Kr.

Tabell 11. De mindre långhusen med en datering till yngre romersk järnålder och folkvandringstid i Skåne.

The small long houses from Scania dated to the Late Roman Iron Age and Migration Period.

5–8 bockar, vilket innebär att spannen har varierat mycket.

De mindre långhusen har varit cirka 10–20 m långa och haft 3–5 takbärande bockar (tab. 11; fig. 12). Den i särklass vanligaste typen har haft fem takbärande bockar som placerats i en mer eller mindre konvex eller rak alternativt oregelbunden form. Det finns också en stor variation i placeringen av de takbärande bockarna inom huskroppen, där varianter som 1-3-1, 2-3, 3-2, 2-1-2 är vanligast. På så sätt har man skapat större utrymmen i långhusen som inte har störts av takbärande bockar. Dessa utrymmen förknippas ofta med bostadsdelen och ibland kan man se att det har funnits en härd här. Parallellt med dessa konstruktionstyper finns det emellertid också långhus som har mer jämnt fördelade bockar. Vid bland annat Rya, Kvistofta sn (Artursson 1998, s. 26f), Köpinge, område B14 (Tesch 1993, s. 183ff) och Tågerup, VKB SU8, Saxtorp sn (Artursson 1999) har ¹⁴C-daterade långhus av den här storleken undersökts.

Mindre långhus med tre eller fyra takbärande bockar är inte lika vanliga, men finns bland annat i Köpingeområdet (Tesch 1993, s. 186) och från Fosie IV (Björhem & Säfvestad 1993). Som ett exempel på ett långhus med fyra takbärande bockar kan nämnas hus B14:IX från Köpingeområdet som var cirka 18 m (Tesch 1993, s. 185, fig. 18:7). Bockarna har placerats med relativt jämna avstånd och den takbärande konstruktionen har en haft tydligt konvex form medan de nästan helt bevarade vägglinjerna visar att huskroppen har haft endast svagt svängda långsidor. Funktionen för den här allra minsta långhustypen är osäker, men enligt många författare är den vanlig under tidsperioden yngre romersk järnålder–vendeltid i bland annat delar av Skåne och på Själland. De tycks vara speciellt vanliga i nordvästra Skåne (Aspeborg 2002b; Knarrström 2002; Carlie 2002b). Ibland ligger de i anslutning till större byggnader som kan tolkas som flerfunktionella långhus, men i vissa fall ligger de helt ensamma eller tillsammans i mindre grupper. På grund av detta finns det många möjliga tolkningar av dem.

Mindre byggnader som har anläggningar och ett fyndmaterial som indikerar att de verkligen har använts som boningshus och som man med säkerhet kan säga har varit ensamliggande kan tolkas antingen som permanent använda, mindre långhus eller som säsongsmässigt använda byggnader av annat slag, som till exempel fäbodar. Indikationer på att det verkligen rör sig om en byggnad med bostadsfunktion kan vara förekomsten av en härd, omgivande struktur med boplatsindikerande anläggningar som härdar, kokgropar och avfallsgropar, samt fynd av typiskt boplatsmaterial som till exempel malstenar, löpare och hushållskeramik. Långhus med tre takbärande bockar har i varje fall under den tidigare delen av förromersk järnålder med stor sannolikhet använts som bostadshus vid bland annat Grøntoft på Jylland (Becker 1966). Att långhus med fyra takbärande bockar har använts som bostadshus under en stor del av bronsåldern och under hela järnåldern råder det absolut inga tvivel om. Det är svårt att säga om byggnadstypen verkligen är vanligare under perioden yngre romersk järnålder–vendeltid, men utifrån det publicerade materialet tycks det vara så.

Långhustypen med tre eller fyra takbärande bockar finns också vid Järrestad (Söderberg 2001, s. 90ff; 2002; 2003, s. 142ff), vid Bårslöv (Knarrström & Olsson 2000; Knarrström 2002) och vid undersökningarna för väg 23 (Carlie 2002b) samt vid Ramlösagården utanför Helsingborg (Aspeborg 2002b). Vissa av dem kan utifrån ^{14}C-dateringar placeras i yngre romersk järnålder–folkvandringstid, medan andra endast typologiskt har placerats i tidsintervallet. Förmodade långhus med tre takbärande bockar som har ^{14}C-daterats till perioden har undersökts vid bland annat Flackarp, Flackarps sn (Bergenstråhle 1996), och Annelöv, Annelöv sn (Linderoth 1996, s. 177).

Mindre stolpbyggnader och grophus
De mindre byggnaderna som ligger i anslutning till långhus och som kan antas ha haft en ekonimifunktion har liksom tidigare haft en mer varierande konstruktion, där det inte tycks vara så viktigt om de är en-, två- eller treskeppiga. Det vanligaste är emellertid att de har haft en treskeppig takbärande konstruktion. De har oftast haft två eller tre takbärande bockar. Exempel på mindre byggnader i anslutning till långhus från Skåne finns från bland annat Dösjebro, VKB SU17, VKB SU19 och VKB SU20. Här har byggnader med både två och tre takbärande bockar undersökts (Andersson m. fl. 2000, s. 25ff; Grønnegaard 2000; Månsson & Pihl 2000). Bland dem finns det också förmodligen så kallade fyrstolpshus, det vill säga upphöjda byggnader som troligen har använts för förvaring av livsmedel och spannmål.

Vad det gäller grophusen så ökar deras antal något under perioden. På ett antal platser längs med Västkustbanan har vi undersökt gårdslägen som har bestått av ett långhus, en mindre byggnad och ett grophus (se t.ex. Artursson 1999a; Grønnegaard 2000; Andersson m. fl. 2000, s. 25ff; Carlie & Artursson denna volym). Detta måste betyda att en eller flera funktioner som har varit knutna till grophuset har blivit vanligare på flera gårdar i området. Det är emellertid också intressant att se att grophusen tycks vara koncentrerade till vissa boplatser. Det är ovisst om detta har att göra med någon form av specialisering på vissa gårdar, eller om det handlar om skillnader i geologiska och hydrografiska förhållanden som har påverkat byggnadstraditionen med nedgrävda mindre hus (jfr Ericson del III).

Sammanfattning
Det skånska materialet ger en intressant bild av utvecklingen av byggnadstraditionen under yngre romersk järnålder och folkvandringstid. Utgångspunkten i diskussionen togs i de mycket stora långhusen som endast har undersökts på ett ställe i området hittills, och följde sedan hela spektrumet av långhus i olika storlekar. Liksom under tidigare perioder som har diskuterats så kan vi se att långhus av olika storlek och utseende och med olika antal takbärare har använts parallellt. Det är mycket troligt att denna bild beror på en social stratifiering i området. En intressant utveckling är också de parallella traditionerna med långhus med antingen rak eller konvex takbärande konstruktion och rak eller konvex form på huskroppen. Vad dessa två olika traditioner symboliserar är osäkert, men det kan finnas någon form av medveten markering bakom

denna skillnad, som kanske har att göra med social status.

Ett tydligt drag i byggnadstraditionen är att det finns en större flexibilitet och experimentlust än tidigare. Olika kombinationer och grupperingar av de takbärande bockarna inom huskroppen visar att man har haft en mer flexibel inställning till hur ett långhus skulle konstrueras och delas in funktionellt. Kanske kan man här spåra en förändring i mentalitet, där gamla konventioner för hur långhusen skulle konstrueras har bytts mot en större öppenhet för nya idéer. I många fall kan man se att det sker en uppdelning av de takbärande bockarna i två, tre eller fyra grupper inom huskroppen. Emellertid finns det en stor variation vad det gäller deras inbördes placering. Speciellt de långhus som har fem takbärande bockar visar en stor variation i grupperingen. Här finns det både långhus som har ett jämnt avstånd mellan bockarna och de som har en två- eller tredelning grupperade i till exempel 2-3, 3-2 eller 2-1-2 eller 1-3-1.

De kortare långhusen som har haft en tredelad takbärande konstruktion verkar ibland vara mindre kopior av vissa av de större långhusen. Ett exempel på att man har använt sig av samma principiella uppbyggnad och samma antal takbärande bockar i långhus av olika storlek finns till exempel från Köpingeområdet. Här har två långhus, hus B6:VI och hus B14:IV, som har varit cirka 27 m respektive 17 m långa, haft samma typ av takbärande konstruktion (Tesch 1993, s. 179, fig. 17:3 och s. 185, fig. 18:8). Trots att det skiljer 10 m i längd mellan husen så har man använt sig av samma gruppering enligt koncepet 1-3-1. Hus B6:VI har ^{14}C-daterats till 90 f. Kr.–220 e.Kr. och hus B14:IV till 250–440 e.Kr.

Den översiktliga trend man kan se i förändringen av byggnadstraditionen består bland annat av att bredden i de takbärande bockarna generellt sett blir mindre, vilket leder till att långhusen blir alltmer underbalanserade. Detta gäller i varje fall för de mellanstora och mindre långhusen som ofta har en bockbredd mellan 1,5–2 m, medan man i de mycket stora och stora konvexa långhusen kan se en att bockarna i den takbärande konstruktionen har haft en mycket varierande bredd. Bockbredden kan i sådana byggnader variera mellan 1–1,9 m i gavlarna till 2,7–3 m i mitten. Den takbärande konstruktionen är emellertid nästan utan undantag underbalanserad eller balanserad också i de här långhusen, vilket beror på att de har en större totalbredd i mittdelen.

Diskussion kring regionala byggnadstraditioner

Som vi har kunnat se så finns det en liknande storleksuppdelning av det skånska långhusmaterialet från yngre romersk järnålder och folkvandringstid som den Steen Hvass har sett i det samtida materialet från bland annat Vorbasse på Jylland (1979, s. 66ff). Materialets utseende i övriga södra och mellersta Skandinavien visar enligt min mening att det har funnits en liknande byggnadstradition i hela området, med olikstora långhus på gårdar av olika storlek och komplexitet. Denna allmänna tendens kan med största sannolikhet tolkas som en tydlig indikation på att samhället har varit stratifierat och att de olika sociala grupperna har använt sig av olika stora långhus.

Förutom de vanliga långhusen, de mindre stolpbyggnaderna och grophusen finns det dessutom en särskild kategori av byggnader som ibland hittas i anslutning till de mycket stora långhusen i området och som förmodligen har haft en rituell eller speciell, social funktion. Ofta har de fyra takbärande bockar och är relativt stora. Exempel finns från till exempel Gudme på Fyn (Østergaard Sørensen 1994a; 1994b; Jørgensen 2001; AUD 1993, s. 189f, nr.189), där byggnaden i flera av faserna är cirka 25 m lång och 10,5 m bred. Det finns även något mindre, speciellt utformade byggnader som tycks ha haft en rituell funktion, till exempel vid Uppåkra i Skåne (Larsson 2002; Larsson & Lenntorp 2004) och vid Dejbjerg på västra Jylland (Egeberg Hansen 1996). Båda de här byggnaderna har ett mycket speciellt fyndmaterial som kan förknippas med högstatusmiljöer. Tyvärr har inte några säkra, större strukturer kunnat definieras på de här två platserna, men det är mycket sannolikt att byggnaderna har varit knutna till stormannagårdar där huvudbyggnaden har bestått av ett stort eller mycket stort långhus. Under slutet av yngre romersk järnålder och under folkvandringstid ökar också fynden generellt i anslutning till boplatserna och byggnaderna. Bland annat har man hittat guldföremål och andra prestigeföremål som i vissa fall har importerats från romarriket i anslutning till byggnader. Man ser en tendens till att de offer som tidigare har lagts ned i våtmarker, nu allt oftare deponeras i boplatsmiljöer, ofta i eller i anslutning till byggnader av olika slag, som till exempel vid Uppåkra (se bl.a. Helgesson 2002, s. 58ff; Larsson & Lenntorp 2004).

Östra Danmark
Endast en mindre del av materialet från Själland har publicerats översiktligt i artiklar (se bl.a. Stummann Hansen 1992; 1999; Tornbjerg 1992; 1999; Fonnesbech-Sandberg 1992; Boye 1992; Boye & Fonnesbech-Sandberg 1999) och i tekniska rapporter samt i AUD. Som vi har sett tidigare är dateringarna ofta osäkra, men i vissa fall finns det termoluminiscensanalyser. I Köpenhamnsområdet kan man trots detta enligt Eliza Fonnesbech-Sandberg se en liknande utveckling av långhusen som den i Skåne under perioden (1992, s. 21ff). En rad exempel på långhus med konvex form har undersökts och de visar stora likheter med långhus från Skåne och södra Halland. En skillnad är dock att man inte kan se den tydliga gruppering av de takbärande bockarna i det själländska materialet som man kan i det skånska. De själländska långhusen har de takbärande bockarna placerade med jämnare avstånd. De exempel som beskrivs mer detaljerat av Fonnesbech-Sandberg är dels tre större långhus, ett från Ragnesminde samt hus 7 och 18 från Torstorp Nørreby, dels ett mellanstort långhus, hus 3 från Torstorpskolen, samt tre mindre byggnader som har tre takbärande bockar. Överhuvudtaget kan man se en uppdelning av långhusen från Själland i storlekskategorier som liknar de i Skåne. Exempel finns på stora, mellanstora och mindre långhus. Emellertid finns det ännu inte några publicerade exempel på mycket stora långhus från området. Dock omnämns en storgård från yngre romersk järnålder vid Stuvehøj mark utanför Köpenhamn i AUD 1990 (nr. 36), där ett cirka 51 m långt långhus i två faser har undersökts. I anslutning till detta långhus finns det också mindre byggnader och hägnader.

Det finns endast ett fåtal publicerade platser på Själland där större delar av bebyggelse från yngre romersk järnålder och äldre germanertid har undersökts. Ett exempel är emellertid Bellingegård där den största ytan har avbanats och här hittade man en omfattande bybebyggelse som har omfattat 5–7 samtida gårdar (Tornbjerg 1985; 1992, s. 56ff). Också delar av stolpbyggda hägn som omger gårdarna har framkommit på platsen. Totalt anser Tornbjerg att man kan identifiera upp till fem byggnadsfaser på gårdarna. Tyvärr är också Bellingegård ett exempel på en undersökning som endast delvis har publicerats och då översiktligt i artiklar. Emellertid finns det termoluminiscensdateringar av bränd lerklining och keramik som placerar bebyggelsen i intervallet cirka 170–530 e. Kr., något som ger undersökningen ett stort värde. Tornbjerg vill utifrån keramikens utseende och resultaten från termoluminiscensdateringarna placera byn i tidsintervallet cirka 200–600 e. Kr.

De hustyper som har identifierats på platsen består av mindre långhus med 3–5 takbärande bockar samt mindre byggnader som troligen har fungerat som ekonomiutrymme. Långhusen finns i två olika varianter; dels med en rak takbärande konstruktion, dels med en konvex. Eftersom endast den takbärande konstruktionen finns bevarad i de flesta fall är det svårt att uttala sig om huskroppens utseende. De mindre stolpbyggnaderna på platsen har oftast haft två eller tre takbärande bockar eller varit enskeppiga konstruktioner.

Västra Danmark
Jämfört med östra Danmark och Skåne så kan man se en något annorlunda utveckling i västra Danmark.

Enligt Jytte Ringtved kan man se en tydlig regional indelning av Jylland i en sydlig och en nordlig del under yngre romersk järnålder–äldre germanertid baserat på det arkeologiska materialets utseende (Ringtved 1988, s. 194ff). Också byggnadstraditionerna skiljer sig med största sannolikhet åt mellan områdena. Skillnaderna i den materiella kulturen skulle enligt Ringtved motivera en uppdelning av Jylland längs med en linje som delvis följer Limfjorden, men som till största delen ligger söder härom. Olikheterna i byggnadstraditionens utseende vill hon förklara med grundläggande förändringar av hushållens storlek och tekniska innovationer inom bland annat jordbruket på södra och mellersta Jylland. I området blir långhusen större och det extra utrymmet kan i varje fall delvis förklaras med att man har utökat hushållets storlek eller att man har haft fri eller ofri arbetskraft på gårdarna. På norra Jylland har man däremot fortsatt att använda långhustyper som liknar dem från den föregående perioden ytterligare ett tag.

Bebyggelsestrukturen på södra och mellersta Jylland kännetecknas av ett relativt stort antal byar med olikstora, inhägnade gårdar, där långhus av varierande storlek har utgjort huvudbyggnaden. På gårdarna finns det också olika typer av mindre byggnader och grophus. Ett av de större bebyggelsekomplexen av den här typen i västra Danmark med en datering till perioden finns på den mellersta delen av Jylland, vid Vorbasse (Hvass 1979). Det rör sig om en omfattande bebyggelse med inhägnade gårdar som i de mellersta och senare faserna under tidsperioden har legat direkt intill varandra.

Hvass delar in långhusen från perioden i två grupper utifrån deras storlek; stora långhus som är mellan cirka 30–40 m långa och mindre långhus som är cirka 20–30 m (a.a. 66 ff). Bredden på långhusen är i genomsnitt 5,5 m och avståndet mellan stolparna i de takbärande bockparen har varit mellan 2,2–2,5 m. Det innebär att långhusen har varit något underbalanserade, där bredden i bockparen har utgjort cirka 40–45 % av byggnadernas totala bredd. Den takbärande konstruktionen har i de allra flesta fall varit rak, men det finns vissa långhus där de takbärande bockarna i den ena eller båda gavlarna är smalare än de övriga, till exempel hus XCI, LIV och LI. Långsidorna är oftast raka och gavlarna lätt rundade eller raka. Vissa av långhusen har emellertid haft lätt svängda långsidor. Det rör sig uteslutande om långhus av den kortare typen, vilka enligt Hvass kan dateras till den senare fasen på platsen. I en del fall består väggarna av dubbla stolpar, något som förmodligen har att göra med väggens konstruktion.

Förutom långhusen så finns det en rad andra typer av byggnader på gårdarna vid Vorbasse (Hvass 1979, s. 74ff). Det rör sig om allt från mindre treskeppiga hus med 1–4 takbärande bockar, fyrstolpshus, halvtakshus i anslutning till hägnaderna och grophus. De flesta av de här byggnaderna kan tolkas som någon form av ekonomibyggnader på gårdarna. Intressant nog så finns det också enskeppiga, mindre byggnader, något som förekommer redan under förromersk järnålder i området (a.a. s. 79). Grophusen har samtliga förts till den senare fasen av bebyggelsen.

Den struktur man kan se vid Vorbasse, med samtida gårdar som har varit olika stora och som har haft långhus av varierande storlek, ger enligt Hvass en bild av en socialt stratifierad by (1979, s. 106ff). Liknande byar som emellertid i de flesta fall inte är lika stora, eller som inte har undersökts i lika stor omfattning, finns vid bland annat Nørre Snede (Hansen 1988), Søndergård 1 (Christiansen 1999, s. 194ff), Skinbjerg (a.a. s. 198f) och Skovgade (a.a. s. 190ff) i närheten av Jelling på östra delen av mellersta Jylland och vid Dankirke (Hansen 1990; Jensen 1991), Havgård I (AUD 1994, nr 520), Kildegård I (AUD 1994, nr 522), Hessel (Hvass 1985, s. 190ff) och Solvang, Holsted Ådal (AUD 1993, s. 193, nr.427) på sydvästra Jylland. Byggnadstraditionen på de här platserna tycks i mångt och mycket likna den som finns vid Vorbasse.

På norra Jylland har man behållit byggnadstraditionen från äldre romersk järnålder in i yngre romersk järnålder. Så har många av byhögarna i den nordvästra delen en kontinuitet in i yngre romersk järnålder (se bl.a. Kaul 1999). Förändringen kommer senare i området, kanske beroende på att man inte har haft samma intensiva kontakter med det kontinentalgermanska och romerska området.

Vad det gäller Fyn så är husmaterialet även under denna period relativt litet om man jämför med situationen på Jylland (Jacobsen 1983; Jacobsen & Thrane 1984). Vid Gudme på sydöstra Fyn finns emellertid en intressant bebyggelse med ett stort antal byggnader av olika storlek och typer (Østergaard Sørensen 1994a; 1994b; Jørgensen 2001). I ett område öster om Gudme by har ett stort antal undersökningsytor tagits upp, vilka har givit en bra bild av byggnadstraditionens och bebyggelsestrukturens utveckling i området. Bebyggelsestrukturen i området tyder på att det har funnits en väl utvecklad social stratifiering med storgårdar av olika typ och storlek samt en mer ordinär bebyggelse (Jørgensen 2001, s. 76ff). Frågan är emellertid hur pass giltig bilden från Gudme egentligen är för Fyn under den här perioden. Gudme måste ses som en speciell plats där man har uppfört exceptionellt stora långhus och haft stora gårdar där man bland annat har sysslat med hantverksaktiviteter som har varit nära knutna till den högstatusmiljö som har funnits på storgården. Østergaard Sørensen vill också se en nära anknytning till den närbelägna samtida handelsplatsen vid Lundeborg, något som ytterligare förstärker hypotesen om att bebyggelsen vid Gudme har en speciell karaktär.

Halland, Bohuslän och södra Småland

Husmaterialet från området omedelbart norr om Skåne, det vill säga Halland och södra Småland, visar stora likheter med det skånska. Det finns ett relativt stort antal långhus och andra byggnadstyper från perioden längs med västkusten. De är emellertid i stort sett helt koncentrerade till den södra och mellersta delen av Halland, frånsett en boplats vid Fjärås Bräcka, Fjärås sn (Ängeby 2003). Det finns både exempel på säkert belagd bybebyggelse i området från perioden vid Brogård (Carlie 1992; 1999) och en mer utspridd bebyggelse som både kan representera ensamliggande gårdar eller utspridda byar. Dateringen av boplatsen vid Brogård, Snöstorps sn, Halland är fortfarande något vag. Enligt min mening så kan emellertid huvuddelen av bebyggelsen här med största sannolikhet dateras till en tidsperiod från den senare delen av äldre romersk järnålder och fram till och med folkvandringstid, cirka 100–550 e. Kr.

Brogård är en intressant bybildning som har bestått av en storgård med stora eller mycket stora långhus och 5–6 mindre gårdar med mellanstora långhus. Troligen kan man urskilja i varje fall tre faser i bebyggelsen. Gårdarna ligger utspridda på två öst-västliga linjer och bildar en by med en öppen yta i mitten. På storgårdarna har man haft cirka 34–44 m långa långhus och på de mellanstora gårdarna långhus som har varit cirka 20–30 m långa. På båda typerna av gårdar finns det ibland också mindre byggnader som förmodligen har haft olika ekonomifunktioner. Tyvärr finns inga fler undersökta byar av samma typ på svenska västkusten, varför det är svårt att veta hur vanliga de egentligen har varit i området.

Intressant nog så finns det relativt mycket material från södra och mellersta Halland som liknar det vid Brogård. Vad det gäller mycket stora långhus så finns det ytterligare ett vid Trulstorp 1:92, hus I, som har varit cirka 40 m långt. Gården vid Trulstorp 1:92 bestod av det mycket stora långhuset och en mindre byggnad, hus II (Wranning 1995). Långhuset har ^{14}C-daterats till 60–230 e. Kr. Stora långhus med en mer eller mindre säker datering till yngre romersk järnålder och folkvandringstid har förutom vid Brogård undersökts vid bland annat vid Trulstorp 1:8 (Fors m. fl. 1993), Skrea RAÄ 195 (Fors 1998, s. 31; Carlie 1999, s. 71; Wranning 2001; 2004), Skrea 177 (Lundqvist & Persson 1998, s. 39ff) och Kärragård, Tjärby sn, (Wattman 1996; Carlie 1999, s. 59f; s. 135). De har varit cirka 30–38 m långa och har i flera fall stora likheter med samma kategori långhus som finns vid Brogård.

Den mellanstora långhustypen är också välrepresenterad i området, bland annat vid Nydala, Snöstorp sn (Artelius & Lundqvist 1989, s. 27ff; s. 89f), Sannagård, Vinbergs sn (Artelius & Lundqvist 1989, s.52ff; s.91), Ösarp 1:21 och 2:15 (Wranning 1996, s. 8ff) och Elestorp, Tjärby sn (Fors 1998), samt vid Skrea RAÄ 177 (Lundqvist & Persson 1998, s. 39ff). Det finns även exempel på mindre långhus i området, till exempel vid Trulstorp 1:8 där tre stycken långhus, hus II–IV, som har varit cirka 10,5–18,5 m långa har undersökts (Fors m. fl. 1993). Långhusen har haft 4–6 takbärande bockar och konstruktionen har varit rak eller oregelbunden. Hus II har ^{14}C-daterats till 390–590 e.Kr. Ytterligare mindre långhus med 4–5 takbärande bockar har undersökts vid Skrea RAÄ 177, men inget av dem har ^{14}C-daterats (Lundqvist & Persson 1998, s. 39ff). Utseendemässigt har de emellertid stora likheter med andra halländska långhus från perioden.

I norra Halland och i Bohuslän är husmaterialet mer begränsat. Här har endast ett fåtal hus från yngre romersk järnålder och folkvandringstid undersökts. Från norra Halland vid Fjärås Bräcka, Fjärås sn, finns emellertid en intressant bebyggelse bestående av tre långhus (Ängeby 2003). Ett av dem, hus 5, har varit mycket stort, cirka 48–50 m långt. De två övriga långhusen, hus 9 och 11, har varit 21 respektive 32,65 m långa. Troligen representerar de lämningarna efter en byliknande bebyggelse bestående av tre samtida gårdar. Ett folkvandringstida, cirka 44–45 m långt långhus har undersökts vid Hallerna, Bohuslän, men har tyvärr inte presenterats i detalj ännu (Linderholm 1998; Viklund 1998). I den västra delen av Västergötland, vid Vittene, finns det en delundersökt boplats med långhus och mindre byggnader som har stora likheter med det halländska materialet (Fors & Viking 2000). Tyvärr är materialet ännu inte fullständigt publicerat. I övrigt är Västergötland ännu så länge ett vitt område på kartan.

Det småländska husmaterialet är fortfarande mycket litet, förmodligen beroende på den begränsade exploateringen i området. I de områden som har haft större exploateringsprojekt, till exempel E22-projektet vid Kalmar (Gustafsson 2001), har boplatserna från yngre romersk järnålder och folkvandringstid mycket riktigt dykt upp, vilket talar för att antagandet är riktigt. Det begränsade materialet består av mellanstora och små långhus. Vid Skällby, Arby sn, har en gård med ett mellanstort långhus, hus 1, och en mindre förmodad ekonomibyggnad, hus 2, undersökts (Eklund 2000, s. 124ff; Eklund m. fl. 2000, s. 18ff; Gustafsson 2001). Långhuset, hus 1, har ^{14}C-daterats till 380–530 e. Kr. med en kombinerad metod. Ytterligare ett liknande samtida långhus, hus 3, har undersökts vid Möre, Ljungby sn (Eklund m. fl. 2000, s. 43).

Utanför Växjö vid Kv. Boplatsen har ett mindre, cirka 18 m långt och 6 m brett långhus, hus III, undersökts (Högrell & Skoglund 1996, s. 17). Långhuset var stört i den västra delen, men har troligen haft sex takbärande bockar. Delar av väggen finns bevarad i den norra delen och kring en förmodad ingång i den södra långsidan. Långhuset har ^{14}C-daterats till 260–430 e. Kr. med en kombinerad metod.

Öland och Gotland

De omfattande och välbevarade bebyggelselämningarna på Öland och Gotland är intressanta som kontrast till det som finns på fastlandet i Sverige. Stenmursbebyggelsen på öarna kan i stort sett dateras till tidsperioden yngre romersk järnålder fram till och med vendeltid (Stenberger 1933; Stenberger & Klindt-Jensen 1955; Pettersson 1998; Fallgren 1998, s. 63). De öländska hus som har undersökts eller mätts upp visar att det finns en speciell byggnadstradition på Öland (Edgren 1983; Fallgren 1998). Framförallt är det väggkonstruktionen som skiljer sig från de flesta andra områden i södra och mellersta Skandinavien. Stengrundsmurarna i väggarna är uppbyggda i en kallmurad skalmurskonstruktion som är fylld med sten och jord. Innanför stenmurarna har man haft en trävägg byggd av plankor. Den takbärande konstruktionens placering inom huskroppen liknar emellertid mycket den som man kan se i den treskeppiga konstruktionen på fastlandet, dock med ett viktigt undantag; bockbredden är generellt sett mycket större i de öländska och gotländska husen. I vissa fall har en del bockar en bredd på över 4 meter. En annan viktig skillnad är att långhusen på Öland ofta har ingångar i gavlarna, ibland kompletterad med en ingång i en av långsidorna. Vissa långhus har haft en helt öppen gavel. Dessutom tycks man ha haft en helt annan formrikedom vad det gäller huskroppens utseende (Fallgren 1998, s. 64). Man kan ibland se ihopbyggda långhus eller långhus med utbyggda eller tillbyggda mindre hus. Långhusens storlek varierar mellan cirka 8–55 m i längd och 6–10 m i yttre bredd.

Också gårdarnas utseende och storlek varierar i hög grad (Fallgren 1998, s. 66ff; Göthberg 1995, s. 92ff). Antalet hus och deras form, storlek, inre uppdelning, deras inbördes placering, om de är sammanbyggda eller inte och deras förhållande till samtida stensträngar ger gårdarna ett oerhört varierande utseende. Variationen i långhusens och gårdarnas storlek måste enligt min mening tolkas som ett tecken på en social stratifiering (se Carlie & Artursson denna volym). Öland är också ett av de få områden i Skandinavien där man tydligt kan urskilja bebyggelsens placering och struktur över mycket stora områden. I många fall kan man analysera byarnas storlek och utseende utifrån de lämningar som är synliga ovan mark. En annan intressant typ av lämningar på Öland som ger ytterligare en byggsten i analysen är de befästa boplatserna, som till exempel Ismantorp och Eketorp, vilka är uppförda i sten. De är relativt vanliga från 200-talet och framåt (Näsman 1997). Det handlar oftast om komplicerade konstruktioner med omgivande höga stenmurar och olika typer av byggnader innanför. De är i stort sett alla uppförda i flera faser och i vissa fall har de återanvänts ända fram i medeltid. Överhuvudtaget ger lämningarna från yngre romersk järnålder och folkvandringstid på Öland mycket goda förutsättningar att studera större bebyggelsestrukturer, där välbevarade lämningar efter bebyggelsen i form av husgrunder, stensträngar, fägator, befästa boplatser och gravfält erbjuder en nästan fullständig bild av dåtidens samhälle. Den bild man får är oväntat komplex och det ger kanske också en uppfattning av hur samhället kan ha sett ut på fastlandet under samma tid. Där har emellertid de olika typerna av konstruktioner oftast varit uppförda i mer förgängligt material.

Det gotländska husmaterialet från yngre romersk järnålder och folkvandringstid är liksom det öländska mycket rikt (se bl.a. Stenberger & Klindt-Olsen 1955; Pettersson 1998). Av cirka 1820 kända husgrunder har ett 80-tal undersökts helt eller delvis. Också här domineras materialet helt av byggnader med stengrundsmurar i väggarna och liksom på Öland har långhusen mycket breda takbärande bockar, ofta cirka 3–4 m. Något som skiljer dem från de öländska långhusen är emellertid att de ofta har motställda ingångar i båda gavlarna (Biörnstad 1955, s. 951ff), ett drag som inte är känt från Öland. Långhusens storlek varierar mycket, de har varit cirka 7–62 m långa och 5,5–7,5 m i innerbredd. Dateringarna av den här typen av lämningar på Gotland är koncentrerade till yngre romersk järnålder och folkvandringstid, men det finns indikationer på att vissa av dem har uppförts redan under äldre romersk järnålder (Pettersson 1998, s. 80). Den mest kända undersökningen av boplatser från yngre romersk järnålder och folkvandringstid är den vid Vallhagar, Fröjel sn (Stenberger & Klindt-Jensen 1955; Pettersson 1998). Här undersöktes lämningarna efter ett flertal gårdar som har varit organiserade i någon form av utspridd by. Husgrunder, stensträngar, fägator, hägnader och gravfält ger en bild av en komplex bebyggelsestruktur, där gårdarna måste ha samverkat trots att de inte alltid har legat i direkt kontakt med varandra. Gårdarnas uppbyggnad och struktur samt olikheter i långhusens storlek visar att det har funnits olika stora enheter vid Vallhagar. Långhusen på platsen har varit cirka 16–33 m långa. På två av gårdarna har det funnits större långhus och på dessa gårdar tycks det också ha funnits flera andra typer av byggnader.

En annan intressant likhet med bebyggelsen på Öland är att det också på Gotland har funnits befästa boplatser eller i varje fall så kallade fornborgar med bebyggelse inom sina begränsningar. Ett exempel finns från fornborgen vid Herrgårdsklint, Gammelgarn sn, på Gotland (Biörnstad 1955, s. 916ff), där det strax innanför en mycket omfattande kallmur som försvarar den fjärde sidan av en naturlig höjdsträckning finns två huskomplex. Platsen har också stora likheter med befästa boplatser eller stormannagårdar i Mellansverige (se Olausson 1998, s. 109ff).

Östra Mellansverige, norra Götaland och södra Norge
Vad det gäller husbyggnadstraditionen i östra Mellansverige, norra Götaland och södra Norge så kan man liksom under tidigare tidsperiod se vissa likheter i byggnadstraditionen mellan dessa områden. Till skillnad från föregående tidsperiod så finns det för närvarande emellertid inget publicerat husmaterial från norra Småland med en datering till yngre romersk järnålder eller folkvandringstid, men troligen överensstämmer byggnadstraditionen här fortfarande med den i övriga området. I östra Mellansverige har man haft en tidig introduktion av långhus med en mer eller mindre konvex form, och många av dem har varit anmärkningsvärt stora. Samma tidiga utveckling kan vi, som tidigare nämnts, se i de norra delarna av Götaland och i södra Norge. Vad som ligger bakom denna tidiga introduktion är svårt att säga, men den konvexa långhustypen tycks sprida sig snabbt söderut under loppet av äldre romersk järnålder. Långhusens takbärande konstruktion blir under loppet av romersk järnålder alltmer underbalanserad i området (se bl.a. Göthberg 1995; 2000, s. 48ff). I den genomgång som Hans Göthberg gör av långhus från Mellansverige, främst Uppland, är det mycket tydligt att de underbalanserade husen dominerar i materialet från yngre romersk järnålder och folkvandringstid. De finns enligt Göthberg i en rad olika typer och storlekar och hans indelning grundar sig i huvudsak på hur de takbärande bockarna har placerats inom respektive huskropp och hur gavlarna ser ut.

Enligt Michael Olausson (1998, s. 105) så kan man utifrån de stensträngssystem som har studerats och den bebyggelse som har undersökts i östra Mellansverige se en liknande tät bebyggelsestruktur och en lika stor befolkning som i Östergötland under yngre romersk järnålder och folkvandringstid. I båda områdena har man troligen haft samma befolkningstäthet som under senare delen av yngre järnålder och medeltid. Olausson vill se en bebyggelsestruktur som består *"av ensamgårdar och olika former av flerkärnig bebyggelse med flera samverkande gårdar. I enstaka fall har även byar framkommit."*

De olika typer och storlekar av långhus och andra slags byggnader som har undersökts i östra Mellansverige visar på samma bild som vi har kunnat se i det övriga materialet. Spännvidden vad det gäller långhusens och gårdarnas storlek och komplexitet är stor, vilket enligt min mening visar på en tydlig social stratifiering i området. Enligt Hans Göthberg (1995, s. 91ff; 2000, s. 48) kan man se att de flesta av huvudbyggnaderna på gårdarna har varit mellan cirka 20–30 m långa, men att det också har funnits långhus som har varit upp mot 45–50 m långa. En majoritet av de undersökta gårdarna har haft mellanstora eller stora, cirka 20–40 m långa långhus och de har ofta kompletterats av mindre byggnader (se bl.a. Olausson 1998, s. 105ff; Hamilton & Sieurin-Lönnqvist 1998).

Förutom de olika typer av mer konventionella stormannagårdar som man kan identifiera i området så finns det också så kallade befästa gårdar i Mellansverige. De ligger ibland i lägen som gör att de liknar fornborgar. Michael Olausson (1997) diskuterar i en artikel som bland annat behandlar befästa stormannagårdar utvecklingen av byggnadstraditionen och sättet att bygga fornborgar i Mellansverige och på Öland samt Gotland. Han anser att det under perioden cirka 300–500 e. Kr. sker en tydlig förändring mot ett mer medvetet sätt att använda arkitektur för att visa på rikedom och makt (a.a. s. 157). De befästa storgårdar som Michael Olausson (1998, s. 109ff) tar upp visar likheter med vissa av de fornborgar som finns på Gotland, som till exempel den tidigare nämnda Herrgårdsklint. I vissa fall, som till exempel den vid Broborg, finns det vissa likheter med de så kallade ringborgarna på Öland. Ett annat intressant exempel på en förmodad befäst gård är ett boplatskomplex vid Haga Norra strax norr om Stockholm, där delar av en folkvandringstida gård som omges av en kraftigt byggd palissad har undersökts (Andersson 1995). Introduktionen av mer eller mindre tydligt befästa gårdar kan enligt Michael Olausson vara ett tecken på en mer uttalad militarisering av samhället (Olausson 1997).

De mindre och mellanstora långhusen finns inom samma geografiska områden som de större och representerar förmodligen lämningarna efter en annan grupp i samhället (se bl.a. Appelgren m. fl. 2002, s. 42). Vid de större undersökningar som har gjorts har man kunnat se en viss spridning i husstorlek inom boplatserna, vilket skulle kunna betyda att det har funnits en social stratifiering även inom den mer ordinära bebyggelsen. Man skulle då kunna rekonstruera en samhällsstruktur med de ovan diskuterade stormannagårdarna i toppen och de ordinära boplatserna som skulle representera åtminstone två sociala kategorier, storbönder och vanliga bönder. Det här är en samhällsstruktur för området som flera författare har diskuterat tidigare (se bl.a. Widgren 1983; 1998; Kaliff 1999).

I Östergötland finns det från cirka 100 e. Kr. mycket omfattande lämningar av framförallt stensträngar och odlingslämningar (Widgren 1983, s. 9; s. 123). Tyngdpunkten för den här typen av bebyggelse tycks ligga i yngre romersk järnålder och folkvandringstid, liksom fallet är i övriga Skandinavien. Utvecklingen kan förknippas med dels en expansion ut mot mer perifera delar av bygderna, dels ett intensivare utnyttjande av de centrala delarna (se bl.a. Olausson 1998, s. 105). En av de större undersökningarna i Östergötland av långhus och andra byggnadstyper från perioden är Pryssgården utanför Norrköping (Borna-Ahlkvist m. fl. 1998). Långhusen från Pryssgården kan delas upp i två grupper; de som har ungefär samma bockbredd som övriga långhus på det svenska fastlandet under perioden och de som har en betydligt större bockbredd som till viss del liknar den på Öland och Gotland. Materialet är emellertid till viss del problematiskt eftersom en del av långhusen har en något osäker datering. Det tycks emellertid vara en mer eller mindre allmän bild i Östergötland att många långhus har en betydligt större bockbredd än på övriga delar av fastlandet. Exempel på detta finns från flera andra platser, till exempel från Linköpings stad, där ett hus med en kombinerad ^{14}C-datering till 140–380 e. Kr. och en bockbredd på cirka 3–4 m har undersökts (Göthberg m. fl. 1995a, s. 173). Om man ser på boplatsstrukturen vid Pryssgården, som för närvarande är den plats i Östergötland där man har undersökt störst del av en boplats, så kan man se att det finns gårdar i området som har större långhus än de övriga (Borna-Ahlkvist m. fl. 1998, s. 154). Återigen kan vi alltså se samma mönster som går igen med samtida gårdar inom ett mindre område där långhusen har haft olika storlek.

I materialet från södra Norge kan man se att det sker ett gradvis införande av en längre långhustyp med konvex form under den senare delen av förromersk järnålder och in i äldre romersk järnålder. Ett tydligt exempel är boplatsen vid Forsand i sydvästra Norge. Den här hustypen blir mycket vanlig i området under yngre romersk järnålder–folkvandringstid (Løken 1998, s. 177ff; 1999, s. 55). Enligt Trond Løken så finns det en mycket tydlig gårds- och bystruktur vid bland annat Forsand som kan dateras till yngre romersk järnålder och folkvandringstid (1998, s. 179). Normalgården i området består av en huvudbyggnad, långhuset, och en något mindre byggnad med ekonomifunktioner. En liknande gårdsstruktur kan enligt Wenche Helliksen (1999, s. 29) också ses i sydöstra Norge. Intressant nog så finns det bland gårdarna från Forsand också en som tydligt skiljer sig från mängden och som kan tolkas som en stormannagård. Denna gård består förutom av två cirka 35 och 21 m långa långhus också av en mycket speciell byggnad. Den har varit cirka 31 m lång och har haft en bredd på hela 9,1 m jämfört med det normala som ligger mellan 6,5–7 m. Byggnaden har haft starkt svängda långsidor och väggarna markeras av en bred ränna som enligt Løken har härbärgerat syllstockar. Dessutom har ingången i långhusets sydvästra ände varit exceptionellt bred, cirka 1,9-2 m. Byggnaden tolkas av Løken som en hall med en speciell funktion på stormannagården.

I samma område i sydvästra Norge finns det också lämningar efter en stengrundsbebyggelse som liknar den på Öland och Gotland (Klindt-Jensen 1955, s. 980; Myhre 1982a; 1982b; Løken 1999). Intressant nog finns det stora likheter mellan långhusen från Forsand och de med stenmurskonstruktion i samma område. Bland annat har den takbärande konstruktionen samma utseende (Løken 1998, s. 178, fig. 9). Enligt Bjørn Myhre kan man se en tydlig uppdelning av gårdarna i tre grupper utifrån antalet hus (1982a; 1982b). Av 70 analyserade gårdslämningar hade 45% ett hus, 38% två hus och 17% hade fler än två hus. Detta skulle kunna ge en bild av den sociala struktur som har existerat i området. Enligt Myhre kan man se att långhusen med stenväggar i området har varit byggda efter en standardmodell, där långhuset har varit uppdelat i tre delar som har haft olika funktion. Den funktionella uppdelningen tycks ofta vara den motsatta mot till exempel på Jylland, så att man har haft stall i den västra delen av långhuset och bostadsdel i den östra delen.

En speciell typ av boplatser i sydvästra Norge är de som Myhre (1982a) kallar "ringshaped settlements" eller som under senare tid har kallats "courtyard sites" (Solberg 2002). De har vissa likheter med de så kallade ringborgarna på Öland vars första fas kan dateras till 200-talet, men Myhre daterar majoriteten av de norska till äldre romersk järnålder. Den dateringen är emellertid osäker på grund av att endast mindre delar har undersökts. I norra Norge finns det bosättningar av den här typen med en datering till yngre romersk järnålder och folkvandringstid (a.a.). De här ringformiga boplatserna skulle kunna ha haft en liknande funktion som ringborgarna på Öland, trots att de inte har någon nu synlig försvarsmur (Myhre 1982a; Løken 1999, s. 59), men under senare tid har de tolkats som centralboplatser för stormän, där stora följen har kunnat härbergeras (Solberg 2002). Den här strukturen med en uppdelning av långhusen och gårdarna i olika storlekskategorier i kombination med förekomsten av stora båthus vid kusterna, ringformade bosättningar, rika begravningar och storhögar, ger enligt min åsikt ett tydligt intryck av en hierarkisk samhällsstruktur i området (Løken 1999, s. 61).

Vad det gäller byggnadstraditionen i sydöstra Norge så finns det ett begränsat material publicerat (Skre 1998, s. 135ff; Helliksen 1999). Stora undersökningar som kan ge nytt intressant material är emellertid under bearbetning i Osloområdet. De boplatser som diskuteras av Skre och Helliksen har en varierad uppsättning långhus med starkt varierande längd (Helliksen 1999, s. 27). Från Romerike har Dagfinn Skre publicerat två mindre undersökningar av boplatser vid Habberstad och Kvernås (1998, s. 141ff). Vid undersökningen av boplatsen vid Habberstad hittades fem mindre långhus, cirka 16–20,5 m långa, med tre–fem takbärande bockar. De hus som Wenche Helliksen presenterar från sydöstra Norge ger en mer varierad bild av långhusens utseende. Här finns långhus som liknar de i sydvästra Norge, bland annat hus III vid Hol østre, som dateras till folkvandringstid.

Sammanfattning
Som en sammanfattning av den här översiktliga beskrivningen av byggnadstraditionen så kan man säga att det, förutom vissa likheter i boplats- och bebyggelsestrukturen, även finns stora likheter i sättet att uppföra långhus över stora områden. Det finns visserligen regionala och överregionala skillnader, men tanken bakom långhuset och konceptet som sådant tycks vara densamma. Detta gäller speciellt de stora och mycket stora långhustyperna, där utseendet i många fall är mycket homogent över stora delar av Skandinavien. Man kan se likheter mellan den här storlekskategorin av långhus mellan så skilda områden som Skåne, östra Mellansverige, södra Norrland och Norge (se bl.a. Norr 1996; 1998). Förmodligen har den här långhustypen använts tillsammans med en hel uppsättning av andra konstruktioner och högstatusföremål för att markera den sociala elitens position i området.

Vad som utmärker långhusen under yngre romersk järnålder och folkvandringstid är, förutom att det finns en spridning i storlek liksom under tidigare perioder, att de får en allt mer framträdande konvex form samtidigt som den takbärande konstruktionen placeras i tydliga grupper inom huskropparna. Parallellt finns det emellertid fortfarande långhus som har mer eller mindre raka långsidor och en rak takbärande konstruktion. Ett drag som man i många fall kan se i de tydligt konvexa långhusen är att hörnstolphålen har ett djup som i stort sett är lika stort som i de som har ingått i den takbärande konstruktionen. Dessutom blir det vanligare att det finns väggrännor i långhusen. Rännorna är antingen spåren efter någon form av syllkonstruktion eller, i de fall då det finns spår efter stolphål, har de utgjort en del av en stolpbyggd vägg.

Som tidigare har diskuterats så har olika typer av så kallade befästa gårdar eller byar blivit vanligare under yngre romersk järnålder och folkvandringstid. Som exempel kan nämnas befästa boplatser i Mälardalen (Olausson 1997) och ringborgar med hus på Öland (Näsman 1997) och liknande anläggningar i Norge (Myhre 1982a; 1982b; Solberg 2002). Den ökande förekomsten av befästa boplatser, tillsammans med fynd av spärranläggningar vid vattenvägar och krigsbytesoffer, talar för att antalet väpnade konflikter har ökat betydligt i området (Kaul 1997). Många av krigsbytesoffren är så stora att man inte kan tala om begränsade plundringståg utan det måste handla om välorganiserade krigståg med tusentals krigare som har transporterats med båt (Kaul 1997; Olausson 1997). Kanske har det handlat om rivaliserande hövdingadömen eller mindre kungadömen som har kämpat om makten i området? Förmodligen kan den här utvecklingen delvis förklaras med en påverkan på bland annat södra och mellersta Jylland från de provinsialromerska områdena på båda sidor om limes, något som återspeglas i den regionala uppdelning av Jylland i ett sydligt och ett nordligt område som kan spåras i skillnader i byggnadstradition och i fyndmaterial (Ringtved 1988).

Även den mer vanliga bebyggelsen med gårdar där mellanstora och mindre långhus har använts har stora likheter över stora områden i södra och mellersta Skandinavien. Det finns en regional och överregional variation även här, men i huvudsak har man använt sig av samma typer och storlekskategorier av långhus. Enligt min mening pekar mycket på att samhället har haft en liknande uppbyggnad över stora områden, där bland annat bebyggelsens utseende och struktur speglar ett tydligt stratifierat samhälle.

Vendel- och vikingatid, 550–1050 e. Kr.

Byggnadstraditionen i Skåne under vendeltid karakteriseras liksom under yngre romersk järnålder och folkvandringstid av att det finns raka och tydligt konvexa långhus parallellt, samtidigt som det finns en variation i deras storlek. Båda formerna finns i stort sett inom samtliga storlekskategorier av långhus. Den konvexa formen är emellertid något ovanligare bland de mindre långhusen. Vad det gäller bockbredden i den takbärande konstruktionen så kan man se att den generellt blir allt smalare under vendeltid. En bockbredd på ända ned till cirka 1,2–1,5 m är inte ovanlig. Denna utveckling bryts emellertid under den senare delen av vendeltid och under inledningen av vikingatiden. Bockbredden ökar då återigen och kan i vissa fall nå en bredd på upp till 3–4 m, det vill säga lika mycket som under äldre bronsålder, då den treskeppiga konstruktionen introducerades i Skandinavien (se bl.a. Artursson 2005a).

Under loppet av vikingatiden sker en omfattande förändring och diversifiering av byggnadstraditionen i området (se bl.a. Skov 1994, s. 144ff). En rad olika utvecklingslinjer kan iakttagas i materialet. Man fortsätter att använda den treskeppiga takbärande konstruktionen, men parallellt börjar man också att använda sig av en- och tvåskeppiga. Man kan också se att det finns blandningar av två- och treskeppiga takbärande konstruktioner, där man har kombinerat bockar med ensamstående stolpar i husets mittlinje. En annan utvecklingslinje är att de treskeppiga långhusen får färre takbärande bockar, vilket kulminerar i de så kallade trelleborgshusen, som i sin klassiska form endast har två takbärande bockar, placerade en i vardera gavel trots att långhustypen kan ha en ansenlig längd. Här har man ofta löst problemet med konstruktionens hållfasthet genom att kombinera inre takbärande bockar med så kallade trellar som har stöttat väggarna från utsidan.

Det parallella användandet av de olika typerna av takbärande konstruktioner visar på en oerhörd bredd i byggnadstraditionen under den senare hälften av vikingatiden och in i tidigmedeltid. Bakgrunden till denna bredd kan förmodligen spåras dels till införandet av nya byggnadstyper i de stadsbildningar som växer fram under perioden, till exempel Ribe, Birka och Sigtuna, dels till det nya byggnadsskicket som kommer från nordvästra Europa och som bland annat finns i de så kallade trelleborgarna i södra Skåne och Danmark. Här kan man se en förnyelse i sättet att bygga bostadshus. Dessutom byggs de nya kulthusen, kyrkorna, med hjälp av en ny byggnadsteknik, stavtekniken. Tvåskeppiga konstruktioner, enskeppiga konstruktioner med eller utan stensyll, knuttimrade hus på stensyll och stavkyrkor får ett stort inflytande på hur byggnadstraditionen utvecklas i området. Denna variation gör det svårt att typindela långhusen i tydliga grupper, varför arbetet får annorlunda förutsättningar än de som gäller under föregående perioder. Hans Skovs (1994) försök att indela det gammaldanska husmaterialet ger en intressant bild, men den måste ses som en förenkling där de olika typerna har fått en mycket generaliserad utformning. Om man betraktar Skovs schema över olika hustyper så ser man att en rad nya hustyper dyker upp under vikingatidens gång, en utveckling som ger en alltmer komplex bild av byggnadstraditionen i området. En intressant bild ger också de vendel- och vikingatida gårdar som har flera samtida långhus med olika utseende, som till exempel vid VKB 3:7 (Strömberg & Thörn Pihl 2000, s. 59f; Carlie & Artursson denna volym), ett faktum som stärker teorierna om att samtida långhus med olika utseende och storlek har haft olika funktioner på gårdarna.

Ett av de nya inslagen i byggnadstraditionen under perioden är de så kallade trelleborgshusen. Deras bakgrund kan med största sannolikhet spåras till nordvästra Europa och de blir relativt vanliga under vikingatiden. Det är en av de få förhistoriska långhustyper som vi på ett mer säkert sätt kan rekonstruera tillkomsthistorien för. Vanligen anser man att de introduceras i södra Skandinavien under slutet 900-talet i samband med att de så kallade trelleborgarna byggs i Skåne och Danmark. Denna typ av ringborgar förknippas traditionellt med Harald Blåtands försök att ena och kristna det danska området (se t.ex. Wranning 1999, s. 38f). Ursprunget till långhustypen kan emellertid enligt flera författare spåras till Rhenområdet under 700-talet, och utifrån detta faktum hävdar vissa att den introduceras tidigare i Skandinavien. Så har till exempel den stora Lejrehallen, hus III, som har daterats till 700-talet, en konstruktion med yttre stödjande trellar liknande den som man kan se på de senare, mer klassiska trelleborgshusen (Christensen 1994). Vid Järrestad i sydöstra Skåne anser Bengt Söderberg (2003) att det har funnits ett långhus av trelleborgstyp redan under tidigt 800-tal. Även H.T. Waterbolk (1994) vill föra ned introduktion av långhustypen till 800-talet vid till exempel Vorbasse, något som emellertid Jørgenssen & Eriksen (1995) anser inte kan stämma. De bestrider detta baserat på dendrodateringar av virke till 951 e. Kr från nedbrända långhus av en tidigare typ som föregår trelleborgshusen vid Vorbasse. Dessa långhus ersätts av trelleborgshus på platsen, vilket skulle placera introduktionen av dem till den senare hälften av 900-talet vid Vorbasse. Detta skulle stämma bra överens med dateringen av byggandet av långhustypen i trelleborgarna till 980-talet. Alltså skulle introduktionen av trelleborgshus i Danmark enligt det här resonemanget kunna dateras till den andra hälften av 900-talet.

Mycket av förvirringen kring när långhustypen egentligen introduceras i Skandinavien beror på att det råder delade meningar om hur man egentligen skall definiera ett trelleborgshus. Det finns flera förslag till definition, men det finns ett antal kriterier som enligt vissa författare skall vara uppfyllda för att ett långhus skall kunna hänföras till den klassiska trelleborgstypen (se bl.a. Wranning 1999). Ofta kan man se att långhus som inte uppfyller dessa krav ändå kallas för trelleborgshus eller långhus av trelleborgstyp. Förmodligen har det funnits en rad varianter av långhustypen, där ett varierande antal egenskaper successivt har integrerats i långhuskonstruktioner av äldre typ. Kanske har man byggt mer renodlade trelleborgshus på stormannagårdar och i andra stormannamiljöer som i till exempel trelleborgarna, medan man på de ordinära gårdarna har nöjt sig med att endast integrera vissa konstruktionsdrag i äldre långhustyper. Detta skulle kunna tolkas som att influenser från stormannagårdarna har påverkat byggnadstraditionen, men inte helt förändrat synen på hur ett långhus skulle se ut.

En tendens som blir allt mer uttalad under vendeltid och vikingatid är att man mycket tydligt markerar gården och det stora långhuset som en viktig del av den politiska och rituella miljön. Komplexa stormannagårdar eller kungsgårdar uppförs, vilka har bestått av mycket stora långhus med anslutande rituella strukturer där till exempel speciella byggnader med hägnader runt ingår. Som exempel kan nämnas stormannagården vid Järrestad i sydöstra Skåne (Söderberg 2001; 2003; 2005) och vid Tissø på Själland (Jørgensen 1998; 2002). Det blir också vanligare att man bygger separata hallbyggnader som har haft särskilda funktioner på de stora gårdarna, där bland annat rituellt festande har haft stor betydelse. Samtidigt ökar antalet rituella depositioner i anslutning till de olika byggnaderna. Fynd av till exempel guldgubbar och andra prestigeföremål i anläggningar som hör till byggnaderna blir allt vanligare (Carlie 2004; Söderberg 2003; 2005; Larsson & Lenntorp 2004).

Som under tidigare perioder av järnåldern finns det en stor spridning vad det gäller långhusens storlek under vendel- och vikingatid. Indelningen av långhusen efter storlek under perioden följer i stort den som man kan se i materialet från yngre romersk järnålder och folkvandringstid. En skillnad är emellertid att de riktigt små långhusen med tre takbärande bockar inte är så vanliga som under den föregående perioden.

Här kommer endast husmaterial från den dåtida landsbygden att beröras på grund av att materialet annars blir allt för omfattande. Husmaterialet från de vikingatida städerna märks emellertid i materialet från landsbygden på så sätt att man kan se en tydlig, ömsesidig påverkan på byggnadstraditionerna.

Byggnadstraditionen i Skåne
En forskningshistorisk översikt

Det finns enligt Hans Skov (1994, s. 141ff) två huvudsakliga, parallella byggnadstraditioner under perioden cirka 700–1300 e. Kr. i det gammaldanska området; långhus med rak form på huskroppen och de med konvex form. De två traditionerna har olika typer av takbärande konstruktion med dels inre takbärande stolpar placerade på olika sätt, dels konstruktioner där väggarna på olika sätt har burit tyngden från taket. Båda har också i vissa fall yttre stöttor för väggarna, så kallade trellar, som har avlastat en del av tyngden från taket på väggarna. Skovs indelning av långhusen måste emellertid, som tidigare nämnts, ses som en förenklad modell över byggnadstraditionen i området, en modell som inte täcker in samtliga typer av långhus. I flera fall skulle också de olika typerna av långhus kunna delas in i ytterligare kategorier, där till exempel utseendet på den inre takbärande konstruktionen skulle kunna ha utgjort ytterligare ett indelningskriterium. Skovs modell tar inte heller hänsyn till den storleksvariation som finns i materialet.

Den traditionella bilden av det skånska husmaterialet från vendel- och vikingatid har som för övriga tidsperioder under en längre tid till stor del präglats av undersökningarna i Köpingeområdet (Tesch 1993) och Fosie IV (Björhem & Säfvestad 1993). Framförallt har de olika diskussionsavsnitten i avhandlingarna påverkat synen på byggnadstraditionen i området, eftersom själva materialet som presenteras i dem är relativt litet. Sten Tesch vill se en uppdelning av husmaterialet i två kronologiska grupper; en för långhusen från folkvandringstid och vendeltid och en för vikingatid och vidare fram i tidigmedeltid. Han säger emellertid också att materialet från Köpingeområdet totalt sett är för litet för att det skall vara möjligt att göra en fullständig indelning av det i typologiska grupper, varför hans behandling måste ses som preliminär. Under folkvandringstid och vendeltid anser Tesch att materialet kan delas in i tre grupper, men hans indelning bygger i stort sett bara på material från en plats, nämligen området kring Tingshög. Här finns en koncentrerad bebyggelse från tidsperioden, vilket Tesch tolkar som en reaktion på en förmodad krissituation under folkvandringstid. Normalhusen i området anser Tesch ha varit cirka 12–19 m långa och har haft 3–5 takbärande bockar. Detta innebär att de så kallat "normalstora" långhusen har blivit ännu mindre i området under folkvandringstid jämfört med de från yngre romersk järnålder. Därmed fortsätter enligt Tesch trenden med minskande storlek av de "normalstora" långhusen som man kan se redan under yngre romersk järnålder. Samtidigt som husstorleken minskar så minskar också bockbredden. Långhusen blir därmed alltmer underbalanserade, siffror som 23–32% nämns. Också själva bostadsutrymmet minskar i de normalstora långhusen. En tydlig svaghet i Teschs resonemang kring de normalstora husen under folkvandringstid och vendeltid i Köpingeområdet är emellertid att inte ett enda av dem har ^{14}C-daterats. Istället har de daterats utifrån ^{14}C-dateringar och fyndmaterial från närliggande grophus. Vad det gäller stora långhus med ett stort antal takbärande bockar så är det material som Sten Tesch presenterar mycket litet. I stort sett handlar det bara om ett enda helt undersökt hus, hus B31:III (1993, s. 76).

De grophus från folkvandringstid och vendeltid som har undersökts i Köpingeområdet är också koncentrerade till Tingshög (Tesch 1993, s. 190). Majoriteten av grophusen hade en rundad form och ett stolphål i varje gavel, vilket tyder på att de har haft ett så kallade sadeltak. Enligt Tesch kan man se en tendens till att de yngsta grophusen är större än de tidigare.

Det vikingatida och tidigmedeltida materialet från Köpingeområdet kan enligt Tesch (1993, s. 189ff) delas in i sex olika grupper, men flera av grupperna består endast av ett hus. Så finns det till exempel endast ett traditionellt treskeppigt långhus i Teschs material, hus B6:VII eller VIII. Långhuset har tyvärr olika numrering i de olika beskrivningarna i avhandlingen (jfr 1993, s. 117 med s. 190). Det har förmodligen inte undersökts i sin helhet och på grund av detta är det svårt att se hur Tesch kan föra en diskussion kring långhusets storlek och likheter med andra hus i området. Dateringen av byggnaden till övergången från vikingatid till tidigmedeltid vilar på fynd av Östersjökeramik i stolphålen.

Långhus av så kallad trelleborgstyp har enligt Tesch hittats på två platser, dels vid plats B6 i närheten av långhuset som diskuteras ovan, dels vid plats B5. Samtliga de tre långhusen, hus B6:XVIII, XIX och B5:II, som Tesch hänför till denna kategori har endast haft stolphålen för de takbärande bockarna bevarade, varför de måste anses som osäkra. De två takbärande bockarna i varje långhus har varit placerade cirka 10–14 m från varandra. Också här finns det problem med numreringen av en del av husen, eftersom hus B6:XVIII i figur 41 (a.a. s. 116) inte är det samma som i figur 25 (a.a. s. 195). Långhusen vid plats B:6 har daterats med hjälp av fynd av Östersjökeramik.

Vad det gäller de vikingatida och tidigmedeltida grophusen från området så verkar de följa samma mönster som under den föregående perioden (Tesch 1993, s. 198f). Ett nytt inslag i bilden är emellertid de så kallade slaviska grophusen som har haft en rektangulär form med rundade hörn. I det sydvästra hörnet har det i flera fall funnits en rökugn byggd av sten och lera.

Som en kommentar till Teschs indelning av de folkvandringstida–vendeltida och vikingatida–tidigmedeltida husen från Köpingeområdet måste man säga att materialet har varit alldeles för litet samtidigt som analysen brister i flera fall. Den här delen av avhandlingen kan bara ses som en nödlösning i behandlingen av ett alldeles för begränsat material, där det hade varit bättre att vänta tills ett tillräckligt stort antal hus hade undersökts innan en typologisk indelning gjordes. Vissa delar av Teschs typologiska indelning är användbara medan andra endast kan anses som preliminära.

Materialet från Fosie IV är relativt magert när det gäller hus från vendel- och vikingatid (Björhem & Säfvestad 1993, s. 357f). Enligt Björhem & Säfvestad så är endast två av gårdslägena inom undersökningsområdet vid Fosie IV bebodda under perioden. Vad det gäller säkert daterade långhus till tidsperioden så finns det endast ett fåtal exempel (a.a. s. 313). Om man ser på samtliga naturvetenskapliga dateringar av hus och anläggningar från järnålder från Fosie IV så ser man att tyngdpunkten ligger i romersk järnålder och folkvandringstid (a.a. s. 290, tabell 19). Också antalet grophus som säkert kan dateras till vendel- och vikingatid är begränsat (a.a. s. 338). De två långhus, hus 94 och 97, som har daterats till vendeltid med hjälp av termoluminiscens- och ^{14}C-metoden ger båda ett osäkert intryck. Hus 94 tycks vara en blandning av flera olika hus, något som också diskuteras av Björhem & Säfvestad (1993, s. 259ff), medan hus 97 endast har undersökts delvis (a.a. s. 262f). Sammantaget finns det alltså mycket litet som kan sägas om de vendel- och vikingatida långhusen vid Fosie IV. Vi måste därför söka efter material på andra platser i Malmöområdet. Tyvärr finns det endast ett begränsat publicerat material från perioden från området i övrigt. Bland annat har en mycket tät vikingatida bebyggelse med stora långhus och ett stort antal grophus undersökts vid Lockarp, Bageritomten, söder om Malmö, i samband med Öresundsprojektet, men materialet är ännu inte publicerat.

Långhusen
Den bild man får av det skånska vendel- och vikingatida materialet utifrån de tidiga undersökningarna är alltså inte komplett på något sätt utan måste ses som en enkel skiss över möjliga utvecklingslinjer. Det material som har framkommit sedan de här avhandlingarna presenterades ger emellertid en mer fyllig bild. Dock måste man vara medveten om att den rika floran av långhustyper kanske ändå inte är fullständig ännu. Nya hustyper kan dyka upp i materialet, och framförallt skall man vara beredd på att det kan finnas kombinationer av olika konstruktionstyper som gör bilden ännu mer komplex. Därför måste den här modellen ses som en preliminär bild som kan förändras med nya fynd.

De mycket stora långhusen, där konstruktioner som har varit 40 m eller längre ingår, finns ännu så länge endast på ett fåtal ställen i området (tab. 12; fig. 13). Det här är en typ av långhus, som förknippas med stormannagårdar och som ofta har ett rikt fyndmaterial blir alltmer vanliga under vendel- och vikingatid. Långhustypen har hittills undersökts vid tre platser;

Hjärup, Uppåkra sn (Runcis 1998; Carlie 2002c), Påarp, Välluv sn (Aspeborg 2002a) och Järrestad, Järrestads sn (Söderberg 2001; 2002; 2003).

De fyra långhusen har ett mycket varierande utseende. Det vendeltida långhuset från Hjärup, hus 1, som har haft en rak eller oregelbunden takbärande konstruktion och åtminstone tre ingångsrum längs med den cirka 50–56 m långa huskroppen (Runcis 1998; Carlie 2002c), visar likheter med det tidigare nämnda folkvandringstida, cirka 59 m långa långhuset från Fjälkinge (Helgesson 1996; 1997). Det vendeltida hus 6 från Påarp har också tydliga rötter i föregående periods byggnadstradition och följer i spåren efter de tidigare långhusen på platsen (Aspeborg 2002a). De två långhusen från Järrestad som kan dateras till vikingatid, har också mycket olika karaktär, där det cirka 41 m långa konvexa långhuset, hus 16, har både vendeltida drag i form av en smal takbärande konstruktion och vikingatida drag i form av en yttre stödkonstruktion, så kallade trellar (Söderberg 2001; 2002; 2003; 2005). I jämförelse med det cirka 50 m långa och 14 m breda hus 25 från Järrestad framstår emellertid det här huset som en miniatyr. Hus 25 har en helt annorlunda konstruktion, med jättelika stolphål i vägglinjen och spår efter ett fåtal stora takbärande stolpar som har stått mycket tätt inpå väggen. De långhus som föregår hus 25 inom gårdsläget vid Järrestad kan karakteriseras som stora, det vill säga mellan 30–40 m långa (se nedan).

Antalet publicerade stora, cirka 30–40 m långa långhus från Skåne är ännu relativt begränsat (tab. 13; fig. 14). Emellertid kan man se att det trots det begränsade antalet finns både långhus som har haft en lätt konvex takbärande konstruktion och form på huskroppen, som de från Järrestad och det tidigare nämnda hus B31:III från Köpingeområdet (Tesch 1993, s. 76), samtidigt som det har funnits långhus som har haft en rak eller oregelbunden takbärande konstruktion, som de vid Hilleshög (Strömberg & Thörn Pihl 2000, s. 59ff) och Stångby stationssamhälle (Artursson 2000). Stormannagården vid Järrestad dominerar materialet, liksom för de mycket stora långhusen, och

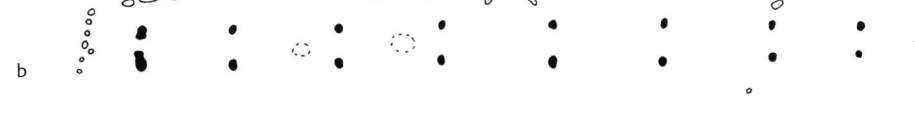

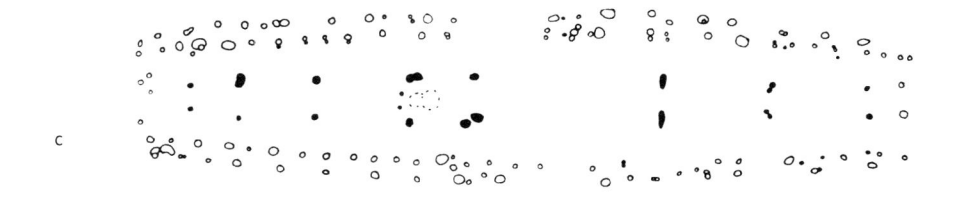

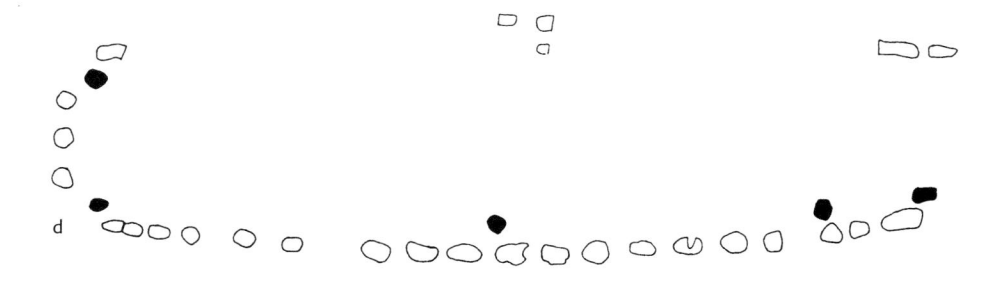

Figur 13. a) Hus 1 från Hjärup, Uppåkra sn, b) hus 6 från Påarp, Vällluv sn och c–d) hus 16 samt 25 från Järrestad, Järrestads sn. Skala 1:400.

a) House 1 at Hjärup, Uppåkra parish, b) house 6 at Påarp, Välluv parish and c–d) house 16 and 25 från Järrestad, Järrestad parish. Scale 1:400.

Plats	Hus	Storlek	Antal bockar	Bockbredd	Spann	^{14}C-datering
Hjärup, Uppåkra sn	Hus 1	50–56×5,4 m	12–14	1,7–2,4 m	2–6,2 m	560–630 e. Kr.
Påarp, Välluv sn	Hus 6	44×5,6 m	8	1,6–2,1 m	4,6–5,9 m	600–700 e. Kr.
Järrestad, Järrestads sn	Hus 16	41×5,7–9,6 m	8	1,1–2,5 m	2–10 m	800–950 e. Kr.
Järrestad, Järrestads sn	Hus 25	50×14 m	?	?	?	950–1050 e. Kr.

Tabell 12. De mycket stora långhusen med en datering till vendel- och vikingatid.

The very large long houses from Scania dated to the Vendel and Viking Period.

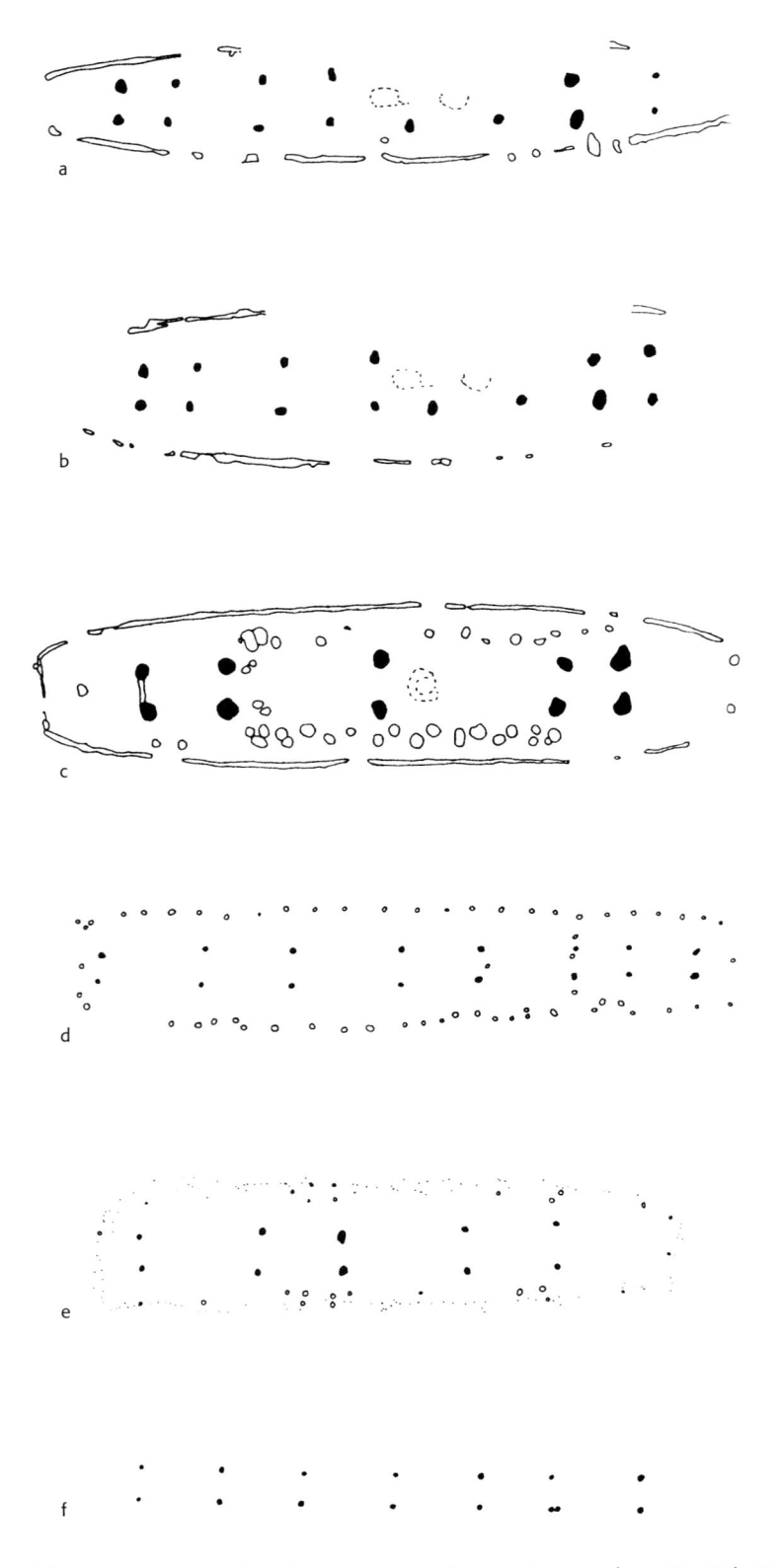

Figur 14. a–c) Hus 11, 12 och 8 från Järrestad, Järrestad sn, d) hus B31:III från Köpinge, e) hus 8 från Hilleshög VKB 3:7, Härslövs sn och f) hus 8a från Stångby stationssamhälle, Vallkärra sn. Skala 1:400.

a–c) Houses 11, 12, and 8 at Järrestad, Järrestad parish, d) house B31:III at Köpinge, e) house 8 at Hilleshög VKB 3:7, Härslöv parish, and f) house 8a at Stångby Stationssamhälle, Vallkärra parish. Scale 1:400.

Plats	Hus	Storlek	Antal bockar	Bockbredd	Spann	¹⁴C-datering
Järrestad, Järrestad sn	Hus 11	37×3,5–7 m	5–8 ?	?	?	550–700 e. Kr
Järrestad, Järrestad sn	Hus 12	37×6–9 m	5–8 ?	?	?	700–800 e. Kr.
Järrestad, Järrestad sn	Hus 8	37×4,4–9 m	5	2,2–2,8 m	3,5–9,5 m	800–950 e. Kr.
Köpinge, område B31	Hus B31:III	35×5–7 m	8	1,3–2,1 m	2,8–5,9 m	600–690 e. Kr.
Hilleshög VKB 3:7, Härslövs sn	Hus 8	31×6,5 m	5?	1,8–2,3 m	4,25–6,6 m	690–860 e. Kr.
Stångby stationssamhälle, Vallkärra sn	Hus 8a	30 m	7	1,6–1,7 m	3,8–4,8 m	680–860 e. Kr.

Tabell 13. Stora långhus med en datering till vendel- och vikingatid. *Large long houses from Scania dated to the Vendel and Viking Period.*

samtliga långhus från platsen måste betecknas som exceptionella till sin utformning och storlek (Söderberg 2001; 2002; 2003; 2005).

Alla de tre långhusen från Järrestad, hus 11, 12 och 8, har haft en mer eller mindre konvex form och varit cirka 37 m långa. De har tydliga gemensamma drag. Hus 11 och 12 ligger direkt på varandra och hus 12 är egentligen bara en breddning av hus 11, där man har byggt nya väggar så att huskroppen har blivit bredare. Troligen har det äldsta långhuset, hus 11, byggts under den senare delen av folkvandringstid eller inledningen av vendeltid, cirka 550–600 e. Kr., och har därefter följts av hus 12 under vendeltid och hus 8 under den tidigare delen av vikingatiden. Det som skiljer hus 8 från de två andra är bland annat att det inte har en så tydligt konvex form och att det är något bredare. Dessutom har det kompletterats med ett mellanstort, cirka 21 m långt långhus, hus 1, så att det har bildats en L-formad gård delvis omgiven av en palissad.

När man kommer till de mellanstora, cirka 20–30 m långa långhusen så kan man se att det finns ett stort antal olika typer. De mellanstora långhus som hittills har publicerats i Skåne kan utifrån den takbärande konstruktionens och huskroppens utseende delas in i sex typer.

Typ 1: Treskeppiga långhus med konvex takbärande konstruktion och mer eller mindre konvexa huskroppar

Den här typen av långhus har undersökts vid Löddeköpinge 90:1, Löddeköpinge sn (Svanberg & Söderberg 2000), Ståstorp, V. Tommarp sn (Jacobsson 2002), Bjärred 9:5, Flädie sn (Kriig & Pettersson 1996; 1997; Pettersson 2002), Svågertorp 8A, Malmö (Rosberg & Lindhé 2001, s. 108f) och Järrestad, Järrestads sn (Söderberg 2001; 2002; 2003). De har 4–8 takbärande bockar och bockbredden samt bockavståndet varierar (tab. 14; fig. 15). Det tycks emellertid inte finnas något tydligt samband mellan dateringen av långhusen och hur breda bockarna är.

Hus 1 vid Järrestad har med största sannolikhet haft en speciell funktion på den L-formade gården, som det bildar tillsammans med det tidigare diskuterade stora långhuset från vikingatid, hus 8. Hus 1 omges av en palissad och fyndmaterialet antyder att det har haft en rituell funktion på gården, som med säkerhet kan beskrivas som en stormannamiljö (Söderberg 2003; 2005). Ett intressant drag i konstruktionen av hus 1 är att hörnstolphålen är kraftiga, ett drag som också är relativt vanligt i många långhus under yngre romersk järnålder och folkvandringstid.

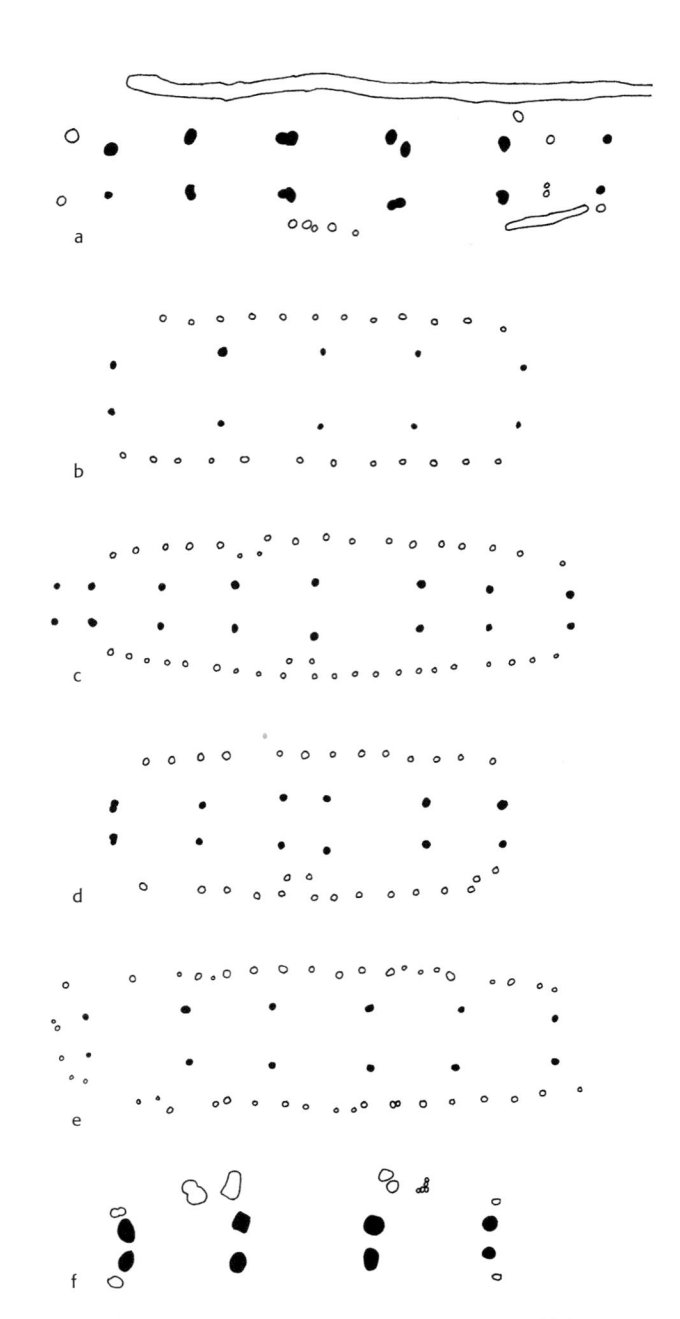

Figur 15. a) Hus 16 från Löddeköpinge 90:1, b–c) hus 1 och 2 från Ståstorp, V. Tommarp sn, d) hus D från Bjärred 9:5, e) hus 2 vid plats Svågertorp 8A inom Öresundsförbindelsen och f) hus 1 vid Järrestad, Järrestads sn. Skala 1:400.

a) House 16 at Löddeköpinge 90:1, b–c) houses 1 and 2 at Ståstorp, Västra Tommarp parish, d) house D at Bjärred 9:5, e) house 2 at Svågertorp 8A, Malmö, and f) house 1 at Järrestad, Järrestad parish. Scale 1:400.

Plats	Hus	Storlek	Antal bockar	Bockbredd	Spann	^{14}C-datering
Löddeköpinge 90:1, Löddeköpinge sn	Hus 16	29×4–6,5 m	6	2,3–3,6 m	2,4–6,65 m	640–760 e. Kr.
Ståstorp, V. Tommarp sn	Hus 1	28×7,8 m	8	1,7–2,9 m	1,9–5,6 m	770–970 e. Kr.
Ståstorp, V. Tommarp sn	Hus 2	21×8,2 m	6	2–2,9 m	2,3–5,3 m	Typologisk
Bjärred 9:5, Flädie sn	Hus D	27×7,8 m	6	2,1–3,2 m	4,4–5,4 m	790–940 e. Kr.
Svågertorp 8A, Malmö	Hus 2	22×8 m	5	2,6–4 m	5,1–5,9 m	650–770 e. Kr.
Järrestad, Järrestad sn	Hus 1	21×7–8 m	4	1,6–2,5 m	6–7 m	800–950 e. Kr

Tabell 14. Typ 1. Mellanstora, treskeppiga långhus med konvex takbärande konstruktion och mer eller mindre konvexa huskroppar från vendel- och vikingatid.

Type 1. Middle-sized, Scanian three-aisled long houses with a convex roof bearing construction and a more or less convex over all shape dated to the Vendel and Viking Period.

Typ 2: Treskeppiga långhus med konvex takbärande konstruktion i kombination med en eller flera mittstolpar

En variant av de mellanstora, konvexa treskeppiga långhusen har en kombination av en takbärande konstruktion med bockar och en eller flera mittstolpar (tab. 15; fig. 16). Hustypen är inte vanlig, men den finns på ett antal ställen i Skåne och i Køgeområdet på Själland (Tornbjerg 1998) samt vid Runegård på Bornholm (Watt 1983, s. 141f). Vid Ståstorp, V. Tommarp sn, har två långhus, hus 3 och 4, av den här typen undersökts (Jacobsson 2002). Det finns även en mindre variant av den här långhustypen vid VKB 3:6, hus 2 (Strömberg & Thörn Pihl 2000, s. 25ff). Långhuset har emellertid haft en oregelbunden takbärande konstruktion.

Typ 3: Trelleborgshus med konvex form, noll till två takbärande bockar i varje gavel och stödjande så kallade trellar

De tidigare diskuterade, klassiska trelleborgshusen finns också företrädda i Skåne (tab. 16; fig. 17), bland annat vid Häljarp, VKB SU3, Tofta sn (Kriig & Thomasson 1999b), Toarp, Oxie sn (Andersson 1991) och Filborna, Helsingborg (Söderberg 1997, s.178f). Ytterligare ett trelleborgshus har undersökts vid Lilla Köpinge 6:7 m.fl., Ystads kommun (Andersson 2000). Undersökningsområdet ligger precis i anslutning till område B5 och B6 som undersöktes i samband med Ystadsprojektet och där vikingatida långhus och grophus hittades (Tesch 1993, s.115ff, s. 120ff). Inom område B6 framkom bland annat de förmodade lämningarna efter ytterligare två senvikingatida långhus av förmodad trelleborgstyp. Det enda som återstod av dem var emellertid de två takbärande bockarna i varje långhus, varför tolkningen måste betraktas som osäker.

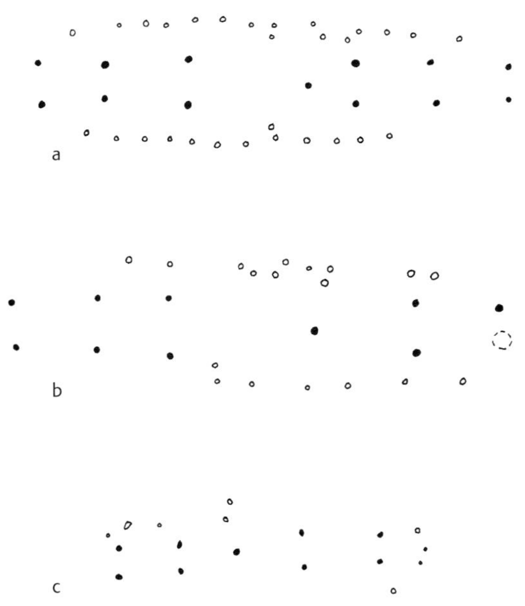

Figur 16. a–b) Hus 3 och 4 från Ståstorp, V. Tommarps sn och c) hus 2 från Hilleshög, VKB 3:6, Härslövs sn. Skala 1:400.

a–b) Houses 3 and 4 at Ståstorp, Västra Tommarp parish, and c) house 2 at Hilleshög, VKB 3:6, Härslöv parish. Scale 1:400.

Plats	Hus	Storlek	Antal bockar	Bockbredd	Spann	^{14}C-datering
Ståstorp, V. Tommarp sn	Hus 3	25×7,2 m	6+1	1,8–2,5 m	2,5–6,40 m	690–940 e. Kr.
Ståstorp, V. Tommarp sn	Hus 4	26×6,9 m	5+1	2,3–3,1	3,8–7,7 m	780–1000 e. Kr.
Hilleshög, VKB 3:6, Härslövs sn	Hus 2	19×5,6 m	4+1	1,4–1,8	3–4,3 m	610–670 e. Kr.

Tabell 15. Typ 2. Treskeppiga långhus med konvex takbärande konstruktion i kombination med en eller flera mittstolpar.

Type 2. Three-aisled long houses with a convex roof bearing construction combined with one or more centrally placed roof bearing posts dated to the Vendel and Viking Period.

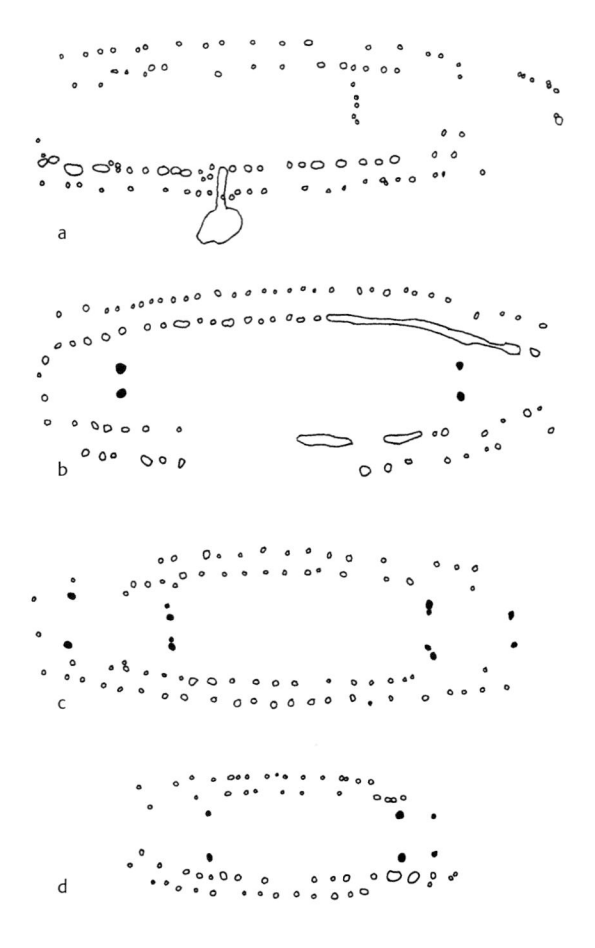

Figur 17. a) Hus 4 vid Häljarp VKB SU3, Tofta sn, b) hus 1 vid Toarp, Oxie sn, c) hus 1 vid Lilla Köpinge 6:7, Ystads kommun, och d) ett mindre långhus vid Filborna, öster om Helsingborg. Skala 1:400.

a) House 4 at Häljarp VKB SU3, Tofta parish, b) house I at Toarp, Oxie parish, c) house I at Lilla Köpinge 6:7, Ystad municipality, and d) a small long-house at Filborna, east of Helsingborg, Scale 1:400.

Plats	Hus	Storlek	Antal bockar	Bockbredd	Spann	^{14}C-datering
Häljarp, VKB SU3, Tofta sn	Hus 4	28×5,6–8 m	0	–	–	770–940 e. Kr.
Toarp, Oxie sn	Hus I	27×6–10 m	2	1,4–1,6 m	18 m	1000–1100-tal (ker.)
Lilla Köpinge 6:7, Ystads kommun	Hus 1	25,5×6,2–8,7 m	2–4 ?	1,2–2,9 m	4,3–13,6 m	1000-tal (ker.)
Filborna, Helsingborg		17,5×4,8–6,7 m	2–3 ?	2–2,4 m	1,8–10,2 m	1000-tal (ker.)

Tabell 16. Typ 3. Trelleborgshus med konvex form, noll till två takbärande bockar i varje gavel och stödjande så kallade trellar.

Type 3. Long houses of Trelleborg typ with convex shape, zero – two roof bearing post in both gables and supporting " trells".

Typ 4: Trelleborgsliknande långhus med konvex eller oregelbunden takbärande konstruktion placerad längs hela husens längd, konvex huskropp och stödjande så kallade trellar

Långhus som endast har vissa drag av den klassiska trelleborgstypen förekommer också i Skåne (tab. 17; fig. 18). De exempel på trelleborgsliknande långhus som har framkommit i området har ibland takbärande bockar längs med hela sin längd. Det finns endast två exempel på mellanstora långhus från Skåne av den här typen och de har båda undersökts vid Skabersjö, Skabersjö sn, i samband med Sydgasprojektet (Jeppsson 1996b, s. 258ff). Här undersöktes två konvexa långhus med dubbla vägglinjer, hus III och IV. Långhusen överlagrar delvis varandra, varför de inte kan vara samtida. Endast det mindre långhuset, hus III, låg helt inom undersökningsområdet. Hus III har ^{14}C-daterats till 670–860 e. Kr., men keramikmaterialet talar för att det kan dateras till början av 1000-talet. Det delundersökta hus IV har förmodligen varit ett mellanstort, cirka 29–30 m långt långhus. Det har ^{14}C-daterats till 1010–1270 e. Kr., vilket stämmer relativt bra med keramikmaterialets utseende som daterar huset till mitten av 1000-talet och början av 1100-talet. Förmodligen kan därför gårdsläget dateras till slutet av vikingatiden och inledningen av tidigmedeltid.

Typ 5: Treskeppiga långhus med rak eller oregelbunden takbärande konstruktion som finns längs med hela huskroppens längd, rak eller lätt konvex huskropp och stödjande så kallade trellar

Ett bra exempel på den här långhustypen finns vid VKB SU3 vid Häljarp, Tofta sn (tab. 18; fig. 19), där hus 1 inom det västra gårdsläget har ett sådant utseende (Kriig & Thomasson 1999). Också vid Tygelsjö (Kling 1992, Göthberg m. fl. 1995a) och Södra Sallerup (Rudebeck m. fl. 2001, s. 59f) strax utanför Malmö har liknande byggnader undersökts. Byggnaden vid Tygelsjö är störd i sin östra del, varför längden endast kan uppskattas till cirka 29–30 m. Långhuset vid Södra Sallerup har visserligen daterats till tidigmedeltid med

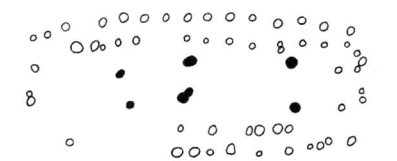

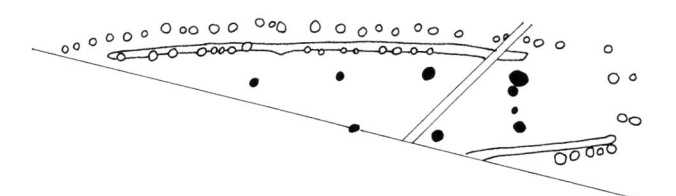

Figur 18. Hus III och IV vid Skabersjö, Skabersjö sn. Skala 1:400.

Houses III and IV at Skabersjö, Skabersjö parish. Scale 1:400.

Plats	Hus	Storlek	Antal bockar	Bockbredd	Spann	^{14}C-datering
Skabersjö, Skabersjö sn	Hus III	17,5×7,6 m	3	1,7–2,5 m	3,7–5,90 m	670–860 e. Kr.
					1000-tal (ker.)	
Skabersjö, Skabersjö sn	Hus IV	29–30 m	?	?	?	1010–1270 e. Kr.
						1000-tal (ker.)

Tabell 17. Typ 4. Trelleborgsliknande långhus med konvex eller oregelbunden takbärande konstruktion placerad längs hela husens längd, konvex huskropp och stödjande så kallade trellar.

Type 4. Long houses of Trelleborg type with convex or irregular roof bearing construction placed along the whole length of the house. The long houses have a convex over all shape and supportive posts placed outside the walls.

hjälp av termoluminiscensmetoden, men kan bland annat utifrån fyndmaterialet dateras till vikingatid. Ytterligare långhus av samma typ har undersökts vid Fosie by utanför Malmö, men de har emellertid endast publicerats preliminärt (Kockum 2000).

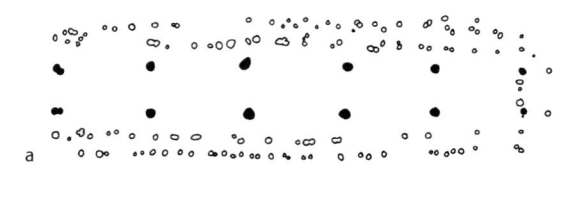

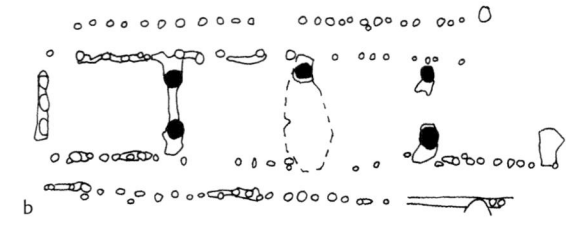

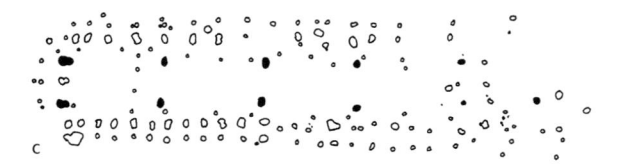

Figur 19. a) Hus 1 från VKB SU3 vid Häljarp, Tofta sn, och b) ett hus från Tygelsjö samt c) ett från Södra Sallerup, Malmö. Skala 1:400.

a) House 1 at VKB SU3, Häljarp, Tofta parish, and b) a house at Tygelsjö and c) one at Södra Sallerup, Malmö. Scale 1:400.

Typ 6: Treskeppiga långhus med rak eller oregelbunden takbärande konstruktion och rak eller lätt konvex huskropp

Långhustypen, som kan ses som ett exempel på en fortsättning av det traditionella sättet att bygga långhus i området (tab. 19; fig. 20), finns vid Stångby stationssamhälle, Vallkärra sn (Artursson 2000), Glumslöv VKB 4:F, Glumslövs sn (Artursson 1999b), Svågertorp 8A, utanför Malmö (Rosberg & Lindhé 2001, s. 84ff) och Vantinge bytomt, Barkåkra sn (Schmidt Sabo 2000, s.16ff). Vissa av de vendeltida långhusen har mycket smala takbärande bockar där bredden kan vara endast cirka 1,2–1,5 m, medan bredden tycks öka successivt igen från den senare delen av vendeltid och framåt.

Den takbärande konstruktionen i hus 6 vid Glumslöv består av sex kompletta bockar samt två ensamliggande stolpar i huskonstruktionens västra del (Artursson 1999b, s. 45ff). Den södra vägglinjen i den västra delen av långhuset är intressant på så sätt att den är den enda i hela huset som är riktigt tydlig. I den södra vägglinjen finns två något indragna väggstolpar på två ställen vilket indikerar att det funnits åtminstone två ingångar i husets västra del. Den norra vägglinjen i husets västra del är mycket oregelbunden och består endast av sporadiska stolphål, medan det i stort sett helt saknas spår av vägglinjer i husets östra del. Ytterligare en intressant sak med den södra vägglinjen i husets västra del är att tre av stolphålen här är i stort sett lika djupa och kraftiga som de i den takbärande konstruktionen. Två av dessa stolphål har placerats i stort sett mitt emot varsin ensamliggande takbärande stolpe. På

Plats	Hus	Storlek	Antal bockar	Bockbredd	Spann	^{14}C-datering
Häljarp, VKB SU3, Tofta sn	Hus 1	26×5,8–7,6 m	6	2,2–2,9 m	4,6–5,5 m	990–1160 e. Kr.
Tygelsjö, Malmö		29–30×6,4–10 m ?	3–4 ?	2,6–2,8 m	6,6–7 m	1020–1160 e. Kr.
Södra Sallerup, Malmö		29,8×5,2–6,8 m	5–6 ?	2,2–2,4 m	4,8–5,6 m	1280±60 e. Kr. (TL) 1320±50 e. Kr. (TL)

Tabell 18. Typ 5. Treskeppiga långhus med rak eller oregelbunden takbärande konstruktion som finns längs med hela huskroppens längd, rak eller lätt konvex huskropp och stödjande så kallade trellar.

Type 5. Three-aisled long houses with a straight or irregular roof bearing construction along the whole house. The overall shape of the longhouses have been straight or lightly convex and there have been supportive post placed outside the walls

så sätt har man med största sannolikhet valt att här lägga en del av taktyngden på husets södra vägg, och därigenom har man fått ett större fritt golvutrymme i stort sett helt utan störande takbockar i denna del av huset.

Mindre långhus från Skåne med en datering till vendeltid och vikingatid förekommer också de i ett relativt stort antal typer. Intressant nog finns det ett antal exempel på mindre långhus som har stora konstruktionsmässiga likheter med de mellanstora långhusen. Detta gäller bland annat långhus som har en kombination av en treskeppig takbärande konstruktion och en mittstolpe, samt trelleborgshus och trelleborgsliknande långhus. I övrigt kan man se att mindre långhus med en rak takbärande konstruktion med fem bockar finns i ett antal olika varianter, liksom var fallet under yngre romersk järnålder och folkvandringstid. De takbärande bockarna har placerats på en rad olika sätt inom huskroppen, vilket förmodligen återspeglar olika typer av rumsindelning. Det finns i stort sett inga exempel på mindre långhus med en riktigt tydlig konvex takbärande konstruktion, utan majoriteten har antingen haft en rak eller oregelbunden konstruktion. I vissa fall kan man emellertid se att själva huskroppen har haft en lätt konvex form. Antalet takbärande bockar i de mindre långhusen varierar mellan tre till sex stycken, men vanligen har de fyra eller fem stycken.

Bland de mindre långhusen med fem takbärande bockar kan man alltså se olika varianter av placeringen av bockarna inom huskroppen (tab. 20; fig. 21). I

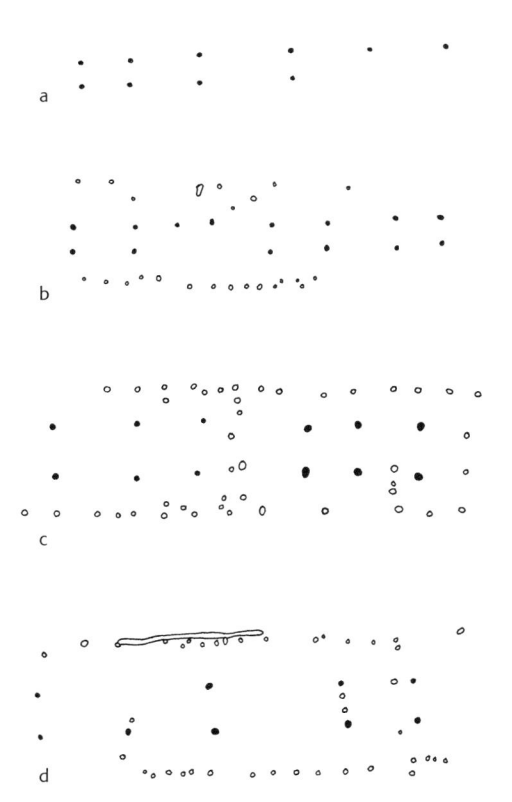

Figur 20. a) Hus 4 från Stångby stationssamhälle, Vallkärra sn, b) hus 6 vid Glumslöv 4:F, Glumslövs sn. c) hus 5 vid Svågertorp 8A utanför Malmö och d) ett långhus från Vantinge bytomt, Barkåkra sn. Skala 1:400.

a) House 4 at Stångby Stationssamhälle, Vallkärra parish, b) house 6 at Glumslöv 4:F, Glumslöv parish, c) house 5 at Svågertorp 8A, Malmö, and d) a long-house at Vantinge, Barkåkra parish. Scale 1:400.

Plats	Hus	Storlek	Antal bockar	Bockbredd	Spann	^{14}C-datering
Stångby stationssamhäll, Vallkärra sn	Hus 4	22–23 m	6	1,2–1,5 m	2,5–5 m	550–670 e. Kr.
Glumslöv VKB 4:F, Glumslövs sn	Hus 6	22–23×5,5 m	6+2	1,3–1,55	2,2–3,6 m	660–760 e. Kr.
Svågertorp 8A, Malmö	Hus 5	23×7,2 m	6	2,4–3 m	2,6–5,7 m	680–860 e. Kr.
Vantinge bytomt, Barkåkra sn		21,5×7,6 m	5	2,2–2,4 m	3,8–7 m	980–1020 e. Kr.

Tabell 19. Typ 6. Treskeppiga långhus med rak eller oregelbunden takbärande konstruktion och rak eller lätt konvex huskropp.

Type 6. Three-aisled long houses with a straight or irregular roof bearing construction and a straight or lightly convex over all shape.

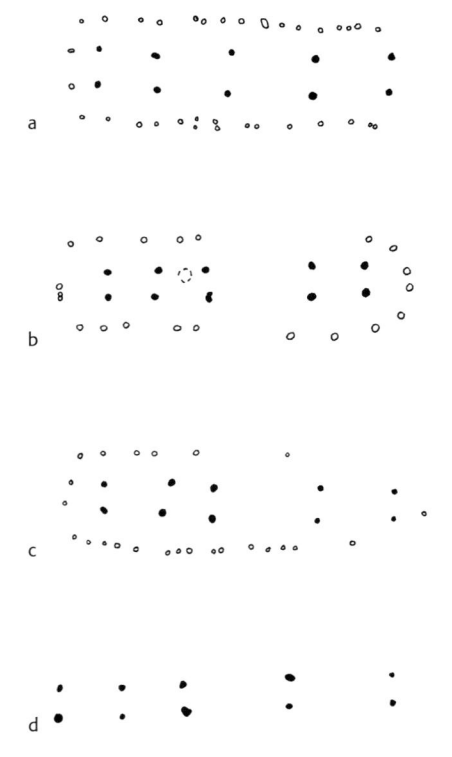

Figur 21. a) Ett långhus med fem takbärande bockar mer eller mindre jämnt fördelade inom huskroppen, b) hus L från Bjärred 9:5, Flädie sn, och tre långhus med fem takbärande bockar uppdelade i två grupper enligt principen 3-2 eller 2-3; c) hus VII från Karaby, Västra Karaby sn, hus B från Bjärred 9:5, Flädie sn och d) hus 8 från Dagstorp, VKB SU21. Skala 1:400.

a) One long-house with five trestles placed more or less evenly, b) house L at Bjärred 9:5, Flädie parish, and three long-houses with five trestles divided into two groups, 3-2 or 2-3; c) house VII at Karaby, Västra Karaby parish, house B at Bjärred 9:5, Flädie parish, and d) house 8 at Dagstorp, VKB SU21. Scale 1:400.

stort sett kan två typer sägas vara de vanligaste; dels de med bockarna placerade med ett mer eller mindre jämnt avstånd inom huskroppen, dels de med bockarna tydligt placerade enligt principen 2–3 eller 3–2. Exempel på långhus med bockarna mer eller mindre jämnt fördelade inom huskroppen finns från till exempel Bjärred 9:5, Flädie sn, där en vendel- och vikingatida boplats har undersökts och givit ett rikt husmaterial (Kriig & Pettersson 1996; 1997; Pettersson 2001; 2002). Tyvärr har inget av dessa långhus ^{14}C-daterats, men jämförelser med andra daterade långhus i området och omkringliggande anläggningar placerar dem i vikingatid. Mindre långhus med de takbärande bockarna uppdelade i två grupper enligt principen 3–2 eller 2–3 finns på ett relativt stort antal platser i Skåne, som till exempel Västra Karaby, Västra Karaby sn (Jeppsson 1996a, s. 140ff), Bjärred 9:5, Flädie sn (Kriig & Pettersson 1996; 1997; Pettersson 2001; 2002), Dagstorp, VKB SU21, Dagstorps sn (Becker 1999)

Bland de mindre långhusen med fyra takbärande bockar kan man se en större homogenitet vad det gäller placeringen av de takbärande bockarna inom huskroppen. Oftast har de placerats med ett jämnt avstånd eller i två grupper enligt principen 2–2 med ett större avstånd mitt i långhuset. Det finns emellertid också långhus där bockarna har placerats enligt principen 1–2–1.

Som exempel på långhus med de fyra takbärande bockarna placerade med jämna avstånd inom huskroppen (tab. 21; fig. 22) kan nämnas det vendeltida

Plats	Hus	Storlek	Antal bockar	Bockbredd	Spann	^{14}C-datering
Bjärred 9:5, Flädie sn	Hus L	18×6,2 m	5	1,9–2,3 m	3,1–4,5 m	760–880 e. Kr.
Västra Karaby, Västra Karaby sn	Hus VII	19×5 m	5	1,4–1,7 m	2,5–5,6 m	565–665 e. Kr.
Bjärred 9:5, Flädie sn	Hus B	19,2×5,5 m	5	1,5–1,8 m	2,3–5,7 m	760–880 e. Kr.
Dagstorp, VKB SU21, Dagstorps sn	Hus 8	19–20 m	5	1,4–1,5 m	3,3–5,7 m	800–970 e. Kr.

Tabell 20. Mindre långhus med fem takbärande bockar som antingen har varit placerade med jämnt avstånd eller i grupper inom huskroppen.

Small long houses with five trestles placed evenly or in groups.

hus 7 från Dagstorp, VKB SU21, Dagstorps sn (Becker 1999), hus 4 vid Glumslöv VKB 4:E, Glumslövs sn (Artursson 1999b) och hus 1 vid Munka-Ljungby, Munka-Ljungby sn (Larsson 2000).

Exempel på långhus med de takbärande bockarna placerade i två grupper enligt principen 2-2 (tab. 22; fig. 23) med en förmodad datering till den tidigare delen av vendeltid har undersökts vid bland annat Haglekulla, Östra Ljungby sn (Isendahl 1996; 1997). Liknade långhus med en senare datering har undersökts vid Hilleshög, VKB 3:7, Härslövs sn (Strömberg & Thörn Pihl 2000) och Svågertorp 8A utanför Malmö (Rosberg & Lindhé 2001, s. 81ff).

Hus 9 vid Hilleshög, VKB 3:7, Härslövs sn bildar tillsammans med det tidigare nämnda stora långhuset, hus 8, en L-formad gård (Strömberg & Thörn Pihl 2000). Hus 9 hade delvis bevarade vägglinjer som visar att det har haft en lätt konvex form. Långsidorna avslutas med tydligt markerade hörnstolpar som ligger placerade i stort sett i linje med de yttersta takbärande bockarna i långhuset. Det finns inga lämningar efter väggstolpar i gavlarna. Den här typen av långhus med fyra takbärande bockar, lätt konvex form på huskroppen och tydligt markerade hörnstolpar tycks vara relativt vanlig som den mindre byggnaden på ett antal L-formade gårdar i bland annat Skåne, vilket skulle kunna tyda på att de har haft en speciell funktion. Ett liknande, men något större långhus finns till exempel på stormannagården vid Järrestad, hus 1, (Söderberg 2001; 2002; 2003; 2005). Också här är det en kompletterande byggnad till ett stort långhus och dess läge innanför en palissad av speciell karaktär samt fyndmaterialet indikerar att det har haft en rituell funktion.

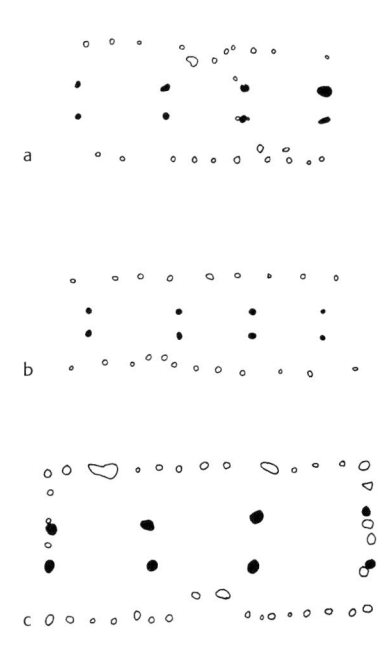

Figur 22. a) Hus 7 från Dagstorp, VKB SU21, Dagstorps sn, b) hus 4 från Glumslöv VKB 4:E, Glumslövs sn och c) hus 1 från Munka-Ljungby, Munka-Ljungby sn. Skala 1:400.

a) House 7 at Dagstorp, VKB SU21, Dagstorp parish, b) house 4 at Glumslöv VKB 4:E, Glumslöv parish, and c) house 1 at Munka-Ljungby, Munka-Ljungby parish. Scale 1:400.

Plats	Hus	Storlek	Antal bockar	Bockbredd	Spann	^{14}C-datering
Dagstorp, VKB SU21, Dagstorps sn	Hus 7	13,5×6,4 m	4	1,6–1,7 m	4,2–4,6 m 560–665 e. Kr.	260–450 e. Kr.
Glumslöv VKB 4:E, Glumslövs sn	Hus 4	15–16×4,5–5 m	4	1,3–1,5 m	3,65–4,8 m	670–760 e. Kr.
Munka-Ljungby, Munka-Ljungby sn	Hus 1	17,4×8,6 m	4	2,1–2,8 m	5,2–5,7 m	1020–1160 e. Kr.

Tabell 21. Mindre långhus med fyra takbärande bockar som har placerats med jämna avstånd inom huskroppen.

Small long houses with four trestles evenly placed.

Vad det gäller vissa av de byggnader med tre eller fyra takbärande bockar och en längd mellan cirka 10–18 m, så är tolkningen av dem något osäker. Flertalet av dem förmodas ha fungerats som mångfunktionella långhus, men vissa kan ha haft enbart ekonomifunktioner. Som tidigare diskuterades för förhållandena under yngre romersk järnålder och folkvandringstid, så är det emellertid ofta svårt att tolka de ensamliggande, mindre byggnadernas funktion. De kan utgöra ensamliggande, mindre långhus eller vara mindre byggnader med specialfunktioner som har placerats på ett visst avstånd från övrig bebyggelse. Här måste tolkningen göras från fall till fall. De mindre långhusen från Köpingeområdet visar på en intressant spridning i relationen total längd och antalet takbärande bockar. Så är till exempel hus B30:II cirka 18 m långt men har endast haft tre takbärande bockar medan hus B30:I har varit cirka 12 m långt men har haft fem takbärande bockar (Tesch 1993, s. 189ff). Enligt Tesch kan de samtliga dateras till folkvandringstid–vendeltid, och om det stämmer så måste det finnas en funktionell förklaring till dessa skillnader, där förmodligen rumsindelningen eller taktäckningsmaterialets tyngd har fått avgöra antalet takbärande bockar.

Exempel på mindre byggnader med tre eller fyra takbärande bockar och med en längd mellan cirka 10–14 m (tab. 23; fig. 24) som kan ha fungerat som mångfunktionella långhus finns bland annat från Dagstorp, VKB SU21, Dagstorps sn (Becker 1999), Annelöv, VKB SU14, Annelöv sn (Ericson 1999b) och Munka Ljungby, Munka Ljungby sn (Larsson 2000).

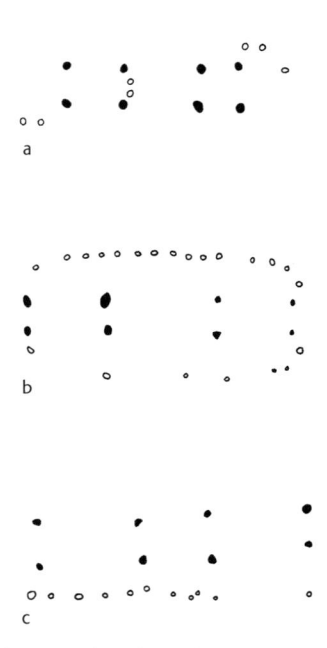

Figur 23. Långhus med de takbärande bockarna placerade i två grupper enligt principen 2-2 från a) Haglekulla, Östra Ljungby sn, hus 1, och b) hus 9 från VKB 3:7, samt c) ett långhus från Svågertorp 8A utanför Malmö med de takbärande bockarna placerade enligt principen 1-2-1. Skala 1:400.

Long-houses with the trestles placed in two groups, 2-2, at a) Haglekulla, Östra Ljungby parish, house 1, and b) house 9, Hilleshög, VKB 3:7, and c) a long-house with the trestles placed in three groups, 1-2-1, at Svågertorp, the city of Malmö. Scale 1:400.

Mindre stolpbyggnader och grophus

Vad det gäller mindre byggnader med ekonomifunktioner på gårdarna och mer solitärt liggande mindre byggnader som man utifrån utseende, fyndmaterial och makromaterial kan anta har haft enbart ekonomifunktioner, så har de ungefär samma utseende som

Plats	Hus	Storlek	Antal bockar	Bockbredd	Spann	^{14}C-datering
Haglekulla, Östra Ljungby sn	Hus 1	15 m	4	2–2,3 m	2–4,10 m	440–600 e.Kr.
Hilleshög, VKB 3:7, Härslövs sn	Hus 9	14,65×6,6 m	4	1,6–2 m	3,9–6 m	660–780 e.Kr.
Svågertorp 8A, Malmö	Hus 4	15×6 m	4	2–2,6 m	3,6–5,5 m	780–890 e.Kr

Tabell 22. Långhus med de takbärande bockarna placerade i två grupper enligt principen 2–2 eller tre grupper enligt principen 1–2–1.

Long houses with the trestles placed in two groups, 2–2, or in three groups, 1–2–1.

under tidigare perioder. De klassiska så kallade fyrstolpshusen och hus med två eller tre takbärande bockar finns också under vendel- och vikingatid. Vid bland annat den vikingatida boplatsen vid Häljarp, VKB SU3, framkom lämningarna efter ett fyrstolpshus eller en så kallad stolplada, hus 2 (Kriig & Thomasson 1999). Lämningarna bestod av fyra kraftiga stolphål. Tolkningen av konstruktionen är osäker, det kan antingen röra sig om en upphöjd byggnad som har stått på fyra stolpar eller så utgör stolphålen lämningarna efter takbärande stolpar i en byggnad där väggarna inte har lämnat några spår efter sig.

En mindre vendeltida byggnad som har en mer eller mindre säker tolkning som smedja eller hus för annan metallbearbetning utifrån fynd av rester efter en ugn, sintrad och förslaggad lera samt slagg, är hus 4 vid Dagstorp, VKB SU21 (Becker 1999; Becker del III). Byggnaden har förmodligen haft fyra takbärande bockar. Den har ^{14}C-daterats till 630-760 e. Kr.

Grophusen blir ett allt vanligare inslag på gårdarna i området under perioden och dessutom finns det stora koncentrationer av grophus på förmodade handelsplatser vid kusterna vid till exempel Löddeköpinge och Transval vid Helge å:s nedre lopp strax utanför Åhus (Svanberg 2000, s. 74f). På de här platserna tycks det saknas långhus, endast mindre stolpbyggda hus finns på platserna. Detta kan dock bero på källkritiska aspekter.

Enligt flera författare tycks grophusen genomgå en snabb utveckling under vendel- och vikingatid, så att de främst under den senare delen av tidsperioden finns i flera olika storlekar och får ett mångskiftande utseende (se bl.a. Tesch 1993, s. 199). Det blir vanligare med större grophus och i vissa fall kan man se att de har en mycket regelbunden, nästan kvadratisk form, vilket antyder att de kan ha haft brädväggar. Den takbärande

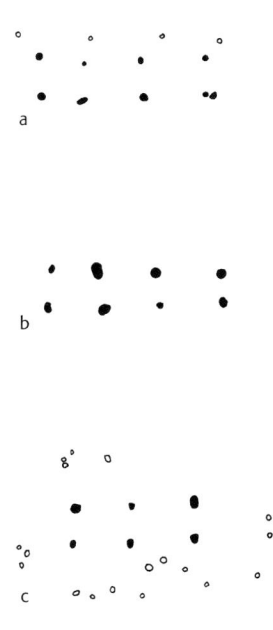

Figur 24. a) Hus 12 vid Dagstorp, VKB SU21, Dagstorp sn, b) hus 14 vid Annelöv, VKB SU14, Annelöv sn, och c) hus 10 vid Munka-Ljungby, Munka-Ljungby sn. Skala 1:400.

a) House 12 at Dagstorp, VKB SU21, Dagstorp parish, b) house 14 at Annelöv, VKB SU14, Annelöv parish, and c) house 10 at Munka-Ljungby, Munka-Ljungby parish. Scale 1:400.

Plats	Hus	Storlek	Antal bockar	Bockbredd	Spann	^{14}C-datering
Dagstorp, VKB SU21, Dagstorps sn	Hus 12	11×5 m	4	2–2,2 m	2,2–3,5 m	600–760 e. Kr.
Annelöv, VKB SU14, Annelöv sn	Hus 14	11 m	4	1,6–2,1 m	2,4–3,4 m	690–890 e. Kr.
Munka Ljungby, Munka Ljungby sn	Hus 10	13,5×7,4 m	3	1,9–2 m	3–3,4 m	630–790 e. Kr.

Tabell 23. Mindre långhus med tre-fyra takbärande bockar och som har en längd mellan cirka 10–14 m.

Small long houses with three or four trestles and a total length of 10–14 m.

konstruktionen har, som tidigare, oftast bestått av en stolpe i varje gavel som har burit takåsen. Det finns emellertid också grophus som har haft två takbärande bockar placerade inne i själva byggnaden, bland annat från Löddeköpinge. Denna bild motsägs dock delvis av Tyra Ericsons (del III) behandling av materialet. Hon hävdar att det vikingatida materialet inte skiljer sig nämnvärt från övriga perioders.

Sammanfattning
Som vi har kunnat se av den tidigare diskussionen så blir bilden av byggnadstraditionen allt mer varierad och komplex ju längre fram i tiden vi kommer. Den vendeltida byggnadstraditionen har på ett tydligt sätt följt i spåren av den tidigare utvecklingen under yngre romersk järnålder och folkvandringstid med enbart treskeppiga, raka eller konvexa långhus, medan man ser en mycket tydlig förändring av byggnadstraditionen under den allra senaste delen av vendeltid och under vikingatiden. Redan under vendeltidens slut börjar den takbärande konstruktionen i de treskeppiga långhusen att förändras så att den återigen blir bredare från att ha varit extremt smal. Långhusen går alltså från en extremt underbalanserad takkonstruktion till en balanserad eller något överbalanserad. Den här utvecklingen tycks ske successivt, så att det finns smala och breda takbärande konstruktioner parallellt. Den verkliga explosionen i förändringen av byggnadstraditionen kan man dock se under vikingatiden, då både de redan existerande långhustyperna förändras samtidigt som nya typer introduceras.

Den variation i storlek på långhusen som vi kan se under de tidigare perioderna är fortfarande mycket tydlig. Intressant nog kan man se att det finns en variation inom i stort sett varje typ av långhus i Skåne under perioden. Om man utgår ifrån att storleken på långhus har använts för att markera social position, så skulle detta kunna tyda på att samtliga typer av långhus har använts av alla de olika sociala grupperna. Denna stora spridning av långhustyperna inom olika sociala grupper tyder enligt min mening på att det har varit fråga om snabba innovationsförlopp som troligen har haft sitt ursprung i olika typer av stormanna- och innovationsmiljöer. Förändringarna i byggnadstradition har således enligt den här hypotesen snabbt förts vidare ner i den sociala strukturen, något som tyder på en stor öppenhet mot nyheter.

Sambandet mellan längden på långhusen och antalet takbärande bockar försvagas betydligt under vendel- och vikingatid. Så till exempel finns det stora långhus med en längd på cirka 35–40 m som endast har fem takbärande bockar samtidigt som det finns mindre, cirka 12 m långa långhus som har lika många bockar. Här måste det antingen finnas en funktionell förklaring, där rumsindelningen har avgjort hur många bockar ett långhus har haft, eller en konstruktionsmässig förklaring där till exempel taktäckningsmaterialets tyngd har fått avgöra den takbärande konstruktionens utseende. Den här utvecklingen når sin kulmen i de klassiska trelleborgshusen som endast har haft två takbärande bockar oavsett längden på långhuset. Trelleborgshusen tycks ha haft en tydlig indelning i tre rum, som har följt placeringen av de takbärande bockarna. Naturligtvis är också inslaget av en- och tvåskeppiga långhus ett utslag av samma tendens att låta en större del av taktyngden vila på väggarna.

Som vi har kunnat se så varierar utseendet och storleken på de mycket stora och stora långhusen i Skåne under vendel- och vikingatid. Även på en och samma plats, som till exempel vid Järrestad, där det finns en kontinuitet i utnyttjandet av gårdsläget, sker det en snabb förändring i byggnadstradition från vendeltid och fram i vikingatid. Emellertid är det skånska materialet ännu så länge allt för litet för att man skall kunna se en tydlig trend i utvecklingen av byggnadstraditionen när det gäller de här storlekskategorierna av långhus.

De mellanstora, cirka 20–30 m långa vendel- och vikingatida långhusen från Skåne kan, som vi har sett, översiktligt delas in i sex stycken typer, där bland annat den takbärande konstruktionens utseende och form samt huskroppens form skiljer sig åt. Den stora variationen i den takbärande konstruktionens utformning och i huskropparnas form visar att det har funnits en öppen syn på hur långhusen skulle se ut.

Likaså kan de mindre, cirka 10–20 m långa långhusen, delas in i ett större antal olika typer. Förutom att det finns mindre långhus som har samma utseende som de mellanstora, till exempel långhus med en kombination av två- och treskeppig konstruktion eller långhus av trelleborgstyp, så finns det också långhus med rak treskeppig konstruktion med 3–5 takbärande bockar i olika konfigurationer. Långhusen med fem takbärande bockar har framförallt två typer av gruppering av de takbärande bockarna; en jämn fördelning längs med hela huskroppen eller grupperade enligt principen 3–2, så att ett större utrymme i långhusets mittdel lämnas fritt från bockar. De här typerna av långhus kan vara svåra att skilja från långhus som hör hemma i tidigare perioder, eftersom de inte skiljer sig nämnvärt vad det gäller placeringen av de takbärande bockarna inom huskroppen, bockbredd och i förekommande fall total längd och bredd. Bockbredden i de vendeltida mindre långhusen kan visserligen vara extremt liten, men under vikingatid är man återigen uppe i samma bockbredd som under romersk järnålder. På grund av detta måste man alltid datera de mindre långhusen med hjälp av naturvetenskapliga metoder eller fynd. Typologiska jämförelser leder inte vidare i det här fallet.

Långhus med tvåskeppig konstruktion och enskeppiga hus med eller utan syllstenskonstruktion tycks höra till den allra senaste delen av vikingatiden och fortsatt fram i tidigmedeltid. Inga säkert daterade konstruktioner med det här utseendet har emellertid kunnat konstateras i Skåne, i varje fall inte från landsbygden. I de senvikingatida och tidigmedeltida städerna finns det emellertid exempel på sådana konstruktioner, men det behandlas dock inte vidare här. Över huvud taget kan man se att det finns en kontinuitet i byggnadsskick mellan den senare delen av vikingatid och tidigmedeltid. På flera av de bytomter som har undersökts i Skåne kan man se att det finns en tydlig variation i byggnadsskicket under de tidigmedeltida faserna, där en-, två- och treskeppiga stolpbyggda långhus har existerat parallellt med till exempel syllstenskonstruktioner utan inre takbärande konstruktion. Det finns alltså inget tydligt traditionsbrott i byggnadsskicket mellan senvikingatid och tidigmedeltid på landsbygden.

Genomgången av vendeltida och vikingatida mindre byggnader och grophus visar att skillnaden från tidigare perioder inte är speciellt stor. Mindre byggnader med två eller tre takbärande bockar finns under hela tidsperioden, liksom de så kallade fyrstolpshusen.

Man kan emellertid se en antydan till differentiering av grophusen, där olika storlekskategorier och skillnader i konstruktion ger en något mer varierad bild än tidigare (se bl.a. Tesch 1993; jfr Ericson del III).

Diskussion kring regionala byggnadstraditioner

Liksom i Skåne präglas den vendeltida byggnadstraditionen i södra och mellersta Skandinavien till en början av en kontinuitet i utvecklingen från folkvandringstid. Raka och konvexa långhus finns som tidigare parallellt och de takbärande bockarna blir allt smalare. Denna utveckling av den takbärande konstruktionen bryts emellertid under vendeltid och bredden ökar åter. En modell för byggnadstraditionens utveckling under vikingatiden måste präglas av en större flexibilitet, eftersom byggnadstraditionen har varit mycket varierad. Olika byggnadstekniska element har förenats på olika sätt, vilket har givit upphov till en rik flora av olika långhustyper och mindre byggnader. Man kan dessutom se en liknande uppdelning av långhusen i olika storlekskategorier som tidigare. Det monumentala och rituella inslaget blir allt tydligare på vissa platser, med enorma hallbyggnader och speciella, mindre byggnader som ofta ligger placerade innanför hägnader. Exempel på detta kan vi se vid till exempel Järrestad, Uppåkra, Tissø, Lejre och Vorbasse (se bl.a. Söderberg 2003; 2005; Larsson & Lenntorp 2004; Jørgensen 2001; 2002; Hvass 1980).

Östra Danmark

Det publicerade själländska materialet från yngre germansk järnålder och vikingatid domineras av ett antal stormannagårdar, medan antalet publicerade mer ordinära gårdar är relativt litet och dessutom dåligt daterade. Vad det gäller stora eller mycket stora långhus så är emellertid materialet relativt stort. Den här fokuseringen på stormannamiljöer ger materialet en kraftig slagsida, men runt de här platserna har man ofta undersökt relativt omfattande lämningar efter mer ordinär bebyggelse. Man kan emellertid fråga sig om bebyggelsen i närheten av stormannagårdarna verkligen återspeglar den "normala" bebyggelsen i området.

Vid Toftegård i närheten av Køge har en förmodad stormannagård i flera faser med ett antal stora långhus undersökts (Tornbjerg 1998). Vissa av långhusen har haft en kombination av takbärande bockar och takbärande mittstolpar. Enligt Svend Åge Tornbjerg kan gården karakteriseras som en centralplats med regional betydelse enligt Fabech & Ringtveds definition (1995). På platsen undersöktes ett antal stora, cirka 37–40 m långa långhus som förmodligen har fungerat som bostadshus och hallbyggnader, samt ett antal cirka 10–28 m långa så kallade "udhuse". Varför de har fått en tolkning som uthus är oklart, de större långhusen i den här kategorin skulle mycket väl kunna vara långhus i en mer ordinär bebyggelse som har legat i anslutning till stormannagården. Det är emellertid svårt att tolka platsens struktur innan den har publicerats i sin helhet.

De stora långhusen, totalt fem stycken, framkom koncentrerat inom en mindre undersökningsyta. Enligt Tornbjerg kan hus 1 placeras i 700-talet och följs sedan av hus 2 och 3 under 800-talet (1998, s. 221). De avlöses sedan av hus 4 och 5 under 900-talet. Enligt författaren kan man se tre olika typer av långhus som avlöser varandra på platsen. De har varit cirka 35–40 m långa och har haft samma principiella uppbyggnad vad det gäller rumsindelningen. De har också haft stora likheter i placeringen av de takbärande bockarna, så att man har fått en större fri yta i den västra delen av långhusen. Dessutom har man placerat ingångarna på samma ställe i den västra delen av långhusen. Vad som skiljer dem åt är bland annat antalet takbärande bockar och avståndet mellan dem. Dessutom har två av långhusen, hus 2 och 3, en blandning av takbärande bockar och mittstolpar. Här kan man alltså se en intressant blandning av konstruktionsprinciper för den takbärande konstruktionen.

De stora långhusen med en blandning av takbärande bockar och mittstolpar har vissa principiella likheter med en del av de mellanstora långhusen från platsen som har en liknande takbärande konstruktion (Tornbjerg 1998, s. 224). De här mellanstora långhusen har stora likheter med långhus från bland annat Ståstorp, Västra Tommarps sn i Skåne (Jacobsson 2002) och Bornholm (Watt 1983) varför typen än så länge kan betraktas som ett uttryck för en östdansk byggnadstradition.

Det finns åtminstone ytterligare två kända stormanna- eller kungsgårdar på Själland; Tissø på västra Själland (Jørgensen 1998; 2001; 2002) och Lejre, på norra Själland (Christensen 1997). Förutom stormannamiljöerna så finns det också mer ordinär bebyggelse som har undersökts i samma områden. Båda gårdarna har en exceptionell uppsättning mycket stora långhus av olika typ och inhägnade områden med speciella, mindre byggnader som tolkas som så kallade "hov". Också trelleborgen vid Trelleborg på Själland representerar förmodligen en form av stormanna- eller kungamiljö (se bl.a. Nørlund 1938; 1948; Schmidt 1981; Nielsen 1990). De långhus av trelleborgstyp som har undersökts här visar på en långt gången standardisering av byggnadsskicket, där långhusen förmodligen har byggts under en kort tidsperiod och uppvisar stora likheter med varandra. Långhusen inne i ringborgen är i stort sett identiska, medan de utanför har en viss variation i bland annat den takbärande konstruktionens utseende. Här finns både långhus av mer klassisk trelleborgstyp med endast två takbärande bockar placerade i gaveldelarna och långhus som har takbärande bockar längs med hela huskroppen. Vi ser alltså en intressant variation i byggnadstraditionen inom en väl sammanhållen försvarsanläggning. Detta skulle kunna bero på en kronologisk variation, funktionella skillnader eller att de har byggts av människor från olika platser som har haft olika byggnadstraditioner.

Exempel på gårdar med mellanstora och mindre långhus finns från till exempel Karlemosen i närheten av Køge på östra Själland (Tornbjerg 1992, s. 61ff), Vindinge utanför Roskilde (Christensen 1992) och från Vallensbæk i närheten av Köpenhamn (Kaul

1985a). Här har ett antal gårdar med mer eller mindre säkert daterade långhus och mindre byggnader undersökts. Gemensamt för dem är att de endast kan placeras i "yngre järnålder" utifrån fynd och de hustypologiska resonemang som förs av författarna. Det finns inga naturvetenskapliga dateringar av byggnaderna. Utifrån deras utseende så kan emellertid flera av dem med stor sannolikhet placeras i yngre germansk järnålder och vikingatid. I de flesta fallen handlar det om mindre långhus, cirka 10–20 m långa, med fyra takbärande bockar. Den takbärande konstruktionen tycks oftast ha varit rak eller oregelbunden, medan själva huskroppen i ett fåtal fall tycks vara lätt konvex.

Exempel på enskeppiga senvikingatida–tidigmedeltida långhus finns bland annat vid Margrethehåb utanför Roskilde (Christensen 1990; 1992). Den här långhustypen, som har fått sitt namn efter typlokalen, har endast grova väggstolpar som bildar en lätt konvex form. Taket har alltså burits av de kraftiga väggstolparna. I vissa fall finns det lämningar efter en inre uppdelning av konstruktionen liknande den man kan se i långhus av trelleborgstyp.

Det publicerade husmaterialet från yngre germansk järnålder och vikingatid på Bornholm är tyvärr begränsat. I stort sett är det endast boplatsen vid Runegård som har givit större delar av vikingatida långhus (Watt 1983). Ett av dessa, hus XX, har en intressant takbärande konstruktion med fem takbärande bockar med en något oregelbunden placering och en mittstolpe i långhusets västra gavel. Konstruktionen liknar den som finns vid bland annat Ståstorp i Skåne (Jacobsson 2002) och vid Toftegård på Själland (Tornbjerg 1998). Långhuset har varit cirka 28,5 m långt och 7,7 m brett. Det har haft en tydligt konvex form med dubbla vägglinjer, där den yttre har bestått av djupare stolphål med lutning in mot den inre, förmodligen så kallade trellar.

Sammanfattningsvis kan man säga att det finns en rad beröringspunkter mellan Skåne och östra Danmark vad det gäller byggnadstraditionen under perioden. Det publicerade materialet är emellertid ännu inte så stort att det går att uttala sig om detaljer vad det gäller likheter och olikheter hos de de flesta av de olika hustyperna. Det är emellertid uppenbart att flera typer av långhus har funnits parallellt i Skåne och på Själland och att traditionen i båda områdena vilar på samma grund.

Västra Danmark

Det jylländska materialet från yngre germansk järnålder är inte lika omfattande som det vikingatida men ger ändå en relativt god bild av utvecklingen. Byggnadstraditionen i området kan förmodligen bäst sammanfattas med hjälp av Hans Skovs (1994) modell som diskuterades tidigare och som är en översikt av utvecklingen av hustyper under perioden cirka 700–1300 i det danska området. Modellen är visserligen en ganska långtgående förenkling av materialets utseende, men eftersom det speciellt under 900-talet och 1000-talet blir mycket heterogent är detta förmodligen oundvikligt om man skall kunna täcka in en större del av långhustyperna och samtidigt få en hanterlig modell.

Husmaterialet från yngre germansk järnålder har stora likheter med det som man kan se under äldre germansk järnålder. En tydlig tendens i byggnadstraditionen under hela germansk järnålder är enligt Lise Bender Jørgensen och Palle Eriksen (1995, s.18f) att långhusen successivt får en alltmer tydlig konvex form och de takbärande bockarna närmast gavlarna blir smalare. Gårdarna och långhusen av olika storlek tycks spänna över ett vitt spektra även under den här tidsperioden. Som kontrasterande exempel kan nämnas en stor gård vid Mørup på södra Jylland med ett stort långhus, flera andra byggnader och hägnader med anslutande så kallade halvtakshus (Kaldal Mikkelsen 1987; 1999, s.183ff), samt en mindre gård med ett litet långhus och en mindre byggnad samt ett grophus vid Stepping Mølle i samma del av Jylland (Ethelberg 1995, s.123ff). De här exemplen visar på en stor variation i byggnadstraditionen och i storleken på långhusen på olika typer av gårdar. Ett intressant material finns också vid Nørre Snede, där en bybebyggelse från bland annat germansk järnålder har undersökts (Hansen 1988).

En rad vikingatida boplatser på Jylland har varit föremål för större undersökningar under de senaste 40 åren (se bl.a. Becker 1980). Flera platser har givit omfattande och välbevarade lämningar från perioden och de har försett oss med ovärderlig kunskap om byggnadstradition, gårdsorganisation och bebyggelsestruktur. Framförallt har ett stort antal vikingatida byar undersökts och de har givit oss en bild av ett komplext samhälle med en stor variation i bland annat byggnadstradition, både inom byarna men också regionalt och interregionalt (se bl.a. Schmidt 1994, s. 45ff). Samtidigt finns det stora likheter i husmaterialet över stora avstånd, något som måste återspegla nära kontakter över hela det skandinaviska området.

Bland de platser som har givit en god bild av den vikingatida byggnadstraditionen kan nämnas bland annat Vorbasse på mellersta Jylland (Hvass 1980), Sædding på västkusten (Stoumann 1980) och Omgård (Nielsen 1980) samt Trabjerg (Jørgensen & Skov 1980; Jørgensen & Eriksen 1995) på nordvästra Jylland. Materialen har publicerats i varierande detaljeringsgrad vilket försvårar jämförelser, men i huvudsak finns det så utförliga översikter att en generell bild av utvecklingen kan skapas. Materialet är emellertid, som tidigare påpekats mycket stort och varierat, varför endast ett mycket litet urval kan diskuteras här. Om man utgår från Vorbasse, som har en intressant blandning av mer ordinär bebyggelse och en stormannamiljö, så har man under den äldre fasen huvudsakligen använt sig av treskeppiga långhus av olika slag samt grophus i den ordinära gårdsbebyggelsen, medan man under den yngre fasen huvudsakligen har använt sig av enskeppiga långhus (Hvass 1980, s. 140ff). Stormannagården vid Vorbasse har under båda faserna uppsättningar av huskonstruktioner och hägnader av mycket speciellt slag, som utan tvekan kan tolkas som tecken på en högreståndsmiljö och rituellt inriktad verksamhet på platsen (a.a., s. 155). En stor del av långhusen är enskeppiga med kraftiga väggstolpar, men det finns också två- och treskeppiga långhus. Om man jämför materialet från Vorbasse med det från till exempel Sædding så kan man se att det finns likheter men också stora skillnader. Det finns en intressant variation i materialen som tyder på att man i hög grad har improviserat och experimenterat när man har uppfört de olika konstruktionerna.

Liksom i Skåne, på Själland och på Fyn finns det trelleborgar på Jylland (se bl.a. Schmidt 1981; Svanberg & Söderberg 2000). Långhusen i ringborgarna vid Aggersborg (Schultz 1949) och Fyrkat på Jylland (Olsen & Schmidt 1977) har varit olika stora. Långhusen i Aggersborg har varit cirka 32,5 m långa och 5,8–8,3 m breda medan långhusen i Fyrkat har varit 28,5 m långa och 5–7,4 m breda. Skillnaden i storlek på långhusen beror förmodligen på skillnader i diametern mellan ringborgarna, det vill säga långhusens storlek har avgjorts av det tillgängliga utrymmet innanför vallarna. Det finns även andra mindre skillnader i långhusens utseende, så till exempel har vissa av dem vid Fyrkat mindre utbyggnader vid ingångarna, något som inte finns vid Aggersborg. En jämförelse med långhusen i ringborgen vid Trelleborg på Själland visar att storleken och vissa detaljer skiljer sig åt, men att huvuddragen i konstruktionerna överensstämmer. En viktig skillnad är dock, som vi har sett innan, att vissa av långhusen som ligger utanför ringborgen vid Trelleborg har takbärande bockar längs med hela kroppen, medan det vanliga är att det endast finns två takbärande bockar.

Till sist kan nämnas två gårdskomplex från germansk järnålder och vikingatid som visar en intressant lokal utveckling av långhustyper. Vid Hammerlev Nørremark har en vikingatida gård i två faser undersökts och här kan man se att långhuset i den tidiga fasen har ett konventionellt utseende med en treskeppig konstruktion och konvex huskropp, medan långhuset i den senare fasen är av en trelleborgsliknande typ med endast två takbärande bockar (Ethelberg 1995, s. 117ff). Långhuset saknar emellertid så kallade trellar.

Det andra exemplet kommer från Jelling-området, där en boplats med tre bebyggelsefaser undersöktes vid Skovgade (Christiansen 1999). Den tidigaste fasen ligger enligt Christiansen i övergången mellan äldre och yngre germansk järnålder och består av ett cirka 28–32 m långt långhus med tio takbärande bockar samt två mindre byggnader med tre respektive fyra takbärande bockar. Samtliga hus har haft raka långsidor. Norr om detta gårdsläge undersöktes en gård som bestod av ett mindre, cirka 15 m långt långhus med fyra eller fem takbärande bockar, en mindre byggnad med tre takbärande bockar samt ett grophus. Långhuset och den mindre byggnaden har troligen haft raka långsidor. Gården har fynddaterats till den senare delen av yngre germansk järnålder-äldre vikingatid. Ytterligare något längre norrut framkom delar av två vikingatida långhus som har daterats till 800–900-tal. Långhusen har haft breda takbärande bockar och lätt konvex huskropp.

De här två exemplen på lokala förändringar av husbyggnadstraditionen visar att man har gått från långhus och mindre byggnader med en rak eller oregelbunden takbärande konstruktion och raka långsidor under germansk järnålder till långhus med mer eller mindre konvex huskropp under avslutningen av germansk järnålder och under vikingatid.

Husmaterialet från Fyn är även under denna period mycket begränsat (Jacobsen & Thrane 1984). De få hus som har publicerats visar emellertid på stora likheter med det jylländska materialet. Trelleborgen vid Nonnebakken har uppenbara likheter med de övriga i Danmark och Skåne, men inga långhus har framkommit här (Thrane 1991).

Halland, Bohuslän och Småland

Materialet från den svenska västkusten visar stora likheter med det från Skåne. Den sena fasen av byn vid Brogård, Snöstorps sn, kan troligen dateras till övergången mellan folkvandringstid och vendeltid, cirka 500–600 e. Kr (Carlie 1992; 1999). Vissa av långhusen har ^{14}C-daterats till den här tidsperioden, men det är svårt att uppskatta bebyggelsens omfattning under fasen. Bebyggelsen upphör förmodligen i området under den tidigare delen av vendeltid, och man kan se att byggnadstraditionen har följt samma linje under hela byns existens.

En av de mer kända boplatslämningarna från vendeltid–vikingatid som har undersökts i Halland är stormannagården vid Slöinge (Lundqvist 1997; 2003). Endast mindre delar av boplatsläget har undersökts, men troligen har området enligt Lars Lundqvist använts under en längre tid, från cirka 375 till 1000 e. Kr. Eftersom endast en liten del av lämningarna på platsen har undersökts så är resultaten än så länge svårtolkade, men byggnaderna antas representera fyra eller fem bebyggelsefaser. Totalt kan det enligt författaren ha funnits 10–20 huvudbyggnader på platsen, vilket visar hur svårt det är att tolka lämningarna med nuvarande kunskapsläge (Lundqvist 2003, s. 60). Det finns åtminstone tre större långhus inom det undersökta området, hus I–III. Hus I anses vara det tidigaste och skall enligt Lundqvist ha använts någon gång under perioden 375–710 e. Kr. Hus III har dendrodaterats till 710–720 e. Kr. och Lundqvist anser att det har använts under 700-talets första hälft, varefter det ersätts av hus II, som troligen har använts in i 800-talet. I samtliga fall rör sig om treskeppiga långhus med konvex form. De har förmodligen varit åtminstone 18–30 m långa. Hus II och III har stora likheter med varandra, det rör sig om treskeppiga långhus med en tydligt konvex form.

En intressant undersökning av boplatslämningar från tidsperioden vendeltid–tidigmedeltid har gjorts vid Ösarp 1:21 och 2:15, Laholms lfs (Viking & Fors 1995b; Carlie 1999). De omfattande lämningarna här visar en anmärkningsvärd kontinuitet från sent 600-tal upp i 1200-tal, en relativt ovanlig företeelse i området. Eftersom boplatslämningarna fortsatte både åt öster och väster kan bebyggelsen ha varit omfattande. Undersökningsområdet ligger på Ösarps bys utmark, men i nära anslutning till byn. De vendeltida och tidigvikingatida faserna omfattar sju långhus eller mindre byggnader och ett grophus. Långhusen har tydliga likheter med långhusen från till exempel Bjärred i Skåne (Kriig & Pettersson 1996; 1997; Pettersson 2001;

2002). Under den senare delen av 900-talet sker en mycket tydlig förändring av byggnadstraditionen. De vanliga treskeppiga långhusen ersätts av trelleborgshus eller raka huskonstruktioner med trellar. Denna byggnadstradition fortsätter in i den senare delen av vikingatid och upp i 1100-tal.

En senare stormanna- eller kungsgård med trelleborgsliknande långhus har undersökts vid Varla, Tölö sn utanför Kungsbacka (Lundqvist & Schaller Åhrberg 1998). Långhuset kan dateras till slutfasen av vikingatid eller inledningen av tidigmedeltid utifrån fyndmaterial och ^{14}C-dateringar. Det har ett helt annat utseende jämfört med långhusen från Slöinge. Långhuset vid Varla har varit cirka 27,5 m långt och 5,5–7,5 m brett och har haft grova väggstolpar men ingen inre takbärande konstruktion. Huskroppen har haft en lätt konvex form. I långhusets västra del finns det spår efter en innervägg som har avdelat ett mindre rum från resten av utrymmet. Längs med vissa delar av långhuset finns det spår efter trellar.

En översikt över vikingatida trelleborgshus i södra Halland har gjorts av Per Wranning (1999b). Enligt hans översikt har trelleborgshusen i Halland byggts under den senare delen av 900-talet och under första hälften av 1000-talet. De har varit inspirerade av de danska exemplen av långhustypen, men storlek och utförande har varierat mellan olika platser. I vissa fall har man nästan exakt följt konstruktionsprincipen från trelleborgarna i Danmark, medan man i andra fall endast har använt sig av vissa drag. Överhuvudtaget tycks det finnas stora likheter mellan det skånska, östdanska och halländska materialet från vendel- och vikingatid. De olika långhustyperna har stora likheter mellan områdena och i vissa fall kan man se direkta paralleller, inte minst vad det gäller trelleborgshusen (jfr dock diskussionen hos Schmidt Sabo 1997, s. 686 och Bjuggner & Rosengren 1999, s. 96).

Det småländska husmaterialet med en datering till vendel- och vikingatid är mycket begränsat. Undersökningar vid Binga och Hossmo i sydöstra Småland gav dock ett antal mindre byggnader med tre takbärande bockar som kunde dateras till perioden (Gustafsson 2001, s. 597ff).

Östergötland, östra Mellansverige och södra Norge

Också i Östergötland finns det en uppenbar brist på undersökta boplatser från yngre järnålder (Kaliff 1999, s. 114ff). Denna brist beror enligt Anders Kaliff på att de yngre järnåldersbosättningarna har legat på de historiska bytomterna och att detta gör dem svåra att hitta. En stor andel av de vendel- och vikingatida boplatserna som har undersökts i Östergötland har varit någon form av högstatusmiljöer. Ett antal boplatser som har tolkats som delar av vendel- och vikingatida stormannagårdar har undersökts vid till exempel Borg, Skälv, Svintuna och vid Ringstad (Nielsen 1996; Lindeblad & Nielsen 1997).

Det vendel- och vikingatida husmaterialet från östra Mellansverige är också relativt begränsat om man jämför med tidigare perioder under järnålder. Enligt Hans Göthberg (2000, s. 229) kan man se paralleller med utvecklingen av byggnadstraditionen under yngre romersk järnålder–folkvandringstid och vendeltid i Mellansverige. Emellertid är husmaterialet från vendeltid ännu så länge relativt litet, varför det kan tillkomma andra hustyper som förändrar denna bild på ett eller annat sätt. Något som är tydligt är dock att det sker en förändring av byggnadstraditionen under vikingatid, så att ett flertal olika hustyper existerar parallellt, på samma sätt som i övriga delar av södra och mellersta Skandinavien. Olika typer av stolpbyggda hus förekommer parallellt med syllhus, samtidigt som byggnaderna enligt Hans Göthberg blir mindre och ofta har inrymt endast en funktion. Ofta finns det olika hustyper parallellt på gårdarna (se bl.a. Reisborg 1994; Åqvist & Flodin 1992). Ömsesidiga influenser mellan landsbygden och de tidiga stadsbildningarna i området kan antas ha haft ett inflytande på byggnadstraditionens utveckling, och förmodligen kan detta till en del förklara den stora variationen. Den vikingatida bebyggelse vid Pollista tycks karakteriseras av en sådan variation (Hållans & Svensson

1999, s. 27ff). Björn Varenius visar också i en intressant studie av vikingatida boplatser och bebyggelsestruktur i Mellansverige att det var vanligt med gårdar där olika typer av byggnader användes i kombination med varandra; stolpbyggda långhus, mindre byggnader på syll och så vidare (Varenius 1998). De vendeltida och vikingatida långhus som har undersökts i östra Mellansverige har främst framkommit i Uppland (se bl.a. Göthberg m. fl. 1995, s. 190; 192; 193; 197; 198; 199; 205: 208; 210; 211; 212 etc.). Ett vanligt drag hos de här långhusen är att de har haft tydligt markerade gavlar och hörnstolphål. I vissa fall har de byggts på terrasser med stenbyggda kanter.

Husmaterialet från södra Norge med en datering till vendel- och vikingatid är för närvarande mycket begränsat. Det inskränker sig egentligen bara till ett fåtal publicerade långhus. Ett exempel finns från Hovland i Saksumdal, södra Norge, där ett vikingatida långhus har undersökts (Comber 1989; Østmo 1991, s.84; Myhre 1982b, s. 111ff).

Sammanfattning

Sammanfattningsvis kan man säga att byggnadstraditionen i södra och mellersta Skandinavien under vendel- och vikingatid präglas av en successivt ökande komplexitet, där antalet långhus och mindre byggnader med olika typer av takbärande konstruktion och väggkonstruktioner hela tiden ökar. Den vendeltida traditionen präglas emellertid till en början av en kontinuitet i utvecklingen från folkvandringstid. Raka och konvexa långhus finns som tidigare parallellt och de takbärande bockarna blir allt smalare. Ett nytt drag som är tydligt i det vendeltida husmaterialet är att det blir relativt vanligt med oregelbundenheter i den takbärande konstruktionen. Utelämnade stolpar i den takbärande konstruktionen, ibland i kombination med utflyttade djupare stolhål i vägglinjen som istället har burit taket, och stora spann mellan de takbärande bockarna blir vanligt. Denna utveckling av den takbärande konstruktionen bryts emellertid under den senare delen av vendeltid och bredden i den takbärande konstruktionen ökar

åter för att under inledningen av vikingatid i vissa fall åter vara uppe i samma bredd som under bronsåldern. Samtidigt som detta sker införs successivt en rad nya typer av långhus och mindre byggnader, som till exempel trelleborgshus och syllstenshus utan någon inre takbärande konstruktion. En modell för byggnadstraditionens utveckling under vikingatiden måste därför präglas av en större flexibilitet, eftersom den tycks ha varit mycket varierad. Olika byggnadstekniska element har förenats på olika sätt, vilket har givit upphov till en rik flora av olika långhustyper och mindre byggnader. Samtidigt som antalet typer av långhus ökar kan man kan se en liknande uppdelning av långhusen i olika storlekskategorier som under tidigare tidsperioder. Dessutom kan man se att det monumentala och rituella inslaget blir allt tydligare på vissa boplatser, med enorma hallbyggnader och speciella mindre byggnader som ofta ligger placerade innanför hägnader. Exempel på detta kan vi se vid till exempel Järrestad, Uppåkra, Tissø, Lejre och Vorbasse. Den sociala stratifieringen i samhället markeras allt tydligare med hjälp av bland annat skillnader i byggnadstraditionen. Det finns inget tydligt brott i byggnadstraditionen mellan vikingatid och tidigmedeltid på landsbygden, utan variationen i byggnadsskick tycks fortsätta framåt i tiden. Den tidigmedeltida bebyggelsen i städerna tycks däremot koncentreras på ett mindre antal byggnadstyper, där till exempel syllstenshus utan en inre takbärande konstruktion spelar en viktig roll.

En generell bild – byggnadstraditionen under 1500 år

Som vi har kunnat se i genomgången av materialet från järnåldern i södra och mellersta Skandinavien så finns det flera dimensioner att ta hänsyn till. Dels finns det en stor konservatism där rötterna till järnålderns byggnadstradition kan spåras ned i bronsåldern, dels finns det en successivt ökande trend till att nya drag introduceras under den senare delen av förromersk järnålder och framåt. En tydlig tendens i materialet är att olika byggnadstyper har använts under olika långa tidsperioder. I vissa fall har en typ existerat under kanske bara 100–200 år, medan andra kan följas under mycket långa perioder, upp till 500–600 år eller mer. Det finns således ingen jämn, linjär utveckling i en viss bestämd takt, utan förändringarna av byggnadstraditionen har skett språngvis och förändringsperioderna har dessutom haft en varierande intensitet och varaktighet.

De olika byggnadstraditionerna tycks dessutom ha haft en varierande grad av lokal förankring, så att vissa traditioner kan ha sitt ursprung mycket långt tillbaka i tiden, medan andra har introducerats plötsligt och har ibland endast existerat under några hundra år. Det här mönstret måste bero på att byggnadstraditionerna haft olika bakgrund och har introducerats på olika sätt. På grund av detta har den lokala förankringen varit olika stark. Så kan man till exempel tänka sig att en byggnadstradition som förs in utifrån i ett område av någon tillhörande en lokal stormannasläkt kanske inte har fått samma lokala förankring bland de grupper av människor som har haft en lägre social position. Om man ser byggnadstraditionens utveckling som endast en förändring bland många av den materiella kulturen över tiden, beroende på förändringar av till exempel handelskontakter, kulturella kontaktmönster och social, politisk samt ekonomisk utveckling, blir processen mer förståelig och gripbar. Förändringar i husbyggnadstraditionen är endast en aspekt på ett samhälle i ständig omvandling.

Eftersom de flesta av våra naturvetenskapliga dateringsmetoder har en begränsad upplösning på i bästa fall kanske 50–100 år, så kan en typologisk-kronologisk modell för byggnadstraditionens utveckling i området endast ge de stora dragen i förändringsprocessen. De få fall då fynd eller till exempel dendrodateringar kan ge oss en mer noggrann tidsbestämning av en byggnad räcker inte för att vi skall få en riktigt tydlig bild av situationen. Utifrån ett antal parametrar som kan studeras i de lämningar som finns efter förhistoriska byggnader så kan man placera in dem i olika typologiska-kronologiska modeller. Jag har i den här artikeln valt att traditionsenligt (se bl.a. Björhem & Säfvestad 1993; Tesch 1993) utgå ifrån järnåldershusens storlek och form, antalet takbärande bockar och bockarnas inbördes placering inom huskroppen, bockbredd, bockavstånd och formen på den takbärande konstruktionen för att sortera in dem i en tolkningsmodell. Utifrån dessa parametrar har jag även försökt att konstruera en modell som också har en social dimension. Långhusens storlek kan, enligt min mening, ges en social tolkning så att de mycket stora och stora långhusen kan anses vara kopplade till de högre sociala grupperna i samhället, medan de mellanstora och mindre långhusen kan förmodas tillhöra de lägre. Detta är givetvis en starkt förenklad modell, men den har en fast förankring i de modeller för samhällsstrukturens utveckling under järnåldern som har konstruerats med hjälp av andra arkeologiska material. Under varje period av järnåldern som har studerats så har vi kunnat se att det har funnits en uppdelning av husmaterialet i olika storlekskategorier, en uppdelning som representerar en variation i gårdsstorlek (Carlie & Artursson denna volym). Spridningen i storlek har visserligen varierat mellan olika perioder, men den finns hela tiden där. Med detta faktum som utgångspunkt har sedan de typologiska-kronologiska modellerna för varje period konstruerats.

En översiktlig, generell bild för utvecklingen av byggnadstraditionen i hela området, där likheter i den takbärande konstruktionens utseende och långhusens storlek samt form betonas, ger oss en bild av ett geografiskt område med en relativt homogen tradition som sträcker sig över en lång tidsperiod (se bl.a. Göthberg 2000, s. 229; Artursson 2005a). Naturligtvis finns det skillnader mellan olika regioner i södra och mellersta Skandinavien, bland annat vad det gäller tidpunkten för när vissa förändringar sker och i vissa fall också förekomsten av unika konstruktioner som bara finns inom ett visst område, men som helhet sett så finns det förvånansvärt stora likheter över stora områden. Något som man kan se tydligt i hela området är att byggnadstraditionen blir alltmer varierad och mångsidig ju längre fram i tiden man kommer. Antalet långhustyper ökar från förromersk järnålder period I–II och fram till vikingatid, vilket gör bilden mer och mer komplex.

Det finns definitivt en kontinuitet i utvecklingen av byggnadstraditionen från yngre bronsålder och in i förromersk järnålder. Bland annat kan man se att storleksvariationen på långhusen som har kunnat konstateras under senneolitikum och bronsålder i området (se bl.a. Artursson 2005a) fortsätter in i förromersk järnålder. Vad det gäller den takbärande konstruktionen så kan man se att långhusen från den äldre delen av bronsåldern ofta har mycket breda bockar placerade med jämna avstånd mellan varandra, där bredden i bockarna i många fall är större än avståndet mellan dem. Successivt förändras utseendet så att bredden i den takbärande konstruktionen successivt minskar samtidigt som det blir vanligare med ett varierande avstånd mellan bockarna. Ofta kan man utifrån det varierande avståndet mellan de takbärande bockarna se att huskroppen har delats in i två eller tre rum. I vissa fall finns det också spår av innerväggar och ingångar som bekräftar en sådan inre rumsuppdelning av långhusen. Det är endast de mycket stora eller stora långhusen som har varit indelade i tre eller flera rum. De mellanstora och mindre långhusen har endast haft två rum, men i vissa fall har det dessutom funnits ett mindre ingångsrum mellan dessa.

I många fall finns det en mycket tydlig tudelning av den takbärande konstruktionen, med glesare satta bockar i den västra delen och tätare satta i den östra. I den här typen av långhus kan det också finnas skillnader i hur breda bockarna har varit i olika delar av byggnaden. Oftast har de varit bredare i den västra delen. Ibland kan man också se att bockarna i den östra delen av långhusen smalnar av successivt, så att den här delen av långhuset får en trapetsoid form. Detta är vanligt i bland annat Östergötland (Borna-Ahlkvist m. fl. 1998) och Mellansverige (Göthberg 2000), men förekommer också i viss utsträckning i Skåne, till exempel i Köpinge-området (Tesch 1993). Det är relativt vanligt att man hittar spår efter en härd i den västra delen av huset och i ett fåtal fall finns det spår av båsindelning i den östra delen. Denna uppdelning anses generellt innebära att den västra delen av långhusen har använts för boende och att den östra har haft olika ekonomifunktioner.

Den här byggnadstraditionen lever vidare in i förromersk järnålder period I–II. Bredden i den takbärande konstruktionen minskar successivt, men fortfarande kan man se att grundidén bakom de olika konstruktionerna är densamma. Uppdelningen av långhusen på olika storlekskategorier finns kvar, men man kan se en tendens till att de mycket stora långhusen blir ovanligare, så att spannet i storleksspridningen minskar. De stora långhusen har haft fler än sex takbärande bockar och avståndet mellan bockarna har i de flesta fall varit relativt jämnt. Det finns dock exempel på motsatsen och det tycks som om en tudelning också av de stora långhusen blir vanligare under den äldre delen av förromersk järnålder, medan långhusen med tre rum blir mer ovanliga. Små och medelstora långhus med fyra till sex takbärande bockar är mycket vanliga under perioden och de tycks utgöra majoriteten i många delar av södra och mellersta Skandinavien.

Under loppet av förromersk järnålder period III och in i äldre romersk järnålder sker det en gradvis förändring av byggnadstraditionen i vissa områden, så att de större långhusen blir allt längre. Det finns emellertid en variation i den takbärande konstruktionens utseende och i långhusens form mellan olika områden, vilket visar att det har funnits olika byggnadstraditioner i ett område som har omfattat Mellansverige, norra Götaland och södra Norge jämfört med till exempel Skåne, södra Halland och östra Danmark. I det förstnämnda området blir det vanligt med mer eller mindre konvexa huskonstruktioner redan under förromersk järnålder period III och äldre romersk järnålder, medan man i de södra delarna av Skandinavien behåller den mer raka konstruktionen i de större långhusen. Den konvexa långhustypen tycks emellertid successivt sprida sig söderut under äldre romersk järnålder och blir relativt vanlig också här under den senare delen av äldre romersk järnålder och yngre romersk järnålder. Vad det gäller de mindre långhusen så tycks det enligt Tesch (1993) finnas konvexa konstruktioner i Skåne redan under förromersk järnålder period III, men detta är enligt vissa författare osäkert (se bl.a. Martens denna volym). Enligt min mening finns det ett fåtal långhus med en datering till perioden som kan tolkas som konvexa eller oregelbundna.

Överensstämmelserna vad det gäller placeringen av de takbärande bockarna och långhusens storlek samt form över stora geografiska områden är slående under förromersk järnålder och till viss del också under äldre romersk järnålder, något som enligt min mening visar på ett välutvecklat nät av långväga kontakter och ett utbyte av idéer kring byggnadstradition och byggnadsteknik. Långhustypen med tydligt konvex takbärande konstruktion och huskropp tycks alltså ha använts under en längre tid i östra Mellansverige, norra Götaland och södra Norge, från slutet av förromersk järnålder och framåt. Hustypen har successivt spridit sig söderut och under senare delen av äldre romersk järnålder och under yngre romersk järnålder har den fått en stor spridning i vissa delar av södra Skandinavien. Liknande huskonstruktioner med dateringar till romersk järnålder och folkvandringstid finns också i södra och mellersta Norrland (se bl.a. Ramqvist 1983; 1992; Liedgren 1985; 1992; Hovanta 1997). Det är emellertid ovisst om den här byggnadstraditionen har förekommit i västra Danmark före germansk järnålder. På Jylland och Fyn tycks man behålla de raka långhusen längre än i övriga södra och mellersta Skandinavien. Här finns det emellertid en osäkerhet eftersom endast en mindre del av materialet har ^{14}C-daterats, varför det kan finnas tidigare konvexa långhus också här.

Utvecklingen från långhus med raka takbärande konstruktioner och i stort sett raka långsidor på själva huskroppen till konstruktioner med mer eller mindre konvex form och en tydlig gruppering av de takbärande bockarna kan man också se bland de mellanstora och små långhusen. Förändringen sker parallellt med den i de stora långhusen. I flera fall kan man se att vissa storlekskategorier och typer av långhus får en stor variation i sin uppbyggnad. Som exempel kan nämnas hus med fem takbärande bockar, där det till exempel finns en mycket stor variation i hur bockarna har placerats inom huskroppen.

Samtidigt som man kan se en relativt snabb förändring i byggnadstraditionen från förromersk järnålder period III och fram i folkvandringstid i vissa områden, så finns det i samma områden också en mer konservativ tradition som har bevarat till exempel en rak takbärande konstruktion, jämnt fördelade takbärande bockar inom huskroppen och en mer eller mindre rak huskropp. Det finns alltså en tudelning i materialet som är svår att förklara. Kanske finns det någon form av markering bakom den här tudelningen, så att man aktivt har valt byggnadstradition av en för oss okänd anledning. Det här konservativa draget i delar av materialet kan vara en medveten användning av byggnadstraditionen för att markera till exempel sin sociala position.

Variationen och komplexiteten i byggnadstraditionen tilltar under yngre järnålder. Långhus med olika form existerar parallellt och samtidigt kan man se en generell utveckling mot allt smalare takbärande bockar under första hälften av vendeltid. Den takbärande konstruktionen har alltså blivit allt mer underbalanserad över tiden. Från den senare delen av vendeltid kan man emellertid se att bredden i den takbärande konstruktionen återigen generellt blir större och man får ett stort antal långhus med balanserad eller något överbalanserad konstruktion. I kombination med denna utveckling sker det successivt ett införande av nya hustyper under vendeltid och vikingatid. Så kan man till exempel se att enskeppiga och tvåskeppiga stolpbyggda konstruktioner samt syllstenskonstruktioner blir vanligare under den andra hälften av vikingatiden och in i tidigmedeltid på landsbygden. Här kan man förmodligen se en ömsesidig påverkan på byggnadstraditionen mellan landsbygden och de små stadsliknande bildningar som växer fram från tidigt 700-tal till sent 900-tal i området. Som exempel kan nämnas Ribe, Birka, Sigtuna och Lund. Hus med syllstensgrund som har uppförts i så kallad knuttimmerteknik finns bland annat i Sigtuna under de första faserna under sent 900-tal och de kan troligen ses som uttryck för influenser från det södra Östersjöområdet och Ryssland. Införandet av nya, speciellt utformade långhustyper som till exempel de så kallade trelleborgshusen kan förmodligen ses som uttryck för en successiv överföring av en från början exklusiv byggnadsstil som har använts i högstatusmiljöer och i vallanläggningarna av trelleborgstyp till de lägre skikten i samhället. Andra typer av sällsynta och exklusiva långhustyper kan ha hämtat sin inspiration från de tidiga träkyrkorna som ofta har uppförts i så kallad stav- eller skiftesverksteknik. Som exempel kan nämnas det sista långhuset vid Järrestad, som har varit en imponerande byggnad. Liknande långhus finns också vid Tissø på västra Själland och de två gårdarna uppvisar stora likheter i sin övergripande planlösning.

Utgångspunkten för den här artikeln var alltså frågan om det har existerat en tydligt åtskild byggnadstradition i Skåne under järnåldern i området och i så fall hur denna har skiljt sig från de närmaste omgivande regionerna. Enligt min mening har det existerat en mer eller mindre tydlig regional byggnadstradition i området under den aktuella tidsperioden, men den har haft stora likheter med de traditioner som har funnits i närliggande områden, som till exempel Själland, Bornholm, Halland och södra Småland. Det finns emellertid också likheter med områden på större avstånd, som till exempel Fyn, Jylland, norra Götaland, östra Mellansverige och södra Norge. Det finns till och med likheter med byggnadstraditionen i södra Norrland under yngre romersk järnålder och folkvandringstid, som tidigare nämndes. Enligt min mening kan man därför tala om en gemensam, övergripande byggnadstradition i södra och mellersta Skandinavien under järnålder. Det finns visserligen regionala skillnader, men generellt sett handlar det om samma grundinställning till hur långhusen skulle se ut och hur de skulle indelas funktionellt. Det finns också tydliga likheter i de mindre byggnaderna och grophusens utseende.

Existensen av den här övergripande, gemensamma byggnadstraditionen i södra och mellersta Skandinavien gör det svårt att använda husmaterialet ensamt för att bedöma förekomsten av och intensiteten i kulturella kontakter mellan olika områden. Det finns andra arkeologiska material som ger en betydligt tydligare bild av sådana förhållanden. Vad det gäller de kulturella kontakterna i Öresundsregionen så finns det ju, trots brister i husmaterialet, andra tydliga indikationer på att kontakterna mellan Själland och västra Skåne har varit omfattande, och att även övriga delar av Skåne samt, södra Halland och Bornholm har ingått i detta kontaktnät. Intressant nog kan man se tydliga indikationer i husmaterialet på att kontakterna norrut har varit väl så intensiva och att innovationsvägarna inte bara gått från söder till norr utan tycks även i vissa fall ha gått i motsatt riktning.

Summary

The building tradition in Scania during the Iron Age, (500 BC–1050 AD)

The excavations during the last 15–20 years have produced a large number of new Iron Age (500 BC–1050 AD) settlement sites in Scandinavia. The excavations along the West Coast Line in western Scania have given us a better understanding of how life was structured and organized in the area during the period. The picture of the building tradition and the structure of the farms and settlements in the area has improved and a new understanding of the social organization has emerged. It is quite evident that there are clear signs of social stratification in the settlement structure already at the beginning of the Pre-Roman Iron Age and that this picture continues and is even more strengthened all the way up to the end of the Viking Age. During the whole period, we can see that long-houses and farms of different size existed at the same time, giving us a picture of a complex society where the upper stratum marked its position with, among other things, long-houses and farms of a unique size and structure. These large farms must be interpreted as the material manifestation of important political and economic institutions in society.

The development of the building tradition in Scania has great similarities to the rest of the southern and central parts of Scandinavia. There is a certain regional variation, but as a whole, the picture that we can see now is quite homogeneous. On the farms, it is clear that there were a number of different kinds of buildings. The main building in the farms during the whole Iron Age in Scandinavia was the long-house. In some cases it was supplemented with one or more smaller buildings. These were either small, post-built buildings or pit-houses. They were probably used mainly for storage or handicraft.

Using a number of important traits of the long-houses such as the size, the general shape, the number of roof-bearing trestles, the width of the trestles, the variation in position of the trestles inside the long-houses, and the overall shape of the roof-bearing construction, it is possible to place them in a typological-chronological model. As a general view of the development of the long-house in the area, it can be said that the picture gets more and more varied and versatile over time, from the Pre-Roman Iron Age up to the Viking Age. The number of different shapes of the long-houses and the variation in the roof-bearing construction increases, and during the later part of the Viking Age we can see that a number of new types of buildings become quite common.

There are some traits in the development of the long-houses that can be described in a generalized way. For instance, the width of the trestles decreases from the Pre-Roman Iron Age up to the second half of the Vendel Period (500 BC–700 AD). At the same time it is quite evident that the distance between the trestles became more varied. During the second half of the Vendel Period the width of the trestles starts to increase again and is soon back to the width of the Pre-Roman Iron Age and even the Bronze Age. Gradually the roof-bearing construction gets more and more varied and during the second half of the Viking Age a lot of different variants are used. Parallel with this development it is possible to see that the shape of the roof-bearing construction and the long-house itself changes over time. It gradually goes from a more or less rectangular form during the Pre-Roman Iron Age to a more and more convex form. This change is evident already during the Pre-Roman Iron Age period III (150 BC–0 AD) in certain areas in the central part of Scandinavia, and it spreads gradually over the rest of the area from the Early Roman Iron Age (0–150 AD) onwards.

There is also a variation in the range of size of the long-houses over time. During the Pre-Roman Iron Age period I–II (500–150 BC) the size in Scania varies between 10 and 32 m, but already during the Pre-Roman Iron Age period III and Early Roman Iron Age (150 BC–150 AD) there is a major increase in the range of size to 10–50 m. This range is then kept and to some degree extended to 10–60 m from the Migration Period onwards.

The results of this investigation have shown the importance of applying a model where a social perspective plays an important role. The whole range of long-houses of different size and design must be considered. It is not enough just to use "type" houses in the analysis, as this can give us a false picture of a homogeneous and egalitarian society. The most interesting result of the investigation is therefore to see how the whole range of different-sized long-houses and farms gives us a picture of a complex and stratified society, and how the buildings and the farms themselves were used in an active way to mark social status.

Referenser

Andersen, N. H. 1984. Jernalderbebyggelsen på Sarup-pladsen. *Hikuin* 10. s. 83-90.

Andersen, N. H. 1999. *Saruppladsen*. Sarup vol. 2. Tekst. Jysk Arkæologisk Selskabs Skrifter XXXIII:2, 1999.

Andersson, G. 1995. En folkvandringstida boplats med palissad vid Haga Norra. Uppland, Solna sn, Haga 2:1, RAÄ 85. Arkeologisk förundersökning och undersökning. *Riksantikvarieämbetet. UV Stockholm Rapport* 1995:18.

Andersson, K. 1998. Rik eller fattig – medveten eller omedveten? I: Andersson, K. red. *"Suionum hinc civitates". Nya undersökningar kring norra Mälardalens äldre järnålder*. Occasional papers in archaeology 19. Uppsala. s. 59-93.

Andersson, M., Grønnegaard, T. & Svensson, M. 2000. Mellanneolitisk palissadinhägnad och folkvandringstida boplats. Skåne, Västra Karaby sn, Västra Karaby 28:5, Dagstorp 17:12, VKB SU19. Arkeologisk undersökning. *Riksantikvarieämbetet. UV Syd Rapport* 1999:101.

Andersson, T. 1991. Toarp 5:6, Oxie sn, Malmöhus län, Skåne. MHM 7457. S08:58. Arkeologisk slutundersökning 1991. Rapport. Stadsarkeologiska avdelningen, Malmö museum.

Andersson, T. 1999. Boplatslämningar från stenålder-äldre järnålder. Skåne, St. Herrestads sn, Herrestad 68:88 m. fl. RAÄ 60. Arkeologisk slutundersökning 1995. *Riksantikvarieämbetet. UV Syd Rapport* 1999:8.

Andersson, T. 2000. Järnåldersbebyggelse i Köpingebro. Lilla Köpinge 6:7 m. fl., Ystad kommun, Skåne. Arkeologisk undersökning. Riksantikvarieämbetet. *UV Syd Rapport* 2000:75.

Appelgren, K., Nilsson, A. & Perming, A. 2002. Hus och gård vid Lida Äng. Södermanland, Åkers sn, Åker-Järsta 10:2 och Åkers-Tuna 1:1, RAÄ 271:1-2. E20. Arkeologiska förundersökningar och undersökningar. *Riksantikvarieämbetet. UV Mitt Rapport* 2002:5.

Artelius, T. & Lundqvist, L. 1989. Bebyggelse – kronologi: boplatser från perioden 1800 f.Kr. – 500 e. Kr. i södra Halland. *Nya bidrag till Hallands äldsta historia, del 2. Riksantikvarieämbetet. Undersökningsverksamheten*.

Artursson, M. red..1998. Rya – en medeltida bytomt och en förhistorisk boplats. Arkeologisk slutundersökning. Skåne, Kvistofta sn, RAÄ 92. *Riksantikvarieämbetet. UV Syd Rapport* 1998:21.

Artursson, M. 1999a. Saxtorp. Boplatslämningar från tidigneolitikum-mellanneolotikum och romersk järnålder-folkvandringstid. Skåne, Saxtorp sn, Tågerup 1:1 och 1:3. Västkustbanan SU8, RAÄ 26. Arkeologisk undersökning. *Riksantikvarieämbetet. UV Syd Rapport* 1999:79.

Artursson, M. red. 1999b. Glumslöv. Boplats- och bebyggelselämningar från tidigneolitikum till yngre järnålder. Skåne, Glumslöv och Kvistofta sn. Västkustbanan. Arkeologisk undersökning. *Riksantikvarieämbetet. UV Syd Rapport* 1999:40.

Artursson, M. red. 2000. Stångby stationssamhälle. Boplats- och bebyggelselämningar från senneolitikum till yngre järnålder. Skåne, Vallkärra sn, väg 930. Arkeologisk förundersökning och undersökning. *Riksantikvarieämbetet. UV Syd Rapport* 2000:79.

Artursson, M. 2005a. Byggnadstradition. I: Lagerås, P. & Strömberg, B. red. *Bronsåldersbygd 2300–500 f. Kr. Skånska spår – arkeologi längs Västkustbanan*. Riksantikvarieämbetet. Stockholm. s. 20-83.

Artursson, M. 2005b. Gårds- och bebyggelsestruktur. I: Lagerås, P. & Strömberg, B. red. *Bronsåldersbygd 2300–500 f. Kr. Skånska spår – arkeologi längs Västkustbanan*. Riksantikvarieämbetet. Stockholm. s. 84-159.

Aspeborg, H. 1998a. Västkustbanan 3:4 – en boplats från yngre bronsålder vid Hilleshög. Skåne, Skåne län, Järnvägen Västkustbanan. Delen Helsingborg-Kävlinge. Avsnittet Helsingborg-Landskrona (Block 1-2). Arkeologisk undersökning, VKB 3:4, Härslövs sn, Hilleshög 25:1. *Riksantikvarieämbetet. Rapport UV Syd* 1998:4.

Aspeborg, H. 1998b. Boplatsstruktur under äldre järnålder i Västmanland – exemplet Västra Skälby. I: Andersson, K. red. *"Suionum hinc civitates". Nya undersökningar kring norra Mälardalens äldre järnålder*. Occasional papers in archaeology 19. Uppsala. s. 123-143.

Aspeborg, H. 1999. Västra Skälby – en by från äldre järnålder. Västmanland, Lundby sn, Skälby 2:42, 2:43, 2:44 och 2:54. RAÄ 865. Arkeologisk undersökning. *Riksantikvarieämbetet. Rapport UV Uppsala* 1997:56.

Aspeborg, H. 2001. Ett stort järnåldershus i Påarp. Skåne, Välluvs sn, Påarp 1:12, RAÄ 22 & RAÄ 43. Arkeologisk förundersökning. *Riksantikvarieämbetet. UV Syd Rapport* 2001:23.

Aspeborg, H. 2002a. En storgård i Påarp. Skåne, Välluvs sn, Påarp 1:12, RAÄ 22 & RAÄ 43. *Dokumentation av fältarbetsfasen* 2002:1. *Riksantikvarieämbetet. UV Syd*.

Aspeborg, H. 2002b. Exemplet Ramlösagården. Aspekter på bosättning och social struktur under äldre järnålder i Helsingborgsområdet. I: Carlie, A. red. *Skånska regioner. Tusen år av kultur och samhälle i förändring*. Riksantikvarieämbetet. Arkeologiska undersökningar. Skrifter no. 40, Stockholm, s. 242-278.

Aspeborg, H. 2003. Rydebäck station. Gårdar från förromersk järnålder. Skåne, Kvistofta sn, Rya 1:30 (f.d. Katslösa 14:1). Arkeologisk undersökning. *Dokumentation av fältarbetsfasen* 2003:13. *Riksantikvarieämbetet. UV Syd*.

Bech, J.-H. 1984. Heltborg – en ny byhøj fra Thylands ældre jernalder. *Hikuin* 10. s. 39-56.

Bech, J.-H. 1985. The Iron Age Village Mound at Heltborg, Thy. *Journal of Danish Archaeology*, vol. 4, 1985. s. 129-146.

Becker, C. J. 1966. Ein früheisenzeitliches Dorf bei Grøntoft, Westjütland. Vorbericht über die Ausgrabungen 1961-63. *Acta Archaeologica XXXVI*, 1965. s. 209-222.

Becker, C. J. 1969. Das frühenzeitliche Dorf bei Grøntoft, Westjütland. 2. Vorbericht. Die Ausgrabungen 1964-66. *Acta Archaeologica XXXIX*, 1968. s. 235-255.

Becker, C. J. 1972. Frühenzeitliche Dörfer bei Grøntoft, Westjütland. 3. Vorbericht. Die Ausgrabungen 1967-68. *Acta Archaeologica XLII*. 1971. s. 79-110.

Becker, C. J. 1980. Viking-Age settlements in Western and Central Jutland. Recent Excavations. Introductury Remarks. *Acta Archaeologica*, Vol. 50. 1979. s. 89-94.

Becker, C. J. 1981. Ein Einzelhof aus der jüngeren vorrömischen Eisenzeit in Westjütland. *Offa* 37. 1980. s. 59-62.

Becker, C. J. 1982. Siedlungen der Bronzezeit und der vorrömischen Eisenzeit in Dänemark. *Offa* 39. 1982. s. 53-71.

Becker, N. 1999. De vendeltida lämningarna i Dagstorp. Skåne, Dagstorp sn, Dagstorp 1:2-3, 5:31, Västkustbanan SU21. Arkeologisk undersökning. *Riksantikvarieämbetet. UV Syd Rapport* 1999:62.

Bergenstråhle, I. 1996. Långhus från yngre järnålder. Skåne, Flackarps sn, Flackarp 9:6. Arkeologisk slutundersökning. *Riksantikvarieämbetet. UV Syd Rapport* 1996:76.

Bergenstråhle, I. 2000. Hus från äldre järnålder. Skåne, Kvidinge sn, Körslätt 3:1. Arkeologisk slutundersökning. *Riksantikvarieämbetet. UV Syd Rapport* 2000:57.

Bergenstråhle, I. & Stilborg, O. 2002. Klörup. Romartida bägare och bostäder. I Carlie, A. red. *Skånska regioner. Tusen år av kultur och samhälle i förändring*. Riksantikvarieämbetet. Arkeologiska undersökningar. Skrifter No 40, Stockholm, s. 554-595.

Beskow-Sjöberg, M. 1977. *The Archaeology of Skedemosse IV. The Iron Age Settlements of the Skedemosse Area on Öland, Sweden*. Stockholm.

Biörnstad, A. 1955. Previous investigations of Iron Age building remains on Gotland. I: Stenberger, M. & Klindt-Jensen, O. red. *Vallhagar. A Migration period settlement in Gotland/Sweden*. Part II. s. 863-976.

Bjuggner, L. & Rosengren, E. 1999. Likt eller olikt? – bebyggelse på den sydhalländska landsbygden under tidig medeltid. I: Artelius, T., Englund, E. & Ersgård, L. red. *Kring västsvenska hus – boendets organisation och symbolik i förhistorisk och historisk tid*. Gotarc Serie C. Arkeologiska skrifter No 22. s. 87-97.

Björhem, N. 2003. The Development of Iron Age Construction in the Malmö Area. I: Larsson, L. & Hårdh, B. red. *Centrality – Regionality. The Social Structure of Southern Sweden during the Iron Age*. Uppåkrastudier 7. Acta Archaeologica Lundensia. Series in 8°, No. 40, Stockholm, s. 157-178.

Björhem, N. & Säfvestad, U. 1993. *Fosie IV. Bebyggelsen under brons- och järnålder*. Malmö Museer. Malmöfynd 6.

Borna-Ahlkvist, H., Lindgren-Hertz, L. & Stålbom, U. 1998. Pryssgården. Från stenålder till medeltid, Arkeologisk slutundersökning. RAÄ 166 och 167. Ösyta Eneby sn, Norrköpings kommun, Östergötland. *Riksantikvarieämbetet. Rapport UV Linköping* 1998:13.

Boye, L. 1992. Huskronologi for sjællandske jernalderhuse? Framlæggelse af en metode med udgangspunkt i Bellingegårdsbopladsen ved Ølby, Østsjælland. I: Lund Hansen, U. & Nielsen, S. red. *Sjællands jernalder. Beretning fra et symposium 24. IV. 1990 i København*. s. 159-166.

Boye, L. 1999. Det åbne landskabs gårde. I: Mahler, D. L. red. *Høje-Taastrup før buerna. Glimt af 6000 års historie*. Københavns Amtsmuseumsråd og Høje-Taastrup Kommune 1999. s. 18-25.

Boye, L. & Fonnesbech-Sandberg, E. 1999. House typology in the county of Copenhagen, Denmark, during the Late Bronze Age and Iron Age. I: Fabech, C. & Ringtved, J. red. *Settlement and Landscape. Proceedings of a conference in Århus, Denmark, May 4-7 1998*. s. 493-496.

Brink, S. 1998. Land, bygd, distrikt och centralort i Sydsverige. Några bebyggelsehistoriska nedslag. I: Larsson, L. & Hårdh, B. red. *Centrala platser – Centrala frågor. Samhällstrukturen under Järnåldern. En vänbok till Berta Stjernquist*. Acta Archaeologica Lundensia. Series in 8°, No. 28. Lund. s. 297-326.

Carlie, A. 2002a. Hus och gårdar. Tre platser med bebyggelse från äldre järnålder i slättlandet mellan Löddeköpinge och Uppåkra. I: Carlie, A. red. *Skånska regioner. Tusen år av kultur och samhälle i förändring*. Riksantikvarieämbetet. Arkeologiska undersökningar. Skrifter no. 40, Stockholm, s. 512-553.

Carlie, A. 2002b. Människor och landskap. Om förhistoriska samhällen i en nordskånsk inlandsbygd. I: Carlie, A. red. *Skånska regioner. Tusen år av kultur och samhälle i förändring*. Riksantikvarieämbetet. Arkeologiska undersökningar. Skrifter no. 40, Stockholm, s. 280-361.

Carlie, A. 2002c. Gård och kultplats. Om bruket av offerhandlingar på en yngre järnåldersgård i Hjärup, sydvästra Skåne. I: Carlie, A. red. *Skånska regioner. Tusen år av kultur och samhälle i förändring*. Riksantikvarieämbetet. Arkeologiska undersökningar. Skrifter no. 40, Stockholm, s. 652-679.

Carlie, A. 2004. *Forntida byggnadskult. Tradition och regionalitet i södra Skandinavien*. Riksantikvarieämbetet. Arkeologiska undersökningar. Skrifter No 52. Stockholm.

Carlie, L. 1992. *Brogård – ett brons- och järnålderskomplex i södra Halland. Dess kronologi och struktur*. Hallands länsmuseers skriftserie No 6.

Carlie, L. 1999. *Bebyggelsens mångfald. En studie av södra Hallands järnåldersgårdar baserad på arkeologiska och historiska källor*. Acta Archaeologica Lundensia. Series in 8°. N°. 29. Hallands länsmuseers Skriftserie No 10. Lund.

Christensen, T. 1990. Margrethehåb. A Settlement Site of the Early Middle Ages at Roskilde, Zealand. *Journal of Danish Archaeology*, Volume 7, 1988. s. 205-215.

Christensen, T. 1992. Gård och storgård – landsby og landingplads. Eksempler på bybyggelseformer i Roskildeegnens jernalder. I: Lund Hansen, U. & Nielsen, S. red. *Sjællands jernalder. Beretning fra et symposium 24. IV. 1990 i København*. s. 81-90.

Christensen, T. 1994. Lejrehallen. I: *Kongehallen fra Lejre – et rekonstruktionsprojekt*. International workshop 25.-27. november 1993 på Historisk-Arkæologisk Forsøgscenter, Lejre, om rekonstruktionen av vikingehallen fra Gl. Lejre og et vikingetidsmiljø. Teknisk rapport Nr 1. 1994. Historisk–Arkæoligisk Forsøgscenter. s. 17-25.

Christensen, T. 1997. Hallen i Lejre. I: Callmer, J. & Rosengren, E. red. "...*gick Grendel att söka det höga huset...*". *Arkeologiska källor till aristokratiska miljöer i Skandinavien under yngre järnålder. Rapport från ett seminarium i Falkenberg*

16-17 november 1995. Hallands Länsmuseers Skriftserie No 9/ GOTARC C. Arkeologiska Skrifter No 17. s. 47-54.

Christiansen, F. 1999. Jelling. Bebyggelse fra jernalder og vikingetid. *KUML* 1999. s. 181-226.

Comber, J. 1989. Jernalderens gårdshus. En bygningsteknisk analyse. *Varia* 18.

Edgren, B. 1983. Den öländska kämpagravsbygdens ödeläggelse. *Tor* XIX, 1980-82. s. 91-130.

Egeberg Hansen, T. 1996. Et jernalderhus med drikkeglas i Dejbjerg, Vestjylland. *Kuml* 1993-1994. s. 211-237.

Ejstrud, B. & Kjeld Jensen, C. 2000. *Vendehøj – landsby og gravplads. Kronologi, organisation, struktur og udvikling i en østjysk landsby fra 2. årh. f. Kr til 2 årh. e. Kr.* Kulturhistorisk Museums skrifter 1. Jysk Arkæologisk Selskabs skrifter 35. Aarhus.

Eklund, S. 2000. Skällby – en gård från äldre järnålder. I: Magnusson, G. red.. *När själarna räknar bilar. Glimtar ur Möres historia.* Kalmar Län 2000. s. 124-131.

Eklund, S., Lloyd Smith, L. & Pedersen, E. A. 2000. Skällby. En gård från järnålder/folkvandringstid. Fossil åkermark och röjningsrösen. Fornlämning 296 och 297, Arby sn, Småland. *Kalmar läns museum. E22-projektet, rapport* 2000:7.

Ekman, T. & Neander, K. 1994. Järnåldersgården i Snytberga. Södermanland, Härads sn, RAÄ 80. Arkeologisk undersökning. *Riksantikvarieämbetet. Rapport UV Stockholm* 1994:8.

Ericson, T. 1999a. Järnåldersbebyggelse vid Kvärlöv. Skåne, Saxtorp sn, Kvärlöv 8:5, VKB SU11, RAÄ 9. Arkeologisk undersökning. *Riksantikvarieämbetet. UV Syd Rapport* 1999:99.

Ericson, T. 1999b. Järnåldersbebyggelse vid Annelöv. Skåne, Annelöv sn, Annelöv 38:1, VKB SU14:V. Arkeologisk undersökning. *Riksantikvarieämbetet. UV Syd Rapport* 1999:107.

Eriksson, T. 1998. Egen härd är guld värd – härdar från äldre järnålder i sydvästra Uppland. I: Andersson, K. red. *"Suionum hinc civitates". Nya undersökningar kring norra Mälardalens äldre järnålder.* Occasional papers in archaeology 19. Uppsala. s. 211-237.

Ethelberg, P. 1995. The Chieftains farms of the Over Jerstal Group. *Journal of Danish Archaeology,* vol. 11, 1992-93. s. 111-135.

Fabech, C. & Ringtved, J. 1995. Magtens geografi i Sydskandinavien – om kulturlandskab, produktion og bebyggelsemønster. I: Resi, H. G. red. *Produktion og samfunn. Beretning fra 2. Nordiske jernaldersymposium på Granavolden 7-10. Mai 1992.* Varia 30. s. 11-38.

Fabech, C. 1999. Centrality in sites and landscapes. I: Fabech, C. & Ringtved, J. red. *Settlement and Landscape. Proceedings of a conference in Århus, Denmark, May 4-7 1998.* Aarhus. s. 455-474.

Fallgren, J.-H. 1998. Hus och gård på Öland. *Bebyggelsehistorisk tidskrift,* Nr. 33. 1997. s. 63-76.

Fendin, T. 1999. Boplats och härdgropsområde från bronsåldern vid Glumslöv. Skåne, Glumslövs sn, Övra Glumslöv 10:5. Västkustbanan 3:3. Arkeologisk undersökning. *Riksantikvarieämbetet. UV Syd Rapport* 1999:39.

Fonnesbech-Sandberg, E. 1992. Problemer i østsjællandsk bopladsarkæologi. I: Lund Hansen, U. & Nielsen, S. red. *Sjællands jernalder. Beretning fra et symposium 24. IV. 1990 i København.* s. 21-35.

Fonnesbech-Sandberg, E. 1999. Landsby og enkeltgårde. I: Mahler, D. L. red. *Høje-Taastrup før buerna. Glimt af 6000 års historie.* Københavns Amtsmuseumsråd og Høje-Taastrup Kommune 1999. s. 26-33.

Fors, T. 1998. Boplatslämningar från bronsålder och äldre järnålder i Elestorp. Halland, Tjärby sn, Elestorp 7:570, RAÄ 59. *Arkeologiska rapporter från Hallands länsmuseer* 1998:3.

Fors, T., Viking, U. & Wranning, P. 1993. Halland, Laholms lfs., Trulstorp 1:8, RAÄ 200. *Arkeologisk undersökning* 1993. *Hallands länsmuseer.*

Fors, T. & Viking, U. 2000. *Boplatsen och guldringarna i Vittene.* I: Burenhult, G. red. Arkeologi i Norden 2. Stockholm. s. 278-281.

Franzén, B. & Schützler, L. 2000. Fornlämningar vid Albertsro. Svealandsbanan, E20. Södermanland, Åkers sn, Åker-Järsta 1:3. Arkeologiska förundersökningar och undersökningar. *Riksantikvarieämbetet. UV Mitt Rapport* 2000:37.

Friman, B. & Hector, L. 2003. An Early Iron Age Settlement at Hyllie. Preliminary Results of the Excavations. I: Larsson, L. & Hårdh, B. red. *Centrality – Regionality. The Social Structure of Southern Sweden during the Iron Age.* Uppåkrastudier 7. Acta Archaeologica Lundensia. Series in 8°, No. 40. Stockholm. s.179-189.

Frölund, P. 1998. Hus, gård och by under äldre järnålder – exempel från norra Uppland. I: Andersson, K. red. *"Suionum hinc civitates". Nya undersökningar kring norra Mälardalens äldre järnålder.* Occasional papers in archaeology 19. Uppsala. s. 145-166.

Grønnegaard, T. 2000. Yngre jernalders enkeltgård og fossilt åløb. Skåne, dagstorp sn, Dagstorp 17:10 och 17:12, VKB SU20. Arkeologisk undersökning. *Riksantikvarieämbetet. UV Syd Rapport* 1999:100.

Gustafsson, M. 2001. Från största hus till minsta hydda. I: Magnusson, G. red. *Möre – historien om ett småland. E22-projektet.* s. 587-610.

Göthberg, H. 1995. Huskronologi i Mälarområdet, på Gotland och Öland. I: Göthberg, H., Kyhlberg, O. & Vinberg, A. red. *Hus och gård. Artikeldel. Hus & gård i det förurbana samhället – rapport från ett sektorsforskningsprojekt vid Riksantikvarieämbetet.* Riksantikvarieämbetet. Arkeologiska undersökningar. Skrifter nr 14. s. 65-109.

Göthberg, H. 1998a. En översikt av bebyggelseutvecklingen i Mälarområdet under brons- och järnålder. *Bebyggelsehistorisk tidskrift,* Nr. 33. 1997. s. 117-132.

Göthberg, H. 1998b. Bebyggelsestruktur under äldre järnålder i Trögd och Håbolandet. I: Andersson, K. red . *"Suionum hinc civitates". Nya undersökningar kring norra Mälardalens äldre järnålder.* Occasional papers in archaeology 19. Uppsala. s. 95-121.

Göthberg, H. 2000. *Bebyggelse i förändring. Uppland från slutet av yngre bronsålder till tidig medeltid.* OPIA 25. Uppsala.

Göthberg, H., Kyhlberg, O. & Vinberg, A. red.. 1995. *Hus och gård. Bilddel. Hus & gård i det förurbana samhället – rapport från ett sektorsforkningsprojekt vid Riksantikvarieämbetet.* Riksantikvarieämbetet. Arkeologiska undersökningar. Skrifter nr 13.

Hamilton, J. & Sieurin-Lönnqvist, F. 1998. Boplats och gravfält vid Åslunda. Arkeologisk förundersökning och undersökning. Arlandabanan. Uppland, Odensala sn, RAÄ 11 och 402. Riksantikvarieämbetet. *Rapport UV Mitt 1998:14.*

Hansen, H. 1990. Dankirke. Jernalderboplads og rigdomscenter. *Kuml* 1988-89. s. 201-247.

Hansen, T. E. 1988. Die Eisenzeitliche Siedlung bei Nørre Snede, Mitteljütland. *Acta Archaeologica,* vol. 58, 1987. s. 171-200.

Helgesson, B. 1996. Fjälkinge 35:60 m. fl., Fjälkinge sn, Skåne. Fornlämning 18 och 19. Arkeologisk undersökning. *Rapport 1996:5. Kristianstads Läns Museum, Kulturmiljöavdelningen.*

Helgesson, B. 1997. Fjälkinge – regionalt centrum i NV Skåne. I: Callmer, J. & Rosengren, E. red. *"...gick Grendel att söka det höga huset...". Arkeologiska källor till aristokratiska miljöer i Skandinavien under yngre järnålder. Rapport från ett seminarium i Falkenberg 16-17 november 1995.* Hallands Länsmuseers Skriftserie No 9/ GOTARC C. Arkeologiska Skrifter No 17. s. 119-129.

Helgesson, B. 2002. *Järnålderns Skåne. Samhälle, centra och regioner.* Uppåkrastudier 5. Acta Archaeologica Lundensia. Series in 8°, No. 38. Stockholm.

Helliksen, W. 1999. Farms in Transition. A Study of Settlement Patterns in Eastern Norway, 300 BC – AD1200. *NIKU Temahefte* 31. s. 27-31.

Holm, J., Wilson, L. & Aspeborg, H. 1994. Järnåldersbyn vid Stenåldersgatan i Västerås. Arkeologisk undersökning av en boplats, RAÄ 851, i Lunda, Badelunda sn, Västmanland. Riksantikvarieämbetet. *Rapport UV Uppsala 1993:7.*

Hovanta, E. 1997. Onbacken i Bollnäs: presentation av en gård från äldre järnålder utifrån tidiga arkeologiska undersökningar. Fornlämning RAÄ 7, 9, 294, 499 och 500. Onbacken, Bollnäs sn, Häsingland. *Rapport – Länsmuseet i Gävleborgs län.*

Hvass, S. 1979. Die Völkerwanderungszeitliche Siedlung Vorbasse, Mitteljütland. *Acta Archaeologica* Vol. 49. 1978. s. 61-111.

Hvass, S. 1980. Vorbasse. The Viking-age Settlement at Vorbasse, Central Jutland. *Acta Archaeologica* Vol. 50, 1979. s. 137-172.

Hvass, S. 1982. Ländliche Siedlungen der Kaiser- und Völkerwanderungszeit in Dänemark. *Offa* 39. 1982. s. 189-195.

Hvass, S. 1985. *Hodde. Et vestjysk landsbysamfund fra ældre jernalder.* Arkæologiske studier, Volume VII.

Hvass, S. 1988. Jernalderens bebyggelse. I: Mortensen, P. & Rasmussen, B. M. red. *Jernalderns stammesamfund. Fra Stamme til Stat i Danmark. Del 1.* Jysk Arkæologisk Selskabs Skrifter XXII, 1988. Århus. s. 53-92.

Hvass, S. 1993. Bebyggelsen. I: Hvass, S. & Storgaard, B. red. 1993. *Da klinger i muld... 25 års arkæologi i Danmark.* Aarhus. s. 187-194.

Hållans, A.-M. & Svensson, K. 1999. Pollista – bo och bruka under 1200 år. Uppland, Övergrans sn, Pollista 2:6, RAÄ 228. Kompletterande arkeologisk förundersökning och arkeologisk undersökning. Riksantikvarieämbetet. *Rapport UV Mitt 1998:110.*

Högrell, L. & Skoglund, P. 1996. Boplatsen i kv. Boplatsen. En småländsk boplats från bronsåldern och äldre järnålder. Hovshaga, Växjö sn. *Rapport Smålands museum 1996:8.*

Isendahl, C. 1996. Ett vendeltida gårdskomplex i nordvästra Skåne. Skåne, Östra Ljungby sn, Haglekulla 1:1. Arkeologisk slutundersökning. Riksantikvarieämbetet. *UV Syd Rapport 1996:59.*

Isendahl, C. 1997. Förhistorisk järnhantering i nordvästra Skåne. En studie med utgångspunkt ifrån den vendeltida boplatsen i Haglekulla. I: Karsten, P. red. *Carpe Scaniam. Axplock ur Skånes förflutna.* Riksantikvarieämbetet. Arkeologiska undersökningar. Skrifter nr 22. Stockholm. s. 113-147.

Jacobsen, J. A. 1983. Fynske jernaldergårde. Gårdens udvikling fra jernalderen til nyere tid. I:thrane, H. & Grøngaard Jeppesen, T. red. *Beretning fra 7. Odense-symposium.* Historisk Institut, Odense Universitet.

Jacobsen, J. A., Madsen, C. & Thrane, H. 1984. Nye fynske husfund fra yngre jernalder. *Fynske Minder* 1984. s. 7-18.

Jacobsson, B. 2000. *Järnåldersundersökningar i Sydsverige. Katalog för Skåne, Halland, Blekinge och Småland.* Riksantikvarieämbetet. UV Syd.

Jacobsson, B. 2002. Ståstorp – en gård från sen vendeltid och vikingatid. I: Mogren, M. red. *Märkvärt, medeltida. Arkeologi ur en lång skånsk historia.* Riksantikvarieämbetet. Skrifter No 43, Stockholm, s. 99-126.

Jansson, K. 1997. Huset vid vägens ände – ett långhus och boplatsområde från järnåldern på Visingsö. I: Nordström, M. & Varenius, L. red. *Det nära förflutna – om arkeologi i Jönköpings län. Småländska kulturbilder 1997.* Meddelanden från Jönköpings läns hembygdsförbund och stiftelsen Jönköpings läns museum LXVII. s. 78-91.

Jansson, K. 2000. Unikt eller allmänt? Ett långhus på Visingsö som källa till omlandskontakter. I: Nicklasson, P. red. *Visingsöartiklar. Tolv artiklar om Visingsö från bronsålder till medeltid.* Jönköpings läns museum, rapport nr 42. s. 17-30.

Jensen, J. 1997. *Fra Bronze- til Jernalder. En kronologisk undersøgelse.* Nordiske Fortidsminder. Serie B. Bind 15.

Jensen, S. 1991. Dankirke – Ribe. Fra handelsgård til handelsplads. I: Mortensen, P. & Rasmussen, B. M. red. *Fra Stamme til Stat 2. Høvdingesamfund og Kongemagt.* Jysk Arkæologisk Selskabs Skrifter XXII:2, 1991. s. 73-88.

Jeppson, A. 1996a. Boplats och gravar. Karaby 3:1, 4:1. Västra Karaby sn, RAÄ 39, Skåne. Arkeologisk slutundersökning. Sydgasprojektet. Stamledning P36. I: Räf, E. red. Skåne på längden. Sydgasundersökningarna 1983-1985. Riksantikvarieämbetet. *Rapport UV Syd 1996:58.*

Jeppson, A. 1996b. Boplats. Skabersjö 26:12, 26:14, Skabersjö sn, RAÄ 28, 33, Skåne. Arkeologisk slutundersökning. Sydsgasprojektet. Grenledning Trelleborg P4. I: Räf, E. red.. Skåne på längden. Sydgasundersökningarna 1983-1985. Riksantikvarieämbetet. *Rapport UV Syd* 1996:58.

Jørgensen, L. 1998. En storgård fra vikingetid ved Tissø, Sjælland – en foreløbig præsentation. I: Larsson, L. & Hårdh, B. red. *Centrala platser – centrala frågor. Samhällsstrukturen under järnåldern. En vänbok till Berta Stjernquist.* Uppåkra studier 1. Acta Archaeologica Lundensia. Series in 8° N°. 28. Lund. s. 233-248.

Jørgensen, L. 2001. From tribute to the estate system, 3rd- 12th century. A proposal for the economic development of the magnates´ residences in Scandinavia based on settlement structure from Gudme, Tissø and Lejre, Denmark. I: Arrhenius, B. red. *Kingdoms and Regionality. Transactions from the 49th Sachsensymposium.* s. 73-82.

Jørgensen, L. 2002. Kongsgård-kultsted-marked. Overvejelser omkring Tissøkompleksets struktur og funktion. I: Jennbert, K., Andrén, A. & Raudvere, C. red. *Plats och praxis. Studier av nordisk förkristen ritual.* Vägar till Midgård 2. s. 215-247.

Jørgensen, L. B. & Skov, T. 1980. Trabjerg. A Viking-age Settlement in North-west Jutland. *Acta Archaeologica, Vol.* 50, 1979. s. 119-136.

Jørgensen, L. B. & Eriksen, P. 1995. *Trabjerg. En vestjysk landsby fra vikingetiden.* Jysk Arkæologisk Selskabs Skrifter XXXI:1.

Kaldal Mikkelsen, D. 1987. Enkeltgård fra germansk jernalder. I: *Danmarks længste udgravning. Arkæologi på naturgassens vej 1979-86.* Rigsantikvariens Arkæologiske Sekretariat. s. 355–357.

Kaldal Mikkelsen, D. 1999. Single farm or village? Reflections on the settlement structure of the Iron Age and The Viking Period. I: Fabech, C. & Ringtved, J. red. *Settlement and Landscape. Proceedings of a conference in Århus, Denmark, May 4-7 1998.* s. 177-193.

Kaliff, A. 1999. *Arkeologi i Östergötland. Scener ur ett landskaps förhistoria.* Occasional Papers in Archaeology 20.

Kaul, F. 1985a. A Settlement of the Later Iron Age at Vallensbæk near Copenhagen. *Journal of Danish Archaeology*, vol. 4, 1985. s. 157-163.

Kaul, F. 1985b. Priorsløkke – en befæstet jernalderlandsby fra ældre romersk jernalder ved Horsens. *Nationalmuseets Arbejdsmark* 1985. s. 172-183.

Kaul, F. 1997. Priorsløkke and its logistic implications. I: Nørgård Jørgensen, A. & Clausen, B. L. red. *Military Aspects of Scandinavian Society in a European perspective, AD 1-1300. Papers from an International Research Seminar at the Danish National Museum, Copenhagen, 2-4 May 1996.* Publications from the National Museum. Studies in Archaeology & History Vol. 2. Copenhagen 1997. s. 137-145.

Kaul, F. 1999. Vestervig – an Iron Age village mound in Thy, NW Jutland. I: Fabech, C. & Ringtved, J. red. *Settlement and Landscape. Proceedings of a conference in Århus, Denmark, May 4-7 1998.* s. 53-67.

Klindt-Jensen, O. 1955. House construction in geographical perspective. I: Stenberger, M. & Klindt-Jensen, O. red. *Vallhagar. A Migration period settlement in Gotland/Sweden.* Part II. s. 977-998.

Kling, J. 1992. Ett vikingatida långhus i Tygelsjö. I: Arkeologi i Malmö. En presentation av ett antal undersökningar utförda under 1980-talet. *Rapport nr 4. Stadsantikvariska avdelningen Malmö Museer.* s. 63-66.

Knarrström, A. & Olsson, M. 2000. Boplatser och härdområde vid Bårslöv. Skåne, Välluv och Bårslöv sn, väg 109. Arkeologisk undersökning. Riksantikvarieämbetet. *UV Syd Rapport* 2000:61.

Knarrström, A. 2002. Bygden kring Bårslöv. En analys av fornlämningar från perioden senneolitikum till äldre järnålder. I: Carlie, A. red. *Skånska regioner. Tusen år av kultur och samhälle i förändring.* Riksantikvarieämbetet. Arkeologiska undersökningar. Skrifter no. 40, Stockholm, s. 194-241.

Kockum, J. 2000. En senvikingatida gård. I: Björhem, N. red. *Föresundsförbindelsen. På väg mot det förflutna.* Stadsantikvariska avdelningen, Kultur Malmö. s. 206-207.

Kriig, S. & Pettersson, C. B. 1996. En vendel/vikingatida boplats i Bjärred. Skåne, Flädie sn, Bjärred 9:5, RAÄ9. Arkeologisk slutundersökning 1993. Riksantikvarieämbetet. *UV Syd Rapport* 1996:61

Kriig, S. & Pettersson, C. B. 1997. Den fattige grannen. Kustbönder och boskapsskötare i skuggan av Löddeköpinge. I: Karsten, P. red. *Carpe Scaniam. Axplock ur Skånes förflutna.* Riksantikvarieämbetet. Arkeologiska undersökningar. Skrifter nr 22. Stockholm. s. 149-172.

Kriig, S. & Thomasson, J. 1999. Den vikingatida/tidigmedeltida bebyggelsen i Häljarp. Skåne, Tofta sn, RAÄ 19, Häljarp 10:15, VKB SU3. Arkeologisk undersökning. Riksantikvarieämbetet. *UV Syd Rapport* 1999:95.

Larsson, L. 2002. Uppåkra – Research on a Central Place. Recent Excavations and Results. I: Hårdh, B. & Larsson, L. red. *Central Places in the Migration and Merovingian Periods. Papers from the 52nd Sachsensymposium.* Uppåkrastudier 6. Acta Archaeologica Lundensia. Series in 8°, No. 39. Stockholm. s. 19-30.

Larsson, L. & Lenntorp, K.- M. 2004. The Enigmatic House. I: Larsson, L. red. *Continuity for Centuries. A ceremonial building and its context at Uppåkra, southern Sweden.* Uppåkrastudier 10. Acta Archaeological Lundensia. Series in 8°, No. 48. Stockholm. s. 3-48.

Larsson, M. 1993. Den flyttande gården – äldre järnåldersbosättningar i Mjärdevi, Linköping. *Arkeologi i Sverige* 2. s. 119-138.

Larsson, M. 1994. Sten- och järnåldershus vid Brunneby. Arkeologisk undersökning. RAÄ 42 och 128. Brunneby sn, Motala kommun, Östergötland. Riksantikvarieämbetet. *Rapport UV Linköping* 1994:1.

Larsson, M. 1995. Förhistoriska och tidigmedeltida hus i södra Sverige. En morfologisk och kronologisk studie. I: Götheberg, H., Kyhlberg, O. & Vinberg, A. red. *Hus och gård. Artikeldel. Hus & gård i det förurbana samhället – rapport från ett sektorsforskningsprojekt vid Riksantikvarieämbetet.*

Riksantikvarieämbetet. Arkeologiska undersökningar. Skrifter nr 14. s. 23-64.

Larsson, R. 2000. Att bo i munkarnas Ljungby. En boplatsundersökning från Munka-Ljungby i nordvästra Skåne. Skåne, Munka-Ljungby sn, Folkhögskolan 1. 1993-1994. *Riksantikvarieämbetet. UV Syd Rapport 1997:62.*

Liedgren, L. 1985. Gustaf Hallström´s Excavation at Onbacken, Hälsingland, 1923. I: Backe, M., Bergman Hennix, I., Forsberg, L., Holm, L., Liedgren, L., Lindqvist, A.-K., Mulk, I.-M., Nejati, M., Perstrand, P. & Ramqvist, P. H. red. *In Honorem Evert Baudou.* Archaeology and Environment 4, s. 339-352.

Liedgren, L. 1992. *Hus och gård i Hälsingland.* Studia Archaeologica Universitas Umensis 2. Umeå.

Lindeblad, K. & Nielsen, A.-L. 1997. Centralplatser i Norrköpingsbygden – förändringar i tid och rum 200-1200 e. Kr. I: Callmer, J. & Rosengren, E. red. *"...gick Grendel att söka det höga huset...". Arkeologiska källor till aristokratiska miljöer i Skandinavien under yngre järnålder. Rapport från ett seminarium i Falkenberg 16-17 november 1995.* Hallands Länsmuseers Skriftserie No 9/ GOTARC C. Arkeologiska Skrifter No 17. s. 99-118.

Linderholm, J. 1998. Fähus, markanalys och arkeologi – att studera dyngan i tiden och rummet. I: Viklund, K., Engelmark, R. & Linderholm, J. red. *Fähus. Från bronsålder till idag.* Skrifter om skogs- och lantbrukshistoria 12, s. 22-27.

Linderoth, T. 1996. Annelöv 38:1, Annelöv sn, RAÄ 13. Arkeologisk slutundersökning. Sydgas stamledning P40 och P41. I: Räf, E. red.. Skåne på längden. Sydgasundersökningarna 1983-1985. *Riksantikvarieämbetet. Rapport UV Syd 1996:58.*

Lund, J. 1977. Overbygård – En jernalderlandsby med neddybede huse. *Kuml* 1976. s. 129-150.

Lund, J. 1979. Tre førromerske jordkældre fra Overbygård. *Kuml* 1979. s. 109-139.

Lund, J. 1984. Nedgravede huse og kældre i ældre jernalder. *Hikuin* 10. s. 57-82.

Lundqvist, L. 1997. Slöinge: om ett pågående projekt. I: Callmer, J. & Rosengren, E. red. *"...gick Grendel att söka det höga huset...". Arkeologiska källor till aristokratiska miljöer i Skandinavien under yngre järnålder. Rapport från ett seminarium i Falkenberg 16-17 november 1995.* Hallands Länsmuseers Skriftserie No 9/ GOTARC C. Arkeologiska Skrifter No 17. s. 89-98.

Lundqvist, L. 2003. *Slöinge 1992–1996. Undersökningar av en boplats från yngre järnålder.* Slöingeprojektet 2. Gotarc Serie C. Arkeologiska Skrifter No 42.

Lundqvist, L. & Persson, K. 1998. Skrea 177 – boplats från bronsålder och järnålder. I: Lundqvist, L. red. Bebyggelse och kulturlandskap. Arkeologi längs väg E6/E20 i södra Halland. Del II. 1993-1995. Sträckan Getinge-Heberg. *Riksantkvarieämbetet. UV Väst Rapport 1998:1.*

Lundqvist, L. & Schaller Åhrberg, E. 1998. Med kunglig utsikt. Varla under järnålder och tidig medeltid. Arkeologiska undersökningar 1988-1993. RAÄ 6 och 173, Tölö sn, Kungsbacka kommun, Halland. Arkeologiska resultat. *Riksantikvarieämbetet. UV Väst Rapport 1997:26.*

Løken, T. 1998. Det forhistoriske huset i Rogaland – belyst ved flateavdekkende utgravninger. *Bebyggelsehistorisk tidskrift.* Nr 33, 1997. s. 169-184.

Løken, T. 1999. The longhouses of Western Norway from the Late Neolithic to the 10th Century AD: representatives of a common Scandinavian building tradition or a local development? I: Schelderup, H. & Storsletten, O. red. Grindbygde hus i Vest-Norge. NIKU-seminar om grindbygde hus. Bryggens Museum 23-25.03 1998. *NIKU Temahefte 30.* s. 52-64.

Myhre, B. 1982a. Settlements of Southwest Norway during the Roman and Migration Periods. *Offa* 39. 1982. s. 197-215.

Myhre, B. 1982b. Synspunkter på huskonstruksjon i sørvestnorske gårdshus fra jernalder og middelalder. I: Myhre, B., Stoklund, B. & Gjærder, P. red. Vestnordisk byggeskikk gjennom to tusen år. Tradisjon og forandring fra romertid til det 19. Århundrede. *AmS-Skrifter* 7. s. 98-118.

Månsson, S. & Pihl, H. 2000. Gravar, yxtillverkning och hus från mellanneolitikum. Skåne, Dagstorps sn, Särslöv 3:6 m. fl., VKB SU17. Arkeologisk undersökning. *Riksantikvarieämbetet. UV Syd Rapport 1999:98.*

Møller Hansen, K. 1995. Østergård. En enkelgård fra det 4.-5. årh.. *Kulturhistoriske studier.* Sydsjællands Museum 1995.

Nicklasson, P. 1997. *Svärdet ljuger inte. Vapenfynd från äldre järnålder på Sveriges fastland.* Acta Archaeologica Lundensia. Series Prima in 4° N° 22.

Nielsen, A. L. 1996. Borg – enda centralplatsen i Norrköpingsbygden? I: Lundqvist, L., Lindeblad, K., Nielsen, A. L. & Ersgård, L. red. *Slöinge och Borg. Stormansgårdar i öst och väst.* Riksantikvarieämbetet. Arkeologiska undersökningar. Skrifter Nr 18. s. 78-96.

Nielsen, F. O. 1996. *Forhistorisk interesser.* Bornholms Amt, Teknisk Forvaltning.

Nielsen, L. C. 1990. Trelleborg. *Aarbøger for Nordisk Oldkyndighed og Historie,* 1990.

Nielsen, L. C. 1980. Omgård. A Settlement from the late Iron Age and the Viking Period in West Jutland. *Acta Archaeologica,* Vol. 50, 1979. s. 173-208.

Nielsen, P. O. 1998. De ældste langhuse. Fra toskibede til treskibede huse i Norden. *Bebyggelsehistorisk tidsskrift.* Nr. 33, 1997. s. 9-30.

Nielsen, P. O. 1999. Limensgård and Grødbygård. Settlements with house remains from the Early, Middle and Late Neolithic on Bornholm. I: Fabech, C. & Ringtved, J. red. *Settlement and Landscape. Proceedings of a conference in Århus, Denmark, May 4-7 1998.* s. 149-165.

Norr, S. 1996. A Place for Proletarians? A Contextual Hypothesis on Social Space in Roman and Migration Period Long-Houses. *Current Swedish Archaeology,* Vol. 4, 1996. s. 157-164.

Norr, S. 1998. Radiocarbon-dating and the chronology of the Gene settlement. I: Anderrsson, K. red. *Suionom hinc civitates. Nya undersökningar kring norra Mälardalens äldre järnålder.* Occasional papers in archaeology 19. Uppsala. s. 263-274.

Näsman, U. 1997. Strategies and tactics in Migration period defence. On the art of defence on the basis of the settlement forts of Öland. I: Nørgård Jørgensen, A. & Clausen, B. L. red. *Military Aspects of Scandinavian Society in a European perspective, AD 1-1300. Papers from an International Research Seminar at the Danish National Museum, Copenhagen, 2-4 May 1996.* Publications from The National Museum. Studies in Archaeology & History Vol. 2. Copenhagen 1997. s. 146-155.

Nørlund, P. 1938. Trelleborg efter fire aars udgravninger. *Fra Nationalmuseets Arbejdsmark* 1938. s. 69-80.

Nørlund, P. 1948. Trelleborg. *Nordiske fortidsminder* IV:1.

Olausson, M. 1994. Skavsta. Två gårdar med gravfält från äldre järnålder vid Nyköpings flygplats. Arkeologisk undersökning av fornlämningarna 41 och 418, S:t Nicolai sn, Södermanland. *Riksantikvarieämbetet. Rapport UV Stockholm* 1992:6.

Olausson, M. 1997. Fortified manors in the Migration period in the eastern part of central Sweden – a discussion of politics, warfare and architecture. I: Nørgård Jørgensen, A. & Clausen, B. L. red. *Military Aspects of Scandinavian Society in a European perspective, AD 1-1300. Papers from an International Research Seminar at the Danish National Museum, Copenhagen, 2-4 May 1996.* Publications from The National Museum. Studies in Archaeology & History Vol. 2. Copenhagen 1997. s. 156-168.

Olausson, M. 1998. Hus och tomt i Uppland och Södermanland under yngre bronsålder och äldre järnålder. *Bebyggelsehistorisk tidskrift.* Nr 33. 1997. s. 95-116.

Olsen, O. & Schmidt, H. 1977. *Fyrkat. En jysk vikingeborg. I. Borgen og bebyggelsen.* Nordiske Fortidsminder. Serie B. Bind 3.

Olson, T., Regnell, M., Nilsson, L., Erikson, M. & Brorsson, T. 1996. Boplatslämningar från neolitikum, bronsålder och äldre järnålder. Skåne, väg 108, N. Nöbbelövs, Vallkärra och Lackalänga socknar, Lunds och Kävlinge kommuner. Arkeologisk slutindersökning 1996. *Riksantikvarieämbetet. UV Syd Rapport* 1996:60.

Omfors, T. & Streiffert, J. 1999. Boplatslämningar vid Rååns dalgång. Skåne, Helsingborg stad, Ramlösa 9:6, VKB 1A:7. Arkeologisk undersökning. *Riksantikvarieämbetet. UV Syd Rapport* 1999:14.

Persson. J. 1998. Toftanäs – järnåldersbygd från tiden för Kristi födelse. I:Larsson, L. & Hårdh, B. red. 1998. *Centrala platser – centrala frågor. Samhällsstrukturen under järnåldern. En vänbok till Berta Stjernquist.* Uppåkrastudier 1. Acta Archaeologica Lundensia. Series in 8°, N°. 28. Stockholm. s. 63-72.

Persson, L.-E. & Frejd, J. 2002. Vintrie 4B & Naffentorp 5B. Öresundsförbindelsen. Arkeologisk slutundersökning. *Malmö Kulturmiljö Rapport* Nr 11.

Pettersson, A.-M. 1998. Förhistoriska hus på Gotland. *Bebyggelsehistorisk tidskrift,* Nr. 33. 1997. s. 77-86.

Pettersson, C. B. 2000. I skuggan av Karaby backar. Boplatslämningar från senneolitikum till folkvandringstid. Skåne, Västra Karaby sn, RAÄ 35, Västra karaby 2:21. Arkeologisk för- och slutundersökning 1990-1991. *Riksantikvarieämbetet. UV Syd Rapport* 2000:103.

Pettersson, C. B. 2001. Gårdarna vid vägen. Vendel- och vikingatida boplatslämningar. Skåne, Flädie sn, Bjärred 9:6. Arkeologisk undersökning. *Riksantikvarieämbetet. UV Syd Rapport* 2001:12.

Petterson, C. B. 2002. "bott vid en landsväg.". I: Mogren, M. red. *Märkvärt, medeltida. Arkeologi ur en lång skånsk historia.* Riksantikvarieämbetet. Avdelningen för arkeologiska undersökningar. Skrifter No 43, Stockholm, s. 9-98.

Petersson, M. 1999. Abbetorp – settlement, cult site and burial ground. A preliminary presentation. I: Fabech, C. & Ringtved, J. red. *Settlement and Landscape. Proceedings of a conference in Århus, Denmark, May 4-7 1998.* s. 395-404.

Rahbek, U. & Lund Rasmussen, K. 1997. Radiocarbon Dating in the Pre-Roman Iron Age. I: Martens, J. red. *Chronological Problems of the Pre-Roman Iron Age in Northern Europe.* Arkæologiske Skrifter 7. s. 137-143.

Ramqvist, P. H. 1983. Gene. On the origin, function and development of sedentary Iron Age Settlement in Northern Sweden. *Archaeology and environment* 1. Department of Archaeology. University of Umeå.

Ramqvist, P. H. 1992. Högom. The excavations 1949-1984. Högom part I. *Archaeology and environment* 13. Department of Archaeology. University of Umeå.

Rapoport, A. 1969. *House, form and culture.* New York.

Rasmussen, A.K. 1968. En byhøj i Thyland. *Nationalmuseets Arbejdsmark* 1968. s. 137-144.

Reisborg, S. 1994. Building groups 1, 4 and 5. Structures and Finds. I: Clarke, H. red. *Excavations at Helgö* XII. s. 17-80.

Rindel, P.O. 1997. *Grøntoft og etableringen af det strukturerede landsbysamfund i Vestjylland i 1. årtusinde f.Kr.* Ph.D.-dissertation. Institute of Archaeology and Ethnology, University of Copenhagen.

Rindel, P. O. 1999. Development of the village community 500 BC – 100 AD in west Jutland, Denmark. I: Fabech, C. & Ringtved, J. red. *Settlement and Landscape. Proceedings of a conference in Århus, Denmark, May 4-7 1998.* Aarhus. s. 79-99.

Rindel, P. O. 2001. Building Typology as a Means of describing the Development of Early Village Communities in the 5th-3rd Centuries B.C. at Grøntoft, Western Jutland, Denmark. I: Brandt, J. R. & Karlsson, L. red. *From Huts to Houses. Transformations of Ancient Societies. Proceedings of an international seminar organized by the Norwegian and Swedish Institute in Rome, 21-24 September 1997.* Skrifter utgivna av Svenska Institutet i Rom, 4°, LVI. s. 73-87.

Ringtved, J. 1988. Jyske gravfund fra yngre romertid og ældre germanertid. Tendenser i samfundsudviklingen. *KUML* 1986. s. 95-231.

Rosberg, A. & Lindhé, E. 2001. Öresundsförbindelsen. Svågertorp 8A. Rapport över arkeologisk slutundersökning. *Rapport* 13. Malmö Kulturmiljö.

Rudebeck, E., Ödman, K., Samuelsson, B.-Å. & Högberg, A. red.. 2001. *Vetenskapligt program för Malmö Kulturmiljö.* Malmö Kulturmiljö 2001.

Runcis, J. 1998. Gravar och boplats i Hjärup – från äldre och yngre järnålder. Skåne, Uppåkra sn, Hjärup 21:36, RAÄ 29. Särskild arkeologisk undersökning. *Riksantikvarieämbetet. UV Syd Rapport* 1998:1.

Runcis, J. 1999. Förhistoriska boplatslämningar på Bjärehalvön. Skåne, Grevie sn, Grevie 5:6 m. fl. Arkeologisk undersökning. *Riksantikvarieämbetet. UV Syd Rapport* 1999:57.

Schmidt, H. 1981. Trelleborgshuset og Fyrkathuset. *Nationalmuseets Arbejdsmark* 1981. s. 132-143.

Schmidt, H. 1994. *Building Customs in Viking Age Denmark.*

Schmidt Sabo, K. 1997. "Now the Peasants want to build a Village...". Social Changes during the Period of Village Formation in Skåne. I: Andersson, H. , Carelli, P. & Ersgård, L. red. *Visions of the Past; Trends and Traditions in Swedish Mediaval Archaeolgy.* Lund Studies in Medieval Archaeology 19. Riksantikvarieämbetet, Arkeologiska undersökningar, Skrifter nr 24. s. 671-695.

Schmidt Sabo, K. 2000. Vikingatida långhus och en bysmedja. Arkeologisk för- och slutundersökning. Skåne, Barkåkra sn, Ängelholms kommun, Vantinge bytomt, Vantinge 1:29. *Riksantikvarieämbetet. UV Syd Rapport* 2000:101.

Schultz, C. G. 1949. Aggersborg. Vikingelejren vid Limfjorden. *Fra Nationalmuseets Arbejdsmark* 1949. s. 91–108.

Skov, H. 1994. Hustyper i vikingetid og tidlig middelalder. Udviklingen af hustyperne i det gammeldanske område fra ca. 800-1200 e. Kr. *Hikuin* 21. 1994. s. 139-162.

Skre, D. 1998. *Herredømmet. Bosetning og besittelse på Romerike 200-1350 e. Kr.* Acta Humaniora, University of Oslo.

Solberg, B. 2002. Courtyard Sites North of the Polar Circle – Reflections of Power in the Late Roman and Migration Period. I: Hårdh, B. & Larsson, L. red. *Central Places in the Migration and Merovingian Periods. Papers from the 52nd Sachsensymposium.* Uppåkrastudier 6. Acta Archaeologica Lundensia. Series in 8°, No. 39, Stockholm, s. 219-229.

Stark, K. 2000. E22 Bromölla. Gårdslämningar från äldre järnålder. Arkeologisk undersökning. *Riksantikvarieämbetet. UV Syd Rapport* 2000:4.

Stenberger, M. 1933. *Öland under äldre järnåldern.* KVHAA.

Stenberger, M. & Klindt-Jensen, O. red. 1955. *Vallhagar. A Migration period settlement in Gotland/Sweden.* Part I-II.

Stoumann, I. 1980. Sædding. A Viking Age Village near Esbjerg. *Acta Archaeologica*, Vol. 50, 1979. s. 95-118.

Streiffert, J. 2001. *På gården. Rumslig organisation inom bosättningsytor och byggnader under bronsålder och äldre järnålder.* Riksantikvarieämbetet. Arkeologiska undersökningar. Skrifter No 35. GOTARC. Serie C. Arkeologiska skrifter 37.

Strömberg, B. & Thörn Pihl, A. 2000. Järnåldersbosättningar i ett bronsålderslandskap. Skåne, Härslövs sn, Hilleshög 6:5 och 3:7. Arkeologisk undersökning. *Riksantikvarieämbetet. UV Syd Rapport* 2000:53.

Stummann Hansen, S. 1992. Ældre jernalders bebyggelser i Fredriksborg amt. I: Lund Hansen, U. & Nielsen, S. red. *Sjællands jernalder. Beretning fra et symposium 24. IV. 1990 i København.* s. 13-19.

Stummann Hansen, S. 1999. Iron Age settlements in northern Zealand. I: Fabech, C. & Ringtved, J. red. *Settlement and Landscape. Proceedings of a conference in Århus, Denmark, May 4-7 1998.* s. 194-196.

Svanberg, F. 2000. *Vikingatiden i Skåne.* Lund.

Svanberg, F. & Söderberg, B. 2000. *Porten till Skåne. Löddeköpinge under järnålder och medeltid.* Riksantikvarieämbetet. Avdelningen för arkeologiska undersökningar. Skrifter No. 32. Stockholm.

Säfvestad, U. 1995. Husforskning i Sverige 1950-1994. En kritisk exposé över metodutveckling. I: Götheberg, H., Kyhlberg, O. & Vinberg, A. red. *Hus och gård. Artikeldel. Hus & gård i det förurbana samhället – rapport från ett sektorsforskningsprojekt vid Riksantikvarieämbetet.* Riksantikvarieämbetet. Arkeologiska undersökningar. Skrifter nr 14. s. 11-22.

Söderberg, B. 1997. Gårdens utveckling i Filborna ca 1000–1800. Traditionellt byggnadsskick i skånsk risbygd. I: Karsten, P. red. *Carpe Scaniam. Axplock ur Skånes förflutna.* Riksantikvarieämbetet. Avdelningen för arkeologiska undersökningar. Skrifter nr 22. Stockholm. s. 175-195.

Söderberg, B. 2001. Järnålderns Järrestad. *Tidsresa längs Tommarpsån. Österlen* 2001.

Söderberg, B. 2002 red. Järrestad i centrum. Väg 11, sträckan Östra Tommarp–Simrishamn. Järrestad sn, Skåne. Riksantikvarieämbetet. *Rapport UV Syd* 2002:16.

Söderberg, B. 2003. Järnålderns Järrestad. Bebyggelse, kronologi, tolkningsperspektiv. I: Söderberg, B. red. *Järrestad. Huvudgård i centralbygd.* Riksantikvarieämbetet. Arkeologiska undersökningar. Skrifter No 51, Stockholm, s. 109-174.

Söderberg, B. 2005. *Aristokratiskt rum och gränsöverskridande. Järrestad och sydöstra Skåne mellan region och rike 600–1100.* Arkeologiska undersökningar. Riksantikvarieämbetet. Skrifter nr 62. Stockholm.

Tesch, S. 1993. *Houses, farmsteads and Long-term Change. A Regional Study of Prehistoric Settlements in the Köpinge Area in Scania, Southern Sweden.* Uppsala.

Thrane, H. 1991. Nonnebakken: Odenses forsvundne vikingeborg. *Fyns Oldtids arkæologiske vejvisere*, nr. 2, 1991. Fyns Stiftsmuseum.

Thörn Pihl, A. 2000. En välbebodd kulle i Kvärlöv. Skåne, Annelöv sn, Kvärlöv 17:1och 18:2. VKB SU12. Arkeologisk undersökning. *Riksantikvarieämbetet. UV Syd Rapport* 1999:105.

Tornbjerg, S. Å. 1985. Bellingegård. A Late Iron Age Settlement Site at Køge, East Zealand. *Journal of Danish Archaeology*, vol. 4, 1985. s. 147-156.

Tornbjerg, S. Å. 1992. Jernalderbebyggelser ved Køge. I: *Sjællands jernalder. Beretning fra et symposium 24. IV. 1990 i København.* Arkæologiske skrifter 6. s. 51-80.

Tornbjerg, S. Å. 1998. Toftegård – en fundrig gård fra sen jernalder og vikingetid. I: Larsson, L. & Hårdh, B. red. *Centrala platser – centrala frågor. Samhällsstrukturen under järnålden. En vänbok till Berta Stjernquist.* Uppåkra studier 1. Acta Archaeologica Lundensia. Series in 8° N°. 28. Stockholm. s. 217-232.

Tornbjerg, S. Å. 1999. Iron Age settlements near Køge, eastern Zealand. I: Fabech, C. & Ringtved, J. red. *Settlement and Landscape. Proceedings of a conference in Århus, Denmark, May 4-7 1998.* s. 197-199.

Torstensdotter Åhlin, I. & Bergenstråhle, I. 2000. Äldre järnålder på Klörups backar. Arkeologisk utredning och slutundersökning. Skåne, Västra Kärrstorps och Västra Alstads sn, Klörup 10:16 (utredning), Lilla Slågarps och Västra Alstads sn, Klörup 10:16 och 5:13, Raä 62 och 57 (slutundersökning). *Riksantikvarieämbetet. UV Syd Rapport* 2000:74.

Varenius, B. 1998. *"han ägde bo och skeppslid". Om rumslighet och relationer i vikingatid och medeltid.* Studia Archaeologica Universitatis Umensis 10. Umeå.

Viking, U. & Fors, T. 1995. *Ösarp. Vikingatida och tidigmedeltida agrarbebyggelse i södra Halland.* RAÄ 197, Ösarp 1:21och 2:15, Laholms lfs, Halland. Arkeologisk undersökning 1993. Stiftelsen Hallands länsmuseer, Uppdragsverksamheten.

Viklund, K. 1998. Tidiga fähus – de arkeobotaniska beläggen. I: Viklund, K., Engelmark, R. & Linderholm, J. red. *Fähus. Från bronsålder till idag.* Skrifter om skogs- och lantbrukshistoria 12. s. 14-21.

Wallin, L. 1996. Det långa huset i Önsvala. Arkeologiska utredningar, Förundersökning och undersökningar 1986-1990. Skåne, VA Källby-Önsvala och väg 12. *Riksantikvarieämbetet. UV Syd Rapport* 1996:83.

Waterbolk, H. T. 1994. The origin of the Lejre House Type. Christensen, T. 1994. Lejrehallen. I: *Kongehallen fra Lejre – et rekonstruktionsprojekt.* Teknisk rapport Nr 1. 1994. Historisk –Arkæoligisk Forsøgscenter. s. 101-113.

Watt, M. 1980. *Runegård – en foreløbig beretning om undersøgelse af oldtidsbopladser ved Grødby på Bornholm.* Antikvariske Studier 4, 1980.

Watt, M. 1983. A Viking Age Settlement att Runegård (Grødby) Bornholm. An Interim Report of the investigations 1979-82. *Journal of Danish Archaeology* 2, 1983. s. 137-148.

Wattman, N. 1996. Kärragård, boplats och centralplats från trattbägarkulturen till medeltid. Halland, Laholms lfs, Kärragård 3:7, RAÄ 164. *Arkeologiska rapporter från Hallands länsmuseer* 1996:4.

Westergaard, B. 1989. *Arkeologisk undersökning. Ysby socken, Hov 3:46, 1987, Raä 56.* Hallands länsmuseer. Uppdragsverksamheten Halmstad 1989. Halmstad.

Westergaard, B. 1993. *Arkeologisk undersökning. Ysby socken, Hov 3:46, 1991, Raä 56.* Hallands länsmuseer. Uppdragsverksamheten Halmstad 1993. Halmstad.

Widgren, M. 1983. *Settlement and farming systems in the early Iron Age. A study of fossil agrarian landscapes in Östergötland, Sweden.* Acta Universitatis Stockholmiensis. Stockholm Studies in Human Geography 3.

Widgren, M. 1998. Kulturgeografernas bönder och arkeologernas guld – finns det någon väg till syntes? I: Larsson, L. & Hårdh, B red. *Centrala platser, centrala frågor. Samhällsstrukturen under järnåldern.* En Vänbok till Berta Stjernquist. Uppåkrastudier 1. Acta Archaeologica Lundensia, Series in 8°, No. 28. Stockholm. s. 281-296.

Wikborg, J. 1998. Den äldre järnålderns vapengravar i Mälarområdet. I: Andersson, K. red. *"Suionum hinc civitates". Nya undersökningar kring norra Mälardalens äldre järnålder.* Occasional papers in archaeology 19. Uppsala. s. 19-57.

Wranning, P. 1995. En romersk gård vid Lagan. Halland, Laholms lfs., Trulstorp 1:92, RAÄ 199. *Arkeologiska rapporter från Hallands länsmuseer* 1995:2.

Wranning, P. 1996. Ett vikingatida trelleborgshus i Ösarp. RAÄ 205, Ösarp 1:21, 2:15, Laholms lfs, Halland. *Arkeologiska rapporter från Hallands länsmuseer* 1996:6.

Wranning, P. 1999. Sydhalländska Trelleborgshus – lokala variationer av ett senvikingatida byggnadsskick. I: Artelius, T., Englund, E. & Ersgård, L. red. *Kring västsvenska hus – boendets organisation och symbolik i förhistorisk och historisk tid.* Gotarc Serie C. Arkeologiska skrifter No 22. s. 37-50.

Wranning, P. 2001. RAÄ 195 - Undersökning 1996. I: Ryberg, E. W., P. red.. Teknisk rapport från de arkeologiska undersökningarna av RAÄ 106, 193 och 195. Landskap i förändring volym 2. *Arkeologiska rapporter från Hallands Länsmuseer* 2000:1. s. 37-73.

Wranning, P. 2004. Gården på höjden - en analys av gårdstruktur, ekonomi och omlandsutnyttjande vid en bosättning på Skrea backe under yngre romersk järnålder-folkvandringstid, med jämförande utblickar utmed Västkusten. I: Carlie, L., Ryberg, E., Streiffert, J. & Wranning, P. red. Hållplatser i det förgångna. Artiklar med avstamp i de arkeologiska undersökningarna för Västkustbanans dubbelspår förbi Falkenberg i Halland. Landskap i förändring volym 6. *Arkeologiska rapporter från Hallands Länsmuseer* 2004:1. s. 151-188.

Åstrand, J. 2004. Tretton långhus och en begravning – arkeologi i Kv. Seglaren. RAÄ 218, Växjö sn, Växjö kommun. Särskild arkeologisk undersökning. *Smålands Museum. Rapport* 2004:11.

Åqvist, C. & Flodin, L. 1992. Pollista and Sanda – two Thousand-year-old Settlements in the Mälaren Region. I: Ersgård, L., Holmström, M. & Lamm, K. red. *Rescue and Research. Reflections of Society in Sweden 700-1700 A.D.* Riksantikvarieämbetet. Arkeologiska undersökningar. Skrifter Nr. 2. s. 310-333.

Ängeby, G. 2003. Gårdar från bronsålder till tidig medeltid vid Tom på Fjärås Bräcka. Arkeologiska undersökningar. Halland, Fjärås sn, Tom 5:2, RAÄ 504. *Riksantikvarieämbetet. UV Väst Rapport* 2002:20.

Østergaard Sørensen, P. 1994a. Gudmehallerne. Kongeligt byggeri fra jernaldern. *Nationalmuseets Arbejdsmark* 1994. s. 25-39.

Østergaard Sørensen, P. 1994b. Houses, Farmsteads and Settlement Pattern in the Gudme Area. I: Nielsen, P.O., Randsborg, K., & Thrane, H. red. *The Archaeology of Gudme and Lundeborg. Papers presented at a Conference at Svendborg, October 1991.* Arkæologiske Studier, Volume X. s. 41-47.

Østmo, E. 1991. Gård og boplass i østnorsk oldtid og middelalder. Aktuelle oppgaver for forskning og forvaltning. *Varia* 22.

Böndernas gårdar

Denna studie är den första mer övergripande sammanställningen och analysen av den agrara bebyggelsen i Skåne under järnåldern. Vår ambition är att utifrån de arkeologiska källorna spegla mångfalden i den tidens bebyggelse och organisation, från de enskilda gårdarna till bosättningarnas överordnade strukturer. En viktig utgångspunkt för diskussionen är synen på järnålderns samhällen som icke jämlika och med en hierarkisk struktur, baserad både på släktskap och på individens förmåga att knyta personliga kontakter och allianser. Variationer i gårdarnas storlek och sammansättning ses som uttryck för en social och ekonomisk differentiering, som även speglar hierarkiska nivåer i samhället.

Anne Carlie & Magnus Artursson

Inledning

Intresset för järnåldersgårdens byggnader i södra Skandinavien har en lång historia, som går tillbaka till 1900-talets förra hälft, med undersökningar av platser som Ginderup, Skørbæk hede och Nørre Fjand på Jylland (se Kjær 1928; Hatt 1938; 1957) och Vallhagar på Gotland (Stenberger & Klindt-Jensen 1955). Moderna boplatsundersökningar med maskinell avbaning i större skala inleddes först i början av 1960-talet med Carl Johan Beckers utgrävningar vid Grøntoft (Becker 1966; 1969; 1972). Den nya metodiken möjliggjorde bland annat analyser av mer övergripande bebyggelsemönster i förhållande till landskapets fysiska förutsättningar. De positiva erfarenheterna från Grøntoft bidrog till att en rad danska boplatser, däribland Hodde och Vorbasse, kom att undersökas på ett liknande sätt under 1970- och 1980-talen (Rindel 1997). I Sverige dröjde det fram till 1970-talets slut innan metoden på allvar introducerades i svensk arkeologi (se bl.a. Björhem & Säfvestad 1993; Tesch 1993). Detta är förmodligen en av de viktigare orsakerna till att järnålderns bebyggelse under lång tid studerades utifrån andra källor än boplatser, främst gravar, gravfält och fossila odlingslämningar (Ambrosiani 1964; Carlsson 1979; Widgren 1983; Hyenstrand 1984).

Det finns ingen anledning att här närmare beskriva hur bebyggelsearkeologin i södra Skandinavien – och Sydsverige i synnerhet – utvecklats sedan dess, eftersom ämnet nyligen varit föremål för ingående behandling i ett flertal publikationer (Säfvestad 1995; Frölund 1998; Martens 1998; Göthberg 2000). Avstampet inför den följande analysen av Västskånes järnåldersbebyggelse tas istället i en mer generell diskussion om hur ändrade forskningstraditioner påverkar synen på den förhistoriska gården. Syftet är att ge en forskningshistorisk grund för några av de begrepp, men också teoretiska och metodiska överväganden, som vår studie vilar på.

Gårdsperspektiv

Bebyggelsearkeologin i södra Skandinavien kan på ett övergripande plan sägas ha utvecklats från en kulturhistorisk tradition, med inriktning på den enskilda gården som ekonomisk och funktionell enhet, via en typologisk-kronologisk strukturering av olika hustyper under 1970- och 1980-talet, till ett under 1990-talet mångtydigt gårdsbegrepp som även beaktar sociala, politiska och ideologiska aspekter i samhället. I takt med att nya teoretiska perspektiv integrerats i ämnet, har även valet av förebilder förändrats, från ämnen som etnologi och kulturgeografi till socialantropologi, historia, religionshistoria och arkitektur.

Innan mer storskaliga undersökningar av gårdskomplex blev vanliga, hämtade arkeologin en stor del av sin begreppsapparat och organisatoriska modeller från kulturgeografin. Exempel på en gårdsdefinition med tydliga influenser från kulturgeografin finner man till exempel hos Jan Henrik Fallgren.

"Med gård menas här en permanent, självständig ekonomisk enhet, där människorna i huvudsak livnärt sig på boskapsskötsel och åkerbruk. Därför måste de bebyggelselämningar som klassificeras som en gård innehålla lämningar efter både mänskliga boningar och fähus". (Fallgren 1998, s. 66).

En sådan definition, med fokus på ekonomiska och funktionella förhållanden, är emellertid inte tillräcklig, för att även fånga sociala och organisatoriska aspekter på bebyggelsen. Vi har i denna studie istället valt att använda den medeltida gården som analytiskt redskap och modell för att tolka och förstå den förhistoriska gården. Begreppet gård kommer av fornsvenskan *garther*, som betyder inhägnat område, gärdesgård eller inhägnad. Denna betydelse har sannolikt anor tillbaka i en förkristen föreställningsvärld, där gården tjänade som en modell i miniatyr över hur människorna uppfattade världen och universum (Burström 1995).

Den medeltida gården omfattade inte bara de byggnader som låg grupperade på själva tomten, utan även ett betydligt större område kring bebyggelsen. Detta framgår tydligt av de äldre landskapslagarna, där straffet för den som bröt gårdsfriden varierade mellan gårdens olika områden. I Helsingelagen till exempel började hemfridsbrottet vid betesmarken, för att kontinuerligt öka från mellanhagen, ängen och åkern, till humlegården, ladugården och mangården, till att det slutade med övergrepp på mannen i hans säng. Gårdsbegreppet avsåg emellertid inte bara byggnader, tomt och tillhörande landområden, utan hade även en social betydelse kopplad till gårdens invånare, som kunde avse en storfamilj om ett eller flera hushåll (Granlund 1981, s. 622). Under 1700-talet utvecklades begreppet till att även avse en i jordeboken angiven enhet inom byn, med eget namn och mantalstaxering (Hannerberg 1971, s. 37).

Gårdsbegreppets förändrade innebörd över tiden har av flera forskare setts som ett problem vid analyser av arkeologiskt material. Att hitta alternativa men funktionellt likvärdiga begrepp har dock visat sig vara svårt. Vi delar här Per Frölunds uppfattning om att termen gård är att föredra i förhållande till andra mer värdeneutrala definitioner som bebyggelseenhet eller brukningsenhet (Frölund 1998, s. 150). Ett liknande synsätt finner man hos Hans Göthberg och Michael Olausson, som väljer att utgå från den medeltida betydelsen, det vill säga att gården förutom dess bestånd av byggnader, även omfattar ett inhägnat område, tomt eller gårdsplan med tillhörande brunnar, aktivitetsytor, hägnader, åkrar och betesmark (Olausson 1998, s. 98; Göthberg 2000, s. 93).

Om gårdens byggnader och funktioner

Järnåldersgårdens byggnader kan utifrån det arkeologiska materialet delas in i tre huvudtyper, av vilka själva huvudbyggnaden vanligen benämns "långhus".

Denna term beskriver inte nödvändigtvis husets längd, då det finns exempel på alltifrån små till mycket stora långhus under hela perioden (jfr Artursson i del II). I ordet ryms snarare en funktionell aspekt, vilket framgår av följande definition baserad på jylländskt material.

..."Som langhus betegnes alle huse, der er defineret som en selvstændig økonomisk enhed, og som ud fra placeringen i forbindelse med de tilhørende hegnsforløb udgør gårdens hovedbygning, samt indeholder beboelse og stald." (Egeberg Hansen m. fl. 1991, s. 19).

Beskrivningen ovan gäller för ett antal välbevarade boplatser, som till exempel Vorbasse och Nørre Snede på södra Jylland, och måste betraktas som alltför preciserad för att kunna användas på dåligt bevarade boplatser i fullåkersbygd. På dessa platser finns ofta enbart spåren efter husen och ibland bara stolphålen till den takbärande konstruktionen bevarade, medan hägnader saknas. Vad som är viktigt när man definierar ett långhus är att detta kan tänkas ha haft en bostadsfunktion samt dessutom utrymmen med koppling till gårdens produktion, som till exempel fähus och förråd, så att huset kan antas ha fungerat som huvudbyggnaden på en självständig ekonomisk enhet.

Den andra typen av hus utgörs av "mindre stolpbyggnader" eller "uthus". I den ofta använda termen "ekonomibyggnad" ligger det implicit att huset tillhör en gård, och att det inte skall ligga alltför långt bort från huvudbyggnaden. Att skilja en solitärt belägen ekonomibyggnad från ett litet, ensamliggande långhus kan dock vara svårt, och är i många fall endast möjligt då en speciell funktion kan knytas till huset, som till exempel en smedja eller lada (se Arturssson i del II). Även detaljer i konstruktionen kan ge ledtrådar till vilken typ av byggnad det rör sig om. Så har till exempel järnåldersgårdens ekonomibyggnader ofta en mycket större variation i den takbärande konstruktionen jämfört med långhusen. Det finns både en-, två- och treskeppiga typer av mindre byggnader, medan långhusen i stort sett alltid är treskeppiga. En speciell variant utgörs av så kallade "fyrstolpshus", vanligen tolkade som en byggnad som vilat på stolpar en bit ovanför marken. Hustypen anses ofta ha använts som magasin eller förrådsbyggnad, för att lagra livsmedel eller foder; en teori som bland annat baserar sig på etnologiskt material (Audouze & Büchsenschütz 1992, s. 62f; Sarnäs 2000, s. 100).

Den tredje hustypen är "grophus", en term som används för olika typer av nedgrävda konstruktioner. Ofta finns även spår av stolphål i anslutning till gropen, som ingått antingen i väggkonstruktionen eller fungerat som takbärare. Grophusen förekommer under hela järnåldern, men blir vanligare från och med yngre romersk järnålder. Utvecklingen av byggnadstypen kulminerar under vendel- och vikingatid, då det även finns exempel på specialiserade platser för hantverk och handel, som nästan uteslutande bestått av grophusbebyggelse (t.ex. Löddeköpinge och Åhus (Ohlsson 1976; Callmer 1991) (se Ericson i del III). Utöver de tre huvudtyper av byggnader som beskrivits ovan, förekommer även andra typer av stolpkonstruktioner, som till exempel vindskyddsliknande anläggningar ofta försedda med härdar samt så kallade halvtakshus placerade i anslutning till hägnader.

Av gårdens byggnader är det framför allt långhuset, dess rumsindelning och funktioner, som ägnats störst uppmärksamhet inom arkeologin. Många av förebilderna, särskilt för den äldre järnåldern, har hämtats från undersökningar på Jylland och i norra Tyskland, där huslämningarna ofta är bättre bevarade med spår efter såväl eldstäder som inre skiljeväggar och båsindelning. Det är också till stor del på dessa material, från platser som Grøntoft, Hodde och Vorbasse på Jylland (Hvass 1983; Hvass 1985; Rindel 1997; 2001) samt Feddersen Wierde och Elisenhof i Tyskland (Bantelmann 1975; Haarnagel 1979) som bilden av det flerfunktionella långhuset med integrerat fähus bygger. Trots att huslämningar i södra Sverige endast undantagsvis har samma goda bevaringsförhållanden som på Jylland och i norra Tyskland, har resultaten från dessa områden ofta applicerats på det svenska materialet.

Placeringen av takbärande bockar och ingångsstolpar, liksom förekomst av växtmaterial och förhöjda fosfatvärden inom huskroppen, är exempel på variabler som använts för att stödja hypotesen om en liknande funktionsindelning som även omfattar utrymmen till förvaring av kreatur (Myrdal 1984; Olausson 1999). En forskare som argumenterat mot existensen av stallning av hela gårdens djurbestånd är Lennart Carlie, som menar att bristen på utrymmen för att lagra foder i långhusen istället talar för en mer selektiv stallning av värdefulla eller ömtåliga djur, t.ex. hästar, avelsdjur och liknande (Carlie 1999, s. 120f).

Sociala hierarkier

I takt med att intresset för järnålderns samhällsutveckling fördjupats under senare år, har olika försök även gjorts för att spåra en social differentiering i den agrara bebyggelsen utifrån arkeologiskt material. Som exempel kan nämnas Jan Henrik Fallgrens och Hans Göthbergs studier av öländska respektive uppländska järnåldersgårdar. Medan Fallgren försöker att identifiera en social bebyggelsehierarki utifrån variationer i gårdsstorlek baserat på långhusens storlek, antalet husgrunder och hägnadssystem (Fallgren 1998), väljer Göthberg istället en mer teoretisk diskussion kring olika typer av statusmarkörer i gårdens byggnader. Bland värdekriterier som ofta ansetts tyda på en högre social status och/eller större ekonomiskt välstånd, framhåller Göthberg långhusets och fähusdelens storlek, liksom förekomsten av hallbyggnader och platåhus (Göthberg 2000, s. 128ff och angivna ref.). Vad gäller hallens betydelse har denna diskuterats av Frands Herschend i olika sammanhang, där såväl fyndmaterialens karaktär som de skriftliga källornas vittnesbörd, visar på en representativ funktion för både profana festligheter och religiösa/ceremoniella sammanhang (Herschend 1993; 1995; 1997).

Kulturgeografen Mats Widgren är en av de forskare som argumenterat för att nyckeln till ett ökat välstånd och social stratifiering under järnåldern, ska sökas i jordbrukets sociala organisation (Widgren 1998). Inspirerad av bland annat den norske historikern Tore Iversens studier av träldomen under norsk medeltid, som grund för att förstå landboväsendets utveckling, föreslår han att det redan under äldre järnålder utvecklades lokala system med storgårdar och underlydande gårdar (Iversen 1994). Dessa ska ha varit baserade på personliga relationer och beroendeförhållande mellan jordägare och grupper av fria eller ofria brukare. Widgren presenterar i sin artikel en modell med fyra sociala skikt (A–D), som i det arkeologiska materialet jämförs med gårdar av olika storlekar och antal stallade djur. Längst ner på den hierarkiska stegen finner man små hushåll med ofria personer, t.ex. boskapsskötare eller strandsittare (A). Dessa kan på grund av husens anspråkslösa karaktär vara svåra att identifiera arkeologiskt. Överst i hierarkin återfinns stora hushåll med fri och ofri arbetskraft (D), representerade av stora gårdar med många stallade djur, omfattande hantverksutövning samt statusföremål av ädelmetall. Det ekonomiska överskottet på dessa gårdar, antas i första hand ha byggts upp genom kontroll av externa tillgångar, med hantverk, handel eller genom överskott från mindre underlydande gårdar (Widgren 1998, s. 289ff).

Widgrens modell ger en ny och intressant dimension till tolkningen och förståelsen av järnålderns bebyggelse i södra Skandinavien; inte minst mot bakgrund av den alltmer komplexa bebyggelsebild som vuxit fram under de sista tio till femton åren. Detta förhållande gäller även för Skåne, där det arkeologiska materialet idag tydligt visar på att det under hela järnåldern har funnits såväl enstaka små grupper av gårdar som byar med samlad bebyggelse.

Syfte, material och metod

För järnålderns människor var gården inte bara den fysiska plats i landskapet, med dess byggnader, tomt m.m. som gav individen tak över huvudet och social trygghet genom det kollektiv av människor som bodde där, utan denna fungerade även på ett ideologiskt plan som ett mentalt nav i tillvaron, i enlighet med den rådande föreställningsvärlden.

Våra möjligheter att studera järnålderns bebyggelse och gårdslandskap utifrån ett mentalt eller kosmologiskt perspektiv, är i dagsläget små i det västskånska fullåkerlandskapet beroende på den omfattande uppodlingen. Det är således ytterst sällan vi i anslutning till undersökta bosättningar, känner till placeringen av samtida grav- och offerplatser. På samma sätt är det även mycket ovanligt att vi har bevarade spår efter äldre markindelning inom eller mellan olika bosättningar, spår som hade kunnat ge oss ingångar till en förståelse av hur närmiljön kring de enskilda gårdarna organiserats, liksom graden av samverkan, kommunikationer och rörelsemönster mellan dessa. Det för närvarande mest framgångsrika sättet att närma sig järnålderns gårdslandskap och bebyggelseorganisation är därför att utgå från gården som minsta analysenhet, varefter denna relateras till andra bebyggelseenheter och strukturer i omgivningen (se Strömberg i del IV).

Studien kommer mot denna bakgrund att inriktas på två nivåer. I den första nivån studeras de enskilda gårdarnas rumsliga och funktionella indelning. Vi har här valt att granska följande variabler, gårdarnas storlek och sammansättning, långhusens indelning samt gårdstomtens uppskattade storlek och disposition. Avsikten är att försöka visa på den mångfald som idag kan ses utifrån det arkeologiska materialet, vad det gäller järnåldersgårdens storlek, sammansättning och organisation, samt hur denna förändrades över tiden. Presentationen av materialet bygger på ett antagande om en social skiktning av bebyggelsen, som fysiskt kommer till uttryck i gårdarnas varierande storlek och komplexitet utifrån antalet byggnader, deras storlek och funktioner. Denna indelning görs med utgångspunkt från författarnas syn på järnålderssamhället som ojämlikt med en hierarkisk struktur, som grundades både på släktskapsrelationer, men också på den enskilda individens förmåga att knyta personliga nätverk och allianser (Skre 1998; 2001). Fokus flyttas, med denna utgångspunkt, från den s.k. normalgården mot att istället söka fördjupa bilden av mångfalden i järnålderns gårdsbestånd och hur dessa speglar olika hierarkiska nivåer (jfr Carlie *Samhällen och rikedomsmiljöer* i del IV).

Vad det gäller gårdarnas storlek bedöms dessa utifrån den samlade byggnadsarealen, där naturliga brytpunkter i materialet varit vägledande för indelningen i olika storleksgrupper under respektive perioder. Bara en mindre del av järnåldershusen har bevarade vägglinjer, som gör det möjligt att med större precision beräkna husens golvyta. Uppskattningen av husens längd och bredd baseras därför i de flesta fall på en kombination av spåren efter den takbärande konstruktionen och eventuella stolpar till ingångar och väggar, samt på allmänna kunskaper om hustypens karaktärsdrag, ytterväggarnas bredd och form m.m. (jfr Artursson i del II). De storleksberäkningar som gjorts av husen ska därför inte läsas i termer av inre golvyta, utan som arealen för gårdarnas byggnadsbestånd[1].

I den andra nivån tas frågan upp om järnåldersbebyggelsens överordnade struktur. Den ursprungliga ambitionen var att söka belysa såväl kronologiska förändringar som korologiska variationer i bebyggelsens organisation sett i förhållande till olika landskapstyper. Under projektets gång har denna ambition dock fått ändras, eftersom materialets karaktär i dagsläget inte tillåter en mer detaljerad studie av dessa frågor. Således är undersökningsarealen på boplatserna i regel så liten att bebyggelsens rumsliga utsträckning utöver den enskilda gården inte kan avgränsas. Detta i kombination med att spår efter hägnader och hägnadssystem endast sällan finns bevarade i den skånska fullåkersbygden, bidrar också till att försvåra tolkningar av mer övergripande strukturer. Trots dessa källkritiska problem, har vi där materialen så medger, försökt att bedöma bebyggelsens karaktär på en mer allmän nivå. Således kan avståndet mellan förmodat samtida gårdar, liksom antalet bebyggelsefaser på varje gårdsläge, ge en fingervisning om huruvida gårdarna har legat glest eller mera samlat i landskapet, liksom om bebyggelsemönstret varit rörligt eller mer stationärt. Detta är också bakgrunden till att vi valt att inte ge oss närmare in på den omfattande diskussionen kring bybegreppet och bybildningsprocessen.

Tyngdpunkten i studien ligger på de västskånska boplatsmaterialen som framtagits inom projektet. Dessa har vid behov kompletterats med material från andra undersökningar, huvudsakligen utförda av UV Syd, så att underlaget totalt omfattar cirka 70 gårdar. Bara de mest välbevarade enheterna har tagits med i analysen. Materialet presenteras kronologiskt med början i förromersk järnålder och fram till övergången mot vikingatid.

Järnåldersgårdar i Skåne
Äldre förromersk järnålder (500–150 f. Kr.)

Inom Västkustbaneprojektet undersöktes flera platser med bebyggelselämningar från äldre förromersk järnålder. De flesta låg i det kustnära området mellan Helsingborg och Landskrona, med platser som Ramlösa VKB 1A:7, Rya VVP 6, Rydebäcks station, Övre Glumslöv VVP 3 samt Hilleshög VKB 3:6 och 3:7. Trots att antalet undersökta järnåldersboplatser inom projektet var betydligt större utmed Saxån och Välabäckens vattensystem, påträffades bebyggelsespår från tidig förromersk järnålder bara på en enda plats – Kvärlöv SU 11. Vad dessa skillnader i representativitet mellan olika landskapstyper kan bero på diskuteras vidare i artikeln *Samhällen och rikedomsmiljöer* i del IV. Här ska endast fästas uppmärksamheten på att nästan samtliga av de gårdar som behandlas har legat ett par kilometer från kusten. För att öka materialets representativitet har detta kompletterats med gårdar som haft ett mer indraget läge i landskapet, däribland Körslätt 3:1 i Kvidinge socken, cirka 25 kilometer från Öresundskusten och Grevie 5:6 på Bjärehalvön. Vidare har ett välbevarat gårdsläge från Åby 23:1 vid Bromölla i nordöstra Skåne tagits med i studien.

Materialet från äldre förromersk järnålder omfattar elva gårdar. Dessa kan grovt indelas i tre storleksgrupper: mycket stora gårdar med en byggnadsareal på omkring 225–230 m^2, en grupp med stora och mellanstora gårdar på cirka 100–150 m^2 samt en grupp med små gårdar med en areal under 100 m^2 (fig. 1). De mycket stora respektive stora gårdarna representeras i materialet vardera av två exempel, Körslätt och Ramlösa VKB 1A:7 samt Grevie och gård 2 vid Hilleshög VKB 3:7, medan de mellanstora och mindre gårdarna omfattar tre respektive fyra exempel.

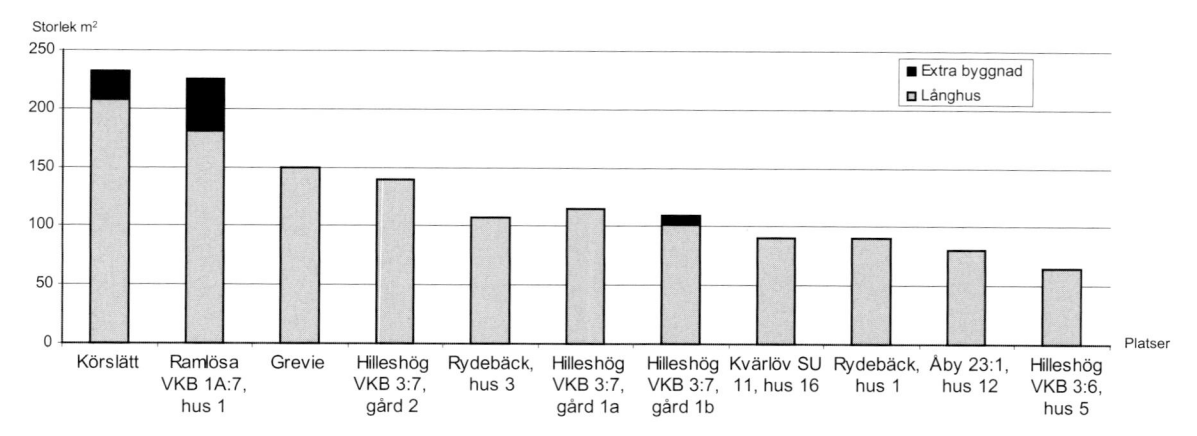

Figur 1. Gårdens byggnadsareal under äldre förromersk järnålder (omfattar 11 gårdar).
The building area of farms during the Early Pre-Roman Iron Age (comprising 11 farms).

Mycket stora gårdar

Gården vid *Körslätt* har bestått av ett cirka 32 meter långt och 6,5–7 meter brett långhus, hus IV, med en yta om 210 m² (Bergenstråhle 2000). Flera mindre hus undersöktes i anslutning till huvudbyggnaden. Bara två av dessa, hus III och V, bedöms dock utifrån hustyp och läge som samtida med långhuset (fig. 2). Lämningarna efter långhuset var välbevarade, med raka långväggar och tydligt rundade gavlar, utom i byggnadens mittparti som var skadat. Huset har troligen haft nio eller tio takbärande bockar. Av dessa var hålen efter sex stolppar – tre i vardera änden – helt bevarade, och ger viss vägledning om hur byggnaden varit inredd. Strax öster om mittdelen fanns spår efter ett ingångsrum med motställda öppningar. En inre mellanvägg mot öster skiljer detta från ett större utrymme i husets östra del. I östrummet fanns rester efter en härd som av placeringen att döma kan vara samtida med huset. Om så är fallet har rummet troligen använts som bostads- eller köksdel. Golvytan i detta rum kan uppskattas till cirka 65 m². Hur den västra delen av långhuset varit inredd är mer osäkert. Enligt Bergenstråhle tyder de takbärande bockarnas tätare placering på att det funnits en inredning med bås eller kättar för kreatur. Vidare har ett par extra stolpar, placerade mellan den tredje och fjärde bocken från väster, möjligen fungerat som extra stöd till ett innertak eller loft. Av långhusets längd att döma, bör det även ha funnits ett extra ingångsrum, troligen strax öster om fähuset, detta för att underlätta in- och utförsel av djur och foder. Långväggarnas ofullständiga karaktär i denna del av huset gör det dock omöjligt att bestämma ingångsrummets exakta placering.

Hur området kring gården har använts är svårt att säga, eftersom långhuset låg strax intill den södra schaktkanten, och bara ett fåtal anläggningar på platsen har daterats. Förutom enstaka gropar och stolphål, domineras spåren kring långhuset av härdar. Den största härdgruppen låg nordväst om långhuset. En av härdarna i denna grupp har daterats och visar på en samtidighet med gården. Vilka aktiviteter härdarna representerar är också oklar. Enstaka fynd av slagg från hus IV, som låg i anslutning till härdarna, kan tyda på en verkstadsfunktion (Bergenstråhle 2000).

En annan mycket stor gård har undersökts vid *Ramlösa VKB 1A:7*, cirka en kilometer från Öresundskusten (Omfors & Streiffert 1999; Carlie 2005). Gården

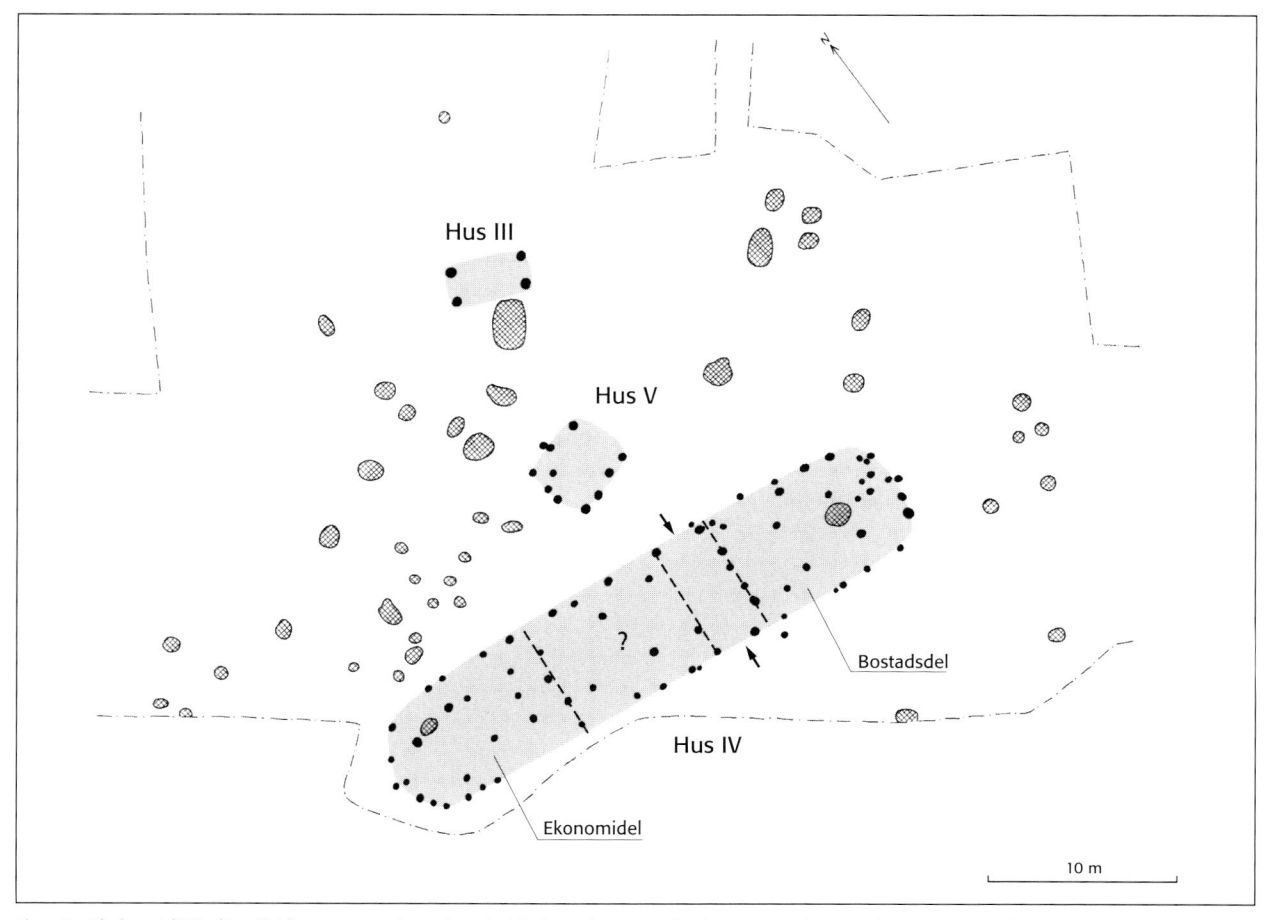

Figur 2. Gården vid Körslätt, Kvidinge sn, med omgivande härdar och förslag till rumsindelning i långhuset. Skala 1:400. Ritning: Annika Jeppsson.

The farm at Körslätt, Kvidinge parish, with surrounding hearths and a suggested room division in the long-house. Drawing: Annika Jeppsson.

låg på en avsats och svag sydsluttning ner mot Råån, invid ett från historisk tid känt vadställe. Enheten har bestått av ett långhus, hus I, och två mindre enskeppiga byggnader, hus IX och X (fig. 3). En kombinerad analys av ^{14}C-dateringarna från långhuset placerar detta i intervallet 370–200 f. Kr. Typologiskt uppvisar huset flera särdrag som kan följas ner i yngre bronsålder (jfr Artursson i del II; och bilaga 1, *tabell 1* i band 2). Långhuset har varit cirka 27 meter långt och 6,7–7 meter brett, vilket ger en areal på cirka 190 m². Tillsammans med ett av uthusen har gårdens storlek uppgått till 225 m².

Långhuset kan utifrån de takbärande bockarnas placering, spåren efter en inre mellanvägg samt de motställda ingångarna placering i långväggarna, delas in i två huvuddelar och ett ingångsrum. En centralt placerad härd i husets östra ände tyder på att denna del använts som bostad. En mindre yta i och kring långhuset har fosfatkarterats, och resultatet visar enligt Jes

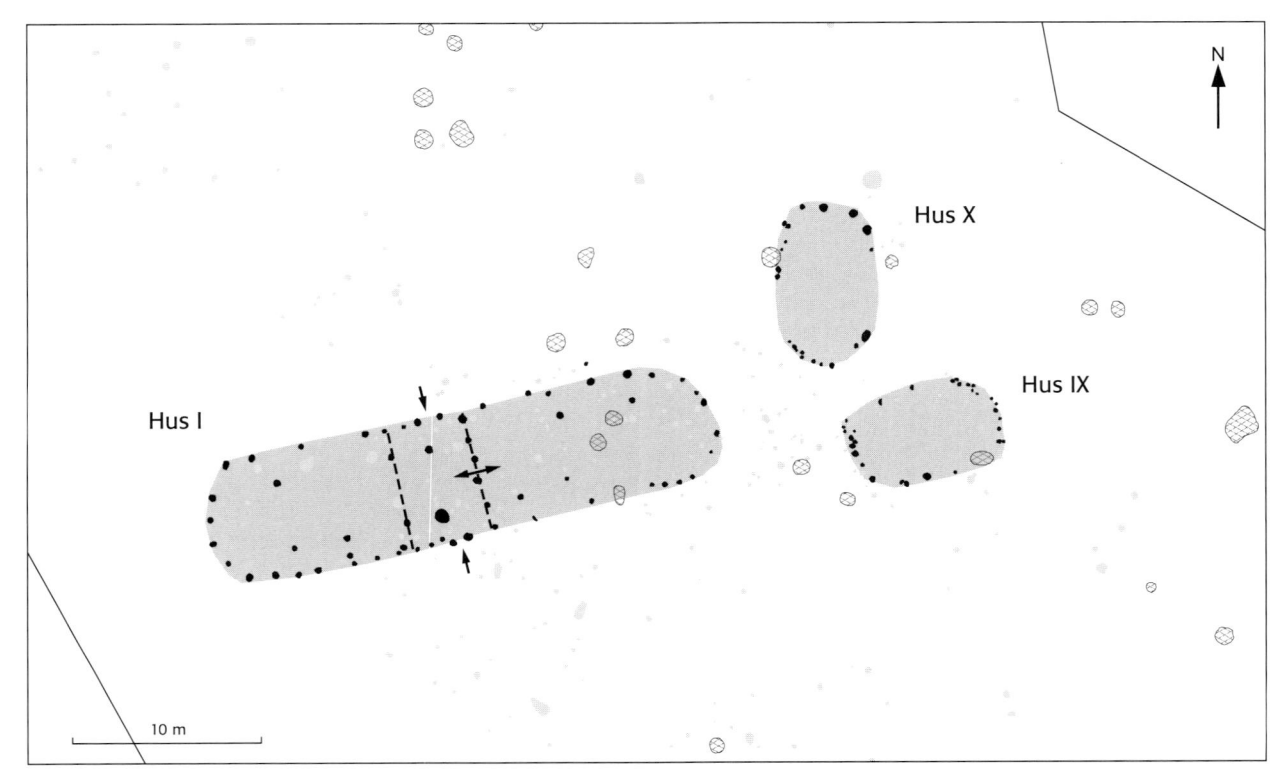

Figur 3. Den äldre gården vid Ramlösa VKB 1A:7 med trolig rumsindelning i långhuset (hus I). Skala 1:400.

The older farm at Ramlösa VKB 1A:7, with the probable room division in the long-house (house I).

Martens tydliga så kallade väggeffekter, där olika aktiviteter inne och ute visar sig i karteringen (Martens 2005). Det finns också tecken på en funktionsindelning av långhuset som pekar i motsatt riktning, d.v.s. mot tolkningen utifrån synliga anläggningar som till exempel härdar. Bland annat tyder enligt Martens de jämnt fördelade fosfaterna i den östra delen av långhuset på att denna del har använts som stall. Han anser också att det finns spår av flera härdar i husets västra ände, vilken kan tyda på en bostadsdel här. I övrigt ses en skillnad i fosfatvärdena mellan området utanför husets norra respektive södra långsidan. De högre värdena norr om långhuset skulle enligt Martens kunna bero på att man deponerat avfall och gödsel här, medan den "fosfatfria" sydsidan utnyttjats för hushållsnära aktiviteter. Fyndmaterialet var dock ytterst sparsamt och ger inga ledtrådar om vilka verksamheter som förekommit på gården.

De två enskeppiga husen, hus IX och X, har en nästan identisk storlek och utformning. Inga ingångar har identifierats. Liknande konstruktioner från tidig förromerskt järnålder har undersökts vid bland annat Grøntoft på södra Jylland. Också här ligger de enskeppiga husen i nära anslutning till långhus (Becker 1969, Pl. I; 1972, Pl. I). Långhusen vid Grøntoft tycks ha hyst en boningsdel och en stalldel, varför det är troligt att de enskeppiga husen har haft någon form av ekonomifunktion, kanske som förvaringsutrymme eller verkstadshus. Vissa av dem kan eventuellt vara lämningar efter små inhägnader för djur. Speciellt gäller det de som inte har någon tydlig ingång markerad med kraftigare stolphål.

Gården vid Ramlösa har haft en öppen rumslig disposition, med huvudbyggnaden orienterad i öst–västlig riktning och de två mindre husen belägna strax öster om långhuset. Några spår av hägnader har inte påträffats, vilket förstärker intrycket av en öppen organisation. I anslutning till byggnaderna finns det ett stort antal härdar och gropar, vars rumsliga placering kring byggnaderna möjligen visar gårdstomtens begränsning (se Carlie 2005, fig. 2).

Stora, mellanstora och små gårdar
Två stora gårdar ingår i materialet, från Grevie 5:6 på Bjärehalvön och Hilleshög VKB 3:7 vid Glumslövs backar. Det handlar i båda fallen om enheter som bestått av ett medelstort långhus, med tydliga spår av stolpbyggda väggar. Undersökningsområdet vid Grevie var relativt litet, varför det inte kan uteslutas att gården bestått av flera byggnader (Runcis 1999). Husets datering till äldre förromersk järnålder bygger på en sammanvägning av ^{14}C-värden och byggnadstradition (se Artursson i del II).

Långhuset vid Grevie var cirka 25 meter långt och 6 meter brett, med en närmast rektangulär grundform, som smalnar av mot den östra gaveln (fig. 4). Detta ger huset en samlad areal om cirka 150 m². Den takbärande konstruktionen bestod av sex kompletta bockar. Därtill fanns spår efter ytterligare fem takbärande stolpar, de flesta i långhusets västra del. Den ofullständiga stolpsättningen är troligen sekundär, orsakad av skador. Om långhusets västra del ursprungligen haft en tätare stolpsättning, kan detta tyda på en funktion som fähus och där stolparna utgör resterna efter en båsindelning. Byggnaden uppvisar i övrigt samma planlösning som långhusen vid Rydebäcks station (se nedan), det vill säga med ett ingångsrum mitt i huset med motställda öppningar markerade av lätt indragna stolpar. På ömse sidor om ingångsrummet, som varit cirka 20 m² stort, har det funnits två jämnstora utrymmen, med en yta om vardera cirka 65 m². I långhusets östra del fanns en oregelbunden packning av skärvig sten lagd i ett skikt, med kraftig inblandning av sot, träkol och små benfragment. Detta talar för att konstruktionen tjänat som någon form av värmekälla, vilket i sin tur tyder på en bostadsfunktion (Runcis 1999).

Kring långhuset fanns ett stort antal härdar, medan gropar var mindre vanliga. De flesta härdarna låg samlade i två mindre grupper norr respektive nordväst om långhuset och där en ^{14}C-datering från den nordvästra härdgruppen visar på en möjlig samtidighet. Fyndmaterialet från huset var i övrigt sparsamt (Runcis 1999).

Vid *Hilleshög VKB 3:7*, på sydsluttningen av Glumslövs backar, undersöktes två troligen samtida gårdar från äldre förromersk järnålder. Gårdarna låg med ett inbördes avstånd på omkring hundra meter, på mindre terrasseringar i sluttningen (Strömberg & Thörn Pihl 2000; Carlie 2005b). Dateringen bygger på en sammanvägning av ^{14}C-dateringar och långhusens utseende (se Artursson i del II och bilaga 1, *tabell 9* i band 2).

Den största och bäst bevarade gården utgjordes av ett 24 meter långt och 5,8–6 meter brett långhus, hus 3, d.v.s. med en ungefärlig golvyta på 140 m² (fig. 5). Spåren efter väggstolparna var välbevarade, och visar att byggnaden haft närmast raka långväggar och lätt rundade gavlar. Långhusets tak har burits upp av åtta bockar. Den största bockbredden fanns i husets västra del. Detta i kombination med djupare stolphål försedda med en massiv stenskoning, talar för att bostadsdelen legat i den västra änden, medan husets östra del sannolikt haft någon form av ekonomifunktion. Mellan dessa två rum och något förskjutet åt öster, har funnits ett ingångsrum med två motställda öppningar, vilket antyds av svagt indragna väggstolpar. Till den norra ingången ansluter en liten hägnad, cirka 6 meter lång, som svänger i en svag båge åt öster. Långhuset saknade spår efter utbytta stolpar i den takbärande konstruktionen. Detta talar för att gården endast existerat under en bebyggelsefas.

Den norra gården däremot kunde följas på samma plats under två faser (fig. 6). Gården bestod under den

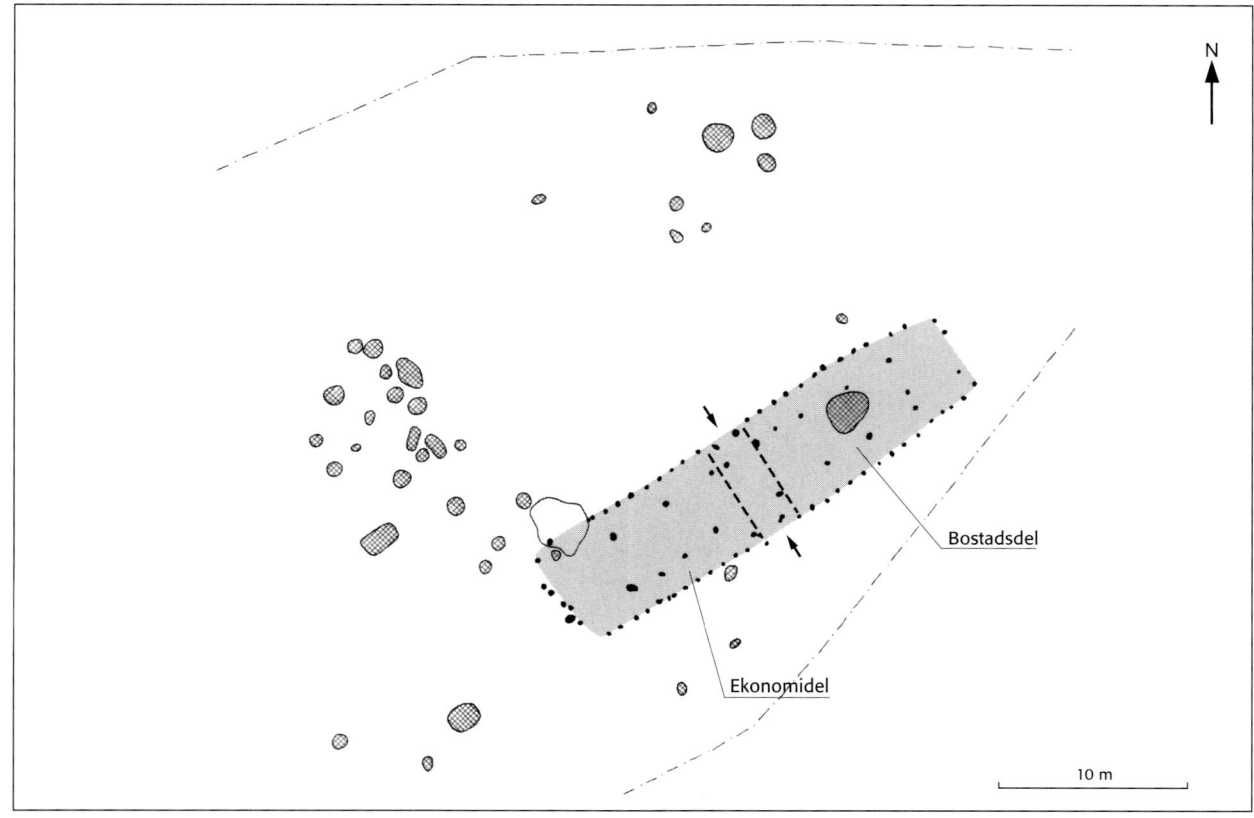

Figur 4. Gården vid Grevie 5:6, Grevie sn, med omgivande härdar och förslag till rumsindelning i långhuset. Skala 1:400. Efter Runcis 1999. Ritning: Annika Jeppsson.

The farm at Grevie 5:6, Grevie parish, with surrounding hearths and suggested room division in the long-house. From Runcis 1999. Drawing: Annika Jeppsson.

äldre fasen av ett cirka 21 meter stort långhus med sju takbärande bockar (hus 7). De bredaste bockarna fanns i byggnadens västra och mellersta del, medan dessa var något mindre i den östra delen. Denna skillnad i kombination med en något större spannlängd i den västra delen, tyder, liksom i hus 3, på en funktionell indelning av långhuset, med bostaden förlagd i väster och en ekonomidel i öster. Husets ingångar var inte bevarade, men bör ha utgjorts av motställda ingångar ungefär mitt på långsidorna.

Under den yngre fasen uppfördes ett nytt långhus, hus 6, strax norr om och parallellt med den äldre byggnaden. Det nya huset var något mindre, cirka 17,5 meter långt, med fem takbärande bockar och grundare stolphål i ändarna som markerar byggnadens gavlar. Liksom i hus 7 var bockbredden något större i den västra delen, vilket talar för en bostadsfunktion. En intressant detalj är att fyllningen i nästan samtliga stolphål till takbärare innehöll kraftigt eldpåverkad lera, skörbrända stenar och sot. Detta tolkas så att långhuset har brunnit och att den brända leran sannolikt utgör resterna av lerklining från väggarna, som hamnat i stolphålen när platsen röjdes efter branden (Strömberg & Thörn Pihl 2000).

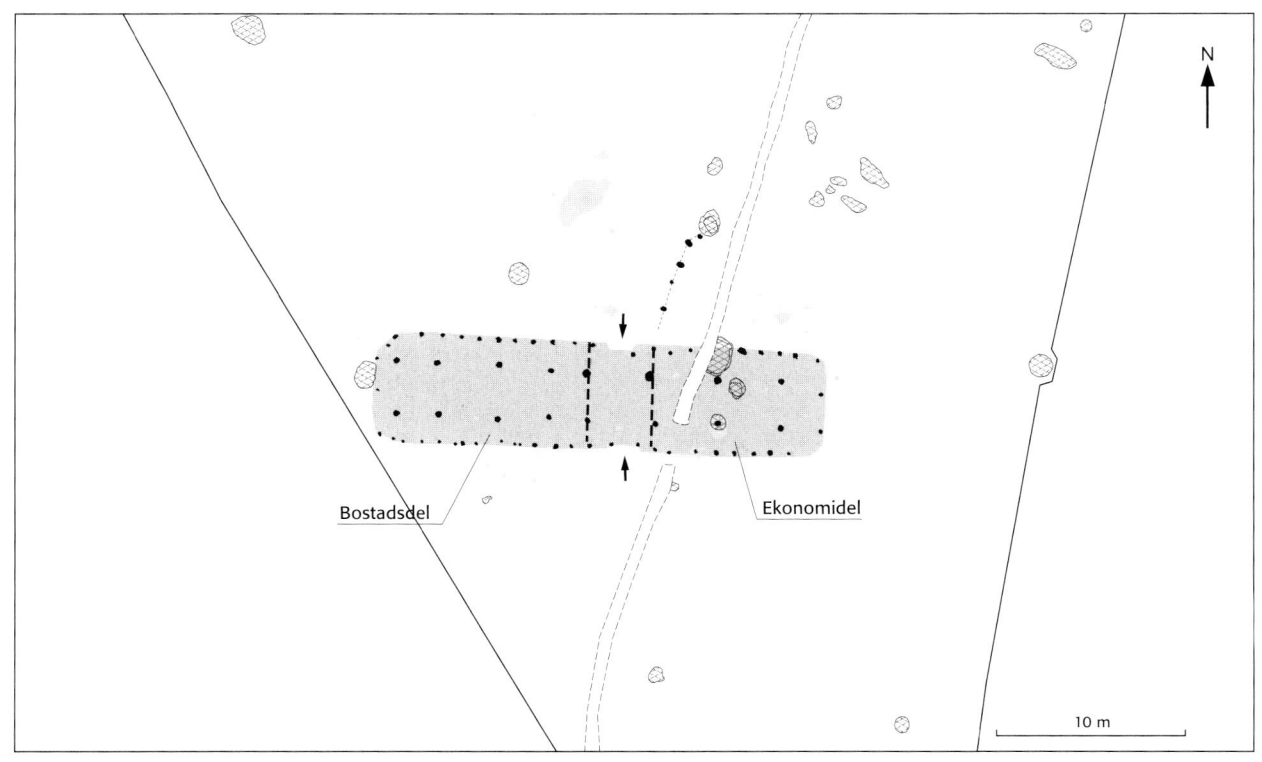

Figur 5. Den södra gården (nr 2) vid Hilleshög VKB 3:7 med förslag till rumsindelning i långhuset (hus 3). Skala 1:400.

The southern farm (nr 2) at Hilleshög VKB 3:7 with suggested room division in the long-house (house 3). Scale: 1:400.

Till den yngre gården har även hört ett grophus som legat strax söder om långhusets sydvästra hörn. Grophuset, som vid uppförandet kom att skära igenom den före detta västra gaveln till hus 7, har varit närmast runt och med en golvyta på omkring 7 m². Bevarade rester efter väggar och takbärande stolpar, visar att grophuset haft lerklinade flätverksväggar, sadeltak samt ingång mot söder. Grophuset övergavs sannolikt i samband med att huvudbyggnaden eldhärjades, varefter gropen fylldes med material från det nedbrända långhuset.

Bortsett från den lilla hägnaden vid hus 3 fanns också rester av en hägnad öster om den norra gården, som utifrån dess öst-västliga orientering skulle kunna vara samtida. Inga av dessa hägnader ger dock några ledtrådar till tolkningen av gårdstomternas storlek och organisation. Även ytorna kring och mellan de båda gårdarna var påfallande fria från anläggningar, med bara enstaka härdar och gropar.

De två gårdarna vid *Rydebäcks station* (jfr VKB 2:10) norr om Glumslövs backar, låg ungefär 65 meter från varandra. De bestod av ett mellanstort och ett mindre långhus, hus 1 och 3, båda med en välbevarad rektangulär grundplan som konstruktionsmässigt var mycket likartad (Fendin & Ericsson 1996; Aspeborg 2003; Carlie 2005) (fig. 7a–b). Detta tyder på att gårdarna ligger nära varandra i tid. Om de existerat samtidigt eller följt efter varandra går dock inte säga utifrån

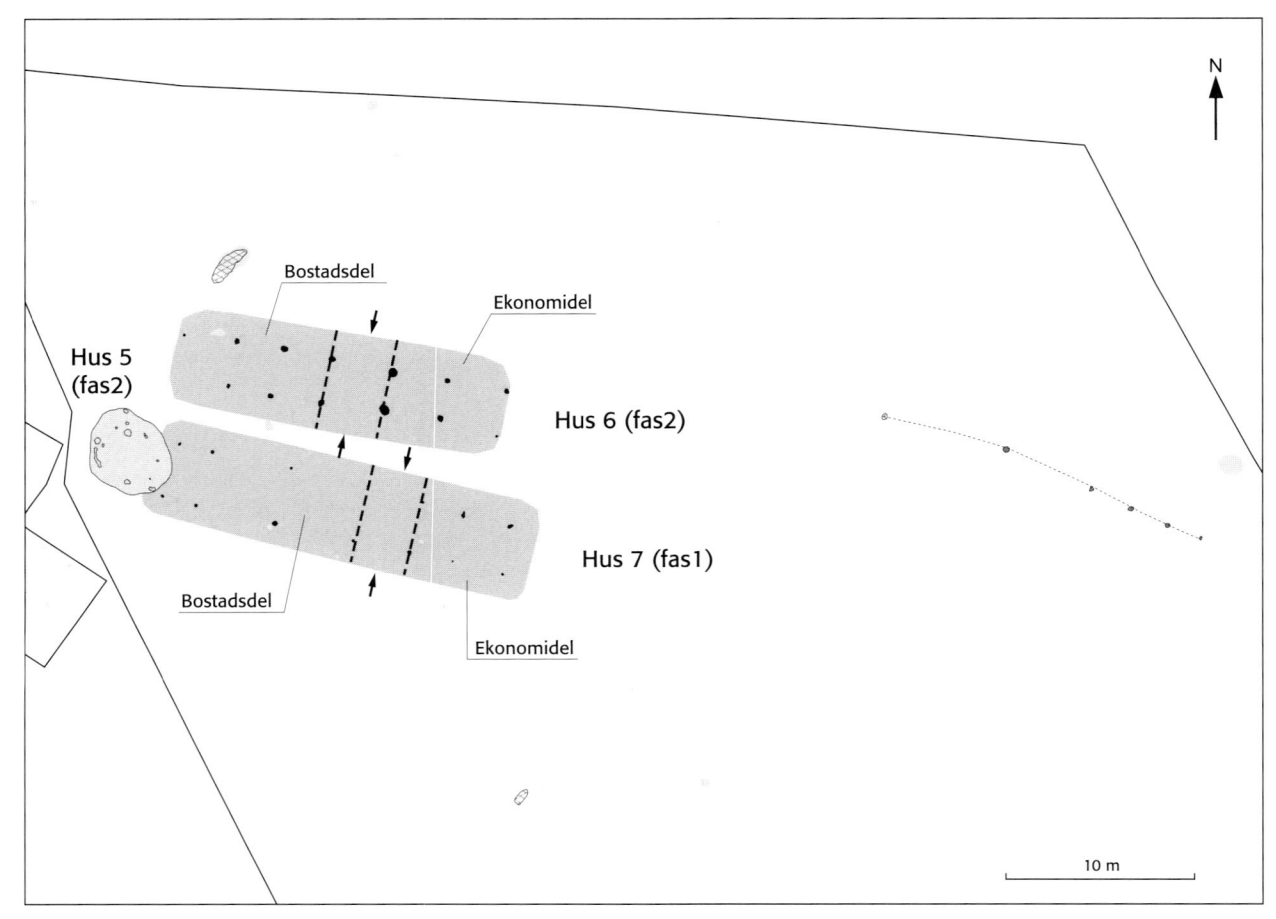

Figur 6. Den norra gården vid Hilleshög VKB 3:7, med de två bebyggelsefaserna markerade och förslag till rumsindelning i långhusen (hus 6 och 7). Skala 1:400.

The northern farm at Hilleshög VKB 3:7, with the two building phases marked and suggested room divisions in the long-houses (house 6 and 7).

[14]C-dateringarna (jfr Artursson i del II och Bilaga 1, tabell 6a–b i band 2). Varje långhus har sannolikt bara stått under en bebyggelsefas. Med undantag för enstaka utbytta stolpar i långhusens västända, har dessa inte genomgått några mer omfattande reparationer. Detta talar för en rörlighet i bebyggelsemönstret, med en omdisponering av gårdarnas placering i landskapet.

Den östra gården (hus 1) har bestått av ett cirka 16 meter långt och 5,8 meter brett långhus, d.v.s. med en areal på knappt 90 m². Den inre konstruktionen omfattar sju takbärande bockar. Bockarnas och ingångarnas placering tyder på en tredelning av långhuset, med ett centralt placerat ingångsrum med motställda öppningar och två större rum i respektive ändar. I anslutning till ingångsrummet, fanns spår efter innerväggar och inre dörröppningar. Detta gör det möjligt att uppskatta rummets storlek till 15 m². I långhusets östra del fanns resterna av en ugnskonstruktion. Ugnen tolkas utifrån den brända leran som avsedd för låga temperaturer, till

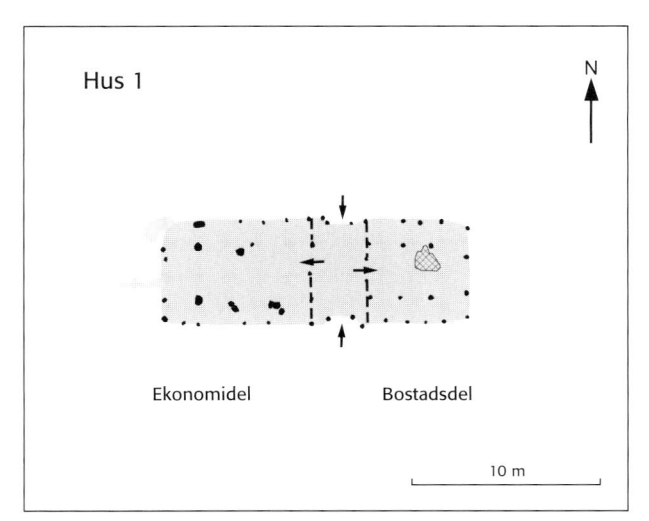

Figur 7a–b. De två välbevarade långhusen, hus 1 och 3, vid Rydebäcks station, med förslag till rumsindelning. Skala 1:400. Efter Aspeborg 2003.

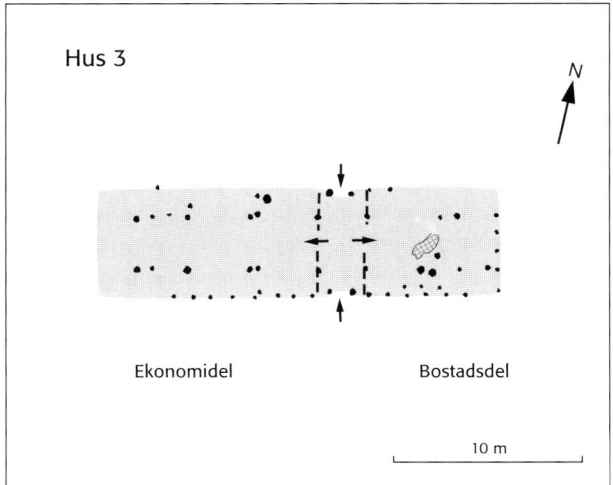

The two well-preserved long-houses, houses 1 and 3, at Rydebäck station, with suggested room divisions. Scale 1:400. From Aspeborg 2003.

exempel bakning eller rostning. Rester av bränd lera hittades även i ett gropsystem norr om långhuset, vilket troligen utgörs av äldre kasserat material från ugnens lerkappa (Fendin & Ericsson 1996). Förekomsten av en lågtemperaturugn i långhusets östra ände tyder på att detta rum om cirka 30 m² fungerat som bostads-/köksdel. Rummet i långhusets västra del har varit något större, ungefär 40 m², och har sannolikt tjänat som ekonomidel.

Den västra gården (hus 3), belägen i en svag sydvästsluttning, bestod av ett cirka 20 meter långt och 5,8 meter brett långhus med sju takbärande bockar. Långhuset har således varit något längre och bredare än hus 1, med en areal om 110 m². Mycket talar för att långhuset haft samma typ av planlösning som hus 1, det vill säga med bostads-/köksdel i öster och ekonomidel i väster, delade av ett centralt placerat ingångsrum med motställda öppningar. Även i detta långhus var ingångsrummet 15 m² stort. Bostadsfunktionen i den östra delen antyds av en bevarad eldstad, uppbyggd av stenar och försedd med en ränna, som troligen tjänat som luftkanal. Bostadsrummet har varit 40 m² stort, medan rummet i den västra delen kan uppskattas till 55 m² (Aspeborg 2003).

De frilagda ytorna kring byggnaderna var mycket begränsade och medger inte en diskussion om hur området kring dem har disponerats. Ungefär 20 meter norr om hus 1 fanns dock resterna av en brunn, som troligen ska knytas till denna gård. Området kring långhusen präglades i övrigt av spår efter ett stort antal gropar, enstaka större gropsystem och härdar. Många av groparna har sannolikt grävts för att skaffa lera, bland annat som byggnadsmaterial till långhusen. Fynden bestod huvudsakligen av bränd lera, hushållskeramik, flinta samt enstaka löpare, det vill säga material som kan knytas till det vardagliga livet.

Förutom vid Rydebäcks station har mindre gårdar från äldre förromersk järnålder undersökts vid *Hilleshög VKB 3:6* (hus 5), *Kvärlöv SU 11* (hus 16) (Ericson 1999b) och *Åby 23:1* vid Bromölla (hus 12) (Stark 2000). Det handlar i samtliga fall om ensamma långhus, 12 till 16 meter långa, 5 och 6 meter breda, samt med fyra eller fem bockar i den takbärande konstruktionen. Detta ger en byggnadsareal på mellan 65 och 90 m². Liksom de flesta övriga långhus från perioden har dessa varit tredelade, med ett ingångsrum i mitten, bostadsdel i väster och ekonomidel i öster.

Summering
Gårdarnas sammansättning och storlek. Genomgången visar att nästan samtliga gårdar från äldre förromersk järnålder har bestått av ett ensamt flerfunktionellt långhus. Bara på tre gårdar, däribland de två största enheterna vid Körslätt och Ramlösa, fanns även lämningar efter ekonomibyggnader; representerade av ett grophus, ett fyrstolpshus och en enskeppig stolpkonstruktion. Tolkningen av den sistnämnda konstruktionen som byggnad är dock osäker, och den kan eventuellt utgöra någon form av hägnad eller djurfålla. Gårdarnas samlade byggnadsareal varierar, från 65 till 230 m². Av denna yta svarar långhusen för mellan 65 och 210 m², medan uthusen ligger mellan 5 och 45 m². Jämförande utblickar, från t.ex. Pryssgården i Östergötland, pekar här på en liknande bild som den i Skåne, dvs. att extra byggnader varit relativt ovanliga på den äldre förromerska gården (Borna-Ahlkvist m. fl.). På Själland däremot är bilden helt annan. Här visar undersökningar i Köpenhamnsområdet, istället att mindre uthus varit ett ganska vanligt inslag i gårdsstrukturen vid denna tid (Linda Boye pers. kom.).

Långhusens indelning. De mindre, mellanstora och stora långhusen varierar i storlek från 12 till 25 meter, medan de största husen har varit mellan 27 och 32 meter långa (Ramlösa, hus I och Körslätt hus IV) (se Artursson i del II). Den vanligaste planlösningen i långhusen på de mindre och mellanstora gårdarna är en tredelning, med två större rum mot gavlarna och ett centralt placerat ingångsrum med motställda ingångar i mittpartiet. Husen ansluter därmed till en allmän sydskandinavisk tradition med rötter i bronsåldern (Artursson 2005a). Ytan i ingångsrummet har i flera av husen kunnat fastställas till mellan 15 och 20 m². En liknande planlösning återfinns i långhusen på de stora och mycket gårdarna, dock med skillnaden att det i vissa fall funnits ytterligare ett rum mitt i huset, samt att dessa möjligen har haft ett extra ingångsrum. I materialet finns flera exempel, som visar att bostadsrummet eller köksdelen, kunde förläggas såväl i den västra som i den östra delen av huset. I några av de bäst bevarade långhusen markeras bostaden i den östra änden av en eldstad eller annan typ av värmeanordning (jfr Körslätt, Grevie, Rydebäck hus 1 och 3). I samma långhus tycks den västra änden ha haft en ekonomifunktion. Exakt vad denna använts till är svårt att säga, men i två fall (Körslätt och Grevie) rör sig sannolikt om en funktion som stall eller fähus. Den motsatta planlösningen, d.v.s. med bostad i väster och ekonomidel i öster återfinns till exempel i hus 16 i Kvärlöv SU 11, där det fanns spår efter en eldstad i västrummet. Även de fyra långhusen vid Hilleshög VKB 3:6 och 3:7 ansluter till samma bild. Här bygger tolkningen dock enbart på utseendet hos den takbärande konstruktionen.

Gårdstomtens disposition. Vad det gäller gårdstomtens disposition under äldre förromersk järnålder är denna mycket svårtolkad, eftersom det i regel saknas spår efter hägnader, samtidigt som få platser har undersökts och analyserats med en sådan noggrannhet att åldern på anslutande anläggningar och aktivitetsytor kan klarläggas. Ett annat problem som försvårar tolkningen av tomtstrukturen är att flertalet av de undersökta ytorna endast berör delar av större boplatsområden, vilket är en direkt följd av undersökningsschaktens smala bredd. Trots dessa källkritiska problem kan vissa återkommande mönster skönjas i materialet. Ett sådant drag är att de flesta långhus byggts med en närmast öst-västlig orientering i landskapet. På så sätt har två naturliga – men öppna rum – skapats kring gården; en solbelyst sida mot söder och ett skuggsida mot norr. De tre gårdar som omfattar uthus har samtliga haft en öppen disposition, med uthusen placerade antingen parallellt med långhuset eller t.ex. nära den ena gaveln. Spår efter samtida brunnar har endast dokumenterats på två boplatser i materialet (Rydebäck hus 1; Kvärlöv SU 11, hus 16). Avsaknaden av brunnar speglar dock knappast några faktiska förhållanden, utan de bör rimligen ha funnits i gårdarnas närhet.

Vid flera av gårdarna fanns spår av aktiviteter i form av gropar och härdar. Större gropsystem, tolkade som lertäkter som sekundärt har använts som avfallsgropar, påträffades i anslutning till de två gårdarna vid Rydebäck. Vid tre av de större gårdarna i materialet dominerar spår efter härdar (Ramlösa, Körslätt och Grevie). Dessa ligger både spridda och i mindre grupper. Vilken typ av verksamheter dessa representerar, samt om alla härdar är samtida bebyggelsen, har inte kunnat klargöras.

Bebyggelsestruktur. De flesta gårdarna i materialet har bara existerat under en bebyggelsefas på varje plats. Spår efter reparationer i form av utbytta bockar förekommer, men är inte särskilt vanliga. Det enda exemplet där en gård kan följas på samma läge i två faser, är gård 1 vid Hilleshög på sydsluttningen av Glumslövs backar. Även vid Ramlösa och Åby kan en kontinuitet på platsen följas fram i sen förromersk järnålder. Den tidsmässiga relationen mellan de två gårdarna vid Rydebäck är däremot oviss, varför dessa kan vara samtida eller ha följt efter varandra. Den ringa graden av platskontinuitet för enskilda gårdar tyder på en hög grad av rörlighet i bebyggelsestrukturen. I Malmöområdet finns däremot exempel på gårdar från förromersk järnålder som uppvisar en större stabilitet. Här kan nämnas Fosie 9A–B, där bebyggelsen kan följas på samma gårdslägen under som mest fyra faser (Jönsson & Lövgren 2003 plansch 5).

Smala undersökningsschakt i kombination med få undersökta enheter gör det svårt att bedöma hur bebyggelsen i området varit organiserad under äldre förromersk järnålder. Hilleshög är emellertid ett exempel på ett område där den lokala topografin medger betydligt fler samtida gårdar. Om man i överensstämmelse med de två undersökta gårdslägena räknar med ett inbördes avstånd på omkring 100 meter mellan varje enhet, kan det här hypotetiskt ha funnits mer än tiotalet samtida gårdar. Exempel på stora ytavbaningar i Malmöområdet visar att utspridda byar med stor sannolikhet existerat i sydvästra Skåne under perioden, till exempel vid Hyllie (Friman & Hector 2003) och Burlöv (Berggren & Celin 2004).

Yngre förromersk – äldre romersk järnålder (150 f. Kr.–150 e. Kr.)

Endast ett fåtal platser med tydliga och tolkningsbara gårdsstrukturer från sen förromersk och äldre romersk järnålder har undersökts inom projektet. Från det kustnära området mellan Helsingborg och Saxån föreligger således bara ett enda gårdsläge, nämligen vid Ramlösa 1A:7 norr om Råån. Utmed Saxådalen är antalet undersökta enheter något fler, med platser som Tågerup SU 8, Kvärlöv SU 11 och Kvärlöv SU 12. Också här rör det sig om enstaka gårdar. För att få ett bredare och mer representativt underlag för analysen, har material från ytterligare ett antal skånska boplatser tagits med. Det handlar framför allt om boplatser som UV Syd har undersökt under senare år, som Önsvala i Nevishög socken, Västra Karaby 2:21 i Västra Karaby socken, Böljenamosse i Lackalänga socken, Klörups backar i Lilla Slågarps och Västra Alstads socknar, Lilla Hammar i Stora Hammar socken, Åby 23:1 i Bromölla och Lilla Tvären 4:1 i Hedeskoga socken. Däremot har Malmö kulturmiljös undersökningar bara i ringa grad kunnat beaktas i analysen, här representerat av gårdskomplexet vid Toftanäs.

Materialet omfattar totalt 27 gårdar från 13 platser (fig. 8). Två gårdar, Önsvala och Toftanäs, utmärker sig genom en mycket stor byggnadsareal på mellan 330 och 355 m². Bland övriga gårdar märks en mellangrupp (12 st.) med en areal på mellan 150 och 270 m² och en grupp med små gårdar (13 st.) på mellan 80 och 150 m². Några skarpa gränser mellan grupperna föreligger inte, med undantag för de två största gårdarna. En skillnad jämfört med äldre förromersk järnålder är att det nu finns betydligt fler gårdar med en samlad byggnadsareal på över 100 m² (22 st.). Bara fem gårdar i materialet har en byggnadsyta som är mindre än 100 m². Detta kan dock bero på källkritiska aspekter, så att stolpbyggnader med 3 eller 4 bockar ofta är sämre bevarade och därför svårare att funktionsbestämma som långhus. En annan skillnad jämfört med föregående period är att antalet kompletterande byggnader på gården ökar. Av 27 gårdar har inte mindre än 16 stycken haft någon form av extra stolpbyggda hus (15–83 m²). Det handlar framför allt om mindre stolphus med 3–4 bockar (11 st.), men även om hus av fyrstolpstyp (7 st.). Bland övriga typer märks ett enskeppigt stolphus och ett grophus. Även förekomst av brunnar och hägnader i anslutning till gården blir nu vanligare (7 resp. 8 fall).

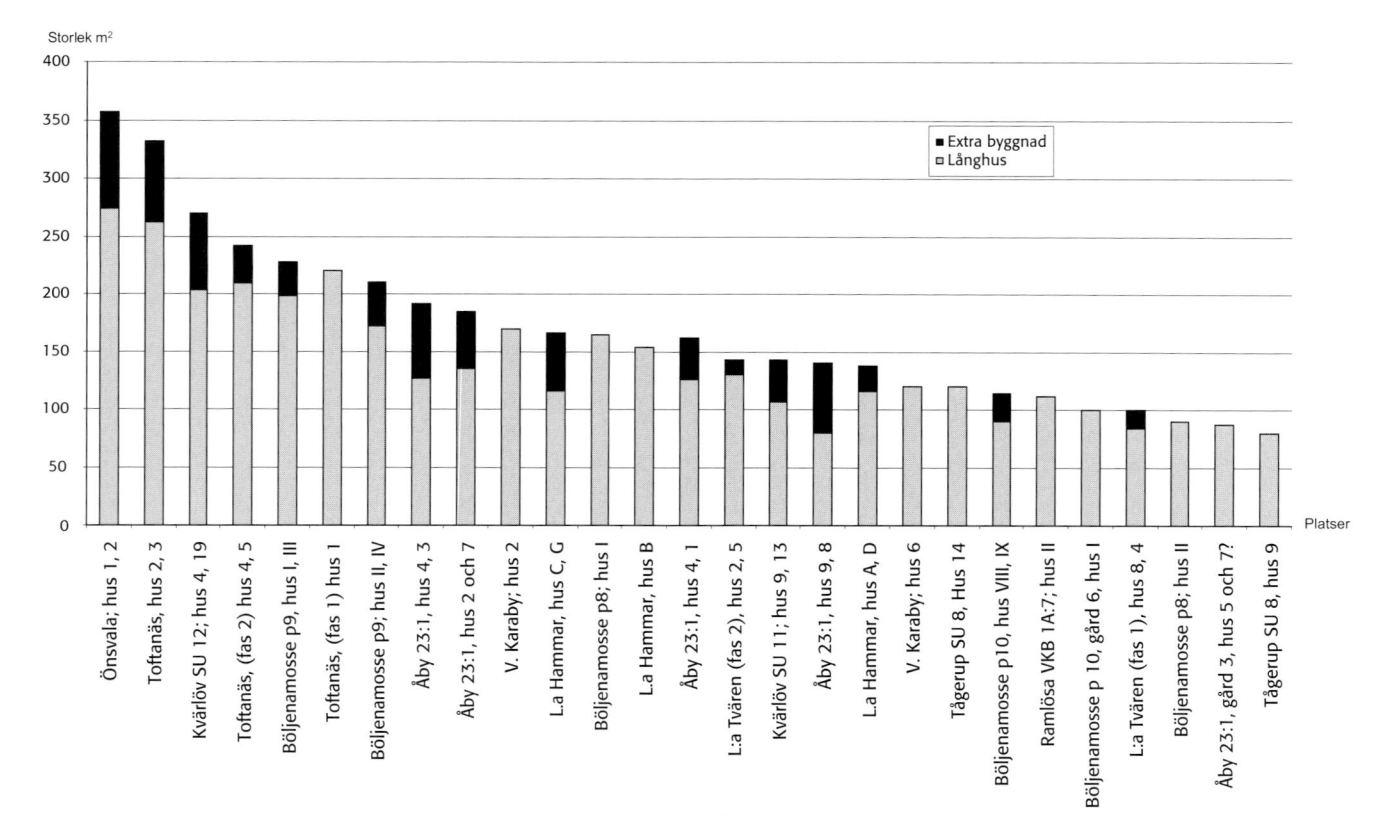

Figur 8. Gårdens byggnadsareal under yngre förromersk och äldre romersk järnålder (omfattar 27 gårdar).

The building area of farms during the Late Pre-Roman and Early Roman Iron Age (comprising 27 farms).

På grund av materialets omfång kan inte alla gårdar redovisas med samma detaljeringsgrad. Istället presenteras ett urval av de bäst bevarade enheterna, som också bidrar till tolkningen av husens inre organisation.

Mycket stora gårdar

Som vi sett ovan skedde en allmän ökning av gårdarnas byggnadsareal under sen förromersk och äldre romersk järnålder. Två gårdar – Önsvala och Toftanäs – skiljer ut sig i materialet genom sina betydligt större långhus. Den totala arealen för långhus och extra byggnader har varit cirka 330 respektive 360 m². Gården vid *Önsvala*, några kilometer från Uppåkra, har bestått av ett nästan 50 meter långt och 5,5 meter brett långhus, hus 1, med elva takbärande bockar (Wallin 1996) (fig. 9). Långhuset, som var välbevarat, har haft raka stolpbyggda långväggar och gavlar, dock med lätt rundade hörn. Till gården har även hört ett 13–16,5 meter stort stolphus, hus 2. Det fanns också andra, mer svårdefinierade huslämningar eller konstruktioner, bland annat ett förmodat fyrstolphus och hägnadsrester (Wallin 1996), varför gården kan ha haft fler samtida byggnader. Långhuset dateras både typologiskt och med ^{14}C-metod till sen förromersk – tidig romersk järnålder (100 f. Kr.–20 e. Kr. med en kombinerad metod; jfr Artursson i del II).

Enligt Lasse Wallin kan långhusets byggnadshistoria delas in i två faser, där huset under båda faserna har haft en likartad indelning med sex motställda ingångar till tre ingångsrum, som har varit cirka 15–25

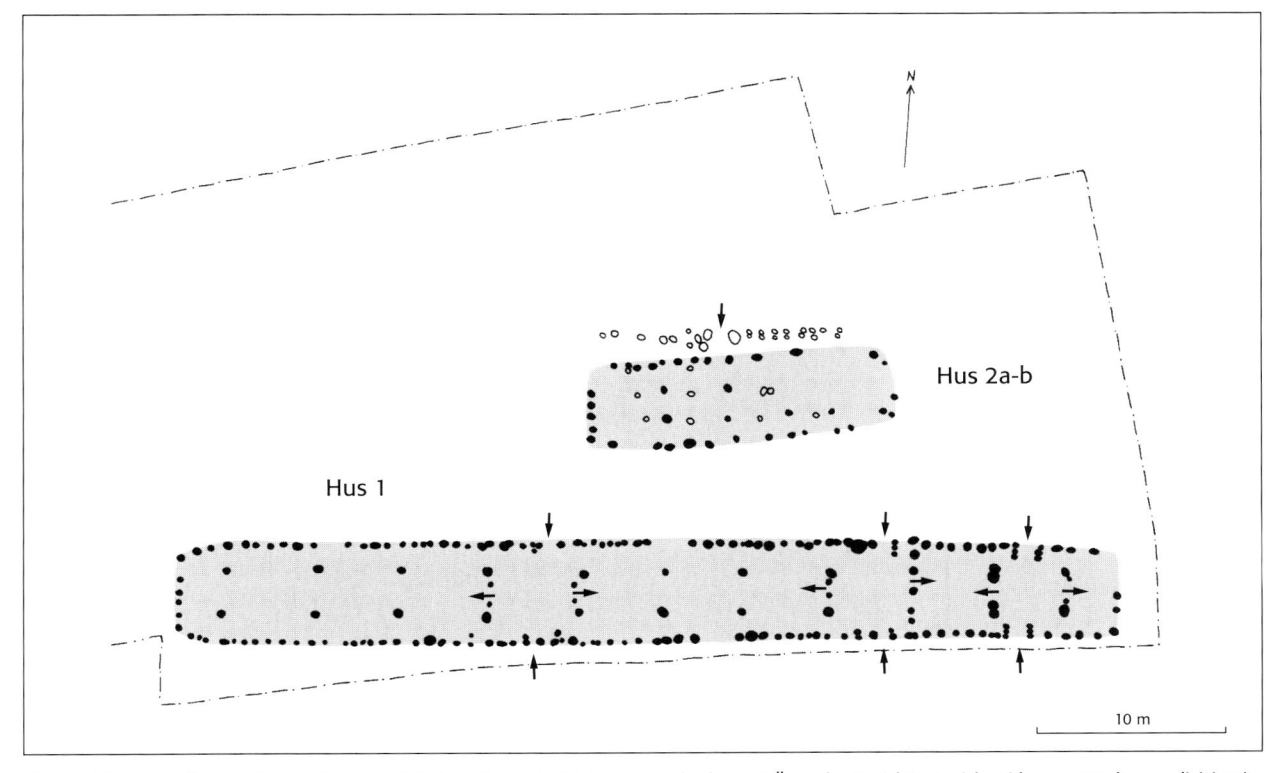

Figur 9. Gården vid Önsvala, Nevishög sn, med förslag till rumsindelning i det stora långhuset, hus 1. Ritning: Annika Jeppsson.

The farm at Önsvala, Nevishög parish, with suggested room division in the big long-house, house 1. Drawing. Annika Jeppsson.

m² stora. I ingångsrummen fanns i sin tur spår efter inre dörrposter åt båda håll som leder in till fyra separata rum med olika funktioner. Rummens storlek har varierat mellan cirka 10 och 80 m². Det finns inga spår efter härdar som skulle kunna visa var bostadsdelen har legat, men förmodligen har det största rummet, beläget i långhusets västra del, haft den funktionen.

Den kraftiga ombyggnaden av långhuset vid Önsvala talar för att huset har varit i bruk under mycket lång tid, kanske upp till ett eller två sekler. Huset uppvisar här vissa likheter med hus 2 vid Toftanäs utanför Malmö, som också utgörs av ett större långhus med flera byggnadsfaser. En skillnad är dock att hus 2 vid Toftanäs varit cirka 3 meter kortare och att det saknar det sista rummet i öster (se fig. 10a–c).

Det mindre stolphuset vid Önsvala, hus 2, låg fem meter norr om och parallellt med huvudbyggnaden. Huset har uppförts i två faser, där det äldre huset har varit cirka 13 meter långt och det yngre 16,5 meter långt, med en bredd på 5,0–6,0 meter. De två husfaserna (2a–b) överlagrar delvis varandra, varför det är svårt att tolka konstruktionerna i detalj. Huset tycks ha haft fyra-fem takbärande bockar, som dock inte var fullständiga p.g.a. sentida störningar. I den ena byggnadsfasen finns spår efter en ingång ungefär mitt på den norra långväggen. Det finns inga ^{14}C-dateringar från huset, men Lasse Wallin tolkar detta som samtida med långhuset utifrån dess placering och likartade orientering. Vilka funktioner byggnaden har haft är osäkert. Huset kan således både ha använts till boende, eller tjänat som ekonomibyggnad.

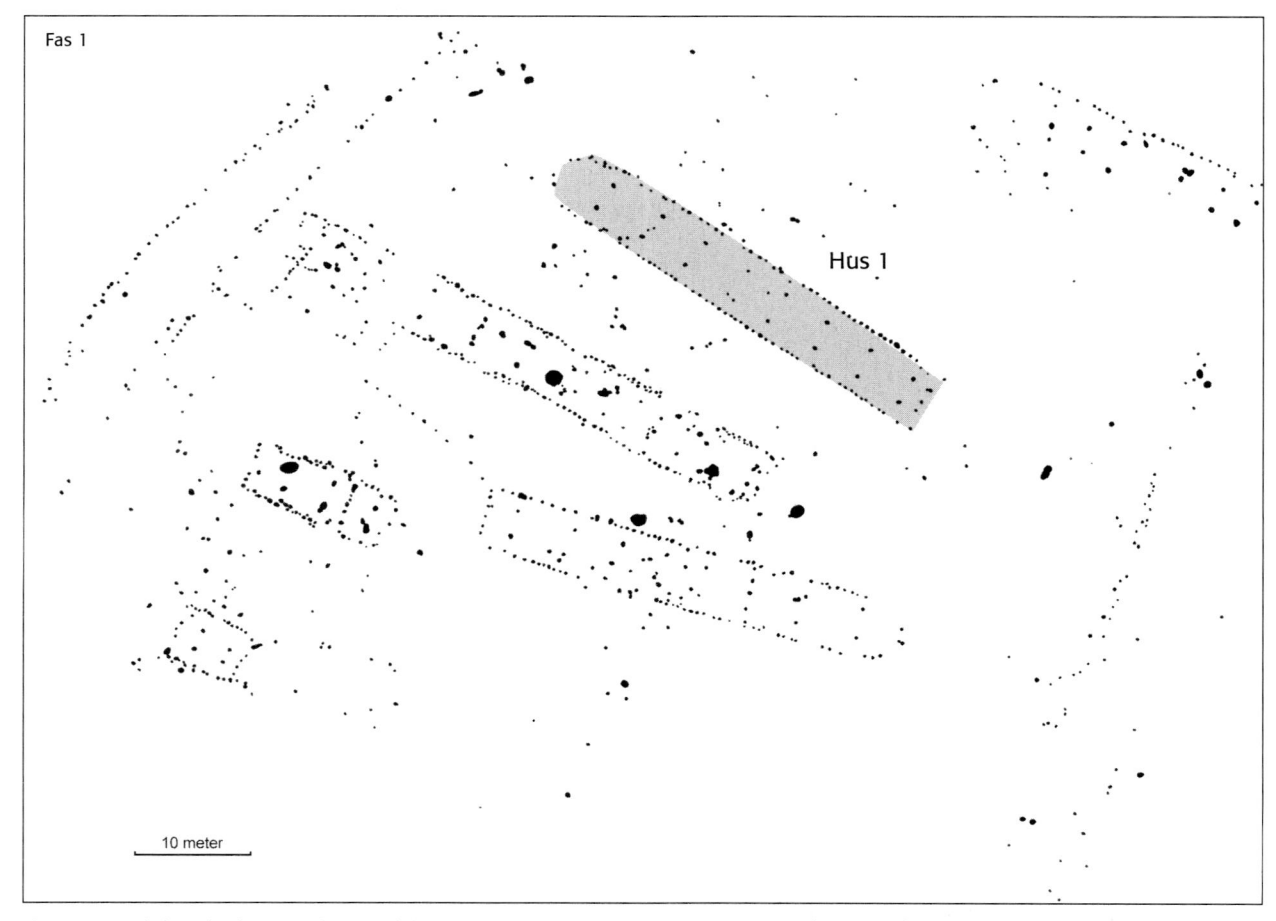

Figur 10a–c. Gård 1 vid Toftanäs, Malmö, med de tre bebyggelsefaserna markerade. Efter Persson 1998. Ritning Annika Jeppsson.

Farm no. 1 at Toftanäs, Malmö, with the three building phases marked. From Persson 1998. Drawing: Annika Jeppsson.

Vid *Toftanäs* utanför Malmö har ett antal intressanta gårdslägen med en uppsättning av byggnader av olika typer och storlekar undersökts (Persson 1998). Gård 1, som är den bäst bevarade enheten, har enligt Jan Persson använts under åtminstone 200 år, mellan cirka 100 f. Kr. och 100 e. Kr. Hans tolkning av gårdens utveckling grundar sig på ^{14}C-dateringar, byggnadernas inbördes placering och riktningar samt på placeringen av stolpbyggda hägn eller fägator. En alternativ fasindelning av gården kan enligt vår mening göras utifrån en kombinerad ^{14}C-analys av husen, deras inbördes placering på platsen samt storlek och utseende. Det föreligger tyvärr ingen tolkning av hur husen varit inredda.

Fas 1 av gården representeras av ett ensamliggande långhus, hus 1, där alla gårdens funktioner har rymts. Huset som med en kombinerad ^{14}C-analys dateras till intervallet 100 f. Kr. till 10 e. Kr., har varit cirka 38 meter långt och 5,8 meter brett, vilket ger en areal på cirka 220 m². Den takbärande konstruktionen har bestått av

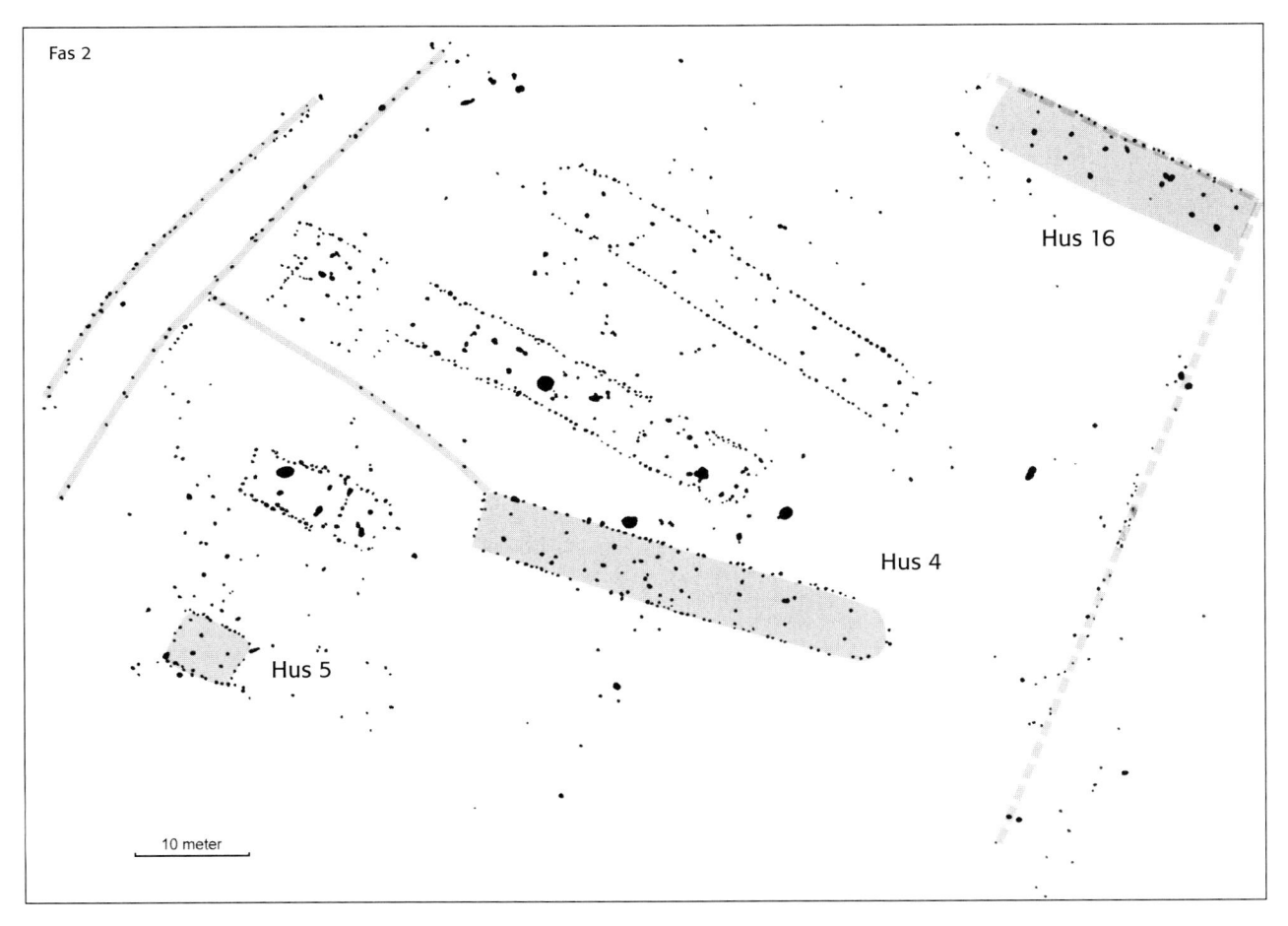

Böndernas gårdar

Fas 2

Hus 16

Hus 4

Hus 5

10 meter

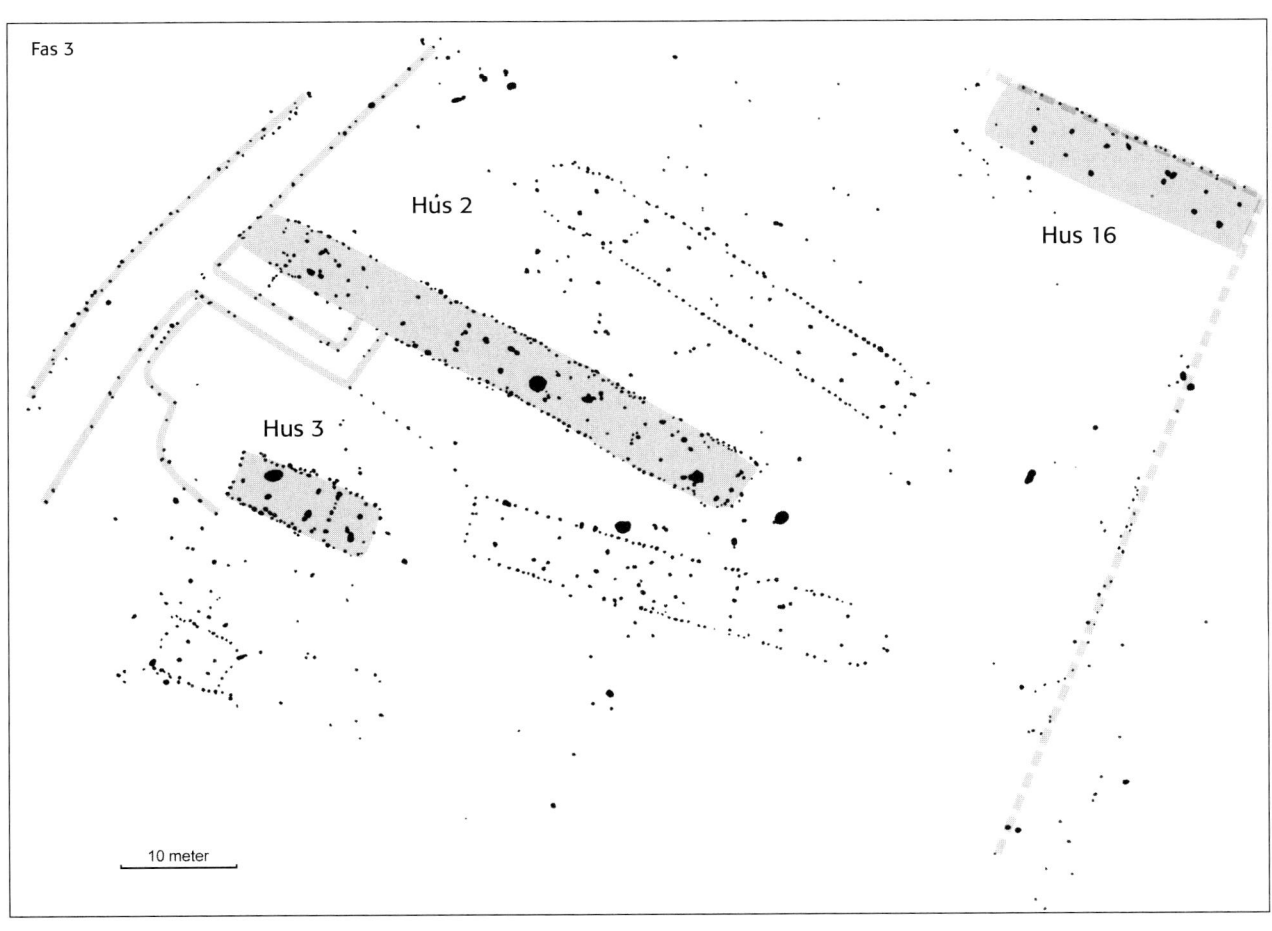

Fas 3

Hus 2

Hus 16

Hus 3

10 meter

181

åtta relativt jämt placerade bockar. Huset har haft i stort sett raka långsidor som svänger av lätt mot gavlarna, en rundad västgavel och en rak gavel i öster. Spår efter tre ingångar fanns utmed långsidorna i långhusets västra del, i form av lätt indragna dörrstolpar.

Fas 2 av gården består av ett långhus, hus 4, vilket har ^{14}C-daterats till 30–120 e. Kr., och en mindre ekonomibyggnad, hus 5. Tyvärr finns det inga ^{14}C-dateringar från hus 5, varför det inte går att knyta hus 4 och 5 säkert till varandra. Långhuset, hus 4, har en närmast identisk storlek och ett utseende som föregångaren, hus 1. Uthuset har haft två takbärande bockar och varit cirka 6,5x5 meter stort, vilket gett gården en samlad byggnadsareal på 240 m².

Fas 3 av gården består av huvudbyggnaden i form av ett långhus, hus 2, och en större ekonomibyggnad, hus 3. Hus 3 har ^{14}C-daterats till 30–125 e. Kr., men tyvärr saknas det ^{14}C-dateringar från hus 2, varför man inte heller här säkert kan koppla de två byggnaderna till samma fas. Emellertid tyder hus 3:s utseende på att det är något senare än den andra ekonomibyggnaden, hus 5, och huvudbyggnaden, hus 2, kan utifrån en typologisk bedömning med relativt stor säkerhet hävdas vara senare än hus 4. Fas 3 kan förmodligen dateras till slutet av äldre romersk järnålder och inledningen av yngre romersk järnålder. Under denna sista bebyggelsefas ökade gårdens byggnadsareal betydligt. Förutom det cirka 46–47 meter långa och 5,6 meter breda långhuset med elva eller tolv takbärande bockar, har gården även omfattat ett mindre treskeppigt hus, hus 3, som varit cirka 13,5x4,8–5,2 meter stort och haft tre takbärande bockar. Detta har givit gården en samlad areal på omkring 330 m². Jämför man placeringen av de takbärande bockarna i hus 2 med de två äldre långhusen, hus 1 och 4, är dessa närmast identiska i den västra delen. Detta betyder att man har byggt till cirka åtta eller nio meter i den östra änden av hus 2, vilket indikerar att gården fått en ny funktion som inte funnits i de två äldre långhusen. I den mindre byggnaden fanns spår efter ett ingångsrum med motställda öppningar på långsidorna samt en inre mellanvägg i östra delen, vilket gör att huset haft ett större respektive ett mindre rum på ömse sidor om ingångsrummet.

Till någon av de två yngsta gårdsfaserna hör sannolikt även resterna av en närmast fyrsidig stolpbyggd hägnad kring gården, ett troligt halvtakshus, hus 16, beläget utmed hägnet i det nordöstra hörnet, samt stolpspåren efter en väg eller fägata väster om gården. En mindre fägata leder direkt från vägen och in mot den västra delen av hus 2, vilket tyder på att denna del av det stora långhuset använts som fähus.

Stora och mellanstora gårdar

Tolv gårdar i materialet kan föras till gruppen av stora och mellanstora gårdar, med en byggnadsareal på mellan 150 och 270 m². Bland dessa utmärker sig sex gårdar genom sina 30–40 meter stora långhus med välbevarade stolpbyggda ytterväggar och regelmässigt placerade bockar. Förutom de två äldre faserna av gård 1 vid Toftanäs, som presenterats ovan, handlar det om en gård från Kvärlöv SU 12 (Thörn Pihl 1999), en från Västra Karaby 2:21 (Pettersson 2000; Pettersson 2002c) samt två gårdar från Böljenamosse punkt 8 och 9 (Olson m. fl. 1996; Carlie 2002b). Eftersom gårdarnas karaktär skiljer sig något sinsemellan, kommer flera av dessa att presenteras nedan.

Kvärlövsgården, som undersöktes inom Västkustbaneprojektet, har legat på en svag höjdrygg utmed Saxåns meanderlopp, cirka tre kilometer från kusten (Thörn Pihl 1999; Carlie 2005b). Gården bestod av ett 36 meter stort långhus, hus 4, och en ekonomibyggnad i två faser, hus 18 och 19, vilket har givit gården en samlad byggnadsareal på minst 260–270 m². Flera ^{14}C-dateringar föreligger från långhuset. Endast en av dessa sammanfaller dock i tid med husets typologiska särdrag, som placerar detta vid tiden omkring Kristi födelse (jfr Artursson del II och Bilaga 1, *tabell* 16 i band 2).

Långhuset var mycket välbevarat med åtta takbärande bockar, närmast raka långväggar, rundade gavlar samt fyra ingångar, varav två på den norra långsidan och två på den södra. Långhusets bredd varierar mellan 5,65 och 6,25 meter, med den största bredden

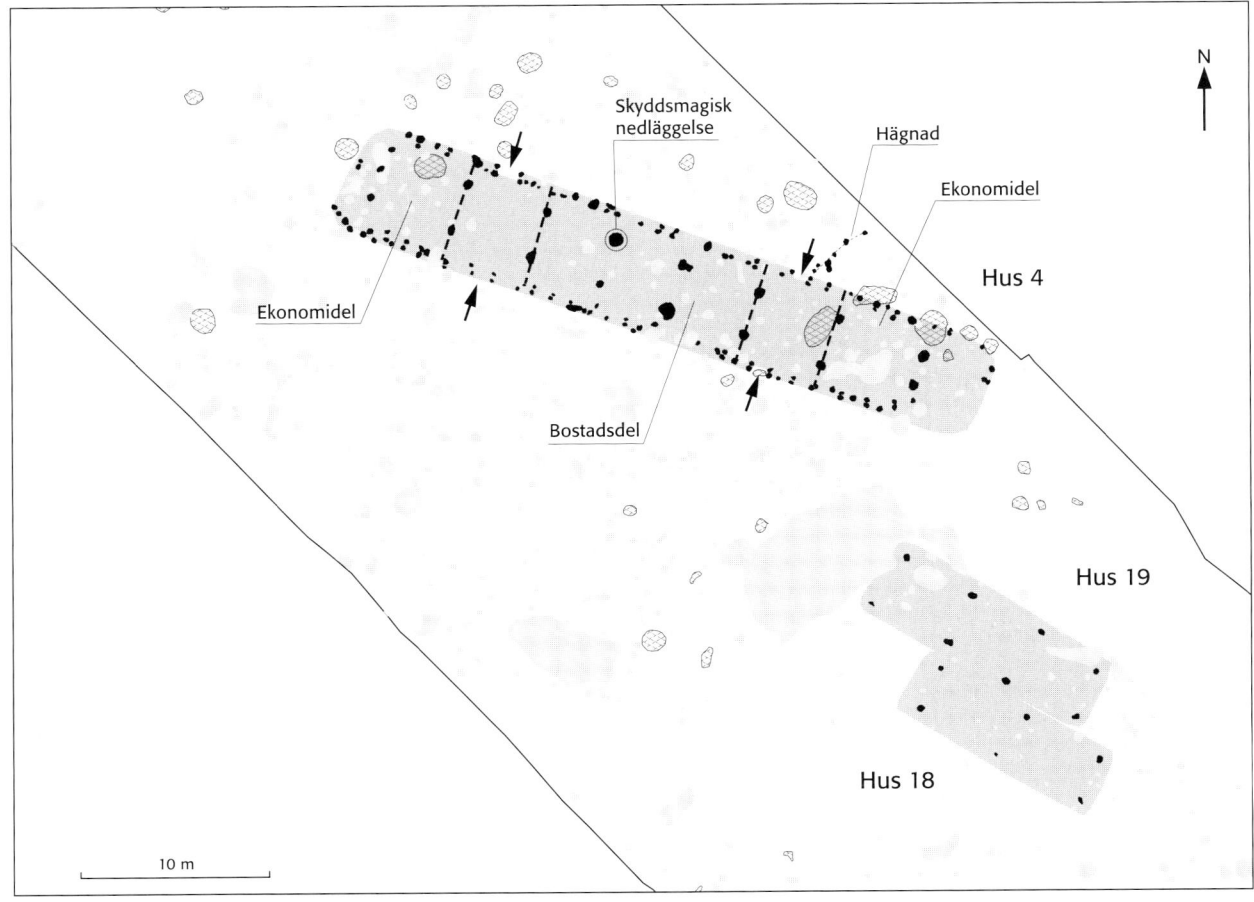

Figur 11. Gården vid Kvärlöv SU 12, med förslag till rumsindelning i långhuset, hus 4.

The farm at Kvärlöv SU 12, with suggested room division in the longhouse, house 4.

förlagd till huskroppens västra del. En intressant detalj i konstruktionen är att väggarna har dubbel stolpsättning. Ett närmast identiskt byggnadsskick har även dokumenterats på övriga gårdar av samma typ (fig. 11). Trots långhusets välbevarade karaktär, var spåren efter den inre rumliga organisationen svaga. Vad gäller spannen mellan de takbärande bockarna är dessa förhållandevis regelmässiga, och skiljer som mest en meter i längd. De minsta spannen återfinns i husets mittparti, varefter avståndet ökar ut mot gavlarna. Inte heller bockbredden ger några tydliga signaler om hur huset varit inrett. Först genom att se på fyllningen i de takbärande stolparna, i kombination med ingångarnas placering kan en hypotetisk rumsindelning föreslås. Mycket talar här för att huset haft minst fem separata rum, och där bostadsdelen haft en central placering mellan bockarna 3 och 5 eller 6. För en sådan tolkning talar förekomsten av bränd lera i stolpfyllningen till fem av de sex takbärarna i bockarna 2–5. Intressant är också att det i samma rum, i stolphålet till den 4:e bocken i norra raden, fanns en rituell nedläggelse i form av en intakt håleggad flintyxa (fig. 12). Detta vid tiden antika

Figur 12. Denna flintyxa hittades i stolphålet till en av takbärarna mitt i långhuset vid Kvärlöv SU 12. Yxan stod placerad med eggen riktad nedåt, troligen för att skydda huset mot onda makter. Foto: Staffan Hyll.

This flint axe was found in the hole for one of the roof-supporting posts in the middle section of the long-house at Kvärlöv SU 12. The axe was placed with the edge pointing downwards, probably to protect the house against evil forces. Photo: Staffan Hyll.

föremål, har sannolikt nedlagts i ett magiskt skyddande syfte för att avvärja blixtnedslag eller vådaeld (Carlie 2004, s. 145ff). På ömse sidor om bostadsrummet, visar ingångarnas placering att det funnits två ingångsrum, som haft motställda ingångar. Om ingångsrummen verkligen varit separata eller sammanbyggda med gavelrummen kan inte utläsas av stolpspåren. Både den östra och västra änden av huset kan antas ha haft någon form av ekonomifunktion. En intressant detalj i sammanhanget är den cirka fyra meter långa hägnad som löper i en svag båge ut från ingången på den norra långsidan i husets östra del. Vilken funktion hägnaden

haft går inte att säga med säkerhet. Kanske har den använts för att lotsa kreaturen in och ut ur huset, vilket i så fall skulle innebära att husets östra del använts som fähus.

Till gården har troligen också hört en mindre ekonomibyggnad, belägen mellan sex och tio meter sydöst om långhuset. Det rör sig om ett enkelt treskeppig stolphus, som kan följas genom två faser (hus 18 och 19). Av huslämningarna återstår endast spåren efter den takbärande konstruktionen, som visar att uthuset har varit mellan 11,5 och 13,5 meter långt, med tre respektive fyra bockar. Några ^{14}C-dateringar finns inte från husen. Däremot tyder bockarnas större bredd på att hus 19 är något äldre än hus 18.

Byggnadernas placering visar att gården haft en öppen rumslig disposition. Några spår efter hägnader, utöver den lilla stolpraden vid långhusets norra ingång, finns inte på platsen. Området kring gården var mycket rikt på anläggningsspår, främst i form av gropar och härdar, men också enstaka brunnar. Bara ett fåtal anläggningar har dock daterats, varför det är närmast omöjligt att bedöma hur området kring gården utnyttjades. Ett mindre antal av de härdar som undersöktes på den svaga förhöjningen ligger dock på ett sådant avstånd från järnåldershusen att de skulle kunna vara samtida med gården. Från boplatsen föreligger även två ovanliga fynd som vittnar om ett visst välstånd samt kontakter med västra Danmark. Det handlar om en intakt sköldbuckla av trä av s.k. Hjortspringstyp samt om delar av en hornförsedd eldbock (se Martens *En skjoldbule etc* och *En ildbuk etc.*). Föremålen är dock sannolikt inte samtida med gården, utan tillhör en tidigare del av förromersk järnålder (se Bilaga 1, tabell 16 i band 2).

Gården vid *Västra Karaby 2:21* skiljer sig i flera avseenden från den vid Kvärlöv SU 12, genom att denna omgivits av ett komplext hägnadssystem (fig. 13a–b). Själva gården har bestått av ett långhus, cirka 32 meter långt och 5,5 meter brett med en inneryta på cirka 170 m². Det har haft sju eller åtta bockar, av vilka den första bocken från väster sammanfaller med den västra gaveln (Pettersson 2000; Pettersson 2002c). Huset hade i stort sett helt raka långväggar som smalnade av något mot gavlarna, och där delar av den norra vägglinjen försetts med dubblerade stolpar. Enligt Claes Pettersson har långhuset haft sex dörröppningar, varav fyra utmed långsidorna som kan knytas till två ingångsrum, och en öppning i västra gaveln. Även långhusets östra gavel har haft en öppen konstruktion, vilket tolkas som att denna del kan ha använts som vagnslider eller som förråd.

Utöver de två ingångsrummen och den öppna östgaveln har långhuset haft ytterligare tre rum. Av dessa har de två utrymmena på ömse sidor om det centralt placerade ingångsrummet troligen använts som bostad, att döma av den extra förstärkningen i den norra långväggen. Någon gång under husets livstid har bostadsrummets nordöstra hörn försetts med inre skiljeväggar, som avgränsat ett cirka 15 m² stort långsmalt rum utmed norra långväggen. I detta rum, tolkat som köksdel, fanns lämningar efter en kupolugn med intilliggande materialgrop för lera, som troligen använts till matberedning. Vad gäller det sista rummet i husets västra ände, föreslår Pettersson att utrymmet kan ha använts antingen till förvaring eller som fähus, med lätt tillgänglighet genom den breda öppningen i gavelns sydvästra hörn.

Till gården har även hört ett omfattande system av stolphägnader. Mest påtaglig är den närmast rektangulära hägnad om cirka 675 m², som inneslutit en yta omedelbart norr om långhuset. Enligt Pettersson har hägnaden haft en öppning mot norr, i anslutning till den brunn (A877) som också kan knytas till gården. Hägnadens funktion är inte klarlagd, men skulle enligt Pettersson kunna ha använts för att skydda t.ex. någon form av trädgårdsodling, kanske kålodling (Pettersson 2002c, s. 504f). Till gården kan även knytas en liten fyrsidig stolpkonstruktion försedd med en mindre hägnad som löper upp mot långhusets sydvästra hörn. Hägnaden har varit cirka 6x4 meter stor och tolkas som en möjlig kreatursfålla, bl.a. på grund av närheten till anslutande våtmarker i söder, som antas ha tjänat som betesmarker. Ytterligare spår av hägnadslinjer fanns även norr och nordväst om gården.

De två gårdarna vid *Böljenamosse*, har legat på ömse sidor om en mindre fuktsvacka öster om mossen, och kan följas genom flera bebyggelsefaser. Eftersom gårdarna publicerats tidigare (Olson m. fl. 1996; Carlie 2002b), har vi här valt att fokusera på den södra enheten, som i det äldsta skedet bestod av lämningar efter ett mycket välbevarat långhus, hus I. Byggnaden låg i öst-västlig riktning, var cirka 30 meter lång och 4,1–6,0 meter bred, med sju relativt jämnt placerade bockar. Detta har gett en samlad husyta på ungefär

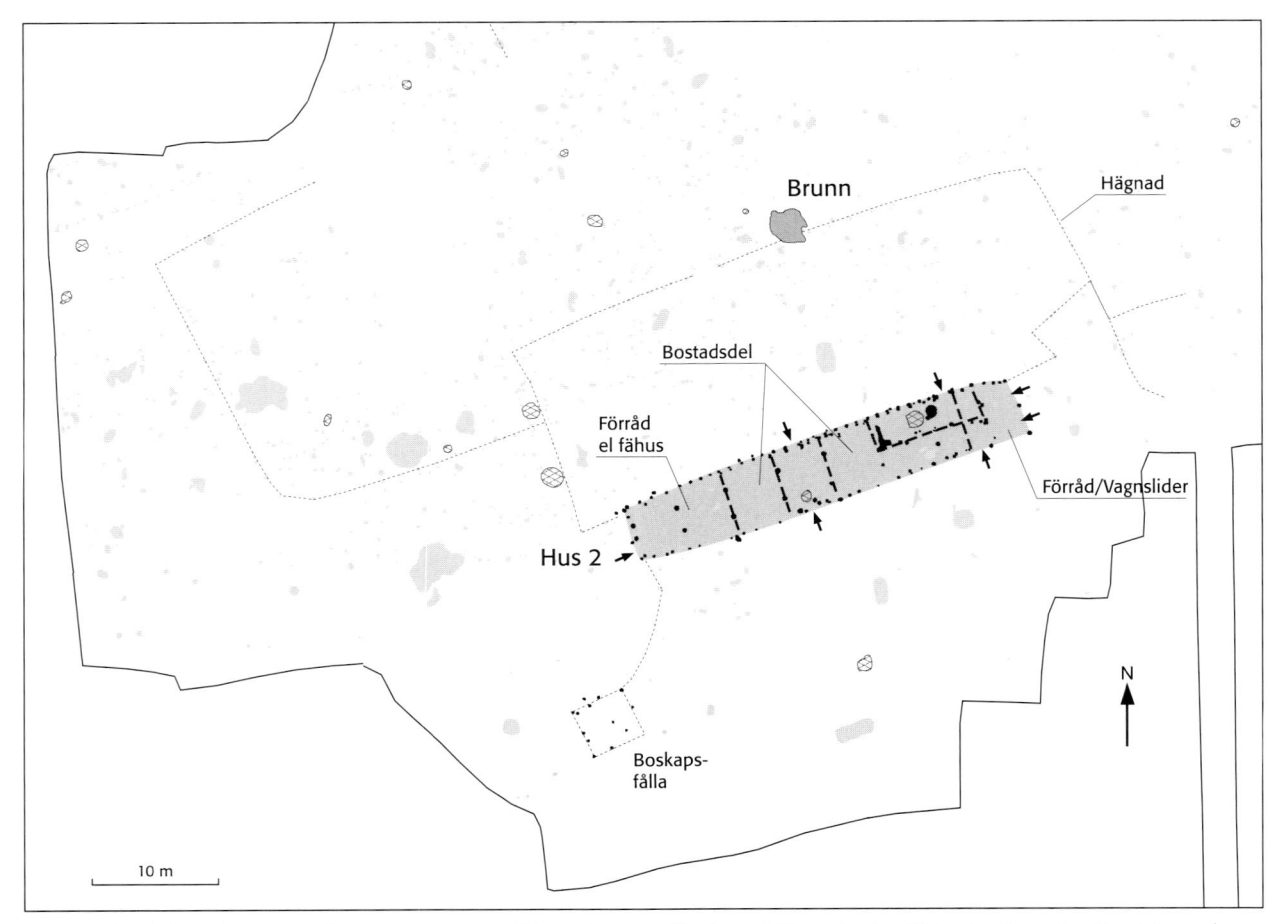

Figur 13a–b. Gården vid Västra Karaby, Västra Karaby sn. Bilderna visar den tolkade planen med förslag till rumsindelning och en rekonstruktion av hur gården med dess hägnader kan ha sett ut (se nästa sida). Efter Pettersson 2002c. Teckning: Staffan Hyll.

The farm at Västra Karaby, Västra Karaby parish. The pictures show the interpreted plan with suggested room division and a reconstruction drawing showing a model of the farm with surrounding fencing (see next page). From Pettersson 2002c. Drawing: Staffan Hyll.

165 m² (fig. 14a–b). Spåren efter husets långsidor och gavlar var närmast intakta och visar på en dubbel stolpsättning i den västra delen, medan den östra sektionen haft enkla väggstolpar. Detta kan tolkas så att vägglinjen i den västra änden haft olika konstruktioner, med en yttervägg av lerklinat flätverk och en innervägg med synliga plankor i skiftesverk, medan väggen i östra delen endast bestått av en flätverk med klinelera (Karl-Magnus Melin pers. kom.). Just i övergången, där väggen ändrar karaktär, har funnits ett ingångsrum med två motställda öppningar. På så sätt skapas en tredelning av långhuset, med ett mycket stort rum i väster på cirka 100 m² och ett mindre rum i öster om cirka 40 m². Skillnaden i väggkonstruktionen beror troligen på att långhuset byggts till i den östra änden. Till gården har förmodligen även hört en liten hägnad som löper norr om och närmast parallellt med långhuset. Området kring gården uppvisar få anläggningsspår

som är samtida med bebyggelsen. Bara ett fåtal gropar med obetydliga mängder keramik vittnar om hushållsaktiviteter eller deponering av avfall.

Inom gruppen av medelstora gårdar med en byggnadsareal över 150 m² finns i övrigt sex exempel i materialet. Det handlar om tre gårdar från Åby öster om Skräbeån (Stark 2000) i nordöstra Skåne och tre från Lilla Hammar i landskapets sydvästra del (Pettersson & Torstendotter Åhlin 1999; Pettersson 2002b). Gårdarna har vanligen bestått av ett ensamt långhus alternativt av ett långhus och ett mindre stolphus med tre eller fyra bockar. På båda dessa platser fanns även spår efter vattentäkter.

Vid *Åby* undersöktes i slutet av 1990-talet delar av en äldre järnåldersboplats, med tolv huslämningar, både långhus och ekonomibyggnader, som kan knytas till två eller tre gårdslägen. Endast ett mindre antal av husen har ¹⁴C-daterats, varför tidsbestämningen av husen och deras inbördes kronologiska skiktning främst grundas på typologiska särdrag och på keramikfynd (Stark 2000). Vår förnyade genomgång av platsen tyder på att den äldsta bebyggelsen etableras

Böndernas gårdar

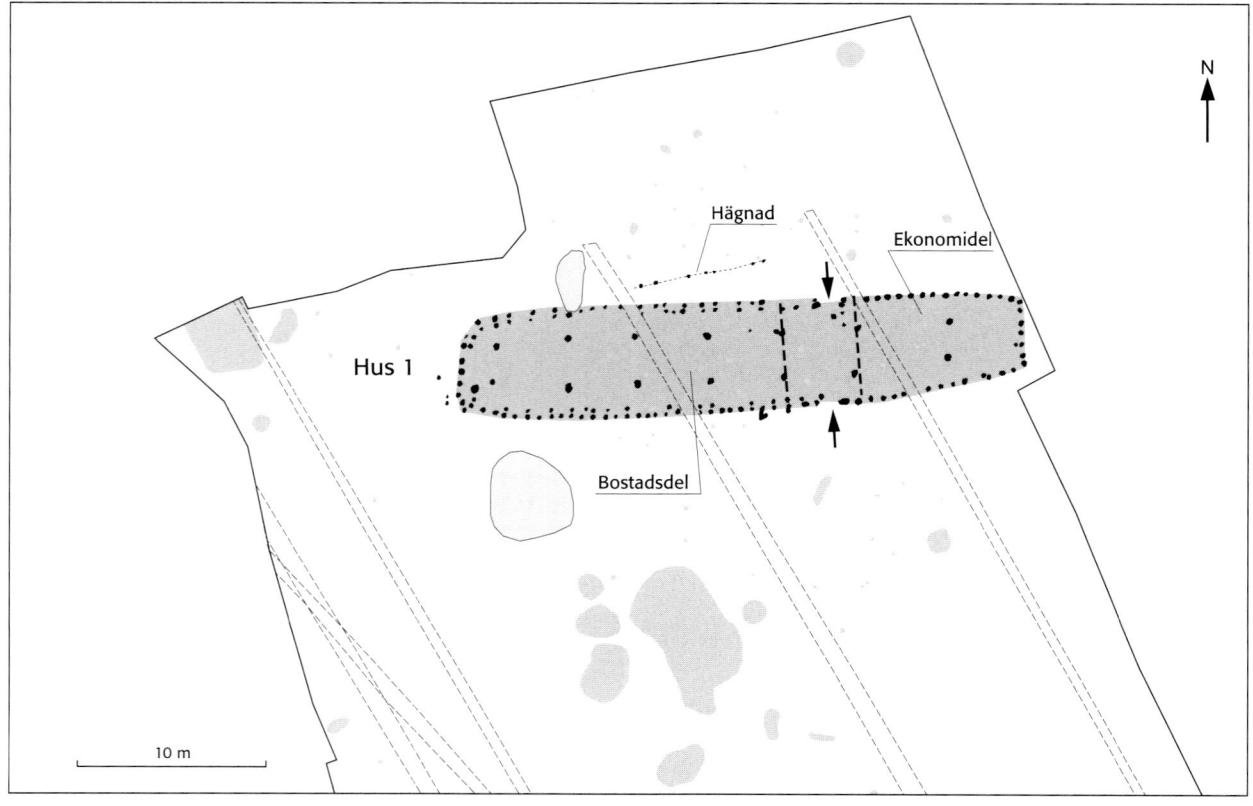

Hägnad
Ekonomidel
Hus 1
Bostadsdel
10 m
N

Figur 14a–b. Den södra gården vid Böljenamosse. Bilden ovan visar planen över huset med förslag till rumsindelning. På nästa sida ses en rekonstruktion av hur byggnaden kan tänkas ha sett ut. Teckning: Staffan Hyll.

The southern farm at Böljenamosse. The picture above shows the plan of the long-house with a suggested room division. Next page shows a reconstruction drawing of what the building may have looked like. Drawing: Staffan Hyll.

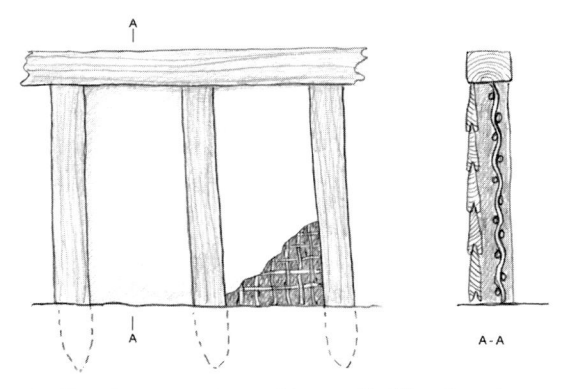

Detalj av väggens ytterkonstruktion med lerklinat flätverk.

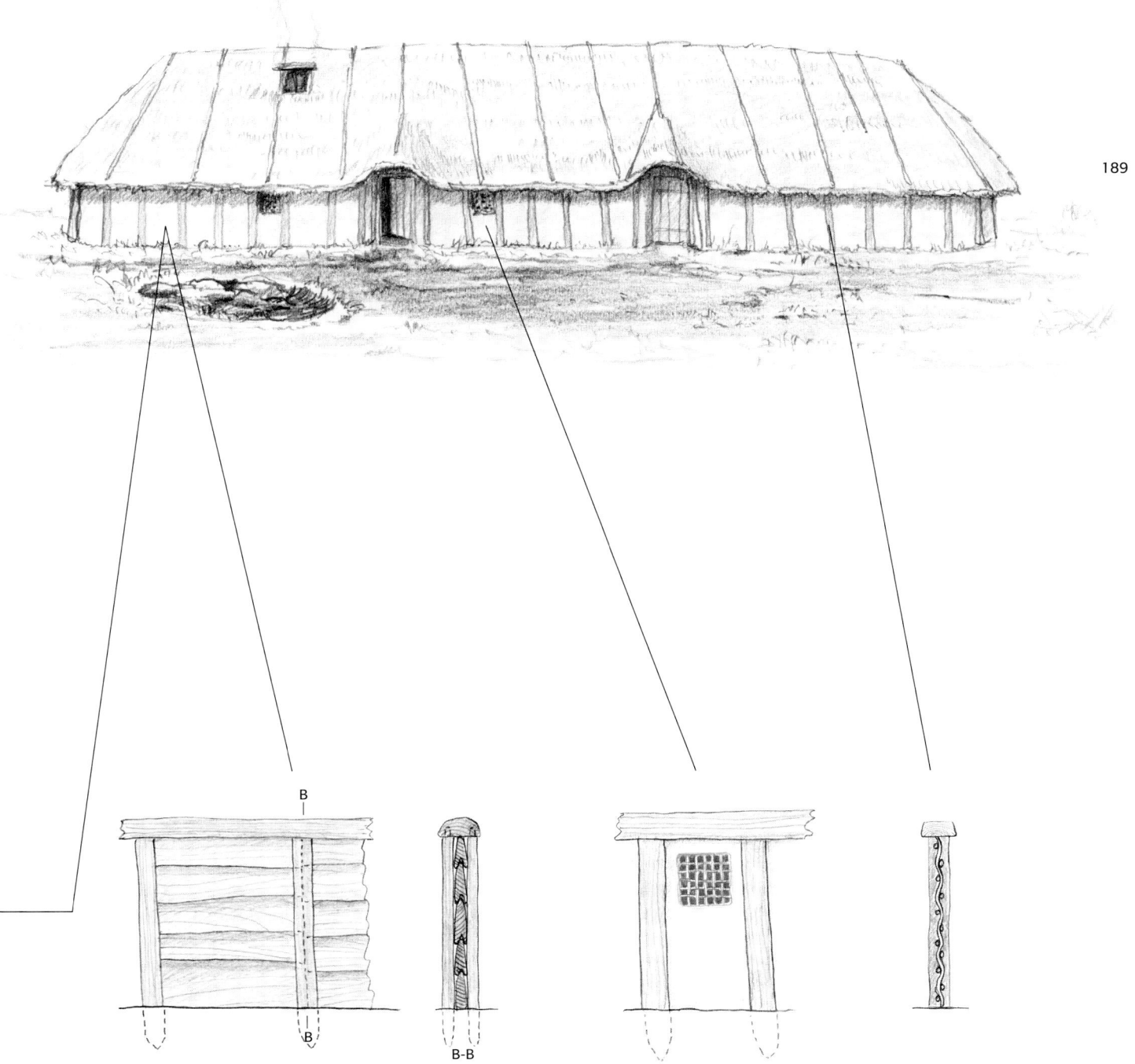

Detalj av väggens innerkonstruktion med synligt skiftesverk.

Förslag på fönsterkonstruktion.

Väggkonstruktion i östra delen med lerklinad risflätning.

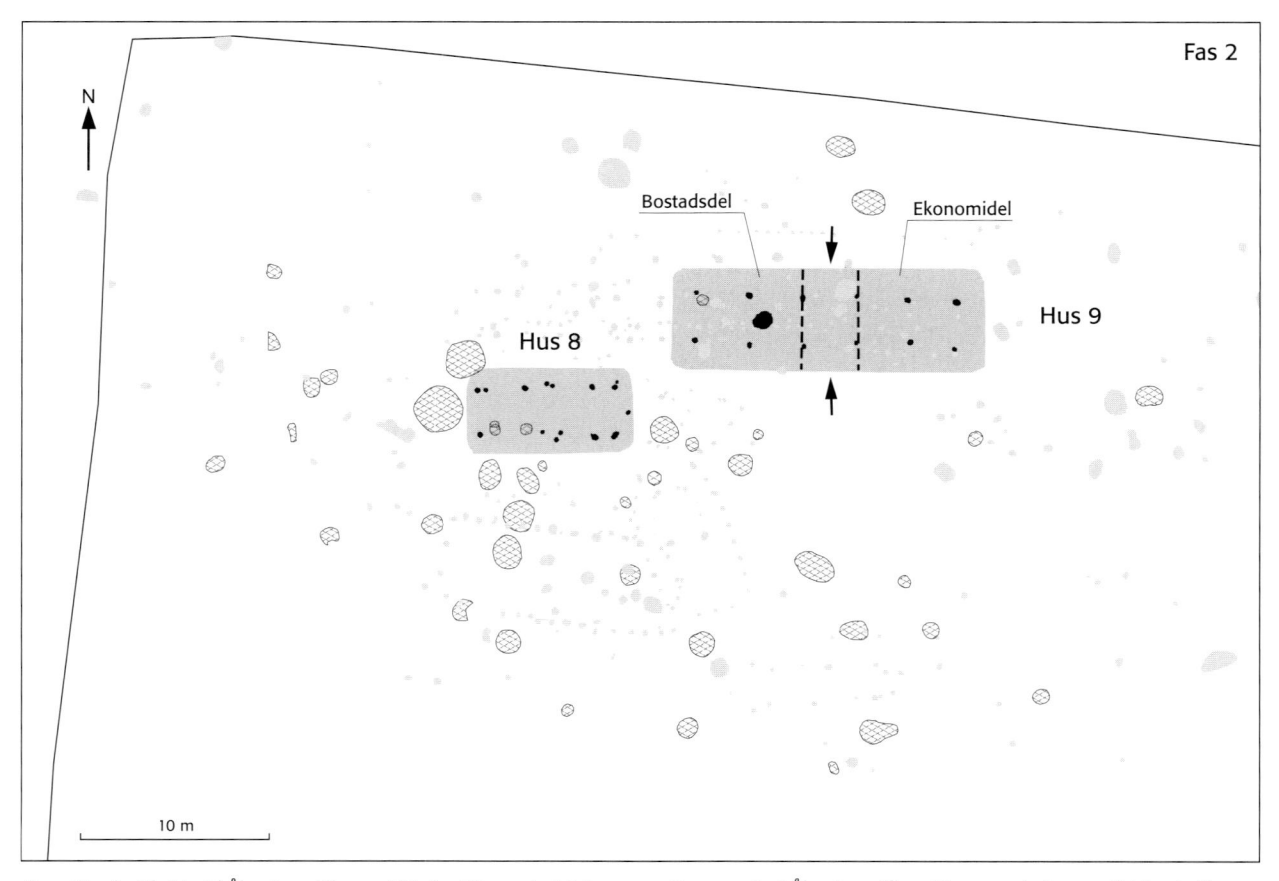

Figur 15a–b. Gård 1 vid Åby, Bromölla, med förslag till rumsindelning i långhuset under fas 2 (ovan) och fas 3a–b (f rom jå per. III – ä rom jå) (nästa sida).

Farm no. 1 at Åby, Bromölla, with suggested room division in the long-house, during phases 2 (above) and 3a–b (Pre-Roman Iron Age period III – Early Roman Iron Age) (next page).

under äldre förromersk järnålder, då två gårdar uppfördes på platsen (jfr föregående period). Särskilt den västra gården genomgick under tiden fram till första århundradet efter Kristi födelse ett flertal ombyggnader, som kan följas genom minst fyra bebyggelsefaser på samma gårdsläge, varefter huvudbyggnaden under senare delen av äldre romersk järnålder sannolikt flyttades ett tjugotal meter längre österut. Utvecklingen på den östra gården är svårare att följa under den äldre perioden, vilket troligen förklaras av att delar av gårdsläget ligger utanför undersökningsområdet. Först under romersk järnålder kan en tydlig huvudbyggnad knytas till denna gård.

Följande beskrivning avser den västra gården, vars byggnader framträder särskilt tydligt under yngre förromersk och äldre romersk järnålder (jfr faserna 2 och 3a–b) (fig. 15a–b). Under fas 2 bestod gårdens huvudbyggnad av ett 16,5 meter stort långhus, hus 9, med sex bockar. Långhuset har troligen varit tredelat med ett centralt placerat ingångsrum och två större rum mot gavlarna, där en härd i västra delen tyder på en bostadsfunktion. En ekonomibyggnad låg strax sydväst om långhuset, bestående av ett 8–9 meter stort stolphus, hus 8, med tre bockar. Uthuset visar spår efter omsatta stolpar i den takbärande konstruktionen.

Fas 3a–b

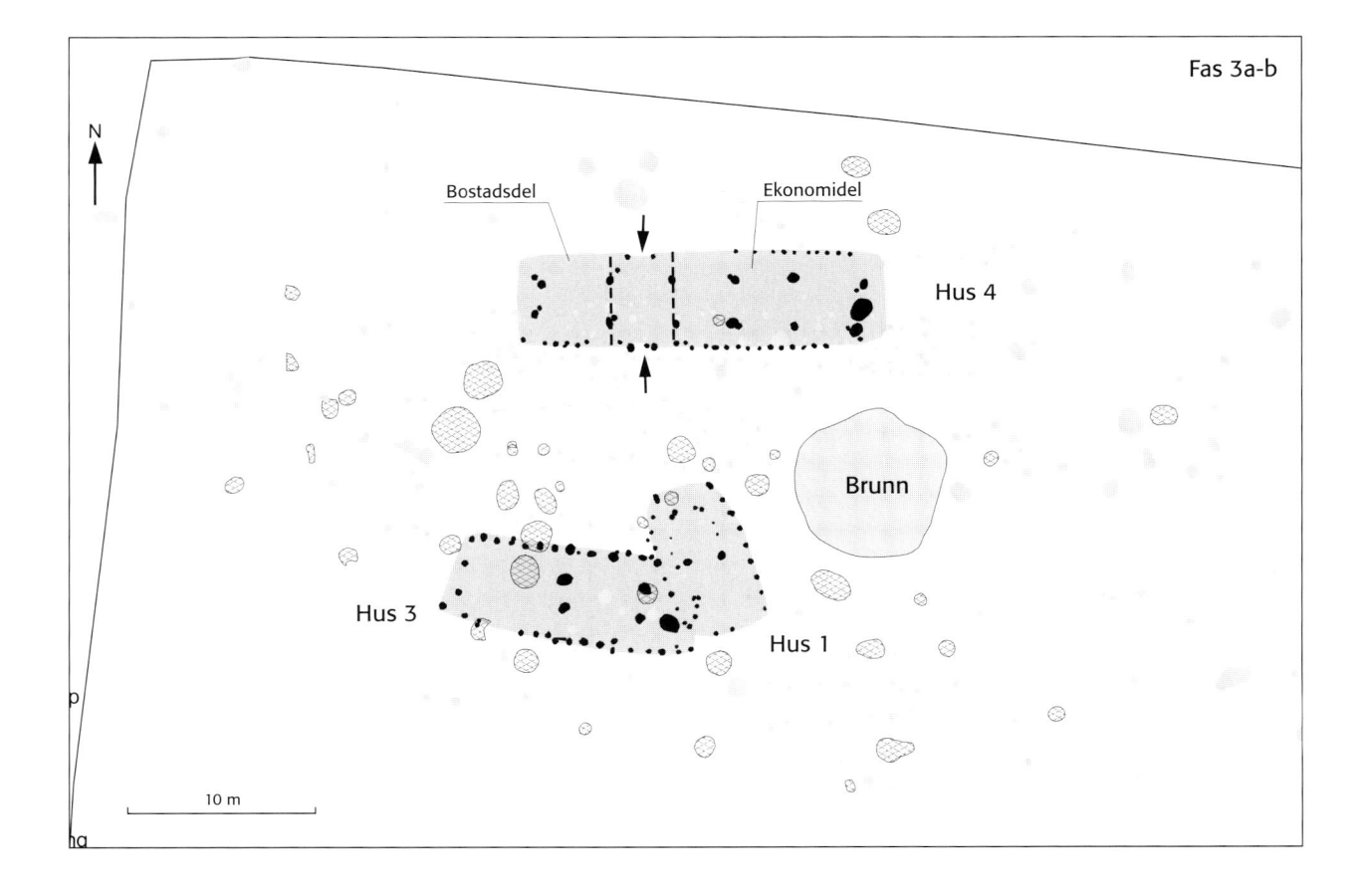

Bostadsdel — *Ekonomidel* — Hus 4

Brunn

Hus 3 — Hus 1

10 m

Under fas 3a–b ersattes dessa hus med nya byggnader. Den nya huvudbyggnaden, hus 4, uppfördes på samma plats som det äldre långhuset, dock något förskjutet åt väster. Detta hus har varit mellan 19–20 meter långt och 5–5,2 meter brett. Spår av indragna dörrstolpar visar att ingångsrummet legat strax väster om mitten, vilket resulterat i två olikstora utrymmen, ett mindre rum i väster och ett större i öster. Till gården har även hört en ekonomibyggnad som kan följas i två faser. Det äldre stolphuset, hus 3, med tre bockar har stått parallellt i förhållande till långhuset, medan det yngre uthuset, hus 1, låg i nord-sydlig riktning, med norra gaveln mot långhuset. Till denna fas kan även knytas en stor cirka tre meter djup brunn strax söder om huvudbyggnaden. I brunnen, som visade spår efter att ha grävts om vid flera tillfällen, hittades rester av flera kärl av hushållstyp från förromersk och romersk järnålder. I brunnen fanns även talrika djurben, bland annat delar av käke och flera tänder från häst samt små kranierester av hund, vilket kan tyda på nedläggelser av en rituell karaktär (Cardell 2000; Stark 2000).

De tre gårdar som undersökts vid *Lilla Hammar 15:1* har tidigare presenterats av Claes Pettersson, varför de inte redovisas mer ingående i detta sammanhang.

Bebyggelsens datering till sen förromersk och äldre romersk järnålder baseras på husens typologiska särdrag och på fyndmaterialet (Pettersson & Torstendotter Åhlin 1999; Pettersson 2002b). Gårdarna vid Lilla Hammar har samtliga haft olika sammansättning och utformning, med en äldre enhet bestående av ett 21 meter stort långhus (hus A) och ett fem meter stort fyrstolpshus (hus D), och två yngre eventuellt samtida enheter. De senare har bestått av dels ett ensamt 28 meter stort långhus, dels ett 21 meter stort långhus (hus C) och en cirka 11 meter stort stolphus (hus G), tolkat som ekonomibyggnad. Spår efter ytterligare tre mindre stolphus fanns på ungefär samma plats som hus G, vilket tyder på att uthuset byggts om minst tre gånger (Pettersson 2002b, s. 604f). Om Petterssons kronologiska skiktning av gårdarna stämmer, betyder detta att byggnadsarealen ökat från 140 till 155–165 m² under den yngre fasen, d.v.s. en ökning med omkring 15–25 m². Ett intressant inslag på platsen är de två yngre gårdarnas rumsliga placering, norr respektive söder om ett stensatt vattenhål. Pettersson tolkar vattenhålet som *"en kollektivt utnyttjad vattenkälla, kanske främst avsedd för boskapens behov"* (Pettersson & Torstendotter Åhlin 1999). Vad som talar för en sådan tolkning är särskilt ett område med nedtrampad kulturjord vid den norra gårdens södra ingångsparti som vetter mot vattenhålet. Boplatsen vid Lilla Hammar är även intressant ur ett ekonomiskt perspektiv. Det osteologiska materialet visar tecken på en blandekonomi, där djurhållning baserat på främst nötboskap och får på de omkringliggande strandängarna kombinerats med fiske och havsjakt på säl och sjöfågel (Pettersson 2002b, s. 620ff).

Mindre gårdar

Tretton gårdar i materialet tillhör gruppen av mindre gårdsenheter, med en byggnadsareal på cirka 80–150 m². Omkring hälften av dessa enheter (7 st.) har bestått av ett ensamt långhus. Det gäller för hus II från Ramlösa 1A:7 (Omfors & Streiffert 1999), hus 9 och 14 från Tågerup SU 8 (Artursson 1999), hus 6 från Västra Karaby 2:21 (Pettersson 2000), hus I från Böljenamosse punkt 10 (Omfors & Streiffert 1999; Carlie 2002b) samt hus 5 från Åby vid Bromölla (Stark 2000). I materialet finns även sex gårdar som har bestått av både ett långhus och ett uthus. Det handlar om en gård från Kvärlöv SU 11 (Ericson 1999b), en gård i två faser från Lilla Tvären (Becker 2003), en gård från Åby, Bromölla (gård 1, hus 8 och 9) (Stark 2000), en gård från Lilla Hammar (hus A och D) (Pettersson 2002b) samt gård 3 från Böljenamosse punkt 10 (Omfors & Streiffert 1999; Carlie 2002b).

Långhusen på de mindre gårdarna varierar mellan 14 och 20 meter i storlek, med fyra eller fem bockar i den takbärande konstruktionen. Bara ett mindre antal av långhusen har tolkats med avseende på rumsindelning. De få långhus som har kunnat indelas, tyder dock på en tredelning med ett centralt placerat ingångsrum och två större rum på ömse sidor om detta. Bara i enstaka fall går det att bestämma var bostaden har legat i husen samt vad de motställda rummen i andra änden har använts till. Vad gäller uthusen representeras dessa på nästan samtliga platser av ett fyrstolphus. I materialet finns även några exempel på uthus i form av ett litet stolphus med tre takbärande bockar samt en liten enskeppig stolpbyggnad. Uthusens storlek varierar mellan 15 och 60 m², där den största arealen tillhör en tresättare från Åby. Underlaget från uthusen lämnar tyvärr inget utrymme vad gäller tolkningen av funktion. Avsaknaden av härdar talar mot att de använts till boende eller hantverksutövning, varför någon form av förvaring av gårdens produkter eller djur verkar trolig. De flesta långhus har på traditionellt vis byggts i närmast öst-västlig riktning, med en solbelyst sydsida och en skuggsida mot norr. Den största variationen finns istället i uthusens placering, som både återfinns parallellt med långhusen (se Åby, gård 1, hus 3 och 4), i linje (Lilla Tvären, fas 1, hus 8 och 4) och i vinkel (Kvärlöv SU 11, hus 9 och 13; Böljenamosse punkt 10, gård 3, hus VIII och IX och Lilla Tvären, fas 2, hus 2 och 5).

Tre gårdar från Ramlösa VKB 1A:7, Kvärlöv SU 11 och Lilla Tvären, har valts ut för att exemplifiera den mindre gården under sen förromersk och äldre romersk järnålder (jfr även Åby och Lilla Hammar ovan).

Gården vid *Ramlösa VKB 1A:7* har bestått av ett ensamt långhus (hus II), 21,5 meter långt och 5,2 meter brett, med en byggnadsareal på omkring 110 m² (Omfors & Streiffert 1999; Carlie 2005) (fig. 16). Den takbärande konstruktionen omfattar sju bockar, vars placering tyder på en tredelning av långhuset med två större rum och ett ingångsrum i mitten. I långhusets

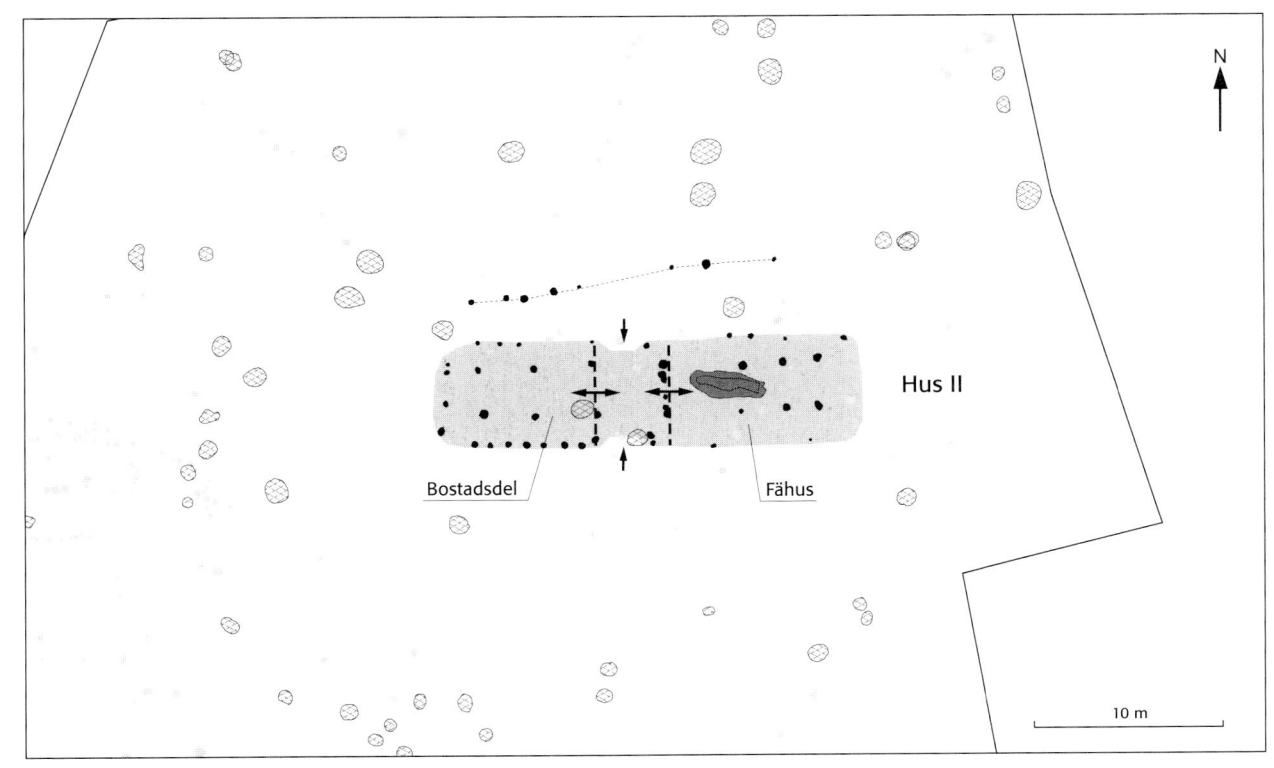

Figur 16. Den yngre gården vid Ramlösa VKB 1A:7. Långhuset (hus II) har haft minst tre rum, bestående av en bostadsdel och en stalldel, med ett ingångsrum i mitten. Den troliga gödselrännan ger ju inte något större utrymme åt ett vagnslider i den här delen av långhuset. Runt byggnaden kan man även urskilja en eventuell gårdsplan utifrån placeringen av härdar i söder och resterna av en hägnad i norr.

The later farm at Ramlösa VKB 1A:7. The long-house (house II) had at least three rooms, consisting of a dwelling section and a byre, with an entrance room in between. The possible manure channel does not give much space for a shed in this part of the long-house. Around the building a possible yard can be seen, based on the location of hearths to the south and traces of a fence to the north.

östra del fanns spår efter en trolig gödselränna, vilket tillsammans med en något tätare stolpsättning talar för en funktion som fähus. Detta är i överensstämmelse med den allmänna byggnadstraditionen särskilt i västra Danmark, där spår efter båsindelning ofta kan knytas till långhusets östra ände (se t.ex. Hvass 1985). Mycket talar för att man har följt denna modell när man byggde huset vid Ramlösa. I så fall har den västra delen av långhuset hyst själva bostaden. En intressant detalj är att spår efter den inre dörröppningen mellan ingångsrummet och fähuset finns bevarade i form av två mindre stolphål inom den fjärde takbärande bocken.

Området söder om långhuset var relativt tomt på anläggningar, men bara cirka 10–15 meter från byggnaden finns det en ansamling av härdar och gropar som skulle kunna representera gårdsplanens avgränsning i söder. Norr om långhuset finns det en rad med stolphål som skulle kunna vara lämningarna efter en samtida hägnad. Fyndmaterialet är mycket begränsat både i långhuset och i omgivande anläggningar, varför det inte går att avgöra vilka aktiviteter som har försiggått på gården.

Långhuset vid Ramlösa uppvisar påfallande likheter med stormansgårdens huvudbyggnad vid Hodde

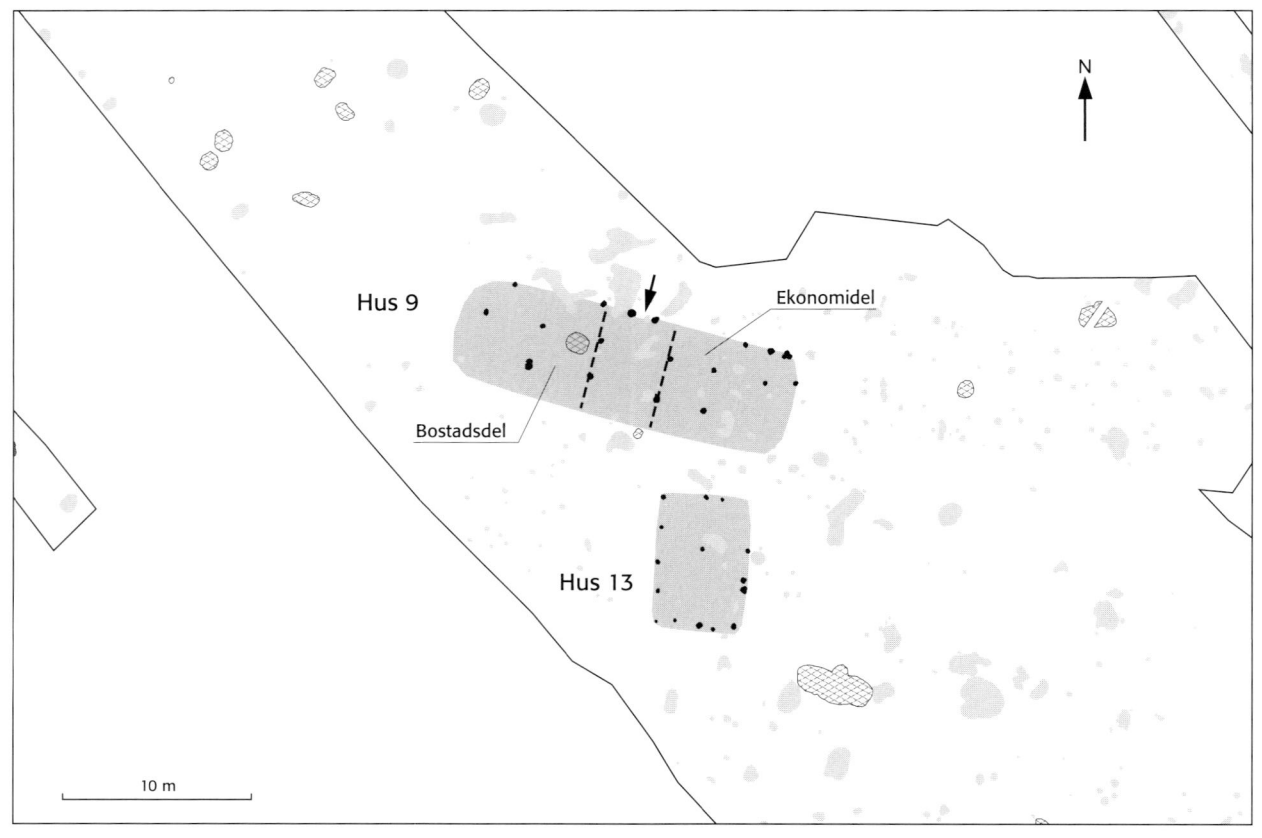

Figur 17. Den L-formade gården vid Kvärlöv 8:5, SU 11.

The L-shaped farm at Kvärlöv 8:5, SU 11.

på södra Jylland, som dateras till samma period och kan följas på samma tomt genom byns samtliga tre faser (Hvass 1985). Långhuset vid Ramlösa tillhör, i ett skånskt perspektiv, gruppen av mindre gårdar. Detta hindrar dock inte att gården kan ha haft en social och ekonomisk särställning i en lokal bebyggelsestruktur. Gårdens topografiska läge, invid ett äldre vadställe över Råån, är i detta sammanhang intressant. Det finns dock inga tecken i fyndmaterialet, som tyder på att gården haft ett större ekonomiskt välstånd än genomsnittet (Omfors & Streiffert 1999).

De välbevarade spåren efter en gård i vinkel från äldre romersk järnålder undersöktes vid *Kvärlöv SU 11* (Ericson 1999b; Carlie 2005). Gården har bestått av två byggnader placerade i vinkel, varav ett långhus, hus 9, med närmast öst-västlig orientering och ett litet enskeppigt stolpbyggt uthus, hus 13, placerat söder om långhuset, med den norra gaveln knappt tre meter från huvudbyggnaden (fig. 17). Långhuset har haft sex takbärande bockar, placerade i två grupper om tre bockar. Enstaka avtryck efter husets väggstolpar visar att byggnaden varit omkring 18,2 meter lång och 5,9 meter bred, d.v.s. med en areal om cirka 110 m². Det största spannet kan knytas till husets mittparti, där spåren efter stolpsättningen i den norra långväggen visar på en ingång. Detta betyder att spannet sammanfaller med husets ingångsrum, som sannolikt haft en liknande ingång på den södra långväggen. Resterna av en härd centralt placerad mellan den tredje och fjärde bocken, tyder på att bostaden funnits i husets västra del. En sådan tolkning passar väl samman med den något kortare spannlängden i husets östra ände, som tyder på en ekonomifunktion.

Det lilla uthuset hade en rektangulär grundplan, och låg i närmast nord-sydlig riktning. Bortsett från en ensam mittstolpe saknades spår efter inre takbärare. Byggnaden avtecknade sig istället i form av glest satta väggstolpar. Dessa visar att huset varit cirka 7,5 meter långt och 5 meter brett (ca 35 m^2). Detta gör att gårdens samlade byggnadsareal kan uppskattas till 145 m^2. Några spår efter ingångar fanns inte i huset. Det naturliga vore dock att åtminstone en ingång har vänt in mot gårdsplanen mellan husen. Kring gården fanns talrika gropar. Då inga av dessa har daterats, går det inte att säga hur gårdstomten i övrigt har varit organiserad.

Gården vid *Lilla Tvären* är intressant eftersom man här undersökt en komplett enhet med spår efter omgivande hägnader (Becker 2003). Gården kan följas på samma plats under två faser, där båda representeras av ett långhus och ett fyrstolpshus (fig. 18). Det äldre långhuset, hus 8, som var något skadat, har varit omkring 14–15 meter långt och 5,8 meter brett, med uthuset, hus 4, placerat vid den västra gaveln. Det yngre långhuset var bättre bevarat, har varit cirka 20 meter långt och 6,4 meter brett, med uthuset placerat i vinkel, cirka fem eller sex meter norr om långhusets östra ände. Till gården har även hört en brunn, belägen bara några meter från långhusets sydöstra hörn. Keramikfynd, bl.a. ett intakt lerkärl funnet i brunnens botten, knyter denna tidsmässigt till gården. De bevarade spåren efter gårdens särhägnad bestod av en mindre stolpbyggd hägnad mot söder samt en cirka 27 meter lång ränna i öster, som förmodligen även haft en dränerande funktion. Hägnaderna är inte daterade, utan för en samtidighet talar framförallt deras placering i förhållande till gårdens byggnader (Becker 2003). Till gården kan även knytas ett system med lertäktsgropar, cirka 30 meter nordväst om gården, som under gårdens livstid använts för att deponera avfall. Norr om gården hittades vidare ett område med spår efter hantverksutövning, med bland annat lämningar efter en järnframställningsugn.

Gårdar med specialisering

Under sen förromersk och äldre romersk järnålder började man på vissa boplatser även utöva olika former av hantverk med inslag av specialisering. Den kanske mest kända av dessa miljöer i Skåne, representeras av Uppåkra söder om Höje-å i sydvästra Skåne, vilken vid tiden kring Kristi födelse utvecklades till en mycket stor bosättning med olika former av hantverksutövning, t.ex. bronsgjutning och kamproduktion (jfr Carlie *Samhällen och rikedomsmiljöer* i del IV där angivna referenser). Även Hørupsboplatsen på nordöstra Själland uppvisar betydande spår efter hantverk, bl.a. efter framställning av kammar (Sørensen 2000).

Hantverk som krävde specialister med speciella yrkeskunskaper kunde dock även utövas på platser med gårdar av mer ordinärt utseende. En sådan plats undersöktes i mitten av 1990-talet vid *Klörups backar* i Västra Alstads och Lilla Slågarps socknar (Torstensdotter Åhlin & Bergenstråhle 2000). Här dokumenterades lämningar efter fem långhus mellan 20 och 26 meter långa, tre något mindre stolphus samt två grophus. Husen låg samlade i två grupper, placerade norr respektive söder om ett stort system med lertäktsgropar, som senare har använts som avfallsdepå. De tolkas i en fördjupningsstudie av platsen, som lämningar efter två gårdslägen med flerfasig bebyggelse, med kontinuitet från sen förromersk järnålder och fram i yngre romersk järnålder (Bergenstråhle & Stilborg 2002, s. 572, 577). Mest intressant är dock fyndmaterialets sammansättning från platsen, som på flera sätt antyder att det rör sig om en miljö med visst överskott i den agrara produktionen, med möjligheter till hantverksaktiviteter. Bland fynden märks delar av en guldten, en guldfoliepärla, men även slagg och degelfragment efter smide och bronsgjutning. Metallhanteringen har enligt Ole Stilborg bedrivits på båda gårdarna, medan inslaget av gjutning endast kan knytas till den norra gården. Det största materialet från platsen utgörs dock av keramikfynden, som uppvisar en mycket stor variation vad det gäller kärltyper, tillverkningstekniker och dekor. Keramikens höga kvalitet i kombination med tillgången till goda leror i närområdet, skulle enligt Stilborg kunna tyda på att keramikhantverket på boplatsen varit organiserat med sikte på avsättning utanför den

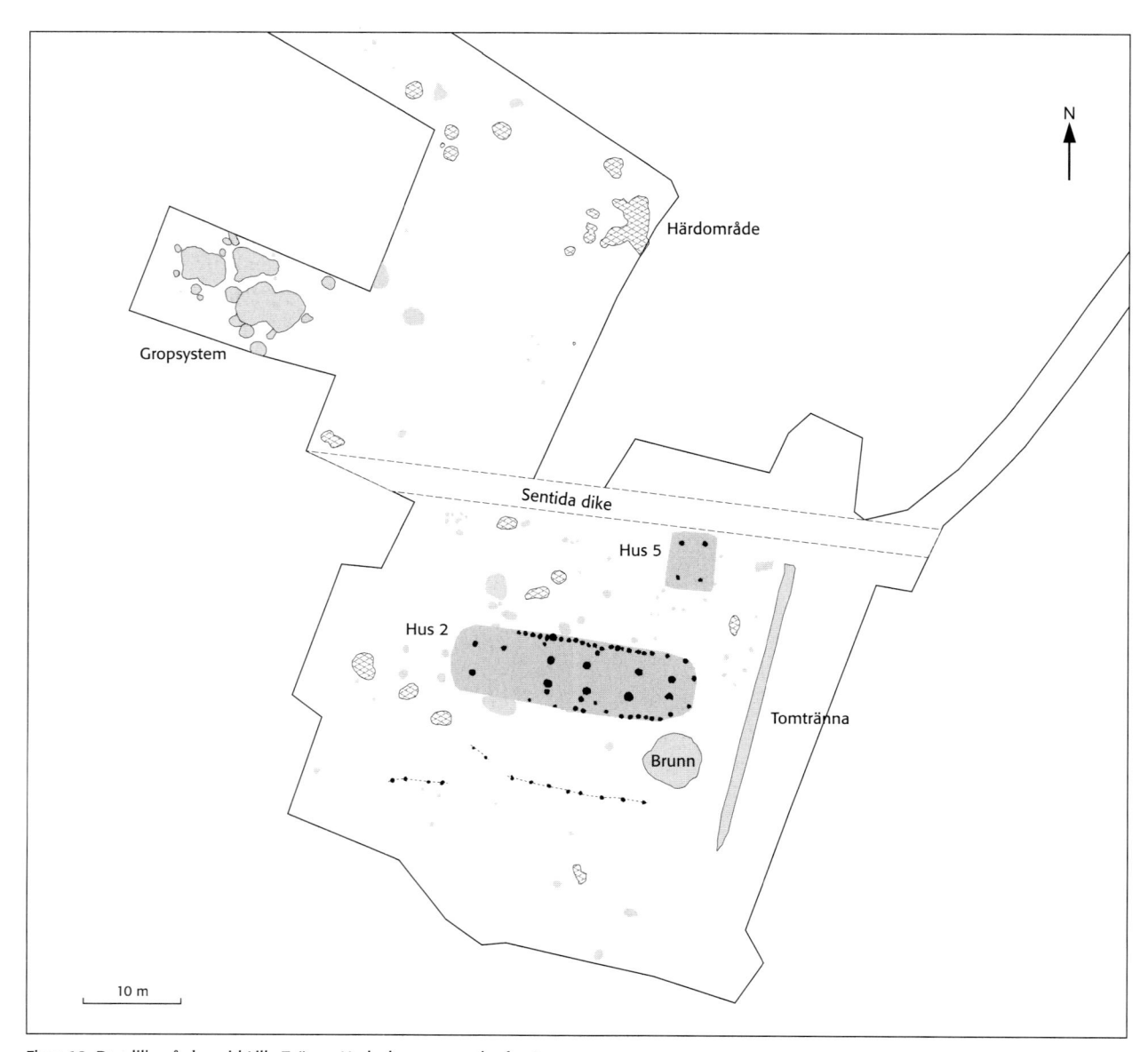

Figur 18. Den lilla gården vid Lilla Tvären, Hedeskoga sn, under fas 2, med spår av omgivande hägnader, brunn, lertäktgropar mm.

The small farm at Lilla Tvären, Hedeskoga parish, in phase 2, with traces of surrounding fences, a well and clay extraction pits, etc.

egna boplatsen. Förekomsten av en eventuell byteshandel med brukskeramik i regionen, sätts här i samband med Uppåkraboplatsens framväxt och förändringar i samhällsstrukturen (Bergenstråhle & Stilborg 2002, s. 592f).

Även andra platser i studien uppvisar möjligen spår efter specialiserad verksamhet, t.ex. gården vid Lilla Tvären i form av järnframställning och gårdarna vid Lilla Hammar där man förutom djurhushållning även bedrivit fiske och havsjakt på säl och sjöfågel (jfr ovan).

Summering

Gårdarnas sammansättning och storlek. Under sen förromersk och äldre romersk järnålder skedde en påtaglig förändring av gårdens sammansättning, och antalet gårdar som bestått av flera byggnader ökade markant. Av de 27 enheter som ingår i materialet har inte mindre än 16 stycken, d.v.s. cirka 59 %, haft olika typer av extra byggnader. Det handlar företrädesvis om stolphus med 3 till 4 bockar (11 st.) och fyrstolphus (7 st.), medan grophus liksom under föregående period var ovanliga. Kompletterande byggnader fanns inte bara på de större gårdarna, utan på gårdar av alla storlekar. En liknande bild kan t.ex. ses i materialet från Pryssgården i Östergötland, där uthus blir allt vanligare på gårdarna vid tiden omkring Kristi födelse. Det handlar främst om hus av fyrstolpstyp och mindre stolphus med tre till fyra bockar, medan grophus endast förekommer i ett fåtal fall (Borna-Ahlkvist m. fl., s. 48, 51)

Det ökade antalet byggnader återspeglas även i gårdarnas större byggnadsareal. Det är framför allt i gruppen av stora och mellanstora gårdar, med arealer på mellan 150 och 300 m², som man ser den största ökningen, medan mycket stora gårdar på mer än 300 m² var ovanliga. Detta kan jämföras med föregående period, då endast två av elva gårdar hade en storlek på mer än 150 m². Även långhusens ökade storlek har emellertid bidragit till den större byggnadsarealen. Detta är särskilt tydligt i gruppen av mellanstora och stora enheter. I den förra gruppen märks en särskild gårdstyp med omkring 30–40 meter stora långhus, karakteriserade av ett likartat byggnadsskick (se Kvärlöv SU 12, Västra Karaby 2:21 och Böljenamosse p. 8 och 9). De största långhusen från perioden som varit uppemot 50 meter långa, återfinns inte heller oväntat på de två gårdar med störst totalyta (jfr Önsvala hus 1 och Toftanäs hus 2). Dessa enheter utgör ett nytt inslag i landskapsbilden, som troligen ska sättas i samband med en utveckling inom jordbruket (jfr även Hyllie utanför Malmö).

Långhusens indelning. Vi saknar idag kunskaper om hur de stora långhusen från yngre förromersk och äldre romersk järnålder har varit inredda. Bristande tolkningsunderlag i kombination med att arkeologernas intresse primärt har riktats mot byggnadernas konstruktion och utseende, är några förklaringar till att den inre organisationen och funktionen ägnats så liten uppmärksamhet. Exempel på stora långhus med förslag till rumsindelning föreligger från Kvärlöv SU 12, Västra Karaby 2:21 och Böljenamosse punkt 8. Av dessa uppvisar husen från de förstnämnda platserna den mest komplexa planlösningen, med sammanlagt fem eller sex rum, varav ett större bostadsrum i husens mellersta del, två eller tre mindre rum mot gavlarna samt två ingångsrum. I långhuset från Västra Karaby fanns även spår efter en särskild köksavdelning med rester efter en trolig kupolugn för bakning.

Vad gäller rumsindelningen i de mindre och mellanstora långhusen (ca 10–30 m) är underlaget något bättre. Här finns flera exempel i materialet som tyder på ett fortsatt bruk av en äldre sydskandinavisk tradition, karakteriserad av en tredelning av långhusen, med ett centralt placerat ingångsrum och två större rum – ett i vardera änden. De bästa exemplen på denna hustyp representeras av hus 9 vid Kvärlöv SU 11, hus 9 på gård 1 vid Åby samt hus II från Ramlösa 1A:7. På de två första gårdarna, fanns spår efter eldstad i det västra rummet, vilket tyder på bostaden legat i denna del. En liknande planlösning har sannolikt funnits i långhuset från Ramlösa. Här saknas dock rester av eldstad i västrummet och det är istället förekomsten av en tätare stolpsättning tillsammans med en trolig gödselränna i husets östra del som vittnar om en funktion som fähus.

Gårdstomtens disposition. Under sen förromersk och äldre romersk järnålder, märks som en följd av det ökade antalet byggnader, även en större variation i gårdstomtens rumsliga disposition. Liksom under föregående period har de allra flesta gårdar haft en öppen struktur, med långhuset orienterat i närmast i öst-västlig riktning och utan någon tydligt inramad gårdsplan.

Även de 16 enheter som hyst extra byggnader, har som regel haft en öppen organisation, med husen placerade antingen parallellt (jfr Önsvala, Böljenamosse, gård 2 fas 1, Lilla Hammar gård A, Åby gård 1 fas 3a) eller på linje (jfr Kvärlöv SU 12, Böljenamosse gård 2 fas 2, Åby gård 1 fas 2 och Lilla Tvären fas 1).

I materialet finns även några exempel på gårdar som haft en mer sluten karaktär, dels genom att byggnaderna varit placerade i vinkel (se södra gården vid Kvärlöv SU 11 och Lilla Tvären), dels genom förekomsten av tomtavgränsande hägnader och brunnar. Exempel på hägnader finns från olika typer av gårdar, både små enheter som den vid Lilla Tvären, stora som vid Västra Karaby liksom från den mycket stora gården vid Toftanäs. Av dessa intar Toftanäs dock en särställning, inte bara p.g.a. gårdens ovanligt stora byggnadsareal, utan också genom hägnadernas komplexitet med anslutande väg och fägata samt ett halvtakshus.

Hur marken i övrigt har utnyttjats kring husen är svårt att säga, p.g.a. brister i källmaterialet. Inga av de gårdslägen från perioden som undersöktes inom projektet har således undersökts på ett sådant sätt att de tillåter några resonemang kring olika aktivitetszoner kring byggnaderna (jfr dock Martens 2005). Den enda undersökningen i materialet som ger en viss inblick i hur rummet kring gården kan ha disponerats är Lilla Tvären utanför Ystad. Till denna lilla gård i två faser med egen särhägnad kunde dels knytas ett område med lertäktsgropar, senare använda som avfallsdepå, dels ett område med härdar och härdgropar innehållande spår efter järnframställning (Becker 2003).

Bebyggelsestruktur. I takt med att gårdarna under perioden blev större och mer komplexa i sin sammansättning, märks även en ökad stabilitet i bebyggelsebilden, så att alltfler gårdslägen används under mer än en bebyggelsefas. Detta gäller både för mycket stora gårdar som Önsvala och Toftanäs, liksom för stora, mellanstora och mindre enheter som vid Böljenamosse, Åby, Ramlösa och Lilla Hammar och Stångby stationssamhälle. Det flesta gårdar med platskontinuitet kan följas under två bebyggelsefaser i samma läge. Det finns dock även exempel där gårdar legat på samma tomt under tre eller fyra faser, som t.ex. storgården vid Toftanäs och gård 1 vid Åby. På flera av de ovan nämnda platserna finns även indikationer på att bebyggelsen under loppet av romersk järnålder utvecklades så att det funnits flera samtida gårdar i bruk. Bebyggelsens omfattning och karaktär vad gäller skillnader i välstånd på dessa platser, kan inte bedömas på grund av undersökningarnas begränsade omfattning. Den nya generationen av mycket stora och stora gårdar som dyker upp under perioden, tycks således både ha legat ensamma och i såväl mindre grupper som mer bylika grupper (jfr Hyllie vid Malmö) (Friman & Hector 2003). Gårdarna representerar utan tvekan en förändring i det sydvästskånska landskapet. Hur dessa ska tolkas i sociala och ekonomiska termer är dock oklart, eftersom fyndmaterialet generellt har en alldaglig karaktär, som knappast signalerar ett större välstånd. Kanske ska bakgrunden till den nya gårdstypen sökas i förändringar inom jordbruket, där dessa tjänade som en slags "utvecklingsgårdar", för att introducera nya grödor och/eller utveckla mer effektiva brukningssätt, som gav en överskottsproduktion. Det är vidare ett antagande att den större byggnadsarealen delvis skulle kunna bero på att ett större antal arbetare – kanske i form av slavar – behövde hysas på gårdarna.

Yngre romersk järnålder – folkvandringstid (150–550 e. Kr.)

I motsatts till föregående period undersöktes ett relativt stort antal gårdar från yngre romersk järnålder och folkvandringstid inom Västkustbaneprojektet. Nästan samtliga gårdar kommer från platser längs med Saxåns och Välabäckens vattensystem. Det handlar både om platser med enstaka gårdar, som Kvärlöv SU14V och Dagstorp SU 20Ö, men också om platser med en samlad bebyggelsestruktur som vid Tågerup SU 8, Kvärlöv SU 11 och Dösjebro SU 19. Från kustzonen är antalet undersökta gårdar däremot få, med bara en enda gård representerad från Rya bytomt, belägen i det flacka, kustnära landskapet mellan Rååns

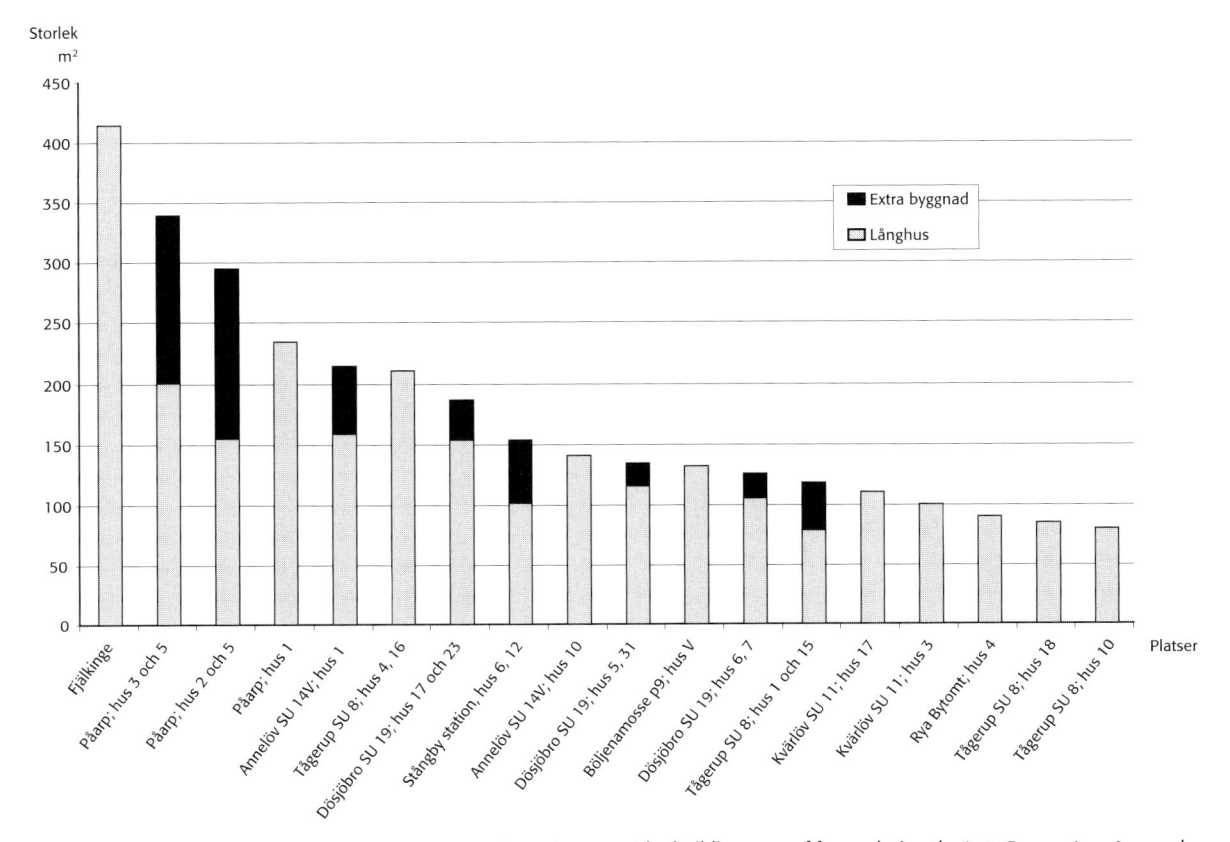

Figur 19. Gårdens byggnadsareal under yngre romersk järnålder och folkvandringstid (omfattar 18 gårdar).

The building area of farms during the Late Roman Iron Age and Migration Period (comprising 18 farms).

dalgång och Glumslövs backar. Frågan om vilka orsaker som ligger till grund för denna frånvaro av gårdar i området diskuteras längre fram i boken (jfr Carlie *Samhällen och rikedomsmiljöer* i del IV). Eftersom många huslämningar var dåligt bevarade har underlaget kompletterats med material från ytterligare några platser. Dessa utgörs av Böljenamosse punkt 10, Lackalänga socken och Stångby stationssamhälle, Vallkärra socken samt Påarp i Välluvs socken. Dessutom har det mycket stora långhuset från Fjälkinge i nordöstra Skåne tagits med i studien, p.g.a. sin för regionen unika storlek.

Underlaget från yngre romersk järnålder och folkvandringstid består av 18 gårdar fördelade på 10 platser. Liksom under föregående period finns tendenser till fyra storleksgrupper i materialet (fig. 19). I gruppen med mycket stora gårdar, som haft en byggnadsareal på mellan 335–415 m², ingår förutom det stora långhuset vid Fjälkinge, två av bebyggelsefaserna vid Påarp. I gruppen av stora och mellanstora gårdar, med en areal på 150–250 m², ingår fem gårdar. Bland dessa finns både exempel på anläggningar som bestått av ett ensamt stort långhus och enheter med ett långhus och ett mindre stolphus. Den fjärde gruppen, till vilken inte mindre än 10 gårdar kan knytas, utgörs av mindre gårdar med en storlek på cirka 80–150 m². Även i denna grupp dominerar enheter med flera byggnader. Många av huslämningarna från perioden är dåligt bevarade, med endast spåren efter den takbärande konstruktionen kvar. Detta i kombination med ett sparsamt fyndmaterial från husen, gör att tolkningsunderlaget för en rumsindelning och funktionsbestämning av byggnaderna är mycket magert.

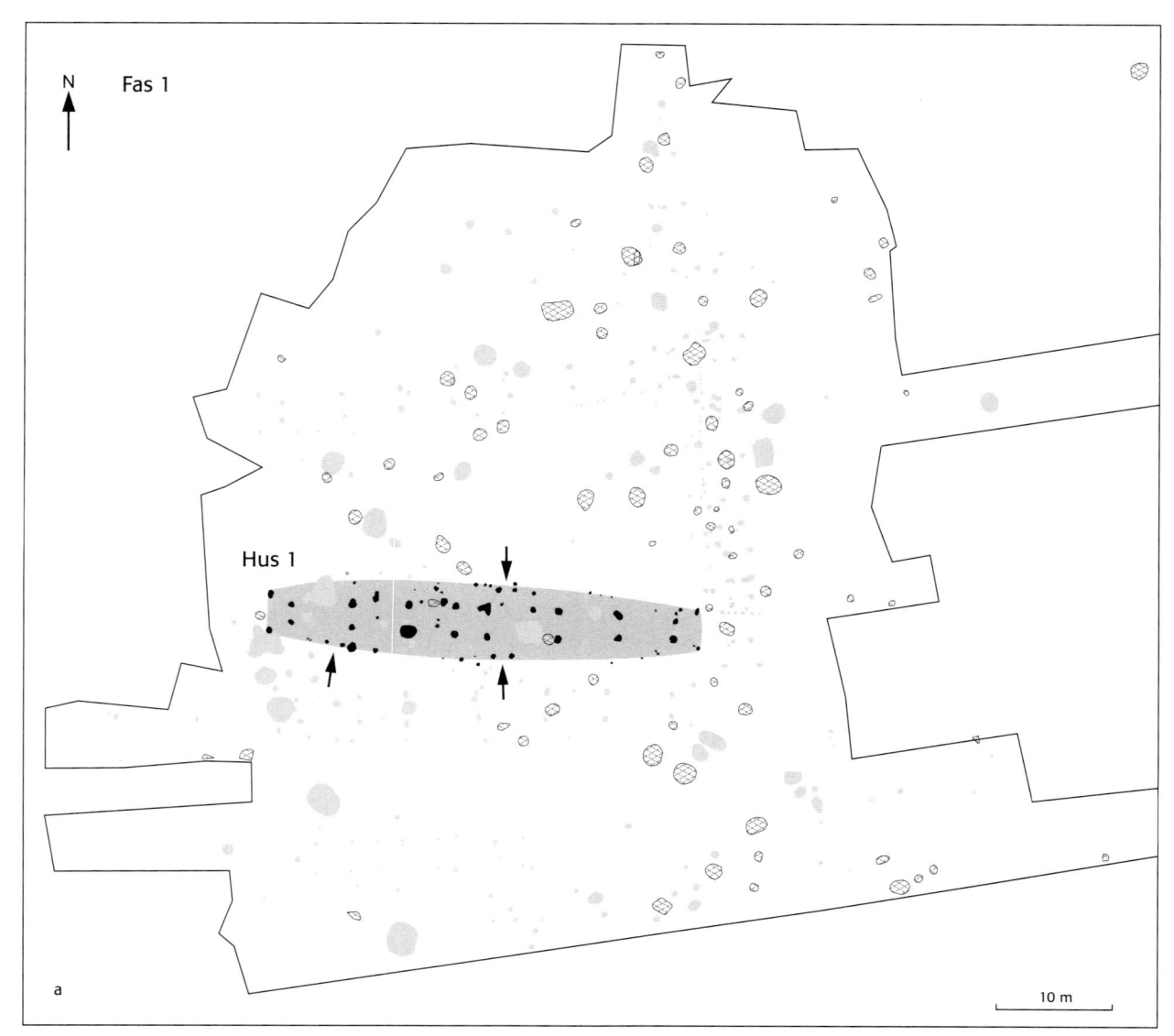

Figur 20a–d. Den stora gården vid Påarp, Välluv sn, har legat på samma plats under många hundra år, från yngre romersk järnålder och fram i vendeltid. Under denna tid byggdes gården om minst fyra gånger.

The big farm at Påarp, Välluv parish, was situated on the same site for several hundred years, from the Late Roman Iron Age into the Vendel Period. During this period the farm was rebuilt at least four times.

Mycket stora gårdar

Den i särklass största gården från yngre romersk järnålder och folkvandringstid har undersökts vid Fjälkinge i nordöstra Skåne (Helgesson 1996). Man har endast undersökt långhuset på platsen och vi vet där inte hur stor gården egentligen har varit eller hur många byggnader denna har bestått av. De bevarade resterna efter långhuset, visar att huset varit minst 56 meter långt och 7,4

Fas 2

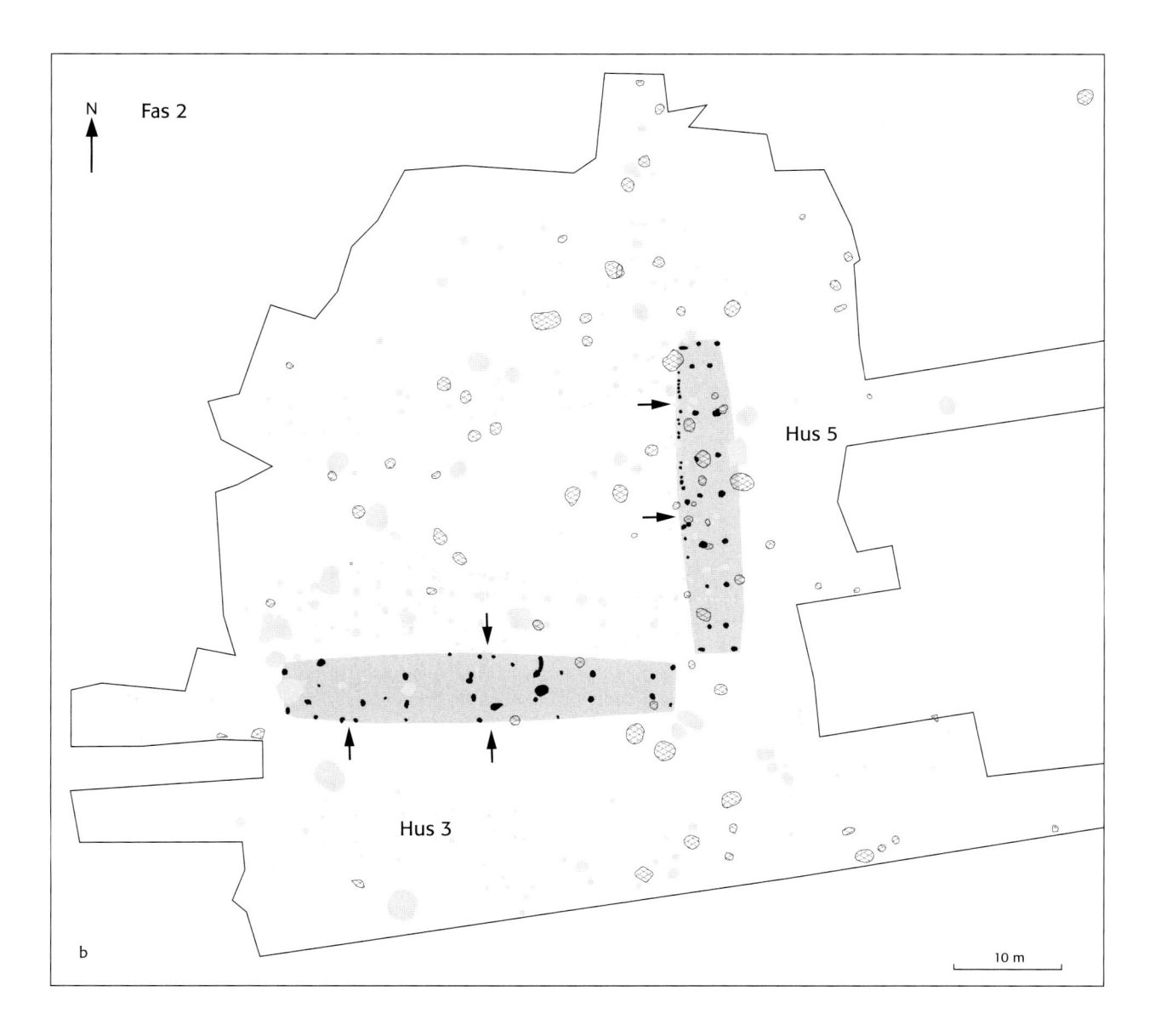

Hus 5

Hus 3

10 m

meter brett. Detta har givit en byggnadsareal på inte mindre än 415 m², vilket är unikt för skånska förhållanden under den aktuella perioden (jfr Artursson i del II).

Även gården vid Påarp norr om Råån tillhör gruppen av större enheter (Aspeborg 2002) (fig. 20a–d). Inom gårdsläget undersöktes fem stycken cirka 30–44 meter långa långhus, hus 1, 2, 3, 5 och 6. Det största långhuset, det 44 meter långa hus 6, dateras till vendeltid, medan de fyra andra tillhör yngre romersk järnålder och folkvandringstid. Samtliga långhus har ^{14}C-daterats och med hjälp av kombinerade dateringar har en fasindelning gjorts. I två av faserna har gården bestått av två långhus placerade i L-form. Utifrån ett antagande om att varje fas har varat under ungefär 100 år, har långhusen placerats in i en trolig indelning av gården i fyra faser (se Artursson i del II).

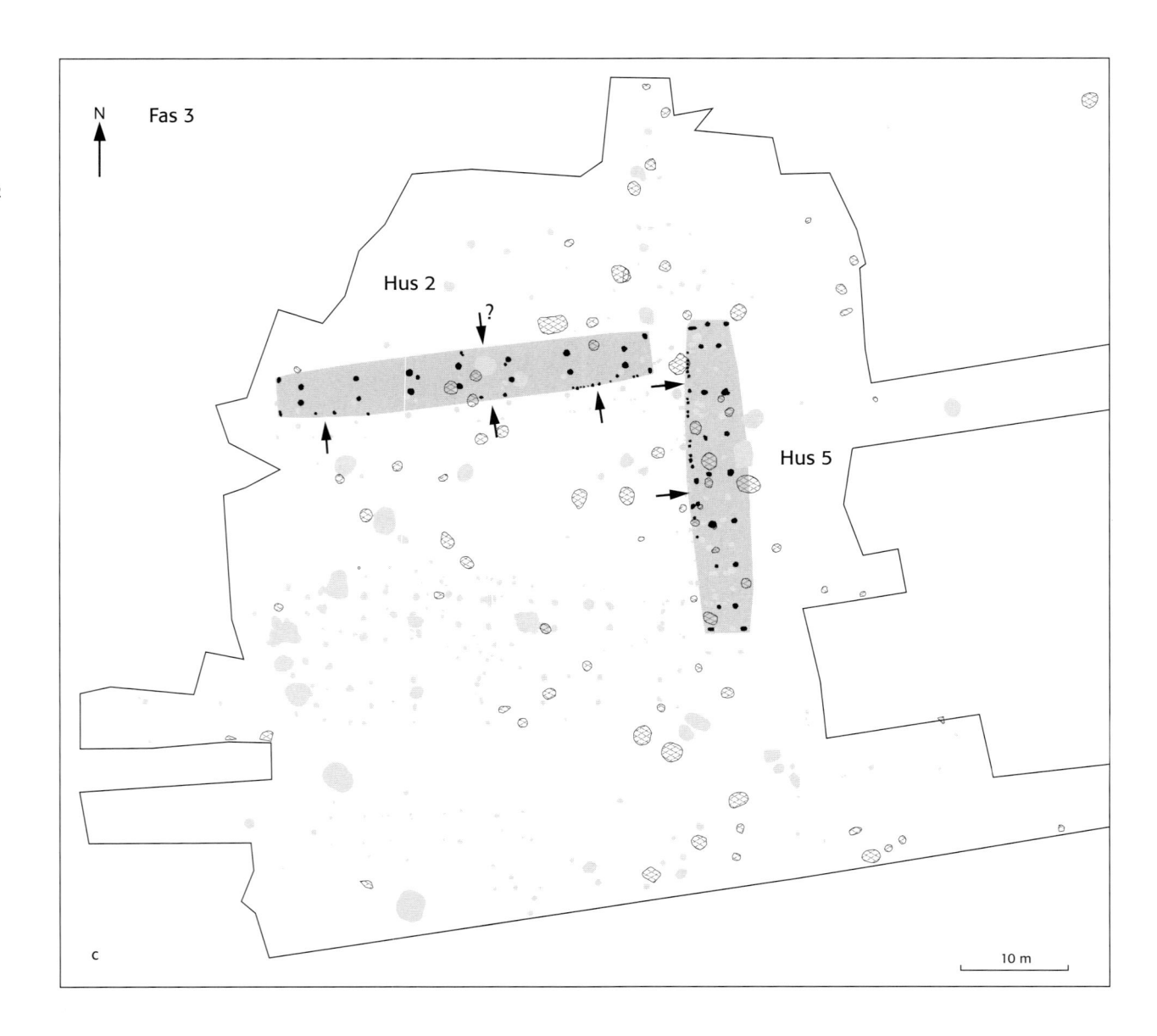

Under den första fasen, som förmodligen kan placeras i tidsintervallet cirka 300–400 e. Kr., har gården bestått av ett ensamt 38 meter stort långhus, hus 1, med åtta takbärande bockar. Utifrån deras placering inom huskroppen och placeringen av förmodade ingångar kan man se att byggnaden förmodligen har varit indelad i tre rum, men deras exakta avgränsning är osäker. Långhuset har haft en total yta på cirka 210 m².

Det ensamliggande hus 1 ersattes under den andra fasen av två långhus, hus 3 och 5, som har bildat en L-formad gård. Fasen kan placeras i tidsintervallet cirka 400–500 e. Kr. Hus 3 har varit cirka 36,5 meter långt, med sju takbärande bockar och en byggnadsareal på omkring 200 m². Hus 5 har varit cirka 30 meter långt, med sju bockar och en yta om cirka 140 m². Detta innebär att gården har haft en samlad byggnadsareal

Fas 4

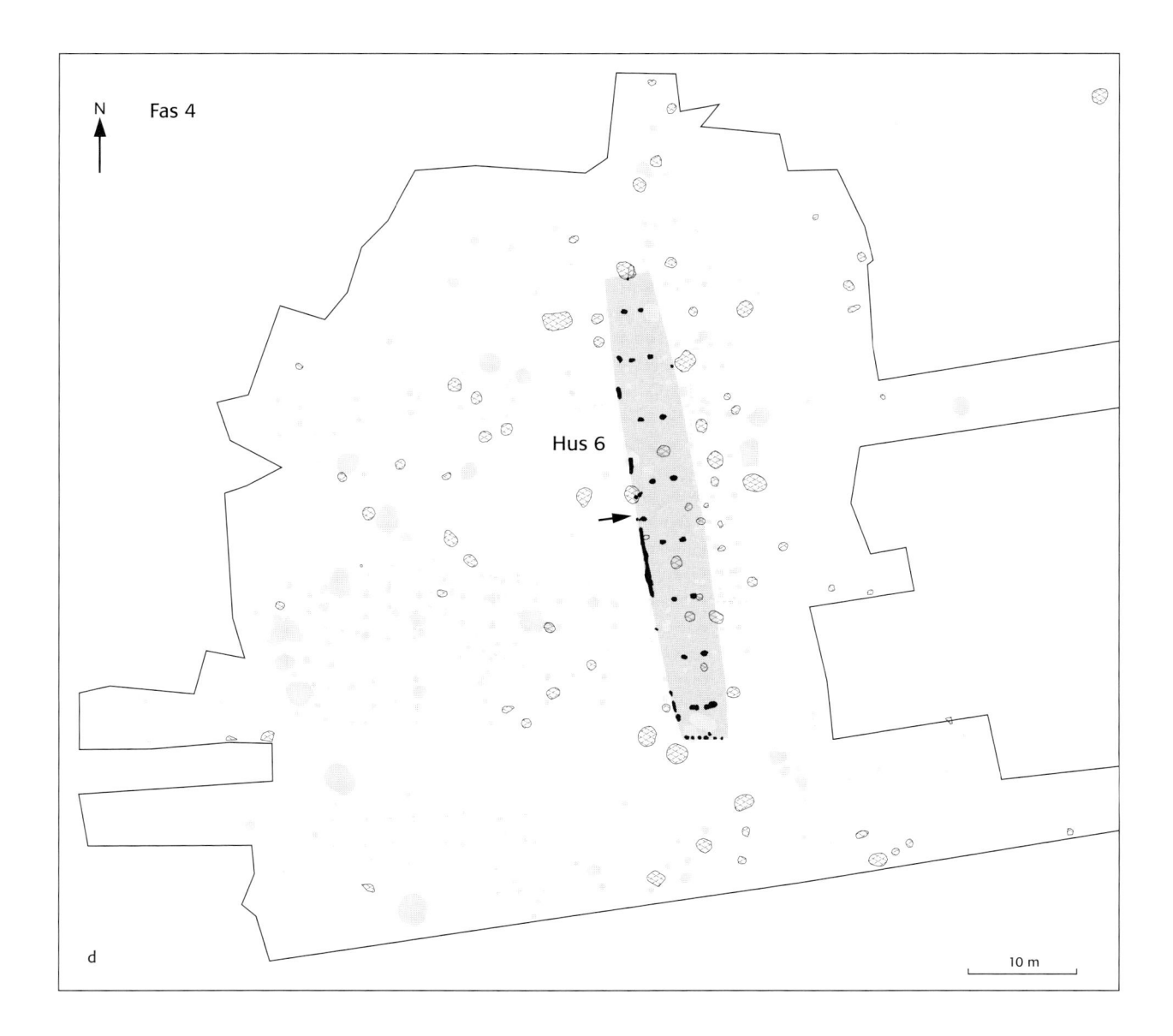

Hus 6

10 m

på 340 m², d.v.s. en väsentlig ökning jämfört med fas 1. Både hus 3 och 5 har ett jämnare avstånd mellan de takbärande bockarna än vad som har varit fallet i hus 1, varför det är svårare att avgöra hur rumsindelningen har sett ut under fas 2. Frågan är också varför man har valt att bygga två separata långhus istället för att bygga ett större? Förmodligen har det tillkommit nya funktioner som man inte har velat hysa under samma tak. Kanske har hus 5 utgjort en separat hallbyggnad på gården, vilken använts för såväl profana fester som religiösa ceremonier. Stora gårdar med samma L-form har undersökts i bland annat Mälardalen, där man velat tolka den här typen av struktur som ett tecken på att det kollektiva samlingsrummet "hallen" flyttats till speciell separat byggnad (Olausson 1998). Om man ser på placeringen av förmodade ingångar så tycks det längre hus 3 ha haft åtminstone två ingångsrum, vilket antyder att det har varit indelat i tre rum liksom hus 1. Det kortare hus 5 har bara bevarade ingångar i mittdelen, vilket kan betyda att det haft en annan indelning. Detta kan vara en antydan om att långhusen haft olika funktioner på gården.

Under gårdens tredje fas, som kan placeras i tidsintervallet cirka 500–600 e. Kr., har denna haft en liknande L-form som under fas 2. Troligen har man rivit hus 3 och behållit hus 5, samtidigt som man byggt ett nytt långhus, hus 2, nordväst om hus 5 och orienterat i östvästlig riktning. Möjligen kan gården ha haft en trelängad form under en kortare tid, men detta är omöjligt att visa med hjälp av ^{14}C-dateringarna. Hus 2 har varit cirka 35 meter långt och haft sju takbärande bockar. Inte heller här kan man urskilja någon tydlig rumsindelning utifrån bockarnas placering inom huskroppen. Möjligen finns det lämningar efter en ingång i långhusets mittdel och ytterligare två ingångar på den södra långsidan. I direkt anslutning till ingången i mitten finns det en härd centralt placerad, vilket kan visa att ett eventuellt mittrum i byggnaden har haft en bostadsfunktion. Långhuset har haft en yta på cirka 155 m^2, vilket ger en total areal för gården på cirka 295 m^2. Den är alltså något mindre under fas 3 än under fas 2.

Sammantaget har gårdens storlek varierat från 250 m^2 under fas 1, till 335 respektive 385 m^2 under fas 2 och 3, för att under den fjärde och sista fasen, återgå till ungefär samma storlek som under fas 1. Påarpsgården utmärker sig i förhållande till annan samtida bebyggelse i Skåne, inte bara genom sin större storlek, utan också genom sin byggnadstradition och husens rumsliga disposition. Detta talar för att vi här står inför en gård med ett större ekonomiskt välstånd än genomsnittet. Det ringa fyndmaterialet från platsen ger tyvärr inga ledtrådar till tolkningen av vilken typ av produktion som utgjort den bärande grunden för detta välstånd. Gårdens stora byggnadsareal skulle möjligen kunna tyda på att överskottet primärt ska sökas inom den agrara produktionen, d.v.s. med stora utrymmen till såväl arbetskraft, som till preparering och förvaring av gårdens produkter och kreatur. I gårdens byggnader har sannolikt även funnits ett hallrum, som använts som samlingsplats för både profana och sakrala festligheter. Det finns dock ingenting i fyndmaterialet från gården som pekar i denna riktning; varken glasskärvor från dryckesbägare, ädelmetallfynd eller spår efter specialiserat metallhantverk har hittats (Aspeborg 2002).

Stora och mellanstora gårdar

Fem gårdar i materialet kan utifrån en byggnadsareal på mellan 150 och 250 m^2 beskrivas som stora och mellanstora enheter. Det handlar dock inte om någon homogen grupp, utan snarare om två gårdstyper. Den ena av dessa, representerad av hus 1 från Påarp (jfr ovan) och hus 1 från Annelöv SU 14V (Ericson 1999a) har bestått av ett ensamt 38–39 meter stort långhus, vilket motsvarar en areal på mellan 235 och 250 m^2. Båda husen har haft en tydligt konvex form både i den inre och yttre konstruktionen och tillhör således samma hustyp som förekommer under Påarpsgårdens yngre bebyggelsefaser (se fas 2 och 3).

Övriga gårdar i materialet har en helt annan framtoning. Den större arealen förklaras här av att gårdarna förutom långhuset har bestått av ett mindre treskeppigt stolphus på mellan 30 och 55 m^2. Den senare typen representeras i materialet av gård 5 från Tågerup SU 8 (Artursson 1999), gård 2 från Dösjebro SU 19 (Grønnegaard 1999) samt av hus 6 och 12 från Stångby stationssamhälle (Artursson 2000). Till samma typ hör sannolikt även en folkvandringstida gård från Dagstorp SU 20Ö (Grønnegaard 1999), vars storlek dock är något osäker på grund av långhusets ofullständiga karaktär. I detta sammanhang redovisas ett par exempel av de bäst bevarade gårdarna av respektive typ.

Vid *Annelöv SU 14V*, i en svag sydsluttning ner mot Saxån, undersöktes ett gårdsläge med platskontinuitet under minst fem bebyggelsefaser från övergången mellan äldre och yngre romersk järnålder och fram i vendeltid (Ericson 1999a; Carlie 2005). Av dessa var husen från de två äldsta faserna bäst bevarade, med möjligheter till tolkning av gårdens struktur (fig. 21). Dateringen av de enskilda faserna bygger på en sammanvägning av ^{14}C-värden, byggnadstradition och stratigrafiska iakttagelser (se Artursson i del II och Bilaga 1, *tabell 17* i band 2). Den äldsta gården på platsen representeras av ett ensamt medelstort långhus, hus 10. Denna gård, som beskrivs mer ingående i nästa avsnitt, följdes under yngre romersk järnålder av ett nytt långhus (hus 1) som byggdes ett tiotal meter längre söderut närmare mot ån. Denna huvudbyggnad har varit cirka 39 meter lång med tio bockar i den inre konstruktionen, som haft en lätt konvex form avsmalnande mot

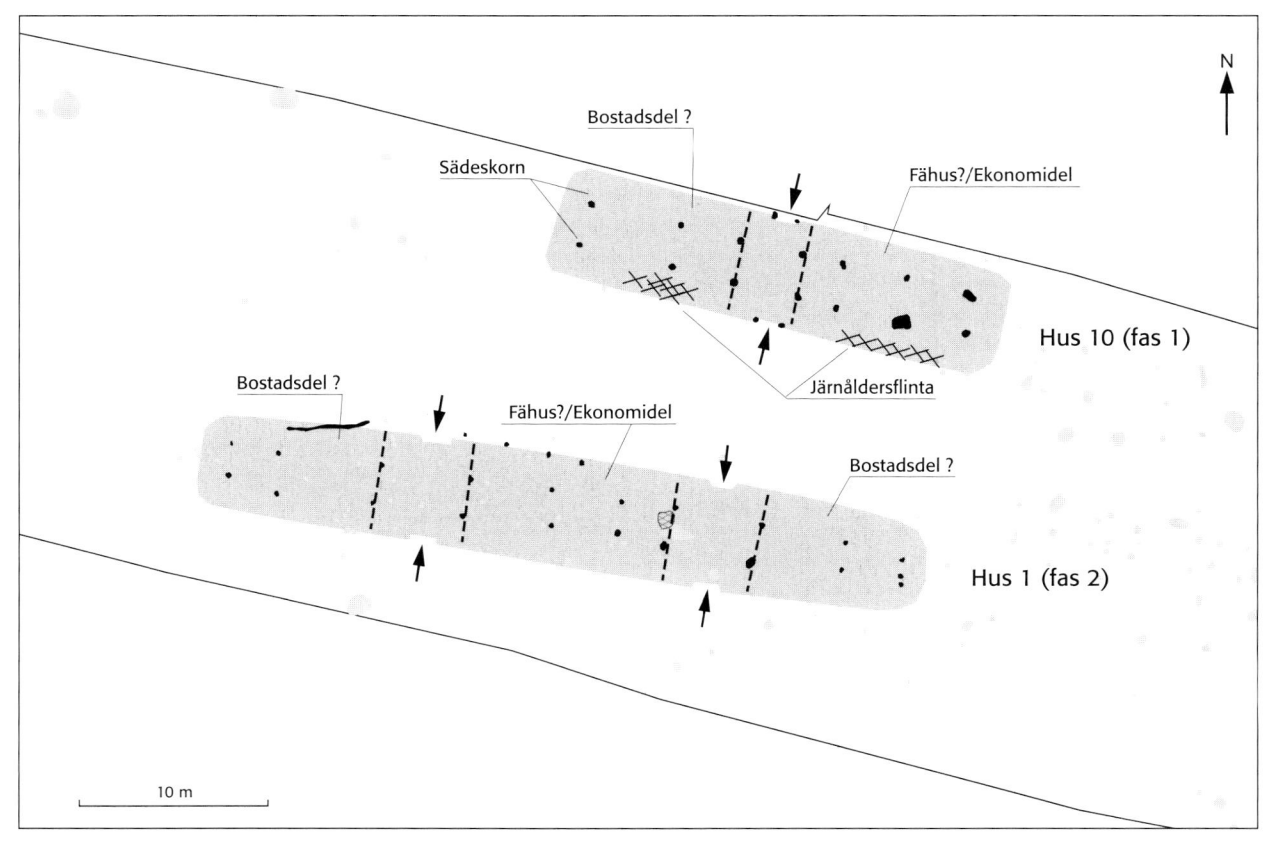

Figur 21. Gården vid Annelöv SU 14V kan följas på samma plats under minst fem faser. Under de två äldsta faserna bestod gården troligen av ett ensamt långhus. Det mindre huset mot norr (hus 10), som uppfördes i mitten av romersk järnålder, har haft en traditionell tredelad planlösning, med ingångsrummet placerat ungefär mitt i huset. Detta hus ersattes under fas 2 av en ny huvudbyggnad (hus 1), som varit närmare 40 meter lång. Den föreslagna rumsindelningen i detta hus bygger på de takbärande bockarnas placering.

The farm at Annelöv SU 14V can be followed on the same site during at least five phases. In the two earliest phases the farm consisted of a single long-house. The smaller house to the north (house 10), built in the middle of the Roman period, had a traditional plan with three sections, with the entrance room placed approximately in centre. This building was replaced in phase 2 by a new main building (house 1), about 40 metres long. The suggested room division in this house is based on the positioning of the roof-supporting trestles.

gavlarna. Bockarnas gruppering i par eller tretal är, liksom de enskilda stolparnas oregelbundna placering, vanliga byggnadstekniska drag under perioden (L. Carlie 1992). Bara sporadiska rester av den norra långväggen var bevarade, i form av en ränna och enstaka väggstolpar. Spåren var dock tillräckliga för att bredden ska kunna bedömas till cirka 6 meter. Husets samlade golvareal kan på dessa grunder uppskattas till cirka 230 m^2, vilket är nästan 100 m^2 större jämfört med den äldre gården. Hur har då denna stora byggnad varit indelad? Frågan är svår att besvara, eftersom spår i form av ingångar och andra konstruktionsdetaljer som t.ex. inre skiljeväggar eller eldstäder saknas i huset. Även den matjordsarkeologiska undersökning, med insamling av järnåldersflinta och metallavsökning, som utfördes kring huset gav ett synnerligen magert utfall, som inte bidrar vidare till diskussionen (jfr Knarrström 2000). Däremot ger den takbärande konstruktionen tillsammans med utfallet från fosfatkarteringen viss vägledning om hur byggnaden varit disponerad.

Utifrån skillnader i spannlängd och bockbredd föreslås här en hypotetisk indelning av långhuset i minst fem sektioner, med två nästan jämnstora cirka 8 meter långa utrymmen i vardera änden av huset, följt av två identiskt stora utrymmen (4,7m), vilka sannolikt fungerat som ingångsrum. Dessa har i sin tur flankerat ett 11 meter långt rum i husets centrala del. Den något kortare spannlängden och smalare bockbredden i mittsektionen skulle kunna tyda på en funktion som fähus, vilket också är den placering man hittar i samtida hus på Jylland (Näsman 1987). En dylik tolkning stämmer också väl med de förhöjda fosfatvärdena från denna del av huset, och den mycket kraftiga förhöjningen mellan bock 7–8, som möjligen visar på det ingångsrum där kreaturen fördes in och ut ur huset (Martens 2005). Återstår gör de två relativt jämnstora rummen nära husets gavlar. Åtminstone ett av dessa utrymmen kan antas ha haft en boendefunktion – troligen den västra änden – där spannlängden är som störst. Ingenting hindrar emellertid att även den östra delen utnyttjats för boende, kanske för att hysa eventuell fri eller ofri arbetskraft.

Vad gäller tolkningen av gårdstomtens avgränsning och organisation, är underlaget alltför bristfälligt för att tillåta några tolkningar. Inga gropar eller härdar har heller daterats från platsen, varför det är oklart till vilken av de fem bebyggelsefaserna dessa hör.

Gruppen av stora och mellanstora gårdar med flera byggnader representeras i materialet av gård 5 från Tågerup SU 8 (Artursson 1999), gård 2 från Dösjebro (Andersson m. fl. 1999), en gård från Stångby stationssamhälle (Artursson 2000) samt en gård från Dagstorp SU 20Ö (Grønnegaard 1999). Husens dåliga bevarande medger tyvärr inga närmare tolkningar av de enskilda husens indelning och funktioner, utan enheterna är främst intressanta vad gäller gårdens rumsliga disposition. Gård 5 från Tågerup och gården från Stångby liknar i flera avseenden varandra. Båda enheter har bestått av två parallella stolpbyggnader med öst-västlig orientering, varav ett medelstort flerfunktionellt långhus med fem takbärande bockar, och ett mindre stolphus med fyra bockar.

Vid *Dösjebro SU 17/19*, utmed Välabäcken, undersöktes delar av en större boplats med samlad bebyggelse från yngre romersk järnålder och folkvandringstid (Grønnegaard 1999; Månsson & Pihl 1999; Carlie 2005) (fig. 22). Sammantaget dokumenterades sex eller sju olika gårdslägen, över en sträcka på cirka 330 meter. Tolkningen av samtliga gårdar bygger på en sammanvägning av ^{14}C-dateringar, husens byggnadstradition och rumsliga placering (jfr Artursson del II; se Bilaga 1, *tabell 18* i band 2). Avsaknaden av bevarade vägglinjer, ingångar och andra konstruktionsdetaljer, gör att inga av huslämningarna bidrar till diskussionen kring de enskilda husens funktion och inre organisation. Bara tre enheter, belägna i områdets västra och mellersta del, hade sådana kvaliteter att de medger tolkningar av gårdarnas utseende och disposition (gård 1 och 2). I detta sammanhang redovisas den medelstora enheten representerad av gård 2.

Denna gård, belägen endast fyrtio meter från ån, har bestått av två eller möjligen tre hus, varav två treskeppiga stolphus och ett grophus (fig. 23). Gårdens långhus tolkades i rapporten ursprungligen som två byggnader, hus 17 och 20. En förnyad genomgång visar dock att det rör sig om ett och samma hus, hus 17, som genomgått en eller flera ombyggnader. Hur många gånger och på vilket sätt huset byggts om och disponerats, går inte att uttolka av de 13 takbärande bockar som fanns bevarade. Vad vi kan säga är att huset, när det var som störst, har varit mellan cirka 27 till 28 meter långt. Detta gör byggnaden inte bara till det största undersökta långhuset från platsen, utan också den enda gården som uppvisar en tydlig kontinuitet på samma plats. Till gårdens lokala särställning bidrar även fyndet av en rituell nedläggelse i ett stolphål till den takbärande konstruktionen. Det rör sig om ett överarmsben från kalv som stod placerat lodrätt i stolphålet mellan stolpspåret och fyllningen. Detta talar för att benet deponerades i samband med att huset

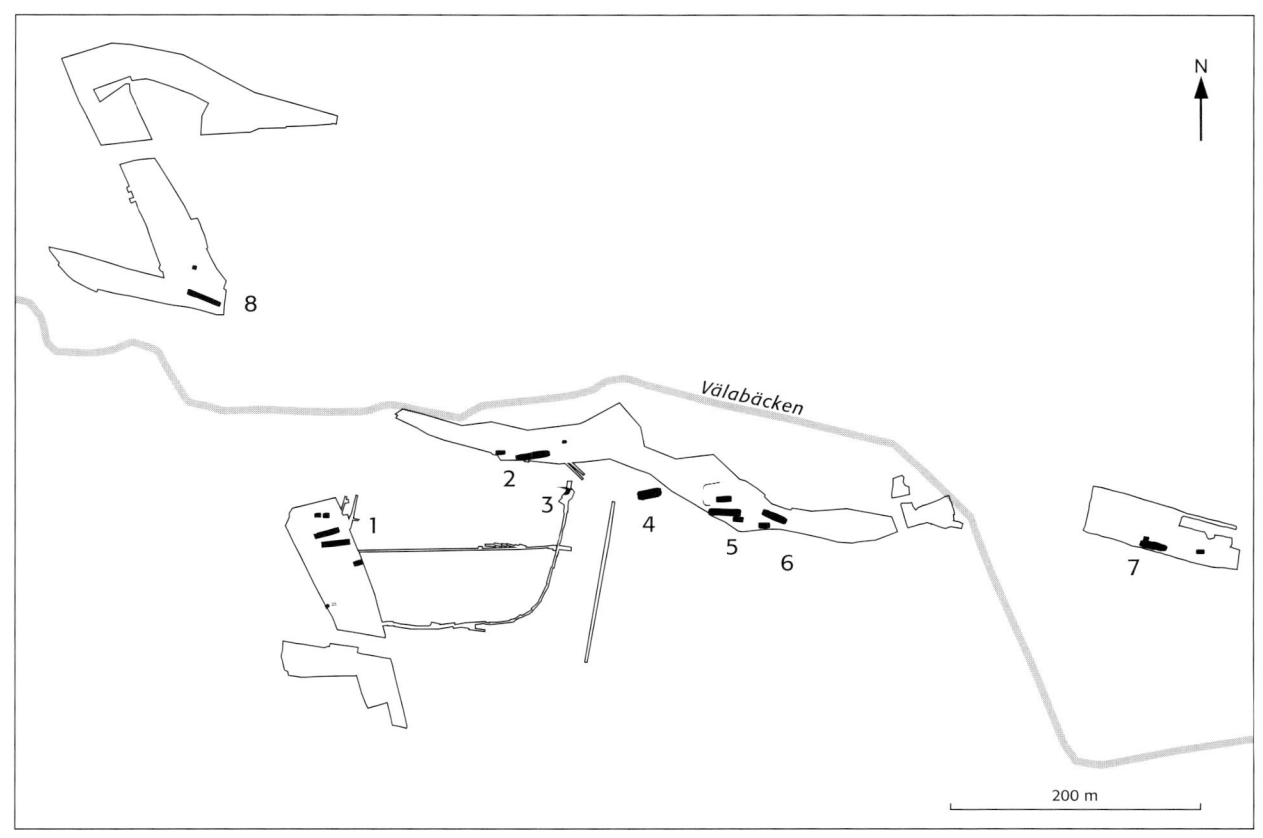

Figur 22. Byn vid Dösjebro har legat på ömse sidor om Välabäckens vattenflöde längs en sträcka om mer än 300 meter. På planen ses de sex gårdslägen som undersöktes inom Västkustbaneprojektet. Även gården vid Dagstorp SU 20 (nr 7) och gården vid Särslöv SU 17 (nr 8) kan ses som en del av bebyggelsen. Det är oklart om samtliga gårdar existerade samtidigt. Ett intressant drag i bosättningen är de spår av särhägnader som kan knytas till ett par av gårdarna i byns östra del.

The village at Dösjebro was situated on both sides of the Välabäcken, along a distance of more than 300 metres. On the plan the six farm sites that were investigated in the West Coast Line Project can be seen. It is not known whether all the farms existed at the same time. An interesting feature in the settlement is the traces of individual fences that can be linked to some of the farms in the eastern part of the village.

byggdes (Grønnegaard 1999) (osteologisk bestämning av Annica Cardell). Huruvida offergåvan nedlades i samband med husets ursprungliga uppförande eller vid senare ombyggnader är dock oklart. Till gård 2 har även hört ett 7–8 meter stort stolphus med tre bockar, hus 23, beläget cirka 20 meter väster om långhuset. Huset är inte funktionsbestämt, men kan antas ha använts som ekonomibyggnad. Samtida med gården är möjligen också ett grophus (hus 21), som legat cirka 20 meter öster om långhuset. Detta innebär att gården haft en utdragen rumslig disponering med byggnader placerade närmast på linje längs med ån.

Gården vid *Dagstorp SU 20Ö* har legat strax öster om Välabäcken, och omkring 300 meter från den östligaste gården i byn vid Dösjebro SU19 (Grønnegaard 1999; Carlie 2005) (fig. 22 gård 7 och fig. 24). Gårdens långhus var ofullständigt med fyra takbärande bockar bevarade till en längd om cirka 11 meter. Resterna av väggkonstruktionen visar att huset haft en närmast rak östgavel och konvexa långväggar, som

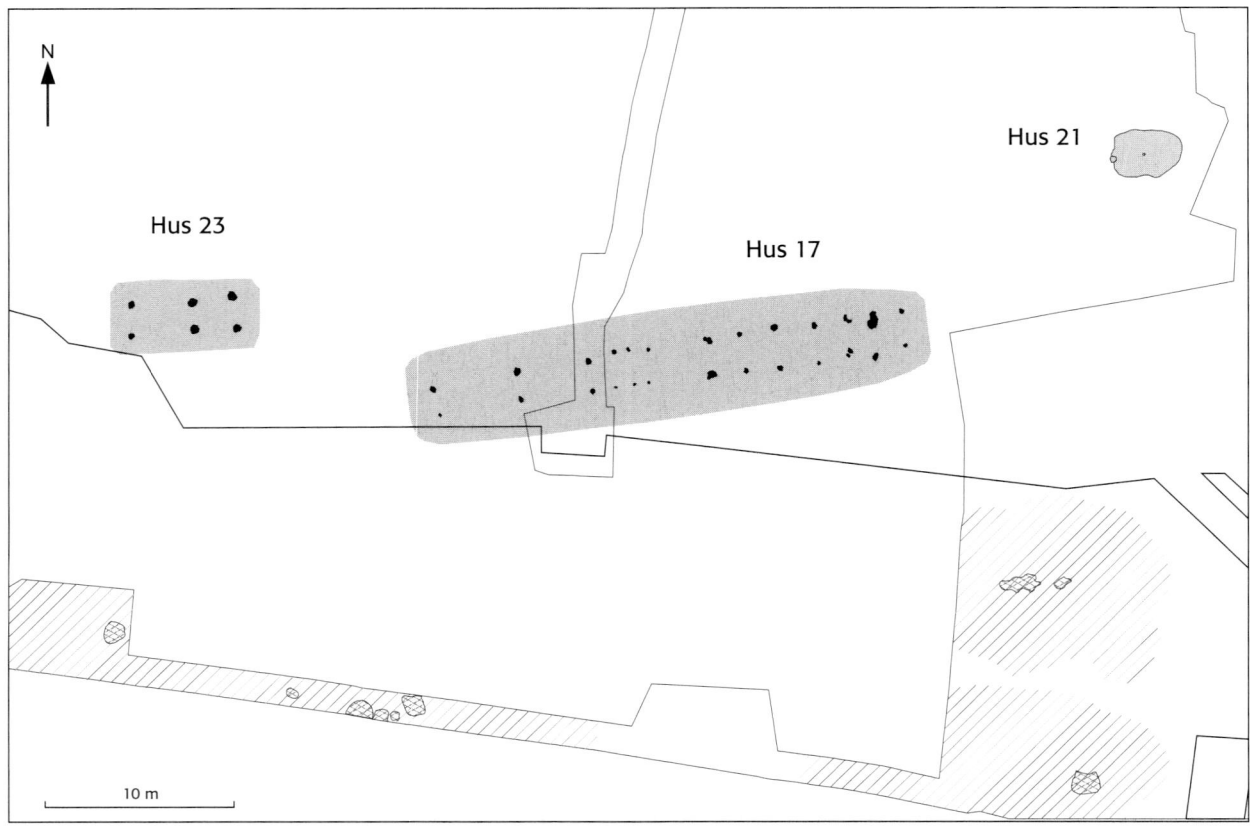

Figur 23. Gård 2 vid Dösjebro SU 19, var till arealen den största enheten som undersöktes i byn. Gården har förutom långhuset troligen omfattat ett mindre uthus och ett grophus.

Judging by the area, farm no. 2 at Dösjebro SU 19 was the biggest farm that was excavated in the village. Besides the long-house, the farm probably consisted of a small farmhouse and a pit-house.

gett byggnaden en bredd om minst 6 meter. Detta talar för att huset ursprungligen varit betydligt längre, troligen minst dubbelt så långt (jfr Martens 2005). Långhusets ofullständiga karaktär medger tyvärr inte någon tolkning av dess rumsliga indelning. Det är istället den beräknade storleken och formen som talar för att huset haft en bostadsfunktion, och därmed utgjort gårdens huvudbyggnad. Till gården har även hört två mindre stolphus. Cirka 20 meter öster om långhuset fanns lämningarna efter en mindre stolpbyggnad, hus 5. Av huset återstod endast spåren efter de tre bockar som burit upp taket. Längden kan på denna grund

uppskattas till mellan sex eller sju meter. Det förefaller rimligt att huset p.g.a. sin lilla storlek, använts antingen som fähus eller till någon form av förvaring.

Till gården har möjligen även hört en liten fyrstolpsbyggnad, cirka 4,5x2,6 meter stor, belägen strax nordväst om långhuset. Huslämningen identifierades först vid efterbearbetningen och någon datering föreligger inte från denna. Om långhusets rekonstruerade längd stämmer, har avståndet mellan husen endast uppgått till cirka en meter. Det är därför osäkert om husen existerat samtidigt på platsen. Brunnen låg i en naturlig fuktig sänka i terrängen, cirka 40 meter nordväst om

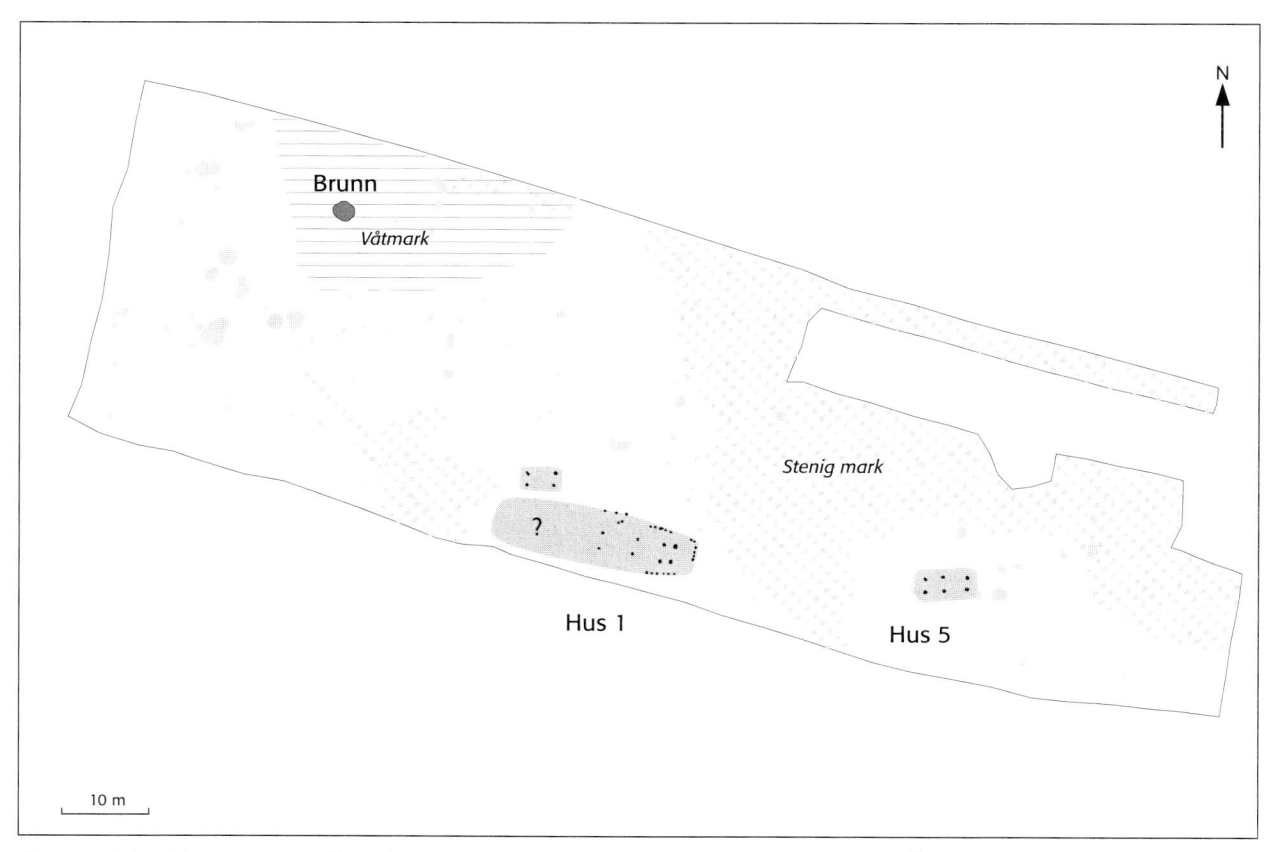

Figur 24. Gården vid Dagstorp SU 20Ö. Av planen framgår att byggnadernas läge anpassats i förhållande till den stenbemängda marken.

The farm at Dagstorp SU 20Ö. From the plan one can see that the positioning of the long-house and farm houses was adjusted in relation to stony ground.

huvudbyggnaden. Den var cirka en meter djup och innehöll fem hästtänder, troligen från samma djur.

Sammantaget har den folkvandringstida gården på SU 20Ö bestått av ett långhus, ett eller två mindre uthus och en brunn. Byggnaderna har med smärre avvikelser legat i närmast öst-västlig riktning, d.v.s. parallellt med åns flöde. En intressant detalj är att husens placering i terrängen som anpassats efter de lokala geologiska förhållandena på platsen, genom att man valt att uppföra dessa på sandig-siltig mark, mellan områden med betydligt stenigare mark. Gården har på detta sätt fått en utdragen rumslig disposition, med långhuset och det lilla fyrstolpshuset placerade i mitten samt tresättaren och brunnen belägna ungefär 20 meter åt öster respektive 40 meter åt nordväst. Detta ger gården en samlad utsträckning om cirka 70 meter.

Avsaknaden av spår efter reparationer i husen tyder på att gården stått en relativt kort tid på platsen, kanske någon eller några generationer. I syfte att studera hur marken kring byggnaderna utnyttjats för olika verksamheter, valde man att fosfatkartera ett större område kring husen (cirka 1000 m^2). Utfallet av fosfatanalysen diskuteras mer ingående av Jes Martens i artikeln *Usynlige strukturer* i band 2. Martens påtalar i sin utvärdering risken för att fosfatvärdena kan ha påverkats av de stora skillnader i de lokala jordartsförhållandena som råder på platsen. Samtidigt som han håller det för rimligt att just olikheterna i jordens sammansättning och framför allt i mängden sten, bidragit till att marken har utnyttjats på olika sätt. Sett mot denna bakgrund föreslås det stenfattiga området med låga fosfater norr om långhuset som en möjlig odlingsyta, medan områdena med höga fosfater på ömse sidor om denna yta och i anslutning till den steniga marken, istället antas spegla olika rörelsemönster på boplatsen. Bland annat föreslås de kraftigt förhöjda värdena som löper från långhusets östra ände och norrut till den steniga marken, kunna representera en möjlig fägata (Martens 2005). Martens förslag till tolkning av differenser i fosfatvärdena kan ses som ett intressant försök att fånga dolda strukturer på boplatsen, samtidigt som han inte i tillräcklig grad klargör hur och i vilka omfattning resultaten påverkas av variationerna i de lokala markförhållandena.

Ett annat sätt att studera gårdstomtens rumsliga organisation är att ta utgångspunkt i de anläggningar och fynd som undersöktes på boplatsen. Av de 54 gropar som dokumenterades på platsen, grävdes dock bara en enda anläggning, varför groparnas funktion och kronologiska relation till gården inte kan bedömas (se Carlie 2005). Märkligt nog påträffades inga härdar. Eldningsrelaterade verksamheter har dock på andra boplatser visat sig kunna knytas till gårdens södra sida, som här ligger utanför undersökningsområdet.

Mindre gårdar
Något fler än hälften (10 st.) av de sjutton gårdar som ingår i materialet från yngre romersk järnålder och folkvandringstid har haft en byggnadsareal som understiger 150 m². Merparten av dessa har bestått av ett ensamt flerfunktionellt långhus, med en storlek på mellan 18 och 24–25 meter. Exempel på denna typ av gårdar finns från flera platser utmed Saxådalen, däribland Tågerup SU 8 (Artursson 1999), Kvärlöv SU 11 (Ericson 1999b) och Annelöv SU 14V (Ericson 1999a). Inom gruppen av mindre gårdar finns även några exempel på enheter med komplementära byggnader, i form av fyrstolpshus och/eller grophus. Det handlar om tre gårdar från Tågerup SU 8, en gård i två faser från Dösjebro SU 19 (Andersson m. fl. 1999) samt en gård från Rya (VVP 6Ö) norr om Glumlövs backar (Artursson 1998). I detta sammanhang redovisas ett urval av gårdar som får exemplifiera de båda typerna.

Gården vid *Annelöv SU 14V* kan följas på samma plats genom minst fyra eller fem bebyggelsefaser (Ericson 1999a; Carlie 2005). Den äldsta gården bestod av ett ensamt långhus, hus 10, 24–25 meter långt och 5,9 meter brett, d.v.s. med en areal på omkring 140 m² (se fig. 21). Spåren efter sju takbärande bockar och parvisa motställda ingångsstolpar visar att huset haft tre rum, med ett centralt placerat ingångsrum flankerat av två närmast likstora rum i husets östra respektive västra ände. För ovanlighetens skull kan vi även säga något om hur långhusets olika delar har använts, tack vare de analyser av fosfater, järnåldersflinta och makrofossil som föreligger från huset. Särskilt den stora andelen av fröer från huset var anmärkningsvärd jämfört med de annars mycket små mängder växtfynd som hittades i järnåldershusen. Att fröerna bevarats i just detta långhus beror på att de förkolnades i samband med att byggnaden har brunnit (Mats Regnell pers. kom.).

I sin utvärdering av fosfaterna från hus 10 argumenterar Jes Martens för att de förhöjda värdena i husets östra ände ska kopplas till en funktion som fähus (Martens 2005). Då fosfaterna inte kan följas i husets fulla längd, föreslås vidare att området närmast den östra gaveln kan ha hyst ett långsmalt utrymme, kanske till förvaring av redskap. Fosfaterna i husets västra del var mycket låga och ger liten vägledning till tolkningen av rummets funktion. Enligt Martens är det dock rimligt tänka sig att bostaden varit inhyst i denna del av huset. Vi instämmer i denna tolkning främst därför att det också är här man hittar den största spannlängden.

Från långhuset föreligger även andra data som bidrar till tolkningen av dess indelning och funktioner. Således visar den spridningsanalys av järnåldersflinta från matjorden som utfördes ovanpå och kring huset, på ett nära rumsligt samband med huskroppen, i den meningen att de flesta flintfynden respekterar husets vägglinjer. Särskilt i husets östra del hittades nästan samtliga flintor vid den södra långväggen, vilket skulle kunna ses som en effekt av städning i huset, där flintbitarna sopas ut mot ytterväggen (Knarrström 2000).

En mindre koncentration av flinta hittades även i husets västra del. Bland flintfynden märks företrädesvis avslag, men även bipolära kärnor, skär- och skrapverktyg samt borrar. Vilken typ av aktiviteter (flintslagning eller andra hantverk) som utövats i huset går dock inte att säja, eftersom analysen endast omfattar flintans viktmässiga relation till byggnaden.

Till tolkningen av rumsindelningen bidrar även fynden av förkolnade fröer, som hamnade i stolphålen då tomten röjdes efter branden. Av totalt 985 fröer, dominerar sädeskornen (800 st.), företrädesvis från brödvete, obestämt korn och skalkorn (se Bilaga 2, i band 2). Övriga fröer (185 st.) kommer från mer än tiotalet olika arter av gräs och örter, bland vilka svinmålla och pilört hör till de vanligare sorterna. De flesta fröer kan knytas till husets västra del och ingångsrum (jfr bock 1–4), där framför allt de två stolphålen till den första bocken från väster (A61095 och A60985) utmärker sig genom ett betydligt större antal sädeskorn (308 resp. 273 sädeskorn). Detta motsvarar ungefär 85 respektive 62 % av den totala mängden korn i den norra respektive södra stolpraden (fig. 25a–b). Enligt Mats Regnell är fröerna normalstora och uppvisar en relativt hög fragmenteringsgrad. Detta i kombination med frånvaron av agnrester och ogräsfrön, tyder på att sädeskornen varken är rituellt deponerade eller härrör från tröskning, utan snarare bör kopplas till hushållsaktiviteter i huset. Inslaget av fröer från gräs och örter är inte heller onormalt stort, utan passar väl in i den allmänna bilden under romersk järnålder (Mats Regnell pers. kom.). Sammantaget stödjer även resultaten från makrofossilanalysen tolkningen att bostaden varit förlagd till husets västra del.

Mindre gårdar av sammansatt typ, d.v.s. enheter som förutom långhuset har bestått av ett fyrstolphus och/eller ett grophus, finns i materialet huvudsakligen representerade på boplatserna Tågerup SU 8 och Dösjebro SU 19. Vid Dösjebro, där minst sex eller sju samtida gårdslägen undersöktes från yngre romersk järnålder och folkvandringstid, framträder den västligaste gården (nr 1) som en av de mer tydliga på platsen (fig. 26). Gården, som kan följas genom två bebyggelsefaser, har under bägge faser bestått av ett medelstort långhus, hus 5 och 6, och ett fyrstolpshus, hus 7 och 31. Av långhusen återstod endast spåren efter sex respektive nio takbärande bockar. Husens storlek kan utifrån takkonstruktionen uppskattas till mellan 21 och 23 meter. Materialets karaktär medger ingen närmare tolkning vare sig av husens inbördes ålder eller hur olika delar av byggnaderna har använts. Det är istället främst husens storlek som utgör tolkningsgrunden för att dessa haft en bostadsfunktion, och således tjänat som huvudbyggnad. Till gården har även hört ett litet fyrstolpshus, som stått ungefär tio meter norr om långhuset. Detta har gett gården en halvöppen planlösning med två parallella byggnader. Några andra anläggningar kan inte knytas till gården. Avsaknaden av spår efter utbytta stolpar i långhusen i kombination med husens inbördes placering, tyder på att byggnaderna under varje bebyggelsefas stått en begränsad tid på platsen.

Boplatsen vid *Tågerup SU 8*, har legat vid en av de viktigare passagerna över Välabäcken strax norr om nuvarande Saxtorps by (Artursson 1999; Carlie 2005) (fig. 27). Här på en flack höjdplatå utmed åns norra sida undersöktes tio treskeppiga stolphus, ett fyrstolpshus och fem grophus från romersk järnålder och folkvandringstid. Bebyggelsen, som ingått i en större bosättning, kan knytas till fem olika gårdslägen, varav en ensam gård (nr 1) i områdets västra del och fyra gårdar (nr 2–5) i den östra delen. Avståndet mellan gårdsklungan och den solitära enheten uppgår till knappt 300 meter. Till bosättningen hörde även ett stensatt vad samt ett väg- och hägnadssystem som kan följas genom två faser. Bebyggelsens datering bygger på en sammanvägning av ^{14}C-dateringar, husens typologiska särdrag och inbördes rumsliga placering (jfr Bilaga 1, *tabell 18* i band 2). Flertalet av husen från Tågerup var dåligt bevarade, utan spår efter väggar och ingångar. Detta förhållande i kombination med ett sparsamt fyndmaterial gör att det bara i ett fåtal fall varit möjligt att bedöma hur husen har använts. Nästan samtliga av

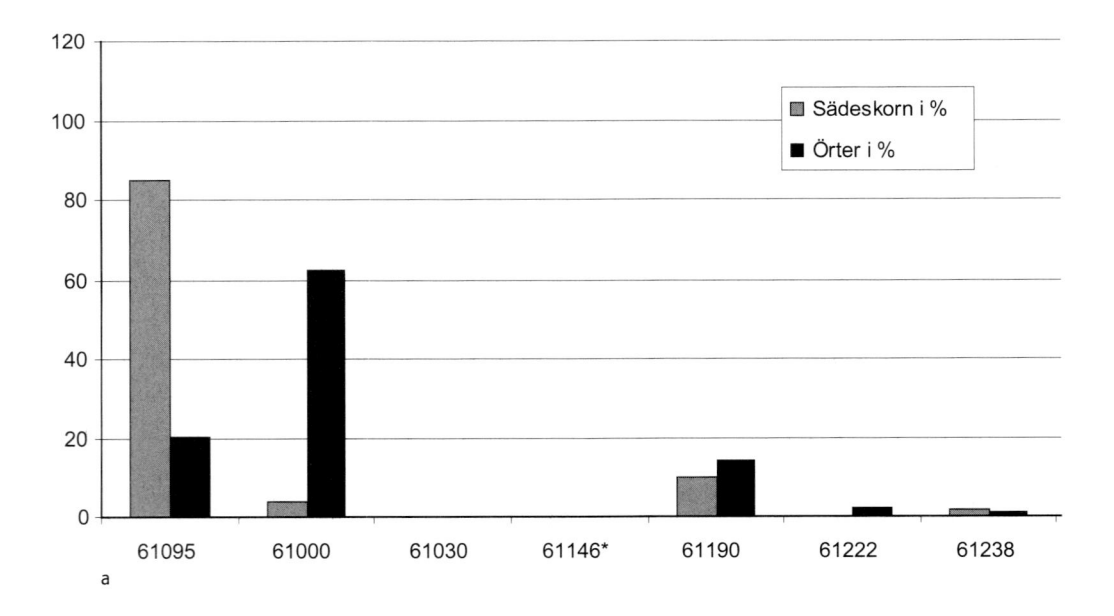

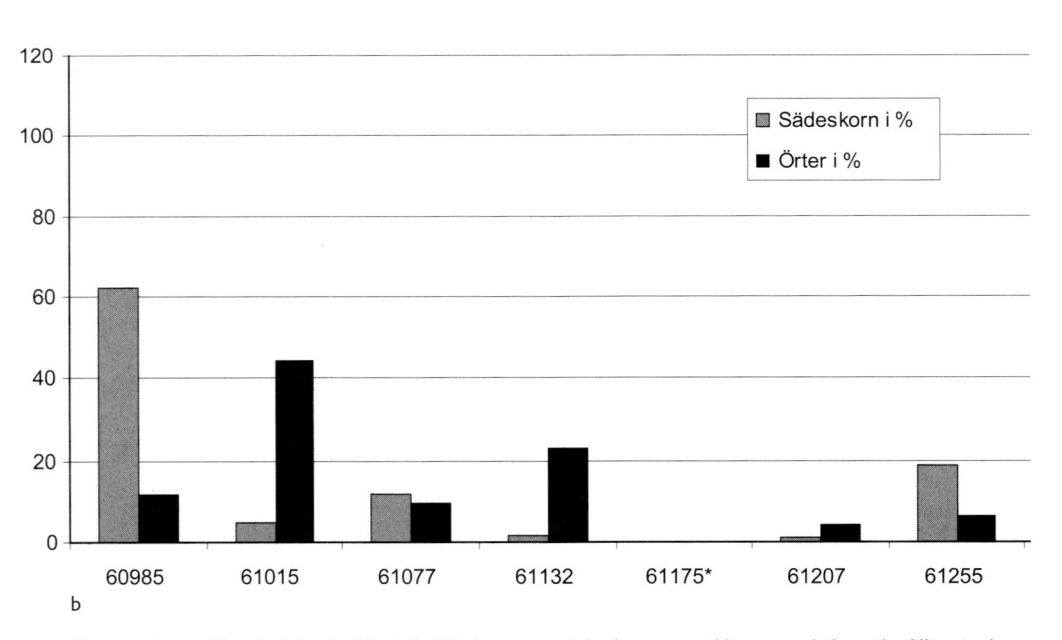

Figur 25a–b. Andelen förkolnade fröer från fyllningen i den norra respektive södra raden av takbärande stolpar i hus 10 vid Annelöv SU 14V.

The frequency of burnt seeds from the filling in the northern and southern line of roof-supporting posts in house 10 at Annelöv SU 14V.

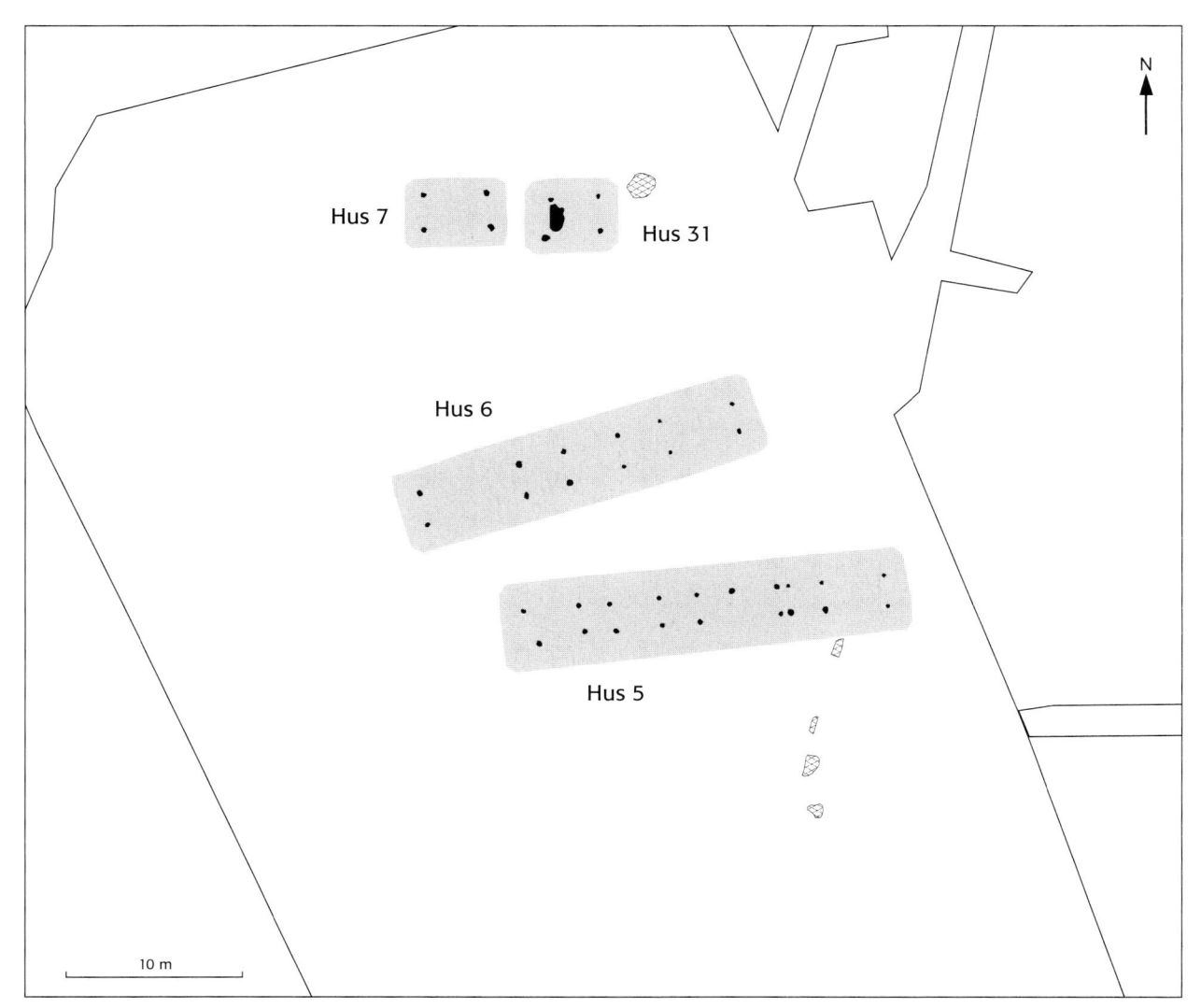

Figur 26. På det västra gårdsläget på Dösjebro SU 19 fanns en mindre gård som kan följas genom två bebyggelsefaser. Gården har under varje fas bestått av ett medelstort långhus och ett litet fyrstolphus placerat norr om huvudbyggnaden. Den inbördes dateringen mellan faserna är inte känt.

On the western farm site at Dösjebro SU 19 there was a smaller farm, which can be followed during two building phases. The farm in each phase consisted of a medium-sized long-house and a small four-post buildings, situated north of the main building.

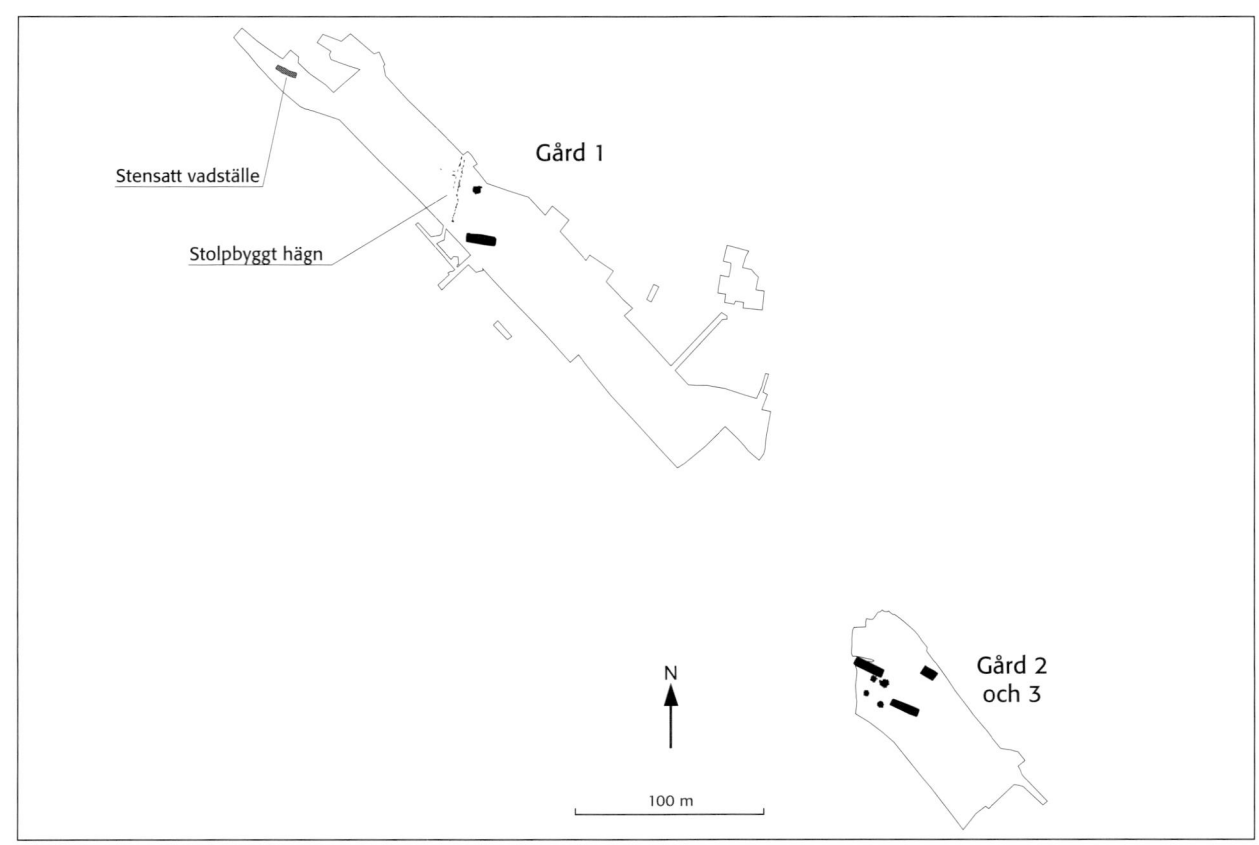

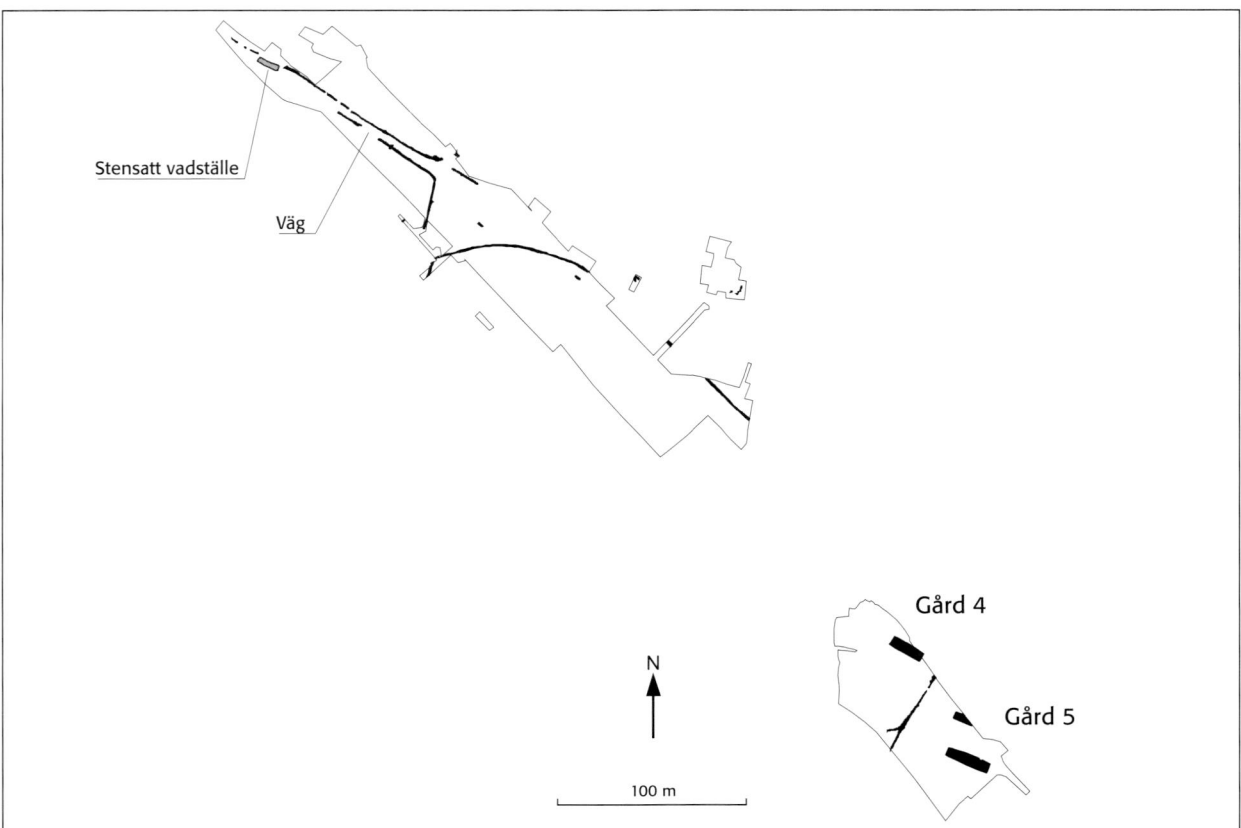

Figur 27a–b. Byn vid Tågerup SU 8 låg på den norra sidan av Saxån strax intill ett vadställe. Fem gårdslägen undersöktes inom Västkustbaneprojektet, varav tre stycken var bebyggda under bosättningens mellersta del (ovan). Under den yngsta fasen (nedan) anlades ett omfattande väg- och hägnadssystem i form av diken längs med ån, som knöt samman de enskilda gårdarna daterad till den senare delen av yngre romersk järnålder och folkvandringstid. Längst i väster har vägen anslutit till ett stensatt vad över en mindre våtmark.

The village at Tågerup SU 8 was situated on the northern side of the Saxån River, next to a ford. Five farm sites were excavated in the West Coast Line Project, of which three existed in the second phase of the settlement (above). In the youngest phase (below), a vast road and fencing system was built, in the shape of ditches along the stream, which linked the farms together. In the westernmost part of the area the road joined a stone-paved ford, passing a small wetland.

de enheter som undersöktes bör utifrån byggnadsarealen betecknas som mindre gårdar. Här beskrivs de bäst bevarade gårdarna av denna typ från platsen, representerade av gård 1, 2 och 3 som kan dateras till tidig yngre romersk järnålder.

Gård 2 och 3 har legat omedelbart intill varandra i byns östra del, och kan uppfattas som tvillinggårdar, då de haft ett i det närmaste identiskt utseende. Bägge gårdarna har bestått av ett 13–14 meter stort långhus med fem takbärande bockar, hus 10 och hus 1, orienterade i östsydöst-västnordväst. Till varje gård har även hört två grophus, hus 5–8, som troligen representerar två olika användningsfaser. Grophusen ligger tillsammans i grupp placerade söder respektive väster om långhusen. I groparna hittades varierande mängder sekundärt deponerat avfall i form av slagg, bottenskållor, sintrad lera, keramik, djurben och skörbränd sten. Detta tyder på att groparna, som troligen användes i samband med hantverksutövning, inte var i bruk samtidigt (Stilborg 2005). Till en av gårdarna har sannolikt även hört ett 8 meter stort uthus med två bockar (hus 15). Uthusets placering cirka 17 meter norr om och parallellt med hus 1 kan tyda på att byggnaden har tillhört gård 3.

Ungefär 300 meter väster om gårdsklungan vid Tågerup har legat en solitär enhet, här kallad gård 1 (fig. 28). Gården, som endast kan följas i en bebyggelsefas, har bestått av ett 15–16 meter stort långhus med fem takbärande bockar, hus 18, och ett grophus, hus 20, av samma typ som på gård 2 och 3. Även denna grop har använts sekundärt för deponering av avfall, som kasserad keramik, slagg, bränd lera, djurben, obrända vävtyngder m.m. Ett intressant drag är den stolpsatta hägnad eller fägata, konstruktion 21, som rumsligt kan knytas till gården. Hägnaden gör det möjligt att fysiskt avgränsa gårdstomten, som kan uppskattas till cirka 25x30 meter (750 m²).

Summering
Gårdarnas sammansättning och storlek. Under romersk järnålder och folkvandringstid skedde flera förändringar i de skånska gårdarnas storlek och karaktär. I materialet märks fortfarande en stor variation i byggnadsarealen, med en spännvidd från små enheter under 100 m² till mycket stora gårdar med areal på över 400 m². Skillnaden jämfört med tidigare är att byggnadsarealen generellt sett minskar. Av de 18 gårdar som ingår i studien, utgörs endast cirka en tredjedel av mycket stora och stora enheter med arealer på mer än 200 m². Den grupp som minskar allra mest är de mellanstora gårdarna på 150–200 m²; en bild som tydligt kontrasterar mot föregående period. Övervikten för mindre gårdar under 150 m² förklaras dels av att antalet stora långhus (> 30 meter) är färre i materialet jämfört med tidigare, samtidigt som gårdens extra byggnader främst har bestått av fyrstolphus, medan större stolphus med 3–4 bockar är ovanliga. Trots detta kvarstår bilden av järnåldersgården med ett sammansatt byggnadsbestånd, där även grophuset nu blev allt vanligare. Bland de mycket stora gårdarna intar Fjälkinge och Påarp, en särställning i det skånska materialet, och har för närvarande inga kända paralleller i regionen. Däremot har långhus av närmast identisk typ undersökts på den samtida boplatsen Brogård i södra Halland (Carlie 1992). Storgårdar av liknande dignitet är också kända från andra delar av södra Skandinavien, t.ex. östra Mellansverige och södra Norrland liksom från södra Norge (Ramqvist 1985; Løken 1998; Olausson 1998).

Långhusens indelning. Bara ett enda långhus i studien var så väl bevarat att det ger underlag för att diskutera den inre organisationen. Det handlar om ett närmare 40 meter stort långhus (hus 1) från Annelöv SU 14V. Situationen i Skåne konstraterar här mot kunskapsläget i östra Mellansverige, södra Norrlandskusten och Sydnorge, där bilden av åtminstone de stora och mellanstora långhusens indelning och rumsliga disposition är betydligt bättre känd (Løken 1998; Sundkvist 1998). Karakteristiskt för dessa områden är bl.a. att de stora långhusen förses med flera rum, och med separata ingångar för husets invånare och den stallade boskapen.

Figur 28. Den västra gården vid Tågerup SU 8, gård 1, har legat vid en vägkorsning.

The western farm at Tågerup SU 8, no. 1, was situated at a crossroads.

Gårdstomtens disposition. Vår undersökning tyder på att de flesta gårdar i Skåne även under yngre romersk järnålder och folkvandringstid haft en öppen struktur, bestående av antingen ett ensamt öst-västligt orienterat långhus, eller av ett långhus och ett mindre uthus placerade parallellt eller på linje. Nästan samtliga av de gårdar som undersöktes inom projektet längs med Saxådalen tillhör någon av dessa typer. Det handlar om boplatser som Tågerup SU 8, Särslöv SU 17, Dösjebro SU 19, Dagstorp SU 20Ö samt Västra Karaby 2:21, d.v.s. bosättningar som i flera fall hyst en närmast radbyliknande bebyggelse. Bland dessa platser utmärker sig Tågerup och Dösjebro genom spår av samtida hägnader i anslutning till bebyggelsen, dels i form av särhägnader kring enskilda gårdar (Dösjebro), dels som ett närmare två hundra meter långt hägnads- och vägsystem som kan följas parallellt med ån (Tågerup). Det rör sig på båda platserna om grävda diken eller rännor, som i den lösa sanden knappast kan ha stått öppna under någon längre tid. Vilka funktioner dessa har haft är osäkert, men troligtvis bör de kopplas till byns kollektiva indelning av marken.

Gårdar som haft en mer sluten organisation är mycket ovanliga i det skånska materialet och representeras för närvarande endast av storgården vid Påarp, vars två stora långhus under fas 2 och 3 varit placerade i vinkel. Några spår efter hägnader eller tillhörande vattentäkt finns inte dokumenterade kring denna gård. Materialets karaktär från perioden lämnar i övrigt inget utrymme för att diskutera hur de olika gårdstomterna varit disponerade.

Bebyggelsestruktur. Den ökade stabiliteten hos bebyggelsen, som gjorde sig gällande redan under föregående period, kan även följas under yngre romersk järnålder och folkvandringstid. Detta innebär att en stor del av gårdarna kan följas på samma plats eller tomt under mer än en bebyggelsefas. Det handlar i de flesta fall om två gårdsfaser, men det finns även exempel i materialet på gårdar som legat på exakt samma tomt under fyra eller fem bebyggelsefaser (jfr Påarp och Annelöv SU 14V).

En skillnad jämfört med tidigare är att antalet boplatser med en mer sammansatt struktur, bestående av flera samtida gårdar, ökar i materialet. Det handlar i samtliga fall om platser i inlandet, dels utmed Saxådalen (jfr Tågerup SU 8, Kvärlöv SU 11, Dösjebro SU 17/19 och Västra Karaby 2:21), dels i slättlandet söder om Kävlingeån (jfr Stångby stationssamhälle och Böljenamosse). Bebyggelsen karakteriseras även här av en öppen struktur, med gårdarna vanligen placerade 30–40 meter från varandra. Antalet undersökta gårdar varierar mellan tre och sex stycken. Ingen av de nämnda platserna har dock totalundersökts. Det går därför inte att säga hur många enheter den samlade bebyggelsen bestått av, eller i vilken utsträckning det funnits sociala och ekonomiska skillnader mellan olika hushåll. Den allmänna utvecklingen vid denna tid, mot en allt större social stratifiering i samhället, talar för att det borde finnas gårdar med olika storlek och komplexitet inom varje bosättning. Även undersökningar av samtida byar vid t.ex. Brogård i södra Halland och Fosie IV i Malmö, pekar i samma riktning. Beläggen för en social bebyggelsehierarki är ännu så länge dock svaga i materialet från Västkustbanan, både på basis av gårdarnas storlek och fyndens allmänna karaktär. Denna bild står i stark kontrast till den rika förekomsten av guldfynd och andra rikedomsfynd i regionen under yngre romersk järnålder och folkvandringstid. Man bör i detta sammanhang även nämna boplatsen vid Uppåkra, som under perioden framträder som en mycket stor och rik bosättning, med flera exklusiva smyckefynd som visar på långväga kontakter med bl.a. nuvarande Frankrike och sydvästra Tyskland (Hårdh 2003); (jfr Carlie *Samhällen och rikedomsmiljöer* i del IV).

Vendeltid och vikingatid (550–1050 e. Kr.)

Ungefär tiotalet platser med bebyggelse från vendeltid och vikingatid undersöktes inom Västkustbaneprojektet. Av dessa återfinns sex boplatser utmed kusten. Det rör sig i nästan samtliga fall om enstaka gårdar, som vid Rya 9:1 VKB 2:5, Glumslöv VVP 4F och 4E och

Hilleshög VKB 3:6 och 3:7, medan bebyggelsen på Säby bytomt troligen har omfattat flera samtida gårdar. Bebyggelse från vendeltid och vikingatid påträffades på lika många platser längs med Saxådalen. Bara på tre av dessa platser, Häljarp SU 3, Annelöv SU 14V och Dagstorp SU 21 fanns lämningar efter samtida långhusbebyggelse. På övriga lokaler, Kvärlöv SU 11, Dösjebro SU 19 och Dagstorp SU 20Ö, bestod bebyggelsen av spridda grophus och brunnar. Detta tyder på att långhusen bör sökas i högre terräng längre bort från ån. Endast en mindre del av de gårdslägen som undersöktes inom projektet är så pass fullständigt undersökta, att materialet kan användas för analyser av bebyggelsens struktur och organisation. Underlaget har därför kompletterats med material från ytterligare några platser som undersökts av UV Syd under senare år, däribland Bjärred 9:5 i Flädie socken, Hjärup i Uppåkra socken och Ståstorp vid Trelleborg i sydvästra Skåne samt Järrestad i Järrestads socken i landskapets sydöstra del.

Materialet från vendeltid och vikingatid omfattar 15 gårdar från 8 platser och är därmed jämnstort med materialet från föregående period. På samma sätt som i det äldre materialet förekommer betydande skillnader i gårdarnas storlek (fig. 29). En generell trend är dock att byggnadsytan verkar öka under perioden. Detta gäller inte bara för de allra största gårdarna med arealer mellan 440 och 580 m², utan gårdarna tycks över lag ha blivit något större. Det finns således inga exempel i materialet på gårdar med en byggnadsareal under 100 m². Även andelen små gårdar med en yta på mellan 100 och 150 m² är fåtaliga och föreligger bara med två exempel. Detta innebär att övriga gårdar, d.v.s. inte mindre än 13 stycken, har haft en byggnadsareal som varit större än 150 m². Av dessa kan ungefär hälften (6 st.) betecknas som mellanstora enheter, med en yta på mellan 150 och 250 m², medan resterande sju enheter som överstiger 250 m² bör karakteriseras som stora gårdar. Den större storleken förklaras till en del av att gårdarna haft en eller flera komplementära byggnader, främst i form av större treskeppiga stolphus. På många gårdar har det även funnit ett eller flera grophus. Liksom i föregående avsnitt har dessa inte inräknats i den samlade byggnadsarealen.

Mycket stora och stora gårdar

I denna grupp om sju gårdar kan tre beskrivas som mycket stora enheter, med en byggnadsareal på mellan 370 och 580 m². Det handlar om de två yngsta bebyggelsefaserna av gården från Järrestad i sydöstra Skåne (Söderberg 2002; 2003; 2005) samt om en gård från Hjärup på Lundaslätten (Runcis 1998; Carlie 2002a). Till gruppen av stora gårdar hör fyra enheter med en areal på mellan 250 och 300 m². Bland dessa märks den äldsta gården vid Järrestad, en gård från Hilleshög VKB 3:7 söder om Glumlövs backar (Strömberg & Thörn Pihl 2000), samt en gård i två faser från Ståstorp utanför Trelleborg (Jacobsson 2002). I detta sammanhang har vi valt att fokusera på materialen från Järrestad, Hjärup och Hilleshög, som väl speglar de olika gårdstyperna.

Den mest komplexa storgården i materialet har undersökts vid *Järrestad* i sydöstra Skåne. Gården har en lång platskontinuitet, som sträcker sig från cirka 550 till 1050 e. Kr., vilket innebär att denna har uppförts på samma plats under åtminstone tre eller fyra faser. Gården har dessutom varit omgiven av en omfattande bebyggelse under hela sin brukningstid, och under de senare faserna fanns här ytterligare ett cirka 42 meter stort långhus av trelleborgstyp. Vad denna byggnad representerar på platsen är svårt att säga. Enligt Bengt Söderberg är det dock troligt att huset utgjort det egentliga residenset för permanent boende under slutet av fas 2, och att centralgården varit det symboliska residenset med rituella funktioner.

Under storgårdens första fas, som Bengt Söderberg (2003), placerar i tidsintervallet 550–700 f. Kr., byggdes ett cirka 37 meter stort långhus, hus 11, på platsen (fig. 30a–c, 31). Det har haft en tydligt konvex form och innerytan har varit cirka 210 m². Centralt placerad i långhusets mittskepp har det funnits två ugnar eller härdar. Långhuset ersätts av en i stort sett identisk byggnad, hus 12, som dock har varit något bredare och har haft en inneryta på cirka 265 m². Hus 12 byggs direkt över hus 11 och tycks ha haft samma rumsindelning om man skall döma av grupperingen av de takbärande bockarna inom huskroppen.

En radikal omläggning av gårdens struktur sker under den andra fasen, som dateras till tidsintervallet 700–950 e. Kr. Ett nytt långhus, hus 8, uppförs strax

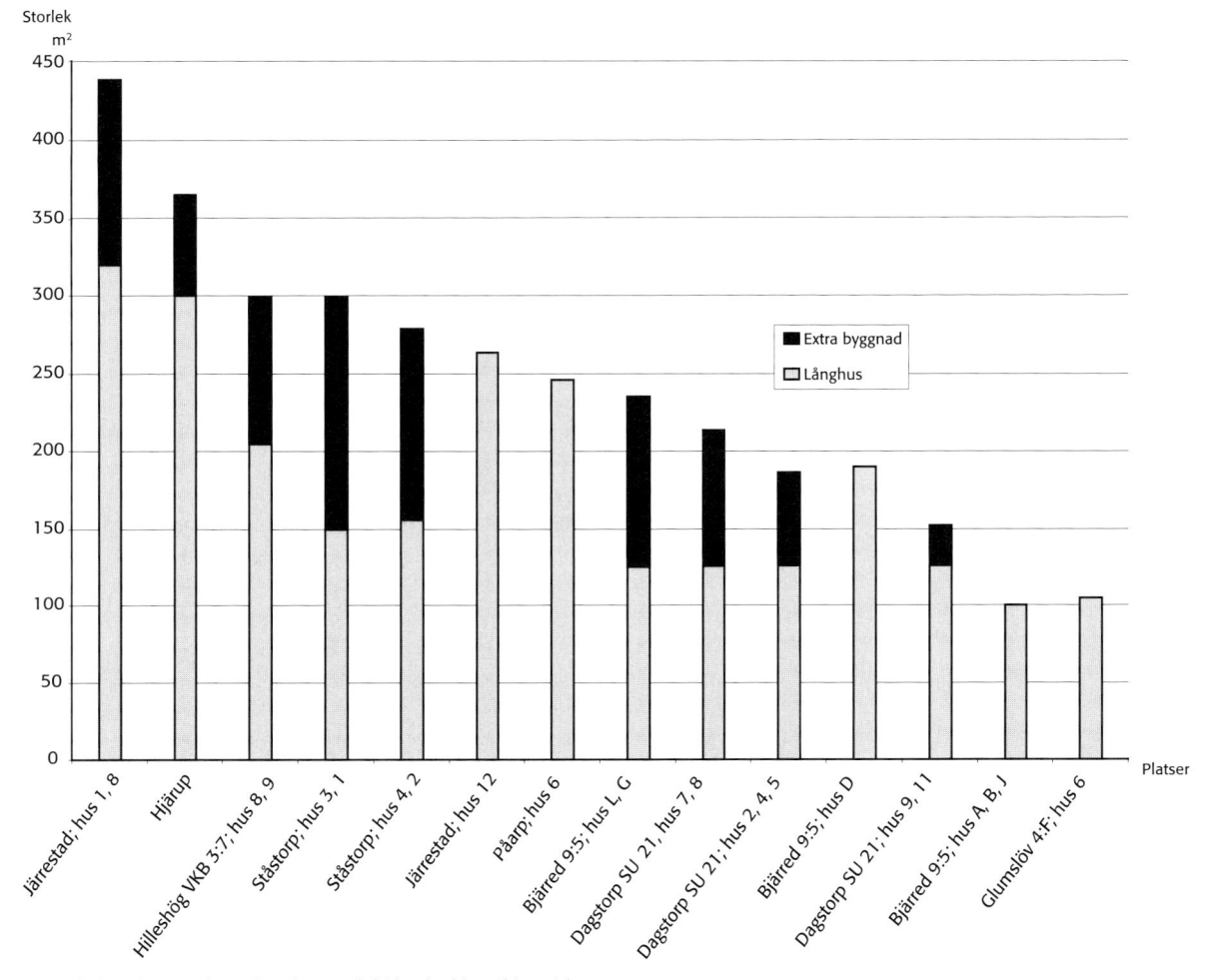

Figur 29. Gårdens byggnadsareal under vendeltid och äldre vikingatid (omfattar 15 gårdar).

The building area of the farm during the Vendel Period and Early Viking Age (comprising 15 farms).

norr om de två föregående långhusen. Dessutom tillfogar man ett mindre långhus, hus 1, som har placerats vinkelrätt mot hus 8 och en palissad som ansluter till, respektive innesluter, de två byggnaderna. Hus 8 har haft samma längd och bredd som sin föregångare, hus 12, men det har varit betydligt större till ytan, cirka 320 m², beroende på att det inte har haft en lika konvex form. Hus 8 har haft 5 takbärande bockar och de har placerats på så sätt att det har bildats ett stort, cirka 18 meter långt öppet utrymme i mittdelen av långhuset, där det finns spår efter en härd och en ugn. Längs med långsidorna i mittdelen finns det stolphål som antingen kan vara spår efter väggbänkar eller någon form av balustrad. Enligt Bengt Söderberg kan det här utrymmet tolkas som en hall (fig. 31). Det mindre långhuset, hus 1, som har legat vinkelrätt mot hus 8, har varit cirka 21 meter långt och har haft fyra takbärande bockar som har placerats med jämnstort avstånd från varandra. De yttre bockparen har stått mycket nära gavlarna. Huset har tydligt markerade

Böndernas gårdar

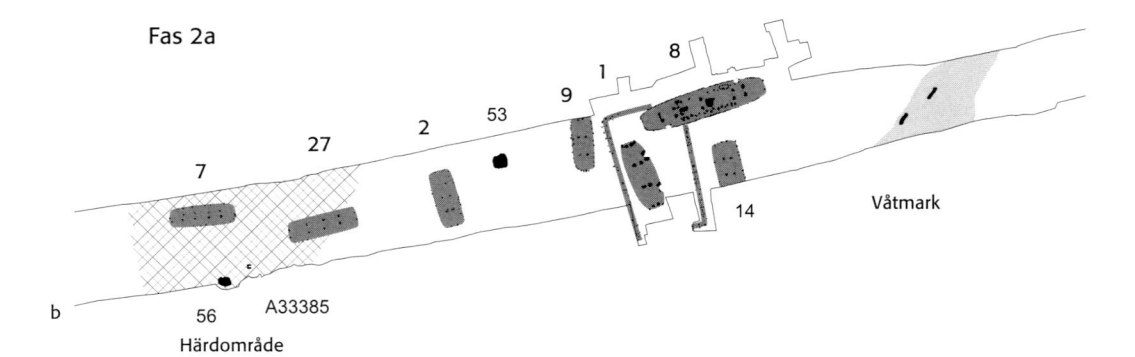

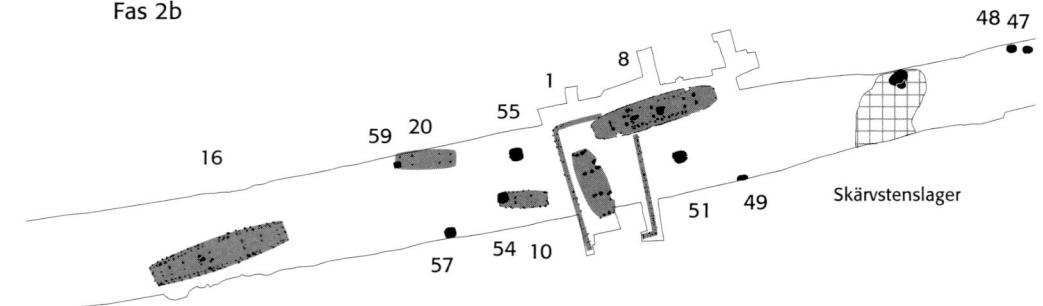

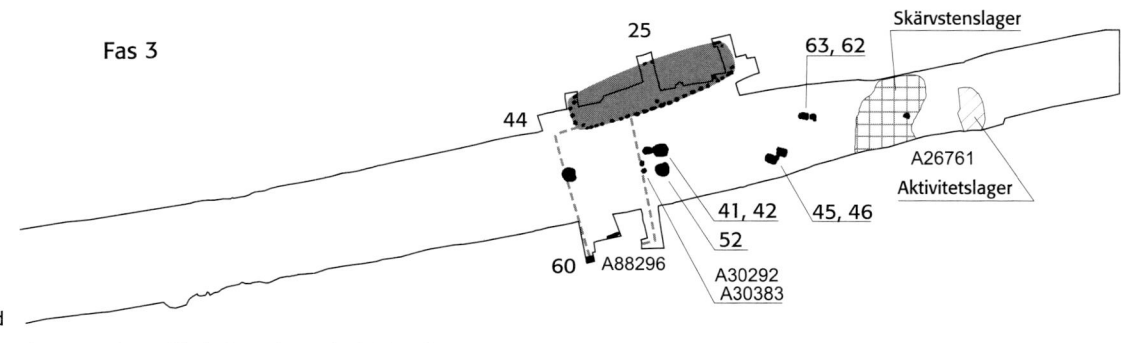

Figur 30a–d. De olika bebyggelse- och aktivitetsfaserna för storgården vid Järrestad. Efter Söderberg 2005; s. 77ff.

The different settlement and activity phases for the magnate's farm at Järrestad. From Söderberg 2005.

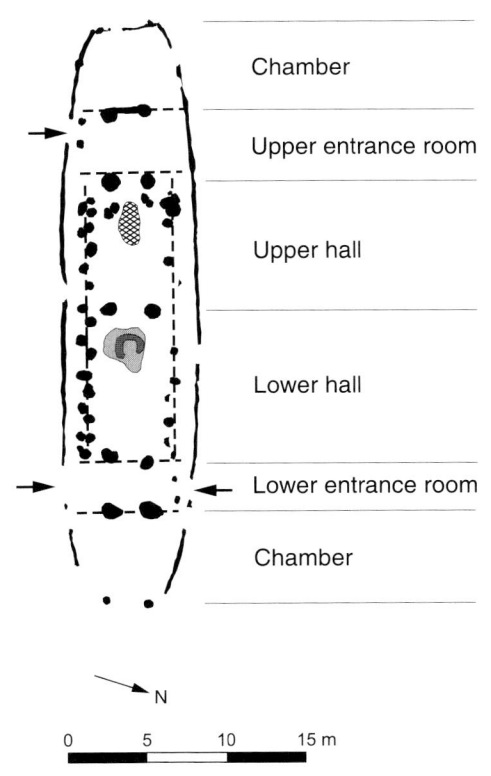

Figur 31. Tolkning av Järrestadhallens, hus 8, rumsindelning. Efter Söderberg 2003.

The interpretation of room divisions in the Järrestad hall, house 8. From Söderberg 2003.

hörnstolpar. Spår efter två symmetriskt placerade ingångar finns längs med den östra långsidan. Fyndmaterialet i långhuset tyder på att järnhantering och smide kan ha spelat en stor roll i dess funktion, eller att materialet har deponerats här i offersyfte, eftersom det tycks vara medvetet nedlagt i stolphålen. Fyndmaterialet i övrigt, bland annat bestående av glaspärlor och fragment av glasbägare, visar att långhuset kan ha haft en speciell, rituell funktion på gården. Kanske har byggnaden utgjort en separat hall med rituella förtecken? Förutom långhusen kan ett antal grophus knytas till den här fasens senare hälft. Den L-formade gården med palissaden har rumsligt stora likheter med fas 1 och 2 på stormansgården vid Tissø på västra Själland, som har daterats till 600–800 efter Kristus (Jørgensen 2002; Söderberg 2003; 2005). Detta visar att det har funnits en vitt spridd uppfattning om hur stormansgårdar av det här slaget skulle se ut.

Kring mitten av 900-talet sker det ännu en radikal förändring av gårdens utseende, då ett mycket stort, cirka 50 meter långt och upp till 14 meter brett långhus, hus 25, uppfördes. Den totala golvytan i byggnaden kan uppskattas till cirka 580 m². Långhuset har en ovanlig konstruktion, där det saknas tydliga takbärande stolpar och väggarna markeras av enorma stolphål, som kan ha varit fundamentsgropar för en grov skiftesverks- eller stavkonstruktion. Det finns dock förmodade spår efter två grova takbärande stolpar längs med den södra långsidan, placerade nära väggen. De skulle möjligen kunna vara spår efter en avancerad strävpelarkonstruktion som burit en del av taktyngden, men detta är osäkert. Vad man kan konstatera är dock att den gamla byggnadstraditionen har brutits och nya idéer har fått ett genomslag. Samtidigt sker det ännu en omdisposition av gårdens struktur. Palissaden och den lilla hallbyggnaden, hus 1, försvinner och ersätts med grophusbebyggelse.

Storgården vid Järrestad har en mycket speciell karaktär och arkitekturen har tydliga aristokratiska förtecken, åtminstone under fas 2 och 3. Hela miljön i området visar att den inte har varit en ordinär gård, utan att specialiserade, rituella aktiviteter har spelat en viktig roll. Inte minst ett område strax öster gården med en mindre våtmark och ett antal brunnar med olika typer av offerdepositioner, visar att det har rört sig om en speciell miljö. Gården tycks vara i bruk fram till mitten av 1000-talet, då kanske byläget i norr tas i anspråk.

Den andra stora gården i materialet härrör från *Hjärup*, centralt belägen på den bördiga Lundaslätten, cirka fem kilometer från kusten och 2,5 kilometer väster om Uppåkra. Gården undersöktes av UV Syd i mitten av 1990-talet och har tidigare behandlats av Janis Runcis och Anne Carlie (Runcis 1998; Carlie 2002a). Den har bestått av tre byggnader, varav ett stort långhus, hus

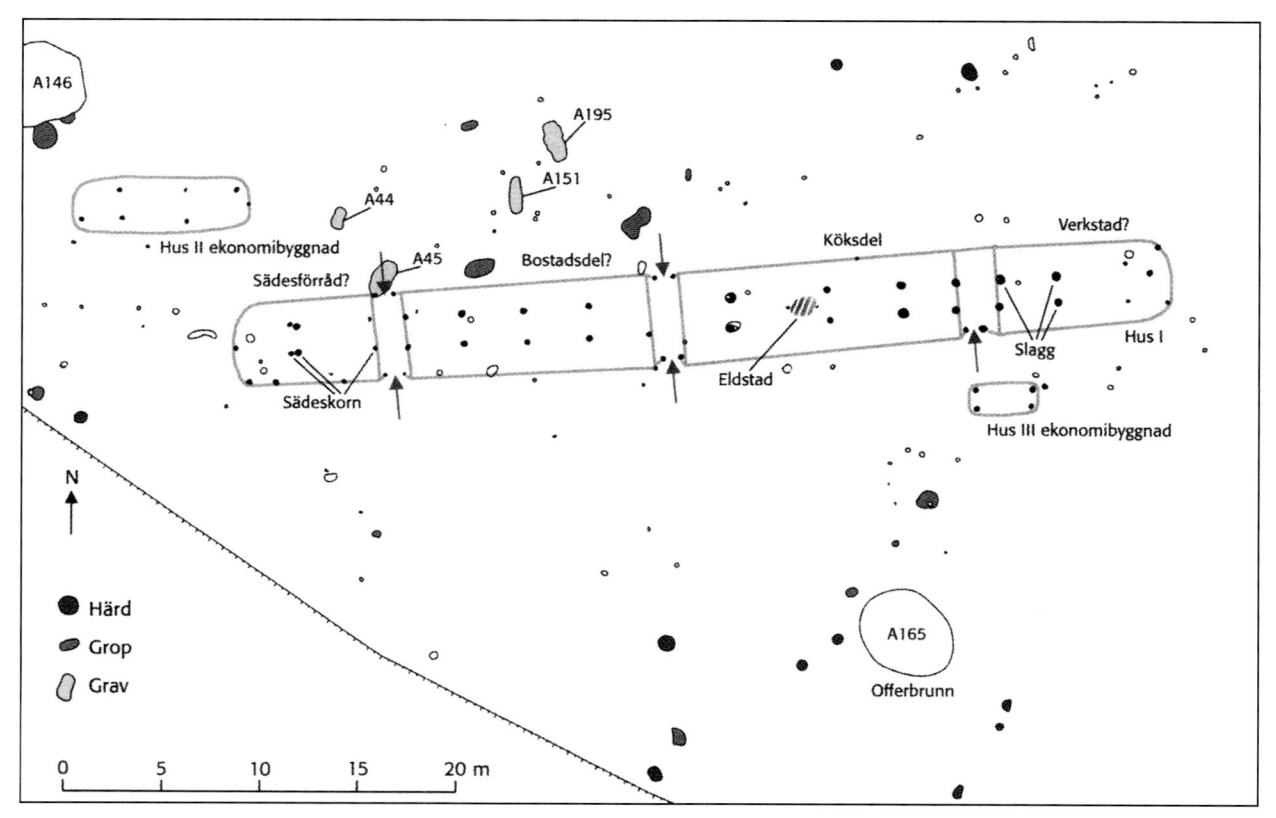

Figur 32. Den stora gården vid Hjärup, Uppåkras sn, med förslag till rumsindelning i det cirka 50 meter stora långhuset. Kring husen finns olika aktivitetsspår i form av brunnar, härdar och gropar. Efter Carlie 2002a.

The big farm at Hjärup, Uppåkra parish, with suggested room division in the long-house, some 50 metres long. Around the houses were traces of different activities such as wells, hearth, and pits. From Carlie 2002a.

I, och två mindre stolphus, hus II, III. Avsaknaden av ombyggnader i husen visar att dessa till skillnad från storgården i Järrestad, bara existerade under en bebyggelsefas. Den korta livslängden bekräftas också av ett flertal ^{14}C-prover, som tyder på att gården uppfördes i början av 500-talet, för att överges 100–150 år senare (Carlie 2002a).

Bebyggelsen domineras av ett omkring 50 meter långt och 5–6 meter brett flerfunktionellt långhus, hus I (fig. 32). Inga spår efter husets ytterväggar fanns bevarade. Däremot visar avtryck efter ingångsstolpar att byggnaden haft minst fem ingångar, varav tre på den södra och två på norra långsidan. Taket har burits upp av tolv bockar som stått med ett inbördes avstånd på mellan 2 till 6 meter. I en tidigare analys av huset (Carlie 2002a) föreslås en indelning av långhuset i sju rum, fördelat på tre ingångsrum och fyra större utrymmen. De två största rummen återfinns på ömse sidor om det mellersta ingångsrummet, placerat mitt i huset. Av dessa utrymmen tyder ett sex meter långt spann tillsammans med resterna av en eldstad i det östra rummet på en funktion som bostads-/köksdel. Golvarealen i detta rum har varit cirka 30–35 m².

I långhusets östra gavelrum hittades i flera av stolphålen till takbärare bitar av kalottslagg från primärsmide, liksom inslag av nitar och brickor av järn. Slaggens samlade vikt uppgår till omkring ett halvt kilo, vilket innebär att denna kan härröra från ett enstaka smidestillfälle. Några andra spår efter järnframställning påträffades inte kring gården, varför slaggen måste ha förts till platsen där den placerats avsiktligt i stolphålen kanske i ett rituellt syfte. Detta skulle i så fall kunna tyda på att östrummet använts som verkstad. Vad gäller det västra gavelrummet talar en större andel fynd av förkolnade sädeskorn utan inslag av agnrester, för att rummet använts till förvaring av säd (Regnell 1998).

Till gården har även hört två mindre stolpbyggnader. Det större av dessa, hus II, en cirka 10 meter lång treskeppig byggnad, låg strax nordväst om långhuset. Några fynd påträffades inte, utan det är främst den enkla konstruktionen som tyder på att huset använts som ekonomibyggnad. Det andra huset (hus III) utgjordes av en liten rektangulär byggnad av fyrstolpstyp. Huset har legat bara några meter från långhusets södra långsida framför en ingång. Det är därför något tveksamt om detta uthus existerat samtidigt som långhuset (Runcis 1998).

Kring gårdens byggnader fanns spår av spridda stolphål, ett åttiotal gropar, cirka tjugo härdar, och tre brunnar. Groparna låg huvudsakligen samlade i ett stråk norr om långhuset, medan härdarna återfanns i anslutning till två större brunnar i söder respektive väster. De flesta av dessa lämningar ska förmodligen knytas till de vardagliga aktiviteter som utövades på gården.

Gården vid Hjärup kan karakteriseras som en ordinär men välbeställd storgård. Välståndet manifesteras av gårdens ovanligt stora långhus, som tillsammans med uthusen haft en samlad byggnadsareal på cirka 370 m². Från gården saknas däremot helt inslag av välståndsrelaterade fynd. Förutom några enstaka pärlor av glasfluss har t.ex. inga smycken eller andra statusrelaterade föremål påträffats; detta trots närheten till Uppåkra och den omfattande smyckeproduktion som bevisligen utövats där. Även spåren efter hantverk var sparsamma på gården, och representeras endast av fynden av smidesslagg från långhuset. Det bör i detta sammanhang också noteras att grophus, som annars är mycket vanliga under perioden, helt saknas på platsen.

Just på grund av fyndens anspråkslösa karaktär är det intressant att det på själva gårdstomten påträffats flera spår efter hednisk kultutövning. Kulten har i första hand ha varit kopplad till den stora brunnen söder om långhuset (A165), som bland annat innehöll ett rikhaltigt djurbensmaterial av nötboskap, häst, svin, får/get och hund (Nilsson 1998). Benen påträffades främst i de tre översta skikten, även om ben också förekom i djupare liggande lager. Detta tyder på att benen deponerats i ett skede, då brunnen upphört att fungera som färskvattenkälla. I brunnen hittades även halva delen av en överliggare till drejkvarn, samt en halv meter lång tillspetsad ekpåle, placerad med spetsen riktad nedåt i brunnens bottensediment (Runcis 1998; Carlie 2002a).

En annan omständighet som gör gården lite speciell är att denna byggdes på en äldre gravplats. Det handlar om en liten grupp om fyra gravar med de obrända skeletten efter två män, en kvinna och ett barn. Gravarna dateras utifrån bilagda lerkärl och gravgåvor till yngre romersk järnålder och folkvandringstid (Runcis 1998). Den korta tidsrymden mellan gravarna och gården talar för att de människor som valde platsen för gårdsbygget, måste ha varit medvetna om gravarnas existens. Det faktum att man inte heller skadat någon av gravarna, varken i samband med husens uppförande eller andra aktiviteter, stöder antagandet om att platsen valdes med avsikt. Kanske ville man med gårdens placering på gravplatsen, bekräfta eller förstärka samhörigheten med förfäderna, så att dessa kunde vaka över och skydda gården mot olycka.

Det tredje exemplet på en storgård härrör från *Hilleshög VKB 3:7*, på sydsluttningen av Glumlövs backar På denna plats som undersöktes inom Västkustbaneprojektet, påträffades även två gårdar från förromersk järnålder (Strömberg & Thörn Pihl 2000; Carlie 2005b). Den yngre gården låg något öster om de äldre gårdslägena, och har bestått av två stolphus placerade i vinkel, med långhuset, hus 8, i öst-västlig

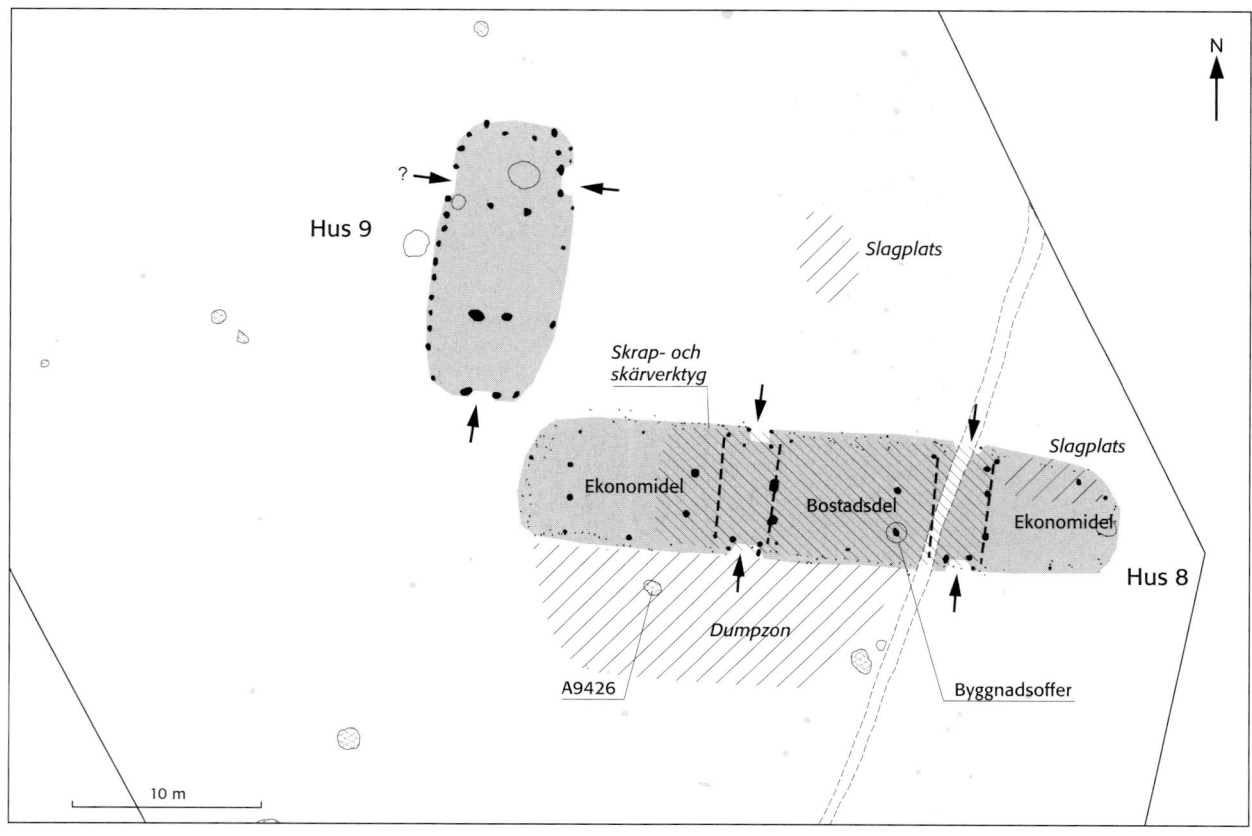

Figur 33a. Gården vid Hilleshög VKB 3:7, med förslag till rumsindelning i långhuset (hus 8).

The farm at Hilleshög VKB 3:7, with suggested room division in the long-house (house 8).

riktning och en mindre hall eller ekonomibyggnad, hus 9, i nord-syd (fig. 33a–b). Gårdens datering till vendeltid och äldre vikingatid bekräftas av flera ^{14}C-dateringar från husen (jfr Artursson i del II, och Bilaga 1, *tabell* 9 i band 2).

Gårdens långhus var 31,5 meter långt med sex takbärande bockar, av vilka den sjätte bocken sammanfaller med husets östra gavel. Spåren efter långhusets väggar var välbevarade och ger för ovanlighetens skull även en inblick i den tekniska konstruktionen. Ytterväggarna kan således följas dels via en inre konstruktion av glest placerade stolpar troligen efter stående plank på träsyll, dels en yttre konstruktion med avtryck efter tätt ställda pinnar, troligen efter flätverk till

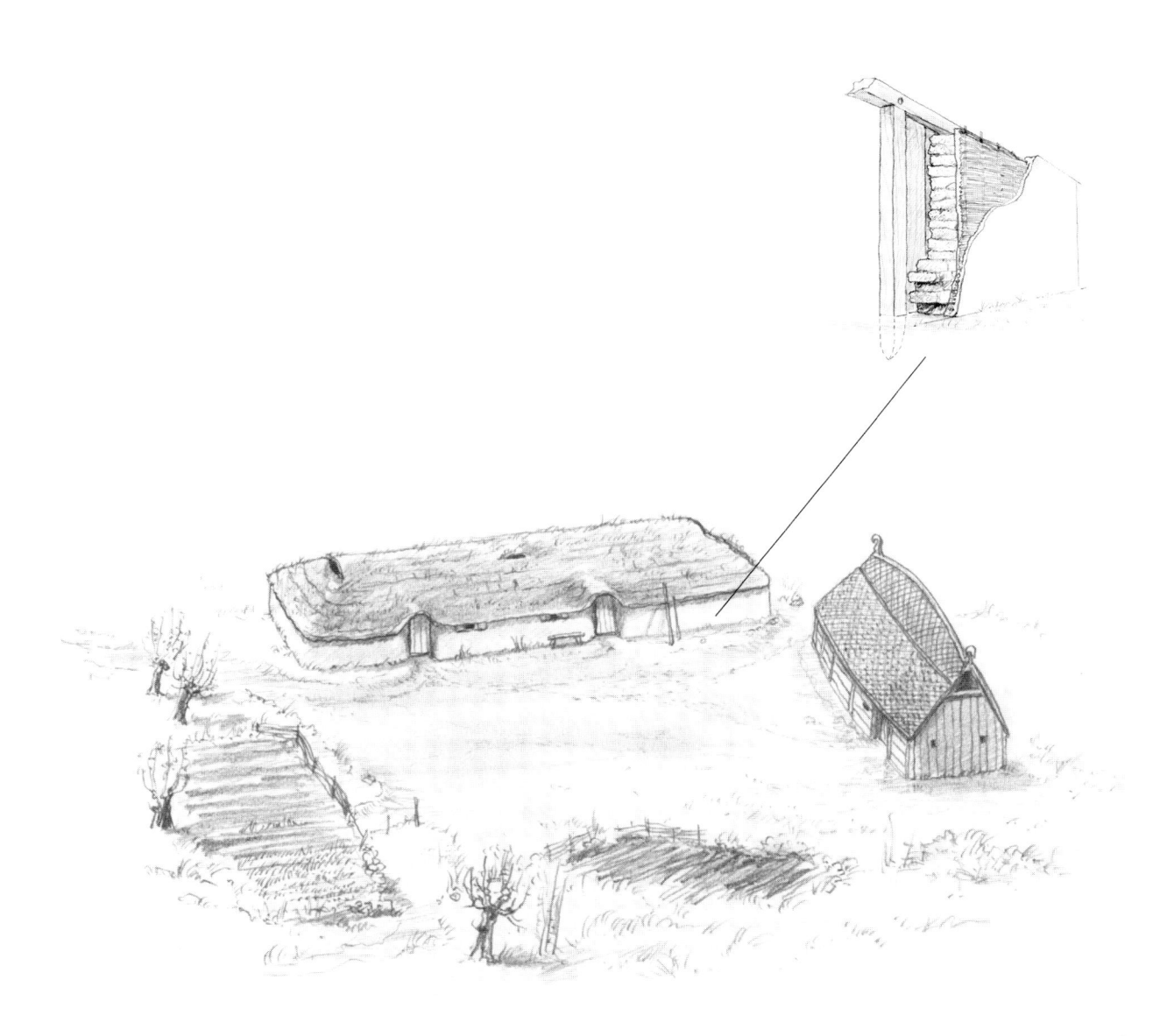

Figur 33b. Förslag till rekonstruktion av hur gården vid Hilleshög VKB 3:7 kan ha tett sig. Teckning: Staffan Hyll.

A reconstruction of what the farm at Hilleshög VKB 3:7 may have looked like. Drawing: Staffan Hyll.

klineväggar. Själva väggen har varierat mellan 50 till 90 centimeter i tjocklek, med ett snittvärde på 60–70 centimeter. Detta talar för att det mellan inner- och ytterväggen funnits en isolerande torvfyllning (pers. kom. Karl-Magnus Melin) (se detaljbilden ovan). Om husväggarnas tjocklek tas i beaktande, har husets totala bredd uppgått till cirka 6,5 meter, medan den inre bredden kan uppskattas till 5,7 meter. Husets samlade golvyta kan utifrån dessa mått uppskattas till 170 m², fördelade på fem rum varav två ingångsrum med motställda öppningar. Mellan ingångsrummen har det funnits ett centralt beläget rum (ca 35 m²) som förmodligen använts som bostad. En sådan tolkning stöds indirekt av att det också är i denna del av huset som de tre kraftigaste takbärande bockarna har funnits, samt att det i rummets sydöstra hörn hittades ett byggnadsoffer, i form av resterna efter ett medelstort lerkärl och en flintskrapa (fig. 34). Rituella nedläggelser har i skånska och halländska järnåldershus, påfallande ofta visat sig kunna knytas till bostadsrummet (Carlie 2004, s. 77f). Slutligen har i husets östra respektive västra ände, på ömse sidor om ingångsrummen, funnits ytterligare två utrymmen med ungefär samma storlek som bostadsrummet. Den klenare dimensionen hos de takbärande bockarna här, skulle kunna tyda på att rummen haft en ekonomifunktion. En sådan tolkning stöds delvis också av den funktions- och spridningsanalys av järnåldersflinta som utfördes i och kring huset (se nedan).

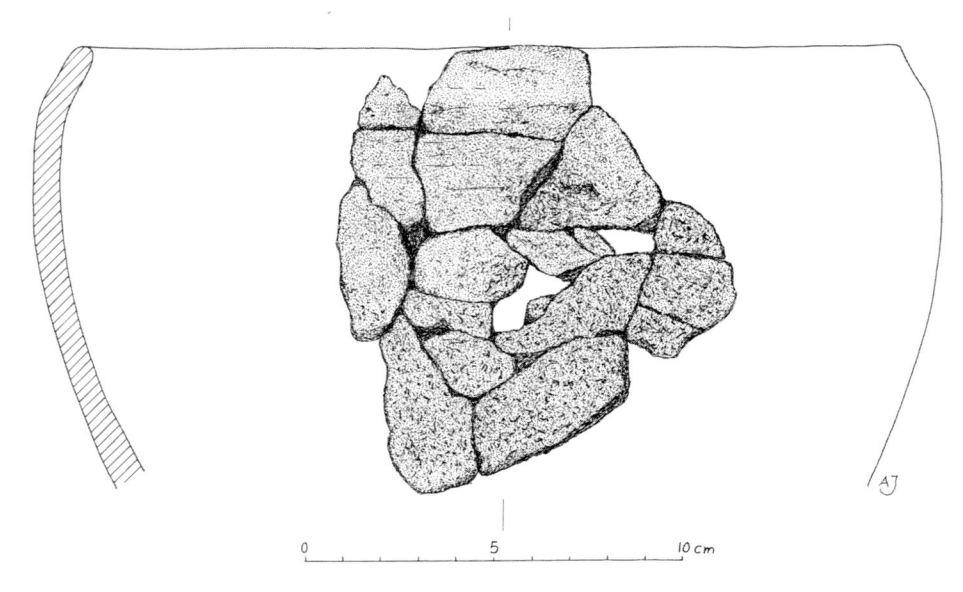

Figur 34. Resterna av detta rundbukiga lerkärl hittades i stolphålet till en takbärare i långhuset vid Hilleshög VKB 3:7 (hus 8). Kärlet har, liksom den flintskrapa som fanns i samma stolphål, troligen nedlagts som offergåvor då huset byggdes. Skala 1:2.

The remains of this round-bellied pot were found in the hole of one of the roof-supporting posts in the long-house at Hilleshög VKB 3:7 (house 8). The pot, like the flint scraper that was found in the same post-hole, was probably deposited as a votive gift when the house was built. Scale 1:2.

Även lämningarna efter det mindre stolphuset, hus 9, var tydliga med rester av ytterväggarna bevarade. Huset som legat i vinkel väster om huvudbyggnaden, har varit cirka 14,5 meter långt och 6,6 meter bredd, med svagt konvexa långväggar. Den takbärande konstruktionen, som bestått av fyra bockar, har varit tydligt underbalanserad. De ytterstar bockarna sammanfaller delvis med husets gavlar, vilket bidrar till en viss osäkerhet kring konstruktionen. Det kan således inte uteslutas att det funnits ingångar här, åtminstone i den södra gaveln, där stolphålen hade ett något större djup. En ingång har sannolikt även funnits på husets östra långsida nära det nordöstra hörnet. I denna del av huset fanns även en förrådsgrop med små mängder bränd lera och järnslagg troligen från smide (Bo Strömberg pers. kom.). Fynden kom i fyllningen och det är därför tveksamt om slaggen har något samband med husets funktion. Gropens placering och en ^{14}C-datering talar dock för att denna hör till huset. De sparsamma fynden gör att husets funktion är svårtolkad. Det kan handla om en vanlig ekonomibyggnad, samtidigt som husets speciella form med konvexa ytterväggar antyder en hallfunktion (jfr Järrestad ovan).

Gården vid Hilleshög har inte stått särskilt länge på platsen, kanske högst några generationer. Det fanns inga spår efter ombyggnader eller reparationer av husen i form av utbytta eller omsatta stolpar, vilka rimligen borde ha funnits om husen hade använts under en längre tid. Detta i kombination med att området inte heller visade nämnvärd påverkan under andra tidsperioder, bidrog till att man valde flera riktade insatser, i form av matjordsarkeologi, metallavsökning och fosfatkartering, i syfte att belysa vilka verksamheter som utövats i och kring gården. Av dessa insatser visade provsvaren från fosfatkarteringen tyvärr tecken på kontaminering, varför resultaten är svårtolkade (Martens 2005). Det mest intressanta utfallet erhölls istället av den matjordsarkeologiska undersökningen som omfattade tre matjordsbankar ovanpå och kring hus 8 om totalt 640 m² (Strömberg & Thörn Pihl 2000). Matjorden grävdes skiktvis med maskin i fyra stick, varefter samtliga fynd punktinmättes och samlades in för hand. På varje nivå utfördes även avsökningar med metalldetektor, som dock endast resulterade i ett mindre antal järn- (14 st.) och bronsföremål (2 st.) av obestämbar typ. De allra flesta fynden utgjordes istället av flinta (470 st.), medan keramik och bränd lera förekom i betydligt mindre mängd.

Bo Knarrström, som gjort en teknologisk analys av flintmaterialet har identifierat tre typer av verksamhetsområden, där området närmast söder om långhuset utifrån spridningen av bipolära kärnor, avslag och kasserade verktyg, tolkas som en dumpzon (Knarrström 2005). Denna sammansättning av fynd kontrasterar mot spridningsbilden inuti huset, som till övervägande del består av skrap- och skärverktyg samt av enstaka borrar. Verktygens utbredning sammanfaller i huvudsak med bostadsrummet och de båda ingångsrummen i husets centrala del. Vilken typ av hantverk föremålen representerar kan inte sägas med säkerhet. Enligt Knarrström talar resultaten från funktionsanalysen för någon form av träbearbetning och hantering av kött. Den tredje typen av aktivitetsområde som kan identifieras utifrån flintmaterialet är två mindre ytor med kärnor och avslag som troligen representerar slagplatser. Den ena av dessa ligger mellan åtta och tio meter norr om långhuset, medan den andra uppvisar en nära rumslig koppling till långhusets östra rum. Särskilt den senare slagplatsen passar väl in i bilden av att östrummet haft någon form av arbets- eller ekonomifunktion.

Trots att spår efter samtida hägnader saknas kring gården kan vissa mönster avseende gårdstomtens disposition och rumsliga utnyttjande ändå skönjas. Först och främst har husens inbördes placering bidragit till att skapa ett naturligt rum mellan byggnaderna; ett rum som vi med den historiska gården för ögonen, kanske spontant uppfattar som gårdsplan. Som framgick av flintspridningsanalysen uppvisar marken norr om huset emellertid ytterst få spår efter verksamheter, som istället främst kan knytas till det solbelysta området söder om långhuset. Att flera av de gårdsnära och hushållsrelaterade aktiviteterna utövats söder om långhuset stämmer även väl med härdarnas lokalisering, som i huvudsak återfinns i ett glest stråk söder om gården. Av de omkring 25-talet härdar som dokumenterats inom detta område, har två stycken daterats. Den ena av dessa är tveklöst samtida med gården (A9426: 590–810 e.Kr. 2 sigma), medan den andra troligen är något äldre (A1482: 210–560 e.Kr. 2 sigma; se Bilaga 1, *tabell* 9 i band 2).

Medelstora och mindre gårdar
Åtta gårdar har haft en byggnadsareal som understiger 250 m². Nästan samtliga av dessa kan betecknas som medelstora, medan bara två stycken varit mindre än 150 m². Eftersom de små gårdarna är så få i materialet har vi valt att låta dessa ingå i föreliggande avsnitt. Gårdarna härrör huvudsakligen från två boplatser med samlad bebyggelse, representerade av Dagstorp SU 21 längs Välabäcken och Bjärred 9:5 vid Öresundskusten väster om Lund. Presentationen kommer därför helt att fokuseras på gårdar från dessa platser.

I området kring *Bjärred* har en relativt omfattande bebyggelse från vendel- och vikingatid undersökts vid olika tillfällen (Kriig & Pettersson 1997; Pettersson 2002a). De undersökta lämningarna har tolkats som delar av en by placerad längs med en landsväg. Totalt har sex samtida gårdslägen kunnat identifieras under den vikingatida fasen under 800- och 900-talet. Den lokala topografin och fosfatförhöjningen i området lämnar dock utrymme för mellan åtta och tio gårdslägen på den naturliga sandterrass där bebyggelsen legat. Under den vendeltida fasen var antalet samtida gårdar mera begränsat och uppgår endast till två undersökta gårdslägen.

Gårdarna har under hela byns användningstid, från 700-tal till 900-tal, varit uppbyggda på ett ungefär likartat sätt. Oftast har de bestått av ett långhus, ett till tre grophus samt en brunn. Under de vikingatida

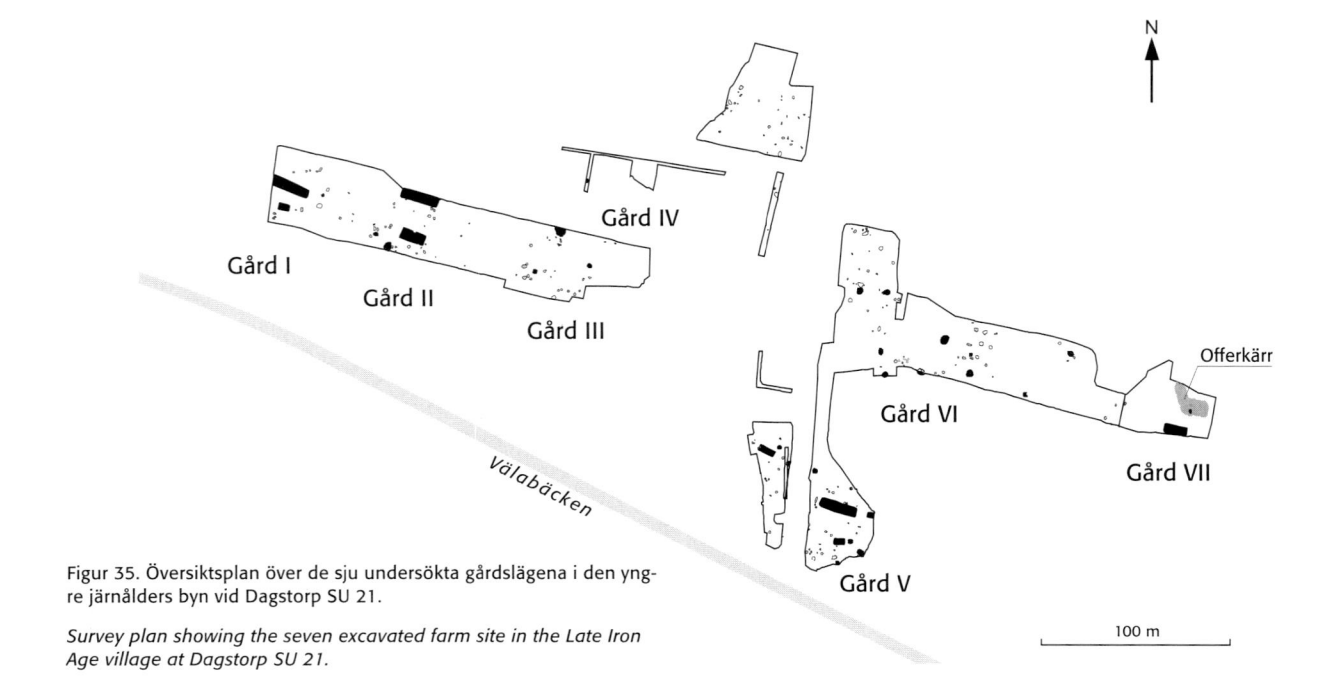

Figur 35. Översiktsplan över de sju undersökta gårdslägena i den yngre järnålders byn vid Dagstorp SU 21.

Survey plan showing the seven excavated farm site in the Late Iron Age village at Dagstorp SU 21.

faserna har det dessutom funnits gränsmarkeringar mellan gårdarna i form av diken eller rännor, vilket gör det lättare att visa på en samtidighet mellan tomterna (Pettersson 2002a, fig. 19).

Det är svårt att uttala sig om en eventuell funktionsindelning av långhusen, men i ett fåtal fall finns det spår efter härdar som utifrån sitt läge kan antas ha varit i bruk under byggnadernas användningstid. I de flesta fall har härden placerats i den västra delen. I en del fall finns det också spår efter ingångar, och utifrån deras placering kan man anta att flera av långhusen har varit indelade i två rum med ett ingångsrum i mitten. Storleksvariationen hos långhusen och gårdarna på platsen speglar troligen sociala skillnader i byn, som dock inte kan bekräftas av det sparsamma fyndmaterialet.

Boplatsen vid *Dagstorp SU 21* låg i ett neddraget läge i terrängen, strax norr om Välabäcken och söder om Dagstorpsåsen. I samband med Västkustbaneprojektet undersöktes sju gårdslägen (I–VII) från vendeltid och tidig vikingatid (Becker 1999; Carlie 2005) (fig. 35). Gårdarna, som ingått i en by, har legat närmast på rad utmed ån, med ungefär 30 och 40 meter emellan. Varje gårdsläge tycks ha anpassats topografiskt till mikromiljöer med väldränerad sand. Avståndet mellan den västligaste (nr I) och östligaste gården (nr VII) uppgår till cirka 470 meter. I detta sammanhang presenteras de tre mest kompletta gårdarna (I, II och V) med avseende på storlek och rumslig organisation. På samtliga av dessa låg huvudbyggnaden placerad i västnordväst-östsydöst, d.v.s. i samma riktning som Välabäckens lopp. Endast den södra gården belägen närmast ån (nr V), kunde följas på samma tomt under mer än en bebyggelsefas. Gårdarnas datering baseras på en sammanvägning av ^{14}C-värden, föremålsfynd och husbyggnadstradition (se Bilaga 1, *tabell* 21 i band 2).

Den västligaste gården (nr 1) i byn bestod av ett långhus, hus 9, ett litet uthus, hus 11, och en brunn (fig. 36). Långhuset undersöktes inte sin helhet, men har varit minst 21 meter långt med fem takbärande

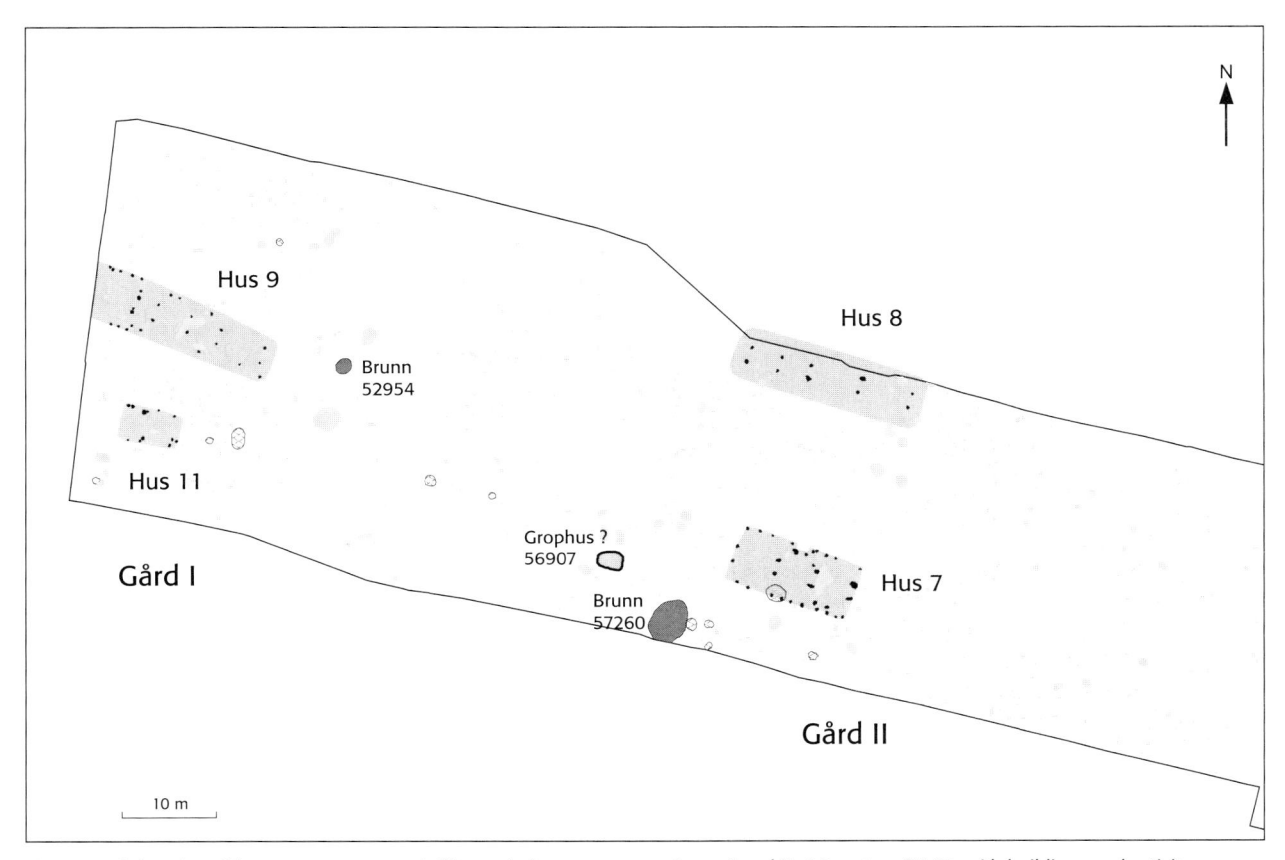

Figur 36. Gård I och II vid Dagstorp SU 21, med tillhörande byggnader och aktivitetsytor med gropar, härdar och brunnar.

Farms I and II at Dagstorp SU 21, with buildings and activity areas with pits, hearths, and wells.

bockar. Enstaka bevarade väggstolpar i mittpartiet visar att huset varit sex meter brett, med en ingång placerad mitt på den södra långväggen. Bockarnas asymmetriska placering, med ett fem meter långt spann i östra delen och kortare spann i mitten tyder på huset rymt flera funktioner.

Till gården har även hört en liten enskeppig byggnad, hus 11, med trolig ekonomifunktion. Huset låg cirka sju meter söder om och parallellt med långhuset, och har varit 6–7 meter långt och cirka fyra meter brett. Detta har gett en samlad byggnadsyta på minst 150 m². Vidare kan en brunn öster om långhusets gavel knytas till enheten. Gårdstomtens storlek kan utifrån husens placering samt förekomsten av gropar och härdar med järnåldersmaterial uppskattas till cirka 35x40 meter, vilket motsvarar ungefär 1400 m². Fynden utgjordes av traditionellt hushållsavfall i form keramik, bränd lera, enkla järnföremål och brända ben.

Området mellan gård I och II karakteriseras av en anläggningsfri yta. Först cirka 30 meter öster om gård I ökade andelen gropar med avfallsmaterial på nytt. Gård II bestod av två stolpbyggda hus, hus 7 och 8, en brunn (A57260) samt ett möjligt grophus (A56907). De båda stolphusen var orienterade i samma riktning som husen på gård I och Välabäckens flöde, med ett inbördes avstånd om cirka 15 meter. Av hus 8 återstod endast spåren efter fem takbärande bockar. Dessa visar att huset varit omkring 21 meter långt. Husets bredd är osäker, men kan utifrån jämförelser med bättre bevarade huslämningar, antas ha uppgått till omkring 6 meter. Den största spannlängden återfinns i husets östra del, där den uppgår till cirka 5,5 meter, medan längden i den östra delen är betydligt kortare. Detta tyder på en flerfunktionell indelning av huset, vilket i tur talar för att det rör sig om gårdens huvudbyggnad.

Spåren efter det andra stolphuset, hus 7, var bättre bevarade. Denna byggnad har varit knappt 14 meter lång och 6,5 meter bred, med fyra relativt jämt placerade bockar, där de yttersta paren sammanfaller med gavlarna. Huset har haft närmast raka långväggar med två ingångar, en mitt på den norra långsidan och en ingång nära det sydöstra hörnet. Gårdens byggnadsareal uppgår till 220 m².

Till gård II kan även knytas en större brunn (A57260), belägen fem meter sydväst om hus 7. Brunnen var cirka 1,5 meter djup med en flätad konstruktion i botten, och innehöll en mindre mängd djurben främst från nötboskap. Strax intill brunnen fanns flera mindre härdar, också med rester av djurben. Detta skulle kunna tyda på att hushållsrelaterade aktiviteter, t.ex. matberedning, utförts nära brunnen.

Fyndmaterialet från gården var något mera rikhaltigt jämfört med gård I. Flera av de gropar som hittades i anslutning till husen innehöll mindre mängder keramik, bränd lera, slagg och djurben, d.v.s. typiskt hushållsavfall. Fynden kan i huvudsak knytas till två aktivitetsområden: ett område nära huvudbyggnadens sydöstra hörn och ett väster om uthusets gavel. Inom varje område var det framförallt en grop/grophus, som innehöll ett större och mer sammansatt material. I båda groparna fanns inslag av vävtyngder och järnslagg, som visar att textilhantverk och smide bedrivits på gården.

Den mest komplexa av de gårdar som undersöktes vid Dagstorp, gård nr V, framkom i de två södra schakten närmast Välabäcken. Bebyggelsen på denna tomt kan följas genom två eller möjligen tre faser, med tyngdpunkt i vendeltid och tidig vikingatid. I detta sammanhang är det i första hand den vendeltida gården som ska diskuteras, eftersom materialet är mest rikhaltigt från denna period (fig. 37).

Gårdens byggnader har förutom ett mellanstort långhus bestått av tre mindre stolphus samt flera grophus, med en areal på 215 m². Huvudbyggnaden, hus 2, låg i en närmast öst-västlig riktning, d.v.s. parallellt med ån som legat cirka 30 meter åt söder. Av långhuset fanns endast spåren efter den takbärande konstruktionen kvar, liksom enstaka märken efter de stolpbyggda ytterväggarna. Husets storlek kan på dessa grunder uppskattas till 18–20,5x6 meter. Variationer i de takbärande bockarnas bredd och placering visar på två byggnadsfaser i huset.

Långhusets takbärande konstruktion bestod under den första fasen av fem eller sex bockar. Det osäkra antalet beror på tveksamheter i tolkningen av den första bocken från väster, vars stolphål var betydligt grundare än genomsnittet, och därför troligen tillhör den yngre fasen. Om denna bock undantas har huset haft en närmast rak innerkonstruktion, där den största bredden sammanfaller med de två bockarna i husets östligaste del, som också hade störst djup. Spannens längder är relativt jämnstora, mellan 3,2 och 4,0 meter, av vilka de två längsta spannen återfinns mellan bockarna 1–2 respektive 3–4. Detta skulle kunna tyda på en tredelning av huset, med ett ingångsrum placerat något väster om mitten och två större rum i vardera änden.

Redan från husets första fas föreligger spår efter reparationer i form av utbytta takstolpar. Dessa insatser tycks dock inte ha varit tillräckliga, utan så småningom genomfördes en mer omfattande restaurering, då nästan samtliga bockar byttes ut och flyttades i sidled i husets längdaxel, samtidigt som bockbredden minskades. Efter ombyggnaden förlängdes även huset till 20,5 meter, genom en extra takbock i väster. Med den nya konstruktionen ersattes den relativt jämna spannlängden med en större oregelbundenhet. De två största spannen finns mellan bock 2–3 och 4–5, vilket skapat två stora rum med öppna ytor. I det största rummet fanns innanför den södra långväggen en grop, som kan ha använts till förvaring. I husets östra del är spannen bara 1,25–2,5 meter långa, samtidigt som stolphålen har större djup. Detta talar för att huset även efter ombyggnaden haft en flerfunktionell indelning, med bostad i väster och ekonomidel i öster, samt ett mindre ingångsrum mellan den fjärde och femte bocken. En sådan indelning har även stöd i makrofossilfynden från huset, där andelen sädeskorn och fröer från ogräs och andra kulturväxter är större i husets västra hälft jämfört med i den östra delen, vilket sannolikt avspeglar hushållsaktiviteter. Flest fröer kan knytas till husets andra fas, beroende på att material från den gamla mark-/golvytan följt med i stolpfyllningen. Relativt sett uppvisar växtfynden dock en likartad spridningsbild i fråga om antal och fördelning i bägge husfaser. Detta talar för att den funktionella indelningen med bostad i väster och ekonomidel i öster har bibehållits. Det finns även arkeologiska spår som tyder på att rummet längst i öster använts till att stalla djur; detta i form av en fem meter lång ränna troligen för avrinning av urin. En sådan tolkning motsägs inte heller av utfallet från fosfatkarteringen kring hus 2, även om resultaten här är mer svårtydda (Martens 2005).

Bland gårdens övriga stolpbyggnader förtjänar hus 4 viss uppmärksamhet. Detta hus, som varit ungefär 9x4 meter stort och legat cirka 35 meter nordväst om långhuset, har av fyndmaterialet att döma tjänat som verkstad eller smedja (Becker 1999). I huset fanns således spår både efter en ugn och en ässja, samt kring den senare talrika slaggrester och fragment av blästermunstycken. I huset påträffades även en stor mängd förkolnade fröer, främst från vete och korn, men även från havre och olika ogräs däribland målla (se Bilaga 2 *Makrofossil* i band 2). De senare tyder på att huset även har använts för hushållsaktiviteter, kanske som kokhus. Spår efter smidesverksamhet tillvaratogs även från andra delar av gården, dels från gropar norr och söder om långhuset men också från grophusen. Bland de mer intressanta materialen efter metallhantering, bör framhållas en grop strax väster om långhusets gavel, fylld med avfall från bronsgjutning (se Becker i del III).

Bland övriga aktiviteter kan nämnas spår efter textilhantering, som i första hand kunde knytas till grophusen. I grophuset A10559, med en golvyta på cirka 10 m², fanns t.ex. spår efter sittbänkar i den västra delen. I huset nordöstra hörn låg ett stort antal obrända vävtyngder som vittnar om att vävstolen varit placerad här. I grophuset påträffades även en sländtrissa, samt i golvet en grop med lera tolkad som förrådsgrop för råmaterial till vävtyngder.

Några spår efter hägnader fanns inte i anslutning till gården. Däremot kan gårdens storlek och disposition bedömas på annat sätt. De stolpbyggda husens placering på linje ger gården en öppen disposition, som mot söder har avgränsats naturligt av ån. Det är också ner mot det rinnande vattnet som de flesta grophusen återfinns. Till gården kan även knytas två mindre odlingsytor med årderspår samt ett trettiotal gropar, ofta med fynd av bränd lera, keramik, slagg. Mellan verkstadshuset i väster och huvudbyggnaden fanns dessutom spåren efter en väg/stig som bedöms vara samtida med bebyggelsen. Vägen kan följas från en möjlig byallmänning norr om gården och ner till ett troligt vadställe över Välabäcken. Några brunnar fanns däremot inte i anslutning till gårdens byggnader, men bör ha funnits i närheten.

Fyndmaterialet från gård V var betydligt mer riktligt och sammansatt, jämfört med det från gård I och II (Becker i del III). Förutom vanligt hushållsavfall fanns även spår efter hantverksutövning, både från textilhantverk och från metallhantering. Bland de senare märks avfall efter avancerat smide och smycketillverkning i form av bronsgjutning. Dessa fynd ger bilden av en ekonomiskt välmående gård, ett snäpp upp på den sociala rangskalan, samtidigt som gården storleksmässigt inte utmärker sig.

Summering
Gårdarnas sammansättning och storlek. Under vendeltid och äldre vikingatid sker en markant ökning av

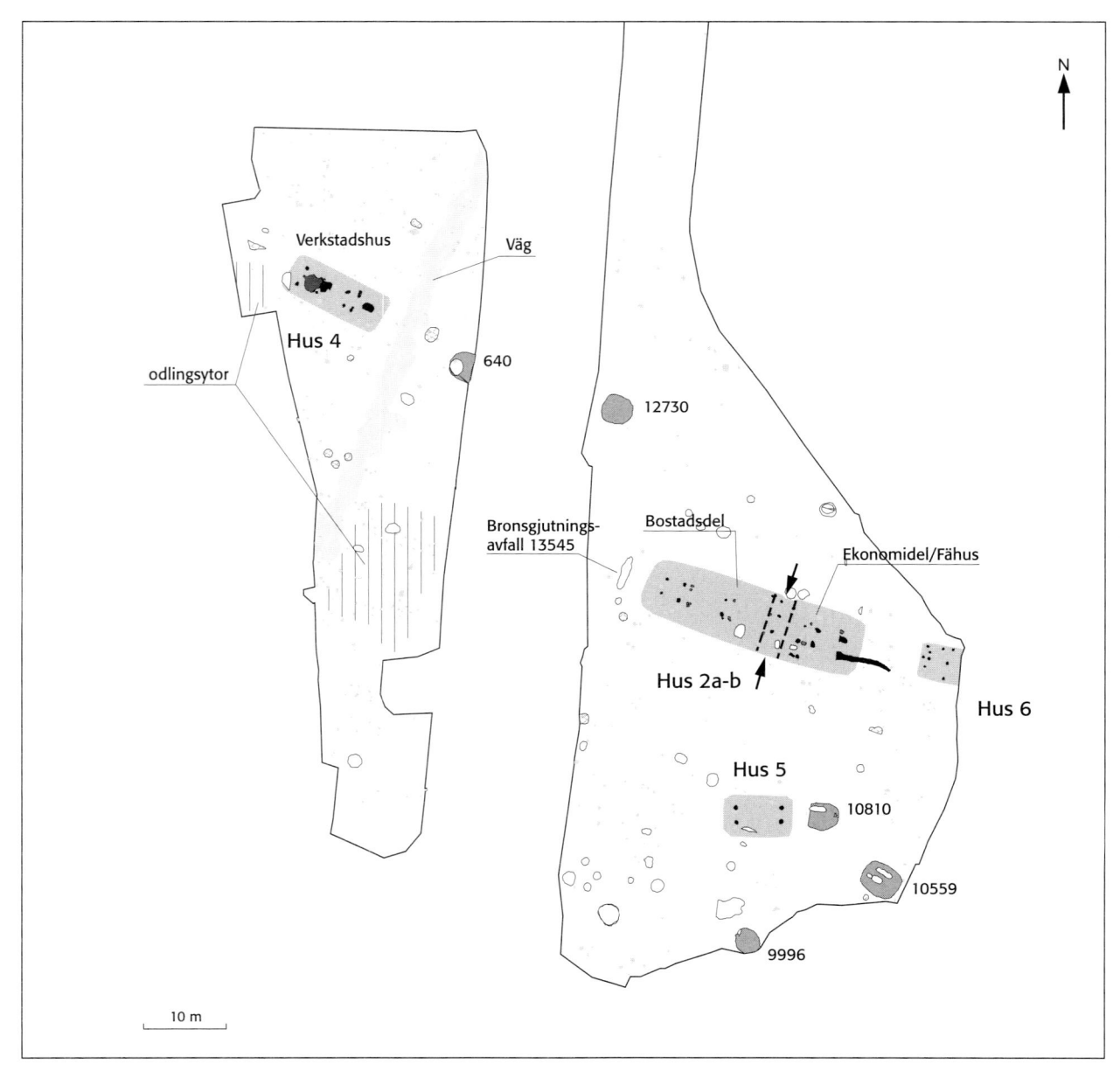

Figur 37. Gård V vid Dagstorp SU 21, under fas 1a–b, med tillhörande byggnader och aktivitetsytor. Långhuset (hus 2) har under bägge faser haft bostaden förlagd i väster och fähuset i öster.

Farm no. V at Dagstorp SU 21, phase 1a–b, with the building and activity areas. In both phases the long-house (house 2) had the dwelling section in the western part and the byre to the east.

gårdarnas byggnadsareal. Detta framgår tydligast genom att mindre gårdar under 150 m² blir färre i materialet, samtidigt som arealen hos de allra största enheterna nu ligger på mellan 440 och 580 m², d.v.s. en ökning på cirka 100–250 m² jämfört med föregående period. Även de mycket stora gårdarna har sannolikt varit relativt ovanliga inslag i landskapet och ska i första hand knytas till personer eller familjer i samhällets övre skikt. Av de tre storgårdar – Järrestad, Hjärup och Påarp – som ingår i vårt material, representerar åtminstone den förra en tydlig aristokratisk miljö, till vilken även specialiserade hantverk och kultutövning varit knuten (Söderberg 2003; 2005). Tolkningen av Hjärupsgården är mer problematisk, på grund av fyndmaterialets sparsamma karaktär, samtidigt som det även på denna gård påträffats spår efter kulthandlingar. I en tidigare studie av platsen har denna tolkats som välbeställd gård över genomsnittet (Carlie 2002a). Till denna tolkning kan här fogas gårdens centrala placering inom den s.k. Uppåkradomänen (Carlie *På tröskeln till historien* i del IV). Detta kan tyda på att anläggningen – kanske i egenskap av brytegård – ingick i den kungliga jordegendomen, och därmed som en av sannolikt många gårdar som bidrog till centralplatsens försörjning (Callmer 2001; Anglert 2003).

De flesta gårdar som ingår i studien har haft en byggnadsareal på mellan 150 och 300 m², d.v.s. bör betecknas som medelstora eller stora enheter. Den större arealen förklaras till en stor del av att gårdarna haft en eller flera extra byggnader – främst i form av stolphus med tre eller flera bockar, men även mindre uthus förekommer. Under vendeltid och vikingatid ökar även inslaget av grophus, som nu verkar ha funnits på de flesta gårdar oavsett storleken. I grophusen finns ofta spår efter textilhantverk och/eller metallhantering, troligen för det egna hushållets behov (jfr Ericson i del III). Några gårdar, t.ex. gård V i Dagstorp, har haft flera grophus stående på tomten samtidigt. Från denna, sett till byggnadsarealen medelstora men komplexa enhet, föreligger även spår efter specialiserade hantverk i form av bronsgjutning och finsmide. Detta talar för ett större välstånd på gården, trots dess relativt anspråkslösa framtoning. För en mer differentierad gårdsstruktur, eventuellt med grund i en ökad specialisering, talar även det faktum att inte alla stora gårdar haft egna grophus. Särskilt notabelt är frånvaron av grophus på de tre storgårdarna vid Hjärup, Påarp och Hilleshög. På dessa gårdar saknas även spår efter mer omfattande hantverksutövning, trots riktade insatser i fält med metallavsökning och/eller matjordsarkeologi.

Långhusens indelning. Trots att byggnadsarealen på gårdarna ökade under vendeltid och tidig vikingatid, tycks långhusen på de flesta gårdar ha varit av mellanstora, d.v.s. 20 och 30 meter långa. Därutöver finns en liten grupp om stora och mycket stora långhus, från cirka 30 till 55 meter. De få hus i materialet som låter sig indelas rumsligt ansluter till vad vi vet från tidigare perioder (jfr Dagstorp, Ståstorp och Hilleshög). Bland de 20–30 meter stora långhusen återfinns således den traditionella tredelningen, med ett ingångsrum i mittsektionen, och två större rum i respektive ändar. Denna rumsindelning finns t.ex. i hus 2 från Dagstorp, med bostad i öster och fähuset i väster. En något annorlunda lösning hittar man i hus 3 och 4 från Ståstorp. Här har långhusen istället haft tre större rum, varav ett i mitten tolkat som bostad och två gavelrum med en möjlig förrådsfunktion, medan fähuset istället antas ha varit inhyst i gårdens extra stolphus. Långhuset från Hilleshög, som är omkring 30 meter stort, har istället haft fem rum varav två ingångsrum. Även i detta fall har bostaden sannolikt legat i mitten, medan gavelrummen bör ha haft någon form av ekonomifunktion. Några belägg för att kreaturen stallats, finns inte från huset. En central placering av bostadsrummet finner man även i de mycket stora långhusen. Detta gäller både för den närmare 40 meter stora hallbyggnaden, hus 8, från Järrestad och det 50 meter stora långhuset från Hjärup. Skillnaden mellan husen består i antalet rum. Medan hus I från Hjärup har haft inte mindre än sju olika rum, varav tre ingångsrum, har hus 8 i Järrestad haft fem rum varav två ingångsrum. Järrestadhuset ansluter med sitt stora eldstadsförsedda hallrum till en vidare sydskandinavisk tradition, med förankring i tydligt aristokratiska miljöer (Herschend 1997; Söderberg 2003, s. 295f).

Gårdstomtens disposition. Under vendeltid och äldre vikingatid förändrades inte den traditionella öppna dispositionen av tomten. Liksom under tidigare perioder, anlades de flesta långhus i en närmast öst-västlig riktning, med uthusen och andra extra byggnader placerade parallellt eller på linje med huvudbyggnaden. En sådan öppen struktur återfinns även på gårdar med ett mer komplext byggnadsbestånd, som t.ex. gård V vid Dagstorp. I materialet finns emellertid även några exempel på gårdar med en halvöppen struktur, där husen legat i vinkel (t.ex. Järrestad, Hilleshög, Bjärred). Av dessa har Järrestadgården även haft en stolpbyggd särhägnad kring en byggnad som troligen haft ceremoniella funktioner i kulten. Spår efter särhägnader i form av grävda diken eller rännor har även dokumenterats i Bjärred, där dessa tolkats som tomtmarkeringar till de enskilda gårdarna.

På några av de undersökta platserna finns spår efter gropar med avfallsmaterial som kan knytas till aktiviteter på gårdarna. I Dagstorp t.ex. innehöll groparna på de två gårdarna längst i väster endast ordinärt hushållsavfall i form av kasserad keramik, bränd lera, malstenar och redskap från textilhantverk. En helt annan bild erhölls på den byggnadsmässigt mer komplexa gården nr V. Här innehöll groparna förutom avfall från hushållet och textilhantverket, även avfall och restprodukter från metallhantering, både från smide och bronsgjutning. Vid Dagstorpsgården iakttogs även andra strukturer i anslutning till gårdens byggnader. Således visar två mindre åkerytor med bevarade årderspår, att odling bedrivits nära gårdstomten. Även området kring storgården vid Järrestad visar på spår efter såväl hushållsnära aktiviteter som specialiserade verksamheter efter hantverk och kultutövning. De analyser som utförts av platsen, visar att områdena kring gården använts för olika verksamheter (Söderberg 2003; 2005). Bland annat har rituella nedläggelser av djurben, troligen från sakrala måltider, kunnat knytas till ett område med flera brunnar (Nilsson 2003).

Bebyggelsestruktur. Under vendeltid och tidig vikingatid märks en ökad differentiering i bebyggelsens övergripande organisation. Bland de olika bebyggelseformer som finns dokumenterade i vårt material finns både exempel på enstaka gårdar (jfr Glumslöv, Hilleshög och Hjärup), öppna byar med gårdarna placerade närmast på rad och med ett inbördes avstånd om cirka 30–40 meter (t.ex. Dagstorp), förtätade byar med gårdarna placerade omedelbart intill varandra och separata särhägnader eller tomtdiken (t.ex. Bjärred). Dessutom uppträder under perioden även de första exemplen på platser med en specialiserad bebyggelse bestående av talrika grophus, som tycks ha använts i samband med hantverk och handel. På en av dessa platser, Bjärred (Österleden), finns även spår efter en reglerad tomtstruktur (Becker 2001), något som tyder på en mer organiserad planering av platsen jämförbart med t.ex. Dankirke på Jylland (Jarl Hansen 1990).

Liksom under föregående perioder karakteriseras bebyggelsen av stabilitet, såtillvida att gårdarna legat kvar på samma platser under minst två eller tre faser. Samtidig uppträder nu gårdar som anlagts i nya lägen och endast existerat under en bebyggelsefas. Den ökade rörligheten i bebyggelsebilden gäller både platser med samlad bebyggelse och platser med enstaka gårdar. Som exempel kan nämnas byn vid Dagstorp, där bara en av tre undersökta gårdarna, nr V, kunde följas på samma tomt under mer än en fas. Bland enstaka liggande gårdar utan platskontinuitet, finns även ett par exempel på större gårdar (Hilleshög och Hjärup). Det är oklart hur den ökade rörligheten i bebyggelsebilden ska tolkas. Då antalet boplatser i vårt undersökningsområde allmänt sett ökar i jämförelse med yngre romersk järnålder/folkvandringstid, skulle förklaringen möjligen kunna sökas i en agrar expansion och nyodling (jfr Carlie *Samhällen och rikedomsmiljöer* i del IV).

Sammanfattning

Denna studie är den första mer omfattande sammanställningen av järnålderns gårds- och bebyggelsestrukturer i Skåne. Materialet som ligger till grund för analysen omfattar ungefär ett sjuttiotal gårdar. Merparten av dessa har undersökts av Riksantikvarieämbetet, bl.a. inom ramen för Västkustbaneprojektet. Det forskningsmässiga värdet av större materialöversikter ligger främst i de möjligheter till jämförande analyser som massmaterialen erbjuder, och som gör det möjligt att se den enskilda boplatsens unika framtoning och karaktär i förhållande till mer övergripande traditionsmönster och förändringsförlopp.

Vi har i studien av järnåldersbebyggelsen i Skåne valt att rikta den jämförande analysen mot två rumsliga nivåer: dels själva gården med dess utseende och sammansättning, dels det övergripande bebyggelsemönstret. En viktig utgångspunkt är vår syn på järnålderns samhällsorganisation som ojämlik och med en hierarkisk struktur, som baserades både på släktskapsrelationer och på individens förmåga att knyta personliga nätverk och allianser. Ett sådant synsätt har bl.a. inneburit att variationer i gårdarnas storlek och sammansättning ses som uttryck för en social och ekonomisk differentiering i samhället. Även om det skånska materialet inte är lika välbevarat som i andra regioner, så visar detta ändå på väsentliga likheter med järnåldersbebyggelsen på t.ex. Jylland och i bygder med stensträngsbebyggelse som på Öland (Fallgren 1998), Gotland (Biörnstad 1955) och i sydvästra Norge (Myhre 1992), där variationen i långhusens storlek och gårdarnas bebyggnadsareal framstår mycket tydligt.

Även järnålderns bebyggelsestruktur har i Skåne, liksom i andra delar av södra Skandinavien, visat sig vara mer komplex än vad man tidigare har ansett troligt. Platser med såväl enskilt liggande som mer utspridda gårdar förefaller således ha existerat parallellt med byar som haft en mer förtätad bebyggelse under hela perioden. Vilken typ av bebyggelse som varit den dominerande i olika områden under olika perioder har däremot sannolikt varierat beroende på t.ex. skillnader i landskapsbilden och de naturgeografiska förutsättningarna. Lokala variationer i bebyggelsestrukturen kan även skönjas inom Skåne, även om huvudparten av vårt källmaterial anknyter till slättlandskapet i de västra och sydvästra delarna. Som exempel kan nämnas äldre förromersk järnålder, där våra analyser av material från västra Skåne tyder på att bebyggelsen till övervägande del bestått av enstaka liggande eller grupper av utspridda gårdar. Denna bild skiljer sig en del från de senare årens undersökningar i Malmötrakten, som visar att det även funnits byar i regionen under samma period (jfr nedan).

Vad det gäller långhusens storlek och gårdarnas byggnadsareal, visar vår undersökning på en tydlig uppdelning mellan olika storlekar redan under tidig förromersk järnålder (jfr Artursson i del II). Uppdelningen har dock sina rötter längre tillbaka i tiden. Redan under senneolitikum och äldre bronsålder kan man se en motsvarande storleksvariation i bebyggelsen, (Myhre 1992; Artursson 2005a; 2005b), vilken sannolikhet har sin grund i en stratifierad samhällsorganisation (Nordquist 2001; Artursson m.fl. 2005).

Järnåldersgårdens utveckling i Skåne visar således till sina huvuddrag på en likartad bild som i övriga södra Skandinavien. Under äldre förromersk järnålder dominerar gårdar med ett ensamt långhus, medan det i andra områden som till exempel på Jylland finns många exempel där gården även haft mindre kompletterande byggnader (Rindel 1997; 1999). Variationen i långhusens storlek är relativt liten, men längden växlar ändå mellan cirka 10 och 32 meter i Skåne. Grophus är sällsynta på gårdarna, men förekommer dock i ett fåtal fall (se Ericson i del III). Den totala byggnadsarealen på gårdarna varierar mellan cirka 65 m^2 upp till 230 m^2. Skillnaderna i storlek mellan olika gårdar visar att den största gården har haft en byggnadsareal som varit nästan fyra gånger större än den på den minsta enheten.

Bebyggelsestrukturen i Skåne under äldre förromersk järnålder är, som tidigare nämndes, relativt svår att uttala sig om, eftersom man endast vid ett fåtal tillfällen har kunnat undersöka större delar av boplatser.

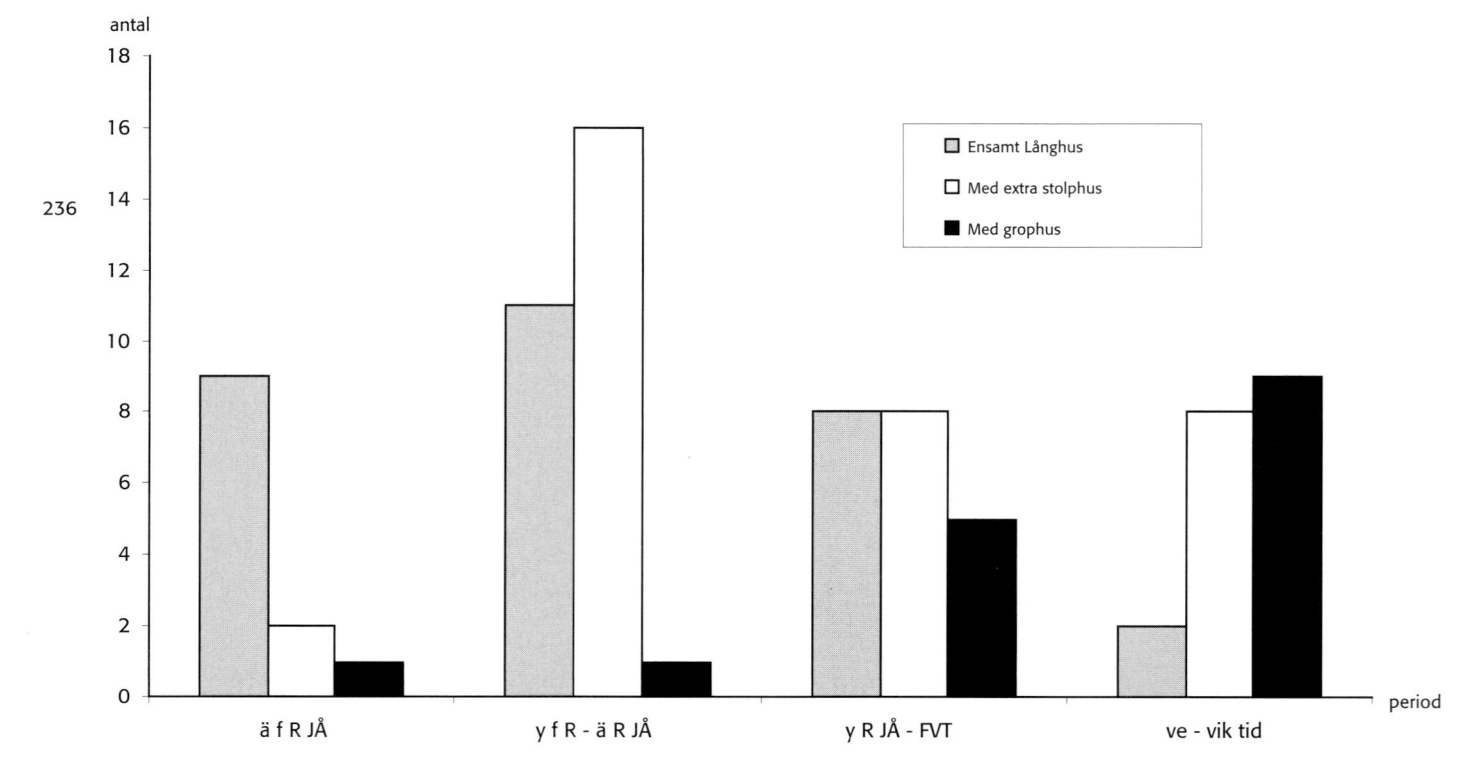

Figur 38. Den skånska järnåldersgårdens byggnadsbestånd från förromersk järnålder och fram i vikingatid. Diagrammet omfattar 69 gårdar.

Types of buildings on Scanian Iron Age farms from the Pre-Roman Iron Age to the Viking Age. The diagram comprises 69 farms.

I de fall då detta varit möjligt finns tydliga tecken på att det funnits såväl enskilt liggande gårdar som utspridda byar i området. Ett tydligt exempel på en utspridd by har undersökts vid Hyllie utanför Malmö (Friman & Hector 2003, s. 182f), där åtminstone tre gårdslägen kan ha existerat samtidigt. Ytterligare ett exempel finns från Hilleshög 3:7 norr om Landskrona, där två gårdslägen undersöktes som kan ha varit samtida. Den lokala topografin i närområdet ger dock utrymme till fler gårdar, och minst tio gårdslägen kan hypotetiskt ha använts parallellt om hela boplatsläget har utnyttjats samtidigt. Här har det smala undersökningsområdet begränsat våra möjligheter att få ett grepp om helheten.

Våra analyser tyder vidare på att de enskilda gårdslägena som regel bara utnyttjades under en bebyggelsefas. Bara i ett fåtal fall finns det spår efter reparationer eller långhus som har överlagrat varandra. Detta tyder på en relativt stor rörlighet i bebyggelsestrukturen. Om man jämför med situationen på bland annat Jylland (Rindel 1997; 1999), tycks det som om bebyggelsen i Skåne har varit mer rörlig och utspridd. Också i jämförelse med övriga södra Skandinavien har Jylland haft en exceptionellt förtätad bebyggelsestruktur. Emellertid har det också här funnits en viss variation i bebyggelsen, med såväl ensamliggande gårdar och byar med utspridd respektive mer samlad bebyggelse.

Under yngre förromersk och äldre romersk järnålder ökar antalet gårdar där långhuset har kompletterats med mindre byggnader. Grophusen var dock fortfarande relativt sällsynta. Storleksvariationen bland långhusen ökar också betydligt. I Skåne finns nu exempel på

Böndernas gårdar

Äldre förromersk järnålder

Yngre förromersk - äldre romersk järnålder

Yngre romersk järnålder - folkvandringstid

Vendeltid - Vikingatid

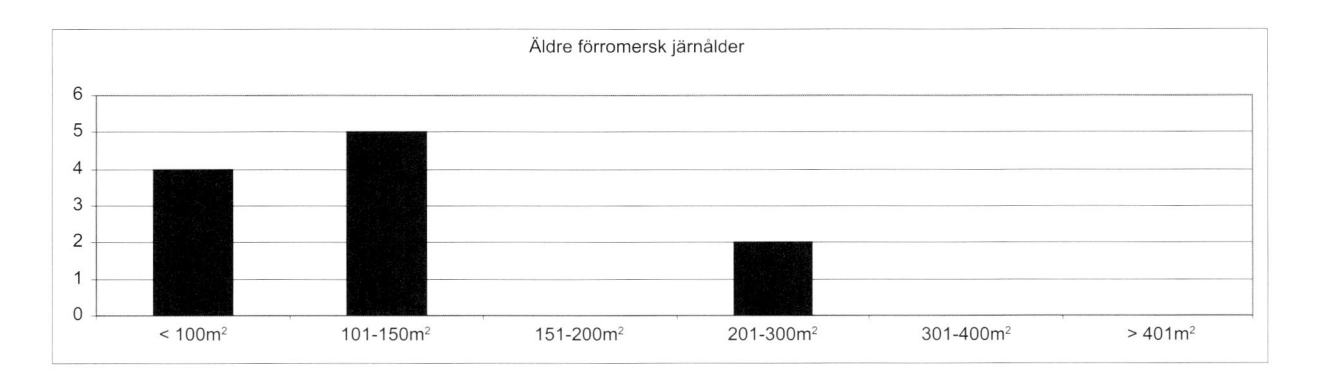

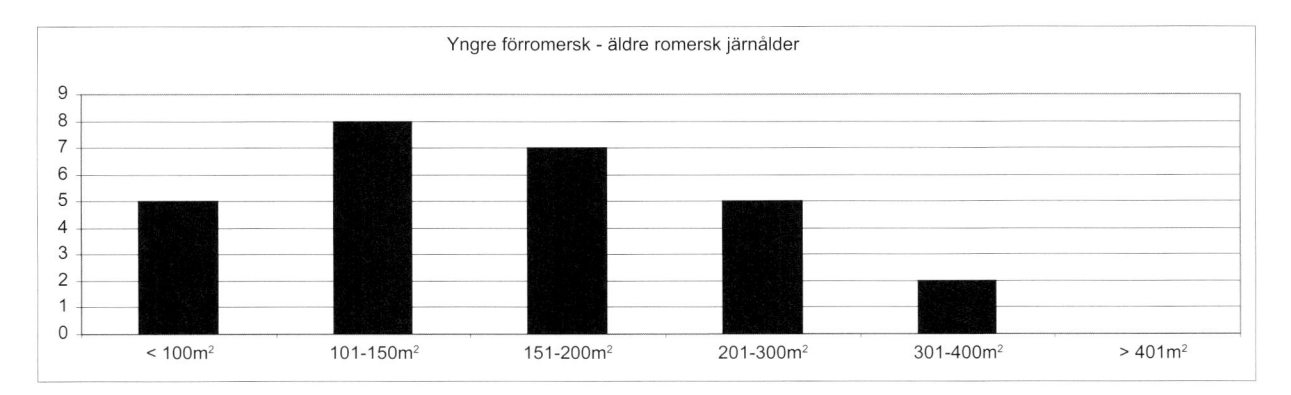

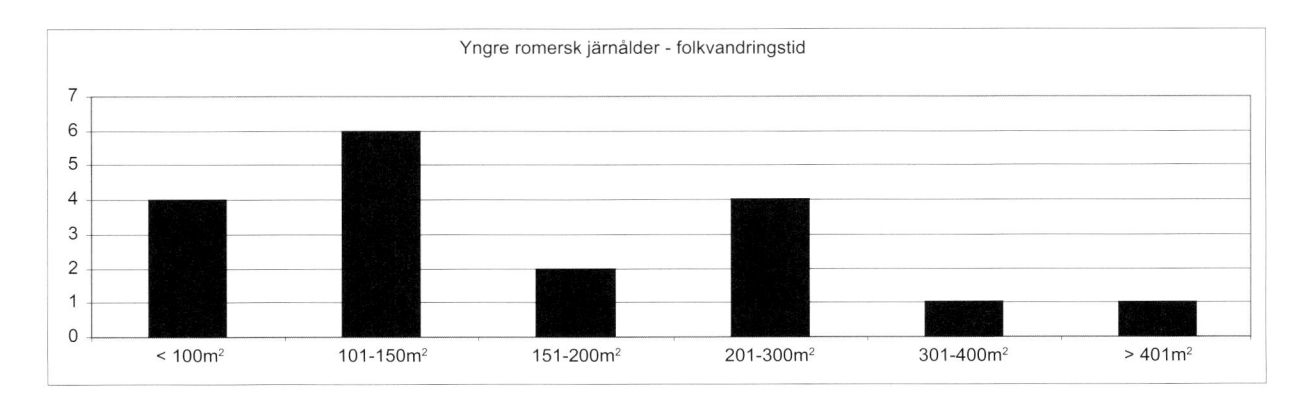

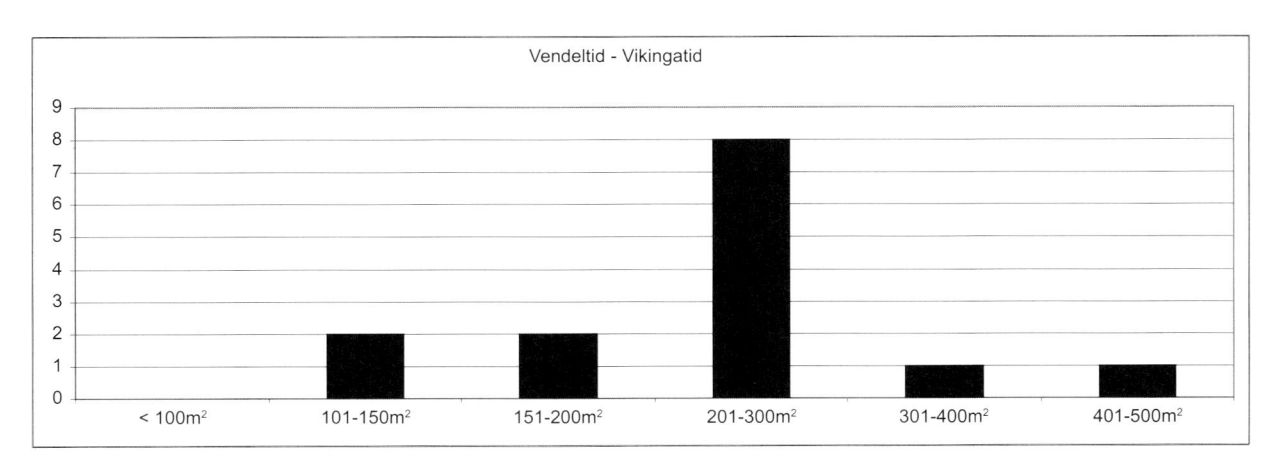

Figur 39a–d. Den skånska järnåldersgårdens byggnadsareal från förromersk järnålder och fram i vikingatid. Diagrammen omfattar 11, 27, 18 respektive 15 gårdar.

Building areas of Scanian Iron Age farms from the Pre-Roman Iron Age to the Viking Age. The diagram comprises 11, 27, 18, and 15 farms.

byggnader som varierat mellan cirka 10 och 50 meter i storlek (Artursson i del II). Samtidigt blir antalet mycket stora och stora långhus, som har varit mellan cirka 30 och 50 meter, relativt sett fler. Skillnaderna i den totala byggnadsarealen på gårdarna blir större; den varierar mellan cirka 80 och upp till 355 m². Den största gården har således haft en yta som har varit fyra till fem gånger större än den minsta. Bebyggelsestrukturen i Skåne präglas under perioden av en större stabilitet, så att samtliga storlekskategorier av gårdar kan följas i flera faser på samma plats. Det tycks också bli vanligare med utspridda byar i området, men fortfarande domineras troligen bilden av ensamliggande gårdar. Som vi har sett så karakteriseras bebyggelsen under perioden av de större gårdar som blir vanliga på många platser. Samtidigt har man dock fortfarande hela spektrumet av gårdsstorlekar. Vad dessa förändringar beror på är osäkert. Sannolikt har de sin grund i flera samverkande faktorer, av såväl ekonomisk, social som politisk art, och där de vidgade kontaktnäten med den romerska kultursfären kom att spela en viktig roll för spridningen av nya värderingar bland den lokala eliten, även i Germaniens mer avlägsna hörn. De förändringar som ses i materialet tyder på att gårdens betydelse som produktionsenhet och därmed som ekonomisk grund för ökat välstånd, utvecklades snabbt under denna period. Vi känner inte till de enskilda beståndsdelarna i denna process, men troligen har förändringarna omfattat alltifrån införandet av nya grödor och tekniska innovationer inom jordbruket, till nya värderingar kring enskilt ägande och utnyttjande av ofri arbetskraft. Med den nya tiden följde sannolikt även nya möjligheter för enskilda personer eller grupper att utmana den gamla eliten och maktstrukturen, bland annat genom att markera sin sociala position i den materiella kulturen. Samtidigt kan man inte bortse från att långhusens och gårdarnas storlek också återspeglar variationer i hushållens sammansättning och storlek.

Gårdar med kompletterande, mindre byggnader förekommer även under yngre romersk järnålder och folkvandringstid, samtidigt som grophusen blir något vanligare (Ericson i del III). Under perioden fortsätter variationen i storlek hos långhusen att öka, och i Skåne ligger intervallet mellan cirka 10–60 meter (Artursson i del II). Även den totala byggnadsarealen på gårdarna uppvisar en större spännvidd, från cirka 80 och upp till 415 m². Den största gården har alltså varit drygt fem gånger större än den minsta. Den process som inleddes under föregående period, med en ökande stabilitet hos bebyggelsen, kan även följas under yngre romersk järnålder och folkvandringstid. Detta innebär att en stor del av gårdarna anläggs på samma plats under mer än en bebyggelsefas. Vår studie visar samtidigt på en tydlig ökning av antalet platser med bystruktur. Det handlar i samtliga fall om boplatser i västra Skåne, dels utmed Saxådalen, dels i slättlandet söder om Kävlingeån. Antalet undersökta samtida gårdar varierar mellan tre till sex stycken. Ingen av platserna har dock totalundersökts. Det är därför svårt att bedöma hur många gårdsenheter varje by har bestått av. Erfarenheter från andra samtida byar, t.ex. Brogård i södra Halland (Carlie 1992; 1999), tyder på att det inom samma bosättning ofta funnits en gård med betydligt större byggnadsareal. De få storgårdar med datering till yngre romersk järnålder och folkvandringstid som hittills har undersökts i västra Skåne, vid Annelöv och Påarp utanför Helsingborg (Aspeborg 2002), förefaller inte ha legat i direkt anslutning till en mer samlad bebyggelse. Detta kan dock bero på de begränsade ytor som har undersökts (jfr Carlie *På tröskeln till historien* i del IV).

Under vendeltid och tidig vikingatid blir gårdsstrukturen alltmer komplex och gårdar med flera byggnader dominerar. Samtidigt blir grophuset ett vanligt förekommande inslag i bebyggelsebilden. Denna utveckling speglar sannolikt en ökad specialisering av husens funktioner, som t.ex. sädesmagasin, tröskloge, förråd, utrymmen för hantverk m.m., så att olika aktiviteter på gården får sina egna byggnader som anpassas för uppgiften. Storleksvariationen för långhusen är ungefär den samma som under föregående period, mellan cirka 10–56 meter. Trots detta är arealen i en del fall större eftersom långhusen generellt är något bredare jämfört med tidigare (Artursson i del II). Den samlade byggnadsarealen ökar betydligt och rör sig nu i intervallet 105 upp till 580 m², vilket innebär att den största gården fortfarande är mer än fem gånger större än den minsta.

Under loppet av yngre järnålder genomgår bebyggelsestrukturen en tydlig förändring, så att denna blir alltmer varierad. Parallellt med enskilt liggande gårdar, förekommer både utspridda byar och förtätade byar. De senare, med gårdarna placerade omedelbart intill varandra, är tidvis åtskilda av särhägnader eller tomtdiken. Under sen vendeltid och vikingatid uppträder även kustnära boplatser med betydande grophusbebyggelse, till exempel vid Löddeköpinge (Ohlsson 1976), Bjärred (Österleden), Karstorp och Åhus (Callmer 1991). Mycket talar för att dessa platser haft specialiserade funktioner med koppling till hantverk och handel. De flesta gårdslägen uppvisar, liksom tidigare, spår av att ha utnyttjats under flera faser. Samtidigt kan man se att en del gårdar anläggs i nya lägen och då ofta bara har existerat under en bebyggelsefas. Exempel på detta finns bl.a. från det kustnära området mellan Helsingborg och Landskrona, vilket tolkas som en tillfällig bebyggelseexpansion. Inga av de byar som undersökts, vid t.ex. Dagstorp och Bjärred, visar på någon tydlig storlekvariation mellan gårdarna. Däremot finns exempel på mycket stora gårdar med uttalade aristokratiska drag, främst representerat av Järrestad i sydöstra Skåne. Särskilt under vikingatid får de här stormansgårdarna ett speciellt utseende med stora långhus ibland uppförda i en särskild byggnadsteknik och mindre stolpbyggnader som förmodligen har haft en rituell funktion. Detta visar att såväl storleken på långhusen som sättet att bygga var viktiga markörer av den sociala identiteten.

Not

1) Byggnadsarealen i husen har avrundats till närmaste fem eller tiotal m².

Summary
Peasants' farms. settlement structures in Scania during the Iron Age.

As the number of excavated Iron Age (500 BC–1050 AD) settlement sites in southern Scandinavia have increased during the last 15–20 years, our picture of the farm and settlement structure has improved considerably. This has given us a better understanding of how life was organised in the area during the period. Changes in building tradition, size and structure of the farms and how the settlements were organised have given us a better understanding on how society changed over time. Signs of social stratification appear in the settlement structure already at the beginning of the Pre-Roman Iron Age, and it gets more and more evident over time, all the way up to the end of the Viking Age. The existence of longhouses and farms of different size side by side, gives us a picture of a complex society. The upper stratum of society marked its position with, among other things, large longhouses and farms of a unique size and structure. These large farms must be interpreted as chiefly centers; the material manifestations of a hierarchially organised society.

It is also quite evident that there was a differentiation in settlement structure in the area during the whole period, though it varied over time. Thus, the entire spectrum of different organizational possibilities was used; everything from single farms to hamlets and small villages can be identified in the archaeological record. Variations in settlement structure seem to have a very clear connection with the centrality of a particular geographical area. Generally, central areas show a greater variation in settlement structure than areas in the periphery. An interesting fact is that we actually have signs of a more concentrated settlement structure already in the Middle Neolithic (MN B) (2800–2350 BC), for example in Bornholm and Scania. This was even more accentuated during the Late Neolithic and Bronze Age (2300–500 BC).

Our studies of Iron Age settlements in Scania show that most farms during the Early Pre-Roman Iron Age consisted of a single long-house. However, differences in the size of the long-house tell us that the building area varied considerably (65–230 m^2). That means that the largest farm was about four times bigger than the smallest unit. Where more substantial parts of settlements have been excavated, the results indicate that the settlement structure in this period consisted of both solitary farms and dispersed villages in the area.

Around the birth of Christ several obvious changes can be seen in the archaeological record. Not only does the long-house show a greater variation in size, but also the number of buildings on the farm increases, while differences in the building area simultaneously get bigger (80–355 m^2). Also, the settlement structure is characterized by more stability in this period, so that farms can be followed on the same site in more phases. This development continues into the Late Roman Iron Age and Migration Period, when the variation in building area increases even more (80–415 m^2), so that the largest farm was about five times bigger than the smallest unit. Furthermore, settlement sites with a village structure are more numerous, at the same time as pit-houses with craft-related finds become more common. The reason for this change is somewhat unclear. Possibly, the explanation is to be found in several interacting factors, of an economic, social, and political character, and the wider circles of contacts with Roman culture played an important role for the dissemination of new values among the local elite, even in more distant areas of Germania.

The changes in the archaeological record mentioned above indicate that the importance of the farm as a production unit, and thus as an economic basis for wealth, developed rapidly in this period. We do not know the separate constituents in this process, but presumably the changes would have comprised everything from the introduction of new crops and technological innovations in agriculture to new values concerning private ownership and the use of unfree workers.

In Scania, as in other parts of southern Scandinavia, the Roman Iron Age and Migration Period were marked by a continuously increasing concentration of wealth and competition for power. This development was further accentuated in the Vendel Period and Early Viking Age, when the building area of the farm increased once again (105–580 m²), while pit-houses and handicrafts became even more common on the settlements. During the Late Iron Age the settlement structure also become more varied, with solitary farms, dispersed villages, concentrated villages, and specialized settlements for trade and craftsmanship. There are no obvious differences in size between farms within the villages in Scania. However, there are a few examples of very big units with an evident aristocratic character. In particular, during the Viking Age, these magnate farms had a special appearance, with big long-houses, sometimes constructed in a certain technique, and smaller special buildings which probably had some kind of ritual function.

Referenser

Ambrosiani, B. 1964. *Fornlämningar och bebyggelse. Studier i Attundalands och Södertörns förhistoria*. Kungl. Vitterhetsakademien, Stockholm.

Andersson, M., Grønnegaard, T. & Svensson, M. 1999. Mellanneolitisk palissadinhägnad och folkvandringstida boplats. Skåne, Västra Karaby sn, Västra Karaby 28:5, Dagstorp 17:12, VKB SU 19. Arkeologisk undersökning. *Riksantikvarieämbetet. UV Syd Rapport* 1999:101.

Anglert, M. 2003. Uppåkra. Bland högar, ortnamn och kyrkor. I: Anglert, M. och Thomasson, J., red. *Landskapsarkeologi och tidig medeltid - några exempel från södra Sverige*, Uppåkrastudier 8. Acta Archaeologica Lundensia Serie in 8° No. 41, Stockholm, s. 115-144.

Artursson, M. 1998. Rya - En medeltida bytomt och en förhistorisk boplats. Skåne, Kvistofta sn, Raä 92. Arkeologisk slutundersökning. *Riksantikvarieämbetet. UV Syd Rapport* 1998:21.

Artursson, M. 1999. Saxtorp. Boplatslämningar från tidigneolitikum - mellanneolitikum och romersk järnålder - folkvandringstid. Skåne, Saxtorp sn, Tågerup 1:1 och 1:3. Västkustbanan SU 8, Raä 26. *Riksantikvarieämbetet. UV Syd Rapport* 1999:79.

Artursson, M. 2000. Stångby stationssamhälle. boplats- och bebyggelselämningar från senneolitikum till yngre järnålder. Skåne, Vallkärra sn, väg 930. Arkeologisk förundersökning och undersökning. *Riksantikvarieämbetet. UV Syd Rapport* 2000:79.

Artursson, M. 2005a. Byggnadstradition. I: Lagerås, P. och Strömberg, B., red. *Bronsåldersbygd 2300-500 f.Kr.*, Skånska spår - arkeologi längs Västkustbanan. Stockholm, s. 20-83.

Artursson, M. 2005b. Gårds- och bebyggelsestruktur. I: Lagerås, P. och Strömberg, B., red. *Bronsåldersbygd 2300-500 f.Kr.*, Skånska spår - arkeologi längs Västkustbanan. Stockholm, s. 84-159.

Artursson, M., Karsten, P. & Strömberg, B. 2005. Aspekter på samhällsutveckling. I: Lagerås, P. och Strömberg, B., red. *Bronsåldersbygd 2300-500 f.Kr.*, Skånska spår - arkeologi längs Västkustbanan. Stockholm, s. 496-547.

Aspeborg, H. 2002. En storgård i Påarp. Skåne, Välluv sn, Påarp 1:12, RAÄ 22 & 43. *Riksantikvarieämbetet. UV Syd Rapport* 2002:1.

Aspeborg, H. 2003. Rydebäcks station. Gårdar från förromersk järnålder. Arkeologisk undersökning. Skåne, Kvistofta socken, Rya 1:30 (f.d. Katslösa 14:1). Dnr 423-1528-2002. *Riksantikvarieämbetet UV Syd. Dokumentation av fältarbetsfasen* 2003:13.

Audouze, F. & Büchsenschütz, O. 1992. *Town, villages and countryside of celtic Europe. From the beginning of the second millenium to the end of the first century BC*. Bloomington and Indianapolis.

Bantelmann, A. 1975. *Die frühgeschichtliche Marschensiedlung beim Elisenhof in Eiderstedt. 1 Landschaftgeschichte und Baubefunde*. Frankfurt am Main.

Becker, C. J. 1966. Ein früheisenzeitliches Dorf bei Grøntoft, Westjütland. Vorbericht über die Ausgrabungen 1961-63 *Acta Archaeologica*, XXXVI 1965, s. 209-222.

Becker, C. J. 1969. Das früheisenzeitliche Dorf bei Grøntoft, Westjütland. 2. Vorbericht. Die Ausgrabungen 1964-66 *Acta Archaeologica*, XXXIX 1968, s. 235-255.

Becker, C. J. 1972. Früheisenzeitliche Dörfer bei Grøntoft, Westjütland. 3. Vorbericht. Die Ausgrabungen 1967-68 *Acta Archaeologica*, XLII 1971, s. 79-110.

Becker, N. 1999. De vendeltida gårdslämningarna i Dagstorp. Skåne, Dagstorp socken, Dagstorp 1:2-3, 5:31, Västkustbanan SU 21. Arkeologiska undersökning. *Riksantikvarieämbetet. UV Syd Rapport* 1999:62.

Becker, N. 2001. En grophusbebyggelse vid Bjärred. boplatslämningar och grophusbebyggelse från den äldre och yngre järnåldern. Skåne, Borgeby och Flädie socknar. Dnr 423-2468-2000. *Riksantikvarieämbetet. UV Syd Dokumentation av fältarbetsfasen* 2001:1.

Becker, N. 2003. En gård på Lilla Tvären. Boplatslämningar och järnhantering från den äldre järnåldern. Skåne, Hedeskoga socken, Lilla Tvären 4:1. Arkeologisk undersökning. *Riksantikvarieämbetet. UV Syd Dokumentation av fältarbetsfasen* 2003:1.

Bergenstråhle, I. 2000. Hus från äldre järnålder. Skåne, Kvidinge socken, Körslätt 3:1. Arkeologisk undersökning 1996. *Riksantikvarieämbetet UV Syd Rapport* 2000:57

Bergenstråhle, I. & Stilborg, O. 2002. Klörup. Romartida bägare och bostäder. I: Carlie, A., red. *Skånska regioner. Tusen år av kultur och samhälle i förändring*, Arkeologiska undersökningar Skrifter No 40. Stockholm, s. 555-595.

Biörnstad, A. 1955. Previous investigations of Iron Age building remains on Gotland. I: Stenberger, M. och Klindt-Jensen, O., red. *Vallhagar. A Migration period settlement in Gotland/Sweden*. Part II, s. 863-976.

Björhem, N. & Säfvestad, U. 1993. *Fosie IV. Bebyggelsen under brons- och järnålder*. Malmöfynd 6, Malmö.

Borna-Ahlkvist, H., Lindgren-Hertz, L. & Stålbom, U. Pryssgården: från stenålder till medeltid. *Riksantikvarieämbetet. RAÄ Rapport UV Linköping* 1998:13.

Burström, M. 1995. Gårdstankar. Kognitiva och social perseptkiv på forntidens gårdar. I: Göthberg, H., Kyhlberg, O. & Vinberg, A., red. *Hus & gård. Artikeldel. Hus & gård i det förurbanen samhället. Rapport från ett sektorsforskningsprojekt vid Riksantikvarieämbetet*, Arkeologiska undersökningar Skrifter nr 14. Stockholm, s. 163-177.

Callmer, J. 1991. Platser med anknytning till handel och hantverk i yngre järnålder. Exempel från södra Sverige. I: Mortensen, P. och Rasmussen, B. M., red. *Fra stamme til Stat i Danmark 2. Høvdingesamfund og Kongemakt*, Jysk Arkæologisk Selskabs Skrifter XXII:2. Højbjerg, s. 29-47.

Callmer, J. 2001. Extinguished solar systems and black holes: traces of estates in the Scandinavian Late Iron Age. I: Hårdh, B., red. *Uppåkra. Centrum och sammanhang*, Uppåkrastudier 3. Acta Archaeologica Lundensia Series in 8° No. 34, Stockholm, s. 109-137.

Cardell, A. 2000.Osteologisk analys av djurbensmaterialet från en brunn. I: Stark, K. red. E22 Bromölla. Gårdslämningar från äldre järnålder. *Riksantikvarieämbetet. UV Syd Rapport* 2000:4.

Carlie, A. 2002a. Gård och kultplats. Om bruket av offerhandlingar på en yngre järnåldersgård i Hjärup, sydvästra Skåne. I: Carlie, A., red. *Skånska regioner. Tusen år av kultur och samhälle i förändring.*, Riksantikvarieämbetet Arkeologiska undersökningar Skrifter No 40. Stockholm, s. 653-679.

Carlie, A. 2002b. Hus och gårdar. Tre platser med bebyggelse från äldre järnålder i slättlandet mellan Löddeköpinge och Uppåkra. I: Carlie, A., red. *Skånska regioner. Tusen år av kultur och samhälle i förändring.*, Riksantikvarieämbetet Arkeologiska undersökningar Skrifter No 40. Stockholm, s. 513-553.

Carlie, A. 2004. *Forntida byggnadskult. Tradition och regionalitet i södra Skandinavien.* Arkeologiska undersökningar Skrifter No. 57, Stockholm.

Carlie, A. 2005. Platsbeskrivningar utmed Västkustbanan. I Carlie, A., red. *Järnålder vid Öresund. Band 2. Metod- och materialstudier*, Skånska spår - arkeologi längs Västkustbanan. Stockholm.

Carlie, L. 1992. *Brogård - ett brons- och järnålderskomplex i södra Halland, dess kronologi och struktur.* Hallands Länsmuseers Skriftserie No 6, Lund.

Carlie, L. 1999. *Bebyggelsens mångfald. En studie av södra Hallands järnåldersgårdar baserad på arkeologiska och historiska källor.* Acta Archaeologica Lundensia Series in 8° No. 29, Stockholm.

Carlsson, D. 1979. *Kulturlandskapets utveckling på Gotland.* Kulturgeografiska institutionen. Meddelande B 49, Stockholm.

Egeberg Hansen, T., Hvass, S. & Kaldal Mikkelsen, D. 1991. Landbebyggelserne i 7. århundrede. I: Mortensen, P. och Rasmussen, B. M., red. *Fra stamme til Stat 2. Høvdingesamfund og Kongemakt*, Jysk Arkæologisk Selskabs Skrifter XXII:2. s. 17-27.

Ericson, T. 1999a. Järnåldersbebyggelse vid Annelöv. Arkeologisk undersökning. Skåne, Annelövs sn, Annelöv 38:1, VKB SU 14V. *Riksantikvarieämbetet. UV Syd Rapport* 1999:107.

Ericson, T. 1999b. Järnåldersbebyggelse vid Kvärlöv. Skåne, Saxtorp sn, Kvärlöv 8:5, VKB SU 11, Raä 9. *Riksantikvarieämbetet. UV Syd Rapport* 1999:99.

Fallgren, J.-H. 1998. Hus och gård på Öland. *Bebyggelsehistorisk tidskrift*, nr 33 1997, s. 63-76.

Fendin, T. & Ericsson, K. 1996.7. Plats 2:7, 2:10, 3:3 och 3:2. Fyndförande svämsediment, boplatser och härdområde från senneolitikum - äldsta järnålder. I: Svensson, M. och Karsten, P. red. Skåne, Malmöhus län. Järnvägen Västkustbanan, delen Helsingborg - Kävlinge. Avsnittet Helsingborg - Landskrona (block 1-2). Arkeologisk förundersökning. *Riksantikvarieämbetet. UV Syd Rapport* 1996:48.

Friman, B. & Hector, L. 2003. An Early Iron Age Settlement at Hyllie. Preliminary Results of the Excavations. I: Larsson, L. och Hårdh, B., red. *Centrality - Regionality. The Social Structure of Southern Sweden during the Iron Age*, Uppåkrastudier 7. Acta Archaeologica Lundensia Series in 8° No 80, Stockholm, s. 179-189.

Frölund, P. 1998. Hus, gård och by under äldre järnålder - exempel från norra Uppland. I: Andersson, K., red. *"Suionum hinc civitates". Nya undersökningar kring norra Mälardalens äldre järnålder*, Occasional papers in archaeology nr 19. Uppsala, s. 145-166.

Granlund, J. 1981. Gård. Sverige. *Kulturhistorisk lexikon för nordisk medeltid från vikingatid till reformationstid.* Band 5, 622-623.

Grønnegaard, T. 1999. Yngre jernalders enkeltgård og fossilt åløb. Skåne, Dagstorp sn, Dagstorp 17:10 och 17:12, VKB SU 20. Arkeologisk undersökning. *Riksantikvarieämbetet. UV Syd Rapport* 1999:100.

Göthberg, H. 2000. *Bebyggelse i förändring. Uppland från slutet av yngre bronsålder till tidig medeltid.* Occasional Papers in Archaeology 25, Uppsala.

Haarnagel, W. 1979. *Die Grabung Feddersen Wierde. Methode, Hausbau, Siedlungs- und Wirtschaftsformen sowie Sozialstruktur.* Wiesbaden.

Hannerberg, D. 1971. *Svenskt agrarsamhälle under 1200 år. Gård och åker. Skörd och boskap.* Stockholm.

Hatt, G. 1938. Jernalderbopladser i Himmerland. *Aarbøger for Nordisk Oldkyndighed og Historie 1938*, s. 119-266.

Hatt, G. 1957. *Nørre Fjand. An Early Iron-Age village site in West Jutland.* Arkeologiske-kunsthistorisk Skrifter Bd. 1-2, København.

Helgesson, B. 1996. Fjälkinge 35:60 m. fl., Fjälkinge socken, Skåne. Fornlämning 18 och 19. Arkeologisk undersökning. *Kristianstads Läns Museum, kulturmiljöavdelningen.* Rapport 1996:5.

Herschend, F. 1993. The Origin of the Hall in Southern Scandinavia. *Tor*, 25, s. 175-199.

Herschend, F. 1995. Hus på Helgö *Fornvännen*, 90, 1995:4, s. 221-228.

Herschend, F. 1997. *Livet i Hallen. Tre fallstudier i den yngre järnålderns aristokrati.* Occasional Papers in Archaeology 14, Uppsala.

Hvass, S. 1983. Vorbasse. The Development of a Settlement through the first Millenium A.D. *Journal of Danish Archaeology*, 2, s. 127-136.

Hvass, S. 1985. *Hodde. Et vestjysk landsbysamfund fra ældre jernalder.* Arkæologiske Studier: Volume VII. København.

Hyenstrand, Å. 1984. *Fasta fornlämningar och arkeologiska regioner.* RAÄ och SHM Rapport 1984:7, Stockholm.

Hårdh, B. 2003. The Contacts of the Central Place. I: Larsson, L. och Hårdh, B., red. *Centrality - regionality. The social structure of Southern Sweden during the Iron Age*, Uppåkrastudier 7. Acta Archaeologica Lundensia Series in 8° No 40., Stockholm, s. 27-66.

Iversen, T. 1994. *Trelldommen. Norsk slaveri i middelalderen.* Bergen.

Jacobsson, B. 2002. Ståstorp - en vendeltida/vikingatida gård. Skåne, Trelleborg och Västra Tommarps socken, Väster Jär 3:4 och Ståstorp 3:1. Arkeologisk förundersökning och slutundersökning. *Riksantikvarieämbetet. UV Syd Dokumentation av Fältarbetsfasen* 2002:2.

Jarl Hansen, H. 1990. Dankirke. Jernalderboplads og rigdomscenter. Oversikt over udgravningerne 1965-70 *KUML 1988-89*, s. 201-247.

Jönsson, L. & Lövgren, K. 2003. Öresundsförbindelsen. Fosie 9A-B. Rapport över arkeologisk slutundersökning. *Rapport nr 20*. Malmö Kulturmiljö.

Jørgensen, L. 2002. Kongsgård, kultsted, marked : overvejelser omkring Tissøkompleksets struktur og funktion. I: Jennbert, K. A., Andrén, A. & Raudvere, C., red. *Plats och praxis. Studier av nordisk förkristen ritual*, Vägar till Midgård 2. Lund, s. 215-247.

Kjær, H. 1928. Oldtidshuse ved Ginderup i Thy *Fra nationalmuseets Arbejdsmark 1928*, s. 7-20.

Knarrström, B. 2000. *Flinta i sydvästra Skåne*. Acta Archaeologica Lundensia Series in 8, No 33, Lund.

Knarrström, B. 2005. Flintor från järnålder. I Carlie, A., red. *Järnålder vid Öresund. Band 2. Metod- och materialstudier*, Skånska spår - arkeologi längs Västkustbanan. s. xx.

Kriig, S. & Pettersson, C. B. 1997. Den fattige grannen. Kustbönder och boskapsskötare i skuggan av Löddeköpinge. I: Karsten, P., red. *Carpe Scaniam. Axplock ur Skånes förflutna*, Arkeologiska undersökningar Skrifter No. 22. Stockholm, s. 149-172.

Løken, T. 1998. The longhouses of Western Norway from the Late Neolithic to the 10th Century AD: representatives of a common Scandinavian building tradition or a local develpment? I: Schjelderup, H. och Storsetten, O., red. *Grindbygde hus i Vest-Norge. NIKU-seminar om grindbygde hus. Bryggens Museum 23-25.03.28*, s. 52-64.

Martens, J. 1998. "Haus und Hof" in southern Scandinavia during the Roman period. I: Leube, A., red. *Haus und Hof im östlichen Germanien*, Universitätsforschungen zur prähistorischen Archäeologie Band 50. Schriften zur Archäeologie der germanischen und slawichen Frühgeschichte, Band 2. Bonn, s. 247-260.

Martens, J. 2005. Usynlige strukturer. I: Carlie, A., red. *Järnålder vid Öresund. Band 2. Metod- och materialstudier*, Skånska spår - arkeologi längs Västkustbanan. Stockholm.

Myhre, B. 1992. *Settlements of Southwest Norway during the Roman and Migration periods*. Offa 39.

Myrdal, J. 1984. Elisenhof och järnålderns boskapsskötsel i Nordvästeuropa. *Fornvännen*, 79, 1984, s. 73-92.

Månsson, S. & Pihl, H. 1999. Gravar, yxtillverkning och hus från mellanneolitikum. Skåne, Dagstorp sn, Särslöv 3:6 m. fl. VKB SU 17 Arkeologisk undersökning. *Riksantikvarieämbetet. UV Syd Rapport* 1999:39.

Nilsson, L. 1998. Osteologisk analys av djurbensmaterialet. I: Runcis, J. red. Naturvetenskapliga analysresultat från en yngre järnåldersboplats i Hjärup. Skåne, Uppåkra socken, Hjärup 21:36, Raä 29. Särskild arkeologisk undersökning. *Riksantikvarieämbetet. Bilaga till Rapport UV Syd* 1998:1.

Nilsson, L. 2003. Blóta, Sóa, Senda. Analys av djurben. I: Söderberg, B., red. *Järrestad. Huvudgård i centralbygd*, Arkeologiska undersökningar Skrifter No. 51. Stockholm, s. 287-308.

Nordquist, P. 2001. *Hierarkiseringsprocesser. Om konstruktionen av social ojämlikhet i Skåne, 5500-1100 f. Kr.* Studie Archaeologica Universitatis Umensis 13. Umea Universitet.

Näsman, U. 1987. Hus, landsby, bebyggelse. I: *Danmarks længste udgravning. Arkeologi på naturgassens vej 1979-86*, s. 69-86.

Ohlsson, T. 1976. The Löddeköpinge Investigation, I. The settlement at Vikhögsvägen *Meddelande från Lunds Universitets Historiska Museum*, 1975-76, s. 59-161.

Olausson, M. 1998. Hus och tomt i Uppland och Södermanland under yngre bronsålder och äldre järnålder *Bebyggelsehistorisk tidskrift. Hus och tomt i Norden under förhistorisk tid.*, Nr 33. 1997, s. 95-116.

Olausson, M. 1999. "Säg mig hur många djur du har...". Om arkeologi och stallning. I: Viklund, K., Engelmark, R. & Linderholm, J., red. *Fähus från bronsålder till idag. Stallning och utegångsdrift i långtidsperspektiv.*, Skrifter om skogs- och landbrukshistoria 12. s. 28-56.

Olson, T., Regnell, M., Nilsson, L., Erikson, M. & Brorsson, T. 1996. Boplatslämningar från neolitikum, bronsålder och äldre järnålder. Skåne, Väg 108, N. Nöbbelövs, Stångby, Vallkärra och Lackalänga socknar, Lunds och Kävlinge kommuner. Arkeologisk slutundersökning 1996. *Riksantikvarieämbetet. UV Syd Rapport* 1996:60.

Omfors, T. & Streiffert, J. 1999. Boplatslämningar vid Rååns dalgång. Skåne, Helsingborgs stad, Ramlösa 9:6, VKB 1A:7. Arkeologisk undersökning. *Riksantikvarieämbetet. UV Syd Rapport* 1999:14.

Persson, J. 1998. Toftanäs - järnåldersbygd från tiden för Kristi födelse. I: Larsson, L. och Hårdh, B., red. *Centrala platser - centrala frågor. Samhällsstrukturen under järnåldern. En vänbok till Berta Stjernquist*, Acta Archaeologica Lundensia Seridie in 8° No. 28. Stockholm, s. 63-72.

Pettersson, C. B. 2000. I skuggan av Karaby backar. Boplatslämningar från senneolitikum till folkvandringstid. Skåne, Västra Karaby sn, Raä 35, Västra Karaby 2:21. Arkeologisk för- och sluundersökning 1990-1991. *Riksantikvarieämbetet. UV Syd Rapport* 2000:103.

Pettersson, C. B. 2002a. "Bott vid en landsväg...". I: Mogren, M., red. *Märkvärt, medeltida. Arkeologi ur en lång skånsk historia*, Riksantikvarieämbetet, Arkeologiska undersökningar Skrifter No. 43. Stockholm, s. 9-98.

Pettersson, C. B. 2002b. Kustens mångsysslare. Hammarsnäsområdets bosättningar och gravar i äldre järnålder. I: Carlie, A., red. *Skånska regioner. Tusen år av kultur och samhälle i förändring*, Riksantikvarieämbetet, Arkeologiska undersökningar Skrifter No. 40. Stockholm, s. 597-651.

Pettersson, C. B. 2002c. "...och satte runt tunet ett hägn". Om långhus, odlingsskydd och metodutveckling på en gård från romersk järnålder vid Västra Karaby. I: Carlie, A., red. *Skånska regioner. Tusen år av kultur och samhälle i förändring*, Arkeologiska undersökningar Skrifter No. 40. Stockholm, s. 487-511.

Pettersson, C. B. & Torstendotter Åhlin, I. 1999. Invid Sagans Halör? Arkeologisk utredning 1989 och slutundersökning 1990 av boplatslämningar från förromersk - romersk järnålder. Skåne, Stora Hammars socken, Lilla Hammar 15:1. *Riksantikvarieämbetet. UV Syd Rapport* 1999:24.

Ramqvist, P. H. 1985. *Gene; on the origin, function and development of sedentary Iron Age settlement in Northern Sweden.* Archaeology and Enviroment 1, Umeå.

Regnell, M. 1998.Arkeobotanisk analys. I: Runcis, J. red. Naturvetenskapliga analysresultat från en yngre järnåldersboplats i Hjärup. Skåne. Uppåkra socken, Hjärup 21:36, Raä 29. Särskild arkeologisk undersökning. *Riksantikvarieämbetet. Bilaga till Rapport UV Syd* 1998:1.

Rindel, P.-O. 1997. *Grøntoft - og etableringen af det strukturerede landsbysamfund i Vestjylland i 1. Årtusinde f. Kr. Bind I-II.* Institut for Arkæeologi og Etnologi.

Rindel, P.-O. 1999. Development of the village community 500 BC - 100 AD in west Jutland, Denmark. I: Fabech, C. och Ringtved, J., red. *Settlement and Landscape. Proceedings of a conference in Århus, Denmark, May4-7 1998*, s. 79-99.

Rindel, P.-O. 2001. Building typology as a means of describing the development of Early village communities in the 5th-3th centuries B.C. at Grøntoft, western Jutland, Denmark. I: Brandt, J. R. och Karlsson, L., red. *From huts to houses. Transformations of ancient societies. Proceedings of an International Seminar organized by the Norwegian and Swedish Institutes in Rome. 21-24 September 1997*Stockholm, s. 73-87.

Runcis, J. 1998. Gravar och boplats i Hjärup - från äldre och yngre järnålder. Skåne, Uppåkra socken, Hjärup 21:36, Raä 29. Särskild arkeologisk undersökning. *Riksantikvarieämbetet. UV Syd Rapport* 1998:1.

Runcis, J. 1999. Förhistoriska boplatslämningar på Bjärehalvön. Skåne. Grevie sn, Grevie 5:6 m. fl. Arkeologisk undersökning. *Riksantikvarieämbetet. UV Syd Rapport* 1999:57.

Sarnäs, P. 2000. Stolpboden. I: Björhem, N., red. *Föresundsförbindelsen. På väg mot det förflutna.*

Skre, D. 1998. *Herredømmet. Bosetning og besittelse på Romerike 200-1350 e. Kr.* Acta Humaniora 32, Oslo.

Skre, D. 2001. The Social Context of Settlement in Norway in the First Millennium AD *Norwegian Archaeological Review,* Vol 34, No. 1, s. 1-12.

Stark, K. 2000. E22 Bromölla. Gårdslämningar från äldre järnålder. Arkeologisk undersökning. *Riksantikvarieämbetet UV Syd Rapport* 2000:4

Stenberger, M. & Klindt-Jensen, O., red. 1955. *Vallhagar. A Migration period settlement on Gotland/Sweden. Part I-II.* Copenhagen.

Stilborg, O. 2005. Pottery and Space. I: Carlie, A., red. *Järnålder vid Öresund. Band 2. Metod- och materialstudier,* Skånska spår - arkeologi längs Västkustbanan. Stockholm.

Strömberg, B. & Thörn Pihl, A. 2000. Järnåldersbosättningar i ett bronsålderslandskap. Skåne, Härslövs socken, Hillehög 6:5 och 16:7. Arkeologiska undersökning. *Riksantikvarieämbetet. UV Syd Rapport* 2000:53.

Sundkvist, A. 1998. Rumsindelning i järnåldershus - mer än att finna mellanväggar? I: Andersson, K., red. *"Suionum Hinc Civitates". Nya undersökningar kring norra Mälardalens äldre järnålder,* Occasional Papers in Archaeology 19. Uppsala, s. 167-187.

Säfvestad, U. 1995. Husforskning i Sverige 1950-1994. En kritisk exposé över metodutveckling. I: Göthberg, H., Kyhlberg, O. och Vinberg, A., red. *Hus och gård. Artikeldel. Hus och gård i det förurbanan samhället - rapport från ett sektorsforskningsprojekt vid Riksantikvarieämbetet,* Arkeologiska undersökningar Skrifter nr 14. Stockholm, s. 11-22.

Söderberg, B. 2002. Järrestad i centrum. Väg 11, sträckan Östra Tommarp-Simrishamn. Järrestad sn, Skåne. *Riksantikvarieämbetet. UV Syd Rapport* 2002:16.

Söderberg, B. 2003. Järnålderns Järrestad. Bebyggelse, kronologi tolkningsperspektiv. I: Söderberg, B., red. *Järrestad. Huvudgård i centralbygd,* Arkeologiska undersökningar Skrifter No. 51. s. 109-174.

Söderberg, B. 2005. *Aristokratiskt rum och gränsöverskridande. Järrestad och sydöstra Skåne mellan region och rike 600-1100.* Riksantikvarieämbetet, Arkeologiska undersökningar Skrifter No 62. Stockholm.

Sørensen, S. A. 2000. *Hørup - en sjællandsk værkstedsplads fra romersk jernalder. Med bidrag af Annica Cardell og Vagn F. Buchwald.*

Thörn Pihl, A. 1999. En välbebodd kulle i Kvärlöv. Skåne, Annelöv sn, Kvärlöv 17:1, 18:2. VKB SU 12. Arkeologisk undersökning. *Riksantikvarieämbetet. UV Syd Rapport* 1999:105.

Torstensdotter Åhlin, I. & Bergenstråhle, I. 2000. Äldre järnålder på Klörups backar. Skåne, Västra Kärrstorps och Västra Alstads socknar (utredning). Lilla slågarps och Västra Alstads socknar, Klörup 10:16 och Sjörup 5:13 (slutundersökning). *Riksantikvarieämbetet. UV Syd Rapport* 2000:74.

Wallin, L. 1996. Det långa huset i Önsvala. Skåne VA Källby - Önsvala och väg 12. *Riksantikvarieämbetet. UV Syd Rapport* 1996:83.

Widgren, M. 1983. *Settlement and farming systems in the Early Iron Age; a study of fossil agrarian landscapes in Östergötland, Sweden.* Acta Universitatis Stockholmiensis. Stockholm Studies in Human Geography 3, Stockholm.

Widgren, M. 1998. Kulturgeografernas bönder och arkeologernas guld - finns det någon väg till syntes? I: Larsson, L. och Hårdh, B., red. *Centrala platser, centrala frågor. Samhällsstrukturen under järnåldern. En vänbok till Berta Stjernquist,* Uppåkrastudier 1. Acta Archaeologica Lundensia Serie in 8° No. 28, Stockholm, s. 281-296.

Muntliga uppgifter

Linda Boye, Kroppedals Museum for Astronomi, Nyere tid, Arkæologi, Taastrup

Karl-Magnus Melin, Regionmuseet Kristianstad

Mats Regnell, Stockholms Universitet

Bo Strömberg, Riksantikvarieämbetet UV Syd, Lund

DEL III **NÄRING OCH SPECIALISERING**

FAKTA:
En fossil åker i Dagstorp

Nathalie Becker

Odling av grödor kräver en bearbetning av jorden. Denna jordbearbetning har alltsedan yngre stenålder och fram i modern tid skett med hjälp av olika redskap, från grävkäpp, via årdret till mer utvecklade plogtyper. Mot slutet av bronsåldern intensifieras jordbruket och man började investera i fast åkermark. Även under järnåldern var årdret det viktigaste arbetsredskapet, med vilket man kunde utföra alla de grundläggande arbetsprocesserna i markberedningen: bryta träda, luckra upp jorden, mylla ned utsädet, rensa ogräs och bryta upp stubb efter skörden (Pedersen & Widgren 1998 s, 340).

Spåren i landskapet efter äldre åkermark kan vara flera. De synliga lämningarna kan bestå av stenröjda ytor, röjningsrösen eller av erosionbildningar såsom vallar, åkerterrasser, åkerhak och terrasskanter. De i dag dolda spåren efter odling består av olika eko- och artefakter (t.ex. sädeskorn och olika jordbruksredskap), men även av negativa avtryck efter årdrets skär. Årderspåren visar sig som mörkfärgade linjer i den ljusare alven eller som ljusa linjer i humusfärgade odlings- eller kulturlager. Vid årderbruk fick man ofta köra åkern minst tre gånger; först ärjning, sedan tvärning och sist myllning. Beroende på jordens art och sammansättning kunde det korsärjas flera gånger före sådd. Ett systematiskt mönster av årderspår bildades således relativt snabbt (Pedersen & Widgren 1998; Gren 1997 s. 26).

Vid undersökningarna för Västkustbanan påträffades spåren efter två fossila åkerytor i den vendeltida byn vid Dagstorp SU 21 (Becker 1999). Odlingsytorna har tillhört en medelstor gård (nr V), som förutom huvudbyggnaden bestått av ett verkstadshus tolkad som smedja och flera mindre byggnader. Utmärkande för gården, som kan följas i minst två bebyggelsefaser, är bl.a. spåren efter metallhantverk i form av bronsgjutning av smycken och dräktdetaljer (se Becker i del III).

Den största odlingsytan som legat närmast ån, täckte en yta om cirka 95 m². Årderspåren avtecknade sig som mörka, regelbundna linjer, ungefär två till fyra centimeter breda och ett par centimeter djupa. Spåren var regelmässigt orienterade i riktning NO-SV respektive NV-SO, med ett inbördes avstånd på mellan sex och tjugo centimeter. Den andra odlingsytan hittades väster om verkstadshuset (hus 4). Vi vet inte hur stor denna har varit, eftersom den fortsatte utanför exploateringsområdet. Däremot var årderspårens riktning desamma som på den södra åkerytan, vilket kan tyda på en samtidighet. Vi vet inte om odlingsytorna varit försedda med omgivande hägn. Uppgifter från medeltid och senare historisk tid gör det högst troligt att så varit fallet, för att skydda grödan mot tramp och annan skadegörelse från lösgående djur.

Att åkerlapparna var relativt små och placerades nära själva gårdstomten, gjorde det inte bara enklare att hålla dessa under uppsikt från lösgående kreatur, utan underlättade också tillförseln av gödning. Näringsrik gödsel har således funnits nära till hands i det stall eller fähus som legat i den äldre huvudbyggnadens östra del (hus 2) (se Carlie & Artursson i del II). I anslutning till fähusets östra gavel fanns spår efter en cirka fem meter lång och fyrtio centimeter bred ränna, som troligen fungerat som en avrinnings- och uppsamlingsanordning för djurens urin och spillning. Med tillförsel av extra näring har åkerytorna kunnat användas kontinuerligt under en följd av år, innan jorden behövde läggas i träda för att återhämta sig. Vad vi med säkerhet kan säga är att åtminstone den södra odlingsytan hade tagits ur bruk under gårdens yngre bebyggelsefas som kan knytas till äldre vikingatid, eftersom den nya huvudbyggnaden uppfördes på samma mark.

Tack vare att ett stort material av förkolnade sädeskorn och andra fröer tillvaratagits från boplatsen vid Dagstorp, kan vi även säga något om vad som odlades. Det finns inga växtfynd från själva odlingsytorna, utan dessa härrör framför allt från långhus, grophus och brunnar, där bevaringsmiljön varit mer gynnsam. Enligt bestämningar av arkeobotaniker Mats Regnell har frömaterialet en intressant sammansättning, med en övervikt av olika vetearter, främst brödvete och emmer/speltvete, medan skalkorn som ofta anses vara det enskilda sädesslag som haft störst betydelse under järnåldern, förekom i betydligt mindre omfattning. Detta omvända förhållande kan enligt Regnell tyda på att man i Dagstorp haft någon form av specialiserad produktion av vete (Mats Regnell pers. kom.). Förutom vete och korn har även råg och havre odlats men troligen i mindre omfattning, vilket stämmer väl med den övergripande bilden av den tidens odling i södra Skandinavien (Regnell 2002, s. 38ff).

Renritning från detalj av den större odlingsytan (hämtad ur Becker 1999.

Gräns för rensad yta

Referenser

Becker, N. 1999. *De vendeltida gårdslämningar i Dagstorp. Arkeologiska underökningar inför Järnvägen Västkustbanan, plats Dagstorp SU 21. Riksantikvarieämbetet UV Syd Rapport 1999:62.*

Gren, L. 1997. *Fossil åkermark: äldre tiders jordbruk – spåren i landskapet och de historiska sammanhangen.* (2:a omarbetade uppl.)Fornlämningar i Sverige. Riksantikvarieämbetet. Stockholm

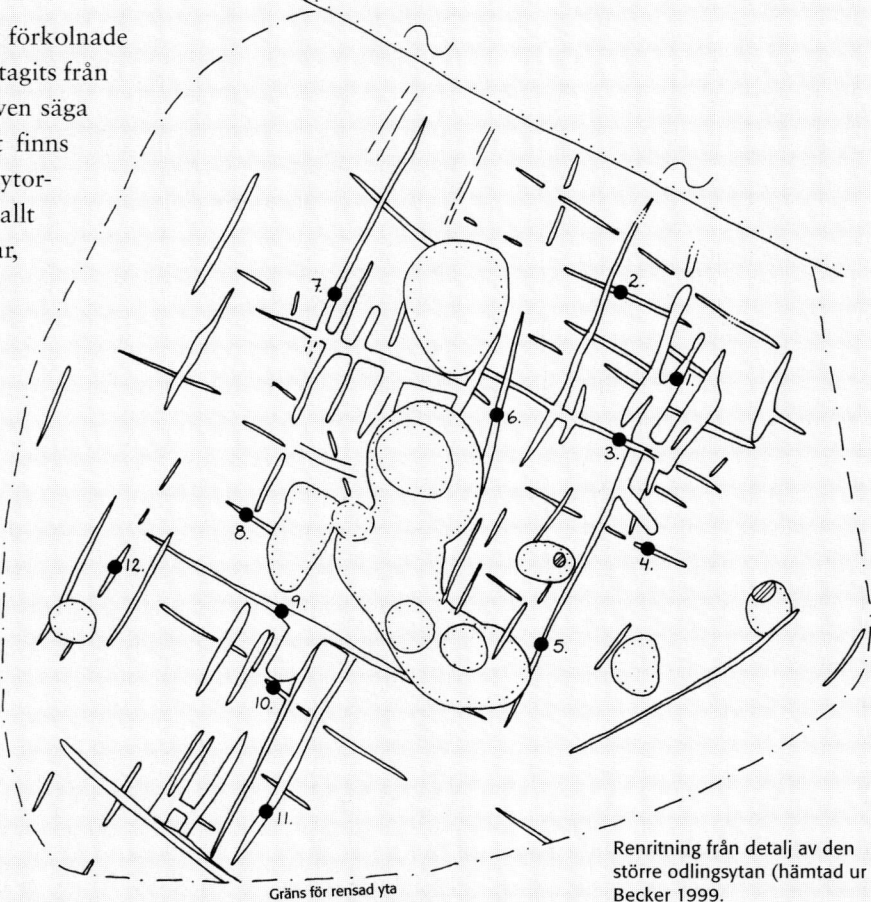

Pedersen, E A. & Widgren, M. 1998, Järnålder 500f.Kr.–1000 e.Kr. I: Myrdal, J. red. *Jordbrukets första femtusen år 4000 f.Kr.–1000 e.Kr.* Natur & Kultur /Lts Förlag.

Regnell, M. 2002. Skånska järnåldersskördar. Växtmakrofossilanalyser och odlingshistoriska iakttagelser från tolv boplatser. I: Carlie, A. red. *Skånska regioner. Tusen år av kultur och samhälle i förändring.* Riksantikvarieämbetet Arkeologiska undersökningar Skrifter no 40, Stockholm, s. 25–50.

Widgren, M. 1997. *Fossila landskap. En forskningsöversikt över odlingslandskapets utveckling från yngre bronsålder till tidig medeltid.* Kulturgeografiska institutionen, Stockholms universitet. Kulturgeografiskt seminarium 1/97

Muntlig källa

Mats Regnell, Arkeobotaniker, Stockholm

Metallhantverk och specialisering

Att hålla med egen smed var inte ovanligt under järnåldern. Men är det rimligt att tro att ett mer tekniskt avancerat hantverk, så som bronsgjutning och ädelmetallhantering, rymdes inom självhushållet/husfliten? Eller var detta ett privilegium endast förbehållet speciella boplatser som innehade en särställning gentemot sitt omland? Följande arbete är en studie av de platser som innehöll avfall efter metallhantverk med fokus på boplatsen vid Dagstorp.

Nathalie Becker

Inledning

Spår efter metallhantering förekommer ofta på arkeologiskt undersökta järnåldersboplatser. Spåren kan bestå av allt ifrån ett "brus" i fyndmaterialet av slagger och mer eller mindre metallhaltiga smältor. Men det kan också utgöra mer konkreta spår som visar på rester efter konstruktioner eller fynd tillhörande olika steg i tillverkningsprocesserna, t.ex. verkstäder, härdar, ässjor, slaggvarp, verktyg, deglar, metallskrot, gjutformar m.m.

I samband med Västkustbanans undersökningar har spår efter metallhantverk påträffats på ett flertal boplatser från järnåldern. Materialet består dels av restprodukter från järnframställning och smidesverksamhet, dels av rester från bronsgjutning och smycketillverkning. Av metallhantverksrelaterade konstruktioner märks bl.a. gropar, härdar, ugnar och ett verkstadshus. Några av de mest intressanta fynden påträffades i anslutning till ett vendeltida gårdskomplex vid Dagstorp. Här hittades bl.a. en grop med en ansenlig mängd sekundärt deponerade gjutformar efter tillverkning av dräktspännen. Till samma gård hörde även ett verkstadshus med bevarad ugn och eldstad.

Tidigare kända fyndplatser med spår av metallhantverk, inklusive bronsgjutning och ädelmetallhantering, har ofta påträffats i s.k. rikedomsmiljöer, på centralplatser och/eller handelsplatser. Med de nya fynden från Dagstorp finns ett incitament till en fördjupad diskussion och problematisering av begreppet "rika" kontra "ordinära" boplatser. Syftet med artikeln är således att diskutera de spår av metallhantering som påträffats i samband med VKB-projektets undersökningar, samt att sätta in platser med denna typ av verksamheter i ett ekonomiskt, socialt och organisatoriskt sammanhang. I anslutning härtill kommer även frågor kring metallhanteringens organisation att beröras, med tillverkning för husbehov kontra specialiserad produktion. För att vidga diskussionen kommer jämförande material från angränsande områden att integreras i analysen.

Material

Bland de omkring 30 järnåldersboplatser som undersöktes för Västkustbanan återfinns slagger i samtliga fyndmaterial, åtminstone i en mindre mängd. Av dessa platser är det framför allt tre lokaler i Saxå-/Välabäckens dalgång som genererat fynd och/eller konstruktioner som bidrar till diskussionerna i detta kapitel, nämligen Tågerup SU 8 (Artursson 1999), Dagstorp SU 21 (Becker 1999) och Särslöv SU 22 (Ericson 2000b; Kriig & Thomasson 2000) (se figur 1 och Carlie 2005). Spår efter metallhantering framkom även på en folkvandringstida boplats vid Dösjebro SU 19 i samma område (Andersson, Grønnegaard & Svensson 2000), samt på ett par yngre bronsålders-/äldre järnålderslokaler vid *Glumslövs backar* VKB 3:3 (Fendin 1999) och vid *Annelöv* SU 14Ö (Lindahl Jensen & Thörn Phil 2000).

Materialet från ovan nämnda boplatser är mycket varierat och spänner i tid över näst intill hela järnåldern, från cirka 200 e.Kr. till 1050 e.Kr., samt med ett smärre nedslag i yngre bronsålder/äldre järnålder.

Boplatserna med spår av järnhantering, d.v.s. Tågerup, Dösjebro, Dagstorp och Särslöv, skiljer sig väsentligt från varandra. Grophuset eller arbetsgropen[1] i Tågerup har en till synes komplex sammansättning av slagger som tillsammans med den kringliggande kontexten lämpar sig väl för närmare studier. Detta material har genomgått arkeometallurgiska analyser i syfte att få fram vilka produktionsled materialet representerar.

Slaggmaterialet från Dösjebro har däremot en alltför osäker kontext. Då materialet dessutom inte tillvaratogs i fält, saknas underlag för mer ingående analyser. Materialet ser inte ut att ha varit så omfattande, men det är möjligt att det har funnits en smideskunnig person på någon av de gårdar som ingått i byn; en smed som har haft kunskaper att bearbeta järnmalm till produkter som behövdes inom både jordbruket och hushållet.

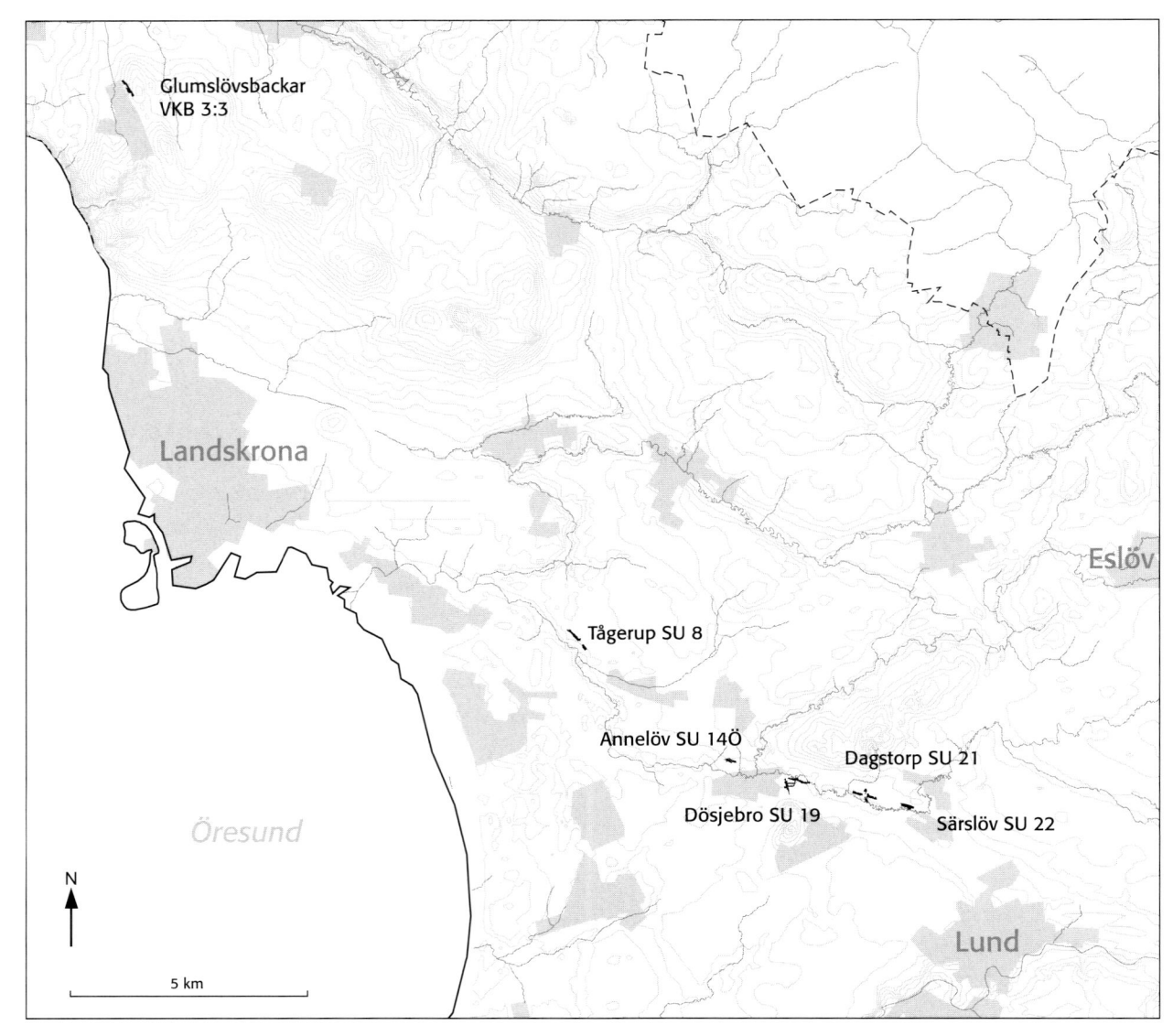

Figur 1. Utdrag ur GSD Röda kartan med de VKB-platser som omnämns i texten markerade. Skala 1:250 000.

Extract from GSD Red map with the discussed West Coast Line sites mentioned in the text. Scale 1:250,000.

På boplatsen i Särslöv är det inte bara avfallsmaterial i form av slagg och ugnsväggar som visar på spår efter järnhantering. Här fanns dessutom resterna efter produktionsplatsen i form av en i fältsituationen förmodad ässja. Fyndmaterialets karaktär i kombination med den rumsliga närheten till en samtida bebyggelse ansågs här vara en lämplig grund för att gå vidare med arkeometallurgiska analyser. Avsikten var dels att funktionsbetämma eldstaden, dels att på samma sätt som i Tågerup, ta reda på från vilket produktionsled slaggen härrör.

Från de två lokalerna Glumslövs backar och Annelöv föreligger ett begränsat fyndmaterial som tyder på att bronsgjutning utförts på platserna. I materialet återfinns sammanlagt tolv degelfragment. Både fyndkontexter och dateringar är emellertid osäkra, varför materialet inte lämpar sig för fortsatta analyser. Trots detta visar deglarna indirekt att bronsgjutning förekommit antingen på eller i boplatsernas närhet.

I Dagstorp påträffades några av de mest intressanta fyndmaterialen, med rester efter både järnhantering, bronsgjutning och ädelmetallhantering. Fynden återfanns i anslutning till en vendeltida gårdsanläggning av mer sammansatt karaktär. Vad gäller bronsgjutningen fanns i fyndmaterialet spår efter råvara (bronsskrot), tillverkningsprocess (deglar, gjutformar och ev. härd, ugn) och färdiga produkter (dräktspännen, nålar). Järnhanteringen utmärkte sig främst genom olika typer av slagger som visar att både primär- och sekundärsmide bedrivits på platsen. Tack vare slaggmaterialets begränsade spridning i ett kulturlager, kunde även den förmodade verkstaden lokaliseras. Huset var förhållandevis litet med en öppen gavel åt sydost, med en bevarad härd/ässja samt en ugnsrest. Eftersom merparten av de bronsgjutningsrelaterade fynden låg samlade i en grop, gick det inte att med säkerhet avgöra om även denna verksamhet utövats i huset. Detta var en av de frågor som vi hoppades att de arkeometallurgiska analyserna skulle ge svar på. Ett annat syfte med analyserna var att belysa den polymetallurgiska miljön inom boplatsen, d.v.s. kartlägga det teknologiska kunnandet samt de metaller man använt sig av. En närmare presentation av materialet ges längre fram, i samband med redogörelsen för de arkeometallurgiska analysresultaten.

Metallhantering och forskningshistorik

Äldre metallurgi har behandlats av flera forskare som har försökt förstå dess utveckling och plats i samhället. Forskningen var från början typologiskt, kronologiskt och tekniskt inriktad, men blev sedan mer orienterad mot frågor kring sociala och ekonomiska förhållanden. För en aktuell forskningshistorisk översikt hänvisas till Eva Hjärthner-Holdars avhandling *Järnets och järnmetallurgins introduktion i Sverige* (Hjärthner-Holdar 1993, s. 13f).

Arkeologisk forskning kring yngre järnålder och tidig medeltid leder ofta in på frågor som berör maktförhållanden och därmed samhällets ekonomiska och politiska organisation. Bland de många övergripande forskningstrender som har florerat och som i många avseenden fortfarande är aktuella, såväl nationellt som internationellt, utgör hantverksproduktionen ett centralt tema (jfr Stein 1998).

Hantverksproduktionen anses av många som en nyckelfaktor i den politiska ekonomin, där kontrollen över olika specialproducerade varor spelade en viktig roll för upprätthållandet av den sociala hierarkin. Identifiering av hantverksspecialisering i det arkeologiska materialet, specialiseringens roll i samhällsutvecklingen, samt hantverkarnas organisation är några metodologiska huvudämnen. Aktuella frågor rörande socioekonomiska aspekter är:

- Vilka skillnader i produktion och konsumtion av prestigevaror och vardagsföremål som förekommit mellan olika platser.
- Vilken betydelse hantverksspecialiseringen hade för framväxten av en social stratifiering.
- I vilken omfattning hantverksproduktionen var föremål för central kontroll.
- Om hantverkarna var fria eller ofria i sin yrkesutövning.

Järnhantering

Både råvaruutvinning, tillverkningsprocess och järnets betydelse i den samhällshistoriska utvecklingsprocessen får anses vara förhållandevis väldokumenterade inom järnhanteringen, även om vissa regioners metallurgiska utveckling är bättre utforskade än andras. Det man däremot mer sällan möter är forskning som rör själva smidet och smedens arbete. Järnföremål för i regel en förhållandevis anonym tillvaro i ett arkeologiskt fyndmaterial. En förklaring kan vara att föremålen ofta är i dåligt skick, korroderade i en dålig bevarandemiljö till näst intill oigenkännlighet. Det finns dock undantag, vilket jag återkommer till längre fram.

Vad gäller tidigare forskning om metallurgin i Sydskandinavien, måste några olika arbeten nämnas. En av de första större systematiska inventeringar av lämningar efter järnhantering samt provtagning och analyser på såväl malm som slagg utfördes av John Nihlén på 1930-talet. Hans forskningsinsatser, som huvudsakligen rör förhållanden i Skåne och södra Halland, omfattar även en av de första typindelningarna av reduktionsugnar och slagger (Nihlén 1939). En vidarebearbetning av Nihléns inventeringar har gjorts av Christian Isendahl som bl. a. diskuterat den naturgeografiska och kronologiska utbredningen av förhistorisk järnhantering i nordvästra Skåne. Isendahl kommer även in på frågor kring järnhanteringens socioekonomiska sammanhang (Isendahl 1997). Järnproduktionen i skånsk medeltid ingår också som en del i forskningsprojektet *Norra Skånes Medeltid* (Ödman 1992, 1993, 1995, 1998 och 2000).

Sett i förhållande till svensk järnforskning vaknade intresset för den förhistoriska och medeltida järnhanteringen i Danmark relativt sent. Det var först på 1960-talet, i och med möjligheten till datering med ^{14}C-metoden, som ett professionellt forskningsarbete inleddes (Lund 1991, s. 163; Voss 1991, s. 171). Ett par äldre pionjärarbeten finns visserligen men det är kanske främst Olfert Voss som förknippas med modern forskning kring dansk järnproduktion. Han har bl.a. gjort grundliga kronologiska och geografiska studier av ugnstyper, men även experimentella studier av ugnarnas konstruktion och överbyggnader (Voss 1963, 1986, 1991 och 1993). Järnets introduktion i Danmark under yngre bronsålder har behandlats av Karin Levinsen (1984), medan försök till beräkningar angående järnproduktionen för gårdsbehov kontra överskottsproduktion har gjorts av Jørgen Lund (Lund 1991). Den danska forskningen har således främst ägnats åt kronologiska, typologiska och teknologiska frågor, medan järnproduktionens samhällsmässiga konsekvenser mer sällan berörts.

Vad gäller forskningen angående järnsmide, smedjor och smedens produktion/produkter och organisation, är det företrädesvis genom Geoarkeologiskt Laboratoriums arbeten som frågor av detta slag har belysts.

Järnhanteringens lokalisering och organisation

De viktigaste järnmalmerna är bergmalm, sjö- och myrmalm. På kontinenten har bergmalmen varit den vanligaste råvaran för förhistorisk järnframställning, medan sjö- och myrmalm varit av störst betydelse i Norden. Det är först mot 1100-talets slut som bergmalm börjar användas i Norden (Magnusson 1986). En spridningskarta över malmförekomster inom undersökningsområdet visar på en generell bild, som även torde stämma förhållandevis väl med utsträckningen för de mer centrala järnframställningsområdena (fig. 2). Nordskånes och södra Hallands järnproduktion expanderade kraftigt under medeltiden, då området fungerade som en av de viktigare leverantörerna i det malmfattiga Danmark (Nordström 1995, s. 156ff). De senare årens undersökningar visar emellertid att järnhanteringen förmodligen redan under romersk järnålder varit väletablerad både i Småland, södra Halland och i nordvästra Skåne (Isendahl 1997, s. 113 ff; Nihlén 1932; Rubensson 1995, s. 137ff; Strömberg 1981, s.18; Strömberg 1995, s. 39f). Även i sydöstra Skåne finns arkeologiska belägg för tidig järnframställning. I Lilla och Stora Köpinge socknar har processleden från rostning till primärsmide belagts från årtiondena kring Kristi födelse (Sabo 1995). Även för Sjællands och Bornholms del finns tidiga dateringar från förromersk järnålder när det gäller rostning och reduktion av malm (Voss 1993, s. 206).

Villkoren för järnframställningens lokalisering är många. Förutom att det skall finnas råvara av bra kvalitet, bör även tillgången på bränsle vara god. Dessutom, om det inte bara rör sig om produktion för husbehov, måste det finnas tillgänglig arbetskraft och teknologi, samtidigt som produktionen bör ligga kommunikationsmässigt bra till i förhållande till större konsumtionsplatser eller avsättningsområden, såsom handelsplatser eller regionala centra. En allmän uppfattning är att den äldre järnproduktionen legat i direkt anslutning till byarna/gårdarna, ett förhållande som även bekräftats vid skånska och danska undersökningar (Strömberg 1981, s. 18; Voss 1993, s. 206f).

Lämningar efter den äldsta järnhanteringen har således ofta påträffats i boplatsmiljöer, i nära kontakt med annan metallurgisk verksamhet. Detta betyder att råmaterialet har transporterats till boplatserna. Under yngre perioder, när samhällets behov av järn ökade, förlades däremot järnframställningen i första hand till områden med god råvarutillgång (Hjärthner-Holdar 1993, s.183f; Magnusson 1986, s.234f; Strömberg 1991, s.7f). Senare steg i framställningsprocessen såsom primär- och sekundärsmide har däremot skett vid gården. Bo Strömberg föreslår på grundval av iakttagelser från södra Halland två olika lokaliseringar för järnhantering under äldre och yngre järnålder (Strömberg 1995, s. 37):

- *Boplatslokaliserad järnframställning* – knuten till gårdar och byar i ett landskap lämpat för lantbruk. Båda förädlingsstegen av primär- och sekundärsmide var lokaliserade till bosättningen.
- *Råvarulokaliserad järnframställning* – knuten till myrar, sjöar samt områden med rödjord. Skog till bränsle fanns i omedelbar närhet. Kvantiteten framställt järn var relativt stor, och har möjligen avsatts till bosättningar bortom den närmaste bygden. Primärsmidet var knutet till järnframställningsplatserna, medan sekundärsmidet utförts vid bosättningarna.

Strömberg påpekar att järnproduktionens lokalisering inte skall ses utifrån enbart kronologiska förhållanden, utan även som en teknisk och funktionell anpassning efter samhällsorganisationen och dess ekonomiska försörjningsbas (a.a., s. 38).

Sammanfattningsvis kan man säga att det är en kombination av tillgången till råvaror med en praktisk geografisk placering och teknologisk utveckling som styrt järnhanteringens lokalisering. Produktionen är i sitt äldsta skede knuten till boplatserna. När sedan efterfrågan och behovet av järn ökar, flyttar delar av framställningen till mer perifera områden där råvarorna fanns. Järnhanteringen är fortfarande knuten till bebyggelsen, men verksamheten bedrivs på speciella platser och i en större skala. Under yngre järnålder och tidig medeltid, när stora kvantiteter järn för avsalu har producerats, är framställningsplatserna helt lokaliserade till råvarutillgångar i skogsområden, där det också var vanligt att primärsmidet färdigställdes. Det torde således ha varit tillgångarna till skog som var en starkare lokaliserande faktor än tillgången på malm. I och med det ökade behovet av järn blev också kontrollen över produktionen intressant och från och med tidig medeltid har förmodligen också borgar byggts för att administrera och skydda järnproduktionen i skogsbygderna (jfr Engberg 2000; Ödman 1992, 1993, 1995, s. 146).

Även om utvinningen flyttades ut och specialiserades fanns en lokal produktion kvar på gårdarna för att tillgodose behovet av enklare smidesarbeten. En mer specialiserad produktion av t.ex. egg- och skärande föremål så som vapen, torde däremot ha varit kopplade till boplatser med ett visst välstånd.

Smidesverksamheten var på grund av risken för vådaeld, troligen placerad på ett visst avstånd från den övriga bebyggelsen på en gård eller i en by. Under historiskt tid låg smedjan oftast solitärt placerad och gärna i nära anslutning till vatten. Orsaken var inte bara den eventuella brandrisken, utan var även av praktisk natur eftersom vatten ofta behövdes som t.ex. drivmedel eller till nedkylning.

Smidet kunde bedrivas antingen ute i det fria i anslutning till smidesgropar/ässjor eller inom väggar och tak i en smedja. Både i Danmark och Skåne finns exempel på förhistoriskt järnsmide som bedrivits inom en byggnad, bl.a. Snorup (Voss 1993) och Fyrkat (Roesdahl 1977), Jylland, Gamla Lejre, Sjælland (Christensen 1991) samt Köpingebro (Andersson 2000) och Dagstorp (Becker 1999) i Skåne. I det nyligen

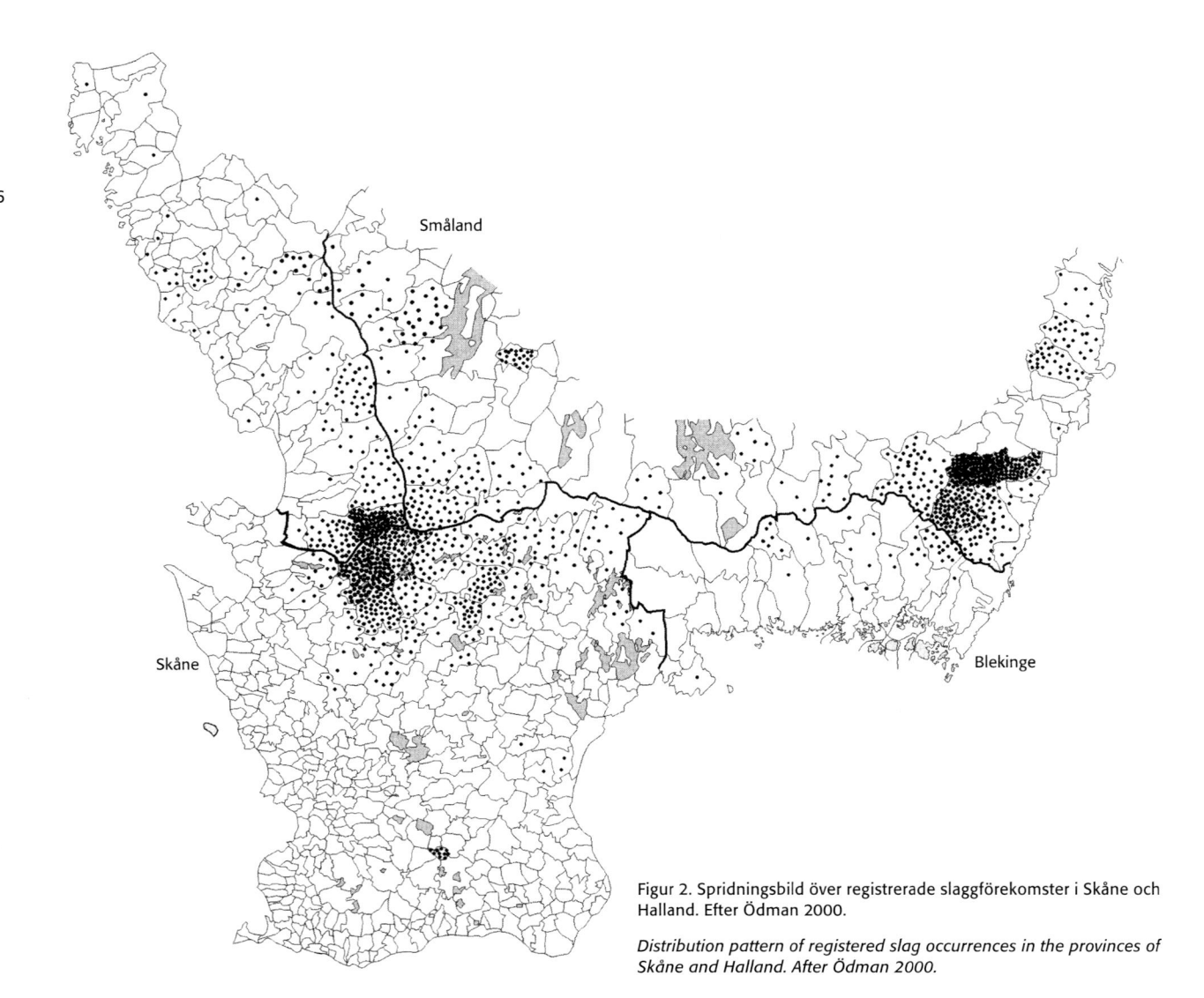

Figur 2. Spridningsbild över registrerade slaggförekomster i Skåne och Halland. Efter Ödman 2000.

Distribution pattern of registered slag occurrences in the provinces of Skåne and Halland. After Ödman 2000.

undersökta Husby i Närke har flera järnhanteringsplatser med produktionsanläggningar från samtliga processled, inklusive smedjor påträffats från yngre järnålder och tidig medeltid. Här har även ett av de tidigaste beläggen för smedja på stensyll och uppbyggd ässja daterats till vikingatid (Ekman 2000; Hjärthner-Holdar m.fl. 1999, 2000). En annan intressant plats är Gene i Ångermanland, där både en smedja (hus VI) och byggnader för bronsgjutning (hus IV & VII) dokumenterats intill en stormansgård från senare delen av äldre järnålder (Lindqvist & Ramqvist 1993). Intressant är smedjans konstruktion med öppen gavel där ässjorna varit placerade. Konstruktionsdetaljen, som även dokumenterats i verkstadshuset i Dagstorp, hör sannolikt samman med husets speciella funktion och kraven på utrymme och goda vädringsförhållanden.

Järnhantering – tillverkning och teknik

Järnframställningen är en arbetsprocess som omfattar ett antal olika steg: insamling av råvara – malmtäkt, insamling och beredning av bränsle, rostning av malm, kolning av ved, reduktion av malm (i s.k. blästerugnar) och bearbetning av luppen (den framställda osmälta järnklumpen rensas från ytterligare slagg – primärt smide). Först härefter sker en vidarebearbetning, en förädling av järnet till ämnesjärn eller redskapstillverkning – sekundärt smide. Arbetsprocessen kan också beskrivas i tre steg: råvaruinsamling, järnframställning – produktion och förädling av järnet – manufaktur. Järnframställningen avser här stegen från rostning till primärsmide. Begreppet *järnhantering* avser således hela arbetsprocessen från råvaruinsamling till primärt smide medan *järnframställning* endast är en del av hanteringsprocessen. Dessa olika moment kräver en rad olika anläggningar som kan påträffas vid arkeologiska undersökningar. Det arkeologiska materialet som kan påträffas efter de olika tekniska moment, som ingår i arbetsprocessen för järnhantering, sammanfattas i tabellen.

"Lågtekniska" järnframställningsugnar (grop- och schaktugn).
Fritt efter Voss 1993. Tecknare: Annika Jeppsson.

"Low-technology" iron extraction furnaces (pit and shaft furnaces). Drawing: Annika Jeppsson.

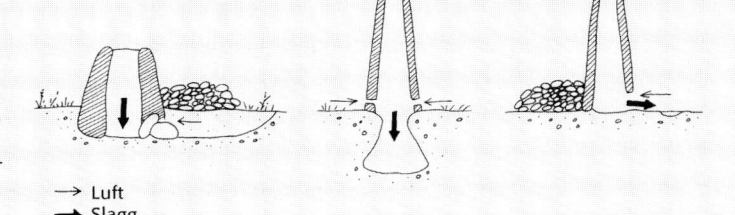

→ Luft
➡ Slagg

Steg i arbetsprocessen	Tekniska arbetsmoment	Arkeologiskt material
Råvaruinsamling	Insamling av sjö- och myrmalm samt rödjord. torkningsplats.	Malmupplag vid sjöar. Täktgrop i myrmark. Malmlager vid
	Insamling av bränsle.	Spår av skogsavverkning eventuellt synliga i pollendiagram.
	Insamling av flata hällar, sten och lera.	Hällar och sten. Täktgropar.
	Transport.	Kommunikationsleder.
Järnframställning (produktion)	Rostning av malm.	Rostningshärd. Rostlave, vilken syns som ett kolblandat malmlager.
	Kolning av ved.	Kolningsgrop eller kolbotten efter kolmila.
	Reduktion av malm eller rödjord i ugn. eller slaggvarp, malmlager och träkolslager.	Blästerugn och blästermunstycke, lupp, makrofossil, slagg
	Primärt smide: bearbetning av luppen i syfte att rensa denna från slagg.	Fällsten, fällslagger eller fällslaggvarp och smidesgropar. Slagg och lupp. Hammare (av sten) och tänger.
Förädling av järnet (manufaktur)	Sekundärt smide: ämnesjärns- eller föremålstillverkning.	Smideshärd och blästermunstycke, städ och fällsten. Slagg, bl.a. glödskal och sprutslagg. Ämnesjärn eller andra produkter. Hammare tänger och slipstenar.

Schema över hantering och förädling av järn och de spår de lämnar efter sig. (modifierad efter Isendahl 1997, s. 125, tab. 3 & Strömberg 1991, s. 55, tab. 3).

Brons- och ädelmetall hantering

Brons som material har alltsedan Thomsens framläggande av treperiodssystemet under 1800-talets tidigare hälft, intagit en central plats inom arkeologisk forskning. Medan den äldre forskningen främst intresserade sig för föremålens formspråk, datering och proveniens har forskningsfältet under senare år vidgats till att även omfatta frågor rörande bronshanteringens tekniska, sociala och ekonomiska organisation. Orsakerna till detta är säkert flera, men hänger med stor sannolikhet samman med de senaste decenniernas metodutveckling inom fältarkeologin, där t.ex. användandet av metalldetektorer gjort det möjligt att spåra metallhantering redan i ett tidigt skede av den arkeologiska processen.

Det finns flera arbeten som behandlar bronshanteringen med avseende på metalltekniken. En bra forskningshistorisk översikt finner man t.ex. i Johan Anunds uppsats *Ett medeltida grytgjuteri i Uppsala* (1992), som tar upp hanteringen från förhistorisk gjutning av mindre föremål till den under medeltiden införda tekniken för gjutning av större föremål, främst grytor.

Eftersom spår efter brons- och ädelmetallhantering ofta förekommer i högstatusmiljöer, är det också analyser av mer kända centralorter och handelsplatser som sätter sin prägel på forskningsresultaten. Materialen från Helgö och Björkö har främst bearbetats av Birgit Arrhenius, Kristina Lamm, och efter de senaste undersökningarna i Birka, av Torbjörn Jakobsson och Björn Ambrosiani (Arrhenius 1973; Lamm 1980; Ambrosiani & Eriksson 1992; Jakobsson 1996). Det omfattande materialet från Ribe har bearbetats och publicerats av Helge Brinch Madsen (1984), som även gjort en ingående teknikstudie av *à cire perdue*-tekniken (d.v.s. förlorat vax).

Flera arbeten som rör bronshantering föreligger även från undersökningsområdet. Bjarne Lønborg har genom praktiska experiment med tillverkning av modeller, formar och gjutning diskuterat olika bronsgjutningstekniker i dansk järnålder (Lønborg 1988, 1992). Vidare har Ken Rav Hedegaard, genom en serie experiment i bronsgjutning, presenterat en hypotes om hur tillverkningen av vendeltida spännen, särskilt näbbfibulor, skulle kunna ha gått till i Sydskandinavien. Hedegaard har även diskuterat förslag på bronsgjutningens organisationsformer under yngre järnålder (bl.a. Hedegaard 1992), något jag återkommer till längre fram.

Talrika spår av bronshantering (inklusive gjutformer, restproduktioner från gjutning liksom kasserade smycken) har även dokumenterats på Uppåkraboplatsen i Skåne (Kresten m.fl. 2001). Birgitta Hårdh har i en större studie av näbbfibulor, som utgör den hittills största fyndkategorin från platsen, diskuterat frågor kring kontaktmönster och hantverksorganisation (Hårdh 1998, 1999). En annan plats som torde ha hyst en mångfacetterad metallhantering är Sorte Muld på Bornholm (Watt 1991). Där, liksom i Uppåkras fall, rör det sig framför allt om ett framdetekterat fyndmaterial, medan endast mindre arkeologiska undersökningar hittills utförts. Några konkreta spår efter processanläggningar/verkstäder har därför ännu inte belagts.

Bronshanteringens lokalisering och organisation

Bronsens råvaror, koppar och tenn anses inte ha funnits tillgängliga i tillräckliga mängder här i Skandinavien (jfr Hjärthner-Holdar 1993, s. 15). Råmaterial för bronsgjutning, liksom för ädelmetallarbeten, har följaktligen fått anförskaffas utifrån, vanligtvis från kontinenten. Förutom färdiga föremål och metallskrot för omsmältning har även barrar och tenar införts som råmaterial.

Gjutning av smycken har sina rötter i bronsåldern och har allt sedan dess intagit en viktig plats i samhället tillsammans med annan ädelmetallhantering. Till skillnad från järnet, som snabbt utvecklades till en nyttometall, fick bronset redan tidigt status som en av de främsta prestigemetallerna. De gjutna och smidda föremålen förmedlade både sociala koder om identitet och tillhörighet samt markerade allianser bekräftade genom gåvosystem.

Den förhistoriska bronsgjutaren var sannolikt en mångsysslare som även arbetade med ädelmetallhantering. Under den yngre järnåldern anser Hedegaard att begreppet bronsgjutning är den bästa gemensamma teknologiska nämnaren för alla funktioner och teknologier som är kopplade till "icke järn-relaterad" metallbearbetning t.ex. koppar-, silver- och guldgjutning, legeringsgjutning, lödning, granulering, förgyllning, metallblecksarbete, metalltrådsdragning, mönsterprägling m.m. (1992, s. 76).

Förhistorisk brons- och ädelmetallgjutning kunde bedrivas i anslutning till härdar och ässjor antingen inuti eller utanför husen eller på särskilt iordninggjorda platser med t.ex. härdar/gropar och eventuella vindskydd. Anläggningarna, kopplade till gjutningen, verkar dock mindre ofta ha anlagts inuti större byggnader eller verkstadsstrukturer (se Hedegaard 1992, s. 82), utan istället ute i det fria, eventuellt försedda med en mindre hägnad eller enkel takkonstruktion som skydd mot väder och vind. Själva gjutningsgroparna kan variera i utformning. Egentligen behövs endast ett par enkla små träkolshärdar/gropar; en för gjutformens uppvärmning och en för degeln med den smälta metallen. Mer ambitiöst anlagda gropar kan vara både ler- och /eller stenfodrade, dubbla eller enkla. Även härdar med kupolöverbyggnad/ugn förekommer. I samtliga fall behövs dock en dubbel blåsbälg för att kunna komma upp i nödvändig temperatur om 1100–1200 grader Celsius.

Ett tidigt exempel på en metallhanteringsverkstad har undersökts i Høje-Taastrup strax utanför Köpenhamn. Verkstaden, som låg innanför tomten till en gård från 300–400-talet e.Kr., innehöll resterna efter en guldsmeds verksamhet. Själva konstruktionen bestod av ett 3x3 meter stort något nedsänkt golv, med takstolpar och tätt ställda väggstolpar. En intressant detalj var en "sittbrunn" i ena änden av huset; d.v.s. en grop där smeden kunde ha sina ben när han satt på golvet och arbetade. Intill "sittbrunnen" fanns en större lödningssten som innehöll små guldkorn i två uthuggna fördjupningar (Fonnesbech-Sandberg 1999, s. 32 f).

En något senare och med Dagstorp samtida plats med intressanta metallurgiska aktiviteter är den tidigare omnämnda Husbylokalen i Närke. Förutom en omfattande järnproduktion och smidesverksamhet har det här även funnits ett bronsgjuteri inom verkstadsområdet. Fyndmaterialet omfattas av gjutformar, deglar, bronsklipp och även en guldten har hittats. Inga processanläggningar har däremot kunnat knytas till verksamheten (Ekman 2000; Hjärthner-Holdar m.fl. 1999, 2000).

Ett vikingatida exempel kan hämtas från kvarteret Urmakaren i Sigtuna, där man i början på 1990-talet undersökte en byggnad tolkad som en metallhantverkares bostad och verkstad. Förutom att byggnaden tolkades som Kung Olofs mynthus så visade även konstruktionerna och fyndmaterialet att både bronsgjutning och guldsmide hade utövats i byggnaden (Malmer m.fl. 1991). Även pärltillverkning och benhantverk kunde beläggas i samma hus. Omkring år 1000 har således flera hantverk utövats i ett och samma hus, vilket visar på hantverkarnas ringa specialisering, eller snarare mångkunskap. Det är först under medeltiden som hantverket kom att specialiseras och indelas i kategorier av guld- och silversmeder samt flera olika typer av gjutare beroende på föremålets storlek (t.ex. bältes- kann-, gryt- och klockgjutare). Andra undersökningar i Sigtuna (bl.a. Kv. Trädgårdsmästaren) visar att det först från omkring mitten av 1000-talet etablerades speciella hantverksbodar där specialiserade bronsgjutare, smeder och kammakare etc. utövade sina respektive arbeten (a.a.). Placeringen av den ovan nämnda metallverkstaden var omedelbart utanför kungsgårdsområdet. De senare hantverksbodarna låg organiserade i den övriga stadsbebyggelsen.

Mycket har sagts om bronsgjutningens organisation, med nyckelord som t. ex, stationär, mobil, fri, ofri, periodiskt ambulerande hantverkare osv. Det finns i detta sammanhang inte möjlighet att gå närmare in på den omfattande forskning som bedrivits här, utan jag kommer istället att i korthet redogöra för Hedegaards förslag till olika organisationsformer i den yngre järnålderns Skandinavien som ger en bra

		Bronsgjutningsrelaterat fyndmaterial	Strukturer	Organisationsform/Maktsystem	Exempel
1. Administrerad stads- och yrkesgjutning	Verkstad	Fast, helårs, uppbyggd efter lagmässiga föreskrifter.	Kopplade till urbaniseringens placeringskriterier; möjlighet till specialisering av yrket; olika moment görs av olika hantverkare	Externt representerat av ämbetsmän (skatter ev böter), internt av hantverksskrån. Avsättningsmarknaden präglas av opersonliga relationer inom staden, ev via handelsmän till överregionala områden.	Lund, Århus, Trondheim
	Råmaterial	Importeras.			
	Produkter	Massproduktioner, ekonomiskt rationella bruksföremål, föremål m stor viktvolym.			
	Avfall	Ackumuleras intill verkstaden, ofta uppblandat m hushållsavfall. Ev periodisk lagreglerad renhållning.			
2. Handelsman och råvarugjutning	Verkstad	Mkt rudimentär, ev bara en ensamliggande nedsmältningsgrop. Placering ej beroende av fasta strukturer	Förekommer gärna på "transitstationer" till handelsplatser.	Beroende av skiftande externa maktsystem pga resandet. Den interna organisationen präglad av mobilitet och flexibilitet.	Kaupang
	Råmaterial	Gärna gjutning i fasta formar (ej lera) som kan återanvändas.			
	Produkter	Viktlod och råmaterial i barrar.			
	Avfall	Liten mängd, domineras av bly (vikter), barrar, skrotmetall och enstaka deglar.			
3. Professionell gjutning	Verkstad	Dubbelgropsanläggning, sällan större fasta byggnadskonstruktioner.	Överregional, ev även regional nivå; säsongsmässig mobilitet inom ett givet geografiskt/ kulturellt område. Vandrande hantverkaren med huvudförsörjning knuten till en året-runtboplats i området. Produkterna avsätts på bestämda handels- och marknadsplatser.	Handelsplatsen administreras av lokala makthavare med t ex parcellering av verkstäderna. Marknaden präglas av både personliga & opersonliga relationer. Betecknas som en professionell hantverksorg trots att det rör sig om en sekundär sysselsättning.	Ribe, Lundeborg, Helgö
	Råmaterial	Lera av hög kvalitet, hämtad lokalt vid hemmet eller handelsplatsen.			
	Produkter	Allsidiga produkter men vanligt med massproduktion av enstaka föremål.			
	Avfall	Präglas av massproduktionen, ibland deponerad i gropar. Få verktyg och liten mängd skrotmetall.			
4. Hovgjutning	Verkstad	Fast, placerad vid gjutarens huvudmans boplatsområde el administrativa centrum.	Monopoliserad struktur dikterad av en härskare genom lag & administration. På kontinenten kungliga hovhantverkare med en ofri rättsställning men hög social status. I utvecklad form även inom klosterväsendet.	Hantverkarna ingår som ett fast integrerat delelement i dess herres organisation med ett starkt personligt förhållande till mottagaren (därmed frikopplad från andra externa maktsystem). Intern organisation för en ofri hantverkare är svagt utvecklad.	Inom militär organisation t ex Fyrkat
	Råmaterial	Distribueras av härskaren.			
	Produkter	Allsidiga + unika prestigepräglade föremål.			
	Avfall	Liten men ackumulation kan bildas över längre tid.			

5. Social betingad gjutning	Verkstad	Rudimentär, gärna i anslutning till råvaruresurserna (ler- eller kvartssandgropar). Dock ej långt från boplatsen.	"Monopoliserat" genom normer och traditioner. Präglas ofta av ett starkt gemensamt intresse. Gjutarbetet sker gemensamt och är effektivt planerat och socialt rationellt. utvecklas långsamt.	Org.form rigid och självrekryterande men isolerad. Har förmodligen existerat i befolkningsfattiga och handelsmässigt perifera inlandsområden i Norden. Få experiment tillåts – fibulatyperna	Gene, Hylli (Tawastland i Finland). Liknande system kan ha existerat i områden som i ofreds- eller kristider blivit isolerade så som t ex öar som Bornholm och Gotland.
	Råmaterial	– – – – – – – – – – – – –			
	Produkter	Domineras av socialt rationella och mycket lokala föremålstyper. Särpräglad men få fibulaformer. Ojämn kvalité. Ej så omfattande produktion.			
	Avfall	Verkstadsplatsen anläggs av tradition återkommande på samma plats varpå en del gjutavfall ackumuleras.			
6. Hushålls- gjutning	Verkstad	Sekundär användning av anläggningar med andra primära mål som verkstad.	Elementär gjutning och vissa metallbearbetningsmetoder är förhållandevis enkelt att lära sig och bör kunna ses som en naturlig del av självhushållningen under järnåldern.	Eftersom produktionen är liten och primärt för eget bruk så visar sällan det externa maktsystemet intresse för org.systemet. Vanligtvis försöker hushållen få sitt behov av metallarbeten täckta hos andra org.former så som nr 1, 3 el 5.	
	Råmaterial	Lokala. Metall ackumuleras långsamt från diverse källor. Liten erfarenhet av legeringar; försöker utnyttja alla ickejärnmetaller.			
	Produkter	Liten produktion av enklare fibulatyper, smycken och bruksföremål. Präglas av reparationsarbeten som nitning, lödning & grövre överfångsgjutningar.			
	Avfall	Liten mängd som ger intryck av en allsidig produktion. Ligger ofta uppblandat med hushållsavfallet.			

Tabell. 1. Organisationsformer för bronsgjutarhantverket under yngre järnålder. Modifiering efter. Hedegaard 1992.

Forms for the organization of the bronze-casting craft during the Early Iron Age. Modified after Hedegaard 1992.

Bronsgjutning – tillverkning och teknik

Smeden/gjutaren göt under järnåldern i en tradition som i stort sett var den samma som under bronsåldern. De mest påtagliga och typiska fynden från en gjuteriplats är fragmenten efter deglar och gjutformar, ibland även kompletterade av slagger, rest- eller skrotmetaller och även föremål. Lämningar efter gjuteriverksamhet kan vara mycket svåra att identifiera då de i regel är dåligt bevarade i sentida odlad mark. De anläggningar som bör ha funnits tillhands när gjutaren utförde sitt hantverk är framför allt en blästerhärd/gjuthärd eller ugn, vilka inte behöver ha varit speciellt ansenliga, samt en härd där gjutformen har bränts. Alternativt har dessa två sammanförts till en gemensam konstruktion s.k. dubbelhärd eller dubbelgrop. Under medeltid, när större föremål göts som t.ex. grytor, förekom ytterligare anläggningar så som gjutlådor m.m. De redskap som krävdes var en dubbelbälg samt till den ett hörande blästermunstycke, tänger, hammare och till efterbearbetning även finare verktyg t.ex. fil, pincetter, tråddragare, lödningsrör m.m. En förutsättning är naturligtvis att det har funnits tillgång till råmaterial, bränsle och ett tekniskt kunnande. Ett schema över det arkeologiska material som kan påträffas efter de olika tekniska moment som ingår i arbetsprocessen för bronsgjuterihanteringen presenteras i tabellform.

Eftersom bronsgjutning är ett mycket komplext hantverk har anspråken på det tekniska kunnandet varit högt. Gjutaren måste inte bara ha god kännedom om legeringar, de olika metallernas smältpunkter och eventuell förädling av de tillgängliga metallerna. De keramiska kunskaperna måste också vara goda då både gjutformar och deglar måste tillverkas. Magringens sammansättning är viktig, då den i en degel skall klara av att uppnå höga temperaturer (1000–1150 grader) eller i en gjutform måste kunna "andas", släppa ut gaser som bildas under gjutningen. Experimentell forskning har visat att det dock är fullt möjligt att lära sig elementär gjutning och att den därmed inte endast behöver tolkas som förbehållen experter.

Gjutning kunde ske i sammansatt form eller i s.k. "förlorad form" (à cire perdue). À cire perdue-tekniken var känd

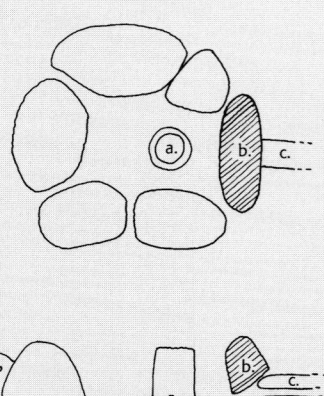

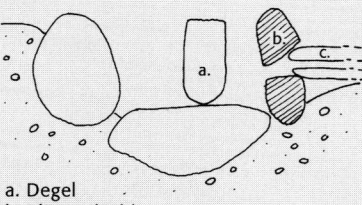

a. Degel
b. Blästerskydd
c. Blästerrör

Gjuthärd i plan och profil. Efter Söderberg 2001a. Tecknare: Annika Jeppsson.

Casting furnace. Drawing: Annika Jeppsson.

redan under bronsåldern och var den vanligaste fram till vikingatid. Under vikingatid blev det vanligt med gjutning i sammansatt form med två gjutformshalvor som kunde återanvändas. Materialet i en sammansatt form kunde bestå både av lera, sten eller metall. Vid à cire perdue-tekniken däremot var man tvungen att slå sönder gjutformen, som alltid var gjord av lera, för att få ut smycket ur formen. Eftersom ett stort antal gjutformsfragment har påträffats i Dagstorp så bör det här ha tillämpats just à cire perdue-teknik. Denna teknik var indelad i flera steg. Gjutaren tillverkade först en patris i vax, en modell av det föremål man önskade tillverka. Patrisen täcktes därefter med en lermantel som bl.a. försågs med en ingötskanal för ihällningen av metallen. Gjutformen upphettades därefter så att vaxet rann ur formen. Härmed var matrisen, d.v.s. gjutformen, skapad, och kaviteten kunde fyllas med gjutmetallen. Under själva gjuteriprocessen var det viktigt att hålla formen varm när smältan kom i kontakt med lergodset, annars riskerade godset att spricka. Då föremålet sedan kom ut ur gjutformen skulle det retuscheras: ingöt och ojämnheter putsas av och ornamentiken efterbearbetas. Härefter var det färdigt för eventuell förgyllning och applikationer. Vissa föremål, t.ex. dräktnålar/spännen, krävde dessutom fästning av nål, ytterligare en avancerad process av s.k. överfångsgjutning.

À cire perdue-tekniken kan tyckas ineffektiv jämfört med gjutning i sammansatt form, men under det senaste decenniet har danska experiment visat att metoden inte har varit så ineffektiv som man först trott. Genom experimentell arkeologi har man visat en enkel metod att mångfaldiga en produkt även i denna teknik. Ett metalloriginal pressas i våt lera, varefter avtrycket fylls med smält vax – en patris har gjorts. På så sätt kan önskat antal vaxmodeller reproduceras för matristillverkning.

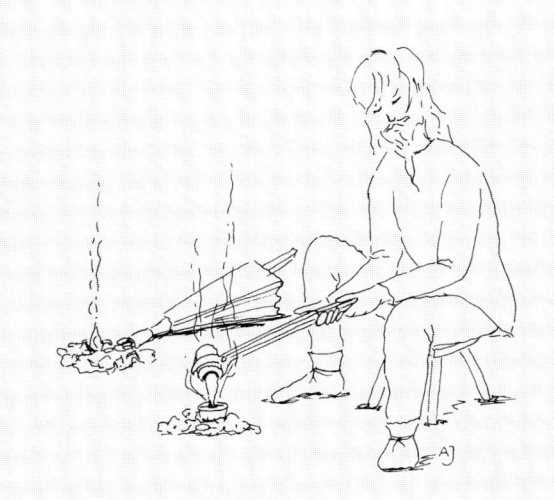

Steg i arbetsprocessen	Tekniska arbetsmoment	Arkeologiskt material
Förarbete	Inhandling-/byte av brons och ev. tillsatsmetaller.	"Bronsskrot" och barrar. Andra stycke- eller klippmetaller.
	Insamling av bränsle.	Spår av skogsavverkning eventuellt synliga i pollendiagram.
	Insamling av lera och sten.	Täktgropar. Sten.
	Tillverkning av gjuthärd, ässja eller gjutugn.	Blästhärd- och ugnsrester.
	Tillverkning av deglar och gjutformar.	Härdrester. Vax. Patriser och matriser.
	Legering: blandning av metaller till rätt smält egenskap (tillsättning av t.ex. zink, tenn, bly).	Barrar. Metallsmältor. Droppslagg. Kolansamling. Värmepåverkad sand/lera. Förslaggad och förglasad sand och lera.
Gjutning	Smältning av metallen. Värmepåverkad sand/lera. Förslaggad och förglasad sand	Blästhärd- och ugnsrester. Blästermunstycke. Kolansamling. och lera. Droppslagg. Tänger
	Uppvärmning av gjutform.	Härdrester.
	Ihällning av smälta i form.	Deformerade formar vid misslyckad gjutning.
	Urtagning av färdigt föremål.	Gjutformsfragment.
Efterbearbete	Retuschering.	Ingöt. Filar.
	Nålfästning.	Nålar.
	Förgyllning.	Ädelmetaller.
	Ornering (ingravering och stämpling)	Kniv, nålar, punsar, hammare,
	Applikationer.	Granater. Lödmetaller: guld- silver och filigrantråd. Granuleringskorn. Tråd-dragare, pincett. Oljelampa. Lödningssten, kavalett och lödningrör.

Schema över bronsgjuteriets arbetsprocess och de spår den lämnar efter sig.

Arkeometallurgiska analyser
– metoder och begrepp
Metoder

Som hjälpvetenskap till ett arkeologiskt analysarbete så råder det ingen tvekan om att de olika metoderna av arkeometallurgiska analyser kan ge betydelsefulla bidrag till de arkeologiska tolkningarna. Gemensamt för dessa analyser är att försöka komma smeden och hantverket närmare. Metallhanteringen i sig visar på ett mått av tekniskt kunnande, men *hur* pass skicklig var smeden? Vilka kvaliteter och tekniker nyttjades? Naturligtvis är ett grundläggande mål att fastställa vilket processled man arbetade med samt få indikationer om vilken typ av produkt som eftersträvats och bearbetats. Nedan beskrivs kortfattat vilka analysmetoder som, med ledning av Geoarkeologiskt laboratorium (GAL) i Uppsala, har valts att använda på materialen från Dagstorp, Särslöv och Saxtorp. Uppgifterna är hämtade från rapporter ur GAL:s rapportserier samt via brevkorrespondens med Eva Hjärthner-Holdar (1999-01-25).

Metallografiska analyser
Utförs på metalliskt material. Såväl färdiga föremål som ämnen och avfall kan studeras. Genomförs under mikroskop på polerade ytor av det utvalda provet. Med hjälp av analysen är det möjligt att bedöma styckets kvalitet och egenskaper och därmed lämpligt användningsområde. Föremålets grad av jämnhet, renhet och bearbetning kan också avslöjas, vilket säger något om smedens skicklighet.

Petrografiska analyser
Utförs på slagger under mikroskop på polerade tunnslip. Med denna metod kan man med större säkerhet typbestämma slaggerna, d.v.s. avgöra processled, få mer detaljerad information om hur processen fungerat och få indikationer på vilken typ av produkt som eftersträvats.

Kemiska analyser
Olika typer av kemiska analyser kan göras på slagg- och metallmaterial. För det aktuella materialet har *mikrosondanalyser* varit lämpliga. Metoden kan användas på både slagg- och metallmaterial och utförs på polerade tunnslip och polerprover som först studerats metallografiskt eller petrografiskt. Genom dessa undersökningar kan föremålets beståndsdelar analyseras kvantitativt, d.v.s. den kemiska sammansättningen kartläggas. Vad gäller slaggen innebär det att bestämningen av processled blir ännu säkrare. Eventuella tillsatser av flussmedel eller användning av vällsand kan spåras. Metallrester i slaggen kan också analyseras för att om möjligt kunna relateras till metallmaterialet. Andra ämnen kan vara viktiga "fingeravtryck" för att kunna spåra metallernas råvaruursprung.

Keramiska analyser
Utförs främst på teknisk keramik, d.v.s. lera från bl.a. ugnar, gjutformar och deglar för få mer information om och hur leran är magrad för att uppnå bästa eldfasthet för ändamålet, vilket ger indikationer på teknologisk kunskap.

Begrepp
Anlöpning: Smidesmetod där härdat stål värmebehandlas för att moderera dess hållfasthetsegenskaper. Anlöpning innebär att stålets sprödhet minskar men att dess seghet ökar.

Blästbruk: Äldre, och på nytt använd term för vad som tidigare har benämnts "primitiv lågteknisk" järnhantering, d.v.s. direkt järnframställning.

Blästermunstycke: Skydd, påträdd längst fram på "pipen" av bälgen, mot elden.

Blästugn: Ugn för framställning av blästjärn av myr-, sjö,- jord- eller bergmalm.

Direkt järnframställning: Direkt tillverkning av smidbart järn som vanligtvis skedde i blästerugnar, men under 1500-talet förekom även en framställning i s.k. rennverksugnar.

Droppslagg: Små, sfäriska slaggskal som bildas i blästugn under process.

Förslaggning: Schaktväggspartier (insidor) varpå smält slagg har stelnat.

Förglasning: delar av leran har smält, ändrat färg (vanligen till svart) och i vissa fall blivit genomskinlig eller glasartad. Förekommer på schaktväggens insida, nära blästerintagen.

Glödskal: Metallglänsande magnetiska skal av järnoxid som uppkommer i sekundärsmidet när järn bearbetas med kraft på ett järnstäd med slägga eller smideshammare.

Härdning: Smidesmetod där järn (austenit) upphettas med påföljande snabb avkylning i t.ex. vatten.

Indirekt järnframställning: Tillverkning av smidbart järn genom att först tillverka tackjärn med hög kolhalt som sedan färskades till smidbart järn genom att kolhalten sänktes. Metoden skedde i masugnar, som funnits i Sverige sedan senare delen av 1100-talet.

Lupp: Smälta som konsoliderats eller blivit omsmält.

Magring: Medel, vanligen kvartssand, barr, hår eller tegel, som leran till schaktet blandas ut med för att den inte skall sprängas av ångtrycket när den blir het.

Primärsmide: Inledande förädling av smältan, endera i form av omsmältning eller genom upprepad uppvärmning och kompaktering.

Primärsmidesslagg: Slagg som i järnsmidet bildas under den inledande konsolideringsfasen.

Reduktion: Kallas den process som under tillförsel av luft (egentligen syrgas, O_2) och hetta förmår träkol (egentligen CO och CO_2) att reducera malm som huvudsakligen består av järnoxid (Fe_2O_3) till järn (Fe) och slagg.

Reduktionsslagg: Slagg som bildas i samband med smältning av malm i ugn.

Rensslagg: Slagg som faller ifrån smältan när den tas ur ugnen eller vid arbetsmomenten kall- och varmrensning.

Sekundärsmide: Uträckning av kompakterat järn och föremålssmide.

Sekundärsmidesslagg: Slagg som i järnsmidet bildas under uträckningsfasen och under föremålssmidet.

Slaggrop: Under schaktugn liggande grop för uppsamling av slagg, d.v.s. gropen fylls med slagg redan under processens gång.

Smälta: Produkt av reduktionsprocessen. Denna järnklump är slaggrik och inte direkt smidbar. Den behöver upparbetas/förädlas först.

Sprutslagg: Små, sfäriska slaggskal som bildas flygande i luften under primärsmidets slutfas, när smältan under välltemperatur kompakteras till ett tätt järn.

Stearinslagg: Slagg som runnit neråt i strängar och där sträng lagts till sträng på samma sätt som stearin stelnar kring foten av ett ljus.

Vällning: Smidesmetod där järnstycken genom smidning sammanfogas. Som hjälpmedel kan användas t.ex. *vällsand*, huvudsakligen kvartsand (SiO_2). *Vällsömmar* är mer eller mindre synliga sömmar mellan järnstycken som vällts samman.

översikt. Hans organisationsanalys är dessutom ett utmärkt försök att ge arkeologien ett metodmässigt arbets- och förståelseredskap för bronsgjutningshantverkets olika organisationsformer (Hedegaard 1992, s. 88f, för analysmodell se a.a., s. 87).

Organisationsformerna skall i stort ses som möjligt samtida företeelser, d.v.s. ingen organisationsform utesluter en annan, utan dessa kan uppstå i olika sammanhang beroende på såväl yttre och inre förhållanden. De sex organisationsformerna har Hedegaard valt att kalla: *Administrerad stads- och yrkesgjutning, Handelsman och råvarugjutning, Professionell gjutning, Hovgjutning, Social betingad gjutning* och *Hushållsgjutning*. Beteckningarna kan tyckas något förvirrande, men tillsammans med sina beskrivningar fungerar de och jag har valt att behålla dem (se tabell 1).

Administrerad stads- och yrkesgjutning är inte relevant i detta fall då denna organisationsform blir aktualiseras först i och med uppkomsten av de medeltida städerna. Det kan dock inte uteslutas att denna existerade redan under sen järnålder. Inte heller den s.k. *handelsman och råvarugjutningen* torde vara aktuell i denna diskussion, då den ej är knuten till produktion av smycken och redskap, utan är istället inriktad på tillverkning av råmaterial i form av barrar samt produktion av vikter/viktlod. Inom den *professionella gjutningen* ryms den s.k. vandrande hantverkaren, vilket är mer intressant i detta sammanhang. Hantverkaren är säsongsmässigt mobil innanför ett givet geografiskt och kulturellt avgränsat område. Hantverkaren har sin bas, åretruntboplats, antingen i centrum eller periferin av området där den egentliga huvudförsörjningen hålls i form av jordbruk, djurhållning och dylikt. Under säsongen avsätts produkterna på bestämda handels- och marknadsplatser som komplement till huvudförsörjningen. Hantverkaren är inte lika mobil och flexibel som handelsmannen. Organisationsformen betecknas som en professionell hantverksorganisation, trots att det rör sig om en sekundär sysselsättning. Hedegaard är osäker på om organisationsformen *hovgjutning* förekommer i Skandinavien. Formen är ändå intressant som fenomen och i en tänkbar hybridform. I denna form är hantverkarens sociala och ekonomiska säkerhet avhängig produkternas kvalitet, vilket medför att hantverkaren försöker tillskansa sig bästa möjliga råvaror samt skaffa sig erfarenhet av många skilda metalltekniker, vilket också avspeglas i fyndmaterialet. Den *socialt betingade gjutningen* förekommer fram för allt i mindre byar där gemensamma symbolvärden förstärker de sociala banden. Själva gjutarbetet görs gemensamt, vilket är både ekonomiskt och ej så arbetsbelastande för den enskilde när olika sysslor fördelas på flera i ett team. Slutligen så återfinns *hushållsgjutning* som organisationsform. Hedegaard menar att eftersom experimentell forskning har visat att en enklare form av gjutning, liksom vissa metallbearbetningsmetoder är lätta att lära, så behöver inte allt gjutarbete vara förbehållet experter. Gjutning bör istället ses som en naturlig del av göromålen i ett typiskt självhushåll under järnåldern, åtminstone i form av underhålls- och reparationsarbete.

Hedegaard har genom experimentella försök och organisationsanalys av fyndplatser med gjuteriavfall visat en bild av en komplex samhällsstruktur. Det finns flera exempel som visar att det i Skandinavien fanns ett välutvecklat och tekniskt avancerat bronsgjuterihantverk under yngre järnålder, och Hedegaards analys visar på flera samtida organisationsformer. Han påminner dock om att organisationsformerna alltid har varit i en ständig utveckling. De uppstår sällan av sig själv utan bygger på andra ev. äldre organisationsformer. En organisation försvinner också sällan fullständigt och hybridorganisationer kan bildas. Det är därför svårt att beskriva en organisationsform som ett isolerat fenomen (Hedegaard 1992).

Tre järnåldersboplatser och deras metallurgiska verksamhet

I följande avsnitt kommer de boplatser inom Västkustbaneprojektet, vars fyndmaterial genomgått arkeometallurgiska analyser[2], att presenteras. Först redogörs kortfattat för de platsspecifika lämningarna och fyndmaterialen, varefter analysresultaten redovisas och ges en sammanfattande tolkning. De arkeologiska uppgifterna från respektive plats har hämtats ur följande rapporter: Dagstorp SU 21 (Becker 1999), Särslöv SU 22 (Ericson 2000b; Kriig & Thomasson 2000) och Tågerup SU 8 (Artursson 1999).

Dagstorp SU 21

Dagstorpsboplatsen ligger knappt en mil från Öresundskusten och cirka fyra kilometer nordväst om Kävlinge. Den låga jämna kustslätten bryts här av den upp till 66 meter höga Dagstorpsåsen. Kyrkan, som ursprungligen utgjort en av Skånes fyra kända rundtornskyrkor, ligger manifest placerad på krönet av Dagstorpsåsen strax nordväst om den medeltida byn.

Knappt 500 meter söder om den medeltida bytomten befinner sig den undersökta yngre järnåldersboplatsen (fig. 3). Topografiskt låg gårdarna i en bred dalgång mellan Dagstorpsåsen i norr och Västra Karaby backar i söder. Bebyggelsen har legat intill den då meandrande Välabäcken i ett relativt öppet beteslandskap med insprängda lövträdsdungar, där markerna lämpat sig väl för jordbruk och boskapsskötsel. De i dag synliga spåren av det förhistoriska landskapet består främst av monumentala bronsåldershögar, vilka ligger i agglomerationer och som pärlband på höjderna.

Huvudvikten av den omfattande yngre järnåldersbebyggelse som dokumenterades vid Dagstorp kunde dateras till vendeltid/äldre vikingatid. Av de sju gårdslägen som urskiljdes med denna datering, undersöktes endast den sydligaste gården, gård V, i sin helhet (jfr Carlie & Artursson i del II och Carlie 2005). De flesta fynden efter metallhantering kunde vid den slutliga undersökningen knytas till gård V. Fynd av "metallskrot" i brons, viktlod och fibulor från den inledande undersökningen inom området för gård IV, antyder dock ytterligare verksamheter med koppling till hantverk och handel inom boplatsen. (Knarrström & Lagergren Olsson 1998, s. 274 f). Denna yta undantogs dock för exploatering inför den slutgiltiga undersökningen (Carlie 2005).

Inom gård V påträffades avfall efter metallhantverk i form av degelfragment, ett stort antal gjutformsfragment (fig. 4), järn- och lerslagger samt bronsskrot. Avfallet låg huvudsakligen koncentrerat till två platser; dels i en avlång grop utanför den västra gaveln till huvudbyggnaden (hus nr 2), där bl.a. samtliga gjutformsfragment låg (A13545), dels i verkstadshuset (hus nr 4) cirka tio meter nordväst om huvudbyggnaden. Vardera ett degelfragment påträffades dessutom i ett grophus (A9996) och i en grop med en slaggkoncentration (A11638) (fig. 5). Det fanns således tydliga tecken på att metallhantverk utövats, både i form av bronsgjutning och järnhantering. En svag föraning fanns även av att ädelmetallhantering bedrivits på platsen, i och med en observation av vad som, rent lekmannamässigt, misstänktes vara en gulddroppe fäst på en slaggbit. Konstruktioner tillhörande metallhanteringen lyste dock i stort med sin frånvaro, med undantag för det s.k. verkstadshuset.

Till gård V hörde förutom en huvudbyggnad i två faser, även flera mindre ekonomibyggnader, av både stolp- och grophuskaraktär. Till gårdsstrukturen kunde även föras två odlingsytor med årderspår och en ansamling av härdar och gropar. Dessutom kunde en väg/stig följas från en förmodad byallmänning i norr genom gården och ner till ett troligt vadställe över Välabäcken (fig. 5). Av speciellt intresse var också ett mindre stolpbyggt hus, tolkat som verkstadshus (hus 4). I denna del av undersökningsområdet fanns ett bevarat kulturlager, bestående av dels en samtida marknivå (L103), dels ett avsatt golvlager till verkstadshuset. I huset fanns resterna efter två konstruktioner, en ugn och en förmodad ässja. Ugnen visade inte några spår efter metallhantering, men i och kring ässjan fanns en koncentration av slagger. Dessutom påträffades ett par fragment av blästermunstycken. Vilken form av metallhantering som har bedrivits i verkstadshuset kunde inte säkerställas under fältarbetet. De arkeobotaniska analyserna har senare visat på en

Figur 3. Foto över Välabäckens dalgång med Dagstorps "nya" kyrka på Dagstorpsåsen i norr (till vänster i bild). Pilen markerar platsen för undersökningarna i Dagstorp. Fotot taget från Karaby backar. Foto: Thomas Hansson.

View of the valley of the Välabäcken with Dagstorp's "new" church on the Dagstorp Ridge to the north (left in the picture). The excavation site at Dagstorp is marked. Photo: Thomas Hansson.

mycket hög fröhalt, både i ugnskonstruktionen och i flera av stolphålen till de takbärande stolparna. Det förefaller således som om hus 4 haft två olika användningsfaser, dels som kokhus, dels som smedja!

I detta sammanhang ska även nämnas en anmärkningsvärt stor mängd halvbränt och bränt benmaterial deponerat i gropar i anslutning till gården. Vissa gropar var tätt packade med benmaterial. Några koncentrationer påträffades också i ett par av grophusen. Fynden av brända ben i samband med järnhantering är intressant, eftersom det finns belagt att benaska eller krossade ben i viss utsträckning har använts som flussmedel vid järnframställningen, d.v.s. för att öka fosforhalten, vilket gör järnet mer elastiskt (jfr t.ex. Lindqvist & Ramqvist 1993, s. 102).

Bland övrigt fyndmaterial finns flera exempel på både inhemskt producerad keramik och "främmande" godstyper (jfr form och dekor som bryter mot massan av mer allmän vardagskeramik). En hel del vävtyngder, i ett par fall funna *in situ* i grophus, samt förekomsten av sländtrissor visar på textilhantverk. Därtill visar odlingsytorna och det insamlade ekofaktmaterialet på en omfattande odlingsverksamhet. I huvudbyggnaden (hus 2) tyder resultaten från makrofossilanalyserna på en funktionsindelning, där den västra delen av huset troligen använts som bostad (jfr Carlie & Artursson i del II). Vedartsbestämningar utförda på material från härdarna visar att stamveden dominerar, där ek, lind och al framträder relativt starkt. Den förhållandevis ringa mängden grenved antyder också att boskapsskötseln kanske inte har varit så stor. Åtminstone har insamling av lövsly för utfodring av stallade djur inte bedrivits i någon större skala (Mats Regnell, pers. kom.).

Bland övriga intressanta observationer skall nämnas fynden av tre fibulor från två, i förhållande till gård V, angränsande gårdar tillhörande samma fas (gård IV resp. VII). Samtliga tre fibulor påträffades i matjorden, två vid metalldetektering och en vid avbaning (fig. 6). Av dessa var två av typen näbbfibula, vilket är en av de föremålstyper som finns representerade med avtryck i gjutformsfragmenten från platsen (fig. 7). Den tredje typen består av en fiskfibula. Sammanlagt kan tre gjutformsfragment bestämmas som formar efter tillverkning av näbbfibulor. Två av dessa är avtryck från ovansidan av foten, medan det i den tredje finns ett avtryck

Metallhantverk och specialisering

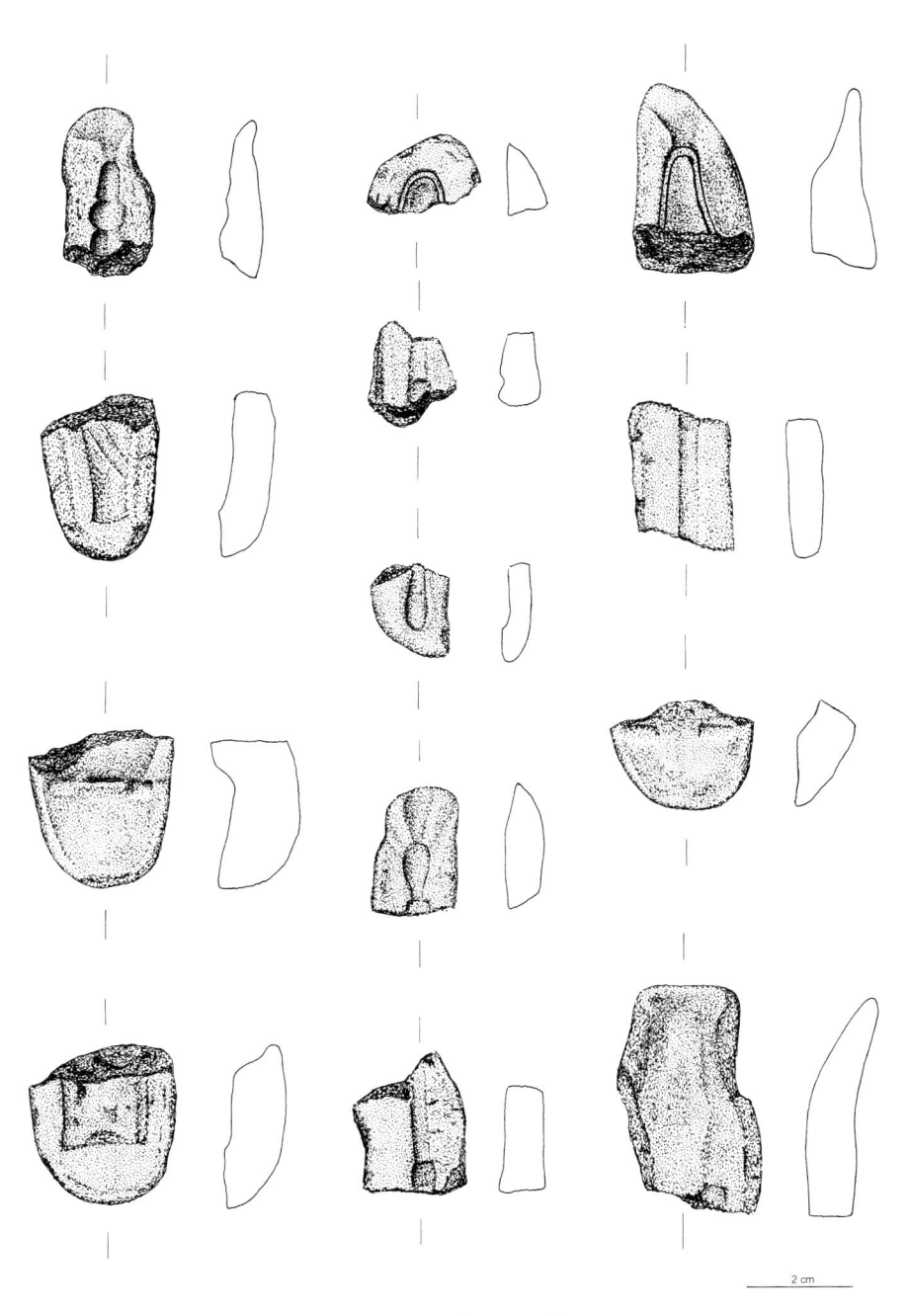

Figur 4. Gjutformsfragment påträffade i A13545. Tecknare: Annika Jeppsson.

Fragments of moulds found in A13545. Drawing: Annika Jeppsson.

Gjutformar och deglar

Metaller (järn/koppar)

Blästskydd

Slagg och blästskydd

Brända ben > 9g

Figur 5. Översikt över gård V:s vendeltida fas med aktuella strukturer och anläggningar markerade. På planen visas även spridningen av fynd med koppling till metallhantering. Skala 1:400.

Plan of farm no. V at Dagstorp in the Vendel Period, with contemporary structures and features marked. The distribution of metalworking finds is also shown. Scale 1:400.

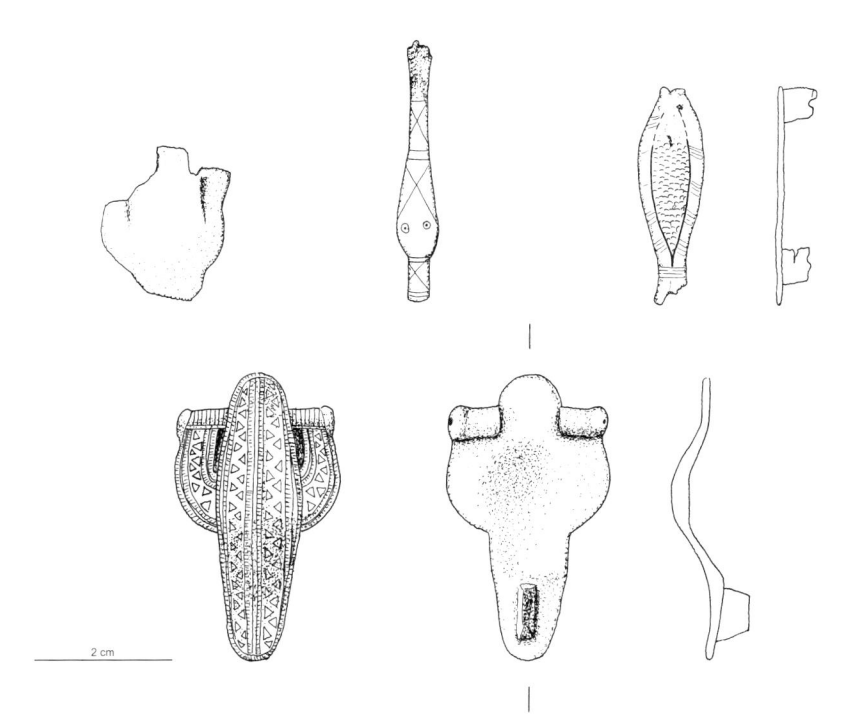

Figur 6. Två näbbfibulor, en fiskfibula och ett dekorerat band, samtliga i kopparlegering, från gård IV och VII tillhörande Dagstorps vendeltida fas. Tecknare: Annika Jeppsson.

*Two beak-shaped fibulas, one fish fibula and one decorated band, all of copper alloy, from farms IV and VII which belonged to the Vendel Period phase at Dagstorp. Drawing: Annika Jeppsson.*Jeppsson

Figur 7. Näbbfibula påträffad i Dagstorp på gård VII. Foto: Lars Finnström.

Beak-shaped fibula found at farm VII in Dagstorp. Photo: Lars Finnström.

från undersidan av huvudpartiet (okulär besiktning av Birgitta Hårdh). Andra identifierade föremål i gjutformsmaterialet är ett fragment av en rektangulär fibula, som visar ett flätmönster i relief. Ytterligare en fibulatyp kan urskiljas i form av ett litet likarmat spänne. Utöver fibulorna har ett flertal fragment av gjutformar till nålar och eventuellt barrar kunnat identifieras. Övriga formar med intryck har inte kunnat bestämmas närmare, men flera fragment av själva ingötet finns med. Avtrycken pekar på föremålsformer med en datering samtida med de ^{14}C-daterade husen på gården, d.v.s. vendeltid/äldre vikingatid. Spridningsbilden över metallhantverksrelaterade fynd, d.v.s. slagg, degel- och gjutfragment, samt även koncentrationer av brända ben, visar på en förtätning till området söder om huvudbyggnaden och kring verkstadshuset (se fig. 5). Gården verkar vara uppbyggd kring en anläggningsfri gårdsplan där boningshus, förrådshus, verkstad, grophus, odlingsyta och gropområde ligger som en krans kring gårdsplanen.

Analysresultat

Sammanlagt har fjorton olika fynd varit föremål för arkeometallurgiska analyser av Geoarkeologiskt Laboratorium (GAL) i Uppsala. Fynden kommer företrädesvis från två anläggningar; dels från en avlång grop (A13545) strax väster om huvudbyggnaden, med restprodukter från bronsgjutning, dels från en mindre härd eller förmodad ässja (A20057) i hus 4:s östra del med fynd av sintrad och förslaggad lera samt slagg. Även några fynd från kulturlagret runt ässjan analyserades. Målsättningen var att söka klargöra:

- Vilken typ av metallurgisk verksamhet som förekommit.
- Vilka processteg och tekniker som finns representerade i materialet samt graden av specialisering.
- Varifrån råmaterialet kan ha kommit.
- Om det finns någon skillnad i de verksamheter som ägt rum vid gropen respektive ässjan.

Analyserna visar att det inom Dagstorpsboplatsen förekommit ett brett spektrum av metallurgisk verksamhet, alltifrån hantering av järn och koppar till bearbetning av guld.

Vad gäller *järnhanteringen* har verksamhet både från tidigt och sent processled kunnat beläggas. Rester från primärsmide representeras av kolhaltigt järn, omsmältningsslagger från rensning av järnluppen och sprutslagger. Fynden efter sekundärsmide består av smidesslagger och glödskal. De senare spåren visar även på senare led av smidesprocessen, under användning av vällsand, då ämnesjärnet har bearbetats fram till det färdigsmidda redskapet/verktyget. Undersökta slutprodukter representeras av spik, söm, järnbleck och ett knivämne.

Förekomsten av slaggrikt järn och sprutslagger innebär med mycket stor sannolikhet att järnframställningen ägt rum i den omedelbara närheten, då slaggrika luppar inte torde ha varit någon handelsvara (jfr Hjärthner-Holdar m.fl. 2000, s. 14). Kolhalten i samtliga fynd av "råjärn" visar att malmen smälts direkt till stål och inte till järn. Dock har undermåligt järn, slaggrikt spilljärn, använts till att tillverka spik. Att inte använda "finare" järn än nödvändigt kan ses som ett tecken på smedens skicklighet.

Bronshanteringen representeras av bleck och gjutspill av tennbrons som utmärks av förhöjda zinkhalter. Den förhöjda zinkhalten tyder på brons som tillverkats genom återanvändning av skrotmaterial (såsom koppar, brons, mässing). Leranalyser av två gjutformar och tre degelfragment visar att de två en-lagers gjutformarna är gjorda av exakt samma material, medan de tre deglarna är tillverkade av andra och grövre leror med delvis olika sammansättningar. Lerorna kan mycket väl ha varit lokalt förekommande. Variationen i deglarnas gods tyder dock på att dessa härrör från flera gjutningstillfällen. Analysresultaten illustrerar även bronsgjutarens skicklighet, genom valet av olika leror till gjutformar och deglar för att tillgodose de tekniska kraven. Gjutformen måste därmed

- kunna motstå de höga temperaturerna (grovkornighet);
- ge ett slätt avtryck (finkornighet);
- vara rimligt porös (ev. tillsatt organiskt material); samt
- släppa det gjutna objektet efter avkylning (hög glimmerhalt).

Ädelmetallhantering i Dagstorp representeras av guldrester i tre analyserade fynd. En större och flera mindre droppar av guldlegering påträffades på insidan av ett degelfragment. Analysen visar att det rör sig om en legerad metall och inte om en naturligt förekommande sammansättning. Även på två slaggdroppar påträffades guld; den ena med en mer silverrik och kopparfattig sammansättning, medan den andra består av en optimal legering, d.v.s. med minimal guldhalt som bibehåller guldets färg tack vare legeringen med silver och koppar. Denna ytterst precisa relation mellan guld, silver och koppar vitsordar guldsmedens stora kunskaper och skicklighet. Tennhalten i två av guldfragmenten visar att det rör sig om vaskguld, med en proveniens som med största sannolikhet ska härledas till Uralområdet (Hjärthner-Holdar m.fl. 2000, s. 12). Den ena slaggbiten med vidhäftande guldkorn utgör sannolikt ett korn granulerat guld som använts inom filigrantekniken. Ytterligare ett fynd visar på en så pass specifik sammansättning att man kan misstänka att inläggningsarbeten och möjligen även niellering utförts på platsen.

Ett något udda resultat gav två analyserade "slagg"-bitar som skiljde ut sig från övriga prover framför allt genom höga fosforhalter. Fynden har tolkats utgöra rester efter en cupellationsprocess som används för att testa silverhalten hos olika malmer, men även för att utvinna ädelmetaller (främst silver men även guld och platinametaller) ur olika malmer under tillsats av metalliskt bly. Processen utförs i en s.k. *cupella* (=degel, latin för "liten tunna, skål") som tillverkas av aska och brända malda ben.

Sammantaget visar analysresultaten från gropen (A13 545) och ässjan (A 20 057) på skillnader i den metallurgiska verksamheten. I gropen fanns rester efter gjutformar, deglar varav en med gulddroppar, ässjeväggar, smidesslagger, omsmältningsslagger, sprutslagger, glödskal, rester efter kuppelering, rester efter granulering, eventuellt även niellering, bronsbleck, järnbleck, spik och knivämne. Fynden visar på en bild av koppar- och ädelmetallhantering med smältning och gjutning, samt på sekundärsmide med smärre inslag av rensning och primärsmide av järnluppar. Den ursprungliga verkstaden/arbetsplatsen med tillhörande konstruktioner (ugnar, ässjor, städ etc.) bör ha funnits inom ett avstånd av mindre än tio meter från avfallsgropen (jfr Hjärthner-Holdar m.fl. 2000, s. 14f). Eldstaden i verkstadshuset, som härmed kan funktionsbestämmas som ässja, innehöll smidesslagg, omsmältningsslagg och rester efter ässjebotten, vilket visar att det har förekommit omsmältning, primärsmide och sekundärsmide med användning av vällsand. Medan ässjan således främst utmärker sig genom tidiga processled av järnsmidet, fram till tillverkningsskedet av ämnesjärn och enstaka verktyg/redskap, karakteriseras fyndmaterialets sammansättning i gropen av restproduktioner från de senare processleden, samt av en mer förfinad och mer avancerad form av metallhantering.

Summering

Sammanfattningsvis ger de arkeologiska observationerna tillsammans med de arkeometallurgiska resultaten följande bild. På gård V i Dagstorp har det funnits en stationär verkstad i form av en "grovsmedja", bestående av ett mindre stolpbyggt hus med öppen östgavel (hus 4); en konstruktionsdetalj som kan tyckas naturlig med tanke på behovet av bra vädringsförhållanden vid smidesarbetet (fig. 8). Vad beträffar ljusförhållanden kan en smed många gånger ha fördel av att arbeta i ett visst mörker för att på så sätt tolka rätt färg, d.v.s. temperatur på järnet vid bearbetningen. I husets östra del har det funnits en ässja, och i västra delen en ugn. I grovsmedjan har smeden dels rensat järnluppar från slagg, dels smitt ämnesjärn. Man har dessutom inte bara smält malm till järn utan även direkt till stål, vilket var lämpat för skärande verktyg. Smide av verktyg och redskap har förekommit. Bearbetningen av slaggrikt järn talar, med mycket stor sannolikhet, för att själva järnframställningen ägt rum i boplatsens omedelbara närhet. Anmärkningsvärt i detta sammanhang är dock avsaknaden av kolningsgropar, då kol torde ha förbrukats i ansenliga mängder i samband med metallhanteringen.

Förutom grovsmedja har det även funnits en "finsmedja". Kanske har denna varit belägen i området för väg 1177 som ej undersöktes, d.v.s. området mellan grovsmedjan och huvudbyggnaden (hus 2). I finsmedjan har det mesta av föremålssmidet bedrivits. Verktyg och redskap har framställts, bl.a. knivar av det härdbara stålet och spik av spilljärnet. Eventuellt har man även gjort inläggningar vid järnets sekundärsmide. I finsmedjan sköttes troligen även koppar- och ädelmetallhantering. Bronsgjutningen behöver dock inte ha bedrivits i själva verkstaden, eftersom det räcker

Figur 8. Rekonstruktion av smedjan i Dagstorp med öppen östgavel.
Teckning: Staffan Hyll.

*A reconstruction drawing of the smithy at Dagstorp.
Drawing: Staffan Hyll.*

med ett par enklare härdar ute i det fria. Den kopparlegering som använts till gjutmassa har bestått av återanvänt skrotmaterial av koppar, brons och/eller mässing. Dessutom har smältning och legering av guld förekommit. Guld som sannolikt har bestått av importerat vaskguld, med proveniensen härledd till Ural. Flera av de analyserade legeringarna visar på stor kunskap och skicklighet, vilket utmärker en mycket kompetent "guldsmed". Det är dock svårt att uttala sig om huruvida kunskapen funnits i Dagstorp, hos en kringvandrande specialist, eller hos en främmande guldleverantör. Denna fråga kommer att beröras längre fram.

De små men likväl påtagliga resterna efter en *cupella* är svårtolkade. Cuppellationsprocessen har gamla anor och har använts under minst 2500 år. Endast få fynd från cupellation har tidigare gjort i Sverige, t. ex. i Sigtuna, kv. Trädgårdsmästaren (Hjärthner-Holdar m.fl. 2000, s. 12ff). Vilken verksamhet som ägt rum i Dagstorp är svårt att avgöra, men en hypotes kan vara att man cupellerade importerade blytackor för att utvinna silvret (a.a., s.13).

Den i många fall rikliga förekomsten av brända ben i gropar och härdar samt även i några av grophusen inom gård V (se fig. 9) kan möjligen ha ett samband med smidesverksamheten. Benaska eller krossade ben används ibland som flussmedel vid järnframställning i syfte att höja fosforhalten, vilket gör järnet mer elastiskt och smidbart. För höga fosforhalter gör dock järnet hårt och sprött. Ett användningsområde för fosforrikt järn är vid s.k. damaskering, då man bygger upp ett ämne med ömsom hårda och mjuka järnlameller och därigenom kan åstadkomma olika slags mönster på det färdiga föremålet. Flera av de analyserade fynden från Dagstorp, bestående av både slagg och föremål, uppvisar höga fosforhalter. Detta talar för att man varit medveten om de brända benens funktion och därför tillvaratagit de fosforrika benen för att senare användas som flussmedel. På den tidigare nämnda Geneboplatsen påträffades också stora mängder brända ben i en av härdarna (C7b) inne i smedjan. Detta har tolkats så att de avsiktligen använts i ässjan för att smeden ibland önskade höja fosforhalten i järnet (Lindqvist och Ramqvist 1993, s. 102). De brända benen i Dagstorp kan möjligen även ha ett samband med fynden av en *cupella*; detta eftersom tillverkningsmaterialet i en cupella består av benaska och/eller brända malda ben.

Särslöv SU 22Ö och V

Boplatsen vid Särslöv ligger omkring nio kilometer från Öresundskusten och endast cirka 500 meter ostsydost om boplatsen vid Dagstorp. Området ligger på en intensivt odlad sandig, grusig platå, med svag sydsluttning ned mot Välabäcken. En runsten (Dagstorp RAÄ 9) har påträffats strax söder om slutundersökningsområdet och har troligen varit placerad i ett sankområde invid en väg som ledde upp mot byn.

Bebyggelsen inom den undersökta ytan kan knytas till minst två faser. Den äldre fasen, som finns representerad inom den västra delen av området, omfattar bl.a. fem långhus från äldre järnålder. På det östra området dokumenterades bl.a. ett gårdsläge med lämningar efter fyra byggnader, daterade till övergången vikingatid–tidig medeltid. Inom båda områdena undersöktes även tillhörande brunnar och kulturlager. På det västra området med äldre järnåldersbebyggelse, låg en cirka en meter stor och 0,34 meter djup grop (A39083 ÖK 8). Gropen innehöll mycket slagg samt delar av vad som misstänktes utgöra rester av ugnsväggar alternativt en ässja. Fynd av östersjökeramik placerar tillsammans med en ^{14}C-datering gropen i 1000-talet, som därmed är samtida med bebyggelsen i det östra området, cirka 200 meter därifrån (fig. 9).

Gropen tolkades i fältarbetsfasen, tillsammans med anslutande stolphål och underliggande pinnhål, som resterna efter en förmodad ässja. Gropens fyllning var sotbemängd och i fyndmaterialet återfanns bränd och sintrad lera, slagg och järnspik. Den sintrade leran antogs utgöra rester efter ugnsväggen. Konstruktionen tillsammans med fyndmaterialet föranledde tolkningen att järnbearbetning företagits på platsen och materialet valdes därför ut för en arkeometallurgisk analys.

Analysresultat

Totalt analyserades 15 olika fynd av GAL (Englund & Grandin 2000). Målsättningen var att försöka utreda vad det insamlade materialet representerade i termer av olika verksamheter och produktkvaliteter. Frågeställningen rörde dels om den i fält förmodade tolkningen av grop A39083 som ugn/ässja kunde verifieras, dels från vilket eller vilka processled materialet härstammade.

Den okulära klassificeringen och analyserna visar på förekomst av blästerskydd, smidesslagg, järnämnen,

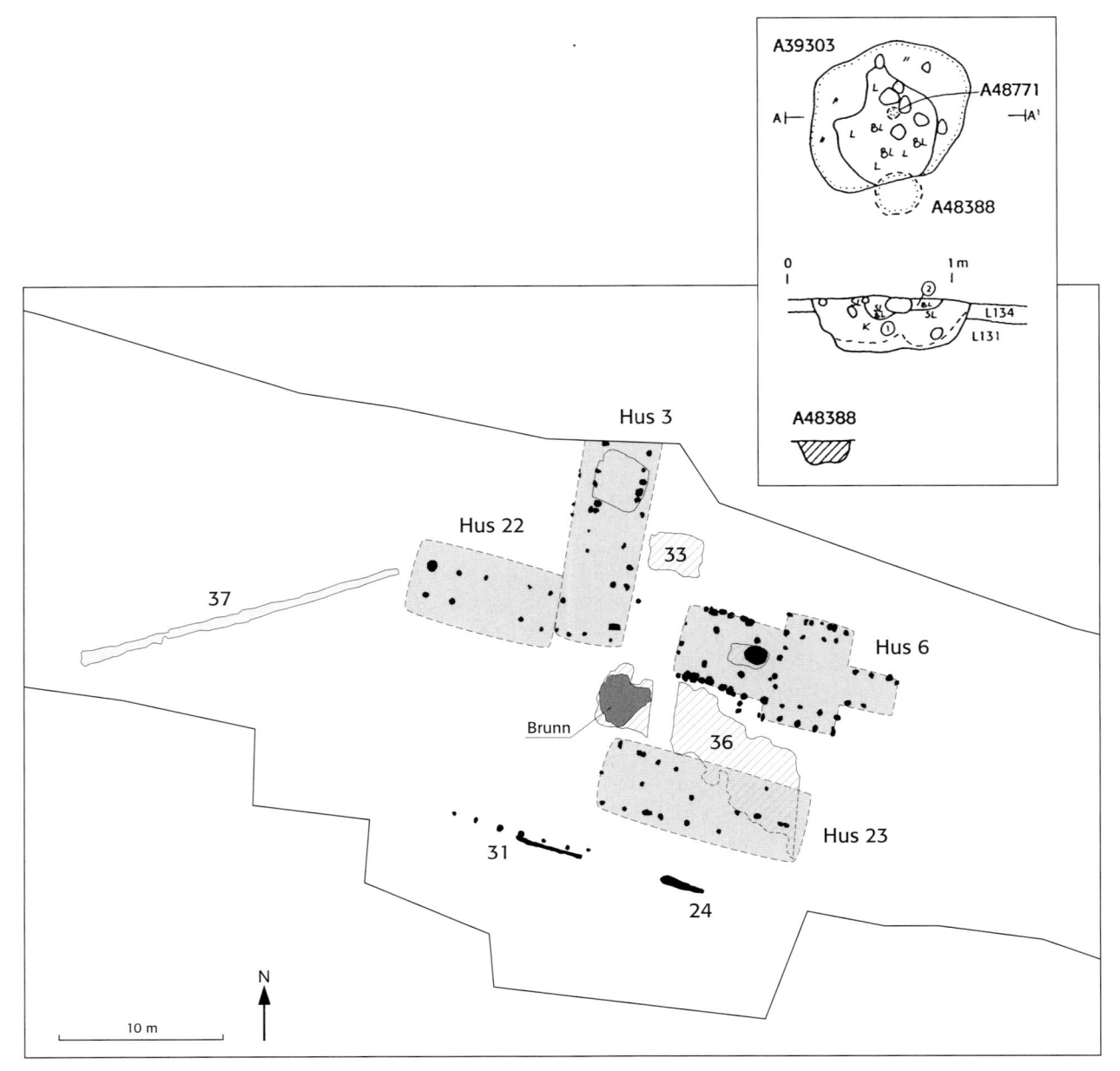

Figur 9. Plan över gården A33 i Särslöv med en infälld plan och profil över den förmodade ässjan (ÖK8) som låg ca 200 m väster om gårdsbebyggelsen.

Plan of farm A33 in Särslöv with an inserted plan and profile of the presumed forge (ÖK 8) which was about 200 metres west of the farmstead.

smidesskålla, smidesprodukter i form av spik, knivblad och järntenar (ämnen) samt smidesavfall. Slaggmaterialet består uteslutande av rester från sekundärsmide, medan föremål av bränd och partiellt smält lera utgör delar efter blästerskydd. Dessutom upplyser bottenskållor med vidhäftande grus- och sand, om att smidesgropen/ässjans botten inte har varit lerinfodrad.

Anläggningsanalysen bekräftar emellertid inte hypotesen om en eventuell ässja. Istället visar bevarandegrad, fyndsammansättning och fältdokumentation tillsammans med de arkeometallurgiska analyserna att gropen fyllts med sekundärt deponerat avfallsmaterial troligen från boplatsen. En alternativ tolkning är att gropen utgjort en slagguppsamlingsgrop som ursprungligen haft en ovanliggande uppbyggd ässja. Vad som står klart är att järnsmide bedrivits i gropens omedelbara närhet, men att den för smidet nödvändiga smidesgropen, alternativt uppbyggda ässjan, försvunnit med den efterföljande odlingen.

Järnfynden i form av små tenar, bedöms av GAL vara välbearbetade och av god kvalitet. Smeden förefaller också ha använt luppar som råvara. Järnet är i huvudsak mjukt och specialkvaliteter, t.ex. för tillverkning av vapen eller högkvalitativa skärande verktyg, saknas i materialet. Intressant är att formen på det järnämne som fanns i materialet liknar rombiska ämnesjärn från sydöstra Skåne (Englund & Grandin 2000).

Summering
Sammantaget ger de arkeologiska observationerna tillsammans med de arkeometallurgiska analyserna följande bild. Föremålssmide har otvetydigt bedrivits på platsen, men det sammantagna slaggmaterialet är av begränsad omfattning och tyder inte på något omfattande smide; detta under förutsättning att slaggen representerar den ursprungliga mängden. Odlingsverksamheten sprider slaggen något, men påverkar inte dess volym. Läget i anslutning till, men på behörigt avstånd från den förmodade samtida gården, kan tyda på att en tillfällig arbetsplats inrättats i samband med uppförandet av en eller flera av gårdens byggnader. Smeden, eller den smideskunnige bonden, har arbetat med ett ursprungligt slaggrikt järn som har behövts rensas innan det kunde vidarebearbetas till föremål. Järntenarna är väl arbetade och av god kvalitet, vilket gör dessa väl lämpat som byggnadsmaterial eller för reparation av verktyg. Däremot är järnet olämpligt till vapen eller högkvalitativa skärande verktyg. Det rombiska ämnesjärnet kan tyda på att smeden eller dennes husbonde haft handelskontakter med sydöstra Skåne. Åtminstone pekar ämnesjärnets formspråk på en sådan proveniens.

Tågerup SU 8
Tågerupsboplatsen ligger cirka 3,5 kilometer innanför Öresundskusten och sju kilometer västnordväst om Dagstorp. Boplatsen som ligger på en mindre höjdplatå avgränsas naturligt åt tre håll; mot väster av ett låglänt ängsområde, mot öster av ett försumpat källsprång samt mot söder av en brant slänt ned mot Saxån. Mot norr fortsätter bebyggelsespåren däremot upp på höjderna och utanför slutundersökningsområdet. Enligt kartmaterial från 1600-talet ska det ha funnits ett vadställe på platsen, varför nuvarande väg 110, som skär området i nordsydlig riktning, kan ha gamla anor.

Järnåldersbebyggelsen på platsen dateras från äldre romersk järnålder till och med folkvandringstid. Sammanlagt dokumenterades 11 långhus och två fyrstolpshus. Dessutom undersöktes fem grophusliknande anläggningar. Till yngre romersk järnålder och folkvandringstid kan sammanlagt knytas fem gårdslägen, fördelade på två faser, 200–350 respektive 350–550 e.Kr. (fig. 10). I ett av grophusen (A6773 hus 6) påträffades en ansenlig mängd slagg (8,7 kilo) varav flera bottenskållor. Anläggningens form var närmast rektangulär med rundade hörn och storleken cirka 2,7x2,8 meter samt 0,8 meter djup. Gropen har närmast raka nedgrävningskanter och flat botten. Ett antal anslutande stolp- och pinnhål tolkades som resterna efter en sadeltakskonstruktion och väggar. Gropens lagerföljd visar på tre användningsfaser, dels som grophus, dels två faser som avfallsgrop. Slaggerna låg i det yngsta golvlagret och i yngsta igenfyllnadslagret (jfr Stilborg 2005). Kol daterar grophuset till yngre romersk järnålder–folkvandringstid; en datering som är gemensam för samtliga grophus på lokalen. Grophuset med slaggförekomsten tillhör sannolikt, liksom grophusen 5, 7 och 8, två intilliggande gårdar (nr 2 och 3), som vardera bestått av ett långhus (hus 1 och 10) och ett grophus i två faser. Materialet ansågs intressant att analysera arkeometallurgiskt, dels p.g.a. den koncentrerande mängden, dels dess ev. kontext som arbetsplats för smidesverksamhet.

Analysresultat
Totalt har 22 stycken föremål från Tågerup analyserats av GAL (Englund & Grandin 2000). Målsättningen var att söka utreda från vilket processled materialet härstammade, vilket även innefattade frågan om i vilken form råmaterialet förts till platsen. Dessutom ville vi ta reda på om bottenskållorna var ett resultat av omsmältning, primär- eller sekundärsmide. Ytterligare ett syfte var att försöka få fram upplysningar angående materialets kvaliteter, smedens skicklighet samt produktionsinriktning.

Den okulära klassificeringen och analyserna visar förekomst av blästerskydd, smidesslagg, smidesskålla och järnten (ämne eller föremål?). Slaggmaterialet består uteslutande av smidesslagger, med varierande fragmenteringsgrad. Slaggerna är strukturellt av likartad karaktär men skiljer sig något från varandra vad gäller kemisk sammansättning. En intressant omständighet är att smeden använt sig av vällsand under smidet. Den enda järntenen från grophuset, och från boplatsen i sin

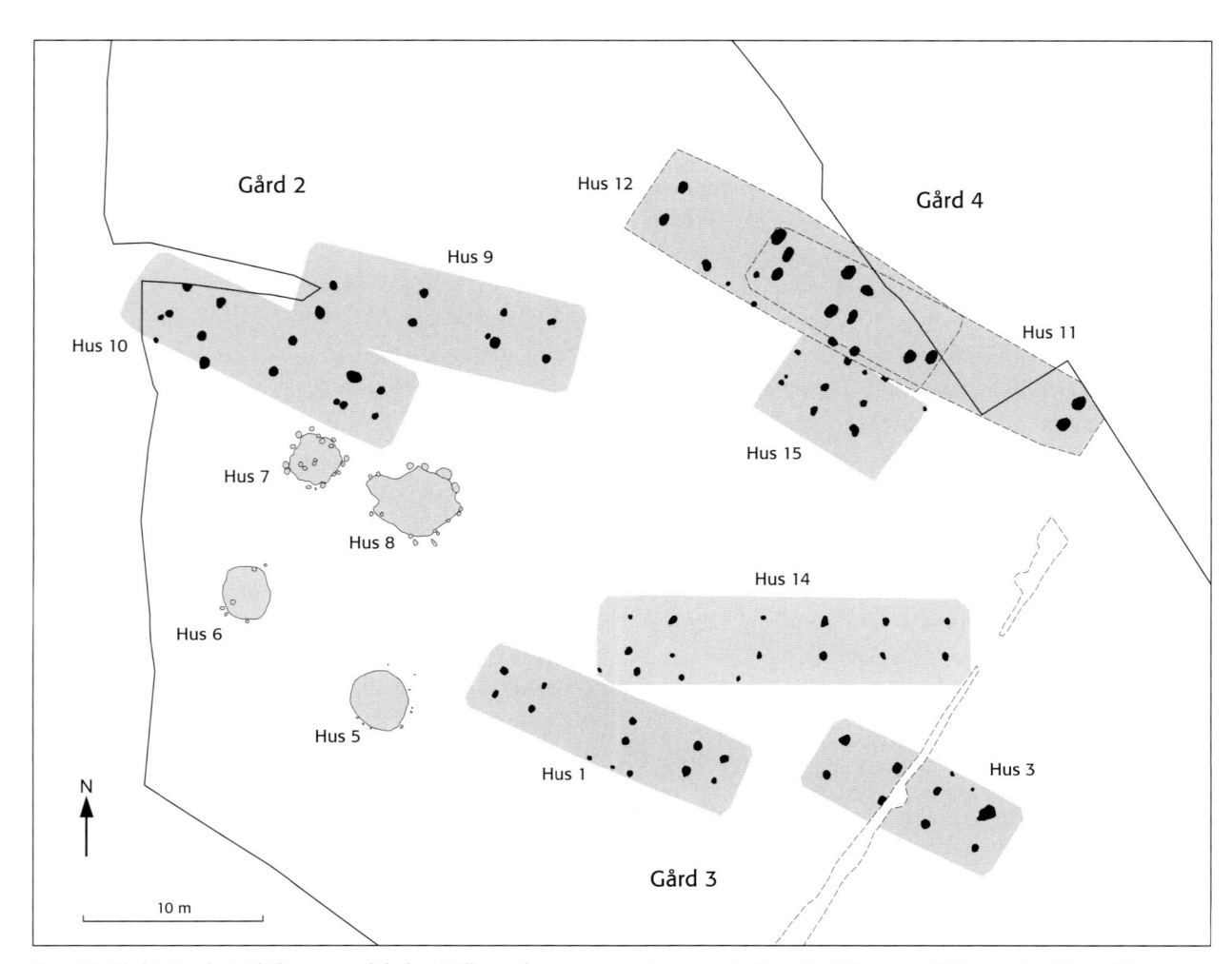

Figur 10. Gård 2, 3 och 4 vid Tågerup med de fyra intilliggande grophusen (hus 5, 6, 7 och 8). Den största slaggmängden hittades i hus 6. Skala 1:400.

Farms no. 2, 3 and 4 at Tågerup with the cluster of four pit-houses (nos. 5, 6, 7 and 8). The largest amount of iron slag was found in house 6.

helhet, var så kraftigt korroderad att dess kvalitet inte gick att fastställa. Fragment av bränd och partiellt smält lera har tolkats utgöra rester efter blästskydd.

Summering

Sammantaget ger de arkeologiska observationerna tillsammans med de arkeometallurgiska analyserna följande bild; Sekundärsmide i form av föremålsproduktion har bedrivits på den yngre romartida och folkvandringstida boplatsen i Tågerup. Grophuset, i vilket materialet påträffades har inte fungerat som verkstad, utan avfallsmaterialet från smidesaktiviteter har istället deponerats sekundärt i gropen. Den ursprungliga anläggningen bör ha utgjorts av en ässja där man har smitt järn. Slaggerna visar dessutom att smeden i samband med smidet har använt sig av vällsand som hjälpmedel vid sammanfogning av järnstycken. Flera av slaggerna har även grusig undersida, vilket antyder att smidesgropen/ässjans botten inte har varit lerinfodrad. Lerfragment av partiellt smält lera samt vidhäftande slagg, utgör sannolikt rester efter blästerskydd. Slaggerna har även sammansättningar som antyder att smeden använt järnråvaror med olika ursprung, alternativt bedrivit smidet på olika sätt för att få fram olika slutprodukter. Eftersom inget metalliskt järn har påträffats, varken i avfallsgropen eller på boplatsen som helhet, kan smidet varken knytas till några slutprodukter eller bestämmas med avseende på råmaterialets/ämnesjärnets proveniens.

Då smidesmaterialet inte tillhör grophusets äldsta fas hör verksamheten antagligen till någon av de intilliggande gårdarna, från den yngre bebyggelsefasen (jfr faserna 2-3) (se fig. 9). Grophuset var då ur bruk och tjänade som avfallsgrop. Den totala mängden slagg från platsen tyder enligt GAL inte på någon omfattande smidesverksamhet, utan produktionen torde ha täckt ett gårdsbehov under kortare tid eventuellt motsvarande en generation.

Sammanfattning av de metallurgiska verksamheterna

Vad gäller bebyggelsen kring metallhanteringen i Tågerup och Särslöv tillhör denna en till synes ordinär gårdsstruktur. Åtminstone har ingenting framkommit i det arkeologiska materialet som tyder på att någon gård eller bebyggelseenhet utmärkt sig varken rikedomsmässigt eller bebyggelsemässigt. I Dagstorp är det framför allt fynden från den mångfacetterade metallhanteringen som utmärker boplatsen. Det är främst fynden av metallskrot, gjutformar, deglar och till en viss del även järnhanteringsavfallet som indikerar att boplatsen, enligt den flitigt använda s.k. pyramidmodellen (jfr Fabech & Ringtved 1995), hamnar högre upp i samhällshierarkin jämfört med en "ordinär" boplats. I bebyggelsehänseende är det endast den höga frekvensen av grophus som utmärker sig bland boplatsen för övrigt ordinära bebyggelse (jfr Svanberg & Söderberg 2000, s. 70ff). Man kan som jämförelse nämna att den välbevarade L-formade gård från vendeltid/äldre vikingatid som undersöktes vid Hilleshög (VKB 3:7) helt saknar grophus. Denna gård uppvisar dessutom ett mycket ringa fyndmaterial trots att omfattande matjordsarkeologi och metalldetektering utfördes i anslutning till dess huvudbyggnad (Strömberg & Thörn Phil 2000).

Dagstorpsboplatsen rymmer visserligen inga föremål som tyder på högre status, som t. ex. importerade glasbägare, exklusiva smycken eller vapendetaljer, men boplatsen utmärker sig genom sin komplexa och sammansatta gårdsstruktur med en variation av hustyper som visar på en medveten funktionsuppdelning. Tolkningen av gård V måste naturligtvis ses mot bakgrund av att denna är den enda, så gott som fullständigt undersökta gårdsanläggningen i Dagstorp. Det går därför inte att dra några slutsatser kring den interna hierarkin inom boplatsen eller byn i stort. Spår efter en mer varierad och specialiserad metallhantering finns enbart säkerställt på gård V. Som tidigare nämnts har slagg även dokumenterats från övriga gårdar. Vad gäller fynden från de samtida gårdarna skiljer sig dessa inte nämnvärt från varandra. Materialet uppvisar dock allmänt tecken på ett visst välstånd. Keramiken har förutom lokala drag även ett förhållandevis stort inslag av främmande kärltyper. Även de arkeobotaniska resultaten antyder en annorlunda sammansättning på den agrara ekonomin, med inriktning på en överskottsproduktion av spannmål, i synnerhet vete.

Som framgår ovan skiljer sig de tre boplatsernas metallurgiska verksamhet väsentligt från varandra. Järnsmide (sekundärsmide) i form av föremålssmide har bevisligen utförts på samtliga platser om än med olika omfattning och inriktning. Förutom föremålssmide för produktion av redskap och byggnadsmaterial, har man i Dagstorp även framställt härdat stål, som lämpat sig utmärkt till vapen eller högkvalitativa skärande verktyg. Här har dessutom utförts förädling av järnmältan (primärsmide) både i form av omsmältning och kompaktering. Detta tyder på att även själva järnframställningen ägt rum i närheten av boplatsen.

I Tågerup kan smidesverksamheten endast knytas till den yngsta bebyggelsefasen, medan smidet i Särslöv troligen har utförts i samband med uppförandet av någon av gårdens byggnader; antingen av en smideskunnig bonde, eller av en inhyrd smed. Järnsmeden i Dagstorp har med största sannolikhet vistats stationärt på platsen.

Dagstorp – en yngre järnåldersboplats med spår av metallhantverk

Som redan nämnts visar materialet från Dagstorp inte bara på fler processled i smidet jämfört med de två övriga lokalerna, utan också på ett mer avancerat smide samt avancerat arbete i brons och ädelmetall. Dagstorp utmärker sig genom en produktion, som i fråga om kvalité och professionalism kan hänföras till samhällets övre skikt. Kvantitativt tyder materialet på att det rör sig om åtminstone ett par "besök" av en professionell guldsmed och/eller bronsgjutare (jfr leranalyserna). Man kan härmed tycka att de aktiviteter som utförts på gård V är långt ifrån ett "normalt bondesamhälle", och frågan är därför vad materialet egentligen representerar. Bilden som boplatsen i Dagstorp ger är något motsägelsefull. Bebyggelsen är till synes ordinär i sin struktur, medan fynden skvallrar om en "rikedom" utöver det vanliga samt om långväga kontakter och avancerat tekniskt kunnande. För att bättre förstå vad Dagstorp representerar ska platsen i det följande sättas in i ett ekonomiskt, socialt och organisatoriskt sammanhang. Inledningsvis diskuteras de samtida bebyggelser med spår efter metallhantering som undersökts i boplatsens omland. Därefter vidgas resonemangen till ett större regionalt perspektiv. Huvudfrågorna är således: utgör Dagstorpboplatsen ett exempel på en ordinär boplats eller inte vad gäller boplatsens storlek och komplexitet? Finns det spår efter specialiserat metallhantverk på andra platser i Dagstorps omland?

Undersökta boplatser i omlandet

Det finns flera undersökta platser i det lokala omlandet som är av intresse att titta närmare på. För att försöka värdera Dagstorpsboplatsens karaktär i förhållande till sitt samtida omland så har jag valt ut de platser som för det första är samtida med Dagstorp, d.v.s. yngre järnålder, men jag har även begränsat det i rummet, till lokaler som ligger inom en radie av cirka sex kilometer från Dagstorp. Platsen bör dessutom vara så pass ytmässigt undersökt för att en uppfattning om boplatsens storlek och komplexitet kan göras. Ett i hög grad väsentligt syfte är naturligtvis även att se på förekomsten av metallhantverksspår på dessa platser (se fig. 11).

Särslöv 8:6

Mellan boplatserna vid Dagstorp (SU 21) och Särslöv (SU 22) har ytterligare ett bebyggelseområde undersökts. Området ligger inom Särslövs bytomt (gård nr 3/tomt nr 7), Dagstorp sn, och bör relateras till Dagstorpsboplatsen. Boplatsen ligger på en svag sydsluttning ned mot Välabäcken. Avståndet till den östligaste gården på Dagstorpsboplatsen är endast cirka 300 meter, medan platsen för Särslövsbebyggelsens vikingatida och tidigmedeltida gård ligger cirka 250 meter åt väster. Området vid Särslöv 8:6 utreddes inför en planerad täktverksamhet, men undantogs från vidare exploatering (Karsten 1999). Sammanlagt kunde ett 30-tal byggnader, bestående av långhus och grophus med tillhörande rännor, härdar och brunnar konstateras inom en cirka 5 ha stor yta. Inom denna yta hade redan en grustäkt om cirka 0,4 ha upptagits. Eftersom inga anläggningar undersöktes tillvaratogs endast ett fåtal daterande artefakter, främst från grophusens ytskikt. Keramiken var av allmän järnålderskaraktär. En skärva med ornerad östersjökeramik tillvaratogs, vilket antyder en vikingatida datering. Detta utesluter dock inte en äldre vendeltida fas på platsen.

Utredningsresultatet talar för en betydande bosättning från yngre järnålder, med en utsträckning om minst 2,5 ha. Täthet och karaktär av anläggningar tyder på en välbevarad inre boplatsstruktur med få överlagringar. Det är troligt att boplatsområdet omfattar en eller flera samtida gårdar med både långhus- och grophusbebyggelse. Naturligtvis är den eventuella

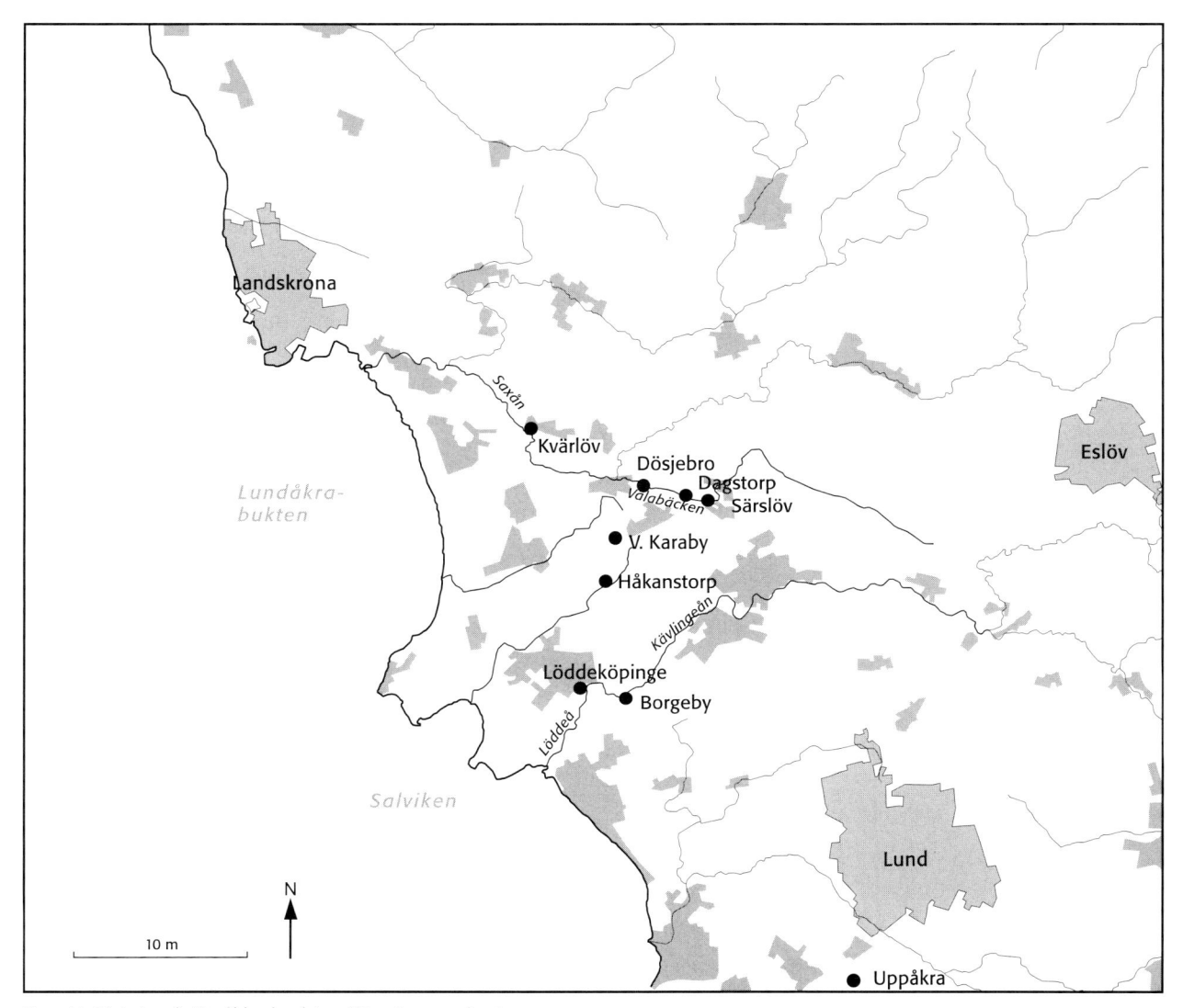

Figur 11. Diskuterade järnåldersboplatser i Dagstorps omland.

Iron Age sites in the area surrounding Dagstorp discussed in the text.

förekomsten av metallhantering svår att värdera för denna lokal eftersom inga egentliga undersökningar har gjorts. Närheten till Dagstorp, samt Särslöv (SU 22) och den till synes komplexa bebyggelsen gör dock att det inte går att bortse från den i ett sådant här sammanhang.

Kvärlöv 6:3 & 8:5

Boplatsen vid Kvärlöv 6:3, Saxtorp sn, ligger cirka sex kilometer nordväst om Dagstorp och fyra kilometer från Öresundkusten. Boplatsområdet ligger på en låg sandås med flack sluttning mellan Saxån i sydväst och Kvärlövsbäcken i norr. I samband med en provundersökning 1975 påträffades fyra grophus och ett större område med härdar (Jacobsson 1978). Två av härdarna ^{14}C-daterades till vendeltid. Utöver ett mer "ordinärt" fyndmaterial i form av brukskeramik, vävtyngder, sländtrissor, brynen och järnföremål, påträffades även tre bronssmycken i ett av grophusen. Smycketyperna omfattade en fågelfibula, ett rektangulärt spänne och ett likarmat spänne, samtliga ledartefakter för den vendeltida perioden. Boplatsen kunde inte begränsas åt något håll.

I samband med Västkustbanans undersökningar berördes boplatsens södra del (VKB SU11). Den vendeltida bebyggelsen kompletterades härmed med ytterligare fyra grophus samt ett par brunnar (Ericson 2000a; jfr Carlie 2005). Fyndmaterialet är av ordinär karaktär. Från förundersökningen framdetekterades en bronspärla ur matjorden och vid utredningsgrävningen påträffades ett fragment av en gjutform (Ericson Borggren & Becker 1997, s. 153ff), vilket visar på bronsgjutning. Lämningarna torde härröra från ett större boplatsområde som sträcker sig längre upp på den sandiga platån mot norr och nordost. Den samlade bebyggelsen uppvisar bebyggelse från förromersk järnålder och in i vikingatid.

Västra Karaby 24 & 3:1, 4:1

Omkring fyra kilometer fågelvägen väster om Dagstorpsboplatsen har delar av ett förmodligen omfattande boplatsområde undersökts (RAÄ 21 & 39). Boplatsen ligger knappt en kilometer sydväst om Västra Karaby kyrka, i Västra Karaby sn, där också den medeltida byn har legat. Vikingatida bebyggelse har även konstaterats i samband med ledningsdragningar (Jeppsson 1999). Läget ansluter till Karaby backar, som är ett distinkt höjdparti med en av Skånes största koncentrationer av bronsåldershögar. Landskapet består i övrigt till största delen av flack åkermark.

Bebyggelsen, har tidigare daterats till sen folkvandringstid–vendeltid och äldsta vikingatid. I fyndmaterialet visade det sig dock även finnas ett oomtalat, men mycket ansenligt keramikmaterial från yngre bronsålder. Platsen har vid två tillfällen varit föremål för arkeologiska undersökningar. Den första undersökningen genomfördes åren 1969–1971, p.g.a. av grustäkt (Ohlsson 1971). Den andra undersökningen utfördes i samband med Sydgasprojektet 1983 (Jeppsson 1996).

Allt som allt har drygt ett 40-tal grophus och omkring ett 15-tal långhus konstaterats (fig. 12). Antalet stolpbyggda hus kan endast uppskattas preliminärt, eftersom den äldre undersökningen är orapporterad och dokumentationsmaterialet svårtolkat. Det förefaller inte som att man i den dåvarande fältsituationen medvetet sökt efter stolpbyggda hus, även om man omnämner att det nu har belagts att långhuset som bebyggelsestruktur, precis som i Danmark och Tyskland, härmed har belagts även i ett skånskt material: *"Grophusen ligger i grupper och mellan dessa finns ett stort antal färgningar efter stolpar. Detta skall tolkas så, ett det även har funnits en annan hustyp på boplatsen. Detta har varit långhus..."* (Ohlsson 1971, s. 31f). I stället koncentrerade man sig på att undersöka mer distinkta strukturer, så som gropar och grophus. Johan Callmer uppskattar antalet långhus utifrån stolptätheten till omkring ett dussin huslämningar (Callmer 1995, s. 48f), vilket jag anser är ett alldeles för optimistiskt antal. En genomgång av dokumentationsmaterialet visar att det snarare torde röra sig om hälften så många hus. Dessutom schaktades upp till en halv meter tjocka kulturlager bort p.g.a. tidsbrist. Vid undersökningen påträffades förutom huslämningarna även brunnar, härdar och gropar. Det samlade fyndmaterialet är intressant eftersom det bl.a. innehåller spår efter metallhantering i form av både järnsmide och bronsgjutning. I ett grophus från den äldre undersökningen påträffades fragment av gjutformar, deglar och vad som, utan närmare analys, uppges som "bronsslagg". Andra anmärkningsvärda fynd, huvudsakligen påträffade i grophus, är en svärdsknapp av förgylld brons, en näbbfibula, två dräktnålar av brons, ett ax till en bronsnyckel, ett fragment av ett silverspänne, ett fragment efter vad som förmodas vara en ringbrynja, ett nästan komplett trähjul samt ett vackert dekorerat mellanfotsben. Även inslag av importföremål förekommer från platsen, dels i form

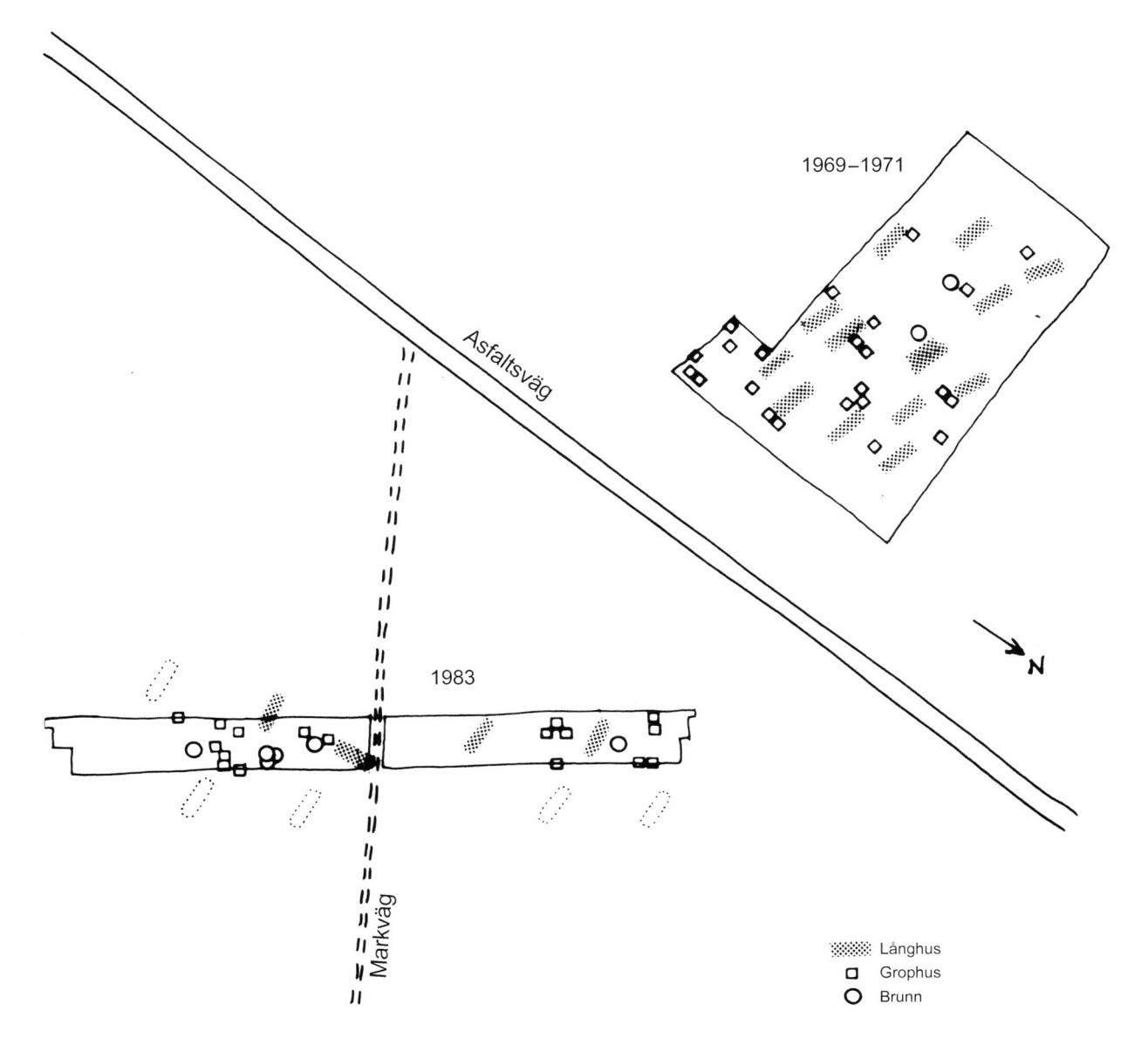

Figur 12. Situationsplan över de två utgrävningarna i Västra Karaby 1969–71 och 1983, med inlagda hypotetiska långhus i den tidigare undersökningen (modifiering efter Callmer 1995, fig. 9, s. 49). Tecknare: Annika Jeppsson.

Situation plan of the two excavations in Västra Karaby 1960–71 and 1983, with hypothetical long-houses located in the earlier excavation (modified after Callmer 1995, fig. 9, p. 49). Drawing: Annika Jeppsson.

av ett glasfragment eventuellt från ett västeuropeiskt kärl, dels ett stämpeldekorerat keramikkärl samt en kam båda av troligen frisiskt ursprung (vad gäller kammen jfr Callmer 1998a). Vid båda undersökningarna har förekomster av järnslagger konstaterats i fyndmaterialet, många med till synes hög järnhalt (flera mycket rostangripna). Även vävtyngder och sländtrissor finns i riklig mängd.

Fynden av gjuterianknutna föremål, gjutformsfragment, bronsslagg och deglar, är alla påträffade i ett grophus som därmed har tolkats som en metallgjutares verkstad. Grophusets läge ligger mycket centralt placerat på boplatsens högsta parti. Det är också inom denna del av boplatsen som övriga "exklusiva" fynd har påträffats.

I detta sammanhang bör även nämnas att det vid Västra Karaby backar påträffats ett lösfynd av en vågskål (Strömberg 1961, s. 25) som skulle kunna knytas till Västra Karaby-boplatsen; ett fynd som inte kan betraktas som vardagligt utan brukar sammankopplas med handel. Ett annat lösfynd från Västra Karaby består av en smyckeuppsättning med ett hängsmycke utformad som ett människoansikte nio pärlor och tre ihoprullande band samt tre ringar i brons (Strömberg 1961, s. 5, Tafel 32:1a–c). Fyndet kan möjligen häröra från en grav.

Sammanlagt har drygt 2,4 ha av boplatsen undersökts. Flygfotografier tagna i samband med sydgasundersökningarna visar tydligt boplatsens utbredning, som kan uppskattas till drygt 10 ha (fig. 12). Detta

Figur 13. Flygfoto över Västra Karabyboplatsen där boplatsens utbredning avtecknar sig tydligt i växtligheten som crop-marks. Fotot taget i samband med sydgasundersökningen 1983. Foto: Lasse Wallin. Godkänd av försvarsstaben, säkerhetsavdelningen 1984-09-24.

Aerial photograph of Västra Karaby where the extent of the site is clearly seen as crop-marks. Photo: Lasse Wallin. Approved by the Ministry of Defence, Security Department 24 September 1984.

betyder att endast cirka en fjärdedel av boplatsen undersökts. Johan Callmer menar att platsen bör uppfattas som en av de mest särpräglade i Västskåne under yngre järnålder, detta p.g.a. förekomsten av "hantverksfynd" och platsens "centrala belägenhet" i förhållande till övrig järnåldersbebyggelse. Callmer föreslår att Västra Karabyboplatsen under en fas kan ha utgjort Västskånes politiska centrum och jämför med platser som Boeslunde, Vä, och Sorte Muld (Callmer 1995, 1998b). De senare årens undersökningar av yngre järnåldersbebyggelse, inte minst inom VKB-projektet, innebär dock att hypotesen om Västra Karabyboplatsens betydelse bör ifrågasättas. Ser man till fyndmaterialets sammansättning, finns möjligen med undantag för vågfyndet, få egentliga skillnader mellan denna plats och Dagstorp.

Håkanstorp 3:2, 5:1

Mellan Västra Karaby och Löddeköpinge, cirka fyra kilometer sydväst om Dagstorpboplatsen, undersöktes 1976–1978 delar av ytterligare en stor järnåldersboplats som även den ligger i Västra Karaby sn (Esping Bodén 1984). Undersökningarna föranleddes även i detta fall av grustäkt, som omfattade 1,5 ha inom ett totalt cirka 5 ha stort område. Området, som låg några hundra meter från Håkanstorps bytomt i nordväst, var beläget på en svag västsluttning ner mot ett mindre vattendrag med omgivande sankmark. Avståndet till Öresund är cirka sex kilometer. Landskapet kännetecknas till största delen av flack åkermark, som präglas av flera monumentala fornlämningar i exponerat läge från sten- och bronsålder. Sammanlagt undersöktes 27 grophus och tre långhus. Fler långhus har sannolikt funnits. Tolkningen av antalet stolpbyggda hus försvårades av att områdets matjordslager borttogs innan det arkeologiska arbetet påbörjades. Långhusen daterades på typologisk grund ursprungligen till förromersk järnålder, medan grophusen fördes till vikingatid. Dateringen av ett av långhusen har dock reviderats på nya hustypologiska grunder, och dateras nu i stället till perioden mellan cirka 800–950 (jfr Svanberg & Söderberg 2000, s.

67). Trots dåliga bevaringsförhållanden är det högst troligt att även de övriga långhusen skall dateras till vikingatid. Ser man på fyndmaterialet finns ett stort keramikmaterial från förromersk järnålder och folkvandringstid. Därefter är det ett avbrott i fyndmaterialet fram till vikingatid som representeras av östersjökeramik. Bland fynden utmärker sig bl.a. en större mynningsskärva med vackert fasetterad yttre buksida (i syfte att efterlikna glas!), ett bronsspänne med pärlemorplatta, en nyckel och sisare i järn, ett förarbete till kam samt spelpjäser i ben och bärnsten. Textilarbete finns avspeglat i flera fynd av vävtyngder och sländtrissor. En mindre mängd slagg, bl.a. en plankonvex skålla, finns också tillvaratagen. Skållan som delvis har en blank och glasliknande ytstruktur utgör förmodligen sekundär smidesslagg, vilken i så fall har bildats under utsträckningsfasen eller vid föremålssmidet. Fyndet visar således indirekt på att föremålssmide har förekommit i området. Den vikingatida bebyggelsen i Håkanstorp har sannolikt omfattat en större och mer sammansatt gårdsbebyggelse, av vilken två gårdar identifierades vid undersökningen. Boplatsens totala bebyggelse och kronologiska skiktning är däremot svår att greppa utifrån tillgängliga data, men en uppskattning har gjorts att området kan ha rymt upp till 8–10 gårdar (a.a.). Varken anläggningar eller fyndmaterial visar på någon specifik vendeltida bebyggelsefas inom det undersökta området. Detta utesluter emellertid inte äldre bebyggelse inom angränsande ytor.

Löddeköpinge- och Borgebyområdet

Byn Löddeköpinge ligger omkring sex kilometer sydväst om Dagstorp och är strategiskt välplacerad nära Öresundskusten, vid mynningen till Kävlinge/Lödde å. En bit uppströms ligger Borgeby på en naturlig platå vid Löddeåns södra strand. I dessa två socknar, Löddeköpinge och Borgeby, har ett mycket komplext arkeologiskt material kommit fram sedan mitten av 1960-talet. Flera boplatser men även gravfält, kyrkogård, skatt- och depåfynd, befästning, hamn- och spärranläggning finns registrerade från området (se katalog i Svanberg & Söderberg 2000, s. 326ff). Detta omfattande och mångsidiga material har huvudsakligen daterats till vikingatid och tidig medeltid, men nedslag finns även i äldre perioder inklusive vendeltid.

För närvarande bedrivs forskningsprojektet *Maktens säte* kring just Borgeby och Löddeköpinge, som är ett samarbete mellan RAÄ UV Syd i Lund och Arkeologiska institutionen vid Lunds universitet. Projektet har som övergripande målsättning att relatera områdets historia till samhällsutvecklingen i Skåne under yngre järnålder och tidig medeltid. Nyligen har, som ett delmål i projektet, en sammanställning över det rådande kunskapsläget för området gjorts samtidigt som en alternativ tolkningsram presenteras med avseende på områdets bebyggelsemässiga, politiska och ekonomiska utveckling (Svanberg & Söderberg 2000).

Den mest omfattande undersökningen genomfördes mellan åren 1965 och 1968 vid Vikhögsvägen, sydväst om Löddeköpinge by (Ohlsson 1976). Över 50 grophus dokumenterades på en 1,7 ha stor yta och platsen tolkades som en säsongsbunden handelsplats, vilket den allmänt även har accepterats som p.g.a. ett rikhaltigt fyndmaterial och frånvaron av långhusbebyggelse. Värt att nämna i detta sammanhang är fynden av en degel samt ett 70-tal järntenar och slaggförekomster, som antyder metallhantering på platsen. Dateringsmässigt sträcker sig fyndmaterialet mellan sen vendeltid till sen vikingatid. Sex ^{14}C-dateringar från grophusen ligger mellan cirka 700 och 850 e.Kr.

Ytterligare ett större område inom Löddeköpinges norra bydel har genomförts i tre omgångar, först 1972 (Ohlsson 1980) och senare 1990 och 1996 (fastighet 90:1 och 12:28, Söderberg 2000a, s. 38f). Inom de på 90-talet undersökta områdena dokumenterades bebyggelselämningar efter "ordinära" agrart inriktade gårdsenheter. Merparten av dessa dateras till äldre järnålder. Från perioden 300–700 e.Kr. är materialet sparsamt, och endast ett par fyrstolpshus har daterats till folkvandringstid och ett par grophus till vendeltid. En omlokalisering av bebyggelsen sker under 700-talet och under 800-talet antar bosättningen en fastare form varvid 2–3 gårdsenheter etableras. Det är också till denna period som materialet från den äldsta undersökningen dateras. Undersökningsytan ligger mitt emellan de tidigare och här dokumenterades 28 grophus, från 800- till 1000-tal. Avsaknaden av stolpbyggda hus anses här bero på den för tiden grova avbaningsmetoden.

Som en första del i projektet *Maktens säte* utfördes arkeologiska undersökningar vid Borgeby slott (Svanberg & Söderberg 1999). Vid dessa undersökningar kunde man konstatera att det under sen vikingatid byggdes en mycket stor ringformad borganläggning i Borgeby. Detta tolkas som starten på en uppbyggnad av det kungliga och kyrkliga intresset i området. Inom borgen har man tidigare även kunnat belägga förekomsten av en exklusiv guldsmedsverkstad. De fynd som hittades visar att både gjutning, punsning och lödning i metallerna brons, silver och guld har utförts. Fynden av 20 fragment från lödningskavaletter (små runda skålar som bl.a. används vid applicering av filigran eller granulation) är unika och har tidigare endast påträffats på platser som Birka och Hedeby. Verkstaden dateras till slutet av 900-talet (Brorsson 1998). I en, möjligen två, av de tre gjutformarna som påträffades har en patris för runda spännen i Hiddensee-stil gjutits. Stilen kan knytas till trelleborgarna, Sigtuna och Hedeby och i förlängningen till det sena 900-talets sydvästskandinaviska kungar (jfr Svanberg 1998). Myntfynd vars inskriptioner pekar på Borgeby som präglingsort antyder även att platsen använts för myntning från mitten av 1000-talet. Bebyggelsespår, ytfynd och förhöjda fosfatvärden utanför borganläggningen tyder på en omfattande boplats som troligen även går ner i vendeltid (Svanberg & Söderberg 1999, s. 48).

Bortsett från ett topografiskt fördelaktigt läge och efterledet -köpinge i ortnamnet finns inga egentliga belägg för att boplatsen vid Löddeköpinge skall tolkas som en traditionell "handelsplats". Fyndmaterialet utmärker sig inte på något avgörande sätt i förhållande till ordinära agrara boplatser. Välsituerade bönder kan ju tänkas ha deltagit på olika sätt i utåtriktade aktiviteter, utan att dessa utgjort den primära försörjningsgrunden (Svanberg & Söderberg 2000, s. 10). Det är först under 700-talet som aktiviteterna närmast exploderar i Löddeköpinge, både på den säsongsmässigt utnyttjade boplatsen vid Vikhögsvägen och på den permanenta agrara boplatsen vid nuvarande Löddeköpinge (a.a., s. 311ff).

Jämförande diskussion

Den jämförande diskussionen av Dagstorps karaktär i förhållande till övriga kringliggande boplatser, visar att det finns både likheter och skillnader i materialen när man jämför parametrar som samtidighet, bebyggelse och fyndmaterial.

I jämförelse med de två närbelägna platserna vid *Särslöv* (SU 22 & 8:6) utmärker sig Dagstorp påtagligt med sitt fyndmaterial, men även i fråga om bebyggelsekomplexitet[3]. Dagstorpboplatsen innehar preliminärt den äldsta dateringen, folkvandringstid, men fortsätter upp till övergången vendel-/vikingatid, medan den östra gården (A33) på Särslöv SU 22 utgör den yngsta bebyggelsen från övergången vikingatid/medeltid. Den kronologiska kontakten platserna emellan kan mycket väl ha utgjorts av den geografiskt mellanliggande grophusbebyggelsen (Särslöv 8:6), som med stor sannolikhet varit i bruk under perioden vendeltid–tidig medeltid. Medan Dagstorp har karaktären av en bystruktur med flera samtida fungerande gårdar, representerar Särslöv troligen en ensamgård om än i en något avvikande form. Gården omfattar fyra byggnader varav en avviker (hus 6) med sin annorlunda planlösning. Huskonstruktionen kan möjligen ha varit utrustad med en utanpåliggande svalgång alternativt utskjutande tak, men diskussioner har även förts angående ett möjligt gårdskapell (Kriig & Thomasson 2000). Inga grophus eller s.k. fyrstolpshus finns representerade i materialet, vilket det däremot finns i Dagstorp. Vid den mellanliggande bebyggelsen, Särslöv 8:6 iakttogs både grop- och stolphuskonstruktioner. Ingenting i fyndmaterialet har på något sätt utmärkt Särslövsboplatserna, vilket man däremot kan säga om Dagstorp både vad gäller artefakt- och ekofaktmaterial. Vid de båda förstnämnda platserna har det visserligen förekommit metallhantering, men av olika omfattning och inriktning (jfr ovan).

Materialet från *Håkanstorp* antyder en omfattande bebyggelse både från folkvandringstid och vikingatid. Vendeltida material saknas visserligen från platsen. En bosättningen från denna tid kan emellertid inte uteslutas, eftersom området skadats av tidigare grustäkt och boplatsens begränsning inte är fastställd. En möjlig samtidighet med Dagstorp kan därför inte ignoreras. På denna plats fanns både stolp- och grophusbebyggelse.

Antalet grophus per gårdsenhet indikerar dock snarare den mer ordinära gårdstypen, d.v.s. 1–2 st, vilket kan jämföras med den till stora delar undersökta gård V i Dagstorp som uppvisar en komplex sammansättning med ett flertal grophus samt mindre stolpburna byggnader av förrådskaraktär. Fyndmaterialet från Håkanstorp är visserligen förhållandevis omfattande och innehåller ett par icke ordinära inslag (fasetterat keramikkärl som glaskopia, bronsspänne utsmyckad med en pärlemorplatta). Inslagen av metallhantering är dock ringa och antyder med sina enstaka slagger endast en mindre järnsmidesfas på stället.

På boplatsen vid *Kvärlöv* är bebyggelsen av den mer ordinära typen; bestående av spridda enstaka stolpbyggda hus med ett eller möjligen två tillhörande grophus. Eftersom bebyggelsen troligtvis tillhör ett större boplatsområde är det svårt att uttala sig om strukturen under en av faserna. Fyndmaterialet är ordinärt till sin karaktär förutom att tre fibulor, bl.a. en fågelfibula, påträffats i ett grophus. Fyndet av ett gjutformsfragment är enda inslaget av metallhantering från platsen.

Västra Karaby är den plats som uppvisar störst likheter med Dagstorp. Samtidigheten är slående. Båda platser har sitt ursprung i folkvandringstid och upphör i tidig vikingatid, där bebyggelsemaximum ligger i den vendeltida perioden. Västra Karaby verkar dock, enligt keramikmaterialet, ha en omfattande aktivitet även under bronsålder. Bebyggelsen på de båda lokalerna har sannolikt en likartad struktur, med flera samtida gårdar med ett flertal grophus knutna till sig, samt eventuella "allmänningsytor". På samma sätt som i Dagstorp (jfr särskilt gård V) syns ett mönster med stora centralt belägna ytor, utan vare sig gropar eller grophus. Denna "friyta" omges av en krans av grophus, gropar och mindre brunnar. Eftersom man vid den äldsta undersökningen i Västra Karaby inte sökte efter långhus, utan koncentrerade sig helt på grophusen i vad som bör vara tomtens perferi, gick den centrala delen av boplatsen förlorad. Det är i högsta grad sannolikt att de tomma ytorna i Västra Karaby verkligen hyst stolpbyggda hus av olika slag. Enligt detta antagande bör man vid den första utgrävningen arbetat på platsen för åtminstone merparten av fyra gårdar. I den senare Sydgas-undersökningen, inklusive tolkade flygbilder av crop-marks, påträffades vad som uppfattades som delar av nio vendeltida gårdar. Kanske ett väl tilltaget antal, men fyra gårdar är det utan tvivel. Inget i topografin motsäger att det kan ha funnits ytterligare gårdar inom området mellan dessa två ytor, tvärt om talar crop-marks för en sammanhängande gemensam aktivitetsyta inom hela den cirka tio hektar stora ytan.

Även vad gäller fyndmaterialet finns stora likheter mellan Västra Karaby och Dagstorp. Båda platser har inslag av "främmande" (troligtvis frisisk) keramik som i fråga om form och dekor bryter mot massan av mer allmän vardagskeramik. Västra Karaby har dessutom inslag av metallhantering. Förutom en indikation av slagger tillhörande järnhantering (det går inte okulärt att avgöra om det rört sig om primär- eller sekundärsmide) visar framför allt fynd av deglar och gjutformsfragment att bronsgjutning utförts på platsen. Vad gäller fynd av vapendetaljer har man i Västra Karaby påträffat en svärdsknapp. I Dagstorp avspeglas denna kategori möjligen i slagganalysen, som visade på spår av råmaterial och ämnen av härdat stål väl lämpade för eggverktyg. Karaktäristiska handelsindikerande fynd representeras av ett lösfynd av en vågskål i brons, funnen vid Västra Karaby Backar, vilken skulle kunna knytas till boplatsen. Under förundersökningen i Dagstorp påträffades en blyvikt i samband med metalldetekteringen av gård IV.

När det gäller det förhållandevis välundersökta *Borgeby- och Löddeköpingeområdet* finns vendeltida dateringar i form av spridda mindre nedslag. Den mest sammanhängande bebyggelsen från "Dagstorpstid" påträffades vid undersökningen av den s.k. handelsplatsen i Löddeköpinge. Bebyggelsen skiljer sig här avsevärt från Dagstorp, eftersom platsen har en annan karaktär och inte utgör en traditionell boplats. Inga stolpbyggda hus förekommer utan grophusen har ansetts utgöra den allenarådande byggnadsformen. Det omfattande fyndmaterialet är förvånansvärt ordinärt till sin karaktär. Vissa unika artefakter förekommer dock, bl.a. en malsten med en inristad avbildning av ett fartyg. Inslag av metallhantering finns, främst i form av slaggförekomster som förmodligen kan kopplas till sekundärsmidet. Dessutom har ett 70-tal järntenar tillvaratagits på platsen. Dessa behöver i och för sig inte ha tillverkats på platsen, utan kan ha varit avsedda för handel. Järntenarna kan här ha utgjort råvara som förädlades på platsen till färdiga verktyg och redskap. En degel antyder bronsgjutning. Denna har antagligen aldrig ha varit i bruk, eftersom den inte visar spår efter sekundär bränning. Eftersom inte heller något råmaterial i form av skrotmetaller för nedsmältning har hittats i större omfattning kan man anta att bronsgjutning eller ädelmetallhantering inte tillhört platsens specialfunktioner, eller åtminstone inte bedrivits i någon större omfattning.

Ser man närmare på fyndmaterialet från "handelsplatsen" i Löddeköpinge saknas mycket av de handelsrelaterade fyndattributen som annars är förknippade med specialiserade, framför allt vikingatida, handelsplatser. Av vikter finns endast ett par till antalet, medan mynt representeras av ett fynd som dessutom använts sekundärt som hängsmycke. Skepsis har också uttalats angående synen på Löddeköpinge som en "handelsplats". Visserligen visar fyndmaterialet att man har haft varuutbyte av överregional karaktär. Det finns även ett visst inslag av import, framför allt av västeuropeisk prägel, men platsens karaktär som "handelsplats" kan och har också modifieras på sistone. Svanberg och Söderberg föreslår att platsens viktigaste expansionstid, cirka 700–950 e.Kr. skall förknippas med de tidiga vikingatågen till de brittiska öarna och härmed utgjort "porten till Skåne" (2000, s. 311f).

Sammanfattande diskussion

Omlandsanalysen visar att det framför allt är Dagstorp och Västra Karaby som sticker ut med sitt fyndmaterial och omfattande bebyggelse gentemot andra samtida platser i den närmaste omgivningen. På Västra Karaby-boplatsen, som har undersökts till cirka en fjärdedel av den uppskattade totala ytan, har det funnits minst åtta vendeltida gårdar. I Dagstorp, vars totala yta mycket hypotetiskt kan uppskattas, har drygt en tredjedel undersökts på vilken åtminstone sju gårdar har existerat under samma period. Bebyggelsen har en komplex struktur med flera aktivitets- och ekonomibyggnader kopplade till var gård. Gårdarna har förmodligen även varit disponerade på ett likartat sätt och fynden antyder att likartade aktiviteter har företagits på båda lokalerna: textilproduktion, järn- och bronshantering, liksom att långväga kontakter västerut kan spåras i båda fyndmaterialen. Om man istället för likheter tittar på vad som skiljer de båda platserna åt har vi i Dagstorp även kunnat konstatera en agrar odlingsverksamhet i form av mindre åkerstycken med årderspår. Analyserade makrofossilprover från olika kontexter på gård V visar på förekomsten av en stor andel åkercerealier, med en anmärkningsvärd stor del brödvete. Inslaget av ängsväxter är däremot förvånansvärt litet. Det osteologiska materialet antyder även kultutövning i området (Carlie 2003).

I och med de metallurgiska analyserna har inblicken i Dagstorps metallhantering visat på en omfattande järnspecialisering samt en mindre bronsgjutningsverksamhet med ett tillhörande avancerat ädelmetallarbete. Eftersom arkeometallurgiska analyser inte är utförda på material från Västra Karaby är det svårt att avgöra om denna skillnad är en faktisk realitet eller bara ett utslag av en nyare förfinad analysmetod. Skillnaden i det tillvaratagna fyndmaterialet kvarligger dock.

Det mycket lilla inslaget av vapen och handelsrelaterade fynd från platserna är kanske inte märkvärdigt i sig men därmed inte försumbart. Om någon av platserna haft med handel att göra skulle dock framför allt ett större antal vikter förväntas i fyndmaterialet. Även ett visst inslag av mynt och/eller metallklipp borde förekomma. Detta tyder på att framställningen av metallföremål inte var avsedd för avsalu; åtminstone inte avsalu utförd på respektive ställe.

Det förhållandevis nära avståndet mellan Dagstorp och Västra Karaby underlättar inte precis förståelsen för platserna, d.v.s. större samtida inlandsbebyggelse med en komplex struktur, men avsaknad av en traditionell manifest huvudbyggnad/gård, men ändock med ett tillräckligt särpräglat fyndmaterial. Med avseende på social stratifiering kan platserna knappast betecknas som ordinära boplatser. Att som Johan Callmer kategorisera Västra Karaby som en centralplats av regional betydelse (Callmer 1995, s. 65), anser jag inte att det finns tillräckliga indicier eller belägg för, då traditionellt centralplatsindikerande fynd främst olika föremål av guld- eller andra ädelmetaller (eller stenar) saknas. Verkstadsfynd efter ädelmetallarbete har emellertid påträffats i Dagstorp.

Platser av centralplatskaraktär brukar även rymma åtminstone en rejäl hallbyggnad. Vidare bör det i närområdet finnas en tillhörande större gravplats, gärna också en hamnplats. En större samtida bebyggelse är det enda kriteriet som kan anföras för Västra Karabys och Dagstorps del. Båda platserna ligger i ett tidigt förhistoriskt etablerat landskap omgärdat av framför allt gravhögar med tydlig visuell manifestering.

Platsernas kommunikativa placering är svår att med säkerhet uttala sig om. Välabäckens dalgång utgör en naturlig förbindelseled i området och var redan under järnåldern tätbefolkad. Väg 104:s sträckning söder om Välabäcken och öster om Västra Karaby är mycket gammal och troligen har en motsvarande led funnits norr om bäcken, förbi nuvarande Dagstorp. Under 1100-talet låg det i Dösjebro[4] ett viktigt vägkors med ett vadställe över Välabäcken. Avståndet till Dagstorp och Västra Karaby är cirka två kilometer. Detta vadställe/broläggning utgjorde platsen för slaget vid Dösjebro år 1181, beskrivet i Saxo, som stod mellan å ena sidan ärkebiskop Absalon och kung Valdemar, å andra sidan den skånska allmogen (Saxo 1970, s. 250). Under medeltiden omnämns broar i Dösjebro vid flera olika tillfällen i Danmarks tidiga annaler. På 1500-talet framgår det dessutom att den danska kronan tillmätte vägen stor betydelse (Olsson 2000, s. 26f). På Burmans karta från 1684 passerar vägen Lund–Helsingborg här och på Gillbergs karta från 1765 är vägen markerad som "Stora Landsvägen". Den utgjorde huvudleden för kommunikationen mellan å ena sidan Lund och det som låg söder och öster därom, och å andra sidan Landskrona, Helsingborg och vidare mot nord och nordväst. Det var en av två huvudvägar i nord–sydlig riktning i västra Skåne; den andra var vägen från Malmö längs med kusten (Olsson 2000, s. 27). Det finns således mycket som tyder på att vägen förbi Dösjebro skulle kunna ha hävd som en viktig allfartsväg redan under förhistorisk tid, vid vilken i så fall både Dagstorp och Västra Karaby har legat strategiskt placerade.

Centralplatser brukar ofta placeras på fördelaktiga platser med en antingen varierad eller stor ensidig försörjningspotential. En sådan placering är inte typisk för Dagstorp eller Västra Karaby. Ytterligare en centralplatsindikator kan vara ortnamnen, både för platsen i sig men även för det kringliggande området. Den yngre järnålderns centralplatser befinner sig främst i områden med sakrala eller organisatoriska ortnamn. Jag har i detta sammanhang inte haft möjlighet att gå in närmare på detta kriterium, men ingen av platserna har en namnform som pekar på platsens ålder eller eventuella förhistoriska betydelse. Det finns emellertid en generell uppfattning att platsnamn med förleden kar- (=karl) kan ha haft en specialbetydelse. Det finns skäl att anta att orter med de här namnen har haft något slags central funktion i forntidens förvaltningssystem (t.ex. Pamp 1988, s. 58).

En antydan till strukturell kontinuitet från vikingatid/äldre medeltid finns i båda fallen med dess närhet till respektive medeltida by vid vilka vikingatida nedslag finns belagda arkeologiskt. Dagstorps äldsta kyrka var en tidig romansk kyrka med runt västtorn försett med emporium, vilket antyder en s.k. stormanskyrka och ett tidigt inflytande av en lokal storman eller patronatsherre i området. I Särslöv, intill den undersökta vikingatida/tidigmedeltida gården med spåren efter ett eventuellt kapell finns dessutom en runsten påträffad intill Välabäcken (Dagstorp RAÄ 9) där inskriptionen lyder: *"Sigmund satte denna sten efter Itaker fader sin"*. Runstenen är daterad till slutet av 900-talet. Några silverskatter finns däremot inte belagda i närområdet till varken Dagstorp eller Västra Karaby.

Området utmed Välabäckens dalgång och Västra Karaby utgör utan tvivel ett intressant område. Allt som allt uppvisar de diskuterade boplatserna ett dynamiskt mönster med en till flera både samtida och kringflyttande bebyggelser inom ett och samma resursområde. I Välabäckens dalgång har det i och med VKB-undersökningarna visat sig att boplatserna ligger som på ett pärlband längs med Välabäckens norra sida. Från väster till öster kantas dalgången av boplatser med en horisontell kronologisk skiktning från äldre till yngre järnålder. Den samtida bebyggelsen visar även på olika struktur- och fyndsammansättningar, vilket tyder på förekomsten av olika grader av socialt välstånd i det yngre järnålderssamhället. I relation till de undersökta boplatserna i omlandet visar materialen från Dagstorp och Västra Karaby på två samtida mer framstående bebyggelser. Men trots att platserna avviker från mer traditionella boplatser och även uppfyller vissa centralplatskriterier räcker inte dessa för att bestämma någon av platserna till vare sig centralplats eller marknadsplats med överordnade funktioner. Det handlar inte om att försöka passa in Dagstorp i ett mönster, en fastställd modell, där ett par tre nivåer av olika typer av boplatser finns representerade (jfr t.ex. pyramidmodellen, Fabech & Ringtved 1995). En differentiering och en mer nyanserad bild krävs för att nå en förståelse för de platser som inte "passar in". Det behöver inte bara handla om en stratifiering från lägre till högre, utan ett reciprokt beroendeförhållande och kanske även en överlagd fördelning av produktionen inom ett mer övergripande system (jfr Carlie *Samhällen och rikedomsmiljöer* i del IV).

Dagstorp och Västra Karaby utgör alltså inga central*platser* med överordnade funktioner men inte heller *ordinära* boplatser. Det säger sig självt att spektrumet mellan dessa två ytterligheter torde bestå av en rad andra typer av boplatser. Lika självklart som det kan tyckas tankemässigt är det tyvärr inte uttalat i forskningen. Den sociala strukturens sammansättning och organisation är ofta implicit/underförstådd i arkeologiska texter och generaliseringar är vanliga. Orsaken ligger antagligen just i att allmängiltiga drag är svåra att se p.g.a. en allt för stor lokal variation, bl.a. i skilda geografiska, topografiska och resursmässiga förutsättningar. Utan att loda på djupet i en uppgift som är nog så intressant och krävande i sig och som det inte finns utrymme till att diskutera mer ingående här, så inställer sig frågan:

Vilka samhällsgrupper kan man föreställa sig återfanns i mellersta Västskåne under denna period av yngre järnåldern? Den s.k. *stormannen* har redan nämnts, vilket torde utgöra en person med å ena sidan en relation till en *hövding*, å andra sidan en relation till flera "vanliga" *bönder* och *trälar* (även dessa i olika roller/stratifieringar). Hur den sociala relationen mellan dessa grupper har fungerat har otvivelaktigt varit både komplex och varierat. Först i och med en insikt i hur sociala relationer upprättas kan man nå en förståelse för hur samhället kan ha varit socialt organiserat. Dagfinn Skre har i sin avhandling *Herredømmet, Bosetning og besittelse på Romerike, 200–1350 e. Kr.* (1996) bl.a. poängterat betydelsen av fyra relationskategorier för att uppnå eller upprätthålla en social position. Kategorierna är: släktskapsrelationer, det personliga värnet, gåvan och äran (a.a. 1996, s. 16ff). Som en konsekvens av dessa fyra behov har relationer knutits med band av lojalitet, prestationer och motprestationer vilka har varit centrala i olika reciproka förhållanden. Det är denna typ av relationsförhållanden man måste ha i åtanke när man försöker förstå platser som Dagstorp och Västra Karaby och deras roll/placering i det förstatliga järnålderssamhället.

Det är möjligt och till och med troligt att det under den yngre järnåldern har funnits en s.k. "storman" i området till vilken bönderna i Dagstorp/Särslöv och Västra Karaby måste förhålla sig till. Det är även rimligt att tänka sig att någon av gårdarna i varje by, har hyst en person som har haft aningen högre ställning, liksom att denne person kan ha haft ett vidare kontaktnät och större ekonomiska resurser. Kanske har denne person i egenskap av byöverhuvud stått en "storman", eller en annan person av betydelse och med ett vidare kontaktnät, nära. Mellan dessa parter, storman – by eller byöverhuvud, kan en allians av ett ömsesidigt utbyte av tjänster ha knutits. I Dagstorps fall kan exempelvis en allians ha slutits mellan befolkningen i byn med en lokal storman, där t.ex. spannmålsproduktion, speciellt med hänseende på vete, har utväxlats i utbyte mot värn samt vid något speciellt tillfälle lån eller förmedling av en kunnig metallhantverkare.

En plats som fått stor uppmärksamhet sedan mitten av 1990-talet, framför allt på grund av ett exceptionellt fyndmaterial av metallföremål, är Uppåkra, sydost om Lund. Det omfattande och många gånger enastående smyckematerialet antas till viss del ha producerats på platsen; ett handels- och hantverkscentrum. Birgitta Hårdh, som är en av projektledarna i det pågående Uppåkraprojektet, har gjort en omfattande analys av näbbfibulor från platsen bl.a. med avseende på dess regionala variation (Hårdh 1999). Hårdh har även tittat på gjutformsmaterialet från Dagstorp och menar att smyckeformerna som påträffades där också finns representerade bl.a. i Uppåkra och anger en produktion av samma slag som den man kan vänta sig på Uppåkraboplatsen utifrån det detektorfunna smyckematerialet. Trots gjutformsmaterialets fragmentariska karaktär, som gör det omöjligt att säga något bestämt om hur den enskilda fibulan sett ut i sin helhet, kan ändå en hel del information utläsas. Det ena fotavtrycket av en smal näbbfibula visade sig passa bra till en liten serie av fyra närmast identiska fibulor från Uppåkra. Det andra fotavtrycket är bredare och har en mer avrundad kontur än den föregående. Hårdh konstaterade att det bland Uppåkrafibulorna finns många exemplar som kan ha gjutits i en form av detta slag, men eftersom avtrycket visar en så liten del av fibulan är identifieringen osäker. Avtrycket av huvudpartiet visar baksidan med nålfästet av s.k. tunnelkonstruktion, vilket är ett drag som utmärker näbbfibulorna i den östra delen av deras utbredningsområde, d.v.s. Bornholm och Skåne. Det är mot denna bakgrund rimligt, menar Hårdh, att tänka sig att samma hantverkare, eller hantverkare i nära kontakt med varandra har arbetat såväl i Uppåkra som i Dagstorp (brev 1999-06-01, B. Hårdh).

I detta sammanhang blir det intressant att se hur materialet från Dagstorp förhåller sig till Hedegaards organisationsformer för bronsgjutning (se ovan, tabell

1). Fyra av hans förslag är intressanta på olika sätt när det gäller metallhanteringen i Dagstorp. I den s.k. *Professionella gjutningen* ryms den så kallade vandrande hantverkaren; en hantverkare som har sin huvudnäring i ett vanligt gårdsbruk men som "extraknäcker" med handel av ofta enklare gjutna smycken. Bonden på gård V i Dagstorp skulle hypotetiskt ha kunnat tillhöra denna grupp. Inget i fyndmaterialet motsäger detta, men det skulle också kunna vara så att Dagstorp haft återkommande besök av en sådan, d.v.s. en vandrande hantverkare, som utfört jobbet på platsen. Den s.k. *Hovgjutningen* skulle kunna vara intressant i en slags hybridform, där Dagstorps rätt välborne bonde på gård V har fått låna en skicklig smyckesmed från en "närstående" storman. Möjligen i ett ömsesidigt kanske reglerat utbyte där t.ex. vete, som anses vara "den rike mannens säd", och som det finns ett förhållandevis stort inslag av i Dagstorp, har utväxlats mot andra tjänster, kanske i form av en skicklig metallhantverkare eller i utbyte mot råmaterial. Slutligen har vi också *Social betingad gjutning* och *Husbehovsgjutningen*, där man skulle kunna tänka sig antingen en hybridform mellan de båda organisationsformerna, där gårdarna gått samman i en slags resurssparande byproduktion för att täcka det egna samhällets behov av enklare vardagsföremål.

Om man blickar framåt i tiden ser det nu ut som om Löddeköpinge, från någon gång i slutet av 700-talet har utgjort ett lokalt centrum, d.v.s. en centralplats i den meningen av att den har haft en stor betydelse för befolkningen i de kringliggande gårdarna och byarna. Sjöfartsaktiviteterna har sannolikt involverat befolkningen i omlandet i produktion och handel bl.a. på en säsongsmässig basis. Platsen har härmed utgjort en viktig nod i landskapet. Avsaknaden av, eller åtminstone ytterst få fynd efter, någon betydande produktion eller utbyte av exklusiva varor, talar istället för ett utbyte av jord- och skogsbruksproduktion samt bruksting (t.ex. järnsmide, keramik, segelduk). Det strategiska läget och den betydelse platsen uppnått lockar senare till sig en etablering av både kunglig och kyrklig makt som inleder en ny expansionsfas kring första millennieskiftet. Löddeköpinge- och Borgebyområdet inkorporeras i kungamaktens nya territoriella administration, "kungalevsorganisationen", och ringborgen uppförs med bl.a. en exklusiv smycketillverkning och myntningsprivilegier (jfr Svanberg & Söderberg 2000, s. 314 f).

Ett annat sätt att tolka platserna Dagstorp och Västra Karaby skulle vara att det möjligtvis har funnits ett område med centrala funktioner i kustslättens inland, som sedan omlokaliserades till ett läge närmare kusten; Dagstorp och Västra Karaby har då ingått i ett tidigare centralområde, d.v.s. en föregångare till Löddeköpingeområdet! Inlandets centralplats kan ha utgjorts av ett geografiskt stort område där en till synes spridd bebyggelse med olika funktioner tillsammans utgör ett centralområde. Callmers teori kring Västra Karaby som politiskt centrum under en fas i den äldre delen av yngre järnåldern kan således inte helt förkastas men däremot modifieras. Västra Karaby kan ha ingått som en av flera noder i ett centralområde. Dagstorp och andra samtida boplatser har då ingått som andra noder, var och en med en egen specialisering men som tillsammans bildar en helhet[5].

Regionala utblickar kring bronsgjutning

Som nämnts i det föregående har tidigare undersökta bronsgjutar- och ädelmetallverkstäder företrädesvis påträffats på orter kopplade till den tidiga kungamakten, samt i städer, och hör därmed till den yngre vikingatida och medeltida stadsbilden. Den äldre, förstatliga, tekniskt avancerade metallhanteringen är kopplad till högstatusmiljöer såsom centralplatser, handelsplatser eller elitens storgårdar med verkstadsområden. Att ett så pass varierat och avancerat metallhantverk fanns representerat i Dagstorp, som till en början uppfattades som en tillsynes vanlig agrar boplatsmiljö, väckte naturligtvis funderingar, just p.g.a. att det setts som ett axiom att denna verksamhet har

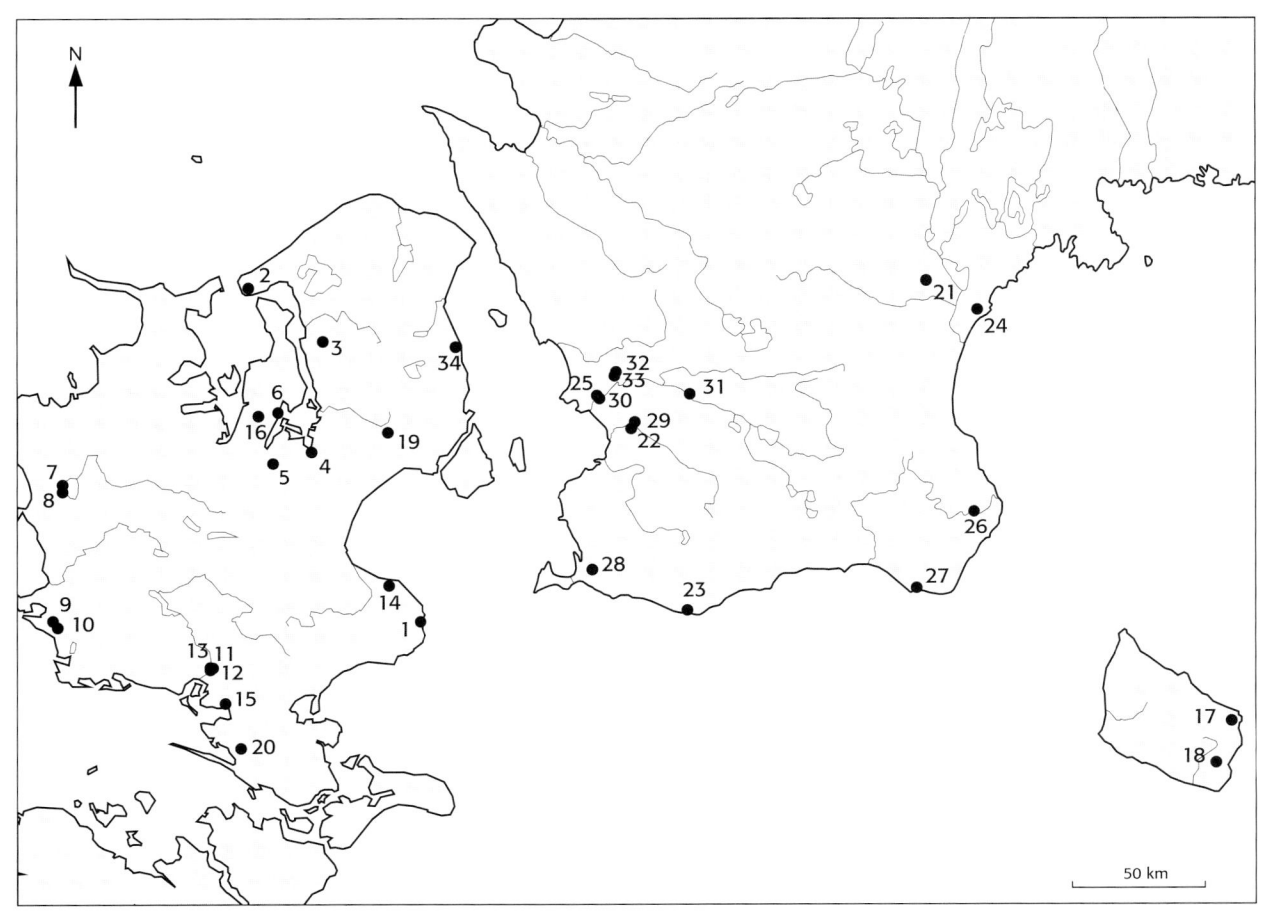

Figur 14. Karta över järnåldersplatser med fynd efter bronshantverk i Östra Sydskandinavien. (Se vidare tabell 2).

Map of Iron Age sites with finds of bronze craft in eastern Scandinavia. (See table 2).

varit förlagd till statusmiljöer som har hyst personer med långväga kontakter och därmed möjlighet att förvärva både det tekniska kunnandet och råmaterialet. Men det skulle också kunna vara så att bronsgjutning till en del var vanligare än vad som hittills förmodats. Det senaste decenniets ökade användning av metalldetektorer, speciellt i Danmark, har ökat antalet kända fyndlokaler med spår av metallhantverk i allmänhet och bronsgjutning i synnerhet. För att få en uppfattning om hur vanligt förekommande bronsgjuterihantverket är i projektets undersökningsområde, har jag ställt samman en så heltäckande bild som möjligt över publicerade bronsgjutningslokaler från yngre järnåldern i östra Sydskandinavien[6], d.v.s. Sjælland, Lolland Falster, Møn, Bornholm och Skåne.

Sammantaget har jag registrerat 33 kända järnåldersboplatser som på ett eller annat sätt har en uttalad eller antydd bronsgjutning kopplad till sig (se figur 14 och tabell 2). Av dessa ligger 18 på Sjælland, 2 på Bornholm och 13 i Skåne. Lokalerna kan i mycket varierande grad ha varit föremål för undersökning och forskning, allt från ett enstaka fynd eller anläggning

Metallhantverk och specialisering

ID	Land	Namn	Typ	Datering min	Datering max	Metalldetekt.	Ark.und.	Bebyggelse	Kulturlager	Verkstadsindikation	Gjutform	Degel	Bronsskrot/-slagg	"Finfynd"	Anm	Referenser
1	Dk	Østergård	3	150	400	X					X				Anslutande 4-500t bebyggelse	Møller Hansen 1995
2	Dk	Lynæs	4	800	1050	X	X			X						AUD 1994
3	Dk	Hørup	5	0	800	X	X	X	X	X	X	X	X	X	YRJÅ bortplöjd, flera hantverk belagda	AUD 1995/1996, Sørensen 2000
4	Dk	Roskilde	1	1000	1100		X	X	X	X	X		X		Bredgade 38-30	AUD 1985
5	Dk	Gamle Lejre	6	650	1200	X	X	X	X	X	X		X	X	Kungsgård	AUD 1995, Christensen 1991
6	Dk	Gershøj	1	900	1100	X	X		X						Ej fyndpre. Förmodat gjutf/deglar/slagg	AUD 1994-95
7	Dk	Tissø-Fugledegård	6	600	1000	X	X	X	X	X				X	Bronsgjutning ej fyndpreciserat Jørgensen 1998	AUD 1995-98,
8	Dk	Tissø-Kalmaregård	4	550	1050	X	X	X	X	X			X			AUD 1989/1996
9	Dk	Neble	2	400	1050	X	X	X	X	X		X	X			AUD 1989/1991, Axboe 1992
10	Dk	Boeslunde	1	550	1050	X	X	X		X		X	X		Grisbjerg 2. Handelsplats?	AUD 1993-94, Nielsen 1992
11	Dk	Næstved	5	1000	1100	X		X	X	X	X	X			Vinhus-kælderen. ej fyndpre. Förmoda gjutf/deglar/slagg	AUD 1985
12	Dk	Næstved	5	400	800	X		X	X	X	X	X			Farvergade 7-9. I fyllningsmassor flera hantv.rester	AUD 1986/1991, Axboe 1992
13	Dk	Næstved	5	1000	1100	X		X	X	X	X	X			Brogade. ej fyndpre. Förmoda gjutf/degel/slagger	AUD 1991
14	Dk	Toftegård	6	600	1000	X	X	X		X	X	X	X		bjerg 1998, Fabech & Ringtved 1995	AUD 1996-98, Tornbjerg
15	Dk	Vestre Egesborg	4	550	1000	X	X	X	X					X	Ej uttalat men trolig plats för bgj.	AUD 1997-98
16	Dk	Kirke Hyllinge	1	550	1050	X	X	X	X	X		X			Stensgård. ej fyndpre. Förm. gjutf/degel/slagger	AUD 1998
17	Dk	Sorte Muld	2	150	1050	X	X	X	X	X	X	X	X	X	1991	AUD 1985-88, Watt
18	Dk	Stensebygård	1	800	1100	X	X	X	X			X	X	X	Mkt bitsilver och halvsmälta mynt.	AUD 1994
19	Dk	Høje-Taastrup	1	300	400	X	X	X		X		X			Verktyg i verkstadshus efter en guldsmed	Fonnesbech-Sandberg 1999
20	Dk	Hørgården i Naes	4	750	1000	X	X	X	X	X	X		X	X	"Industriell" linberedning/produktion	Møller Hansen 2000
21	Sv	Vä	2	600	1000	X	X	X					X		Järn- o metallhantverk. Förmodad brgj.	Callmer 1995
22	Sv	Uppåkra	2	0	900	X	X	X	X	X	X	X	X			Hårdh 1998
23	Sv	Östra Torp	1	600	800	X	X			X					Gjutform för näbbfibula Jeppsson 1995, Stjernqvist 1988	Callmer 1986;1995,

Metallhantverk och specialisering

ID	Land	Namn	Typ	Datering min	Datering max	Metalldetekt.	Ark.und.	Bebyggelse	Kulturlager	Verkstadsindikation	Gjutform	Degel	Bronsskrot/-slagg	"Finfynd"	Anm	Referenser
24	Sv	Åhus	4	700	900		X	X	X	X	X	X	X	X	Åhus I-marknadspl. och II-handelspl.	Callmer 1991. Arkeologi i Sv 1991
25	Sv	Löddeköpinge	4	700	900		X	X	X		X					Ohlsson 1976
26	Sv	Järrestad	6	600	1000	X	X	X	X	X	X	X	X	X	Verkstadsomr. Guldgubbepatrice	Strömberg 1976, Söderberg 2001
27	Sv	Stockholmsgården	1	600	900		X	X		X					Järnnål fast i gjuthuvudet	Strömberg 1963
28	Sv	Räng	3	440	780		X				X	X			VA-ledning. Smidesgrop. 6 deglar (1 använd)	Söderberg 1997
29	Sv	Lund	2	1000	1200		X	X	X	X	X	X	X	X	Fas 1=1000-1050 två verkstadsområden. Verktygsfynd	Bergman & Billberg 1976
30	Sv	Borgeby	2	900	1050		X	X	X	X	X	X	X		Ringborg av Trelleborgstyp. Patrice- och kavalettfynd	Brorsson 1998, Svanberg & Söderberg 1999; 2000
31	Sv	Gårdstånga	6	700	1050		X	X	X		X	X			Kungalev	Söderberg 1995
32	Sv	Dagstorp	1	550	900	X	X	X	X	X	X	X	X			Becker 1999
33	Sv	Västra Karaby	1	500	800		X	X	X		X	X	X	X	Fyndkonc. till 600-talet	Callmer 1995, Jeppsson 1996, Olsson 1971
34	Dk	Vedbæk-Stationsvej	4	600	1000		X	X	X		X		X		Bronsbarr, gjutformar i två grophus	Ulriksen 1998

Typnyckel: 1=Boplats 2=Centralplats 3=Enstaka anläggning 4=Hamn/handelsplats 5=Verkstadsområde/grop 6=Stormansgård

Tabell. 2. Järnålderslokaler med fynd efter bronshantverk i Östra Sydskandinavien (jfr. kartan i fig. 14).

Iron Age sites with finds of bronze craft in eastern Scandinavia.

till större arkeologiskt utförda grävningar förekommer. Detta avspeglas naturligtvis i den klassificering/form av bosättning (= typ i tabellen, nr 1–6, se typnyckeln) som utgrävarna har valt att tillskriva platsen, vilket i sin tur har påverkat den objektiva intentionen i min presentation, eftersom platserna därmed inte är helt och hållet jämförbara. Utan att dra för stora växlar på vilken typ av platser som har hyst bronsgjutning ger det en bild av den hittills påträffade frekvensen.

Östra Danmark

För Sjællands del så framträder bl.a. Boeslundeområdet (nr 9 och 10) på sydvästra Sjælland, som en mycket rik yngre järnåldersbygd. Ett flertal metallfynd av hög kvalitet vittnar om metallhantverk, smyckeproduktion och handel och framhävde, redan innan de arkeologiska undersökningarna kom i gång, området som en rik centralplats under yngre järnåldern på regional nivå (Nielsen 1992, s. 131).

De påträffade lokalerna i Næstved (nr 11–13) tyder på en rik hantverksaktivitet redan i ett tidigt skede av stadens historia. Framför allt finns flera "bronsgjutningsgropar" omnämnda men även kulturlager som innehåller "spår efter bronsgjutning". Även andra hantverk så som smide, sko- och kammakeri finns representerat i Næstved (Axboe 1992). Roskilde (nr 4) har också ett tidigt hantverk kopplat till sig vilket är typiskt för de platser som kom att utvecklas till tidigmedeltida städer. Här finns en brongjutarverkstad belagd till 1100-talet, men gjutformsfynd finns också kopplade till 1000-tals bebyggelse (AUD 1985). I Gamla Lejre (nr 5) har man undersökt en stormannagård med hantverksområde både för smide och bronsgjutning (Christensen 1991).

Vidare hör de båda lokalerna Fuglede- och Kalmaregård vid Tissø, västra Sjælland (nr 7 och 8), till ett större sammanhängande komplex. Förutom ett rikt detekteringsmaterial har arkeologiska undersökningar hittills kunnat belägga en stormansgård med tillhörande handels- och hantverksområden. I vilket avseende bronsgjutningen har avspeglats i konstruktioner eller fyndmaterial är inte uttalat utan endast underförstått (Jørgensen 1998). Vid Toftegård på östra Sjælland (nr 14) har en mycket rik gård med åtminstone sex bebyggelsefaser dokumenterats. Ett omfattande fyndmaterial av både inhemsk och importkaraktär har insamlats och antyder en centralplats av regional betydelse. Fynden efter bronsgjutning består bl.a. en gjutform för näbbfibula. En järnsmedja finns även belagd (Tornbjerg 1998).

Strax utanför Köpenhamn, i Høje-Taastrup (nr 19), påträffades den metallhanteringsverkstaden i ett grophus som nämndes tidigare, i vilken både råmaterial och verktyg efter en guldsmed återfanns. På en yngre järnåldersboplats vid Hørgården i Næs (nr 20) påträffades gjutformar som antyder en bronsgjutningsproduktion på platsen. Platsen innehöll för övrigt en omfattande ("industriell") linberedningsproduktion (Møller Hansen 2000). Den enda tolkade, helt renodlade verkstadsplatsen, utan tillhörande åretruntboplats, ligger i Hørup (nr 3) till vilken en omfattande metallhantering med både bronsgjutning, järnframställning (bearbetning och rostning av myrmalm) och eventuell ädelmetallhantering finns belagd. Både anläggningar, råmaterial och produktionsavfall finns representerade i fyndmaterialet (Sørensen 2000). Platsen anknyter i sin tidiga fas till Stevnsområdet, som tidigare utpekats som ett centralområde (Lund Hansen 1991), och förlorar först sin betydelse under folkvandringstid.

Ett annat område som har utmärkt sig är Ibskerbygden på Bornholm med Sorte Muld (nr 17) som en centralplats med åtminstone regional betydelse. Ett flertal kringliggande sortemuldboplatser, som t.ex. Højemark, Sandegård, Brændesgård, Sønerhøj, Kanonhøj och Sylten 1–2, har genom metalldetektering visat på stor rikedom och liksom Sorte Muld på vida kontaktnät. De bronsgjutningsindikerande fynden består av felgjutna fibulor, gjutformar, deglar, bronsskrot, smältklumpar, gjuttappar och gjutslagg (brev 2000-03-12, M. Watt).

Skåne

Koncentrationen i mitten av västra Skåne beror bl.a. på den ansenliga yngre järnålders- och tidigmedeltida bygden kring Löddeköpinge (nr 25) och Borgeby (nr 30) där sedermera kungamakten etablerar sig för att kontrollera västra Skåne. Stora antikvariska insatser har också gjorts under åren i detta område, i form av både exploaterings- och forskningsundersökningar (se ovan). En bit in i landet har dels grustäktsverksamhet, dels den nyligen utbyggda Västkustbanan varit orsaken till vår kunskap om boplatserna med spår efter bronsgjutning. Fyndmaterialet från Lund (nr 29) visar på en rik hantverksaktivitet av bl.a. bronsgjutning redan i ett tidigt skede, liksom det även finns antytt i Vä (nr 21). Den senare platsen kan ses som den vendeltida föregångaren till Åhus I och II (nr 24). I Åhus finns bronsgjutning av bl.a. nycklar, armringar, hängsmycken och spännen belagda. Även annat hantverk i form av pärl- och kamtillverkning, i glas- respektive ben/horn har utförts på platsen (Callmer 1991). I Lund har förutom ett par verkstadsområden även verktyg kopplade till bronsgjutning konstaterats (Bergman & Billberg 1976). En nyligen undersökt plats som uppvisar stora likheter med Tissø (nr 7–8) är Järrestad (nr 26). Båda har tolkats som stormansgårdar med speciella hantverksområden, bl.a. i form av brons- och ädelmetallhantering (Söderberg 2003).

Diskussion

Det kan tyckas onödigt, men kan ändå vara på sin plats att klarlägga att spridningsbilden av bronsgjutningslokaler inte skall ses som en karta över den totala frekvensen. Figuren visar de hittills kända lokalerna (som är hjälpligt publicerade) och visar egentligen endast var exploateringstrycket och forskningsinsatserna har varit störst. På en heltäckande bild skulle naturligtvis betydligt fler platser ha funnits med, kanske till och med i en större frekvens än vad vi tror.

Ett område där det har utförts systematiska ytdetektoravsökningar av överplöjda järnåldersboplatser är Bornholm. Här har det visat sig att avfall efter bronsgjutning, företrädesvis av gjuttappar men även felgjutna fibulor, bronsskrot, metallsmältor, slagg samt enstaka deglar och gjutformar, är mycket vanligt förekommande på boplatserna. I det s.k. Sorte Muld-projektet som leds av Margrethe Watt, har det på inte mindre än 35–40 boplatser samlats in rester efter bronsgjutning (brev 2000-03-12, M. Watt). På Bornholm har det på nästan alla detektorrekognoscerade boplatser påträffats större eller mindre mängder av bronsskrot och metallsmältor som indirekt vittnar om bronsgjutning. Problemet med ytfynd är att det endast vid få tillfällen är möjligt att datera aktiviteterna. På Bornholm finns både romersk järnålder, folkvandringstid, vendeltid och vikingatid representerade. Margrethe Watt har genom detektorfynden kunnat göra många intressanta iakttagelser. Bland annat är det helt uppenbart att bronshantverket haft en avsevärt mer decentraliserad prägel än vad som tidigare gjorts gällande (Watt 1998).

De av Sorte Muld-projektet påträffade lokalerna med bronsgjutningsaktiviteter finns inte med på min figur, vilket beror på att de tillhör ett specialriktat projekt. De två lokalerna (nr 17 och 18) som finns med har en bakgrund som mer korresponderar med de övriga platsernas upptäcktsbakgrund d.v.s. exploateringar eller enstaka forskningsundersökningar. Resultatet från ytrekognosceringen på Bornholm är dock mycket intresseväckande och en jämförelse av dessa siffror sett i förhållande till det totala antalet kända järnåldersboplatser vore intressant för att se hur allmänt förekommande bronsgjutning egentligen är på boplatserna.

Sammanställer man klassificeringen av fyndlokalerna (se tabell 2) så domineras dessa av i första hand "ordinära" boplatser, 9 st. Därefter följer sju stycken centralplatser, inom denna kategori räknas även Västra Karaby vilket härmed har ifrågasatts. Till kategorin hamn/handelsplatser finns sammanlagt sex platser upptagna. Bronsgjutning kopplade till stormansgårdar är till antalet sammanlagt fem stycken. Kategorin verkstadsområde/anläggning med fyra platser är något missvisande och skall egentligen kanske endast representeras av en (Hørup), de tre lokalerna i Næstved med sina många verkstadsgropar tillhör förmodligen föregångaren till staden, vilken torde utgöra en äldre form av centralplats. Från två lokaler har endast enstaka anläggningar innehållande fynd kopplade till bronsgjutning påträffats, och till vilka ingen tillhörande bebyggelse finns belagd, något som dock inte behöver betyda att någon sådan inte har funnits. Det förefaller således som om tendensen finns att bronsgjutning har en tydlig koppling till platser med specifik karaktär, där anknytning till den sociala eliten dominerar, men antalet "ordinära" boplatser är ändå högt. Trots att de många lokalerna förmodligen representerar olika hierarkiska nivåer i det samtida östra sydskandinaviska samhället så har de ett gemensamt. De ligger samtliga intill kusten eller intill vattendrag.

Vid en närmare granskning av Öresundsområdet kan man inte låta bli att reflektera över den tomma själländska kusten[7].Orsaken härtill torde närmast ligga, precis som jag nämnde ovan, i bristen på exploateringsundersökningar. Den äldre bebyggelsen i Köpenhamnsområdet och kusten norrut kom till största delen till i en tid då de antikvariska intressena inte var obligatoriska att tillmötesgå och i dag är områdena i stort sett helt fredade för markingrepp och exploatering.

Trots att tekniskt avancerad metallhantering företrädesvis förekommer på platser kopplade till någon form av rikedomskaraktär så finns tendensen att den enklare bronsgjutningen kan ha utvecklats även inom den s.k. "husfliten". Denna tendens har framför allt kunnat antydas i och med att allt fler yngre järnåldersboplatser har blivit föremål för arkeologiska undersökningar, men även med stöd av metalldetekteringen. Något som inte minst Sorte Muldprojektet på Bornholm antyder. Den experimentella forskningen har dessutom visat att en enklare form av gjutteknik inte är så svår att lära sig.

Avslutning

Metallgjutning och ädelmetallhantering har spelat en viktig social roll i det förstatliga samhället. Produktionen av smycken och statusobjekt symboliserade sociala koder, vilka kan berätta om identitet och tillhörighet; om svuren trohet och allianser bekräftade bl.a. genom gåvosystem. Metallhanteringen har också varit av fundamental betydelse vad gäller jordbruksutvecklingen i och med järnets utveckling som nyttometall. En viktig förutsättning för det intensifierade jordbruket var nya, mer effektiva redskap som fram för allt smeden framställde.

I och med de arkeologiska undersökningarna för Västkustbanan har förhistoriska aktiviteter från järnåldern kunnat fastställas på sammanlagt 30 platser. Några av platsernas verksamhet har inkluderat metallurgiska aktiviteter, både av vardagligt format men också i en mer specialiserad form. Att hålla sin egen gård eller by med en smed var inte helt ovanligt under järnåldern, om inte i permanent form så i alla fall inför speciella tillfällen och ändamål; något som de båda undersökta boplatserna i Tågerup och Särslöv utgör exempel på. Mer sällsynta är dock fynden av en mer komplex och avancerad metallhantering, speciellt på platser som inte visar på någon typ av centralitet. Därför har den komplexa metallurgiska verksamheten i Dagstorps fyndmaterial överraskat. Men: Vad representerade fynden av det komplexa metallhanteringen från Dagstorp? Är det rimligt att tro att ett mer tekniskt avancerat hantverk rymdes inom självhushållet/husfliten? Utgjorde Dagstorp en "ordinär" boplats eller intog den en särställning gentemot sitt omland?

Vid en första anblick tycktes inte bebyggelsen i Dagstorp speciellt märkvärdig annat än att gården består av en mycket varierad sammansättning av byggnader, framför allt med ett flertal grophus. Liksom jordbruket blev även hantverket effektiviserat under den yngre järnåldern. Hantverket kunde bl.a. specialiseras och började förläggas i speciella byggnader innanför den inhägnande gårdsplatsen. I små, ofta nedgrävda hus (grophus) kunde allt från vävarbete till metallhantering förläggas. Allmänt sett visar grophusen på en ökad specialisering inom boplatserna och därmed även på en tilltagande social stratifiering under yngre järnålder (jfr Ericson i del III). Bengt Söderberg har i en artikel argumenterat för detta påstående och även hårddragit detta genom att hävda att antalet grophus på en gårdsenhet eller en boplats är signifikant för att uppskatta vilka funktioner eller vilken status denna bebyggelseenhet kan tillskrivas. Till den ordinära gårdsenheten hör som regel ett grophus. Till storgårdarna hör fler grophus och specialiserade hus av annan art (Söderberg 2000b, s. 78). Eftersom gård

V är den enda som undersöktes i så pass komplett form är det svårt att uttala sig om gårdens ställning i sitt lokala bebyggelsesammanhang. Det har åtminstone funnits ytterligare sex samtida gårdar i denna tidiga bystruktur och bara ett par av dessa har visat en antydan till ett "rikt" fyndmaterial och/eller komplex sammansättning. Varje gård torde ha utgjort en egen ekonomisk enhet och storleken på gården kan mycket väl ha avspeglat den enskilde bondens sociala ställning och välstånd i lokalsamhället men även byns ställning i en större region. Efterhand som olika hantverk blev specialiserade är det också troligt att de har blivit organiserade inom lokalsamhället, d.v.s. fler byggnader avsedda för ett speciellt ändamål uppträder på en gård (t.ex. vävning, brygghus, metallhantering m.m.) men även gemensamma intressen har förmodligen samlats till vissa byggnader. Byöverhuvudet eller den socialt högst placerade bonden bland gårdarna har härmed spelat en viktig roll.

Jag har i detta arbete visat att Dagstorp både med sitt fyndmaterial och bebyggelsestruktur bryter mot sitt omland. Men sett ur ett samhällsperspektiv och dess sociala organisation så kan man utifrån de i arbetet förda diskussionerna sluta sig till att Dagstorp med största sannolikhet har utgjort en "vanlig" bondby, om än något bättre bemedlad. Dessutom är det möjligt att tänka sig att gård V har utgjort en storgård, vilken besuttits av en huvudman i sitt lokala bysammanhang. Järnhanteringen, som har bestått av en fast och mer omfattande smidesverksamhet, har antingen tillhört byöverhuvudets privilegier eller utgjort en gemensam kollektiv resurs/specialisering. Den metallhantering i form av bronsgjutning som har avsatt sina spår i fyndmaterialet, framför allt den mer tekniskt avancerade produktionen (legeringar, cuppelering, niellering och det härdbara stålet) torde vara spåren efter ett "beroendeförhållande", ett reciprokt förhållande, till någon person med kontakter, t.ex. en "storman", som kunde förmedla en skicklig hantverkare. Med tanke på att näbbfibulor, som finns belagda i gjutformsmaterialet, tillhör ett av de främsta vardagsspännena för tidsperioden i fråga och dessutom anses vara förhållandevis enkla att gjuta, finner jag det mycket troligt att man i Dagstorp även kan ha utvecklat en egen mer sporadisk tillverkning av enklare föremål i gjutteknik. Utblickarna till de närliggande regionerna visade visserligen att tekniskt avancerad metallhantering företrädesvis förekommer på platser kopplade till någon form av rikedomskaraktär så fanns ändå en tendens att den enklare bronsgjutningen kan ha utvecklats även inom den s.k. "husfliten".

Det sociala nätverket har i detta sammanhang förmodligen handlat om tjänster och gentjänster; ibland kanske i form av utbyten av gåvor eller kontakter som kunde förmedla en kunnig hantverkare för ett speciellt tillfälle. Tillgången till guldet som metall, men framför allt tillgången till en hantverkare som besuttit kunskapen, torde inte ha varit spridd utan centraliserad om inte till handelsplatser så åtminstone till personer med ett större regionalt inflytande. Det största och sannolikt mest inflytelserika centrumet för regionen låg i Uppåkra, knappt 20 kilometer fågelvägen sydost om Dagstorp. Här har troligtvis en hövding huserat samtidigt som det funnits skickliga hantverkare och tillgång till importerade råmaterial.

Förutom att Dagstorp har utgjort en bondby med något högre social ställning i förhållande till mer "ordinära" bebyggelser, är det även möjligt att Dagstorp, tillsammans med platser som Västra Karaby kan ha ingått i ett större, mer övergripande centralområde i ett system där byarna/boplatserna inte endast utgör självförsörjande sateliter utan även haft olika typer av specialisering inom en större kontext där de tillsammans bildat en helhet.

Noter

1. Det påträffades sammanlagt fyra anläggningar som har benämnts grophus/arbetsgrop i Tågerup SU8. Jag har fortsättningsvis valt att kalla dessa grophusliknande konstruktioner *grophus*. En närmare analys av anläggningarnas funktion ingår i Ole Stilborgs artikel *Pottery and space* i *Järnålder vid Öresund. Band 2. Metod- och materialstudier*.
2. De arkeometallurgiska analyserna har utförts av Geoarkeologiskt Laboratorium, GAL, i Uppsala. Analyserna har redovisats i två rapporter: en för *Dagstorp* SU 21 som huvudsakligen har utförts av Peter Kresten men med bidrag av Eva Hjärthner-Holdar och Ole Stilborg (Hjärthner-Holdar m.fl. 2000), den andra rapporten behandlar *Särslöv* SU 22 och *Tågerup* SU8 och är utförd av Lars-Erik Englund och Lena Grandin (Englund & Grandin 2000).
3. Reservation för grophusområdet, Särslöv 8:6, som inte har undersökts utan endast plandokumenterats. Området är därför över lag svårvärderat.
4. Dösje kommer av Dysia som var det medeltida namnet på Välabäcken (Olsson 2000, s. 26).
5. Frågor som berör samhällelig social stratifiering i allmänhet och i mellersta Västskåne i synnerhet, där centralområdesteorin och ett heterarkiskt synsätt prövas och diskuteras av mig i artikeln *"Relationer i landskapet"* som ingår i VKB-publikationen *"Byarnas bönder"*.
6. För Danmarks del har jag framför allt gått igenom *Arkæologiske Udgravninger i Danmark* (AUD), som i årliga publikationer mellan 1984–1998 redovisar all arkeologisk undersökningsverksamhet i Danmark. De danska amt som berörts är: Fredriksborg, København, Holbæk, Sorø, Præstø, Bornholm och Maribo. På den andra sidan Öresund är det Skåne län som utgör det svenska blickfånget. Här har dels RAÄ UV Syds undersökningsregister och Bengt Jacobssons järnåldersregister (Jacobsson 2000) använts för att lokalisera lokaler med fynd efter bronshantverk, dels en genomgång av *Arkeologi i Sverige* (1980–1990). Därutöver har jag även försökt få tag på övrigt publicerat material från andra arkeologiskt undersökande institutioner. Mina intentioner har naturligtvis varit att försöka få en så komplett bild som möjligt, men jag inser också att det finns problem bl.a. vad avser äldre icke rapporterade material.
7. Jämför dock lokalen Vedbæk-Stationsvej på den själländska ostkusten, som av Jens Ulriksen tas upp som en möjlig anloppsplats, utifrån en mindre undersökning av grophusbebyggelse. Platsen dateras utifrån keramiken till 600 till mitten av 900-talet. Även enstaka metallfynd, däribland delar av en bronsbarr, antyder metallhantering möjligen i form av bronsgjutning (Ulriksen 1998, s. 167ff).

Summary

Metal working and specialization
A study of sites with debris from metal craft with the focus on the Dagstorp site

In connection with the archaeological excavations for the West Coast Line Project in western Skåne, three sites – Tågerup SU 8, Dagstorp SU 21, and Särslöv SU 22 – showed the presence of debris from properly developed metal production. The archaeological observations are presented together with archaeo-metallurgical analyses, which have been carried out by GAL (Geoarchaeological Laboratory at Uppsala). One of the more interesting finds came from a farm complex from the Vendel Period at Dagstorp. Here craftsmen worked with high-quality iron smithing, bronze casting of more "everyday" jewellery, and the handling of precious metals.

Former known sites with traces of metal production, including bronze casting and work with precious metal, have often been found in environments of wealth, at central places and/or on trading places. Since the Dagstorp site does not fit into this model, the conception of "rich" versus "ordinary" habitations is questioned.

Consequently, traces of metal industry found in connection with the excavations for the West Coast Line Project are discussed, and sites with this type of activity are put in an economic and social context. Furthermore, questions about the organization of the metal production and smithing activities are also touched upon, with manufacturing for household requirements versus specialized production of good-quality edged or cutting tools of steel. To widen the discussion, comparable material from the adjacent territory is integrated in the analysis.

It was not unusual during the Iron Age to keep a blacksmith on a farm or in a village, if not permanently at least for special occasions, which seems to have been the case at the Tågerup and Särslöv sites. It is less frequent, however, to find complex and advanced metalworking, especially on sites that does not show any signs of being associated with the social elite. That is why the metalworking finds at Dagstorp are so surprising. A problem that is frequently taken up for discussion is: What do these finds from complex metal production represent? In the article I show that Dagstorp, as regards both the finds and the settlement structures, stands out in relation to the surrounding contemporary sites. It is probable that farm no. V at Dagstorp constituted a well-to-do "ordinary" farmstead. But it is also possible that the farm represents some kind of manor, held by a leader of the local village or community. The iron industry, which consisted of permanent forging activity, was either the privilege of the village leaders or elite, or else consisted of collective craft specialization. The more complex and more technically advanced metal production (alloys, cupelling, niello, and the hardening of steel) is probably traces of a dependent relation, a reciprocal relationship, to someone with contacts who was able to employ skilled craftsman, for example a magnate. Another possibility is that the village leader supported the development of manufacture for local requirements of everyday bronze objects, e.g. fibulas and pins for clothing.

Social networks in these contexts were probably concerned with favours and services in return; sometimes perhaps in the form of exchange of gifts or contacts who could supply a craftsman for special occasions. Access to gold, and especially access to a smith who possessed the proper knowledge, was centralized, if not at market places then at least around a person with large regional influence.

Referenser

Anund, J. 1992. *Ett medeltida grytgjuteri i Uppsala. Olawe Grytogiwtara och andra hantverkare i medeltidsstaden*. C-uppsats. Arkeologiska forskningslaboratoriet, Stockholm universitet.

Anund, J., Bergqvist, U., Bäck, M. & Pettersson, K. 1992. A Medieval Cauldron-Foundery – Craftmanship and Craftmen in Pantern, Uppsala. I: Ersgård, L., Holmström, M. & Lamm, K. red. *Resque and research. Reflections of Society in Sweden 700–1700 A.D.* Riksantikvarieämbetet Arkeologiska undersökningar. Skrifter No 2. Stockholm, s. 221–251.

Ambrosiani, A. & Eriksson, B. G. 1992. *Birka. Vikingastaden Volym 2*. Stockholm.

Andersson, A., Grønnegaard, T., & Svensson, M. 2000. Mellanneolitisk palissadhängnad och folkvandringstida boplats. Skåne, Västra Karaby sn, Västra Karaby 28:5 & Dagstorp 17:12, VKB SU 19. *Riksantikvarieämbetet UV Syd Rapport* 1999:101

Andersson, T. 2000. Järnåldersbebyggelse i Köpingebro. Lilla Köpinge 6:7 m.fl., Ystad kommun, Skåne. *Riksantikvarieämbetet UV Syd Rapport* 2000:75

Arkeologi i Sverige. 1980–1990. Riksantikvarieämbetet. Stockholm

Arrhenius, B. 1973. Gjutformar och deglar påträffade i Birka. Birka Svarta jordens hamnområde. *Riksantikvarieämbetet rapport*. Stockholm.

Artursson, M. 1999. Saxtorp. Boplatslämningar från tidigneolitikum–mellanneolitikum och romersk järnålder–folkvandringstid. Skåne, Saxtorp sn, Tågerup 1:1 och 1:3. Västkustbanan SU8, RAÄ 26. *Riksantikvarieämbetet UV Syd Rapport* 1999:79.

AUD. Arkæologiske udgravninger i Danmark. 1984–1998.

Axboe, M. 1992. Metal og Magt? Detektorfund fra jernalderbopladser. *AUD* 1991, s. 18–26.

Becker, N. 1999. De vendeltida gårdslämningarna i Dagstorp. Skåne, Dagstorp sn, Dagstorp 1:2-3, 5:31, Västkustbanan SU 21. *Riksantikvarieämbetet UV Syd Rapport* 1999:62.

Bergman, K. & Billberg, I. 1976. Metallhantverk. I: Mårtensson, A. W. red. *Uppgrävt förflutet för PKbanken i Lund. En investering i arkeologi*. Archaeologica Lundensia. Investigationes de Antiqvitatibus Urbis Lundeae VII. Lund, s. 199–212.

Brinch Madsen, H. 1984. Metal Casting. I: Bencard, M. red. *Ribe Excavations 1970-76, Vol 2*. Sydjysk Universitetsforlag, Esbjerg.

Brorsson, T. 1998. In the Workshop of the Viking Age goldsmith. Gold- and silverwork at Borgeby in Scania, sothern Sweden. *Fornvännen* 93, s. 225–239.

Callmer, J. 1986. To Stay or to Move. *MLUHM* 1985-1986, s. 167–208.

Callmer, J. 1991. Platser med anknytning till handel och hantverk i yngre järnålder. Exempel från södra Sverige. I: Mortensen, P. & Rasmussen, B. M. red. *Fra stamme til stat i Danmark 2. Høvdingesamfund og kongemagt*. Jysk Arkæologisk Selskabs Skrifter XXII:2. Århus, s. 29–47.

Callmer, J. 1995. Hantverksproduktion, samhällsförändringar och bebyggelse. Iakttagelser från östra Sydskandinavien ca. 600–1100 e.Kr. I: Resi, H. G. red. *Produksjon og samfunn. Beretning fra 2. Nordiske jernaldersymposium på Granvolden 7.-10. Mai 1992*. Varia 30. Universitetets Oldsaksamling. Oslo, s. 39–72.

Callmer, J. 1998a. Archaeological Sources for the Presence of Frisian Agents of Trade in Northern Europe ca. AD 700–900. I: Wesse, A. red. *Studien zur Archäologie des Ostseeraumes. Festschrift für Michael Müller-Wille*. Neumünster, s. 469–481.

Callmer, J. 1998b. Handelsplatser och kustplatser och deras förhållande till lokala politiska system. Ett bidrag till strukturer i den yngre järnålderns samhälle. I: Larsson, L. & Hårdh, B. red. *Centrala platser centrala frågor. Samhällsstrukturer under järnåldern*. Acta Archaeologica Lundensia Series in 8°, No. 28. Almqvist & Wiksell International, Stockholm, s. 27–37.

Carlie, A. 2003. Settlement Material as Sources for Studying Pagan Cult – a Question of Reading "Hidden" Structures? I: Bergsøl, J. red. *Scandinavian Archaeology Practice – in Theory. Proceedings from the 6th Nordic Tag, Oslo 2001*. Oslo Archaeological Series Nr. 1, s. 198–210.

Carlie. A. 2005. Platsbeskrivningar utmed Västkustbanan. I Carlie, A. red. *Järnålder vid Öresund. Band 2. Metod- och materialstudier*. Skånska spår – arkeologi längs Västkustbanan. Stockholm.

Christensen, T. 1991. *Lejre – syn og sagn*. Roskilde.

Engberg, N. 2000. Jern, borge og voldsteder i Middelalderdanmark. I: Ödman, A. red. *Järn. Wittsjöskogkonferensen 1999*. University of Lund. Institute of Archaeology. Report Series No. 75. Lund, s. 59–64.

Englund, L-E., & Grandin, L. 2000. Smidesavfall från Tågerup och Särslöv. Saxtorp sn, Dagstorp sn, Skåne. *Riksantikvarieämbetet UV GAL. Analysrapport* Nr 7-2000.

Ekman, T. 2000. Item Husaby in Niericia... I: Olausson, M. red. *En bok om husbyar*. Riksantikvarieämbetet Arkeologiska Undersökningar Skrifter nr 33. Stockholm, s. 9–39.

Ericson, T. 2000a. Järnåldersbebyggelse vid Kvärlöv. Skåne, Saxtorp sn, Kvärlöv 8:5, VKB SU 11, RAÄ 9. *Riksantikvarieämbetet UV Syd Rapport* 1999:99

Ericson, T. 2000b. Järnåldersbebyggelse vid Särslöv. I: Kriig, S. red. *Från stenålder till medeltid i Särslöv*. Skåne, Dagstorp sn, Särslöv 2:1, VKB SU 22. *Riksantikvarieämbetet UV Syd Rapport* 1999:106.

Ericson Borggren, T. & Becker, N. 1997. Plats 7B:1 – Boplats från järnålder och boplatslämningar från trattbägarkultur. I: Svensson, M. & Karsten, P. red. Skåne, Malmöhus län, Järnvägen västkustbanan, Avsnittet Landskrona–Kävlinge. 1996–1997. Arkeologisk förundersökning. *Riksantikvarieämbetet UV Syd Rapport* 1997:83.

Esping Bodén, A. 1984. Förhistoriska boplatslämningar i Västra Karaby. Fornlämning 31, Håkanstorp, Västra Karaby sn, Skåne. *RAÄ & SHM UV Rapport* 1984:31

Fabech, C. & Ringtved, J. 1995. Magtens geografi i Sydskandinavien – om kulturlandskap, produktion og bebyggelsemønster. I: Resi, G. red. *Produksjon og samfunn. Beretning fra 2. Nordiske jernaldersymposium på Granvolden 7.-10. Mai 1992*. Varia 30. Universitetets Oldsaksamling. Oslo, s. 11–37.

Fendin, T. 1999. Boplats och härdområde från bronsåldern vid Glumslöv. Skåne, Glumslövs sn, Övra Glumslöv 10:5. Västkustbanan 3:3. *Riksantikvarieämbetet UV Syd Rapport* 1999:39

Fonnesbech-Sandberg, E. 1999. Landsby og enkeltgårde. I: Mahler, D. L. red. *Høje-Taastrup. Før Buerne. Glimt af 6000 års historie*. Københavns Amtsmuseumsråd 1999, s. 26–33.

Hedegaard, K. R. 1992. Bronzestøberhåndværket i yngre germanertid og tidlig vikingetid i Skandinavien – teknologi og organisation. I: *Lag 1992*.

Hjärthner-Holdar, E. 1993. *Järnets och järnmetallurgins introduktion i Sverige*. Aun 16. Societas Archaeologica Upsaliensis. Uppsala.

Hjärthner-Holdar, E., Kresten, P., & Stilborg, O. 2000. Vendeltida metallurgi i Dagstorp, Skåne. Västkustbanan SU 21, Dagstorp 1:2-3, 5:31, Dagstorp sn, Skåne. Geoarkeologi. *Riksantikvarieämbetet UV GAL. Analysrapport* Nr 5-2000

Hjärthner-Holdar, E., Larsson, L., Englund, L-E., Lamm, K. & Stilborg, O. 1999. Järn- och metallhantering vid en stormannagård under yngre järnålder och tidig medeltid. Husby, Glanshammars sn, Närke. Geoarkeologi. *Riksantikvarieämbetet UV GAL. Analysrapport* Nr 2-1999.

Hjärthner-Holdar, E., Lamm, K., & Grandin, L. 2000. Järn- och metallhantering vid en stormannagård under yngre järnålder och tidig medeltid. I: Olausson, M. red. *En bok om husbyar*. Riksantikvarieämbetet Arkeologiska Undersökningar Skrifter nr 33. Stockholm, s. 39–47.

Hårdh, B. 1998. Preliminära notiser kring detektorfynden från Uppåkra. I: Larsson, L. & Hårdh, B. red. *Centrala platser. Centrala frågor. Samhällsstrukturen under järnåldern. En vänbok till Berta Stjernquist*. Uppåkra studier 1. Acta Archaeologica Lundensia Series in 8°, No. 28. Almqvist & Wiksell International. Stockholm, s. 113–127.

Hårdh, B. 1999. Näbbfibulan – ett vendeltida vardagsspänne. I: Hårdh, B. red. *Fynden i Centrum. Keramik, glas, och metall från Uppåkra*. Uppåkra studier 2. Acta Archaeologica Lundensia Series in 8°, No. 30. Almqvist & Wiksell International. Stockholm, s. 145–162.

Isendahl, C. 1997. Förhistorisk järnhantering i nordvästra Skåne. En studie med utgångspunkt från den vendeltida boplatsen i Haglekulla. I: Karsten, P. red. *Carpe Scaniam, axplock ur Skånes förflutna*. RAÄ arkeologiska undersökningar. Skrifter nr 22. Stockholm, s. 113–147.

Jacobsson, B. 1978. Boplatslämningar, järnålder, Saxtorp sn, Skåne. *RAÄ & SHM UV Rapport* 1978:7

Jacobsson, B. 2000. *Järnåldersundersökningar i Sydsverige. Katalog för Skåne, Halland, Blekinge och Småland*. Riksantikvarieämbetet. Avdelningen för arkeologiska undersökningar.

Jakobsson, T. 1996. Bronsgjutarverkstäderna på Birka – en kort presentation. I: Forshell, H. red. *Icke-järnmetaller. Malmfyndigheter och metallurgi*. Järnkontoret H64, s. 71–75.

Jeppsson. A. 1995. Skåne, Lilla Isie och Östra Torps socknar. VA-ledning Smygehamn–Simmermarken. RAÄ 21 Lilla Isie Isie sn, RAÄ 21 och RAÄ 26 Östra Torps sn. Arkeologisk förundersökning 1985. *Riksantikvarieämbetet UV Syd Rapport* 1995:22.

Jeppsson, A. 1996. Boplats och gravar, V Karby socken, P36. I: Räf, E. red. Skåne på längden. Sydgasundersökningarna 1983–1985. *Riksantikvarieämbetet UV Syd Rapport* 1996:58.

Jeppsson, A. 1999. Arkeologisk förundersökning. Skåne, Västra Karaby sn, Västra Karaby 23:12 m.fl. *Riksantikvarieämbetet UV Syd Rapport* 1999:1.

Jørgensen, L. 1998. En storgård fra vikingetid ved Tissø, Sjælland – en foreløbig presentation. I: Larsson, L. & Hårdh, B. red. *Centrala platser. Centrala frågor. Samhällsstrukturen under järnåldern. En vänbok till Berta Stjernquist*. Uppåkra studier 1. Acta Archaeologica Lundensia Series in 8°, No. 28. Almqvist & Wiksell International. Stockholm, s. 233–248.

Karsten, P. 1999. Arkeologisk utredning. Skåne, Dagstorps sn, Särslöv 8:6, 1995. *Riksantikvarieämbetet UV Syd Rapport* 1999:23.

Knarrström, B. & Lagergren Olsson, A. 1998. Plats 9:1, 9:2 och V1177 – Boplatskomplex från trattbägarkultur och yngre järnålder. I: Svensson, M. & Karsten, P. red. Skåne, Malmöhus län, Järnvägen Västkustbanan, avsnittet Landskrona–Kävlinge 1996–1997. Arkeologisk förundersökning. *Riksantikvarieämbetet UV Syd Rapport* 1997:83.

Kresten, P. Hjärthner-Holdar, E. & Harrysson, H. 2001. Metallurgi i Uppåkra: Smältor och halvfabrikat. I: Larsson, L. red. *Uppåkra. Centrum i analys och rapport*. Uppåkrastudier 4. Acta Archaeologica Lundensia, series in 8°, No. 36. Almqvist & Wiksell International. Stockholm, s. 149–166.

Kriig, S. & Thomasson, J. 2000. En gård från sen vikingatid–tidig medeltid. I: Kriig, S. red. Från stenålder till medeltid i Särslöv. Skåne, Dagstorp sn, Särslöv 2:1, VKB SU 22. *Riksantikvarieämbetet UV Syd Rapport* 1999:106.

Lamm, K. 1980. Early Medieval Metalworking on Helgö in Central Sweden. I: Oddy, W.A. (red.). *Aspects of Early Metallurgy*. British Museum Occasional Paper No 17. London, s. 97–116.

Levinsen, K. 1984. Jernets introduktion i Danmark. I: *Kuml 1982-83. Årbog for Jysk Arkæologisk Selskab*, s. 153–168.

Lindahl Jensen, B., & Thörn Phil, A. 2000. Boplats från bronsålder och en mellanneolitisk brunn. Skåne, Annelövs sn, Annelöv 6:4, SU 14Ö. *Riksantikvarieämbetet UV Syd Rapport* 1999:103.

Lindqvist, A-K. & Ramqvist, P. H. 1993. *Gene. En stormansgård från äldre järnålder i mellannorrland*. Umeå.

Lund, J. 1991. Jernproduktion i Danmark i romersk jernalder. I: Fabech, C. & Ringtved, J. red. *Samfundsorganisation og Regional Variation. Norden i Romersk og Jernaldern og Folkevandringstid*. Jysk Arkeologisk Selskab. Århus, s. 163–170.

Lund Hansen, U. 1991. Himlinghøje-undersøkelserne. Om baggrunden for Stevnsområdets rige gravfund i yngre romertid. I: Fabech, C. & Ringtved, J. red. *Samfundsorganisation og Regional Variation. Norden i Romersk og Jernaldern og Folkevandringstid*. Jysk Arkeologisk Selskab. Århus, s. 85–108.

Lønborg, B. 1988. Bronzestøbning i dansk jernalder. I: *Kuml 1986. Årbog for Jysk Arkæologisk Selskab*, s. 77–94.

Lønborg, B. 1992. Fremstillingen af vikingatidens skålformede fibler. I: *Kuml 1992. Årbog for Jysk Arkæologisk Selskab*, s. 151–164.
Magnusson, G. 1986. *Lågteknisk järnhantering i Jämtlands län*. Jernkontorets Bergshistoriska skriftserie N:r 22. Stockholm.
Malmer, B., Ros, J., & Tesch, S. 1991. *Kung Olofs mynthus i kvarteret Urmakaren, Sigtuna*. Sigtuna museers skriftserie 3. Stockholm.
Møller Hansen, K. 1995. *Østergård. En enkelgård fra det 4.-5 Årh. Kulturhistoriske studier*. Sydsjællands museum.
Møller Hansen, K. 2000. Hørgården. *Skalk* nr 1, s. 12–17.
Nihlén, J. 1932. *Studier rörande äldre svensk järntillverkningen med särskild hänsyn till Småland*. Jernkontorets Bergshistoriska skriftserie N:r 2. Stockholm.
Nihlén, J. 1939. *Äldre järntillverkning i Sydsverige. Studier rörande den primitiva järnhanteringen i Halland och Skåne*. Jernkontorets Bergshistoriska skriftserie N:r 9. Stockholm.
Nielsen, H. 1992. Boeslunde – et sjællandsk Gudme? I: Lund Hansen, L. & Nielsen, S. red. *Sjællands Jernalder. Beretning fra et symposium 24. IV. 1990 i København*. Arkæologiske skrifter 6. Arkæologisk institut, Københavs universitet. København. s. 113–132.
Nordström, O. 1995. Lågteknologisk järnhantering i de f d östdanska landskapen och södra Småland. I: Olsson, S-O. red. *Medeltida danskt järn. Framställning och handel med järn i Skåneland och Småland under medeltiden*. Forskning i Halmstad 1. Halmstad. s. 156–168.
Ohlsson, T. 1971. Rapport från Västra Karaby. *Ale*, 1971:2, s. 29–34.
Ohlsson, T. 1976. The Löddeköpinge Investigation I. The Settlement at Vikhögsvägen. *MLUHM 1975–1976*, s. 59–161.
Ohlsson, T. 1980. The Löddeköpinge Investigation II. The Northern part of the Village Area. *MLUHM 1979–1980*, s. 68–131.
Olsson, M. 2000. Det historiska källmaterialet – Kronobetet i källorna. I: Thomasson, J., Cardell, A. & Olsson, M. "..en kronan tillhörig ödegrund". Ett härläger eller en krog från slutet av 1500-talet intill bron vid Dysiæ. *Riksantikvarieämbetet UV Syd Rapport* 1999:91.
Pamp, B. 1988. *Skånska orter och ord*. Malmö.
Roesdahl, E. 1977. *Fyrkat. En jysk vikingeborg. II. Oldsagerna og gravpladsen*. Nordiske Fortidsminder Bind 4. København
Rubensson, L. 1995. Lågteknisk järnframställning i Småland. I: Olsson, S-O. red. *Medeltida danskt järn. Framställning och handel med järn i Skåneland och Småland under medeltiden*. Forskning i Halmstad 1. Halmstad, s. 137–145.
Sabo, K. 1995. Skåne, Stora Köpinge socken, Lilla Köpinge 6:20 1975; 6:20–21 1978; 6:16 1984; 6:91 och 8:15 1985; 6:91 (tidigare 6:18) 1985; 6:91 1986. Arkeologisk för- och slutundersökningar. RAÄ 51. *Riksantikvarieämbetet UV Syd Rapport* 1995:70.

Saxo (1970). *Danmarks Riges Krønike*. Bind 3. Köpenhamn.
Skre, D. 1996. *Herredømmet, Bosetning og besittelse på Romerike, 200–1350 e.Kr*. Acta Humaniora 32. Universitetforlaget AS. Oslo.
Stein, G. J. 1998. Heterogeneity, Power, and Political Economy: Some Current Research Issues in the Archaeology of the Old World Complex Societies. *Journal of Archaeological Research*. Volume 6, Number 1, March 1998, s. 1–44.
Stilborg, O. 2005. Pottery and space. I: Carlie, A. red. *Järnålder vid Öresund. Band 2. Metod- och materialstudier*. Skånska spår – arkeologi längs Västkustbanan. Stockholm.
Stjernquist, B. 1988. An the Iron Age Settlement at Östra Torp and the Pattern of Settlement in Skåne during the Iron Age. *MLUHM 1987-88*, s. 125–141.
Strömberg, B. 1991. *Järnhantering på boplatser i Halland under äldre järnålder. En kronologisk och naturgeografisk analys*. Nya bidrag till Hallands äldsta historia 4. Stockholm.
Strömberg, B. 1995. Spår av järnhantering i Halland från äldre järnålder till sen medeltid. I: Olsson, S-O. red. *Medeltida danskt järn. Framställning och handel med järn i Skåneland och Småland under medeltiden*. Forskning i Halmstad 1. Halmstad, s. 36–51.
Strömberg, B. & Thörn Phil, A. 2000. Järnåldersbosättningar i ett bronsålderslandskap. Skåne, Härslövs socken, Hilleshög 6:5 och 16:7, Västkustbanan 3:6 och 3:7. *Riksantikvarieämbetet UV Syd Rapport* 2000:53
Strömberg, M. 1961. *Untersuschungen zur jüngeren Eisenzeit in Schonen. Völkerwanderungszeit–Wikingerzeit. I Textband, II Katalog und Tafeln*. Acta Archaeologica Lundensia Series in 4°. N°. Lund
Strömberg, M. 1963. Handelsstråk och vikingabygd i sydöstra Skåne. *Ale* 1963, nr 3, s. 1–25.
Strömberg, M. 1976. *Forntid i Sydostskåne*. Föreningen för Fornvännes- och Hembygdsvård i Sydöstra Skåne. Småskrifter 14. Lund
Strömberg, M. 1981. *Järn i Österlenska forntidsfynd*. Föreningen för fornminnes- och hembygdsvård i sydöstra Skåne. Nr 22. Simrishamn.
Svanberg, F. 1998. Exklusive Jewellery, Borgeby and Western Scania c. AD 950–1050. *Fornvännen* årg. 93, s. 113–124.
Svanberg, F. & Söderberg, B. 1999. *Den vikingatida borgen i Borgeby*. Arkeologiska studier kring Borgeby och Löddeköpinge 1. Lund
Svanberg, F. & Söderberg, B. 2000. *Porten till Skåne. Löddeköpinge under järnålder och medeltid*. Arkeologiska studier kring Borgeby och Löddeköpinge 2. Riksantikvarieämbetet Avdelningen för arkeologiska undersökningar Skrifter No 32. Stockholm.
Söderberg, A. 2001a. Om bronsgjutning i yngre järnålder/tidig medeltid. I: Söderberg, A. red. *Vikingbronze. Blowing new life in Early Medieval Metalcraft*. (http://hem.spray.se/anders.berg/index.htm)
Söderberg, A. 2001b. Metallbearbetningskärl, yngre järnålder. I: Söderberg, A. red. *Vikingbronze. Blowing new life in*

Early Medieval Metalcraft. (http://hem.spray.se/anders.berg/deglar.htm)
Söderberg, B. 1995. Gårdstånga. Boplats- och bebyggelselämningar från stenålder till nyare tid. Arkeologiska för-, slut- och forskningsundersökningar. Skåne, Gårdstånga socken, Gårdstånga 15:1, RAÄ 14. *Riksantikvarieämbetet UV Syd Rapport* 1995:7.
Söderberg, B. 1997. Skåne, Vellinge, Håslöv, Räng och Stora Hammars socknar, Vattenledning Vellinge–Höllviken. Arkeologisk förundersökning 1997. *Riksantikvarieämbetet UV Syd Rapport* 1997:68.
Söderberg, B. 2000a. Två undersökningar. I: Svanberg, F. & Söderberg, B. *Porten till Skåne. Löddeköpinge under järnålder och medeltid.* Arkeologiska studier kring Borgeby och Löddeköpinge 2. Riksantikvarieämbetet Avdelningen för arkeologiska undersökningar Skrifter No 32. Stockholm, s. 38–51.
Söderberg, B. 2000b. Vikingatidens boplatser i Löddeköpingeområdet. I: Svanberg, F. & Söderberg, B. *Porten till Skåne. Löddeköpinge under järnålder och medeltid.* Arkeologiska studier kring Borgeby och Löddeköpinge 2. Riksantikvarieämbetet Avdelningen för arkeologiska undersökningar Skrifter No 32. Stockholm, s. 52–82.
Söderberg, B. 2003. red. *Järrestad. Huvudgård i centralbygd.* Riksantikvarieämbetet Arkeologiska undersökningar Skrifter No 51. Stockholm.
Sørensen, S. A. 2000. *Hørup – en sjællandsk værkstedsplads fra romersk jernalder.* Museet Færgegaarden. Holbæk.
Thunmark-Nylén, L. 1981. Bronsgjutning. I: Thunmark-Nylén, L. red. *Vikingatidens ABC.* Statens Historiska Museum. Stockholm, s. xx
Tornbjerg, S. Å. 1998. Toftegård – en fundrig gård fra sen jernalder og vikingetid. I: Larsson, L. & Hårdh, B. red. *Centrala platser. Centrala frågor. Samhällsstrukturen under järnåldern. En vänbok till Berta Stjernquist.* Uppåkra studier 1. Acta Archaeologica Lundensia, series in 8°, No. 28, Stockholm, s. 217–232.
Ulriksen, J. 1998. Anløbspladser. Besejling og bebyggelse i Danmark mellem 200 og 1100 e. Kr. en studie af søfartens pladser på baggrund af undersøgelser i Roskilde Fjord. Vikingeskibshallen i Roskilde.
Voss, O. 1963. Jernudvindning i Danmark i forhistorisk tid. *Kuml 1962. Årbog for Jysk Arkæologisk Selskab*, s. 7–31.
Voss, O. 1986. Jerudvindingsanlæg i Danmark fra forhistorisk og historisk tid. *Arkaeologiske Udgravninger i Danmark 1985*, s. 25–30.
Voss, O. 1991. Jernproduktionen i Danmark i perioden 0-550 e.Kr. I: Fabech, C. & Ringtved, J. red. *Samfundsorganisation og Regional Variation. Norden i Romersk og Jerndern og Folkevandringstid.* Jysk Arkæologisk Selskab. Århus, s. 171–182.
Voss, O. 1993. Jernudvindning. I: Hvass, S. & Storgaard, B. red. *Da klinger i Muld...25 års arkæologi i Danmark.* Jysk Arkæologisk Selskab. Århus, s. 206–209.

Watt, M. 1991. Sorte Muld. Høvdingesæde og kultcentrum fra Bornholms yngre jernalder. I: Martens, P. & Rasmussen, B. M. red. *Fra Stamme til Stat i Danmark 2. Høvdingesamfund og Kongemakt.* Århus, s. 89–107.
Watt, M. 1997. Overfladerecognoscering af jernalderbopladser. Nogle kildekritiske betragtninger over samarbejdet mellem arkæologer og detektoramatører. I: Callmer, J. & Rosengren, E. red. *"...gick Grendel att söka det höga huset..." Arkeologiska källor till aristokratiska miljöer i Skandinavien under yngre järnåldern.* Hallands länsmuseer Skriftserie No 9/ GOTARC C. Arkeologiska skrifter No 17, s. 131–143.
Watt, M. 1998. Bopladser med bevarede kulturlag og deres betydning for studiet af bosættelsesmønstre og centerdannelse i jernalderen. I: Larsson, L. & Hårdh, B. red. *Centrala platser centrala frågor. Samhällsstrukturen under Järnåldern. En vänbok till Berta Stjernquist.* Uppåkra studier 1. Almqvist & Wiksell International. Stockholm, s. 205–216.
Ödman, A. 1992. Järnskatt och borgalän, I. Presentation av ett påbörjat projekt rörande Nordskånes medeltid. *Ale* 1992:4, s. 1–14.
Ödman, A. 1993. Järnskatt och borgalän II. Presentation av ett påbörjat projekt rörande Nordskånes medeltid. *Ale.* 1993:1, s. 20–31.
Ödman, A. 1995. Skånskt järn från malm till marknad. I: Olsson, S-O. red. *Medeltida danskt järn. Framställning och handel med järn i Skåneland och Småland under medeltiden.* Forskning i Halmstad 1. Halmstad, s. 146–155.
Ödman, A. 1998. Northern Skåne – a resource area for medieval Denmark. I: Andersson, H., Ersgård, L. & Svensson, E. red. *Outland use in preindustrial Europe.* Lund Studies in Medieval Archaeology 20. Stockholm, s. 204–218.
Ödman, A. 2000. Kolonisation och järnskatt i norra Skåne med Vittsjö socken som exempel. I: Ödman, A. red. *Järn. Wittsjöskogkonferensen 1999.* University of Lund. Institute of Archaeology. Report Series No. 75. Lund, s. 7–28.

Muntliga uppgifter
Mats Regnell, arkeobotaniker, Stockholm.

Brevkorrespondens
Birgitta Hårdh, 1999-06-01. Institutionen för Arkeologi, Lunds Universitet
Eva Hjärtner-Holdar, 1999-01-25. Geoarkeologiskt Laboratorium, UV GAL, Uppsala
Margrethe Watt, 2000-03-12. Projektledare för Sorte Muld projektet, Dyssegårdsvej 71B, DK-2860 Søborg, Danmark

Grophus och hantverk

"Den stramme orientering markeredes overordentlig tydeligt ved disse huller, som må have båret et tværtømmer på langs af gruben, enten en bom, hvis funktion det kan være vanskeligt at definere, eller også et rygtræ fra en tagformet overdækning. Den sidste mulighed tyder på, at gruberne kan opfattes som bygninger, huse af en eller anden art."

(Schultz 1949 s 102)

Tyra Ericson

Inledning

Grophus är en anläggningstyp som är relativt vanligt förekommande på boplatser från yngre järnålder i Skåne. Genom att grophus dels är konstruktioner, dels innehåller såväl primärt som sekundärt fyndmaterial, har de i många fall en unik ställning som källor till förståelsen av boplatsernas ekonomi.

Grophus är en hustyp som definierats på många sätt. Eftersom man relativt tidigt insåg att de flesta av dem kan dateras till vendel-/vikingatid, förekommer en del fall av cirkelbevis där förekomsten av grophus på en plats automatiskt indikerat en datering till just vendel-/vikingatid. Omvänt finns fall där anläggningar från så långt tillbaka som mesolitikum benämnts "grophus" av arkeologer som ansett att den konstruktion de hittat motsvarar någon av de många definitioner av grophus som cirkulerat (t.ex. proportionerna mellan storlek och djup).

Under de senaste decennierna har mycket skrivits om grophus och en hel del om hantverk och hantverkets organisation. Då fyndmaterialet i grophusen ofta innefattar lämningar av olika hantverk, kan det vara lämpligt att studera grophus och hantverk i ett sammanhang. Föreliggande artikel är ett försök att sammanföra dessa två enheter – vad har grophus med hantverk att göra, och vad har hantverk med grophus att göra?

Jag kommer att se på grophus och hantverk utifrån en rad frågeställningar: Hur varierar grophusens konstruktion, funktion och datering? Vilka spår av hantverk finns representerade i husen? Vilka skillnader och likheter finns mellan olika platser? Vilka förändringar i materialet kan ses över tid?

Grophus, grophusliknande anläggningar och spår av hantverk påträffades på en rad platser inom projektet Västkustbanan, men de utgör inte i sig ett tillräckligt underlag för denna studie. De tidsmässiga och geografiska ramarna är järnålder och västra Skåne. Vissa utvikningar i såväl tid som rum kommer dock att göras. Materialet gör heller inga anspråk på att vara fullständigt. Av praktiska skäl kommer i första hand platser undersökta av UV Syd att behandlas.

Forskningshistorik

Om man läser C. G. Schultz (1949) berättelse om utgrävningarna av Aggersborg, kan man få ett intryck av att sydskandinavisk grophusforskning inte gjort mycket annat än att gå i cirklar under det senaste halvseklet. Vid utgrävningen av ringborgen påträffades under denna en boplats som troligen avhysts i samband med att borgen anlades under den senare delen av vikingatiden. Förutom långhus påträffades där en stor mängd avfallsfyllda gropar. De var östvästligt orienterade, hade stolphål i gavlarna och var omkring 3 meter långa. Cirka 100 av dem undersöktes. Samtliga saknade såväl eldstäder som spår av ingångar. Det kunde konstateras att vävtyngder och sländtrissor var vanligt förekommande, tillsammans med mer eller mindre trasiga redskap och smycken samt djurben, krukskärvor och annat boplatsavfall. Schultz menade att groparna möjligen kunde uppfattas som något slags hus. Som jämförelsematerial anförde han en saxisk boplats från Sutton Courtney i England, där 30 sådana gropar tolkats utgöra en by. Han avfärdade dock tanken att groparna skulle kunnat vara bostäder. Under Aggersborg fanns nämligen även långhus, och han menade att långhusen i Sutton Courtney troligen förstörts av grustäkt så att endast enstaka stolphål fanns kvar (a.a. s. 102ff).

Bortsett från att han inte använder termen "grophus" och att någon skillnad i primära och sekundära fynd inte gjordes, kände Schultz alltså till mycket av det vi vet idag: grophusens "traditionella" konstruktion och storlek, den likaledes "traditionella" dateringen till vikingatid, de vanligt förekommande fynden av textilredskap och uppfattningen att grophusen inte var bostadshus utan utgjorde komplement till långhus.

Under det dryga halvsekel som förflutit sedan Schultz publicerade Aggersborg har avsevärda mängder grophus undersökts i Sydskandinavien, många av dem i Skåne. Termen "grophus" har applicerats på anläggningar med dateringar från bronsålder till medeltid och med stora skillnader avseende dimensioner och konstruktionselement.

Diskussionens vågor avseende grophusens funktion har stundtals gått höga, särskilt i Skåne. Under 1960- och 70-talen undersöktes här ett stort antal grophus. En uppfattning var att grophusen i Östdanmark (Skåne) var bostadshus, medan man bott i långhus i Västdanmark (Jylland). I många fall berörde undersökningarna dock endast grophusen och inte mellanliggande ytor, varför frånvaron av långhus knappast är förvånande. (För referat av diskussionen se Björhem & Säfvestad 1993 s. 324, Säfvestad 1995 s. 15f).

Bland de vidare studier av grophus som gjorts kan nämnas en om grophus som vävstugor (Andersson 1989) och de redovisningar av t. ex. fyndens spatiala utbredning i grophusen som utfördes inom Fosie IV-projektet (Björhem & Säfvestad 1993). Från ett grophus i Lilla Isie finns också belägg för att grophus använts som bronsgjuteriverkstad (Stjernquist 1988, Jeppsson 1995).

Flera av de frågeställningar jag tar upp har behandlats tidigare. I sin artikel om grophusen vid Vikhögsvägen i Löddeköpinge analyserade Tom Ohlsson grophusens konstruktion och funktion utifrån utbredning i plan, storlek, stolphål, ingångar, härdar och fyndmaterial (Ohlsson 1976). Han konstaterade bl.a. att han inte utifrån fyndmaterialet kunde se funktionella skillnader mellan stora och små grophus. Vidare menade han (a.a. s. 85) att grophus förekommer endast i sandiga miljöer. Ohlsson tolkade ett grophus som ett kokhus och ett annat som vävstuga. Trots det starka sambandet mellan vävtyngder och grophus ville Ohlsson emellertid inte se grophusen som speciella byggnader enbart för vävning utan tolkade, i brist på belägg för andra funktioner, majoriteten av grophusen från Vikhögsvägen som någon form av bostäder (a.a. s. 97) och boplatsen som en säsongsmässig marknadsplats.

Det jämförelsematerial Ohlsson hade tillgång till var föga omfattande. Nils Björhem och Ulf Säfvestad hade en något större mängd grophus att jämföra med då de skrev om grophusen från Fosie IV (Björhem & Säfvestad 1993). De diskuterade också olika konstruktionsdetaljer och gjorde bl.a. intressanta sammanställningar av såväl konstruktionsdetaljers som fynds rumsliga placering/spridning. De drog bl.a. slutsatsen att det funnits en fast disposition av husen med en ingång oftast i söder och en vävstol stående mot den motsatta väggen (a.a. s. 340). Björhem och Säfvestad kom fram till att grophusen i Fosie IV haft sin huvudsakliga funktion som vävstugor med undantag för ett grophus som snarare haft en tork/rök- eller bastufunktion. Generellt ville de se grophus som uthus med olika funktioner av hantverkskaraktär. Utöver de "traditionella" järnåldersgrophusen urskiljdes inom Fosie IV även dels grophus med datering till bronsålder, dels ett antal "grophusliknande anläggingar", främst från äldre järnålder.

Berta Stjernquist gjorde i sitt arbete om Gårdlösa-projektet en grundlig genomgång av de därstädes undersökta grophusen (Stjernquist 1993). Hon gjorde jämförelser med grophus från i första hand Skåne och Danmark, men tog även in material från övriga Europa. Som orsak att anlägga grophus anförde hon dels deras funktion, dels brist på byggnadsmaterial (a.a. s. 65). En genomgång av material ledde till att Stjernquist tolkade grophusen som ekonomibyggnader. Hon försökte också se grophusen som delar av ett ekonomiskt system, och listade de funktioner som kunde beläggas för Gårdlösagrophusen under olika tidsperioder från sen romersk järnålder till vikingatid (a.a. s. 112).

De som senast behandlat den skånska grophusproblematiken mer ingående är Fredrik Svanberg och Bengt Söderberg, som utgår från ett stort material från Löddeköpinge (Svanberg & Söderberg 2000). De reserverar termen grophus för de "traditionella" grophusen under framför allt yngre järnålder. En intressant notering är att "slaviska" grophus (se nedan, avsnittet "typer") sägs finnas endast på platser av speciell karaktär, kungalev och köpingeorter (Söderberg 2000 s. 76). Vidare diskuteras fenomenet "att bo", och frågan ställs om inte vävning snarare än sömn varit en funktion som gynnats av uppvärmning. Söderberg hävdar att grophus bör ses som ett mått på närvaron av vissa befolkningsgrupper (egendomslösa eller ofria) på boplatsen, men att grophusens funktioner varit flera: boende, hantverk, förvaring, matlagning (a.a. s. 78). Han diskuterar också grophusens roll jämfört med övriga typer av byggnader. Svanberg har sammanställt Löddeköpinge-grophusens funktion utifrån fyndmaterialet, som delats upp efter olika aktiviteter (vävning, spinning, slipning, malning m.fl.) respektive "personlig utrustning" som tas som intäkt för att man bott i husen. Han tar även i förbigående upp grophusens sociala dimensioner (Svanberg 2000 s. 87).

Medan delar av grophusproblematiken som konstruktionstekniska detaljer och paralleller utanför Skåne således har varit föremål för flera arkeologers intresse, finns det fortfarande kunskapsluckor. Samtliga de nämnda arbetena grundar sig på ett enda huvudmaterial (i fallet Löddeköpinge förvisso ett relativt omfattande sådant), och med varierande tidsmässiga restriktioner[1]. Endast Björhem & Säfvestad tar upp de "grophusliknande" anläggningarna annat än i en bisats. I de flesta fall har man dessutom huvudsakligen koncentrerat sig på jämförelsematerial med större mängder grophus (kv Tankbåten, Strömberg 1978, är t.ex. ofta återkommande), medan platser med enstaka grophus inte tas med. Medan dessa ensamma grophus oftast inte kan ge underlag för resonemang om sociala förhållanden, kan de i alla fall bidra med data till en analys av hustyp, funktion och datering.

Material, källkritik och metod
Material
Underlaget för denna artikel utgörs i första hand av boplatser och anläggningar som undersökts inom ramen för projektet Västkustbanan (VKB) (fig. 1). För att få ett tillräckligt stort underlag har dock krävts omfattande kompletteringar, framför allt med platser som tidigare undersökts av RAÄ UV Syd i västra Skåne. Materialet gör inga anspråk på att vara komplett, utan tillgängligheten har ibland varit avgörande för vilka platser som kommit med[2]. Jag har gått igenom data för 201 grophus från 45 platser. En mer detaljerad beskrivning av de 35 grophus som undersöktes inom Västkustbaneprojektet, ges i tabell 1–3 i slutet av artikeln.

De allra flesta grophusen faller inom tidsintervallet vendel-/vikingatid. Detta är också den "traditionella" perioden för grophus. Materialgenomgången visar dock att åtskilliga grophus med såväl äldre som yngre dateringar förekommer. Även typmässigt föreligger en stark övervikt för "traditionella" grophus, men flera varianter och andra typer kan också urskiljas i materialet (se nedan under "Typer").

Material utanför Västskåne har funnits med i min generella kunskapsbas och som underlag för en del diskussioner, men tas inte med i det statistiska underlaget. Det rör sig företrädesvis om grophus från östra Skåne, medan jag bara har gjort enstaka nedslag i publicerat materialet från Själland.

Källkritiska aspekter
Under insamlingen av materialet framstod vissa källkritiska problem som uppenbara. Detta gäller framför allt dateringen av grophusen. Dateringsunderlaget är skiftande: fynd, ^{14}C-analyser, dateringar av intilliggande anläggningar eller utifrån typologisk jämförelse. Det kan vara vanskligt att datera ett grophus efter fynd eller träkol från fyllningen, särskilt på blandade boplatser där inblandning av äldre material från kulturlagret är uppenbar. Exempel (t.ex. Västra Karaby A455, Jeppsson 1996a) finns där ^{14}C-resultat och fynd är motstridiga och där den yngre dateringen (i det fallet fynden) väljs, medan den äldre förutsätts vara en inblandning. Trots dessa inte alltid helt pålitliga dateringar av grophusen har jag valt att ta med dem i min analys. Jag har inte haft några möjligheter att i varje enskilt fall studera originalritningar eller att få nya ^{14}C-dateringar utförda.

En genomgående egenskap hos det använda materialet är att det med få undantag härrör från exploateringsgrävningar. Detta innebär att det sällan varit möjligt att undersöka hela eller ens en större del av respektive boplats. I många fall har det också inneburit att undersökningarna ägt rum med starkt begränsade resurser, vad avser såväl utgrävningen som sådan (möjligheter att använda såll, prioritering mellan och inom

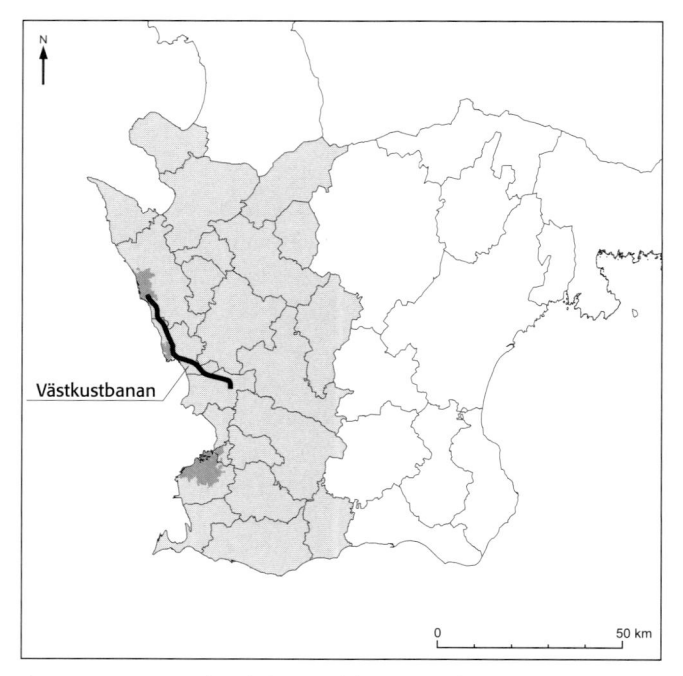

Figur 1. Karta över undersökningsområdet i västra Skåne med sträckningen för projektet Västkustbanan markerad. Karta: Henrik Pihl.

Map showing the investigation area in western Skåne and the West Coast Line Project. Map: Henrik Pihl.

anläggningar), möjligheten till tvärvetenskapliga analyser (som ^{14}C-prov) samt tyvärr även möjligheter att publicera fynd och anläggningar på ett heltäckande sätt. Trots dessa problem har även material från linjeprojekt och andra "smala" undersökningar visat sig vara användbara.

Något som är svårt att komma ifrån är hopblandningen av primära och sekundära fynd i grophusen. I många fall har ingen åtskillnad gjorts mellan fynd i fyllning och golvlager. Det finns också fynd som tolkats som tillhörande golvlagret, men som jag svårligen kan föreställa mig hemmahörande i ett i bruk varande hus – såsom större mängder ben. Svanberg (2000 s. 87) menar att grophusen medvetet eller omedvetet fungerat som skräpkammare, inte minst under perioden närmast efter användningsperioden, något som

jag är benägen att hålla med om. I Åhus fanns det t.ex. koproliter i anslutning till golvlagret i flera av grophusen (Ericson Borggren 1993). Där så är möjligt tar jag hänsyn till om fynd i de grophus jag gått igenom är påträffade i golv- eller fyllningslager. Jag har dock haft ytterst begränsade möjligheter att gå till originalmaterialet, utan fått använda de uppgifter som redovisas i rapporterna, både vad gäller funktionsbestämning och dateringsunderlag. I detta sammanhang kan det också vara lämpligt att hålla i minnet att fynd kunnat hamna i grophusen på skilda sätt: kvarlämnade eller borttappade, som deponerat avfall (inslängt i ett tomt hus eller dumpat i den kvarvarande gropen) eller som omlagrat kulturlager (i vilket fall det råder risk för inblandning av äldre material). Lägg till detta bilden av hundar och grisar som gått och bökat bland t.ex.

slaktavfall och fiskrens. Det finns också grophus där den kvarvarande, halvt igenfyllda, gropen tagits i anspråk för nya aktiviteter såsom anläggandet av härdar.

Andra problem som kan tas upp under denna rubrik är de rent utgrävningstekniska. Det sätt på vilket man utfört undersökningen av det enskilda grophuset – och de förhållanden som undersökningen utförts under – påverkar möjligheten att notera detaljer som stolphål i vägglinjen. Vid torr väderlek kan det vara svårt att urskilja golvlager som vid fuktig väderlek är lätt igenkännliga. Den grävande och fyndregistrerande personalen har givetvis också haft olika kunskapsnivåer. Till exempel kan det för det otränade ögat vara svårt att skilja mellan horn och ben, och mellan bearbetat och icke bearbetat horn/ben. Man kan inte heller utgå från att alla obrända vävtyngder identifierats som sådana, eller att alla vävtyngds- och gjutformsfragment skiljts ut från de stundtals stora mängderna bränd lera.

Ytterligare en aspekt i detta sammanhang är det sätt på vilket ett utgrävt material gjorts tillgängligt. Medan många äldre material på grund av bristande resurser endast undersökts extensivt har de ofta, när de väl publicerats, redovisats på ett för mina frågeställningar mycket lämpligt sätt: med plan- och profilritningar och fullständiga fyndlistor. Under senare år har den förändrade rapporteringspolicyn inom uppdragsarkeologin i många fall lett till att materialpresentationen nedprioriterats till förmån för mer tolkande och utvärderande avsnitt.

Metoder

Jag har delat in de tillgängliga grophusen efter period, storlek, stolpsättning, undergrund (övervägande sand respektive övervägande lera) samt förekomst av hantverksmaterial. Jag har också noterat vissa fakta om platsen som grophuset tillhör – stor eller liten bosättning samt tecken på särskilda aktiviteter.

Urvalet av grophus och platser är dels geografiskt (västra Skåne), dels beroende av vilka undersökningar som är publicerade på ett sätt som varit tillgängligt för mig under min materialinsamlingsperiod. Även det sätt på vilket materialen är publicerade har varit avgörande, då jag har velat kunna göra egna bedömningar av de *enskilda* grophusen och deras fyndmaterial. Vissa material har därför fått utgå helt då de har inte varit möjliga att använda i den form de varit tillgängliga. Jag har också prioriterat att leta efter grophus från andra perioder än vendeltid/vikingatid.

När det gäller materialets kronologiska skiktning används samma periodindelning som i bokens övriga kapitel (jfr Artursson och Carlie & Artursson i del II). Detta har i enstaka fall medfört att grophus "med våld" tvingats in i en period, där det kanske inte helt hör hemma. Detta är oundvikligt och påverkar knappast slutresultatet. Bara i ytterst få fall har jag haft svårt att avgöra vilken period ett grophus hört till. Detta är ett tecken på att den föreslagna indelningen motsvarar faktiska kulturella förhållanden.

Avseende perioderna *förromersk järnålder I och II* respektive *förromersk järnålder III och äldre romersk järnålder* var antalet hus litet (fyra respektive nio) och perioderna föreföll ha likartade huvuddrag. Därför slogs materialet vid ett senare stadium av bearbetningen samman.

Det stora flertalet av grophusen har daterats till vendel-/vikingatid. Undantagna är de som daterats till vikingatidens slutfas, vilka istället redovisas tillsammans med de tidigmedeltida grophusen.

Medan flera platser har tolkats som boplatser med förekomst av handel och hantverk, har grophusbebyggelsen vid Vikhögsvägen i Löddeköpinge ansetts vara en plats *utan* långhus, och med en säsongsmässig användning för handels- och hantverksändamål (Ohlsson 1976). Läget vid Lödde å är utmärkt ur kommunikationssynpunkt, och platsen har också skyddats av en vall på den sida som inte vetter mot ån. Grophusen från Vikhögsvägen torde alltså vara mycket väl lämpade som jämförelsematerial till de andra grophusen, då de kan antas vara konstruerade enbart för handel, hantverk och eventuellt för övernattning, och de har anlagts någorlunda samtidigt. Jag bedömer också att de är tillräckligt många för att utgöra en egen grupp, och de ingår inte bland de övriga vendel-/vikingatida husen[3].

De "typologiska" element jag valt att titta på vad gäller grophusen är framför allt storlek och stolpsättning, då jag antar att de är viktiga för att kunna urskilja anläggningarnas konstruktion och funktion (fig. 2).

Storleken har jag valt att ange som längd × bredd – jag har alltså inte tagit någon hänsyn till att husen är mer eller mindre rundade till formen.

Djupet är i hög utsträckning beroende av bortodlingseffekter och är därför totalt ointressant, vad gäller husets konstruktion. I en diskussion om bevarade fyndmängder i fyllningen kan djupet givetvis spela in, men då det är de primära fynden i golvet som är mest intressanta, anser jag att just fyndmängden i fyllningen är av mindre betydelse.

Stolpsättningen kan dels användas för att dela in grophusen i konstruktionsmässiga typer, dels ge en antydan om vilken funktion de kan ha haft. De stolpsättningsalternativ som jag tar upp är "traditionell" d.v.s. en stolpe i vardera gavel, mittstolphål samt avsaknad av inre stolphål och förekomst av yttre stolphål.

Andra element i grophusens utformning noteras också: förekomst av härd/ugn, ingång efter väderstreck, samt förekomst av rännor längs med kanterna.

Grophusets konstruktion

Variationen i grophusens konstruktion är avsevärd i det studerade materialet. Några typer kunde jag tentativt urskilja redan under ett tidigt stadium av analysen. I första hand gäller det de två oftast beskrivna typerna av grophus, nämligen de "slaviska" och de "traditionella". "Slaviska" grophus har i Skandinavien i allmänhet en datering till sen vikingatid/tidig medeltid. Paralleller finns söder om Östersjön (se t.ex. Leineweber 1998 och andra artiklar i Leube 1998). Husen är jämförelsevis stora, har en uttalat fyrkantig form och är ofta försedda med någon sorts eldstad, vilket gör att de tolkats som bostäder. Den takbärande konstruktionen

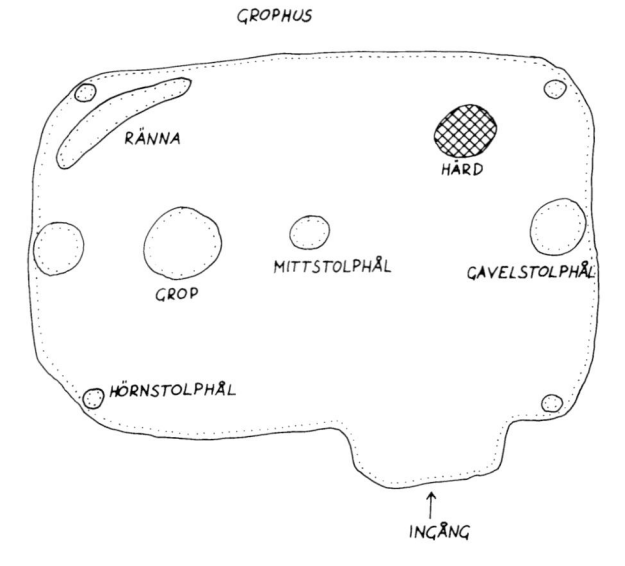

Figur 2. Principskiss över olika konstruktionsdetaljer i grophus. Teckning: Annika Jeppsson.
Grophus: Många definitioner har gjorts av begreppet "grophus", utifrån t.ex. förhållandet storlek/djup, förekomst av vävtyngder m.m. Jag väljer att ge en mycket bred definition. Ett hus kan i allmänhet förmodas ha haft golv, väggar och tak. Ett hus bör dessutom vara stort nog för en person att vistas i, och ha en tämligen plan botten. Som grophus betraktar jag därför gropar om minst cirka 2 m diameter och med plan botten och som har spår av antingen väggar eller en takbärande konstruktion, eller ett tydligt golvlager.
Arbetsgrop: planbottnad grop som saknar spår av såväl golv som tak och som innehåller fyndmaterial eller konstruktionsdetaljer (t.ex. härd) som tyder på att arbete utförts i gropen.
Ränna: grund nedgrävning, mer eller mindre långsträckt, under grophusets golv. Finns oftast längs kanterna/väggarna och tolkas ibland som att man grävt i golvsanden för att få ett fuktigare inomhusklimat.
Förvaringsgrop: som ränna, men djupare och mindre långsträckt, och oftast placerad längre från väggen.

Sketch showing different constructional elements in pit-houses. Drawing: Annika Jeppsson.

har bestått av antingen gavelstolpar eller hörnstolpar. "Traditionella" grophus är mindre, rundade eller ovala till formen och har haft gavelstolpar som takbärande konstruktion. De saknar i allmänhet eldstad men har oftast spår av textil hantverk i form av vävtyngder och sländtrissor. Dateringen är som regel vendeltid/vikingatid, men de förekommer från bronsålder till medeltid. En tredje typ kan sägas vara "arbetsgropar" med eller utan spår av takbärande konstruktion. De har dateringar från bronsålder och framåt, och innehåller ofta större mängder (ibland skörbränd) sten.

De flesta grophus kan antas ha haft sadeltak, men varianten med spetsigt tak kan också ha förekommit. Taket har antingen då burits av en mittstolpe eller varit av en "kåtaliknande" konstruktion.

Tanken var att dessa tre "huvudtyper" av grophusliknande anläggningar skulle kunna delas in i fler, utifrån i första hand anläggningarnas storlek, spår av takbärande konstruktion, ingångar, härdar, rännor och andra spår. Däremot är det av källkritiska orsaker varken möjligt eller lämpligt att ta hänsyn till förekomst av sittbänkar, enkla eller multipla golvlager eller anläggningarnas djup. Jag har funnit att det skulle bli alltför många små grupper, och har istället valt att se närmare på vissa konstruktionsdetaljer. Genom en granskning av fyndmaterialet får vi också en fingervisning om funktionen. Nästa steg i analysen är en sammanvägning av typ, datering och funktion.

Grophusen i Västskåne – en karakteristik

Västskåne är ett område inom vilket en mycket stor mängd arkeologiska undersökningar utförts, med undantag för de nordligare delarna. De grophusmaterial jag har gått igenom har en mestadels god spridning inom Västskåne. Västkustbanan är belägen centralt i området, liksom jämförelseplatsen Vikhögsvägen i Löddeköpinge. För vissa perioder är dock spridningsbilden inte idealisk; under yngre romersk järnålder/folkvandringstid är endast Landskrona, Kävlinge och Malmö kommuner representerade och under yngsta vikingatid/tidig medeltid endast Landskrona, Kävlinge och Svedala kommuner.

Antalet grophus per period varierar mycket. Den stora majoriteten har daterats till vendel-/vikingatid, vilket är föga förvånande eftersom många grophus "antagits" höra till den perioden och alltså "per automatik" daterats dit när inga fynd eller ^{14}C-resultat motsagt en sådan datering. I materialet ingår totalt 201 grophus från 45 platser (fig. 3).

Min sammanställning visar att grophus vanligen är anlagda på sandig/grusig undergrund, men många grophus är också nedgrävda i lera/silt. Detta ger sämre dränering, men samtidigt blir gropväggarna mindre rasbenägna. Under bronsålder och förromersk/äldre romersk järnålder är två tredjedelar av grophusen belägna på lera/silt. Under övriga perioder dominerar lägen på sand/grus. Delvis avspeglar detta troligen generella preferenser för boplatslokalisering, men det kan också bero på vilka aktiviteter som ägt rum i grophusen.

Andra variabler jag tittat på är boplatsernas respektive grophusens storlek. När jag bedömt platsernas storlek har jag utgått från antal undersökta grop- *och* långhus på platsen, och sedan delat in dem i små (1–5 hus), medelstora (6–10 hus) och stora (fler än 10 hus) platser (fig. 4). Under bronsålder och under yngsta vikingatid/tidig medeltid är samtliga boplatser små, medan storlekarna varierar under övriga perioder. Platser med större antal hus blir gradvis allt vanligare. De allra största platserna finner vi under vendel-/vikingatid, då det stora antalet grophus gör att det totala antalet undersökta hus kan bli så stort som 25 stycken. Under yngsta vikingatid/tidig medeltid blir platserna mindre igen, men här rör det sig ofta om undersökningar i utkanten av medeltida bytomter.

Grophusen har grupperats efter storlek, där gränsen mellan små och medelstora hus ligger vid 5 m² och mellan medelstora och stora hus vid 12 m². Stora grophus dominerar under bronsålder, medan spridningen är jämn under yngre romersk järnålder/folkvandringstid. Under övriga perioder dominerar de

Grophus och hantverk

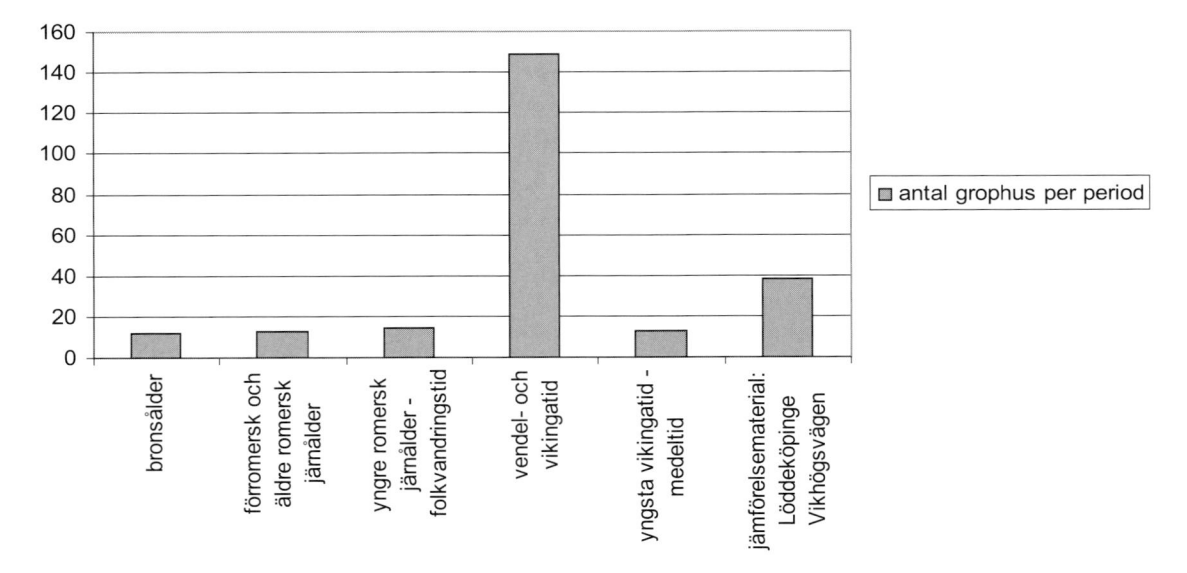

Figur 3. Antal grophus som ingår i undersökningen från bronsålder till vikingatid/medeltid. Diagrammet baseras på 239 grophus.

The number of pit-houses in this study dating from the Bronze Age until the Viking Age/Middle Ages. The diagram is based on 239 pit-houses.

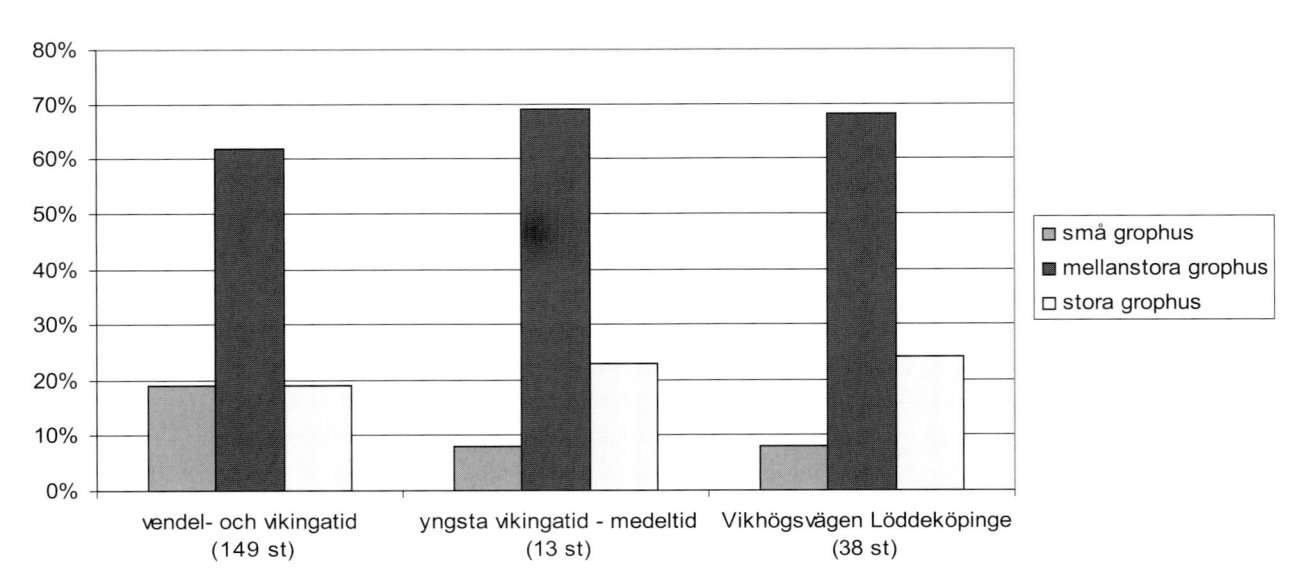

Figur 4. Variationer i de västskånska grophusens storlek i % under vendeltid, vikingatid och tidig medeltid. Diagrammet omfattar 200 grophus.

Pit-houses of different sizes in western Skåne during the Vendel Period, Viking Age, and Early Middle Ages. The diagram is based on 200 pit-houses.

medelstora grophusen. Under samtliga perioder (och på Vikhögsvägen) finns enstaka mycket stora grophus – de största är omkring 20 m².

Bronsålder

Från bronsålder har jag med två anläggningar från projektet Västkustbanan, en från Ramlösa VKB 1A:7 (Omfors & Streiffert 1999) och en från Rya VKB 2:5 (Ericson Lagerås 1999). Därtill kommer ytterligare tio grophus från fem platser: Karaby 12:1 (Nagmér 1996b), Karaby 3:1, 4:1 (Jeppsson 1996a), samt Fosie IV boplats I, II och VI (Björhem & Säfvestad 1993).

Under denna period varierar konstruktionerna mycket; endast ett grophus är av den traditionella typen. Två grophus har mittstolphål, dock ej i kombination med gavelstolphål. Det kan alltså röra sig om hus vars tak sluttat åt alla håll från mittstolpen. Ugnar/härdanläggningar förekommer i en fjärdedel av grophusen, medan spår av hantverksaktiviteter endast konstaterats i ett hus, i form av en bronssyl i ett av grophusen från Fosie IV i Malmö.

Förromersk järnålder och äldre romersk järnålder

Denna period representeras inom projektet Västkustbanan av ett grophus vardera från Övre Glumslöv VVP3 (Johansson 1999) och Hilleshög VKB 3:7 (Strömberg & Thörn Pihl 2000). De kompletteras av ytterligare elva grophus från åtta platser: Karaby 3:1, 4:1 (Jeppsson 1996a), Hänkelstorp 3:3 (Jeppsson 1996b), Fosie IV boplats I, IV och V (Björhem & Säfvestad 1993), Bårslöv 4:1 (Nagmér 1994), Klörup (Bergenstråhle 2000, Bergenstråhle & Stilborg 2002) samt Skabersjö (Söderberg 1997).

Omkring hälften av grophusen är nu av den traditionella typen. Mittstolphål förekommer i ett fall, dock ej i kombination med gavelstolphål. Ugnar/härdanläggningar är fortfarande relativt vanliga. Två anläggningar är tolkade som tork- eller rökhus respektive kokhus. Hantverksindikerande fynd, i samtliga fall från metallhantverk, finns i en fjärdedel av husen. Tre av husen från Klörup innehöll t.ex. spår av metallhantering i form av degelfragment, sprutslagg och ett smideskärl. Ett av dem innehöll också ett stycke bitguld.

Yngre romersk järnålder och folkvandringstid

Från denna period kommer huvuddelen av materialet från projektet Västkustbanan: fem anläggningar från Tågerup SU8 (Artursson 1999) och tre från Västra Karaby SU19 (Grønnegaard 1999a). Övriga sex grophus kommer från tre platser:, N Möinge 24:1 (Jeppsson 1996c), Fosie IV boplats IV (Björhem & Säfvestad 1993) samt Västra Karaby 2:21 (Pettersson 2000).

Fortfarande är drygt hälften av grophusen av traditionell typ. Tre av dem har även mittstolphål, som till skillnad från dem i husen med mittstolphål och utan gavelstolphål, knappast har ingått i den takbärande konstruktionen. Ett grophus har enbart mittstolphål. Ugnar/härdanläggningar förekommer överhuvudtaget inte i de studerade grophusen från denna period.

I två tredjedelar av grophusen, tio stycken, finns hantverksindikerande fynd, från järn- respektive textilhantverk.

Ett trendbrott kan alltså anas mellan äldre och yngre romersk järnålder. Före brottet är det vanligt med grophus på lerig/siltig undergrund och ugnar/härdar i grophusen. Efter brottet blir härdar/ugnar ovanligare och kombinationen av gavel- och mittstolphål börjar förekomma, samtidigt som andelen grophus med hantverksspår ökar betydligt. I de flesta fallen utgörs dessa hantverksspår av vävtyngder och sländtrissor – det är textilhantverket som gör entré på scenen.

Vendeltid och vikingatid

De vendel- och vikingatida grophusen från projektet Västkustbanan är ett från Ramlösa VKB 1A:7 (Omfors & Streiffert 1999), ett från Rya VVP6 (Artursson 1998), fyra från Kvärlöv SU11 (Ericson 1999a), två från Annelöv SU14:V (Ericson 1999b), ett från Dagstorp SU20 (Grønnegaard 1999b) och hela tretton stycken från olika faser av Dagstorp SU21 (Knarrström & Lagergren-Olsson 1998, Becker 1999). Till dessa kommer fyra grophus till från samma boplats som SU11, undersökta vid ett tidigare tillfälle (Jacobsson 1978a).

Ovanstående tjugosex grophus kompletteras med ytterligare etthundratjugotre grophus från tjugoen platser[4]. Även under denna period är drygt hälften av grophusen av traditionell typ, tolv har också mittstolphål och fyra har mittstolphål utan att ha gavelstolphål. Ugns-/härdanläggningar finns i färre än en tiondel av husen och spår av hantverksaktiviteter i över två tredjedelar.

I ett hundratal hus finns spår av textilhantverk i form av sländtrissor, nålar, nålbrynen, sisare, brända och obrända vävtyngder, och i några fall fördjupningar som tolkats som spår efter upprättstående vävstolar. Fynden visar att flera olika steg inom textilhantverket ägt rum i grophusen; i alla fall spinning, vävning, tillskärning och sömnad. Ett exempel är hus 20815 från SU21 (se tabell 1 och fig 5). Huset har varit runt och drygt 2 meter i diameter, med ryggåstak orienterat i öst-västlig riktning. Stolphål och vävtyngder i den nordöstra delen visar var vävstolen stått. I söder har funnits en mindre härd. Vid något tillfälle har golvet blivit omlagt och en ny härd anlagts.

I 22 av husen finns spår av järnhantering i form av slagg och i ett fall ett blästermunstycke. Bronsgjuteri – degel, gjuttapp, gjutform – har satt spår i tre grophus. Diverse andra hantverksaktiviteter – slipstenar, brynen, diverse järn- och hornredskap, bearbetat horn – har förekommit i tolv hus. I 25 fall förekommer mer än ett slags hantverksaktivitet i samma grophus, t.ex. textilhantverk och järnhantering. Ett specialfall är de tre förekomsterna av förarbeten till sländtrissor (alltså stenhantverk), som i två fall fanns tillsammans med andra textilredskap. Eftersom sländtrissans proportioner är avgörande för garnets kvalitet, är det rimligt att sländtrissor ofta tillverkades av, eller i nära samarbete med, de personer som skulle använda dem.

På det hela taget är förekomsten av hantverksrelaterade fynd mycket större än under tidigare perioder. Även om vävtyngder/sländtrissor dominerar kan vi se hela bredden av olika typer av hantverk. Är det en generell ökning av hantverksaktiviteter, eller är det ett resultat av att bevaringsförhållandena i denna periods grophus är överlägsna? Kanske är en kombination av dessa faktorer troligast. Tendensen tycks vara att även om många grophus är byggda som vävstugor, har de även använts för andra verksamheter.

Yngsta vikingatid och tidig medeltid

Från denna period undersöktes inga grophus inom projektet Västkustbanan. En anläggning från Säby delundersöktes vid förundersökningen och tolkades preliminärt som ett slaviskt grophus från denna period, men det finns för få uppgifter om anläggningens storlek och utformning för att den ska kunna tas med i underlagsmaterialet till denna artikel. Istället har jag tagit med tretton grophus från sju andra platser: Håkantorp (Esping Bodén 1984), Hög (Nagy 1972), Hilleshög (Torstensdotter Åhlin 1990), Kyrkheddinge (Schmidt Sabo 1998), Önnerup (Pettersson 1996a), Skabersjö (Jeppsson 1996d) samt Tostarp (Jeppsson 1996e).

Efter grophusens glansperiod kommer en kraftig nedgång i antal. Detta kan ha källkritiska orsaker eftersom dateringar inte alltid är så precisa att yngsta vikingatid kan skiljas ut från övrig vikingatid. Det är dock tydligt att det är en nedgång i antalet grophus totalt, troligen beroende på att en del av deras funktioner (förråd, hantverk) istället fick sin plats i andra byggnader på gården.

Två tredjedelar av husen är av traditionell typ och mittstolphål förekommer inte alls. Endast ett hus har en ugn/härdanläggning. Hantverksindicerande fynd förekommer i nio av husen: i åtta av dem med anknytning till textilhantverk, i ett fall textil- och järnhantverk i samma grophus och i ytterligare ett fall benhantverk i form av ett förarbete till en islägg.

Handelsplatsen vid Vikhögsvägen i Löddeköpinge

I underlagsmaterialet finns med trettioåtta grophus från en plats: Vikhögsvägen i Löddeköpinge (Ohlsson 1976).

Som framgår av diagrammet i figur 4 har grophusen från Vikhögsvägen en storleksfördelning som skiljer sig från övriga vendel-/vikingatida hus, men som är närmast identisk med dem från yngsta vikingatid/tidig medeltid. Denna fördelning, med färre små och något fler stora hus, kan antyda att användningen av grophusen vid Vikhögsvägen mer liknat den av grophusen under den senare perioden. Då det är en fråga om ökad storlek, kan en förklaring vara att det helt enkelt varit flera personer som arbetat i varje grophus, istället för bara en eller två.

Även vad gäller konstruktionsdetaljer liknar grophusen från Vikhögsvägen mer det yngre materialet än det samtida. Tre fjärdedelar av grophusen är av traditionell typ, medan mittstolphål förekommer i två fall. Ugnar/härdanläggningar finns i två av husen, och 28 har fynd av hantverkskaraktär. I samtliga fall är det vävtyngder, sländtrissor och andra fynd med anknytning till textilhantverk. I ett fall är textilhantverket kombinerat med stenhantverk (förarbete till sländtrissa) och i två fall med bronshantverk (degelfragment, skrotbrons).

Fynd med anknytning till handel förekommer i två grophus: ett mynt i ett grophus med textilhantverk och två vikter i ett grophus med textil- och bronshantverk.

Andelen grophus med hantverksmaterial ökar över tid, från 8 % under bronsåldern via 31 % under förromersk/äldre romersk järnålder till ca 70 % under de yngre perioderna. Värt att lägga märke till är att även om Vikhögsvägen har det högsta värdet (74 %), är det ändå bara obetydligt högre än för de icke handelsplatsrelaterade grophusen från yngre romersk järnålder och framåt. Det finns alltså ingen större skillnad i dokumenterbar hantverksaktivitet mellan en specialiserad plats som Vikhögsvägen och de andra platserna, som kan antas ha haft en mer varierad ekonomi och ett mer varierat utbud av byggnader att utöva hantverk i.

Diskussion – grophusens typer och funktion
Introduktion – frågor

I början av det här arbetet ställde jag ett antal frågor om hur grophusens konstruktion och funktion, och om hur hantverk finns representerat i grophusen och hur detta varierar över tid. Kort sagt, hur kan grophusen hjälpa oss att förstå hantverket, och tvärtom?

Nedanstående diskussion är ett försök att komma närmre svaren på den frågan.

Typer

I avsnittet *grophusets konstruktion* nämns de tre huvudtyper av grophus som kan urskiljas i materialet: "slaviska", "arbetsgropar, och "traditionella". Till dem kommer en stor grupp med "övriga" grophus, som inte passar in i någon av dessa typer (fig. 7).

De slaviska grophusen lyser med sin frånvaro i mitt material. Detta stärker snarare än motsäger de tolkningar som tidigare gjorts, nämligen att de uppträder relativt sent och, i Skåne, enbart på platser typ kungalev, t.ex. Gårdstånga (Söderberg 1995) och Säby (Kriig & Thomasson 1999).

Grophusen av arbetsgroptyp är de första som dyker upp, redan i övergången senneolitikum/bronsålder, som vi ser i Ramlösa (fig. 6, se tabell 2). De hänger med ända fram i yngre järnålder, och kan i hög utsträckning kopplas till aktiviteter som haft nytta av stenar eller stenpackade golv. Ofta har också härdar eller sotlager och ibland skörbränd sten påträffats i dessa anläggningar. Förutom metallhantering kan man (hypotetiskt) tänka sig att andra värmekrävande aktiviteter ägt rum i dem: torkning/rökning av livsmedel eller böjning av trä, t.ex. Takkonstruktionen kan vara av ryggås- eller spetsig typ.

En tolkning är att det rör sig om arbetsgropar med tak, men helt eller delvis utan väggar. Hus 8 från Tågerup SU8 (se tabell 2) hade t.ex. inga väggstolphål i väster, där det istället funnits en ingång.

Metallhantverk, både bronsgjutning och viss järnhantering, har dock ägt rum även i grophus av mer eller mindre traditionell konstruktion. Förutom fynd av deglar m.m. i ett antal grophus från äldre romersk järnålder och framåt finns det ett tydligt exempel på detta i ett av de vendel-/vikingatida grophusen från Lilla Isie, där gjutformar av bränd lera och sten påträffades tillsammans med en lerplatta/ugnsrest (Jeppsson 1995).

I vilken utsträckning man valt att bygga den ena eller andra sortens grophus för metallhantverk o.dyl. kan ha att göra med vilken betydelse just den sortens hantverk haft på den aktuella platsen (se nedan).

De traditionella grophusens långa tidsmässiga utbredning och rika förekomst tyder på att konstruktionen som sådan varit mycket fördelaktig. Dessa grophus har kunnat uppföras resurssnålt och har tillhandahållit

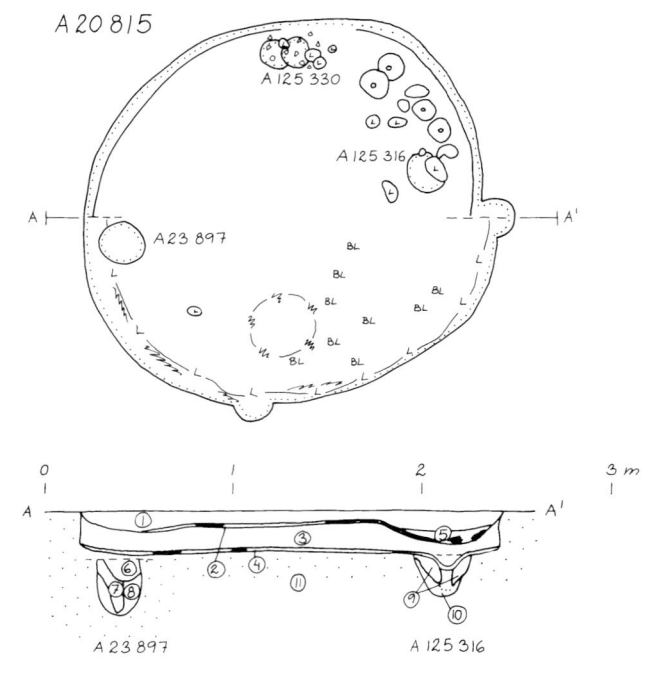

Figur 5. Exempel på ett grophus av traditionell typ från den vendeltida byn vid Dagstorp SU 21 (A20815). I husets nordöstra hörn fanns rester av flera vävtyngder troligen efter en stående vävstol. Skala 1:40. Ritning: Annika Jeppsson.

Example showing a pit-house of traditional type from the Late Iron Age village at Dagstorp SU 21 (A20815). In the north-east corner were found traces of several loom-weights, probably from a standing loom. Scale 1:40. Drawing: Annika Jeppsson.

ett fördelaktigt mikroklimat. Flera av de icke-traditionella grophusen kan ses som varianter av dem, eller har i alla fall lånat vissa detaljer: grophusen av arbetsgropstyp från Tågerup SU8 (fig. 5, se tabell 2) har t.ex. alla tolkats ha sadeltak, och i några av de "övriga" grophusen från Dagstorp SU21 (se tabell 1) fanns flata stenar som kan har utgjort stolpstöd istället för stolphål till takbärande gavelstolpar.

Medan de flesta tidiga grophusen i undersökningsområdet (Västra Skåne) är av arbetsgrop- eller hybridtyp, föreligger faktiskt ett "traditionellt" grophus i Fosie IV, boplats I, redan i bronsålder (Björhem & Säfvestad 1993 s. 148f, anl 1603), låt vara att det tycks ha haft en något klenare takbärande konstruktion. Björhem och Säfvestad förknippar introduktionen av denna grophustyp med vävning, eventuellt av lin. I mitt material kan jag inte se tydliga belägg för textilhantverk i grophusen förrän i yngre romersk järnålder, men jag håller med om att de "traditionella" grophusen ofta kan förknippas med just vävning.

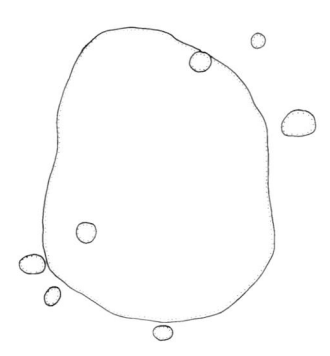

Figur 6. Ett grophus av arbetsgropstyp från Tågerup SU 8 (hus 6). Huset är från yngre romersk järnålder/folkvandringstid. Skala 1:40. Ritning: Annika Jeppsson.

A pit-house of working type from Tågerup SU 8 (house 6). The building is dated to the Late Roman Iron Age – Migration Period. Scale 1:40. Drawing: Annika Jeppsson.

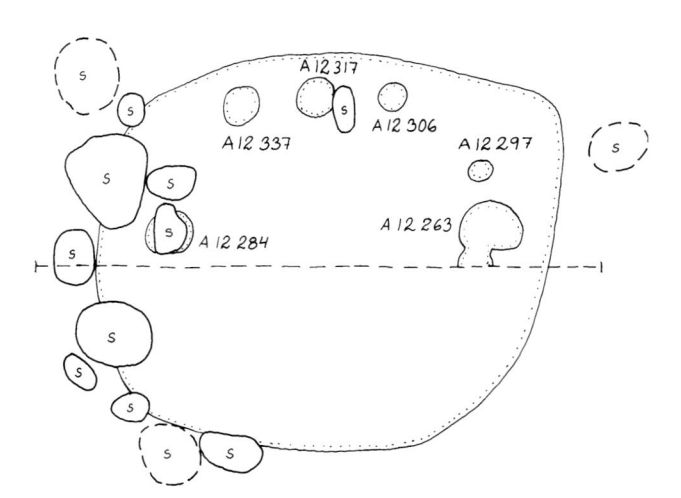

Figur 7. Ett grophus inom gruppen "övriga" typer från Dagstorp SU 20 (ÖK 2). Huset är ^{14}C-daterat till sen vendeltid – tidig vikingatid. Skala 1:40. Ritning: Annika Jeppsson.

A pit-house from the group "other" types, from Dagstorp SU 20 (ÖK 2). The building is dated to the Late Vendel Period – Early Viking Age. Scale 1:40. Drawing: Annika Jeppsson.

Enligt min mening är de olika typerna av grophus i huvudsak avhängiga tre företeelser: "mode" strömningar/idéer om hur hus kan/bör uppföras, tillgång till byggnadsmaterial samt – viktigast – funktion. Föreställningar om hur hus *"bör"* byggas och vilka sorters hus som är förbundna med viss status hänger delvis samman med spridningen av idéer om hur hus *kan* byggas. Här har vi själva frågan om idén att *bygga* grophus. De kan ses som en utveckling antingen av hyddor/tillfälliga bostäder (eller kanske rentav tält) med nedsänkt golv, eller av arbetsgropar med vindskydd och/eller enkla tak, som t.ex. gett skugga och visst regnskydd för aktiviteter som i princip ägde rum utomhus, såsom metallhantverk. Medan de slaviska grophusen i Skåne kan ses som ett resultat av kontakter med områdena söder om Östersjön (se avsnittet om grophusets konstruktion ovan), är det mera oklart var de "traditionella" grophusen först uppstod. Exempel på tidiga grophus av "traditionell" typ med dateringar ned i äldre romersk järnålder finns i Flögeln-Eekhöljten i nordvästra Tyskland, vilket kan ge oss en aning om från vilket håll influenserna kan ha kommit (Zimmermann 1992, s. 156f).

Tanken på grophus som social markör kan leda åt två håll: vi kan se grophusen som tänkbara bostäder för trälar/egendomslösa, men de kan också vara en byggnadstyp som signalerat att "på den här gården/boplatsen finns det speciella hus för hantverk", alltså en indikation på hög, snarare än låg, status.

Tillgången på byggnadsmaterial kan också vara en faktor när det gäller grophusens utformning. Själva husformen brukar sägas vara virkesbesparande i största allmänhet. Man kan se den stora mängden grophus under vendel-/vikingatid som ett uttryck för att tillgången på gott byggnadsvirke i boplatsernas närhet var mer begränsad än under tidigare perioder. Det är möjligt att tillgången på byggnadsmaterial också kan ha varit avgörande för t.ex. takets utformning.

Funktion

Den tredje faktorn som influerat grophusens utformning är funktion. Även detta begrepp kan tredelas:

Grophuset är *inomhus*, inte utomhus. Detta torde ha mindre med klimatsvängningar och mer med boplatsens sociala och funktionella organisation att göra. Förekomsten av grophus indikerar att de sysslor som utförs i dem är sådant som behöver sin egen speciella plats. Om grophuset ersätter en arbetsplats utomhus blir den mer "privat".

Grophuset är en *liten* byggnad – inte lämpad för repslageri, precis, men anpassningsbar till olika aktiviteter. Man kan ha flera grophus i bruk samtidigt på en gårdsenhet. Ett tänkbart scenario är att man anlägger ett grophus primärt för t.ex. textilhantverk. När huset börjat bli slitet flyttas hantverksaktiviteten till ett nytt grophus, medan det gamla används till ett annat hantverk eller som förråd innan det slutligen förfaller och huset, eller en kvarvarande grop, utnyttjas för avfallsdeposition.

Grophuset är en *separat* liten byggnad, skild från långhuset/boningshuset. Detta kan ha gett ett visst mått av lugn och arbetsro. Metallhantering och annan brandfarlig verksamhet utövas av säkerhetsskäl helst inte i boningshuset. Det har också varit möjligt att t.ex. ha en väv uppsatt även om man bara arbetade med den då och då, utan att den var i vägen i långhuset. Avskildheten kan också ha haft att göra med sådant som är svårt att belägga arkeologiskt: ett avskilt arbetsrum för enbart män/enbart kvinnor/enbart ogifta kvinnor/enbart ofri arbetskraft, kanske?

Vid tolkningen av ett grophus möjliga funktioner har man att utgå från dels konstruktionsdetaljer (t.ex. härdar), dels fyndmaterial (t.ex. vävtyngder). Fynden avspeglar givetvis såväl det primära brukandet som den sekundära igenfyllningen av grophuset. Det är också tänkbart att samma hus kan ha fyllt mer än en funktion. Vi bör också fråga oss på vilka andra sätt dessa funktioner kan äga rum, annat än att hysas i grophusen.

Problemet är att nästan alla hantverksindikerande fynd (i likhet med majoriteten av andra fynd) på yngre järnåldersboplatser påträffas just i grophusen. Så tills välbevarade boplatser undersökts med den uttalade frågeställningen att prioritera sökande efter spår av hantverk får vi anta att en stor del av hantverksutövandet ägde rum i just grophus, men givetvis förekom detta även i andra byggnader och utomhus[5] (jfr Becker i del III).

Det finns en mängd tänkbara funktioner för grophus. Boende är en av de vanligt anförda. För att det ska vara rimligt att tolka ett grophus som ett boningshus (låt vara säsongsmässigt eller för trälar) bör det för det första vara av någorlunda storlek. Ett grophus med en eldstad/rökugn i är genast mer troligt som året runt-bostad, men för säsongsmässig bebyggelse, som marknadsplats eller fiskeplats, kan man även tänka sig hus utan uppvärmning eller med glödfat eller dylikt. Bebyggelser med enbart grophus, liksom med både grop- och långhus, finns belagda i östra Europa (se flera artiklar i Leube 1998). Zimmermann nämner exempel från nordvästra Tyskland där grophus använts som stall (Zimmermann 1992 s. 216). Några grophus har tolkats som kokhus, andra som rök- eller torkhus. I den mån det finns spår av eldstäder kan dessa givetvis ha använts både för uppvärmning, matlagning och vissa hantverksaktiviteter. Gränsen mellan grophus och jordkällare/förvaringsgropar är inte alltid skarp. Funktionen förvaring är dock tänkbar särskilt för mindre grophus som saknar tecken på andra funktioner, t ex anläggning 56907 tillhörande gård II vid Dagstorp SU21 (se tabell 3).

Den vanligaste tolkningen är dock att grophus använts för att utöva hantverk, särskilt textilhantverk. Järnålderns grophusanknutna hantverk har studerats av bl.a. Johan Callmer (1995), Eva Andersson (1996, 1999) m.fl. forskare. En plats där hantverk i stor utsträckning har kunnat knytas till grophus är den tidigvikingatida bo- och handelsplatsen vid Åhus i nordöstra Skåne (Callmer 1991, Ericson Borggren 1993). Där finns belägg för såväl textilhantverk och finmetallhantverk/bronsgjutning/klensmide som för arbete med horn, ben och bärnsten. Även järnhantering och reparation av båtar har ägt rum på platsen, men dessa aktiviteter kan inte knytas direkt till grophusen. Platsen ger goda exempel på vad man kan finna när bevaringsförhållandena är förmånliga, och när de undersökta ytorna är av en storlek och form som medger tolkning av materialet.

Inom mitt undersökningsområde förefaller grophusen från förromersk järnålder och äldre romersk järnålder vara förknippade med smide/bronsgjutning respektive mathantering (torkning/rökning/tillagning). Under yngre romersk järnålder/folkvandringstid förekommer spår av textilhantverk framför allt i de traditionella grophusen med gavelstolphål, medan övriga grophustyper fortsätter att vara förknippade med metallhantverk. Under vendeltid/vikingatid/medeltid förekommer såväl textil- som metallhantverk i både traditionella och icke-traditionella grophus.

Hantverk i allmänhet

Det underlag, i form av fynd och konstruktioner, som jag använder i denna artikel har sin huvudsakliga tyngdpunkt i å ena sidan textilhantverk av olika slag, å andra sidan metallhantering – både gjutning av brons och liknande metaller och järnhantering. Det ena är ett "rent" hantverk (om man nu bortser från lanolin) och det andra ett "smutsigt" (sot etc.) varför de rimligen inte borde ha utförts i samma byggnader, i alla fall inte samtidigt. Däremot kan de ha samexisterat med andra typer av hantverk, vilka inte satt beständiga spår. Trots att jag sökt efter spår av andra hantverk än just textil och metall, har det visat sig mycket svårt att finna. Ett undantag är tillverkning av sländtrissor av sten. Att döma av fynden av halvfärdiga sländtrissor kan detta ha ägt rum i anslutning till själva textilhantverket. Förarbeten till sländtrissor har påträffats i vendel-/vikingatida grophus i Maglaby, Karaby, Ättekulla samt Vikhögsvägen (Ericson 2002, Jeppsson 1996a, Esping Bodén 1978, Ohlsson 1976).

Textilhantverk (vävtyngder, sländtrissor, nålar, nålbrynen) är liksom t.ex. bronsgjutning (deglar, gjutformar, slagg) enkla att identifiera såväl i som utanför grophusen. Hur identifierar man andra slags hantverk? Keramiktillverkning genom fynd av lokalt tillverkad keramik torde väl finnas på de flesta platser. Ben- och hornhantverk kan vara vanskligt att påträffa: dels finns organiskt material sällan bevarat, dels kan bearbetat ben/horn råka slinka igenom med resten av benmaterialet om detta ej gås igenom osteologiskt. Trähantverk måste antas ha funnits på alla boplatser – både grov- och finsnickeri, kanske svarvning av skålar, etc. Till detta kommer beredning av skinn, flätning av korgar, m.m. För att komma hantverket på spåren får man oftast ta till indirekta tecken som diverse arbetsredskap.

Vissa typer av hantverk får anses vara specialiserade, d.v.s. inte förekomma för husbehov. Till dessa kan räknas ädelmetallhantverk (guld, silver, inläggningar), tillverkning av pärlor och andra föremål av glas eller bärnsten, och kanske även vapensmide (se Becker i del III). Andra former av hantverk kan antas förekomma för husbehov på de flesta platser, men vara specialiserade i vissa fall, således anses t.ex. boplatsen i Klörup från äldre romersk järnålder ha haft specialiserad keramiktillverkning (Bergenstråhle & Stilborg 2002).

Textilhantverk i synnerhet

Betyder den stora ökningen av grophus under vendel-/vikingatid att textilproduktionen ökar i motsvarande grad? Är det rimligt att detta i så fall beror på segeltillverkning enbart, eller har man kanske ökat textilkonsumtionen på annat sätt? Detta skedde knappast genom att man hade fler gångkläder; ännu fram i historisk tid hade "vanligt folk" knappast mer än en eller två omgångar med kläder. Vi kan förutsätta en ganska stor befolkningsökning, men hushållens storlek borde inte ökat i samma grad. En tänkbar tolkning är att just hushållets storlek ökat genom att trälar tillkommit. Bengt Söderberg vill t.ex. se grophusen som en indikation på närvaro av egendomslösa eller ofria befolkningsgrupper (Söderberg 2000, s. 78). Jag tror snarare att den ökade textilkonsumtionen har att göra med en större efterfrågan på segelduk, samtidigt med en viss efterfrågan på lyxtextilier typ bildvävnader och dylikt. Hypotetiskt sett kan man också tänka sig att man vid denna tid ersätter vissa plagg och täcken som tidigare varit av päls (fårskinn?) med sådana av ylle- eller lintyg. Huruvida det i så fall var ett utslag av modeströmningar eller hade praktiska orsaker, vill jag låta vara osagt.

Ett exempel på att konstruktion och funktion samverkar i grophusen är mittstolphålen. Sådana förekommer under alla perioder utom den yngsta; vanligast är de under yngre romersk järnålder/folkvandringstid. *Kombinationen* av mitt- och gavelstolphål förekommer dock endast under två perioder: yngre romersk järnålder/folkvandringstid och vendel-/vikingatid. Kombinationen av gavel- och mittstolphål förekommer dessutom, i den mån det finns hantverksindikationer i grophuset, i princip uteslutande tillsammans med textilhantverk. Då mittstolparna knappast haft någon takbärande funktion, kan man tänka sig att de utgjort stöd för upprättstående vävstolar som inte varit lutade mot väggen utan stått mitt i rummet, där takhöjden varit högst.

För att framställa garn av olika kvalitet använder man sländtrissor med olika vikt och diameter. Genom att jämföra sländtrissor från en boplats med "normaluppsättningen" kan man se om de har en jämn fördelning eller om någon vikt/diameter dominerar. I det senare fallet kan man se det som ett tecken på en specialiserad textilproduktion. Eva Andersson har t.ex. påvisat en koncentration av mycket lätta sländtrissor på Åhusboplatsen (Andersson 1996). Vid en genomgång av det enda större sländtrissmaterialet som tagits fram inom VKB-projektet – från den vendeltida byn vid Dagstorp SU21 – kunde jag dock inte se några sådana tendenser (fig. 8).

Blotta förekomsten av en större mängd grophus på samma plats borde emellertid tyda på "överproduktion" av hantverksprodukter. Ett större antal samtida grophus utnyttjade för textilhantverk på en gårdsenhet eller boplats skulle således kunna ses som uttryck för en specialisering på just textilhantverk, snarare än boskapsuppfödning eller något annat, även om det inte går att se en specialisering *inom* detta.

Avslutning – nya frågor

Sammanfattningsvis ser jag grophusen som en anläggningstyp som visat sig vara allt mer användbar, och som utvecklats från att vara specialiserade uthus till att under vendel-/vikingatid bli multifunktionella arbetsstugor där en person kanske stod och vävde, medan en annan spann och en tredje satt och täljde. Man kan säga att de har gått hela varvet runt – från specialutformade grophus av arbetsgropstyp för metallhantverk till allt mer standardiserade grophus för framför

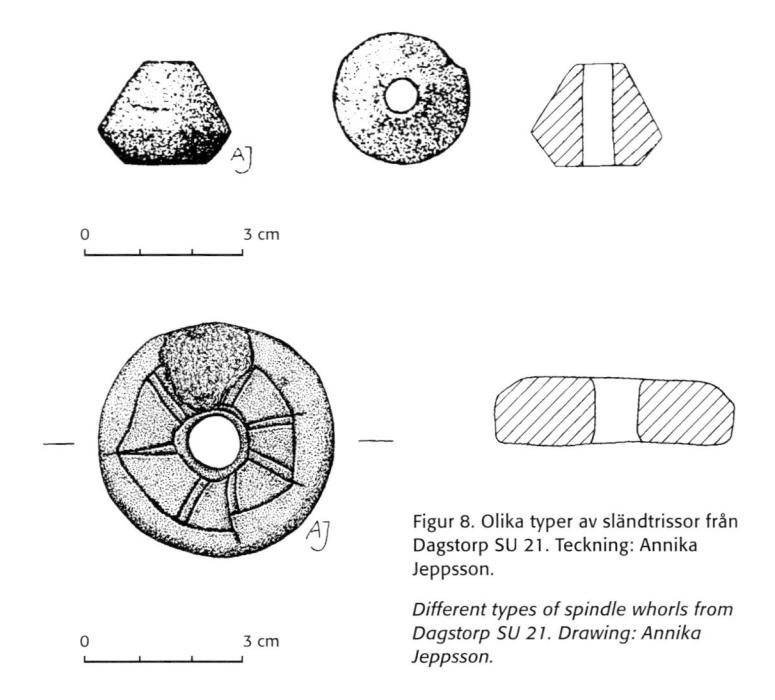

Figur 8. Olika typer av sländtrissor från Dagstorp SU 21. Teckning: Annika Jeppsson.

Different types of spindle whorls from Dagstorp SU 21. Drawing: Annika Jeppsson.

allt textilhantverk; vidare till en situation där textilhantverket fått sällskap av diverse småslöjd, och slutligen vidare till grophus av traditionell typ enbart för utövning av metallhantverk som t.ex. i Lilla Isie (Jeppsson 1995). Det handlar dock inte om någon linjär utveckling, utan om olika varianter av såväl form som funktion, som har existerat sida vid sida.

I början av järnåldern var det vanligt att grophus uppfördes för aktiviteter i samband med järnhantering. Kan detta ha att göra med att det var en ny hantverksform med viss status?

Från yngre romersk järnålder och framåt tog textilproduktionen över som det viktigaste i hantverket i grophusen. Vad beror detta på? Fick textilframställningen en ökad kommersiell betydelse? Infördes nya tekniker vid denna tid?

Vilka boplatser är det då som *inte* har haft några grophus? En sak min genomgång har visat är att det i alla fall inte har att göra med huruvida undergrunden är sandig eller lerig, eftersom grophus bevisligen förekommit på olika jordarter under alla tidsperioder.

Möjligen har man föredragit sandig undergrund för just de grophus som använts för textilhantverk.

Många av de järnåldersboplatser som saknar grophus kan tänkas ha hyst sådana inom de icke undersökta delarna av boplatserna. För åtminstone tre platser i västra Skåne, representerade av Påarp, Hjärup och Hilleshög är frånvaron av grophus dock mer påtaglig; det rör sig i samtliga fall om välundersökta platser med stora avbanade ytor och komplett dokumenterade gårdar (se Carlie & Artursson i del II).

Dessa platser har det gemensamt att de är stora ensamma gårdar med datering till huvudsakligen vendeltid. Platser med många grophus är istället ofta byliknande snarare än ensamgårdar, t ex Dagstorp SU21. Hjärup ligger nästgårds till Uppåkra, där det ju finns grophus, och skulle kunna ha haft någon form av samarbete eller beroendeställning. Kan även de andra gårdarna av typen Påarp och Hilleshög ha samverkat med större boplatser med grophus i grannskapet, eller har textilproduktionen på dessa platser varit inhyst i andra typer av byggnader?

Vilken roll spelar hantverket när det gäller centralplatser som Uppåkra och Vä? Säkert har där framställts hantverksprodukter såväl för bruk på platsen – både sakralt och vardagligt – som för avsalu. Har man utlokaliserat en del av dessa hantverksaktiviteter till boplatser i omgivningen? Eller är det tvärtom så att man på närliggande platser istället koncentrerat sig på att producera råvaror som använts på centralplatsen, t.ex. ull att väva av och mat till den icke lantbrukande befolkningen? Hur kan förekomst/avsaknad av grophus på olika platser visa på husbehovshantverk kontra specialisering? Jag tror att det har funnits ett komplext system där centra av olika dignitet kan ha organiserat hantverksproduktionen på olika sätt. För vissa hantverk, t.ex. bronsgjutning, får man också ta med i beräkningen att de specialiserade hantverkarna kan ha fört en delvis ambulerande tillvaro.

Noter

1) Jag vill dock nämna Lars Jönssons arbete om senvikingatida/tidigmedeltida grophus, som kom till min kännedom efter att detta avsnitt av artikeln skrivits, och där grophus från flera platser diskuteras även om de från Oxie står i fokus (Jönsson & Brorsson 2003).
2) Materialinsamlingen skedde huvudsakligen fram till 2002. Bland platser som av olika skäl inte har kunnas tas med i undersökningen märks Uppåkra, Österleden/Borgeby, Oxie, Gårdstånga samt flera undersökningar i Löddeköpinge.
3) Av de 54 grophusen är 38 redovisade på ett sådant sätt att de går att använda i analysen, medan 16 fått utgå av olika skäl.
4) Platser med grophus daterade till vendeltid och vikingtid utgörs av Ö. Torp (Stjernquist 1988), L:a Isie (Jeppsson 1985), Maglaby (Ericson 2002), Fjelie 19:6 m.fl. (Räf 1996), Stävie 4:1 (Nagmér 1996a), Karaby 3:1, 4:1 (Jeppsson 1996a), N Möinge 24:1 (Jeppsson 1996c), Fosie IV boplats IV (Björhem & Säfvestad 1993), Karstorp (Ambrosiani & Magnusson 1972), Håkantorp (Esping Bodén 1984), S Vram (Ericson Borggren 1997), Ättekulla (Esping Bodén 1978), Haglekulla (Isendahl 1996, 1997), Saxtorp 12:8 (Nagmér 1987), Borgeby 23:1 (Söderberg 1993a), Oxie (Wihlborg 1976), Mossby 10:4A (Larsson & Olausson 1986), Mossby 27:1 (Larsson & Olausson 1986, Hansson 1993), Brågarp (Pettersson 1996b), Trolleberg (Nagmér 1990) samt Norra Lindholmen (Jacobsson 1978b).
5) Matjordsarkeologi som kan knyta hantverksindikerande fynd till specifika konstruktioner, letande efter vävstolsstolphål i långhus, aktivt sökande efter hantverksindikationer i olika typer av anläggningar, o.s.v.

Summary
Pit-houses and crafts

Pit-houses are a type of feature that has been the object of much discussion during the past half-century. Among the finds in pit-houses, objects relating to crafts, especially textile production, are common. The question is, what can the pit-houses tell us about crafts, and what can crafts tell us about pit-houses? In what ways do the construction and the function of the pit-houses vary? What traces of crafts are found in the pit-houses? What differences and similarities occur between different places and over time?

This article deals with the pit-houses from the West Coast Line Project and a selection of other West Scanian pit-houses, a total of 201 features dating from the Bronze Age through the Iron Age and into early medieval times.

For each pit-house I have noted the size, details of construction, finds, and dating, as well as facts about the settlement to which the pit-house belonged. These are some of the results of the analysis:

- Three types of pit-houses could be distinguished: "traditional", "Slavic", and "working-pit-house". A number of pit-houses did not fit into any of these groups.
- While "traditional" pit-houses become common during the course of the Iron Age, they existed already during the Bronze Age. The "Slavic" pit-houses seem to be confined to the Late Viking Age and Early Middle Ages, and their absence from my material indicates that it is correct to assume that they occur only in special places, including royal properties (Söderberg 2000, p. 76).
- The notion about pit-houses being built only on sandy/gravelly soil is a myth.
- The earlier pit-houses often contain finds to do with metalworking or food preparation rather than textile crafts. "Traditional" pit-houses have been interpreted as weaving houses, although finds that confirm this do not occur in the pit-houses until the Late Roman Iron Age.

In my opinion, the type/construction of the pit-houses depends on their function. The focus on different kinds of functions varied over time. I see pit-houses as a group of features that started out as highly specialized for a certain type of craft, in earlier periods often as "working-pit-houses" for metal craft. Later on, during the Vendel Period and Viking Age, they were considered useful for a variety of crafts, used as multifunctional workrooms in which several persons did weaving, spinning, or worked at other crafts at the same time. Among the questions that remain to be dealt with is how the presence/absence of pit-houses in different settlements indicates crafts for household requirements or specialization.

Tabell 1. Grophus av "traditionell" typ, ordnade från norr till sydost längs Västkustbanan.

Plats	Anläggning	Beskrivande text	Referens
Hilleshög 6:5 och 16:7 (VKB 3:7), Härslövs socken	A8791	En 4,8x4,2 m stor, rundad nedgrävning med takbärande gavelstolpar, ett tiotal mindre stolphål, en ränna samt märken efter flätverk, möjligen från en vägg. Golvet var tämligen plant men inget tydligt golvlager kunde iakttagas. Anläggningen har ^{14}C-daterats till förromersk järnålder.	Strömberg & Thörn Pihl 2000
Rya (VVP 6Ö), Kvistofta socken	A31747 (hus 16)	En 3,5 m stor något oregelbundet rund nedgrävning med flat botten och ett eventuellt ingångsparti i sydöst. I gropen fanns tre stolphål medan de takbärande gavelstolphålen var placerade utanför nedgrävningskanten. Anläggningen dateras till yngre järnålder utifrån keramikmaterialet.	Artursson 1998
Kvärlöv 8:5 (SU 11), Annelövs socken	Hus 6	Undersöktes vid förundersökningen. En ca 3,7 m stor nedgrävning med ett gavelstolphål, två ytterligare stolphål och ett tydligt golvlager. Huset har ^{14}C-daterats till vendeltid. Ericson 1999a	Ericson Borggren & Becker 1997,
	Hus 8	En 2,4x2,2 m stor rundad grop med två gavelstolphål och ett pinnhål. Huset hade ett golvlager med obrända vävtyngder *in situ*. Anläggningen dateras till vendeltid i analogi med övriga grophus på platsen.	
	Hus 11	En 2,4 m stor rund nedgrävning med ett stort antal stolp- och pinnhål varav gavel- och mittstolphål. Huset hade ett golvlager med obrända vävtyngder *in situ* och två sländtrissor. Huset har ^{14}C-daterats till folkvandringstid/vendeltid.	
Annelöv 38:1 (SU 14V), Annelövs socken	Grophus 16	En 0,3 m stor rundad nedgrävning med ett flertal stolphål varav gavel- och mittstolphål. Huset har ett golvlager, samt tre grunda rännor i golvet, varav två innehöll obrända vävtyngder. Anläggningen har ^{14}C-daterats till vendeltid/vikingatid.	Ericson 1999b
V Karaby 28:5, Dagstorp 17:12 (SU V Karaby socken	Struktur 21	En 3,8x2,3 m stor nedgrävning, med ett stolphål i västra gaveln och ett mittstolphål. I fyllningen fanns keramik från yngre romersk järnålder/folkvandringstid.	Andersson, Grønnegaard & 19), Svensson 1999
	Struktur 18	en 2,6x2,0 m med gavelstolphål och två väggstolphål. På golvet fanns vävtyngder och en sländtrissa. Anläggningen har ^{14}C-daterats till äldre romersk järnålder, men bedöms ingå ett gårdskomplex från yngre romersk järnålder/folkvandringstid.	
	Struktur 25	En 3,1x2,6 m stor nedgrävning med gavelstolphål. Inget golvlager fanns på botten, men en tydlig golvnivå kom halvvägs upp i fyllningen. I västra delen fanns ett eldpåverkat sandlager, tolkat som eldstad. Grophuset innehöll bl a vävtyngder. Anläggningen bedöms ingå ett gårdskomplex från yngre romersk järnålder/folkvandringstid.	
Dagstorp 1:2-3, 5:31 (SU 21), Dagstorps socken	A908	Undersöktes vid förundersökningen. Resterna av en ca 2,2x1,9 m stor rundad nedgrävning med tre stolphål. Anläggningen förmodades ha haft gavelstolphål. Den daterades till yngre järnålder utifrån omgivande kontexter.	Knarrström & Lagergren-Olsson 1998, Becker 1999
	Hus 640	En ca 2,6 m stor rundad nedgrävning, av vilken ca halva låg inom schaktet. Grophuset hade ett golvlager och ett gavelstolphål. Bland fynden fanns slagg. Anläggningen har daterats till vendeltid i analogi med det intilliggande A20815.	
	Hus 9996	En 2,6x2,1 m stor rundad nedgrävning med gavelstolphål och två mittstolphål. Bottnen var plan men golvlager saknades. Bland fynden fanns bl a ett degelfragment. Anläggningen dateras utifrån omgivande kontexter till vendeltid/vikingatid.	
	Hus 10559	En 3,6x3,0 m stor rektangulär nedgrävning med rundade hörn. I ena gaveln fanns ett stolphål, i den andra ett snett stolphål efter en snedsträva. I S delen fanns stolphål som kan tolkas tillhöra en ingång. I husets västra del fanns en utrasad sittbänk med spår efter plankstöd. På golvet fanns obrända vävtyngder och under golvet en grop med ämnen till vävtyngder. Bland fynden fanns en skärva frisisk importkeramik. Anläggningen har ^{14}C-daterats till vendeltid.	
	Hus 10810	En 3,0x2,4 m stor rektangulär nedgrävning med rundade hörn, gavelstolphål, två golvlager, en härd och en grund ränna. Bland fynden fanns vävtyngder. Anläggningen har daterats till vendeltid/vikingatid, troligen utifrån omgivande kontexter.	
	Hus 23000	En 2,0x1,7 m stor rundad nedgrävning med gavelstolphål. Endast golvlagret återstod efter schaktning. Bland fynden fanns slagg och en sländtrissa. Anläggningen har daterats till vendeltid/vikingatid, troligen utifrån omgivande kontexter.	

Hus 73348	En 2,4 m stor närmast kvadratisk nedgrävning med gavelstolphål och en tydlig golvnivå, på vilken låg en härdrest. Centralt i grophuset fanns en förrådsgrop som var grävd genom golvlagret. Anläggningen har daterats till vendeltid/vikingatid, troligen utifrån omgivande kontexter.
Hus 80172	En ca 4,0 m stor tämligen rektangulär nedgrävning, störd av flera recenta nedgrävningar. Ett gavelstolphål kunde urskiljas, liksom ett golvlager. Bland fynden fanns en vävtyngd och underliggaren till en vridkvarn. Anläggningen har daterats till vendeltid/vikingatid, troligen utifrån omgivande kontexter.
Hus 20815 (se fig. 5)	En 2,2x2,1 m stor rundad nedgrävning med gavelstolphål och två golvlager. I vardera golvlagret fanns en mindre härd. På det ena lagret fanns obrända vävtyngder och ett pinnhål som tolkats vara till en vävstol. Anläggningen har ^{14}C-daterats till sen vendeltid men fynd och stratigrafi talar delvis emot detta.

Tabell 2. Grophus/arbetsgropar, ordnade från norr till sydost längs med Västkustbanan.

Plats	Anläggning	Beskrivande text	Referens
Ramlösa 9:6 (1A:7), Helsingborgs stad	A21375	En ca 2,5 m stor rundad grop, som bedömdes vara en "aktivitetsgrop". I den södra delen av gropen låg en härd. Anläggningen saknade spår av någon överbyggnad, men tas ändå med i materialet som exempel på en grophusliknande anläggning. Den dateras utifrån fynden till yngre järnålder/vikingatid.	Omfors & Streiffert 1999
	A38429	En ca 3,5 m stor, något oregelbundet rundad nedgrävning med ett tiotal stolphål innanför och utanför nedgrävningskanten och ett eventuellt golvlager. I huset fanns tre större stenar varav en underliggare. Grophuset dateras preliminärt till senneolitikum snarare än bronsålder, men kan antas höra till samma tradition som de stora delvis stenfyllda bronsåldersgrophusen.	
Övre Glumslöv (VVP 3), Glumslövs socken	A18398	En 2,3 m stor rundad grop med flat botten. Varken stolphål eller golvlager kunde iakttagas. Gropen var delvis stensatt med knytnävsstora stenar. Anläggningen har utifrån keramik och stratigrafi daterats till äldre järnålder.	Schmidt Sabo 1999
Tågerup 1:1, 1:3 8), Saxtorp socken	Hus 5	En rundad, ca 3,8x3,3 m stor grop med ett flertal stolp- och pinnhål, vilka tolkades ha burit upp dels ett sadeltak, dels väggar ovan mark. Gropen var tvådelad med ett djupare parti i öster och ett grundare i väster. I fyllningen påträffades bl a slagg. Anläggningen har ^{14}C-daterats till yngre romersk järnålder/folkvandringstid.	Artursson 1999(SU
	Hus 6 (se fig. 6)	En rundad ca 2,9x2,7 m stor grop med ett flertal stolp- och pinnhål. Gropen var helt flatbottnad men tycks i övrigt ha haft en konstruktion liknande hus 5. I anläggningen påträffades två golvnivåer/arbetsytor med sot, skörbränd sten, slaggskållor m m. Anläggningen har ^{14}C-daterats till yngre romersk järnålder/folkvandringstid.	
	Hus 7	En rundad ca 3,0x2,8 m stor grop med ett flertal stolphål (tolkning se hus 5). Bland fynden fanns slagg. Anläggningen har ^{14}C-daterats till yngre romersk järnålder/folkvandringstid.	
	Hus 8	En något oregelbunden ca 3,8x3,5 m stor grop, omgiven av ett flertal stolphål utom i väster där det istället fanns ett ingångsparti. Stolphålen tolkas tillhöra en sadeltakskonstruktion samt väggar ovan mark. Bland fynden fanns slagg. Anläggningen har daterats till yngre romersk järnålder/folkvandringstid i analogi med hus 5, 6 och 7.	
	Hus 20	En rundad ca 4,6x4,2 m stor grop med ett flertal stolp- och pinnhål (tolkning se hus 5). Bottnen var flat, med en grundare utskjutande del i norr, troligen en ingång. Två golvlager/arbetsytor påträffades, varav ett med sot och träkol. Över det övre golvlagret fanns en packning av skörbränd sten. Bland fynden fanns bl a två obrända vävtyngder och slagg. Anläggningen har ^{14}C-daterats till yngre romersk järnålder/folkvandringstid.	

Tabell 3. Grophus av övrig typ, ordnade från norr till sydost längs med Västkustbanan.

Plats	Anläggning	Beskrivande text	Referens
Rya 9:1 (VKB 2:5), Kvistofta socken	A6469	En ca 3,7 m stor, kvadratisk nedgrävning med rundade hörn och ett mittstolphål, två pinnhål och en grop. Inget golvlager kunde utskiljas. Anläggningen har ^{14}C-daterats till yngre bronsålder.	Ericson Lagerås 1999
Säby bytomt, Säby socken	A1102	Vid förundersökningen delundersöktes ett ca 3 m stort grophus, tentativt tolkat som varandes av slaviskt typ eftersom det var kantigt snarare än rundat till formen. Detta grophus är dock inte med i underlagsmaterialet för denna artikel, då för få fakta om konstruktion, fynd och datering föreligger. Det nämns här som det enda exemplet på ett "slaviskt" grophus från Västkustbanan.	Thomasson & Andersson 1996
Kvärlöv 8:5 (SU 11), Annelövs socken	Hus 7	Undersöktes vid förundersökningen. En ca 3,7 m stor nedgrävning med två troliga väggstolphål och ett golvlager. Huset har ^{14}C-daterats till vendeltid.	Ericson Borggren & Becker 1997
Annelöv 38:1 (SU 14V), Annelövs socken	Grophus 11	En 2,0x1,9 m stor grop med plan botten och omgiven av stolphål. Stolparna har lutat in mot gropen och stolphålen tolkas därför ingå i en takbärande konstruktion. Bland fynden fanns en vävtyngd. Anläggningen förs till boplatsens folkvandringstida/vendeltida fas.	Ericson 1999b
Dagstorp 17:10, 17:12 (SU 20Ö), Dagstorps socken	Kontext 2 (se fig. 7)	En 2,4x2,2 m stor nedgrävning med ett antal stolphål längs kanten och ett sotigt golvlager. I fyllningen fanns bl a vävtyngdsfragment och slagg. Anläggningen har daterats till sen vendeltid/vikingatid.	Grønnegaard 1999
Dagstorp 1:2-3, 5:31 (SU 21), Dagstorps socken	Hus(?) 56907	En 2,7x1,9 m stor oval nedgrävning utan stolphål eller golvlager men med plan botten. Bland fynden fanns slagg och ett vävtyngdsfragment. Anläggningen tolkas som antingen förvaringsgrop eller grophus. Den har daterats till vendeltid/vikingatid, troligen utifrån omgivande kontexter.	Becker 1999
	Hus 12730	En 2,9x2,6 m stor rundad nedgrävning utan stolphål men med golvlager. Eventuellt har den takbärande konstruktionen vilat på flata stenar. Bland fynden fanns en gjuttapp i kopparlegering, troligen dock från fyllnadslagret. Anläggningen har daterats till vendeltid/vikingatid, troligen utifrån omgivande kontexter.	
	Hus 114988	En 3,4x2,4 m stor närmast rektangulär nedgrävning med sittbänkar och en ingång med dörrposter. En flat sten kan ha utgjort stöd för en gavelstolpe. Huset har haft minst fyra olika golvnivåer, skilda åt av flygsandslager. Bland fynden fanns bl a frisisk importkeramik, nålar och en obränd vävtyngd. Anläggningen dateras utifrån fynden till 600-800-tal.	
	Hus 23924	En ca 3,0x2,5 m stor rundad nedgrävning som endast delvis undersöktes. Huset innehöll minst två tydliga golvnivåer. Anläggningen har daterats till vendeltid/vikingatid utifrån omgivande kontexter.	

Referenser

Ambrosiani, B. & Magnusson, G. 1972. Arkeologisk undersökning 1968–1969. Karstorp, Lomma köping, Skåne. *Riksantikvarieämbetet Rapport* 1972 Serie B9.

Andersson, E. 1989. *Grophus som vävstugor?* Seminarieuppsats, Lunds Universitet.

Andersson, E. 1996. *Textilproduktion i arkeologisk kontext. En metodstudie av yngre järnåldersboplatser i Skåne.* University of Lund, Institute of Archaeology, Report Series No. 58.

Andersson, E. 1999. *The Common Thread. Textile Production during the Late Iron Age – Viking Age.* University of Lund, Institute of Archaeology, Report Series No. 67. Lund.

Artursson, M. red. 1998. Rya – en medeltida bytomt och en förhistorisk boplats. Arkeologisk slutundersökning. Skåne, Kvistofta sn, RAÄ 92. *Riksantikvarieämbetet UV Syd Rapport* 1998:21.

Artursson, M. 1999. Arkeologisk undersökning. Saxtorp. Boplatslämningar från tidigneolitikum-mellanneolitikum och romersk järnålder-folkvandringstid. Skåne, Saxtorp sn, Tågerup 1:1 och 1:3. Västkustbanan SU8, RAÄ 26. *Riksantikvarieämbetet UV Syd Rapport* 1999:79.

Becker, N. 1999. Arkeologisk undersökning. De vendeltida gårdslämningarna i Dagstorp. Skåne, Dagstorps socken, Dagstorp 1:2-3, 5:31, Västkustbanan SU 21. *Riksantikvarieämbetet UV Syd Rapport* 1999:62.

Bergenstråhle, I. 2000. Lilla Slågarps och Västra Alstads socknar, Klörup 10:16 och Sjörup 5:13, RAÄ 62 och 57 (slutundersökning). I: Torstensdotter Åhlin, I. & Bergenstråhle, I. Äldre järnålder på Klörups backar. Arkeologisk utredning och slutundersökning. *Riksantikvarieämbetet UV Syd Rapport* 2000:74.

Bergenstråhle, I. & Stilborg, O. 2002. Klörup. Romartida bägare och bostäder. I: Carlie, A. red. *Skånska regioner. Tusen år av kultur och samhälle i förändring.* Riksantikvarieämbetet Arkeologiska undersökningar Skrifter No 40, s. 554–595.

Björhem, N. & Säfvestad, U. 1993. *Fosie IV. Bebyggelsen under brons- och järnålder.* Malmöfynd 6. Malmö.

Callmer, J. 1991. Platser med anknytning till handel och hantverk i yngre järnålder. Exempel från södra Sverige. I: Mortensen, P & Rasmussen, B.M. (red.) *Høvdingesamfund og kongemakt. Fra Stamme til Stat II.* Århus, s. 29–27.

Callmer, J. 1995. Hantverksproduktion, samhällsförändringar och bebyggelse. Iakttagelser från östra Sydskandinavien ca. 600–1100 e.Kr. I: Resi, G. H. red. *Produksjon og samfunn. Beretning fra 2. nordiske jernaldersymposium på Granavolden 7.–10. mai 1992.* Varia 30, Universitetets Oldsaksamling. Oslo, s. 39–72.

Ericson, T. 1999a. Arkeologisk undersökning. Järnåldersbebyggelse vid Kvärlöv. Skåne, Saxtorp sn, Kvärlöv 8:5, VKB SU 11, RAÄ 9. *Riksantikvarieämbetet UV Syd Rapport* 1999:99.

Ericson, T. 1999b. Arkeologisk undersökning. Järnåldersbebyggelse vid Annelöv. Skåne, Annelövs sn, Annelöv 38:1, VKB SU 14:V. *Riksantikvarieämbetet UV Syd Rapport* 1999:107.

Ericson, T. 2002. Arkeologisk för- och slutundersökning. Boplatslämningar från äldre och yngre järnålder. Skåne, Kvidinge socken, RAÄ 132, Maglaby 22:7. *Riksantikvarieämbetet UV Syd Rapport* 2002:12.

Ericson Borggren, T. 1993. Rapport, Arkeologisk undersökning 1989–91, Åhus 42:84 m fl, Åhus sn, Fornlämning 35, Skåne. *Kristianstads läns museum rapport* 1993:12.

Ericson Borggren, T. 1997. Arkeologisk utredning. Skåne, Norra Vrams och Södra Vrams socknar, ny sträcknig av väg 1244. 1995. *Riksantikvarieämbetet UV Syd Rapport* 1995:25.

Ericson Borggren, T. & Becker, N. 1997. Plats 7B:1 - boplats från järnålder och boplatslämningar från trattbägarkultur. I: Karsten, P. & Svensson, M. red. Skåne, Malmöhus län, Järnvägen Västkustbanan avsnittet Landskrona–Kävlinge, volym 2, 1996–1997. *Riksantikvarieämbetet UV Syd Rapport* 1997:83.

Ericson Lagerås, K. 1999. En gravgrupp från yngre bronsålder och boplatser från yngre bronsålder och yngre järnålder vid Rya. Arkeologisk slutundersökning Västkustbanan 2:5. *Riksantikvarieämbetet UV Syd Rapport* 1999:3.

Esping Bodén, A. 1978. Boplatslämningar från järnålder. Ättekulla gård, Raus sn, Skåne. *RAÄ SHMM Rapport Uppdragsverksamheten* 1978:5.

Esping Bodén, A. 1984. Förhistoriska boplatslämningar i Västra Karaby. Fornlämning 31. Håkantorp, Västra Karaby socken, Skåne. Arkeologisk undersökning 1976–78. *RAÄ SHMM Rapport UV* 1984:31.

Grønnegaard, T. 1999a. Landsby i folkevandringstid. I: Andersson, M., Grønnegaard, T. J. & Svensson, M. Arkeologisk undersökning. Mellanneolitisk palissad och folkvandringstida boplats. Skåne, Västra Karaby sn, Västra Karaby 28:5, Dagstorp 17:12, VKB SU 19. *Riksantikvarieämbetet UV Syd Rapport* 1999:101, s. 25–40.

Grønnegaard, T. 1999b. Arkeologisk undersökning. Yngre jernalders enkeltgård og fossilt åløb. Skåne, Dagstorp sn, Dagstorp 17:10 och 17:12, VKB SU20. *Riksantikvarieämbetet UV Syd Rapport* 1999:100.

Hansson, M. 1993. Abbekås golfbana. Arkeologisk förundersökning och antikvarisk kontroll 1987–88. Arkeologisk förundersökning 1988. Arkeologisk utredning 1991. RAÄ 77, 88, 90, 91, 92, 93, 106, 107, 121 (Skivarps sn) RAÄ 17, 34, 52 (V. Nöbbelöv sn). *Riksantikvarieämbetet UV Syd ATA Rapport* dnr 1573/88, 1575/88, 4145/88 och 7684/90.

Isendahl, C. 1996. Ett vendeltida gårdskomplex i nordvästra Skåne. Skåne, Östra Ljungby socken, Haglekulla 1:1. 1995. Arkeologisk slutundersökning. *Riksantikvarieämbetet UV Syd Rapport* 1996:59.

Isendahl, C. 1997. Förhistorisk järnhantering i nordvästra Skåne. En studie med utgångspunkt från den vendeltida boplatsen i Haglekulla. I: Karsten, P. red. *Carpe Scaniam. Axplock ur Skånes förflutna.* Riksantikvarieämbetet

Arkeologiska Undersökningar Skrifter nr 22. Lund, s. 113–148.
Jacobsson, B. 1978a. Boplatslämningar, järnålder. Kvärlöv, Saxtorps sn, Skåne. Arkeologisk undersökning 1975. *RAÄ SHMM Rapport Uppdragsverksamheten* 1978:7.
Jacobsson, B. 1978b. Boplatslämningar mesolitikum, vendeltid–vikingatid. Lindholmen 1:15, Svedala, Skåne. Arkeologisk undersökning 1975. *RAÄ SHMM Rapport Uppdragsverksamheten* 1978:9.
Jeppsson, A. 1995. Skåne, Lilla Isie och Östra Torps socknar. VA-ledning Smygehamn–Simmermarken. RAÄ 21, Lilla Isie sn, RAÄ 24 och RAÄ 26, Östra Torps sn. *Riksantikvarieämbetet UV Syd Rapport* 1995:22.
Jeppsson, A. 1996a. Boplats och gravar. Karaby 3:1, 4:1, V Karaby socken, RAÄ 39. Stamledning P36. I: Räf, E. red. 1996. Skåne på längden. Sydgasundersökningarna 1983–1985. *Riksantikvarieämbetet UV Syd Rapport* 1996:58, s. 117–166.
Jeppsson, A. 1996b. Boplats. Hänkelstorp 3:3, Ålstorp 5:2. V Karaby socken, RAÄ 17. Stamledning P38. I: Räf, E. red. 1996. Skåne på längden. Sydgasundersökningarna 1983–1985. *Riksantikvarieämbetet UV Syd Rapport* 1996:58, s. 167–174.
Jeppsson, A. 1996c. Boplats. Norra Möinge 24:1, Asmundtorps socken, RAÄ 21. Stamledning P48. I: Räf, E. red. 1996. Skåne på längden. Sydgasundersökningarna 1983–1985. *Riksantikvarieämbetet UV Syd Rapport* 1996:58, s. 185–200.
Jeppsson, A. 1996d. Boplats. Skabersjö 26:12, 26:14, Skabersjö socken, RAÄ 28, 33. Grenledning Trelleborg P4. I: Räf, E. red. 1996. Skåne på längden. Sydgasundersökningarna 1983–1985. *Riksantikvarieämbetet UV Syd Rapport* 1996:58, s. 251–266.
Jeppsson, A. 1996e. Boplats. Tostarp 1:4 m. fl., St. Harrie socken, RAÄ 38. Grenledning Eslöv P7. I: Räf, E. red. 1996. Skåne på längden. Sydgasundersökningarna 1983–1985. *Riksantikvarieämbetet UV Syd Rapport* 1996:58, s. 297–307.
Johansson, N. 1999. Undersökningen i Övre Glumslöv – det förhistoriska skedet. I: Schmidt Sabo, K. red. Arkeologisk undersökning. Gårdar i Övre Glumslöv - från stenålder till nyare tid. Skåne, Glumslöv socken, Övre Glumslöv. *Riksantikvarieämbetet UV Syd Rapport* 1999:102, s. 15–28.
Jönsson, L. & Brorsson, T. 2003. Oxie i sydvästra Skåne. En plats medcentrala funktioner. I: Anglert, M. & Thomasson, J. red. *Landskapsarkeologi och tidig medeltid*. Uppåkrastudier 8. Acta Archaeologica Lundensia. Series in 8°, N° 41, s. 145–224.
Knarrström, B. & Lagergren-Olsson, A. 1998. Plats 9:1, 9:2 och väg 1177 – boplatskomplex från trattbägarkultur och yngre järnålder. I: Karsten, P. & Svensson, M. red. Skåne, Malmöhus län, Järnvägen Västkustbanan avsnittet Landskrona–Kävlinge, volym 2, 1996–1997. *Riksantikvarieämbetet UV Syd Rapport* 1997:83.

Kriig, S. & Thomasson, J. red. 1999. Vikingatida och medeltida gårdslämningar i Säby. En arkeologisk slutundersökning inför byggandet av Västkustbanan. *Riksantikvarieämbetet UV Syd Rapport* 1999:4.
Larsson, M. & Olausson, D. 1986. Bönder och handelsmän under vikingatiden vid Mossby i sydligaste Skåne. I: *Ystadiana XXXI*, s. 79–104.
Leineweber, R. 1998. Haus- und Siedlungsbefunde der römischen Kaiserzeit in der Altmark. I: Leube, A. red. *Haus und Hof im östlichen Germanien*. Universitätsforschungen zur Prähistorischen Archäologie. Band 50, Bonn, s. 85–92.
Leube, A. 1998 red. *Haus und Hof im östlichen Germanien*. Universitätsforschungen zur Prähistorischen Archäologie. Band 50. Bonn.
Nagmér, R:B: 1987. Saxtorp 12:8, Saxtorp sn, Skåne, 1983. RAÄ 11. *Riksantikvarieämbetet UV Syd ATA Rapport* dnr 1163/83.
Nagmér, R.B. 1990. Undersökning av boplatslämningar och flatmarksgravfält. Flackarp 13:1A och Trolleberg 1:1A, Flackarp sn, Skåne. *Riksantikvarieämbetet UV Syd ATA Rapport* dnr 3740/87.
Nagmér, R.B. 1994. Skåne, RAÄ 46 i Bårslövs socken och RAÄ 40 i Välluvs socken. 1991. Arkeologisk slutundersökning. *Riksantikvarieämbetet UV Syd Rapport* 1994:14.
Nagmér, R.B. 1996a. Boplats och grav. Stävie 4:1, Stävie socken, RAÄ 5. Stamledning P30. I: Räf, E. red. 1996. Skåne på längden. Sydgasundersökningarna 1983–1985. *Riksantikvarieämbetet UV Syd Rapport* 1996:58, s. 101–106.
Nagmér, R.B. 1996b. Boplats. Karaby 12:1, V. Karaby socken. RAÄ 38. Stamledning P34. I: Räf, E. red. 1996. Skåne på längden. Sydgasundersökningarna 1983–1985. *Riksantikvarieämbetet UV Syd Rapport* 1996:58, s. 113–115.
Nagy, B. 1972. Boplatslämningar vikingatid–tidig medeltid. Hög, Högs sn, Skåne. *RAÄ SHMM Rapport UV* 1976 B 31.
Ohlsson, T. 1976. The Löddeköpinge Investigation I. The settlement at Vikhögsvägen. *Meddelanden från Lunds universitets historiska museum* 1975–76, s. 59–161.
Omfors, T. & Streiffert, J. 1999. Boplatslämningar vid Rååns dalgång. Skåne, Helsingborgs stad, Ramlösa 9:6, VKB 1A:7. *Riksantikvarieämbetet UV Syd Rapport* 1999:14.
Pettersson, C. 1996a. Medeltida bytomt. Önnerup 4:3, Fjelie socken. Stamledning Fjelie P20. Grenledning Nöbbelöv P1. RAÄ 12. I: Räf, E. red. 1996. Skåne på längden. Sydgasundersökningarna 1983–1985. *Riksantikvarieämbetet UV Syd Rapport* 1996:58, s. 25–53.
Pettersson, C. 1996b. En boplats från yngre bronsålder – en gård från vendel/vikingatid. Skåne, Brågarps sn, Brågarp 1:16, RAÄ 15. 1990. Arkeologisk utredning och slutundersökning. *Riksantikvarieämbetet UV Syd Rapport* 1996:71.
Pettersson, C. 2000. I skuggan av Karaby backar. Boplatslämningar från senneolitikum till folkvandringstid. Arkeologisk för- och slutundersökning 1990–1991. Skåne, Västra

Karaby sn, RAÄ 35, Västra Karaby 2:21. *Riksantikvarieämbetet UV Syd Rapport* 2000:103.
Räf, E. 1996. Boplatser. Fjelie 19:3–19:6, 20:1, Fjelie socken. RAÄ 13. Stamledning P21. I: Räf, E. red. 1996. Skåne på längden. Sydgasundersökningarna 1983–1985. *Riksantikvarieämbetet UV Syd Rapport* 1996:58, s. 55–77.
Schmidt Sabo, K. red. 1998. Kyrkheddinge bytomt. Arkeologisk undersökning 1995. *Riksantikvarieämbetet UV Syd Rapport* 1998:5.
Schultz, C.G. 1949. Aggersborg, vikingelejren ved Limfjorden. *Fra Nationalmuseets Arbejdsmark 1949*, s. 91–108.
Stjernquist, B. 1988. On the Iron Age Settlement at Östra Torp and the Pattern of Settlement in Skåne during the Iron Age. *Meddelanden från Lunds universitets historiska museum 1987-1988*. New Series Vol. 7, s. 125–141.
Stjernquist, B. 1993. Gårdlösa. An iron age community in its natural and social setting. III – chronological, economic, and social analyses. *Skrifter utgivna av Kungl. Humanistiska Vetenskapssamfundet i Lund* LXXXI.
Strömberg, B. & Thörn Pihl, A. 2000. Arkeologisk undersökning. Järnåldersbosättningar i ett bronsålderslandskap. Skåne, Härslövs socken, Hilleshög 6:5 och 16:7, Västkustbanan 3:6 och 3:7. *Riksantikvarieämbetet UV Syd Rapport* 2000:53.
Strömberg, M. 1978. En kustby i Ystad – före stadens tillkomst. *Ystadiana 1978*, s. 7–101.
Säfvestad, U. 1995. Husforskning i Sverige 1950–1994. I: Göthberg, H., Kyhlberg, O. & Vinberg, A., red. *Hus och gård i det förurbana samhället. Rapport från ett sektorsforskningsprojekt. Artiklar.* Riksantikvarieämbetet, Arkeologiska undersökningar. Skrifter nr 14. Stockholm, s. 11–22.
Svanberg, F. 2000. Vad fynden kan berätta. I: Svanberg, F. & Söderberg, B. *Porten till Skåne. Löddeköpinge under järnålder och medeltid.* Riksantikvarieämbetet, Avdelningen för arkeologiska undersökningar. Skrifter No 32, s. 83–157.
Svanberg, F. & Söderberg, B. 2000. *Porten till Skåne. Löddeköpinge under järnålder och medeltid.* Riksantikvarieämbetet, Avdelningen för arkeologiska undersökningar. Skrifter No 32.
Söderberg, B. 1993a. Skåne, Borgeby socken, Borgeby 23:1, Löddeköpinge socken, RAÄ 69. Arkeologisk förundersökning utmed väg 1136. *Riksantikvarieämbetet UV Syd. ATA Rapport* dnr 258/93.
Söderberg, B. 1993b. Skåne, Vellinge socken, Kv. Skolan, RAÄ 17. 1990. Arkeologisk för- och slutundersökning inom bytomt. *Riksantikvarieämbetet UV Syd. ATA Rapport* dnr 4576/90.
Söderberg, B. 1995. Gårdstånga. Boplats och bebyggelselämningar från stenålder till nyare tid. *Riksantikvarieämbetet UV Syd Rapport* 1995:7.
Söderberg, B. 1997. Boplatser från förromersk järnålder till vendeltid. Torpartomter och gränsdiken från nyare tid. RAÄ 35:2, 85 A och B samt 86 i Skabersjö socken, Skabersjö 26:1 och 26:2. 1994. Arkeologisk undersökning. *Riksantikvarieämbetet UV Syd Rapport* 1997:2.
Söderberg, B. 2000. Vikingatidens boplatser i Löddeköpingeområdet. I: Svanberg, F. & Söderberg, B. *Porten till Skåne. Löddeköpinge under järnålder och medeltid.* Riksantikvarieämbetet, Avdelningen för arkeologiska undersökningar. Skrifter No 32, s. 52–82.
Thomasson, J. & Andersson, A. 1996. Säby RAÄ 5 – medeltida bytomt. I: Karsten, P. & Svensson, M. red. Arkeologisk förundersökning. Skåne, Malmöhuslän, Järnvägen Västkustbanan, delen Helsingborg-Kävlinge. Avsnittet Helsingborg-Landskrona (block 1-2). Arkeologiska undersökningar. *Riksantikvarieämbetet UV Syd Rapport* 1996:48. Lund. s. 33–48.
Torstensdotter Åhlin, I. 1990. Rapport. Hilleshög 1:3, 8:3, 4:7, Härslöv 28:1, 15:15, 18:1, Härslövs sn, Skåne. 1986. *Riksantikvarieämbetet UV Syd. ATA Rapport* dnr 1469/86.
Ulriksen, J. 1998. *Anløbspladser. Besejling og bebyggelse i Danmark mellem 200 og 1100 e.Kr.* Vikingeskibshallen i Roskilde.
Wihlborg, A. 1976. Boplatslämningar, yngre bronsålder–äldre järnålder, vikingatid, Oxie, Oxie sn, Skåne. *Riksantikvarieämbetet UV Rapport* 1976 B36.
Zimmermann, W.H., 1992. Die Siedlungen des 1. bis 6, Jahrhunderts nach Christus von Flögeln-Eekhöljten, Niedersachsen: Die Bauformen und ihre Funktionen. *Probleme der Küstenforschung im südlichen Nordseegebiet.* Band 19. Hildesheim.

Näring från havet

Fisk till nytta, bot och flärd. Levertran – alla barns fasa, men den räddade många från rakit. Fiskfett, inälvor och skinn tillreddes som medicin mot sjukdomar som bukrev, hjärtsprång, sömnlöshet och gikt. Sillmjölke var verksamt mot såväl liktornar som vägglöss. Ruttnade laxtarmar blev till skokräm, hälleflundrans mage en påse att förvara ull i och havsmusens ryggrad till fiskarens pipskaft. Väder spåddes genom tärningskast med torskens otoliter och fiskar hängande i trådar varslade om vindstyrka och vindriktning. Skinn av torsk, havskatt, lax och ål blev skor, kläder och väskor. Skinn och ben kokades till starkt lim. En essens på fjäll av löja och alkohol fick konstgjorda pärlor att glänsa och abborrfjäll broderades som paljetter på sidenband.

Annica Cardell

Inledning

I dagsläget har vi begränsad kunskap om fiskets betydelse för diet och ekonomi under järnåldern. En viktig aspekt är att försöka utröna om fiskbensfragment påträffade vid arkeologiska undersökningar speglar den verkliga konsumtionen av fisk på förhistoriska boplatser. Likaså om fiskbenen är representativa för det avfall som en gång deponerats, eller om vi får en skev bild av den forna verkligheten då bevaringsmöjligheterna utifrån individstorlek, morfologi och art varierar. Den anatomiska representativiteten i ett fiskbensmaterial kan indikera predepositionell hantering, såsom decapitering och rensning samt torkning och handel med fisk, men den kan också vara resultatet av tafonomisk förlust.

Hur påverkas sammansättningen i ett fiskbensmaterial av faktorer som födoval/selektivt fiske, kontra tafonomiska processer, utgrävningsmetodik och slumpen? Den första faktorn är naturligtvis den svåraste att ta ställning till. Här spelar ju de på platsen eller i regionen tillgängliga resurserna en stor roll för vad som fiskats. För att överhuvudtaget kunna hävda att det är fråga om en verklig preferens i valet av fiskarter måste materialet var mycket väl bevarat och omfattande, så att påverkan från övriga faktorer kan uteslutas eller anses ringa. Även slumpen spelar en stor roll, särskilt då endast delar av en boplatsyta undersöks i samband med exploateringsgrävningar. Likaså är lokaler med anknytning till förhistoriskt fiske sällan det primära målet. En verksamhet som rensning av stora mängder fisk kan antas ha utförts lite avskilt från annan verksamhet, då den sannolikt har varit förbunden med oangenäm doft. Eftersom endast delar av en boplats i regel berörs av en arkeologisk undersökning finns risken att dessa anläggningar kanske sällan eller aldrig påträffas.

Benmaterial från vissa tidsperioder är också sämre representerade än andra material. Få fiskbensmaterial är tillvaratagna från äldre delen av järnåldern, ännu färre är analyserade och publicerade. Förhållandet är bättre vad gäller material från periodens senare del, framför allt vendel- och vikingatid, och väsentligt bättre för medeltid. Utgrävningsmetodiken har förändrats under de senaste decennierna i och med att sållningstekniken utvecklats och använts i allt högre grad. Detta utesluter dock inte att det faktiskt förekommer enstaka äldre material med mycket väl tillvaratagna fiskbensmaterial. Olika fiskarter har varierande möjlighet att upptäckas utifrån skilda förutsättningar som storlek, morfologi och robusthet. Det är naturligtvis lättare att finna de större kraftiga torskbenen än minimala sillkotor, som knappast kan urskiljas i jordmassorna. Alla arkeologer kan ju inte ha ögonen inställda på just detta fenomen.

Fiskbensforskning

Det finns flera orsaker till varför rester av fisk tidigare tillmätts liten betydelse inom arkeologin. Få forskare har intresserat sig för ämnet, och välordnade och artrika referenssamlingar är sällsynta. Få institutioner har samlingar innehållande samtliga arter som kan förekomma i arkeologiska material. Föredömligt sammansatta referenssamlingar finns på Naturhistoriskt Museum i Göteborg, det s.k. Benlexikonet, som är ordnat dels anatomiskt dels taxonomiskt, liksom en taxonomisk samling på Zoologisk Museum i Köpenhamn. Vid äldre undersökningar kan fiskben ha förbisetts på grund av sin ringa storlek och skörhet. De flesta fiskben fragmenteras i högre grad än ben från däggdjur och fågel. Sannolikt är fisk underrepresenterade i äldre benmaterial, både i fråga om antal arter och element respektive individer. Användandet av förfinade utgrävningsmetoder, liksom att arkeologer uppmärksammats på fiskbenens stora potential som informationskälla, är av vital betydelse. Tack vare de mer intensiva och omfattande exploateringsundersökningar som utförts under de två senaste decennierna i Skåne, har större fiskbensmaterial tillvaratagits och också genomgått osteologisk analys.

Redan på 1930-talet analyserade Herved Berlin det djurbensmaterial som påträffades vid Vifots grävningar i Uppåkra 1934 (Berlin 1936). Endast åtta stora fiskkotor registrerades. Dessa har senare identifierats av undertecknad och visat sig härröra från meterstora torskar (Cardell 2001, s. 110). Ett hundratal fiskben påträffade i medeltida stadslager i Lund har analyserats av Harry Bergquist och Johannes Lepiksaar 1957 (Bergquist & Lepiksaar 1957). Några år senare analyserade Jan Ekman ytterligare Lundamaterial (Ekman 1973). Båda dessa material domineras av torsk. Lepiksaar utförde flera analyser på skånska djur- och fiskbensmaterial, bl. a. från Oxie, Fosie och Rinkaby (Lepiksaar 1961, 1974a,b).

Det hittills största analyserade fiskbensmaterialet påträffades vid undersökningarna av Eketorp på Öland, åren 1964–74. Benen härrör från fas II, 400-700-talen efter Kristus, respektive fas III daterad till sen vikingatid och medeltid. Totalt registrerades nästan 75 000 fragment, med en vikt av knappt tre kilo. Mer än 62 000 fiskben har identifierats till art och benslag (Hallström 1979, s. 422). Sill, torsk, flundra och gädda utgör de mest betydelsefulla fiskarterna på lokalen, sillen dominerar under båda faserna. Benmaterialet från Eketorp analyserades i ett specialprojekt som leddes av Joachim Boessneck och Angela von den Driesch, och har föredömligt publicerats i den stora volymen *Die Fauna* (Boessneck 1979).

Ett omfattande benmaterial, varav drygt 1000 fiskben, påträffades vid arkeologiska undersökningar av Svarta jorden på Birka åren 1969–71. Resultaten från en preliminär analys utförd på delar av materialet har publicerats i en artikel i Fornvännen (Ericson m.fl. 1988). Sötvattensarter dominerar materialet som innehåller 13 olika arter. Sill är den enda rent marina arten som identifierats. Resultat från senare utförda analyser av fiskbensmaterial från de nya Birkagrävningarna

1990-95, då vattensållning praktiserades i fält, ger en likartad bild vad gäller dokumenterade arter. Dock har två nya arter registrerats, representerade av enstaka ben av torsk och mal (Lougas 1997, s. 32; Bødker Enghoff 1999, s. 58). Dessutom har sållningen inneburit att sillens andel i materialet har ökat till 30 %, mot endast 2 % i material från de äldre undersökningarna (Wigh 2001, s. 134).

Sedan 1994 har jag utfört ett stort antal osteologiska analyser av fiskben från hela Skåne, framför allt från järnålder och medeltid. Värda att nämnas är större material från Hjärup, Uppåkra, Fjälkinge, Ven, Kyrkheddinge och Simrishamn (Cardell 1998a; 2001; 1997a; manus a; 1998b; 1995). Flera av dessa ingår i föreliggande studie. Från den vikingatida handelsplatsen vid Åhus har kombinerade forsknings- och exploateringsgrävningar, utförda åren 1984–91, resulterat i ett mycket stort fiskbensmaterial, troligen uppemot tio kilo totalt. Fiskbenen från Åhus utgör stommen i ett pågående avhandlingsarbete om fiskens betydelse i den vikingatida dieten, *Fisk & Fiske i Åhus* (Cardell manus d). En slående observation är att andelen sillben är relativt hög även i de skånska järnåldersmaterialen, varför den stora betydelse som sillfisket anses ha fått under tidig medeltid kan vara något överskattad.

Den danska arkeozoologen Inge Bødker Enghoff har publicerat en diger sammanställning över fram till 1996 utförda och publicerade analyser av fiskbensmaterial från lokaler i Östersjöområdet från 500 före Kristus till 1500-talet efter Kristus (Bødker Enghoff 1999). Belägg för förekomst av olika arter genom fynd i Danmark, Norge, Sverige, Estland, Polen och Tyskland redovisas med beskrivningar från de enskilda undersökningslokalerna. Frågeställningar kring lokalt fiske, fiskemetoder och handel med fisk diskuteras. Denna studie följdes senare av en liknande sammanställning för södra delen av Nordsjön. I detta arbete tas även frågan om indikationer på handel med fisk upp till diskussion (Bødker Enghoff 2000). Den tyske forskaren Dirk Heinrich har nyligen bearbetat och publicerat Johannes Lepiksaars översikt över subfossila fiskbensfynd och en faunahistorisk analys av den recenta utbredningen av sötvattensarter i Sverige (Lepiksaar 2001).

Syfte och material

I min forskning intresserar jag mig särskilt för fiskens betydelse i kosten under järnålder och medeltid, jämfört med kött och cerealier, samt vilka preferenser man hade i sitt fiske. Fisk är en utomordentligt viktig näringskälla – färsk eller behandlad – under hela året. Artsammansättningen i ett material, liksom storleken på de individuella fiskarna, kan ge ledtrådar om vilka fiskemetoder som använts och vilka fiskelokaler som utnyttjats. Många faktorer påverkar fiskbensresterna som förtärts på en forntida plats och sedan deponerats, fram till den dagen de hamnar på osteologens bord.

Denna sammanställning av material från 30 olika platser i västra Skåne från både järnålder och medeltid erbjuder en möjlighet att studera information rörande fångad fisk och fiskemetoder utifrån tillvaratagna fiskben. Hur påverkar utgrävningsmetoderna representativiteten och i förlängningen våra tolkningar av fisket? Vilka arter fiskades och varför varierar artförekomst, antal arter och arternas relativa frekvens mellan platserna? Intressant är att undersöka hur avståndet till kusten påverkat artsammansättning. Kan dominans av vissa arter indikera preferenser i födovalet, selektivt fiske eller handel med fisk?

Vid insamlandet av underlaget för denna artikel har jag – utöver de material som framkom inom Västkustbaneprojektet – sökt igenom en mängd rapporter över undersökningar utförda i västra Skåne. Det finns många lokaler, både nya och äldre, som varit föremål för arkeologiska undersökningar, men där inga fiskben alls påträffats. Även om dessa lokaler inte har tagits med i denna studie, bär de ändå på viss information genom frånvaron av material. Detta kan bero på olika faktorer. Kanske bevaringsförhållandena för ben var sämre eller utgrävningsmetoderna inte tillräckligt noggranna. Eller kanske det aldrig deponerades någon fisk på platserna ifråga. Av naturliga skäl kommer vi aldrig att kunna besvara dessa frågor.

Det insamlade underlaget omfattar fiskbensmaterial av varierande storlek och kvalitet. Mycket små material, som bara består av enstaka fiskben har dock utelämnats från analysen, då resultaten inte kan anses representativa för den mängd ben som en gång deponerats. Vissa av materialen förtjänar dock att nämnas i texten, just utifrån sin avvikande sammansättning. Förutsättningarna för bevarande bedöms vara likvärdiga i hela den undersökta regionen. Detta gäller också för den estimerade tillgången på fisk i form av förekomst av arter och kvantitet.

Vid undersökningarna inom projektet Västkustbanan påträffades fiskbensmaterial på sju av platserna. Även material från tidigare undersökningar utförda av Riksantikvarieämbetet UV-Syd har tagits med i denna studie, t.ex. Sydgasprojektet som genomfördes i mitten av 1980-talet. Enstaka material framtagna av Malmö Kulturmiljö ingår även i denna undersökning, liksom material från utgrävningar utförda av Arkeologiska institutionen vid Lunds universitet och Kulturen i Lund.

De i studien behandlade materialen har tillvaratagits från lokaler i västra Skåne, från Trelleborg i söder till Helsingborg i norr. Gårdstånga är den lokal som ligger längst in i landet från Öresundskusten. Materialen härrör från skilda typer av miljöer, såsom boplatser med vanlig agrarbebyggelse, kombinerade boplatsmarknadsplatser, medeltida bytomter och städer. Fiskbenen har påträffat i anläggningstyper såsom gropar, härdar, brunnar, grophus, lerbottnar, golvlager i hus samt andra kulturlager. Järnåldersmaterialen spänner i tid från sen förromersk järnålder till vikingatid. Därutöver finns material från medeltida lokaler såväl som enstaka yngre material (se fig. 1 och tabell 1).

Tafonomi, sållning och slump

Termen tafonomi myntades 1940 av den ryske paleontologen I. A. Efremov, baserad på de grekiska orden

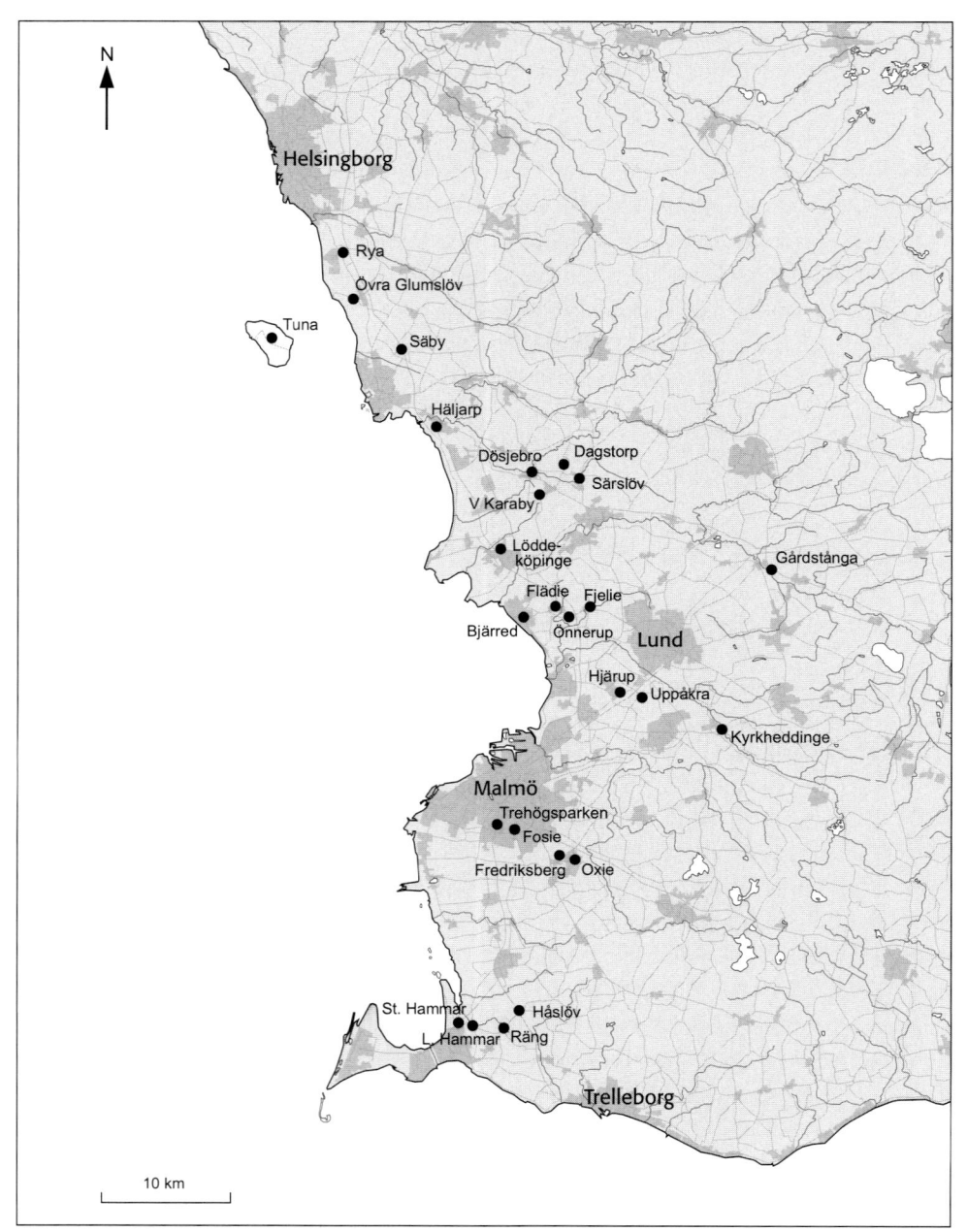

Figur 1. Västskånska boplatser med fiskbensmaterial som ingår i studien.

Settlements with assemblages of fish bone in western Scania included in the study.

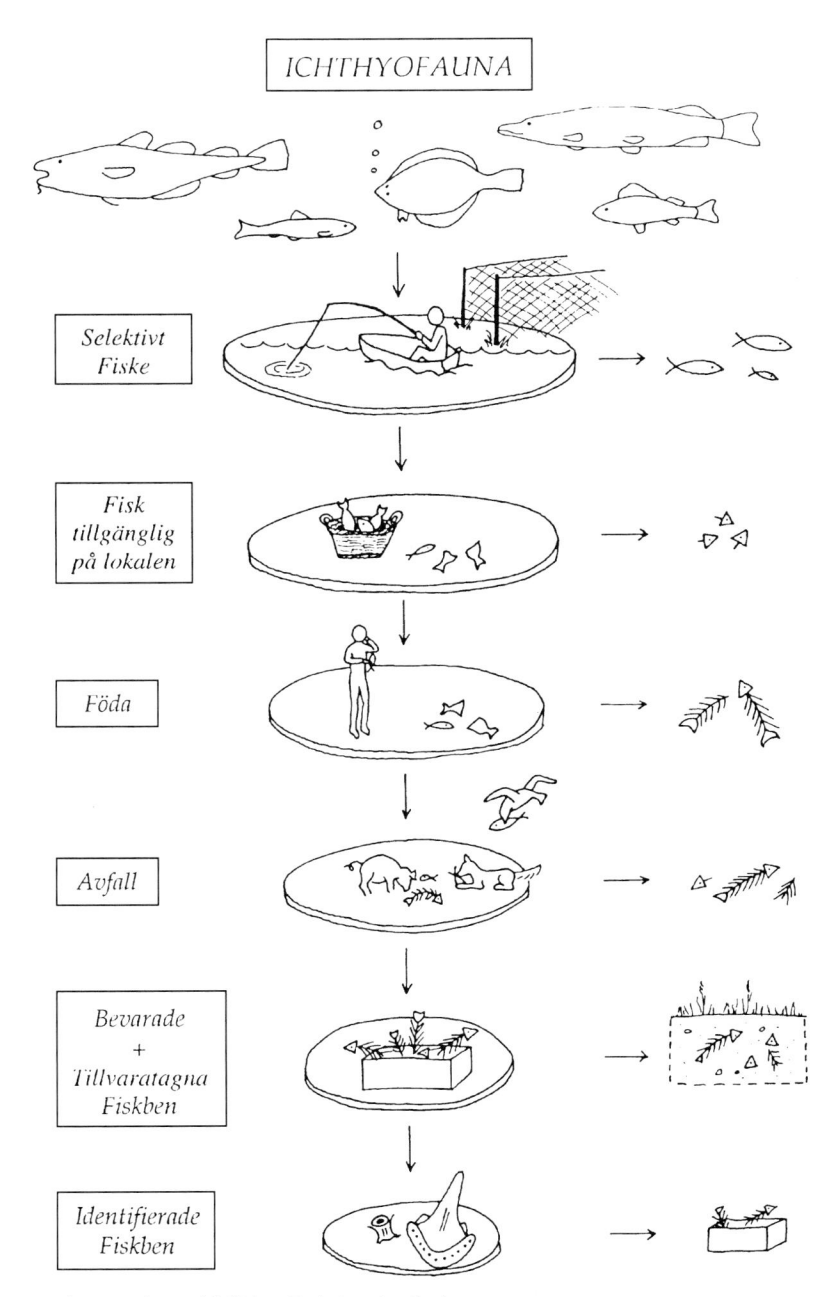

Figur 2. Tafonomisk förlust. Teckning: Annika Jeppsson.
Taphonomic loss.

taphos begravning och *nomos* lag. En organism genomgår en rad faser från dödstillfället fram till påträffandet i en arkeologisk kontext (Efremov 1940). Ben består av spongiös respektive kompakt bensubstans. Bensubstansen är uppbyggd av en oorganisk och en organisk del. Den oorganiska delen består huvudsakligen av kalciumfosfat, medan den organiska delen till 90–95 % består av kollagen. Kollagenet ger benets dess elasticitet och styrka, medan den oorganiska delen ger benet hårdhet och styvhet (Petrén 1984, s. 32). På grund av sitt låga organiska innehåll utgör tandemalj kroppens hårdaste substans. I syrehaltiga jordar uppstår mikrobiologiska och kemiska processer som bryter ner alla organiska material. Ben bevaras bäst i anaerob (syrefri) miljö. Graden av nedbrytning är starkt avhängig av jordens surhet. I sur miljö upplöses benets oorganiska del, medan den organiska, kollagenet, bevaras. I basisk jord bryts benets organiska del ned och lämnar en återstående oorganisk del porös och spröd. Makrill, lax och ål har sämre möjlighet att bevaras då fetthalten, inte bara i fiskköttet utan även i benen, är högre än i andra saltvattensarter. Forskare anser att det efter deponering i jord sker en elektrolys, vilket medför att benen löses upp snabbare än magrare arters ben (Meséz & Bartosiewicz 1994, s. 364).

Tafonomiska processer som påverkar fiskbenen, alltifrån rensningstillfället efter fångst och fram till den arkeologiska undersökningen, har förmodligen den allra största betydelsen för vad vi slutligen finner. Fiskben påträffas i olika typer av anläggningar på en boplats. Av logiska skäl är fynd mest frekventa i kontexter som har med avfallsdeponering att göra, såsom gropar och brunnar. En anläggningstyp som ofta innehåller stora mängder av fiskben, men även djurben, är grophusen som sekundärt kan ha använts som avfallsgropar. Stora mängder fiskben kan påträffas i kulturlager, däremot hittas de relativt sällan i stolphål.

Osteologisk identifikation

Analyser av ichthyo-arkeologiska material är problematiska beroende på att ett stort antal fiskarter respektive antal individer ofta finns representerade i enskilda material. Osteologisk identifikation utförs med assistans av referenssamlingar, uppbyggda av skelett av recenta individer av säkerställd art. Tillgång till omfattande och för regionen representativt referensmaterial är av betydelse för analysen liksom osteologens erfarenhet och rutin. Då även ett förhållandevis litet material kan innehålla stora mängder fragment kan identifikationsarbetet bli tidskrävande. Alla kroppselement är i princip artspecifika. Element som revben och fenstrålar identifieras dock normalt inte till art.

Generellt sett gäller att ju fler fiskarter ett material innehåller och ju mindre storlek dessa arter har, desto mer tidsödande är bestämningsarbetet.

Fiskben utgör ett betydelsefullt källmaterial med stora potentialer. Artförekomst, relativ frekvens mellan arter, individstorlek, fångstsäsong och spår av hantering av fisken är aspekter som kan belysas utifrån påträffade fiskben. Närvaro av en art kan vara väl så signifikant som att en art saknas. Fiskars kapacitet att växa under hela sin livscykel avviker från däggdjurens mognadsprocess. Tillväxten sker dock med något avtagande hastighet med individens stigande ålder. Enskilda skelettelement är starkt korrelerade till fiskens totallängd. Biotop, vattentemperatur, födotillgång och konkurrens kan emellertid utgöra begränsande faktorer. Sporadiska fynd av fiskeredskap men även information såsom artförekomst och individstorlek, kan ge indikationer om fångstlokaler och fiskemetoder. Horisontell och vertikal spridning inom en utgrävningsyta kan studeras, vilket kan ge upplysningar om handel/utbyte av fisk.

Representativitet

Tafonomiska faktorer och processer påverkar fiskmaterialens omfattning, sammansättning och representativitet. De utgör destruktiva postmortala skeenden som påverkar benmaterialen alltifrån djurets dödstillfälle via deponering och fram till analys. Koncentrationer av djurrester tillkomna genom mänsklig verksamhet utgör antropogena tanatocoenoser.

Fysiska, kemiska faktorer och mänskliga aktiviteter bryter ner eller decimerar antalet skelettelement (Noe-Nygaard 1987, s. 19f; Lyman 1994). Det handlar om faktorer som jordartens sammansättning, erosion, väder och vind, gnag av djur och brand. Ben från olika djurarter påverkas i olika hög grad. Fiskben är särskilt känsliga då de ofta är små, tunna och sköra i sin struktur (Wheeler & Jones 1989, s. 63; Lyman 1994, s. 438). Olika fiskarter har varierande förutsättningar att bevaras. Enskilda elements struktur, morfologi, storlek, robusticitet och fettinnehåll har stor betydelse. Predepositionella skeenden, såsom olika tillagningsprocesser som kokning eller direkt eldpåverkan, är av betydelse för bens möjlighet att bevaras (Nicholson 1992; 1995). Fiskbenens möjlighet att "överleva" passagen via människors och djurs matsmältningssystem, då de exponeras för såväl mekanisk åverkan genom tuggning som kemisk dito av magsyra, bör beaktas (Jones 1984; 1986). Ytterligare en mänsklig faktor som skadar och disintegrerar ben primärt deponerade på golv och andra boplatsytor är "tramplingeffekten"(Jones 1999).

Experiment har utförts framförallt av engelska forskare för att försöka utröna effekten av tafonomiska processer på osteologiska material. Även om dessa är banbrytande har de än så länge varit av ganska blygsam omfattning och flera större undersökningar bör genomföras för att klarlägga effekterna. För att åskådliggöra de processer som påverkar mängden fiskben som påträffas på arkeologiska utgrävningar har flera illustrativa experiment utförts (Cardell 2001, s. 101). Dessa behandlar predepositionella skeenden, dels konsumtion dels den s.k. tramplingeffekten som förstör ben deponerade på golv eller andra boplatsytor. Utöver de mänskliga invånarna på en boplats kan såväl tama som vilda djur ha konsumerat fisk respektive avfall. Experiment har även gjorts för att undersöka fiskbens möjlighet att bevaras efter deponering i jord. Avsaknad av vissa specifika elementtyper i arkeologiska material tolkas ofta som indikation på att fisken decapiterats och dess köttrika del transporterats från rensningsplatsen för torkning eller försäljning som färskvara. Experimenten indikerar att fenomenet kan ha andra mer naturliga orsaker. Det är följaktligen problematiskt att korrekt bedöma omfattningen av ett deponerat material utifrån arkeologiskt tillvaratagna rester. Såväl mängden fiskben, anatomisk representativitet och individantal påverkas av de tafonomiska processerna. Särskilt tydligt visades detta i ett experiment utfört av de engelska forskarna Bullock och Jones där endast en sill och en makrill kunde påvisas efter insamlandet, medan det i realiteten hade deponerats 20 sillar och fem makrillar (Bullock & Jones 1998, s. 2).

I fiskbensmaterialet från Ö. Glumslöv uppmärksammades ett mycket intressant fenomen. Ett ben från skuldergördeln (cleithrum) av kolja bar tydliga spår av bett av hund. Intrycken i benet stämmer väl överens med rovtanden på en medelstor hund. När en hund ska tugga på något placeras detta just mellan molarerna i över- och underkäken vilket är det mest ändamålsenliga tillvägagångssättet för att slita sönder och krossa födan. Det är dock mycket ovanligt att ben som förtärts av djur senare påträffas i arkeologiskt material, då såväl tuggningsprocessen i sig som den kemiska åverkan benen utsätts för i matsmältningssystemet påverkar fiskbenen extremt negativt.

En grop till brädden fylld av fisk

Fiskbensmaterialens omfattning och sammansättning påverkas i hög grad av utgrävningsmetoderna. Sållning är av yttersta vikt för att öka möjligheten att påträffa små fiskben (Payne 1972, s. 61; Wheeler & Jones 1989, s. 50; van Neer & Ervynck 1994, s.14). Som tidigare nämnts har förfinade utgrävningsmetoder och sållning utförts i allt större utsträckning under senare år, vilket haft en positiv inverkan på fyndsituationen. Vid undersökningar är det självklart av yttersta vikt att noggrant planlägga sållningsinsatser och samplingsstrategier. En unik möjlighet att studera vilken betydelse faktorer som tafonomi, sållning och slump har för representativiteten i ett fiskbensmaterial och tolkningen av detsamma, gavs i samband med tillvaratagandet av ett mycket omfattande fiskbensmaterial i Hjärup (Cardell 1998a). Drygt fem kilo fiskben, påträffades i en sluten kontext. Materialet från Hjärup är vida större än de fiskbensmaterial som vanligen påträffas vid arkeologiska undersökningar; ofta uppgår dessa endast till några hundra gram per lokal, ibland ännu mindre. Halva gropen i Hjärup undersöktes i fält varvid påträffade fiskben handplockades. Den andra halvan av samma anläggning togs in som preparat och noggranna experiment, med vatten- respektive torrsållning och siktar med olika maskvidder genomfördes. Viktiga delar av arbetet återstår ännu att utföras i ett separat projekt. Målsättningen var att få fram en tillfredsställande sållningsteknik och utifrån resultaten rekommendera en acceptabel maskvidd att använda vid exploateringsgrävningar (Cardell 2001c).

Vid experimentet med fiskbensmaterialet från Hjärup infriades det förväntade resultatet med råge. Den vattensållade delen innehöll tre gånger så mycket som den handplockade, både i fråga om vikt och antal individer och sex gånger så många identifierade fragment. Olika metoder för tillvaratagande har stor inverkan på ett materials representativitet. Slutsatser baserade endast på delar av material kan ge en felaktig bild både vad gäller vikt, antal identifierade fragment och antal individer. Det kan även ha inflytande på tolkningar av exploaterade fiskelokaliteter och nyttjade fiskemetoder. Till följd av tafonomiska processer utgör det material som bevarats i jorden ändå bara bråkdelen av vad som ursprungligen deponerats. Den höga koncentrationen av fiskben i gropen, och den totala avsaknaden av såväl andra faunarester som arkeologiska fynd, indikerar att depositionen speglar ett enskilt tillfälle av decapitering och rensning av fångsten. Den påtagliga stanken av fiskavfallet har troligen medfört att gropen fyllts igen omedelbart. Detta faktum har positivt bidragit till materialets goda bevaring.

Fiskbensmaterialen från västra Skåne

I detta avsnitt ges en övergripande beskrivning av de material som ingår i analysen och deras fyndkontexter. I presentationen har även vissa basfakta kring representerade fiskarter tagits med, för att ge läsaren en ökad förståelse kring materialet. Av de totalt 30 fiskbensmaterial från sydvästra Skåne som ingår i studien, utgörs 16 stycken av mina egna analyser. I hälften av dessa har jag personligen plockat ut fiskbenen från övrigt djurbensmaterial. Ytterligare andra material har sorterats fram i samband med sållning i fält eller handplockats vid undersökning av anläggningar. Information om fiskbensmaterial analyserade av andra osteologer har hämtats från respektive rapporter. Materialet från fyra lokaler – Hjärup, Häljarp och Kyrkheddinge i västra Skåne och Tuna by på Ven – har valts ut för en mer detaljerad studie, eftersom materialen bedöms ha ungefär samma bevaringsmöjligheter, är omfattande till sin storlek och har tillvaratagits med likvärdiga metoder. Gropen i Hjärup är daterad till 500-talet efter Kristus, köksavloppet i Häljarp till vikingatid, köksgolvet i Tuna by till 1100–1200-tal och materialet från Kyrkheddinge till perioden 1250–1475.

Marina arter

I världshaven ligger salthalten på ungefär tre procent. I västra delen av Östersjön har salthalten sjunkit till en procent. Salthalten varierar även med vattendjupet. Därefter sjunker denna kontinuerligt tills den i norra Bottenviken är i det närmaste noll. Då salthalten i Öresund och Östersjön har varit oförändrade alltsedan bronsåldern (Hannelore Håkansson, pers. kom.1995) kan det antas att de marina arternas utbredningsområde varit detsamma som idag. Öresund och de danska bälten fungerar som inkörsportar och slussar för vattenutbytet mellan Västerhavet och Östersjön. Östersjön utgör ett brackvatteninnanhav med för fiskar något annorlunda livsbetingelser än haven i väster (Curry-Lindahl 1985, s. 65).[1]

Fiskbensmaterial kan ha en mycket skiftande omfattning och sammansättning. I vissa fall påträffas rikt varierade material både vad gäller antalet arter och anatomisk representativitet inom arterna. Detta gäller t.ex. för materialen från Hjärup (Cardell 1998a), Uppåkra (Cardell 2001), Kyrkheddinge (Cardell 1998b) och Häljarp (SU 3) (Cardell 1999e). Forskningsgrävningar i Uppåkra genererade ett stort fiskbensmaterial från romersk järnålder och folkvandringstid/vendeltid. Fiskbenen påträffades framför allt i kulturlager men även i anläggningar. Det i särklass största materialet framtogs på en boplats från yngre järnålder i Hjärup, väster om Uppåkra (Runcis 1998). En enda grop innehöll fem kilo fiskben, ytterligare ett kilo framkom i två andra gropar inom lokalen. En stor mängd fiskben påträffades i Häljarp i gropen till köksavloppet intill hus 4, daterat till vikingatid/tidig medeltid (Kriig & Thomasson 1999). En lertäktsgrop som undersöktes i förundersökningsskedet innehöll också ett rikt fiskbensmaterial (Cardell 1997c). Benen från båda undersökningarna uppvisar ett rikt artspektra. Totalt har mer än ett kilo fiskben tillvaratagits från denna lokal. Det näst störst fiskbensmaterialet som ingår i denna studie härrör från golvlager i ett hus daterat till 1200–1475 inom Kyrkheddinge medeltida bytomt (Schmidt Sabo 1998). Från ett tidigmedeltida köksgolv i ett hus i Tuna by på Ven har ett omfattande marint material insamlats (Löfgren 1993). En annan typ är stora men ensidigt sammansatta material, med ett fåtal arter och benslag representerade, t.ex. benen från ett våtmarksområde vid Fredriksberg, strax utanför Malmö. Dessa ben dominerades av kranieben av torsk (Björhem 2000; Johansson 2001).

Mindre material, bestående av enstaka fiskben från en eller ett fåtal arter, finns från platser som Dagstorp (SU 21) (Cardell 1999c), Önnerup (P1) (Ericson 1996), Säby (Cardell 1999a), V. Karaby (P 36) (Ericson 1996), Trehögsparken i Malmö (Lepiksaar 1974a) och kvarteret Minerva i Helsingborg (Cardell 2000). Material som endast representeras av en art, utgörs oftast av torsk som tack vare sina stora och robusta skelettelement generellt har bättre förutsättningar att bevaras jämfört med andra fiskarter och även att påträffas.

I Flädie socken har fiskben tillvaratagits vid undersökning av lokaler daterade till vendeltid och vikingatid (Ericssson 1996). I ett grophus påträffades fem fiskben varav tre av torsk. I närliggande Fjelie framkom ett material helt dominerat av torsk i en härd och en brunn (Ericson 1996). Ungefär 100 gram fiskben hittades i en brunn i Bjärred (Kriig & Pettersson 1996). Materialet bestod uteslutande av kotor av mindre individer av torsk. Familjen torskfiskar är representerad i skånska material av arterna torsk, kolja, sej, vitling och kummel. Torsken förekommer rikligast i Nordatlanten, men är allmän i Nordsjön och Östersjön. Storleken är ofta beroende på fångstplatsen. Fisk från de stora, djupa vattnen är ofta större än fisk som växt upp i Östersjön. Vanligen är torsken 40–80 centimeter, men kan bli över en meter lång när omständigheterna är gynnsamma. Tidpunkten för torskens lek varierar geografiskt, vid Skånes kuster leker den i mars till maj. Torskens förflyttningar beror på lek- och näringsvandringar. Under leken samlas torsken i stora stim. Kolja förekommer utefter västkusten och ner till Öresund, mera sällan förirrar sig koljan in i Östersjön. Koljan går längre bort från stränderna än torsken och håller gärna till på relativt djupa vatten. Leken sker i januari till maj på stora djup i Skagerack och Nordsjön. Sej har ungefär samma utbredningsområde som kolja, medan småsej vanligen förekommer i kustnära vatten. Sejen leker i februari till maj på ganska stora djup. Den är en utpräglad stimfisk som ofta följer sillstimmen. Vitling förekommer också ofta i stim på djupt vatten i Skagerack och Kattegatt, sporadiskt kommer den ner i Öresund i samband med kraftiga nordliga vindar med därpå följande saltvattenflöde. Torskfiskarna har fiskats med garn, krok eller långrev på djupt vatten respektive fasta bottengarn i den kustnära zonen.

I material med två arter dominerar i regel sill och torsk. Detta gäller såväl i Dagstorp där sill dominerar liksom i materialet från fyra lerbottnar i kvarteret Gråbröder i Malmös medeltida stadskärna (Cardell 1999c; Jonsson manus). Sillen är en pelagisk fisk som följer planktondjuren vilka utgör deras viktigaste föda. Sill är tillsammans med torsk de mest betydelsefulla matfiskarna, tillgången växlar dock från år till år. Sillen företar omfattande vandringar i samband med leken, och är bäst strax före och närmast efter lektiden. I Öresund och utanför Skånes sydkust äger lek huvudsakligen rum under september till oktober, medan sill i Östersjön vanligen leker om våren. Ju lägre salthalten är i vattnet desto mindre blir fisken. Sillen har fångats med drivgarn och bottengarn. Höstsill har haft störst betydelse men fiske på vårsill har även bedrivits.

Vid undersökningen av boplatsen Fosie IV i Malmö påträffades ett mindre fiskbensmaterial, innehållande element av torsk och sill i tre grophus daterade till romersk järnålder och yngre järnålder (Björhem & Säfvestad 1993). Merparten av materialet framkom i ett grophus från romersk järnålder. Inga kotor av sill påträffades, medan alla kroppsregioner av torsk fanns representerade (Cardell manus b). Boplatsen är belägen fem kilometer från kusten, men möjlighet finns att man haft tillgång till egen fiskelokal. Arkeologerna har tolkat att den ringa mängden fiskben beror på dåliga bevaringsförhållanden på lokalen, men även utgrävningsmetodiken har säkert haft betydelse (Björhem & Säfvestad 1993). Ett grophus daterat till 1000–1100-tal undersöktes inom Oxie bytomt för ungefär 20 år sedan. I benmaterialet identifierades fiskarterna torsk, sill och familjen flundror (Lepiksaar 1974b).

Några av de mindre materialen uppvisar en annorlunda sammansättning. Exempelvis har några järnåldersmaterial, bestående nästan uteslutande av ben av flundror, påträffats i sydvästra Skåne. Två arter av familjen flundror har identifierats, rödspätta respektive skrubbskädda. Ytterligare en flatfisk, piggvar, förekommer i materialen. Flatfiskarna kan ha fångats med garn eller harpunerats nära stranden sommartid. Mindre individer av flundror kan liksom småtorsk även ha utgjort bifångst i ett fiske inriktat på sill. Enstaka ben av familjen flundra påträffades i en grop och en brunn på en boplats i Lilla Hammar daterad till sen förromersk/romersk järnålder (Johansson 1999a). I övrigt avspeglas boplatsens lokalisering nära kusten och utnyttjandet av marina resurser genom fynd av ben av gråsäl och olika sjöfågelsarter (Pettersson & Torstensdotter Åhlin 1999; Pettersson 2002). Rimligtvis bör fisket på en plats med ett så fördelaktigt läge, haft en vida större betydelse än vad de totalt tre funna fiskbenen vittnar om. Enligt utgrävningsrapporten beror de få fiskfynden troligtvis på undersökningsmetodiken, men bevaringsförhållandena kan också ha spelat en roll. På en boplats med samma datering i närliggande Stora Hammar påträffades i ett delvis undersökt kulturlager, ett aningen större fiskbensmaterial, bestående av ben från flundror (Cardell 1999b). Även på denna lokal

saknas ben av förväntade arter som sill och torsk. Detta måste anses förvånande i en region där torsk- och sillfiske har en lång och stabil tradition och där skriftliga belägg finns om bedrivande av ett mycket intensivt fiske. Utifrån bevaringsförhållanden borde torsken också påträffas på lokaler där ben av flundror bevarats, då torskens ben är robustare och ofta väsentligt större. Baserat på samma kriterier har denna art även större möjlighet att hittas av arkeologerna. Flundreben i sin tur är större än sillens ben, men relativt tunna och sköra och det är egendomligt att så få eller inga sillben bevarats eller påträffats på dessa lokaler även om det mest uppseendeväckande är att torsken är så dåligt representerad där.

Sill och torsk har dock identifierats i ett benmaterial från vendel-vikingatida grophus något längre norrut i Håslöv. Även familjen flundra fanns representerad i denna fyndkontext (Cardell 1997b). Visserligen har även flundran under alla tider varit en betydelsefull matfisk i Skåne, men inte den viktigaste arten. Senmedeltida golvlager i Ö. Glumslöv innehöll ett stort fiskbensmaterial med flundran som dominerande art, medan det på lokalerna Rya och Dösjebro endast påträffades mindre mängder fisk (Cardell 1998c; 1999d). Andra fiskbensmaterial nära kusten vid Lommabukten och Lundåkrabukten uppvisar inte samma inslag av flundror.

Sillhaj och pigghaj lever i Skagerack och Kattegatt, men söker sig tidvis ner i Öresund i sin jakt på föda. Båda arterna följer stimfisk som exempelvis sill. Hajar har troligen framför allt fiskats med krok, även om de också kan ha fastnat i nät avsedda för annat fiske. Den tand av sillhaj, som påträffades i Uppåkramaterialet, var dock fossil och fiske av denna art kan inte beläggas. I Häljarp identifierades piggar av pigghaj. De enstaka elementen av rötsimpa respektive knorrhane i Häljarp och Önnerup kan vara ett utslag av slumpmässig bifångst, snarare än riktat fiske på dessa arter. Arternas låga representativitet kan även bero på tafonomiska orsaker. Det enda fyndet av tejstefisk, i materialet från Hjärup, utgör troligen en rest av maginnehållet i en större fisk. Tejstefisken är en mycket liten art utan direkt värde som föda för människan.

Limniska arter

Den vikingatida boplats- och marknadsplatsen i Löddeköpinge har undersökts i samband med både forsknings- och exploateringsgrävningar. Osteologisk analys av fiskben har endast utförts på material från den senare kategorin. Den relativt stora mängden fiskben, representerande arterna torsk, sill, sej, rödspätta, horngädda, lax, abborre, braxen och id påträffades i ett antal grophus (Johansson 2000). En koncentration av fiskben framkom i en härdgrop/ugn från vikingatid/tidig medeltid i Gårdstånga. Fiskbensmaterialet från Gårdstånga utgörs av sill, flundror och torsk samt enstaka ben av abborre, gädda, braxen och mört (Sten 1992). Sötvattensarter finns även representerade i materialen från Uppåkra (Cardell 2001), Häljarp (Cardell 1999e), Lund (Bergquist & Lepiksaar 1957; Ekman 1973), Trelleborg (Johansson 1999b) och Kyrkheddinge (Cardell 1998b). Sötvattensarterna abborre, gädda, braxen, id, sutare och mört kan ha fångats med nät, krok eller mjärdar i mindre vattendrag i boplatsernas omedelbara närhet. Arter som abborre och gädda kan också fiskas längs Skånekusten. Arterna är dagaktiva året om. Abborre och gädda samt id är sötvattensarter med brackvattentolerans. Abborren har alltid varit en uppskattad matfisk. Arten är rikt förekommande och har ett stort utbredningsområde. Den fiskas hela året men anses bäst på våren. Gäddan håller gärna till i vass och på grunt vatten invid stränderna. På sommaren när strandvattnet blir varmt går den ut på djupare vatten men återvänder på hösten. Gäddan är en rovfisk och lever nästan helt av annan fisk. Braxen tillhör karpsläktet och är vanlig i större sjöar och åar. Arten ratas ofta för sina många ben, men anses välsmakande om den uppnått en vikt på drygt ett kilo. Braxen fångas på hösten efter lektiden. Många arter inom familjen karpfisk är nattaktiva och vinterpassiva. Riklig förekomst i vattendrag har gjort att mörten varit viktig som matfisk, trots att den liksom abborren upplevs innehålla många ben.

Mört utgör tack vare sin biomassa även en av de viktigaste näringsleverantörerna för alla sötvattenlevande rovfiskar (Lepiksaar 2001).

Migrerande arter

Stör, horngädda, ål och lax är exempel på migrerande arter som påträffats i några av de skånska materialen. En annan migrerande art som inte registrerats är makrillen. Denna art har dock uppmärksammats i material på den danska sidan av Öresund (Bødker Enghoff 1999). Horngädda och makrill utgör även goda säsongsindikatorer. Horngäddan passerar ner genom sundet under försommaren på sin väg mot lekområdena i Östersjön. Denna art har påträffats i Hjärup (Cardell 1998a), Uppåkra (Cardell 2001), Löddeköpinge (Johansson 2000), Häljarp (Cardell 1999e), Tuna by (Sten & Ericsson 1993; Cardell manus a), Trelleborg (Johansson 1999b), Kyrkheddinge (Cardell 1998b) och Ö. Glumslöv (Cardell 1999f). Under sensomaren återvänder den till de större havsdjupen ute i Nordsjön och Atlanten. Stören är anadrom, en migrerande art som går upp i åar och floder på försommaren för att leka och sedan återvänder till havet. Stören är bottenlevande, men för ett kringströvande liv i havet och tillbringar vintern med nedsatta livsfunktioner. Denna art har ett oberäkneligt humör och kan vara farlig att fånga. Stören fiskas både för det goda köttets och rommens skull. Fram till slutet av 1800-talet var stör regelbundet förekommande i våra vatten, vid artens regelmässiga vandring mellan Skagerack/Kattegatt och Östersjön, men är idag en mycket sällsynt gäst (Lepiksaar 2001). I de undersökta materialen har stören endast identifierats i Lilla Hammar, Lund och Trelleborg (Ekman 1973; Johansson 1999a, b).

Riklig förekomst av ål har belagts i Tuna by och Kyrkheddinge. Arten förekommer även i Uppåkra, Häljarp, Trelleborg och Säby. Ålen är en katadrom art som fortplantar sig i havet men tillbringar en stor del av sitt liv i sötvatten. Dess säregna levnadshistoria inleds i Sargassohavet, flera tusen kilometer från uppväxtområdena i Europa. Larverna förs med Golfströmmen tvärs

Näring från havet

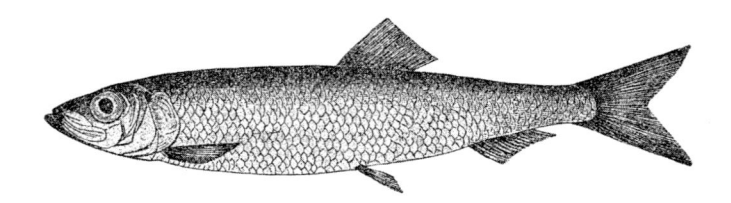

344

(Ur Otterstrøm 1912–1917).

över Atlanten. De små glasålarna når Skandinavien i april-maj och söker sig upp i små och stora vattendrag. Under uppväxten kallas de gulål, medan den vuxna ålen kallas blankål. Honorna blir störst, och kan bli över en meter långa, medan hannarna som regel bara blir hälften så långa. Honorna går upp i sött vatten, medan hannarna stannar kvar utanför kusterna. Efter 5-8 år, ibland ännu längre tid, återförenas ålarna och gör sällskap ut till lekplatserna i havet. Ålen som är en nattaktiv, vinterpassiv art, fångas vid kusten under höstens vandringar, med krok, ryssjor, ljuster eller bottengarn.

Laxen företar långa vandringar på jakt efter föda och är aktiv året om. Laxen är en anadrom art, den lever i saltvatten men fortplantar sig i sötvatten. Efter uppnådd könsmognad vid fyra- till femårsåldern söker den sin födelseflod och tar sig uppströms ända upp i de övre loppen, dvs. längre upp än öringen. På vägen är den i stånd att ta sig över upp till två meter höga hinder. Efter leken, som varar från oktober till december, dör framför allt hannarna. Lax fångas med krok och garn under vandringar utmed kusten. Lax är en fet fiskart vars kött är rödfärgat av Crustaceen-karotin, ett ämne som finns i de kräftdjur fisken livnär sig av. Artens fetthalt kan vara orsak till dess sporadiska förekomst i de arkeologiska materialen, då ben av denna art har sämre förutsättningar för bevaring. Fynd av lax har endast gjorts i Uppåkra, Löddeköpinge och Lund

Avståndet till kusten och dess inverkan på artförekomst

En intressant aspekt som kan belysas utifrån en analys av samtliga material är frekvensen av salt- respektive sötvattensarter i förhållande till boplatsernas avstånd till kusten. Påverkar avståndet till Öresundskusten sammansättningen i fiskbensmaterialen? Föreligger det någon skillnad mellan lokalerna eller är det så att havsfisket varit mer betydande än fisket i åar och sjöar under järnålder och medeltid? Gemensamt för de skånska materialen är att 95 % eller mer av antalet identifierade fragment härrör från marina arter. Detta är i och för sig inte så egendomligt då avståndet från de undersökta lokalerna till kusten aldrig överstiger 25 kilometer.

Inget direkt samband har kunnat beläggas mellan det totala antalet arter på en lokal och dess avstånd till Öresundskusten (fig. 3). Det förekommer platser i den kustnära zonen, såväl som på större avstånd, vilka har ett rikt artspektra. Kyrkheddinge som är belägen längst in i landet (13 km) har lika många arter som exempelvis Häljarp och Uppåkra (1–7 km). Endast Trelleborgsmaterialet har fler arter än dessa platser. På andra kustnära lokaler har av olika anledningar endast ett mycket begränsat antal arter kunnat beläggas. Det rika artspektrat i Kyrkheddinge, Uppåkra och Trelleborg kan snarare förklaras utifrån andra faktorer, såsom olika bevaringstillstånd eller att sållning praktiserats vid den arkeologiska undersökningen. Ytterligare en möjlighet är att platsernas i vissa fall särpräglade funktion har haft en större betydelse för antalet registrerade fiskarter än det geografiska avståndet till kusten. Troligast är att en kombination av alla dessa faktorer har påverkat materialens sammansättning. Befolkningen på en betydande centralplats som Uppåkra eller marknadsplatser som Löddeköpinge, liksom medeltida byar som exempelvis Kyrkheddinge, kan antas ha haft ett mer varierat konsumtionsmönster och rikare utbud av fiskarter än husbehovsfiskande invånare på mindre boplatser.

Dock kan man i materialen påvisa att antalet marina arter sjunker ju längre från kusten man kommer, liksom att antalet sötvattensarter ökar något i samma riktning. Även om det inte kan uteslutas att vissa av arterna hörande till sötvatten, som abborre, gädda och id, faktiskt kan fiskas längs Öresundskusten. Förekomsten av migrerande arter som ål, stör och lax tycks inte påverkas av skillnader i avståndet till kusten. Havsfiske och då särskilt garnfiske med fasta anordningar innebär en väsentligt lägre arbetsinsats än om motsvarande mängd fisk skulle fångas på krok eller i

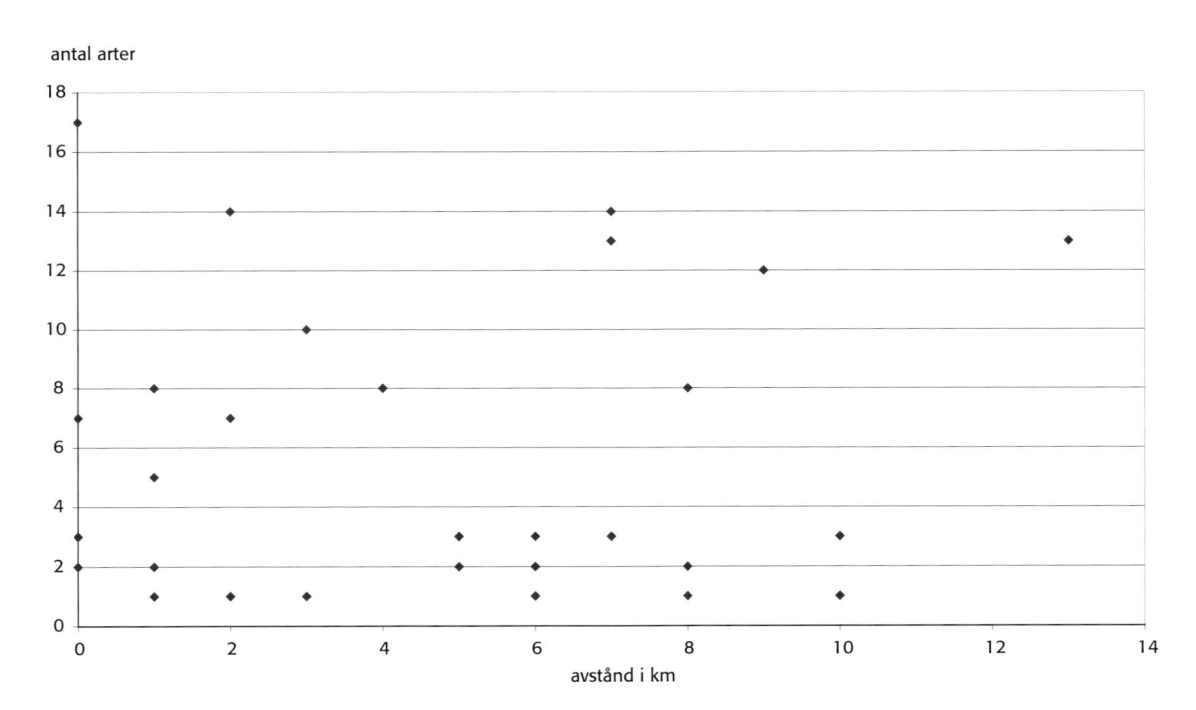

Figur 3. Förhållandet mellan antal arter och avstånd till kusten.
Number of species in relation to distance from the coast.

fällor i sötvatten. Möjligen kan dominansen av marina arter som sill och torsk indikera tidig handel med fisk eller gemensamt fiske med fiskelag, trots att vi tidigare inte har bevis för endera fenomenet. Från medeltid finns rikligt med källor beskrivande såväl det organiserade sillfisket som handel med fisk (Niitemaa 1959; Eriksson 1980; Sten 1995).

En närmare studie av den anatomiska representativiteten i materialen har gjorts vad gäller arterna sill och torsk, i syfte att belägga hantering av fisken. Om hela individer av fiskar deponerats på en plats borde relationen mellan kotor och kranieben vara 25 respektive 75 %, baserat på att cirka 50 stycken av fiskens totalt 200 skelettelement utgörs av kotor. Man bör dock beakta att robusta kotor har större möjlighet att bevaras än tunnare kranieben, varför man kan förvänta sig att antalet kotor i ett arkeologiskt material dominerar.

I fem fall, varav fyra med torsk och ett med sill, liknar fördelningen mellan kranieelement och kotor det förmodade normalfallet. I två av fallen med torsk rör det sig om relativt kustnära lokaler (Häljarp och Löddeköpinge), medan de andra två är belägna 9 respektive 13 km från kusten (Lund och Kyrkheddinge). Men majoriteten av materialen domineras faktiskt av kranieelement, vilket tyder på goda bevaringsförhållanden. Den höga frekvensen huvudben kan tolkas som att materialen utgör fiskrens. Hela fiskar har alltså förts till platserna, rensats varefter fiskköttet förtärts inom en annan del av lokalen eller sålts och förts till en annan för oss okänd plats. Sillen i Kyrkheddinge och Tuna by uppvisar en extremt skev bild med hela 93 % respektive 98 % kotor, vilket är egendomligt då sill normalt inte decapiteras i samband med rensning. I fallet Tuna har sillen säkert fiskats på plats men vad gäller Kyrkheddinge kan sillen ha förts till platsen antingen färsk eller insaltad. Även då borde individerna ha varit kompletta. Fenomenet kan endast förklaras med artens sämre förutsättningar för bevaring jämfört med andra fiskarter. Sillens huvudben är små och papperstunna medan kotorna visserligen är små men väsentligt robustare.

Torsk och sill – var mans mat

Specialstudien av fiskbensmaterial från de fyra lokalerna Hjärup, Häljarp, Tuna by på Ven och Kyrkheddinge ger en möjlighet att få fram information om dåtida fiske i Öresund. Hjärup är det äldsta av materialen och har påträffats i en grop på en gård från sen folkvandringstid och vendeltid (Runcis 1998). Ytterligare fiskben påträffades i två andra gropar inom undersökningsområdet. Jämfört med gropen A164, som innehöll drygt fem kilo fiskben, innehöll de övriga två groparna betydligt mindre mängder fiskben (300 respektive 700 gram). I förhållande till andra osteologiska material är dessa fyndmängder dock ovanligt rikliga. Materialet från Häljarp är tillvarataget i en huslämning daterad till vikingatid/tidigmedeltid. Majoriteten härrör från en avfallsgrop i anslutning till rännan från hus 4 (fig. 4). Rännan har tolkats som ett köksavlopp, men endast enstaka ben påträffades direkt i denna (Kriig & Thomasson 1999). Materialet från Tuna by utgörs av fiskben funna i ett golvlager från den del av huset som tolkats som kök. Huset är daterat till 1100-tal (Löfgren 1993). Det sista materialet härrör från golvlager i ett bostadshus inom Kyrkheddinge medeltida bytomt. Huset tillhör fas 5, daterad till 1250–1475. Fiskbenen påträffades särskilt rikligt i husets västra del, medan endast enstaka ben påträffades på gårdsplanen utanför (fig. 5). En trolig förklaring till skillnaden mellan inne och ute ligger i att aktivitetsytan utomhus endast handplockades på fynd, medan husets golvlager sållades (Schmidt Sabo 2001, s. 69).

Av de fyra materialen har två påträffats i avfallsgropar, en var på respektive boplats, medan de två övriga insamlats från golvlager i hus. Tillvaratagandet av benen har skett på olika sätt. Från halva anläggningen i Hjärup handplockades fiskbenen på hackebord i fält, medan den andra halvan togs in som preparat och vattensållades som ett experiment. Jordmassorna från

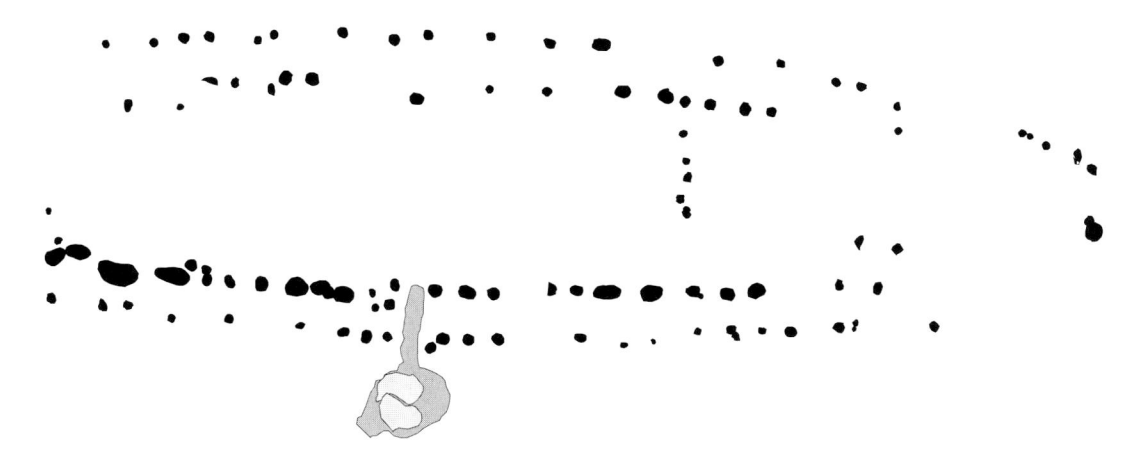

Figur 4. Häljarp, hus 4 med köksavlopp. Skala 1:200.

Häljarp, house 4 with kitchen drain. Scale 1:200.

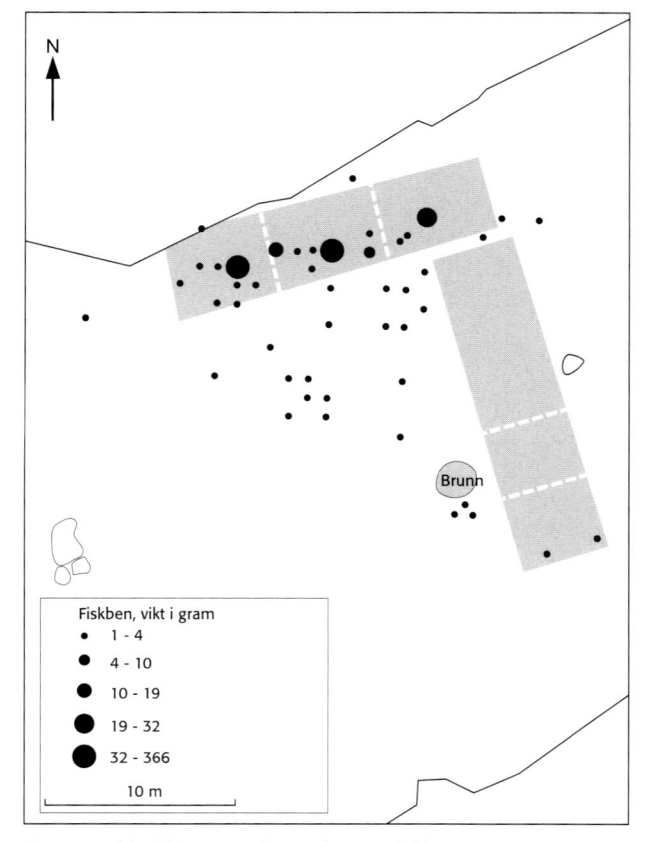

Figur 5. Kyrkheddinge, rumslig spridning av fiskben.
Kyrkheddinge, spatial distribution of fish bones.

gropen i Häljarp torrsållades i fält. Materialet från Tuna by härrör från ett golvlager intaget som preparat och vattensållat inomhus. Större ben hade dock handplockats från golvet i fältsituationen. Fiskbenen från Kyrkheddinge framkom vid vattensållning i fält.

När fynden studeras framkommer inget som tyder på att typen av kontext varit av större betydelse för materialens sammansättning. Antalet identifierade fiskarter per lokal varierar något mellan de fyra materialen; avfallsgropen i Hjärup och köksgolvet i Tuna by har båda sju arter, medan gropen i Häljarp och golvlagren i Kyrkheddinge uppvisar 11 respektive 12 arter vardera. En möjlig förklaring till det större antalet arter i dessa material är att utbudet av en varierad föda har varit större på lokaler med mer sammansatt funktion. För Häljarp kan naturligtvis läget nära kusten ha varit av betydelse för det stora antalet arter. Det rika utbudet från Kyrkheddinge kan ha sin förklaring i en mer utvecklad handel med fisk under medeltid jämfört med äldre perioder.

Antal individer – torsk, sill och flundror: Alla materialen innehåller ett stort antal individer. Beräkningar som har utförts visar att materialet från Hjärup uppvisar störst MNI (Minimal Number of Individuals). Minst 255 individer har påvisat här. Att antalet individer är så högt hänger samman med materialets ovanliga omfattning. I Häljarp identifierades minst 100, från Tuna by 135 och från Kyrkheddinge 208 individer. Om man jämför avfallsgropen i Häljarp mot golvlagren i Tuna by och Kyrkheddinge uppvisar golvlagren ett högre individtal, även om materialet från Tuna by har en lägre totalvikt och även innehåller färre arter. Bland fiskbenen från Tuna by har också ett betydligt större antal element identifierats. Orsaken är att det framför allt rör sig om element av sill med individuellt extremt låg vikt. Typiskt för de skånska materialen är den stora dominansen av torsk och sill, dock varierar frekvensen arterna emellan från lokal till lokal (fig. 6). Även om det förekommer ett mycket stort antal sillar i ett material bör man ändå ha i åtanken sillens ringa köttvikt jämfört med en medelstor torsk. Mindre individer av torsk och flundror kan mycket väl utgöra bifångst till sillfisket som bedrevs med nät.

Storlek – torsk: En specialstudie har utförts rörande storleken på torsk på dessa lokaler, eftersom en sådan studie kan ge upplysningar om fiskemetoder, redskap och selektivt fiske. Samtliga lokaler uppvisar medelstora individer. Torsken i Hjärup har haft en totallängd i storleksspannet mellan 20 och 140 centimeter. Majoriteten har legat mellan 40 och 70 centimeter, med enstaka mindre och ett tiotal större individer. Merparten av torskarna i Hjärup har varit omkring 50

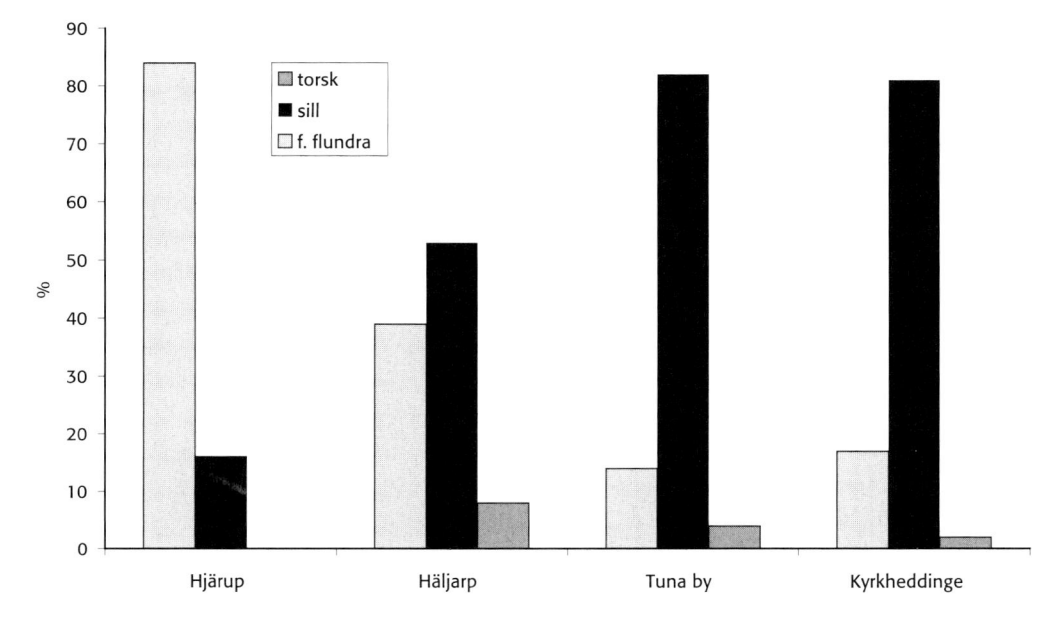

Figur 6. Fördelning mellan torsk, sill och flundror i de fyra stora materialen angiven i % baserad på NISP.

Relative frequency of cod, herring and flounder in the four larger assemblages.

centimeter långa. Även de som påträffats i Tuna by har varit medelstora, 30 till 70 centimeter. Totallängden för torsken i Kyrkheddinge ligger mellan 30 och 90 centimeter, merparten dock mellan 35 och 50 centimeter. Hjärup är den enda lokalen som kan uppvisa verkligt stora torskar på i vissa fall långt över metern i totallängd. Så stora torskar indikerar ett fiske bedrivet längre ute till havs, då dessa individer uppehåller sig på ett betydligt havsdjup.

Sållningsresultat – sill: Vid en jämförelse, vad gäller frekvensen av mindre arter som sill i materialen, kan ingen skillnad ses mellan material som sållats i fält kontra de som sållats inomhus, då även Kyrkheddingematerialet har en hög andel sillben. Dock måste här påpekas det faktum att nästan all sill i Hjärup påträffades i den halva av anläggningen som preparerades fram inne. Endast nio sillben tillvaratogs i fältsituationen, jämfört mot drygt 900 i den sållade fraktionen, varför frekvensen av sill rimligen borde varit betydligt högre om allt material från gropen sållats.

Tillvaratagande av torsk och sill: En studie av den anatomiska representativiteten i de olika materialen, som kan indikera differenser i hanteringen av fisken, har koncentrerats kring arterna sill och torsk. Förhållandet mellan dessa båda arter är av störst intresse och de är de mest frekventa arterna i materialen. Sillen i gropen i Hjärup representeras av 600 kotor vilket utgör 63 % av de identifierade elementen. Antalet individer har i detta material beräknats utifrån ett element i kraniet, *prooticum*, som gav 117 individer. Hade beräkningen baserats på kotor hade endast 19 individer kunnat beläggas trots att fler kotor än huvudben bevarats. Torsken representeras av 2692 kotor, 55 % kotor av identifierade element. Utifrån ett kranieben, *parasphenoideum*, påvisades 132 individer i anläggningen, vilket innebär att en beräkning av detta antal individers kotor skulle ha uppgått till nästan 7300, alltså mer än dubbelt så många som påträffades. En felkälla som måste beaktas är att kotor generellt sett har större möjlighet att bevaras utifrån morfologiska och tafonomiska orsaker. Andelen bevarade huvudben utgör således troligen endast en del av den ursprungligen deponerade mängden. Jag har tolkat anläggningen som en avfallsgrop invid en plats där rensning av fisk har utförts.

Avfallsgropen i Häljarp innehåller en mycket hög andel kotor av sill (1308 st.), de utgör 85 % av det totala antalet element. Utifrån beräkningar av antalet individer baserade på kranieben, *prooticum*, respektive kotor ger dock ett samstämmigt resultat på 26 respektive 29 individer trots det låga antalet bevarade huvudben. Det valda kranieelementet är dock betydligt robustare än övriga kranieelement av sill. Torsken representeras av 355 kotor, 40 % av identifierade element. Individberäkning baserad på *vertebra I* ger endast 11 individer medan ett kranieben, *parasphenoideum*, tyder på att 42 torskar finns i materialet. Gropen har av arkeologerna tolkats som en del av ett köksavlopp invid huset. Men då rännan från huset till gropen endast innehöll enstaka fiskben anser jag det möjligt att viss aktivitet såsom rensning av fisk ändå kan ha skett utanför huset och avfallet kan ha hamnat i samma grop.

Fiskmaterialet från köksgolvet i Tuna by innehåller en förbluffande stor andel kotor av sill, (4764 st.), vilken utgör 98 % av de identifierade elementen. En beräkning av antalet individer har baserats på kotorna då så få huvudben bevarats och 87 individer har belagts. Hade beräkningen baserats på det mest frekventa kraniebenet, *prooticum*, hade slutresultatet blivit endast 17 individer. Även torsken representeras av ett stort antal kotor, 75 % av elementen (631 st.). Utifrån antalet kotor kan 13 individer beläggas, men om man baserar beräkningen på *vertebra II* representeras torsken av 24 individer. Det mest frekventa huvudbenet, *praemaxillare*, ger endast 11 individer. Jag tolkar materialet som rester efter tillagning och konsumtion dels utifrån materialets sammansättning och dels utifrån fyndplatsen inne i huset. Att sillen representeras av så hög frekvens kotor beror på att denna art konserverats, tillagats och serverats hel.

Även i materialet från golvlagren i Kyrkheddinge representeras sillen av en mycket stor andel kotor (6026 st.), 92 %, av identifierade element av arten. Minsta antalet individer baserat på det samlade antalet kotor är 120 medan en beräkning på *vertebra I* eller kranieben endast skulle gett 87 individer. Av torsk har däremot en mindre andel kotor påträffats (385 st.), 28 %, av identifierade element. I materialet har utifrån förekommande kranieben 51 individer registrerats. Hade beräkningen baserats på *vertebra II* innehöll materialet 23 individer medan en beräkning på samtliga kotor gav endast 7 individer. Den låga procentandelen kotor stämmer väl överens med frekvensen kotor kontra huvudben som borde vara representerade i ett fiskbensmaterial om hela individer deponerats under förutsättning att allt bevarats. Torsken representeras alltså av en förvånande stor andel ben från huvudregionen vilket borde utgöra rester av rensning av fiskarna. Att denna verksamhet tydligen utförts inne i huset kan kanske förklaras av att merparten av torskarna i detta material var relativt små, mellan 35 och 50 centimeter. Materialet består troligen av en kombination av rester från rensning och tillagning respektive förtäring.

Övriga arter: Utöver torsk, sill och flundror har enstaka element av kolja, horngädda, tejstefisk och gädda registrerats i materialet från Hjärup. Även gropen i Häljarp innehöll ben av kolja och horngädda fast i något större antal liksom av abborre och gädda. Här identifierades också enstaka element av pigghaj, knorrhane, ål, braxen, mört och familjen karp. Från köksgolvet i Tuna by registrerades enstaka ben av vitling och horngädda samt ett större antal ben av ål. Ålen var även ganska rikligt förekommande i Kyrkheddinge liksom abborre och familjen karp. Fynden

Figur 7. Ben av torsk från Häljarp. Foto: Staffan Hyll.
Cod bones from Häljarp.

av den sistnämnda arten utgörs dock nästan uteslutande av fjäll. Dessutom identifierades enstaka element av kolja, vitling, horngädda och gädda. Horngäddan utgör en viktig säsongsindikator, då denna art simmar ner genom Öresund på senvåren/försommaren mot lekplatser i Östersjön för att sedan återvända samma väg i augusti. Ålen fiskas vanligen under höstens s.k. ålamörker längs Skånekusten. Limniska arter indikerar husbehovsfiske i närliggande vattendrag men gädda och abborre kan även ha fiskats i Öresund. Övriga marina arter utgör troligen bifångst till ett fiske inriktat på sill och torsk.

Fiskrens i gropar – matrester på golv

Marina arter dominerar på samtliga fyra lokaler. Värdena är mycket höga, mellan 96 och 100 %, oberoende av avstånd till kusten. Beräkningarna är baserade på antalet identifierade fragment (NISP). Individuellt och tillsammans representerar limniska arter endast enstaka procentandelar. Det är uppseendeväckande att andelen limniska arter procentuellt endast utgör 4 % i materialet från Kyrkheddinge, en lokal som är belägen 13 kilometer in från kusten. Materialet från Tuna by på ön Ven mitt i Öresund, innehåller av naturliga skäl endast marina arter. Torsk, sill och flundror dominerar de marina arterna på samtliga lokaler. Dessa arter har genom tiderna utgjort de viktigaste matfiskarna i regionen. Frekvensen mellan dessa tre fiskgrupper, baserat på antalet fragment, varierar dock mellan lokalerna. I järnåldersmaterialet från Hjärup utgör torsken 90 %, i det vikingatida Häljarp uppgår andelen torsk och sill till 30 % respektive 50 %. Det tidigmedeltida fiskbensmaterialet från Ven domineras starkt av sill, 80 %, liksom materialet från det medeltida Kyrkheddinge.

Generellt sett innehåller gropar större mängder fiskben än kulturlager, vilket i och för sig även kan innebära närvaro av fler arter och ett högre individtal. I denna studie utgörs lagren dock av golvlager inne i hus, vilket gör att resultaten delvis blivit annorlunda än om det varit frågan om kulturlager i allmänhet. Likaså kan bevaringsgraden vara högre i en grop, då benen efter deponering ofta täckts över relativt snabbt och inte utsatts för fragmenteringsprocesser i lika hög grad som matrester, som hamnar på golvytor där de dels kan trampas på dels äts upp av husdjur. Denna skillnad är inte direkt iakttagbara i dessa material, då fiskbensmaterialen från golvlagren i Tuna by och Kyrkheddinge är mycket välbevarade och representerar ett rikt artspektra och ett stort antal individer. Även gropen i Häljarp uppvisar ett stort antal arter och ett högt individtal, trots att det endast uppgår till cirka 400 gram, medan det mycket omfattande materialet från Hjärup visserligen innehåller ett extremt stort antal individer, men är relativt artfattigt. Jämfört med Häljarpsgropen innehöll avfallsgropen i Hjärup faktiskt mer än tio gånger så mycket fiskben.

En sammanfattande jämförelse av anatomisk representativitet för arterna sill och torsk i gropar kontra golvlager visar att golvlagren innehåller en mycket hög frekvens kotor av sill. Dessa utgör troligen matrester som hamnat på golvet efter måltiden och av någon anledning inte städats bort. Men även avfallsgroparna och då särskilt gropen i Häljarp innehåller en hög frekvens sillkotor. Detta fenomen kan inte förklaras utifrån kända mönster för hantering och konsumtion av denna art, utan har troligen tafonomiska orsaker. Groparna i Hjärup och Häljarp innehåller måttliga mängder kotor av torsk. Variationen är större om man jämför golvlagren i Tuna by och Kyrkheddinge. Köksgolvet i det förstnämnda materialet innehåller ju en mycket hög andel kotor av torsk, 75 %. Golvlagren i Kyrkheddinge innehåller en relativt låg andel torskkotor, 28 %, vilket överensstämmer med antagandet att torsken rensats på annan plats, kanske utomhus invid en grop. Min tolkning är att större torskar har rensats på för denna aktivitet särskild plats utomhus och även filéats, varvid kotorna hamnat i en avfallsgrop. Däremot kan torskhuvuden mycket väl tagits in i köket för att användas som ingrediens i soppa eller buljong. Likaså kan mindre torskar ha tillagats i helt tillstånd. Jag är fullständigt övertygad om att alla användbara delar av fiskkropparna tagits väl till vara.

Fiskerättigheter, fiskemetoder och vidare hantering av fisken
Fiskerättigheter

Från medeltida litterära källor vet vi att allt vatten i Skåne enligt lag var allmänningsvatten. Kungen kunde dock disponera och förläna specificerade fiskevatten till enskilda personer eller kyrkan. I Skånelagen beskrivs allmänningsrätt till fiske i åar och sjöar även om angränsande mark var privatägd, men fiske med fasta redskap var ej tillåtet (Cervin 1984, s. 18). I övriga medeltida danska lagar beskrivs dock att fisket var uppdelat på olika delägare, någon allmänningsrätt motsvarande den i Skåne nämns ej. Segelbara åar tillhörde kronan liksom det kustnära vattnet. Viss reglering skedde vad gäller fasta redskap, såsom nätmaskornas storlek och utformningen av fiskegårdar. Fisknät med ändamålet att tjäna som mall för lokal tillverkning av nät omtalas ha funnits upphängda i städernas rådhus. Nutida fiskestadga vad avser Skånes västkust, baseras på att fiske med fasta redskap anses belagt där alltsedan "dansktiden" och därför ska vara allmänt (a.a. s. 176). Regalrätten försvann i fiskestadgan från år 1766.

Husbehovsfisket har troligen förekommit under alla tidsperioder. Säsongsvariation i tillgången på olika fiskarter liksom årstidsmässsiga fluktuationer inom jordbruksarbetet har påverkat omfattningen av den bedrivna fiskeverksamheten. Yrkesbenämningen fiskare är inte känd under medeltiden och det har säkert sin förklaring i att fisket bedrivits som en bisyssla långt fram i tiden. Husbehovsfiske och även en speciell form av säsongsfiske levde kvar ända fram i förra seklet. Exempelvis finns bevarade och ännu levande rester av mindre fiskesamhällen på Gotlands kust där bönderna sommartid flyttade ut för att bedriva fiske under längre perioder, då jordbruket krävde en lägre arbetsinsats. Fiskelägena utgjordes av mindre radbyar av permanenta fiskestugor ägda av gårdarna längre in på ön. Ibland byggdes även mindre kapell i dessa byar.

Gränsen mellan maritima och agrara näringar var under äldre tider diffus. Befolkningen har i skiftande utsträckning haft tillgång till fiskevatten i hav, insjöar, floder och bäckar och fiskade till husbehov. Förutom själva fisket, skulle redskapen tas om hand, näten rensas och torkas, fisken rensas och säljas, båten skötas, näten repareras och förberedas för nästa dags fiske. Förmodligen involverades hela familjen; även barnen fick hjälpa till att plocka fisk och reda ut nät. Skriftliga belägg från 1000-talet och några århundraden framåt beskriver ett sillfiske av kommersiell natur i södra Östersjöregionen (Norman 1993, s. 75). Det stora sillfisket som bedrevs vid Skanör/Falsterbo under medeltid skiljde sig mycket från det allmänna fisket. Sillfisket bedrevs med sättgarn och drivgarn i södra Öresund. Det omfattande fisket var strikt reglerat, dessa förordningar gällde fiskets utförande, sillköp och transport, sillens beredning, tull och andra avgifter samt den allmänna ordningen (Eydal 1944, s. 86). Utvecklingen av fisket var inte bara beroende av den rikliga tillgången på sill, utan även av tillgången på salt för konservering av fisken samt tillgången till en marknad för att avyttra fångsten. Ett kommersiellt fiske baseras på fyra viktiga produktionsfaktorer: naturresurserna och rätten till fiske, fångstkapital (båt och redskap), arbetsinsats och expertis (specialkunskaper om fångstmetoder och kännedom om fiskens förflyttningar) (Löfgren 1974, s.125). Genom tiderna har det förekommit periodiska växlingar i tillgången på sill; kulminationsår inföll med 111 års mellanrum och sillperioderna varade ofta cirka 10 år. Forskare har sökt orsaker till de fluktuerande sillperioderna i solfläckars periodicitet och förändringar i Golfströmmens förlopp. Omläggningen i den oceaniska cirkulationen tros ha förorsakat ändringar i sillens vandring och förflyttning av lekplatser (Rosén & Molander 1923, s. 32ff; Höglund 1998, s. 7).

Fiskemetoder

Fynd av fiskeredskap är förhållandevis sällsynta från järnålder i Skåne, men arterna i sig indikerar vilka metoder som använts. Vardera en nätsticka har dock påträffats i Häljarp och Lilla Hammar. Garnfiske har skett med lösa nät dragna eller kastade från båtar eller uppsatta som fasta bottengarn nära kusten. Kustnära sillfiske med garn innebär att småtorsk och flundror ofta hamnade i näten som bifångst. Även om sillben saknas i ett fiskbensmaterial kan just storleken på individer av torsk och flundra vittna om att fisket ändå varit inriktat på sill. Vid ett fiske inriktat på flatfisk bör garnens maskstorlek ha varit större, vilket innebär att sill och mindre individer av torsk slipper igenom. Kanske tidpunkten för fisket även har valts specifikt. Lin- och krokfiske har säkert skett både från båt med enstaka större krokar eller med flera krokar monterade på långrev liksom fiske från strandkanter. Mjärdar kan ha satts ut i vattendragen, där också andra typer av fällor kan ha nyttjats. Ljuster har använts framförallt vid nattetida ålafiske, men även mindre individer av flundror kan ha ljustrat i strandkanten. Med fisket följer dagliga sysslor som skötsel av de olika redskapen. Garn ska rensas, torkas och lagas, krokar agnas.

Hantering av fisk

Fisk utgör ett födoämne som är tillgängligt året om. Vissa typer av selektivt fiske koncentreras dock till säsonger såsom att sillfiske mestadels skedde under tidiga

Fig. 8. Rensning av fisk. Teckning: Staffan Hyll.
Gutting the fish.

höstmånader. Under såväl förhistorisk som historisk tid har torkning och rökning varit de gängse konserveringsmetoderna men även frysning har förekommit. Alltsedan tillgången på salt ökade under medeltiden praktiserades även saltning, då framförallt av sill. Torkning är den enda av dessa tre metoder som eventuellt kan påvisas i arkeologiska fiskbensmaterial utifrån den anatomiska representativiteten. Material som innehåller stora mängder kotor av torsk samt eventuellt ben från skuldergördeln men saknar ben från fiskens huvud, kan tolkas som torkad fisk som förts till platsen via handel. Medan material som saknar kotor och istället innehåller uteslutande huvudben kan tolkas som rensningsplatser, där fisken preparerats inför torkningsprocessen. I torkat fiskkött har vattenhalten minskat från ursprungliga cirka 80 % till 15 %. Torsk som torkats enligt konstens alla regler och sedan förvaras svalt, torrt och luftigt har en hållbarhet inte bara fram till nästa fiskesäsong utan i åratal.

Under medeltiden tillkom möjligheten att salta fisk, framför allt sill, i och med import av salt från kontinenten. I allmänhet anger källorna att saltningsmetoden uppfanns av holländaren Beukels år 1416 (Grøn 1927, s.117). Då avses en dubbel saltningsprocedur med en inledande torrsaltning som sedan följs av en indränkning med saltlake. Saltning av sill kan dock vara väsentligt äldre; en skotsk källa omtalar att metoden brukades i Skottland redan på 500-talet efter Kristus (a.a. 1927 s. 117). Kanske har saltning av sill även förekommit i Skandinavien tidigare än vad som hittills kunnat beläggas. Ursprungligen har troligen en enkel saltning utförts. I ett fiskbensmaterial framtaget ur sedimentprover ur medeltida gropar, från Selsø-Vestby invid Roskildefjorden på Själland, har Inge

Bødker Enghoff påvisat vad hon tolkar vara en medeltida sillindustri (Bødker Enghoff 1996). Anmärkningsvärt är att det omfattande materialet består uteslutande av ben från gälregionen av nästan 2000 sillar. Dessa ben tas bort i samband med att sillen urgälas före insaltning. Vikingatida material från samma lokal tyder på ett mer varierat fiske där flundra, torsk och sill varit de viktigaste matfiskarna. Den procentuella andelen sill på lokalen ökar kraftigt från 18 till 100 % från vikingatid och fram till medeltid. I det vikingatida materialet finns ben från alla kroppsregioner av sillen. Det rör sig alltså om hela sillar som deponerats, och gälning kan inte påvisas i detta äldre material.

Sill har, i egenskap av leverantör av protein och fett, genom tiderna varit en viktig matfisk för kustbefolkningen kring Öresund och Östersjön. Arten ökar i betydelse som handelsvara först i samband med användandet av salt som konserveringsmedel, eftersom sillen inte lämpar sig för torrkonservering. Inte heller rökad sill tål någon längre transportsträcka. Torkad torsk har varit mycket viktigare som handelsvara, då denna var lämpligare att transportera samt tål att lagras under mycket lång tid Från medeltid finns belägg på handel med torkad torsk från västkusten samt Nordnorge, likaså har handel skett med torkad gädda från Norrland (Vretemark 1982, s. 291; Jonsson 1986, s. 127; Sten 1995; Vretemark 1997).

Preferenser i födovalet, selektivt fiske eller handel med fisk?

Specialstudien av de fyra omfattande materialen från Hjärup, Häljarp, Tuna by och Kyrkheddinge visar att det krävs mycket stora material för att få fram tillförlitliga resultat. Generellt indikerar artförekomst respektive anatomisk representativitet i de skånska fiskbensmaterialen ett lokalt fiske. Då som nu utgör sill, torsk och flundror de viktigaste matfiskarna fångade längs Skånekusten. Sill och torsk utgör mer än 80 % av identifierade fiskarter på skånska järnålderslokaler, supplerade med sporadiska förekomster av andra marina samt limniska och migrerande arter. Resultaten indikerar ett selektivt fiske inriktat på framför allt sill och torsk men även i viss mån flundra, där övriga marina arter utgör bifångst. Limniska arter är troligen rester av husbehovsfiske i vattendrag nära boplatserna. Horngädda och makrill kan utnyttjas som säsongsmässiga indikatorer. De fångas nära kusten framför allt på våren/försommaren, då de befinner sig på vandring genom Öresund till lekområden i Östersjön.

Benen av torsk från majoriteten av de skånska lokalerna härrör från mindre till medelstora individer, fram för allt mindre. Detta faktum indikerar garnfiske, troligen kustnära sådant. De allra minsta torskarna utgör bifångst till sillfiske med fasta bottengarn i strandzonen. Detsamma gäller mindre flundror som särskilt sommartid uppehåller sig nära kusten. Endast i undantagsfall förekommer ben från meterstora torskar. Dessa har fångats på krok på betydligt djupare vatten. Sillen är ofta underrepresenterad, både som individ och art även i stora material med rikt artspektra. Orsaken är att sillen utifrån sin storlek och morfologi haft sämre möjlighet till bevaring samt varit svår att hitta särskilt då jorden ej sållats. Sillens vandring genom Öresund under höstmånaderna mot lekplatser i Östersjön gav under medeltiden stora möjligheter för ett sillfiske av omfattande dimensioner. Detta fiske är väl dokumenterat i skrivna källor. De här redovisade resultaten av analyser av fiskbensmaterial från västra Skåne indikerar att sillen redan under järnåldern förekommit rikligt i dessa vatten, och att ett omfattande fiske av arten bedrivits.

Tafonomiska processer efter deponering och utgrävningsmetoder har haft stor betydelse för materialens sammansättning och representativitet. I gynnsamma fall som Hjärup, Häljarp, Tuna by och Kyrkheddinge indikerar analysresultaten såväl preferenser i födoval, selektivt fiske som handel med fisk. Fiskbenen i Hjärup representerar en enskild händelse, de har ej deponerats under en längre tid och avspeglar något helt annat än de fiskben som påträffats spridda i kulturlager på den närliggande centralplatsen Uppåkra. Det relativt korta avståndet till kusten innebär att det är fullt möjligt att fiskare från Hjärup landat den stora fångsten. Avfallet från rensningen har sedan slängts i gropen, stanken har varit fruktansvärd och gropen snabbt fyllts igen. Benen från Uppåkra däremot representerar fiskar transporterade till boplatsen, konsumerade vid olika tillfällen och i skilda sammanhang och följaktligen otaliga deponeringar vid olika tidpunkter under platsens brukningstid. Exakta beräkningar på respektive enskilda individers köttvikt har ännu ej genomförts på torskar och sillar från Hjärup och Uppåkra, men ett enkelt räkneexperiment kan vara intressant i detta sammanhang för att tydliggöra skillnaden i mängden fisk från dessa lokaler med så olika funktion. I Uppåkra skulle fisken representera ungefär 10–15 kilo fiskkött av torsk och 1,5 kilo kött av sill. Fisken i Hjärup representerar en helt annan verklighet. Här måste mer än 150 kilo rent kött av torsk och drygt 10 kilo kött av sill varit resultatet av hanteringen av fångsten. Det är knappast troligt att en så stor mängd fiskkött förtärts vid ett enda tillfälle på boplatsen. Antingen har den rensade fisken transporterats till andra närliggande lokaler som Uppåkra eller så har den preparerats för senare bruk.

Avståndet till kusten har inte haft någon betydelse vare sig för antalet fiskade arter eller artsammansättningen i de västskånska materialen. Troligen har platsens funktion spelat en större roll. Gränsen mellan maritima och agrara näringar var under äldre tid diffus. Befolkningen har i skiftande utsträckning haft tillgång till fiskevatten i hav, insjöar, floder och bäckar och fiskade till husbehov. Kontrollen över de exploaterade naturresurserna var dålig och verksamheten innehade många osäkerhetsmoment. Även för sentida fiskare var sillfisket en hasardartad fångstaktivitet; sillstimmen var inte en resurs man skördade varje säsong utan ett byte som måste lokaliseras, förföljas och fångas. Fisken flyttar sig efter årstider och vattentemperatur. Den rörliga sillen var den mest oberäkneliga av de marina resurserna fiskaren exploaterade.

I ett agrart samhälle med husbehovsfiske var behovet av handel med fiskprodukter begränsat. Först i samband med urbaniseringen förändrades denna situation.

Således kan ansamlingar av människor på marknadsplatser och i städer, med olika professioner och begränsade möjligheter till självhushållning, antas ha resulterat i en ökad efterfrågan på olika matvaror – inklusive fisk. Fiskbensmaterialen från Västskåne indikerar en relativt varierad tillgång på fisk. Detta måste ha inneburit att någon form av organiserad distribution kan ha funnits även före medeltid. Regional handel över kortare distanser har dock med all säkerhet skett med färsk fisk. Inpackad i våt halm eller tång kan fisken ha transporterats längre sträckor, särskilt vid kall väderlek, åtminstone en dagsmarsch bort. Till lokaler belägna vid farbara åar kan transporttiden vara kortare. Distributionen kan ha inriktats mot handelsplatser eller marknader i städer eller skett direkt till konsumenten via kringvandrande fiskmånglare och sillagummor. De skånska fiskbensmaterialen indikerar att det framför allt var marina arter som har distribuerats.

Möjligheten att preparera fisken och därmed förvara den under längre perioder såväl som långväga transporter är avgörande för en kommersialisering av fisket samt utveckling av handeln med fiskprodukter. Torkning av olika fiskarter framför allt ur familjen torsk, men även av gädda, har med all säkerhet en mycket lång historia i Norden. När saltning av sill introducerades är däremot svårt att besvara. Troligen saltades fisk redan under vikingatid även om saltning som metod kulminerade i samband med det stora sillfisket i Öresund där såväl export av sillen som import av det nödvändiga saltet kontrollerades av Hansan.

Not

[1] Basinformation rörande i texten omnämnda fiskarter är hämtade ur *Våra Fiskar* av Kaj Curry-Lindahl (1985), *Havsfisk och fiske i Nordvästeuropa* (1999) respektive *Sötvattensfisk och fiske* (1990) av Bengt J. Muus och Preben Dahlström, *Die spät- und postglaziale Faunengeschichte der Süsswasserfische Schwedens* (2001) av Johannes Lepiksaar samt Unesco's verk *Fishes of the North-eastern Atlantic and the Mediterranean* i tre volymer (1989).

Summary
Marine Nutrition

Despite their individually tiny size and the sometime modest weight of the assemblages, bones of fish yield a wealth of information enabling us to detect traces of preferences in food, selective fishing and trade with fish. Fish is an extraordinarily important nutritional resource, providing protein as well as vitamins, minerals and fat, available all the year round. This research is based on fishbone assemblages from 30 locations in western Scania, dated to the Iron Age and Middle Ages. The sieved materials from Hjärup, Häljarp, Tuna By and Kyrkheddinge have provided the most comprehensive results.

Generally the study indicates local fishing and trade within the region. Then as now herring, cod and flounder were the most important species. More than 80% of the material from Scanian sites consists of herring and cod, supplemented with minor frequencies of other marine as well as limnic and migrating species. The results indicate selective fishing for herring and cod and in some cases possibly flounder, with other marine species as a by-catch. Selective fishing for some species was seasonally concentrated. Although finds of fishing equipment are scarce, identified species as well as the size of the fish indicate fishing with nets close to the shore. Sporadic occurrences of limnic species derive from fishing in brooks close to the settlements.

Fishing for herring in Scanian waters during the Middle Ages is well documented in contemporary written sources. This study indicates that herring as a species was abundant already during the Iron Age, and that comprehensive fishing was carried on. The distance from the shore was of no significance. The material indicates a varied supply of fish and a distribution of marine species during the Iron Age.

Näring från havet

Sållade	Lokal	torsk	sill	f. flundra	kolja	vitling	sej	kummel	f. torsk	skrubbskädda	rödspätta	piggvar	f. var	horngädda	pigghaj	sillhaj	rötsimpa	knorrhane	tejstefisk	ål	stör	f. lax	abborre	gädda	braxen	mört	id	sutare	f. karp	summa
x	Hjärup	4888	946	6	1	0	0	0	3342	0	0	0	0	1	0	0	0	0	1	0	0	0	4	4	0	0	0	0	0	9189
x	Håslöv/Räng	25	5	1	0	0	0	0	0	0	0	0	0	0	0	0	0	0	0	0	0	0	0	0	0	0	0	0	0	31
	L.Hammar	0	0	2	0	0	0	0	0	0	0	0	0	0	0	0	0	0	0	0	0	0	0	0	0	0	0	0	0	3
x	St.Hammar	0	0	10	0	0	0	0	0	0	0	0	0	0	0	0	0	0	0	0	0	0	0	0	0	0	0	0	0	10
x	Uppåkra I	10	319	6	0	0	0	0	0	0	1	0	0	0	0	0	0	0	0	0	0	1	36	4	4	4	0	0	0	399
	Fosie IV	74	4	0	0	0	0	0	0	0	0	0	0	0	0	0	0	0	0	0	0	0	0	0	0	0	0	0	0	78
	Fjelie	653	0	0	0	0	0	0	0	0	0	0	0	0	0	0	0	0	0	0	0	0	0	0	0	1	0	0	0	654
x	Uppåkra II	184	309	4	0	0	0	0	0	0	0	3	0	23	0	0	0	0	0	3	0	8	80	24	48	9	6	0	5	706
	Dagstorp	6	255	0	0	0	0	0	0	0	0	0	0	0	0	0	0	0	0	0	0	0	0	0	0	0	0	0	0	261
	Flädie	3	0	0	0	0	0	0	0	0	0	0	0	0	0	0	0	0	0	0	0	0	0	0	0	0	0	0	0	3
	Bjärred	1	0	0	0	0	0	0	0	0	0	0	0	0	0	0	0	0	0	0	0	0	0	0	0	0	0	0	0	1
	V.Karaby	55	0	0	0	0	0	0	0	0	0	0	0	0	0	0	0	0	0	0	0	0	0	0	0	0	0	0	0	55
	Fredriksberg	2786	0	0	0	0	0	0	0	0	0	0	0	0	0	0	0	0	0	0	0	0	0	0	0	0	0	0	0	2786
	Löddeköpinge	719	11	0	0	0	1	0	0	0	7	0	0	0	0	0	0	0	0	0	0	1	4	0	1	0	4	0	4	751
x	Häljarp	1171	1620	253	14	0	0	0	141	0	0	0	0	74	1	0	0	1	0	0	0	0	90	15	1	1	0	0	10	3401
	Gårdstånga	18	127	77	0	0	0	0	0	0	0	0	0	0	0	0	0	0	0	0	0	0	4	1	1	1	0	0	1	230
	Särslöv	0	0	0	0	0	0	0	0	0	0	0	0	0	0	0	0	0	0	1	0	0	0	0	0	0	0	0	0	1
	Trehögsparken	9	89	11	0	0	0	0	0	0	0	0	0	0	0	0	0	0	0	0	0	0	0	0	0	0	0	0	0	109
	Oxie	56	80	4	0	0	0	0	0	0	0	0	0	0	0	0	0	0	0	0	0	0	0	0	0	0	0	0	0	140
	Önnerup	216	196	4	1	0	0	0	0	6	0	0	0	0	0	0	1	1	0	0	0	0	0	0	0	0	0	0	0	427
x	Tuna by	842	4881	236	11	0	0	0	0	0	0	0	0	9	0	0	0	0	0	74	0	0	0	0	0	0	0	0	0	6049
	Lund	1468	11	24	11	0	1	0	0	0	0	0	0	0	0	0	0	0	0	1	2	3	4	30	3	0	1	0	0	1558
x	Trelleborg	1963	59	92	6	0	0	1	83	4	0	0	0	24	0	0	0	0	0	14	0	0	5	1	10	1	17	2	4	2287
	Säby	87	17	19	1	0	0	0	0	0	0	0	0	0	0	0	0	0	0	1	0	0	0	0	0	0	0	0	0	125
	Malmö	46	143	0	0	0	0	0	0	0	0	0	0	0	0	0	0	0	0	0	0	0	0	0	0	0	0	0	0	189
	Helsingborg	16	62	13	0	0	0	0	0	0	0	0	0	0	0	0	0	0	0	0	0	0	0	0	0	0	0	0	0	91
x	Kyrkheddinge	1359	6538	148	2	0	0	0	0	4	3	0	0	2	0	0	0	0	0	114	0	0	79	8	1	0	0	0	242	8502
x	öv. Glumslöv	59	4	765	12	0	0	0	0	0	17	0	34	1	0	0	0	0	0	0	0	0	12	0	0	0	0	0	0	904
	Rya	0	0	6	0	0	0	0	0	0	0	0	0	0	0	0	0	0	0	0	0	0	0	0	0	0	0	0	0	6
	Dösjebro	7	0	1	2	0	0	0	0	0	0	0	0	0	0	0	0	0	0	0	0	0	0	0	0	0	0	0	0	10
		16721	15676	1682	51	3	1	1	3567	10	32	3	34	142	1	1	1	2	1	209	17	13	314	88	68	13	29	2	274	38956

Tabell 1. Antal identifierade element per art och boplats.
Number of identified specimens registered by species and settlement.

Referenser

Bergquist, H. & Lepiksaar, J. 1957. *Animal skeletal remains from Medieval Lund*. Archaeology of Lund. Studies in the Lund excavation material. Lund.
Berlin, H. 1936. Benfynd från järnåldersboplatsen i Uppåkra. I: Vifot, B-M. Järnåldersboplatsen vid Uppåkra. *Kungliga Humanistiska Vetenskapssamfundet i Lund. Årsberättelse 1935-36*, s. 341-343.
Björhem, N. 2000. Land och hav. I: *Föresundsförbindelsen*. Malmö, s. 197.
Björhem, N. & Säfvestad, U. 1993. *Fosie IV. Bebyggelsen under brons- och järnålder*. Malmöfynd 6. Malmö.
Boessneck, J. 1979. *Die Fauna. Eketorp, Befestigung und Siedlung auf Öland/Schweden*. Stockholm.
Bullock, A. E. & Jones, A. K. G. 1998. Dispersal of Fish Waste. I: Jones, A. K. G. & Nicholson, R. A. red. *Fishes and humankind II*. Internet Archaeology.
Bødker Enghoff, I. 1996. A medieval herring industry in Denmark, and the importance of herring in eastern Denmark. *Archeaofauna 5*. Madrid, s. 43-47.
Bødker Enghoff, I. 1999. Fishing in the Baltic Region from the 5th century BC to the 16th century AD: Evidence from Fish Bones. *Archaeofauna 8*. Madrid, s. 41-85.
Bødker Enghoff, I. 2000. Fishing in the Southern North Sea Region from the 1st to the 16th century AD: Evidence from Fish Bones. *Archaeofauna 9*. Madrid.
Cardell, A. 1995. Analys av fiskbensmaterialet från kvarteret Taltrasten 60. I: Cardell, A. Kvarteret Taltrasten 60, Simrishamn, *Riksantikvarieämbetet UV Syd Rapport* 1995:32.
Cardell, A. 1997a. Fiskbensanalys. I: Edring, A. Ett gårdskomplex från vikingatid/tidig medeltid, Fjälkinge 48:15. Skåne. *Länsmuseet i Kristianstad Rapport* 1997:9.
Cardell, A. 1997b. Preliminär rapport av osteologisk analys. I: Söderberg, B. Skåne, Vellinge, Håslöv, Räng och Storta Hammars socknar, Vattenledning Vellinge-Höllviken. *Riksantikvarieämbetet UV Syd Rapport* 1997:68, s. 32.
Cardell, A. 1997c. Osteologisk rapport, djurbensmaterial. I: Svensson M. & Karsten P. red. Skåne, Malmöhus län, Järnvägen Västkustbanan. Avsnittet Landskrona- Kävlinge. Arkeologisk förundersökning, Vol. 2. *Riksantikvarieämbetet UV Syd Rapport* 1997:83.
Cardell, A. 1998a. Osteologisk analys av fiskbensmaterialet. I: Naturvetenskapliga analysresultat från en yngre Järnåldersboplats i Hjärup. Bilaga till Runcis, J. Gravar och boplats i Hjärup. *Riksantikvarieämbetet UV Syd Rapport* 1998:1.
Cardell, A. 1998b. Analys av fiskbenen från Kyrkheddinge. I: Schmidt Sabo, K. Kyrkheddinge bytomt. *Riksantikvarieämbetet UV Syd Rapport* 1998:5.
Cardell, A. 1998c. Preliminär osteologisk analys av djurbensmaterial från Rya. I: Arthursson, M. Rya – en medeltida bytomt och en förhistorisk boplats. *Riksantikvarieämbetet UV Syd Rapport* 1998:21.
Cardell, A. 1999a Osteologisk analys av djurbensmaterialet från Säby medeltida bytomt. I: Kriig, S. & Thomasson, J. Vikingatida och medeltida gårdslämningar i Säby. *Riksantikvarieämbetet UV Syd Rapport* 1999:4.
Cardell, A. 1999b. Analys av fiskbensmaterialet från St. Hammar 16:178. I: Pettersson, C.B. & Torstensdotter Åhlin, I. Ett schakt över näset. *Riksantikvarieämbetet UV Syd Rapport* 1999:42.
Cardell, A. 1999c. Osteologisk analys av djurbensmaterialet. I: Becker, N. De vendeltida gårdslämningarna i Dagstorp. *Riksantikvarieämbetet UV Syd Rapport*. 1999:62.
Cardell, A. 1999d. Osteologisk analys av djurbensmaterialet. I: Thomasson, J. "..en kronan tillhörig ödegrund" Ett härläger eller en krog från slutet av 1500-talet intill bron vid Dysiae. *Riksantikvarieämbetet UV Syd Rapport*. 1999:91.
Cardell, A. 1999e. Osteologisk analys av djur- och fiskbensmaterialet från Häljarp. I: Kriig, S. & Thomasson, J. Den vikingatida/tidigmedeltida bebyggelsen i Häljarp. *Riksantikvarieämbetet UV Syd Rapport*. 1999:95.
Cardell, A. 1999f. Osteologisk analys av benmaterialet från Ö. Glumslöv. I: Schmidt Sabo, K. Gårdar i Övre Glumslöv från stenålder till nyare tid. *Riksantikvarieämbetet UV Syd Rapport*. 1999:102.
Cardell, A. 2000. Analys av fiskben. I: Petersson, C. B. Kvarteret Minerva – med hantverket i centrum. *Riksantikvarieämbetet UV Syd Rapport*. 2000:36.
Cardell, A. 2001 Tafonomi, sill, sållning och slump. I: Larsson, L. red. *Uppåkra – centrum i analys och rapport*. Uppåkrastudier No 4. Acta Archaeologica Lundensia. Series in 8°, No 36, Stockholm, s. 97-112.
Cardell, A. Manus.a. Benen från Ven.
Cardell, A. Manus.b. Osteologisk analys av fiskben från Fosie IV.
Cardell, A. Manus.c. Lost & Found – a Methodical Study of Fish Bone Retrieval.
Cardell, A. Manus.d. Fisk & Fiske i Åhus.
Cervin, U. 1984. *Land och strand; fiskerättsliga studier*. Lund.
Curry-Lindahl, K. 1985. *Våra Fiskar. Havs- och sötvattensfiskar i Norden och övriga Europa*. Stockholm.
Efremov, J. A. 1940. Taphonomy, a New Branch of Paleontology. *Pan-American Geology 74*, s. 81-93.
Ekman, J. 1973. Early Medieval Lund – the fauna and the landscape. *Archaeologica Lundensia 5*. Lund.
Ericson, P. G. P. 1996. Tama och vilda djur på fem skånska boplatser daterade till bronsålder, järnålder och medeltid. I: Räf E. red. Skåne på längden. *Riksantikvarieämbetet UV Syd Rapport* 1996:58, s. 355-392.
Ericson, P. G. P., Iregren, E. & Vretemark, M. 1988. Animal Exploitation at Birka – a preliminary report. *Fornvännen 83*. S. 81-88.
Eriksson, H. S. 1980. *Skånemarkedet*. Århus.
Eydal, A. 1944. *Havets silver, en bok om sillen*. Stockholm.
Grøn, F. 1927. *Om kostholdet i Norge indtil aar 1500*. Oslo.
Hallström, A. 1979. Die Fishknochen. I: Boessneck, J. *Die Fauna. Eketorp, Befestigung und Siedlung auf Öland/Schweden*. Stockholm, s. 422-292.

Höglund, H. 1998. Har det nordiska sillfisket varit periodiskt? *Fiskeriverket information* 2:1998.

Johansson, F. 1999a. Osteologisk analys av djurbenen från Lilla Hammar 15:1, Stora Hammar sn, Skåne. I: Pettersson, C. B. & Torstensdotter Åhlin, I. Invid sagans Halör? *Riksantikvarieämbetet UV Syd Rapport.* 1999:24.

Johansson, F. 1999b. Osteologisk undersökning av djurben. I: Jacobsson, B. Trelleborgen i Trelleborg. *Riksantikvarieämbetet UV Syd Rapport.* 1999:93.

Johansson, F. 2000. Osteologisk analys. I: Svanberg, F. & Söderberg, B. *Porten till Skåne. Löddeköpinge under järnålder och medeltid.* Riksantikvarieämbetet Skrifter No 32. Lund. cd-rom.

Johansson, F. 2001. Material från utgrävningen för Öresundsförbindelseprojektet. Fredriksberg 13A och 13B. Rapport Malmö Kulturmiljö.

Jones, A. K. G. 1984. Some effects of the mammalian digestive system on fish bones. I: Desse-Berset, N. red. 2nd Fish Osteoarchaeology Meeting. C. N. R. S. Centre de recherches archéologiques. *Notes et Monographies Techniques* 16, s. 61-65.

Jones, A. K. G. 1986. Fish Bone Survival in the digestive system of the pig, dog and man; some experiments. I: Brinkhuizen, D. C. & Clason, A. T. red. *Fish and Archaeology.* BAR. International Series 294, s. 53-61.

Jones, A. K. G. 1999. Walking the cod: an investigation into relative robustness of cod, Gadus morhua, skeletal elements. I: Jones, A. K. G. & Nicholson, R. A. red. *Fishes and humankind III. Internet Archaeology.*

Jonsson, L. 1986. Finska gäddor och Bergenfisk. Ett försök att belysa Uppsalas fiskimport under medeltid och yngre Vasatid. I: Cnattingius, N. & Neveus, T. red. *Uppsala stads historia VII.* Uppsala, s. 122-139.

Jonsson, L. Manus. Fiskben från lerbottnar i Malmö, kvarteret Gråbröder.

Kriig, S. & Pettersson, C. 1996. En vendel-/vikingatida boplats i Bjärred, Skåne, Flädie socken, Bjärred 9:5. *Riksantikvarieämbetet UV Syd Rapport* 1996:61.

Kriig, S. & Thomasson, J. 1999. Den vikingatida/tidigmedeltida bebyggelsen i Häljarp. *Riksantikvarieämbetet UV Syd Rapport* 1999:95.

Lepiksaar, J. 1961. Tierreste der Siedlungen von Valleberga und Rinkaby. I: Strömberg, M. *Untersuchungen zur jüngeren Eidenzeit in Schonen. Textband 1.* Acta Archaeologica Lundensia 4. Lund, s. 220-229.

Lepiksaar, J. 1974a. Trehögsparken, Fosie sn, Skåne. Osteologisk undersökning. I: *Kring Malmöhus.* Malmö Museums årsbok. Årgång 4. Malmö, s. 104-116.

Lepiksaar, J. 1974b. Grophus i Oxie by. Osteologisk undersökning. I: *Kring Malmöhus.* Malmö Museums årsbok. Årgång 4. Malmö, s. 132-146.

Lepiksaar, J.2001. *Die spät- und postglaciale Faunengeschichte der Susswasserfische Schwedens.* Bearbeitet von Heinrich, D. Kiel.

Lougas, L. 1997. *Postglacial development of vertebrate fauna in Estonian water bodies, a paleozoological study.* Tartu.

Lyman, R. L. 1994. *Vertebrate Taphonomy.* Cambridge.

Löfgren, A. 1993. Skåne, St:Ibb sn, Tuna by 13:22. *Riksantikvarieämbetet UV Syd Rapport* 1995:65.

Löfgren, O. 1974. Fiskelägen och sjöfartssamhällen. I: Hellspong, M. & Löfgren, O. *Land och stad.* Lund, s. 100-142.

Löfgren, O. 1977. *Fångstmän i industrisamhället.* Lund.

Mésez, M. & Bartosiewicz, L. 1994. Fish bone preservation and fat content. *Offa 51.* Neumünster, s. 361-364.

Muus, B. J. & Dahlström, P. 1990. *Sötvattenfisk och fiske.* Stockholm.

Muus, B. J. & Dahlström, P. 1999. *Havsfisk och fiske i Nordvästeuropa.* Stockholm.

van Neer, W. & Ervynck, A. 1994. *L'archeologie et le poisson.* Ath.

Nicholson, R. A. 1992. Bone Survival: the Effects of Sedementary Abrasion and Trampling on Fresh and Cooked Bone. *International Journal of Osteoarchaeology* Vol 2, s. 79-90.

Nicholson, R. A. 1995. Out of the frying pan into the fire: what value are burnt fish bones to archaeology? *Archaeofauna* 4, s. 47-64.

Niitemaa, V. 1959. Fiskhandel. *Kulturhistoriskt Lexikon för Nordisk Medeltid.* Viborg.

Noe-Nygaard, N. 1987. Taphonomy in Archaeology with Special Emphasis on Man as a Biasing Factor. *Journal of Danish Archaeology* 6, s. 7-62.

Norman, P. 1993. *Medeltida utskärsfiske.* En studie av fornlämningar i kustmiljö. Nordiska Museets handlingar 116. Stockholm.

Otterstrøm, C. V. 1912-1917. Dansk fauna. Fisk. Volym I-III. Naturhistorisk Forening. København.

Payne, S. 1972. Partial recovery and sample bias. The result of some sieving experiments. I: Higgs, E. red. *Papers in Economic Prehistory.* Cambridge, s. 49-81.

Petrén, T. 1984. *Anatomi, rörelseapparaten.* Stockholm.

Pettersson, C. B. 2002. Kustens mångsysslare. Hammarsnäsområdets bosättningar och gravar i äldre järnålder. I: Carlie, A. red. *Skånska Regioner. Tusen år av kultur och samhälle i förändring.* Riksantikvarieämbetet. Arkeologiska undersökningar Skrifter no 40. Stockholm, s. 596-651.

Pettersson, C. B. & Torstensdotter Åhlin, I. 1999. Ett schakt över näset. *Riksantikvarieämbetet UV Syd Rapport* 1999:42.

Rosén, N. & Molander, A. R. 1923. *Havsfiskar och Havsfisken.* Stockholm.

Runcis, J. 1998. Gravar och boplats i Hjärup. *Riksantikvarieämbetet UV Syd Rapport* 1998:1.

Schmidt Sabo, K. 1998. Kyrkheddinge bytomt, arkeologisk undersökning 1995. *Riksantikvarieämbetet UV Syd Rapport* 1998:5.

Schmidt Sabo, K. 2001. *Vem behöver en by? Kyrkheddinge, struktur och strategi under tusen år.* Riksantikvarieämbetet Arkeologiska undersökningar Skrifter No 38. Stockholm.

Sten, S. 1992. Gårdstånga. Osteologisk analys av djurben från kungsgården Gårdstånga i Gårdstånga socken, Skåne. *Rapport Osteologiska enheten. Statens Historiska Museum* 1992:7. Stockholm.

Sten, S. 1995. Trading with Fish in Medieval Sweden, some examples from archaeological bone finds. *Archaeofauna* 4. Madrid, s. 65-69.

Sten, S. & Ericson, P. G. P. 1993. Analys av djurben från Köksgolvet i ett tidigmedeltida hus på Ven. I: Löfgren, A. Skåne, St:Ibb sn, Tuna by 13:22. *Riksantikvarieämbetet UV Syd Rapport.*

Vretemark, M. 1982. Kött från husdjur och vilt, från fågel och fisk. I Dahlbäck, G. red. *Helgeandsholmen. 1000 år i Stockholms ström.* Stockholm, s. 278-294.

Vretemark, M. 1997. *Från Ben till Boskap.* Skara.

Wheeler, A. & Jones, A. K. G. 1989. *Fishes.* Cambridge.

Whitehead, P. J. P., Bauchot, M.-L., Hureau, J.-C., Nielsen, J. & Tortonese, E. 1989. *Fishes of the Norteastern Atlantic and the Mediterranean.* Vol I-III. Unesco. Paris.

Wigh, B. 2001. *Animal Husbandry in the Viking Age Town of Birka and its Hinterland.* Excavations in the Black Earth 1990-95. Birka Project nr 7. Stockholm.

Muntlig uppgift

Hannelore Håkansson, fil. Dr. Geologiska institutionen, Lunds universitet

DEL IV **LANDSKAP OCH SAMHÄLLE**

FAKTA:
Vadstället vid Tågerup

Magnus Artursson

Strax norr om kyrkan i Saxtorp passerar Västkustbanan en mindre höjdplatå, som med branta sluttningar reser sig över Saxån. Höjdplatån delas idag av väg 110, som skär djupt ned i sluttningarna på båda sidor om ån. Enligt Gerhard Burmans karta från 1684 skall det vid denna tid ha funnits ett vadställe på platsen, varför vägen över ån kan ha gamla anor. På platån på ömse sidor av vägen har vi hittat spåren efter en järnåldersby (Artursson 1999; 2001).

Vad som gjorde undersökningen vid Tågerup speciellt intressant var att vi här hittade lämningarna efter ett vägsystem med ett tillhörande stensatt vadställe. De har kunnat dateras till yngre romersk järnålder och folkvandringstid med hjälp av ^{14}C-dateringar och keramikfynd. Från vadstället kunde vägen följas 135 m åt väster och 25 m åt öster inom undersökningsområdet. I öster bildar vägarna något som liknar en fyrvägskorsning, där vägen grenar sig mot nord och syd och dessutom fortsätter cirka 25 m åt öster (se Carlie & Artursson denna volym, fig. 27 a–b och fig. 28). Intressant nog kunde vi se att vägen som leder åt söder går ned mot det gamla vadstället över Saxån. Vid korsningen hittade vi dessutom spåren efter två gårdar som har legat här när vägen var i bruk.

Vägarna var markerade med 0,1–0,7 m djupa rännor eller diken på båda sidor om vägbanan, som hade varit 4–7 m bred. Det stensatta vadet har bestått av en 11,9x2,9 m stor, lätt välvd stenpackning med kraftiga kantkedjor på långsidorna. Stenpackningen har utgjorts av mindre sten, 0,05–0,25 m stora, varav en stor del är flintknutor. I stenpackningens södra del, 0,2 m innanför kantkedjan, fanns vad som tycktes vara resterna efter en tidigare kantkedja. Den var inte fullständig och täcktes delvis av stenpackningen, men var ändå så tydlig att man kan anta att det finns åtminstone två faser i konstruktionen. Det stensatta vadstället har byggts för att underlätta passagen av ett mindre vattendrag som har runnit i sydlig riktning ned mot Saxån. För att skydda vadstället vid högvatten har man byggt en "strömbrytare" i norr i form av en 3 m lång rad bestående av sex stycken stora stenar.

Rännorna som markerar vägkanterna har haft en viss variation i bredd, medan de i profil ändrar utseende över hela sin längd. Exempelvis är vissa delar av rännorna bredare i ytan, medan andra är bredare i botten, medan åter andra är v-formade eller jämnbreda med flat botten. Rännorna är som djupast i den östra delen, där marken domineras av sand. Bottennivån i rännorna minskar åt väster, ned mot det stensatta vadstället. På så sätt har man haft en avrinning från boplatsen ned mot det vattendraget som vadstället passerar. Rännornas olikartade utseende gör det svårt att rekonstruera deras funktion. De kan emellertid tolkas som öppna diken, eventuellt i kombination med en vall, en konstruktion som traditionellt kallas "gropavall" i Skåne. Oftast har man under historisk tid kompletterat vallen med buskar eller träd för att förbättra hägnadsfunktionen. Gropavallen skulle då kunna ha haft både en dränerande funktion genom de öppna dikena, och samtidigt fungerat som hägnad. Något som emellertid talar emot att rännorna stått öppna och fungerat som diken är de delar av rännan som har helt vertikala sidor. Detta borde inte ha varit möjligt om rännorna stått öppna under en längre tid, om inte sidorna har varit klädda med till exempel plank. En alternativ tolkning är att rännorna kan ha varit fundamentsgrop för en stolp- eller plankbyggd hägnad eller palissad. Emellertid finns det inte några spår efter stolpar eller plankor, varför det är svårt att styrka denna teori.

Intressant nog finns det ytterligare en unik lämning i området. Bara 30 m öster om den sydgående vägen hittades spåren efter något som förmodligen har varit en stor, halvcirkelformad inhägnad. Det enda som fanns kvar av den var en grund ränna som kanske också den har varit en del av en gropavall. Inhägnaden har ^{14}C-daterats till samma tid som vägsystemet och har med största säkerhet använts samtidigt. Kanske har den fungerat som en hägnad för djur som har drivits längs med Saxån. Eventuellt kan man tänka sig att det är spåren efter en marknadsplats som vi har hittat, dit djuren har drivits för att säljas eller slaktas. Läget vid ett gammalt vadställe över Saxån talar för att platsen kan ha haft en central betydelse under lång tid.

Vägsystemet och den stora hägnaden vid Tågerup är än så länge unika lämningar för Skåne. Liknande lämningar finns emellertid på relativt nära håll, som till exempel på Jylland (se bl.a. Hvass 1979; Schovsbo 1987). Förmodligen har man börjat bygga den här typen av vägar i södra Skandinavien efter förebilder från kontinenten. Kanske har man gjort resor ned mot gränsen till romarriket, *limes*, eller kanske till och med givit sig in på romerskt område? Eftersom man just under den här tiden kan hitta föremål från gränsområdet och från romarriket i gravar och offer i Skandinavien finns det mycket som tyder på att kontakterna med kontinenten var intensiva. Kanske har någon lokal storman byggt vägsystemet vid Tågerup som en manifestation av sin makt och för att visa att han har haft kontakter över vida områden?

Referenser

Artursson, M. 1999. Saxtorp. Boplatslämningar från tidigneolitikum-mellanneolitikum och romersk järnålder-folkvandringstid. Skåne, Saxtorp sn, Tågerup 1:1 och 1:3. Västkustbanan SU8, RAÄ 26. Arkeologisk undersökning. *Riksantikvarieämbetet UV Syd Rapport* 1999:79.

Artursson, M. 2001. En korsning i tid och rum. Ett vägsystem från yngre romersk järnålder och folkvandringstid på en boplats vid Saxån, Skåne. I: Larsson, L. red. Kommunikation i tid och rum. *Report Series* No. 82. University of Lund. Institute of Archaeology.

Hvass, S. 1979. Die Völkerwanderungszeitliche Siedlung Vorbasse, Mitteljütland. *Acta Archaeologica* Vol. 49.

Schovsbo, P. O. 1987. *Oldtidens vogne i Norden. Arkæologiske undersøgelser af mose- og jordfundne vogndele af træ fra neolitikum til ældre middelalder.*

Järnåldersbygder i bronsålderns landskapsrum

Bronsåldersbygdens invånare formade de landskapsrum som människor ärvde, brukade och återbrukade under järnålderns äldsta skeden. Det finns en kontinuitet i nyttjandet av bosättningsområden i västra Skåne längs Öresund, men denna bryts under yngsta romersk järnålder. I det arkeologiska källmaterialet kan man se tendenser till kulturlandskapets skiftande omgestaltningar i relation till olika topografiska miljöer. Människor gav landskapet och platser i detta en ny innebörd.

Bo Strömberg

Inledning

Denna landskapsarkeologiska studie syftar till att åskådliggöra och diskutera hur människor under järnåldern i delar av västra Skåne, har tagit omgivande miljöer i anspråk och brukat dessa. Utvecklingen kan beskrivas som en del av ett kumulativt förlopp över längre perioder om sekler eller något millennium, parallellt med genomgripande omgestaltningar under begränsade tidsskeden. En aspekt av stor betydelse bestod i att människor i respektive samtid tog ställning till ett ärvt kulturlandskaps fysiska och rumsliga strukturer. Detta kan liknas vid en ständig växelverkan huruvida man skulle anamma en äldre klassifikation och brukande av platser i landskapet, eller ta avstånd från och förändra nyttjandet av de olika landskapsutsnitten.

Utvecklingen var inte rätlinjig utan bestod av ett flertal samverkande förlopp som kan liknas vid tidslinjer. Dessa avspeglar variationer av mentalitet och mönster av handlingar över tid, präglade av kosmologiska värderingar, tidsuppfattning och gemensamma minnen för grupper av människor (Jennbert 1988). Detta var av stor betydelse för hur man betraktade omvärlden, klassificerade landskapsrum och platser i detta, samt hur man visualiserade lokaler av specifik innebörd och karaktär. Andra faktorer av vikt bestod av skiftande former för samhällens sociala organisation och ekonomiska försörjningssätt. Tidslinjer som utgör abstraktioner av mentalitetshistoria och handlingsmönster kan ha haft parallella utsträckningar över tid, delvis varit förskjutna i faser i förhållande till, eller successivt avlöst varandra. I tidsskeden av stora omvälvningar kan linjerna tyckas åskådliggöra en intensiv växelverkan av flera aspekter.

Ovan nämnda är emellertid abstraktioner i en modell som måste ges resonans gentemot och konkretisering i materiell kultur. Gravplatser med olika former av monument, kontinuitet eller diskontinuitet inom bosättningsområden, samt offerplatsers nyttjande utgör antikvariska begrepp för kategorier av arkeologiskt källmaterial. Arkeologers klassificering av den materiella kulturen utifrån sammanhang för tillkomst och funktion i kombination med rumsliga och kronologiska kontexter för dessa, skapar i sin tur förutsättningar för att relatera lämningar till nämnda förlopp av olika tempon och intensitet.

Yngre romersk järnålder utgör ett tidsskede till vilket betydande omgestaltningar av kulturlandskapet kan knytas. Detta kontrasterar kraftigt mot den bild av successiv utveckling av kumulativ karaktär som präglade tiden från bronsålderns period IV och vidare över förromersk järnålder. Denna åtskillnad av utvecklingar i skilda tempon genom olika intensitet i människors handlingar kommer att stå i fokus för diskussionen i denna artikel. Analysen kan göras utifrån såväl ett bebyggelse- som landskapsarkeologiskt perspektiv. Skillnaden dem emellan är att det förra tar fasta på kartläggning av bygders utbredning och eventuella förskjutningar i överregionalt och regionalt perspektiv, främst relaterat till förändringar av social organisation och former för ekonomisk försörjning. De inriktningar som landskapsarkeologiska studier formulerat under 1990-talet uppmärksammar frågor om hur människor har klassificerat och gestaltat närmiljöer i växelverkan med makrogeografiska rum. Detta omfattar hur man synliggör platser av olika karaktär och därmed hur minnen skapas och gestaltas i form av fysiska konstruktioner. Till dessa noder knyts handlingar av bestämd repetitiv art, sammanflätat med berättelser och traditioner. Därtill är tidsaspekten av stor betydelse både för en arkeologisk diskussion om händelser och utvecklingsförlopp, respektive hur människor i järnålderssamhället kan antas ha uppfattat tid, tolkat och skapat minnen i landskapet, samt gett uttryck för identitet och identifikation. Man tog ställning gentemot det förflutna, bröt med traditioner och gav rummet en ny form av gestaltning (Barret 1993;

Tilley 1994; Bradley 1993, 1998, 2000; Gosden 1994; Thomas 1996; Chapman 1997).

Kulturlandskap formas och omgestaltas av människor utifrån i samhället gemensamma värderingar. Arkeologiskt erbjuder detta stora svårigheter att konkretisera och åskådliggöra. En möjlighet finns dock genom att analysera utvecklingen i olika rumsliga miljöer över tid. Utgångspunkten är att samhällens mentalitet avspeglas mot den relief som utgörs av äldre kulturlandskaps strukturer i kombination med topografiska förhållanden, vattendrag, sjöar och våtmarker.

Inom undersökningsområdet för VKB:s järnåldersprojekt kommer främst tre kulturlandskapsutsnitt av gammalt ursprung att diskuteras. Dessa landskapsrum präglades under tidig- och mellanneolitikum samt äldre bronsålder, bland annat genom byggandet av gravmonument. Sett från norr utgörs områdena av höjderna vid Ättekulla och Bårslöv, de för landskapsbilden karakteristiska Glumslövs backar, samt den topografiskt mjukt skiftande terrängen vid Dagstorpsåsen och Västra Karaby. I fokus för diskussionen står kulturlandskapets successiva förändringar i relation till påtagliga omgestaltningar, främst under yngre romersk järnålder, och med utsträckning mot vendel- och vikingatid. En övergripande målsättning är att visa en pedagogisk modell över hur människors ianspråktagande av tre olika landskapsrum har skett över tid. De aktuella frågeställningarna är;

- Hur förhöll sig människor i sin samtid till ärvda kulturlandskap materialiserade i form av megalitgravar, bronsåldershögar, platser av ceremoniell karaktär och äldre bosättningsområden?
- I vilken omfattning och i vilket tempo eller intensitet omgestaltade människor kulturlandskap under yngre romersk järnålder, respektive vendel- och vikingatid? Frågan syftar till att tydliggöra kontrasten mellan successiva förändringar över lång tid, gentemot stora omdaningar under schematiskt sett begränsade tidsrymder.

- Tog människor topografiskt och kulturellt olika landskapsrum i anspråk på skiftande sätt? Hur kan detta urskiljas i det arkeologiska källmaterialet?
- Hur synliggjorde individer och/eller grupper sin position i samhället med landskapet som medium?

Tidigare forskning

Forskning knuten till järnåldersmiljöer och landskapsrum i södra och västra Skåne har främst bedrivits utifrån bebyggelsearkeologiska frågeställningar, relaterade till vegetationsutveckling och odlingshistorik. Det vetenskapliga arbetet har präglats av ett processuellt förhållningssätt med inriktning mot att söka förklaringar till regionala bebyggelseförskjutningar och gårdars lokalisering i mikrotopografiska miljöer. Orsakssammanhangen har sökts i förändrade villkor för den ekonomiska försörjningen och utveckling inom samhällens sociala organisation.

Ystadprojektet drevs i form av en samverkan mellan flera institutioner i en tvärvetenskaplig forskningsmiljö. Arbetet resulterade i en analys av en bebyggelseutveckling sett i relation till natur- och kulturlandskapets förändringar i ett långtidsperspektiv. En grundläggande hypotes för det agrara landskapets utveckling var att denna präglades av cykler av expansion, konsolidering och regression. Detta mönster har beskrivits av såväl paleoekologer, arkeologer som kulturgeografer. Inom projektet tillämpades en modell byggd på teorin om komplex samverkan av faktorer som vid speciella tillfällen orsakade dramatiska förändringar av landskapsbilden. Nämnda långtidsutveckling kan närmast illustreras med en trappstegsmodell. De samverkande faktorerna kan vara knutna till samhällens sociala organisation respektive omgivande naturmiljö och klimatförändringar. De frågor som var aktuella att belysa i relation till pollendiagrammen var om det förekom indikationer på expansion eller regression, samt om dessa kan kopplas till mänsklig påverkan inom centrala bosättningsområden respektive marginalområden (Berglund 1991, s. 14 f.).

Ystadprojektet som präglades av ett regionalt rumsligt perspektiv föregicks av de omfattande undersökningarna vid *Fosie IV*. Vidsträckta matjordsavbaningar och bearbetning av anläggningar i form av strukturer istället för enskilda lämningar, medförde stora möjligheter att få en översikt av en lokal bebyggelseutveckling från neolitikum till yngre järnålder. Antaganden om att olika typer av långhus kunde knytas till bestämda kronologiska perioder verifierades. En betydande del av diskussionen kretsade kring variationer av intensiteten av gårdslämningar och bebyggelse genom tiden, huruvida samma boplatslägen nyttjades eller om bosättningarna lokaliserades till olika mikrotopografiska lägen (Björhem & Säfvestad 1989, 1993, s. 353 ff.).

I samband med Öresundförbindelsen genomförde Malmö museer under 1990-talet mycket omfattande undersökningar längs en vid båge runt staden. Korridoren för den yttre ringvägen sträckte sig genom fyra olika landskapsmiljöer, vilka betraktades som resursområden med olika förutsättningar. Inom delprojektet *Långhuslandskapet* gjordes en regional bebyggelsearkeologisk analys i ett långtidsperspektiv utifrån en mycket omfattande dokumentation av huslämningar, anläggningar knutna till flera bosättningar och omkring 700 ^{14}C-dateringar. Resultaten från sammanställningarna visade på bebyggelseförskjutningar mellan olika resursområden och genomgående förändringar av långhusens konstruktioner, som hade ett brett kronologiskt och rumsligt genomslag. Under senneolitikum och äldre bronsålder fanns en bebyggelse på slättmarker ett par kilometer från kusten och i anslutning till denna. Under yngre bronsålder och förromersk järnålder övergavs kustområdet, en bebyggelsekontinuitet fortskred på ovan nämnda slätt och i det svagt kuperade backlandskapet i öster. Under sen förromersk järnålder och romersk järnålder skedde en ansamling av bebyggelsen till slättmarkerna ett par kilometer från kusten. En mer jämn spridning av bebyggelsen från slätten, över backlandskapet och landskapsrummet vid Sege å, växte fram från yngsta romersk järnålder och under yngre järnålder. Bebyggelsen var inte statisk utan karakteriserades av rumsliga förskjutningar mellan olika landskapstyper och resursområden. Nils Björhem menar att kulturlandskap av gammal karaktär, samt ärvda ålderdomliga strukturer i bosättningsmönster och markutnyttjande förutsätter en social organisation med politisk styrning inför omgestaltningar av bebyggelsen (Björhem 2003).

Landskapsanalyser utifrån ett kontextuellt förhållningssätt och med frågeställningar knutna till människors klassificering av omgivande miljöer, definition av platsers innebörd och visualisering av dessa, har inte haft någon framträdande roll i skånsk järnåldersforskning. Däremot finns diskussioner och artiklar med nämnda vetenskapssyn relaterad till bronsåldersmiljöer. Dessa arbeten har berört bruk och återbruk av gravplatser, bronsåldershögars symboliska innebörd och dess betydelse som fysisk gestaltning för släkters hågkomster (Jennbert 1993; Olausson 1993).

En svårighet rörande det arkeologiska källmaterialet inom undersökningsområdet i västra Skåne, är den begränsade kända förekomsten av gravar från förromersk järnålder i synnerhet och bevarade gravmonument från järnåldern i allmänhet (Björk 2005, s. 52 ff., 58 ff., 62 ff). Sett i relation till det relativt stora antal bevarade bronsåldershögar, framstår järnåldern som en period utan gravplatser. Detta är dock ett högst artificiellt intryck och orsaken ligger i den kraftiga bortodlingen under de sista 150 åren. Den arkeologiska konsekvensen av nämnda utveckling, är att det råder stora svårigheter med att få en uppfattning om gravplatsers lokalisering och gravskick under främst förromersk järnålder, vilket leder till problem med att föra diskussioner om relationer mellan bosättningar och gravplatser. Det är även problematiskt att arbeta med frågeställningar rörande bruk och återbruk av gravplatser, hur minnet av dessa har givits en fysisk gestaltning, samt hur människor i sin samtid har tagit ställning till monument från äldre tidsskeden. Med dessa ord vill jag föra över diskussionen till en presentation av teoretiska utgångspunkter för en landskapsanalys av kontextuell innebörd.

Teoretisk bakgrund

En teoretisk utgångspunkt för denna artikel ligger i antagandet om människans förmåga att uppleva tid, att förnimma det förflutna, nuet och framtiden. Detta är en förutsättning för individer och gruppers möjligheter att skapa minne och identitet, samt att tradera dessa genom berättelser, handlingar och ritualer. Minnet kan liknas vid en text under ständig bearbetning och omtolkning i nuet, genom jämförelser med det förflutna. I ett associativt tänkande finns även upplevelser av rummet, hur platser och färdvägar i landskap har givits en innebörd genom att dessa ingår i strukturer av insikter, förståelser och brukande med utsträckning över tid. Samhällens gemensamma referensramar och minnen lagras således i landskapet utifrån hur detta klassificerats (Thomas 1996, s. 32 ff., 83).

Landskapsrum ges dock ett varierat innehåll beroende på arkeologers frågeställningar som utgår från att människor i olika samhällen agerar på högst skilda sätt, och därför rör sig i olika rum av såväl mental som fysisk karaktär. Rummets gestaltning är beroende av samhällens varierande livsföring och uppfattning av omvärlden. Den kontextuella arkeologiska inriktningen ser människans mentala föreställningsvärld som avgörande för landskapsnyttjandet, framför den omgivande miljöns egenskaper (Tilley 1994).

Ovanstående resonemang har en inspirationskälla från filosofiska discipliner. En annan utgångspunkt för landskapsarkeologiska diskussioner om platsers tillskrivna betydelser härrör från den sociologiska ämnessfären (Bourdieu 1977). Dessa strömningar tar fasta på att tid och rum skapas genom människors agerande, vilket genererar mönster av vanemässighet i utövandet av olika handlingar. Dessa knyts till platser i rumsliga miljöer av skiftande karaktär och till varierande tidsförlopp som i sin tur formar och delvis omgestaltar tidigare givna referensramar. Strukturer av vanemässighet i generationers agerande från en svunnen tid skapar länkar mellan det förflutna och framtiden, och visar på referensramar för människors handlande i nuet (Gosden 1994, s. 34 f., 115 ff., 125).

Platser i landskap uppkommer i rent fysisk bemärkelse genom att människor tillskriver dessa bestämda innebörder kopplade till specifika funktioner. Då värderingar knutna till olika terrängavsnitt växer fram och når en acceptans i samhället blir platser eller terrängavsnitt till *Arenas of social power*. Begreppet konkretiserar specifika kulturella aktiviteter och handlingar av stor betydelse som utövades av individer och grupper av dessa på specifika platser, för att bestämda syften skulle nås. Lokalen blir en form av *Timemark* ("tidsnod") som utgör en fysisk referens i landskapet för människors handlingar, identitet och minne (Chapman 1997).

Kulturlandskap formas genom en växelverkan mellan två utvecklingar, varav platser i form av "tidsnoder" är av stor betydelse för det ena förloppet. En typ av utveckling präglas av långsam och successiv förändring över längre tid, vilket skapar *the vernacular landscape* som präglas av bygden och dess invånare. Det andra förloppet benämns *the political landscape*, vilket struktureras genom att vissa platser högst medvetet inom en begränsad tidsrymd ges ett specifikt innehåll och formas därefter. Syftet är att synliggöra grupper av samhället och att skapa en form av fysisk centralitet som bygger på social makt (Chapman 1997, s. 32 f.).

Tid, minne och identitet utgör viktiga begrepp för landskapsarkeologiska diskussioner. Människors agerande är händelser i ett kort tidsavsnitt som måste ses i större strukturer, vilka kan betraktas som delar av olika tidslinjer i skilda skalor som verkar parallellt. Ett exempel på en arkeologisk tillämpning av nämnda synsätt utgör Richard Bradleys bok *The significance of monuments* (1998). Den långa tidsrymden omnämns *environmental time* – geografisk tid eller omvärldstid – som ger möjlighet att analysera strukturella kulturella variationer genom tiden och förändringar i den omgivande världen. Nämnda tidsförlopp ligger nära de artificiella kronologiska perioder som arkeologer arbetar med. Ett andra tidsperspektiv utgörs av *social time* som speglar ett tidsförlopp kring en specifik befolkningsgrupp eller kultur. Diskussionerna kan exempelvis kretsa kring en kumulativ verkan av människors handlingar och händelseförlopp, vilka omfattar en till tre generationer i ett tidsskede om ett sekel. Inom detta tidsavsnitt traderas ett samhälles levnadssätt, värderingar och försörjningssätt mellan individer. Andra händelseförlopp omfattar flertalet generationer och kan räknas till flera sekler. Inom dessa tidsperioder tonar den konkreta traderingen mellan individer bort, och omformas till ett minne av mer abstrakt karaktär relaterat till berättelser eller fysiska lämningar. Ett tredje tidsperspektiv har en momentan prägel och utgörs av *individual time* som speglar specifika händelser och deras orsakssammanhang. Författaren tillämpar begreppet *social time and space*, vilket är ett uttryck för den tidsrymd som omfattar en grupp människors värderingar och ett samhälles historia knutet till ett landskapsrum av bestämd klassifikation och bestämda former av materiell kultur (Bradley 1998, s. 87 f.).

Nämnda tankar om olika tidsperspektiv relaterade till utvecklingsförlopp av olika tempo och händelser av momentan karaktär, kan härledas till *Annales*-skolans olika tidsförlopp tillämpade inom historievetenskapen. Individers och gruppers handlingar i sin samtid och olika händelser av betydelse beskrivs i ett korttidsperspektiv. Människor lever dock i samhällsorganisationer som genom successiva förändringar av kulturella sammanhang, omvärderingar av synen på omvärlden i fysisk som social bemärkelse och nyvunna kunskaper rörande ekonomiska försörjningssätt, befinner sig i strukturer under långsamma cykliska förändringar. Dessa konjunkturer verkar i sin tur inom övergripande strukturer av förändringar över stora tidsrymder – *longue durée* – som inte var överblickbara i människors samtid (Braudel 1980, s. 25).

Kritik har uttalats mot en alltför okritisk tillämpning av nämnda synsätt då detta kan leda till allt för hög grad av schematisering av olika utvecklingsförlopp. Därtill finns risker med att hålla en allt för stor åtskillnad mellan tidsperspektiven då den komplexa samverkan som finns mellan handlingar och händelser i nuet, relaterat till förlopp i övergripande strukturer inte uppmärksammas (Thomas 1996, s. 35; Cornell & Fahlander 2002).

Material och metod

Sett ur ett långtidsperspektiv omgestaltades kulturlandskapet kraftigt under tidig- och mellanneolitikum genom människors byggande av dösar och gånggrifter, samt under bronsålderns perioder II och III genom anläggande av högar. Monumenten utgjorde landmärken i såväl människors kosmologiska och sociala landskap som i naturlandskapets topografi. Dessa strukturer av äldre landskapsrum och "tidsnoder" påverkade människors syn på och bruk av omgivande miljöer under äldre järnålder. Lokalisering av gårdar och utvecklingsförlopp för bosättningsområden kan analyseras i kortare tidskeden, men dessa måste relateras till ett långtidsperspektiv och äldre kulturlandskap som ärvts. I dessa sammanhang har gravplatser med gammalt ursprung och lokaler av ceremoniell karaktär stor betydelse som reminiscenser från en svunnen mytologisk tid.

Gårdslämningar vid bosättningsområden inom Västkustbanans järnåldersprojekts undersökningsområde utgör emellertid den mer konkreta formen av arkeologiskt källmaterialet, för att åskådliggöra konturerna av kulturlandskapets förändringar under järnåldern. Som utgångspunkt kan en terminologi från Ystadprojektet uppmärksammas, där Sten Tesch (1992) använde sig av en rumslig modell i tre nivåer. *Settlement area* kan liknas vid bebyggelseområde som omfattade cirka en kvadratkilometer, där en eller flera gårdar med åkrar, ängar och betesmarker med jämna mellanrum förflyttas korta distanser av invånarna. *Habitation site* utgjorde själva gårdsläget och de fysiska lämningarna av långhus och ekonomibyggnader. Dessa förflyttades inom en eller flera av topografi, våtmarker och vattendrag, naturligt avgränsade *habitation areas* eller bosättningsområden inom ett bebyggelseområde. De materiella lämningarna skapar förutsättningar för arkeologiska tolkningar av byggnadsfaser samt kontinuitet eller diskontinuitet (Tesch 1992, s. 241).

Detta resonemang kan användas som utgångspunkt i kommande diskussion om tidsramar för bebyggelsekontinuitet eller diskontinuitet för bosättningsområden, och förskjutningar av gårdslägen inom dessa. Till skillnad från Tesch tillämpar jag två nivåer som dels består av ett bosättningsområde, och dels av gårdslägen inom detta. Det första kan definieras som ett topografiskt avgränsbart terrängavsnitt, vilket i olika former brukats och återbrukats som boplats. Ett bosättningsområde inrymmer flera gårdslägen från olika tider och i skiftande faser med lämningar av byggnader och spår efter aktiviteter som kan knytas till livsföringen i och kring dessa.

Källmaterialet för att lokalisera järnålderns bosättningsområden består av uppgifter ur Fornminnesregistret, dokumentation från provschaktsgrävningar, bedömningar av topografi och hydrologiska faktorer, samt flygfoton som antyder konturer av äldre åkersystem. Fornlämningsbilden av idag ovan mark synliga lämningar domineras av gravmonument från tidig-, mellanneolitikum och äldre bronsålder. Det öppna landskapet är kraftigt påverkat av fullåkersbygdens jordbruk och utbyggnad av städers och mindre samhällens bostadsområden och lokala infrastruktur. Detta har medfört att mindre gravmonument som exempelvis stensättningar av varierande former, domarringar och resta stenar med tiden har odlats bort. Uppodlingen har även medfört konsekvenser för bronsåldershögarna. En sammanställning över västra Skåne längs Öresund omfattande undersökningsområdet för Västkustbanans bronsåldersprojekt, visar att 218 högar har tagits bort, 57 är skadade och 209 är överplöjda. I landskapet finns 238 monument av varierande volym bevarade. Sammantaget finns det därmed uppgifter på 722 platser för gravhögar inom det aktuella undersökningsområdet (Strömberg 2005).

Inom undersökningsområdet för Västkustbanans järnåldersprojekt finns ett stort antal boplatser som registrerats utifrån förekomst av upplöjd flinta och keramik, samt sönderplöjda anläggningar som härdar. Detta är naturligtvis enbart indikationer på bosättningar från olika tidsperioder. Fynd av bearbetad flinta ger oftast associationer till meso- och neolitikum, men flinta har även använts under metalltid och kan då även indikera brons- och järnåldersbosättningar (Knarrström 2000, 2001). Svårigheten är att endast utifrån upplöjda fynd, avgränsa, karakterisera och kronologiskt bestämma tidsomfånget för en boplats. Tidigare undersökningar vid exempelvis Fosie (Björhem & Säfvestad 1993), i samband med Sydgas I ledningen (Räf red. 1996) och inom Ystadsprojektet (Tesch 1992), har påvisat lokalernas komplexitet. Inom ett topografiskt avgränsbart område har gårdar från flera olika bebyggelsefaser påträffats. Dessa kan ligga rumsligt åtskilda, men kan i lika hög grad även successivt överlappat varandra. Ytfynden kan med andra ord avspegla bosättningar med lång kronologisk kontinuitet, men med varierande intensitet och omfattning av olika bebyggelsefaser.

En jämförelse av boplatsers lokalisering utifrån iakttagelser i maskingrävda provschakt med tidigare noteringar i fornminnesregistret visar, att man inte enbart kan utgå från det senare. Sammanlagt berördes 82 fornlämningsplatser vid de arkeologiska utredningarna längs Västkustbanans sträckning, varav ett stort antal tidigare var okända. Detta konkretiserades tydligt då data från fornminnesregistret relaterades till de gårdslämningar som påträffades vid de arkeologiska utgrävningarna på Glumslövs backar. Det fanns en diskrepans mellan indikationer från fältinventering och dokumenterade lämningar på utgrävningsytor (fig. 1).

Flygfoton utgör en kompletterande metod som i gynnsamma fall kan ge en bild av bosättningsområdens omfattning med avseende på odlingsytor kring gårdar. En granskning av foton över delar av järnåldersprojektets undersökningsområde visar på svaga konturer av rektangulära åkrar, som kan liknas vid *celtic fields* (Martens 2005).

En relevant aspekt på lokalisering av bosättningar är om dessa kan knytas till speciella markförhållanden och jordarter. Allmänt sett domineras kustområdet från höjderna vid Ättekulla, över Glumslövs backar till Säbyslätten av lerjordar. De flacka till svagt kuperade områdena längs Saxån och vidare längs Välabäcken består till stor del av sandjordar eller silt. Vid en jämförelse verkar inte dessa faktorer ha haft avgörande betydelse för gårdsbebyggelsers placering i naturlandskapet. Det är snarare människors syn på och värdering av landskapet i kombination med befintliga rumsliga strukturer i form av gravplatser och bosättningar i de ärvda kulturlandskapen som var avgörande.

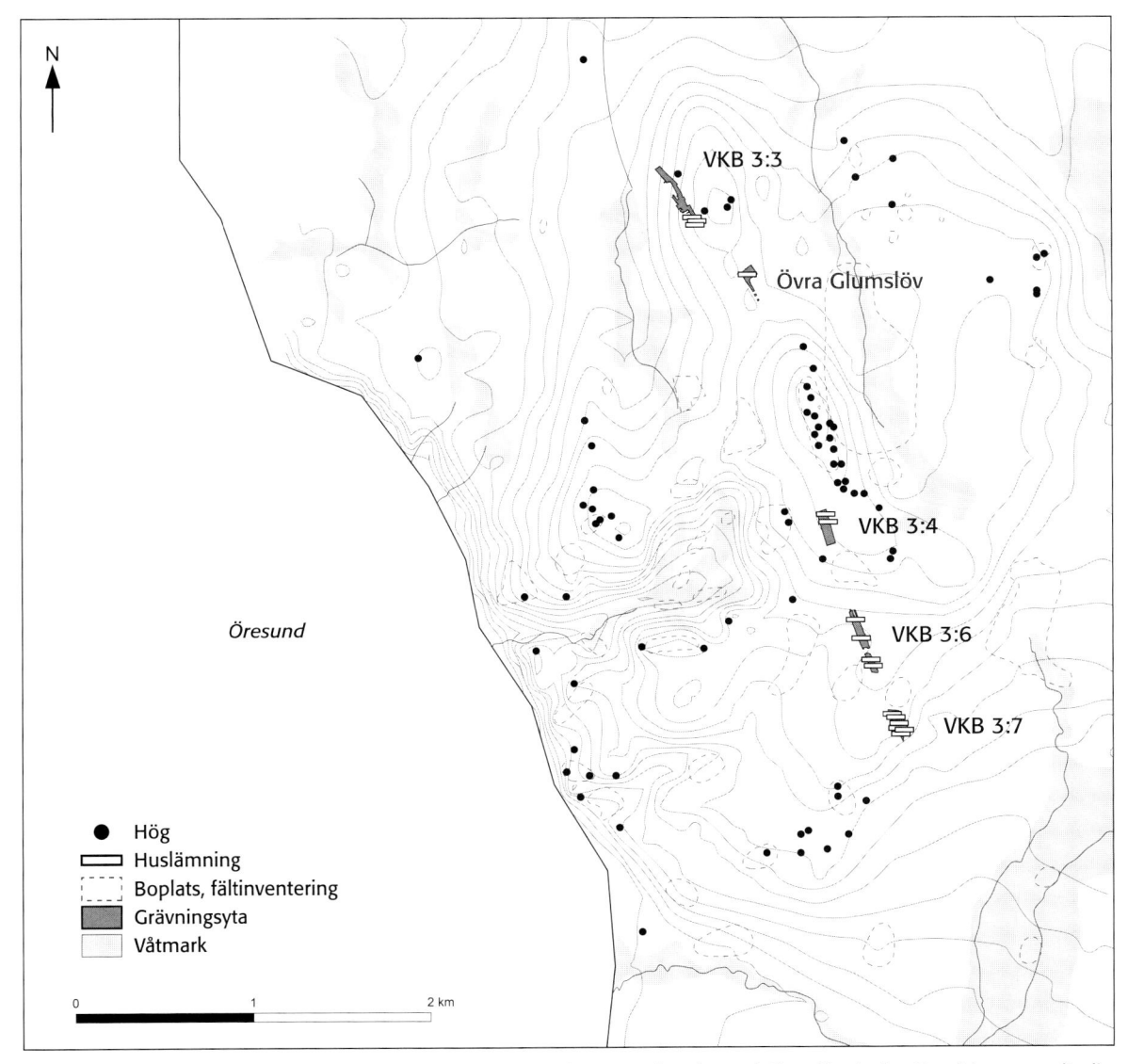

Figur 1. Fornlämningar på Glumslövs backar. Det råder en rumslig diskrepans mellan boplatser som påträffats vid fältinventering och bosättningsområden med huslämningar från perioderna senneolitikum till medeltid, vilka dokumenterats vid arkeologiska undersökningar. Detta faktum understryker nödvändigheten av provschaktsgrävningar inom ramen för arkeologisk utredning och förundersökning, för att få en relevant bild av fornlämningslandskapet inför exploateringar av olika omfattningar.

Ancient monuments and remains at Glumslövs Backar. There is a difference in space between settlements discovered during surveys and habitation areas documented during archaeological excavations, with remains of long-houses from the Neolithic to the Middle Ages.

Ärvda landskapsrum

Undersökningsområdet för Västkustbanans järnåldersprojekt omfattar ett kulturlandskap av ålderdomlig karaktär. När vi idag blickar ut över olika terrängavsnitt vid exempelvis Ättekulla, Glumslövs backar och kring Dagstorpsåsen och höjdområdet kring Västra Karaby, är det fullåkersmarker eller tätortsbebyggelser man ser. De mest påtagliga lämningarna från det förflutna utgörs av megalitgravar och högar. Merparten av den materiella kultur som efterlämnats av generationer under årtusenden, är emellertid dold under åkermark, bortplöjd eller har upplösts i samband med byggnation. Skånska rekognosceringskartan från 1812–1820 ger däremot en god bild av ett vid detta tidsskede ännu relativt oförstört kulturlandskap, där troligen betydligt fler fornlämningar var synliga i terrängen.

Sett i en arkeologisk backspegel skapades kulturlandskapet genom en successiv förändring från generation till generation, där människor i respektive samtid tog ställning till platsers innebörd och funktion sett i sina sammanhang. Valet bestod i att fortsätta bruka lokalen, förändra dess betydelse och omforma denna fysiskt, eller att överge platsen. Ett annat val bestod i att skapa nya platser som ersatte äldre dylika med samma funktion, eller lokaler för framväxande specifika ändamål. Till det senare hör exempelvis anläggandet av gravplatser av monumental karaktär, fysiskt gestaltade av megalitgravar och högar.

Vegetationsförändringar i ett långtidsperspektiv

En bild av miljö- och vegetationsutvecklingen i det kustnära området och mot inlandet vid Saxåns dalgång bygger på pollenprover från tre mossmarker. Provet från *Dalamossen* vid Glumslövs backar visar på en försumpning och klimatförsämring med början under yngsta bronsålder. Vid övergången till förromersk järnålder kan en expansion konstateras knuten till eldande, betesbruk och markerosion. De största konsekvenserna av landskapspåverkan kan konstateras till senare delen av förromersk järnålder. Odlingsindikerande pollen är få under äldsta järnålder och gräsmarkerna har arealmässigt störst utbredning kring tiden för Kr.f. Perioderna från romersk järnålder till vikingatid finns tyvärr inte representerad i pollenprovet (Regnell, pers. kom.).

Vid *Sjögungan* drygt två kilometer sydväst om Västra Karaby, kan en expansion av markutnyttjandet konstateras vid övergång mellan yngsta bronsålder och förromersk järnålder. Bronsåldersbygderna präglades av tämligen öppna fält med betesmarker. Under äldre järnålder sker en uppodling av omgivningarna kring våtmarken, ur vilken pollenproppen hämtades. Den tredje provtagningsplatsen var belägen vid *Kalkkällan* (SU9) norr om Saxån drygt tre kilometer väster om Karaby. Lagerföljden visade även här på en förändring av expansiv karaktär vid övergången från yngsta bronsålder till förromersk järnålder. Betesmarker var dominerande, men dock inte lika kraftigt som vid Glumslövs backar. Odling kan konstateras, men dock i mindre omfattning än vid Sjögungan. Områdena längs Saxåns flöde karakteriserades i huvudsak av öppen terräng under yngre bronsålder och äldre järnålder (Regnell, pers. kom.).

Under yngre romersk järnålder kan början på en tydlig omdaning av landskapet skönjas, utifrån analys av makrofossilprover från undersökta järnåldersboplatser. En markant ökad odlingsintensitet inom lantbruket kan konstateras, vilket avspeglar förändringar av formerna för samhällets ekonomiska försörjning (Regnell, data i tabellsammanställning i arbetsmaterial).

Gravplatser i ett långtidsperspektiv

Dösar och gånggrifter återbrukades i olika avseenden under senneolitikum och äldre bronsålder. I samband med att kulturlandskap omgestaltades under bronsålderns perioder II och III, byggdes ett antal megalitgravar om genom att dessa inneslöts i högar. Monumentens arkitektoniska framtoning förändrades parallellt med att gravsättningar av individer i hällkistor eller kremerade kvarlevor i urnor placerades i de påförda massorna som formade högarna. I stenblocken till flera av megalitgravarna finns älvkvarnar inhuggna.

Denna utveckling visar att gravplatser från mellan- och senneolitikum tillskrevs en speciell innebörd och nyttjades under många sekler under bronsåldern (Tilley 1999; Sjögren 2003, s. 110.).

Kulturlandskapets omgestaltning under äldre bronsålder var även ett uttryck för att topografiskt markerade terrängavsnitt togs i anspråk för anläggandet av nya gravplatser. Flera av gravhögarna återbrukades från period III och fram till yngsta bronsåldern genom gravsättningar av kremeringar. Arkeologiska utgrävningar av högar vid Ättekulla i undersökningsområdets norra del i slutet av 1800-talet, påvisade även gravgömmor från förromersk järnålder. En enkel sammanställning över undersökta gravhögar i sydvästra och södra Skåne förtydligar bilden av hur dessa monument återbrukades och byggdes på i olika faser. Vid undersökningar i samband med VKB:s bronsåldersprojektet av gravfält vid Oxhögarna, Häljarps mölla (SU2) och Annelöv (SU13) hittades brandgravar daterade till mellersta och delvis yngre bronsålder, under flat mark i anslutning till nu överplöjda men en gång monumentala högar. Gravplatserna återbrukades och gavs med tiden en annan gestaltning (Rydbeck 1912; Stjernquist 1961; Persson 1978; Jennbert 1993; Lindahl Jensen 1998; Cademar Nilsson & Ericson Lagerås 1999a, b; Arcini & Svanberg 2005).

En följdfråga är huruvida samma mönster upprepades under äldre järnålder med återbruk av gravplatser, respektive anläggande av nya i andra topografiska lägen. Den arkeologiska utgrävningen av gravfältet *Simris* åren 1949–1951 utgör ett klassiskt exempel som förtydligar bilden av kronologiska förhållanden och variationer av gravskick. Gravplatsen etablerades under övergången mellan bronsålderns period IV–V och återbrukades kontinuerligt till senare delen av romersk järnålder. Det äldsta skedet representerades av brandgravar och urnegravar placerade i nedgrävningar eller stenkistor. Ett par av gravarna var belägna inom mindre stenkretsar som utgjorde en form av monument. Tiden under romersk järnålder karakteriserades av skelettgravskick, vilket utgjorde en påtaglig kontrast rörande begravningsritualer och gravskick i relation till äldre traditioner med kremeringar. Sammantaget dokumenterades omkring trettio skelettgravar, vilka daterades med hjälp av gravgods som keramik. Även dessa gravar utgjordes av nedgrävningar med stenkistor och i vissa fall mindre stenpackningar lagda på dessa (Stjernquist 1955, 1961).

Inom undersökningsområdet för Västkustbanans järnåldersprojekt har ingen gravplats eller gravfält av liknande karaktär påträffats. Däremot har flera lokaler med skelettgravar efter jordbegravningar från romersk järnålder och senare perioder dokumenterats i andra undersökningssammanhang. Allmänt sett tycks det föreligga en viss rumslig och topografisk åtskillnad mellan gravplatser från bronsåldern och de lokaler som anlades under romersk järnålder. Ett undantag utgjordes dock av en skelettgrav från äldre romersk järnålder som påträffades vid undersökningen av gravfältet vid Häljarps mölla (SU2) i Tofta socken. I resterna av en kista av trä hittades en del av en käke, samt gravgåvor som ett litet keramikkärl i form av en fotbägare, rest av en järnkniv och en syl av järn. En annan grav från samma kronologiska period utgjordes av en brandgrop med fynd av en svart och gröntonad glasbit. Gravfältets äldsta grav härrörde däremot från mellanneolitikum, men lokalen brukades och återbrukades i huvudsak från senneolitikum till yngre bronsålder. Det fanns således en omfattande tidsrymd under yngsta bronsålder och förromersk järnålder då gravplatsen inte tycks ha brukats (Cademar Nilsson & Ericson Lagerås 1999a, s. 25 f, 32 f.; Andersson 2003, s. 70 ff., 2004 s. 58 f.; Carlie *Samhällen och rikedomsmiljöer* i del IV).

Antalet kända brandgravar daterade till förromersk järnålder i västra Skåne är relativt få i jämförelse med motsvarande från yngre bronsålder. Förutom två sekundärgravar i form av urnor med kremerade kvarlevor dokumenterade i en bronsåldershög i det av Sven Söderberg på 1880-talet undersökta *Köpingegravfältet* vid Raus på Ättekullaområdet, respektive en urnegrav påträffade i en hög vid Barsebäck (Rydbäck 1912; Stjernquist 1961, s. 138; Persson 1978), finns ytterligare sex brandgravar omnämnda. En urna daterad till period II påträffades vid Borgeby, en andra återfanns vid Åkälla i Norrvidinge socken och ytterligare en urnegrav hittades i Västra Karaby (Stjernquist 1961, s. 137 ff; Stjernquist u.å.; Jeppsson 1996a, s. 139). De tre övriga fynden av brandgravar saknar tydliga kontexter. En av dessa härrör från Bjärred i Flädie socken (Montelius 1909). En förklaring till det ringa antalet brandgravar från äldsta järnålder är att dessa är svåra att hitta i dagens fullåkersbygd. De markeringar exempelvis i form av mindre stenpackningar eller trästolpar som kan ha funnits, är sedan lång tid försvunna.

Arkeologiska undersökningar har emellertid påvisat tendenser till förändringar av såväl gravskick som lokalisering av gravplatser under romersk järnålder. Övergång till jordbegravningar kan diskuteras i relation till förändringar av samhällets sociala organisation, men även som en konsekvens av kosmologiska omvärderingar. Ett parallellt förlopp till införandet av jordbegravningar var att nya gravplatser något rumsligt och topografiskt förskjutna sett i relation till äldre dylika togs i anspråk, vilket antyder rumsliga förändringar för bosättningsområden och gårdsbebyggelser inom dessa. Ett par av de gravplatser som anlades under romersk järnålder återbrukades även under folkvandrings-, vendel- och vikingatid.

Jag har tidigare konstaterat att det finns en kontinuitet av återbruk vid gravplatser under bronsålder och förromersk järnålder. En naturlig följdfråga är om en liknande utveckling med återkommande brukande har förekommit vid gravplatser som etablerades inom undersökningsområdet vid tiden för romersk järnålder. Ett första exempel återfinns vid Stävie 4:1 söder om Kävlingeån, där fem skelettgravar återfunnits. Lokalen nyttjades fortsättningsvis under yngre järnålder och kom genom människors återbruk att formas till ett gravfält. En liknande utveckling har dokumenterats vid gravplatserna Råga Hörstad i Asmundstorps socken, Önsvala i Nevishögs socken och i Norrvidinge socken. Vid Råga Hörstad har lösfynd av kärl bestående av finkeramik från romersk järnålder hittats som mycket väl kan härröra från upplöjda gravar. Från vendeltid har fyra gravar hittats och från vikingatid har upp emot 30 stycken dokumenterats. De undersökta delarna av nämnda gravfält har omfattat mellan 25 och 70 skelettgravar efter jordbegravningar. En gemensam nämnare för lokalerna är att den mest intensiva tidsperioden för återbruk var under vendel- och vikingatid (Stjernquist 1955, s. 87 ff.; Strömberg 1968; Pettersson 1972; Nagmér 1979; Svanberg 2003, s. 282 ff.).

Det finns även exempel på enstaka gravar som tidigare dokumenterats inom Västkustbanans järnåldersprojekts undersökningsområde. Nära Ålabodarna på västra sida av Glumslövs backar har en dubbelgrav med skelett efter en jordbegravning hittats. Anläggningen är daterad utifrån fynd av en röd glaspärla (Stjernquist 1955, s. 169). Detta är en av få dateringar från romersk järnålder vid Glumslöv.

I undersökningsområdets södra avsnitt sett från Kävlingeån mot Uppåkra har ett antal lokaler med skelettgravar samlade i mindre grupper dokumenterats. Anläggningar och fynd ger till viss del underlag för en liknande tolkningsbild som för gravplatsers utveckling inom områdena i norr. Vid Trolleberg i Flackarps socken söder om Lund har fyra gravar från äldre romersk järnålder hittats (Nagmér 1990). Då grävningsytan var begränsad är det idag svårt att avgöra gravplatsens rumsliga omfattning och kronologiska tidsram. Ytterligare ansamlingar av skelettgravar från romersk järnålder har hittats vid Hjärup, där fyra skelettgravar påträffats, samt vid Uppåkra där en anhopning om tio gravar undersökts (Nagmér 1988; Runcis & Arcini 1998).

Ett exempel på kontinuitet rörande bruk och återbruk av en gravmiljö kan konstateras vid Källby utanför Lund. Beläget på flack åkermark undersöktes i olika omgångar 1937 och 1954 delar av ett gravfält från yngre romersk järnålder och folkvandringstid. Inga gravöverbyggnader iakttogs, men sammanlagt 14 skelettgravar i nedgrävningar dokumenterades (Strömberg 1955). I lokalens närhet undersöktes år 1938 en överplöjd gravhög med ett kärnröse. I detta påträffades två skelettgravar från övergången mellan senneolitikum och äldsta bronsålder samt två sekundärgravar från äldre bronsålder (a.a.). Resultaten ger en bild av kontinuitet i brukandet av miljöer i landskapsrum, men en förskjutning ur mikrotopografiskt hänseende.

Den bild som framtonar sett ur ett långtidsperspektiv är att det råder en kontinuitet i bruk och återbruk av gravplatser från senneolitikum, över bronsålder till tiden för Kr.f.. Även om nämnda form av kontinuitet rörande återbruk inte kan beläggas vid alla lokaler, finns det ändock en samlad dokumentation som visar på en mentalitet präglad av att anamma lämningar i ärvda kulturlandskap. Mot slutet av förromersk järnålder kan en förändring anas både vad det gäller gravskick som en konsekvens av gravritualers genomförande, samt nyttjandet av gravplatser. En allmän tendens finns mot en viss rumslig och mikrotopografisk förskjutning. Då jordbegravningar tillämpas i början av äldre romersk järnålder kan man arkeologiskt sett även ana att nya terrängavsnitt togs i anspråk. Eftersom kulturlandskapet genom långvarigt nyttjande är av ålderdomlig karaktär, är landskapsrummet emellertid ofta detsamma som för de äldre gravplatserna. Vissa av de under romersk järnålder anlagda gravplatserna brukas och återbrukas under yngre järnålder. De vikingatida lämningarna kan vara relativt omfattande vid dessa lokaler.

De materiella lämningarna efter gravar från järnåldern inom undersökningsområdet är relativt begränsat. Antalet gravhögar från bronsåldern är däremot mer omfattande, men undersökningar av monumenten är få. Detta medför att ovan nämnda tolkningar rörande nyttjandet av gravplatser, är mer hypotetisk en reellt belagd. Jag vill trots detta ändå framhäva att det finns en gemensam tendens rörande bruk och återbruk av gravplatser under långa tidsperioder, men att det vid tiden för äldre romersk järnålder skedde en viss rumslig och mikrotopografisk förskjutning i människors val av lokaler. Detta sammanfaller med tendenser till rumsliga omstruktureringar av bosättningsområden som inleds i detta tidsskede.

Fornlämningsbilden av dagens fullåkersbygder i västra och södra Skåne präglas av megalitgravar och bronsåldershögar. Uppgifter från fornminnesregistret över socknarna inom undersökningsområdet för Västkustbanans järnåldersprojekt visar endast på åtta bevarade stensättningar och två resta stenar. Inom samma område finns över 700 noteringar för gravhögar, varav mer än hälften idag är borttagna eller överodlade. Skillnaden i proportioner mellan gravmonument från bronsålder respektive järnålder är påtaglig. Med tanke på mängden gravhögar som påverkats av senare tiders markarbeten, är det högst troligt att det funnits fler ovan mark synliga järnåldersgravar. Idag är gravplatserna dolda i fullåkerslandskapet. Det finns skäl att anta att landskapsbilden under äldre järnålder successivt förändrades genom byggandet av monument av mindre omfång och flackare höjdprofiler. Tyvärr kommer vi aldrig att få möjlighet att återskapa en nyanserad och samtidigt övergripande bild av järnålderns kulturlandskap.

Förändringar av bosättningsområden

Den tidigare diskussionen i artikeln har delvis berört monumentala gravplatser från en svunnen mytologisk tid, som återbrukats för varierande ändamål. Inneslutning av dösar och gånggrifter i högar under bronsåldern parallellt med byggandet av dessa monument på topografiskt markerade terrängavsnitt, utgjorde en påtaglig fysisk omgestaltning av kulturlandskapet. De gravplatser som anlades under yngre bronsålder och äldre järnålder gavs inte någon monumental prägel av liknande karaktär. Arkeologiskt framstår formandet av kulturlandskap under äldre järnåldern som kumulativt genom successiva förändringar. I detta sammanhang är två frågor relevanta: Har regionala och/eller lokala förändringar av brukandet av bosättningsområden förekommit inom undersökningsområdet? Hur gestaltades platser av central betydelse eller monumentala dylika under järnåldern?

Boplatslämningar utgör det viktigaste arkeologiska källmaterialet inom undersökningsområdet för Västkustbanans järnåldersprojekt, för att åskådliggöra hur

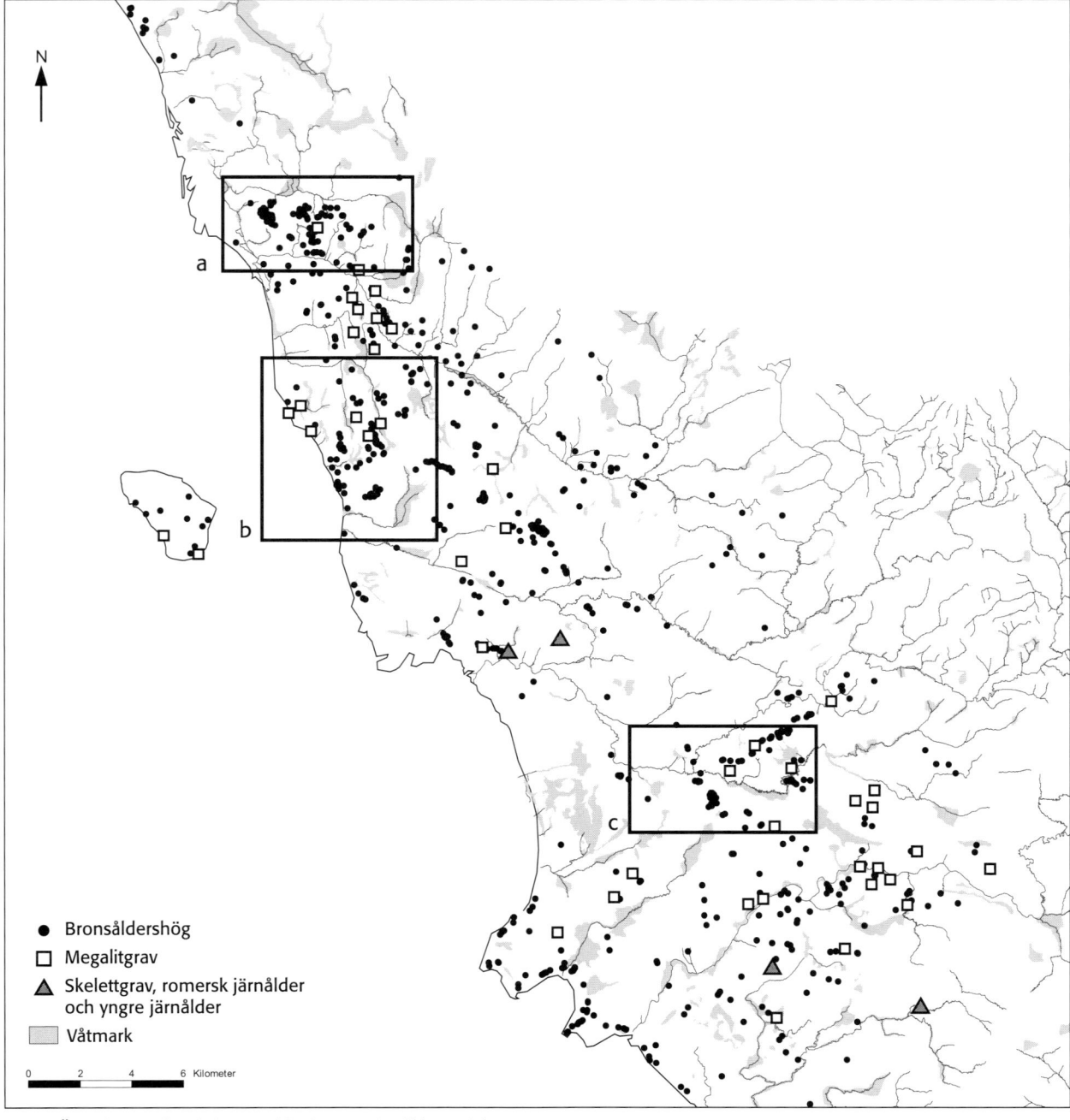

- Bronsåldershög
- Megalitgrav
- Skelettgrav, romersk järnålder och yngre järnålder
- Våtmark

Figur 2. Översikt av undersökningsområdet för VKB:s järnåldersprojekt med megalitgravar, bronsåldershögar (inklusive platser för borttagna och överplöjda monument), samt undersökta lokaler med jordbegravningar från romersk järnålder till vikingatid. Rutorna markerar de tre områden som diskuteras närmre med avseende på bosättningsområden och landskapsrum a) Ättekulla och Välluv, b) Glumslövs backar samt c) Dagstorpsåsen och höjdområdet kring Västra Karaby.

The investigation area of the Bronze Age project with megaliths, burial mounds from the Bronze Age and excavated burial places from the Roman Iron Age and Late Iron Age. The squares represent the local areas of a) Ättekulla–Bårslöv, b) Glumslövs Backar and c) Dagstopsåsen–Västra Karaby.

kulturlandskap omgestaltades. Från yngre bronsålder och under förromersk järnålder kan en kontinuitet spåras för gårdar inom flertalet bosättningsområden i hela undersökningsområdet. Vid ett par platser kan nyetableringar av gårdar under den senare tidsperioden beläggas. I sammanställningar av dokumentationen från undersökningar av lokaler som var belägna på Glumslövs backar finns dock en påtaglig brist på fynd, anläggningar och dateringar som skulle kunna knytas till romersk järnålder.

I ett övergripande rumsligt perspektiv kan två regionala bebyggelseområden konstateras under romersk järnålder. Det ena hade en utsträckning i nordvästra Skåne från Råån och vidare över Ättekullaområdet. Ett annat hade en utbredning från Saxåns vattenflöde och vidare mot de sydvästra delarna av Skåne (Carlie *Samhällen och rikedomsmiljöer* i del IV). Fynd, anläggningar, lämningar efter långhus och i vissa fall gravfält med jordbegravningar (skelettgravskick) från den aktuella tidsperioden finns inom nämnda bebyggelseområden. Ur detta perspektiv framtonar Glumslövs backar som ett topografiskt markant och glest bebott gränsområde. Under vendel- och vikingatid kan en nyetablering av gårdar och bebyggelse konstateras i nämnda backlandskap. Detta kontrasterar skarpt mot undersökningsområdets norra och södra delar där en form av kontinuitet av bebyggelse fanns från förromersk järnålder, under romersk järnålder och vidare under yngre järnålder.

Under yngre romersk järnålder och folkvandringstid skedde en kraftig omgestaltning av landskapet, då nya bosättningar anlades, äldre lokaler utvidgades och vissa bosättningar övergavs helt eller delvis. En tendens är att den allmänna utbredningen av bosättningar med ensamliggande eller parvisa gårdar formas till ett mer nyansrikt mönster. Ett par lokaler utvecklas till förtätade byar med flera gårdsenheter. Mönstret är dock inte generellt över hela undersökningsområdet. En strukturering av in- och utmarker tonar fram i samband med införandet av treskiftesbruk. En vy över "det stora landskapsrummet" ger möjligheter till att fånga huvudtendenser i olika utvecklingsförlopp och tydliga brytpunkter. Genom studier av mindre landskapsrum vid Ättekulla, på Glumslövs backar samt kring Dagstorpsåsen och Västra Karaby, finns möjligheter att åskådligöra hur människor förändrat och omgestaltat sin närmiljö (fig. 2). I det lilla formatet finns möjligheter att nyansera bilden av ett utvecklingsförlopp samtidigt som det finns en representativitet för kulturlandskapets större rumsliga strukturer.

Bebyggelsekontinuitet vid Ättekulla och Bårslöv?

Norr om Rååns dalgång och öster om Öresundkustens flacka markområden utbreder sig ett cirka 30 km² kuperat landskap över Ättekulla och mot Bårslöv. Höjdområdena vid Ättekulla utgör ett topografiskt dominerande inslag i landskapsbilden (fig. 3). Två jämnstora drygt 2,5×2 kilometer stora höjdformationer når mellan 40 och 50 m ö.h. och består av lerjordar med ställvisa inslag av morän och sand. Idag finns två stråk med bevarade högar längs västra kanten av höjdområdet, samt på områdets högst belägna parti i öster. Uppgifter i fornminnesregistret talar emellertid för att en betydligt större mängd gravar fanns inom nämnda stråk. Bortodlingsgraden har varit kraftig och Helsingborgs stads bebyggelse har under senare decennier brett ut sig över Ättekulla med Ramlösa. Enligt Skånska rekognosceringskartan från början av 1800-talet utgjordes höjderna av åkermark respektive "tufvig mark", äng, skogsbeväxta kärr på flack mark i sänkor. På den västra kullen av Ättekulla fanns en dunge med barrträd. Skifteskartor från 1761–1829 visar på inägor med åker- och ängsmark (Erikson 1996).

Ansamlingarna av bronsåldersgravar främst vid Ättekulla utgör ett exempel på hur ett terrängavsnitt togs i anspråk under äldre bronsålder, och hur gravmonumenten ett millennium senare ännu utgjorde ett viktigt inslag i kulturlandskapet. En annan typ av monumentalt landskapsutsnitt är beläget vid Bårslöv närmre fem kilometer öster om Ättekulla. På ett flackt höjdavsnitt på lerig morän finns ett omfattande härd- och kokgropsområde som i huvudsak brukades från mellersta bronsålder till förromersk järnålder. Att antalet gravhögar på och omkring detta höjdområde är betydligt färre än vid Ättekulla beror inte enbart på bortodling. Troligen har kulturlandskapet givits en speciell innebörd, och att höjdavsnittet söder om den större våtmarken *Tjuvamossen*, varit knutet till ritualer med ljus och värme istället för byggande av gravhögar (Knarrström & Olsson 2000; Knarrström 2002).

Norra delen av järnåldersprojektets undersökningsområde karakteriseras således av två topografiskt iögonfallande landskapsformationer som givits olika monumentala gestaltningar. En relevant följdfråga är därför om det är möjligt att se tendenser till olika former av bosättningsområden med avseende på kontinuitet rörande återbruk, respektive förskjutningar sett till mikrotopografiska förhållanden.

Ättekulla kan delas in i två terrängavsnitt utifrån uppgifter i fornminnesregistret och topografiska förhållanden. Det ena är höjdformationerna med gravhögar. Det andra är ett flackt till svagt böljande terrängavsnitt i sydväst, som är triangulärt format 1,8×1×2 kilometer stort. Inom detta terrassliknande område finns boplatser registrerade, varav några till viss del är översiktligt undersökta. Lokalerna har allmänt daterats till brons- och järnålder (Nagmér 1994). Det omkring 2 km² stora terrängavsnittet har utgjort ett bebyggelseområde för bosättningar med lång kronologisk kontinuitet. Lämningar som i slutet av 1990-talet dokumenterats vid Ramlösa och Ramlösagården ger en mer nyanserad bild av hur bosättningsområdena brukats.

De inom Västkustbane-projektet undersökta boplatslämningarna vid Ramlösa (VKB 1A:7) var belägna på en terrass med en area om drygt 30 000 m², som i söder avgränsades av Rååns markerade dalgång. Huslämningar från mellan- och senneolitikum representerar en etableringsfas och delar av en fast bebyggelsestruktur. Ett stråk av härdar och kokgropar daterade till mellersta och yngre bronsålder aktualiserar frågan om på vilka grunder man kan tolka dessa som delar av nämnda tidsskedes karakteristiska härdområden eller som ett markavsnitt relaterat till gårdslämningar. Det förstnämnda alternativet utgör ett fascinerande inslag på ett topografiskt markerad terrassformation i anslutning till ett vattendrag och ett flackt område söder därom. Det andra tolkningsalternativet är dock mer realistiskt då en gårdslämning i två faser med spår av långhus från förromersk järnålder återfanns inom området (Carlie & Artursson i del II).

Kring dessa fanns även stråk av härdar som daterades till samma tidsskede. Det ligger därför nära att anta en kontinuitet i terrassens brukande som en del av ett bosättningsområde, framför ett nyttjande för sakrala ändamål. Mot slutet av förromersk och början av äldre romersk järnålder tycks däremot området överges. Anläggningsstrukturer och fynd från senare tidsperioder finns inte representerade i dokumentationen, och serien av ¹⁴C-dateringar upphör (Omfors 1999; se Bilaga 1 i band 2).

På de svagt böljande höjdområdena mot norr i anslutning till markerade topografiska avsnitt med gravhögar finns spår efter flera bosättningsområden. Ett sådant har undersökts vid Ramlösagården drygt två kilometer norr om Ramlösa. Där fanns lämningar efter två gårdslägen vars gemensamma utbredning inom ett bosättningsområde omfattade en area omkring 300 000 m² stor. Den västra gården var belägen på en svag stigning mot sydväst och en våtmark i norr, och det östra gårdsläget bredde ut sig på krönet av en höjdrygg och i en östsluttning mot en bäck (Aspeborg & Mårtensson 2001).

Bosättningsområdet har traditioner från senneolitikum och bronsålder. Till lämningarna hör ett grophus och ett gropsystem, en ugn för keramikbränning samt ett kokgropsområde på områdets högst belägna avsnitt. På den östra förhöjningen etablerades en gård under förromersk järnålder, konkretiserad genom anläggandet av ett långhus och en stolpbod. Ytterligare ett par anläggningar belägna i anslutning till huslämningen daterades till samma period, bland annat genom keramik som på typologiska grunder kunde knytas till förromersk järnålder. Denna gård gavs en ny gestaltning under sen förromersk järnålder respektive yngre romersk järnålder, genom byggandet av nya långhus som successivt ersatte äldre. På det västra bosättningsområdet återfanns lämningar efter en gård som daterades till yngre romersk järnålder. Under folkvandringstid–vendeltid anläggs en ny form av bebyggelse vid Ramlösagården på den östra lokalen som utgjorde en tredje fas. Två långhus var belägna vinkelrätt mot varandra och formade därmed en gårdsplan (Aspeborg 2002, s. 251 ff.).

De undersökta lokalerna vid Ramlösa och Ramlösagården inom Ättekullaområdet har likheter men kontrasterar delvis mot varandra. En gemensam nämnare är en platskontinuitet från neolitikum och bronsålder, där de mest konkreta spåren i form av senneolitiska mesulahus dokumenterades vid Ramlösa. Ensamliggande gårdar bestående av mindre långhus och ekonomibyggnader fanns vid båda lokalerna under förromersk järnålder. Under äldre romersk järnålder tycks bosättningen vid Ramlösa överges, medan Ramlösagården fortsätter att brukas från romersk järnålder, under folkvandringstid och vendeltid. Gårdslämningen från yngre järnålder är mer komplex till sin uppbyggnad genom två långhus möjligen kompletterad med mindre ekonomibyggnader.

På ett höjdområde söder om en större våtmark i Bårslöv finns ett omfattande boplatsområde om 500 000 m² noterat i fornminnesregistret (RAÄ 60, Bårslövs socken). En inblick i detta möjliggjordes genom en långsträckt grävningsyta, varvid två långhus som representerade gårdar i en sekvens från äldre respektive yngre bronsålder påträffades. I anslutning till dessa dokumenterades ansamlingar av drygt 300 kokgropar och härdar varav ett antal daterades till yngre bronsålder och förromersk järnålder. Öster om dessa fanns en rad om sju kokgropar som daterades till folkvandringstid (Knarrström & Olsson 2000; Knarrström 2002).

Blickar man ut från nämnda höjd mot Välluv i väster utbreder sig ett flackt område med svaga förhöjningar på siltig morän omgivna av mindre sänkor. I detta slättområde finns indikationer på, men även tydliga lämningar av, flera bosättningsområden med längre traditioner. En gård representeras av ett långhus daterat till yngre bronsålder och en ansamling av gropar med keramik som typologiskt generellt kan knytas till bronsålder. Bosättningsområdet utbreder sig mot sydväst och omfattar troligen gårdslämningar från yngre bronsålder och äldre järnålder. Ett par hundra meter mot väster fanns ytterligare ett område med gårdslämningar från romersk järnålder och folkvandringstid. Stolphålsrader efter treskeppiga långhus och fyrstolpshus samt brunnar, härdar, gropar och en ugn visade på en bebyggelsesekvens om tre gårdar som avlöste varandra (Knarrström 2002, s. 223 f.).

Norr om Välluv på en förhöjning vid Påarp finns ett omkring 60 000 m² stort bosättningsområde med lämningar från yngre bronsålder till folkvandringstid. Gårdsbebyggelsen var belägen på en platå som sluttar i väster och i nordväst mot den idag utdikade *Refsmossen*. Platån sluttar även svagt mot söder och sydväst, men i östlig riktning planar marken ut i svagt kuperade terrängavsnitt. Inom ett cirka 9000 m² stort delområde dokumenterades i början av 1990-talet grupperingar av gropar och härdar, som sannolikt representerade delar av närområdet kring en gård från yngre bronsålder (Nagmér 1997).

Invid och norr om detta avsnitt av platån återfanns tio år senare betydligt mer konkreta lämningar av gårdsbebyggelser i fyra faser från yngre romersk järnålder till vendeltid. Den äldsta byggnadslämningen utgjordes av ett drygt 20 meter långt treskeppigt långhus från senare delen av romersk järnålder. Vid tiden för yngsta romersk järnålder och folkvandringstid förändrades bosättningens karaktär. Lämningar av fyra treskeppiga långhus närmre 30 meter långa var väl samlade i en miljö som representerade en successiv byggnadssekvens. Bosättningen omgestaltades från ensamgårdskaraktär till en betydligt mer intensivt nyttjad lokal med en stor gård i flera faser med omfattande byggnader. Under vendeltid anlades ett ca. 40 meter långt hus (Aspeborg & Becker 2002; Carlie & Arthursson i del II).

Topografiskt sett finns två viktiga noder i området kring Ättekulla och Bårslöv, vilka kan knytas till ett kulturlandskap som gestaltats under äldre bronsålder. Höjderna vid Ättekulla omfattade två stråk med ansamlingar av gravhögar från bronsålder, vilket gav området en monumentalt synlig prägel. Inom det andra höjdområdet vid Bårslöv är antalet högar färre.

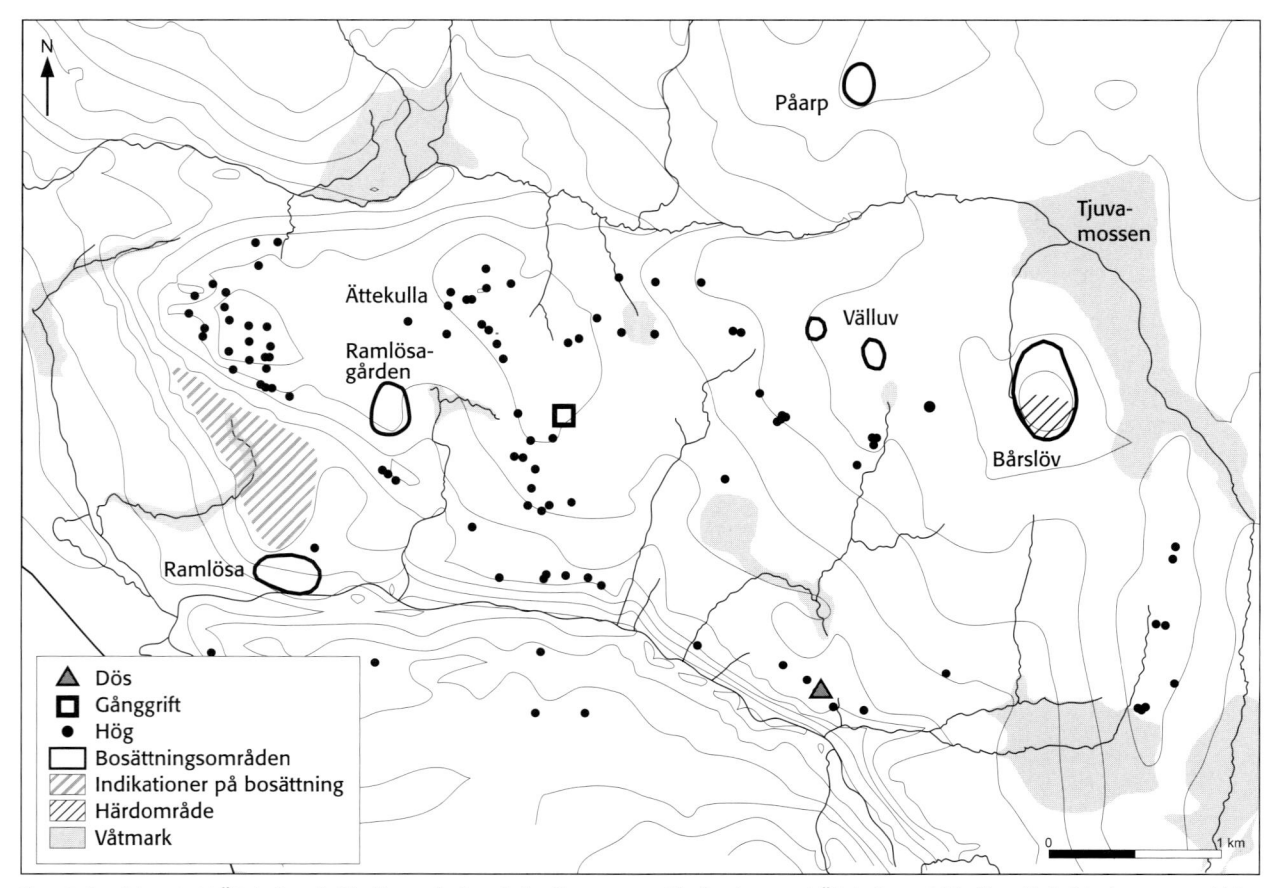

Figur 3. Landskapet vid Ättekulla och Bårslöv med nämnda bosättningsområdens lokalisering i landskapsrum.

The landscape at Ättekulla and Bårslöv with habitation areas which are discussed in the article.

Det är möjligt att flera har odlats bort, men antalet kvarvarande bör ge en antydan om den ursprungliga mängden. Ett centralt läge utgörs däremot av ett härdområde på krönet av ett lokalt dominerande höjdområde invid en större våtmark – *Tjuvamossen*. Detta var en plats med en annan form av monumentalitet skapad genom en upprepning av handlingar av rituell karaktär över en lång tidsperiod.

De undersökta bosättningarna som omnämnts var belägna i mikrotopografiska miljöer av skiftande karaktär, i olika landskapsrum. Med utgångspunkt från tillgänglig dokumentation med avseende på gårdsstrukturer och kronologiska faser, råder det svårigheter att klarlägga huruvida större förskjutningar av bebyggelsen ägt rum mellan olika miljöer. Lokalerna vid Ramlösa och Ramlösagården var belägna på mikrotopografiskt sett högre belägna terrängavsnitt. Skillnaden dem emellan rörande nyttjandet framtonade under romersk järnålder, då det förstnämnda bosättningsområdet tycks ha övergivits och den senare fortsatt att brukas. Bosättningen vid Påarp på ett höjdområde representerar en lång kontinuitet i brukandet, liksom den mer låglänt belägna lokalen vid Välluv. Den frilagda ytan på det topografiskt sett lokalt dominerande höjdområdet vid Bårslöv, var för begränsad för att en mer omfattande diskussion rörande bruk och återbruk av bosättningsområdet. En analys kräver att lämningarna av långhus från bronsåldern relateras till de anhopningar och stråk av härdar och kokgropar som fanns. Därtill bör man vara öppen för att höjdområdet i sin helhet med i åkermark uppplöjda fynd och antydningar av härdar, representerar en komplex sammansatt miljö som brukats för olika ändamål genom hela förhistorien. I detta avseende kan Bårslövsområdet jämföras med Glumslövs backar, även om skillnaden rörande anlagda gravmonument är påtaglig.

Om de undersökta bosättningsområdena betraktas i ett långtidsperspektiv framtonar romersk järnålder som ett tidsskede med omdaning av samhällets sociala struktur och värderingar, förändringar av former för ekonomisk försörjning och bebyggelsestruktur. Det schematiskt sett omvälvande förloppet konkretiserar en omdaning av gårdsmiljöer och därmed nyttjandet av lokalerna. De bosättningar som inte övergavs omformades och brukades mer intensivt och på ett till det yttre strukturerat sätt. Miljöer med ensamgårdar byggdes om till mer komplex sammansatta miljöer med flera byggnader. Frågan är om detta mönster kan urskiljas vid Glumslövs backar, samt kring Välabäcken vid Dagstorpsåsen och Västra Karaby.

Bebyggelsediskontinuitet på Glumslövs backar

Glumslövs backar täcker ett område som är fem kilometer i nord-sydlig riktning och utbreder sig fyra kilometer från Öresundskusten mot inlandet, vilket motsvarar en area om 20 km². Regionalt sett utgör det mjukt formade backlandskapet västra delen av ett dominerande höjdområde på lager av morängrovlera och silt. Dess utlöpare sträcker sig flera kilometer mot sydöst och omfattar därmed Rönneberga backar. I dessa övergripande naturformationer och landskapsrum finns en mängd olika mikrotopografiska miljöer som avgränsas av mindre höjdryggar. Nära *Öfre Glumslöv* finns två dylika i nord-sydlig riktning, med namnen *Bonnahögsbacken* respektive *Galgebacken*. I sydväst finns mindre förhöjningar som inramar *Dalamossen*, en större våtmark invid Öresund. I dagens landskap är det svårt att se de forna mikrotopografierna nyanserna, då dessa utjämnades i samband med fullåkersbygdens utbredning. Äldre våtmarker har dikats ut och mindre bäckar har kulverterats eller letts fram i nygrävda diken. Utifrån Skånska Rekognosceringskartan finns det dock möjligheter att få en bild av äldre kulturlandskaps topografiska och hydrologiska förhållanden, vilket åskådliggörs i figur 4a–c.

Arvet från bronsålder

Kulturlandskapet på Glumslövs backar vilar på en lång tradition vilket megalitgravar och stråk av gravhögar påvisar (fig. 4a). I fornminnesregistret finns som tidigare nämnts ett flertal stenåldersboplatser noterade. I det arkeologiska källmaterialet från undersökningar finns fynd från tidig- och mellanneolitikum som påträffades i svackor med våtmarksbildningar eller oplöjda äldre markhorisonter. Huruvida flintartefakterna hade deponerats på plats i ett speciellt syfte eller slumpmässigt blivit kvar är ofta svårt att avgöra. I ett fall hittades en större ansamling av bearbetad flinta, redskap och TRB-keramik deponerat i botten av en djup svacka. Konkreta spår efter huslämningar daterade till senneolitikum, bronsålder och äldre förromersk järnålder dokumenterades vid ett par utgrävningslokaler i samband med Västkustbane-projektet (Aspeborg 1998; Fendin 1999; Strömberg & Thörn Pihl 2000).

För de människor som hade sin tillvaro på Glumslövs backar vid ett tidsskede motsvarande äldsta förromersk järnålder, konkretiserades landskapets historik utifrån andra premisser. Nämligen synliga monument, bosättningsområden med gårdsmiljöer, samt berättelser och traditioner knutna till specifika terrängavsnitt. Megalitgravar utgjorde monumentala lämningar från en svunnen tid. De många högarna har

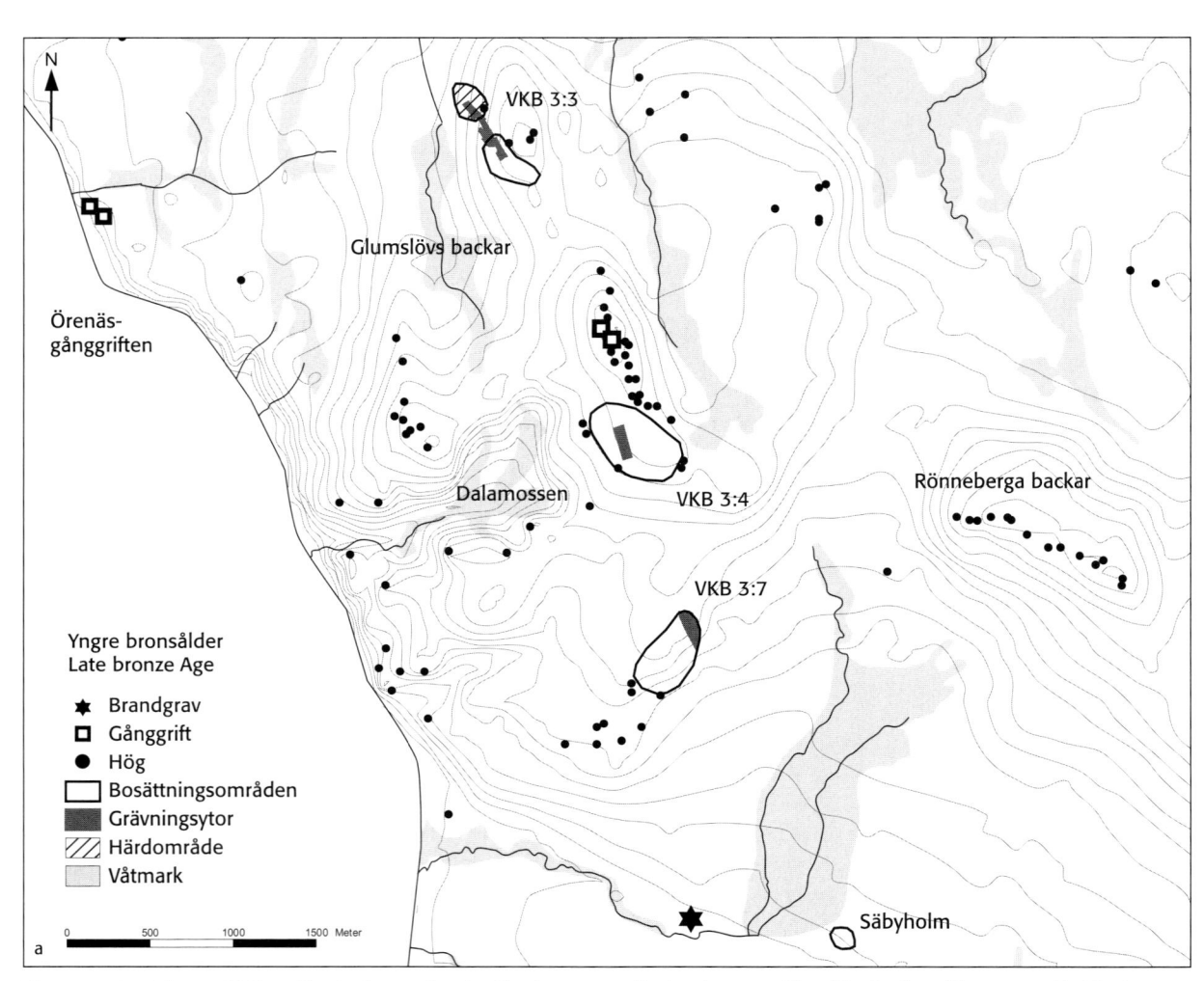

Figur 4a–c. Landskapet vid Glumslövs backar med undersökta bosättningsområden som brukats under mellersta och yngre bronsålder, förromersk järnålder, samt vendel- och vikingatid markerade. Gårdsmiljöerna var belägna i ett kulturlandskap präglat under mellanneolitikum och bronsålder.

The landscape at Glumslövs Backar with excavated habitation areas, which were used during the Bronze Age, the Pre-Roman Iron Age and Late Iron Age. The settlements were located in a landscape which was formed during the Neolithic and the Bronze Age.

haft en mer tydlig förankring i människors föreställningsvärld då monumenten bör ha använts för gravsättning av urnor med kremeringar. Monumenten utgjorde även rumsligt strukturerande element då dessa relaterades till bosättningsområden och även visuellt gav dessa en inramning. Mot två terrängavsnitt av högst skilda karaktärer har människor projicerat tydliga traditioner, även om man inte har brukat platserna som berättelser kan ha omtalat. På backarnas nordsluttning fanns ett härdområde som nyttjats i ceremoniella sammanhang under århundraden. I en sänka mot Öresund har våtmarken *Dalamossen* högst sannolikt

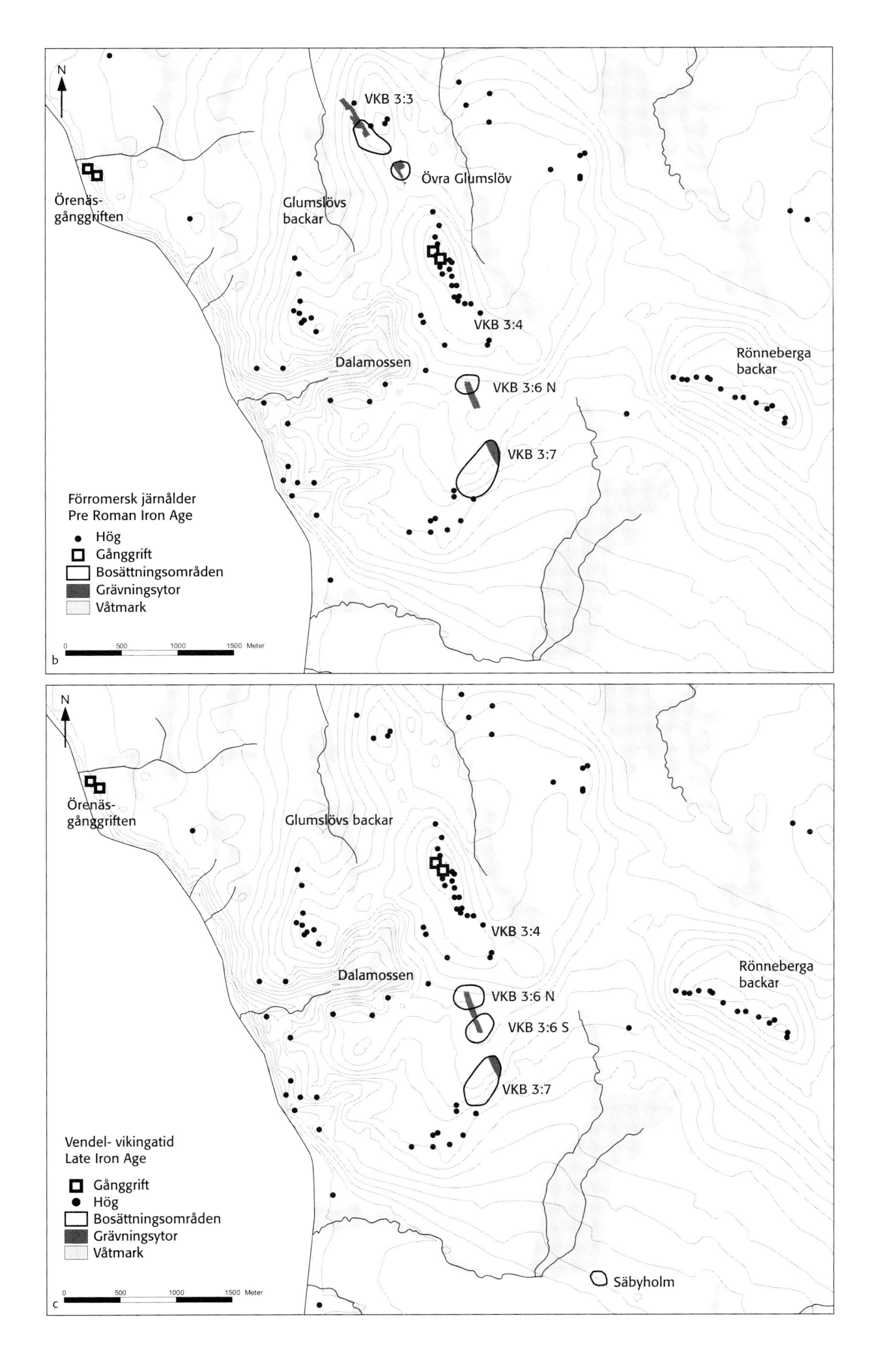

brukats som offerplats under senneolitikum och bronsålder. På mikrotopografiskt sett markerade platser finns högar anlagda, vilka gav området en distinkt inramning.

Låt oss utgå från hur landskapet kan ha sett ut för en betraktare ståendes på Glumslövs backar vid tiden för äldsta förromersk järnålder. Det råder naturligtvis svårigheter med att få en total överblick av var alla bosättningar fanns belägna på höjderna och i backlandskapet. I fornminnesregistret noterade lämningar och de vid arkeologiska undersökningar dokumenterade lokaler får utgöra exempel på i vilka terrängavsnitt som bosättningsområden var belägna.

På en flack platå öster om och ovanför Dalamossen respektive väster om en lokal höjdrygg kallad *Galgebacken*, fanns ett bosättningsområde (VKB 3:4) som brukats under bronsålder. Dateringar av tre gårdar representerande olika bebyggelsefaser visar på en tidsrymd som sträcker sig från period IV till V. Spår från äldre järnålder hittades dock inte under fältarbetets gång (Aspeborg 1998). Med tanke på att terrängavsnittet omfattar omkring 100 000 m² är det troligt att fler huslämningar kan finnas dolda under den plöjda åkermarken. En kraftigt överplöjd bronsåldershög hittades i anslutning till boplatsen, men på kanten till sluttningen ner mot Dalamossen (Andersson & Thörn 1996).

Bosättningsområdet utgjorde genom sitt läge i topografin en central plats i landskapsrummet under bronsålder. Man hade en vidsträckt utsikt över Öresund, ön Ven och kustslätten mot söder. Vände man blicken mot närmiljön kunde man se gravhögar på en höjdrygg omkring hundra meter mot öster, och gravhögar som omgav kanterna till och inramade *Dalamossen* i väster. Färdvägar över och genom backlandskapet bör utifrån topografiska premisser ha knutits samman inom bosättningsområdet, vilket antyder att gårdarna kan ha haft en betydelse av speciell karaktär och utgjorde en nod i landskapet (Strömberg 2005).

För en vandrare som följer en färdväg mot norr och blickar mot höger kommer ett stråk av högar längs en lokal höjdrygg inom synfältet. Rakt fram kan man bortom ett flackt terrängavsnitt se ännu en höjdrygg med gravhögar. Viker man av till höger kan backlandskapets östra delar nås. Fortsätter man leden rakt fram och till vänster om nämnda höjdrygg nås ett bosättningsområde med en gårdsbebyggelse. Från backlandskapets nordsluttning hade man en vy över Öresund, Örbyfälten och höjdområdena vid Ättekulla. På själva nordsluttningen fanns ett fält kring vilket berättelser om ritualer kring eld var knutna. Antagandet bygger på arkeologiska utgrävningar av ett omfattande härdområde som nyttjats under 800 år med en kulmen under mellersta bronsålder, och en avmattning under yngre bronsålder (Fendin 1999, s. 34 f.;2005).

En annan aspekt rör landskapets vegetationsutveckling. Pollenproppar hämtade från våtmarken vid *Sjögungan* belägen på gränsen mellan kust och inland, respektive *Dalamossen* vid Glumslöv, visar på ett landskap präglat av ett mosaikmönster av gles skog, ängsmarker och odlingar under senneolitikum och bronsålderns period I. Under bronsålder från period II kan en tendens skönjas mot en ökad betesdrift som utgör en dominerande markanvändning. Under äldsta förromersk järnålder framtonar åkerbruk på ett mer markant sätt. Makrofossilprover från stolphål tillhörande tre olika huslämningar från förromersk järnålder belägna på backarnas sydsluttning (VKB 3:7), innehöll spridda cerealier som antyder odling (Regnell, datatabell i arbetsmaterial).

På en serie flygfoton tagna av Lantmäteriverket från 1930-talet till omkring 1980 avtecknas mönster av rektangulära åkerytor – *celtic fields*. Denna åkerform betraktas generellt som karakteristisk för äldre järnålder. På en platå mellan två höjdryggar av Glumslövs backar väster om den gamla byn Övra Glumslöv finns antydningar till odlingsytor på en area om 50 ha. Ett tydligare mönster framtonar på foton som täcker ett avsnitt från platåläget mellan Dalamossen och höjdryggen med *Björne högar*. Detta motsvarar ett område med en utsträckning av 3500 meter i nord–syd och 2700 meter i öst–väst. Det kan vara fråga om ett större system eller flera mindre med *celtic fields* om 100–150 meters längd och 50–60 meters bredd. Inom detta fanns tre bosättningar som undersöktes inom Västkustbaneprojektet, nämligen VKB 3:4, 3:6 och 3:7 (Martens 2005).

Förromersk järnålder

I vilken utsträckning omgestaltades landskapsrummet vid Glumslövs backar under förromersk järnålder? Undersökningar av lokaler inom korridoren för Västkustbanan antyder såväl en fortsatt kontinuitet för gårdsbebyggelser inom bosättningsområden, som lokala förskjutningar mot andra mikrotopografiska lägen (fig. 4b). Exempel på kontinuitet kan skönjas inom bosättningsområdet beläget på en flack platå ovanför det tidigare vidsträckta härdområdet. Detta konkretiserades av ett gårdsläge med lämningar av tre byggnader i faser från mellersta bronsålder till äldre delen av förromersk järnålder (Carlie i delII; Bilaga 1 i band 2). Lokalens utbredning över platån bör ha varit mellan 60 000 till 100 000 m². Antagandet bygger på mikrotopografiska förhållanden och utbredningen av gropar och härdar som utgör spår av människors handlingar i anslutning till gården. Drygt 500 meter mot söder vid Övra Glumslöv dokumenterades ett gårdsläge med spår av ett långhus, vilket daterades till äldre delen av förromersk järnålder (Johansson 1999).

Det är mycket möjligt att de båda grävningsytorna blottlade olika delar av ett sammanhängande bosättningsområde, som täckte västsidan av en höjdrygg med högar och det mellanliggande partiet mellan två höjdryggar. Detta representerar i så fall en kontinuitet från yngre bronsålder och i vissa delar ett ianspråktagande av ett nytt terrängavsnitt. Det ligger nära till hands att se antydningarna på flygfoton efter *celtic fields* öster om gårdslämningarna och sydöst om höjdryggen, som en del av bosättningens försörjningsstruktur. Detta är naturligtvis svårt att belägga, men bör ändå tas med i diskussionen för att åskådliggöra hur landskapet kan ha gestaltats under förromersk järnålder (Martens 2005).

Exempel på en lokal förskjutning av ett bosättningsområde framtonar på backlandskapets södra delar. Den omfattande lokalen på ett platåläge (VKB 3:4) överges, och terrasslägen nedför sluttningarna tas i anspråk för bebyggelsen. Avståndet uppgår endast till mellan 200 och 300 meter, vilket konkretiserar att andra mikrotopografiska lägen togs i anspråk istället för omfattande bebyggelseförskjutningar. På en svagt markerad terrass med en bredd av enbart 20 meter fanns en gårdslämning från tiden yngsta bronsålder och äldsta förromersk järnålder (VKB 3:6 N). Gårdsläget kan dock ha varit mer omfattande. Nedför sluttningen på ett större flackt markavsnitt som mikrotopografiskt sett utgjorde en sänka, fanns lämningar efter tre långhus, varav ett på hustypologiska kriterier kan dateras till yngre järnåldern. Svaga spår efter stolphål antyder att möjligen ytterligare tre byggnader varit belägna på den flacka ytan (Carlie & Artursson i del II).

Bosättningsområdet är svårt att avgränsa utifrån mikrotopografiska formationer, men dess omfattning kan uppskattas till 350 meter i nord–syd och 250 meter i öst–väst. Detta motsvarar en area om 90 000 m². Utsiktsvyerna från lokalen som är belägen i en svag sänka är relativt begränsade. Ett smalt utsnitt av Öresund kan ses mot väster. Sikten mot den närmast omgivande miljön fångar upp gravhögar på kanten mot *Dalamossen* i väster och de högar som kan ha varit belägna på lokala höjdryggar och kanter till sluttningar drygt 500 meter runt bosättningen.

Flygfoton visar på stora områden med antydningar till rektangulära åkerbegränsningar som täcker denna lokal och omger gårdslämningen från förromersk järnålder vid VKB 3:6. En tolkning som bygger på en associativ tanke är att det högre belägna terrängavsnittet kom att nyttjas för lantbruk. Det är möjligt att det fanns en lokal kännedom om var äldre bosättningar varit belägna, men att dessa områden kunde brukas för andra ändamål. En tradition från bronsålder var att gårdsbyggnader flyttades till förmån för byggande av gravhögar på dess gamla plats eller för att nyttja detta för lantbruk (Rasmusson 1993; Martens 2005).

Ett bosättningsområde i söder omfattade en svag sydsluttning och mindre terrasser av Glumslövs backar (VKB 3:7). Inom ett avsnitt om 430 meter i öst–väst och 230 meter i nord–syd, motsvarande en area om 100 000 m² fanns flera indikationer på en långvarig platskontinuitet. Stora plöjda åkerarealer har medfört att mikrotopografiska formationer och mindre svackor med våtmarker har utjämnats, vilket fått till följd att områdets avgränsning enbart kan kopplas till mer tydliga formationer.

Provschakt och grävningsytor blottade ett tvåskeppigt hus från senneolitikum, två mindre byggnadslämningar efter sädesmagasin från mellersta bronsålder samt gropar med keramik från yngsta bronsålder (Andersson & Thörn 1996; Strömberg & Thörn Phil 2000). En intressant fråga är hur stark tradition som var knuten till platsen och huruvida denna konkretiserades i berättelser, eller till en sedan länge definierad rumslig struktur relaterad till en ansamling gravhögar på en utskjutande terrass drygt 500 meter mot sydväst. Utsiktsvyerna från bosättningsområdet når nämnda gravhögar och kustslätten i söder, men även de stråk av monument som finns drygt två kilometer mot öster på Rönneberga backar. Arvet från ett äldre kulturlandskap har haft en stark påverkan, vilket platskontinuiteten från senneolitikum visar. Det är därför troligt att det funnits en form av medvetenhet kring detta vid tiden kring äldsta förromersk järnålder.

Grävningsytan vid VKB 3:7 blottlade en svag sluttning och två mindre terrasser som var dolda under den plöjda åkermarken. På den övre terrassen fanns lämningar efter två långhus och ett grophus från förromersk järnålder, som utgjorde två sekvenser av en gård. På en nedre terrass drygt 100 meter mot söder dokumenterades spåren efter ett drygt 20 meter långt treskeppigt långhus daterat till samma period. Kontrasten mellan byggnadslämningarna var högts påtaglig. Det är fullt möjligt att två gårdar funnits parallellt i en förtätad gårdsstruktur (Carlie & Artursson i del II).

Vid tiden kring Kr.f. framtonar en bild av att bosättningsområden på Glumslövs backar övergavs. Arkeologiskt sett konkretiseras detta genom en brist på fynd, anläggningsstrukturer och dateringar till romersk järnålder vid samtliga undersökta lokaler i backlandskapet. Det paleoekologiska materialet ger ingen entydigt bild av den lokala vegetationsutvecklingen eller odlingshistoriken som kan relateras till bebyggelseförändringen. Möjligen kan orsakssammanhang sökas i samhällsutvecklingen. I en omvärldsanalys diskuterar Anne Carlie (i del IV) förekomst av två olika regionala järnåldersbebyggelser i nordvästra respektive sydvästra Skåne, där Glumslövs backar med omgivningar utgjorde en gränsbygd. Detta ger även ett besked om att traditioner med nyttjandet av äldre bosättningsområden och gravhögar i landskapsutsnitt kan upplösas. Ett regionalt centralområde under bronsålder omvandlas till ett glest befolkad gränsområde med tydlig topografisk markering.

Yngre järnålder

Under vendeltid kan ett ianspråktagande av landskapet kring Glumslövs backar skönjas. Detta är en del av en större bebyggelseutbredning inom kustområdena från slätten kring Säbyholm i söder till Råån invid Ättekullaområdet i norr (fig. 4c). Ordet kolonisation är ett för starkt uttryck då människor åter etablerar gårdsmiljöer i ett äldre kulturlandskap. Efter flera sekler var den direkta bebyggelsekontinuiteten med rötter i det förflutna bruten. Däremot hade människor i sin samtid att ta ställning till fysiska strukturer i form av gravmonument som härrörde från ett äldre kulturlandskap sett i relation till förutsättningar i omgivande miljö.

Två bosättningsområden på Glumslövs backars södra sluttningar brukas åter vid etablerandet av gårdar under vendeltid. Frågan är om det fanns en medvetenhet om detta eller om naturliga topografiska och hydrologiska förhållanden var avgörande. I den arkeologiska dokumentationen från lokalen VKB 3:6 finns en vendeltida byggnadslämning av ett långhus på ett flackt markavsnitt omedelbart söder om en mindre våtmarkssvacka. Ytterligare huslämning från vikingatid speglar möjligen en andra husgeneration av samma gård. Inom ett tidigare beskrivet bosättningsområde (VKB 3:7) på Glumslövs backars nedre sluttningar mot söder påträffades en gårdslämning bestående av två långhus från senare delen av vendeltid. Byggnaderna var placerade vinkelrätt mot varandra och formade en gårdsplan. Detta antyder en ökad komplexitet i sammansättningen av gårdsstrukturer och formerna av ekonomisk försörjning (Carlie & Artursson i del II).

Speglar återbruk av äldre bosättningsområden en tradition eller ett för samtiden bra läge med avseende på topografiska och hydrologiska förhållanden? För att belysa frågan kan vi blicka söderut mot Säbyholmsslätten. På en mindre höjdrygg omgiven av flack terräng dokumenterades vid en undersökning en byggnadslämning och lager med fynd av keramik från yngre bronsålder och äldsta järnålder. Under vikingatid etableras en bosättning på samma topografiska läge. Sammantaget påträffades fem huslämningar och stora mängder keramik som kan knytas till nämnda period och tidig medeltid (Kriig & Thomasson 1999).

På de flacka terrängavsnitten i norr mellan foten av Glumslövs backar och Heabäcken påträffades spår efter enstaka gårdslämningar från vendeltid. Även om det inte är fråga om en direkt platskontinuitet var det samma landskapsrum som nyttjades som under neolitikum till förromersk järnålder (Artursson 1998). Ryabäcken ytterligare någon kilometer mot norr, skapade förutsättningar för etablerande av bosättningar från olika tidsperioder. Rya är ett exempel på en lokal med en platskontinuitet av bosättningar från bronsålder till förromersk järnålder respektive vendeltid till historisk tid. Lokalen karakteriseras även av en sparsamhet rörande fynd, anläggningar och dateringar från romersk järnålder. Detta speglar en utglesning av bebyggelsen i denna del av kustlandskapet och en begynnande ianspråktagande under yngre järnålder. Bosättningsområdet är relativt svårt att avgränsa i den flacka terrängen, men kan uppskattas till 500 m stort omfattande en area om cirka 250 000 m². Ett långhus daterat till vendel- och vikingatid representerar nyetablering av en gårdsbebyggelse (Artursson 1999a; Ericson Lagerås 1999).

Centrala platser vid Dagstorpsåsen och Västra Karaby

Höjdområden och den mjukt markerade dalgången med Välabäckens och Saxåns vattenflöden, har i olika former utgjort ett landskapsrum av central betydelse under årtusenden. Dösar och gånggrifter ger en antydan hur landskapet nyttjades under tidig- och mellanneolitisk tid. Stråk och ansamlingar av gravhögar speglar hur rummet omgestaltades under äldre bronsålder. Vid tiden för äldsta förromersk järnålder hade människor att förhålla sig till ett kulturlandskap av gamla anor. Detta genom dess fysiska struktur, men högst sannolikt även genom berättelser och traditioner från det förflutna (fig. 5a–e).

Området har en utsträckning på omkring sju kilometer i öst–väst respektive och sex kilometer i nord–syd, som motsvarar en area om drygt 40 km². Topografin domineras av två höjder – Dagstorpsåsen i norr och de mjukt formade Karaby backar i söder. Åsbildningen har en utsträckning om fem kilometer i nordöst–sydväst, och en bredd av drygt en kilometer. Det långsträckta krönet ligger drygt 45 m ö.h., men det mellersta avsnittet når 65 m ö.h. Då omgivande slättmarker är belägna cirka 20 m ö.h. utgör Dagstorpsåsen en markant höjdformation och ett iögonfallande landmärke. Effekten förstärks genom att åsen omflyts och ges en inramning av Saxån i nordväst och Välabäcken i söder.

Från den plats där Dagstorps kyrka är belägen har man en vidsträckt utsikt över Välabäckens mjuka dalgång mot Karaby backar. I blickfånget finns en ansamling av gravhögar från bronsåldern med en högst monumental framtoning. Dessa är centrerade till ett begränsat markant höjdavsnitt som når drygt 50 m ö.h.

och har en utsträckning på 900 meter i nord–syd och 700 meter i öst–väst. En betraktare som står på något av bronsåldersmonumenten har en fascinerande utsikt i olika vyer över det omgivande slättlandskapet. I fjärran syns höjderna av Glumslövs och Rönneberga backar. På betydligt närmre håll kan man se gravhögar på krönläget av den på andra sidan Välabäcken belägna Dagstorpsåsen. Förutsatt att landskapet varit av relativt öppen karaktär, har människor kunnat uppleva samma vyer även under järnålderns olika tidsskeden.

Välabäckens dalgång är idag utdikad och uppodlad, liksom omgivande höjder och slättlandskap. På Skånska Rekognosceringskartan från början av 1800-talet är stora avsnitt längs vattendraget markerat som våtmark. Detta ger en bild av ett meanderflöde som ändrat riktning och förutsättningar för betesmarker i anslutning till våtmarkerna. En annan aspekt är att dessa kan ha nyttjats som deponeringsplatser för offergåvor och gravar under förhistorisk tid.

Topografiskt sett utgör de flacka till svagt kuperade markavsnitten uppströms längs Saxåns flöde en lättframkomlig terräng för en färdväg. Vid den undersökta järnåldersbosättningen vid Tågerup (SU8) fanns lämningar efter ett stensatt vadställe för färdstråkets korsning av en mindre bäck eller våtmark, vars vattenflöde mynnat ut i Saxån (Artursson 1999b, s. 12). Detta illustrerar hur flera av de järnåldersbosättningar som fanns norr om nämnda å varit sammanbundna i en gemensam rumslig struktur. Denna omfattade även det stora bosättningsområdet med gårdar från äldre järnålder vid Annelöv. Lokalen har ett ursprung i en gravplats från senneolitikum och bronsålder, samt lämningar av gårdar från mellersta bronsålder (Cademar Nilsson & Ericson Lagerås 1999b; Ericson 1999b; Lindahl Jensen & Thörn Pihl 1999; Arcini & Svanberg 2005.; Carlie & Artursson i del II).

En betraktare som stod vid bosättningsområdet under järnåldern och hade följt färdvägen mot öster, bör ha upplevt Dagstorpsåsen och Karaby backar med dess många väl exponerade gravmonument som en portal. I fonden till åsen alldeles bortom Saxåns flöde finns en mindre höjd på vars sydsluttning en långhög var belägen. Passagen längs Välabäcken mellan omgivande höjder och förbi äldre megalitgravar, bör ha gjort intryck på en vandrare.

Ett landskap präglat under mellanneolitikum och bronsålder

Kulturlandskapet kring Dagstorpsåsen och Karaby backar gavs på olika sätt en monumental inramning under tidig- och mellanneolitikum samt äldre bronsålder. Naturlandskapets topografi, vattendragens sträckning och våtmarkers utbredning, i kombination med människors ställningstaganden gentemot ärvda rumsliga strukturer och visualisering av landskapsrum, medförde att omgivande miljöer i ett långtidsperspektiv kom att gestaltas och omformas utifrån högst lokala förutsättningar. Detta är märkbart sett till mikrotopografiska förhållanden där kraftiga rumsliga förskjutningar tonar fram rörande nyttjande och formande av landskapsrum, respektive centrala platsers lokalisering, dess monumentala utformningar och tillskrivna innebörder.

En grundläggande fråga är hur människor i sin respektive samtid betraktade landskapsrummet vid Välabäckens sammanflöde med Saxån, våtmarkers utbredning och de omkringliggande höjderna, samt hur man visuellt såg på området och klassificerade detta. Under senare delen av tidigneolitikum eller tidig mellenneolitikum anlades långhögen vid *Krångeltofta* på en svag sydsluttning av en mindre höjd, samt gånggriften *Harald Hildetands grav* på nedre avsnittet av en bred sydsluttning av Dagstorpsåsen (fig. 5a). Gravplatserna hade genom byggandet av megaliter givits en monumental prägel som inramade dalgången med vattendragens sammanflöde. Norr om och i anslutning till Saxåns flöde fanns en gravfält med jordbegravningar från nämnda kronologiska perioder och stridsyxegravar från senare delen av mellanneolitikum. På gravfältet dokumenterades även spår efter en megalitgrav. Detta ger en intressant bild av hur en gravplats som givits monumental karaktär återbrukas under yngre delen av mellanneolitikum och senneolitikum. På motsatt sida om ån fanns under senare delen av mellanneolitikum en omfattande palissadanläggning, vilken tydligt markerade platsens centrala karaktär (Ericson Lagerås 1999; Månsson & Pihl 2000; Andersson 2003, s. 113 ff.; Svensson 2002, 2004, Manuskript).

Längs Saxåns flöde fanns även bosättningar med gårdar från mellanneolitisk tid. En mellanneolitisk gårdslämning i två byggnadssekvenser låg i anslutning till ovan nämnda stridsyxegravfält. Ett mer omfattande bosättningsområde med flera gårdslämningar i två till tre bebyggelsefaser fanns norr om och invid nämnda vattendrag vid Dagstorp (SU21) drygt 1,5 kilometer österut. (Andersson m.fl. 1999; Månsson & Pihl 1999; Lagergren Olsson & Linderoth 2000; Andersson 2003, s. 89 ff., 125 ff. 146 ff.).

På omgivande höjdområden finns flera boplatser noterade i fornminnesregistret utifrån förekomster av bearbetad flinta och keramik i åkermark. En sammanställning av fynd utifrån typologiska kriterier gjord av Magnus Andersson (2003, 2004) visar på att bosättningar under mellanneolitikum var spridda över områdets olika mikrotopografiska miljöer. Arkeologiska undersökningar av olika lokaler söder och väster om Karaby backar har tidigare konkretiserat bosättningsområden från neolitikum genom fynd och anläggningsstrukturer. Vid en lokal påträffades därtill även en grav från stridsyxekultur (Jeppsson 1996a,b; Nagmer 1996a,b).

Under senneolitikum skedde en omgestaltning av landskapsrummen på höjderna kring och i Välabäckens dalgång. Inte genom anläggande av monumentala byggnadsverk, utan snarare genom övergivandet av bosättningar och en plats manifesterad av en palissadanläggning invid nämnda bäck. Schematiskt sett kan detta tolkas som en lokal förskjutning av bebyggelsen från lågt belägna markavsnitt invid vattendrag och våtmarker mot topografiskt sett högre terränglägen. Lämningar av en gårdslämning på en svag nordsluttning av Karaby backar utgör ett konkret exempel på nämnda fenomen. Emellertid är denna bild en konsekvens av en bebyggelsekontinuitet på höjdområden parallellt med att andra terrängavsnitt övergavs. Undantag från generella mönster finns dock alltid. På markavsnittet där palissadanläggningen varit belägen fanns en gårdslämning från senneolitisk tid (Pettersson 2000; Svensson m.fl. 2001).

Kulturlandskapet omgestaltades på ett omvälvande sätt under bronsålderns perioder II och III (fig. 5b). Vid Dagstorp och Västra Karaby backar manifesterades detta genom byggandet av gravhögar längs Dagstorpsåsen och en på markant förhöjning vid Karaby. Bosättningsområden runt om på Karaby backar har en kontinuitet under bronsålder, vilket påvisats genom arkeologiska undersökningar. Vid en lokal sydväst om höjderna fanns flera gårdslämningar från yngre bronsålder (P36), och på en annan lokal belägen på backarnas nordsluttning återfanns spår efter en gård från äldre bronsålder. Nämnda exempel får spegla en bild av en lokal bronsåldersbygd kring ett höjdområde med en agglomeration av gravhögar som än idag ger landskapet en monumental prägel (Jeppsson 1996a, s. 121; Pettersson 2000).

Dagstorpsåsen utgör en topografisk motpol till Karaby backar och gav därmed naturlig inramning av Välabäckens dalgång, samt ett landmärke för kringliggande slättområden. Även detta topografiskt markerade avsnitt nyttjades och konkretiserades genom människors visualisering av kulturlandskap, genom byggandet av gravhögar. En äldre gånggrift markerade en länk till det förflutna då ett stråk av högar av monumental karaktär formades. En mängd fynd av bearbetad flinta och keramik i plöjda åkrar kring gravarna antyder flera bosättningsområden kring dessa. Det är ett högst relevant antagande att miljöerna på Dagstopsåsen i stort utgjorde en spegelbild av motsvarande på Karaby backar.

Väster om Välabäckens sammanflöde med Saxån utbreder sig flacka vidder med svagt markerade förhöjningar. Fältinventeringar gjorda i samband med Riksantikvarieämbetets fornminnesinventeringar har medfört att ett flertal boplatser noterats utifrån fynd av upplöjd bearbetad flinta. Detta faktum kan tyckas motsäga resonemanget om att bosättningsområden

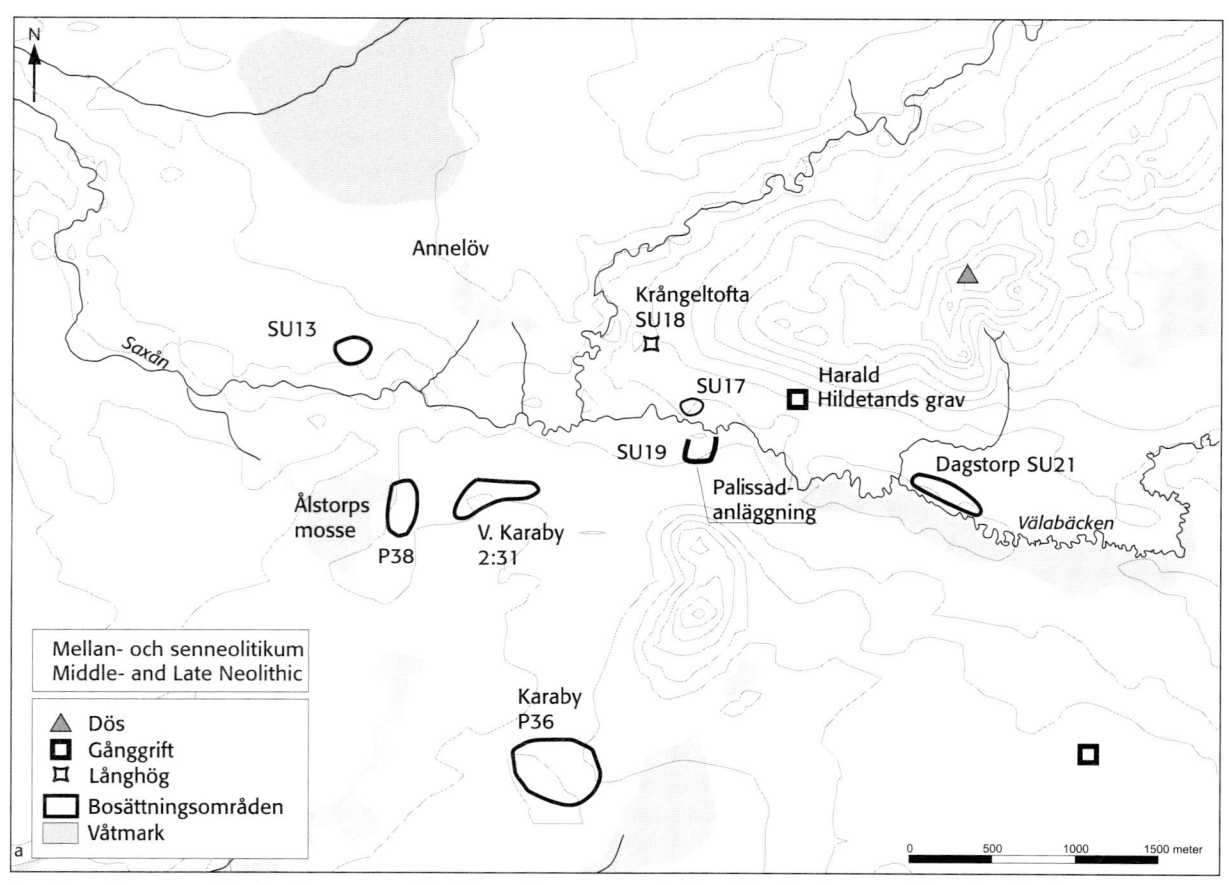

Figur 5a–e. Konturer av kulturlandskapets utveckling från mellan-
neolitikum till vikingatid i området kring Dagstorpsåsen och Västra
Karaby.

Outline of the development of the cultural landscape from the
Middle Neolithic to the Viking Age in the area of Dagstorpsåsen
and Västra Karaby.

belägna invid våtmarker och vattendrag nyttjades mindre frekvent under senneolitikum och bronsålder. Antagandet har en dock en giltighet även i dessa mer öppna terrängavsnitt, då Saxån sett till mikrotopografiska förhållanden rinner fram i en mindre men dock tydlig sänka i förhållande till omgivande slättmarker.

Norr om Saxån utbreder sig vid Annelöv ett omfattande bosättningsområde drygt en kilometer i VNV–ÖSÖ och 300–600 meter mot norr sett från sluttningen mot vattendraget. Arkeologiska spår tyder på en att en gravplats anlades under senneolitikum på ett flackt markavsnitt strax innan detta övergår till en brant. Lokalen återbrukas under äldre och mellersta bronsålder då även gårdar anlades i dess närhet. En gravhög gav platsen en markant fysisk framtoning och kom att utgöra en nod i landskapsrummet. En rekonstruktion av miljön visar på att två gårdsmiljöer belägna öster respektive väster om lokalen, nyttjade och med tiden omgestaltade denna till ett gravfält. På en svagt markerad förhöjning strax norr därom fanns ett härdområde som bör ha varit relativt välexponerat (Arcini & Svanberg 2005, s. 339 ff., 351 ff.).

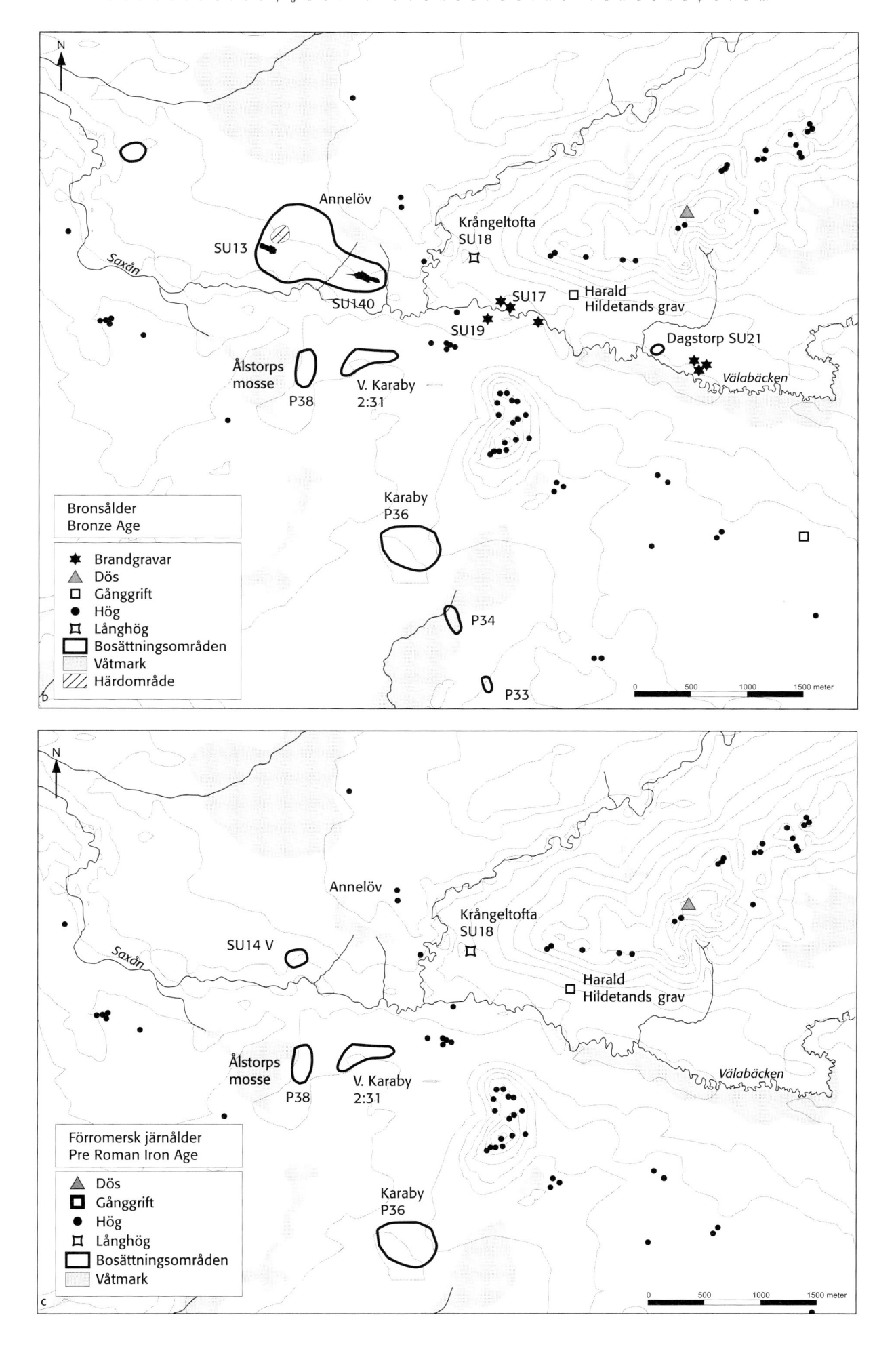

Järnåldersbygder i bronsålderns landskapsrum

Bronsålder
Bronze Age

★ Brandgravar
▲ Dös
☐ Gånggrift
● Hög
⌂ Långhög
▢ Bosättningsområden
▨ Våtmark
▨ Härdområde

Förromersk järnålder
Pre Roman Iron Age

▲ Dös
☐ Gånggrift
● Hög
⌂ Långhög
▢ Bosättningsområden
▨ Våtmark

393

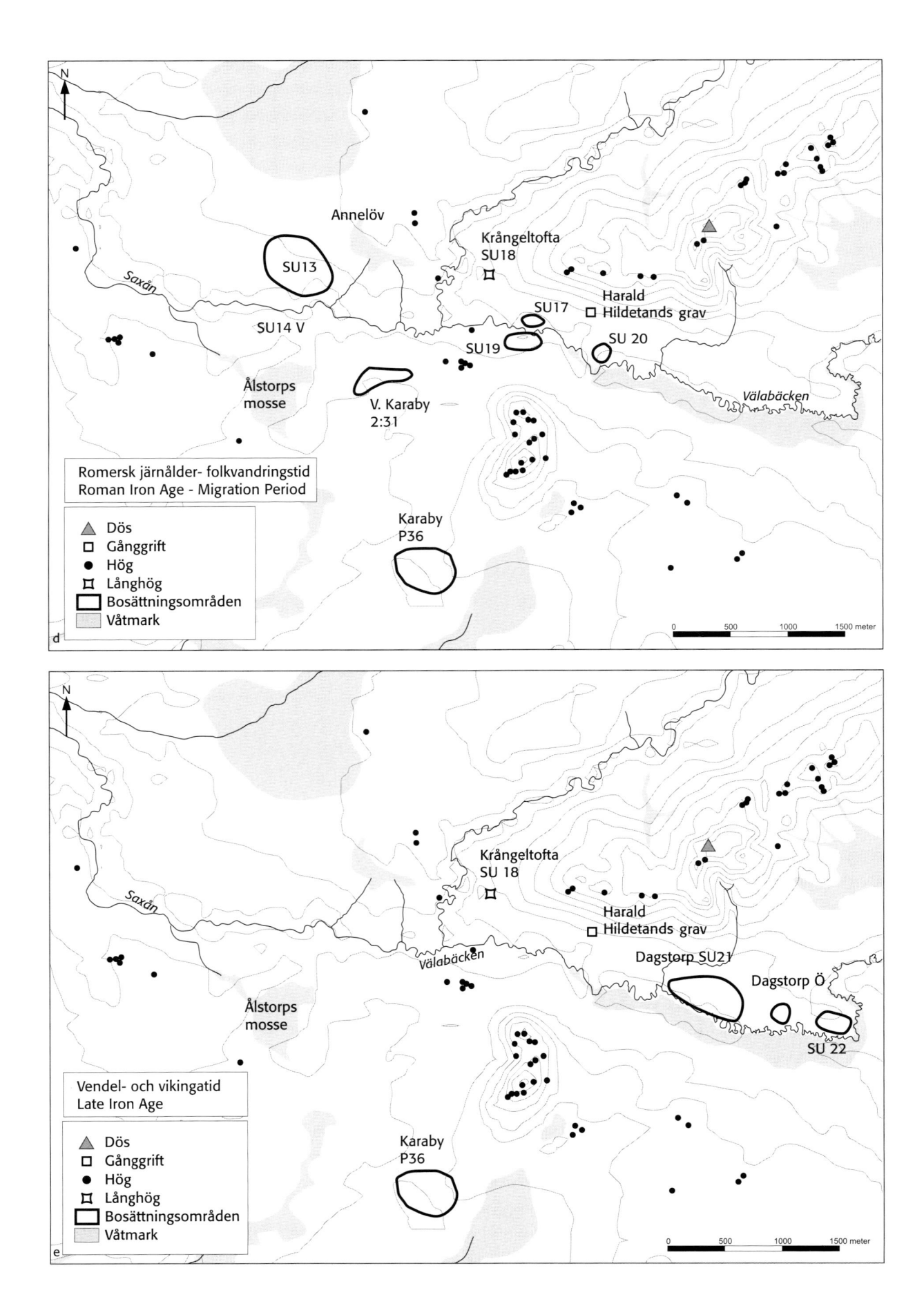

Järnåldersbygder i bronsålderns landskapsrum

Map d: Romersk järnålder - folkvandringstid / Roman Iron Age - Migration Period

Labels visible: Annelöv, SU13, Saxån, SU14 V, Krångeltofta SU18, SU17, SU19, Harald Hildetands grav, SU 20, Ålstorps mosse, V. Karaby 2:31, Välabäcken, Karaby P36

Legend:
- ▲ Dös
- ☐ Gånggrift
- ● Hög
- ⌸ Långhög
- ▢ Bosättningsområden
- ▒ Våtmark

0 500 1000 1500 meter

Map e: Vendel- och vikingatid / Late Iron Age

Labels visible: Saxån, Krångeltofta SU 18, Harald Hildetands grav, Välabäcken, Dagstorp SU21, Dagstorp Ö, SU 22, Ålstorps mosse, Karaby P36

Legend:
- ▲ Dös
- ☐ Gånggrift
- ● Hög
- ⌸ Långhög
- ▢ Bosättningsområden
- ▒ Våtmark

0 500 1000 1500 meter

En blick på en karta med samlad information av arkeologisk karaktär, visar på en bebyggelse öster om Dagstorpsåsen och Välabäcken. Dösar och gånggrifter i kombination med en agglomeration av bronsåldershögar och utbredning av ytor med upplöjd flinta och keramik, visar på ett mönster av kontinuitet inom bosättningsområden från neolitikum och bronsålder.

Den bild som presenterats här kan tona fram som allt för tendensiös i sitt resonemang. Fanns det inga spår efter bronsålder längs Välabäckens flöde och de intilliggande mer sanka partierna? Även om dessa inte nyttjats för gårdsbebyggelse har människor ändock tillskrivit det långsträckta området en betydelse som grav- och möjligen offerplatser. På båda sidor om vattendraget och inom markavsnitten för den sedan länge svunna palissadanläggningen respektive gravfältet med stridsyxegravar och en megalitgrav, återfanns spridda brandgravar från yngre bronsålder. En ansamling av fem gravar fanns även en dryg kilometer mot öster. I anslutning till bäcken fanns kulturlager med keramik av bronsålderskaraktär som antyder deponering av offergåvor.

Bebyggelsen under yngsta bronsålder och förromersk järnålder

Tidsskedet motsvarande yngsta bronsålder och förromersk järnålder präglades av en kontinuitet i hur människor betraktade och visualiserade landskapsrum, respektive värderade platser inom olika terrängavsnitt. Den rumsliga struktur av bosättningar och gravplatser manifesterade genom högar som successivt växt fram under bronsåldern återbrukades till stor omfattning (fig. 5c). Resultat av utgrävningar av olika boplatslokaler och gårdslämningar ger ett tydligt underlag för denna bild. Arkeologisk dokumentation av gravar från förromersk järnålder är emellertid fragmentarisk i bygderna längs Öresundskusten. Utgrävningar i södra och nordvästra Skåne, samt södra Halland visar att bronsålderns gravhögar har återbrukats för nya gravsättningar under såväl yngre bronsålder som äldsta järnålder. Detta understryker kontinuiteten i nämnda monuments betydelse även om inte dessa inte uppfördes under nämnda tidsperioder (Lundborg 1970, 1972; Jennbert 1993; Andersson 1997).

Bebyggelsekontinuiteten i de lokala landskapsrummen är troligen en konsekvens av att de ekonomiska försörjningssätt som brukades fungerade väl på de marker som omgav gårdarna. De kosmologiska värderingarna var med all säkerhet högst förändrade i jämförelse med de under äldre bronsålder rådande dylika, men man anknöt ändå till de äldre gravplatserna. Dessa utgjorde genom sin monumentalitet noder i såväl det fysiska landskapet som den mentala föreställningsvärlden. Därtill var de landmärken längs färdvägar genom landskapet och mellan bygder.

Flera av de lokaler som undersökts kring Karaby backar med lämningar från neolitikum och bronsålder omfattade även spår efter gårdslämningar i form av långhus, ansamlingar av anläggningar som härdar och gropar, samt keramik. Vid lokalen Västra Karaby bör man betrakta de tre gårdslämningar som daterades till yngre bronsålder och ett motsvarande antal från förromersk järnålder som ett uttryck för ett och samma förlopp. En likartad utveckling finns också dokumenterad på nordsluttningen av backarna vid Karaby, inom ett bosättningsområde med tradition från senneolitikum som tidigare omnämnts. Även det vidsträckta bosättningsområdet kring gravplatsen och härdområdet norr om Saxån återbrukades under förromersk järnålder. Det är högts troligt att gårdslägena successivt flyttades runt, vilket fynd av bearbetad flinta, keramik och upplöjda härdar antyder konturerna av (Jeppsson 1996a, b; Pettersson 2000; Arcini & Svanberg 2004).

Landskapets omgestaltning under yngre romersk järnålder

Vid tiden för yngre romersk järnålder förändrade människor kulturlandskapet på ett avgörande sätt. Bosättningsområden präglas av kontinuitet i gårdsbebyggelser, parallellt med att dessa i flera fall utvecklas i komplexitet och omfattning. Det finns en tendens mot färre men samtidigt större gårdsenheter. En annan del av utvecklingen innebar att nya bosättningar etablerades, vilka under en relativt begränsad tid formades till komplex sammansatta byliknande strukturer av flera gårdsenheter. Längs Saxåns flöde har detta kunnat iakttas vid exempelvis Tågerup (SU8) (Artursson 1999b).

Förändringar av bosättningsområden kring Karaby backar och Dagstorpsåsen visar att den äldre bebyggelsestrukturen från bronsåldern, definitivt hade brutits upp (fig. 5d). De förskjutningar i nyttjandet av landskapsrummet som är karakteristiska för utvecklingen kring Välabäcken, är att de flacka markavsnitten kring vattendraget och våtmarkerna togs i anspråk för bosättning. Inom en area om 80 000 m² fanns en ansamling av fyra till sex gårdslägen i en till två byggnadsfaser, vilka tillsammans bildar en form av bystruktur. Den kronologiska tidsramen sträcker sig från yngre romersk järnålder över folkvandringstid. Lokalen var belägen inom det markavsnitt där den mellanneolitiska palissadanläggningen en gång fanns. Den fråga man ställer sig är om det fanns en medvetenhet hos invånarna om platsens centrala betydelse, omtalad i berättelser eller på ett abstrakt sätt uttryckt i traditioner (SU19).

En likartad problematik finns även knuten till markpartiet norr om och på motsatta sidan av Välabäcken, kring en megalitgrav och det gamla gravfältet från stridsyxetid. Inom detta avsnitt fanns en gårdslämning med ett långhus och en ekonomibyggnad i form av ett fyrstolpshus (SU17). Gårdslämningens datering är något ospecificerat förd till äldre järnålder. Ett par hundra meter mot öster fanns ytterligare ett gårdsläge (SU20Ö) där ett långhus och två ekonomibyggnader i samma kronologiska fas daterades till folkvandringstid. Lämningar efter ett senare grophus daterades till vikingatid (Grønnegaard 1999; Månsson & Pihl 1999; Carlie & Artursson i del II).

Sett ur ett större geografiskt perspektiv omgestaltade människor kulturlandskapet kraftfullt under yngre romersk järnålder. I mindre landskapsrum knutna till gårdar och omgivande miljöer konkretiserades detta högst lokalt. En förskjutning av bebyggelsen mot Välabäcken utgör en del av detta förlopp. Ett annat är att äldre bosättningsområden exempelvis på Karaby backar respektive på de topografiskt mer öppna markerna norr om Saxån fortsatte att brukas. En tendens till avmattning kan dock konstateras vid andra lokaler.

Den omfattande bosättningen vid Karaby (P36) har som tidigare nämnts en lång tradition av återbruk från mellanneolitikum och fram till förromersk järnålder. På grävningsytan påträffades dock mycket fragmentariska spår i form av keramikskärvor från folkvandringstid, men däremot inga konkreta lämningar efter bebyggelse. Det är dock inte troligt att lokalen helt saknar gårdslämningar från nämnda perioder då bosättningsområdet är relativt stort och grävningsytan enbart täckte ett mindre utsnitt.

Ett annat bosättningsområde med gamla anor var som tidigare nämnt beläget på en svag nordsluttning mot Välabäcken (Karaby 2:21). En fortsatt bebyggelsekontinuitet från förromersk järnålder kan konstateras, genom förekomst av ett 35 meter stort långhus och hägnadssystem från äldre romersk järnålder. Under yngre romersk järnålder följs detta av fyra långhus som representerar lika många eller möjligen bara tre gårdar. Ett långhus från folkvandringstid representerar en avslutningsfas inom bosättningsområdet (Pettersson 2000; Carlie & Artursson i del II).

Vid Annelöv på de svagt böljande markerna norr om Saxån utgjorde ett gravfält manifesterat genom en bronsåldershög en central del av ett omfattande bosättningsområde (SU13 & SU14Ö). Att förskjutningar av gårdslägen inom detta har ägt rum kan konstateras utifrån ett par undersökningar inom området. Ett gård anlades under slutet av förromersk järnålder (SU14V) på ett markavsnitt mellan gravfältet och ett tidigare gårdsläge med lämningar från mellersta och yngre bronsålder. Den nyetablerade lokalen brukades från äldre romersk järnålder fram till vendeltid, vilket lämningar efter fyra eller fem bebyggelsefaser visar. Ett par hundra meter norr om gravfältet finns en mindre huslämning daterad till romersk järnålder (Cademar Nilsson & Ericson Lagerås 1999b; Ericson 1999b; Lindahl Jensen &

Thörn Pihl 1999; Arcini & Svanberg 2005.; Carlie & Artursson i del II).

Ianspråktagandet av markavsnitten i direkt anslutning till Välabäcken och i dalgångens topografiskt lägsta terrängavsnitt, utgör en konkretisering av ett förändrat synsätt på landskapsrummen. Det visar även på ett brott med tidigare traditioner om lokalisering av bosättningar. I sin samtid omorganiserades bebyggelsen utifrån värderingar, förändrad social organisation och ekonomisk försörjning. Detta innebar även ett brott mot en tradition från senneolitikum och bronsålder.

Vendel och vikingatid

Under vendeltid genomförs ännu en omgestaltning av kulturlandskapet genom rumslig förskjutning av bosättningsområden (fig. 5e). Vid Annelöv och Karaby 2:21 minskar frekvensen av dateringar drastiskt från slutet av folkvandringstid. Lämningar efter gårdsbebyggelser från vendel- och vikingatid har inte kunnat iakttas på berörda grävningsytor. En likartad utveckling kan även noteras för bosättningsområdet kring Välabäcken. Med början under folkvandringstid, men mer konkret under vendeltid, anläggs ett bosättningsområde vid Dagstorp (SU21). Topografiskt är detta beläget norr om och invid Välabäckens flöde, i botten av dalgången mellan Dagstorpsåsen samt Karaby backar. Lokalen återfanns drygt en kilometer uppströms Välabäcken och på samma plats som en omfattande bosättning från mellanneolitikum. Sammantaget återfanns sju gårdslägen inom ett område som var 600 meter långt i öst–väst respektive 400 meter i nord–syd, vilket ger en area om 240 000 m². Ett av gårdslägena omfattade två bebyggelsefaser, varav den senare kunde dateras till vikingatid. Efter detta tonar också denna lokal bort (Becker 1999; Carlie & Artursson i del II).

Omkring 300 meter öster om den östligaste gården vid Dagstorp (SU21) finns ytterligare ett bosättningsområde på en svag sydsluttning mot Välabäcken. Provschaktsgrävningar vid en arkelogisk utredning visade på att bosättningsområdets area uppgick till 5 hektar. Sammanlagt kunde lämningar efter ett 30-tal byggnader bestående av långhus och grophus, samt härdar och brunnar konstateras. Fynd av keramik antyder dateringar till yngre järnålder. Den bild som kan skissas visar på flera gårdslägen från yngre järnålder, vilka skall betraktas i relation med Dagstorp (SU21) (Karsten 1999; Becker i del III).

Ytterligare 300 meter mot öster längs Välabäcken och norr om denna finns Särslövslokalen (SU22) som omfattade ett bosättningsområde på cirka 40 000 m². Sammantaget dokumenterades ett gårdsläge bestående av lämningar efter fem långhus. Antalet bebyggelsefaser var inte möjliga att urskilja, men dessa kan troligen knytas till sen förromersk järnålder och äldre romersk järnålder. Dateringar av material från gropar, härdar och brunnar visar att bosättningsområdet återbrukades under folkvandrings- och vendeltid. Indikationer finns även på ett fortsatt nyttjande under vikinga- och äldre medeltid. (Ericson 1999a; Carlie & Artursson i del II).

Den utveckling som kan skönjas pekar på ett förlopp där bosättningar anläggs invid och omkring Välabäckens vattenflöde, från yngre romersk järnålder och framåt. En förskjutning från Dösjebro mot Dagstorp kan konstateras under vendeltid. Yngre järnålder präglas av ett sammanhängande stråk med bosättningsområden från Dagstorp till Särslöv (SU22). Detta är en högst markant lokal förskjutning av bebyggelsen sett ur ett mikrotopografiskt perspektiv.

En kontinuitet kan dock iakttas på höjderna vid Västra Karaby. På grävningsytan för P36 för Sydgas I påträffades tre långhus och närmre femton grophus som härrör från vendeltid. På en annan yta undersökt 1969–1971 dokumenterades ett stort antal grophus. Emellertid tog man ingen större notis till stolphålsstrukturer mellan dessa. Ett flertal långhus har med andra ord varit belägna vid lokalen. Sammantaget bör det ha rört sig om fyra till sex gårdar under yngre järnålder. En jämförelse av byggnadslämningar, anläggningstyper och fyndmaterial från yngre järnålder mellan bosättningsområdena vid Dagstorp (SU21) och

Västra Karaby (P36), visar att lokalerna var av likartad karaktär (Ohlsson 1971; Jeppsson 1999a; Becker i del III).

Det fanns emellertid en väsentlig skillnad dem emellan. Bosättningsområdet vid Västra Karaby hade en tydligare form av kontinuitet i brukandet av lokalen, representerad av materiell kultur från mellan- och senneolitikum, samt brons- och äldre järnålder. Dagstorpslokalen hade omfattande lämningar av gårdsbebyggelser från mellanneolitikum, men inga mer konkreta spår av motsvarande karaktär förrän under vendeltid. Detta tillsammans med andra boplatslämningar avspeglar hur olika bosättningsområden i skilda mikrotopografiska miljöer nyttjades. Frågan är om detta var en konsekvens av hur människor visuellt betraktade landskapsrummen under olika tidskeden i kombination med förändrade värderingar av platser i landskapet. Ett annat alternativ är om rumsliga och mikrotopografiska förskjutningar av gårdsbebyggelser var en konsekvens av förändrade former för ekonomisk försörjning och social organisation.

Omgestaltning av landskap under järnålder

Den inledande frågeställningen tog fasta på hur människor i sin respektive samtid förhöll sig till ärvda kulturlandskap materialiserade i form av megalitgravar, bronsåldershögar, platser av ceremoniell karaktär och äldre bosättningsområden. Svaret bör sökas i ett fenomen som karakteriseras av en dualism mellan att anamma det förflutna eller att manifestera en egen identitet gentemot detta. Det finns naturligtvis ett spektrum av nyanser i hur detta sker och bakomliggande orsakssammanhang. Exempelvis råder det en skillnad mellan att återbruka ett gravmonument relaterat till en förfädersdyrkan konkret projicerat på individer från tidigare relationer, respektive för en grupp som gör anspråk på ett mytologiskt förflutet av abstrakt karaktär i syfte att manifestera sin position gentemot andra i sin samtid. En viktig aspekt är människors tidsuppfattning och gestaltning av minne. Associerar man berättelser om namngivna individer och givna sociala roller, med tidsrymder knuta till bestämda former av kalendrar? Projicerar samhällsgrupper sina anspråk på inflytande på monument som ligger bortom horisonten för den tidsrymd man själva lever inom?

Sammanhangen avgör i vilken omfattning och i vilket tempo, eller med vilken intensitet, som människor i respektive samtid omgestaltade omgivande miljöer och kulturlandskap. En bild av dessa förlopp kan illustreras i ett långtidsperspektiv där hastiga omgestaltningar kan konkretiseras i relation till traditioner och successiva förändringar. I ett regionalt perspektiv kan två faser av större förändringar knytas till yngre romersk järnålder respektive vendel- och vikingatid. Det som är relevant för diskussionen i denna artikel är hur människor gav förändringarna en fysisk gestaltning i olika lokala landskapsrum med bosättningsområden och gravplatser. Orsakssammanhangen kan vara komplexa och tillskrivas förändringar i social organisation, former för ekonomisk försörjning, respektive mentalitetsförändringar som resulterar i kosmologiska omvärderingar. I ord och bild kan nämnda förlopp konkretiseras som abstraktioner i form av tidscykler, vilka kan ha parallell utsträckning och i olika grader vara sammanflätade med varandra. Detta kan utgöra en modell för att beskriva kulturlandskaps successiva förändringar av kumulativ karaktär. Större omgestaltningar under en kronlogiskt sett begränsad tidsrymd kan i bildligt illustreras som en högst intensiv samverkan mellan flera förlopp. Tolkningar som ligger till grund för denna modell är dock av subjektiv karaktär och en abstraktion utifrån en komplex sammansättning av materiell kultur. Här vill jag återknyta till John Chapmans (1997) diskussion om bygders successiva utveckling av kumulativ karaktär, respektive samhällsgruppers manifestering av specifika platser i landskapet.

Frågan huruvida människor tog topografiskt och kulturellt skiftande landskapsrum i anspråk på olika sätt, kan besvaras genom att följa utvecklingen lokalt.

Faktorer som påverkar är överregionala bebyggelsestrukturer samt hur människor valde att disponera omgivande miljöer i de lokala landskapsrummen. Områdena vid Ättekulla, Glumslövs backar, samt Dagstorpsåsen och Västra Karaby antyder skiftande karaktär och kumulativa händelseförlopp (fig. 6). En betydelsefull aspekt är att de mikrotopografiskt och hydrologiskt mer skiftande landskapsrummen kring Välabäcken och Saxån nära Dagstorpsåsen och Karaby backar erbjuder större möjligheter för en nyanserande diskussion. Detta beroende på att människor i respektive samtid har haft fler variabler att ta ställning till vid ianspråktagande och förändring av kulturlandskap. Större variationer med avseende på topografi i kombination med ärvda kulturlandskap, med gravplatser och monument av olika typer, samt bosättningsområden med traditioner av skiftande omfång, medförde tydligare ställningstaganden gentemot det förflutna.

Utvecklingen på Glumslövs backar ger en bild som i ett avseende kontrasterar mot ovan nämnda landskapsrum. Höjdområdet invid Öresund visar på en lång kronologisk kontinuitet med avseende på bosättningar, utom i ett avseende – romersk järnålder. Detta kan som tidigare nämnts sannolikt relateras till en överregional bebyggelsestruktur karakteriserad av ett större områden med sammanflätade bygder i nordvästra respektive sydvästra Skåne (Carlie *Samhällen och rikedomsmiljöer* i del IV).

Hur synliggjorde individer och/eller grupper sin position i samhället projicerat i landskapet? När upphör specifika former av lojalitetsband inom en samhällsorganisation och hur ersätts dessa av andra relationer? I litteraturen ges en allmän bild av att det släktskapsbaserade hövdingadömet upplöses under yngsta bronsålder, att en mer egalitär struktur breder ut sig under förromersk järnålder och att en hierarkisering tar vid under romersk järnålder. Denna generella diskussion bygger till stor del på hur arkeologiskt källmaterial från gravplatser har tolkats. Detta har präglats av jämförelser av monuments storlek och komplexa konstruktion i kombination med rikedom av gravgåvor i form av bronser kontrasterat mot frånvaro av fynd. Jag menar att diskussionen måste nyanseras utifrån dels vad i källmaterialet som idag är synligt eller dolt, dels vad människor i förhistorien i respektive samtid valde att framhäva eller nedtona. Materialets sammansättning tyder emellertid på förändringar i samhällsorganisation, mentalitet och kosmologiska värderingar. Frågan om graden av stratifiering lämnar jag tills vidare öppen, men utifrån ett landskapsarkeologiskt perspektiv vill jag hävda att en betydande omgestaltning av kulturlandskapet inte bara manifesterar exempelvis en ny form av samhällsorganisation, förändringar av ekonomisk försörjning, tekniska innovationer eller kontakter med andra bygder. Det är även en avspegling av att äldre lojalitetsband och relationer har brutits. Övergångar mellan två samhällsformer och dess respektive sociala tid och rum kan dock sträcka sig över längre tidsperioder.

Byggandet av gravhögar i stråk och agglomerationer under bronsålderns perioder II och III var ett sätt att skapa centrala platser, att synliggöra och manifestera hövdingasläktens position, samt att ge fysisk gestaltning av ett minne. Monumenten spelade troligen en stor roll vid ritualer i syfte att bevara samhällsstrukturen genom att relatera till släktens förfäder och ursprung. Ett annat sätt att ge uttryck för släktens gemensamma minne var att återbruka högar och intilliggande markavsnitt för gravsättningar av kremeringar. I detta sammanhang förändrades även människors sätt att se på och visualisera landskapsrum. Inflytandet av denna rumsliga struktur kvarstod under hela bronsåldern och präglade även människors tillvaro under förromersk järnålder.

Under denna tidsperiod hade emellertid strukturerna av släktskapsbaserade hövdingadömen upplösts. Gravhögarna representerade personer, grupper och händelser från en mytisk svunnen tid. Emellertid återbrukades monumenten och markområdena i anslutning till dessa för gravsättningar av kremeringar under äldsta järnålder. Det fanns en kontinuitet i brukandet av gravplatser och bosättningsområden som troligen byggde på en konkret rumslig strukturering

Järnåldersbygder i bronsålderns landskapsrum

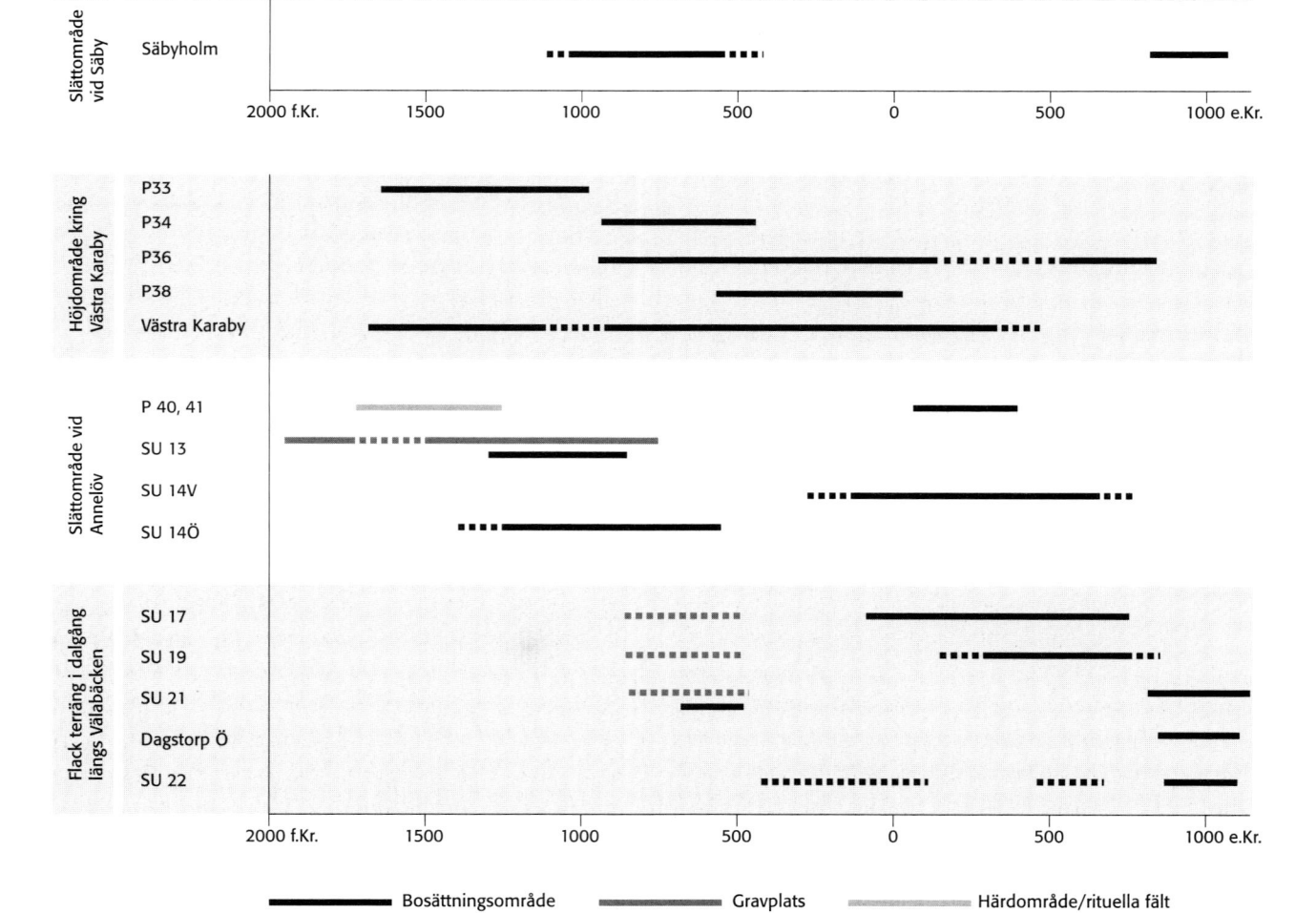

Figur 6. Tidslinjer för nyttjandet av bosättningsområden på Ättekulla och Bårslöv, på Glumslövs backar, samt vid Dagstorpsåsen och Västra Karaby.

Timelines symbolizing the chronological framework for the use of habitation areas at Ättekulla–Bårslöv, Glumslövs Backar and Dagstorpsåsen–Västra Karaby.

av landskapsrummen, att människor accepterade betydelsen av äldre monument och kunde relatera sin världsbild till dessa, samt att grundförutsättningarna och strukturerna av samhällets försörjningssätt inte förändrats.

I den samhällsorganisation av hierarkisk karaktär som utvecklades under romersk järnålder, fanns det en strävan att skapa nya former för att manifestera en social position. Introduktionen av skelettgravskick ofta med gravgåvor av statusindikerande karaktär markerade en mentalitetsförändring. Nyetableringar av gravplatser utan markanta överbyggnader i tidigare ej brukade terränglägen antyder en omgestaltning av landskapsrummen. Övergivandet av äldre gravplatser i kombination med nya former av begravningsritualer markerade en form av avståndstagande från äldre normer och värderingar.

Förändringar av begravningsritualer och nyttjande av gravplatser utgjorde en konkretisering av en mentalitetsförändring, som öppnade upp förutsättningar för betydande omgestaltningar av landskapsrummen. En annan betingelse var att formerna för lantbruket förändrades. Detta skall dock inte bara beskrivas som en ekonomisk-teknisk process, utan som ett uttryck för innovationer och tillägnandet av nya kunskaper. Det ärvda kulturlandskapets fysiska strukturer utgjorde ett hinder för att bruka åkerjordar och ängsmarker på ett nytt sätt. Det finns också skäl att anta att gårdarnas utformning och bosättningsområdenas lokalisering i landskapet inte rymdes inom den traditionella bebyggelsestrukturen. Processuell arkeologi betonar betydelsen av yttre påverkan och samhällens förmåga att anpassa sig till nya förutsättningar. Detta är förvisso av stor betydelse som inte kan förnekas. En viktig förutsättning utgjordes dock av människors mentalitet och hur denna uttrycktes genom ställningstaganden till relationer inom samhället och omgivande miljöer.

Kulturlandskapets omgestaltning under yngre romersk järnålder konkretiserades av att nya bosättningsområden togs i anspråk och att gårdarna gavs en mer komplex sammansättning. Långhusen kompletterades med ekonomibyggnader varigenom en tydligare rumslig struktur skapades för gårdarna. Under folkvandrings- och vendeltid anlades nya bosättningar, parallellt med att äldre övergavs. Det skall dock nämnas att vissa bosättningsområden hade en lång tradition av återbruk som härrörde från neolitisk tid. Ett antal gårdar i de bosättningsområden som brukades vid övergången mot yngre järnålder tillskrevs speciell betydelse, vilket manifesterades genom byggandet av stora gårdar av komplex karaktär. Man skapade nya platser av central karaktär i syfte att synliggöra ett inflytande i formandet av en ny samhällsorganisation. Manifestering av makt utgjordes av förmågan att skapa nya rumsliga strukturer för bosättningar och åkersystem i kulturlandskapet. De centrala platserna utgjordes av de gårdar som ägdes av samhällets hövdingar eller andra inflytelserika personer.

Parallellt med förändringarna rörande bosättningsområden och gårdsstrukturer genomfördes omdaningar av lantbruket. Från att ha bedrivits under extensiva former skedde en specialisering mot odling och bete i inägo- och utmarksområden. Förändringar av bebyggelse- och odlingsstrukturer har ett logiskt sammanhang knutet till formerna för ekonomisk försörjning. En naturlig fråga är om detta även avspeglade omvälvningar av samhällets sociala organisation eller ändrade kosmologiska värderingar. Flera undersökningar har blottlagt nyetablerade gravplatser med jordbegravningar från romersk järnålder. Den påtagliga förekomsten av skelettgravskick och en minskad frekvens av kremeringar utgör en konkretisering av nämnda utveckling.

De mer påtagliga omgestaltningarna av kulturlandskap under begränsade tidsrymder orsakas av att människor i ett ställningstagande till befintliga strukturer, väljer att överge lokaler, fortsätta vid vissa och tillskriva nya terrängavsnitt nya innebörder. De arkeologiskt sett påtagliga markanta förändringarna bestod i etablerandet av centrala platser och att synliggöra dessa genom att skapa en monumental framtoning. Gravmonument ger en självklar framtoning, men vad skapade centrala platser av betydelse under järnåldern. Svaret måste ligga i själva omorganisationen av bebyggelsestrukturen. Att skapa förutsättningar, kanalisera och organisera en genomgripande förändring av gårdars lokalisering till nyetablerade bosättningsområden, är i sig att synliggöra ett inflytande. Istället för att anlägga monumentala gravar lades fokus på bosättningen och möjligen hierarkier mellan dessa. Gårdar vid specifika bosättningsområden blev som sådana platser av central karaktär.

Summary
Iron Age settlements in an inherited Bronze Age cultural landscape

One aim of this article is to discuss, from the perspective of landscape archaeology, how people during the Iron Age in western Scania claimed their environment and utilized it. The development can be described as a cumulative course of events parallel to far-reaching alteration during a limited space of time. An important aspect can be related to how people in their times shaped their relation to physical, spatial, and mental structures of the older inherited cultural landscape. The foundation is the interaction between people's selective adoption of the past and the manifestation of their identity *vis-à-vis* the same past and in relation to their own times.

There are naturally many reasons behind how much and how intensely people remoulded the landscape space. These processes are best shown over a long-term perspective where traditions and gradual changes of material culture, or transformations during shorter periods, can be observed. During the Late Roman Iron Age and Vendel Period the cultural landscape was remoulded by man in the western part of Scania.

Man claimed spaces of the landscape in different ways depending on the age of the cultural landscape, large-scale and regional settlement patterns, and the way in which people classified and utilized their environment. In this article three districts in the investigation area of the Iron Age project are discussed. From the north they are named *Ättekulla* and *Bårslöv*, *Glumslövs Backar* close to Öresund, and the hills of *Dagstorp* and *Karaby backar* beside the watercourses of Saxån and Välabäcken. The analysis is based on archaeological excavations of settlements, their relation to older grave monuments from the Middle Neolithic and the Bronze Age, and on the topographical and hydrological character of the natural landscape. A source-critical problem of the archaeological record is the fragmentary remains of graves from the Pre-Roman Iron Age, and the relatively small number of burial places from the Roman Iron Age.

In the district of *Ättekulla* and *Bårslöv* there was general site continuity for dwelling sites from the Neolithic to the end of the Pre-Roman Iron Age. Some of these settlements were re-utilized during the Roman Iron Age, the Migration Period, and the Viking Age. There were no dramatic changes in the regional settlement pattern or the use of the spatial structure of the inherited old cultural landscape, viewed in a long-term perspective.

In the district of *Glumslövs Backar* there was continuity in the utilization of settlement areas from the Neolithic to the end of the Pre-Roman Iron Age. The physical space and mental structure of the inherited cultural landscape was formed by megalithic graves, agglomerations of burial mounds, ritual fields of hearths and votive places. During the Roman Iron Age dwelling sites seem to have been abandoned. This might be related to changes in the large scale settlement pattern in the geographical domain of western Scania. During the Roman Iron Age the hills of Glumslöv might have been a border district between two larger settlement areas. In the Vendel Period people re-utilized the hilly landscape, as shown by archaeological remains of houses and farms from the Late Iron Age.

The physical landscape space in the district of *Dagstorp* and *Västra Karaby* is topographically and hydrological varied, in comparison to the surrounding environments. Viewed in a long-term perspective, changes in people's utilization of the older cultural landscape and the formation of new spatial and mental structures seem more obvious. During the Middle Neolithic areas in the valley of the Välabäcken were of central importance. This is manifested by the archaeological remains of a palisaded enclosure, passage graves, a long barrow, flat-earth graves and an intensively utilized settlement area. In the Early Bronze Age people claimed the heights to the south and north of the Välabäcken, by constructing mounds on the ridges. The agglomerations of grave monuments manifested new areas of centrality, which could be seen from a large distance. During the Late Neolithic dwelling sites close to the stream in the valley were abandoned, and re-utilization of settlement areas on the heights was intensified from the very early Bronze Age. Spatial and mental continuity in the way people viewed and altered the cultural landscape formed during the periods mentioned above can be perceived in the archaeological material from the Pre-Roman Iron Age and Early Roman Iron Age.

During the late Roman Iron Age and Migration Period people made a distinct change in the spatial utilization of the cultural landscape, in relation to the inherited physical and mental structures. Large settlement areas in the valley were established, parallel to continuity in the re-utilization of older dwelling sites on the heights. This course of events was intensified during the Vendel Period and the Viking Age.

By establishing burial places and constructing grave-mounds in the Early Bronze Age, people manifested their secular and sacred position in society. They were creating and visualizing places of central importance. Re-utilization of these monuments during the Late Bronze Age and the Pre-Roman Iron Age was a way to claim a distant past and gain access to origins. During the Roman Iron Age people's visualization of the cultural landscape and classification of the environment changed in a limited space of time. The influence of elite social position was manifested by groups with the ability to break up old physical, spatial and mental structures in an inherited cultural landscape and create new ones. A relocation of settlement areas with farms, reshaped into more complex and larger units, was a way to create and display new places of central importance. This was done in contrast to the inherited older cultural landscape and as a consequence of newly established values and needs.

Referenser

Andersson, M. 1997. Tranarpshögen. En gravhög från yngre bronsålder. I: Karsten, P. red. *Carpe Scaniam. Axplock ur Skånes förflutna.* Riksantikvarieämbetet, Arkeologiska Undersökningar, Skrifter 22. Stockholm, s. 58–88.

Andersson, M. 2003. *Skapa plats i landskapet.* Acta Archaeologica Lundensia, Series in 8° 42. Stockholm.

Andersson, M. 2004. *Making place in the landscape. Early and Middle Neolithic societies in two west Scanian valleys.* Skånska spår – arkeologi längs Västkustbanan. Riksantikvarieämbetet, Stockholm.

Andersson, M. & Thörn, A. 1996. Plats 3:6 och 3:7 - Boplatslämningar från senneolitikum – äldre järnålder. I: Svensson, M. & Karsten, P. red. Skåne, Mamöhus län, Järnvägen Västkustbanan, delen Helsingborg–Kävlinge. Avsnittet Helsingborg–Landskrona (block 1–2) 1996. Arkeologisk förundersökning. *Riksantikvarieämbetet UV Syd Rapport* 1996:48, s. 63–75.

Andersson, M, Grønnegaard, T.J. & Svensson, M. 1999. Mellanneolitisk palissadinhägnad och folkvandringstida boplats. Skåne, Västra Karaby 28:5, Dagstorp 17:12, VKB SU19. Arkeologisk undersökning. *Riksantikvarieämbetet UV Syd Rapport* 1999:101.

Arcini, C. & Svanberg, F. 2005. Den yngre bronsålderns brandgravsmiljöer. I: Lagerås, P. & Strömberg, B. red. *Bronsåldersbygd 2300–500 f.Kr.* Skånska spår – Arkeologi längs Västkustbanan. Riksantikvarieämbetet Stockholm. s. 284–365.

Artursson, M. 1998. Rya - En medeltida bytomt och förhistorisk boplats. Arkeologisk slutundersökning. Skåne, Kvistofta sn, Raä 92. *UV Syd Rapport* 1998:21.

Artursson, M. 1999a. Glumslöv. Boplats- och bebyggelselämningar från tidigneolitikum till yngre järnålder. Skåne, Glumslöv och Kvistofta sn, Västkustbanan. Arkeologisk Undersökning. *Riksantikvarieämbetet UV Syd Rapport* 1999:40.

Artursson, M. 1999b. Saxtorp. Boplatslämningar från tidigneolitikum–mellanneolitikum och romersk järnålder–folkvandringstid. Skåne, Saxtorp socken, Tågerup 1:1 och 1:3, Västkustbanan SU 8, RAÄ 26. Arkeologisk undersökning. *Riksantikvarieämbetet UV Syd Rapport* 1999:79.

Aspeborg, H. 1998. Västkustbanan 3:4 - en boplats från yngre bronsålder vid Hilleshög. Arkeologiska undersökningar. *Riksantikvarieämbetet UV Syd Rapport* 1998:4.

Aspeborg, H. 2002. Exemplet Ramlösagården. Aspekter på bosättning och social struktur under äldre järnålder i Helsingborgsområdet. I: Carlie, A. red. *Skånska regioner. Tusen år av kultur och samhälle i förändring.* Riksantikvarieämbetet, Arkeologiska Undersökningar, Skrifter 34. Stockholm, s. 242–278.

Aspeborg, H. & Mårtensson, J. 2001. Ramlösagården. Järnhantering och järnåldersboplats. Skåne, Helsingborg, Gustafslund 1296, RAÄ 183. Arkeologisk undersökning. *Riksantikvarieämbetet UV Syd, Dokumentation av fältarbetsfasen* 2001:4.

Aspeborg, H. & Becker, N. 2002. En storgård i Påarp. Påarp 1:2, Raä 22 & 43. *Riksantikvarieämbetet UV Syd, Dokumentation av fältarbetsfasen* 2002:1.

Barret, J. 1993. *Fragments from Antiquity. An Archaeology of Social Life in Britain, 2900–1200 BC.* Blackwell, Oxford UK & Cambridge US.

Becker, N. 1999. De vendeltida gårdslämningarna i Dagstorp. Skåne, Dagstorp socken, Dagstorp 1:2-3, 5:31, Västkustbanan SU21. Arkeologisk undersökning. *Riksantikvarieämbetet UV Syd Rapport* 1999:62.

Berglund, B. E. red. 1991. *The cultural landscape during 6000 years in southern Sweden – the Ystad Projekt.* Ecological Bulletins 41. Köpenhamn.

Björhem, N. 2003. The Development of Iron Age Construction in the Malmö Area. I: Larsson, L. & Hårdh, B. red. *Centrality – Regionality. The Social Structure of Southern Sweden during the Iron Age.* Uppåkrastudier 7. Acta Archaeologica Lundensia in 8°, No. 40. Stockholm, s. 157–178.

Björhem, N. & Säfvestad, U. 1989. *Fosie IV. Byggnadstradition och bosättningsmönster under senneolitikum.* Malmöfynd 5. Malmö Museer, Malmö.

Björhem, N. & Säfvestad, U. 1993. *Fosie IV. Bebyggelsen under brons- och järnålder.* Malmöfynd 6. Malmö Museer, Malmö.

Björk, T. 2005. *Skäran på bålet. Om den äldre järnålderns gravar I Skåne.* University of Lund, Institute of Archaeology – Report Series No. 92. Lund.

Bourdieu, P. 1977. *Outline of a Theory of Practice.* Cambridge University Press, Cambridge.

Bradley, R. 1993. *Altering the earth. The origins of monuments in Britain and continental Europe.* Society of Antiquaries of Scotland. Monograph series number 8. Edinburgh.

Bradley, R. 1998. *The Significance of Monuments. On the shaping of human experience in Neolithic an Bronze Age Europe.* Routledge, London and New York.

Bradley, R. 2000. *An Archaeology of Natural Places.* Routledge, London and New York.

Braudel, F. 1980. *On History.* University of Chicago Press, Chicago.

Cademar Nilsson, Å. & Ericson Lagerås, K. 1999a. Gravfältet vid Häljarps mölla – med tyngdpunkt i senneolitikum och bronsålder. Skåne, Tofta sn, Häljarp 1:6 och 2:5, VKB SU2. Arkeologisk undersökning. *Riksantikvarieämbetet UV Syd Rapport* 1999:96.

Cademar Nilsson, Å. & Ericson Lagerås, K. 1999b. Gravfältet vid Annelöv. Ett gravfält från bronsålder och boplatslämningar från senneolitikum till äldre järnålder. Skåne, Annelöv sn, Annelöv 38:1, VKB SU13. Arkeologisk undersökning. *Riksantikvarieämbetet UV Syd Rapport* 1999:104.

Chapman, J. 1997. Places as Timemarks – the Social Construction of Prehistoric Landscapes in Eastern Hungary. I: Nash, G. red. *Semiotics of Landscape: Archaeology of Mind.* BAR International Series 661. Oxford. s. 31–45.

Cornell, P. & Fahlander, F. 2002. Microarchaeology, Materiality and Social Practice. *Current Swedish Archaeology.* Vol. 10, 2002, s. 21–38.

Ericson, T. 1999a. Järnåldersbebyggelse vid Särslöv. I: Kriig, S. red. Från stenålder till medeltid i Särslöv. Skåne, Dagstorps socken, Särslöv 2:1, VKB SU 22. Arkeologisk undersökning. *Riksantikvarieämbetet UV Syd Rapport* 1999:106. s. 37–44.

Ericson, T. 1999b. Järnåldersbebyggelse vid Annelöv. Skåne, Annelövs socken, Annelöv 38:1, VKB SU 14:V. Arkeologisk undersökning. *Riksantikvarieämbetet UV Syd Rapport* 1999:107.

Ericson Lagerås, K. 1999. En långhög vid Krångeltofta. Skåne, Krångeltofta, Västkustbanan. Arkeologisk undersökning. *Riksantikvarieämbetet, UV Syd Rapport* 1999:44.

Erikson, M. 1996. Kulturgeografisk undersökning inför arkeologisk utredning. Skåne, Mamöhus län, Järnvägen Västkustbanan, delen Helsingborg–Kävlinge, 1995. *Riksantikvarieämbetet UV Syd Rapport* 1996:36.

Fendin, T. 1999. Boplats och härdgropsområde från bronsålder vid Glumslöv. Skåne, Glumslövs sn, Övra Glumslöv 10:5, Västkustbanan 3:3. Arkeologisk undersökning. *Riksantikvarieämbetet UV Syd Rapport* 1999:39.

Fendin, T. 2005 De rituella fälten på Glumslövs backar. I: Lagerås, P. & Strömberg, B. red. *Bronsåldersbygd 2300–500 f.Kr.* Skånska spår – Arkeologi längs Västkustbanan. Riksantikvarieämbetet Stockholm, s. 366–419.

Gosden, Ch. 1994. *Social Being and Time.* Blackwell, Oxford.

Grønnegaard, T. 1999. Yngre jernalders enkeltgård og fossilt åløb. Skåne, Dagstorp socken, Dagstorp 17:10 och 17:12, VKB 20. Arkeologisk undersökning. *Riksantikvarieämbetet UV Syd Rapport* 1999:100.

Jackson, J.B. 1984. *Discovering the vernacular landscape.* Yale University Press, New Haven.

Jennbert, K. 1988. Gravseder och kulturformer. I arkeologins gränsland. I: Iregren, E., Jennbert, K., & Larsson, L. red. *Gravskick och gravdata. Rapport från arkeologidagarna 13–15 januari 1988.* University of Lund, Institute of archaeology. Report Series No 32. Lund, s. 87–99.

Jennbert, K. 1993. Släkters hågkomst. Om bruket av bronsåldershögar. I: Larsson, L. red. *Bronsålderns gravhögar. Rapport från ett symposium i Lund 15.XI – 16.XI 1991.* University of Lund, Institute of Archaeology, Report Series 48. Lund, s. 69–78.

Jeppsson, A. 1996a. Boplats och gravar. Karaby 3:1, 4:1, V Karaby socken, RAÄ 39, Stamledning P 36. I: Räf, E. (red.). Skåne på längden. Sydgasundersökningarna 1983–1985. Arkeologiska Undersökningar. *Riksantikvarieämbetet Rapport UV Syd* 1996:58, s. 117–166.

Jeppsson, A. 1996b. Boplats. Hänkeltorp 3:3, Ålstorp 5:2. V. Karaby socken, RAÄ 17, Stamledning P38. I: Räf, E. (red.). Skåne på längden. Sydgasundersökningarna 1983–1985. Arkeologiska Undersökningar. *Riksantikvarieämbetet Rapport UV Syd* 1996:58, s. 167–174.

Johansson, N. 1999. Undersökningar i Övre Glumslöv – det förhistoriska skedet. I: Schmidt Sabo, K. red. Gårdar i Övre Glumslöv – från stenålder till nyare tid. Skåne, Glumslöv socken, Övre Glumslöv. *Riksantikvarieämbetet UV Syd Rapport* 1999:102, s. 15–28.

Karsten, P. 1999. Arkeologisk utredning. Skåne, Dagstorps socken, Särslöv 8:6, 1995. *Riksantikvarieämbetet UV Syd Rapport* 1999:23.

Knarrström, A. 2002. Bygden kring Bårslöv. En nanalys av fornlämningar från perioden senneolitikum till äldre järnålder. I: Carlie, A. red. *Skånska regioner. Tusen år av kultur och samhälle i förändring.* Riksantikvarieämbetet, Arkeologiska Undersökningar, Skrifter 34. Stockholm, s. 195–241.

Knarrström, A. & Olsson, M. 2000. Boplatser och härdområde vid Bårslöv. Skåne, Välluv och Bårslöv socknar, väg 109. Arkeologisk undersökning. *Riksantikvarieämbetet UV Syd Rapport* 2000:61.

Knarrström, B. 2000. *Flinta i sydvästra Skåne. En diakron studie av råmaterial, produktion och funktion med fokus på boplatsteknologi och metalltida flintutnyttjande.* Acta Arcaeologica Lundensia, Series in 8° 33. Stockholm.

Knarrström, B. 2001. *Flint a Scanian Hardware.* Skånska spår – arkeologi längs Västkustbanan. Riksantikvarieämbetet, Stockholm.

Kriig, S. & Thomasson, J. 1999. Vikingatida och medeltida gårdslämningar i Säby. En arkeologisk slutundersökning inför byggandet av Västkustbanan. Arkeologiska undersökningar. *Riksantikvarieämbetet UV Syd Rapport* 1999:4.

Lagergren Olsson, A. & Linderoth, Th. 2000. De neolitiska boplatslämningarna på plats SU21. Arkeologisk undersökning. *Riksantikvarieämbetet UV Syd Rapport* 2000:22.

Lindahl Jensen, B. 1998. Örja RAÄ 2 Oxhögarna – Gravfält och boplats från bronsålder. I: Svensson, M. & Karsten, P. (red.). Skåne, Malmöhus län, järnvägen Västkustbanan. Avsnittet Landskrona – Kävlinge 1996–1997. Arkeologisk förundersökning. Volym 1. *Riksantikvarieämbetet UV Syd Rapport* 1997:83.

Lindahl Jensen, B. & Thörn Pihl, A. 1999. Boplats från bronsålder och en mellanneolitisk brunn. Skåne, Annelövs sn, Annelöv 6:4, SU 14Ö. Arkeologisk undersökning. *Riksantikvarieämbetet UV Syd Rapport* 1999:103.

Linderoth, T. 1996. Boplats. Annelöv 38:1, Annelövs socken, RAÄ 13. Stamledning P40, P41. I: Räf, E. (red.). Skåne på längden. Sydgasundersökningarna 1983–1985. s. 175–180. *Rapport UV Syd* 1996:58, s. 175–180.

Lundborg, L. 1970. Kapten J. A. Lagergren – arkeolog och mångsysslare. Till 150-årsminnet av hans födelse. *Halland* 1970, s. 5–12.

Lundborg, L. 1972. Undersökningar av bronsåldershögar och bronsåldersgravar i södra Halland. Höks, Tönnersjö och Halmstads härader under åren 1854–1970. *Hallands Museum 2.* Halmstad.

Martens, J. 2005. Dyrkningsspor i landskabet? I: Carlie, A. red. *Järnålder vid Öresund. Band 2. Metod- och materialstudier.* Skånska spår – arkeologi längs Västkustbanan.

Montelius, O. 1909. Hjulformiga spännen. *Fornvännen* 1909. Häfte 2–3, s. 109–119.

Månsson, S. & Pihl, H. 1999. Gravar, yxtillverkning och hus från mellanneolitikum. Skåne, Dagstorps sn, Särslöv 3:6 m.fl., VKB SU17. Arkeologisk undersökning. *Riksantikvarieämbetet UV Syd Rapport* 1999:98.

Nagmér, R. 1979. Gravfält från yngre järnålder – vikingatid samt boplats från gropkeramisk tid, bronsålder och äldre järnålder. Stävie 4:1, Stävie sn. Skåne. Arkeologisk undersökning 1973-1975, 1977, 1978. *Riksantikvarieämbetet och Statens historiska museer. Uppdragsverksamheten Rapport* 1979:47.

Nagmér, R. 1988. Uppåkra 9:1, Fornl. 22–24 samt 174, Uppåkra sn, Skåne. *Riksantikvarieämbetet UV Syd. ATA. Rapport dnr* 4545/86 och 6080/86.

Nagmér, R. 1990. Undersökning av boplatslämningar och flatmarksgravfält. Flackarp 13:1A och Trolleberg 1:1A. Flackarps sn, Skåne. *Riksantikvarieämbetet UV Syd Rapport* dnr 3740/87.

Nagmér, R. 1994. Arkeologiska utredningar och slutundersökningar. Skåne, Helsingborg, Ramlösa 9:1 m.fl. 1988, 1989 och 1990. RAÄ 84, 191, 192, 193, 193:2 och 234. *Riksantikvarieämbetet, Byrån för arkeologiska undersökningar, UV Syd rapport* 1994:21.

Nagmér, R. 1996a. Boplats och grav. Karaby 22:2, 22:3. V. Karaby socken, RAÄ 37, Stamledning P33, Grenledning Eslöv P1. I: Räf, E. red. Skåne på längden. Sydgasundersökningarna 1983–1985. *Riksantikvarieämbetet Rapport UV Syd* 1996:58, s. 109–112.

Nagmér, B. 1996b. Boplats. Karaby 12:1. V. Karaby socken, RAÄ 38. Stamledning P34. I: Räf, E. red. Skåne på längden. Sydgasundersökningarna 1983–1985. *Riksantikvarieämbetet Rapport UV Syd* 1996:58. s. 113–115.

Nagmer, R. 1997. Arkeologisk slutundersökning, Skåne, Välluvs socken, Krokstorp 2:16 m.fl., 1992. *UV Syd Rapport ATA* 1997:66.

Olausson, D. 1993. The bronze age barrow as a symbol. I: Larsson, L. red. *Bronsålderns gravhögar. Rapport från ett symposium i Lund 15.XI – 16.XI 1991.* University of Lund, Institute of Archaeology, Report Series 48. Lund, s. 91–113.

Ohlsson, T. 1971. Rapport från Västra Karaby. *Ale, 1971:2.* Lund. s. 29–34.

Omfors, T. 1999. Boplatslämningar vid Rååns dalgång. Skåne, Helsingborg stad, Ramlösa 9:6, VKB 1A:7. Arkeologisk Undersökning. *Riksantikvarieämbetet UV Syd Rapport* 1999:14.

Persson, H. 1978. *8 gravhögar vid Ättekulla Raus sn. Skåne.* Seminarieuppsats AK003 i arkeologi, särskilt nordeuropeisk, framlagd vid docent Johan Callmers seminarium den 7 november 1978.

Pettersson, J. 1972. Skåne, Burlövs sn, Åkarp 6:30. *Arkeologi i Sverige* 1972:25.

Pettersson, C. B. 2000. I skuggan av Karaby backar. Boplatslämningar från senneolitikum till folkvandringstid. Skåne, Västra Karaby sn, RAÄ 35, Västra Karaby 2:21. Arkeologisk för- och slutundersökning 1990–1991. *Riksantikvarieämbetet UV Syd Rapport* 2000:103

Rasmussen, M. 1993. Gravhøje og Bopladser. En Foreløbig Undersøgelse af Lokalisering og Sammenhænge. I: Larsson, L. red. *Bronsålderns gravhögar. Rapport från ett symposium i Lund 15.XI – 16.XI 1991.* University of Lund, Institute of Archaeology, Report Series 48. Lund, s. 171–185.

Runcis, J. 1998. Gravar och boplats i Hjärup – från äldre och yngre järnålder. Skåne. Uppåkra socken, Hjärup 21:36, RAÄ 29. Särskild arkeologisk undersökning. Bidrag av: Arcini, C. Osteologisk rapport över gravarna från Hjärup. *Riksantikvarieämbetet Avdelningen för arkeologiska undersökningar. UV Syd Rapport* 1998:1.

Rydbeck, O. 1912. Undersökning af bronsåldershögar i Köpinge nära Ramlösa hälsobrunn i Skåne. *Fornvännen* 1912. Häfte 2–4, s. 81–132.

Räf, E. red. 1996. Skåne på längden. Sydgasundersökningarna 1983–1985. *Riksantikvarieämbetet Rapport UV Syd* 1996:58.

Sjögen, K.-G. 2003. *"Mångfaldige uhrminnes grafvar..." Megalitgravar och samhälle i Västsverige.* GOTHARC Series B. Gothenburg Archaeological Theses No. 27. Coast to coast-books No. 9. Göteborg.

Stjernquist, B. 1955. *Simris. On Cultural Connections of Scania in the Roman Iron Age.* Acta Archaeologica Lundensia. Series in 4°, No 2. Lund.

Stjernquist, B. 1961. *Simris II. Bronze Age problems in the light of the Simris excavation.* Acta Archaeologica Lundensia, Series in 4° 5. Lund.

Stjernquist, B. U.å. Lundatidens fornbygd

Strömberg, M. 1955. Tre nyfunna gravar från senromersk järnålder vid Källby. *Skånes hembygdsförbunds Årsbok* 1955, s. 7–24.

Strömberg, M. 1968. Ett gravfält från sen järnålder i Råga Hörstad i Skåne. *Antikvariskt Arkiv* 35.

Strömberg, B. 2005. Gestaltning av bronsålderslandskap. I: Lagerås, P. & Strömberg, B. red. *Bronsåldersbygd 2300– 500 f.Kr.* Skånska spår – Arkeologi längs Västkustbanan. Riksantikvarieämbetet Stockholm. s. 160–219.

Strömberg, B. & Thörn Pihl, A. 2000. Järnåldersbosättningar i ett bronsålderslandskap. Skåne, Härslövs socken, Hilleshög 6:5 och 16:7, Västkustbanan 3:6 och 3:7. Arkeologisk undersökning. *Riksantikvarieämbetet UV Syd Rapport* 2000:53.

Svanberg, F. 2003. *Death rituals in south-east Scandinavia AD 800–1000. Decolonizing the Viking Age 2.* Acta Archaeologica Lundensia Series in 4°. No. 24. Stockholm.

Svensson, M. 2002. Palisade Enclosures – The second generation of enclosed sites in the Neolithic of northern Europe. I: Gibson, A. red. *Behind Wooden Walls: Neolithic Palisaded Enclosures i Europe.* BAR International Series 1013, s. 29–58.

Svensson, M. 2004. The second Neolithic concept. 3000–2300 BC. I: Andersson, M., Karsten, P., Knarrström, B. & Svensson, M. *Stone Age Scania*. Riksantikvarieämbetet, Arkeologiska Undersökningar, Skrifter 52. Stockholm, s. 191–248.

Svensson, M. Manuscript. *Palisaded Places. The second Generation of Neolithic Enclosed Sites of Northern Europe*. Skånska spår – arkeologi längs Västkustbanan. Riksantikvarieämbetet, Arkeologiska undersökningar. Stockholm.

Svensson, M, Pihl, H. & Andersson, M. 2001. Palissadkomplexet i Dösjebro. Seminariegrävning vårterminen 2000. *UV Syd Rapport* 2001:8.

Tesch, S. 1992. The long-term development of a settlement region on the coastal plain – the Köpinge area. I: Larsson, L., Callmer, J., Stjernquist, B. red. *The archaeology of the cultural landscape. Field work and research in a south swedish rural region*. Acta Archaeologica Lundensia, Series in 4° 19. Stockholm, s. 161–249.

Thomas, J. 1996. *Time, Culture and Identity. An interpretive archaeology*. Routledge, London & New York.

Thörn Pihl, A. 1999. En välbebodd kulle i Kvärlöv. Skåne, Annelöv sn, Kvärlöv 17:1, 18:2. VKB SU12. Arkeologisk undersökning. *Riksantikvarieämbetet UV Syd Rapport* 1999:105.

Tilley, C. 1994. *A phenomenology of landscape. Places, Paths and Monuments*. Berg, Oxford.

Tilley, C 1999. *The Dolmens and Passage Graves of Sweden. An Introduction and Guide*. Institute of Archaeology, University College. London.

Muntlig källa

Mats Regnell   Stockholms universitet.

Samhällen och rikedomsmiljöer

I denna artikel diskuteras järnåldern i västra Skåne, i förhållande till den övergripande samhällsutvecklingen inom regionen. Avstampet tas i de enskilda, undersökta boplatserna, för att få en bild av de centrala bosättningsområdenas utbredning och förändring inom olika landskapstyper – representerade av kusten, slätten och inlandets höjdområden. Därefter görs ett försök att spåra variationer i bebyggelsens sociala hierarkisering, och hur olika statusnivåer förhåller sig till kända ädelmetallfynd och rikedomsmiljöer. En av de frågor som ställs rör bl.a. hur framväxten av ett regionalt centrum i Uppåkra påverkade samhällena i den omgivande bygden? Hur tolkar vi geografiska skillnader i andelen statusfynd mellan olika områden? Som en möjlig avspegling av centrum – periferi relationer, eller som ett uttryck för olika gruppers identitet?

Anne Carlie

Bakgrund

Syftet med denna studie är att kartlägga och analysera järnålderns bebyggelse- och samhällsutveckling i västra Skåne tiden fram till vikingatiden. Motivet för en sådan analys har sin grund i projektets övergripande målsättning att placera de nya undersökningarna av järnåldersboplatser i Västskåne i ett vidare socialt och organisatoriskt sammanhang. Den tidigare forskningen kring Skånes äldre politiska indelning dominerades länge av ett fokus på förhållandena under yngre järnålder och medeltid, med tyngdpunkt på den kungliga och kyrkliga maktens etablering och framväxt i landskapet (jfr Bolin 1933; Strömberg 1961; Holmberg 1977; Stjernquist 1982; Andrén 1983). Under 1990-talet har denna bild nyanserats med kompletterande analyser. Bilden av den yngre järnålderns centrala bosättningsområden har härigenom fördjupats, samtidigt som frågor kring bebyggelsens hierarkisering liksom regionalitet och politiska grupperingar under äldre skeden lyfts upp på dagordningen (Callmer 1991; Fabech 1993; Anglert 1995; Larsson & Hårdh 1998; Svanberg 1999, 2003; Helgesson 2002; Carlie 2002a).

Den kronologiska slagsida mot yngre perioder som längre präglat den sydskandinaviska järnåldersforskningen har således gradvis ändrats till förmån för den äldre järnåldern. Orsakerna till denna ändring är säkerligen flera. Arbetet inom det stora forskningsprojektet kring Uppåkraboplatsen och järnålderns samhällsstruktur, där vi hittills sett en snabb och löpande publicering av resultaten, har utan tvekan bidragit till denna förändring (Anglert & Thomasson 2003; Helgesson 2002; Hårdh 1999b och 2001a; Hårdh & Larsson 2002; Larsson 2002a samt Larsson & Hårdh 1998, 2003). En annan viktig förklaring ska sökas inom den uppdragsarkeologiska verksamheten i regionen. Denna har under 1990-talet präglats av ett stort antal boplatsundersökningar, som i många fall – inte minst inom Västkustbaneprojektet – kommit att beröra den äldre järnålderns bosättningar. Med källmaterialets ökade mångfald har förutsättningarna för en fördjupad analys och diskussion kring tidens sociala och politiska utveckling också påtagligt förbättrats.

Den övergripande fråga som ska diskuteras här rör således de västskånska järnålderssamhällenas position i förhållande till den sociala och politiska utvecklingen i Skåne och angränsande områden från förromersk järnålder och fram till vikingatid omkring 800 AD. Tyngdpunkten i analysen läggs på att belysa traditioner och förändringar i bebyggelsens lokalisering och organisation i förhållande till de variationer i den fysiska miljön som naturlandskapets sammansättning erbjuder. I analysen görs även försök att spåra hierarkiska strukturer hos bebyggelsen, d.v.s. miljöer som hyst bebyggelse med olika välstånd och/eller speciella funktioner. Detta görs genom en kvalitativ värdering av de kända och undersökta boplatsernas sociala och ekonomiska status sett i förhållande till förekomsten av rikedomsfynd och andra centralplatsindikerande företeelser.

Att söka hierarkier i arkeologiskt material

Innan vi går närmare in på de metodiska aspekterna kring hur man konkret identifierar bebyggelsehierarkiska strukturer, d.v.s. spårar sociala och välståndsmässiga skillnader mellan enskilda boplatser och gårdar, kan det vara nyttigt att se närmare på vad begreppet boplatshierarki egentligen betyder. En klargörande definition finner man hos Paul K. Wason som i boken *The Archaeology of rank* (1994) framhåller följande:

"Any differentiation among settlements sufficient to indicate the dominance of one or more is a settlement hierarchy. This in turn is evidence of rank because whatever the nature of this 'dominance' it means there is at least one individual in one settlement with leadership

functions extending beyond a local community". (Wason 1994, s. 128).

Hierarkier mellan boplatser ger sig som regel till känna i platsernas fysiska framtoning. Det kan handla om skillnader i platsens storlek (ytmässigt och/eller befolkningsmässigt) eller om variationer i komplexitet t.ex. avseende den inre organisationen. Samtidigt visar exempel från antropologin att långt ifrån alla traditionella samhällen med en icke-egalitär struktur har boplatser som uppvisar variationer i bebyggelsens plan- och innehållsmässiga utformning. Det finns således åtskilliga exempel på samhällen, som trots skillnader i personlig status och socialt ledarskap, inte utvecklat bosättningsmönster med hierarkiska strukturer. Den viktigaste grunden för en stratifiering mellan boplatser ligger enligt Wason i behovet av att centralisera speciella aktiviteter eller funktioner, för att underlätta ledarnas och den sociala elitens kontroll av politiska, ekonomiska och ofta även religiösa/ceremoniella intressen. I den mån ledarna även kontrollerar samhällets ekonomiska bas, (den agrara produktionen eller handel/utbyten av lyx- och statusartiklar) kommer deras bosättningar också att utmärka sig genom en större grad av rikedom samt inslag av främmande kontakter i fyndmaterialet (Wason 1994, s. 128ff).

Boplatsers storlek och organisation

Skillnader i rang mellan boplatser kan på en övergripande nivå ta sig olika uttryck. Som redan nämnts utgör bebyggelsens storlek och komplexitet två grundläggande värdemätare på dess sociala dignitet. Vad gäller storleken kan denna yttra sig på olika sätt, både fysiskt i dess ytmässiga utsträckning och i befolkningens storlek. Variationer i storlek är emellertid p.g.a. begreppets relativa karaktär ett ganska trubbigt instrument för att värdera den enskilda boplatsens hierarkiska placering. Platsens storlek behöver därför kompletteras med andra mer kvalitativa upplysningar avseende karaktären, som t.ex. dess placering i landskapet i relation till andra boplatser för att fånga upp eventuella clustereffekter liksom närheten till större kommunikationsleder. Även bebyggelsens interna sammansättning och organisation har emellertid stor betydelse för förståelsen av boplatsens sociala rang. Här kan skillnader i komplexitet vara en viktig grund för att värdera platsens bebyggelsehierarkiska placering. Ett sätt att undersöka förekomsten av en ledarfunktion är att leta efter tecken på en planmässig reglering av platsen. Om bebyggelsen t.ex. till sin utformning uppvisar en tydlig struktur eller planläggning, tyder detta förmodligen på att det funnits en person med tillräckligt inflytande och auktoritet för att organisera och genomföra arbetet med en sådan plan (Wason 1994, s. 134). Det finns åtskilliga exempel i södra Skandinavien på boplatser med en strukturerad grundplan. Bland de äldsta exemplen märks de hägnade byarna på Jylland från sen förromersk järnålder som uppvisar en tydligt reglerad grundplan (jfr Grøntoft, Hodde och Galbjerg). Boplatser med liknande strukturer är emellertid även kända från senare perioder, som t.ex. Fosie i Skåne, Brogård i Halland, Bellingegård på Själland och Vorbasse på Jylland. Förekomsten av en ledarfunktion kan emellertid även spåras på annat sätt, t.ex. genom att se på graden av kontinuitet i bebyggelsens planmässiga utformning och placering. Med denna utgångspunkt som grund kan plötsliga brott i kontinuiteten indirekt ses som en värdemätare på en diskontinuitet i ledarskapet, t.ex. i form av arvsskiften.

Ledarskap kan även spåras utifrån de enskilda gårdarnas storlek och fyndmaterial för att se om någon enhet skiljer ut sig från mängden. Skillnader i storleken mellan olika gårdar kan visserligen bero på många faktorer av både praktisk och social art. Generellt sett torde långhusets storlek och indelning liksom antalet byggnader på gården avspegla differenser i hushållens storlek med dess växlande behov av utrymmen för människor, kreatur och förvaring av skiljda slag. Det är också känt att ledarna i icke-egalitära samhällen, genom sitt större ekonomiska välstånd och sociala inflytande – och vad detta inneburit i fråga om bättre tillgång till byggnadsmaterial och arbetskraft – ofta valde att bygga sin egen gård något större just för att markera sin sociala särställning. Det finns emellertid även andra sätt för den sociala eliten att demonstrera sin status i den byggda miljön. Det kan handla om upptagandet av "nya" traditioner vad gäller hustyper, byggnadsskick, färgsättning och utsmyckning, men även om bruk av hägnader som sociala eller ideologiska markörer (Wason 1994, s. 136ff).

Centrala funktioner

Grundläggande för den bebyggelsehierarkiska analysen är kravet på jämförelser mellan olika platsers sociala/politiska status. Det räcker således inte med att identifiera närvaron eller frånvaron av en ledarskapsfunktion, utan det är också nödvändigt att värdera dess dignitet för att fånga upp skillnader i rang mellan platser. Som sades inledningsvis är graden av centralitet själva grunden för denna värdering. Det vill säga vilka typer av specialiserade funktioner har existerat i det aktuella samhället, och i vilken utsträckning har ledarna lyckats samla och knyta dessa till enskilda platser i landskapet? Dick Harrisson skiljer här med utgångspunkt i medeltida sociala och politiska förhållanden mellan fyra övergripande eller specialiserade funktioner: administrativa och juridiska, militära, ideologiska/religiösa samt ekonomiska. Harrisson betonar vikten av att se samtliga komponenter som delar av samma sociala och kulturella helhet, för att förstå den enskilda platsens betydelse. I detta sammanhang måste naturligtvis även andra förhållanden vägas in, som t.ex. skillnader i befolkningstäthet och infrastruktur (Harrisson 1997, s. 27).

Den kanske viktigaste grunden för en ledares möjligheter att utöva makt är kontroll och inflytande över produktionen, för att frigöra ett ekonomiskt överskott som kan investeras i andra aktiviteter och intressen. I Sydskandinavien var det i första hand jordbruket, med odling och djurhushållning, som utgjorde den primära ekonomiska basen. För de individer som kunde hitta nya sätt att öka den agrara produktionen, kunde detta var ett första avgörande steg mot större välstånd och en mer inflytelserik position i samhället. Med en mer betydelsefull social position följde även "passerkortet" till andra sociala nätverk, och långväga kontakter som i sig möjliggjorde ett anförskaffande av lyxartiklar och statushöjande föremål. Med ackumuleringen av ett ekonomiskt välstånd, följde också vidgade förutsättningar till socialt inflytande över t.ex. hantverksproduktion och varuutbyten. I detta sammanhang har naturligtvis kontrollen över viktigare kommunikationsleder haft stor betydelse, med möjligheter att påverka människors rörelsemönster liksom transporter av varor och råvaror.

Materiella spår efter centralitet

Det kan tyckas elementärt, men behöver ändå påpekas, att våra möjligheter som arkeologer att spåra centrala funktioner och knyta dessa till speciella platser, ytterst är beroende av att aktiviteterna avsatt någon typ av varaktiga materiella spår. Så är naturligtvis långt ifrån alltid fallet, vilket skapar problem när vi tolkar olika platsers betydelse. I vilken grad centrala funktioner kommer till uttryck i den materiella kulturen, hänger nära samman med samhällets komplexitet. Allmänt sett gäller dock att ju större grad av social komplexitet som präglar ett samhälle, desto större är också chansen för att centrala funktioner ska avsätta olika fysiska spår. Det kan handla om s.k. "non-residential" eller "public architecture", d.v.s. byggnader eller andra fasta konstruktioner som inte utnyttjas för ordinärt boende, utan för olika publika ändamål eller speciella aktiviteter. Byggnader, gravmonument och hägnadsanläggningar för ceremoniella bruk i samband den officiella kultens utövning är några sådana exempel. Men det kan även handla om lagerbyggnader till förvaring av säd och annat ekonomiskt överskott, om byggnader för specialiserad hantverksproduktion, eller om anläggningar till försvar och andra militära syften (Wason 1994, s. 145ff). Byggnadslämningar från järnåldern med publika eller officiella funktioner har hittills inte ägnats någon större uppmärksamhet inom skandinavisk arkeologi. Orsakerna härtill bör sökas i flera olika förhållanden, främst forskningstraditionsmässiga men också metodiska och undersökningstekniska. Den skandinaviska bebyggelsearkeologin har således av tradition präglats av ett närmast ensidigt fokus på agrarlandskapets bebyggelse och organisation, med grund i frågor kring t.ex. lokala/regionala särdrag i olika områdens hustyper, gårdsstrukturer och markutnyttjande (för en forskningsöversikt se t.ex. Göthberg m.fl. 1995). Först under 1990-talet, i takt med det ökade intresset för centrala platser och sociala hierarkier, har man även börjat uppmärksamma andra icke-hushållsrelaterade byggnader och konstruktioner. Man bör i detta sammanhang nämna "hallhuset" som en plats för sociala festligheter och gästabud (Herschend 1993), som man tidigare endast kände till utifrån sagalitteraturen, men som nu även identifierats i arkeologiska sammanhang på en rad platser. Även byggnader med mer renodlade kultiska eller ceremoniella funktioner har under senare år hittats på alltfler platser, ofta i anslutning till samtida hallbyggnader. Det senaste och kanske mest spektakulära av dessa fynd har, inte helt oväntat, påträffats i Uppåkra, något vi har anledning att återvända till längre fram (Larsson 2002a, s. 25f).

Speglar bebyggelsehierarkier social komplexitet?

För att värdera om en plats haft särskilda funktioner räcker det naturligtvis inte med att se till enskilda byggnaders funktioner, utan hänsyn måste tas till den samlade kunskapsbilden om platsen och dess närområde. Först då blir tolkningen av platsens hierarkiska position meningsfull. En intressant fråga i detta sammanhang är om samhällets sociala komplexitet avspeglas i antalet bebyggelsehierarkiska skikt? Något entydigt svar på denna fråga finns inte enligt Paul Wason, och olika forskare har också nått till olika resultat beroende på de samhällen man studerar. Eller som Wason väljer att uttrycka saken: *"Why should each level in a political hierarchy be expressed in a distinguishable level of settlement"?* (1994, s. 131f). Frågan är i högsta grad berättigad och väcker funderingar kring de diskussioner som förts i skandinavisk arkeologi kring relationen mellan järnålderns centralplatser och samhällsstrukturen. Jag tänker här dels på de teoretiska modeller över utvecklingen av järnålderssamhällenas politiska struktur från stamsamhällen till riksenade kungadömen, som under de senaste tio till femton åren presenterats i olika symposieskrifter, främst med Ulf Näsman som språkrör (1988, 1991a, 1991b, 1998). Dels tänker jag på Charlotte Fabechs och Jytte Ringtveds lansering av den pyramidala modellen som ett arbetsredskap för att strukturera boplatser hierarkiskt (1995). Modellen som vid det här laget torde vara välkänd för de flesta forskare med intresse för ämnet, omfattar tre hierarkiska nivåer, baserade på kvalitativa skillnader i fyndmaterialens sammansättning. Nederst i pyramidens breda bas finns de många vanliga agrara boplatserna med ordinärt och hushållsrelaterat fyndmaterial. Högre upp i pyramiden, där fyndmaterialets karaktär förändras med ett ökat inslag av statusrelaterade föremål, vapen och spår efter specialiserat hantverk, finner man den sociala eliten eller aristokratin. Fabech har senare nyanserat modellen något, genom att korrelera denna till Mats Widgrens förslag till en social bebyggelsehierarki (Fabech 1998, s. 455ff; Widgren 1998). Fabechs, Ringtveds och andra forskares diskussioner kring centralplatser har utan tvekan haft stor betydelse inom skandinavisk arkeologi, och bidragit till att skapa en ökad insikt om hur vi definierar och framförallt identifierar sådana platser utifrån arkeologiskt material. Ska man emellertid vara lite kritisk, så har man kanske i alltför stor grad fokuserat på samhällets överbyggnad, och ett synliggörande av den sociala elitens kulturella uttryck, medan frågor kring samhällets ekonomiska och sociala bas inte fått samma uttömmande behandling. Denna kritik har också framförts av kulturgeografen Mats Widgren, som efterlyser ett större fokus på frågor kring produktionsförhållanden och social struktur för att förklara hur eliten byggde upp sitt ekonomiska överskott (1998). Vilken var den ekonomiska basen för den sociala elitens välstånd, maktutövning samt deltagande i externa prestige- och varuutbyten? Inspirerad av bl.a. Tore Iversens studier kring träldomssystemets och landbodriftens ursprung (1994) samt Dagfinn Skres avhandling om bebyggelseförhållanden och social organisation i Romerike (1998), bidrar Widgren i sin artikel *Kulturgeografernas bönder och arkeologernas guld* till en intressant perspektivförskjutning som i större grad sätter den agrara produktionens sociala organisation i fokus. Widgren ifrågasätter här gamla förklaringsmodeller med grund i utbyten av lokalt framställda varor som t.ex. hudar, pälsverk och järn, och menar att även en specialiserad verksamhet med handel och hantverk ställer krav på en överskottsproduktion inom jordbruket (1998, s. 282). Liknande tankegångar finner man t.ex. hos Lotte Hedeager i hennes avhandling om *Danmarks jernalder* (1992).

"Det var en øget kontrol over produktionen i hændene på ledende familier, som skabte basis for genetableringen af handelen med prestigevarer. Da den først kom i gang, satte den yderligere skub i udviklingen ved at åbne for nye sociale, militære og økonomiske impulser, først fra kelterne, siden fra Romerriget. Prestigevarerne blev således et afgørende instrument i legitimeringen af nye eliter." ... *"For imidlertid at kunne forklare den videre udvikling i jernalderen, er det nødvendigt at forstå, hvordan den sociale og politiske organisation af produktionen fungerede. Det er ikke nok at konstatere, at samfundet var socialt og økonomiskt differentieret. Vi må vide, hvordan en overskudsproduktion blev fordelt og omsat til handelsekspeditioner og krigstogter. Systemet forudsatte nemlig, at lederne disponerede over ett produktionsoverskud, både til at etablere handelsforbindelser, til at samle hirden og – ihvert fald periodisk – at holde den på kost og løn"*. (Hedeager 1992:199).

Medan Hedeager ser den agrara expansionen under sen förromersk och äldre romersk järnålder, karakteriserad av en ökad diversitet i gårdsstorlek och överskottsproduktion av livsmedel, som resultatet av en i huvudsak intern utveckling med familjen som den bärande sociala enheten (1992, s. 196f), betonar Widgren istället externa faktorer med tillförseln av utifrån kommande ofri arbetskraft som ett viktigt medel för att öka produktionen (1998, s. 284f). Medan Hedeager således framhåller de fria böndernas brukningsrätt till marken, dels genom arvsrätt, dels genom landsbyns kollektiv för att öka sin produktionsbas, ser Widgren istället förutsättningarna för den agrara utvecklingen genom introduktionen av en form av landboväsen, bestående av centrala storgårdar eller huvudgårdar omgivna av små underlydande gårdar med ofria eller frigivna brukare. Som stöd för dessa tankegångar hänvisar Widgren till Tore Iversens diskussioner kring förmedeltida landboväsen, som antas ha karakteriserats av personliga beroendeförhållanden mellan jordherre och landbo (1998, s. 286f). Frågan om den agrara produktionens sociala organisation ska emellertid inte föras vidare i detta sammanhang. Syftet var istället att fästa uppmärksamhet på vikten av att se förändringarna inom jordbruket och den agrara bebyggelsens karaktär och organisation som integrerade delar av samhällsutvecklingen och därmed också som viktiga bärande element i framväxten av en social bebyggelsehierarki. För att förstå varför centrala platser utvecklas inom vissa geografiska områden och inte inom andra, räcker det således inte med att fokusera på platserna själva, utan vi behöver kunskaper om lokala variationer och förändringar i odlingslandskapets och bebyggelsens framväxt och organisation. Betydelsen av de regionala särdragen i landskapets geografi, med dess växlande förutsättningar för olika näringsuttag och kommunikationer, kan i detta sammanhang inte nog betonas. Jag ansluter mig här till Charlotte Fabechs och Jytte Ringtveds (1995) syn på naturlandskapet som en grundläggande ram för järnålderns hushållsproduktion, d.v.s. för producerande av födovaror (odling, djurhushållning, fiske, jakt) och sekundära råvaru-/resursuttag (myr-/sjömalm, trä/virke, tjära m.m.). För att förstå boplatserna lokalisering måste dessa studeras i förhållande till det omgivande naturlandskapet, d.v.s. till jordarter, kust, vattendrag. Landskapet betraktas här som en scen, där naturgeografin med dess variationer i jordarter, höjdförhållanden och hydrologi å ena sidan erbjuder grundläggande fysiska betingelser för människors boende och levnadsvillkor, men där människorna själva genom handlingar och kulturella val ständigt påverkar och förändrar miljön efter egna önskningar och behov. Den bebyggelsehierarkiska analysen av Västskånes järnålderssamhällen inleds mot denna bakgrund med en karakterisering av landskapet och bebyggelsebilden i området, för att därefter fördjupas med en diskussion kring rikedomsrelaterade fynd och företeelser.

Material och metod

Analysen av de västskånska järnålderssamhällena följer, i stora drag samma kronologiska upplägg som i bokens övriga kapitel. Den arkeologiska utgångspunkten tas som tidigare nämnts i undersökta och väldaterade boplatser, i syfte att fånga de övergripande karaktärsdragen i bebyggelsens rumsliga spridning och organisation. Det handlar totalt om cirka 130-talet boplatser fördelade på 90 lokaler, de flesta undersökta under 1980-talet eller senare. Antalet boplatser uppvisar en förhållandevis jämn fördelning över tid, med en viss övervikt för äldre förromersk järnålder och vendel- /vikingatid (fig. 1). En stor del av boplatserna uppvisar mer eller mindre välbevarade spår av långhus. I materialet finns även ett mindre antal lokaler med enbart aktivitetsytor, i form av härdar, gropar och spridda stolphål. Avsaknaden av bebyggelsespår på dessa platser torde dock i de flesta fall bero antingen på tillämpning av äldre grävningsmetoder, eller på att undersökningen berört de perifera delarna av en bosättning.

För att förstå kontinuiteter och diskontinuiteter i boplatsernas belägenhet och rumsliga relation till landskapet, med dess skiftande ekonomiska och kommunikationsmässiga förutsättningar, används olika typer av kartmaterial i analysen. Grundläggande som jag ser det, är att försöka fånga de karaktärsdrag i landskapsbilden som kan antas ha påverkat människors val och prioriteringar. Det handlar här å ena sidan om naturgeografiska skillnader i jordarter, höjdförhållanden och hydrologi, element som åtminstone till sina huvuddrag är ungefär de samma som idag. Att reducera landskapet till enbart höjder, vattendrag, sand- och lerjordar är dock att göra bilden alldeles för enkel. Även under järnåldern fanns ett kulturlandskap – frammejslat av tidigare generationers arbete, traditioner och minnen. Att återskapa detta landskap är dock förenat med betydligt större svårigheter, eftersom bara fragment av dessa strukturer och platser idag finns kvar i den sydskånska fullåkersbygden. Äldre gravmonument i form av megaliter och bronsåldershögar är några av de lämningar i landskapet, som även fanns närvarande i järnåldersmänniskornas sinnevärld. Som Bo Strömberg diskuterar i föregående avsnitt, har dessa monument, genom sin storlek, antal och läge i terrängen, inte bara utgjort ett påtagligt inslag i landskapsbilden, utan dessa har i egenskap av religiösa platser också varit förknippade med en rik och levande föreställningsvärld. Även platser för kultutövning, i t.ex. våtmarker och andra vattenrika miljöer, som i Skåne ofta visat sig ha en lång offertradition, har säkerligen ingått i järnålderns landskap. En annan typ av spår som ibland kan återskapas är sträckningen för äldre färdleder. I västra Skåne finns få bevarade lämningar efter hålvägar. För att få en bild av det äldre kommunikationsnätet är vi därför hänvisade till det äldre kartmaterialet. Eftersom nyckeln till social, ekonomisk och politisk framgång under järnåldern var intimt länkat till möjligheterna att kontrollera förflyttningar av människor, varor och råvaror, är det i analysen viktigt att ha åtminstone en ungefärlig bild över de större huvudledernas lokalisering i landskapet.

Boplatsernas rumsliga fördelning inom området – mellan kusten, slätten och inlandets höjdområden – ger naturligtvis ingen fullständig bild av den förhistoriska bebyggelsens utbredning, utan återspeglar i stor

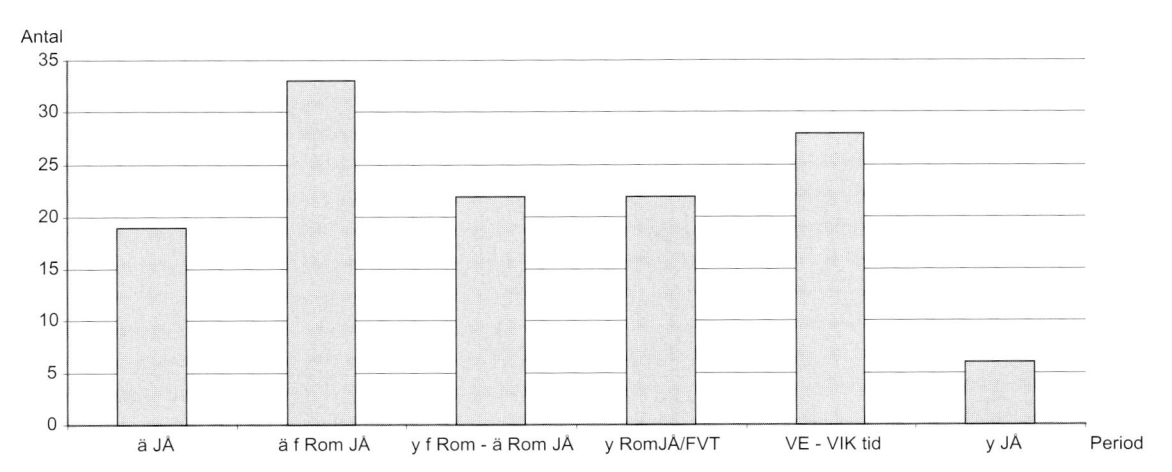

Figur 1. Den kronologiska fördelningen av undersökta boplatser i västra Skåne som ingår i undersökningen (omfattar 130 boplatser).

The chronological distribution of excavated settlement in western Skåne in this study.

grad dagens markexploatering och arkeologiska verksamhet. För att få en mer nyanserad bild av de centrala bebyggelseområdenas utbredning under olika perioder, har boplatserna därför kompletterats med daterade metallfynd och gravfynd. Trots de källkritiska brister som finns hos materialet, säger detta ändå en del om landskapsutnyttjandet. De flesta boplatser återfinns på den flacka sandslättens inre delar, med en tydlig koppling till de större vattendragen (jfr fig. 3). Ett flertal boplatser har även dokumenterats i något högre terräng, både på lerslätten i söder och på backarna norr respektive söder om Rååns dalgång. Inga kustboplatser med järnåldersdatering har i dagsläget undersökts inom området och även i det västskånska inlandet är antalet boplatser från perioden få.

För att fördjupa bilden av bebyggelsens karaktär och fånga variationer i bosättningarnas sociala och ekonomiska status, görs i analysen ett försök till en bebyggelsehierarkisk indelning. Som grund för indelningen används ett stort antal kriterier, vars sammansättning och urval har anpassats för att fånga nyanserna i boplatsmaterialens ofta diskreta framtoning. Följande genomgång avser att ge en kort presentation av kriterierna och hur dessa bidrar till att spegla variationer organisation och välstånd (se fig. 2a–b).

Bebyggelseförtätning: Avser en bosättning med minst tre eller flera "samtida" gårdar som kan antas ha fungerat i social samverkan och haft ett lokalt ledarskap. Inom denna variabel ryms också platser med tjocka kulturlager samt platser med omfattande grophusbebyggelse. Gränsdragningen för en förtätad bebyggelse har satts vid tre gårdar eller fler.

Komplex gårdsstruktur: Gård som bestått av minst ett långhus och tre "samtida" byggnader. Gränsen för en komplex gårdsmiljö har lagts vid tre extra byggnader, vilket är mycket ovanligt i materialet (jfr Carlie & Artursson i del II).

Stor byggnadsareal: Analysen av järnåldersgårdens byggnadsareal visar på fyra olika storleksgrupper, representerade av små, mellanstora, stora och mycket stora gårdar. Skillnaderna i storlek ses som ett uttryck för variationer i socialt/ekonomiskt välstånd. Arealen hos de största gårdarna har varierat mellan 200 och 580 m² (jfr Carlie & Artursson i del II).

Speciell byggnadstradition: Avser hustyper som genom sitt utseende och byggnadsskick signalerar en viss social status eller grupptillhörighet, t.ex. långhus med dubbel stolpsättning i ytterväggarna samt långhus med konvexa långväggar och utdragna hörnstolpar (jfr Artursson i del II).

Kategorier – arkeologiska lämningar	Kommentar	Poäng
Bebyggelseförtätning	> 3 gårdar och/eller > 10 grophus och/eller tjocka kulturlager	1
Komplex gårdsstruktur	1 långhus och > 3 andra byggnader	1
Stor byggnadsareal	Stora eller mycket stora gårdar (> 200 m²)	1-2
Speciell byggnadstradition	Byggnadstradition som utmärker sig	1
Hägnader	Stolpbyggda eller med rännor	1
Stora långhus	> 30 meter långa	1
Kommunikativt strategiskt läge	Nära en huvudled och/eller vadställe, hamn	1
Speciella konstruktioner	T.ex stenlagd väg, vallanläggning	1
Ädelmetaller	Guld, silver eller bronsföremål, smycken	1
Importfynd	Glas, smycken, keramik etc.	1/kat.
Hantverksfynd	Smide, bronsgjutning, textil etc.	1-3
Krigar- och ridutrustning	Svärd, spjut-/lansspetsar, betsel, sporra mm	1-3
Kult	Kultbyggnad, guldgubbar, måltidsoffer mm	1-3

Figur 2a. Sammanställning över bedömningsgrunderna för boplatsernas hierarkiska indelning.

Criteria for the classification of settlement hierarchy.

Bebyggelsehierarki	Poäng
Nivå 0	0
Nivå 1	1-2
Nivå 2	3-4
Nivå 3	5-10
Nivå 4	13-15

Figur 2b. Bebyggelsehierarkiska nivåer.

Settlement hierarchy levels.

Hägnader eller speciella konstruktioner: Avser komplexa hägnader/hägnadssystem eller andra konstruktioner, t.ex. vallar och stenbyggda vadställen, som vittnar om kollektivt organiserade arbetsföretag.

Stora eller mycket stora långhus: Analysen av järnålderns byggnadstradition visar på fyra storleksgrupper av långhus, med små, mellanstora, stora och mycket stora hus. Liksom byggnadsarealen, tolkas husens storlek som en social värdemätare. Gränsen för stora hus har för äldre förromersk järnålders satts vid > 20 meter och för senare perioder vid cirka 30 meter (jfr Carlie & Artursson i del II).

Bra kommunikationsläge: Boplatser med en kommunikativt strategiskt placering i landskapet, vid en huvudled, större vadställe eller hamnläge, har givit möjligheter att kontrollera/övervaka transporter av människor och varor.

Ädelmetaller: Smycken (t.ex. ringar), spännen och andra dräktdetaljer av brons och ädelmetall, användes under stora delar av järnålder främst av personer i överklassen, och för att visa på välstånd och status.

Importfynd: Ovanliga eller exotiska föremål med främmande proveniens, t.ex. glasbägare, bronskittlar, romerska mynt, m.m., cirkulerade främst mellan personer och grupper inom den sociala eliten, t.ex. i form av gåvoutbyten för att etablera och bekräfta/stärka vänskapliga relationer eller allianser av olika slag.

Hantverksfynd: Fynd efter hantverksutövning, t.ex. textilhantverk, järnproduktion/smide, ben- och hornhantverk, bronsgjutning, vittnar om en överskottsproduktion inom jordbruket som möjliggjorde en sekundär produktion. Det västskånska materialets karaktär medger bara i enstaka fall en värdering av hantverkets sociala organisation och specialisering, varför värderingen grundas på antalet representerade hantverk på respektive platser.

Krigar- och ridutrustning: Fynd av vapen, krigare- och ridutrustning på västskånska järnåldersboplatser är mycket ovanliga och förekommer bara på två platser inom undersökningsområdet – Uppåkra och Västra Karaby.

Kult: Spår efter konstruktioner eller föremål som kan förmodas ha haft en anknytning till den offentliga kulten, t.ex. i form av hallbyggnader, guldgubbar eller rester efter måltidsoffer, kan tyda på att någon form av politiskt/religiöst ledarskap var knutet till platsen.

För att beakta kvalitetsskillnaderna mellan variablerna har en differentierad poängsättning tillämpats i analysen. Denna innebär att de åtta första kriterierna, som bedöms vara relativt likvärdiga i status, ger en eller i något fall, två poäng vardera, medan de fyra sista varierar mellan en och tre poäng, beroende på fyndens exklusivitet samt i vilken grad dessa kan förmodas anknyta till olika centrala funktioner, t.ex. ekonomiska, politiska och/eller religiösa. Med ett sådant tillvägagångssätt erhålls en hierarkisk skala i fem grupper, där noll motsvarar den lägsta nivån utan några välståndsindikerande parametrar, och Uppåkraboplatsen den översta nivån, med ett poängtal på mellan 13 och 15. Däremellan ryms ytterligare tre nivåer, som i stigande skala består av 1–2, 3–4 respektive 5–10 poäng. Man kan naturligtvis ha olika källkritiska synpunkter på indelningen. Jag vill därför betona att denna i första hand ska ses som ett metodiskt redskap för att fånga upp sociala och välståndsmässiga differenser i bebyggelsens struktur, och ska därmed *inte* uppfattas som ett absolut mått på antalet hierarkiska nivåer i järnålderssamhället. Det är också viktigt framhålla att indelningen baseras på det rådande kunskapsläget från respektive boplatser, en bild som snabbt kan förändras i takt med att nya undersökningar utförs.

Även kvalitativa skillnader orsakade av förändringar i dokumentations- och utgrävningsmetodik påverkar materialets sammansättning. På boplatser som undersökts före 1980 saknas i regel tolkningar avseende platsens bebyggelsestruktur, både vad gäller enstaka byggnader och gårdsstrukturer. Liknande brister föreligger vad gäller metallfyndens antal och sammansättning på boplatserna. Här har de senare årens mer systematiska bruk av metalldetektering dock inneburit en betydande förbättring avseende materialens representativitet (jfr Becker i del III). I den samlade analysen av områdets sociala och politiska utveckling, kompletteras därför den bebyggelsehierarkiska bilden med andra status- och rikedomsindikerande fynd, främst representerade av metallfynd och gravar. Till skillnad mot boplatsmaterialen, har många av dessa – i synnerhet guldfynden – hittats vid markarbeten under äldre tid, vilket ger spridningsbilden en hög grad av trovärdighet.

Områdets avgränsning och landskapsbild

Inför den bebyggelsearkeologiska analysen har ett cirka 60 kilometer långt och 15–30 kilometer brett område valts, omfattande stora delar av västra Skånes kust och inland, från den kalkrika lerslätten kring staden Lund i söder och upp till de sydliga delarna av den s.k. Helsingborgsryggen i norr. Medan områdets avgränsning mot norr i huvudsak styrs av projektets fältarbeten utmed Västkustbanans sträckning, har gränsen söderut vidgats med cirka en mil för att centralplatsen i Uppåkra och dess närområde ska kunna beaktas. Vidare har områdets avgränsning öster om banan utvidgats något för att få ett mer varierat utsnitt av landskapet, som möjliggör jämförelser i bebyggelsebilden mellan kust och inland. Sett i förhållande till den äldre häradsindelningen innebär detta att undersökningsområdet från söder räknat omfattar de västra delarna av Bara, Torna, Harjager, Rönneberga och Onsjö härader samt de sydvästra delarna av Luggude härad.

Landskapet inom området karakteriseras av flera olika miljöer, bestående av kusten, sandslätten, den kalkrika moränlerslätten, mindre backområden, inre morän- och höjdområden inklusive Helsingborgsryggen, samt större ådalar- och vattensystem (fig. 3 och 4). Topografin längs den cirka sex mil långa kusten varierar beroende på samspelet mellan berggrund, jordarter och erosion. Stora partier domineras av sandiga jordar, främst vid Lundåkra- respektive Lommabukten, som ger en låg kustprofil med flacka strandängar och odlingsmarker. På några ställen, främst vid Glumslövs backar och vid Barsebäck, når moränen ut till kusten, vilket ger en mer markerad och erosionsbenägen kustlinje. Längst i söder vid Lomma har ett mindre område med finare lerfraktioner avsatts kring Höjeås mynning i Öresund (Erlström m.fl. 1999, s. 16f, 22f).

Som framgår av kartan i figur 3 genomströmmas området av fyra större åar och flera mindre vattendrag. De större åarna utgörs från norr räknat av Råån, Saxån/Välabäckens och Braåns vattensystem, Löddeås/Kävlingeåns och Brååns vattensystem samt längst i söder av Höjeå. Samtliga åar rinner i öst-västlig eller nordväst-sydostlig riktning. Den största av dessa är Kävlingeån, som från mynningen i Lommabukten avvattnar ett mer än 1200 km² stort område med källor bl. a. i Vombsjön och Krankesjön. Även Saxån som är cirka 40 km lång, upptar tillsammans med sina biflöden ett betydande vattenområde på 350 km². Betydligt mindre är Höjeån som rinner upp i Björkesåkrasjön på Romeleåsen på ungefär 60 m ö.h., genomflyter Häckebergasjön (49 m ö.h.), för att därefter genomkorsa den bördiga lerslätten innan den utmynnar i Lommabukten (Ahlenius & Kempe 1908, s. 254 och 377).

Samtliga åar har i större eller mindre grad rätats och reglerats under historisk tid, varför det är svårt att rekonstruera ursprungliga vattennivåer och fallhöjd. Medan Råån till större delen rinner genom en djup och väl utvecklad dalgång, den s.k. Vallåkradalen, med en bottenbredd på mellan 100–150 meter och 20–30 meter höga sidor, rinner huvudfårorna i de tre övriga åarna genom ett utpräglat slättland med små nivåskillnader. Särskilt låga nivåer finner man i Saxån, som fem kilometer innanför utloppet i Lundåkrabukten har en vattenyta på 0,6 m.ö.h. De låga stränderna i kombination med låg vattenströmning, gör att ån vid kraftig pålandsvind från Sundet är mycket känslig för översvämningar, vilket försvårat passagerna över ån (Ahlenius & Kempe 1908).

Det kustnära landskapet i områdets mellersta del domineras av en flera kilometer stor sandslätt som innefattar de västra delarna av Saxåns-/Välabäckens och Kävlingeåns vattensystem. Jordarternas fraktioner och sammansättning inom sandslätten varierar beroende på bildningsprocessen, men består omväxlande av postglacial sand, isälvsavlagringar och issjösediment (Ringberg 1976). De största sammanhängande områdena med isälvsavsatta material finns i det s.k. Saxtorpsdeltat innanför Lundåkrabukten och vid Löddeköpinge. Ett mindre område med sandiga och isälvsavsatta material finns även vid Helsingborg i anslutning till Rååns mynning (Adrielsson m.fl. 1981). Innanför sandslätten dominerar den s.k. sydvästmoränen, en småkuperad kalkrik lerslätt karakteriserad av hög lerhalt och låg stenighet som gör denna till en av de bästa åkerjordarna. Lerslätten sträcker sig som mest cirka tre mil inåt land, där den ansluter mot de inre lerfattiga morän- och höjdområdena, med underliggande urberg av sandsten och skiffer. Till höjdområdena hör även den s.k. Helsingborgsryggen, bestående av jurassiska bergarter av sand- och lersten, som sträcker sig från Viken i norr till Svalöv i söder, huvudsakligen norr om Rååns dalgång. Helsingborgsryggen ingår i den s.k. nordvästmoränen som är relativt stenrik med låg lerhalt (a.a.). På den flacka sandslätten och kalkrika lerslätten finns också flera mindre höjdområden eller backlandskap, av vilka de mer topografiskt framträdande har namngivits efter de historiska byarna. På södra sidan om Vallåkradalen finner man

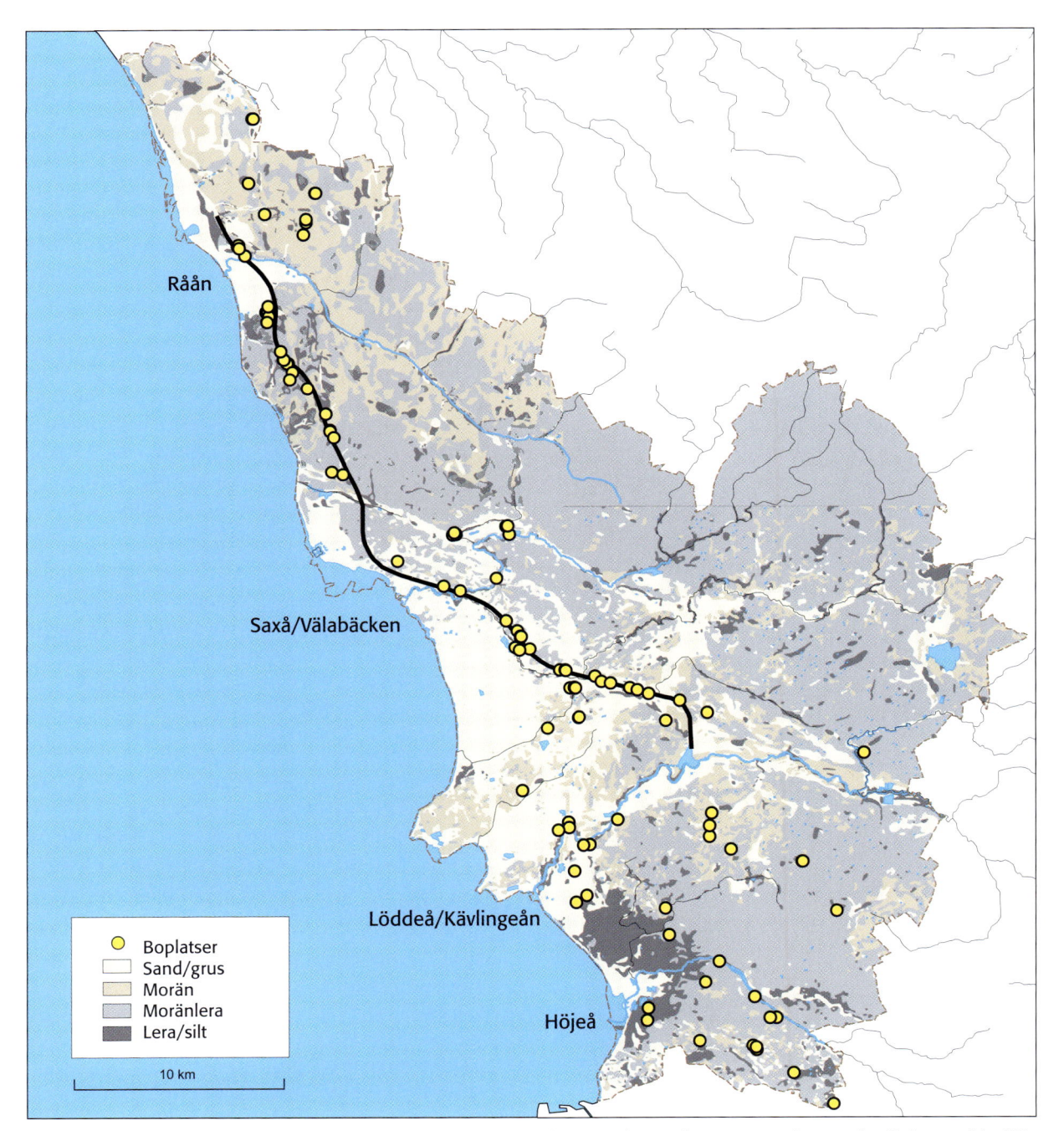

Figur 3. Jordarter och vattensystem inom undersökningsområdet i förhållande till undersökta järnåldersboplatser (500 f. Kr. – 800 e. Kr.).

Soils and water systems in the investigation area in proportion to excavated Iron Age settlements (500 BC – 800 AD).

Samhällen och rikedomsmiljöer

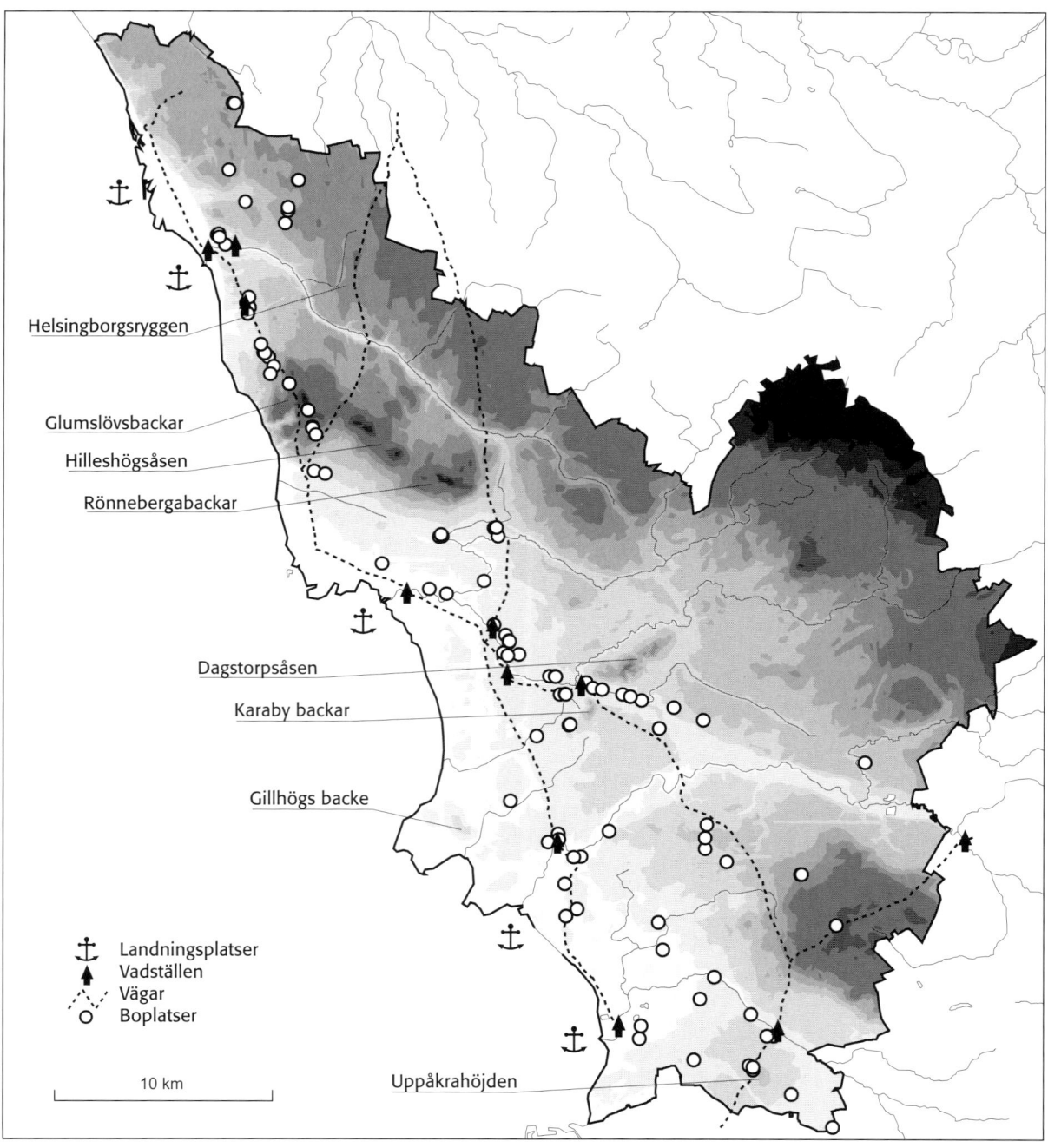

Figur 4. Topografi och vattensystem inom undersökningsområdet i förhållande till undersökta järnåldersboplatser (500 f. Kr. – 800 e. Kr.). På kartan har även markerats viktigare huvudleder, vadställen och landningsplatser kända från historisk tid.

Topography and water systems in the investigation area in proportion to excavated Iron Age settlements (500 BC – 800 AD). The map also shows important communication routes, fords and landing places from historical times.

ett närmast sammanhängande höjdområde bestående av Glumslövs backar, Hilleshögsåsen och Rönneberga backar samtliga med nivåer omkring 100 m ö.h. Ytterligare två markerade höjdområden – Dagstorpsåsen och Karaby backar (60 respektive 58 m ö.h.) – finner man på den inre sandslätten, just där Saxåns och Välabäckens vattenflöden möts (Sjögren 1932, s. 216 och 232). Höjdpartierna i områdets södra del är inte lika topografiskt framträdande som de längre norrut, men förtjänar ändå att nämnas. Vid kusten strax innanför Barsebäcks hamn utbreder sig ett mindre höjdområde av lerfri morän på cirka 25 m ö.h., kallat Gällhög eller Gillhögs backe efter den imponerande megalitgrav som återfinns centralt på höjden. Det sista höjdområdet i slättlandet som ska nämnas ligger i analysområdets sydligaste del. Här mitt på den bördiga lerslätten söder om Höje å ligger Uppåkraboplatsen, på den högsta punkten av ett mindre höjdområde med nivåer på omkring 35 m ö.h.

Äldre kommunikationer till lands och vatten

Om man vill studera förändringar i äldre tiders bebyggelsemönster och organisation av landskapet, är det viktigt att även väga in betydelsen av kommunikationsleder, såväl till lands som till vatten. Det har under senare år märkts ett ökat intresse inom arkeologin för vägar, och flera försök har också gjorts att utifrån fornlämningsbilden rekonstruera äldre färdvägar (Larsson 2001; Rudebeck 2001). Några sådana försök har emellertid inte gjorts inom analysområdet, varför vi istället är hänvisade till det äldre vägnätets sträckning som vi känner det utifrån det äldre kartmaterialet. I detta sammanhang har framför allt två kartor använts som underlag för att ge en överblick över de viktigaste huvudvägarna i området, Gerhard Buhrmanns karta över Skåne från 1684 och Skånska Rekognosceringskartan från omkring 1820.

De större kommunikationslederna betraktas här i första hand i förhållande till ett regionalt och interregionalt behov av transporter av varor och människor mellan bygder, där färdvägarnas placering i landskapet anpassats efter naturmässiga förutsättningar. Förutom huvudvägarna har naturligtvis funnits ett lokalt vägnät för transporter och kontakter i det egna lokalområdet. Den största av de nord-sydliga huvudvägarna till lands utgår från Trelleborg i söder, löper förbi Uppåkra och går därefter i en nordlig och svag nordvästlig riktning förbi Västra Karaby och Dösjebro och ut till Lundåkrabukten, innan vägen svänger norrut igen för att följa längs med kusten upp mot Helsingborg (se fig. 4). En annan större nord–sydlig huvudled kan följas från den gamla hamnplatsen i Lomma, via Löddeköpinge och upp till Dösjebro, där de båda vägarna korsar varandra vid Saxån, innan leden fortsätter norrut i ett mer indraget läge i landskapet.

Där huvudvägarna passerar de större åarna och vattendragen har det också funnits ett behov av praktiska lösningar vad gäller övergångar antingen i form av vadställen, med pråmar eller broar. Av det äldre kartmaterialet över området framgår att de större passagerna över åarna huvudsakligen hittas ett stycke innanför kusten. Vid Råån finns uppgifter om två broar eller vadställen. Dessa ligger från kusten räknat vid de historiska byarna Råå och Vallåkra. Av dessa har övergången vid Råå möjligen haft en äldre föregångare under vikingatid och tidig medeltid mellan Raus och Pålstorp (Holmberg 1977, s. 43; Söderberg 2000c, s. 275f). I Saxåns och Välabäckens vattensystem återfinns de större passagerna vid Häljarp och Saxtorp samt vid Dösjebro. Ser vi till Löddeån/Kävlingeån ligger de två viktigaste övergångarna vid Löddeköpinge och Kävlinge samt i Höjeå slutligen vid Lomma respektive Höje bro strax norr om Uppåkra.

Det är tveksamt i vilken grad åarna som vattenleder använts för transporter av människor och varor. Mer troligt är att färdvägarna till lands följde dalgångarna. Färder över öppet vatten och längs kusterna har däremot av tradition haft stor betydelse. Brister i källmaterialet gör emellertid att vi idag saknar kunskaper om vilka platser i landskapet som användes för kommunikationer längs kusten och över Sundet. Från vikingatid och historisk tid finns däremot flera kända eller föreslagna hamnlägen. Den viktigaste knutpunkten för kommunikationer tros ha funnits i Helsingborg, som erbjuder den kortaste färdvägen över Sundet till Själland. I Helsingborg sammanstrålar även flera större landvägar både i nord-sydlig riktning längs kusten och i östlig riktning mot inlandet. Helsingborg omnämns redan av Adam av Bremen på 1070-talet i hans skrift om Hamburgerstiftets biskopars historia, som en viktig plats för överfarten över Sundet (Adam av Bremen, Andra boken, kapitel 40). Platsens fördelaktiga läge för kommunikationer har också framhållits som en trolig förklaring till den stadsbildning, med förmodat kungligt inflytande, som började etableras under 1000-talet (Wihlborg 1981, s. 47; Holmberg 1977, s. 40). Landskapet utmed kuststräckan norr om Helsingborg och upp mot Kullaberg framstår under vikingatid och medeltid som ett utmarksområde, och några anloppsplatser av betydelse är inte kända från området. Vänder man istället blicken söderut är situationen en annan. Här återfinns med viss regelbundenhet längs kustlinjen ett flertal naturliga hamnar eller anloppsplatser. Nästa möjliga hamnläge kan ha funnits redan cirka en mil söder om Helsingborg vid Rååns mynning. Vallåkradalen med dess rika bestånd av framför allt gravhögar har föreslagits som den förhistoriska centralbygden i området. Hamnläget vid Råå har av forskningen satts i samband med framväxten av ett troligt Köpingekomplex under sen vikingatid och tidig medeltid kring byarna Köpinge, Raus och Pålstorp (Holmberg 1977, s. 43). De arkeologiska vittnesbörden för ett sådant komplex är dock svaga och hypotesen bygger huvudsakligen på skriftliga källor (Söderberg 2000b, s. 275f). Ännu ett äldre hamnläge finner man cirka 15 kilometer åt söder vid Landskrona, där Saxåns submarina å-fåra invid Lundåkrabuktens norra udde och strand skapar naturliga förutsättningar för en hamn (Jacobsson 1983, s. 6). Staden Landskrona anlades först under sen medeltid. Det finns dock flera tecken som tyder på att hamnen utnyttjats långt tidigare. På 1330-talet fanns således på platsen för staden Landskrona ett fiskeläge vid namn Södra Säby, där ärkebiskopen i Lund ägde en gård. Även i Saxo Grammaticus skrift *Gesta Danorum* (Om Danmarks historia) från slutet av 1100-talet, nämns platsen *Landora* som en föregångare till den naturliga hamn där Landskrona senare anlades (a.a., s. 10). Nästa ankringsplats av betydelse hittar man vid Löddeå, där Löddeköpinge och Borgebyområdet, beläget cirka fyra kilometer uppströms, under sen vikingatid och tidig medeltid utvecklades som en viktig knutpunkt för handel. Områdets bebyggelsemässiga utveckling och expansion, med nära kopplingar till den tidiga danska kungamaktens framväxt och staden Lunds etablering, har nyligen varit föremål för ingående behandling (Svanberg & Söderberg 2000a). Området föreslås här som en samlingsplats för den sociala eliten i planeringen av vikingatågen mot England och västra Europa. Under vikingatidens senare del ökar kungamaktens och de kyrkliga institutionernas intresse i området, vilket bl.a. tar sig uttryck i byggande av en ringborgsanläggning med lämningar efter tidig myntning. Vid samma tid anläggs också hamnanläggningen Lödde kar vid Löddeåns mynning. Denna stenpir anlagd på mellan tre till fyra meters djup, tolkas p.g.a. den stora investering anläggningen måste ha utgjort i sin samtid som ett kungligt initiativ, troligen för att kunna ta emot stora och tungt lastade fartyg för omlastning och vidare transport till Lund (Svanberg & Söderberg 2000b, s. 314f). Arkeologiska undersökningar visar att den vikingatida bebyggelsen i området har en lång förhistoria som kan följas ner i sten- och bronsålder. Det finns dock ingenting i dagsläget som tyder på att områdets kommunikativa betydelse kan föras längre tillbaka än 700-talet.

Löddeköpinges betydelse som handelsplats under Uppåkra/Lund är emellertid ifrågasatts, bl.a. av Johan Callmer som pekat på det faktum att landtransporten mellan de två orterna är ganska lång, cirka 20 kilometer, samtidigt som man måste passera två åar på vägen. Ett mera gynnsamt hamnläge för handel och transporter av varor har istället troligtvis funnits i Lomma eller Luma vid Höje ås mynning, belägen sju kilometer väster om Uppåkra (Callmer 1998, s. 32ff). Ett omnämnande av Lomma i Knut den heliges gåvobrev 1085 (Necrologium Lundense, s. 5), om erläggande av tomtskatt har av olika forskare tagits som intäkt för att platsen hyst en speciell bebyggelse vid denna tid (Holmberg 1977, s. 75ff). Spår efter två vallar som kan tyda på en äldre stadsbildning har också hittats på ömse sidor ån. Några moderna arkeologiska undersökningar har dock inte utförts i området, och hypotesen om platsens långa kontinuitet som hamnläge till

Uppåkra saknar idag konkreta stöd. Dess strategiska placering i förhållande till Uppåkra/Lund är dock knappast en tillfällighet och det förefaller därför rimligt att se Lomma som en av de viktigare överfartsplatserna mellan Skåne och Själland. De skriftliga källorna tyder på att Lomma redan i början av 1200-talet förlorade sin status som stad, och att Lödde kar övertog funktionen som den viktigaste hamnplatsen i området eftersom denna kunde ta emot mer djupgående fartyg (se Carelli 2001, s. 136ff för en översikt).

Västskånes järnålderssamhällen

Efter denna inledande diskussion kring teoretiska utgångspunkter, material och metodval samt presentation av landskapsbilden, ska återstoden av kapitlet ägnas åt de västskånska järnåldersböndernas bebyggelse- och traditionsområden. Följande frågor kommer här att studeras närmare:

- Vilka centrala bebyggelseområden kan urskiljas och hur förhåller sig dessa till landskapets skiftande naturgeografiska förutsättningar?
- Hur avtecknar sig den ökade sociala och politiska hierarkiseringen i bebyggelsen?
- Hur påverkade framväxten av ett regionalt centra i Uppåkra samhällena i den omgivande bygden? Och hur ska vi tolka variationer i statusrelaterade fynd och företeelser i det arkeologiska materialet? Som en möjlig avspegling av centrum – periferi relationer eller som skillnader i olika lokalsamhällens kulturella identitet?

Bebyggelse och hierarkiska miljöer (500 f.–150 e. Kr.)

Bebyggelsen i Västskåne under äldre förromersk järnålder representeras av ett trettiotal undersökta och daterade boplatser. Det är dessutom troligt att en stor del av de omkring tjugo boplatser som dateras allmänt till äldre järnålder också tillhör perioden. De flesta bosättningar ligger mellan två och tolv kilometer från kusten, i sandslättens flacka och låglänta terräng på nivåer upp till 15 m ö.h. Karakteristiskt för många av dessa är närheten till åar och vattendrag, liksom anknytningen till större kommunikationsleder. Däremot har bara ett fåtal boplatser undersökts på den kalkrika lerslätten i undersökningsområdets östra och södra delar. Även i områdets norra del finns ett flertal undersökta boplatser. Dessa återfinns antingen i området kring Glumslövs backar ett par kilometer innanför kusten eller på Helsingborgsryggens sydsluttning norr om Råån (fig. 5).

Under yngre förromersk och äldre romersk järnålder sker vissa omstruktureringar i bebyggelsebilden, som nu representeras av ett tjugotal undersökta boplatser (fig. 6). Den största förändringen märks i undersökningsområdets norra del, där en betydande minskning av antalet bosättningar gör sig gällande. Bara ett fåtal gårdar från tiden kring Kristi födelse har påträffats i det kustnära landskapet mellan Råån i norr och Saxåns utlopp i Lundåkrabukten i söder. Eftersom ett stort antal platser här berörts av arkeologiska insatser, bl.a. i samband med Västkustbanans utbyggnad, är det mycket som talar för att bilden visar på en reell tillbakagång i bebyggelsen. En sådan nedgång har även stöd i den ringa mängden metallfynd och gravar från området (jfr nedan), medan de paleoekologiska iakttagelserna i pollendiagrammet från Dalamossen (vid Glumslövs backar) ger en delvis annan bild. Här finns istället tecken på en ökad markerosion i området, samt ett ökat inslag av kulturväxter som både indikerar betesbruk (svartkämpar) och odling (korn) under perioden (Regnell manus).

I undersökningsområdets södra del, från Saxådalen och söderut, är bebyggelsebilden däremot mycket lik den under äldre förromersk järnålder, och i flera miljöer märks både en områdes- och platskontinuitet. Möjligen tenderar de yngre bosättningarna att i större grad klumpa ihop sig, ofta längs med vattendragen och de större färdlederna genom området. Bebyggelsen vid Uppåkra (nr 12) och Böljenamosse (nr 6–7) skiljer sig här något från den allmänna bilden, genom

ÄJÅ: Hierarkiska nivåer
○ 0
□ 1

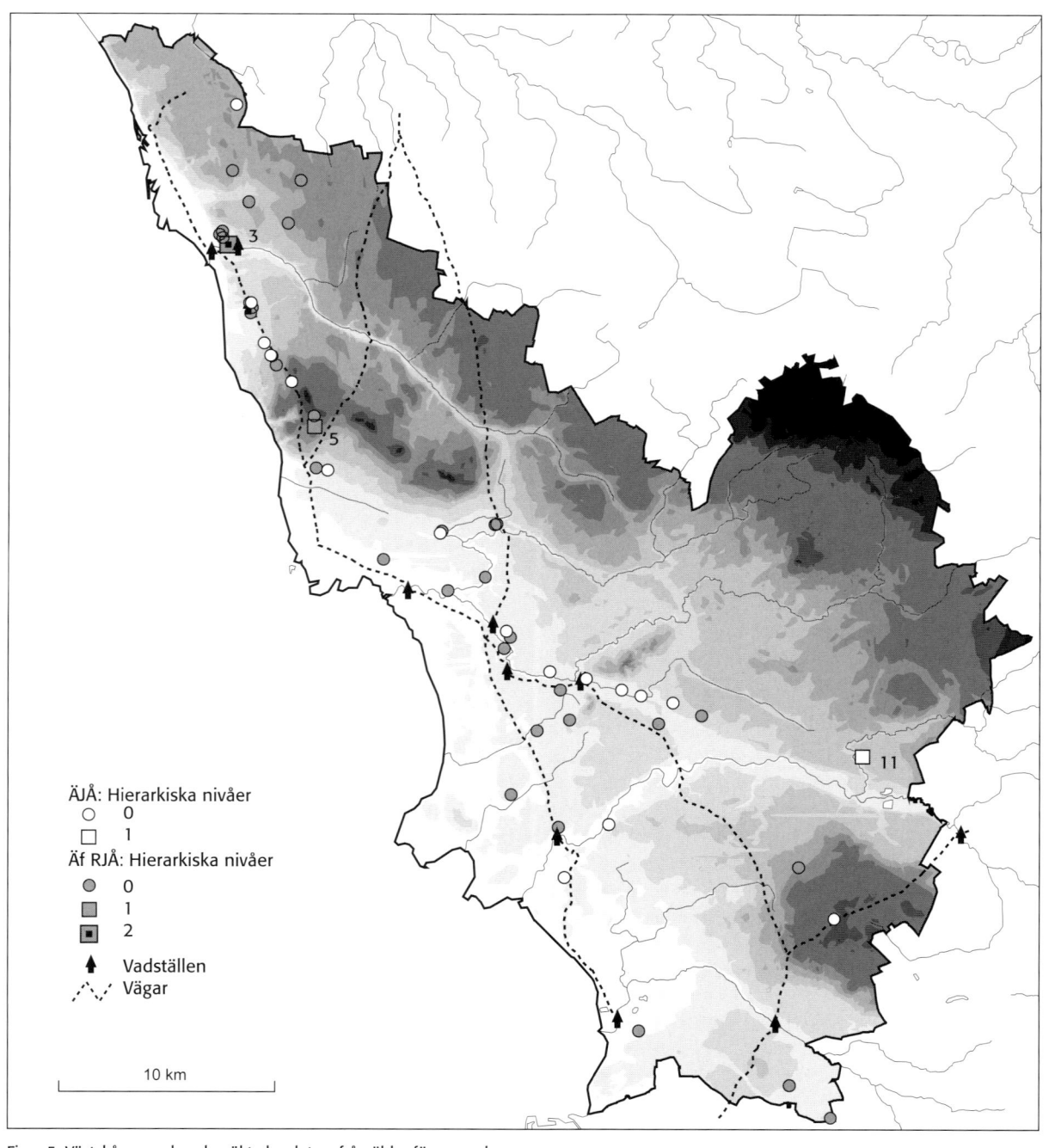

Äf RJÅ: Hierarkiska nivåer
● 0
▩ 1
▣ 2

▲ Vadställen
⋰⋱ Vägar

10 km

Figur 5. Västskåne med undersökta boplatser från äldre förromersk järnålder och allmän äldre järnålder. Jämför tabell 1 för numrering.

Western Skåne with excavated settlements from the Early Pre-Roman Iron Age and Early Iron Age. See table 1 for numbers.

Ä JÅ: Hierarkiska nivåer
○ 0
□ 1

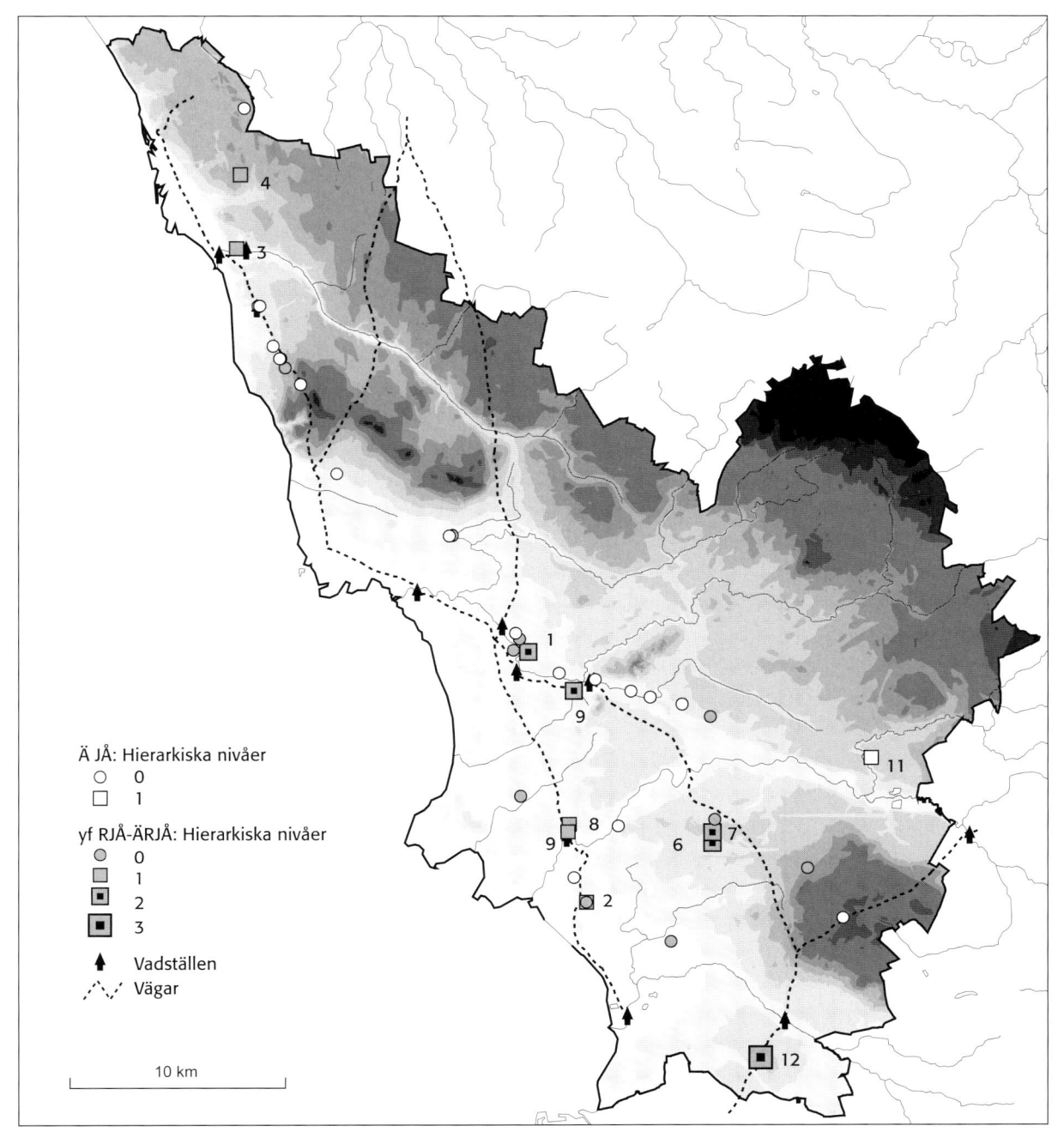

yf RJÅ-ÄRJÅ: Hierarkiska nivåer
● 0
■ 1
▣ 2
▣ 3

▲ Vadställen
.·˙ Vägar

10 km

Figur 6. Västskåne med undersökta boplatser från yngre förromersk och äldre romersk järnålder samt från allmän äldre järnålder. Jämför tabell 1 för numrering.

Western Skåne with excavated settlements from the Late Pre-Roman Iron Age and Early Roman Iron Age. See table 1 for numbers.

ett mer indraget läge på den kalkrika lerslätten, på nivåer mellan 20 och 30 m ö.h.

Analysen av bebyggelsen och dess organisation på de enskilda boplatserna, visar att bosättningsmönstret i Västskåne under förromersk och äldre romersk järnålder dominerats av enstaka eller små grupper av gårdar som legat spridda i landskapet (jfr Carlie & Artursson del II). Bara på ett fåtal platser, däribland Hilleshög VKB 3:7 i norr samt Böljenamosse p. 8, 9 och Uppåkra i söder, finns arkeologiskt stöd för att bebyggelsen bestått av flera samtida gårdar (Strömberg & Thörn Pihl 2000; Carlie 2002b). Den generella bilden präglas således av en spridd bebyggelsestruktur, med glest liggande gårdar, och där frånvaron av långhus som överlagrar varandra, tyder på en stor grad av rörlighet. Denna bild passar också väl samman med de paleoekologiska resultaten från Dalamossen (vid Glumslövs backar) och Knagemöged (vid Välabäcken), där en expansion av betesmarker kan urskiljas i diagrammen under yngre bronsålder och äldre järnålder (Regnell manus).

Förromersk järnålder: Bebyggelsen karakteriseras under perioden 500 före Kristus till Kristi födelse av en mycket låg hierarkisering. Av 33 daterade boplatser uppvisar bara två stycken, Ramlösa VKB 1:A7 och Hilleshög VKB 3:7, tecken på ett visst välstånd utifrån gårdarnas större byggnadsareal (Omfors & Streiffert 1999; Strömberg & Thörn Pihl 2000) (tabell 1 och fig. 5). Först under periodens senare del och in i äldre romersk järnålder ses en första ökning av hierarkiska inslag i materialet, då ungefär hälften av boplatserna utgörs av nivå 1 och 2 (tabell 1 och fig. 6). De flesta av dessa platser återfinns inom det södra bebyggelseområdet, från Saxådalen och söderut. Gårdarnas välstånd ger sig främst till känna genom en större byggnadsareal, samt ett bra kommunikativt läge nära huvudleder och viktigare passager över åar. Karakteristiskt för flera av platserna är även stora långhus på över 30 meter, vilket är ungefär tio meter längre än de genomsnittliga husen vid denna tid. Gårdar med stora långhus har undersökts på platser som Kvärlöv SU 12 och Västra Karaby 2:21 i Saxådalen och vid Böljenamosse, p. 8 och 9 söder om Kävlingeån (Carlie 2002b; Pettersson 2000; 2002a; Thörn Pihl 1999). Av dessa utmärker sig gården vid Västra Karaby genom ett sammansatt system av anslutande hägnader (Pettersson 2002a, s. 487f). Gården har också haft en kommunikativt strategiskt placering i landskapet, belägen på en öst-västlig höjdrygg söder om Välabäcken, med god sikt över passagen vid Dösjebro. De stora långhusen från nämnda platser skiljer sig från andra samtida byggnader genom sin byggnadstekniskt likartade konstruktion, där bl.a. vägglinjernas dubbla stolpsättning visar på en gemensam byggnadstradition (jfr Carlie & Artursson i del II). Däremot finns det ingenting i fyndmaterialet som tyder på en högre status.

Uppåkra: Även Uppåkraboplatsen framtonar under yngre förromersk järnålder som en stor bosättning. Det är förekomsten av sotfärgade lager, härdar och gropar över stora delar av det mer än en kilometer långa boplatsområdet, som ligger till grund för antagandet att platsen vid denna tid hyst en stor och sammansatt bebyggelse. Bortsett från storleken finns det få tecken i fyndmaterialet som tyder på att platsen präglats av ett större välstånd eller högre status jämfört med andra bosättningar (Helgesson 2002, s. 47f). Trots omfattande insatser med metallavsökning inom Uppåkraprojektet, har endast sporadiska fynd av metallsmycken påträffats, däribland två ändknoppar till halsringar i brons. Några säkra fibulafynd från förromersk järnålder har inte heller hittats i Uppåkra, vilket är bestickande med tanke på det utomordentligt rika material av dräktspännen från senare perioder som genom åren framdetekterats från platsen. Vidare är det osäkert om något slags specialiserat hantverk bedrivits på boplatsen vid denna tid (a.a., s. 47f och 51f).

Gravar: Liksom i många andra delar av det skånska landskapet är gravar från förromersk järnålder fåtaliga inom undersökningsområdet. Orsakerna härtill är förmodligen flera, med grund i såväl omoderna undersökningar och dåliga bevaringsförhållanden som i typologiska svårigheter att skilja den tidiga järnålderns

Nr	Beteckning	Förtätning	Komplex gårdsstruktur	Stor byggnadsareal	Spec. byggnadstrad.	Långhus > 30 m	Hägnad	Väg/vad	Ädelm./smycken	Import	Hantverk	Krigar-/ridutrustn.	Kult	Antal	Nivå
1	Kvärlöv SU 12**			x	x	x								3	2
2	Borgeby 17:67, 17:68**							x			x			2	1
3	Ramlösa VKB 1A:7*			x	x				x					4	2
3	Ramlösa VKB 1A:7**				x				x					2	1
4	Ramlösagården**										x			1	1
5	Hilleshög 3:7*	x		x										1	1
6	Böljenamosse p 8**		x	x	x									3	2
7	Böljenamosse p 9**		x	x	x							x		4	2
8	Löddeköpinge 90:1**							x						1	1
9	Löddeköpinge 12:28**							x						1	1
10	V Karaby 2:21**			x	x	x	x							4	2
11	Örtofta 21:1***										x			1	1
12	Uppåkra**	x							x	x	x	x3	x2	9	3

Datering: * f R JÅ p. I-II, ** f R JÅ p. III - ä R JÅ, *** ä JÅ

Tabell 1. Bebyggelsehierarkisk indelning av boplatser i Västskåne från förromersk och äldre romersk järnålder. Tabellen visar endast platser från nivå 1 och uppåt.

Settlement hierarchy groups in western Skåne from the Pre-Roman and Early Roman Iron Age. The table show only sites from level 1 and above.

kärltyper från den sena yngre bronsålderns. Kunskapen om periodens gravskick i västra Skåne är mot denna bakgrund bristfällig och karakteriseras av stora luckor. De sex gravfynd som är kända från området utgörs samtliga av brandbegravningar i urna. I tre fall finns upplysningar om att urnorna påträffats i högar. Det handlar om två sekundärgravar från en bronsåldershög (hög III) på Köpingegravfältet i Raus socken norr om Råån, medan den tredje urnegraven härrör från en skadad hög i Barsebäck i områdets södra del. Denna sistnämnda grav är också en av de få från undersökningsområdet som innehöll metallfynd, i form av en bronsnål med ringformigt huvud (se Stjernquist 1961, s. 138). Bland övriga förromerska gravfynd märks tre urnegravar utan närmare upplysningar om fyndomständigheter. En urna från Borgeby nr 15 dateras av Stjernquist (a.a., s. 137) på keramiktypologiska grunder till period II, medan de två resterande gravfynden från Åkälla i Norrvidinge socken respektive från V. Karaby dateras mera allmänt till förromersk järnålder. Det sistnämnda kärlet innehöll även en järnnål som troligen tillhört ett dräktspänne av okänd typ (Jeppsson 1996, s. 139).

Metallfynd: Redan i slutet av bronsåldern, period VI, märks som en följd av de minskade utbytesrelationerna med samhällen på kontinenten, en nedgång i cirkulationen av brons och ädelmetall i Sydskandinavien. Nedgången, som blir än mer påtaglig under förromersk järnålder, märks framför allt genom att investeringarna av brons- och guldföremål i begravnings- och offerritualer blir färre och mindre komplexa. Den tidiga järnålderns depositioner av smycken i Skåne och östra Danmark ansluter här till den sena bronsålderns traditionsmönster, med en betoning på nedläggelser av halsringar och armringar. Först i slutet av förromersk järnålder ökar diversiteten i statusfynden på nytt i det danska området, dels i form av nedläggelser av vagnar och hamrade metallkittlar, dels genom ett ökat inslag av vapen, ädelmetall och importer i gravfynden. Framför allt de sistnämnda tyder, enligt Jørgen Jensen (1997), på en ökad social hierarkisering i samhället, med framväxten av regionala centra med ett fyndmaterial som tyder på hantverksutövning och kontinentala kontakter. Kraghede i Vendsyssel, Hedegård i mellersta Jylland och Langå på sydöstra Fyn, är exempel på sådana miljöer. Inga tendenser till centrumbildningar kan vid denna tid skönjas på Själland, som istället karakteriseras av en jämn spridning av metallfynd i landskapet (Jensen 1997, s. 179; fig. 69; Hedeager 1992, fig. 12 och 20).

Andelen metallfynd i Skåne från förromersk järnålder är betydligt färre jämfört med områdena väster om Öresund. Som framgår av kartan i figur 6 har de flesta föremålen i undersökningsområdet påträffats söder om Kävlingeån och ner till Uppåkra. Bland de mer intressanta fynden märks en halsring av La Tène typ från Gullåkra mosse i Brågarps socken öster om Uppåkra. Halsringen som troligen är ett offerfynd, har nyligen behandlats av Berta Stjernquist. Hon menar att det utifrån de senare årens mer nyanserade bild av halsringar som företeelse, finns anledning att modifiera fyndets typologiska datering, således att detta bör föras till periodens senare del snarare än till dess inledning (Stjernquist 2001, s. 8ff). Bland övriga metallfynd märks en tutulus av brons från Lund, troligen från övergången bronsålder och tidig förromersk järnålder, ett runt bronsspänne från Flädie i Bjärred socken samt en hjulformad öskenring från Vallkärra (Montelius 1909, s. 115; Stjernquist u.å.). Fyndomständigheterna för dessa föremål, som inte kan dateras närmare än till förromersk järnålder, är oklara. Bägge typer förekommer i Danmark i gravar, varför det kan röra sig om förstörda gravfynd (Jensen 1997, s. 79).

Från boplatsen vid Kvärlöv SU 12, vid Saxån, föreligger områdets enda förromerska vapenfynd. Det rör sig om en oval sköldbuckla av trä funnen i en brunn på platsen. Sköldbucklan är tillverkad av al och hittades tillsammans med ett linknippe och ett barkstycke i brunnens övre fyllning (Martens 2001, se även Martens faktaruta i detta band). Fyndens sammansättning talar för att det rör sig om ett offerfynd, troligen nedlagt i samband med att brunnen stängdes. Sköldbucklan från Kvärlöv hör typologiskt till samma typ av bucklor som bl.a. påträffats i krigsbytesofferfyndet från Hjortspring i västra Danmark, från tidig förromersk järnålder. Fyndets anknytning till platsen är dock intressant, med tanke på den större gård som uppfördes några århundraden senare.

Inga smycken eller vapenfynd är kända från det kustnära bebyggelseområdet i undersökningsområdets norra del. Det enda metallfyndet från området utgörs av en liten mansstatyett av brons från N. Möinge i Asmundtorps socken. Figuren som saknar huvud, bär en kort tunika samt är försedd med en strierad halsring med skålformiga knoppar. Just utformningen på halsringen föranleder Ture J. Arne att placera fyndet i periodens mellersta del (p. II), som han menar bör vara en import. Det bör tilläggas att mansfiguren är funnen i en mosse, varför det sannolikt rör sig om ett offerfynd (Arne 1909, s. 183). Fyndet är intressant eftersom det anknyter till en äldre nedläggelsetradition med små bronsstatyetter. Det handlar om en statyett med osäkert kön från Helsingborgstrakten som troligen ska dateras till sen yngre bronsålder samt två närmast identiska fynd av små kvinnofigurer försedda med en respektive dubbla halsringar från sen yngre bronsålder (P. VI). De sistnämnda statyetterna är funna på två olika platser i närheten av Heabäcken vid Katslösa i Kvistofta socken. Även dessa bör uppfattas som föremål med en religiös laddning troligen ingående i en fruktbarhetskult, där särskilt halsringarna tyder på att statyetterna

Vapen (antal fyndplatser)
▲ 1
▲ 2
▲ 3

Gravar (antal platser)
▲ 1
▲ 2
▲ 3

Boplatser (hierarkiska nivåer)
■ 1
■ 2
■ 3

⊕ Figurin

Smycken (antal fyndplatser)
● 1
● 2

▨ Centrala bebyggelseområden inom Uo

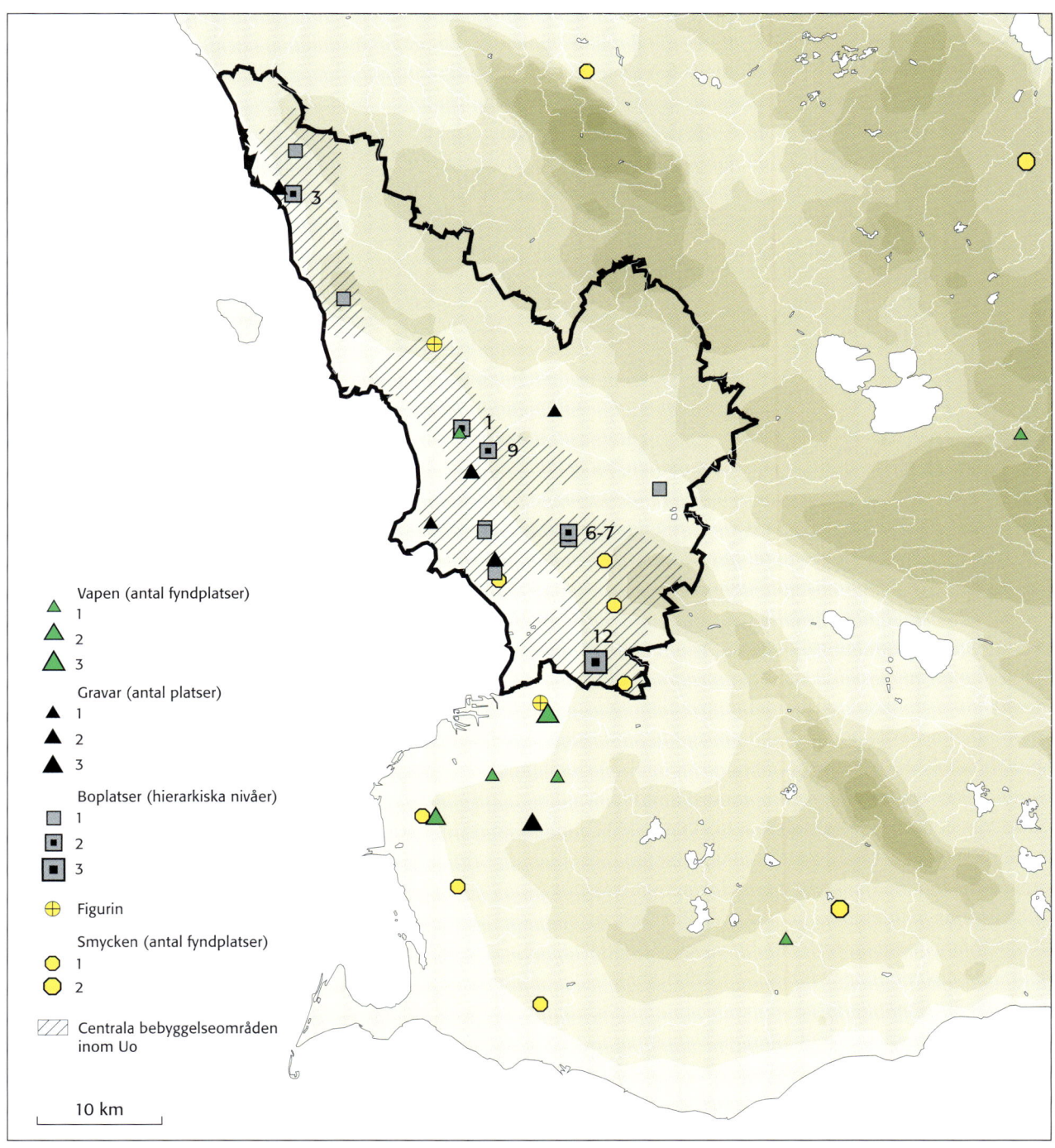

10 km

Figur 7. Centrala bebyggelseområden under förromersk järnålder med boplatser från nivå 1 och uppåt i den bebyggelsehierarkiska indelningen (nr se tabell 1). På kartan ses även spridningen av samtida gravfynd och välståndsindikerande fynd i Västskåne.

The main settlement areas during the Pre-Roman Iron Age with sites from level 1 and above in the settlement hierarchy groups (for numbers see table 1). The map also shows the distribution of contemporary burial finds and wealth-indicating finds in western Skåne.

utgör avbildningar av modergudinnan själv. Samma typ av figuriner är även kända från norra Själland och Bogø (Jensen 1997, s. 163).

Sydvästra Skåne: Området söder om Uppåkra uppvisar under förromersk järnålder i stora drag samma glesa fyndbild avseende metallföremål och gravar som övriga Västskåne. Det rör sig om en handfull platser, företrädesvis lokaliserade till ett cirka tio kilometer brett stråk innanför kusten från Uppåkra till Trelleborg. Bland smyckefynden märks en La Tène fibula från Hyllievång i Bunkeflo socken och två armringar av brons från Tingshög i Hammarlövs socken respektive Hököpinge i socknen med samma namn. Bara en gravplats har undersökts i området vid Kristineberg i Oxie socken, där fem av 24 brandgravar gett förromerska dateringar. Ingen av dessa gravar innehöll några speciella statusfynd (Rudebeck & Ödman 2000, s. 201f). Något längre österut, vid Skurup, söder om Romeleåsen, föreligger två enstaka smyckefynd i form av en armring och ett ljunitsspänne av brons.

Fyndbilden i området söder om Uppåkra skiljer sig väsentligt från undersökningsområdet bara i ett avseende, nämligen genom den större andelen vapenfynd. De skånska vapenfynden från äldre järnålder har nyligen behandlats av Påvel Nicklasson (1997, s. 92ff, 246ff) och Bertil Helgesson (2002, s. 78f, 93). I denna studie har bägge dessa arbeten använts som underlag, eftersom det senare innehåller en uppdaterad och mer komplett sammanställning. Nästan samtliga vapenfynd med äldre järnåldersdatering från sydvästra Skåne härrör från olika typer av vattenrelaterade miljöer, varför en tolkning som offerfynd föreslagits (Nicklasson 1997, s. 93). Föremålen består till en stor del av enkla lansspetsar av ben/horn från olika platser i trakten kring nuvarande Malmö, samt ett enstaka fynd från Näsbyholmssjön i Gärslöv. De flesta fynden kommer från minst två olika områden vid Segeå i Burlövs socken och dess biflöde Torrebergabäcken i Mölleberga socken. Det handlar om två eneggade järnsvärd som av Nicklasson dateras till förromersk järnålder period III, åtta lansspetsar av horn/ben samt en pilspets av järn.

Dateringen av de senare föremålen är mer osäker, medan Nicklasson för dem till förromersk järnålder period I (Nicklasson 1997, s. 246), menar Helgesson med hänvisning till Stjernquists diskussioner kring offerplatsen Röekillorna (1997) att en senare datering in i äldre romersk järnålder inte kan uteslutas (Helgesson 2002, s. 93). I denna artikel används den senare och något vidare dateringen, vilket innebär att fyndplatserna även redovisas på kartbilden för äldre romersk järnålder (se nedan). Samma datering tillämpas även på övriga fynd av enkla lansspetsar från Malmöområdet. Det handlar om enstaka spetsar från fyra boplatser, samtliga påträffade i brunnar. Bland fyndplatserna märks Flansbjär i Burlövs socken, Kvarnby i S. Sallerup, Valdemarsro i V. Skrävlinge samt Svågertorp i Bunkeflo socken (Helgesson 2002, s. 244). Till de mer intressanta och statusindikerande vapenfynden från Malmöområdet, med datering till sen förromersk och äldre romersk järnålder, hör tre fyndkomplex från Hyllieboplatsen i Bunkeflo socken, samtliga deponerade i olika gropsystem invid en samtida bosättning. Det större och mer sammansatta fyndet från platsen omfattar ett eneggat kortsvärd, en bågformig järnkniv, två tångeförsedda järnknivar, en sköldbuckla, en möjlig sporre samt ett remändebeslag. I den andra gropen hittades ett hästbetsel och en lansspets, medan ett tredje gropsystem i samma område innehöll en trekantsfibula. Samtliga järnföremål är välbevarade och av mycket god kvalitet, och tolkas av utgrävarna som avsiktligt deponerade (Friman & Hector 2003, s. 185f).

Äldre romersk järnålder: Den bebyggelsehierarkiska indelningen under äldre romersk järnålder är i det närmaste den samma som under yngre förromersk tid, eftersom bebyggelsen på många platser kan följas över periodgränsen. Liksom tidigare återfinns de flesta platser inom det större bebyggelseområdet i söder. Den viktigaste skillnaden jämfört med tidigare är att Uppåkra, under första århundradet efter Kristi födelse nu utmärker sig som någonting mer än en stor boplats (nivå 3) (fig. 8 nr 12).

Samhällen och rikedomsmiljöer

431

Guldsmycken (antal fynd)
- ⊕ 1
- ⊕ 2

Smycken
- ● Smycken

Importer (antal fynd)
- ◐ 1
- ◐ 2
- ◐ 3
- ◐ 4

Vapen (antal fyndplatser)
- ▲ 1
- ▲ 2
- ▲ 3-4

- ▲ Skelettgravar ärj
- △ Skelettgravar rj

Boplatser (hierarkiska nivåer)
- ■ 1
- ▣ 2
- ▣ 3

- ▨ Centrala bebyggelseområden inom Uo

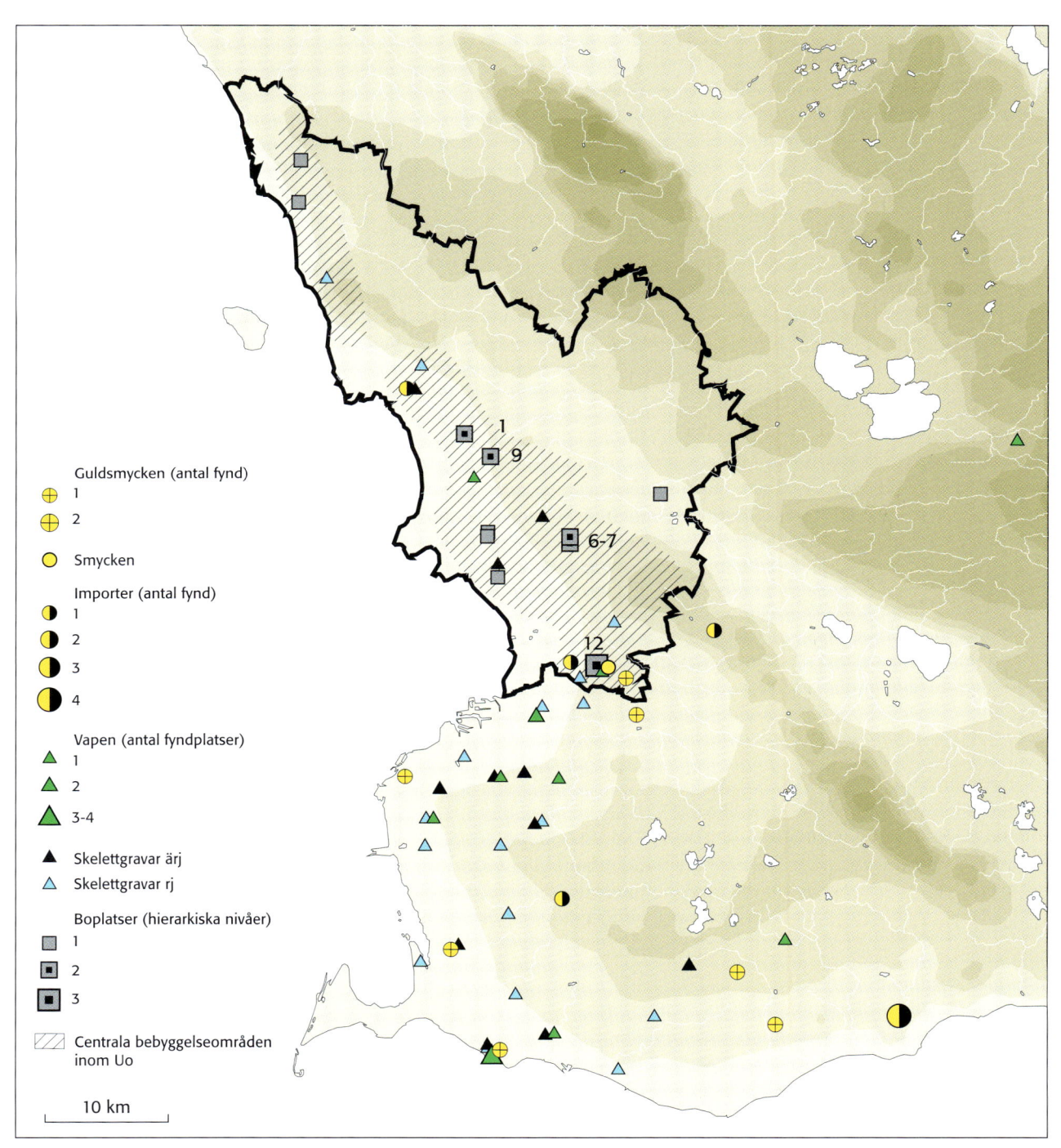

10 km

Figur 8. Centrala bebyggelseområden under äldre romersk järnålder med boplatser från nivå 1 och uppåt i den bebyggelsehierarkiska indelningen (nr se tabell 2). På kartan ses även spridningen av samtida gravfynd och välståndsindikerande fynd i Västskåne.

The main settlement areas during the Early Roman Iron Age with sites from level 1 and above in the settlement hierarchy groups (for numbers see table 1). The map also shows the distribution of contemporary burial finds and wealth-indicating finds in western Skåne.

Uppåkra: Uppåkraboplatsens förändrade funktion och sociala dignitet framträder först och främst utifrån det rikhaltiga fibulamaterial, som under senare år samlats in med hjälp av metalldetektoravsökningar inom Uppåkraprojektet (Hårdh 1999a; Helgesson 2002, s. 45ff). Det rör sig om ett material om 24 fibulor som kan föras till äldre romersk järnålder. Ungefär två tredjedelar är av typen fibula med kam och bred avslutad fot, medan en tredjedel utgörs av fibulor med kraftigt profilerad fot (jfr Almgren AIV) (Helgesson & Stjernquist 2001, s. 143ff). I materialet finns även en s.k. Charnierfibula med förgyllning, som förmodligen har ett provinsialromerskt ursprung (a.a., s. 149). Platsens särställning kan även anas i andra fyndtyper, däribland en ögleförsedd pärla av guldbleck (Branca m.fl. 1999, s. 60f), samt enstaka vapenfynd i form av sporrar och ett svärdsskidebeslag (Nicklasson 1997, s. 252). Under äldre romersk järnålder uppträder möjligen också de första spåren efter hantverksutövning på platsen, i form av ben- och hornavfall efter kamtillverkning (Lindell 2001).

Gravar: Under äldre romersk järnålder introduceras i Skåne, parallellt med den gamla traditionen med kremering och gravläggning i grop eller urna, en ny rituell sedvänja för begravningar. Influenserna till det nya gravskicket kommer förmodligen från germanska områden på kontinenten, t.ex. Pommern och Mecklenburg, där traditionen bl.a. kan knytas till rikt utrustade träkammargravar. Detta har föranlett spekulationer kring huruvida den nya dödsritualen framför allt anammades av personer i det övre samhällsskiktet, som uttryck för en gemensam social identitet och grupptillhörighet (Stjernquist 1955, s. 67f och där anf. Litt.). Denna hypotes stämmer i Skåne möjligen för den senare delen av romersk järnålder, då den döde i många fall har utrustats med ett rikt inventarium av olika gravgåvor, som behövdes för att göra livet på den andra sidan så angenämt som möjligt. De äldsta fynden av skelettgravar från början av romersk järnålder är däremot, i likhet med sina samtida och äldre brandgravar, klent utrustade utan speciella statusföremål. Det rör sig som regel om nedsatta lerkärl, med inslag av knivar och skäror av järn, fibulor samt i något fall en spjutspets (a.a., s. 43ff).

Bara tre gravar inom undersökningsområdet kan med säkerhet knytas till äldre romersk järnålder, samtliga belägna inom det södra bebyggelseområdet. Det handlar om en skelettgrav (A1101) från det vikingatida gravfältet å Stävie 4:1 söder om Kävlingeån (Nagmér & Räf 1996, s. 103, 106). Några rester av den gravlagde fanns inte bevarade, utan bara ett oornerat miniatyrkärl med fasetterad mynning, som på typologiska grunder kan föras till perioden. De två andra gravarna härrör från Häljarps mölla i Saxåns dalgång (Cademar Nilsson & Ericson 2000). Gravarna ingår i ett överplöjt gravfält med omkring 40-talet gravar, främst av skelettyp, med tyngdpunkt i senneolitikum och bronsålder. På gravfältet fanns även en liten brandgrav och skelettgrav med kistfärgning från äldre romersk järnålder (se Bilaga 1, *tabell 11* i band 2). Av skelettet fanns endast fragmentariska rester kvar av käke och tänder. Benen som hittades i nedgrävningens sydvästra del, visar att den gravlagde utgjorts av en vuxen individ. Nordväst om kistfärgningen fanns två hartstätningsringar tillhörande lock och botten till ett svepkärl. Innanför hartsringarna stod en liten fotbägare placerad med botten uppåt, samt invid denna låg resterna av en järnkniv och en trolig syl av järn. Strax intill och sydost om kistfärgningen fanns en trolig samtida brandgrop innehållande cirka ett halvt kilo brända ben. I denna grav hittades en hartstätningsbit tillsammans med en bit svagt gröntonad importerat glas, tolkad som gravgåva eller ersättningsoffer (Cademar Nilsson & Ericson Lagerås 2000, s. 25f, 32f) (Johan Callmer, pers. kom.).

Ytterligare några enkelt utrustade skelettgravar kan möjligen tillhöra en tidig del av romersk järnålder. Det handlar om en skelettgrav med dubbelbegravning från Ålabodarna i Glumslöv. I graven fanns endast en röd glaspärla, varför denna inte kan dateras närmare inom perioden (Stjernquist 1955, s. 169). Graven är för övrigt den enda kända inom det norra bebyggelseområdet, vilket passar väl samman med nedgången i bebyggelsen under samma tid. Bland tidiga skelettgravar inom det södra bebyggelseområdet märks en grav från Stävie (A105) innehållande en järnkniv samt rester av ett halsband med en bronsring och sju pärlor av glas, lera och bronsbleck (Nagmér 1979). En grav (A) från S:t Larsområdet i södra Lund innehöll 12 pärlor av bärnsten, glas och lera. I inga av dessa gravar fanns bevarade rester av skelettet. Vidare kan två skadade gravfynd av okänd typ från Uppåkra, eventuellt ha en tidig datering. Det rör sig om sekundärgrav i en av bronsåldershögarna på boplatsen, med gravgåvor i form av en fragmentarisk kam och talrika pärlor av glas och bärnsten. En skelettgrav har även påträffats på den kristna kyrkogården, innehållande ett lerkärl och en holkyxa av järn (Vifot 1936, s. 100f). Från det södra bebyggelseområdet finns slutligen två fynd av enkelt utformade fotbägare från äldre romersk järnålder (Parkgatan i Lund och Borgeby nr 8), som möjligen kan utgöra rester av förstörda gravar (Stjernquist 1955, plansch XXXI:4 och 8).

Metallfynd: Vad gäller förekomsten av rikedomsfynd från områdena norr om Uppåkra är dessa om möjligt ännu mer frånvarande jämfört med föregående period. Från hela undersökningsområdet föreligger således bara två fynd med statusanknytning. Det handlar förutom den importerade glasbiten från Häljarp, om en lösfunnen sporre från trakten kring Västra Karaby. Sporren är emellertid av en typ som även förekommer in i yngre romersk järnålder (fas B2–C1), varför den kan vara av yngre datum (Nicklasson 1997, s. 252). Några andra välståndsindikerande fynd föreligger inte från området. Denna fyndtomhet står som vi strax ska se i kontrast gentemot förhållandena i området söder om Uppåkra och ner mot Trelleborg.

Sydvästra Skåne: Till skillnad från områdena norr om Uppåkra framtonar landskapet i sydvästra Skåne redan under äldre romersk järnålder som ett centralområde för det nya gravskicket med skelettbegravning under flat mark. Det handlar sammantaget om cirka ett tiotal platser, främst representerade av enstaka gravar, men även av några gravfält. Bland de senare märks platser som Vellinge nr 17 i Vellinge socken, Kristineberg i Oxie socken samt Albäcksbacken i Maglarp socken. Karakteristiskt för de två senare är att skelettgravar och brandgravar förekommer sida vid sida, med samma typ av enkla gravgods, bestående av lerkärl, skäror och knivar av järn (Stjernquist 1955, s. 43f; Rudebeck & Ödman 2000, s. 200ff). Även i sydvästra Skåne är de tidiga skelettgravarna som regel sparsamt utrustade. Det finns dock undantag som stärker antagandet om att introduktionen av det nya gravskicket hör samman med etableringen av en ny social överklass. Det handlar om enstaka gravar med inslag av vapen, dräktspännen och smycken från Maglarp, V. Tommarp och Vellinge vid den skånska sydkusten (se nedan). Sydvästra Skåne ansluter i detta avseende till den samtida utvecklingen på Själland, även om gravarna i det senare området som regel har ett rikare gravgods (Liversage 1980, s. 120f).

Samtidigt med den nya gravtraditionens införande i sydvästra Skåne under första och andra århundradena efter Kristi födelse, uppträder även flera fynd av vapen och statusrelaterade föremål, både i skelettgravar och som lösfynd. Bland statusfynden märks två bronsfibulor (Almgren typ V) från grav II i Vellinge, två profilerade bronsfibulor (Almgren typ IV) från grav 1 i V. Tommarp (Stjernquist 1955, s. 44), en guldpärla från Fjärdingslöv i Bunkeflo socken, troligen från en förstörd grav (Rudin & Brink 2000, s. 76f) samt två lösfunna guldberlocker från Vik vid Limhamn respektive från Albäcksåns utlopp i Maglarp socken (Andersson 1993, nr 960, 962). Möjligen ska även fyra guldfingerringar föras till samma period, varav en ring (typ 1) från en skelettgrav i Vellinge och två lösfunna ringar från Stanstorp i Nevishög socken (typ 33), 1 ring från Källstorp i Jordberga socken (typ 33) samt Hönsinge i Grönby (okänd typ) (Andersson 1993, nr 956, 964, 977). Här är dateringen dock något mer osäker, eftersom dessa typer även förekommer under periodens senare del. Bland importfynd av romersk proveniens bör nämnas två skärvor av terra sigillata från en boplats vid Kroneborg i Hardeberga socken öster om Lund. Vidare föreligger en liten bronsstatyett med människogestalt från St. Månstorp i V. Ingelstad socken. Även detta fynd är enligt Ulla Lund Hansen troligen ett importfynd från romerskt område. Avsaknaden av en känd fyndkontext och daterande fynd, gör dock att statyetten inte kan tidsbestämmas närmare än till romersk järnålder (Lund Hansen 1987, s. 228).

Det största och mest exklusiva gravfyndet från äldre romersk järnålder i sydvästra Skåne härrör från Öremölla i Skivarps socken vid sydkusten. Graven hittades redan 1871 i samband med plöjning och är inte sakkunnigt undersökt (Stenberger 1979, s. 384). Trots detta finns relativt detaljerade uppgifter om fyndet, som innehöll en komplett uppsättning av en romersk dryckesservis, med en kannelerad bronskittel (typ E46), en vinskopa med sil i brons (E160), tillverkade i Italien och Gallien, två bägare av ofärgat glas med slipade ovaler (typ E187) samt två lerkärl av vilket ett kärl med profilerad skuldra finns bevarat. Tillbehören ska ha varit placerade bredvid kitteln (a.a., s. 384ff; Lund Hansen 1987). I graven fanns även en sporre, rester av en ringbrynja samt brända ben. Detta har tolkats så att den döde varit iförd ringbrynjan på likbränningsbålet (Nicklasson 1997, s. 94 med hänvisning till Lars Larsson, pers. kom.).

Vapenfynden från sydvästra Skåne representeras i övrigt främst av spjut- och lansspetsar, tillverkade både av järn och ben/horn. Det handlar sammantaget om en handfull fyndplatser, från Malmöområdet och den skånska sydkusten. Flertalet av dessa fynd har redan beskrivits ovan, eftersom föremålens datering kan gå ner i yngre förromersk järnålder (jfr ovan). Bland de vapen som med större säkerhet kan föras till tiden närmast efter Kristi födelse hör ett antal lansspetsar av järn från olika platser vid sydkusten. Det rör sig om tre gravar från gravfältet Albäcksbacken i Maglarp socken, där två skelettgravar och en brandgrav vardera innehöll en lansspets. Ytterligare två skelettgravar med vapenfynd föreligger från platser i gravfältets grannskap, dels en grav med lansspets vid Strandvägen i Maglarps socken, dels en från V. Tommarp innehållande en spjutspets och kniv av järn (Stjernquist 1955, s. 44, 172; Nicklasson 1997, s. 246). Fyndbilden i sydvästra Skåne påminner här om den på Själland, som också karakteriseras av enstaka tveeggade svärd och benspetsar, främst från våtmarker (Liversage 1980, s. 78f).

Bebyggelse och hierarkiska miljöer (150–550 e. Kr.)

Yngre romersk järnålder och folkvandringstid representeras inom undersökningsområdet av omkring ett tjugotal undersökta boplatser. Bara ett fåtal av dessa ligger i områdets norra del, som under perioden karakteriseras av en markant nedgång i bebyggelsebilden (fig. 9). De bosättningar som har undersökts återfinns samtliga på Helsingborgsryggens sydsluttning norr om Råån, med ett indraget läge i förhållande till kusten. Inga kända och daterade bosättningar föreligger således från området mellan Rååns dalgång och Saxån vid Lundåkrabukten, motsvarande en sträcka på mellan femton och tjugo kilometer.

Vänder man istället blicken till undersökningsområdets södra del uppvisar bebyggelsebilden stora likheter jämfört med föregående period. Det är främst kontinuiteten i boplatsernas läge, längs med vattendragen och större färdleder, som känns igen. Samtidigt märks också smärre förändringar. Liksom i den norra delen, tenderar bosättningarna i söder att ha ett mer indraget läge i landskapet. Detta avtecknar sig inte bara genom att de kustnära boplatserna minskar, utan också genom en svag ökning av antalet bosättningar på den kalkrika lermoränen. En annan skillnad är att boplatserna generellt sett blir något färre jämfört med tidigare, om man ser till de arkeologiska periodernas längd. Som vi ska se längre fram finns det dock inga tecken på en tillbakagång i bebyggelsen i det södra området, utan förändringarna speglar snarare en omstrukturering av traditionella bebyggelsemönster och markutnyttjande.

Under yngre romersk järnålder och folkvandringstid ses en fortsatt ökning av antalet platser med olika bebyggelsehierarkiska variabler. Av 22 boplatser uppvisar

Samhällen och rikedomsmiljöer

y RJÅ-FVT: Hierarkiska nivåer
○ 0
□ 1
▣ 2
▣ 3
▣ 4

▲ Vadställen
⋯ Vägar
⚓ Landningsplatser

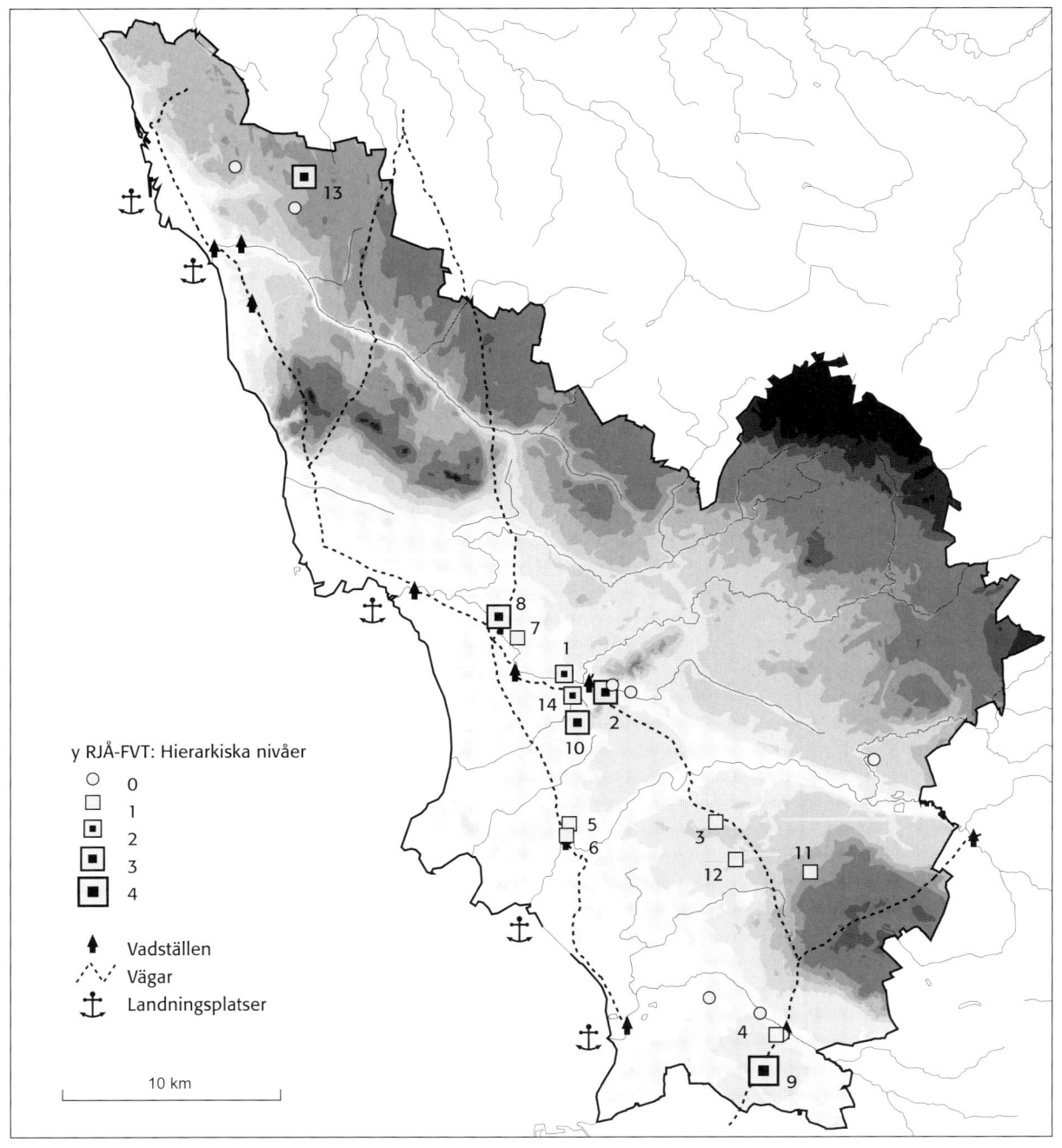

10 km

Figur 9. Västskåne med undersökta boplatser från yngre romersk järnålder och folkvandringstid. Jämför tabell 2 för numrering.

Western Skåne with excavated settlements from the Late Roman Iron Age and Migration Period. See table 2 for numbers.

inte mindre än 14 stycken, d.v.s. något mer än hälften, tecken på välstånd (tabell 2, fig. 9). Merparten av platserna svarar mot nivå 1, samtidigt som även övriga nivåer (2–4) nu finns representerade. Den sociala differentieringen manifesteras av olika kriterier, bland vilka en förtätad bebyggelse, komplex gårdsstruktur och närheten till väg/vadställe hör till de vanligaste typerna. Vidare märks en ökning av antalet hantverksfynd, sett i förhållande till föregående period, främst representerade av järnhantering och textilhantverk. Inslaget av smycken, ädelmetall och importer är däremot ovanliga, och förekommer bara på två boplatser. Den ena av dessa är Uppåkra, som nu för första gången klättrar upp på den översta nivån (15p), medan den andra platsen utgörs av Västra Karaby 3:1 (Jeppsson 1996). Denna boplats belägen i den inre Saxådalen, bildar tillsammans med bosättningarna vid Tågerup SU 8, Dösjebro SU 17/19 och Annelöv SU 14V, en tydlig bebyggelsehierarkisk förtätning (nivå 2 och 3) (Artursson 1999, Ericson 1999a, b; Grønnegaard 1999).

Nr	Beteckning	Förtätning	Komplex gårdsstruktur	Stor byggnadsareal	Spec. byggnadstrad.	Långhus > 30 m	Hägnad	Väg/vad	Ädelm./smycken	Import	Hantverk	Krigar-/ridutrustn.	Kult	Speciell konstr	Antal	Nivå
1	Annelöv, SU 14V	x		x	x	x									4	2
2	Dagstorp SU 19	x						x	x		x2				5	3
3	Böljenamosse p 10	x													1	1
4	Hunnerup 2:14, yta C							x							1	1
5	Löddeköpinge 90:1					x									1	1
6	Löddeköpinge 12:28						x								1	1
7	Kvärlöv SU 11	x													1	1
8	Tågerup SU 8	x				x		x			x2			x (stensatt väg)	6	3
9	Uppåkra	x	x					x	x	x2	x3	x3	x3		15	4
10	V Karaby 3:1 m.fl.	x	x					x	x2		x2	x			8	3
11	Stångby stationssamhälle	x													1	1
12	Stångby/Vallkärra, p9	x													1	1
13	Påarp 1:12			x	x2	x	x								5	3
14	V Karaby 2:21	x						x							2	1

Tabell 2. Bebyggelsehierarkisk indelning av boplatser i Västskåne från yngre romersk järnålder och folkvandringstid. Tabellen visar endast platser från nivå 1 och uppåt. *Settlement hierarchy groups in western Skåne from the Late Roman Iron Age and Migration Period. The table show only sites from level 1 and above.*

Välståndskriterierna för de senare platserna består av en kombination av bebyggelseförtätning, stora långhus, komplexa hägnadssystem samt stensatt vadställe. I det norra bebyggelseområdet är det bara en boplats som utmärker sig under perioden, representerad av den mycket stora gården vid Påarp (nivå 3).

En påtaglig förändring jämfört med tidigare perioder är att alltfler boplatser uppvisar en förtätad struktur, samtidigt som husen oftare uppförs på samma plats under flera faser. Detta tyder på ökad stabilitet i bebyggelsen och ett mer intensivt markutnyttjande. Det handlar förutom ovan nämnda platser om ytterligare fem boplatser av denna karaktär. Av dessa ligger Kvärlöv SU 11 och Västra Karaby 2:21 utmed Saxådalen, medan Böljenamosse, Stångby/Vallkärra p.11 samt Stångby stationssamhälle återfinns på den svagt kuperade och kalkrika moränlerslätten mellan Kävlingeån och Höjeå (Artursson 2000; Carlie 2002b; Ericson 1999a; Pettersson 2000; Runcis 2004). Bebyggelsen på dessa platser inleds redan under sen förromersk och/eller äldre romersk järnålder. Det är emellertid först med övergången till yngre romersk järnålder som antalet samtida gårdar ökar, varefter bebyggelsen kan följas genom flera faser, i något fall fram i vendeltid (Kvärlöv SU 11). Den ökade förtätningen i bebyggelsen har sannolikt sin grund i omstruktureringar inom jordbruket. En sådan förklaring har även stöd i pollendiagrammet från Knagemöged, som visar på en markant ökning av sädesodlingen i området, vilket enligt Mats Regnell troligen avspeglar en omorganisation av den odlade marken till ett system med inägor och utmark (Regnell manus).

Ingen av boplatserna med samlad bebyggelse har totalundersökts. Det är därför svårt att bedöma bebyggelsens totala utsträckning och antalet gårdar. Karakteristiskt för flera av platserna är att det handlar om rumsligt utdragna bosättningar, med gårdarna placerade på rad längs med ådalen. Flera av byarna har även haft ett kommunikativt fördelaktigt läge invid större vadställen. Antalet gårdar uppskattas till mellan fyra och sju samtida enheter. Detta är dock förmodligen en låg siffra, eftersom bara delar av bosättningarna har undersökts. Avståndet mellan gårdarna uppgår i några fall till mer än 100 meter, vilket innebär att samma boplats kan ha en utsträckning på flera hundra meter. Intressant i detta sammanhang är bosättningen vid Tågerup SU 8, där ett omfattande väg/hägnadssystem med grävda rännor kan knytas till bebyggelsen (jfr Carlie & Artursson i del II). Hägnadssystemet visar inte bara på en social och ekonomisk samverkan mellan gårdarna, utan vittnar även om ett lokalt ledarskap med kraft att iscensätta kollektiva arbetsföretag. Till systemet som ställvis har karaktär av fägata eller färdväg hör också ett stensatt vad, anlagt över ett fuktigt markparti i byns västra del. Konstruktionen, som är den första kända av sitt slag i Skåne, var cirka 12 meter lång och knappt tre meter bred, uppbyggd av en småstenspackning med större stenar längs kanterna. Rester efter äldre kantstenar i packningens södra del visar att vägen har anlagts i minst två faser (Artursson 1999, s. 12; se Artursson faktaruta i del IV). Vägar över sankmark byggdes i Skandinavien under äldre tider i regel av plankor, ris- eller flätverk. Först vid tiden omkring Kristi födelse uppträder de äldsta fynden av vägar med stenbroläggning. Vägar med stenläggning från romersk järnålder har bl.a. påträffats på Stevns på sydöstra Själland, där Broskovsvägen, på grund av sin regelbundna och välagda stenpackning anses ha byggts efter påverkan från romerskt område. Enligt Per Ole Skovsbo var de romerska vägarna, till skillnad från de germanska, byggda för vagnar med järnbeslag på fälgarna. De stenlagda vägarna i Skandinavien bör därför att varit försedda med en mjukare beläggning för att skydda trähjulen (Skovsbo 1987, s. 14f). Det stenbrolagda vadstället vid Tågerup bör i detta perspektiv närmast uppfattas som en social manifestation, troligen efter romersk förebild, avsedd att ge dess ägare och upphovsman ökad social status.

En bosättning av liknande karaktär som den vid Tågerup undersöktes vid Dösjebro SU 17/19 (Grønnegård 1999). Även på denna plats finns spår efter hägnader i form av grävda diken. Här bildar hägnaderna, som var starkt fragmenterade, inga storskaliga system,

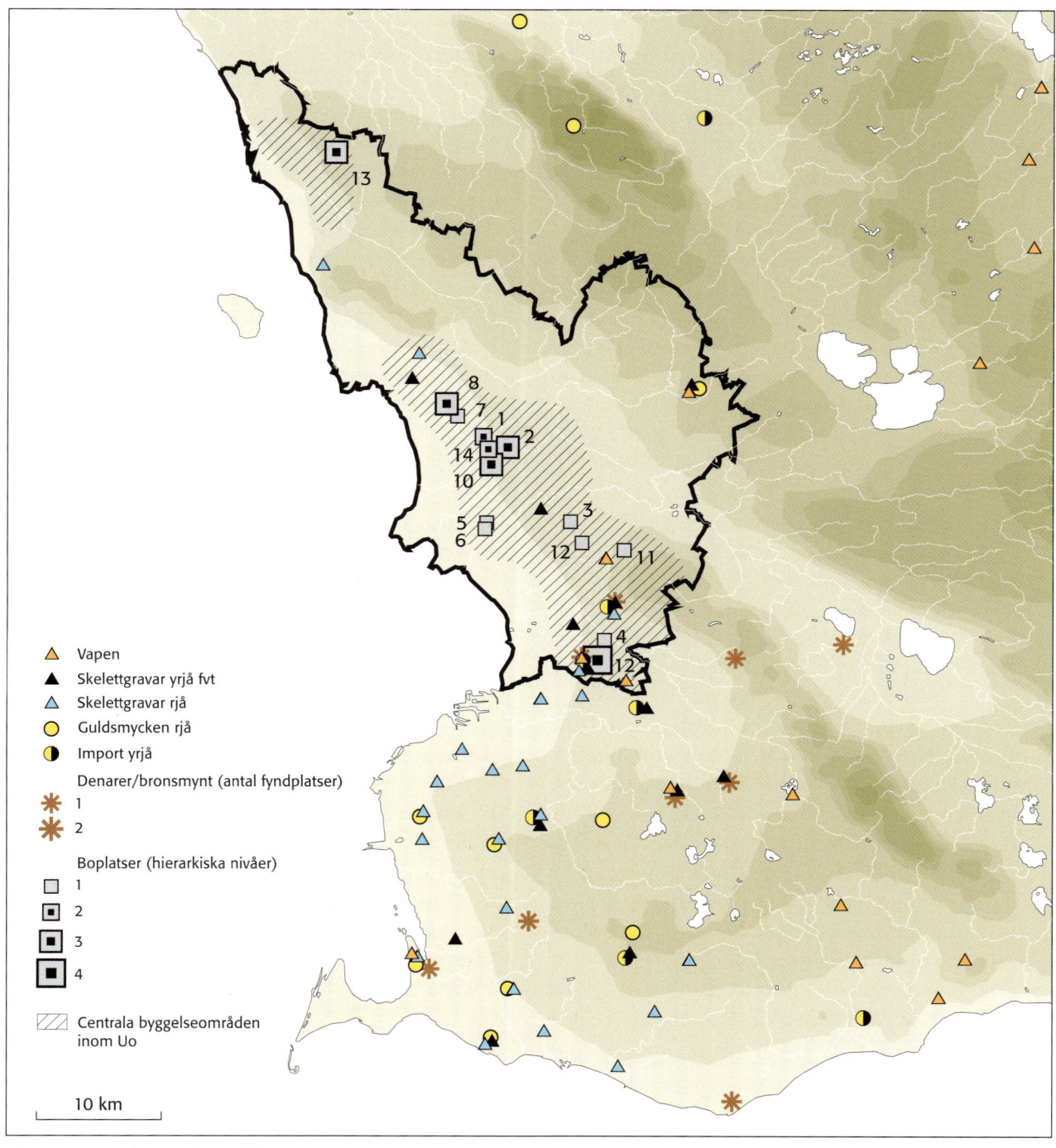

Figur 10. Centrala bebyggelseområden under yngre romersk järnålder och folkvandringstid med boplatser från nivå 1 och uppåt i den bebyggelsehierarkiska indelningen (nr se tabell 2). På kartan ses även spridningen av gravfynd och välståndsindikerande fynd från yngre romersk järnålder i Västskåne.

The main settlement areas during the Late Roman Iron Age and Migration Period with sites from level 1 and above in the settlement hierarchy groups (for numbers see table 2). The map also shows the distribution of contemporary burial finds and wealth-indicating finds in western Skåne.

Samhällen och rikedomsmiljöer

Import
Guldsmycken
Relieffibula
Korsformig fibula
Smycken
Guldfynd ringguld (antal fyndplatser)
1
2

Brakteat (antal fyndplatser)
1
2
3

Solidus

Boplatser (hierarkiska nivåer)
1
2
3
4

Centrala bebyggelseområden inom Uo

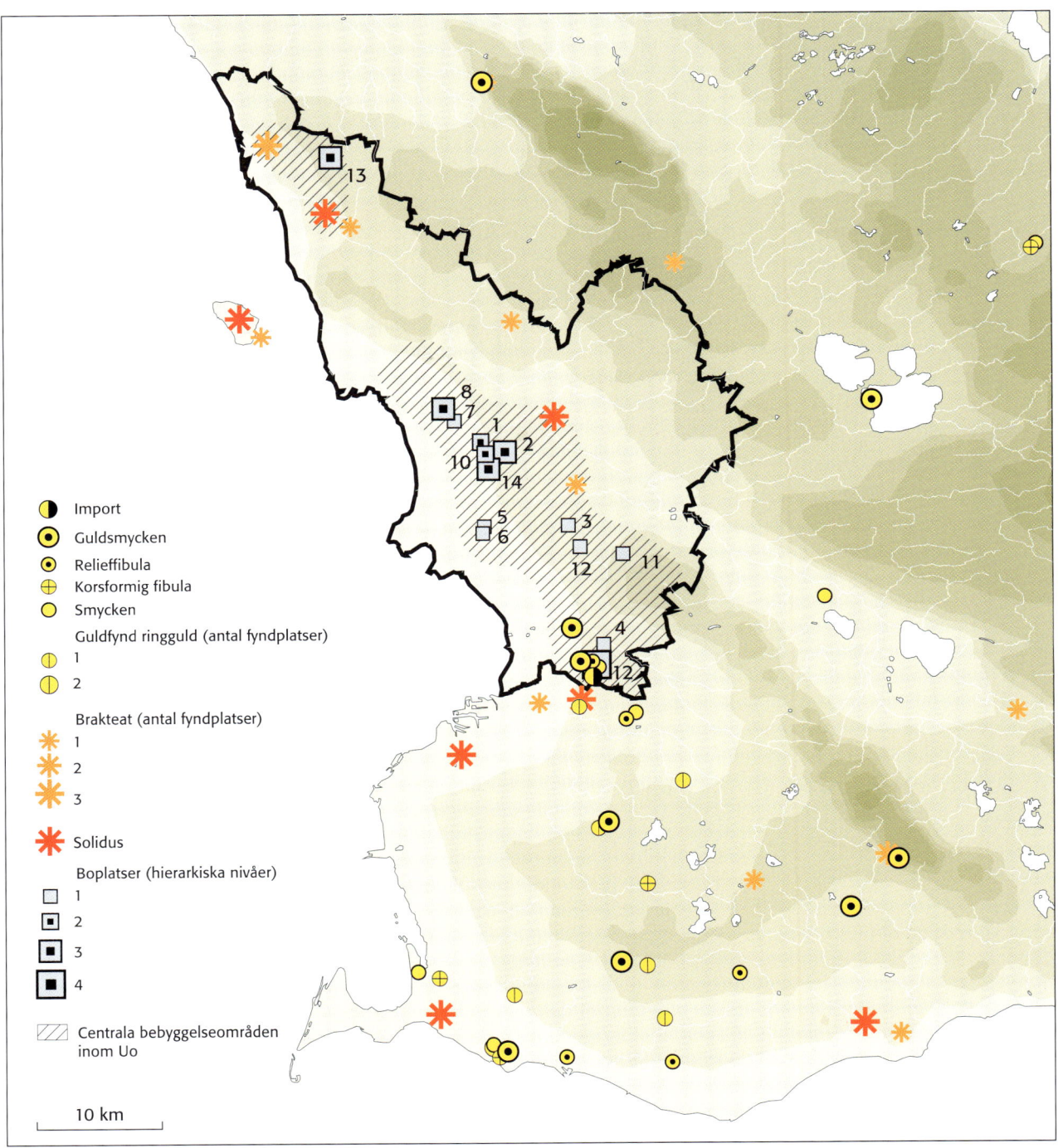

10 km

Figur 11. Centrala bebyggelseområden under yngre romersk järnålder och folkvandringstid med boplatser från nivå 1 och uppåt i den bebyggelsehierarkiska indelningen (nr se tabell 2). På kartan ses även den spridningen av välståndsindikerande fynd från folkvandringstid i Västskåne.

The main settlement areas during the Late Roman Iron Age and Migration Period with sites from level 1 and above in the settlement hierarchy groups (for numbers see table 2). The map also shows the distribution of contemporary wealth-indicating finds from the Migration Period in western Skåne.

utan tycks istället ha utgjorts av särhägnader till enskilda gårdar (se Carlie & Artursson i del II).

Trots de arkeologiska spårens vittnesbörd om social samverkan mellan gårdar och ett lokalt utvecklat ledarskap, uppvisar bebyggelsen få andra tecken på en social stratifiering, t.ex. i form av stora långhus eller en mer komplex gårdsstruktur. Bara ett enda mycket stort långhus har påträffats i området, vid Annelöv SU 14V. Detta är anmärkningsvärt sett mot bakgrund av det stora antalet boplatser som grävts i området samt att vi på andra samtida boplatser i Skåne och Halland, t.ex. Brogård, Påarp och Fjälkinge, vet att sådana byggnader och gårdar har existerat. Vad denna avsaknad beror på är svårt att säga. Som vi ska strax ska se lyser emellertid även andra traditionella spår av rikedom och socialt välstånd med sin frånvaro i området norr om Uppåkra, vilket skulle kunna tyda på en annan ideologisk värdegrund hos de lokala ledarna, jämfört med sydvästra Skåne.

Uppåkra: Boplatsen vid Uppåkra framstår under yngre romersk järnålder och folkvandringstid alltmer som en plats med centrala regionala funktioner. Även om bara begränsade delar av bebyggelsen undersökts arkeologiskt, har systematiska insatser med metallavsökning och riktade utgrävningar inom Uppåkraprojektet, frambringat ett rikt och nyanserat fyndmaterial från platsen. Platsens förändrade dignitet – både ekonomiskt, socialt/politiskt och religiöst – framtonar på olika sätt i materialet. Under yngre romersk järnålder ökar således inte bara de statusindikerande fynden från platsen, utan också spåren efter specialiserat hantverk, militär utrustning och religiösa aktiviteter (fig. 10 och 11).

Det rika materialet av dräktspännen från äldre järnålder i Uppåkra har nyligen behandlats av Bertil Helgesson och Berta Stjernquist (a.a. 2001, s. 139ff; Helgesson 2002, s. 48). I denna sammanställning identifieras ungefär tiotalet olika typer bland de 65 fibulor som då var kända från platsen. Av dessa utgörs knappt hälften av äldre typer från C1a och C1b/C2, främst representerade av fibulor med omslagen fot respektive hög nålhållare. Tyngdpunkten i fibulamaterialet ligger dock på de yngre typerna från C3 och övergången till D. De flesta spännen är av typen Haraldstedsfibula, medan fibulor av Nydamtyp respektive med kort nålhållare och profilerad båge, förekommer i betydligt färre exemplar. Bland de äldre fynden märks även ett tjugotal silverdenarer, präglade mellan åren 80–192 efter Kristus, vilket omfattar tiden från kejsar Titus till Commodus (Silvegren 1999, s. 96f).

Det folkvandringstida fibulamaterialet från Uppåkra är något större med cirka 85 spännen. Den dominerande typen utgörs av den korsformiga fibulan, som finns företrädd med inte mindre än 49 exemplar från platsen. Bland övriga typer märks två hela och två fragment av relieffspännen samt ett 30-tal småfibulor, som ännu inte har analyserats (Helgesson 2002, s. 48f). Under folkvandringstid ökar även inslaget av exklusiva föremål från Uppåkra, som vittnar om närvaron av en social elit med intresse för statusföremål och långväga kontakter. Till de högklassiga fynden hör flera exklusiva fibulor av förgyllt brons, däribland två S-formiga fibulor, en ryggknappsfibula och en fibula av kapseltyp, samtliga med inläggningar av granater. Proveniensen för dessa föremål ska enligt Birgitta Hårdh sannolikt sökas inom olika kontinentalgermanska och mediterrana områden, t.ex. Frankrike, södra Tyskland och norra Italien (Hårdh 2003, s. 43). Bland övriga fynd märks även ett relieffspänne av förgyllt brons med ornamentik i Nydamstil, ett fragment av ett förgyllt likarmat relieffspänne med inläggning i stil I (Magnus 2001, s. 175ff, 182), en svärdsknapp i Sjörupstil, två guldbrakteater (Axboe 2001, s. 169ff) samt ett mindre material av olika skärvor till glasbägare. De senare vittnar om kontakter med framför allt Rhenområdet och södra England (Stjernquist 1999, s. 89).

Under yngre romersk järnålder och folkvandringstid ökar även spåren efter hantverksutövning i Uppåkra. Det rör sig företrädesvis om ben- och hornavfall efter kam- och nåltillverkning, som tyder på en omfattande produktion vida större än den egna befolkningens behov (Lindell 2001, s. 157ff; Helgesson 2002, s.

51f). Till de specialiserade hantverken hör även bronsgjutningen, som förutom små stavar och tenar av brons, representeras av bronsklumpar, gjuttappar och en gjutform i täljsten för tackor. En stor del av detta avfall härrör troligen från framställning av dräktspännen (Helgesson 2002, s. 52).

De senare årens undersökningar inom Uppåkraprojektet har även avslöjat flera föremål med anknytning till den fornskandinaviska religionen. De flesta av dessa, däribland en liten Odenstatyett, en torshammare och en valkyria, tillhör sannolikt vikingatiden (Bergqvist 1999, s. 118ff). Det var därför inte särskilt förvånande när lämningarna efter en ceremoniell byggnad påträffades på platsen (Larsson m.fl. 2004, s. 6ff). Det rör sig om en 12–13 meter lång och 6,5 meter bred byggnad, med en centralt placerad härd. Fyra mycket kraftiga takbärare talar för att huset haft en högre takkonstruktion. Resultaten visar att kulthuset uppfördes under yngre romersk järnålder och kan därefter följas på samma plats under ett stort antal faser fram i vikingatid (a.a., s. 6f). Till de mer uppseendeväckande fynden hör en rituell nedläggelse, bestående av en blå och bärnstensfärgad glasskål från 500-talet och en praktfull bägare i brons och silver. Bägaren är försedd med flera band av guldbleck med ornamentik i stil I, som daterar denna till 400-talet (Hårdh 2004, s. 49ff; Stjernquist 2004, s. 103ff). De flesta sakrala fynden verkar dock tillhöra vendeltiden, däribland ett stort antal guldgubbar, varför vi har anledning att återkomma till husets funktion och betydelse längre fram i artikeln. I detta sammanhang räcker det med att konstatera att Uppåkraboplatsen, förmodligen redan under 300- och 400-talen, haft överordnade funktioner med koppling till den officiella kultens utövning.

Från Uppåkra föreligger även ett stort antal vapenfynd. Det handlar sammantaget om ungefär ett par hundra föremål, främst spjut- och lansspetsar, men även sköldhandtag, ringar och slungstenar (Helgesson 2002, s. 58). Vapenfynden, som i flera fall uppvisar spår efter rituell förstörelse, har framför allt hittats i området söder respektive norr om kulthuset. Särskilt fynden i det norra området, som ställvis låg samlade i hopar på samma sätt som nedläggelser i våtmarker, har utan tvekan deponerats avsiktligt. Rituella nedläggelser av vapen på boplatser är mycket ovanliga i södra Skandinavien under äldre och yngre järnålder, vilket förstärker fyndens speciella karaktär. Hur dessa ska uppfattas är inte oproblematiskt. Bertil Helgesson framför i sin avhandling två tänkbara scenarier. Enligt den ena tolkningen, som ansluter till den gängse bilden av krigsbytesofferfynd, skulle de offrade vapnen ha beslagtagits efter militära slag, och därmed ha tillhört den besegrade fienden. Den andra tolkningen bygger på antagandet att vapnen tagits ur den egna arsenalen, kanske som ett skydds- eller tackoffer till Oden – krigarnas främste beskyddare (a.a., s. 58). Oavsett vilken tolkning som är den rätta, visar vapenfynden om en förhöjd militär aktivitet i området. Detta vittnar i sig om en lokal krigarorganisation, troligtvis under ledning av den hövding eller småkung som vid denna tid hade sitt säte i Uppåkra. I detta sammanhang bör även nämnas ett offerfynd från Gullåkra mosse öster om Uppåkra, med fyra spjutspetsar av järn (Stjernquist 2001, s. 11f).

Gravar: Inga säkra gravfynd från yngre romersk järnålder och folkvandringstid är kända i undersökningsområdets norra del och kustnära områden (fig. 10). Däremot finns flera lösfunna kärl av finkeramik från området som kan komma från förstörda gravar, dock av okänd typ. Det handlar om tre kärl från Råga Hörstad i Asmundtorps socken, varav två bägare med handtag på skuldran samt ett kärl med indragen hals och rundad skuldra, samtliga dekorerade med horisontella och vinkelställda streck (Stjernquist 1955, s. 87, 93, plansch XXXV, XXXIX). Ytterligare ett lösfunnet kärl, som kan vara från en förstörd grav, har hittats i Häljarp, Tofta socken. Kärlet som är av svartglättat gods, har hög hals och utsvängd mynning försedd med streckornering (a.a., s. 91f, plansch XXXVIII). Ett kärl av liknande slag har påträffats i en brandgrav från Lackalänga nr 13, söder om Kävlingeån (a.a., s. 92; plansch XXXVIII). Från inlandet vid

Gullarp nr 5 i Trollenäs socken föreligger två skelettgravar från yngre romersk järnålder. Det handlar om en vapengrav med spjut och lansspets, daterad till C2, samt en träkammargrav med röse, där den gravlagde försett med en enkel guldfingerring (typ 5), en hankförsedd kanna samt en järnkniv. Även den senare graven bör enligt Stjernquist föras till yngre romersk järnålder utifrån keramiken (a.a., s. 81).

Nästan samtliga gravar har istället påträffats mellan Kävlingeån och Uppåkra inom det södra bebyggelseområdet. Även i detta område finns exempel på brandgravar, i t.ex. Uppåkra och Lackalänga (fig. 10). Den övervägande delen består dock av skelettgravar, som i regel ligger samlade i mindre grupper eller gravfält. Bortsett från Stävielokalen vid Kävlingeåns dalgång, återfinns samtliga gravplatser i omlandet kring Uppåkra, inom ett par kilometers radie kring boplatsen. Till denna grupp hör gravplatserna vid Trolleberg i Flackarps socken, Källby i Lunds församling samt Hjärup och Uppåkra i Uppåkra socken. Antalet gravar varierar på de olika platserna från fyra eller fem stycken i Stävie (Nagmér 1979), Hjärup (Runcis 1998) och Trolleberg (Nagmér 1990) till mellan nio och tretton stycken på gravfälten i Uppåkra (Vifot 1936, Nagmér 1988) och Källby (Strömberg 1955).

De flesta skelettgravarna karakteriseras av en relativt enkel gravutstyrsel, bestående av ett eller två dekorerade lerkärl av finkeramik, enstaka spännen och beslag av brons som tillhört dräkten, pärlor, en kam och en järnkniv. Bara få gravar utmärker sig genom ett rikare gravinventarium, framför allt i form av pärlor av glas och bärnsten. Flest pärlor finns i två kvinnogravar från Hjärup och Uppåkra med mer än trettio pärlor vardera (Runcis 1998; Vifot 1936). Gravar med föremål av ädelmetall eller glas, som vittnar om större välstånd eller social status, lyser däremot med sin frånvaro. Endast en grav från Källbyfältet innehåller ädelmetall, i form av två silverpärlor. Även vapen är ovanliga i de undersökta gravarna. De enda vapenfynden kommer således från Gullarpsgraven (se ovan) och Fredentorp i Vallkärra socken norr om Lund, där en lansspets av järn enligt uppgift ska ha påträffats i en hög (Strömberg 1961b, s. 63).

Metallfynd: Under loppet av yngre romersk järnålder och folkvandringstid skedde en successiv ökning i cirkulationen av guld, mycket tack vare den ökade produktionen av guldmynt (solidi) inom det romerska imperiet, som på olika sätt kom att spridas även till germanska områden. Elisa Fonnesbech-Sandberg (1991, s. 239) skiljer i sin studie av de danska guldfynden från folkvandringstid mellan två funktionella kategorier: statussymboler och råvaror/betalningsguld. Hon anser sig i grova drag kunna se en tudelning i föremålens rumsliga utbredning, såtillvida att prestigeföremål och maktsymboler förekommer i större antal/vikt i västra Danmark – d.v.s. på Jylland och Fyn. I östra Danmark däremot, representerade av Själland, de danska småöarna och Bornholm, är andelen statusföremål färre och här dominerar istället barrar och hela solidi som råguld, samt spiralringar och stänger som betalningsguld. Den största koncentrationen av guld i Danmark – både som statusföremål och råvara/betalningsguld – kan knytas till det regionala centrum som under folkvandringstid fanns i Gudmeområdet på sydöstra Fyn. På östra Själland, som vid denna tid kan antas ha varit närmare knutet till västra Skåne och Uppåkra, är fynden av högre statusföremål som t.ex. kolbenarmringar och halsringar däremot få. Här dominerar istället enklare former av värdighetstecken, främst brakteater tillsammans med betalningsguld i form av spiralringar och stänger (a.a., s. 39f).

De samtida guldfynden i västra Skåne visar på en mer sammansatt bild än den på östra Själland, med både olika typer av högstatusfynd i form av halsringar och armringar av guld, och lägre värdighetstecken av typen enkla guldfingerringar och guldbrakteater (fig. 10 och 11). Det är här intressant att flera av de mest exklusiva guldfynden påträffats i Uppåkras grannskap. Från Trolleberg i Flackarps socken, några kilometer nordväst om Uppåkra, härrör en praktfull halsring av guld med en vikt av cirka 1,2 kilo. Ringen är av s.k. Bragnumtyp (Ekholm 1918, s. 56ff), d.v.s. tillverkad av en kraftig rund guldten som ligger omlott, ornerad med små stämplar av halvmåneform. Ringen hittades 1921 söder om Höjeå på cirka en meters djup, vilket kan tyda på en offernedläggelse (Strömberg 1961b, s. 16). En närmast identisk halsring, dock med något lägre guldvikt (ca 0,9 kilo) har hittats vid Ryd i Skabersjö socken, cirka en mil söder om Uppåkra. Även denna ring hittades i början av förra seklet, enligt uppgift tillsammans med träkol och ett järnbeslag. De två halsringarna från Uppåkratrakten kan, tillsammans med en tredje ring från Kyhlsgården i Östra Hoby socken i sydöstra Skåne statusmässigt jämföras med de samtida fynden av guldhalskragar från Ålleberg och Möne i Västergötland samt Färjestaden på Öland, som forskningen velat knyta till den tidiga kungamakten (Arrhenius 1994, s. 184ff).

Bland övriga rikedomsfynd från området kring Uppåkra märks en silverdenar präglad för kejsar Marcus Aurelius 161–180 e. Kr. och en glasbägare med fasettslipning (typ E 237) (Lund Hansen 1987, s. 449). Som framgått ovan saknas statusföremål från yngre romersk järnålder och folkvandringstid i det närmaste helt i gravfynden norr om Uppåkra. Det rör sig i praktiken bara om två fynd: de två silverpärlorna från Källbygraven samt den enkla guldfingerringen från graven i Gullarp. Fyndbilden norr om Uppåkra domineras istället helt av två fyndtyper – guldbrakteater och guldmynt av solidustyp, som förekommer från sex respektive tre platser. Det har länge stått klart för forskningen att de nordiska guldbrakteaterna formgivits efter romersk förebild (Mackeprang 1952, s. 20). Medan guldmynten användes vid transaktioner mellan staten, militären och jordägare, så tycks guldmedaljonerna – av romarna även kallade stora mynt (*nummus maximus*) – istället ha använts vid speciella tillfällen, både som personliga gåvor från kejsaren till olika undersåtar i riket, men också för att markera politiska allianser (Andrén 1991, s. 245ff). Den äldre forskningen har av tradition varit fokuserad på frågor kring de ögleförsedda guldbleckens kronologi och ikonografi. Medan t.ex. Mogens Mackeprang i sitt arbete om de nordiska guldbrakteaterna (1952), såg de olika typerna (A-F) som uttryck för kronologiska skillnader, har Mats Malmer senare visat att typerna snarare återspeglar en regional variation, där man inom olika områden verkar ha föredragit bestämda typer (Malmer 1963, s. 178ff). Under senare år har även frågan om brakteaternas funktion och betydelse tagits upp till behandling. Således menar t.ex. Anders Andrén, utifrån en studie av brakteaternas förebilder, deras fyndsammanhang och inskrifter, att dessa ska uppfattas som en form av "politiskt medium", som efter antika förebilder framtagits av personer eller grupper i den översta eliten. Som exempel på olika konkreta funktioner, föreslår Andrén att brakteaterna kan ha använts som vänskapstecken, gåvor vid bröllop eller som märke för hirden (Andrén 1991, s. 254). En sådan tolkning motsäger inte den av Eliza Fonnesbech-Sandbergs framförda uppfattningen om guldbrakteaterna som en lägre eller enklare form av värdighetstecken, i jämförelse med halsringar och armringar (jfr ovan).

Från Skåne finns ungefär 35 fynd av guldbrakteater. Av dessa kan 25 stycken knytas till kända fyndplatser (Mackeprang 1952, katalog). Detta kan jämföras med de samtida fynden av guldmynt (solidi), som i Skåne endast förekommer från 16 fyndplatser. De skånska fynden av romerska guldmynt är samtliga präglade under 400-talet, företrädesvis under kejsarna Theodosius II (408–450 e. Kr.), Leo I (457–474 e. Kr.) och Zeno (474–491 e. Kr.) (Stjernquist 1983, s. 6ff). Fynden av brakteater och solidi i Västskåne norr om Uppåkra har påträffats både vid kusten och i inlandet. Bland de senare fynden märks två C-brakteater och en solidus från tre olika fyndplatser (St. Harrie, Tirups och Norrvidinge socknar) i östra delen av det södra bebyggelseområdet respektive på Söderåsens sydsluttning. Inga av dessa fynd kan knytas till samtida undersökta boplatser. Flera av de kustnära fynden har påträffats inom det norra bebyggelseområdet. Det handlar om sex olika platser, från trakten kring Helsingborg, samt en 1 C-brakteat och en solidus från Ven. Det mest intressanta fyndet kommer från Gantofta, Fjärestad socken, söder om Råån. Fyndet består av fem C-brakteater, en solidus med ögla (präglad för Theodosius II, 408–450 e. Kr), en spiralring och två guldstavar. Flera av fynden framkom i samband med en efterundersökning på platsen 1949, som bekräftar att föremålen tillhör en samlad nedläggelse (Kindström 1952, s. 316ff). Inte heller dessa guldfynd kan knytas till samtida boplatser. Guldfyndens homogena sammansättning norr om Uppåkra, med en betoning på hängsmycken och solidi samt en avsaknad av högre statusföremål (guldringar) och betalningsguld skiljer sig, som vi strax ska se, markant från situationen i sydvästra Skåne söder om Uppåkra.

Sydvästra Skåne: Till skillnad från områdena norr om Uppåkra märks i Sydvästskåne en intensifiering av skelettgravtraditionen under yngre romersk järnålder och folkvandringstid (fig. 10). Det rör sig om knappt femtontalet kända gravplatser, representerade av både gravfält och lokaler med enstaka gravar. Det största sammanhängande gravfältet med omkring 140 gravar har undersökts på den kustnära lokalen Hammarsnäs vid Höllviken (Hansen 1936; Pettersson 2002b, s. 629ff). Detta gravfält, som bl.a. innehåller många barngravar (40 st.) är dock ovanligt stort, och de flesta andra gravfält i regionen har betydligt färre gravar, vanligen mellan fem och tio stycken. På några gravplatser märks även en kontinuitet i begravningarna från föregående period. Så är t.ex. fallet både vid Albäcksbacken på den skånska sydkusten, Vellinge nr 17, Vellinge socken och Kristineberg i Oxie socken, medan de äldsta gravarna vid t.ex. Önsvala tillhör yngre romersk järnålder/folkvandringstid (Stjernquist 1955; Larsson 1982). Vad gäller gravfältet i Hammarsnäs menar Berta Stjernquist att det obetydliga inslaget av brandgravar på platsen tyder på att begravningar först inleddes under andra århundradet efter Kristus. Avsaknaden av gravgåvor i många av gravarna bidrar här till en osäkerhet kring gravfältets äldsta datering (Stjernquist 1955, s. 45f).

Liksom under föregående period innehåller de flesta skelettgravar ett relativt enkelt gravgods, bestående av ett eller två lerkärl av finkeramik, en järnkniv, en kam samt ibland personliga tillbehör i form av dräktspännen och remändebeslag. Sett i förhållande till föregående period märks dock en ökning av antalet högstatusgravar i området, med ädelmetall, pärlor och importer. Bland dessa utmärker sig särskilt ett flertal kvinnogravar, genom sitt rika gravinventarium med stora pärluppsättningar av glas och bärnsten, dräktspännen av brons och silver, samt i vissa fall även guldsmycken och importerat glas. Det rör sig sammantaget om sju gravar, varav tre i Uppåkraboplatsens omedelbara grannskap, från Djurslöv och Kabbarp i Tottarps socken respektive Önsvala i Nevishög socken (grav 14). Bland övriga rika kvinnogravar, härrör två från Kristineberg i Oxie socken (grav 152A och 152B), en från prästgården i Västra Alstad samt en från Hammarsnäs i St. Hammars socken (grav 95) (se tabell 3) (Stjernquist 1955, s. 172; Rudebeck & Ödman 2000, s. 180ff).

Under loppet av folkvandringstid sjunker antalet rika kvinnogravar i området. Den enda graven med tydlig högstatuskaraktär finner man på gravfältet vid Önsvala (grav 18), där en ung kvinna bl.a. fått en relieffibula av förgylld brons i stil II och två bronsfibulor av Husbytyp som gravgods (Larsson 1982, s. 141ff). Denna grav kan på basis av fibulafynden placeras i den senare delen av folkvandringstid vid övergången till vendeltid. Både det stora relieffspännet och de båda mindre spännena, är som Lars Larsson påpekar, av typer som hör hemma antingen i norra Sverige eller i Norge (jfr ett liknande relieffspänne från Gjemmestad vid Gloppefjorden), medan husbyspännena har sin proveniens i Mellansverige och södra Norrlandskusten. Detta bör tyda på kvinnan eller hennes närmaste var hemmahörande i något av dessa områden (Larsson 1982, s. 158ff; Magnus 2001, s. 180f).

Från sydvästra Skåne finns även flera guldsmycken av högstatuskaraktär (fig. 10 och 11). Bland dessa märks en kolbenarmring från Käglinge i Glostorp socken och en ormhuvudring från Naffentorp i Bunkeflo socken, funna cirka 1,5 mil sydväst om Uppåkra. Ytterligare ett högklassigt guldfynd utgörs av den tidigare nämnda halsringen av Bragnumtyp från Ryd i Skabersjö socken, cirka en mil söder om Uppåkra. Från samma trakt i Tjustorp kommer även en spiralfingerring av guld (typ 40). Fynd av guldsmycken, funna på ett större avstånd från Uppåkra, är i regel av enklare karaktär. Det handlar om en rörpärla av guld med filigran från Östra Vemmenhög. Bland övriga fynd märks enstaka fingerringar, varav två av spiraltyp (typ 30) från Maglarp och Bodarp samt en enkel ring (typ 2) från den rika kvinnograven med importfynd i Västra Alstad. Samtliga av dessa ringar tillhör förmodligen yngre romersk järnålder, med undantag för

Socken	Beteckning	Grav	Gravgåvor	Datering
Oxie	Kristineberg	152A	3 bronsfibulor, varav en av Nydamtyp, 1 av Haraldstedtyp, 138 pärlor av glas, bärnsten och horn	C3 300-tal
Oxie	Kristineberg	152B	2 bronsfibulor av Niemberger/ Haraldstedstyp, 1 fibula med omslagen fot, 1 silverbleckfibula, 256 pärlor av glas och bärnsten, 1 skärva från glasbägare	C3 300-tal
Nevishög	Önsvala	14	1 bronsfibula av Niembergertyp, 157 pärlor av glas och bärnsten, 2 bronsringar och 2 guldfolierade pärlor	C3 300-tal
Nevishög	Önsvala	18	1 relieffibula, 2 bronsfibulor av Husbytyp, 1 ringspänne av brons, 17 pärlor, små ringar av brons, silver och guld	D 500-talet
St. Hammar	Hammarsnäs	95	2 bronsfibulor, 1 silverfibula och ett halsband med 17 pärlor, varav sex guldfolierade, 1 kapselformat hängsmycke av guld – s.k. bulla	C1b 210-250 e. Kr.
Tottarp	Djurslöv	1	2 bronsfibulor, 1 silverfibula av rosettyp, 8 silverpärlor och 49 bärnstenspärlor	C1a 150-210 e. Kr.
Tottarp	Kabbarp	1	1 silverfolierad fibula med glasinfattning, 85 pärlor av glas och bärnsten vara 30 klubbformade	C3 300- tal
V. Alstad	Prästgården		1 guldfingerring typ 30 var, 1 glaskärl typ E204, bronsbeslag till träspann	C1 150-250 e. Kr.

Tabell 3. Rika kvinnogravar i sydvästra Skåne från yngre romersk järnålder och folkvandringstid. *Wealthy female burials in south-western Skåne from the Late Roman Iron Age and Migration Period.*

halsringen från Ryd som dateras till folkvandringstid (Lund Hansen 1987).

Till de enklare statusföremålen hör även olika hängsmycken av guld och silver i form av brakteater, ögleförsedda solidi, pärlor samt dräktspännen (fig. 11). Innan vi går in på brakteatfynden, ska fynden av exklusiva dräktspännen kort kommenteras. De två vanligaste typerna av fibulor under folkvandringstid utgörs av korsformiga spännen och relieffspännen. Särskilt de senare är ofta mycket rikt utsmyckade med spår av förgyllning, ornament i djurornamentik och inläggningar av glas eller almandiner. Från sydvästra Skåne föreligger, förutom relieffspännena från Uppåkra respektive Önsvala, ytterligare tre fynd från Trelleborg, Simlinge och Grönby nära den skånska sydkusten. Av dessa är särskilt de två spännena från Grönby ovanligt praktfulla, framställda av förgyllt silver och i det ena fallet med inläggningar av almandiner. Både Uppåkraspännet och övriga relieffspännen har, med undantag för Önsvalafyndet, sina närmaste paralleller på andra sidan Öresund (Magnus 2001, s. 180).

Ser vi istället till fynden av brakteater och solidi, är dessa något färre i Sydvästskåne jämfört med områdena norr om Uppåkra. Flera av dessa har påträffats inom en mils radie från Uppåkraboplatsen. Bland fynden märks två C-brakteater från Åkarp, Burlövs socken, samt två fynd av ögleförsedda solidi från Djurslöv i Tottarp respektive Rörsjön i Malmö, båda präglade för kejsar Theodosius II (408–450 e. Kr.). Till gruppen av ögleförsedda hängen hör även tre samlade fynd med C-brakteater. Två av dessa, bestående av fyra respektive fem C-brakteater, kommer från Klosterjorden i Börringe och Kläggeröd i Slimminge, som ligger på en sydvästlig utlöpare till Rommeleåsen (Mackeprang 1952, nr 238, 250; Axboe 1982, s. 71). I depån från Kläggeröd ingår även ett litet, knappt två centimeter stort genombrutet hängsmycke. Från ungefär samma område härrör även ett liknande smycke från Hylteberga i Skurup. Det senare fyndet, försett med en genombruten hästliknande figur, är dock av betydligt högre hantverkskvalitet (Strömberg 1961b, s. 65f). Den tredje depån, bestående av tre C-brakteater, kommer från Dybäck i Östra Vemmenhög, vid den skånska sydkusten. Från Vemmenhög härrör även en av de två solidi, som påträffats vid kusten, präglad för Leo I (457–474 e. Kr.). Det andra guldmyntet kommer från Kämpinge i Rängs socken och är från Kejsar Zenos tid (474–491 e. Kr.) (Stjernquist 1983). Liksom sina bornholmska gelikar, saknar dessa mynt ögla och bör därför snarare betraktas som råvarufynd.

Förutom romerska guldmynt har även barrar, spiralringar och tenar av guld använts som råvara för smycketillverkning eller som betalningsguld (fig. 11). Den senare termen, som bl.a. används av Eliza Fonnesbech-Sandberg (1991) i hennes analyser av de folkvandringstida guldfynden i Danmark, bygger på antagandet om att handelsrelationerna vid denna tid baserades på en betalningsekonomi med grund i värdemetallers vikt. Fynd av barrar, guldtenar och mynt som klippts sönder, ses som stöd för hypotesen (a.a., s. 241). Till skillnad från områdena norr om Uppåkra föreligger ett flertal kända fynd av betalningsguld från sydvästra Skåne. Merparten av dessa, som huvudsakligen återfinns i inlandet i ett stråk mellan Uppåkra och sydkusten, innehåller små guldmängder representerade av spiralringar med vikt under 40 gram. Det enda samlade fyndet med en större andel guld härrör från Maglarp vid den skånska sydkusten. Fyndet omfattar tre guldstavar, två ringar och en bit guld, med en samlad vikt på cirka 330 gram (Strömberg 1961b, s. 59).

Bland ädelmetallfynden märks även denarer och bronsmynt (fig. 10). Det handlar om sex fyndplatser, av vilka tre återfinns i omlandet kring Uppåkra (Dalby, Lyngby och Hyby), medan övriga påträffats längre söderut. De flesta romartida myntfynd från sydvästra Skåne består med något undantag av enstaka denarer, däribland en denar präglad för Antonius Pius 138–161 e.Kr. från en barngrav på gravfältet vid Hammarsnäs (Hansen 1936, s. 56). Två av tre myntfynd från Uppåkras omland utgörs av samlande fynd. Det största och äldsta av dessa kommer från Lyngby, cirka en mil sydväst om Uppåkra. Fyndet består av 24 bronsmynt, där det äldsta är präglat för kejsar Claudius (41–54 e. Kr.) och det yngsta för Antonius Pius. Det andra samlade fyndet, bestående av en denar och 12 bronsmynt, kommer från Dalby, cirka en mil rakt väster om Uppåkra. Denaren är präglad för Julia Domna, maka till kejsar Septimus Severus (193–211 e. Kr.), medan det yngsta myntet tillhör kejsar Constansius regeringstid (337–361 e. Kr.). Depån kan således knappast ha hamnat i marken förrän efter år 360.

Under yngre romersk järnålder och folkvandringstid ökar även fynden av importerat glas i sydvästra Skåne som vittnar om långväga kontakter (fig. 10). Antalet kända fynd är vid jämförelse med materialet från östra Själland dock blygsamt. Det handlar i ett par fall om enstaka skärvor från glasbägare som nedlagts i kvinnogravar som ersättning för hela kärl. Exempel på denna sedvänja finns från Önsvala (grav 1, dat. C3-D1) och Kristineberg (grav 152B, dat. C2–C3), båda gravplatser belägna i Uppåkras grannskap. Bland övriga fynd av importerat glas, märks en bägare med fot (typ E204; dat C1–C2) från graven i V. Alstad, även denna innehållande en kvinna, samt en hög glasbägare (typ E233; dat. C3–D1) från en skelettgrav vid Tofthög i Ö. Vemmenhög nära sydkusten (Lund Hansen 1987).

Den sista kategorin av statusrelaterade föremål som ska kommenteras här är vapenfynden (fig. 10). Som vi sett i det föregående har ett mycket stort antal vapen från yngre romersk järnålder och folkvandringstid framkommit på Uppåkraboplatsen under senare år (jfr ovan). Denna anhopning av vapen, främst i form av spjut- och lansspetsar men även andra vapendetaljer, står i kontrast till fyndbilden inom den kringliggande bygden, som bortsett från de fyra spjutspetsarna från Gullåkra mosse, nästan helt saknar fynd. Bara ett vapenfynd är känt från området söder om Uppåkra. Det handlar om ett litet lösfunnet stämpelprytt beslag till krigarutrustning från Hyby. Bland övriga vapenfynd märks ett tveeggat järnsvärd från Hönsinge i Grönby socken, funnen i en icke sakkunnigt undersökt skelettgrav. Svärdet dateras av Nicklasson till yngre romersk järnålder (Nicklasson 1997, s. 246). Till samma period hör förmodligen även en fragmentarisk spjutspets från gravfältet på Hammarsnäs. Spjutspetsen i fråga är lösfunnen, men härrör troligen från en förstörd skelettgrav (Hansen 1936, s. 66f).

De flesta vapenfynden i sydvästra Skåne hittar man inom ett begränsat område väster och söder om Romeleåsen och ner mot kusten. Det rör sig om fem sins emellan ganska olika fynd. Två av dessa tillhör yngre romersk järnålder; ett lösfunnet tveeggat svärd från Sjörups socken och en skelettgrav med lansspets och sköld från C1b, från trakten kring V. Nöbbelöv (se Helgesson 2002, s. 80). Från samma område ett stycke innanför kusten, med bara någon mils mellanrum, kommer tre folkvandringstida offerfynd. Det nordligaste av fynden, bestående av ett bronsbeslag med silverbeläggning till en svärdsskida kommer från Häckeberga mosse i Genarps socken (Strömberg 1961b, s. 16). Mest exklusivt är dock en svärdsknapp i guld, funnen i en mosse vid Skurup. Knappen är rikt dekorerad med filigran och granulering i stil I, som daterar denna till sen folkvandringstid (Strömberg 1961b, s. 66; Helgesson 2002, s. 99). Flera forskare har pekat på svärdsknappens stilistiska likheter med det genombrutna hängsmycket från Hylteberga i samma socken, och det har rent av föreslagits att föremålen skulle ha framställts av samma guldsmed (Barfod Carlsen 1998, s. 136f). Några kilometer längre söderut i Hassle Bösarps mosse, hittar vi den tredje offerplatsen. En mindre undersökning utfördes 1962, och det är främst på basis av denna grävning som vår kunskap om platsen bygger (Stjernquist 1974, s. 19ff). Vid Stjernquists undersökningar framkom enstaka vapen och beslag till ridutstyrsel, men även lerkärl och ben från människa och olika husdjur. Bland vapenfynden märks två lansspetsar av järn, spetsen av ett svärd, en kniv, en sölja, ett remändebeslag, ett sadelbeslag samt flera små fyrsidiga kopparbeslag med förgyllt silverbleck. Enligt Stjernquist härrör fynden från minst två offernedläggelser under sen yngre romersk järnålder och folkvandringstid, och anknyter genom sin sammansättning väl till andra kända krigsbytesofferfynd i Sydskandinavien (a.a., s. 44).

Bebyggelse och hierarkiska miljöer (550–800 e. Kr.)

Bilden som tonat fram från föregående perioder, med ett större bebyggelseområde i undersökningsområdets södra del och ett mindre område i norr, kvarstår även under yngre järnålder. Kontinuiteten märks främst i boplatsernas placering på den inre sandslätten, längs vattendragen och större färdleder. Den största skillnaden jämfört med tidigare är att antalet undersökta boplatser nu ökar, både i kustnära områden och på kalkmoränslätten. Det handlar sammantaget om 34 platser, varav sex stycken har en allmän datering till yngre järnålder. De flesta bosättningar återfinns inom det södra området, där en ökning av antalet platser gör sig gällande mellan Uppåkra och upp till Löddeköpinge/Borgeby vid Kävlingeåns dalgång. Även inom det norra bebyggelseområdet, ses under vendeltid och äldre vikingatid något fler undersökta boplatser (fig. 12).

Sett ur ett lokalt perspektiv framstår övergången mellan folkvandringstid och vendeltid dock som en brytningstid, då gamla bebyggelselägen överges och gårdarna flyttas till nya platser i grannskapet. En sådan relokalisering förefaller ha skett på flera platser både längs Saxådalen (Tågerup SU 8, Kvärlöv SU 11, Dösjebro SU 17/19, Västra Karaby 2:21) och i området söder om om Kävlingeåns dalgång (Löddeköpinge 12:28, Lackalänga p. 10, Stångby stationssamhälle samt Stångby/Vallkärra p. 11) (Artursson 1999, Carlie 2002b; Ericson 1999a; Grønnegaard 1999; Pettersson 2000; Söderberg 2000a; Runcis 2004). Samtidigt finns även flera exempel på boplatser med en förtätad bebyggelsestruktur som etableras under samma period (Löddeköpinge 90:1, Bjärred 9:5, Karstorp och Fjelie raä 13) (Söderberg 2000a; Pettersson & Brorsson 2002). Uppåkra avviker från denna bild genom att platsen uppvisar en bebyggelsekontinuitet från yngre förromersk järnålder och fram i sen vikingatid.

Bebyggelsens sociala differentiering i Västskåne karakteriseras under vendeltid och äldre vikingatid av den hittills högsta graden av hierarkisering. Av 34 boplatser uppvisar inte mindre än 23 stycken olika välståndsrelaterade variabler (tabell 4, fig. 12). Ungefär en tredjedel av dessa platser finns på nivå 1, men även nivå 2 och 3 är väl företrädda, med sex respektive fem platser. Den fjärde och högsta nivån representeras liksom under föregående period av Uppåkraboplatsen (14p). De två mest frekventa kriterierna utgörs av bebyggelseförtätning och närhet till större kommunikationsleder och vadställen. Medan byarna under yngre romersk järnålder och folkvandringstid ofta hade en utdragen placering, t.ex. längs med ett vattendrag,

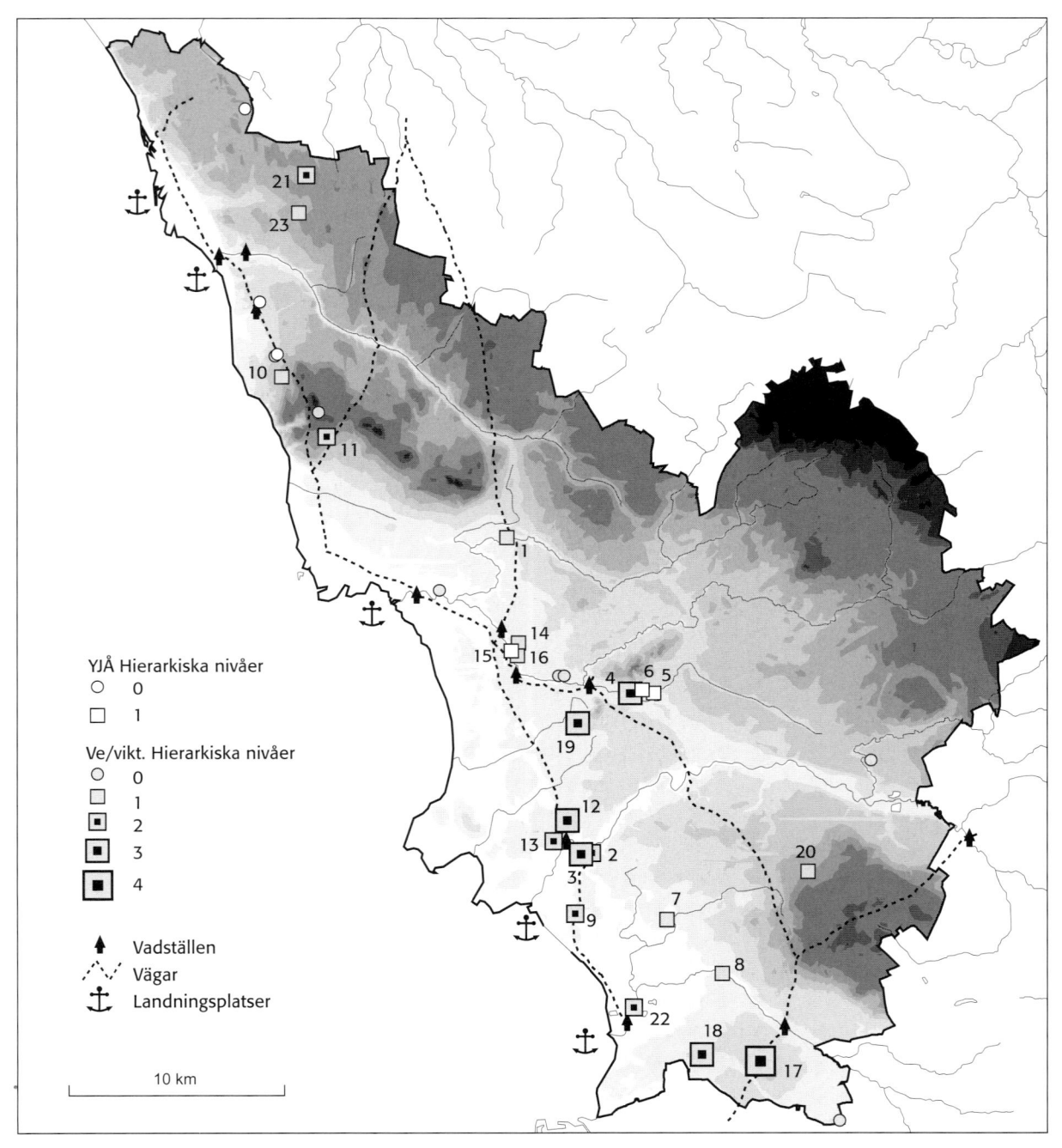

Figur 12. Västskåne med undersökta boplatser från vendeltid och äldre vikingatid. Jämför tabell 4 för numrering.

Excavated settlements from the Vendel Period and Early Viking Age in western Skåne. See table 4 for numbers.

Nr	Beteckning	Förtätning	Komplex gårdsstruktur	Stor byggnadsareal	Spec. byggnadstrad.	Långhus > 30 m	Hägnad	Väg/vad	Ädelm./smycken	Import	Hantverk	Krigar-/ridutrustn.	Kult	Speciell konstr	Antal	Nivå
1	N. Möinge, p48							x			x				2	1
2	Borgeby, omr 36	x						x			x				3	2
3	Bjärred-Österleden	x	x				x	x	x	x3					8	3
4	Dagstorp SU 21	x	x						x	x	x3		x		8	3
5	Särslöv SU 22V										x				1	1
6	Särslöv 8:6, Au	x													1	1
7	Fjelie 19:3 m.fl., p21x								x						2	1
8	Trolleberg 1:1A										x				1	1
9	Bjärred 9:5 m.fl.	x					x	x			x				4	2
10	N Glumslöv Nybo							x			x				2	1
11	Hilleshög VKB 3:7			x	x	x								x	4	2
12	Löddeköpinge 90:1 x	x				x	x	x	x2	x3					10	3
13	Vikhögsvägen	x									x2			x (vall-anläggn)	4	2
14	Kvärlöv SU 11								x		x				2	1
15	Saxtorp 6:12										x2				2	1
16	Saxtorp 12:8										x				1	1
17	Uppåkra	x	x					x	x	x2	x3	x2	x3		14	4
18	Hjärup 21:36			x2		x							x2		5	3
19	Västra Karaby 3:1 m.fl.	x						x	x	x	x2	x			7	3
20	Stångby stationssamhälle	x													1	1
21	Påarp 1:12			x	x	x									3	2
22	Karstorp	x							x	x	x				4	2
23	Bårslöv, omr 1										x				1	1

Tabell 4. Bebyggelsehierarkisk indelning av boplatser i Västskåne från vendeltid och tidig vikingatid. Tabellen visar endast platser från nivå 1 och uppåt.

Settlement hierarchy groups in western Skåne from the Vendel Period and Early Viking Age. The table show only sites from level 1 and above.

Samhällen och rikedomsmiljöer

- ◐ Import
- △ Vapen
- ⬠ Guldgubbe

Gravar (antal platser)
- ▲ 1
- ▲ 2

Smycken (antal fynd)
- ● 1
- ● 2
- ● 3
- ● 4
- ● 5 eller fler

Boplatser (hierarkiska nivåer)
- ◻ 1
- ◻ 2
- ◻ 3
- ◻ 4

▨ Centrala bebyggelseområden inom Uo

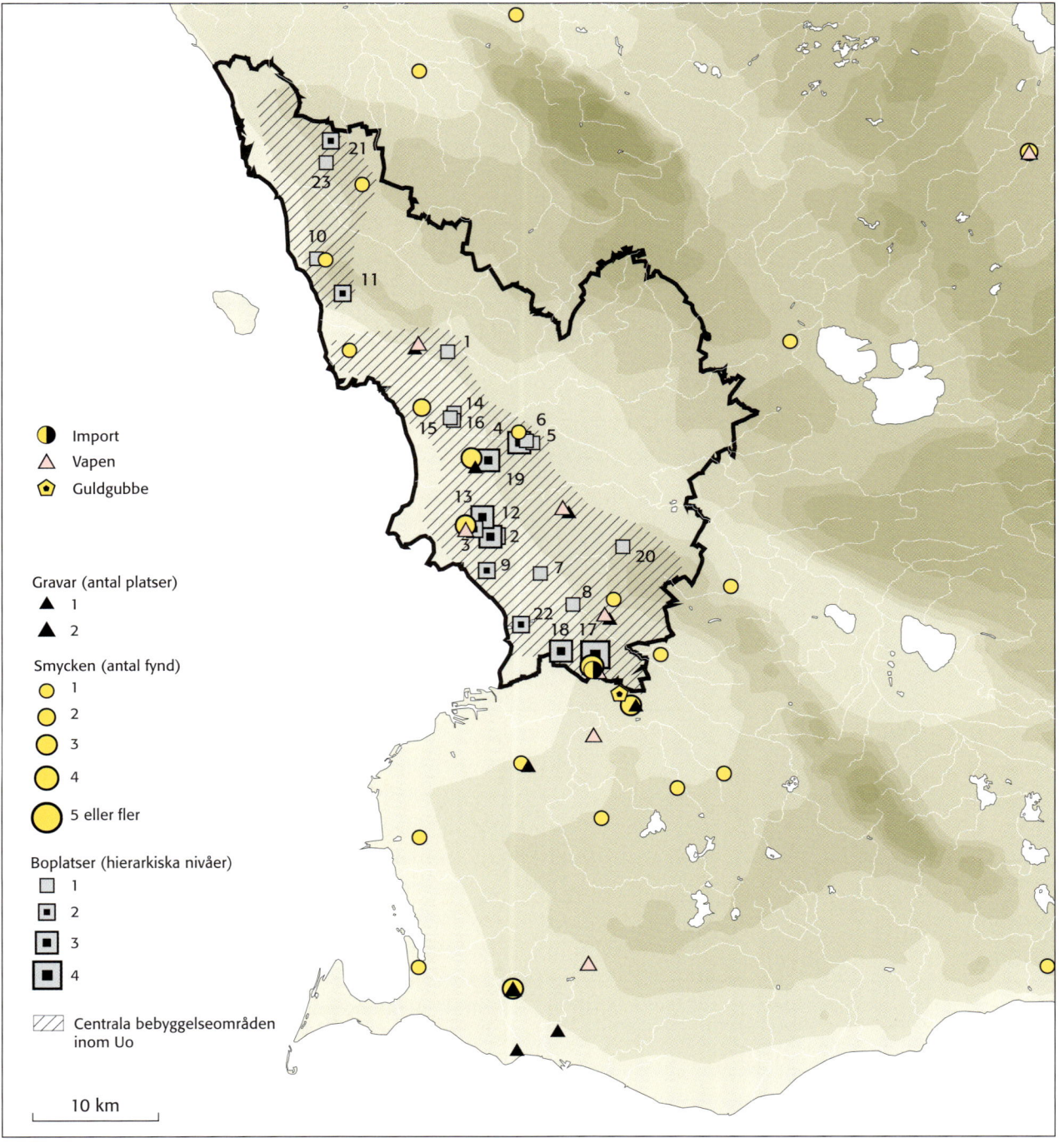

10 km

Figur 13. Centrala bebyggelseområden under vendeltid med boplatser från nivå 1 och uppåt i den bebyggelsehierarkiska indelningen (nr se tabell 4). På kartan ses även spridningen av samtida gravfynd och smyckefynd i Västskåne.

The main settlement areas during the Vendel Period with sites from level 1 and above in the settlement hierarchy groups (for numbers see table 4). The map also shows the distribution of contemporary burial finds and wealth-indicating finds in western Skåne.

Samhällen och rikedomsmiljöer

451

○ Näbbfibula
◉ Ryggknappspänne
⊕ Fågelfibula

Boplatser (hierarkiska nivåer)
☐ 1
⊡ 2
▣ 3
■ 4

▨ Centrala bebyggelseområden inom Uo

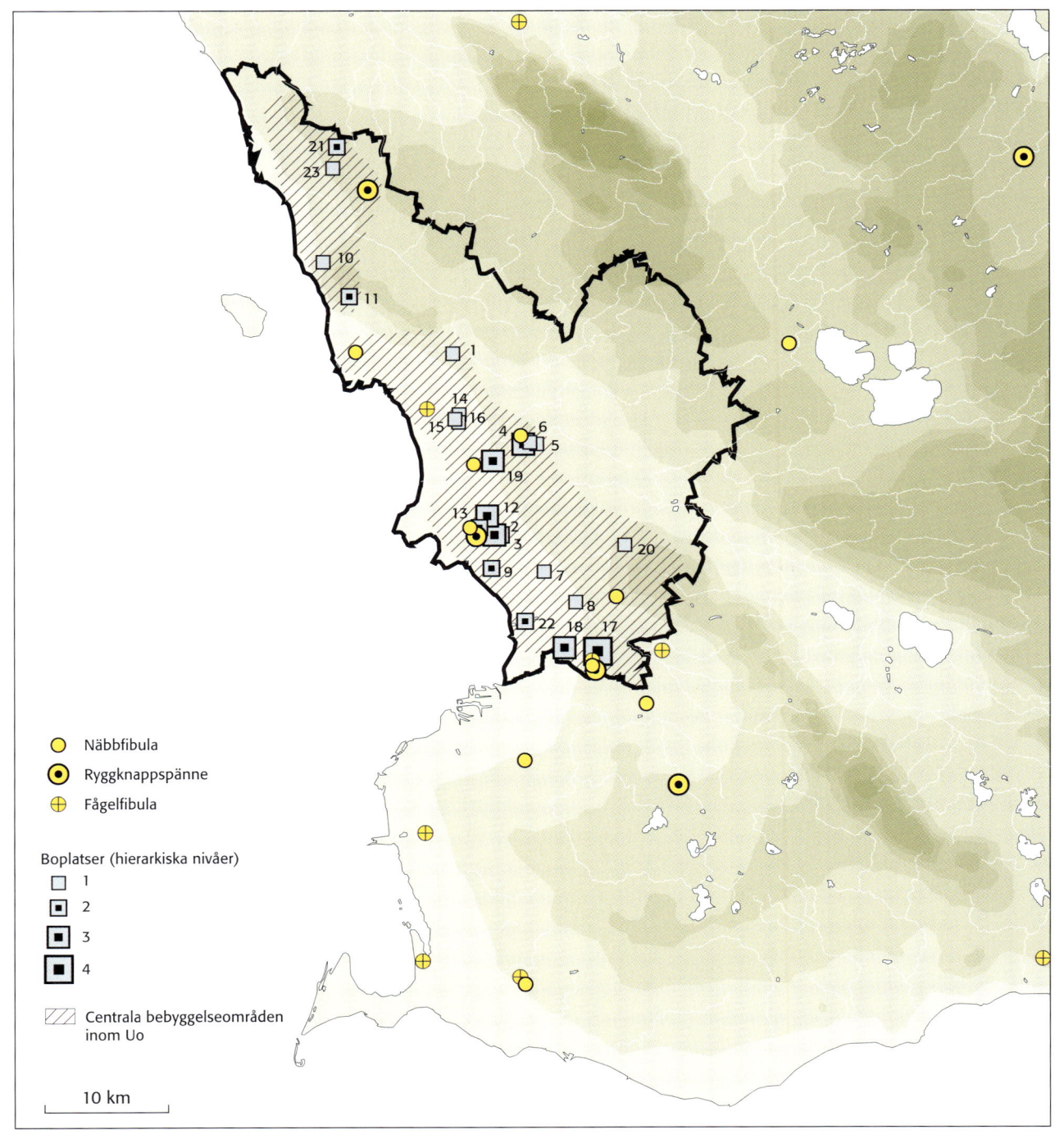

10 km

Figur 14. Centrala bebyggelseområden under vendeltid med boplatser från nivå 1 och upp och uppåt i den bebyggelsehierarkiska indelningen (nr se tabell 4). På kartan ses även spridningen av samtida gravfynd, ryggknappsfibulor och fågel-/fiskfibulor i Västskåne.

The main settlement areas during the Vendel Period with sites from level 1 and above in the settlement hierarchy groups (for numbers see table 4). The map also shows the distribution of contemporary burial finds, disc-on-bow fibulas and bird-/fish-shaped brooches in western Skåne.

karakteriseras byarna under vendeltid och äldre vikingatid av en större mångfald, med en såväl öppen (t.ex. Dagstorp SU 21) som mer sammanhållen bebyggelse med tättliggande gårdar (t.ex. Västra Karaby 3:1, Bjärred 9:5, Löddeköpinge 90:1 samt förmodligen Uppåkra). Ingen av dessa platser har totalundersökts, och det går därför inte att säga hur många gårdar som funnits samtidigt på varje plats. I Dagstorp kan antalet gårdar uppskattats till minst sju stycken (Becker 1999; jfr Carlie & Artursson i del II).

I Bjärred och Löddeköpinge har mellan två och sex respektive tre gårdslägen från sen vendel- och äldre vikingatid berörts av undersökningar. Även på dessa platser har det dock funnit fler gårdar. I Bjärred t.ex. kan boplatsen som mest ha omfattat mellan 8 och 10 gårdar, på grund av begränsningar i den omgivande terrängen (Pettersson & Brorsson 2002, s. 64f). Bebyggelsen i Bjärred är även intressant på grund av de spår efter gränslinjer eller diken mellan gårdarna som iakttagits på platsen (a.a., s. 66f). Gränsdiken har eventuellt också förekommit mellan gårdarna i Löddeköpinge 90:1, men var här mer fragmentariska och svårtolkade till sin karaktär. Rätlinjiga system av stolpbyggda hägnader eller rännor, som vittnar om en reglerad tomtstruktur, är dock ovanliga på yngre järnåldersboplatser i Skåne, och verkar snarast höra samman med den sena vikingatidens och tidiga medeltidens bebyggelse och samhällen (Söderberg 2000b, s. 79f). Det finns även skäl misstänka att den omfattande bebyggelse som funnits i Uppåkra under yngre järnålder varit reglerad på något sätt. Åtminstone pekar de metallavsökningar och riktade undersökningar som utförts inom Uppåkraprojektet på att olika områden nyttjats för olika verksamheter – både hantverksmässiga, för kultutövning och mer ordinärt boende.

Vendeltidens och den tidiga vikingatidens boplatser i Västskåne har emellertid inte bara bestått av förtätad bebyggelse, utan även av enstaka gårdar. Tre gårdslägen har undersökts, vid Påarp och Hilleshög i undersökningsområdets norra del samt vid Hjärup väster om Uppåkra. Det rör sig i samtliga fall om stora enheter, med en byggnadsareal på mellan 245 och 370 m^2, som även på andra sätt skiljer ut sig från mängden – antingen genom byggnadsskicket eller det arkeologiska materialet (jfr Carlie & Artursson i del II). Medan Påarpsgården kan följas genom flera bebyggelsefaser på samma plats från yngre romersk järnålder (Aspeborg & Becker 2002), har gårdarna i Hilleshög och Hjärup bara existerat under en bebyggelsefas, varefter dessa antingen lades ner eller flyttades till annan plats (Strömberg & Thörn Pihl 2000; Runcis 1998; Carlie 2002c). Det bör här tilläggas att inga boplatser med samlad bebyggelse från vendeltid har undersökts inom det norra bebyggelseområdet.

Under vendeltid ökar även inslaget av hantverksrelaterade fynd, som nu förekommer på inte mindre än tjugo boplatser i området. De handlar främst om redskap och avfallsmaterial med anknytning till textilproduktion och/eller järnhantering. Fynd som kan kopplas till mer specialiserade hantverk såsom bronsgjutning, ben- och hornhantverk finns däremot bara representerade på ett mindre antal platser, däribland Dagstorp SU 21, Västra Karaby 3:1, Bjärred/Österleden, Karstorp och Uppåkra. Särskilt fynden från Dagstorp är intressanta, eftersom det rör sig om en samlad deposition med bronsgjutningsavfall, funnen i anslutning till en samtida gård. Materialet uppvisar en varierad sammansättning, med cirka 35 degelfragment, omkring 160 fragment av gjutformar samt bronstappar och slaggrester (jfr Becker i del III). Av gjutformarna framgår att enklare spännetyper tillverkats på platsen, i form av näbbfibulor, rektangulära spännen och små likarmade spännen. Enligt Becker tyder avfallets varierade sammansättning på att detta grävts ner vid samma tillfälle, troligen i samband med en bronsgjutares besök på gården.

På flera av ovan nämnda platser, t.ex. Västra Karaby 3:1, Bjärred/Österleden och Karstorp, kan hantverksaktiviteter knytas till förtätningar med grophusbebyggelse. Bjärred/Österleden som är den senast undersökta av dessa miljöer, är särskilt intressant i detta sammanhang, eftersom man funnit tydliga spår av reglering av bebyggelsen i form av parcellindelning (Becker 2001, 2003). Det är också huvudsakligen från samma miljöer som fynden av dräktspännen och importer, t.ex. frisisk keramik, har påträffats. Enligt Bengt Söderberg tyder den ökade användningen av grophus på boplatserna under yngre järnålder på en större specialisering som även torde återspegla en stigande social stratifiering, genom den indirekta närvaron av olika fria eller ofria befolkningsgrupper, som t.ex. hantverkare eller extra arbetskraft (Söderberg 2000b, s. 78).

Sammantaget visar analysen av bebyggelsens hierarkiska indelning på tre områden i Västskåne, som under vendeltid och äldre vikingatid utmärker sig genom ett relativt sett större socialt och ekonomiskt välstånd. Det handlar förutom Uppåkra, som även under denna period framträder som en stor och betydelsefull plats med centrala funktioner, om ytterligare två centralplatsmiljöer – Västra Karaby/Dagstorp och Löddeköpinge/Bjärred, båda belägna inom det södra bebyggelseområdet (fig. 12). Av dessa ligger den förstnämnda miljön i den inre Saxådalen, medan Löddeköpinge/Bjärred är situerad cirka fem kilometer uppströms vid Kävlingeån. Västra Karabyboplatsen har i tidigare forskning lyfts fram som en högstatusmiljö med möjliga centrala funktioner under perioden (jfr t.ex. Callmer 1995, s. 48ff). En sådan funktion antyds även av namnet Karaby (Karlaby), som signalerar en militär eller administrativ närvaro i området. Även miljön vid Löddeköpinge/Bjärred har tidigare uppmärksammats i litteraturen, även om man här främst betonat den senare expansionen i området kring mitten av 900-talet, då både ett kungligt och kyrkligt inflytande ger sig till känna, genom anläggandet av ringborgen i Borgeby, myntprägling samt etablerandet av en stor kristen begravningsplats under 1000-talet (Svanberg & Söderberg 2000b, s. 311ff).

Uppåkra: De senaste årens undersökningar i Uppåkra pekar entydigt på att platsen under yngre järnålder bibehöll sin ställning som regionalt centra med överordnade politiska, ekonomiska, och religiösa funktioner. Först under sen vikingatid och tidig medeltid, tyder den minskade mängden av status- och hantverksrelaterade fynd på att platsen började förlora sin nästan 1000-åriga position som centralplats. Även om Uppåkra vid denna tid ännu fanns kvar som en stor boplats, skulle flera av den nya tiden centrala funktioner under loppet av 1000-talet komma att flyttas över till Lund, som t.ex. myntprägling och den kyrkliga administrationen (Helgesson 2002, s. 205; Anglert 2003).

Under vendeltiden var Uppåkra dock fortfarande inte bara en mycket stor och rik bosättning, utan förmodligen också säte för en småkung, hans släkt och anförvanter. Den elitära närvaron på platsen under perioden markeras av enstaka men exklusiva föremål, däribland ett litet galthuvud i silver från 500- eller 600-talet, som troligen suttit på en prakthjälm (Helgesson 2002, s. 63). Till högstatusfynden hör även flera skärvor från importerade glasbägare, t.ex. reticellaglas, men även guldfolierat glas (Stjernquist 1999, s. 76ff). Vidare föreligger flera föremål med kristen anknytning, bestående av en djurstatyett, två beslag till reliksrkin samt ett par emaljerade beslag. Fynden visar att Uppåkra hade väl utvecklade kontakter med olika västeuropeiska områden, däribland England, Irland och frankiskt område, och där statyetten rent av föreslagits som spår efter en tidig kristen mission (Helgesson 1999, s. 198).

Jämfört med föregående period, präglas materialet från Uppåkra under vendeltid dock av en nedgång i de exklusiva kontinentala smyckeformerna (Helgesson 2002, s. 63f). Under perioden ökar istället de inhemska eller nordiska spännetyperna. Det handlar om ett mycket omfattande material med närmare 700 fibulor, representerade av både hela föremål och fragment (a.a., s. 174). Den typologiska och kronologiska utvecklingen av vendeltidens dräktspännen har behandlats av den danske arkeologen Mogens Ørsnes (1966). Ørsnes skiljer mellan mer än tiotalet olika spännetyper, som han delar in i tre kronologiska faser (fas 1-3), med brytpunkter omkring 650 respektive 725 efter Kristus. Enligt Helgessons översiktliga sammanställning av materialet från 2002, är det framför allt tre typer av dräktspännen som dominerar i Uppåkra (Helgesson 2002, s. 49ff). Vanligast är näbbfibulorna med sina cirka 170 exemplar, som utgör den största enskilda gruppen av spännen från platsen. Även likarmade fibulor (104 st.) samt fågel- /fiskfibulor (ca 90 st.) förekommer i mycket stort antal från platsen. Bland övriga vendeltida spännetyper märks ovala och rektangulära plattfibulor, ovala skålfibulor och djurformade fibulor, som tillsammans omfattar cirka 70 exemplar, samt 26 cirkulära plattfibulor och 19 S-formiga fibulor. Den kanske mest exklusiva av de nordiska fibulatyperna är emellertid ryggknappsspännet som ofta försetts med förgyllning och inläggningar av granater. Denna spännetyp finns i Uppåkra representerad med 14 exemplar. Många av dessa är dock fragmentariska, vilket antingen kan vara en effekt av plöjningsaktiviteter i kulturlagret, eller bero på en avsiktlig demolering för att kunna återanvända metallen vid framställning av nya föremål (a.a., s. 50).

Den stora mängden fynd av fibulor och andra metallföremål från Uppåkra, låter sig inte bara förklaras av att boplatsens invånare var ovanligt slarviga och tappade sina smycken, beslag, etc. Många fragment av fibulor är, som Birgitta Hårdh uppmärksammat, istället av en sådan storlek att de utmärkt väl fått plats i en degel, och således bör betraktas som metallskrot (Hårdh 1999a, s. 155). Denna hypotes om metallåtervinning har senare kunnat bekräftas genom metallurgiska analyser, där sågmärken och spår efter avbitartänger iakttagits på näbbfibulor (Kresten m.fl. 2001, s. 163). Fynd av gjutformar och typidentiska exemplar, visar att produktionen i Uppåkra bl.a. omfattat framställning av näbbfibulor, rektangulära spännen, likarmade spännen och S-formiga fibulor (Helgesson 2002, s. 53 och där anf. Litt.). Bland hantverksfynden från Uppåkra märks även flera tackor och tenar av silver och guld, liksom omsmält ädelmetallskrot, som visar att produktionen även omfattade tillverkning av mer exklusiva föremålstyper och smycken (Kresten m.fl. 2001, s. 154f).

Enligt Bertil Helgesson märks en viss nedgång i fibulamaterialet från Uppåkra under den andra och tredje fasen av vendeltid; en trend som även håller i sig under vikingatid, då antalet fibulor från platsen är betydligt färre. Samtidigt märks även en ökning av andra fyndtyper, som t.ex. beslag, hängsmycken, mynt och vikter (Helgesson 2002, s. 51). Särskilt den stora mängden av arabiska silvermynt (dirhemer) med tyngdpunkt i perioden 770–820, är intressanta och vittnar om långväga handelskontakter i österled (Silvegren 1999, s. 99ff).

Uppåkraboplatsen verkar under vendeltid ha bibehållit sin betydelse som religiös samlingsplats. Den sakrala funktionen manifesteras i första hand av kultbyggnaden, som uppvisar en ovanligt lång platskontinuitet, med minst sex olika faser från yngre romersk järnålder och fram i vikingatid, då byggnaden troligen rivs (Larsson 2004, s. 6ff) (jfr ovan). Huset har haft en centralt placerad eldstad, två ingångar på den södra långsidan och en ingång på den norra långväggen nära det nordvästra hörnet. Bland de sakrala fynden från vendeltid märks ett stort antal guldgubbar (prel. 122 st.), av vilka merparten är funna i anslutning till den stora takbäraren i husets nordvästra hörn. Margrethe Watts analyser av fynden visar på en stor variation, med guldbleck i olika storlekar och med närmare sextio olika motiv, nästan samtliga enkelfigurer (Watt 2004, s. 170ff). Kultbyggnaden i Uppåkra har sina närmast paralleller på platser som Järrestad i sydöstra Skåne, Tissø och Lejre på Själland, samt Gudme på Fyn, där liknande byggnader ofta belägna inom en separat hägnad, har funnits i anslutning till den centrala hallen (jfr Jørgensen 1998, 2002; Söderberg 2005).

Till den samlade bilden av Uppåkraboplatsen bör avslutningsvis även vapenfynden nämnas. Det militära inslaget på boplatsen under vendeltid framtonar, vid jämförelse med föregående period, mycket svagt i det arkeologiska materialet. Några spår av rituella vapendepositioner har inte påträffats, utan fynden karakteriseras istället av lösfunna prydnadsbeslag, både till lans- och spjutspetsar och till sköldbucklor. Från boplatsen föreligger vidare en stor mängd beslag av typer som, enligt Bertil Helgesson, tidigare påträffats i gravar med krigarutrustning. Detta menar han tyder på en icke obetydlig militär närvaro på platsen (Helgesson 2002, s. 59).

Gravar och metallfynd: Den polariserade fyndbild som avtecknade sig under föregående perioder i områdena norr respektive söder om Uppåkra, ersätts under vendeltid av en mer homogen spridning av statusrelaterade fynd. I detta avsnitt ges därför en samlad beskrivning av de kulturella uttrycken i västra och sydvästra Skåne.

Antalet gravfynd från vendeltid är få i västra och sydvästra Skåne (fig. 13). Denna bild skiljer sig från situationen under vikingatid, då flera större gravfält med skelettbegravningar är kända från området. De vendeltida gravfynden fördelas på sju lokaler. Inget av dessa kan knytas till det norra bebyggelseområdet, utan återfinns med en gles spridning från Braån i norr till Foteviken i söder. De nordligaste fynden härrör från ett vikingatida gravfält vid Råga Hörstad i Asmundtorp socken, med 35 undersökta skelettgravar. Av dessa tillhör två gravar vendeltid, däribland en mansgrav (nr 8) med ett eneggat svärd (skramasax) från 600-talet. Den andra graven (nr 9) innehöll en tonåring, med bl.a. två spiralarmband av brons från början av 700-talet (Strömberg 1968, s. 12, 51). Från Västra Karaby härrör en annat, om dock osäkert gravfynd. Det rör sig om ett hängsmycke av brons med formen av människoansikte, nio glaspärlor samt flera sammanrullade band och ringar av brons, som enligt uppgift påträffats i slänten till en gravhög. Fyndet dateras av Strömberg till sen vendeltid eller tidig vikingatid (Strömberg 1961b, s. 25).

Ser man till gravarna i Uppåkras närmaste omgivning, slås man av att flera av dessa innehåller vapen. Den mest exklusiva vapengraven härrör från Lackalänga, söder om Kävlingeån (Strömberg 1961b, s. 62 med referenser). Graven påträffades redan 1853 och är inte sakkunnigt undersökt. De upplysningar som föreligger om fyndet visar dock att det rör sig om en högstatusgrav, där den döde bör ha tillhört den yppersta eliten. Själva graven har täckts av en flack hög, där fynden av cirka 100 järnnitar indirekt vittnar om att den döde gravlagts i en båt. Till skillnad från det gängse begravningsskicket i västra Skåne för personer i det övre samhällsskiktet, har mannen kremerats. Troligen har även en obränd hund fått följa den döde till livet hinsides. Bland de mest exklusiva föremålen märks flera förgyllda bronsbeslag, bl.a. från en hjälm. Några beslag har inläggningar av röd emalj, och ett annat beslag har troligen tillhört ett dryckeshorn eller ett träkärl. Flera av bronsbeslagen är utsmyckade i vendelstil D, med bandformiga djurfigurer, och tillhör ett sent skede av perioden (Arwidsson 1942, s. 107f, Abb. 25–29). I graven fanns även flera föremål till en ryttarutrustning, däribland två betsel av järn med läderrester och två stigbyglar (a.a., s. 108).

Ytterligare en vapengrav, även denna med ridutrustning, kommer från Källby norr om Uppåkra. Bland fynden märks ett tveeggat svärd, ett seldonsbeslag av förgyllt brons med djurornamentik, ett betsel av järn, läderrester, en järnkniv m.m. I graven fanns eventuellt även rester av ett hästskelett (Strömberg 1961b, s. 46). En tredje grav med vapenutrustning har påträffats vid Önsvala sydost om Uppåkra. Inte heller denna grav är sakkunnigt undersökt, men ska enligt uppgift ha utgjorts av en skelettbegravning täckt av en flack hög. I gravutstyrseln fanns ett svärd, två lansspetsar och ett plogskär (Strömberg 1961b, s. 17; Svanberg 2003, s. 289). Sistnämnda gravar tillhör båda sen vendeltid eller tidig vikingatid.

Övriga gravfynd i sydvästra Skåne härrör från tre platser – Önsvala och Husiegården söder om Uppåkra, samt Bodarp – några kilometer från den skånska sydkusten. Av de 26 gravar som undersökts vid Önsvala, tillhör fyra stycken vendeltid (nr 2, 11, 19 och 20). Det rör sig i samtliga fall om gravlagda kvinnor, med ett relativt ordinärt gravgods i form av dräktspännen av brons, mindre pärluppsättningar samt en eventuell kniv. Grav 2 utmärker sig här genom att den döda, en 70-årig kvinna, försetts med tre näbbfibulor, två bronsnålar med polyedriskt huvud samt ett halsband med bl.a. nio mosaikpärlor och en bärnstenspärla (Larsson 1982, s. 134). Kvinnan har gravsatts i en låg hög om cirka tio meter i diameter. Eventuellt tillhör högen en äldre romartida grav med stenram, som förstördes när kvinnan gravlades (a.a., s. 132f). Även de tre gravfynden från Husiegården och Bodarp, utgörs troligen av gravlagda kvinnor. Åtminstone tyder gravgodsets sammansättning, bestående av näbbfibulor och en fågelfibula av brons, samt ett mindre antal pärlor och en järnkniv, på detta.

Den minskade cirkulationen av guld under vendeltid märks på ett avgörande sätt i metallföremålens karaktär och sammansättning, som nu helt domineras av inhemska smyckeformer (fig. 13 och 14). Den stora mängd av framför allt olika dräktspännen som hittats i Uppåkra under senare år, har ingen motsvarighet på andra boplatser i Skåne. Däremot ökar inslaget av bronsspännen generellt på boplatserna. Detta gäller främst för spännen av enklare typer, som t.ex. näbbfibulor och likarmade spännen, från platser som Kvärlöv SU 11, Dagstorp SU 21, Västra Karaby 3:1 och Löddeköpinge. Medan fynd av fågel- och fiskfibulor liksom ryggknappsspännen, som är mer exklusiva till sin karaktär, bara i enstaka fall dokumenterats på boplatser, t.ex. från Tågerup i Saxtorps socken. De flesta fynd av fibulor i västra Skåne härrör dock antingen från gravar eller är lösfunna.

Ser man sammantaget till metallfyndens rumsliga spridning, uppvisar dessa en betydligt jämnare fördelning mellan områdena norr respektive söder om Uppåkra. Detta gäller inte bara antalet fyndplatser, utan också fördelningen av enklare, såväl som mer påkostade spännetyper. Som framgår i figur 14, finns t.ex. både näbbfibulor och fågel-/fiskfibulor respektive ryggknappsspännen i ungefär lika stor grad inom bägge områdena. Värt att notera är att det nu även föreligger fynd av mer exklusiva fibulor från det norra bebyggelseområdet, representerade av ett lösfunnet ryggknappsspänne från Bårslöv och en oval plattfibula med vitmetall från Glumslöv (Strömberg 1961b, s. 44, 55).

Bebyggelse och centralitet – 500 f.Kr.–800 e.Kr.

Föreliggande analys av järnåldern i Västskåne visar på två centrala bebyggelseområden norr om Uppåkra – ett större område i söder och ett mindre i norr. Gränszonen mellan dessa områden – eller lokala bygder – sammanfaller i grova drag med det flacka landskapet kring nuvarande Landskrona, som i söder ansluter mot Saxådalen och i norr mot det cirka en mil långa höjdstråket, med Glumslövs backar, Hilleshögsåsen och Rönneberga backar. Kontinuiteten i bygderna kan följas inte bara genom hela järnåldern, utan också ner i bronsålder, visserligen med smärre förskjutningar (Artursson m. fl. 2005). Gränsområdets bredd varierar således över tiden, från tre till fyra kilometer under yngre bronsålder och förromersk järnålder, till mellan femton och tjugo kilometer under yngre romersk järnålder och folkvandringstid, då en nedgång i bebyggelsen gör sig gällande i det norra området.

Det södra bebyggelseområdet sträcker sig från Lundåkrabukten och Saxådalen i norr och ner till Uppåkra, där detta knyter an till den centrala järnåldersbygden i sydvästra Skåne. Bebyggelsens utsträckning och omfattning i det södra området är relativt konstant under hela perioden. De flesta undersökta boplatser återfinns på den inre sandslätten, där denna möter den kalkrika lerslätten. Karakteristiskt för många av dessa platser är närheten till åar och vattendrag, samtidigt som ett rumsligt samband med större huvudleder kan anas. Rumsliga förändringar i bebyggelsebilden märks framför allt från yngre romersk järnålder och framåt, då bosättningarna får ett mer indraget läge i förhållande till kusten, för att under vendeltid och äldre vikingatid åter ligga närmare Öresund.

Ett sätt att beskriva övergripande förändringar i bebyggelsens omfattning i ett långtidsperspektiv, är att jämföra andelen undersökta och daterade boplatser från de olika perioderna. Två metodiska tillvägagångssätt används här för att illustrera variationer i bebyggelsen från yngre bronsålder och fram i vikingatid, ett tidsförlopp om cirka 1800 år. I det första diagrammet (fig. 15a) redovisas antalet boplatser i förhållande till respektive arkeologisk period. Sammanställningen visar här på en övervikt av boplatser från yngre bronsålder och vendeltid/äldre vikingatid inom undersökningsområdet, medan perioderna däremellan karakteriseras av en nedgång i materialet. I det andra diagrammet (fig. 15b) har varje arkeologisk period mätt i antalet århundraden, omräknats till tidsenheter om 50 år, för att bättre kunna värdera förändringar i boplatsernas frekvens mellan perioder av olika längd. Förändringarna i detta diagram ska läsas i förhållande till ett gemensamt medelvärde för hela tidsperioden,

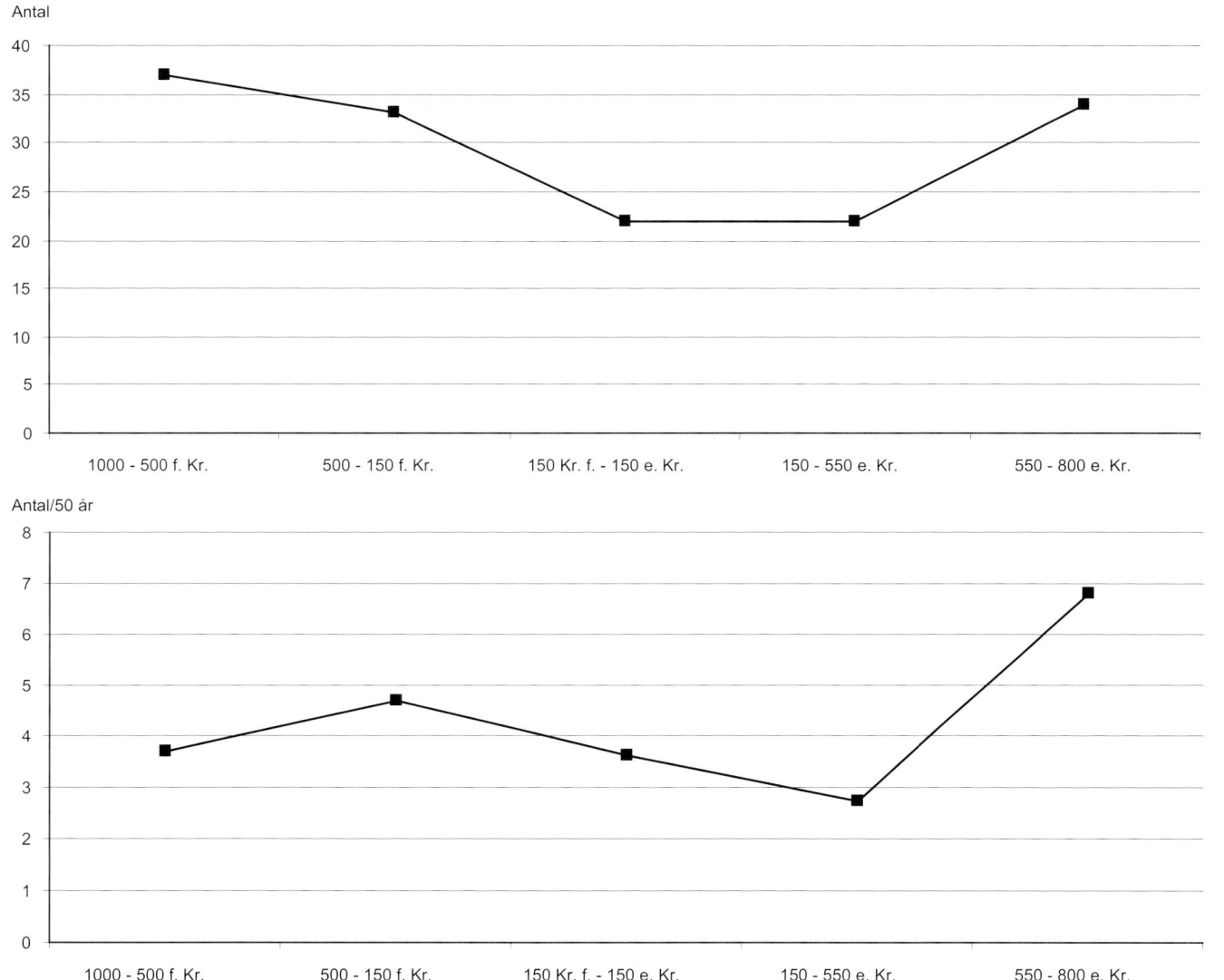

Figur 15a–b. Boplatser i Västskåne från yngre bronsålder och fram till vikingatid. Diagrammen baseras på 148 undersökta och daterade boplatser, som redovisas periodvis. I det nedre diagrammet har tidsperiodens längd omräknats till jämförbara tidsenheter om 50 år.

Settlements in western Skåne from the Late Bronze Age to the Viking Age. The diagrams are based on excavated and dated sites, which are shown for each period. In the diagram below, the length of each period has been converted into comparable time sections of 50 years.

som ligger på 4,1 boplatser per 50 år. Med detta medelvärde kan även smärre fluktuationer i bebyggelsen över tiden utläsas. Bilden visar i detta fall istället på en svag expansion av bebyggelsen under äldre förromersk järnålder, jämfört med yngre bronsålder (4,7 mot 3,7). Denna utveckling ersätts vid tiden kring Kristi födelse av en nedgång i antalet boplatser, då indexet når ungefär samma nivå som under yngre bronsålder. Minskningen förstärks ytterligare under yngre romersk järnålder/folkvandringstid då antalet boplatser når en bottennivå på 2,75. Redan under vendeltid/äldre vikingatid vänder dock kurvan på nytt uppåt, för att öka till den hittills högsta nivån med 6,8 boplatser/50 år.

Vad betyder då förändringarna i bebyggelsebilden? Enligt min uppfattning måste dessa primärt förstås utifrån samhällets sociala och ekonomiska utveckling. Under äldre förromersk järnålder, då den sociala stratifieringen i de västskånska samhällena fortfarande var relativt låg, dominerades bebyggelsen av ensamliggande eller utspridda gårdar/byar vanligen bestående av ett ensamt långhus. De enskilda gårdslägena utnyttjades sällan under mer än en bebyggelsefas (Carlie & Artursson i del II). Detta visar på en betydande rörlighet i bebyggelsen, med en omlokalisering av gårdar till nya platser i landskapet, vilket förklarar den relativt sett högre andelen boplatser. Bakgrunden till denna rörlighet, som även kan följas ner i bronsålder har sannolikt sin grund i jordbrukets organisation, som vid denna tid präglades av en extensiv boskapsskötsel, kompletterat med odling av små gödslade åkrar troligen i anslutning till gården (Mats Regnell, pers. kom.).

I takt med att den sociala stratifieringen i samhället ökade under yngre förromersk och äldre romersk järnålder, blev bebyggelsen även mer komplex och stationär till sin karaktär. Denna brytpunkt, som tydligt framträder i den bebyggelsehierarkiska analysen, karakteriseras av att gårdens byggnader och dess areal ökade, samtidigt som gårdslägena utnyttjades under alltfler bebyggelsefaser (fig. 16) (Carlie & Artursson i del II). Den minskade rörligheten i bosättningsmönstret, var dock bara en av flera samverkande faktorer som bidrog till att antalet boplatser blev färre. Till bilden hör även bebyggelsens omstrukturering till byar i samband med övergången till ett mer intensivt brukningssystem med inägor och utmarker. Denna utveckling kan i ännu större grad följas under yngre romersk järnålder och folkvandringstid, då bebyggelsen till övervägande del tycks ha varit organiserad i byar. Eftersom antalet platser med enstaka gårdar samtidigt minskade, är det rimligt anta att omläggningen skedde genom en kontraktion av bebyggelsen, d.v.s. genom en sammanflyttning av flera gårdar till gemensamma bosättningar. Denna omstrukturering, som bör ha organiserats av lokala ledare, är sannolikt den viktigaste förklaringen till nedgången i bebyggelsen inom det södra bygdeområdet, medan förhållandena i det norra området sannolikt måste förklaras på annat sätt.

Under senare delen av yngre järnålder ökade antalet boplatser på nytt i västra Skåne. Orsakerna till denna förändring bör sökas i att det, parallellt med bosättningarna med samlad bebyggelse, på nytt skedde en expansion genom nyetablering av gårdar. En sådan expansion framträder särskilt tydligt inom det norra bebyggelseområdet kring Glumslövs backar, men kan även spåras på annat sätt genom t.ex. anläggandet av gårdar med en mycket stor byggnadsareal (t.ex. Hjärup). Utvecklingen följs under loppet av yngre järnålder även av en ökad differentiering på den bebyggelsehierarkiska skalan, bl.a. genom etableringen av platser med specialiserade funktioner kopplade till hantverk och handel. Det handlar förutom Uppåkra om ytterligare två miljöer inom det södra bebyggelseområdet som utmärker sig i detta avseende, representerade av Västra Karaby/Dagstorp i den inre Saxådalen och Löddeköpinge/Bjärred vid Kävlingeån några kilometer innanför kusten.

Som jag försökt visa i diskussionen inleddes den sociala och politiska förändringsprocessen i västra och sydvästra Skåne vid tiden omkring Kristi födelse. Under de följande århundradena utvecklades Uppåkra successivt från en stor bosättning till en samlingsplats med olika centrala funktioner – både ekonomiskt, socialt, politiskt/militärt och religiöst. Ser man till spridningen av ädelmetallfynd och gravfynd under samma period, framträder Uppåkra och sydvästra Skåne som ett samlat traditions- eller bygdeområde, med en social elit som delade samma ideologiska värdesystem avseende symboler och rituella handlingsmönster. Traditionen, som har rötter i en vidare europeisk fursteideologi, kom bl.a. till uttryck genom bruket av halsringar, fingerringar och armband av guld, som visade bärarens sociala, politiska eller militära rang. Cirkulationen av prestigeföremål, som även omfattade olika typer av dryckesföremål t.ex. glasbägare, upprätthölls sannolikt på flera sätt, t.ex. genom utbyte av gåvor

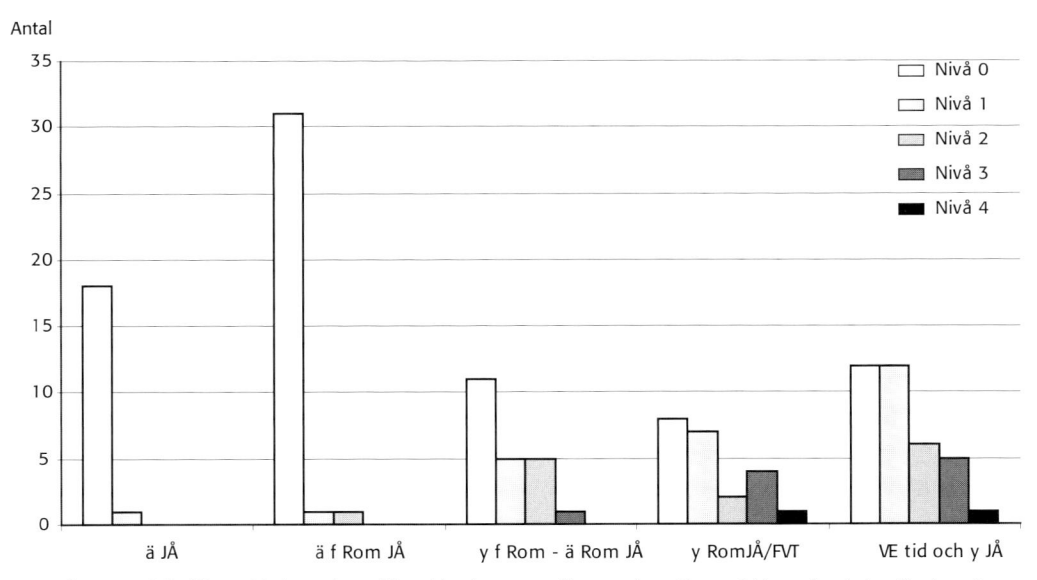

Figur 16. Förändringar i bebyggelsens hierarkisering under järnåldern fram till vikingatid. Diagrammet baseras på 143 boplatser. *Changes in settlement hierarchy during the Iron Age until the Viking Age. The diagram is based on 143 settlements.*

mellan herremän och deras underordade för att bekräfta vänskapsband och allianser (jfr Carlie i del IV *På tröskeln*).

Vänder vi istället blicken mot områdena norr om Uppåkra, skiljer sig bilden i flera avseenden från den i sydvästra Skåne. Mest anmärkningsvärt är den närmast totala frånvaron av statusföremål. Det finns således inga smycken, inga guldföremål, inga importer eller vapenfynd från romersk järnålder. Denna bild förändras inte förrän under det fjärde och femte århundradet, då de första guldfynden börjar uppträda i området. Det handlar dock inte om några status- och rangskiljande smycken, utan om guldbrakteater och ögleförsedda solidi, d.v.s. olika typer av lägre värdighetstecken. Först under vendeltid blir fyndbilden mer homogen, såtillvida att dräktspännen och andra statusfynd nu också förekommer i områdena norr om Uppåkra. Det bör i detta sammanhang påpekas att den nya traditionen med skelettbegravning, aldrig nådde någon större popularitet i västra Skåne. Inte förrän under vikingatid fick skelettgravskicket ett mer allmänt genomslag i området (Svanberg 2003, s. 85ff).

Hur ska vi då förklara skillnaderna i det arkeologiska materialet mellan områdena i västra och sydvästra Skåne? Och vilken roll spelade Uppåkra i den sociala och politiska utvecklingen? Jag vill här föra fram två olika scenarier.

I det första scenariot ses frånvaron av rikedomsfynd och skelettgravar i västra Skåne under romersk järnålder, som uttryck för en låg social stratifiering i samhället utan ett tydligt överordnat ledarskap. Det plötsliga uppträdandet av guldbrakteater och solidi under det fjärde och femte århundradet tolkas här som tecken på en extern etablering av storgårdar i området, sannolikt på initiativ av hövdingen eller kungen i Uppåkra. En sådan etablering skulle kunna exemplifieras av de undersökta storgårdarna vid Påarp och Annelöv.

Med lojala anförvanter eller stormän på plats, lades även grunden för en utveckling av lokala maktcentra för bl.a. hantverk och handel, på kommunikativt strategiska platser inom området. De två centralplatsmiljöerna vid Västra Karaby/Dagstorp och Löddeköpinge/Bjärred, tyder här liksom, den ökade mängden smycke- och vapenfynd från vendeltid och tidig vikingatid, på att området successivt integrerades med det södra traditionsområdet. Tillsammans kom dessa områden att utgöra basen för en överordnad maktstruktur i sydvästra Skåne, med Uppåkra som administrativt, ekonomiskt och religiöst centrum, placerat mitt emellan de två områdena.

Svagheten i denna modell är att den inte tar hänsyn till att den äldre järnåldersbebyggelsen i bygdeområdena norr om Uppåkra, har samma karaktär som i övriga sydvästra Skåne. Redan vid tiden kring Kristi födelse finns således tecken på en social stratifiering i bebyggelsen genom anläggande av stora gårdar. Samma förhållande gäller under romersk järnålder och folkvandringstid, då en omfattande nyetablering av boplatser med en förtätad bebyggelsestruktur genomfördes i området. Denna förändring, som även måste ha innefattat en omläggning av den brukade marken, visar på närvaron av ett lokalt ledarskap med tillräcklig auktoritet för att genomdriva storskaliga omstruktureringar i landskapet. Att dessa skulle ha genomförts på order eller under inflytande av maktcentrat i Uppåkra, förefaller inte särskilt sannolikt, sett mot bakgrund av den direkta maktutövning som då skulle ha krävts. Mera troligt är istället att förändringarna inom jordbruket och bebyggelsen skedde på frivillig väg, genom att nya idéer för jordbrukets organisation togs upp och integrerades i samhället.

Det obetydliga inslaget av rikedomsfynd och skelettgravar inom områdena norr om Uppåkra under romersk järnålder skulle mot denna bakgrund även kunna ses som ett medvetet avståndstagande från grannfolkens traditioner i söder. Förklaringsmodellen förutsätter implicit att de lokala ledarna och deras familjer i västra Skåne hade andra sedvänjor för att manifestera ekonomiskt välstånd och social status. Kanske den bärande ideologin här ska sökas i mer traditionella värderingar kring djurens och växlighetens fruktbarhet och reproduktion. Om så var fallet valde man kanske istället att visa upp välståndet i form av stora boskapshjordar eller värdefulla avelsdjur. De omfattande hägnaderna med tillhörande vägsystem vid Tågerup, kan liksom det omsorgsfullt stensatta vadstället från samma boplats, kan möjligen tolkas i denna riktning. I detta alternativa scenario ses de många fynden av guldbrakteater och ögleförsedda solidi i västra Skåne istället som tecken på ett socialt och politiskt närmande till bygden söder om Uppåkra, där hängsmyckena och mynten skulle kunna representera gåvor från hövdingen till de lokala stormännen, som en bekräftelse på vänskapsband och lojalitet. Det betyder i förlängningen att de centrala platser som utvecklades i området under folkvandringstid och vendeltid, hade sin grund i lokala maktförhållanden.

Summary
Social organization and environments of wealth

This article deals with changes in settlement areas, social hierarchies and cultural traditions of local societies in western Skåne from the Pre-Roman Iron Age to the Early Viking Age (500 BC to 800 AD). Some of the main questions to be discussed concern how the increasing social stratification and political hierarchy of society is reflected at contemporary settlements. How can the growth of a regional centre like Uppåkra have affected neighbouring communities?

The study is based on some 140 settlements, mostly excavated from around 1980 onwards. In order to grasp social and economic differences between settlements, a number of criteria were set up as a basis for dividing them into groups within a social hierarchy (cf. figure 2a–b). Altogether twelve variables were used in the analysis: settlement agglomerations, complex farm structures, large building area, large or very large longhouses, social building traditions, large earth constructions or complex fencing structures, strategic site for communications, precious metal finds, imports, craft finds, warrior and equestrian equipment and traces of cult activities. Furthermore, in order to compensate for source-critical aspects concerning representativeness, the data on settlements were supplemented with single finds of precious metal, weapons and burial finds.

From the distribution of sites in the investigation area north of Uppåkra, two main settlement areas were distinguished, both demonstrating a considerable spatial continuity in the landscape. Thus, the flat sandy plains and river valleys were generally preferred to areas with clayey till soils in the interiors.

The social and political processes of change in south-west Skåne began in the 1st or 2nd century AD (fig. 16). In the following centuries the big settlement at Uppåkra gradually developed from a large but ordinary village into a regional central place with economic, socio-political and religious functions (fig. 6).

From the distribution of precious metal finds and burial finds in the same period, Uppåkra and south-west Skåne appear as a joint area, with a social elite sharing the same common ideology in symbol and ritual (fig. 8 and 10). This common ideology was manifested by imports of luxury goods, for example, glass beakers, and by the use of neck-rings, finger-rings and bracelets of gold, reflecting different levels of political and military rank. The circulation of jewellery, status-related gold objects and imports was maintained in society, both by peaceful social relations, such as marriage arrangements or through the exchange of gifts between lords or between lords and subordinates to manifest friendship or relations of loyalty.

The settlement areas north of Uppåkra differ from south-west Skåne in several ways. Most conspicuous is the total absence of gold and other wealth or status-related finds. Thus there are no finds of jewellery, no gold object, no imports and no weapon finds from the Roman Iron Age. This picture does not change until the 5th and 6th centuries AD, when several gold bracteates and solidi appear in the area (fig. 11). Furthermore, the new tradition of inhumation burials never grew popular in the northern settlement area. Not until the 9th and 10th centuries, in the Early Iron Age, do inhumation burials appear more frequently in the area.

How should we then explain these differences in the archaeological record? I propose two different scenarios here. On the one hand, the absence of wealth and low numbers of inhumation burials in the northern area during the Roman Iron Age could be seen as a sign of low social stratification in society, with no presence of a local aristocracy. According to this scenario, the sudden appearance of gold bracteates and solidi during the 5th and 6th centuries, could be seen as indications of bigger farms or magnates' estates being established in the area, perhaps on the initiative of the king in Uppåkra. In the subsequent centuries the northern area saw the development of central places of local importance connected with craft activities and trade. This change in the social settlement hierarchy, together with an increasing number of precious metal-finds and weapon finds, indicates that the northern area was now integrated with south-west Skåne, with Uppåkra as the regional centre of power.

The weakness of this model, however, is that the analysis of social settlement hierarchy in the northern district shows the same development and complexity concerning social stratification as in south-west Skåne, characterized by large farmsteads and agglomerated settlements. Thus, the absence of wealth during the Roman Iron Age north of Uppåkra could be interpreted as a deliberate dissociation by the local magnates from the communal group ideology of people in the southern district. This explanation implies that the magnates and their families had their own ways of demonstrating economic wealth and social status, probably based on traditional values of a farming society focusing on the fertility of animals and plants. We do not know how this wealth was demonstrated in public, but it may well have been by keeping big cattle herds or valuable breeding animals, which leaves few archaeological traces. The introduction of settlement agglomeration in the northern area during the Late Roman Iron Age is one of the main factors speaking in favour of this alternative explanation. Thus, the extensive changes in settlement structures and land use in this period are indisputable signs of local leaders having enough authority to organize such extensive changes. In this scenario the many finds of gold bracteates and solidi in western Skåne are interpreted as signs of social and political interaction with the district south of Uppåkra. Here the gold pendants and coins may well represent gifts from the king to the local magnates as a confirmation of ties of friendship and loyalty. Accordingly, this would imply that the central places that developed in the northern district during the 5th and 6th centuries were based on local power structures.

Referenser

Adam av Bremen. *Historien om Hamburgerstiftet och dess biskopar*. Översatt av Emanuel Svenberg. 2 upplagan 1984. Stockholm.

Adrielsson, L. Mohrén, E. & Daniel, E. 1981. *Beskrivning till jordartskartan. Helsingborg SV*. Sveriges Geologiska undersökningar Serie Ae nr 16. Uppsala.

Ahlenius, K. & Kempe. A. 1908. *Sverige. Geografisk topografisk statistisk beskrifning. Första delen. Malmöhus, Kristianstads, Blekings och Hallands län*. Wahlströms & Widstrands förlag. Stockholm.

Andersson, K. 1993. *Romartida guldsmide i Norden*. I. Katalog. AUN 17. Uppsala.

Andrén, A. 1983. Städer och kungamakt – en studie i Danmarks politiska geografi före 1230. *Scandia 49:1*.

Andrén, A. 1991. Guld och makt – en tolkning av de skandinaviska guldbrakteaternas funktion. I: Fabech, C. & Ringtved, J. 1991. red. *Samfundsorganisation og Regional Variation. Norden i Romersk Jernalder og Folkevandringstid*. Beretning fra 1. Nordiske jernaldersymposium på Sandbjerg Slot 11. – 15. April 1989. Jysk Arkæologisk Selskabs Skrifter XXVII, s. 245-255.

Anglert, M. 1995. *Kyrkor och herravälde. Från kristnande till sockenbildning i Skåne*. Lund Studien in Medieval Archaeology 16, Stockholm.

Anglert, M. & Thomasson, J. 2003. red. *Landskapsarkeologi och tidig medeltid – några exempel från södra Sverige*. Uppåkrastudier 8. Acta Archaeologica Lundensia Series in 8°, No. 40, Stockholm.

Anglert, M. 2003. Uppåkra. Bland högar, ortnamn och kyrkor. I: Anglert, M. & Thomasson, J. red. *Landskapsarkeologi och tidig medeltid – några exempel från södra Sverige*. Uppåkrastudier 8. Acta Archaeologica Lundensia Series in 8°, No. 40, Stockholm, s. 115-144.

Arne, T.J. 1909. Några i Sverige funna bronsstatyetter af barbarisk tillverkning. *Fornvännen 1909, häfte 4*, s. 175-187.

Arrhenius, B. 1994. Järnåldern. *Signums svenska konsthistoria. Stenåldern, bronsåldern och järnåldern*, Lund, s. 163-225.

Artursson, M. 1999. Saxtorp. Boplatslämningar från tidigneolitikum-mellanneolitikum och romersk järnålder-folkvandringstid. Skåne, Saxtorp sn, Tågerup 1:1 och 1:3. Arkeologisk undersökning. Västkustbanan SU 8, Raä 26. *Riksantikvarieämbetet UV Syd Rapport 1999:79*.

Artursson, M. 2000. red. Stångby stationssamhälle. Boplats- och bebyggelselämningar från senneolitikum till yngre järnålder. Skåne, Vallkärra sn, väg 930. Arkeologisk förundersökning och undersökning. *Riksantikvarieämbetet UV Syd Rapport 2000:79*.

Artursson, M., Karsten, P. & Strömberg, B. 2005. Aspekter på samhällsutveckling. I: Lagerås, P. & Strömberg, B. red. *Bronsåldersbygd 2300-500 f.Kr. Skånska spår – arkeologi längs Västkustbanan*. Stockholm, s. 496-547.

Arwidsson, G. 1942. *Vendelstile. Email und Glas im 7.-8. Jahrhundert*. Uppsala.

Aspeborg, H. & Becker, N. 2002. En storgård i Påarp. Skåne, Välluv socken, Påarp 1:12, *Riksantikvarieämbetet UV Syd. Dokumentation av fältarbetsfasen 2002:1*.

Axboe, M. 1982. The Scandinavian Gold bracteates. Studies on their manufacture and regional variations. *Acta Archaeologica, vol. 52 1981*, s. 1-100.

Axboe, M. 2001. En C-brakteat fra Uppåkra. I: Hårdh, B. red. *Uppåkra. Centrum och sammanhang*. Uppåkrastudier 3. Acta Archaeologica Lundensia Series in 8°, No. 34, Stockholm, s. 169-174.

Barfod Carlsen, E. 1998. Et smykke i slægt med guldbrakteaterne. *KUML 1997-1998*, s. 127-141.

Becker, N. 1999. De vendeltida gårdslämningarna i Dagstorp. Skåne, Dagstorp socken, Dagstorp 1:2-3, 5:31, Västkustbanan SU 21. Arkeologisk undersökning. *Riksantikvarieämbetet UV Syd Rapport 1999:62*.

Becker, N. 2001. En grophusbebyggelse vid Bjärred. Boplatslämningar och grophusbebyggelse från äldre och yngre järnålder. Skåne, Borgeby och Flädie socknar. *Riksantikvarieämbetet UV Syd. Dokumentation av fältarbetsfasen 2001:2*.

Becker, N. 2003. Mer grophusbebyggelse vid Bjärred. Reglerad grophusbebyggelse från den yngre järnåldern. Skåne, Flädie socken, Flädie 23:4, Raä 8. *Riksantikvarieämbetet UV Syd. Dokumentation av fältarbetsfasen 2003:2*.

Bergqvist, J. 1999. Spår av religion i Uppåkra under 1000 år. I: Hårdh, B. red. *Fynden i centrum. Keramik, glas och metall från Uppåkra*. Uppåkrastudier 2. Acta Archaeologica Lundensia Series in 8°, No. 30, Stockholm, s. 113-125.

Bolin, S. 1933. *Skånelands historia. Skildringar från tiden före försvenskningen*. Lund.

Branca, A., Helgesson, B., Hårdh, B. & Tegner, M. 1999. Detektorfunna föremål från järnåldern. Översikt av materialet vid årsskiftet 1998/1999. I: Hårdh, B. red. *Fynden i centrum. Keramik, glas och metall från Uppåkra*. Uppåkrastudier 2. Acta Archaeologica Lundensia Series in 8°, No. 30, Stockholm, s. 59-65.

Branca, K. 2001. Människor och samhälle under romersk järnålder belysta av sydvästskånska gravfynd. I: Hårdh, B. red. *Uppåkra. Centrum och sammanhang*. Uppåkrastudier 3. Acta Archaeologica Lundensia Series in 8°, No. 34, Stockholm, s. 43-70.

Cademar Nilsson, Å. & Ericson Lagerås, K. 1999. Gravfältet vid Häljarps mölla – med tyngdpunkt i senneolitikum och bronsålder. Skåne, Tofta sn, Hjälarp 1:6 och 2:5, VKB SU 2. Arkeologisk undersökning. *Riksantikvarieämbetet UV Syd Rapport 1999:96*

Callmer, J. 1991. Territory and dominion in the Late Iron Age in southern Scandinavia. I: Jennbert, K, Larsson, L. Petré, R. & Wyszomirska-Werbart, B. red. *Regions and reflections. In honour of Märta Strömberg*. Acta Archaeologica Lundensia. Series in 8°. No 20, Stockholm, s. 257-273.

Callmer, J. 1995. Hantverksproduktion, samhällsförändring och bebyggelse. Iakttagelser från östra Sydskandinavien ca 600-1100 e. Kr. I: Resi, H.G. red. *Produksjon og samfunn. Om erverv, spesialisering og bosetning i Norden i 1. Årtusinde. Kr*. Universitetets Oldsaksamling. Varia 30. Oslo, s. 39-72.

Callmer, J. 1998. Handelsplatser och kustplatser och deras förhållande till lokala politiska system. Ett bidrag till strukturen i den yngre järnålderns samhälle. I: Larsson, L.

& Hårdh. B. red. *Centrala platser. Centrala frågor. Samhällsstrukturen under järnåldern.* En vänbok till Berta Stjernquist. Uppåkrastudier 1. Acta Archaeologica Lundensia Series in 8° No. 28.Stockholm, s. 27-37.

Carlie, A. 2002a. Skånska regioner. Reflektioner kring regional variation och järnålderns lokalsamhällen i Skåne. I: Carlie, A. red. *Skånska regioner. Tusen år av kultur och samhälle i förändring.* Riksantikvarieämbetet. Arkeologiska undersökningar Skrifter No 40, Stockholm, s. 11-23.

Carlie, A. 2002b. Hus och gårdar. Tre platser med bebyggelse från äldre järnålder i slättlandet mellan Löddeköpinge och Uppåkra. I: Carlie, A. red. *Skånska regioner. Tusen år av kultur och samhälle i förändring.* Riksantikvarieämbetet Arkeologiska undersökningar Skrifter No 40, Stockholm, s. 513-553.

Carlie, A. 2002c. Gård och kultplats. Om bruket av offerhandlingar på en yngre järnåldersgård i Hjärup, sydvästra Skåne. I: Carlie, A. red. *Skånska regioner. Tusen år av kultur och samhälle i förändring.* Riksantikvarieämbetet Arkeologiska undersökningar Skrifter No 40, Stockholm, s. 653-679.

Carelli, P. 2001. *En kapitalistisk anda. Kulturella förändringar i 1100-talets Danmark.* Lund Studies in medieval Archaeology 26, Stockholm.

Ekholm, G. 1918. Folkvandringstidens guldringar. Deras utveckling och släktskapsförhållanden. *Fornvännen 1918,* årg. 13, s. 53-60.

Ericson, T. 1999a. Järnåldersbebyggelse vid Kvärlöv. Skåne, Saxtorp sn, Kvärlöv 8:5, VKB SU 11, Raä 9. Arkeologisk undersökning. *Riksantikvarieämbetet UV Syd Rapport* 1999:99.

Ericson, T. 1999b. Järnåldersbebyggelse vid Annelöv. Skåne, Annelövs sn, Annelöv 38:1, VKB SU 14:V, Raä 9. Arkeologisk undersökning. *Riksantikvarieämbetet UV Syd Rapport* 1999:107.

Erlström, M., Lidmar-Bergström, K., Liljegren, R., Malmberg-Persson, K., Schlyter, P., Sivhed, U. & Vikman, H. 1999. Berg och jord. *Atlas över Skåne. Sveriges Nationalatlas,* Uppsala, s. 10-30.

Fabech, C. 1993. Skåne – et kulturelt og geografiskt grænseland i yngre jernalder og i nutiden. *TOR Vol 25,* s. 201-245.

Fabech, C. 1998. Centrality in sites and landscape. I: Fabech, C. & Ringtved, J. red. *Settlement and Landscape. Proceedings of a conference in Århus, Denmark. May 4-7 1998.* Jutland Archaeological Society. Aarhus, s. 455-473.

Fabech, C. & Ringtved, J.1995. Magtens geografi i Sydskandinavien. I: Resi, H.G. red. *Produksjon og samfunn. Om erverv, spesialisering og bosetning i Norden i 1. Årtusinde. Kr.* Universitetets Oldsaksamling. Varia 30. Oslo, s. 11-37.

Fonnesbech-Sandberg, E. 1991. Guldets funktion i ældre germansk jernalder. I: Fabech, C. & Ringtved, J. red. *Samfundsorganisation og Regional Variation. Norden i Romersk Jernalder og Folkevandringstid.* Beretning fra 1. Nordiske jernaldersymposium på Sandbjerg Slot 11.–15. April 1989. Jysk Arkæologisk Selskabs Skrifter XXVII, s. 233-244.

Friman, B. & Hector, H. 2003. An Early Iron Age Settlement at Hyllie, Preliminary Resultats of the Excavations. I: Larsson, L, & Hårdh, B. red. *Centrality – Regionality. The Social Structure of Southern Sweden during the Iron Age.* Uppåkrastudier 7. Acta Archaeologica Lundensia Series in 8° No. 40, Stockholm, s. 179-189.

Grønnegaard, T. J. 1999. Landsby i Folkevandringstid. I: Andersson, M., Grønnegaard, T. J. & Svensson, M. Mellanneolitisk palissadinhägnad och folkvandringstida boplats. Skåne, V. Karaby socken, V. Karaby 28:5, Dagstorp 17:12, SU 19. Arkeologisk undersökning. *Riksantikvarieämbetet UV Syd Rapport* 1999:101.

Göthberg, H., Kyhlberg, O. & Vinberg, A. red. 1995. *Hus och gård i det förurbana samhället – Rapport från ett sektorsforskningsprojekt vid Riksantikvarieämbetet.* Riksantikvarieämbetet Arkeologiska undersökningar skrifter nr 13 och 14. Stockholm.

Hansen, F. 1936. *Hammarsnäs Halör.* Lund.

Harrisson, D. 1997. Centralorter i historisk forskning om tidig medeltid. I: Callmer, J. & Rosengren, E. red. "*...gick Grendel att söka det höga huset...*". *Arkeologiska källor till aristokratiska miljöer i Skandinavien under yngre järnålder.* Rapport från ett seminarium i Falkenberg 16-17 november 1995. Slöingeprojektet 1. Hallands länsmuseers Skriftserie No 9/ GOTARC C. Arkeologiska skrifter No 17. Halmstad, s. 25-29.

Hedeager, L. 1992. *Danmarks jernalder. Mellem stamme og stat.* Århus.

Helgesson, B. 1999. Helge – ett spår av en tidig kristen mission i Uppåkra? I: Hårdh, B. red. *Fynden i centrum. Keramik, glas och metall från Uppåkra.* Uppåkrastudier 2. Acta Archaeologica Lundensia Series in 8°, No. 30, Stockholm, s. 191-200.

Helgesson, B. 2002. *Järnålderns Skåne. Samhälle, centra och regioner.* Uppåkrastudier 5. Acta Archaeologica Lundensisa Series in 8° No 38. Stockholm.

Helgesson, B. & Stjernquist, B. 2001. Fibulor från äldre järnålder på Uppåkraboplatsen. I Hårdh, B. red. *Uppåkra. Centrum och sammanhang.* Uppåkrastudier 3. Acta Archaeologica Lundensia Series in 8°, No. 34, Stockholm, s. 139-155.

Herschend, F. 1993. The origin of the Hall in southern Scandinavia. *Tor 25,* s. 175-200.

Holmberg, R. 1977. *Den skånska Öresundskustens medeltid.* Acta Archaeologica Lundensia. Series in 8° No 11, Lund.

Hårdh, B. 1999a. Näbbfibulan – ett vendeltida vardagsspänne. I: Hårdh, B. red. *Fynden i centrum. Keramik, glas och metall från Uppåkra.* Uppåkrastudier 2. Acta Archaeologica Lundensia Series in 8°, No. 30, Stockholm, s. 145-162.

Hårdh, B. 1999b. red. *Fynden i centrum. Keramik, glas och metall från Uppåkra.* Uppåkrastudier 2. Acta Archaeologica Lundensia Series in 8°, No. 30, Stockholm.

Hårdh, B. red. 2001a. *Uppåkra. Centrum och sammanhang.* Uppåkrastudier 3. Acta Archaeologica Lundensia Series in 8°, No. 34, Stockholm.

Hårdh, B. 2001b. Produktion och spridning. Näbbfibulor i Skåne. I: Hårdh, B. red. *Uppåkra. Centrum och sammanhang.* Uppåkrastudier 3. Acta Archaeologica Lundensia Series in 8°, No. 34, Stockholm, s. 187-204.

Hårdh, B. 2003. The Contacts of the central Place. I: Larsson, L, & Hårdh, B. red. *Centrality – Regionality. The Social Structure of Southern Sweden during the Iron Age.* Uppåkrastudier 7. Acta Archaeologica Lundensia Series in 8° No. 40, Stockholm, s. 27-66.

Hårdh, B. 2004. The Metal Beaker with Embossed Foil Bands. I: Larsson, L. red. *Continuity for Centuries. A Ceremonial building and its context at Uppåkra, southern Sweden.* Uppåkrastudier 10. Acta Archaeologica Lundensia Series in 8°, No. 48, Stockholm, s. 49-91.

Hårdh, B. & Larsson, L. 2002. red. *Central Places in the Migration and Merovingian Periods. Papers from the 52nd Sachsensymposium, Lund, August 2001.* Uppåkrastudier 6. Acta Archaeologica Lundensia Series in 8° No. 39, Stockholm.

Iversen, T. 1994. *Trelldommen. Norsk slaveri i middelalderen.* Historisk Institutt, Universitet i Bergen.

Jacobsson, B. 1983. Landskrona. RAÄ och SHM. *Rapport Medeltidsstaden 48.* Stockholm.

Jensen, J. 1997. *Fra Bronze- til Jernalder – en kronologisk undersøgelse.* Nordiska Fortidsminder Serie B. Bind 15. Det Konglige Nordiske Oldskriftselskab. København.

Jeppsson, A. 1996. Boplats och gravar. Karaby 3:1, 3:4. V. Karaby socken, RAÄ 39. Stamledning P36. I: Räf, E. red. Skåne på längden. Sydgasundersökningar 1983-1985. *Riksantikvarieämbetet UV Syd Rapport* 1996:58, s. 117-166.

Jørgensen, L. 1998. En storgård fra vikingetid ved Tissø, Sjælland – en foreløbig præsentation. I: Larsson, L. & Hårdh, B. red. *Centrala platser. Centrala frågor. Samhällsstrukturen under järnåldern.* En vänbok till Berta Stjernquist. Uppåkrastudier 1. Acta Archaeologica Lundensia Series in 8° No. 28, Stockholm, s. 233-248.

Jørgensen, L. 2002. Kongsgård – kultsted – marked. Overvejelser omkring Tissøkompleksets struktur og funktion. I: Jennbert, K. Andrén, A. & Raudvere, C. red. *Plats och praxis. Studier av nordisk förkristen ritual.* Vägar till Midgård 2. Lund, s. 215-247.

Kindström, L.G. 1952. The Gantofta Find – a Scanian God Hoard from the Migration Period. *Meddelanden från Lunds Universitets Historiska Museum* 1952, s. 316-330.

Kresten, P., Hjärthner-Holdar, E. & Harrysson, H. 2001. Metallurgi i Uppåkra: Smältor och halvfabrikat. I: Larsson, L. red. *Uppåkra – Centrum i analys och rapport.* Uppåkrastudier 4. Acta Archaeologica Lundensia Series in 8° No. 36, Stockholm, s. 149-166.

Larsson, L. 1982. Gräber und Siedlungsreste der Jüngeren Eisenzeit bei Önsvala im südwestlichen Schonen. *Acta Archaeologica.* Vol. 52. 1981, s. 129-208.

Larsson, L. 2001. red. *Kommunikation i tid och rum.* University of Lund. Institute of Archaeology. Report series No. 82. Lund.

Larsson, L. 2002a. Uppåkra – Research on a Central Place. Recent Excavations and Results. I: Hårdh, B. & Larsson, L. red. *Central Places in the Migration and Merovingian Periods. Papers from the 52nd Sachsensymposium, Lund, August 2001.* Uppåkrastudier 6. Acta Archaeologica Lundensia Series in 8° No. 39, Stockholm, s. 19-30.

Larsson, L. 2002b. red. *Uppåkra – Centrum i analys och rapport.* Uppåkrastudier 4. Acta Archaeologica Lundensia Series in 8° No. 36, Stockholm.

Larsson, L. & Hårdh, B. 1998. red. *Centrala platser. Centrala frågor. Samhällsstrukturen under järnåldern.* En vänbok till Berta Stjernquist. Uppåkrastudier 1. Acta Archaeologica Lundensia Series in 8° No. 28, Stockholm.

Larsson, L, & Hårdh, B. 2003. red. *Centrality – Regionality. The Social Structure of Southern Sweden during the Iron Age.* Uppåkrastudier 7. Acta Archaeologica Lundensia Series in 8° No. 40, Stockholm.

Larsson, L. & Lenntorp, K-M. 2004. The Enigmatic House. I: Larsson, L. red. *Continuity for Centuries. A Ceremonial building and its context at Uppåkra, southern Sweden.* Uppåkrastudier 10. Acta Archaeologica Lundensia Series in 8°, No. 48, Stockholm, s. 3-48.

Lindell, M. 2001. Kammakeri från äldre järnåldern på Uppåkraboplatsen. I: Hårdh, B. red. *Uppåkra. Centrum och sammanhang.* Uppåkrastudier 3. Acta Archaeologica Lundensia Series in 8°, No. 34, Stockholm, s. 157-185.

Liversage, D. 1980. *Material and Interpretation. The Archaeology of Sjælland in the Early Roman Iron Age.* Archaeological-Historical Series 1, Vol. XX. The National Museum of Denmark. Copenhagen.

Lund Hansen, U. 1987. *Römischer Import im Norden. Warenaustausch zwischen dem Römischen Risch und dem freien Germanien während der Kaiserzeit unter besonderer Berücksichtigung Nordeuropas.* Nordiske Fortidsminder Serie B. Bind 10. Det Kongelige Nordiske Oldskriftselskab, København.

Mackeprang, M. B. 1952. *De nordiske guldbrakteater. Brakteatstudiets Historie. Brakteattypernes udvikling, geografiske fordeling, kronologi, motiver og prægningsteknik.* Jysk arkæologisk selskabs skrifter Bind II. Universitetsforlaget i Aarhus.

Magnus, B. 2001. Relieffspenner fra Uppåkra og andre funnsteder i Skåne. I: Hårdh, B. red. *Uppåkra. Centrum och sammanhang.* Uppåkrastudier 3. Acta Archaeologica Lundensia Series in 8°, No. 34, Stockholm, s. 175-186.

Malmer, M.P. 1963. *Metodproblem inom järnålderns konsthistoria.* Acta Archaeologica Lundensia Series in 8° No 3. Lund.

Martens, J. 2001. A Wooden Shield-Boss from Kvärlöv, Scania. Some Remarks on the Weaponry of the Early Pre-Roman Iron Age in Northern Europe and the Origin of the Hjortspring Warriors. I: "...*Trans Albim Fluvium". Forschungen zur vorrömischen, kaiserzeitlidhen und mittelalterlichen Archäologie.* Festschrift für Achim Leube zum 65. Geburtstag. Internationale Archäologie. Studia Honoraria, band 10, s. 135-159.

Montelius, O. 1909. Hjulformiga spännen. *Fornvännen* 1909, häfte 2 och 3, s. 109-199.

Nagmér, R. 1979. Gravfält från yngre järnålder – vikingatid samt boplats från gropkeramisk tid, bronsålder och äldre järnålder. Stävie 4:1, Stävie sn. Skåne. Arkeologisk undersökning 1973-1975, 1977, 1978. *Riksantikvarieämbetet och Statens historiska museer. Uppdragsverksamheten Rapport* 1979:47.

Nagmér, R. 1988. Uppåkra 9:1. Fornlämning 22-24 samt 174, Uppåkra sn. Skåne 1986. *Riksantikvarieämbetet UV Syd Rapport* dnr 4545/86 och 6080/86.

Nagmér, R. 1990. Undersökning av boplatslämningar och flatmarksgravfält. Flackarp 13:1A och Trolleberg 1:1A. Flackarps sn, Skåne. *Riksantikvarieämbetet UV Syd Rapport* dnr 3740/87.

Nagmér, R. & Räf, E. 1996. Boplats och grav. Stävie 4.1, Stävie socken, Raä 5. Stamledning P30. I: Räf, E. red. Skåne på längden. Sydgasundersökningar 1983-1985. *Riksantikvarieämbetet UV Syd Rapport* 1996:58, s. 101-106.

Necrologium Lundense. Lunds Domkyrkas nekrologium. Utgiven av L. Weibull. 1923.

Nicklasson, P. 1997. *Svärdet ljuger inte. Vapenfynd från äldre järnålder på Sveriges fastland*. Acta Archaeologica Lundensia Series Prima in 4° N. 22°, Stockholm.

Näsman, U. 1988. Analogislut i nordisk jernalderarkæologi. Et bidrag til udviklingen af en nordisk historisk etnografi. I: Mortensen, P. & Rasmussen, B.M. red. *Jernalderens stammesamfund. Fra Stamme til Stat i Danmark 1*. Jysk Arkæologisk Selskab XXII. Århus, s. 123-140.

Näsman, U. 1991a. Det syvende århundrede – et mørkt tidsrum i ny belysning. I: Mortensen, P. & Rasmussen, B.M. red. *Høvdingesamfund og Kongemagt. Fra stamme til Stat i Danmark 2*. Jysk Arkæologisk Selskabs Skrifter XXII, 2, s. 165-177.

Näsman, U. 1991b. Nogle bemerkninger om det nordiske symposium "Samfundsorganisation og Regional Variation" på Sandbjerg Slot den 11.-15 april 1989. I: Fabech, C. & Ringtved, J. red. *Samfundsorganisation og Regional Variation. Norden i Romersk Jernalder og Folkevandringstid*. Beretning fra 1. Nordiske jernaldersymposium på Sandbjerg Slot 11. – 15. April 1989. Jysk Arkæologisk Selskabs Skrifter XXVII, s. 321-328.

Näsman, U. 1998. Sydskandinavisk samhällsstruktur i ljuset av merovingisk och anglosaxiskanalogi eller i vad är det som centralplatserna är centrala? I: Larsson, L. & Hårdh, B. red. *Centrala platser, centrala frågor. Samhällsstrukturen under järnåldern. En vänbok till Berta Stjernquist*. Uppåkrastudier 1. Acta Archaeologica Lundensia. Series in 8° No. 28, Stockholm, s. 1-26.

Omfors, T & Streiffert, J. 1999. Boplatslämningar vid Rååns dalgång. Skåne, Helsingborg stad, Ramlösa 9:6, VKB 1A:7. Arkeologisk undersökning. *Riksantikvarieämbetet UV Syd Rapport* 1999:14.

Pettersson, C. 2000. I skuggan av Karaby backar. Boplatslämningar från senneolitikum till folkvandringstid, Skåne, Västra Karaby sn, RAÄ 35, Västra Karaby 2:21. Arkeologisk för- och slutundersökning 1990-1991. *Riksantikvarieämbetet UV Syd Rapport* 2000:103.

Pettersson, C. 2002a. "...ock satte kring tunet ett hägn". Om långhus, odlingsskydd och metodutveckling på en gård från romersk järnålder vid Västra Karaby. I: Carlie, A. red. *Skånska regioner. Tusen år av kultur och samhälle i förändring*. Riksantikvarieämbetet Arkeologiska undersökningar Skrifter No 40, Stockholm, s. 487-511.

Pettersson, C. 2002b. Kustens mångsysslare. Hammarsnäsområdets bosättning och gravar i äldre järnålder. I: Carlie, A. red. *Skånska regioner. Tusen år av kultur och samhälle i förändring*. Riksantikvarieämbetet Arkeologiska undersökningar Skrifter No 40, Stockholm, s. 596-651.

Pettersson, C. & Brorsson, T. 2002. "Bott vid en landsväg...". I: Mogren, M. red. *Märkvärt medeltida. Arkeologi ur en lång skånsk historia*. Riksantikvarieämbetet Arkeologiska undersökningar Skrifter No 45, Stockholm, s. 7-98.

Regnell, M. Manus. Naturminnen. Skånska spår - arkeologi längs Västkustbanan.

Ringberg, B. 1976. *Beskrivning till jordartskartan Malmö NV*. Sveriges Geologiska undersökningar Serie Ae nr 27. Stockholm.

Rudebeck, E. 2001. Vägskäl, vägkorsningar och vadställen – liminala platser och arkeologi. I: Larsson, L. red. *Kommunikation i tid och rum*. University of Lund. Institute of Archaeology. Report series No. 82. Lund, s. 93-112.

Rudebeck, E. & Ödman, C. 2000. *Kristineberg. En gravplats under 4 500 år*. Malmöfynd 7. Stadsantikvariska avdelningen. Kultur Malmö.

Rudin, G-B. & Brink, K. 2000. Guldpärlan från Fjärdingslöv. I: Björhem, N. red. *Föresundsförbindelsen. På väg mot det förflutna*. Stadsantikvariska avdelningen. Kultur Malmö, s. 176-177.

Runcis, J. 1998. Gravar och boplats i Hjärup – från äldre och yngre järnålder. Med osteologisk rapport av Caroline Arcini. Skåne, Uppåkra socken, Hjärup 21:36, Raä 29. Särskild arkeologisk undersökning. *Riksantikvarieämbetet UV Syd Rapport* 1998:1-2.

Runcis, J. red. 2004. Förhistoria mellan Lund och Kävlinge. Boplatser och rituella lämningar utmed det nya järnvägsdubbelspårt. Skåne, Lackalänga socken m.fl. Arkeologisk slutundersökning. *Riksantikvarieämbetet UV Syd Rapport* 2004:15.

Silvegren, U. W. 1999. Mynten från Uppåkra. I: Hårdh, B. red. *Fynden i centrum. Keramik, glas och metall från Uppåkra*. Uppåkrastudier 2. Acta Archaeologica Lundensia Series in 8°, No. 30, Stockholm, s. 95-112.

Sjögren, O. (Utg.) 1932. *Sverige. Geografisk beskrivning*. Stockholm.

Skovsbo, P.O. *Oldtidens vogne i Norden. Arkæologiske undersögelser af mose- og jordfundne vogndele af træ fra neolitikum til äldre middelalder*. Bangsbomuseet 1987.

Skre, D. 1998. *Herredømmet. Bosetning og besittelse på Romerike 200-1350 e. Kr*. Acta Humaniora 32. Universitetsforlaget. Oslo.

Skre, D. 2001. The Social Context of Settlement in Norway in the First Millennium AD. *Norwegian Archaeological Review*, Vol 34, No. 1, s. 1-12.

Stenberger, M. 1979. *Det forntida Sverige*. Stockholm, Göteborg, Uppsala.

Stjernquist, B. 1955. *Simris. On cultural connections of Scania in the Roman Iron Age.* Lund.
Stjernquist, B. 1961. *Simris II. Bronze Age problems in the light of the Simris Excavation.* Lund.
Stjernquist, B. 1974. Das Opfermoor in Hassle Bösarp, Schweden. *Acta Archaeologica Vol XLIV 1973*, s. 19-62.
Stjernquist, B. 1982. Arkeologisk forskning om den agrara bebyggelsen i Skåne vid vikingatidens slut – källäge och problemställningar. *Bebyggelsehistorisk tidsskrift nr 2. 1981*, s. 17-25.
Stjernquist, B. 1983. Ett nytt fynd av guldmynt från Skåne. *Ale 1983:3*, s. 3-9.
Stjernquist, B. 1997. *The Röekillorna Spring. Spring-cults in Scaninavian Prehistory.* Skrifter utgivna av Kungl. Humanistiska Vetenskapssamfundet i Lund, LXXXII. Stockholm.
Stjernquist, B. 1999. Glass from Uppåkra: A Preliminiary Study of Finds and Problems. I: Hårdh, B. red. *Fynden i centrum. Keramik, glas och metall från Uppåkra.* Uppåkrastudier 2. Acta Archaeologica Lundensia Series in 8°, No. 30, Stockholm, s. 67-94.
Stjernquist, B. 2001. Offerplatsen och samhällsstrukturen. I: Hårdh, B. red. *Uppåkra. Centrum och sammanhang.* Uppåkrastudier 3. Acta Archaeologica Lundensia Series in 8°, No. 34, Stockholm, s. 3-28.
Stjernquist, B. 2004. A Magnificent Glass Bowl from Uppåkra. I: Larsson, L. red. *Continuity for Centuries. A Ceremonial building and its context at Uppåkra, southern Sweden.* Uppåkrastudier 10. Acta Archaeologica Lundensia Series in 8°, No. 48, Stockholm, s. 103-151.
Stjernquist, B. u.å. *Lundabygden före Lund. Ekonomisk utveckling från tundra miljö till stadssamhälle.* Lund.
Strömberg, B. & Thörn Pihl, A. 2000. Järnåldersbosättningar i ett bronsålderslandskap. Skåne, Härslövs socken, Hilleshög 6:5 och 16:7. Västkustbanan 3:6 och 3:7. Arkeologisk undersökning. *Riksantikvarieämbetet UV Syd Rapport 2000:53.*
Strömberg, M. 1955. Tre nyfunna gravar från senromersk järnålder vid Källby. I *Skånes hembygdsförbunds Årsbok 1955*, s. 7-24.
Strömberg, M. 1961a-b. *Untersuchungen zur jüngeren Eisenzeit in Schonen. Völkerwanderungszeit-Wikingerzeit.* Bd I-II. Acta Archaeologica Lundensia Series in 4° No 4. Lund.
Strömberg, M. 1968. Ett gravfält från sen järnålder i Råga Hörstad i Skåne. *Antikvarisk Arkiv 35.*
Svanberg, F. 1999. *I skuggan av vikingatiden. Om Skåne, Halland, Blekinge och Själland.* Lund.
Svanberg, F. 2003. *Death rituals in south-east Scandnavia AD 800-1000. Decolonizing the Viking Age.* Acta Archaeologica Lundensia Series in 4° No 24, Stockholm.
Svanberg, F. & Söderberg, B. 2000a. *Porten till Skåne. Löddeköpinge under järnålder och medeltid. Arkeologiska studier kring Borgeby och Löddeköpinge 2. Riksantikvarieämbetet. Arkeologiska undersökningar. Skrifter No 32, Stockholm.*
Svanberg, F. & Söderberg, B. 2000b. En ny syn på Löddeköpinge. Arkeologiska lämningar och historiska förhållanden. I: Svanberg, F. & Söderberg, B. *Porten till Skåne. Löddeköpinge under järnålder och medeltid.* Arkeologiska studier kring Borgeby och Löddeköpinge 2. Riksantikvarieämbetet. Arkeologiska undersökningar Skrifter No 32, Stockholm, s. 310-320.
Söderberg, B. 2000a. Arkeologi i Löddeköpinge. Två undersökningar. I: Svanberg, F. & Söderberg, B. *Porten till Skåne. Löddeköpinge under järnålder och medeltid.* Arkeologiska studier kring Borgeby och Löddeköpinge 2. Riksantikvarieämbetet. Arkeologiska undersökningar Skrifter No 32, Stockholm, s. 38-51.
Söderberg, B. 2000b. Arkeologi i Löddeköpinge. Vikingatidens boplatser i Löddeköpingeområdet. I: Svanberg, F. & Söderberg, B. *Porten till Skåne. Löddeköpinge under järnålder och medeltid.* Arkeologiska studier kring Borgeby och Löddeköpinge 2. Riksantikvarieämbetet. Arkeologiska undersökningar Skrifter No 32, Stockholm, s. 52-82.
Söderberg, B. 2000c. Perspektiv på Löddeköpinge. Vad är en köpingeort? I: Svanberg, F. & Söderberg, B. *Porten till Skåne. Löddeköpinge under järnålder och medeltid.* Arkeologiska studier kring Borgeby och Löddeköpinge 2. Riksantikvarieämbetet. Arkeologiska undersökningar Skrifter No 32, Stockholm, s. 261-307.
Söderberg, B. 2005. *Aristokratiskt rum och gränsöverskridande. Järrestad och sydöstra Skåne mellan region och rike 600-1100.* Riksantikvarieämbetet Arkeologiska undersökningar Skrifter No 62. Stockholm.
Thörn Pihl, A. 1999. En välbebodd kulle i Kvärlöv. Skåne, Annelöv sn, Kvärlöv 17:1, 18:2, VKB SU 12. Arkeologisk undersökning. *Riksantikvarieämbetet UV Syd Rapport 1999:105.*
Vitfot, B.-M. 1936. Järnåldersboplatsen vid Uppåkra. *Meddelanden från Lunds universitets historiska museum 1936*, s. 299-341.
Wason, P.K. 1994. *The Archaeology of Rank.* Cambridge University Press.
Watt, M. 2004. The Gold-Figure Foils "Guldgubbar" from Uppåkra. I: Larsson, L. red. *Continuity for Centuries. A Ceremonial building and its context at Uppåkra, southern Sweden.* Uppåkrastudier 10. Acta Archaeologica Lundensia Series in 8°, No. 48, Stockholm, s. 167-221.
Widgren, M. 1998. Kulturgeografernas bönder och arkeologernas guld – finns det någon väg till en syntes? I: Larsson, L. & Hårdh, B. red. *Centrala platser, centrala frågor. Samhällsstrukturen under järnåldern. En vänbok till Berta Stjernquist.* Uppåkrastudier 1. Acta Archaeologica Lundensia. Series in 8° No. 28, Stockholm, s. 281-296.
Wihlborg, A. 1981. Helsingborg. RAÄ och SHM. *Rapport Medeltidsstaden 32*, Stockholm.
Ørsnes, M. 1966. *Form og stil i Sydskandinaviens yngre germanske jernalder.* Nationalmuseet. Købehnhavn.

Muntliga källor

Johan Callmer, Institut für Geschichtswissenschften, Ur- under Frühgeschichte, Humboldtuniversität, Berlin

Mats Regnell, Stockholms Universitet

På tröskeln till historien

I Skåne, liksom i andra delar av södra Skandinavien, innebar mötet med den romerska kulturen kring Kristi födelse början på en lång förändringsprocess; en process som kom att resultera i en ökad social stratifiering och militarisering av de germanska samhällena, samtidigt som den politiska makten centraliserades. Vilka enskilda faktorer som var byggstenarna i denna omvandling har livligt diskuterats inom forskningen. En utbredd uppfattning är att incitamenten till den nya tiden står att söka i den sociala elitens kontakter med den romerska kultursfären. Det var i dessa möten, som de skandinaviska ledarna vände den gamla tidens sedvänjor ryggen, för att anamma nya värdesystem som gav möjligheter till välstånd, makt och inflytande.

Anne Carlie

Inledning

I detta avslutande kapitel diskuteras några av huvuddragen i den sociala och politiska förändringsprocess som präglade Skåne och området vid Öresund, från tiden cirka 500 före Kristus och fram till vikingatidens början. Inledningen tas i den stora historien och politiska händelseförloppen på kontinenten, som tjänar som bakgrundsbild för den lilla historien i regionen och de slutsatser avseende samhällsutvecklingen som framkommit genom projektets arbeten. Då kärnan i materialet utgörs av den agrara bebyggelsens hus och gårdar kommer diskussionen att inledas med de förändringar som kan ses i dessa källor. Det handlar om att fånga huvuddragen i bebyggelsens utseende och organisation, för att förstå hur dessa speglar den ekonomiska, sociala och kulturella utvecklingen. Tyngdpunkten läggs här på den regionala nivån med fokus på Öresund och dess betydelse för utbytet och kontakterna mellan Skåne och Själland, samtidigt som viktiga strukturer och förändringsförlopp sätts in i ett vidare geografiskt sammanhang.[1]

Arvet från bronsåldern

Historien om de germanska samhällena vid Öresund börjar omkring 500 före Kristus, då de politiska händelserna på kontinenten ledde till en nedgång i de månghundraåriga kontaktvägarna. Den äldre järnåldern i centrala Västeuropa inleds således av stora förändringar inom den västliga hallstattkulturen (Ha C). Tiden karakteriseras av en ökad produktion av råvaror som salt, järn och koppar, samtidigt som ett allsidigt tekniskt kunnande utvecklades inom olika hantverksområden, däribland järnhantering och smide, bronsgjutning, keramikframställning och vagnstillverkning. Avsättningen av varor skedde både internt och genom fjärrhandel, och bidrog påtagligt till att öka den sociala stratifieringen, som bl.a. manifesterades i rikt utrustade furstegravar anlagda i storhögar. Lyxartiklar i form bronsspannar och amforor – troligen för import av vin – men också röd korall och färgade glaspärlor, vittnar om att fjärrhandeln till stor del var orienterad mot sydväst och de grekiska och etruskiska högkulturerna i Italien och södra Frankrike (Collis 1984, s. 73f; Jazdzewski 1984, s. 290ff).

Efter en kort nedgång i de mediterrana kontakterna under sen hallstattid (Ha D), då de centraleuropeiska samhällena utsattes för upprepade överfall av nomadiserade ryttarfolk ifrån öster (skyter och traker), återupptogs handeln och utbytesrelationerna med medelhavsområdet på nytt under 400-talet. Särskilt de två sista århundradena före Kristi födelse präglas av omfattande ekonomiska, sociala och politiska förändringar. I Centraleuropa utvecklades den keltiska La Tène kulturen, som kom att bli både teknologiskt, hantverksmässigt och stilistiskt tongivande för den fortsatta utvecklingen. I kölvattnet av dessa förändringar ses på nytt en ökad social stratifiering och militarisering av samhället (Collis 1984, s. 81f; Jazdzewski 1984, s. 231ff).

Med utvecklingen på kontinenten förlorade bronset sin betydelse i de internationella utbytesrelationerna, samtidigt som låglandsområdena norr om det alpina området kom att hamna utanför de sociala och politiska händelsernas centrum. Detta betyder inte att de nordiska samhällena hamnade i ett kulturellt tomrum, utan bara att intensiteten och omfattningen av de gamla kontakterna och utbytena mattades av. Som en följd stannade även förändringstakten av och de gamla värdesystemen hölls kvar. Vi ser detta i de arkeologiska källorna bland annat genom kontinuiteten i de rituella sedvänjorna, med offernedläggelser i våtmarker och efterbegravningar i bronsåldershögar. Av bronset framställdes halsringar och armringar, men även dräktspännen och nålar – d.v.s. samma typer av föremål som under sen yngre bronsålder (Jensen 1997, s. 168ff). Däremot var formspråket delvis annorlunda med tydliga influenser söderifrån. Att de kulturella utbytena med elitära miljöer på kontinenten inte helt hade upphört, bekräftas också för Själlands vidkommande, där flera fynd av unika importerade metallkärl berättar om fortsatta långväga kontakter. I Skåne däremot saknas sådana prestigeföremål helt, vilket kan tyda på att området kulturellt var mer isolerat.

Vad berättar då den materiella kulturen om kontakterna mellan Skåne och Själland under förromersk järnålder. Ser man t.ex. på två av tidens dominerande smycketyper – kron- respektive kulhalsringar – har den förstnämnda en tydlig västlig utbredning, medan den senare framför allt förekommer på Själland, öarna och i Skåne (fig. 1). Detta visar att områdena åtminstone i det här avseendet ingick i samma kulturella sfär. Å den andra sidan finns även skillnader mellan de båda områdena. Som exempel kan nämnas dräktspännen av Ljunitstyp och bandformiga armringar, som finns i flera exemplar från Skåne, men som är mycket ovanliga i Danmark (Jensen 1997, s. 183). En sådan regionalisering av enskilda föremålstyper kan tolkas på olika sätt: antingen som uttryck för en kulturell isolering eller som en medveten profilering av enskilda gruppers/stammars identitet (jfr Helgesson 2002, s. 119). Även Ole Stilborgs studier av den förromerska keramiktraditionen i västra Skåne, visar att det under periodens äldre skede finns få tecken på externa influenser (Stilborg 2005a). Denna bild förändras under senare delen av förromersk järnålder. Enskilda särdrag i keramiken antyder nu olika traditionsområden i västra och sydvästra Skåne, där materialet från det senare området uppvisar flera likheter med det östdanska materialet, t.ex. i form av komplexa mynningskanter, medan keramiken från det norra området har färre sådana drag. I det västskånska materialet finns även andra element som pekar på kontakter längre västerut. Den behornade eldbocken och sköldbucklan av Hjortspringstyp från Kvärlöv, är båda exempel på föremål som antyder kulturella utbyten med västra Danmark (se Martens faktarutor i del I och II). Även byggnadstraditionen i Skåne visar under äldre förromersk järnålder på likheter med samtida hustyper på Jylland (jfr t.ex. Grøntoft; se Artursson i del II). Västliga influenser ses även i långhusens konstruktion på östra Själland, samtidigt som dessa har likheter med långhus i Skåne (t.ex. Lille Holmegaard; Linda Boye, pers. kom.). Detta tyder på en mångfald i de kulturella förbindelserna och kontaktnäten mellan olika regioner inom södra Skandinavien.

Den begränsade förekomsten av metallföremål och rika gravfynd under äldre förromersk järnålder, har i hög grad bidragit till att fördunkla bilden av den tidiga järnåldern i Sydskandinavien, vars samhällsorganisation ofta beskrivits som egalitär eller icke hierarkisk. En sådan karakteristik ger dock en alltför förenklad bild av en samhällsstruktur, som bara några århundranden tidigare präglades av en betydande social stratifiering. Att den sociala skiktningen i de sydskandinaviska samhällena skulle ha kollapsat under äldre förromersk järnålder motsägs också av den bild som den samtida bebyggelsen förmedlar. Våra studier visar således att det i Skåne fanns gårdar av varierande storlek, från små enheter på cirka 65 m² upp till stora gårdar på 230 m². Skillnaderna i byggnadsareal bekräftar bilden av en social differentiering i samhället, som annars har en svag framtoning i det skånska källmaterialet. Kanske bidrog de minskade kontakterna med elitära miljöer på kontinenten, till en viss social stagnation – eller snarare – minskade behov av konkurrens och maktdemonstrationer bland den lokala överklassen. Detta ses i källorna inte bara genom att de rituella investeringarna i begravningar och offernedläggelser blev färre, utan kan även skönjas på boplatserna, där de gamla värdesystemen för hur långhuset skulle byggas och gården organiseras förblev de samma som under yngre bronsålder (Artursson 2005).

De samhällen som befolkade Skåne i början av järnåldern var för sin försörjning i första hand beroende av jordbruk och boskapsskötsel, där tillgång till goda jordar och betesmarker, färskt vatten och bränsle, spelade en avgörande roll. Även olika karaktärsdrag i landskapsbilden, både naturliga och skapade, hade säkert stor betydelse för människors identitet och

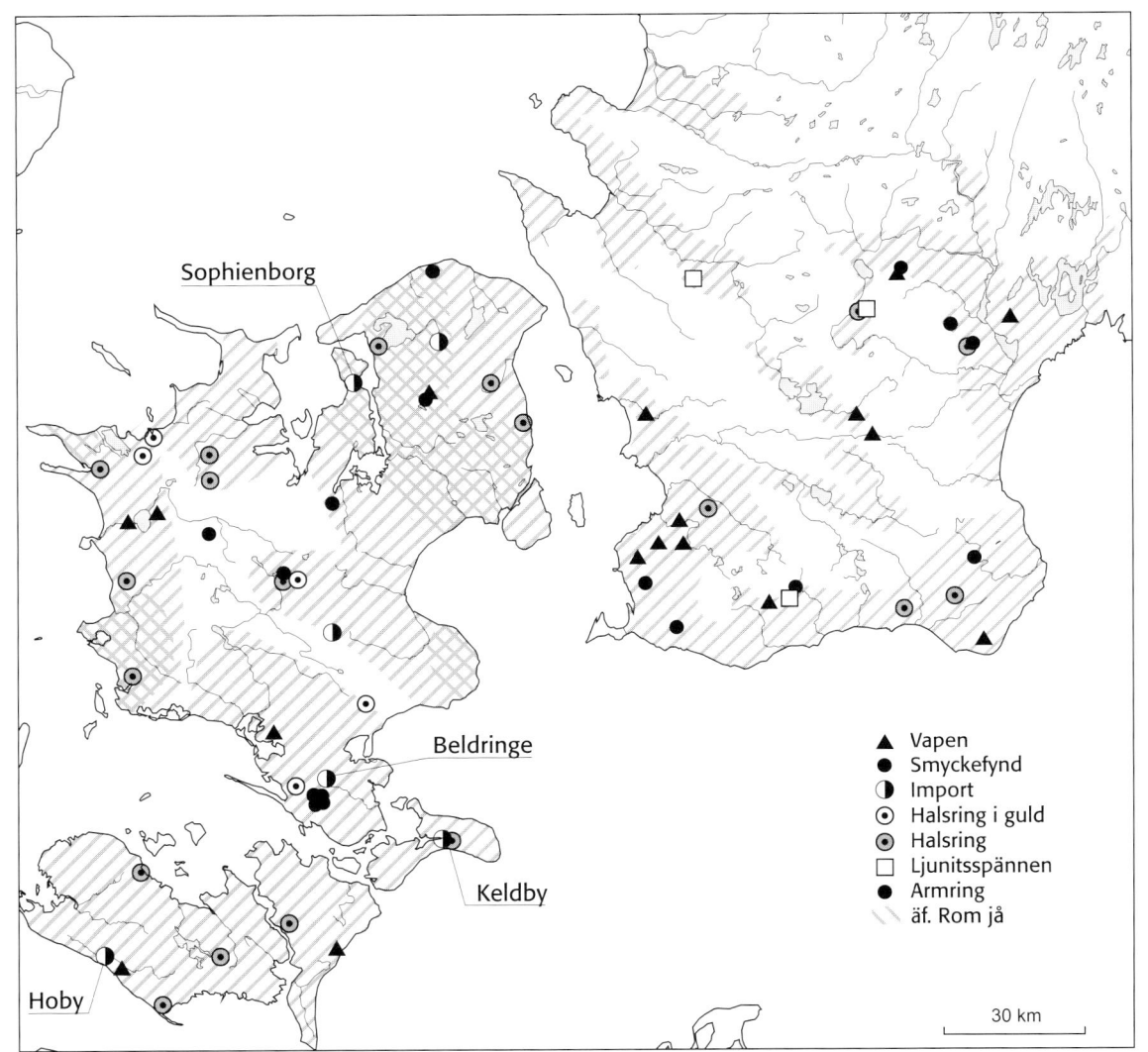

Figur 1. Centrala bebyggelseområden i Öresundsregionen under äldre och yngre förromersk järnålder. På kartan visas ett urval av statusrelaterade metallfynd (bronskärl, halsringar och armringar) samt vapenfynd inom området. Andelen metallfynd är generellt sett fler på Sjælland och de danska småöarna. Det är också i dessa områden vi finner exempel på mer ovanliga prestigeföremål, som importerade bronskärl och guldhalsringar. Dessa föremål speglar sannolikt en lokal maktstruktur och överklass, där importgodset visar på temporära kontakter med högkulturerna i Medelhavsområdet. Avsaknaden av liknande prestigeföremål i Skåne, kan tyda på att området var mer isolerat i fråga om långväga kontakter. Uppgifter om föremålsfynd i Danmark har hämtats ur följande publikationer: Brøndsted 1966; Liversage 1980; Hedeager 1992, fig. 12, 20, 57 och 98.

Central settlement areas in the Öresund region during the Early and Late Pre-Roman Iron Age. The map show a selection of status-related metal finds (bronze vessels, necklaces and arm rings) and weapon finds in the area. Metal finds are generally more numerous on Sjælland and the other Danish islands. It is also in these areas we find examples of more unusual prestige objects, such as imported bronze vessels and gold necklaces. These kinds of objects probably reflect a local power structure and elite, where the imports indicate contacts with the Greek and Roman civilizations in the Mediterranean area. The lack of similar prestige goods in Skåne suggests that the area was more isolated as regards long-distance contacts. The information on finds in Denmark is based on the following publications: Brøndsted 1966; Liversage 1980; Hedeager 1992, figs. 12, 20, 57, and 98.

känsla av hemmahörighet. De fungerade som mentala noder, kring vilka traditioner och minnen om svunna tider och släktled traderades. En typ av platser som spelade en viktig roll var markerade höjder och backformationer. Som Bo Strömberg visar i sin landskapsstudie (se del IV), togs sådana miljöer i det västskånska slättlandet i anspråk för monumentbyggande redan under tidig- och mellanneolitisk tid. Med byggandet av megalitgravar och under bronsåldern även talrika gravhögar, ofta anlagda med tydlig exponering mot slätten eller havet, förstärktes backarnas betydelse som territoriella och identitetsskapande rum i den hävdade bygden. Först med övergången till järnåldern mattades monumentbyggandet av och perspektivet ändrades från de dödas till de levandes värld med gården som den kosmologiska mittpunkten.

Under äldre förromersk järnålder dominerades bebyggelsen i Skåne, liksom i andra delar av södra Skandinavien, av ensamliggande gårdar eller byliknande grupper av utspridda gårdar. Vid flera av de gårdar som undersökts har man hittat spår av gropar och gropsystem efter lertäkter samt härdar, vilka sannolikt användes för matberedning och andra hushållsnära aktiviteter. De flesta gårdar låg på samma plats endast under en bebyggelsefas. Detta visar på en hög grad av rörlighet i bosättningsmönstret med gott om "ledig" mark att disponera för ny bebyggelse. Bakgrunden till denna rörlighet, som även kan följas ner i bronsålder, anses ha sin grund i jordbrukets organisation, som vid tiden präglades av en allt fastare organisation av den odlade och hävdade marken (Pedersen & Widgren 1998, s. 241f). I områden där de fossila åkersystemen bevarats bättre än i södra Skåne, som t.ex. i Götalandskapens röjningsröseområden och s.k. celtic fields på Själland, Öland och Gotland, bildar dessa ofta stora sammanhängande områden på åtskilliga hektar. Områdenas storlek gör det knappast rimligt att all odlingsmark varit i bruk samtidigt. Snarare tyder spår efter samtida gårdslägen inom systemen, på att det förekommit återkommande flyttningar av bebyggelsen, där gamla gårdstomter övergivits och tagits i bruk som åkermark, samtidigt som nya gårdar anlades. Detta innebär att gårdarna, sett i ett tidsperspektiv på 25–30 år (d.v.s. en generation), har varit stationära och sannolikt omgivna av åkrar, vilka med en kontinuerlig tillförsel av gödsel kan ha brukats intensivt med kortare perioder av träda (Pedersen & Widgren 1998, s. 277ff). Motiven för återkommande förflyttningar av bebyggelse och åkerområden kan ha varit flera. Exempel på förklaringar som föreslagits är att man genom att flytta gårdsläget undvek problem med ogräs och olika skadedjur som gödselbruket förde med sig, samtidigt som man utnyttjade den gödslingseffekt som bosättningen i sig själv genererade. Men det kan även ha funnits andra mer långsiktiga strategier bakom flyttningarna, där de synliga och mer beständiga odlingsspåren i landskapet, kanske var ett sätt att manifestera brukningsrätten till den hävdade marken (Pedersen & Widgren 1998, s. 242 och 280).

Den bild av bebyggelsen i västra Skåne som tonar fram i vår undersökning, stämmer på ett övergripande plan väl samman med den generella bild som beskrivits ovan av hur den tidiga järnålderns bosättningar och jordbruk i södra Skandinavien kan ha varit organiserade. Även de analyser av makrofossil från boplatser som utförts inom Västkustbaneprojektet passar väl in i bilden, där särskilt perioden från 500 före och tiden fram till Kristi födelse utmärks av en ovanligt hög andel ogräsarter som trivs på näringsberikad mark, jämfört med mer anspråkslösa arter. En sådan sammansättning stöder ett antagande om att det funnits gödslade åkrar i anslutning till bebyggelsen (Mats Regnell, pers. kom.). Även Jes Martens upptäckt av möjliga fossila åkersystem av typen *"celtic fields"* eller *"skelinrammade dyrkningsfelter"* i västra Skåne utifrån flygfoton, pekar i samma riktning mot mer stationära åkrar (2005b). Bevarade system med celtic fields är kända från flera regioner i nordvästra Europa, av vilka Själland och Bornholm hör de som ligger närmast Skåne. Tidigare var bara två lokaler med denna typ av odlingsspår kända i Skåne – Kungsmarken utanför Lund och Södra Brösarp i sydost. De utpekade odlingssystemen längs Västkustbanan är fortfarande behäftade med osäkerhet, eftersom de inte varit föremål för arkeologisk dokumentation. Om systemens karaktär och ålder kan klarläggas genom framtida undersökningar, kan dessa komma att bidra med en intressant dimension i studiet av järnåldersbebyggelsens organisation, där boplatser och gårdslägen eventuellt kommer att kunna knytas till enskilda resursområden eller sociala territorier. Martens studier av odlingssystemens fysiska utsträckning, tyder på att områdenas begränsningar sammanfaller med naturliga element i landskapet, som t.ex. åar, mindre bäckflöden och våtmarker. Genom att kombinera studier av bebyggelsens och markindelningens rumsliga organisation kan vi förhoppningsvis komma ett steg närmare en förståelse av inte bara hur den sociala och ekonomiska samverkan mellan gårdarna inom enskilda områden gestaltades, utan också hur olika områden länkades samman socialt och kommunikativt. Frågan om hur den sociala stratifieringen avspeglas i bebyggelsen berördes i viss mån ovan. Det förefaller här troligt att det även i områden med en gles bebyggelsestruktur, funnits gårdar med lokala ledare som organiserade, fattade beslut eller löste tvister i frågor som berörde områdets invånare. Det kan t.ex. ha handlat om när förflyttningar skulle äga rum, vilka familjer/hushåll som skulle flytta samt hur dispositionsrätten till olika markområden skulle fördelas etc.

I det "fria" Germaniens utkanter

Under loppet av 200-talet före Kristus inledde det romerska imperiet sin militära expansion söder om Alperna, först genom erövring av landområdena omkring Medelhavet – *mare nostrum* (vårt hav), för att sedan även avancera norrut in i de västalpina gränsområdena. Den romerska expansionen fortsatte som bekant ytterligare norrut, med erövringen av bl.a. Gallien på 50-talet före Kristus och södra England under kejsar Claudius´ tid (41–54 e. Kr.). Den stora vändpunkten för den romerska expansionspolitiken kom år 9 efter Kristus, då den romerska ståthållaren Publius Quinctilius Varus vid slaget i Teutoburgerskogen i nordvästra Tyskland, inte bara förlorade den nyerövrade provinsen Övre Germanien, utan också led ett stort nederlag mot germanerna med fruktansvärda förluster som följd. Från och med då beslöt kejsar Augustus att släppa ambitionen om ytterligare erövringar norr och öster om Elbe, för att istället låta konsolidera imperiets gräns utmed Rhen och Donau (Limes) (Hedeager & Tvarnø 2001, s. 11f, 74f).

Ett centralt element i den romerska expansionspolitiken gick ut på att få de germanska ledarna att blir vänligt sinnade till den romerska kulturen, genom att erbjuda diplomatiska gåvor och andra förmåner, som t.ex. privilegiet att bedriva handel med den romerska marknaden (Hedeager & Tvarnø 2001, s. 82ff, 89). Denna s.k. romanisering av den germanska eliten, var en av de viktigare framgångsfaktorerna för att upprätthålla den politiska makten i imperiet och säkra gränsområdena mot det fria Germanien, d.v.s. de områden som inte var under romersk överhöghet. På sikt skulle denna politik dock komma att få djupgående konsekvenser för utvecklingen av de germanska samhällena, som även nådde de mer perifera delarna av Germanien. Ett sådant element, som snart orsakade romarna allt större svårigheter och problem, var strategin att använda germanerna som soldater i den romerska hären. Genom tjänstgöring i den romerska armén lärde sig dessa inte bara militär organisation, disciplin och kampteknik, utan fick också en inblick i den militära och politiska maktstrukturen. Denna typ av kunskap var ny för germanerna, som dock snabbt förstod att utnyttja den till sin egen fördel efter avslutad tjänstgöring. De värsta och mest framgångsrika fienderna mot imperiet, visade sig således redan under första århundradet efter Kristus vara germanska krigsledare, som gått i lära hos romarna själva. Trots detta fortsatte romarna av praktiska och ekonomiska skäl i allt större grad med extern rekrytering av soldater. Denna strategi underlättades ytterligare genom olika militärreformer under 200-talets senare del, vilket resulterade i att huvuddelen av soldaterna i den romerska hären kom att rekryteras från de mest perifera och icke romaniserade delarna av imperiet (Hedeager & Tvarnø 2001, s. 82, 98).

Den romerska närvaron i nordvästra Europa fick så småningom även betydelse för utvecklingen i de mer avlägsna delarna av Germanien, till vilka områdena i nuvarande Danmark och södra Sverige räknas. Till exempel visar spridningen av romersk import (kärl av brons, silver och glas) att den lokala eliten i södra Skandinavien redan vid tiden för Kristi födelse hade nära kontakter med den romerska maktsfären (fig. 2). Detta förhållande gäller särskilt för de danska

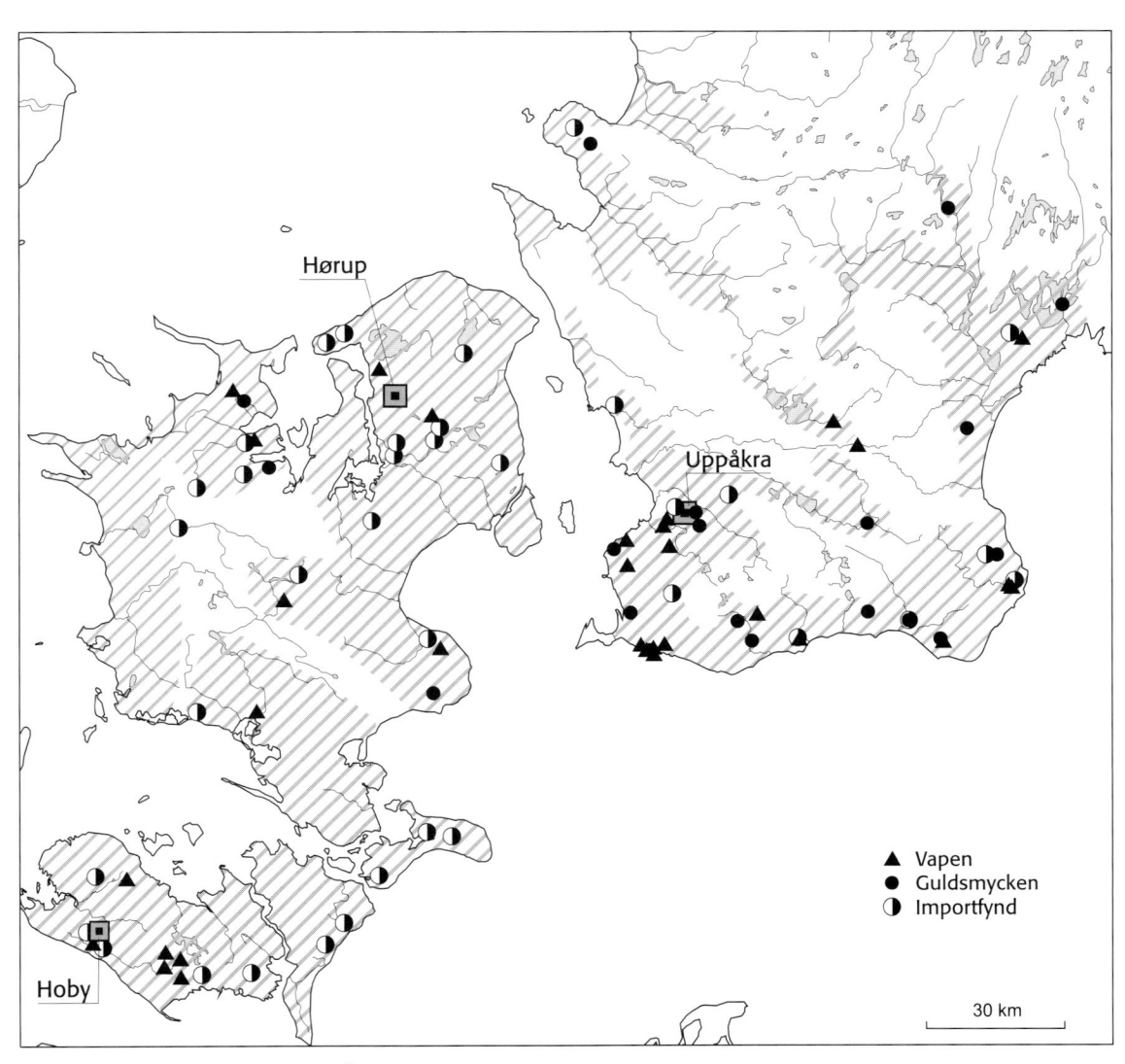

Figur 2. Centrala bebyggelseområden i Öresundsregionen under äldre romersk järnålder. Under perioden framtonar Hoby på Lolland, Hørup på nordöstra Sjælland samt Uppåkra i sydvästra Skåne som centrala platser. På kartan visas även ett urval av högstatusfynd i form av romersk import (främst till dryckesserviser), guldsmycken samt vapen och krigarutrustning. Fynden visar generellt på en ökad social stratifiering i samhället, som åtminstone på den skånska sidan också avspeglas i bebyggelsen med etableringen av stora gårdar. Uppgifter om föremålsfynd i Danmark är hämtade ur följande publikationer: Brøndsted 1966, s. 393; Liversage 1980; Lund Hansen 1987, karte 2–5; Hedeager 1992, fig. 99.

Central settlement areas in the Öresund region in the Early Roman Iron Age. During this period Hoby on Lolland, Hørup on north-eastern Sjælland and Uppåkra in south-western Skåne stand out as central places. The map also shows a selection of high-status finds, in the form of Roman imports (mainly drinking vessels), gold jewellery, and weapons and warrior equipment. The finds generally reflect an increased social stratification in society, which on the Scanian side is also reflected in settlements and the establishment of magnate farms. The information on finds in Denmark is based on the following publications: Brøndsted 1966, p. 393; Liversage 1980; Lund Hansen 1987, maps 2–5; Hedeager 1992, fig. 99.

områdena, medan Skåne först under senare delen av äldre romersk järnålder (per. B2) nåddes av liknande exotiska föremål. Den romerska produktionen av bronskärl hade då omorganiserats och flyttats, från små italienska verkstäder till de romerska provinserna, där framför allt områdena utmed Limes och Rhen i Gallien kom att spela en viktig roll som produktions- och handelscentra (Lund Hansen 1987, s. 255ff).

Under senare hälften av äldre romersk järnålder (per. B2) tyder spridningen av importer, lyxartiklar och rika gravfynd i södra Skandinavien på att det etablerades lokala centra med ledare som kontrollerade införseln och distributionen av prestigevaror. Sådana miljöer kan under perioden skönjas både på Jylland, Fyn, Själland, Lolland-Falster och förmodligen även på Bornholm (Lund Hansen 1987, s. 256ff). Inom vårt område är det framför allt tre platser som utmärker sig i det arkeologiska materialet, nämligen Hoby på Lolland (gravfynd med komplett romersk dryckesservis och silverbägare), Hørup på nordöstra Själland (hantverksplats med specialiserad bronsgjutning och kamtillverkning) samt Uppåkra i sydvästra Skåne (stor boplats/talrika metallfynd). Fyndbilden i Skåne visar både på likheter och på skillnader jämfört med den väster om Öresund. Den mest iögonfallande skillnaden består i att andelen romersk import är betydligt mindre öster om Öresund. De få exemplar av bronskittlar till dryckesserviser och glasbägare som hittats i Skåne tillhör med något undantag äldre romersk järnålder (per. B1b–B2) (Lund Hansen 1987, karte 17, 19). Även smycken av ädelmetall är jämförelsevis färre, medan vapenfynden, främst representerade av svärd och lansspetsar, verkar vara något fler i Skåne (Liversage 1980, s. 78f). Särskilt intressant i detta sammanhang är den relativt sett stora andelen vapenfynd från sydvästra Skåne och området söder om Uppåkra. Föremålen, som härrör både från rituella nedläggelser i våtmarker, från boplatser och gravar, har tidigare uppmärksammats av Bertil Helgesson, som menar att dessa bör ses som uttryck för en social och politisk konkurrenssituation i området (Helgesson 2002, s. 118f). Jag delar Helgessons uppfattning i denna fråga, som också stöds av flera andra förändringar i omlandet kring Uppåkra, däribland anläggandet av storgårdar och introduktionen av skelettgravskick. Den nya gravritualen, som i Skåne framför allt återfinns i kust- och slättområdena (Björk 2003, s. 238, fig. 2a), anammades sannolikt av personer/familjer inom den lokala överklassen efter kontinentala förebilder. Situationen i Skåne uppvisar även i detta avseende likheter med utvecklingen på Själland, även om skelettgravskicket i det senare området fick ett betydligt större genomslag (Lund Hansen 1995, s. 192f, fig. 7:2a-b).

De sociala och politiska förändringar i samhället som kan anas kring Kristi födelse i södra Skandinavien, återspeglas även i bebyggelsen. Som Magnus Artursson visar i sin genomgång av järnålderns husbyggnadstradition (se del II), präglas perioden cirka 400 f. Kr. – 400 e. Kr., av en ökad regional variation i byggnadstraditionen vad det gäller långhusens form och takbärande konstruktion. Det har således funnits olika traditioner, där husen i östra Mellansverige, norra Götaland och södra Norge, successivt fick en alltmer uttalat konvex konstruktion. I Skåne liksom i östra Danmark och södra Halland, dominerade istället hustyper med en mer rak byggnadstradition, både i långväggarnas form och i den takbärande konstruktionen. Detta tyder på nära kulturella utbyten och kontakter inom regionen.

Oberoende av de regionala skillnader som ses i byggnadstraditionen, fanns i Skåne såväl som i andra delar av Sydskandinavien, långhus med olika storlek och areal. Ett av de bärande elementen i Magnus Arturssons diskussion är antagandet om att skillnader i långhusens storlek, speglar invånarnas ekonomiska välstånd och sociala status. Han argumenterar vidare för att de största långhusen, just på grund av sin större storlek, bör uppfattas som stormansgårdar. Liknande tankegångar om storlekens betydelse som social indikator förs fram i min och Arturssons analys av de skånska järnåldersgårdarna (se del II). Här nyanseras bilden dock genom att även andra perspektiv appliceras på materialet. Som exempel kan nämnas den nya gårdstyp som dyker upp i Skåne kring Kristi födelse. Det handlar om gårdar med stora långhus på mellan 30 och 50 meter, ofta uppförda i samma byggnadsstil med raka långväggar och dubbla väggstolpar, och där de allra största enheterna även har haft extra byggnader, som gett dem en samlad byggnadsareal på långt över 300 m². Det råder ingen tvekan om att gårdstypen representerar ett nytt inslag i det ekonomiska och sociala landskapet öster om Öresund. Vad som möjligen talar emot att det skulle röra sig om gårdar för personer i de övre samhällsskikten, är att typen verkar ha varit relativt spridd i området, åtminstone att döma av de storskaliga undersökningar som utförts vid Toftanäs, Lockarp och Hyllie i Malmö. Storgårdar med långhus på över trettio meter är även kända i södra Halland, t.ex. vid Fyllinge söder om Halmstad (Toreld m. fl. 2003). På Själland däremot är gårdstypen för närvarande inte känd, utan storgårdar tycks först introduceras något senare – möjligen i slutet av äldre romersk järnålder (Linda Boye, pers. kom.).

I Skåne märks, som en följd av det större antalet byggnader på gården, även en ökad komplexitet i tomtens organisation. De flesta gårdar hade en öppen disposition med långhuset byggt i öst-västlig riktning och uthuset placerat parallellt eller på linje med huvudbyggnaden. Samtidigt fanns även gårdar med en mer sluten karaktär, där byggnaderna var placerade i vinkel med en brunn och/eller särhägnader kring tomten. Denna typ av organisation återfinns både på små och större gårdar. Hur själva gårdstomten och angränsande ytor användes och disponerades vet vi ganska lite om. De ytomfattande fosfatkarteringar som utfördes inom projektet av gårdslägen har i flera fall gett intressanta resultat, som även kompletterar den arkeologiska dokumentationen (Martens 2005a). Som exempel kan nämnas indikationer på fähus i långhusen och möjliga odlingsytor i anslutning till husen (se t.ex. Annelöv SU 14V och Dagstorp SU 20Ö). Några entydiga mönster framtonar dock inte i materialet, utan områden med förhöjda fosfater som skulle kunna spegla olika gårdsnära aktiviteter och avfallshantering förekommer såväl norr som söder om de som regel öst–västligt orienterade långhusen.

Vi vet relativt lite om hur jordbruket i Skånes kust- och slättområden såg ut och utvecklades kring Kristi födelse. Vad vi vet är att gårdarna förutom att bli större och mer komplexa, även blev mer stationära i landskapet, således att gårdslägena utnyttjades under flera bebyggelsefaser. Enligt Ellen Anne Pedersen och Mats Widgren präglades åkersystemen troligen alltjämt av en viss rotation i markanvändningen, där gödslade och intensivt utnyttjade åkrar efter en viss tid lämnades i träda, för att ersättas av nya odlingsytor i närheten (Pedersen & Widgren 1998, s. 281, 315f). Samtidigt pekar förändringarna i gårdarnas storlek, struktur och kontinuitet på någon form av social/ekonomisk omläggning av den agrara produktionen. Kanske storgårdarna representerar en ny inriktning inom jordbruket; en form av innovationscenter för att introducera nya grödor och odlingsformer. En sådan funktion antyds bl.a. av en mer komplex gårdsstruktur med spår efter särhägnader samt av en liten men distinkt ökning av kål och oljeväxter i frömaterialet från den aktuella perioden (Mats Regnell, pers. kom). Man kan i detta sammanhang även peka på de samtida förändringar som ses i gravskicket under äldre romersk järnålder, då traditionen med skelettbegravning och järnskäran som karakteristisk gravgåva/symbol slår igenom hos överklassen (Stjernquist 1955) (se Carlie *Samhällen och rikedomsmiljöer* i del IV).

De nya idéerna kan antingen ha uppstått lokalt hos inhemska ledare, eller så introducerades dessa kanske via kontakterna med den romerska kultursfären. Traditionen att anlägga stora jordbruksegendomar eller villor efter romersk förebild, fanns vid denna tid i t.ex. södra Holland, Belgien och nordvästra Frankrike (Roymans 1996, s. 62). Möjligen kom influenserna från något av dessa områden, där utnyttjandet av ofri arbetskraft inom lantbruket, spelade en central roll som källa till välstånd. De skånska gårdarna blev naturligtvis aldrig föremål för en romanisering med åtföljande specialisering av den agrara produktionen, av det slag man ser i det nordvästeuropeiska området. Det handlar snarare om anammandet av ny värdegrund bland den lokala eliten, där drivkraften till de förändringar vi ser i bebyggelsen bör sökas i strävan efter ett ekonomiskt överskott, som gav ökad social status och anseende. Om så var fallet rörde det sig inte bara om en praktisk/funktionell omläggning, utan om mer genomgripande förändringar i människors mentalitet, från ett traditionellt och kollektivt värdesystem, där familjens/släktens intressen och välmående var normen till en mer individualistisk grundsyn, som erkände individens förmåga att påverka sin livssituation och klättra på den sociala rangskalan.

Stamförbundens tid

Den traditionella samhällsstrukturen bland germanerna vid Kristi födelse kan beskrivas som stamsamhällen, vilket innebar att individen primärt fick sin sociala och kulturella identitet definierad i förhållande till den större grupp som stammen och släkten representerade. Släktskap bidrog – oavsett om detta var äkta eller konstruerat – till att ge individen en känsla av trygghet och identitet; man föddes in i en familj eller släkt; var son eller dotter till någon och fick sin sociala identitet bekräftad genom relationer med andra. Utifrån äldre landskapslagar vet vi också att släktskapsbandet, för den enskilde individen innebar både rättigheter och skyldigheter. Förutom rätten till mark och förmögenhet, nämns rätten till hjälp när gemensamma intressen måste hävdas samt makt och rättigheter över andra, samtidigt som släktskapet även ställde krav på den enskilde att bistå med hjälp om situationen krävde detta (Fenger 1971, s. 148ff).

Genom kontakterna med den romerska militärmakten och kulturen fick nya värderingar sakta fotfäste bland germanerna och bidrog till att förändra den gamla samhällsordningen. Vi vet inte exakt hur denna gamla ordning såg ut. Det närmaste vi kan komma utifrån de skriftliga källorna, är Tacitus beskrivning i *Germania* av de germanska ledarna, där han gör en tydlig distinktion mellan två typer av ledargestalter – *rex* (kung) och *dux* (härförare). Av dessa motsvarar rex uppenbarligen den mer traditionella stamledaren, vars främsta uppgift var att säkra stammens fortbestånd, lycka och fruktbarhet. Till sitt stöd hade kungen även ett råd (av stormän/storbönder), där han beslutade i viktiga frågor, utdömde straff samt fungerade som medlare vid tvister och konflikter (Tacitus & Önnerfors 1969, kap. 7, 12 och 13; Hedeager & Tvarnø 2001, s. 100f). Dux, eller krigsledaren, valdes däremot utifrån sina personliga kvalifikationer på slagfältet, sitt mod och sin förmåga att leda sitt följe av krigare i strid. Bland germanerna på kontinenten, som med det romerska imperiets erövringar, upplevde återkommande hot om krig, kom dessa två funktioner redan under 100-talet efter Kristus att förenas i samma person. Med den nya ordningen följde även andra värderingar, bland vilka krig, makt och ära blev centrala begrepp. Den personliga lojaliteten riktades inte längre bara mot den egna släkten/stammen, utan mot den krigsledare/hövding som man med ed svurit att kämpa för (Hedeager & Tvarnø 2001, s. 101). Den norske arkeologen Dagfinn Skre nämner här tre centrala element som alltmer kom att prägla också de germanska samhällena: äran som ett mentalt och ideologiskt begrepp för att definiera den enskildes sociala position i förhållande till andra, utbyten av gåvor för att knyta och upprätthålla sociala relationer samt behovet av personligt värn i ett samhälle utan överordnat rättssystem (Skre 1998, s. 11ff).

De så kallade markomannerkrigen, mellan åren 166 till 180 efter Kristus, anses mer än något annat enskilt händelseförlopp markera övergången till en ny samhällsordning i norra och västra Europa, då stammar började gå samman i politiska och militära förbund med en gemensam ledare. Krigen var således den första stora kraftmätningen mellan romare och germaner efter en längre period av fred, där germanerna under ledning av markomannernas kung Marbod, angrep romerskt territorium. Detta var dock bara början på en längre process, där den politiska maktbalansen successivt kom att förändras till germanernas fördel. Den politiska situationen i Europa, präglades under de följande århundradena av en allt större politisk oro och turbulens, med bildandet av nya politiska enheter och konfederationer, t.ex. franker (de fria), alemanner (alla män), saxare, goter och burgunder. Med de nya stamförbunden följde omfattande folkförflyttningar, som framför allt rörde sig mot söder och väster in mot den romerska gränsen. Krig, raider och plundringståg blev här en av de viktigare strategierna för en spirande krigararistokrati att skaffa sig ekonomiska tillgångar, som senare kunde leda till kontroll över nya landområden med möjligheter till betalning av tribut, som gav en mer varaktig ekonomisk bas. För det romerska imperiet skulle den militära och politiska utvecklingen på sikt, med perioder av inre maktkamper och korruption, leda till att väldet efter kejsar Theodosius död år 395 kom att delas i en östlig och en västlig del (Hedeager & Tvarnø 2001, s. 114ff, 151).

Den nya tiden, med framväxten av en alltmer inflytelserik krigararistokrati och militära följen, fick under yngre romersk järnålder och folkvandringstid, en allt starkare förankring även bland germanska stammar i södra Skandinavien. Vi ser detta i det arkeologiska materialet, som tydligt visar den lokala överklassens anammande av nya symboler för makt och prestige efter kontinentala förebilder. Det handlar förutom materiell rikedom, där romerska lyxartiklar och dryckesserviser stod högt i kurs, även om bruk av edsringar i form av hals-, arm- och fingerringar av guld (jfr t.ex. kolbeformade armringar och ormhuvudringar), som bars för att markera ägarens sociala status eller politiska/militära rang. Vi hittar den nya typen av prestigevaror och statusymboler i vårt område på ömse sidor om Öresund, även om andelen romersk import och ädelmetaller är både större och mer varierad på den västra sidan. Detta gäller särskilt under yngre romersk järnålder, då till exempel fynd av importerade bronskärl nästan helt saknas i Skåne. Även dryckeskärl av glas är mindre vanliga öster om Öresund, och tillhör främst slutet av perioden (per. C2–C3) (Lund Hansen 1987, karte 31, 32). Först under 400- och 500-talen jämnas fyndbilden av statusföremål ut och blir mer jämförbar. Detta förhållande gäller t.ex. för spridningen av brakteater och solidi, som finns i ungefär lika stor utsträckning på båda sidor om Öresund, medan däremot guldhalsringar av prakttyp, liksom spiralringar och guldtenar är betydligt mer frekventa på Själland och de danska småöarna (Fonnesbech-Sandberg 1991, fig. 2, 7, 8, 11).

Det är framför allt två miljöer på Själland – Valløby/Himlingøje/Varpelev på Stevns (Lund Hansen 1987; 1995) och Hørup/Lærkefryd (Andersen 2000) öster om Roskildefjorden – som utifrån sina många importer, rika gravar och högstatusfynd, samt för Hørup även specialiserat hantverk, har tolkats som centralplatser med politiska funktioner (fig. 3). Det arkeologiska materialet från de båda miljöerna skiljer sig dock åt. Medan komplexet på Stevns främst utmärker sig genom flera ovanligt rika gravar med romersk import, guldringar och påkostade dräktspännen av olika slag, visar miljön kring Hørup en mer komplex sammansättning med både hantverksplats, rika skatt- och offerfynd, gravar med romersk import och en pålspärr i Roskilde fjord. En annan skillnad mellan de båda områdena, är att medan den elitära miljön på Stevns tycks ha haft en mycket kort blomstringstid motsvarande några generationer (per. C1b/C2), uppvisar området öster om Roskildefjorden en kontinuitet i rikedomsfynd, från åtminstone äldre romersk järnålder (per. B2) och fram i folkvandringstid, till omkring 500 efter Kristus. Denna tidiga etablering som föregår centrumet på Stevns är intressant och tyder enligt Søren Andersen på ett självständigt centrum för nordöstra Själland, där hantverksfynden och de tekniker som använts visar på nära kontakter med områdena mellan Oder och Weichel söder om Östersjön (Andersen 2000, s. 54f, 74). Den närliggande platsen Lærkefryd med fynd av avsiktligt förstörda vapendelar, dräktspännen, silvermynt samt ringar och beslag av brons och ädelmetall till ryttarutrustning, tolkas här som en trolig krigsbytesofferplats. Metallfyndens sammansättning tyder på

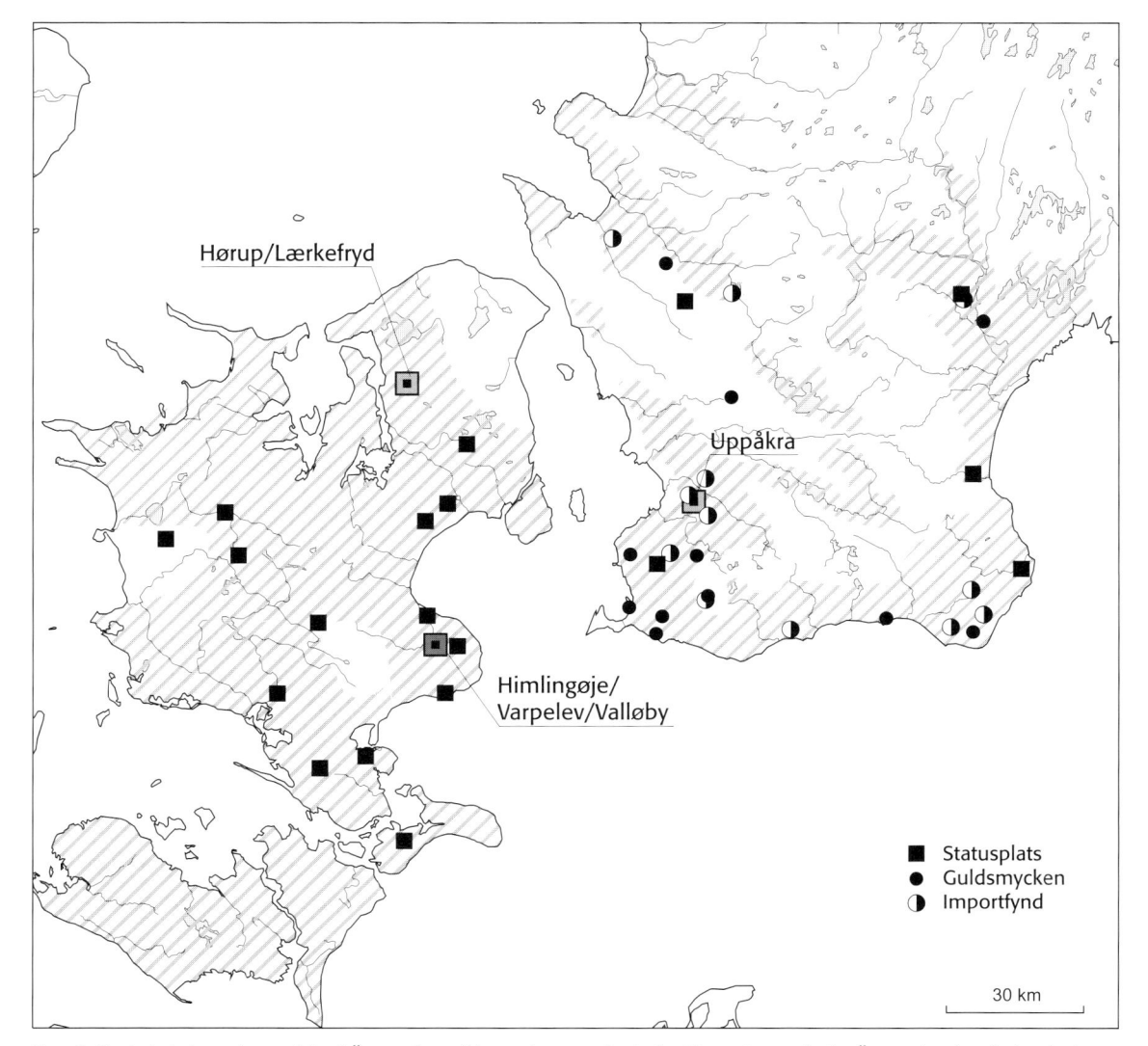

Figur 3. Centrala bebyggelseområden i Öresundsområdet under yngre romersk järnålder. Under perioden framträder tre centralplatsmiljöer med överordnade funktioner. Två av dessa återfinns på östra Sjælland – Valløby/Himlingøje/Varpelev på Stevns och Hørup/Lærkefryd öster om Roskildefjorden, medan den tredje platsen utgörs av Uppåkra i sydvästra Skåne. Mängden guldfynd (både smycken och edsringar av olika slag) liksom fynd av romersk import är mycket omfattande på den danska sidan under yngre romersk järnålder. För spridningen av dessa fynd hänvisas därför till Ulla Lund Hansens publikationer från 1987 och 1995. På kartan redovisas istället Per Ethelbergs förslag till lokala statusplatser eller centrum (jfr typ 1–3) baserat på gravfynd med olika typer av edsringar (Ethelberg 2000, s. 158, fig. 131). På den skånska sidan, där fyndmängden är betydligt mindre, visas spridningen av viktigare guldfynd (främst edsringar) och romersk import (främst glasbägare). En del av förklaringen till den stora mängden högstatusfynd på Sjælland anses bero på den kontroll som ledarna på Stevns hade över fjärrhandeln och därmed införseln och distributionen av romerska lyxartiklar och andra prestigeföremål. Søren Andersens studier av Hørup/Lærkefryd visar dock att det även fanns ett självständigt centrum på nordöstra Sjælland med egna kontaktvägar till områden söder om Östersjön (Andersen 2000). På östra Sjælland har rika gravfynd med import vid flera tillfällen kunnat knytas till samtida storgårdar (pers. kom. Linda Boye).

Central settlement areas in the Öresund region during the Late Roman Iron Age. During this period three central places appear with superior functions. Two of these sites are found on eastern Sjælland – Valløby/Himlingøje/Varpelev at Stevns and Hørup/Lærkefryd to the east of the Roskilde fjord, while the third site is Uppåkra in south-western Skåne. The amount of gold finds (both jewellery and oath rings of different types as well as finds of Roman imports is very large on the Danish side in the Late Roman Period. For the distribution of these objects the reader is therefore referred to the publications of Ulla Lund Hansen from 1987 and 1995. The map instead shows Per Ethelberg's suggested local status sites (compare types 1–3) based on burial finds and different types of oath rings. On the Scanian side, where finds are less numerous, the distribution of more important gold finds (mainly oath rings) and Roman imports (mainly glass beakers) is shown. The reason for the large amount of high-status objects on Sjælland is partly considered to be due to the control that leaders at Stevns had over long-distance trade and the imports and distribution of Roman luxury and other prestige goods. The study of Hørup/Lærkefryd by Søren Andersen shows that there was also an independent centre in north-eastern Sjælland with its own communication routes to areas south of the Baltic Sea (Andersen 2000). In eastern Sjælland rich burials with imports have on several occasions been connected with contemporary magnate farms (pers. com. Linda Boye).

att nedläggelserna ägde rum under yngre romersk järnålder och fram i folkvandringstid (per. C1b-D) (Andersen 2000, s. 66ff). Vad gäller centrumet på Stevns menar Ulla Lund Hansen, utifrån sina analyser av importfynden, att området under yngre romersk järnålder hade en nyckelposition avseende införseln och distributionen av romersk import vidare inom Skandinavien. De romerska importgodsen visar här på ett brett kontaktnät framför allt västerut med Rhenområdet, Belgien och norra Frankrike, men även österut med Donau- och Svartahavsområdet (Lund Hansen 1987, s. 140ff, 200ff; Lund Hansen 1991). För östra Själland har Ulla Lund Hansen även fäst uppmärksamheten på den något egenartade spridningsbilden av de samtida vapenfynden, som uppträder i två närmast koncentriska bågar på ett visst avstånd från detta centrum. Detta menar hon skulle kunna tyda på närvaron av en militär organisation, eller hird, med uppgift att säkra det östsjällandska centralområdet mot angrepp (Lund Hansen 1995, s. 457). Bilden av en hierarkisk samhällsordning har även stöd i gravmaterialet mer generellt, där förekomsten av edsringar och romersk import har använts som grund för att identifiera olika rang- eller statusgrupper. Lund Hansens sociala modell med tre statusskikt har senare modifierats av Per Ethelberg till en indelning i sex olika statusgrupper, som även omfattar gravar utan gravgåvor och import (Lund Hansen 1995, s. 375ff; Ethelberg 2000, s. 150ff). På kartan i figur 3 har markerats de tre högsta statusskikten i Ethelbergs modell över samhällsstrukturen under yngre romersk järnålder (per. C1b-C2), bestående av gravar med kolbearmringar (grupp 1), samt gravar med ormhuvudringar av armsringstyp (grupp 2) respektive fingerringstyp (grupp 3). Av dessa finns de två översta av statusskikten endast representerade på Stevns.

Någon liknande indelning av olika statusgrupper, baserat på förekomst av edsringar, rika gravar och importer, har inte gjorts för det skånska området. Bortsett från att andelen rikedomsfynd, som tidigare nämndes, generellt sett är färre på den skånska sidan, är det i mångt och mycket samma typer av rang- och statusrelaterade ringar och smycken som togs upp inom den sociala överklassen. I Skåne domineras fyndbilden av guldfingerringar av enklare typ. Men det finns från period C1b och C2 även exempel på guldringar av mer exklusiv typ. Två av dessa fynd, en kolbearmring och en halsring av guld härrör från Malmötrakten i landskapets sydvästra del (jfr Käglinge och Naffentorp), medan övriga fynd uppvisar en större spridning, både i nordvästra (Stenestad), sydöstra (Simris och Burahus vid Ravlunda) samt nordöstra Skåne (Kristianstad). Även fynden av romersk import (främst glasbägare men även ett bronskärl från Färlöv i nordöstra Skåne), återfinns huvudsakligen inom samma områden (se figur 3). Detta förestärker bilden av en hierarkisk samhällsordning med olika statusskikt, och där många av föremålen sannolikt speglar centrala miljöer med storgårdar i en lokal maktstruktur. Särskilt ett av dessa centra, Uppåkra, utmärker sig inte bara genom sitt rika och sammansatta fyndmaterial, utan också genom sin ovanligt långa platskontinuitet. De senare årens undersökningar tyder på att boplatsen redan vid Kristi födelse har hyst en större befolkning än genomsnittet. Det är emellertid först under senare delen av yngre romersk järnålder (per. C2–C3) och folkvandringstid (per. D), som fyndens sammansättning och karaktär på ett mer direkt sätt bär vittnesbörd om att även ekonomiska, politiska och religiösa funktioner varit knutna till platsen. Särskilt under folkvandringstid vittnar fynd av exklusiva och hantverksmässigt högkvalitativa smycken, glasbägare m.m. om en social elit med långväga kontakter, både i västra, centrala och södra Europa, samtidigt som det finns tydliga spår efter specialiserat hantverk (bronsgjutning och kamtillverkning) och kultutövning på platsen (Hårdh 2003, s. 33, 43ff). Även de skånska vapenfynden från yngre romersk järnålder och folkvandringstid uppvisar en intressant geografisk spridning med två förtätningar, dels i sydväst med koppling till Uppåkra och Romeleåsen, dels i landskapets inre och norra delar med kända fyndplatser som Sösdala

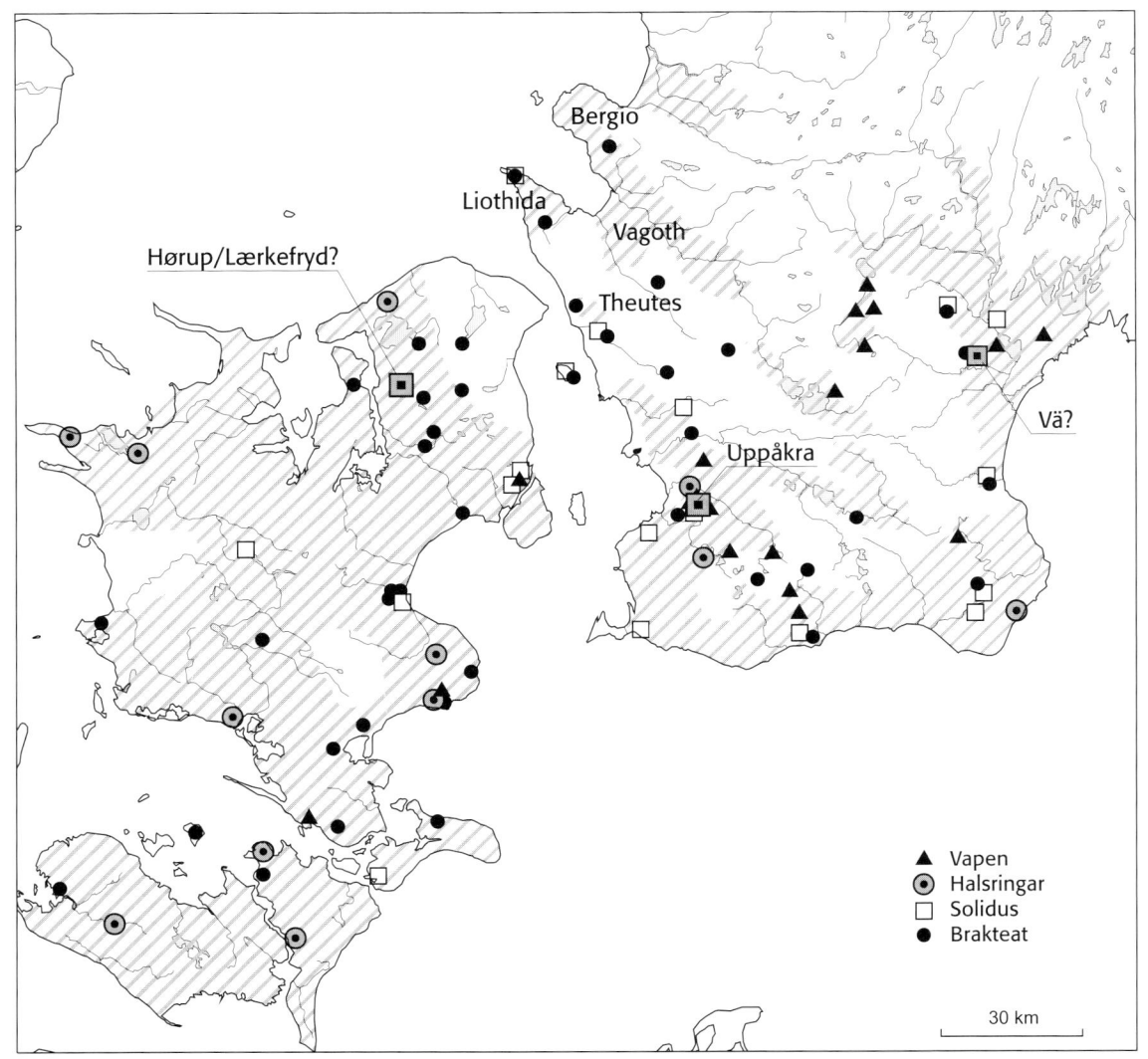

Figur 4. Centrala bebyggelseområden i Öresundsområdet under folkvandringstid. På kartan visas spridningen av halsringar och kolbearmringar av guld, brakteater, solidi samt fynd av vapen och krigarutrustning. Många av dessa fynd, inte minst de stora guldhalsringarna, speglar sannolikt lokala centrum eller storgårdar. Detta är stamförbundens tid och Uppåkra framträder nu som den enda centralplatsen av överordnad betydelse i regionen. Den relativt stora andelen fynd av vapen och krigarutrustning i Skånes sydvästra och centrala delar är här intressant och vittnar indirekt om en ökad militär närvaro. I nordvästra Skåne känner vi, genom Jordanes, till namnen på fyra lokala stammar: Bergio, Vagoth, Liothida och Theutes. Uppgifter om föremålsfynd i Danmark har hämtats ur följande publikationer: Brøndsted 1966; Fonnesbech-Sandberg 1991, fig. 2, 4, 7 och 8.

Central settlement areas in the Öresund region during the Migration Period. The map shows the distribution of necklaces and arm rings of gold, bracteates, solidi and finds of weapon and warrior equipment. Many of these finds probably reflect local central sites or magnate farms. This is the time of tribal federations, and Uppåkra stands out as the single central site of superior importance in the region. The large number of finds of weapons and warrior equipment in the south-western and central parts of Skåne indicates a military presence. In north-western Skåne we know, from the writer Jordanes, of the names of four local tribes: Bergio, Vagoth, Liothida and Theutes. The information on finds in Denmark are based on the following publications: Brøndsted 1966; Fonnesbech-Sandberg 1991, figs. 2, 4, 7, and 8.

och Sjörup. De många vapenfynden, både från Uppåkra och från gränstrakterna mellan förmodade bygdeområden, kan indirekt ses som tecken på en militär aktivitet (fig. 4).

Mycket tyder på att Uppåkra, åtminstone från och med 400- och 500-talen, tjänade som centralplats för ett överordnat politiskt ledarskap över sydvästra Skåne. Även Vä har på arkeologiska och ortnamnsmässiga grunder föreslagits som ett motsvarande politiskt och religiöst centrum för delar av nordöstra Skåne (Fabech 1993; Helgesson 2002). Här är tolkningsunderlaget dock inte lika övertygande (Stjernquist 1951; Björk 2003). Att Skåne var indelat i olika stam- eller traditionsområden får även stöd i de särdrag som kan skönjas i den yngre järnålderns begravningstraditioner i regionen (se Carlie *Samhällen och rikedomsmiljöer* i del IV) (Svanberg 2003b). Hur många stammar det rörde sig om och storleken på deras områden, har vi ingen säker kunskap om. En samtida källa, som ger vissa glimtar om hur den politiska strukturen kan ha sett ut är den östgotiske historieskrivaren Jordanes berättelse om de gotiska folkens historia – *Getica*. Skriften som ska ha nedtecknats år 551, inleds med en topografisk beskrivning av ön *Scandza*, av många tolkad som den skandinaviska halvön. Denna inledning till Jordanes historia över de gotiska folkens ursprung har inspirerat många forskare, eftersom man här för första gången får en mer samlad beskrivning och namngivning av de folkstammar som denna tid befolkade de norra delarna av Germanien. Eftersom många av de stammar som omnämns i boken även gått att identifiera med enskilda landsdelar i Sydsverige och i Norge, anses uppgifterna ha en hög grad av trovärdighet för att få en bild av äldre politiska förhållanden (Jordanes & Nordin 1997; Hedeager & Tvarnø 2001, s. 267ff). Tyvärr är det bara ett fåtal stammar i de områden som här intresserar oss, som med någon säkerhet utifrån namnet kan knytas till bestämda trakter. Det handlar om fyra namngivna folk – *Bergio*, *Vagoth*, *Liothida* och *Theutes* – samtliga hemmahörande i nordvästra Skåne (fig. 4). Av dessa ska stammen Bergio (Bergsborna) ha varit bosatta i Bjäre, Vagoth (Våg-goterna) vid Skälderviken, Theutes vid Tjuteå, som möjligen är en äldre beteckning på Råån, samt Liothida i Luggude härad. Just namnet Liothida, anses av ortnamnsforskare gå tillbaka på det germanska ordet *liudh* som betyder fruktbarhet eller växtlighet. Detta har föranlett sammankopplingen med Luggude härad som under medeltiden (ca 1250) skrevs *Lyuthgudhæreth* – tolkat som fruktbarhetsgudinnans härad (Svennung 1964, s. 72ff).

Bertil Helgesson, den arkeolog som senast tagit upp diskussionen kring den politiska och territoriella indelningen i Skåne under järnåldern, menar att flera mindre stammar, på samma sätt som i andra delar av Germanien, kan ha gått samman i större politiska enheter eller förbund (Helgesson 2002). Han föreslår här, utifrån ädelmetallfynd m.m. en uppdelning av Skåne i fem centralplatsområden som illustreras med s.k. Thiessenpolygoner. Det största området återfinns i landskapets västra delar med Uppåkra som överordnat centrum, som även hyser de flesta guldfynden inklusive två guldhalsringar av praktyp (jfr Flackarp och Skabersjö). Övriga områden är mindre och ligger utmed kustområdena i söder och öster, med viktiga fyndplatser vid Dybäck, Ö. Hoby, Ravlunda och Vä. Som ett eventuellt sjätte centralområde nämner Helgesson de inre delarna av norra Skåne, som framför allt under folkvandringstid uppvisar en speciell fyndbild med inslag av militär art (Helgesson 2002, s. 156f, fig. 34). De analyser av bebyggelse, gravar och rikedomsfynd som utförts inom Västkustbaneprojektet, ger dock underlag för en annan tolkning avseende den politiska indelningen i västra Skåne, och tyder snarare på en tudelning av landskapet norr respektive söder om Uppåkra i två traditions- eller stamområden (se Carlie *Samhällen och rikedomsmiljöer* i del IV). Ett medvetet avståndstagande till grannfolkens traditioner i sydvästra Skåne, förutsätter implicit att stammarna längre norrut hade egna sedvänjor för att uttrycka social tillhörighet och identitet. Kanske dessa hade sin grund i mer traditionella värderingar kring djurens och växlighetens fruktbarhet och reproduktion, där graden av välstånd och social status t.ex. visades upp i form av stora boskapshjordar eller särskilt värdefulla avelsdjur. Först under folkvandringstid uppträder ädelmetallfynd, i form av guldbrakteater och solidi, även i det norra området. Detta kan tolkas på olika sätt; antingen som tecken på en extern etablering av storgårdar i området, möjligen på initiativ av hövdingen/kungen i Uppåkra eller som ett socialt och politiskt närmande till Uppåkra, där hängsmycken och ögleförsedda mynt i guld representerar gåvor till de lokala ledarna i norr, som en bekräftelse på vänskap och lojalitet. Själv förespråkar jag den senare tolkningen, eftersom fyndbilden under vendeltid visar på gemensamma traditioner i de båda områdena.

På vilket sätt speglas då förändringarna i samhällsorganisation och kontakter under yngre romersk järnålder och folkvandringstid i den samtida bebyggelsen? Ser man inledningsvis till byggnadstraditionen karakteriseras denna generellt av minskade regionala särdrag, jämfört med föregående period. Magnus Artursson visar i sin studie av långhusens typologiska och kronologiska utveckling (se del II), hur den hustyp med tydligt konvex takbärande konstruktion och kraftiga hörnstolpar, som utvecklades i östra Mellansverige, norra Götaland och södra Norge från slutet av förromersk järnålder och framåt, successivt kom att spridas söderut under loppet av romersk järnålder. Detta, menar Artursson, tyder på ett brett kontaktnät över större områden, med utbyten av idéer kring byggnadstraditioner och olika byggnadstekniker, åtminstone i de övre samhällsskikten. Traditionen att uppföra långhusen med en konvex konstruktion nådde även Skåne och Själland, även om sedvänjan med kraftiga hörnstolpar är svagt representerad i materialet. Här får man istället söka sig till nordvästra Skåne och södra Halland för att finna jämförbara exempel (Carlie 1992; Aspeborg 2002).

Liksom under tidigare perioder uppvisar bebyggelsen i Skåne en stor variation i gårdarnas byggnadsareal, med en spännvidd från små enheter under 150 m^2 till mycket stora gårdar med en areal på över 400 m^2.

Antalet stora och mycket stora gårdar (> 30 meter) är dock få i det skånska materialet, med exempel från platser som Fjälkinge, Påarp och Annelöv 14V (jfr Carlie & Artursson i del II). Den vanligaste gårdstypen utgjordes av små enheter under 150 m^2, med ett 15–24 meter stort långhus och eventuellt ett mindre uthus. Bebyggelsen skiljer sig här från situationen i andra regioner, där de flesta långhus uppvisar en betydligt större längd och areal. Så är t.ex. fallet på Själland, där särskilt undersökningarna i Köpenhamnsområdet, visat på en nyetablering av storgårdskomplex ibland med omgivande hägnader under romersk järnålder och folkvandringstid – t.ex. gårdar av s.k. Ragnesmindetyp (Boye & Fonnesbech-Sandberg 1999). Även i södra Halland, visar en sammanställning över långhusens byggnadsareal, att bara omkring en fjärdedel av husen bestått av små gårdar. Den största gruppen utgjordes istället av mellanstora och stora enheter, med en yta på mellan 150 och 300 m^2 (Carlie 1999, s. 124ff). En liknande bild ses i östra Mellansverige, där två storlekskategorier dominerar bland långhusen; en grupp på 20–24 och en annan grupp på 28–30 meter (Hamilton 2000, s. 122). Vad dessa skillnader i storlek beror på är svårt att säga, eftersom frågan kräver jämförande studier av husens rumsindelning och funktion, något materialen knappast medger i dagsläget. Regionala variationer i den agrara produktionens inriktning liksom i hushållens storlek, sammansättning och sociala status, är några olika variabler som skulle kunna förklara dessa skillnader.

Spår av hantverksaktiviteter på boplatser förekommer i Skåne och på Själland redan under förromersk järnålder, t.ex. i form av restprodukter från järnhantering. Under romersk järnålder och folkvandringstid ökar inslaget av hantverk något, samtidigt som enskilda platser nu visar tecken på en specialiserad produktion, med t.ex. bronsgjutning, ädelmetallhantering, kamproduktion och framställning av finkeramik. Vi vet inte hur de olika hantverken var organiserade, men eftersom spåren uppträder både på stora och speciella platser som Uppåkra och Hørup, såväl som på mer ordinära boplatser, t.ex. Klörup, ska vi sannolikt tänka oss olika scenarier. Medan den bäste och mest skicklige bronsgjutaren eller ädelmetallhantverkaren kanske fick sin försörjning året runt hos en storman eller hövding, erbjöd andra hantverkare med något lägre skicklighet kanske sina tjänster på säsongsbasis. Vad det gäller vardagsnära hantverk, som keramiktillverkning och smide för husbehov, har dessa förmodligen varit mer allmänt förekommande på gårdar och i byar (jfr Becker i del III).

De svaga avtrycken efter hantverksutövning på den äldre järnålderns boplatser kan emellertid också vara sekundära och bero på hur avfallet hanterades. Ole Stilborg framhåller i artikeln *Pottery and Space* (2005b) således betydelsen av att studera hantverksspåren i förhållande till de sedvänjor för hantering och deponering av avfall som rådde på den enskilda boplatsen. Detta exemplifieras med tre sinsemellan mycket olika keramikmaterial från tre västskånska boplatser – Övra Glumslöv, Kvärlöv SU 11 och Tågerup SU 8. Det största materialet härrör från Glumslöv och hittades i gropar, arbetsgropar och andra nedgrävningar på boplatsen. Detta material visar på en intressant överrepresentation av bottendelar i förhållande till mynningar, vilket enligt Stilborg kan bero på att bottnar från sönderslagna kärl återanvändes i samband med hantverksaktiviteter. I Kvärlöv, där spåren efter gropar var mindre vanliga på boplatsen, var även förekomsten av keramik sparsam. Detta tolkas så att avfallet antingen har burits bort och deponerats någon annanstans, alternativt att detta kan ha följt med vid gödsling av åkrarna. En viss rumslig koppling ses i materialet till härdar, vilket antas återspegla hushållsaktiviteter i samband med matberedning. I Tågerup slutligen bestod avfallsmaterialet främst av sönderslagna lerkärl och bränd lera. Den senare hittades tillsammans med smidesslagg, som sekundärt deponerat avfall i grophus av arbetsgropstyp på boplatsen. Detta, menar Stilborg, visar att smidesverksamheten ägde rum i anslutning till bebyggelsen.

Under romersk järnålder skedde i Skåne en gradvis omstrukturering av bebyggelsen från utspridda gårdar till byar. Liknande förändringar kan skönjas i andra delar av södra Skandinavien, från Själland i söder (Tornbjerg 1992; Fonnesbech-Sandberg 1999) och upp till östra Mellansverige (Göthberg 2000, s. 117) och södra Norge i norr (Løken 1998), även om dessa tagit sig olika uttryck beroende på variationer i de regionala förutsättningarna i landskapet och sociala traditionsmönster. I västra Skåne sammanfaller förändringen i bebyggelsebilden med en nedgång i antalet boplatser med enstaka gårdar. Det förefaller mot denna bakgrund rimligt anta att omläggningen skedde genom en kontraktion eller sammanflyttning av gårdar (se Carlie *Samhällen och rikedomsmiljöer* i del IV). De byar som har studerats inom projektet karakteriseras av en öppen och radbyliknande organisation, med gårdarna placerade t.ex. längs med ett vattendrag eller en färdväg. Inga av dessa platser har dock totalundersökts, varför antalet gårdar liksom eventuella skillnader i välståndet mellan dessa, är dåligt kända. Undersökningar av samtida byar i andra regioner, av vilka Brogård i södra Halland, Vorbasse på Jylland (Hvass 1979) samt Flögeln (Zimmermann 1992) och Feddersen Wierde (Haarnagel 1979) i norra Tyskland, hör till de mer välundersökta, visar här på en mer komplex struktur där en gård som regel utmärker sig genom sin större storlek. Denna gård har då tolkats som säte för byns ledare eller storman (Carlie 2003, s. 247ff). Kanske är en liknande bild även giltig för de skånska byarna, vilket i sådant fall skulle kunna förklara överrepresentationen av mindre enheter.

Bebyggelsens omläggning till en mer samlad struktur speglar sannolikt både sociala och ekonomiska förändringar i samhället, inte minst i den agrara produktionen. En ökad specialisering inom jordbruket anses av kulturgeografer generellt ha gynnats av att den brukade marken låstes i en fastare struktur, genom uppdelning i inägor och utmarker samt införseln av ensädesbruk och inhägnade ängsmarker (Pedersen & Widgren 1998, s. 301f). En sådan omläggning har även stöd i det arkeobotaniska materialet från boplatser som analyserats inom Västkustbaneprojektet. Under romersk järnålder ses således en successiv ökning av andelen sädeskorn, samtidigt som andelen fröer från ogräs drastiskt minskar. Enligt Mats Regnell ökar frekvensen av ogräs generellt om åkermarken odlas kontinuerligt under en följd av år. Den minskade andelen ogräs från och med romersk järnålder skulle därför kunna sättas i samband med införseln av någon form åkerskiftes- eller trädessystem (Mats Regnell, pers. kom.).

Trots bebyggelsens omdisponering till byar, karakteriseras denna alltjämt av en öppen struktur. Bara på ett fåtal av de platser som studerats i projektet finns exempel på spår av hägnader i anslutning till boplatsen. Det handlar dels om särhägnader kring enskilda gårdar (Dösjebro), dels om långsträckta hägnads- och vägsystem som länkar samman gårdarna utmed en vattenled (Tågerup). I båda fallen rör det sig om grävda diken eller rännor, som i den sandiga och lösa marken, knappast kan ha stått öppna under någon längre tid. Rännornas funktion är inte fastställd, men troligtvis representerar dessa någon form av kollektiv markindelning, d.v.s. en form av parallell till de stenbyggda hägnadssystemen i östra Sverige, på Öland och Gotland. De senare, med en kronologisk spännvidd från yngre romersk järnålder och fram i vendeltid (ca 200–600 e. Kr.), ses vanligtvis som uttryck för en fastare organisation av odlingsmarken, där stensträngarna använts för att skilja inägor med åker och äng från utmarken. Liksom i Tågerup, ingår i stensträngssystemen även hägnade fägator, som underlättat förflyttningar av kreaturen mellan gårdstunet och betet på utmarken (Pedersen & Widgren 1998, s. 292ff). Det kan naturligtvis också ha funnits hägnader av förgängligt material som inte lämnat några synliga spår i marken, som t.ex. gärden av ris och grenar eller särskild vegetation. Om detta vet vi dock ingenting. Den öppna strukturen i de skånska byarna utmärker sig därför tills vidare från samtida byar på Jylland och i norra Tyskland, där gårdarna ligger betydligt mer koncentrerade och ofta försedda med egna fyrsidiga stolpbyggda hägn. Den förtätade bebyggelsestrukturen kan för övrigt ses som ett regionalt särdrag för de västliga områdena, med kontinuitet ner i sen förromersk och äldre romersk tid (Ejstrud & Jensen 2000, s. 58ff; Ethelberg 2003).

Vi vet inte hur omfördelningen av bebyggelse och jord gick till eller hur den praktiskt genomfördes. Klart är dock att denna typ av storskaliga omstruktureringar i landskapet som påverkat enskilda individers och gruppers dispositionsrätt till marken, har krävt ett aktivt ledarskap med auktoritet att besluta, organisera och lösa tvister i samband med processen. Jag argumenterar i min studie av de västskånska samhällena (del IV) för att omläggningen skedde på frivillig väg, genom att nya idéer för jordbrukets organisation togs upp och integrerades i lokalsamhället. Att denna skulle ha utförts under tvång eller inflytande av en överordnad hövding eller ledare förefaller inte rimlig mot bakgrund av den direkta maktutövning som då skulle ha krävts. Min hypotes grundas främst på det arkeologiska materialets karaktär, där spridningen av rikedomsfynd och skelettgravar under romersk järnålder visar på två skilda traditioner i västra och sydvästra Skåne, norr respektive söder om Uppåkra. Dessa skillnader skulle kunna ha sin grund i en kulturell eller politisk indelning i olika stamområden (se Carlie *Samhällen och rikedomsmiljöer* i del IV).

Maktens landskap – bland storgårdar och residens

I den europeiska historieskrivningen markerar det västromerska rikets upplösning och fall övergången från antiken till medeltiden. År 476 framhålls här ofta som den kronologiska brytpunkten, d.v.s. året då den siste västromerske kejsaren Romulus Augustus avsattes, efter att den germanske härföraren Odovakar invaderat Italien och utropat sig till kung. Makten i det östgotiska riket ärvdes några årtionden senare av den mytomspunne kungen Theoderik den store, som från 493 och fram till sin död 526, stod som härskare över västra medelhavsområdet. Det östromerska eller bysantinska riket, med Konstantinopel som maktpolitiskt och religiöst centrum, skulle däremot bestå under lång tid framöver, och motstå angrepp både från germanska och slaviska stammar, och i slutet av 600- och början av 700-talet även persernas erövringsförsök (Hedeager & Tvarnø 2001, s. 168ff).

Även den politiska utvecklingen i norra och västra Europa präglas från och med 500-talet av tidiga statsbildningsprocesser. Det största och kanske mest framgångsrika exemplet vad det gäller grundandet av ett självständigt germanskt kungadöme utan romersk överhöghet, var frankerriket. Historien om det frankiska riket och dess grundare Chlodvig, har bevarats åt eftervärlden tack vare den gallo-romerske biskopen Gregorious av Tour´s skrift om *Frankernas historia*. Chlodvig, som var av merovingerätt, framställs av Gregorius som en brutal krigare och hänsynslös härskare. För att säkra drömmen om ett frankiskt imperium, övergav kungen i slutet av 490-talet dock sin hedniska tro och konverterade till katolicismen. Därmed fick han också den gallo-romerska aristokratins, biskoparnas och inte minst den östromerske kejsarens stöd. Denna strategi skulle på sikt visa sig vara en av de viktigare framgångsfaktorerna för ett mer bestående frankiskt rike, där frankernas militära makt förenades med det romerska arvet och byråkratin. Trots perioder av intern rivalitet mellan senare merovingerkungar och deras ättlingar, skulle frankerriket bestå som den största och viktigaste stormakten i Nordvästeuropa, med inflytande över både den politiska utvecklingen och handelskontakterna i den vidare regionen (Hedeager & Tvarnø 2001, s. 178ff, 185ff). Merovingernes kontroll över de viktigare handelsvägarna gällde inte bara de stora flodsystemen med Rhen, Weser och Elbe, utan också områdena längs Nordsjökusten. Denna överhöghet främjade även etableringen av större handelsplatser och tidiga städer i regionen, som t.ex. Dorestad vid Rhens mynning, Hamwic vid Southhamton och London vid Themsen. På sikt skulle de ökade handelsförbindelserna, som även omfattade utbyten av mer vardagliga produkter, komma att bidra till en liknande utveckling av handelsplatser under kunglig kontroll i Norden med Ribe på den jylländska västkusten som exempel (Hedeager & Tvarnø 2001, s. 190f, 278).

Den hierarkiska samhällsstruktur som var utmärkande för frankerriket och dess politiska dominans, nådde genom det nätverk av både personliga och mer formella politiska kontakter mellan tidens ledande familjer, även den skandinaviska halvön. Vi ser detta bl.a. i de mycket rika begravningar, med exklusiv, tidvis närmast fursteliknande gravutstyrsel, som under 500-, 600- och 700-talen, började användas av ledande familjer i vissa områden, särskilt på Bornholm, Gotland och i Mälardalen. Av dessa områden visar framför allt gravskicket på Bornholm, genom bruket av breda träkammargravar, med vapenutrustning och gravlagda hästar, nära paralleller med samtida furstegravar inom merovingerskt område (Jørgensen 1991). Men förbindelserna med den politiska stormakten ses även på annat sätt i de arkeologiska källorna, t.ex. i importen av glasbägare och andra prestigevaror. Föremålen upptäder i första hand på rika boplatser, där även skattgömmor, mynt och smycken av ädelmetall liksom specialiserad metallhantering, visar på en tydlig aristokratisk prägel. I takt med att flera av dessa platser, däribland Gudme, Dankirke och Slöinge, undersökts arkeologiskt under senare år, har de visat sig hysa stora och sammansatta gårdskomplex med hallbyggnader av tidvis imponerande storlek och rymd. Just hallen ses, med sina representativa funktioner för både profana festligheter och som offentligt kultrum, som ett av de utmärkande tecknen på en huvudgård eller residens för stormän och andra personer i den yppersta eliten (Herschend 1993; Callmer 1997).

Storgårdar av aristokratisk typ har även undersökts inom vårt område, med kända platser som Järrestad i sydöstra Skåne (Söderberg 2003; 2005) samt Gamle Lejre (Christensen 1997), Toftegård (Tornbjerg 1998) och Tissø på Själland (Jørgensen 2002) (fig. 5). Någon form av huvudgård bör även ha funnits i Uppåkra. Detta antyds både av fyndmaterialets karaktär och av den kultbyggnad som uppfördes där redan under romersk järnålder (Larsson & Lenntorp 2004). Det som förenar platserna är likheter i fråga om byggnadsskick, bebyggelsens fysiska planlösning och kringliggande aktiviteter med koppling till hantverk och kultutövning. I en tid då den överregionala infrastrukturen fortfarande var bristfällig, fyllde stormännens och hövdingarnas gårdar flera viktiga funktioner, bl.a. som skyddade platser för hantverksutövning och utbyten av varor. Även mindre men välbeställda gårdar kan ha haft en liknande funktion, vilket projektets undersökningar vid Dagstorp visar på (jfr Becker i del III). Först under senare delen av vendeltid etablerades platser med mer renodlade funktioner för hantverk och handel på strategiska lägen, nära åmynningar och andra fördelaktiga lägen utmed kusterna. Sådana platser, med spår av hantverk och halvpermanent bebyggelse i form av grophus, är även kända från kustområdena längs Öresund, t.ex. vid Vedbæk-Stationsvej på östra Själland samt vid Löddeköpinge (Vikhögsvägen), Bjärred och Karstorp på den skånska sidan (Callmer 1991, s. 43f; Ulriksen 1998, s. 167ff; Becker 2001).

Att platser med specialiserade funktioner anlades i mer eller mindre utsatta lägen i kustområdena, vittnar om en större politisk kontroll och överhöghet med militära resurser att skydda de enskilda platserna mot överfall och plundring. Det omfattande och varierade fyndmaterialet från Uppåkra, visar att platsen fortfarande vid denna tid var det dominerande maktcentrumet för västra och sydvästra Skåne, till vilket även militära och religiösa funktioner var knutna. Samtidigt visar den arkeologiska fyndbilden även på förekomsten av flera mindre centralplatsmiljöer, vars politiska dignitet och relation till Uppåkra är oklar. Två sådana miljöer med en tydlig koppling till hantverk och handel är kända i västra Skåne vid Västra Karaby/Dagstorp och Löddeköpinge/Bjärred (fig. 5). Jag föreslår i min omlandsstudie (se del IV), utifrån bl.a. metallfyndens spridning, att dessa platser anlades och växte fram i en lokal maktstruktur, som först under vendeltiden kom att införlivas med en större maktsfär i västra Skåne med Uppåkra som överordnat centrum. Även i andra delar av regionen signalerar den arkeologiska fyndbilden en närvaro av rikedomsplatser med förmodade centrala funktioner av politisk, militär och/eller religiös art. Det handlar för Skånes vidkommande om Järrestad och Maletofta i Ravlunda i sydost samt om Vä och Fjälkinge på Kristianstadsslätten i nordost. Går vi istället till områdena väster Öresund finner vi även här flera intressanta platser ofta med en strategisk placering en bit innanför kusten. Det rör sig om Tissø och Boeslunde på västra Själland, Toftegård på Stevns samt Gamle Lejre söder om Roskildefjorden (se ovan). De flesta av dessa miljöer har framkommit under de senaste tio till femton åren tack vare systematiska insatser med metallavsökning (jfr Becker i del III).

Många av de skandinaviska storgårdar som undersökts uppvisar en betydande kontinuitet, med flera bebyggelsefaser på samma plats som sträcker sig över åtskilliga sekler. Detta tyder på en ökad stabilitet i den sociala strukturen i regionen. En liknande bild tonar fram utifrån andra typer av källmaterial. Som exempel kan nämnas den ringa andelen gravar med rikt gravgods och vapenutrustning. Detta har setts som ett uttryck för att den sociala osäkerheten eller konkurrensen mellan de ledande släkterna hade stabiliserats, så att man inte längre behövde markera den sociala positionen i gravskicket (Näsman 1991, s. 168f). Även den minskade cirkulationen av prestigevaror i form av ädelmetaller och importer anses peka i samma riktning. Denna förändring ses även i Uppåkra, där den dominerande fyndtypen representerad av dräktspännen, förändrar karaktär och får en mer nordisk prägel. Först i slutet av 700-talet och övergången mot vikingatid ses på nytt en ökning av vapenfynden, med bl.a. flera mycket rika gravar med vapen och krigarutrustning i sydvästra Skåne och området kring Uppåkra. Vapengravarnas till synes synkrona uppträdande i sydvästra Skåne har senast uppmärksammats av Bertil Helgesson som menar att dessa möjligen återspeglar en decentralisering av områdets försvar i en tid av politisk oro och yttre hot. Varifrån hoten kom kan vi inte veta med säkerhet. Kanske kom de från de västra delarna av det danska området, där flera stora anläggningsarbeten

På tröskeln till historien

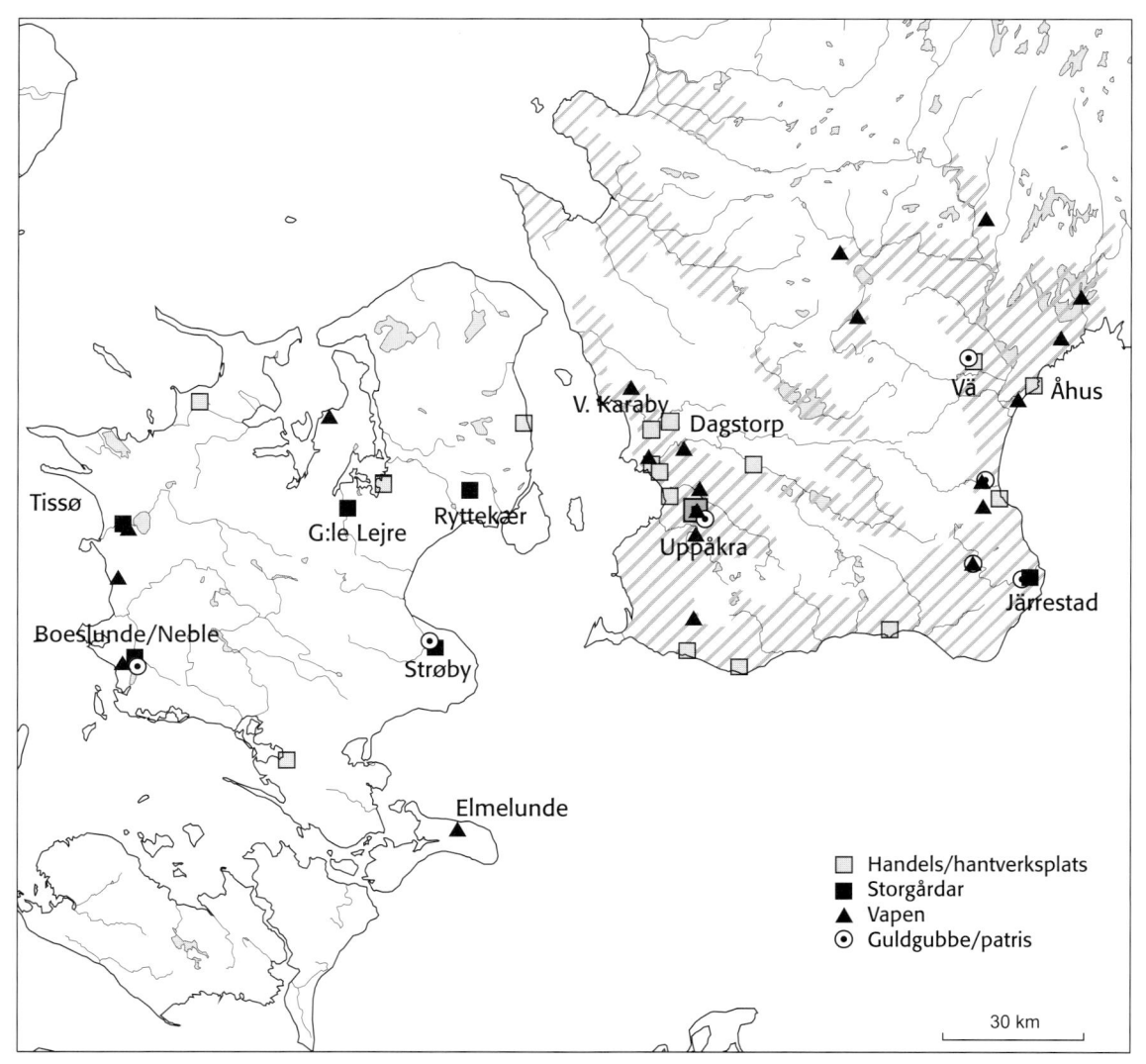

Figur 5. Öresundsområdet under vendeltid med kända och undersökta storgårdar, specialiserade platser för handel och hantverk samt andra lokaler med spår av hantverksutövning. På kartan visas även fyndplatser för guldgubbar och vapenutrustning. Även dessa fynd representerar sannolikt platser med större välstånd och centrala funktioner. Viktigare platser har namngivits på kartan. Uppgifterna har hämtats ur följande arbeten: Nørgård Jørgensen 1989; Callmer 1991; Ulriksen 1992; Christensen 1997; Nielsen 1997; Tornbjerg 1998; Ulriksen 1998; Jørgensen 2002. På grund av sviktande källor redovisas de centrala bebyggelseområdena på Sjælland och danska småöarna inte på kartan.

The Öresund region during the Vendel Period with known and excavated sites with magnate farms, specialized sites for trade and craft and other locations with traces of craft activities. The map also shows sites of gold-foil figures and weaponry. Many of these finds probably represent sites with greater wealth and central functions. The more important sites are named on the map. The information is based on the following works: Nørgård Jørgensen 1989; Callmer 1991; Ulriksen 1992; Christensen 1997; Nielsen 1997; Tornbjerg 1998; Ulriksen 1998; Jørgensen 2002. Because of deficient sources the central settlement areas on Sjælland and the other Danish islands are not shown on the map.

från 700-talets första hälft som Kanhave kanal på Samsö och den äldsta vallanläggningen vid Danevirke i Schlesvig, berättar om kraftfulla ledare med stor makt och inflytande (Helgesson 2002, s. 190ff).

Det arkeologiska materialet uppvisar således många gemensamma drag, som bekräftar bilden av nära utbyten och kontakter mellan Skåne och Själland – åtminstone i de övre samhällsskikten. Även utseendet hos mer vardagsnära föremål, som t.ex. näbbfibulan, visar dock på förbindelser över Öresund. Näbbfibulan är en sydskandinavisk dräktnålstyp som förekommer från Jylland och de danska öarna, till Skåne och Bornholm. Birgitta Hårdh som utfört en analys av spännetypen, med fokus på hantverkstraditioner, ser utifrån regionala skillnader i fibulornas utformning två större traditionsområden – ett östligt område med tyngdpunkt på Själland, Skåne och Bornholm, samt ett västligt med Jylland och Fyn (Hårdh 1999, s. 157).

Vad berättar då den samtida bebyggelsen om samhällsutveckling och kontakter? I Magnus Artursson studie av husbyggnadstraditionen (se del II), framträder vendeltiden som en brytningstid, då sedvänjan med ett allt smalare mittskepp och en underbalanserad takkonstruktion, successivt ersätts av en betydligt bredare hustyp med större bockbredd. En liknande utveckling ses i många andra områden, inklusive Själland, vilket visar på ett utbyte av idéer och ideal om hur gårdens byggnader skulle se ut och uppföras, över stora geografiska områden. Undersökningen av de skånska gårdarna visar här generellt sett på en ökning av byggnadsarealen under vendeltid och äldre vikingatid (Carlie & Artursson i del II). Förändringen märks tydligast genom att små enheter under 150 m² minskar i antal, samtidigt som arealen hos de allra största gårdarna har uppgått till mellan 440 och 580 m². De flesta gårdarna utgjordes dock av mellanstora och stora enheter. Den större byggnadsarealen, i jämförelse med föregående period, beror till en stor del på att gårdarna haft en eller flera extra byggnader – främst i form av stolphus med tre eller flera bockar. Detta tyder på en ökad specialisering av funktionen hos de enskilda husen.

Ser man till de mycket stora gårdar – Järrestad, Hjärup och Påarp – som undersökts i Skåne, representerar åtminstone den förstnämnda en tydlig aristokratisk miljö, till vilken även specialiserat hantverk och kultutövning varit knutna. Järrestad uppvisar som tidigare nämnts stora likheter med storgårdskomplexet vid Tissø på västra Själland, både i fråga om byggnadsskick och planlösning (Söderberg 2003; 2005) (se fig. 5). Tolkningen av Hjärupsgården är mer problematisk, på grund av fyndmaterialets sparsamma karaktär, samtidigt som det även på denna plats finns spår av kultbruk och offerhandlingar (Carlie 2002). Gårdens centrala läge inom den s.k. Uppåkradomänen är i detta sammanhang intressant (Callmer 2001; Anglert 2003). Kanske har denna i egenskap av brytegård ingått i den kungliga jordegendomen, och var därmed en av sannolikt många gårdar som bidrog till centralplatsens försörjning (jfr nedan).

Under vendeltid och äldre vikingatid ses även en ökad variation i bebyggelsens organisation (Carlie & Artursson i del II). Liksom under föregående perioder präglades bebyggelsen av stabilitet, där samma bebyggelseläge ofta utnyttjades under flera faser. Bara på vissa platser, som t.ex. på Bjärred 9:5, finns bevarade spår efter särhägnader eller tomtmarkeringar belagda i form av grävda diken eller rännor. Samtidigt finns även exempel på gårdar utan anknytning till äldre bebyggelselägen. Då antalet boplatser i västra Skåne generellt sett ökar under perioden, även i kustnära områden som t.ex. vid Glumslövs backar, ska dessa gårdar möjligen sättas i samband med en agrar expansion och nyodling i området.

Under yngre järnålder ökar även inslaget av hantverksfynd på boplatserna i södra Skandinavien, samtidigt som grophusen blev allt vanligare. De hantverksrelaterade föremålen och avfallsmaterialen visar ofta på en mycket nära rumlig koppling till grophusen. Samma förhållande ses även i Tyra Ericsons analyser av grophusen i västra Skåne (se del III), där särskilt textilhantverket och metallhanterande hantverk såsom bronsgjutning kan knytas till grophusen. Att just dessa två hantverk framträder i materialet kan bero på att de är lättare att identifiera arkeologiskt, jämfört med t.ex. trähantverk, skinnberedning samt ben- och hornhantverk. Textilhantverket representeras företrädesvis av sländtrissor och vävtyngder, men även av nålar och nålbrynen, som visar på en produktion av tyger och sömnad. Huruvida arbetet endast bedrivits för att täcka de egna behoven av kläde på gården eller i byn, eller om produktionen varit specialiserad med syfte på en större avsättning – t.ex. för att tillgodose behovet av segelduk, är en fråga som diskuterats livligt (Andersson 1996, s. 75f). Ericsons analyser av det västskånska materialet ger inga ytterligare ledtrådar i denna fråga. Däremot föreslås att enbart mängden grophus på en plats skulle kunna ses som ett tecken på en "överproduktion" av hantverksprodukter.

Frågan i vilken omfattning olika hantverk bedrivits för husbehov eller för en specialiserad produktion är dock ett vida större problemkomplex, som bara kan förstås om vi även ser till hur hantverken varit organiserade samt i vilken grad dessa krävt speciella kunskaper. Till metallhantverken hör inte bara järnproduktion och smide utan även bronsgjutning och arbete med ädelmetaller, t.ex. i samband med smyckeframställning. Som Nathalie Becker visar i studien *Metallhantering och specialisering* (del III), är våra möjligheter att identifiera de olika hantverken i arkeologiskt material till stor del beroende av att slagger och andra restprodukter från tillverkningen underställts arkeometallurgiska analyser. Sådana analyser behövs för att få fram detaljinformation om vilka processteg som finns representerade, men även om vad som framställts på platsen samt i vilken grad produktionen kan ha krävt specialistkunskaper. Ju mer data vi kan få fram kring de enskilda hantverken, och vilken typ av tekniskt kunnande som fordrats, desto bättre möjligheter får vi att förstå dessa i ett vidare ekonomiskt, socialt och organisatoriskt sammanhang. Tyder t.ex. järnets metallurgiska sammansättning på en produktion enbart för husbehov/lokalt bruk eller finns det tecken på en teknologiskt mer mångfacetterad tillverkning och avancerat smide som visar på en större grad av professionalism?

Som tidigare nämndes uppträder de första exemplen på specialiserade platser för hantverk och handel under senare delen av vendeltid. Många av dessa platser anlades sannolikt på initiativ av lokala eller överordnade ledare, för att få de ekonomiska och andra fördelar som följde med kontrollen över varuproduktion och handel. Med sitt militära följe kunde ledaren, givetvis mot viss ersättning, erbjuda en skyddad plats att bedriva hantverk och handel på. De äldsta handelsplatserna användes bara under vissa delar av året, parallellt med storgårdarna som verkar ha haft en delvis liknande funktion. En av de platser som gett en mer nyanserad bild av metallhantverkets utövning är den vendeltida byn vid Dagstorp i västra Skåne (Becker i del III; se fig. 5). Det är i första hand spåren efter hantverksutövning, i form av textilarbete och metallhantering, liksom enstaka importföremål, som vittnar om ett större välstånd på platsen än genomsnittet. De flesta hantverksfynden kan knytas till den största och mest komplexa gården. Avfallet från metallhantering härrör dels från en mindre stolpbyggnad tolkad som verkstadshus eller grovsmedja, dels från en grop invid gårdens huvudbyggnad. De metallurgiska analyserna visar, vad det gäller järnhanteringen, på en varierad verksamhet, med spår efter såväl tidiga processled och rensning av järnluppen (primärsmide), som spår efter vidare bearbetning av ämnesjärnet till färdiga föremål (sekundärsmide). Analyser av slagger och andra restprodukter visar även att man sysslat med bronsgjutning och ädelmetallarbete på boplatsen. Här vittnar delar av sönderslagna gjutformar om tillverkning av dräktspännen av enklare typ, däribland näbbfibulor, medan droppar av guldlegering på ett degelfragment berättar om ett mer avancerat ädelmetallarbete, troligen med inslag av granulering och inläggningar. Till bilden av ett professionellt hantverk ska även nämnas fynden av slagger med kraftigt förhöjda fosfathalter, som troligen är rester efter cuppelering – en metod som används bl.a. för att testa silverhalten hos malmer.

Den ökade specialiseringen i produktionen gällde dock inte bara för hantverket, utan även för andra delar av samhället och ekonomin, inklusive jordbruket. Man kan i detta sammanhang påminna om att flera av de, till byggnadsarealen, större gårdarna från yngre järnålder, t.ex. Hjärup och Påarp, saknar spår efter såväl grophus som hantverksaktiviteter. Detta visar på en viktig sak, nämligen att hantverk inte bedrevs på alla stora gårdar, utan att grunden för de större gårdarnas ekonomi måste sökas på annat håll. Det ligger nära till hands att söka denna inom jordbruket, där den större byggnadsarealen kanske speglar olika inriktningar eller specialisering i den agrara produktionen. Det är mot denna bakgrund knappast överraskande att de indikationer på en specialiserad sädesproduktion med inriktning på vete, som tonar fram i det arkeobotaniska materialet, härrör från bosättningen vid Dagstorp (Mats Regnell, pers. kom.).

Fiske för husbehov, liksom olika former av säsongsfiske, har troligen förekommit under alla tider, beroende på tillgången på olika fiskarter. Annica Cardells analyser av fiskbensmaterial från ett stort antal boplatser i västra Skåne (se del III), tyder på att det fanns ett selektivt fiske redan under yngre järnålder. Det handlar om en tydlig överrepresentation av olika marina arter, främst torsk och sill men även flundra, vilket för övrigt är de tre arter som även över tiden utgjort de viktigaste matfiskarna i regionen. Ett av de material, som mer konkret visar på en specialiserad hantering och/eller handel med fisk, kommer från storgården vid Hjärup i Uppåkras närområde. Fiskbenen, som uppenbarligen deponerats vid ett enskilt tillfälle i samband med att fisken rensades, visar på en övervikt av mycket stora torskar. Det handlar i flera fall om individer på långt över metern, som endast kan ha fångats med krok på större havsdjup. Beräkningar visar att mängden fiskkött har uppgått till mer än 150 kilo. Detta talar för att den rensade fisken antingen har torkats på platsen för senare konsumtion, eller har transporterats vidare till andra gårdar och byar i området. Varför inte till den närbelägna stora närmast urbana bebyggelsen vid Uppåkra, som måste ha haft en betydligt större befolkning än genomsnittet och därför bör ha erbjudit goda möjligheter för avsättning. Det faktum att personer utan ekonomisk förankring i den agrara produktionen, t.ex. hantverkare och krigare, åtminstone periodvis vistades i Uppåkra, talar för att det behövdes ett tillskott av födovaror utifrån för att livnära befolkningen. Ett specialiserat fiske med sikte på avsalu kan i detta sammanhang ha varit ett viktigt bidrag till försörjningen.

Den huvudsakliga produktionen av livsmedel för befolkningen i Uppåkra bör dock ha säkrats på annat sätt inom jordbruket. Johan Callmer har i en fördjupad omlandsanalys kring Uppåkra nyligen föreslagit att området mellan Höje å och Segeå skulle ha ingått i en storgårdsdomän under centralplatsen (Callmer 2001, s. 113ff). Hypotesen grundas på en sammanvägning av de historiska byarnas storlek och läge inom området, sett i förhållande till förekomster av förhöjda fosfatvärden och arkeologiska material. En viktigt element i Callmers resonemang är de skillnader i ortnamnsskicket som kan ses i området. Den historiska bebyggelsen kring Uppåkra domineras således av byar med slutledet *-torp*; en namntyp som traditionellt anses ha tillkommit under sen vikingatid och tidig medeltid, men som enligt Callmer på basis av europeiska jämförelser, kan antas ha haft en längre produktionstid ner i järnålder. Callmer ser därmed Uppåkra inte bara som ett politiskt och religiöst centrum för ett större område i sydvästra Skåne, utan även som ett centrum för agrar produktion manifesterad i en stor och sammansatt jordegendom bestående av specialiserad torpbebyggelse (Callmer 2001, s. 118). Ett annat aktuellt inlägg i diskussionen om Uppåkras äldre ekonomiska och ägorättsliga indelning har presenterats av Mats Anglert, som instämmer i uppfattningen att förekomsten av torpbebyggelse i området kring Uppåkra sannolikt speglar en äldre jordegendom. Medan Callmer vill se denna som ett uttryck för domänens ursprungliga storlek och formering, argumenterar Anglert istället för att torpbebyggelsen är sekundär och uppstod som följd av en senare omstrukturering av jordegendomen. En sådan omläggning kan ha skett i samband med den danska kungamaktens övertagande av området och etableringen av staden Lund, som ett nytt maktcentrum även för den äldsta kyrkliga organisationen (Anglert 2003, s. 133ff). Som stöd för denna tolkning anför Anglert sina egna analyser av de äldsta torpnamnen i bl.a. Vemmenhögs härad, där ett namnskifte kan knytas till förändringar i den lokala maktstrukturen, samtidigt som bebyggelsen visat sig vara äldre. Till stöd för hypotesen att torpbebyggelsen kring Uppåkra speglar en senare omvandling av en äldre domän, pekar Anglert även på stenkyrkornas datering och framtoning i området, som till skillnad från de tidiga kyrkorna norr och öster om Lund, verkar tillhöra en senare fas, troligen den senare hälften av 1100-talet (Anglert 2003, s. 134f). Men detta är en helt annan historia.

På tröskeln till historien...

Det sjunde århundradet utgjorde på många sätt en brytningstid för den politiska utvecklingen, både i vårt område och i södra Skandinavien i stort. Det var en tid då en äldre politisk struktur med större och mindre förbund av stammar under en gemensam vald ledare eller kung gradvis kom att förändras och ersättas av en allt starkare kungamakt med anspråk på även territoriell överhöghet och kontroll. En ökad ekonomisk specialisering och etablering av särskilda platser för handel och hantverk, troligen efter frankiska förebilder, är bara en av flera förändringar som pekar i riktning mot en ökad centralisering av makten. Även de skriftliga källorna från 800- och 900-talen berättar om mer eller mindre framgångsrika kungar. Flera av dessa med namn som Godfred, Gorm och Harald, vet vi hade sin politiska hemvist förlagd till södra Jylland och Slesvig. Skåne och Själland, som låg mer perifert i förhållande till tidens dominerande maktcentra med en levande skriftkultur, förblev däremot ännu en tid i historiens dunkel. Detta gör att vi saknar namnen på de ledare som hade den överordnade makten i områdena kring Öresund. Att Uppåkra spelade en viktig roll som centrum för den ledande eliten är inte bara sannolikt, utan högst troligt att döma av de arkeologiska källornas vittnesbörd. Det ligger dock utanför detta arbetes ramar att gå närmare in på de politiska förlopp och maktkamper som kantade tiden fram till att Skåne, tillsammans med Halland och Blekinge, omkring år 970 inlemmades i den danska riksbildningen under kung Harald Blåtands styre.

Vi ska istället rikta blicken bakåt i tiden för en kort och avslutande betraktelse kring vad arkeologin berättar om samhällsutvecklingen i regionen och kontakterna mellan Skåne och Själland fram till vikingatidens början. I den kronologiska exposé som tecknats tidigare i kapitlet, valde jag att lyfta fram arkeologiska fynd och företeelser som kan antas spegla såväl politiska strukturer som kontakter och utbyten i regionen. De bilder av olika perioder som här tonar fram, visar inte oväntat på både likheter och skillnader i de materiella lämningarna på ömse sidor om Öresund. I vilken grad dessa speglar förändringar i kontakterna mellan områdena är dock svårt att bedöma, eftersom källorna inte ger någon sann eller objektiv bild av det förflutna, utan påverkas av olika källkritiska omständigheter. En sådan faktor är de skillnader i undersöknings- och forskningstraditioner som genomsyrar arkeologin på den danska respektive svenska sidan. Dessa skillnader har bl.a. bidragit till att exempelvis huslämningar och gravar har behandlats och analyserats på delvis olika sätt, vilket försvårar jämförelser av sociala strukturer och kontakter (jfr Carlie i del I och Artursson i del II).

Om man lyfter blicken över detaljnivån och accepterar de källkritiska problemen, finns många exempel på materiella likheter som bekräftar de nära kontakterna mellan Skåne och Själland. Detta gäller både särdrag och förändringar inom husbyggnadstraditionen, gravskicket och utformningen av olika dräktspännen och smyckeformer. Zoomas bilden in på enskilda tidsperioder, blir denna strax mer komplex och mångtydig. Medan vissa källor bekräftar bilden av nära utbyten över Öresund, pekar andra källor istället i en motsatt riktning. Att olika fynd och lämningar på detta sätt ger en grund för delvis motställda tolkningar är intressant, samtidigt som det väcker frågor kring orsakerna till dessa skillnader. Som exempel kan nämnas den äldsta delen av förromersk järnålder, då likheter i långhusens konstruktion och utseende visar på mycket nära kontakter mellan Skåne och Själland, samtidigt som enskilda smyckeformer liksom keramikens utseende istället uppvisar regionala drag, vilket kan tolkas som tecken på minskade utbyten.

Under sen förromersk och äldre romersk järnålder ökar likheterna på nytt mellan områdena, både vad gäller keramikens och metallföremålens utformning liksom skelettgravskickets introduktion. Samtidigt finns även andra element som förstärker bilden av att den politiska strukturen kan ha utvecklats på delvis olika grunder. Ett utmärkande drag för Själland och de danska småöarna Lolland, Falster m.fl. under romersk järnålder är just den stora andelen gravar med romersk import och uppsättningar till dryckesserviser. Denna förkärlek för exotiska metallkärl och statusföremål av guld, ses på Själland redan under förromersk järnålder. Detta förstärker bilden av att den lokala eliten i högre grad än sina skånska kontrahenter lyckades upprätthålla – om än kanske sporadiska – kontakter med områden på kontinenten. Först under den senare delen av äldre romersk järnålder (per. B2), nåddes också Skåne av importerade föremål med romersk proveniens, främst bronskärl, vilket visar att området nu var del av tidens internationella utbytes- eller gåvosystem av prestigevaror.

Om vi istället granskar den samtida bebyggelsen i Skåne och Själland, framtonar en delvis annan bild av samhällsutveckling och kontakter. I Skåne börjar vid Kristi födelse en helt ny typ av storgårdar att etableras, med en huvudbyggnad på mellan 30 och 50 meter, som ibland har omgivits av ett stolpbyggt hägn. Det faktum att långhusen haft ett mycket likartat byggnadsskick, tyder på att gårdarna anlades av personer som ingick i samma sociala kretsar. På Själland däremot, där gravar och metallfynd talar för en större grad av social hierarkisering vid Kristi födelse, saknas idag belägg för stora gårdar av samma slag som de skånska. Först något senare, möjligen senare hälften av äldre romersk järnålder, började storgårdar att uppföras också på Själland, d.v.s. samtidigt med att rika gravar, ädelmetallfynd och romersk import, ökar på ön. Särskilt spridningen av importer och s.k. edsringar av guld, som bars för att markera ägarens sociala status eller politiska/militära rang, visar på en hierarkisk samhällsstruktur. De politiskt mest inflytelserika ledarna vid denna tid hade sitt säte förlagt till Stevns på östra Själland, där de under flera generationer lyckades upprätthålla kontrollen över romersk import, både för lokal avsättning och för en vidare distribution inom Skandinavien. Proveniensen för de exotiska varorna visar på långväga kontakter såväl västerut med Rhenområdet, Belgien och norra Frankrike, som sydost med områdena längs Donau och Svarta havet.

Den nya tidens sedvänjor och symbolspråk för att manifestera välstånd och inflytande för en social överklass och krigararistokrati, återfinns även på den skånska sidan, framför allt i slättområdena och längs kusterna i söder och öster. Under senare delen av yngre romersk järnålder börjar även Uppåkra att tona fram i källorna som en allt viktigare plats. Den intressanta frågan i detta sammanhang är naturligtvis i vilken relation de båda centra stod till varandra. Något som skulle kunna tyda på en konkurrenssituation i området är det faktum att andelen guldföremål och importer som nådde Skåne aldrig fick samma proportioner som på Själland. Detta talar för att de politiska ledarna på östra Själland främst sökte lojala stormän och krigare till sina följen på den egna ön. Även det faktum att transporten av importgods i Öresund främst skedde i nord-sydlig riktning tyder på att Sundet tjänade som en gränszon mellan två politiskt motställda maktsfärer. En annan möjlighet är förstås att de begränsade fynd av guldringar och import som hittats i Skåne, istället ska ses som diplomatiska gåvor från ledarna på Stevns till lokala stormän på andra sidan vattnet för att knyta och bekräfta allianser. Även de rikt utrustade kvinnogravar med stora pärluppsättningar och glasbägare i gravutstyrseln som dyker upp i Skåne i sen yngre romersk järnålder, skulle kunna representera kvinnor, kanske från Själland, som i alliansfrämjande syfte gifts in i ledande familjer i Skåne. Först i slutet av romersk järnålder och övergången till folkvandringstid ses en tydlig nedgång och upplösning av centrumet på Stevns. Många danska forskare har föreslagit att funktionen som centralplats för ett överordnad politiskt ledarskap flyttades till östra Fyn och området vid Gudme, som under folkvandringstid utmärker sig på många olika sätt i de arkeologiska källorna. En alternativ tolkning är förstås att Uppåkra tog över rollen som dominerande centrum i regionen. Den ökade cirkulationen av guld under folkvandringstid, och i Skåne även fynd av vapen och krigartillbehör, tyder på en ökad konkurrens i samhället. Kanske den frekventa spridningen av brakteater och solidi, som nu även återfinns i områden vilka tidigare saknade guld och statusfynd, ska ses som gåvor till lokala stormän och ledare för mindre poliska enheter eller stammar, i utbyte mot vänskap och lojalitet.

Under vendeltid tyder de arkeologiska källorna på att den sociala oron och konkurrensen mellan de ledande släkterna successivt klingade av. I takt med att den sociala elitens välstånd och inflytande ökade, började aristokratiska storgårdar eller residens att uppföras på helt nya platser i landskapet, ofta i närheten av kusterna. Denna placering står i tydlig kontrast mot bebyggelsen under yngre romersk järnålder och folkvandringstid, då rikedomsplatser och storgårdar ofta anlades i mer indragna och skyddade lägen inåt land. De nya storgårdarnas placering ska sannolikt ses i ljuset av de specialiserade platser för handel och hantverk som vid samma tid började etableras längs kusterna, och vilka på detta sätt snabbt kunde skyddas inför hot om överfall och plundring. Att många aristokratiska gårdar kom att ligga kvar på samma plats under åtskilliga generationer bekräftar bilden av ekonomiskt välstånd och social stabilitet i de övre samhällsskikten; grundstenar som skulle visa sig viktiga för den fortsatta ekonomiska och politiska utvecklingen i regionen och som på sikt ledde fram mot en gemensam och stark kungamakt – på tröskeln till historien.

Not

1) För att belysa samhällsutvecklingen och de kulturella kontakterna över Öresund har jag valt se närmare på ett urval av tidstypiska föremål och andra arkeologiska företeelser som kan antas spegla dessa förhållanden. Som underlag för diskussionen, som av praktiska skäl måste föras på en mer översiktlig nivå, har följande arbeten använts: David Liversage bok *Material and Interpretation* (1980), som behandlar äldre romersk järnålder på Själland, Ulla Lund Hansens samlingsverk *Römischer Import im Norden* (1987) och *Himlingøje – Seeland – Europa* (1995), Lotte Hedeagers avhandling *Danmarks jernalder – mellem stamme og stat* (1992) samt Eliza Fonnesbech-Sandbergs studier av folkvandringstida ädelmetallfynd i Danmark (1991). Vidare har kartor med sammanställningar över undersökta gravar och boplatser, hämtade ur databasen för forskningsprojektet *Fortid och flora*, utnyttjats för att skapa bakgrundsbilder över de centrala bebyggelseområdena på Själland under olika perioder av järnåldern. Ett hjärtligt Tack riktas här till Per Ole Rindel, Köpenhamns Universitet, för hjälp databassökningar och spridningskartor. För bebyggelsebilden i Skåne har Johan Callmers karta över den yngre järnålderns bebyggelse (1991) använts som underlag. Vid digitaliseringen har kartbilden dock förenklats något, samtidigt som bebyggelsens utbredning i västra Skåne har modifierats i förhållande till projektets resultat. Vad gäller fynd av metallföremål mm i Skåne har materialet samlats in från ett stort antal enskilda arbeten av olika forskare. Dessa arbeten återfinns i referenslistan till min artikel *Samhällen och rikedomsmiljöer* i del IV.

Summary
On the threshold to history

This chapter presents a chronological exposé of the social development at Öresund from the Pre-Roman Iron Age until the Viking Age. The starting point is the archaeological record, which is assumed to reflect both political structures as well as cultural contacts between Skåne and Sjælland. While some sources confirm the picture of close contacts, other sources point in the opposite direction. The fact that different kind of records present a basis for contradictory interpretations is interesting, however, while at the same time that it raises questions about the causes of these differences. As an example one could consider the Early Pre-Roman Iron Age, when similarities in the construction of long-houses show close contacts, while at the same time the appearance of jewellery types and ceramics indicate regional traditions. This could be seen as signs of a decrease in cultural contacts.

In the Late Pre-Roman and Early Roman Period the similarities between the two areas increase once again, regarding both the appearance of ceramics and metal objects and the introduction of inhumation burials. However, there are also elements that reinforce the picture of political organization developing on a somewhat different basis. A characteristic feature of Sjælland and the Danish islands of Lolland-Falster and others in the Roman Period is the many burials with Roman imports and sets of drinking vessels. This preference for exotic metal vessels and high-status gold objects is seen on Sjælland already in the Pre-Roman Iron Age. This strengthens the picture of the local elite having succeeded to a greater extent than their Scanian counterparts in maintaining – albeit sporadic – contacts with societies on the continent. Not until the later part of the Early Roman Iron Age was Skåne reached by imported goods of Roman provenance, mainly bronze vessels, which show that the region was now part of that time's international exchange and gift-giving systems of prestige goods.

If we instead look at the contemporary settlements in Skåne and Sjælland, a somewhat different picture of social development and contacts is seen. At the birth of Christ a completely new type of big farms were established, consisting of a main building some 30 to 50 metres long, sometimes surrounded by a post-built fence. The fact that farmhouses show the same style in architecture indicates that they were built by people of the same social circles. On Sjælland, however, where burials and metal finds indicate a higher degree of social hierarchy at the birth of Christ, we still lack evidence of big farms of the same kind as in Skåne. Not until somewhat later, at the end of the Early Roman Period, were big farms also erected on Sjælland, that is, at the same time as rich burials, precious metal finds and Roman imports, virtually explode on the island. It is in particular the distribution of imports and "oath rings" of gold, which were worn to mark the owner's social status and political/military rank, that reveal a hierarchical social structure. The politically most influential leaders of that time had their residence at Stevns in eastern Sjælland, where they succeeded for several generations in maintaining control over Roman imports, both for a local market and for further distribution on the Scandinavian peninsula. The provenance of the exotic goods shows long-term contacts both westwards with the Rhineland, Belgium, and the north of France, and southeastwards with the areas along the Danube and the Black Sea.

The new customs and symbols demonstrating the wealth and influence of the upper classes and warrior aristocracy are also found on the Scanian side of Öresund, in particular along the plains and coastal areas to the south and east. During the latter part of the Late Roman Iron Age Uppåkra begins to emerge in the archaeological sources as an important site. The interesting question in this context is of course how the two central sites related to each other. Something that could point towards a competitive situation is the fact that the number of gold objects and imports reaching Skåne never attained the same proportions as on Sjælland. This indicates that the political leaders of eastern Sjælland primarily looked for loyal magnates and warriors on their own island. Also, the fact that the transportation of imports in Öresund mainly took place in a north–south direction indicates the Öresund strait as a border zone between two politically opposite power spheres. Another possibility is of course that the limited number of gold rings and imports found in Skåne should be interpreted as diplomatic gifts from the leaders at Stevns to the local magnates on the other side of the water, to tie and confirm alliances. Also, the rich female burials with big sets of beads and glass beakers that occur as grave goods in Skåne in the Late Roman Iron Age may represent women, perhaps from Sjælland, who were married into the leading families in Skåne to promote alliances.

Not until the end of the Roman Iron Age and the transition to the Migration Period do we see a marked decrease and dissolution of the centre at Stevns. Danish scholars have suggested that the function as a central site for a superior political leadership was moved to eastern Fyn and the area at Gudme, which in the Migration Period stands out in many ways in the archaeological record. An alternative interpretation is of course that Uppåkra took over the role as the dominant political centre of the region. At the same time, the distribution of gold, and in Skåne also parts of weapons and warrior equipment, hints at increasing political anxiety and competition between the dominating families. Perhaps the frequent appearance of gold bracteates and solidi, which are now found in areas which previously had no gold or status finds, should be seen as gifts to the loyal magnates and leaders of small political units and tribes, in exchange for friendship and loyalty. At least the archaeological records suggests that the earlier social unrest gradually decreased during the Vendel Period. As the wealth and influence of the social elite was stabilized, the aristocratic magnate farms or residences were built on completely new sites in the landscape, often close to the coast. This location stands in contrast to the settlement in the Late Roman Iron Age and Migration Period, when sites of wealth and magnate farms were built on more sheltered sites in the inland. The new location of magnate farms should probably be seen in the light of the specialized places for trade and craftsmanship, which were establishment along the coast, and which in this way could be protected from threats of attack and plundering. That many farms could be followed on the site for several generations confirms the picture of economic wealth and social stability in the upper classes. This stability was to be of great importance in the subsequent political development of the region, towards a common strong royal power and state formation process.

Referenser

Andersen, S. 2000. *Hørup - en sjællandsk værkstedsplads fra romersk jernalder. Med bidrag af Annica Cardell og Vagn F. Buchwald*. Museet Færgegaarden.

Andersson, E. 1996. *Textilproduktion i arkeologisk kontext : en metodstudie av yngre järnåldersboplatser i Skåne*. Report series / University of Lund, Institute of Archaeology, 58, Lund.

Anglert, M. 2003. Uppåkra. Bland högar, ortnamn och kyrkor. I: Anglert, M. och Thomasson, J., red. *Landskapsarkeologi och tidig medeltid - några exempel från södra Sverige*, Uppåkrastudier 8. Acta Archaeologica Lundensia Serie in 8° No. 41, Stockholm, s. 115-144.

Artursson, M. 2005. Byggnadstradition. I: Lagerås, P. och Strömberg, B., red. *Bronsåldersbygd 2300-500 f.Kr.*, Skånska spår - arkeologi längs Västkustbanan. Stockholm, s. 20-83.

Aspeborg, H. 2002. En storgård i Påarp. Skåne, Välluv sn, Påarp 1:12, RAÄ 22 & 43. *Riksantikvarieämbetet. UV Syd Rapport* 2002:1.

Becker, N. 2001. En grophusbebyggelse vid Bjärred. boplatslämningar och grophusbebyggelse från den äldre och yngre järnåldern. Skåne, Borgeby och Flädie socknar. Dnr 423-2468-2000. *Riksantikvarieämbetet. UV Syd Dokumentation av fältarbetsfasen* 2001:1.

Björk, T. 2003a. Earth of Fire. Burial Customs as a beginning in exploring regional variations in Early Iron Age Scania. I Larsson, L. och Hårdh, B., red. *Centrality - Regionality. The social structure of southern Sweden during the Iron Age*. Stockholm, s. 235-242.

Björk, T. 2003b. Just another central place? A critical description of Vä. *LAR 2001*.

Boye, L. & Fonnesbech-Sandberg, E. 1999. House typology in the county of Copenhagen, Denmark, during the Late Bronze Age and Iron Age. I: Fabech, C. Ringtved, J., red. *Settlement and Landscape. Proceedings of a conference in Århus, Denmark. May 4-7 1998*, s. 493-496.

Brøndsted, J. 1966. *Danmarks Oldtid. Tredje bind. Jernalderen*. København.

Callmer, J. 1991. Platser med anknytning till handel och hantverk i yngre järnålder. Exempel från södra Sverige. I: Mortensen, P. och Rasmussen, B. M., red. *Fra stamme til Stat i Danmark 2. Høvdingesamfund og Kongemakt*, Jysk Arkæologisk Selskabs Skrifter XXII:2. Højbjerg, s. 29-47.

Callmer, J. 1997. Aristokratiskt präglade residens från yngre järnålder i forskningshistorien och deras problematik. I: Callmer, J. & Rosengren, E., red. *"...gick Grendel att söka det höga huset..."; arkeologiska källor till aristokratiska miljöer i Skandinavien under yngre järnålder: Seminarium i Falkenberg 16-17 nov. 1995*, Hallands Länsmuseers Skriftserie No 9/GOTARC C. Arkeologiska Skrifter No 17. Halmstad, s. 11-18.

Callmer, J. 2001. Extinguished solar systems and black holes: traces of estates in the Scandinavian Late Iron Age. I: Hårdh, B., red. *Uppåkra. Centrum och sammanhang*, Uppåkrastudier 3. Acta Archaeologica Lundensia Series in 8° No. 34, Stockholm, s. 109-137.

Carlie, A. 2002. Gård och kultplats. Om bruket av offerhandlingar på en yngre järnåldersgård i Hjärup, sydvästra Skåne. I: Carlie, A., red. *Skånska regioner. Tusen år av kultur och samhälle i förändring*, Arkeologiska undersökningar Skrifter No. 40. Stockholm, s. 653-679.

Carlie, L. 1992. *Brogård - ett brons- och järnålderskomplex i södra Halland, dess kronologi och struktur*. Hallands Länsmuseers Skriftserie No 6, Lund.

Carlie, L. 1999. *Bebyggelsens mångfald. En studie av södra Hallands järnåldersgårdar baserad på arkeologiska och historiska källor*. Acta Archaeologica Lundensia Series in 8° No. 29, Stockholm.

Carlie, L. 2003. The Invisible Hierarchy. Manifestations in the Halland Iron Age as Indications of a Stratified Society. I: red. *Centrality - Regionality komplettera*, s. 243-255.

Christensen, C. 1997. Hallen i Lejre. I: Callmer, J. & Rosengren, E., red. *"...Gick Grendel att söka det höga huset..."*. *Arkeologiska källor till aristokratiska miljöer i Skandinavien under yngre järnålder*, Hallands länsmuseers skriftserie No 9/ GOTARC C. Arkeologiska skrifter No 17. s. 47-54.

Collis, J. 1984. *The European iron age*. London.

Ejstrud, B. & Jensen, C. K. 2000. *Vendehøj : landsby og gravplads*. Kulturhistorisk Museums skrifter, 1, Højbjerg.

Ethelberg, P. 2000. *Skovgårde. Ein Bestattungsplatz mit reichen Frauengräbern des 3. Jhs. N.Chr. auf Seeland*. Nordiske Fortidsminder Serie B Volume 19, København.

Ethelberg, P. 2003. Gården og landsbyen i jernalder og vikingetid (500 f. Kr. - 1000 e. Kr.). I: *Det sønderjyske landbrugs historie. Jernalder, vikingetid og middelalder*. Haderslev, s. 123-374.

Fabech, C. 1993. Skåne - et kulturelt og geografisk grænseland i yngre jernalder og i nutiden. *TOR*, 25, s. 201-245.

Fenger, O. 1971. *Fejde og mandebod. Studier over slægtsansvaret i germansk og gammeldansk ret*. København.

Fonnesbech-Sandberg, E. 1991. Guldets funktion i ældre germansk jernalder. I: Fabech, C. & Ringtved, J., red. *Samfundsorganisation og regional variation. Norden i romersk jernalder og folkevandringstid. Beretning fra 1. nordiske jernaldersymposium på Sandbjerg Slot 11-15 april 1989*, Jysk Arkæologisk Selskabs Skrifter XXVII. s. 233-242.

Fonnesbech-Sandberg, E. 1999. Landsby og enkelgårde. I: Mahler, D., red. *Før buerne. Glimt af 6000 års historie*.København, s. 26-33.

Göthberg, H. 2000. *Bebyggelse i förändring. Uppland från slutet av yngre bronsålder till tidig medeltid*. Occasional Papers in Archaeology 25, Uppsala.

Haarnagel, W. 1979. *Die Grabung Feddersen Wierde. Methode, Hausbau, Siedlungs- und Wirtschaftsformen sowie Sozialstruktur*. Wiesbaden.

Hamilton, J. 2000. Gårdar och gårdssamverkan i Attundalands stensträngsbygder under yngre romartid-folkvandringstid. I: Ersgård, L., red. *Människors platser - tretton arkeologiska studier från UV*, Riksantikvarieämbetet Arkeologiska undersökningar Skrifter no 31. Stockholm, s. 107-131.

Hedeager, L. 1992. *Danmarks jernalder; mellem stamme og stat.* Aarhus.

Hedeager, L. & Tvarnø, H. 2001. *Tusen års europahistorie: romere, germanere og nordboere.* Oslo.

Helgesson, B. 2002. *Järnålderns Skåne. Samhälle, centra och regioner.* Uppåkrastudier 5. Acta Archeologica Lundensis Series in 8° No 38, Stockholm.

Herschend, F. 1993. The Origin of the Hall in Southern Scandinavia. *Tor*, 25, s. 175-199.

Hvass, S. 1979. Die Völkerwanderungszeitliche Siedlung Vorbasse, Mitteljütland. *Acta Archaeologica*, Vol. 49 1979.

Hårdh, B. 1999. Näbbfibulan - ett vendeltida vardagsspänne. I: Hårdh, B., red. *Fynden i centrum. Keramik, glas och metall från Uppåkra*, Uppåkrastudier 2. Stockholm, s. 145-162.

Hårdh, B. 2003. The Contacts of the Central Place. I: Larsson, L. och Hårdh, B., red. *Centrality - regionality. The social structure of Southern Sweden during the Iron Age*, Uppåkrastudier 7. Acta Archaeologica Lundensia Series in 8° No 40, Stockholm, s. 27-66.

Jazdzewski, K. 1984. *Urgeschichte Mitteleuropas*. Wroclaw.

Jensen, J. 1997. *Fra Bronze- til Jernalder - en kronologisk undersøgelse.* Nordiske Fortidsminder; Serie B, Band 15, København.

Jordanes & Nordin, A. 1997. *Getica: om goternas ursprung och bedrifter.* Atlantis väljer ur världslitteraturen,, Stockholm.

Jørgensen, L. 1991. Våbengrave og krigeraristokrati. Etableringen af en centralmagt på Bornholm i det 6.-8. årh. e.Kr. I: Mortensen, P. & Rasmussen, B. M., red. *Fra stamme til stat 2. Høvdingesamfund og kongemakr*, Jysk Arkæologisk Selskabs Skrifter XII:2. Højbjerg, s. 109-125.

Jørgensen, L. 2002. Kongsgård, kultsted, marked : overvejelser omkring Tissøkompleksets struktur og funktion. I: Jennbert, K. Andrén, A. & Raudvere, C., red. *Plats och praxis. Studier av nordisk förkristen ritual*, Vägar till Midgård 2. Lund, s. 215-247.

Larsson, L. & Lenntorp, K.-M. 2004. The Enigmatic House. I red. *Continuity for Centuries. A ceremonial building and its context at Uppåkra, southern Sweden*, Uppåkrastudier 10. Acta Archaeologica Lundensia Series in 8° No. 48, Stockholm, s. 3-48.

Liversage, D. 1980. *Material and Interpretation; the archaeology of Sjaelland in the Early Roman Iron Age.* Köpenhamn.

Lund Hansen, U. 1987. *Römischer Import im Norden; warenaustausch zwischen dem Römischen Reich und dem freien Germanien während der Kaiserzeit unter besonderer Berücksichtigung Nordeuropas.* Nordiske Fortidsminder: Series B, Bind 10, Köpenhamn.

Lund Hansen, U. 1991. Himlingøje-undersøgelserne. Om bagrunden for Stevnsområdets rige gravfund i yngre romertid. I: Fabech, C. & Ringtved, J., red. *Samfundsorganisation og regional variation. Norden i romersk jernalder og folkevandringstid. Beretning fra 1. nordiske jeranladersymposium på Sandbjerg Slot 11-15 april 1989*, Jysk Aræeologisk Selskabs skrifter XXVII. s. 85-108.

Lund Hansen, U. 1995. *Himlingøje - Seeland - Europa. Ein Gräberfeld der jüngeren römischen Kaiserzeit auf Seeland, seine Bedeutung und internationalen Beziehungen.* Nordiske Fortidsminder: Serie B, Band 13, København.

Løken, T. 1998. The longhouses of Western Norway from the Late Neolithic to the 10th Century AD: representatives of a common Scandinavian building tradition or a local develpment? I Schjelderup, H. och Storsetten, O., red. *Grindbygde hus i Vest-Norge. NIKU-seminar om grindbygde hus. Bryggens Museum 23-25.03.28*, s. 52-64.

Martens, J. 2005a. Usynlige strukturer. I: Carlie, A., red. *Järnålder vid Öresund. Band 2. Metod- och materialstudier*, Skånska spår - arkeologi längs Västkustbanan. Stockholm.

Martens, J. 2005b. Dyrkningsspor i landskabet? I: Carlie, A., red. *Järnålder vid Öresund. Band 2. Metod- och materialstudier*, Skånska spår - arkeologi längs Västkustbanan. Stockholm.

Nielsen, H. 1997. Et regionalt rigedomscenter i Sydvestsjælland. I: Callmer, J. & Rosengren, E., red. *"...Gick Grendel att söka det höga huset...". Arkeologiska källor till arsitokratiska miljöer i Skandinavien under yngre järnålder*, Hallands länsmuseer skriftserie No 9/GOTARC C. Arkeologiska Skrifter No 27. s. 55-70.

Näsman, U. 1991. Det syvende århundrede - et mørkt tidsrum i ny belysning. I: Mortensen, P. & Rasmussen, B. M., red. *Fra stamme til stat 2. Høvdingesamfund och Kongemakt*, Jysk Arkæologisk Selskabs Skrifter XXII:2. Højbjerg, s. 165-178.

Nørgård Jørgensen, A. 1989. Elmelunde - en våbengrav fra yngre jernalder på Møn. I Jørgensen, L., red. *Simblegård-Trelleborg. Danske gravfund fra førromersk jernalder til vikingetid*, Arkæologisk Skrifter 3. København, s. 208-217.

Pedersen, E. A. & Widgren, M. 1998. Del 2. Järnålder. 500 f. Kr. - 1000 e. Kr. I: Myrdal, J., red. *Det svenska jordbrukets historia. Jordbrukets första femtusen år*, Stockholm, s. 237-459.

Roymans, R. red. 1996. *From the Sword to the Plough.* Amsterdam Archaeological Studies 1, Amsterdam.

Skre, D. 1998. *Herredømmet. Bosetning og besittelse på Romerike 200-1350 e. Kr.* Acta Humaniora 32, Oslo.

Stilborg, O. 2005a. Pottery and Space. I: Carlie, A., red. *Järnålder vid Öresund. Band 2. Metod- och materialstudier*, Skånska spår - arkeologi längs Västkustbanan. Stockholm.

Stilborg, O. 2005b. Pottery and Time. I: Carlie, A., red. *Järnålder vid Öresund. Band 2. Metod- och materialstudier*, Skånska spår - arkeologi längs Västkustbanan. Stockholm.

Stjernquist, B. 1951. Vä under järnåldern. ACTA Reg. Societetis Humaniorum Litterarum Lundensis XLVIL, Lund.

Stjernquist, B. 1955. *Simris I, on cultural connections of Scania in the Roman Iron Age.* ACTA Archaeologica Lundensia: Series in 4. No 2, Lund.

Svanberg, F. 2003b. *Death Rituals in South-East Scandinavia AD 800-1000.* Acta Archaeologica Lundensia Series In 4° No 24, Stockholm.
Svennung, J. 1964. De nordiska Folknamnen hos Jordanes *Fornvännen 1964:2-3*, s. 65-102.
Söderberg, B. 2003. Järnålderns Järrestad. Bebyggelse, kronologi tolkningsperspektiv. I: Söderberg, B., red. *Järrestad. Huvudgård i centralbygd*, Arkeologiska undersökningar Skrifter No. 51. s. 109-174.
Söderberg, B. 2005. *Aristokratiskt rum och gränsöverskridande. Järrestad och sydöstra Skåne mellan region och rike 600-1100.* Riksantikvarieämbetet Arkeologiska undersökningar Skrifter No. 62, Stockholm.
Tacitus & Önnerfors, A. 1969. *Germania.* Levande litteratur,, Stockholm.
Toreld, C., Bartholin, T. S. & Wranning, P. 2003. *Framgrävt förflutet från Fyllinge: resultat från undersökningarna 2001-2002 Halland, Snöstorps socken, Fyllinge 20:436.* Halmstad.
Tornbjerg, S.-Å. 1992. Jernalderbebyggelser ved Køge.
Tornbjerg, S.-Å. 1998. Toftegård - en fundrig gård fra sen jernalder og vikingetid. I: Larsson, L. & Hårdh, B., red. *Centrala platser. Centrala frågor. Samhällsstrukturen under järnåldern. En Vänbok till Berta Stjernquist. Uppåkrastudier 1*, Acta Archaeologica Lundensia Series in 8° No 28. Stockholm, s. 217-232.
Ulriksen, E. 1992. Lokalisering af anløbspladser. I: Nielsen, S. & Lund Hansen, U., red. *Sjællands jernalder. Beretning fra et symposium 24.IV 1990 i København*, Arkæologiske Skrifter 6. København, s. 91-112.
Ulriksen, J. 1998. *Anløbspladser. Besejling og bebyggelse i Danmark mellem 200 og 1100 e. Kr.* Roskilde.
Zimmermann, H. W. 1992. Die Siedlungen des 1. bis 6. Jahrhunderts nach Christus von Flögeln-Eekhöjltjen, Niedersachsen. Die Bauformen und ihre Funktionen. *Probleme der Küstenforschung im südlichen Nordseegebiet.* Band 19.

Muntliga källor

Linda Boye, Kroppedals Museum for Astronomi, Nyere tid, Arkæologi, Taastrup
Mats Regnell, Stockholms Universitet

Skånska spår – arkeologi längs Västkustbanan

Karsten, Per & Knarrström, Bo, red.	Tågerup specialstudier. 2001
Knarrström, Bo.	Flint, a Scanian Hardware. 2001
Svensson, Mac, red.	I det neolitiska rummet. 2003
Karsten, Per & Knarrström, Bo, eds.	Tågerup Excavations. 2003
Andersson, Magnus.	Making Place in the Landscape. 2004
Lagerås, Per & Strömberg, Bo, red.	Bronsåldersbygd 2300–500 f.Kr. 2005
Mogren, Mats, red.	Byarnas bönder. 2005
Carlie, Anne, red.	Järnålder vid Öresund. Band 1. 2005

Supplement

Artursson, Magnus	Byggnadstradition och bebyggelsestruktur under senneolitikum och bronsålder. 2005
Karlsson, Mattias.	Byarnas bönder – de historiska källorna. 2005